本书是国家文物局
"苏鲁豫皖先秦考古重点课题"
发掘项目成果之一

本书出版得到
国家重点文物保护专项补助经费资助

钟离君柏墓

（上册）

安徽省文物考古研究所
蚌埠市博物馆　编著

主编　阚绪杭

文物出版社

《钟离君柏墓》

主　　　编：阚绪杭

副 主 编：周　群　钱仁发　王元宏

整理校对：辛礼学　陈新宇　汪全武　秦梦士

责任印制：张道奇

责任编辑：贾东营　李克能

图书在版编目（CIP）数据

钟离君柏墓：全 3 册 / 阚绪杭主编；安徽省文物考
古研究所，蚌埠市博物馆编著 . —北京：文物出版社，
2013.9

ISBN 978 – 7 – 5010 – 3822 – 0

Ⅰ . ①钟… 　Ⅱ . ①阚… ②安… ③蚌… 　Ⅲ . ①墓葬
（考古）—发掘报告—蚌埠市—春秋时代　 Ⅳ . ①K878. 85

中国版本图书馆 CIP 数据核字（2013）第 213940 号

钟 离 君 柏 墓

（全三册）

安徽省文物考古研究所
　　　　　　　　　　编著
蚌 埠 市 博 物 馆

主编　阚绪杭

*

文 物 出 版 社 出 版 发 行

（北京市东直门内北小街 2 号楼　邮政编码 100007）

http：//www. wenwu. com

E-mail：web@ wenwu. com

北 京 京 都 六 环 印 刷 厂

新 华 书 店 经 销

889×1194　1/16　印张：63　插页：4

2013 年 9 月第 1 版　2013 年 9 月第 1 次印刷

ISBN 978 – 7 – 5010 – 3822 – 0　定价：860. 00 元

内容简介

  《钟离君柏墓》详细整理编撰了 2006 年 12 月至 2008 年 8 月由安徽省文物考古研究所与蚌埠市博物馆共同考古发掘的蚌埠双墩一号春秋时期钟离君柏墓葬材料。该墓葬是一座大型带封土堆的土坑竖穴墓。其结构为特殊的圆形墓坑，墓坑内 2 米下有生土二层台，在其正东向有一条台阶式短墓道。在封土与填土中构筑多种寓意深奥的从未见过的"五色土"、"白土垫层"、"放射线"、"土丘"、"土偶墙"、"十字形墓底埋葬布局"等象征性遗迹现象。这些系列圆形建筑设计理念除它的功能性外，其象征性似寓意天空、天际、大地、节令和皇权思想等。从距今 7300 多年前的双墩文化刻划符号到该墓葬的实物遗迹现象，它跨越了几千年人类的历史，是对天圆地方事物认知的记忆缩影，开创一代钟离国葬俗新风，是淮河流域中游地区人类在墓葬建筑史上的创新，是墓葬考古史上的新类型。

  该墓葬不仅圆形墓坑结构新颖，遗迹现象寓意深奥，结构复杂，而且随葬品也非常丰富，出土了 500 余件器物，有青铜编钟、鼎、簠、甗、豆、盉、罍、镞、戈、戟、剑、马衔、车軎、彩陶罐、印纹陶罐、石磬、玉饰件以及大量的漆木器（仅存腐烂漆皮）等，特别值得一提的是它创造了绝无仅有 2000 余件"土偶"这个新的文化遗物。青铜器上发现钟离国属性和墓主人钟离君柏的名字铭文，是一座具有典型春秋时代钟离国个性特征的王陵墓葬，其大量的随葬品构成了淮河流域中游地区钟离国器物群。

  该墓葬发掘首次为研究钟离国提供了实物资料，更进一步证明文献中记载钟离古国存在的历史事实，为研究钟离国的历史、钟离王室世系，淮河文化或淮夷文化提供了重要的考古新资料，起到了写史、补史、证史的重要作用。钟离国墓葬独特而神秘的文化现象及其丰富寓意深刻内涵，为探索古代丧葬史和消失了的葬俗文化提供了珍贵的新材料。同时也为今后墓葬考古提出了新课题，开阔了新视野。其成果对考古学、历史学、民族民俗学、天文学、宗教学、建筑学、东夷、淮夷及地方史等学科研究具有极其重要的史料价值和历史意义。

  本报告是国家文物局"苏鲁豫皖先秦考古重点课题"的重要成果。

本报告是 2012 国家社科基金一般项目，"群舒文化比较研究"（12BKG007）成果资料之一。

ABSTRACT

This book, *The Tomb of Ruler Bai Zhongli Kingdom*, compiled the materials of Spring and Autumn Era Tomb Number 1 at Shuangdun in Bengbu City, Anhui Province excavated jointly by Anhui Provincial Institute of Archaeology and Bengbu Municipal Museum during December, 2006 to August, 2008.

In a style of vertical tomb with mound and a special circular burial chambers, there are two floors made of raw earth inside the pit and a short terrace leads toward the east. The most important character is there are many symbolic remains never seen between the mound and the refilling earth, which are supposed to imply esoteric meanings.

Five-color-earth, mixed with five different types of earth—red, yellow, grey, black and white, had been used as mounding and refilling material. It might imply the colors which represent directions: the grey represents east; the red represents south; the white represents west; the black represents north and the yellow represents center. This mural system is a typical symbol of the thought—wherever the king does. There is one round white-soil-layer. Together with the round mound and round pit, these three structures are supposed to represent the concept of the heaven along with their functions. Those radical-shaped remains are supposed to represent the borders between constellations in the sky. Around the pit, there are earth mounds and "Tu'ou walls" on the second floor. They are supposed to represent the borders between the heaven and the earth. The item "Tu'ou" was invented intentionally in order to construct Tu'ou wall, which was supposed to represent *Huangchangtizou*(cypress outer-coffin with the timber headed-in) structure by using earth instead of timber. The cross-type tomb is composed of the coffin chamber of the occupant in the middle, human sacrifices in the four directions, and two side chambers in the south. The whole structure is supposed to represent the earth. All the remains in the main chamber seem to represent the concept of time and space. It also might indicate the heavenly stems, earthly branches and the twelve *Shichen*(the 12 two-hour periods into which the day was formerly divided).

In conclusion, the concept of this tomb structure is a brand new one. Beside the functions, the whole structure shows the recognition of the idea—hemispherical dome cosmology. The remains represent the sky, earth, solar terms and the royal authority and could be known as one special burial tradition, and it made a unique type of ancient tomb.

Aside of the unique circular complicated structure and deep meanings, a large number of various burial objects are also attractive. There are more than 500 splendid bronze, pottery and jade objects, including a whole set of bronze chime bell, cvovered *ding* with a ring-shaped knob, *yan* composed of *zeng* and *ding*, *square fu* with inscriptions, bowl-shaped *dou*, different kinds of arrow heads, *ge* and *ji* with inscriptions, swords, horse bits and colored pottery objects in different sizes, some with inscriptions, two sets of dragon-shaped stone *qing*, gold and jade ornaments and countless lacquer, wooden and leather objects. All of these burial objects show obvious characteristics of the Spring and Autumn Period, and have a strong identity of Zhongli Kingdom. They constitute the group of Zhongli cultural relics.

These objects prove the existence of Zhongli Kingdom for the first time. They are the supplementary materials to prove the documentary records of Zhongli Kingdom and precious archaeological materials for studying the history of this mysterious Kingdom, their pedigree, and the culture of Huaihe valley or the ethnical culture in Huaihe valley. The unique and mysterious burial tradition found in this tomb of the Spring and Autumn Period is the brand new material for exploring those disappeared ancient burial culture and raises a new topic in the field of tomb archaeology. The achievements show important historical value on archaeology, history, folklore, astronomy, religion, architecture and local history.

The excavation of Spring and Autumn Era Tomb Number 1 at Shuangdun in Bengbu City, Anhui Province firstly was thought to be of an ordinary archaeological excavation. However, it revealed a lot of burial cultures and traditions that had never been seen in the archaeological history. Not only the innovation in shape, this special burial tradition also endows the mounding and refilling earth with esoteric connotations, which builds fascinating monuments. The tomb, a Holy Temple Cemetery, is a masterpiece of the Huaiyi ethnics of Zhongli Kingdom. The innovative construction concept is magic and incredible. This spirit runs through the history of mankind, spanning 5,000 years of Chinese civilization. And the archaeological excavation of this tomb owns a great academic value and historical significance.

目　录

上　册

中　册

下　册

图　版

插图目录

图版目录

第一章 概 况

第一节 位置与环境

一、地理位置

钟离君柏墓，即蚌埠双墩一号春秋墓，位于安徽省中北部的蚌埠市双墩村境内，地理位置东经117°31′～117°11′，北纬33°01′～32°49′（图一；图版一，图版二）。

蚌埠市辖怀远、五河、固镇三县和淮上、龙子湖、蚌山、禹会等四区，周边与本省的市、县和江苏等地接壤。其境北与宿州市的埇桥区、灵璧县、泗县毗邻，西北与淮北市的濉溪县和阜阳市的蒙城县交界，西南与淮南市相携，南与滁州市的明光市、凤阳县相连，东与江苏省的泗洪县毗邻。

双墩村行政隶属蚌埠市淮上区小蚌埠镇，有一条东西向徐小郢村至小岗村的乡级公路横贯双墩村，双墩村内有两座高大的古墓葬封土堆，两座墓呈东北西南走向分布，一号墓位于东北。双墩村名的由来，是否因村内两座高大古墓封土堆而得名，无从考证（图二；图版三，1、2）。

蚌埠市是皖北地区交通与运输的枢纽城市。铁路、水路、公路都非常发达，有京沪线（北京至上海）、京九线（北京至九江）、蚌淮线（蚌埠至淮南）、蚌芜线（蚌埠至合肥至芜湖）等铁路线相互连接和贯通，京蚌沪高速铁路和京蚌合武高速铁路已建成通车。合徐和蚌宁高速公路在蚌埠南北东西十字交叉，国道和省道及村村通公路四通八达，已形成铁路、公路的陆路交通网络。淮河穿蚌埠城区而过，自古以来就是千里淮河第一大港。淮河码头历史悠久，水路交通运输发达，通达江海，是淮河流域重要的物资集散地。

二、自然环境

蚌埠市位于淮河中游地区，市区分布在淮河两岸。淮河，古代"四渎"之一，与长江、黄河、济水齐名。这条发源于河南桐柏山主峰胎簪山的河流，界于长江、黄河之间，自行流入黄海，长1000余千米。至南宋以来由于黄河泛滥夺淮淤塞入海口，使淮河下游改道借长江注入东海。淮河以支流洪河和今洪泽湖为界由西向东分为上游、中游和下游三段，主要流经河南、安徽、山东和江苏四省。全流域面积27万平方千米，除西部、南部和东北部为山地丘陵之外，其余广大地区皆为平原，属黄淮海大平原的南部。

图一　蚌埠双墩一号墓地理位置图

　　蚌埠市古代盛产河蚌和珍珠，故又称"珠城"。蚌埠市地处黄淮海平原与江淮丘陵的过渡地带，处于江淮分水岭的末梢。境内以平原为主，南部散落丘陵；地面西北倾向东南，自然坡降为万分之一左右。黄淮海平原分布在蚌埠淮河北部和淮河南岸沿河一带，系黄河南迁夺淮泛滥所形成，呈北宽南窄不对称状。平原由现代冲积层组成，厚度在 10 米以上，地面高度在海拔 17～18 米间。蚌埠双墩一号春秋墓葬（钟离君柏墓）就坐落在淮河北岸直线距离约 3 千米处的一个高出地表的原生台地上。

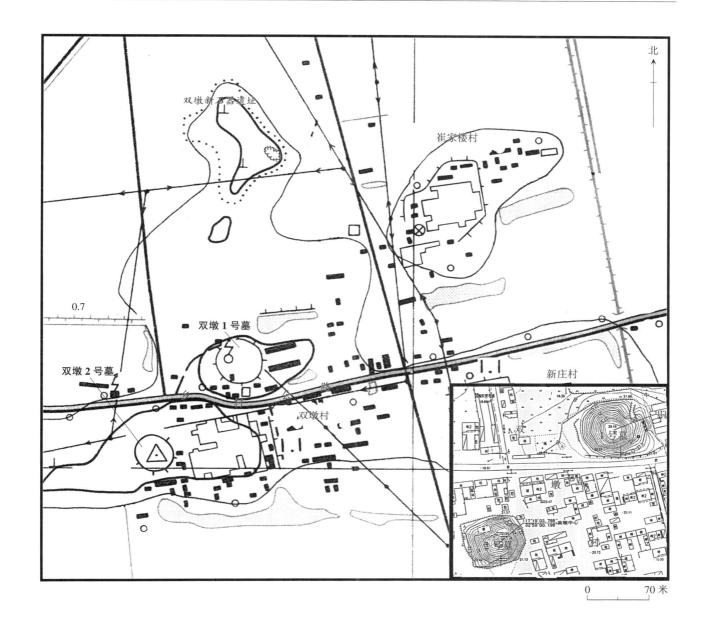

图二 蚌埠双墩村两座墓葬的位置图

距今两千年以来淮河为亚热带和暖温带的气候分界线。万年以来的全新世时期，这一分界线随着气候环境的变迁而不时的南北摆动，其分界线大约在北纬31°至36°之间，这一分界线向北移2个纬度以上，亚热带北界最北迁至京津地区附近，大部分时期，北界只停留在山东丘陵一带，年平均温度比现在高2～3℃。但在几次降温事件中，又几度向南摆动，直到全新世大暖期结束，才大体稳定在北纬32°左右淮河干流一线。蚌埠市位于淮河干流中游的中心地区，这一优越的自然地理环境为人类生存和社会发展提供了有利条件，自古以来气候宜人，是人类在这里生息繁衍的好地方。

第二节　历史沿革

一、历史背景

　　蚌埠是淮河沿岸最大的一座城市，位居中游中段，地理位置十分重要。淮河由西向东分为三段，中游河段界定由上游的洪河口至下游的洪泽湖，总长 490 余千米，几乎是淮河总长的一半，由西向东横跨安徽中北部地区，它不仅是淮河水系的重要河段，也是淮河人类文明的重要发源地，自古以来就有人类在这里生息繁衍，创造了淮河流域原生的考古学文化，同时也是我国东西南北文化传播的通道和交融的重要地区。淮河中游地区史前的考古工作在安徽境内可追溯到 20 世纪 30 年代，从新中国成立前中央研究院历史语言研究所李景聃和王湘先生在寿县一带进行的考古调查开始，发现了斗鸡台等一批原始社会遗址。新中国成立后，五六十年代，华东文物工作队在治淮工地清理了嘉山泊岗等一批新石器时代遗址和商周时期的青铜器等。安徽省考古工作者在中游地区对萧县花家寺等一批遗址的考古调查发掘工作也取得重要收获。根据当时所获资料，有些研究者认为在淮河中游地区大体分布着"大汶口文化"、"龙山文化"和以红陶为主的另一种文化等不同的文化类型。70 年代至90 年代，在淮河中游地区发现了一大批史前文化遗址，其中有"大汶口文化"、"龙山文化"等，特别是一大批具有地区自身考古学文化特征的早中期新石器时代遗址的发现，为淮河中游地区史前人类历史研究提供了重要的依据。

　　1977 年定远县侯家寨和 1986 年蚌埠市双墩两个典型的新石器时代遗址发现和发掘，出土一批新颖的具有地域特征的文化遗物，被认为是淮河流域自身的文化类型，资料报道后，引起了学术界的高度关注。1987 年配合国家文物局"苏鲁豫皖先秦考古重点课题"研究至今，在此期间淮河流域又发现和发掘了宿州小山口和古台寺（中国社会科学院考古研究所安徽队：《安徽宿县小山口和古台寺遗址试掘简报》，《考古》1993 年第 12 期）、濉溪石山子（安徽省文物考古研究所：《安徽濉溪石山子新石器时代遗址》，《考古》1992 年第 3 期）、双孤堆（见安徽省文物考古研究所怀远县双孤堆考古发掘材料）、小孙岗（见淮南市博物馆小孙岗遗址考古发掘材料）和鹿邑武庄（河南省文物考古研究所：《河南鹿邑武庄遗址的发掘》，《考古》2002 年第 3 期）等一批重要的新石器时代遗址。特别是淮河中游地区的蚌埠市双墩遗址，经过 1991 至 1992 年两次考古发掘工作，取得了重大突破，丰富的陶器、石器、骨角器、蚌器和刻划符号等文化遗物，被认为是一个具有很强的区别于其他文化的原生器物群，不属于任何一个谱系中的文化类型，在淮河流域中游地区目前发现和发掘的早中期新石器时代遗址中内涵最为丰富，特别具有典型性和代表性。在 2005 年11 月 12 至 13 日"蚌埠双墩遗址暨双墩文化"学术讨论会上得到与会专家的高度评价，被命名为"双墩文化"。

　　淮河流域考古学文化的确立，进一步说明：先秦考古学文化是以水系分布的特点，淮河流域也不例外。老一辈考古学家苏秉琦先生说："安徽有个淮河，这个淮河就能简单地一分为二，给长江一半，给黄河一半！""不能把黄河流域、长江流域的范围扩大到淮河流域来，很可能在这个地区存在着一个或多个重要的原始文化"（苏秉琦：《略谈我国东南沿海地区新石器时代考古》，《文物集刊》第一集，文物出版社，1980 年）。张忠培先生讲："长期以来，考古发掘工作的重点及其研究领域，多重视黄河与长江，对淮河流域不够重视，……没有搞出个考古学文化序列，甚至不是把它视为黄河的延伸，就是看成长江的一部分"。由此，我们在确定淮河考古课题和研究思路时，应把淮河流域看着是一个整体来研究，如蚌埠市的双墩遗址位于淮河流域中游中心点，在其周围发现二十多处同一文化面貌和文化性质的文化遗址都分布在淮河水系范围以内。

双墩文化和侯家寨（上层）文化的确立，为淮河中游地区考古学文化树立标尺，填补了淮河中游地区早中期新石器时代考古学文化的空白，是安徽考古工作和淮河流域考古研究工作的里程碑，对建立淮河流域中游地区史前考古学文化年代分期框架和谱系研究具有重要意义。此项考古成果证明淮河流域与黄河、长江同样是中华古代文明的发祥地之一。

双墩文化是以蚌埠双墩和定远侯家寨下层为代表的文化遗存，到目前为止，在这两个遗址中发现 640 多个陶器刻划符号，其形状大体可分为：象形、几何形和其他形三类，符号的结构有单体、重体、多重体和组合体等。多年来学术界对其进行了不懈的深入的研究和探讨，认为双墩这套形、意结构的记事符号在双墩文化分布区的两处遗址中发现，是一种具有文字性质和作用的刻划符号，似与汉字之间存在着一定的渊源关系，对汉字的形成和发展似起到了一定的借鉴和影响。表明早在7300 多年前淮河中游地区已显露出早期文明的曙光，也就是说，双墩文化的刻划符号同样是中国汉字的源头之一。

考古学材料证明，淮河流域的人类历史，万年以来延续发展至今从未间断，由上游河南省东部的贾湖文化、中游安徽省的双墩文化、侯家寨（上层）文化、大汶口文化、龙山文化和下游江苏省的龙虬庄文化等先民们在这个优越的地理自然环境区域里，创造了灿烂的淮河流域原始社会的人类历史文明。蚌埠市固镇县垓下大汶口文化时期城址是目前发现最早的古城遗址；蚌埠市禹会村龙山文化时期祭祀性质的大型堆筑台基和烧坑、器物坑等尚属罕见；蚌埠市钟离君柏大型墓葬的圆形墓、白土垫层、五色土、十字形墓底布局等结构和放射线、土丘、土偶、土偶墙等遗迹现象给墓葬考古带来了全新的视野。这些 21 世纪考古重大新发现，显示古老的淮河流域人类的先进性和个性特征，揭示了淮河流域人类历史文明进程早程度高。由此证明，淮河流域同样是中华文明的重要组成部分和发祥地之一。

二、历史沿革

蚌埠市的人类历史最早可上溯到 7300 多年前的原始社会，典型的双墩文化新石器时代遗址就坐落在蚌埠市淮上区小蚌埠镇双墩村北侧。蚌埠市区域属古代东夷族团的淮夷聚居地范围。

夏商周时期，最早的国家属春秋时期的钟离方国。2007 年分别在蚌埠市的双墩和凤阳县的卞庄发现钟离方国的国君和贵族墓葬，由这两座墓葬中出土的青铜器上"钟离君柏"和"孙钟离君柏之季子康"等铭文为证，这是分别埋在钟离方国境内不同地方的两座父子墓葬。由于钟离所处的地理位置重要一直是东西南北各个大国争夺的焦点地，徐、楚、吴、越分别攻占钟离。

秦汉至两晋时期：今蚌埠地域属钟离郡、县等。

南北朝时期：今蚌埠地域分属先后设置的钟离郡、连城县、楚州或西楚州，治钟离城；西部先后设置有码头郡、荆山郡等。

隋唐时期：今蚌埠地域先后改西楚州为濠州又改为钟离郡等。

五代十国时期：今蚌埠地域，淮河以北为宿州辖地，淮河以南为濠州辖地。

北宋时期：今蚌埠地域，淮河北属灵璧县，淮河以南属钟离县。

南宋时期：今蚌埠地域，淮河以南属钟离县，西部属荆山县，东北属五河县。

元代：今蚌埠地域，淮河北属灵璧县，五河县；淮河以南属钟离、怀远县。

明代：今蚌埠地域，东部属凤阳府钟离县，钟离县先后更名中立县、临淮县、凤阳县；西部属淮远县；东北部属五河县。

清代：今蚌埠地域，属凤阳府所辖。同治二年（1863 年），划凤阳县马村沟以西、淮远县席家沟以东、临璧县后楼一块属蚌埠，并首设独立行政机构三县司。

民国时期：蚌埠三县司废，淮河以南属凤阳县，置二区公署；淮河以北小蚌埠属灵璧县。

1938 年 10 月，日伪在蚌埠组建伪安徽省维新政府。1940 年 3 月，伪安徽省维新政府更名为安徽省政府。1944 年，伪安徽省设 8 个行政督察区，蚌埠属凤阳县辖，隶属第一行政区，并为区置地。

1945 年 8 月抗战胜利，国民党军队李品仙部到蚌埠接防。11 月，成立蚌埠市政筹备处，翌年接管市区行政。1947 年 1 月 1 日，蚌埠正式设市，为安徽省直辖市。

1949 年 1 月蚌埠解放，先属江淮解放区辖，4 月皖北人民行政公署成立，蚌埠遂隶属皖北行署。

1952 年 8 月，安徽省人民政府成立，撤销皖北行署，蚌埠市为安徽省直辖。1956 年，安徽省置蚌埠专区。1958 年 11 月起，蚌埠市隶属省和专区双重领导。1961 年 3 月撤销蚌埠专区，此后至今一直属安徽省直辖。

第三节　发现与发掘

一、发　现

蚌埠市双墩村中的两座墓葬是 1991 年安徽省文物考古研究所发掘双墩新石器时代遗址期间发现的。双墩遗址位于双墩村北侧的一个三角形台地上，当年发掘双墩新石器时代遗址时，考古队住在村子里，每天上工地都要从大墓旁边经过，高大的封土堆引起考古领队阚绪杭的高度关注，在对遗址周边进行考古调查时，也同时对这两座高大的土堆进行考古调查，并走访当地高龄群众，询问蚌埠市相关部门和查阅地方史料。

地方史料均没有关于这两座大土堆的文字记载，也从未列入文物普查对象。当地群众有两种传说：一种是说古代天上有 12 个太阳，二郎神追杀太阳时路过此地坐下来休息，脱下两只鞋子倒掉鞋子里的灰土形成的；另一种说法是古代军事传递紧急军情的报警烽火台。这两种传说无考，不足为据。

经过多次详细的地面观察和土堆形成原因分析，终于有了新的发现。有一天在南侧（M2）土堆新取土坑采集土样分析时发现这个土堆是花土，并确定这种花土是人工形成并非自然形成。大土堆没有发现明显的夯土层结构，仅凭花土很难对其性质做出肯定的判断，是墓葬的封土堆还是古代军事传递紧急军情的报警烽火台？在对花土做进一步区分时，有了重要发现，花土里含有白色颗粒土。这种白土当时被认为是白膏泥，并认为白膏泥与墓葬有联系，早期墓葬一般多用白膏泥密封墓室达到防腐的目的。因为在花土中发现白土颗粒，当时认为是这座墓葬被盗，用于密封墓室的白膏泥被盗墓贼带到地面的封土中了。根据这些判断，当年将双墩村中这两个大土堆定为墓葬。其时代依据中国墓葬发展史和这个地区出现大封土堆墓葬的考古资料，大约为战国至西汉时期，年代比较早，不会晚于西汉。

考古调查解决了双墩村两座大土堆的疑问，当年在对墓葬的具体情况没有取得更多证据情况下，根据土堆花土结构是人工形成和对土堆花土中含白土的分析，将其初步定为汉代墓葬，并建议蚌埠市政府进行保护，1998 年 8 月 25 日被公布为蚌埠市人民政府重点文物保护单位，2013 年被国务院分布为国家级重点文物保护单位（图版四，1、2）。

二、发 掘

2005 年 6 月的一天，双墩村文物看守员到原导航部队建在一号墓封土中的防空房东侧门内方便，无意中发现有洒落在地上的新鲜土，再往里面查看发现了盗洞，吓了一身冷汗，随即向公安、文物部门报案。虽然，这两座墓葬都位于村庄的中间，又有文物保护员看守。但是，狡猾的盗墓分子利用夜间人们睡定后下手，巧妙地利用防空房作为掩护进行盗掘。蚌埠市文化、文物和公安部门接到双墩村墓葬被盗报案，立即赶到现场进行侦查。现场调查，盗墓分子拆掉防空房的一段砖砌墙壁，盗洞由东向西横向掘进 9 米，快要接近墓坑口的位置了，如果不是及时发现后果不堪设想（图版五）。

蚌埠双墩一号墓被盗未遂，存在着严重的保护隐患，引起蚌埠市委、市政府主要领导的高度重视，并组织有关部门领导和文物考古专家进行现场调研。为确保该墓葬的不再受到再次被盗破坏，市委、市政府决定向省主管部门上报，由蚌埠市政府自筹资金进行发掘保护，请相关部门履行有关审批程序。

申报抢救性发掘保护蚌埠双墩一号墓葬 2006 年 4 月获得国家文物局批准，由安徽省文物考古研究所研究员阚绪杭领队，主持该墓葬的考古发掘工作。发掘工作从 2006 年 12 月至 2008 年 8 月结束，先后跨三个年头 21 个月，历尽艰辛，发掘取得圆满成功。

第四节　整理与修复

按照该墓葬的发掘与整理方案，发掘结束后随即在蚌埠市博物馆内安排场地进行发掘材料整理工作，聘请专业技术人员进行陶器、铜器的修复工作等。对套箱提取上来的人骨架、动物骨架、遗迹等文化遗存运到博物馆临时整理室内放置，不知道今后有没有条件和技术对其进行进一步保护和整理修复或复原工作。

一、整　理

1. 场地的选择

该墓葬发掘结束后，由于发掘工地租房空间小，不具备整理条件。出土器物多存放在市区内博物馆库房，再运回工地修复整理也不安全。因此，需另行选择整理场地。根据蚌埠市文化局的意见，在市内看了除博物馆以外的一个地方，场地较宽敞，但是，文物安全又存在一定的隐患。最后选择在科学文化宫西三楼，市博物馆西展览厅，工作人员和技术工人租住在博物馆外。

2. 场地布置

蚌埠市博物馆西展厅是一个南北长方形场地，可用面积约为 225 平方米（东西宽 30×南北长 7.5 米）。该修复整理场地的布置，首先考虑资料整理与文物保护修复分开，不能互相干扰，还要兼顾对内开放参观。在场地规划布置上分两大块：第一块是在场地的两头各建一个工作间（5×4.5 米），北头的一间做文物保护修复室，安装修复台，工具架等；走道南头的一间做整理室，安装电脑和文件柜等；第二块是场地的中间部分（30×7.5 米）用来摆放和陈列出土文物、照片展板等，其布置既要方便整理修复工作的展开，又要保证内部展览参观人员的顺畅。因此，在中间安装一排展台摆放青铜器等文物，东侧靠墙安装一排文物架摆放土偶文物，西侧靠墙安装一排照片展板和陈列小件文物的展柜。

二、修　复

该墓葬中的随葬品大多因早年椁室盖板倒塌被压碎，青铜器和玉石器虽然破碎尚能个体起取，特别是粉碎性的陶器和腐朽碳化的漆木器等现场无法分件个体起取，采取套箱分割提取运到室内拼对整理，这种无奈的分割给修复拼对带来相当大的难度。我们的整理思想是要竭尽全力修复这批珍贵的文物，聘请最好的修复技术人员进行全面的修复工作，这一点我们做到了，而且做得非常的好，为编写发掘报告打下一个坚实地基础。

1. 陶器修复

该墓葬出土的彩绘陶器，由于分割套箱起取往往把一件器物的陶片分割在不同套箱中，给修复带来较大的难度，修复过程要比修复普通陶器费时费工也费力，庆幸的是我们这次请来的陶器修复技术人员水平很高。其方法是：将分割开的几个套箱按照原来的方位逐件打开，在套箱原处拼对粘接，不能用水洗茬口，只能用毛刷将陶片茬口刷干净，由小块拼对成大块，再由大块拼对成整体器形。对每一件缺损处要保留到所有的彩绘陶器全部成形后，再将多出来的彩绘陶片逐件拼对一次，最后加固补上石膏。对彩陶纹饰也准备进行缺损修补，使整体纹饰完整，但因补上去颜色不一致而只做了几件尝试（图版六；图版七；图版八）。

彩绘陶器和陶器的修复工作从 2008 年 7 月野外发掘结束即开始，一直延续到 2009 年年底前方告结束，中间因博物馆所在大楼失火，修复工回家而停修一段时间。

2. 青铜器修复

青铜器修复工作难度更大，首先是修复铜器的高级技术人员极度缺乏。虽然安徽省博物馆有修复技术人员，经省文化厅、文物局、考古所和蚌埠市文化局领导出面与省博领导协商，都因他们忙没有时间接这批活，更谈不上到蚌埠来修复了。因此，不得不积极争取原省博退休的金学刚师傅来蚌埠修这批青铜器，当时金学刚师傅正在六安博物馆承担一批青铜器修复任务，只好凭多年关系请金学刚的弟弟金春刚师傅到六安做说服工作，这边因申报十大发现急需修复几件典型青铜器，协商能否将哪里的活先放一放，最终得到金学刚师傅和六安市博物馆领导的理解，不仅同意金学刚师傅放下那边的活，还派馆里的吴忠和高长俊两个同志先后分别来帮助修复，在此要特别感谢时任六安博物馆冯基余馆长的大力支持和帮助。

2009 年 6 月 8 日蚌埠科学文化宫大火，庆幸博物馆三楼这边没有过火，整理室安然无恙。但是，因失火停电停水造成青铜器停修一年多，这中间尽管在 2009 年 11 月重新安装了电和水，又因金学刚和金春刚两位师傅在江苏邳县另有一批修复任务，直到 2010 年 6 月才又将大金师傅请回蚌埠继续进行青铜器修复工作，直到 2010 年底方告结束。青铜器除锈和铭文、纹饰拓片工作由于小金师傅被省博物馆新馆阵列布展抽调直到 2011 年下半年才又来继续工作，小金师傅的去锈和拓片工作因时间问题，只好于 2012 年元月春节前草草结束，因为蚌埠市局、馆领导催我们结束工作，真是无奈之举（图版九，图版一〇）。

3. 土偶修复

土偶是一种没有经过晾干和烧制的饱含水分的泥质文物，经过发掘中的干燥保护处理，修复这种泥质文物是一个新的课题，用什么材料粘接和修补缺损，没有先例借鉴，只能靠自己摸索。我们选择与土偶相同或相近的墓坑填上干土，用饲料机粉碎成细土粉，使用加水时适当加点胶水调成稠糊状。黏结和修补后因干湿度不一致，新补上去的会因水分蒸发开裂，需要不断地填充裂缝，直至粘住为止。由于残断和破碎的土偶较多，仅在发掘工地临时库房脱水过程中进行了一部分修复，由于时间关系运到博物馆整理室只进行了为数不多的修复。

这里需要提醒的是，对这种泥土质文物虽然经过脱水干燥和大部分修复处理，将来是否能这样永久性保存尚不得而知。为此，原本申请对其进行永久性保护处理课题，可惜没有申请到经费只好留存蚌埠市博物馆待进一步保护处理。

4. 骨架遗存

该墓葬底部发现 10 具殉人骨架和猪牛羊骨架，这些骨架保存不好，腐朽较甚，特别是动物骨骼腐朽粘连在一起，不能单个起取。对这批骨架全部套箱提取上来，原本安排对其进行永久性保护处理，还设想如果技术条件许可邀请人类学专家对人骨架进行修复和复原人体画像供研究与展览，可惜因时间和经费问题被搁置了，只好把存放在发掘工地临时工棚里霉变的遗存重新更换套箱运到蚌埠市博物馆存放待保护修复（图版一一）。

5. 腐烂漆木器

该墓葬保存条件不好，随葬大量的漆木器全部腐烂仅存有一些漆木器腐烂碳化的漆皮。发掘时用套箱提取了这些尚保存的漆皮。在修复整理过程中打开套箱碳化的漆皮干后更加脆碎不能分离揭取，只好采取粘取的办法留存了大部分粉碎的漆皮块和碎末（图版一一）。

6. 主棺底遗存

该墓葬内的有机质木质葬具和随葬品全部腐烂不存，仅见有棺椁木头腐烂的框形痕迹。主棺底部尚存有厚厚一层朱砂遗迹和墓主人头骨朽痕、牙齿。发掘时用套箱提取了主棺底部这些遗迹保存（图版一一）。

第二章　发掘经过

　　该墓葬的发掘工作从 2006 年 12 月进驻发掘工地开始至 2008 年 8 月撤出发掘工地结束，跨三个年头，历时 21 个月 640 余天。发掘期间每年向国家文物局申报考古发掘执照得到批准：《考执字（2006）第 52 号》、《考执字（2007）第 155 号》、《考执字（2008）第 99 号》。

　　在发掘过程中始终贯彻科学的考古发掘与保护理念，严格按照《田野操作规程》操作，工作严谨细致，不急不躁，不受条件限制和经费影响。发掘期间不断邀请各级领导和专家莅临发掘工地考察指导，营造积极向上的和谐学术氛围和与领导沟通求得支持的工作环境，适时地向省市领导申请经费和停工做保护工程，历尽艰辛，取得重大成果，使该项考古取得圆满成功。

　　该墓葬的发掘取得了重大的考古新发现，除了获得大量的文化遗物外，还获得了墓葬考古中从未见过的最新信息，其发掘经过大体可分为：考古钻探；发掘前准备；封土、墓坑、墓底发掘与保护；多学科合作与成果宣传等方面。

第一节　考古钻探

　　该墓葬先后进行过三次考古钻探工作，其钻探的目的主要是了解土墩下墓葬的基本结构、保存情况以及年代等问题，为保护和发掘研究提供科学的依据。

一、第一次钻探

　　为证实双墩村 1991 年考古调查确定的两个大土墩是否是两座汉墓的基本情况，蚌埠市博物馆（文物管理处）于 2003 年 6 月中旬至 7 月中旬委托洛阳九都文物钻探公司一行 10 人对双墩村两座墓葬进行为期一个月左右的考古钻探，根据当年该钻探公司提供的钻探报告结果如下：

　　双墩村内两个土墩呈东北西南向排列，之间相距约 80 米。北墩（M1）距地表高约 9 米，底部直径约 70 米，顶部被后期平整，直径 17 米。南墩（M2）高约 9 米，底部直径约 50 米（因土墩周边被取土破坏而略小于北墩），顶部后期破坏，直径 16 米。两个土墩均为逐层堆土夯打而成，每层厚 15～30 厘米。钻探从顶部开始探出墓坑范围和深度，再从周边探出墓道的位置，对墓葬的深度因当地发大水和土墩太大太深未能探明。

　　北墩（M1）墓坑开口距墩顶 11 米，墓坑呈长方形，东西长 21、南北宽 16 米，墓室大小和深度不详（探至距墩顶 17 米未见墓底）。封土堆为夯土而墓坑内填土松软无明显夯打迹象。

南墩（M2）墓坑开口距墩顶 11 米，墓坑呈正方形，边长 21 米，墓室大小和深度不详（探至距墩顶 17 米未见墓底）。封土堆为夯土而墓坑内填土松软无明显夯打迹象。

（注：此次钻探错误认定封土夯筑和墓坑为长方形或方形）

二、第二次钻探

由于 2005 年 6 月双墩村北墩（M1）被盗未遂存在严重的安全隐患，蚌埠市提出对其发掘保护并上报走程序。为做好双墩一号大型墓葬的发掘保护工作，安徽省文物局和安徽省文物考古研究所非常慎重，提出发掘前必须进行一次详细的考古钻探，以进一步弄清该墓葬的体量、结构和保存情况，为制定发掘保护方案提供依据，特派阚绪杭研究员领队主持这次墓葬考古钻探工作。

该墓葬的考古钻探工作，由安徽省文物考古研究所和蚌埠市博物馆于 2005 年 8 月 28 日至 10 月 10 日再次委托洛阳九都文物钻探公司一行 11 人对该墓葬进行为期 44 天的考古钻探（图版一二）。

考古钻探前由领队制定了详细的计划和方案，提出十条意见：

（一）钻探目的

此次对双墩一号墓葬进一步钻探，是为下一步考古发掘保护提供有价值的论证资料。

（二）钻探要求

1. 必须探明该墓有没有被盗的遗迹和现象（重要的是盗洞的发现，要能够确认被盗或没有被盗的理由和证据）。

2. 探明该墓的封土的范围、高度、总体结构（墓葬的封土高度、坡度，并判明封土有没有二次加封等）。

3. 探明夯土层的结构，如夯层的厚度、夯实程度、夯土的成分分析、夯筑方法的推测和有无值得注意的特殊现象（如运送封土的迹象，通过与附近土壤的对比分析，说明封土是否就地取土）。

4. 探明墓口的位置和大小及距现在地表的深度，还要尽可能地探明墓室的深度、大小和墓室的保存情况以及结构，如砖室或封泥或积炭和棺椁等，以及判明该墓葬的大体时代。

5. 探明有无墓道和墓道的方向、长度、宽度、深度等结构情况。

6. 在墓葬基本探明后，要在墓葬的附近进行钻探调查，了解该墓有无陪葬坑、祭祀坑或护陵设施或建筑的附属遗迹现象。

（三）钻探范围

原则上以现存封土底径边再向外 5 米的范围内进行钻探，如在钻探中发现与该墓葬有关的遗迹现象经领队确认后可考虑扩大钻探范围。

（四）钻探布孔

探孔的密度要能对直径在 0.80 米的盗洞覆盖，是否可以考虑 1 米间距的梅花孔，关于对盗洞的钻探深度原则上以 2 米左右为宜。但对墓口、墓室和封土结构等上述有关问题的钻探深度可根据需要，一定要钻探到位。

（五）钻孔土样保存

用塑料薄膜就地保留探孔土样，对重要的探孔土样要移至室内保存，等待有关方面确认后提出处理意见。

（六）钻探资料

对钻探要绘制详细的平面布孔图并表明每一个探孔的编号和深度。同时要对每一个探孔做文字记录，重要探孔不仅要做好文字记录，还要附草图加以说明。

（七）封土中的遗迹

对该墓封土中的防空洞等现代遗迹要表明位置和深度，要做好文字记录。对上部的封土仍然要做好详细的钻探工作，不可疏忽大意，漏掉寻找盗洞和其他遗迹现象的可能性。

（八）钻探工作结束后，要尽快编写提供详细的钻探报告。

（九）上述意见在实际钻探工作中遇到问题时可以做进一步调整。

（十）此项钻探由考古领队负责业务工作，蚌埠市博物馆组织实施。

该墓葬第二次钻探结果报告如下：

蚌埠双墩墓位于淮上区小蚌埠镇双墩村内，村内有两座大墓墩，两个墓墩呈东北—西南向排列，中间相距约80米。此次钻探为北墩，编号1号墓。该墓位于双墩村内乡村公路北侧，封土堆底部紧靠路边。封土墩呈馒头状梯形，上小下大，顶部被部队建雷达站时平整呈平顶，底直径东西55米，南北48米，顶平面直径约17米，墓墩距现在的地表垂直高度约9.5米。

墓口开在现封土墩下9米的原生红土层，墓墩周围现在的地表为淤土，淤土下1米左右才是原生的红土层。由此说明，葬墓的这块地方原来是一个高出周围约1.5米左右的小型台地。

为了弄清墓葬的形制、结构和该墓葬是否被盗等情况。钻探采取1×1米中间加孔的梅花点布孔方法，从封土墩顶部中间向四周布孔钻探。探察盗洞的探孔深度一般达到4~6米左右，没有发现夯土被扰乱的情况，即没有发现有盗洞的情况。

在封土墩平顶西部有一道南北长12米，宽1米的砖结构墙基（原雷达站机房墙基），其位置正好在墓口的西边线上。

在封土顶部的东北有长约9米，宽约7米，深3.5米，内含少量乱石和石灰等杂物的一块被建雷达站防空室挖开又回填的土层，有的地方乱砖等较多，少数孔眼探不过此层。

在封土墩东部建有雷达站的地下砖混结构防空室（洞），该防空室是先挖开墓葬的封土，用拆凤阳明皇城的砖所建，券顶以上又加土与墓墩封土连成一体。门朝北的为防空洞主室，室内面积较大。朝东有个通道，今年6月份当地群众发现有人从这个通道中盗墓，盗洞西南向平行向里挖有9米长，盗洞直径不到1米，大约到达墓口东南角的边缘处。防空洞和盗洞都在地平面和地平面以上的封土中。

墓口大致为长方形，北和东的墓口边与西、南的墓口边呈不对称形状，南北18米，东西20米。墓口东边有一个长2.5米，宽4米的墓道至墓室，有台阶14个。在墓口的每一个拐角处都呈方块形内凹，每个凹块约1.5米见方，其中西北角、西南角和东北角的每个角都向内凹，东南角呈曲尺状，有5个内凹角。墓口内四周都有台阶，因探至12米深处见水，探铲已带不上来泥土，只能弄清一个台阶在11米处，以下台阶看不清。为弄清墓室结构和保存情况，对探铲工具进行了改造，不用洛阳铲，重新设计制作钢管探。这种钢管探头虽然能够穿过水层，但是，带上来泥土极少。在墓室南部的一个探孔深 15.6 米处，三叉形状的钢管探头管内带上来黑色陶片和铜器锈的碎片，终于在大家努力下取得该墓中有陶器和铜器随葬品的证据。在另一个探孔深 16 米深处又取得了墓底"红色朱砂"证据，这种"红色朱砂"在洛阳地区为周代墓葬中铺在尸体下面的东西。因此，从陶片（磨光黑皮陶红胎）、铜锈碎片和红色朱砂等证据来看，该墓葬的年代初步意见为周代墓葬。

墓室在 16 米见底，14 ~ 16 米为墓室的深度，内为淤泥。墓室呈十字形，南北长约 9 米，宽 6 米，东西长 10 米，宽 4 米。红色朱砂发现在墓底的南部。

墓葬的封土墩均为夯筑结构，夯层从墓顶至 12 米，每层厚 30 厘米，也有 50 厘米的夯层。封土里面含有黑土、黄土、红土、沙土等成分，其中黑土成分较多，这种黑土为当地原地表的上层土，由此，该墓墩的封土为就近取土。

钻探结束之后，根据钻探提供的墓葬平剖面图、实物、文字资料，邀请省文化厅、省文物局和省考古所有关领导、专家到现场进行考察论证，并在考古所召开所内考古专家论证会，对钻探资料做进一步分析论证，认为该墓葬规模宏大，结构特殊，钻探取得实物证明随葬器物的存在，虽然，保存情况不是十分清楚，不否认有发掘保护价值。

发掘结束证明，这次钻探虽然没有完全达到全部要求，也没有完全弄清墓葬的结构和保存情况，错误地认为夯筑封土和不规则墓坑结构等。但是，收获是主要的，即弄清了墓葬的大概深度和有文物保存这一基本情况，为决策发掘保护提供了最重要的信息。

三、第三次钻探

为完善发掘方案和了解双墩村两座大墓周围是否有陪葬坑或守墓、祭祀等遗迹现象以及周边附近的地貌变迁等情况，在发掘开始后于 2007 年 3 月 10 至 4 月 19 日考古队委托洛阳市伊星钻探有限公司 10 人进行为期 40 天的考古钻探工作。钻探工作分三步进行，首先对发掘中的墓坑进行详细的结构和保存情况钻探；其次是围绕双墩村内两座大墓周围进行较详细的钻探以了解是否有陪葬坑或守墓、祭祀等遗迹现象；再就是对双墩村周边 500 米至 600 米范围内进行地貌变迁钻探。

钻探结果如下：

1. 对墓坑钻探认为正东有斜坡状墓道，圆形墓坑深 8.5 米，墓壁深浅不一，似有台阶，墓室保存情况没有获得有价值的信息。因此，墓坑钻探非常不理想，没有获得任何有参考价值的证据。

2. 对两座大墓周围的钻探没有发现陪葬坑和与大墓有关的遗迹现象。但是在 2 号墓的西部 100 多米以外的范围内发现大量的被破坏的汉代砖室墓，同时发现两座土坑墓，编号：M3 为小型墓、M4 为中型墓。为了解这两座土坑墓与大墓之间的关系，于 2007 年 3 月 31 日至 4 月 3 日对 M3 进行了发掘，其时代为战国，晚于大墓的年代（周群：《蚌埠双墩三号墓发掘》，《考古》2010 年第 9 期）。这里需要说明的是大墓周围房屋密集，钻探只能在没有房屋的地方进行。

3. 对双墩村周边 500 米至 600 米范围的地貌钻探有一定的收获，这个范围内原来是一个不规则的原生土高岭地带，四周坡形逐渐低洼，坡度呈 0.8 ~ 1.5 ~ 2.5 ~ 6 米……现在双墩村地势尚略高于周边 1 ~ 1.5 米左右，几乎被淤平。蚌埠市志载淮河以北由于水患地貌变化很大，淤土层厚达 6 ~ 10

多米，在此处得到进一步证实。

第二节　发掘前的准备

　　该墓葬发掘保护在钻探论证的基础上向国家文物局申报获得批准，"考执字（2006）第52号"，发掘时间为 2006 年 6 月至 12 月。对这座土坑大墓要在批准的半年时间内发掘完成是非常困难，首先在获得批准前没有做好发掘准备工作，最大的问题是蚌埠市政府领导换届造成经费未能及时到位，之前安徽省文物考古研究所按照蚌埠市要求提交了编制该墓葬发掘保护和整理报告经费预算，直到 2006 年年底市主要领导才在考古领队关于双墩墓发掘保护意见书信上批示，12 月拨给启动经费。因此，该墓葬的发掘工作是从 2006 年 12 月才开始做准备发掘保护工作的。

　　该墓葬 2006 年 4 月 14 日获得国家文物管理局批准发掘，7 月 16 日由主持考古发掘领队书面向蚌埠市提交了"关于双墩汉墓发掘工作的意见"，根据意见进行三个方面的准备工作：首先是由市政府进行逐级政府协调用地、伐树、安全、驻地、民工、青苗赔偿、交通、水电等一系列需要政府出面解决的问题；其次是蚌埠市博物馆代表蚌埠市（甲方）与安徽省文物考古研究所（乙方）起草和签订《关于蚌埠双墩一号墓发掘和整理报告的协议书》，组建考古队，根据考古钻探资料制定一系列考古发掘方案、发掘中的保护方案和预案、行政工作和业务工作方案等；三是对发掘用品、测绘记录用品、生活用品、劳保用品和保护材料等物资进行准备。在上述准备工作就绪后，按照协议和制定的一系列方案科学地对蚌埠双墩一号墓进行发掘保护工作。

一、省市签约

关于蚌埠双墩一号汉墓发掘和整理报告的协议书

　　甲方：蚌埠市博物馆

　　乙方：安徽省文物考古研究所

　　由于双墩一号汉墓 2005 年 6 月被盗未遂，存在严重的保护隐患，蚌埠市人民政府自筹资金、采取积极的考古保护措施，开我省之先河，其意义深远。为确保此项考古工作符合国家规定和高质量地顺利完成，达到蚌埠市人民政府发掘保护的目标，保证经费和该项目的发掘和整理报告等工作的顺利进行到底，根据国家有关考古工作的规定，受上级主管单位的委托，经甲乙双方协商，达成如下协议：

　　（一）考古发掘

　　1. 双墩一号汉墓考古发掘项目 2006 年报经国家文物局批准（考执字〈2006〉第 52 号），由安徽省文物考古研究所阚绪杭研究员领队，主持该项考古工作。

　　2. 甲方负责双墩一号汉墓考古发掘行政方面的保障与协调工作，认真做好发掘前的准备工作，单独安排考古队驻地和伙食单位，不与工地其他部门工作人员混住，避免影响科研人员的正常工作。

3. 乙方负责对双墩一号汉墓的考古发掘业务技术和考古队的组成。考古队由领队负总责，省考古所周群任副领队和蚌埠市博物馆馆长钱仁发任副领队；市博物馆2人参加工地发掘和录像照相及保管等工作；外聘技工2人参加发掘、整理修复和绘图；司机兼勤杂1人；炊事员2人；共10人组成。

4. 甲方负责发掘工地的施工队伍、安全保卫、出土文物登记造册保护、搬运和存放场地的具体行政事务的安排和实施。负责发掘中遇到的具体问题实施现场处理，确保发掘人员和文物的安全。

5. 乙方严格按照国家颁发的《田野考古工作规程》中有关古墓葬的发掘规定，进行科学发掘、做好文字、绘图和照相录像工作。

6. 甲方对双墩一号墓发掘的新闻工作应按照国家文物局有关大型考古发掘不准现场报道的规定，如果一定要报道必需上报国家文物局批准。可考虑由省、市电视台现场录制，待上报批准或发掘结束后召开新闻发布会，未经领队同意不得擅自报道。

（二）整理报告

双墩一号汉墓的野外考古发掘和整理报告是一个有机的整体，按照国家《田野考古工作规程》中"领队负责制"的规定，由领队阚绪杭研究员主持发掘材料的整理和编写报告工作。

1. 甲方在双墩一号汉墓发掘工作结束后，负责安排整理场地和工作人员的食宿行，即转入室内整理和报告的编写工作。

2. 乙方领队将根据出土器物类型、数量和难易等情况安排或聘请专家组成整理组，可确定参加人员有省考古所周群副研究员和市博物馆钱仁发馆长。

3. 整理时间视出土器物数量、类型和难易情况来确定。

4. 资料归属。

发掘和整理工作所有的原始资料等均由省考古所归档保存，市博物馆可复制或复印副本存档。

5. 文物归属。

整理工作结束后，文物原地存放在蚌埠市博物馆至报告出版后，由省文物局指定单位收藏，并按国家规定办理移交手续。

6. 甲方负有将双墩一号汉墓发掘材料整理和编写报告工作进行到底责任，不得以任何理由终止整理和报告的编写工作，以避免国家文物局的追究。

（三）经费及其他

1. 双墩一号汉墓考古是蚌埠市自筹经费项目，经费必须得到保证，并转入甲方账户，单独建账，根据领队的意见专款专用，同时由甲方上级主管部门——文化局监管。

2. 关于工作人员的差旅补助和技工工资等费用，原则上比照省考古所有关田野考古标准办理，并提供食宿行。

3. 根据国家有关规定，考古队工作人员节假日不休息，应发给每人每天加班费。

4. 甲方每月报销一次，按月发给工作人员的补助补贴费和外聘人员工资。

5. 此项考古工作为特大型考古工作，发掘工地配备通信工具手机一部，交通工具由甲方解决。

6. 甲方有接待来工地和整理现场指导和帮助工作的专家和技术人员的义务，费用均在此费用中列支。

7. 以上协议, 在工作期间如有未尽事宜, 由双方协商解决。

8. 本协议一式四份, 经双方签字生效。

(注: 由双方单位法人省考古所杨立新所长和市博物馆钱仁发馆长分别签字盖章, 2007 年 1 月 15 日)

二、考古队人员

该墓葬发掘由安徽省文物考古研究所与蚌埠市博物馆和聘请临时考古技工等 10 余人组成一支精干的考古队伍。在发掘过程中因进行发掘现场保护工作和向各级领导汇报申请经费等问题, 致使该墓葬的发掘时间延续比较长, 在连续不间断地 20 个月的发掘和现场保护过程中考古队的业务人员因工作需要有一定的调整和临时安排。

考古队组成后进行了人员分工: 总领队阚绪杭 (省考古所研究员), 兼摄像拍照; 业务副领队周群 (省考古所副研究员), 兼绘图; 行政副领队钱仁发 (蚌埠市博物馆馆长)。考古发掘队员: 蚌埠市博物馆徐大立 (副研究员)、赵兰会 (中级职称) 和凤阳县文物管理所朱江 (中级职称)、余建民 (中级职称) 等四人参加封土的发掘工作; 蚌埠市博物馆书记朱天成先生参加发掘过程中的摄像拍照工作; 外聘考古技工刘文才 (考古发掘)、刘粉英 (器物修复和考古发掘)、郗安红 (参加封土和部分填土发掘和野外绘图); 事务兼司机迟志强; 炊事员先后有: 乔化杰、王素琴、阚绪州等。高和平 (蚌埠市博物馆) 发掘前负责对墓葬进行钻探工作。

发掘清理墓葬底部时候业务人员不足, 临时从省内有关文博单位抽调淮北市博物馆张辉 (中级职称)、孙海波、杜鹏和濉溪县文物管理所丁新 (中级职称)、张拥军 (中级职称) 等业务人员前来参加墓底的清理发掘工作; 临时抽调蚌埠市博物馆辛礼学 (副馆长)、王元宏、高奥、开令杰、徐德光等业务人员前来参加随葬器物出土的提取、包装、运送文物进库房等工作。

三、住地与库房

该墓葬野外发掘人员的住地和临时出土文物库房安排和选择, 经蚌埠市文化局、淮上区政府分管领导和考古队三方面共同实地考察安排在双墩村中, 最终选择双墩村文物保护员姚启怀家的房子, 这座房子单门独院, 是一座方形屋顶式两层楼建筑, 面积约 200 平方米左右。这座房子是姚启怀亲戚在家乡建的一处别墅, 是双墩村最好的房子, 也是考古队最理想的住地, 距发掘点近, 出门只要 5 分钟就到发掘现场。考古队和技工等 10 人住在楼上 5 个房间内, 炊事员等住在一楼。临时库房安排在一楼大厅, 大厅内东半部靠墙排放一排文物架和发掘墓葬的沙盘、器物修复台等; 一楼大厅中间部位既是客厅、会议厅、又是餐厅, 摆放一张长圆形桌子和 10 多个凳子; 一楼大厅的西部用木板隔成一大间照片展览厅, 随着该墓葬的发掘进度从头到尾展览整个发掘过程以及莅临发掘现场考察指导的各级领导和专家照片等。这个临时库房主要存放墓坑填土中出土的 2000 多个土偶、墓室内随葬的陶器和修复室, 还兼展示该墓葬的形状、遗迹、结构沙盘等 (图版一三)。对该墓葬出土的大量青铜器、彩陶器套箱等全部运到蚌埠市博物馆库房临时存放, 这样确保出土文物的安全; 对墓葬中的腐朽漆木器、主墓室底部遗存、动物骨骼和人骨架等全部套箱提取存放发掘现场临时搭建的棚子里，后来又翻箱运市博物馆收藏。

第三节　安全与保护

该墓葬的发掘事先针对现场的环境、发掘对象的体量和发掘中的具体情况等采取了安全防范和对文化遗存保护措施，使长达 20 个月的发掘工作得以安全顺利完成。最重要的是对罕见的圆形墓坑遗存采取了科学保护，对破碎的随葬器物、腐朽的人骨架和动物骨架及腐烂的漆木器、主棺底部遗迹等进行了保护性套箱起取。

一、工地安全

1. 考古发掘现场的安全至关重要。该墓葬位于双墩村境内，南侧临一条东西向乡村公路，这样的发掘现场环境，如果采取敞开式的发掘，大量的围观人群会给发掘工作带来安全隐患。开始蚌埠市计划拆掉墓葬东侧的几户民房和封闭墓葬南侧东西向乡村公路。考古领队根据墓葬封土的大小和钻探确定的墓坑大小及位置、深度，充分估计和测量得出该墓葬发掘区安全占地平面范围，进行现场详细测量考察后认为：可暂时不要拆房和封路，避免给当地群众生活带来不便。采取在发掘区平面范围四周建砖结构围墙，进行封闭式发掘，还通过公安部门安排四名保安在发掘现场 24 小时值班保卫，并制定严格的保安制度。

2. 发掘中的安全。发掘封土堆严格控制剖面的高度，2.5～3 米左右留台阶以防塌方。墓坑发掘到 3.5～4 米深度左右到达地下水位，墓坑大量渗水，水泵不停地抽水也抽不干墓坑的渗水，墓壁出现大面积塌方现象。如果不解决地下水和制止塌方就没有办法继续向下发掘，为将这座大墓发掘到底，为工作人员的人身安全和墓底文物的安全，对墓壁采取加固和打深井降地下水措施，确保发掘过程中的安全。

3. 出土文物的安全。在发掘墓室底部和提取文物出土时，由蚌埠市文化部门选派专人配合公安民警值班看守。提取文物和运送出土文物的那天蚌埠市政府还加派武警保卫和押运（图版一四）。

二、墓坑保护

该墓葬发掘的过程始终与保护工作紧密相连，因为我们第一次发现了一个非常罕见的大型的圆形墓坑建筑形式土坑墓葬。从发现的那一刻起我们就非常兴奋，庆幸又发现了一个人类文化奇迹，并决心把这个圆形墓坑保护下来，让更多的人看到这个古代文明的见证。为保住这个圆形的墓坑我们采取了多方面的措施：首先在发掘墓坑填土的时候不直接挖到墓坑壁，沿着墓坑壁留下 30 厘米填土保护，并覆盖塑料布防干裂；其次是在墓坑上方建大棚防雨。开始我们建的是塑料大棚，这个塑料大棚因跨度太大不堪重负，一场暴风雨倒塌了。为保护墓坑又停工半年之久筹建钢构大棚，达到较长时间保护的目的；三是坚持墓坑发掘不破坏墓坑壁，先从墓道出土，后在墓坑上方建跨墓坑行车吊土和运送物资；四是对墓壁因地下水塌方进行铆钉混凝土支护加固处理，确保圆形墓坑形状的保存（图版一四，2，图版一五，1、2）。

三、文物保护

该墓葬的出土文物大部分保存不好，对其保护主要有五个方面：

1. 对墓坑填土中发现的"土偶"进行保护

"土偶"是一种新发现的泥质文物，未经晾干和烧制，以前从未见过这种文物。由于制作后未干就被埋入墓坑填土中，大多数受到挤压变形，有一部分已经破碎，还有一些坯块等。出土时土偶饱含水分，清理出土很快表面水分蒸发形成内外收缩不一致而开裂，起取时大多断裂破碎，在发掘过程中必须及时地对这种潮湿的泥质土偶进行保护处理，否则难以保存。经多方征求保护方案都没有得到解决。最后我们想到了自然物理脱水的办法，必需保证每一个土偶出土时有一个不能使其马上蒸发水分的小环境。我们采用塑料袋套装的办法，使其在这个小的环境中慢慢蒸发水分，经过几个月的时间就自然脱水干燥。在这个脱水过程中又要经常将土偶从塑料袋中拿出来晾一小会再放进去，并保持套装土偶的塑料袋有小孔，保持塑料袋内不积水，避免长霉或结冰。这个办法非常有效，保住了这批罕见的泥质文物。由此，充分证明我们在发掘过程中对其采取自然脱水的保护措施，取得良好效果。

2. 对出土各类文物的保护

随葬在器物厢内的青铜器、石器、陶器、漆木器等出土时均不同程度地破碎或粉碎，对破碎的青铜器、石器等尚能分清个体的文物，采取分个单独提取包装的办法；对粉碎的彩陶器成片相互之间交错叠压，没有办法一件一件地区分开来提取，由于彩陶器器物多，面积大，不能整体套箱提取，只好采取编号分片切割套箱保护提取的办法。

3. 骨架保护

该墓葬发现 10 具殉人骨架和猪牛羊骨架，这些骨架保存不好，腐朽较甚，不能单件提取骨骼。对人骨架采取单个套箱保护提取的办法。动物骨骼严重腐朽，相互叠压粘连在一起，也不能单件提取骨骼，对其采取整体套箱保护提取的办法。

4. 腐朽物保护

该墓葬器物厢内尚保存有一些漆木器腐烂碳化的漆皮，有的地方漆皮一层层叠压，这些漆皮碳化严重，触摸容易破碎，发掘现场不能单独提取，采取重点单独分割提取的办法。

5. 遗迹保护

主要是对该墓葬主棺椁底部的遗迹留存保护。在主棺底部尚存有厚厚的一层腐烂成泥样的红色物质和棺木腐烂的遗迹以及墓主人头形痕迹、牙齿等，对其采取套箱提取保护的办法。

第四节　封土发掘

该墓葬的封土体量大，我们对其采取两分法进行发掘的方法。通过逐层细心地发掘观察，发现封土堆层位参差不齐，厚薄不均，结构紧而不实。由此，该墓葬封土堆的构筑形式为堆筑，其构筑用土为人工混合的五色花土，并在封土堆下发现白土垫层和在封土堆中心部位发现早期盗洞等遗迹现象。

一、发掘方法

墓葬的考古材料证明，在墓葬的封土中会有二次加封或三次加封或有祭祀活动遗迹现象或有晚期遗存的打破叠压等文化现象存在的情况。因此，我们在发掘该墓葬的封土堆时采取了非常慎重的方法。为能弄清封土中存在的诸多未知数，开始对墓葬封土堆划分为四等份进行发掘。当发掘开始后，发现该墓葬20世纪70年代，中国人民解放军驻双墩某导航雷达部队，平整该墓葬封土堆顶部建设雷达天线，并挖开该墓葬封土堆东部修建砖混防空库房等军事设施，防空库房等军事设施建好后又回封复原，致使该墓葬封土堆东北部遭到严重的破坏。根据这个情况将该墓葬封土堆四分发掘法调整为东西两分法进行发掘的方法，先挖西半部再挖东半部（图版一六，1）。

该墓葬封土堆发掘采用人工和机械相结合的取土方法，为了很好地控制层位关系和弄清封土堆结构以及遗存等情况，取土采用逐层发掘并进行平剖面刮（铲）平的发掘方法，取得重要收获和良好的效果。

二、发现盗洞

该墓葬封土发掘，通过平剖面结合寻找土层的变化，在封土堆中间部位发现盗洞一个。盗洞因坍塌口大呈漏斗状，直达墓室主棺椁位置。但从发掘的情况看，并未造成主棺内随葬品被盗的情况。盗洞内淤满坍塌土，质地较松，颜色与封填土色没有太大的区别，盗洞的平剖面线切断了地层线。由于在盗洞中未发现可供确定年代的参考物，因此，这个盗洞年代不详。造成盗墓未遂的主要原因是否与墓葬封填土深厚缺氧或无法找到随葬器物坑或墓坑处于地下水等有关。发掘时该墓坑深至地下水位线下4米的流沙层中，我们认为该墓葬在埋葬时的墓坑不可能挖在水位线以下的流沙层中，目前的地下水位高是埋葬以后地貌变化形成的。从盗洞至墓室底部来看，其时间应该在地下水位抬升之前。那么根据发掘时的钻探资料，这里发现大量的战国至汉代墓葬，说明两汉时期这里地下水位尚未抬升。这里地貌变化系黄河南迁夺淮泛滥所形成，其沿淮平原地貌由现代冲积层组成，厚度在10米以上。似可以推测该墓葬盗洞的年代大致在宋代前后。这样的想法是否有驳事实也未可知，在这里提出仅供参考（图版一六，2）。

三、发现五色土

我们在对该墓葬封土和填土发掘过程中观察到构筑土呈颗粒状态，有的地方颗粒比较粗，各种颜色颗粒土混合在一起，仔细观察还特别明显。我们对这种不同颜色的颗粒土进行初步的区分，还真的达到五花土的标准。但是我们又发现其中青色土（灰色）、黄色土、红色土三种颜色土来自本地，而黑色土和白色土当地没有，需要从异地选择采运。为此，我们大胆地提出这种五色颗粒混合土是人工有意识所为，非偶然的巧合。这样大量的五色混合土的用运非同小可，应是一种超常规的思想体现。为此，特邀请有关专家现场考察论证和样品采集，并对照国家土壤标准定色和寻找土原产地。这种五色土不仅用于庞大的封土堆，还用于墓坑的填土，使用大量五色混合土来做墓葬的封填土在考古史上还从未见过。

四、发现白土垫层

我们在对封土堆底部发掘时发现一层纯净的白土层，开始认为是自然地层，经询问在场的当地群众和施工队都说没有见过，并且在周围几十里范围内也没有人见过这种白土自然地层，这就引起了我们的高度注意。经过认真细致地发掘观察分析，先是在白土层中发现一小块绳纹灰色红胎陶片，随着发掘面积的扩大又发现两处有较多的陶片夹杂在白土层底部或叠压在其下，接着又在墓坑西侧和东南部位发现一块面积不大的文化地层和小灰坑被白土层叠压，并出土了较多的绳纹陶片和鬲足等器物残件。由此，证明封土堆下的白土层是人工特意铺垫形成的，不失为又一项重要的考古新发现。这种白土还在墓璧上涂抹厚厚一层。

第五节　填土发掘

该墓葬填土的发掘更加认真而细心，相对封土堆发掘来讲有过之而无不及。墓坑内的填土也是五色颗粒混合花土，发掘掉墓口以上的封土后，涂抹一层白土的圆形墓坑口平面特别清晰而明显。由于墓坑面积大不好控制而采用发掘遗址的探方法，在圆形的墓坑内留十字形隔梁，将墓坑分为四等份，逐层一个探方一个探方的发掘。通过这种发掘方法，使我们揭示了由于填土未经夯实，中间下沉致使墓坑填土中的遗迹现象呈锅底状分布的根本原由，弄清了一个层面上的遗迹落差错位的地层关系，还原了原本在一个平面上的遗迹面貌。这样过细地发掘墓坑填土取得了前所未有的特别重要考古新发现，如在生土二层台以上的墓坑填土中用五色混合土和生泥制作的有：放射线、土丘与土偶、土偶墙等三层复杂的遗迹现象。该墓葬填土中多种遗迹现象的发现，从不认识到模糊认识再到认识再到清晰地认识、直至得到莅临发掘现场考察指导专家的认同和确定，真实地体现了从实践到认识再到理论的全过程（图版一七）。

一、发现放射线遗迹

在该墓坑填土中发现"发射线"遗迹现象并非是一开始就认识的，有一个循序渐进的认识过程。开始发掘墓坑填土的时候，发现有几条不同颜色的填土斜线比较明显，我们进行了反复铲平、刮平和浅浅的一层一层下掘分析，寻找它的封口线，看是否为打破关系造成的或者是填土中的什么遗迹现象等。当下掘20厘米左右深度再一次铲平、刮平时，对这个由墓坑中间向四周分布的20多条斜线被认为是一个现象，再一次反复铲平、刮平分析，呈现在我们面前的现象是：沿着圆形墓坑一周有宽约2米的深色填土带环绕，中间有深浅不同五色填土相间构成辐射状的放射线。为此我们先后邀请数名专家现场考察指导，并帮助测量和解剖其构筑方式等研究，最终被确认为"放射线形状遗迹"。

二、发现"土丘"与"土偶"遗迹

该墓坑填土中发现"土丘与土偶"遗迹现象同样是一个逐渐认识过程。我们为保护和保住这个罕见的圆形墓坑，开始发掘墓坑填土的时候，沿着墓坑一周留有30厘米填土保护墓坑壁。当下掘深度达到1米以下发现被铲平的墓坑一周填土剖面上有五色土构成的连弧形现象，结合平剖面相连的圆形现象，在墓坑壁一周形成18个大小不一致馒头形状的填土遗迹。这一个一个由深浅不同的五色土分层构筑而成的馒头形状的遗迹被确定为"土丘形状遗迹"，并得到莅临发掘工地考察指导专家的认同和确认。

在发现"土丘遗迹"同层填土层中还发现非常之多的"土偶"遗存。由于这种从未见过的"土偶"为生土做成，泥质未经火烧，与填土的区别就是有形状的泥块或泥疙瘩或大泥团等。开始零星发现并未引起大家的注意，一天在墓坑南部近墓壁处突然发现一堆，接着又发现一堆，又发现一堆，之后又在这层填土发掘中发现大量无规律的土偶分布。这样我们调整了发掘方法，力争将这个一堆一堆和散放在这层填土中的土疙瘩清理出规律来，并邀请专家莅临发掘工地和把照片发给有关专家帮助分析研究，最终被确定由"土偶"泥质文物构成的遗迹现象（图版一八，1、2）。

三、发现土偶墙遗迹

该墓葬填土中"土偶墙"遗迹的发现，可以称得上是考古上的一个奇迹发现。在沿着墓坑西部十字形隔梁清理内凹的锅底状土偶层填土的时候，在距墓坑壁内约2米的地方发现抹白土的二层台墓坑壁。我们沿着白土内壁清理一段，发现有的地方白土脱落后显现出很多圆圈形重叠。经过仔细观察，我们非常震惊地发现，原来是一个一个土偶垒砌而成。经过一段很长时间的认真分析思考才敢进行全面的揭露，圆形的墓坑生土二层台内缘形成一道神奇土偶内壁墙。在此期间多次邀请数位学者和专家莅临发掘工地考察研究认定。

第六节 墓底（室）发掘

该墓葬钻探时没有发现葬具的保存情况，因此，当墓坑填土发掘到 5 米深左右我们特别小心谨慎，不断地铲平、刮平寻找填土层颜色的变化。最初我们是在墓坑的西南边发现几何印纹陶器，这组陶器的发现给我们一个信号，表明该墓葬已经快到墓底了。但是，我们仍逐层仔细清理填土，没有放弃寻找葬具腐烂痕迹的希望。当在墓坑中部填土层中发现灰白色痕迹时，马上停止不向下发掘，保留这个填土层高度。在平面上寻找这层灰白色痕迹的范围，并分析其性质，最后确定是墓室主棺椁腐烂留下的迹象。通过这层填土中留下的木质腐烂痕迹，我们找到了主棺椁、殉人木棺、器物椁室的位置，并保留了这个由腐烂木板形成的痕迹高度框线范围，给墓底（室）逐个单位发掘清理带来极大地方便（图版三二，1）。

一、主棺椁发现与清理

按照主棺椁腐烂痕迹找出边框范围线，在椁室框线内逐层进行清理塌土，发现盗洞直达主棺椁的头部，底部保存有棺腐烂痕迹和墓主人头形迹象、牙齿以及厚厚一层红色朱砂。棺椁内随葬有串玉饰、玉璧、玉玦；带鞘青铜剑、带木柄的戈、戟、镞等。经过发掘得知该墓葬主人葬具为一棺一椁，椁底部两端有方形枕木。

二、殉葬人发现与清理

该墓葬殉葬 10 人，每个殉葬人均有窄小的木棺（木匣）入殓，埋葬的层位高度低于主棺椁。发掘时均先发现腐烂的木棺痕迹。按照小木棺腐烂痕迹框线清理棺内塌土，发现殉人木棺小的可怜，殉人等于是填进去的。这些殉人多数随葬青铜小刀和由陶器碎片改制的椭圆形陶片，少数殉人还随葬有海贝饰、小陶罐、骨笄等。

值得一提的是殉人棺内随葬的椭圆形陶片是墓地商代遗址中的陶片制作，也就是说殉人是在墓坑边入殓时用墓地挖出来的陶器碎片加工后放进木馆内的。

三、南椁室发现与清理

该墓坑南部有一个很大的木结构椁室，被称为"南椁室"腐烂的椁板痕迹非常清楚，其高度低于主棺椁。在南椁室痕迹框线范围内逐层清理，中间有隔板将其分为两个箱，一个箱较大放置器物；另一个箱较小放置宰杀的动物。在清理椁室内塌土时发现其盖板早期倒塌把室内随葬器物全部砸碎压扁。发掘清理掉椁室内塌土和腐烂碳化的盖板，器物厢内露出来的是一片破碎彩陶片层、腐烂碳化的漆木器形成的漆皮层和破碎的青铜器、石器等。由于南椁室面积大，又是满室的器物碎片，人员无法下去而采用架设吊板进行清理。食物箱内是腐烂的动物骨骼层，这些骨骼堆压在一起，有动物头骨、牙齿、肢骨等，腐朽无法区分开来。

四、文化遗存清理与提取

墓葬的发掘是通过一定的科学方法和手段来弄清其建造过程和建筑形式以及结构等，更重要的还是对墓室内的葬具和随葬品的获取，因为那里含有更多的丰富多彩的带有时代特征的历史文化信息。因此，墓葬的发掘过程中对文化遗存的保护保留提取是一件特别重要的大事，一定要认真对待，切不可粗心大意或太随意处置，不能因为条件和发掘者的个人原因而造成人为地信息流失。

蚌埠双墩一号春秋墓葬考古发掘与科学保护的理念一直贯穿始终，每遇到一个问题均邀请各级领导和相关专家莅临发掘现场考察指导和研究论证，对每一个文化遗存的处置均充分征得各级领导和专家们的指导意见，从未自作主张或草率或不适当的进行处置。特别是在大量文物清理出土后，请省市领导出面邀请国家文物局分管领导带领专家组莅临发掘工地考察指导和召开专家论证会。根据专家论证会意见，邀请几位国内著名文物保护专家到现场考察制定保护提取方案等。

蚌埠双墩一号春秋墓葬的文化遗存可分为不可移动文化遗存和可移动文化遗存两个部分。

（一）不可移动文化遗存

该墓葬不可移动文化遗存主要是指墓坑和白土垫层。从开始发现这个奇怪的圆形墓坑起就确定保住它的形状不能使其破坏，因此，发掘填土时在墓坑周边留有 30 厘米填土保护，当墓坑出现塌方时对其进行加固保护，最终原地保住了这个罕见的圆形墓坑形状。对封土下墓口外的大面积从未见过的白土垫层采取部分保留，并对其分别进行覆盖埋藏或罩封保留处置，为研究和就地建墓葬博物馆复原展示提供实物资料。

（二）可移动文化遗存

该墓葬可移动文化遗存又分为遗迹现象和葬物两个部分。

1. 遗迹现象

该墓葬在墓坑填土中发现"放射线"、"土丘"、"土偶墙"、"十字形墓室布局"等几种遗迹现象，是表达死者不同的思想理念而构筑的，是实实在在的物质现象，要想原位、原状保存这些遗迹对继续向下发掘是一个不可解决的难题。根据发掘对象的实际情况采取不同的保存处置办法。其中"放射线"和"土丘"这两种遗迹均是在墓坑中用五色土构筑的遗迹，故不能原位保存或提取保存，对其进行拍照、录像和绘图、文字记录处置，为研究和复原展示保留档案资料。其次是"土偶"和"土偶墙"两种遗迹是在墓坑中用泥质"土偶"构筑，除对其构筑的遗迹形象进行拍照、录像和绘图、文字记录为研究和复原展示保留档案资料外，还对泥质"土偶"采取个体提取脱水保护保存处置，为研究和展示提供实物资料。对"十字形墓室布局"遗迹现象采取录像、绘图、文字记录为研究和复原展示保留档案资料。

2. 葬物

该墓葬的葬物主要包括葬具、骨架和器物。由于地下条件不好，该墓葬的葬物均受到严重的损毁，对木质葬具、漆木器的腐烂痕迹和附着物漆皮、主棺内的红色朱砂、殉人骨架、动物骨骼以及大量的破碎随葬器物等，因其各自的保存情况区别较大而采取不同的处置办法。对木质葬品痕迹采取拍照、录像和绘图、文字记录保留资料档案处置；对漆皮、朱砂遗存除各项记录档案资料外，还采取套箱提取保存的处置办法。对殉人骨架和动物骨骼遗存除各项记录档案资料外，还采取分项套箱提取保存的办法。对破碎随葬器物根据个体保存情况采取单个提取和分割套箱提取保存的办法，使每一件单独提取的器物碎片尽可能地集中存放，使分割套箱提取的破碎器物位置不错乱，为器物保护修复提供保障。

第七节　　多学科合作

多学科合作是考古学科的发展方向，贯穿整个考古学科研究的全过程。一个大型考古发掘项目并非一个领队或一个考古队或一个学科之力所能完成，甚至是集全国考古人的智慧和技术之能量尚力所不能及。蚌埠双墩一号春秋墓发掘始终贯彻多学科合作研究的理念，集多学科的智慧和技术力量，根据该墓葬的需求邀请相关学科莅临发掘工地和整理室开展多方位的课题合作研究。如：工程科学对发掘中的墓坑保护和防水加固保护进行论证设计；考古学科专家莅临发掘工地，对遗迹现象和随葬器物等疑难杂症进行考察指导及撰文论证；历史学科对墓葬所涉及的历史，古文字等撰文研究考证；人类学科对人骨架鉴定和检测；动物学科对动物骨骼鉴定；科技学科对残留物成分、白土成分、五色土产地、彩色成分、玉器质料、铜器产地和铸造工艺等进行检测并撰文分析研究等等。

第八节　　公众考古与新闻宣传

随着社会进程中的人们精神生活和文化生活需求，考古也不仅仅是为了研究而发掘了，公众考古学提到了考古学科的议事日程。在考古发掘过程中适度地对广大群众现场实物展示和通过各种媒体宣传报道教育人民认知历史，提高人们的自信力和创造力，是从事考古工作的一个重要方面。蚌埠双墩一号春秋墓葬发掘过程中开展了对公众展示宣传活动和各家媒体宣传报道，收到良好的效果。

一、公众考古

公众考古被列入该墓葬发掘工作中的一个重要方面。前期为封闭式考古发掘阶段，只邀请领导和专家考察指导论证，解决学术上遇到的难题和发掘与保护经费问题。中期根据发掘取得的阶段性成果结合工地实际需求情况，在住地隔出房间专门制作发掘成果照片展览、并制作沙盘模型和展出部分出土文物等，供各级领导、专家学者和当地部分群众参观。后期在确保安全的情况下，发掘现场对广大群众开放，不间断地控制性地容许当地或慕名而来的外地群众进入发掘现场参观，使我们的考古成果被更多的人所接受，提高和丰富了人们的精神文化生活（图版二六〇）。

二、新闻宣传

该墓葬发掘取得重大考古新发现，受到国家局、省、市领导的特别重视，专门成立领导小组协调工作，并根据国家文物局有关大型考古发掘新闻报道的有关意见，制定省、市两级宣传报道方案。发掘前期安排安徽省电视台第一时间跟踪拍摄收集资料。发掘到墓底后进行公开宣传报道，由安徽省电视台第一时间进行两个小时的现场直播、并同时邀请各家媒体召开新闻发布会，还配合中央和各级各家电视台、广播电台、新华社、各级报纸、期刊现场拍摄、采访、撰稿和提供资料等。此项工作在野外发掘结束后一直延续到 2011 年方告一段落。通过宣传报道不仅丰富了人们的精神文化生活，也提高了我省考古学研究的学术地位和研究能力及田野考古工作水准，更重要的是提高了安徽和蚌埠地方的知名度，为建设地方经济服务，达到了树立地方新形象的预期效果（图版二五六，图版二五七，图版二五八，图版二五九）。

第九节　学术活动与获奖

该墓葬考古工作始终贯彻科学发掘的理念，按规程认真细致的发掘，取得墓葬考古史上至今从未发现的圆形墓坑结构、白土垫层、五色土、填土中的"放射线"、"土丘与土偶"、"土偶墙"等遗迹现象和十字形墓底埋葬布局等多项考古重大收获。其成果被国家文物局评为 2008 年度全国十大考古新发现之一；获得国家文物局田野考古成果三等奖；被中国社会科学院评为 2008 年度全国最有学术价值的六大考古项目之一；受到安徽省人民政府通报表彰等四项奖，这是目前我国一个单项田野考古学研究全部的四项最高奖项。

一、学术活动

该墓葬考古发掘被中国社会科学院评为 2008 年度最有学术价值六大考古项目之一。2009 年 1 月 13 日，在北京参加中国社会科学院举办的"2008 年中国考古六大重要考古新发现学术论坛"，这是我省第一个走上最高学术讲坛的考古项目（图版二六九）。2008 年 10 月在北京参加"中国考古学会第 11 次年会"、"吉林大学文化遗产保护论坛"、"安徽淮南楚文化学术讨论会"、2012 年 8 月应邀参加上海博物馆 60 周年举办的"陕西韩城出土芮国文物暨周代封国考古学研究国际学术研讨会"、

2013 年 5 月应邀参加台湾辅仁大学中国文学系举办的"第十届先秦西汉学术研讨会"上作学术报告等等。同时还撰文刊《考古》、《考古学报》、《文物》、《中国文物报》、《文物天地》、《中国考古学会论文集》、《东南文化》、《文物研究》、《生活》、《中国之韵》、《蚌埠学院学报》等期刊和报纸，撰文入选文物出版社出版的《2008 年中国考古重要新发现》专集等等。

二、十大考古新发现评选

按照国家文物局评选十大考古新发现要求，由发掘单位撰写《蚌埠双墩一号春秋墓发掘成果重大》文章在《中国文物报》2008 年 12 月 19 日 4 版专版刊登接受筛选，被选为参加评选十大考古新发现项目之一。于 2009 年 3 月下旬在北京参加国家文物局主办中国考古学会和中国文物报社协办的 2008 年全国考古十大新发现评选大会，在大会上作该墓葬发掘成果介绍性发言。在 25 个入选项目评 10 个角逐中通过专家组评选，最后由国家局局长办公会议审定，获得 2008 十大考古新发现之一，并由国家文物局分别给参加单位，考古领队颁发"2008 年度十大考古新发现"荣誉证书（图版二七〇）。

三、田野考古奖评选

按照国家文物局评选田野考古奖的要求，由考古发掘单位向国家文物局考古处填报申请表和申报材料。于 2009 年 6 月到北京参加评选汇报会，在国家文物局组织的专家组大会上作该墓葬发掘成果汇报。结果该墓葬田野考古工作在 30 多个申报项目评 10 个角逐中被专家组评为 2008 年田野考古发掘三等奖，并由国家文物局分别给参加单位，考古领队和参加成员颁发"田野考古"获奖证书（图版二七一）。

四、安徽省人民政府通报表彰

蚌埠双墩一号春秋墓发掘获得全国十大考古新发现后又受到安徽省人民政府通报表彰（图版二七二）。

蚌埠双墩一号春秋墓的考古发掘工作自始至终得到国家文物局、安徽省人民政府、安徽省文化厅、安徽省财政厅、安徽省文物管理局、安徽省文物考古研究所和蚌埠市人民政府、蚌埠市文化局、蚌埠市财政局、南京军区相关部门、淮上区人民政府、蚌埠市博物馆、小蚌埠镇和双墩村等各级政府和主管单位领导的大力支持和帮助。特别是得到国家文物局专家组、北京大学、中国社科院考古研究所、中国文物报社、吉林大学、中国科技大学、武汉大学、陕西省考古研究所文物保护中心、南京博物院文物保护中心、湖北省文物考古研究所和安徽大学、安徽省社会科学界联合会、安徽省历史研究所、蚌埠市设计院等相关学术团体、科研单位、大学和专家学者们莅临发掘工地考察指导论证，给予大力支持和帮助。该墓葬考古发掘工作顺利完成并取得重大考古新收获，是与地方政府和各级领导、专家学者们的支持帮助分不开的，我们在此千言万语汇成一句话：对你们表示深深地感谢！

第十节　商代文化遗存

　　通过发掘使我们了解到，该墓葬所在的位置，早年就有人们在这里居住和生活，其文化遗存虽然被葬墓破坏殆尽，但是仍然给我们遗留下了少量的文化遗迹和文化遗物。也就是说在葬墓前这里本是一处商代文化遗址，由于葬墓对地表进行了平整，直达较硬的生土层，致使这个原本有文化堆积地层的商代遗址遭到彻底的破坏。发掘时封土下的遗址文化层已不复存在，仅见有叠压在白土层下的零星地层或灰坑和掺杂在封土、填土中的零星陶片了。

　　本节主要是介绍墓葬打破遗址的地层关系和在墓葬发掘过程中所收集的部分文化遗物，为研究地方文化历史或历史陈列展览提供资料和文物标本。

一、地层关系

　　该墓葬的考古调查和钻探均未发现封土堆之下有文化遗址地层或早期的文化遗物现象。在封土堆发掘中发现有极少的商代陶片引起我们的关注，并提出了这些零星商代的陶片与墓葬构成什么样的关系等问题。该墓葬封土堆下人工铺垫白土层中含有商代陶片，并在白土层下发现叠压一座商代的小灰坑，小灰坑呈圆形，直径2.2、深0.3米。特别重要的是在圆形墓坑口西部发现墓坑打破商代遗址的重要地层叠压关系，即在墓坑西部白土层下尚残存有一小块商代遗址文化层，平面呈不规则的圆边长方形，南北长16.5米，东西宽1.3～4.5米，文化层厚0.1～0.15米。这些早期文化遗存的发现证明墓葬与遗址的地层关系是一个典型的既打破又叠压的关系，即墓坑打破了遗址地层，封土下的白土垫层叠压在遗址地层之上，这一明确的地层关系确定了该墓葬与商代遗存的因果关系。

　　残存的商代文化地层和小灰坑内含有大量的草木灰和陶片，这些陶片在墓葬的封土、填土中也有少量发现。从这些陶片的颜色、质地、纹饰和部分器物口、足来看，被认为是商代的文化遗存。这个被该墓葬打破叠压的早期遗址发现，曾经给发掘中的这座罕见的圆形土坑大墓提供了一个年代上限参考。

二、出土遗物

　　该遗址被葬墓全部破坏，出土遗物主要是一些零星的破碎陶片，不能复原修复，共收集陶片323片，均为夹砂陶（见表1）。陶片大多数是腹片，少数器物的口沿、足等，可以看出器形的不多，仅有少数可以确定其为某种器物的陶片，如鬲足、鬲裆、鬲口、罐口、豆座等。陶片大多数饰粗绳纹或细绳纹、间隔绳纹，也有一定数量的附加堆纹和少量的玄纹等。下面选一些具有代表性的陶片纹饰拓本和器物腹片、口沿、足等介绍如下：

　　粗绳纹5片（图三－1，1、2、3、8、10；图版二五二，1）。

表 1　商代出土陶片统计表

名称＼数量＼单位		封土内	填土内	灰坑内	文化层	合计	百分比%
陶色	红褐色	9	20	15	61	105	32.5
	黑色	4	5	12	89	110	34.1
	灰色	28	17	10	53	108	33.4
小　计		41	42	37	203	323	100
器形	鬲口			2	6	8	2.48
	鬲裆		3	3		6	1.86
	鬲足	2	8	12	9	31	9.60
	罐口			2		2	0.62
	豆座		1	2		3	0.92
	不明口	6	6	2	6	20	6.19
	腹片	33	24	14	182	252	78.01
小　计		41	42	37	203	323	100.4
纹饰	绳纹	32	29	15	104	180	55.72
	间隔绳纹			3	14	17	5.26
	附加堆纹	4	4	4	7	19	5.88
	玄纹		2	2	4	8	2.48
	印纹		1			1	0.3
	素面	5	6	13	74	98	30.34
小　计		41	42	37	203	323	99.98

注：陶片均为夹砂陶质

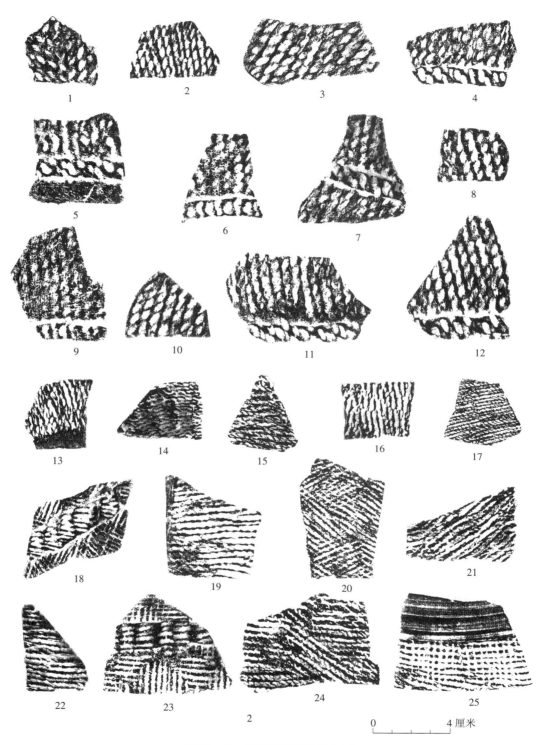

图三－1　商代陶片纹饰拓本

1～12. 粗绳纹陶片　13～25. 细绳纹陶片

细绳纹 13 片（图三 - 1，13 - 25；图版二五二，2）。

间隔绳纹 7 片（图三 - 1，4、5、6、7、9、11、12）。

附加堆纹与绳纹 11 片（图版二五三，1）．

玄纹、方格纹 4 片（图版二五三，2）．

腹片 252 片。其中出自封土内 33 片；出自填土内 24 片；出自灰坑内 14 片；出自文化层内 182 片。这些陶器的腹部残片，大小不同呈不规则形状，从 3 - 8 厘米不等，因陶片小均不能辨明是什么器物的腹部碎片。陶色多为灰陶，少数红色陶和黑色陶，陶片外表均满饰粗、中粗绳纹、间隔绳纹、绳纹加附加堆纹、绳纹加玄纹，极少方格纹和印纹等。

鬲口 8 片。其中出自灰坑内 2 片；出自文化层内 6 片。这种尖唇侈沿残口片似为鬲的口沿部残片。陶色均为灰陶，口沿内外素面，颈外表均饰中粗绳纹（图三 - 2，1；图版二五四，1）。

鬲裆 6 片。其中出自灰坑内 3 片；出自填土层内 3 片。这种连接三个袋足的鬲裆残片陶色均为灰黑陶，外表均饰中粗绳纹（图版二五四，2）

鬲足 31 片。其中出自封土内 2 片；填土内 8 片；灰坑内 12 片；文化层 9 片。这种矮尖状实足跟具有早期的袋状鬲足特征，有的足跟显示与袋足为两次粘接的现象。足跟素面，陶色有红陶和灰

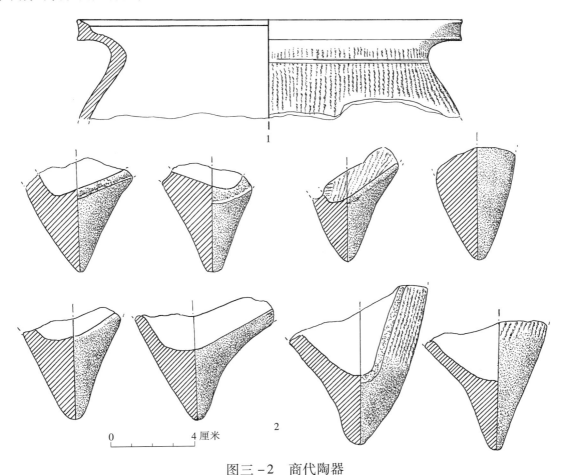

图三 - 2　商代陶器

1. 商代陶鬲口沿残片　2. 商代陶鬲鬲足跟残片

陶，足跟往上袋足部分即满饰绳纹（图三-2，2；图版二五四，3）。

豆 3片。其中出自填土内1片；出自灰坑内2片。似均为假腹豆矮圈足残片，均为素面灰色陶（图版二五四，4）。

罐口 2片。均出自灰坑内。这种矮领残口片似为罐的口部残片。陶色均为灰陶，颈外表均饰玄纹（图版二五五，1）

不明器物口沿 20片。其中出自封土内6片；出自填土内6片；出自灰坑内2片；出自文化层内6片。陶色多为灰色陶、其次为红色陶，多素面（图版二五五，2）。

该遗址采集的除陶片外，还有其他有关的文化遗物，如螺蚌壳、小石块、木炭等。

三、小 结

该遗址虽然被墓葬彻底破坏，但是在墓葬的堆积中仍然发现了最可贵的打破叠压地层关系，证明这里在葬墓前是一处早期人们生活留下的文化遗址。特别是在原来遗址残存的灰坑、地层和墓葬的封土、填土中出土和采集到一部分陶片为该遗址断代提供了依据。陶片特征：陶质均为夹砂陶，陶色以灰色陶为主，少数红色陶和黑色陶，陶片几乎全部饰绳纹和间隔绳纹、附加堆纹加绳纹，少见弦纹、印纹等。未见完整器物，有较多鬲的残片，如鬲足跟、鬲裆、鬲袋足、鬲口残片等。这种花生壳样的绳纹和矮尖实足鬲足跟的特征和矮圈足假腹豆均具有比较典型的商代器形特征，由此说明这个遗址的年代为商代。

这个商代遗址和一号墓同处在蚌埠市双墩村中的一个点上，两者之间的关系为打破叠压的地层关系。这个双墩村位于淮河北岸3千米，根据现在考古钻探，古代是一处高地，呈东西不规则走向，在这条高岭地周围地势低洼，与淮河主河道构成湿地样自然环境。考古调查和发掘证明在这个高地上分布有距今7300年前的双墩文化遗址，商周、汉代等遗址，春秋战国土坑墓葬，两汉时期大量砖石墓葬，明清时代至今历代墓葬等。由此，说明双墩村这个地点自古以来因地势高能避水患一直有人们居住和葬墓，是一处难得的人类居住生活和埋葬的阴阳两世宅基的风水宝地，其文化遗存遍及高地的每一个角落，是一处不可多得的历史文物遗存点和考古学研究对象，同时也为研究淮河中游地区新石器早中期文化、商周时期文化与东夷、淮夷和淮河文化历史提供了珍贵的考古实物新资料。

第三章 墓葬结构

蚌埠双墩一号春秋墓是一座大型封土堆竖穴土坑墓葬，保存基本完好。其形制特殊，结构复杂，堪称一绝，与常见的墓葬有非常大的区别。该墓葬结构主要由封土与填土、白土垫层、墓坑与墓道、墓室布局与葬具等构成，还有墓坑填土中的遗迹现象。

第一节 封土与填土

该墓葬在地面上建筑有一座高大的封土堆保护着地下的墓穴，墓穴内填土中还构筑多层遗迹现象。

一、封 土

1. 封土堆地面环境

该墓葬发掘前封土堆上为自然生态环境，植树和杂草荆棘丛生。封土堆北侧为农田，较其他三面地势低洼，种有麦子；西侧为原导航某部队用房和分散居民房，还有些树木和菜地等；东侧为原部队营房和民房等，东北侧有池塘；南侧临一条东西向村级公路和民房。

2. 封土堆保存与破坏

该墓葬封土堆硕大，虽经历 2600 余年的自然侵蚀和人为破坏，至今保存较好，说明原来的体积要比现在的还要大得多。

对封土堆造成破坏的有以下几种情况：一是历年来的自然风雨冲刷流失；二是村民农事或铺垫居住地在封土堆周边取土；三是极少数村民在封土堆上葬墓，特别是 20 世纪 70 年代驻双墩村某空军导航部队利用封土堆的高度和体积建导航站，挖开封土堆东南部建防空用房后又原样覆土，并平整封土堆顶部，在上面建设雷达天线等导航设施等破坏最严重。在墓葬封土中用凤阳明皇城砖与混凝土构建的防空库房呈南北长方形，南北长 18 米，东西宽 6.5 米，弧顶最高 5 米左右。这个防空库房深达地下 1 米左右，主要建在地面上，是依托封土堆来做掩护，略微打破墓道东北口部。四是早期盗洞和 2005 年 6 月的盗洞，早期盗洞从封土堆顶部中间一直贯穿到墓室，发掘未见任何能确定盗洞年代的证据，故这个早期盗洞的年代不详；五是封土堆南部因修乡村公路切掉一部分，变成一人多高的断面，断面垒石护土。

3. 封土堆形状与尺寸

该墓葬封土堆上小下大呈馒头形状，地表四周高低不一致，依据高处地表，封土堆距地表高 9 米。顶部被建雷达站整平，直径 17 米。南北保存底径 56 米，东西底径 70 米，呈不规则的馒头圆形（图版四，1）。

4. 封土构筑方式

通过对该墓葬封土堆的发掘，没有发现夯筑痕迹，其构筑方式为堆筑法，即由四周向中间逐层堆土筑成。以南北向剖面为例，堆筑的各层次之间参差不齐，由下而上厚薄不均，各层封土质地紧而不实（图四–1；图版二〇，1）。

5. 封土结构与来源

该墓葬的封土多呈不均匀的颗粒状结构，其颜色为真正的五花土，即红、黄、灰（青）、白、黑五色颗粒混合花土。这五种颜色土，其中红色土来源当地的生土层土、黄色土来源于当地生土层 4 米下的流沙层土、灰（青）色土来源当地的地表土。由此，封土中的红色土、黄色土和灰（青色）土为就地取土。而封土中的白色土和黑色土当地或附近没有，需要异地选择和长途搬运来混合到封土中（图版二〇，2）。

二、填　土

1. 填土保存与破坏

该墓葬填土层保存基本完好，仅见中间有一个早期盗洞破坏。发掘中发现填土下陷明显，呈锅底状，造成墓坑周边生土二层台上填土层与中间填土层的层位错位现象。这种填土下陷的原因为填土未经夯实处理而受压后自然沉降着实形成（图版二一，1）。

2. 填土构筑方式

该墓葬坑深 8.5 米，填土质地紧而不实，层次厚薄不均，未见夯筑痕迹，其填土以回填方式构筑，墓坑中间填土沉降下陷明显。

最值得注意的是在距墓口 2 米深的填土层中形成一个非常复杂的构筑过程，这个复杂的构筑过程主要表现在精心构筑"放射线、土丘与土偶、土偶墙"等三层不同的遗迹现象。这种在墓坑填土层中构筑多层多种遗迹现象的情况尚属首次发现，是一种非常罕见的特殊葬俗形式。

3. 填土结构与来源

该墓葬的墓坑填土与封土相同，为五色土，呈不均匀的颗粒状结构，未经夯筑。其颜色为红、黄、灰（青）、白、黑五色颗粒混合花土，其来源与封土一致。

第二节　白土垫层

该墓葬在封土堆下发现铺垫一层厚厚的白土层，尚属墓葬考古中第一次发现这种构筑形制，是

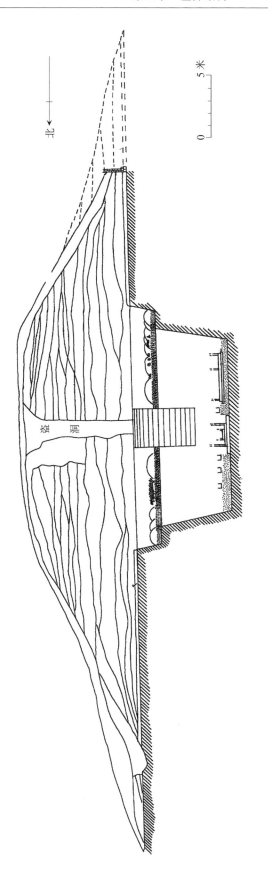

图四-1　蚌埠双墩一号春秋墓葬剖面图

一种具有特殊功能的墓葬建筑结构。

一、形　状

该墓葬在封土堆下构筑一层白土垫层，其范围稍小于封土底，形状为圆形，直径约 60 米。白土垫层厚 0.20~0.30 厘米左右（图四-2；图版二一，2）。

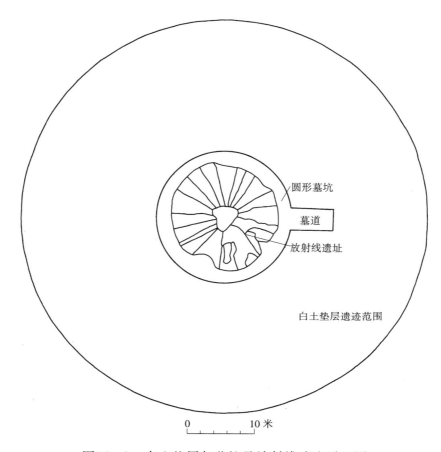

图四-2　白土垫层与墓坑及放射线遗迹平面图

二、结　构

该墓葬发现的白土垫层层位清楚，白土铺垫在封土层下，墓口外的生土层上。其构筑方式是用纯净的白土铺垫在平整好的墓坑口以外的地面上。这层白土质地细腻纯净，饱含水分时质地较软，白土颜色显著，干燥时质地坚硬，白土颜色少暗淡，有的地方因施工污染夹杂有黄土颗粒等杂质。白土层结构紧密，没有发现明显的夯筑痕迹。在发掘现场墓坑北侧用土覆盖保存一段东西宽约 2 米，南北长约 16 米的白土垫层，在墓坑南侧用玻璃钢罩保留一段东西宽 1.5 米、南北长 2 米左右白土垫层，在原地为研究展示保存实物资料（图版二一，2；图版二二，1、2）。

北

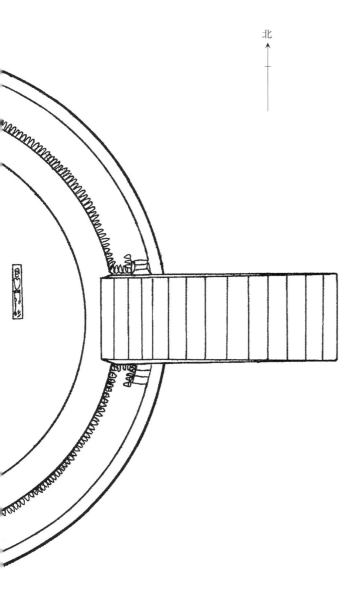

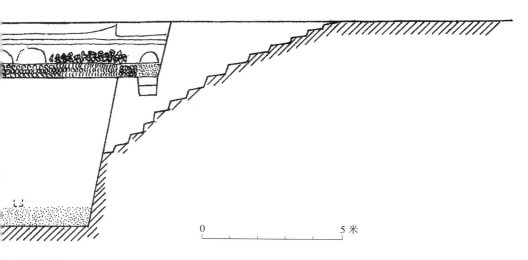

0   5 米

一、剖面图

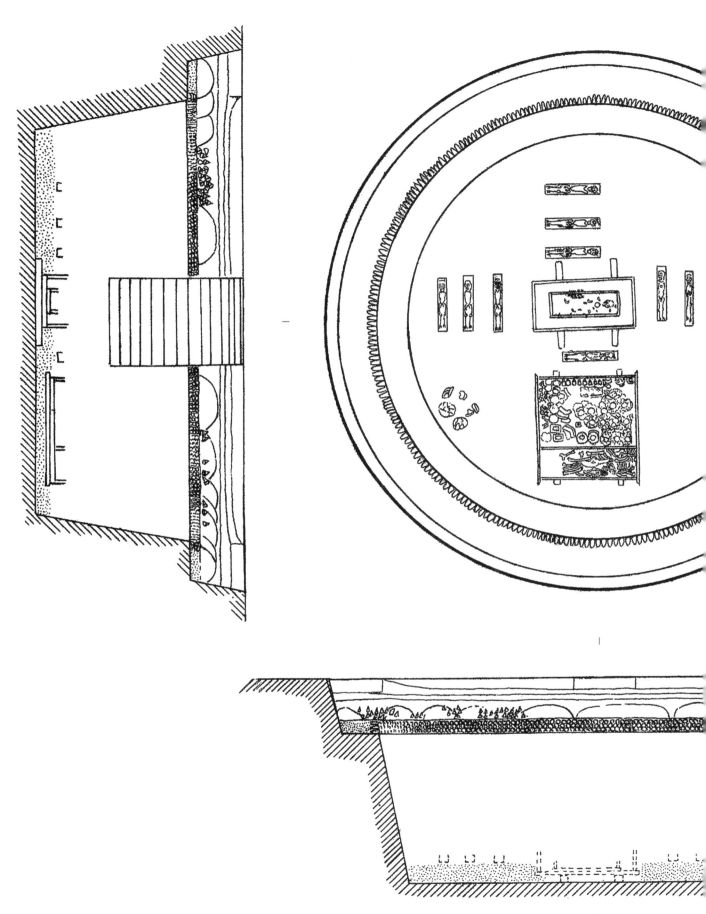

图五　蚌埠双墩一号春秋墓葬（M1）平

　　该墓葬发现的白土并非是通常在墓葬中发现的白膏泥或青膏泥，经光谱仪测试分析结果表明，这种白土属于粉石英黏土矿物，产地不明有待相关专家进一步研究确定。这种白土不仅用于封土堆下的垫层，同时也在墓壁上涂抹一层，厚约 2 ~ 3 厘米左右，特别是混合在封土和填土中构成真正的五色土。

第三节　墓坑、墓道

　　蚌埠双墩一号春秋墓葬是一座圆形土坑竖穴墓，正东有一条阶梯短墓道。其圆形墓坑为墓葬考古第一次发现，开墓葬结构新类型（图五，图六；图版二三，1、2；图版二四，1、2）。

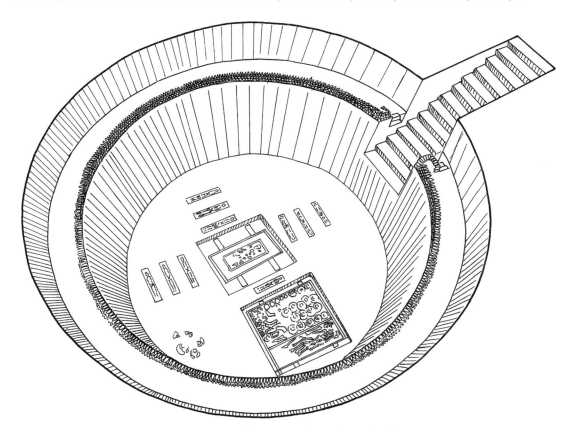

图六　蚌埠双墩一号墓透视示意图

一、墓　坑

　　该墓葬规模大，墓坑深而壁陡，为一座罕见的圆形土坑墓，有生土二层台，正东向有一条阶梯式短墓道，是一座形制特殊而结构新颖的土坑竖穴墓葬。

　　墓坑建在经过平整的高地上，开口于生土层表。圆形墓坑口部直径 20.2、底部直径 14、墓口至墓底深 7.5 米，墓坑深至 2 米处有宽 1.8 米生土二层台。墓坑内壁整体涂抹白泥层，白泥层厚 2 ~ 3 厘米左右。白色的墓壁装饰，显得非常整洁美观大气辉宏，加上二层台内缘上一周"土偶墙"，俨然是一座地下宫殿。

　　墓坑构建地层，4 米以上是红色黏土层，4 米以下是黄色流沙层。如今 4 米下即达地下水位，当年的墓坑底部应在地下水位以上，否则，墓坑底部是无法建在 7.5 米深有地下水的流沙层中的。如今的地下高水位与周边的地貌淤积抬升变化有关，墓坑中的地下水位或可防止盗墓贼的光顾。

二、墓　道

　　该墓坑的正东向有一条长方形台阶式斜坡墓道，墓道较短，由墓坑外一直延伸至墓坑 5 米深处。墓道平面长 8.8 米，墓口外长 6 米，墓道斜坡长 10 米，墓道宽 3.2 ~ 3 米。斜坡墓道由上至下有 14 级台阶，台阶依斜坡长度大体均分，每级台阶比较宽大，平均每个台阶宽度约在 0.65 ~ 0.7 米，台阶与台阶之间高度 0.36 米左右。墓道的坑壁与台阶均涂抹一层厚 2 ~ 3 厘米左右的白泥层，与墓坑内白色墓壁保持一致。

第四节　墓室布局与葬具

　　该墓葬有一个宽敞的圆形墓室，直径达 14 米。墓室内的埋葬布局具有一定的特殊性，所有的葬具葬物均围绕主棺椁分布。主棺椁位中，在其四周正方向按照一定的规律布局安放葬具葬物和殉人。这种正方向布局具有一种特殊的功能性和思想寓意。

一、墓室布局

　　墓室布局指的是土坑墓室内安放葬具葬物的位置与方向。该墓葬的布局与众不同，所有的葬具葬物均围绕位居中间的主棺椁为核心布局，在其四周正方向东、西、北三面各放置三具殉葬人小木棺，南面放置一具殉葬人小木棺和一个硕大的随葬品椁室，构成十字形墓室布局。这些小木棺安放的非常有规律。主棺椁东、西、北侧三个方向殉葬人小木棺，与殉人小木棺之间有相等的间距，其间距约为 0.7 米左右。南侧殉葬人小木棺相邻的是放置随葬品的大椁室，即南椁室。南椁室又分为南、北两个椁厢，南椁厢内放置食物或祭牲（猪、牛、羊骨骼），北椁厢放置随葬器物。这就构成了在一个圆形墓室内形成一个非常规整的正南北东西向的十字形"三、三"制埋葬布局（图版二五，1）。

二、葬　具

该墓葬的木质葬具全部腐烂不存，仅在发掘墓坑填土过程中发现尚存有木质葬具腐烂的痕迹。由于墓坑填土未经夯实的原因，致使木质椁室葬具在腐烂的过程中受到沉降填土的挤压而变形，椁室墙壁四角突出呈内弧形痕迹。

1. 墓主葬具

从木质葬具腐烂的痕迹看，墓主为一棺一椁。经对主棺椁痕迹内外清理，尚保存的椁墙板痕迹约长3.5、宽1.6、高0.9米。椁室底部有二根方形枕木，枕木痕迹约长3米左右，横断面大约0.3×0.4米。主棺腐朽仅存底部痕迹，棺痕迹长2.5、宽0.9、高0.5米左右（图七；图版二五，2；图版二六，1、2）。

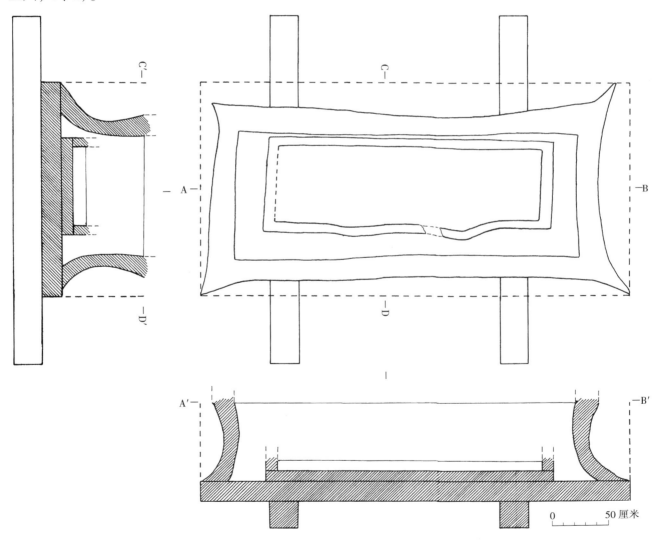

图七　主棺椁痕迹结构图

主棺椁内有少量随葬品，其中玉器是墓主身上的装饰品，还有墓主生前使用的青铜剑、戈、戟和镞等武器（图八）。

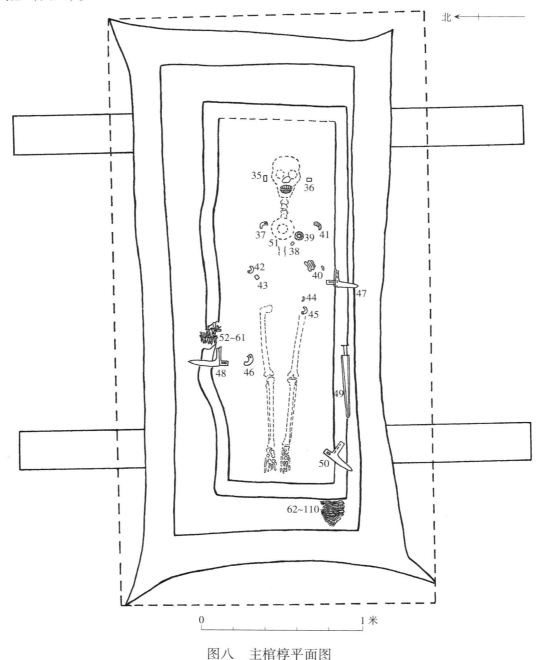

图八　主棺椁平面图

35～36、38、43 玉玦管形饰、37、41、42、44～46 玉璲、39、绞丝玉环、40 玉璜、47～48、50 铜戈、49 铜剑、51 玉璧、52～110 铜镞。

2. 殉人葬具

从殉人木质葬具腐烂的痕迹看，该墓葬 10 个殉人均分别使用了小木棺葬具，殉人小木棺非常狭窄，殉人几乎是被塞进去的。这些狭窄的小木棺长短基本一致，大约长 1.8、宽 0.3、高 0.3 米（图九；图一〇；图一一；图一二；图版二七；图版二八；图版二九；图版三〇）。

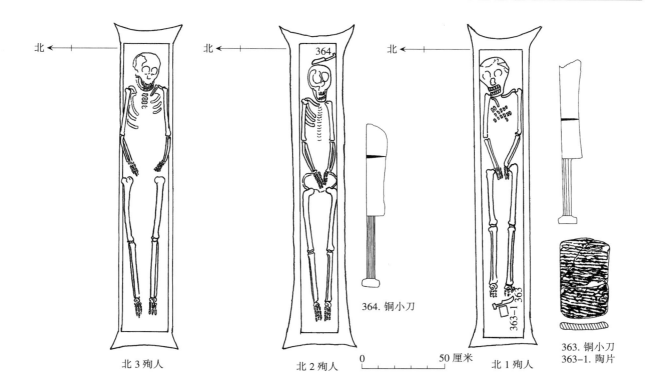

北 3 殉人　　　　　　北 2 殉人　　　　　北 1 殉人

364. 铜小刀

363. 铜小刀
363-1. 陶片

0　　　　　　　50 厘米

图九　主棺椁北侧三具殉人平面图

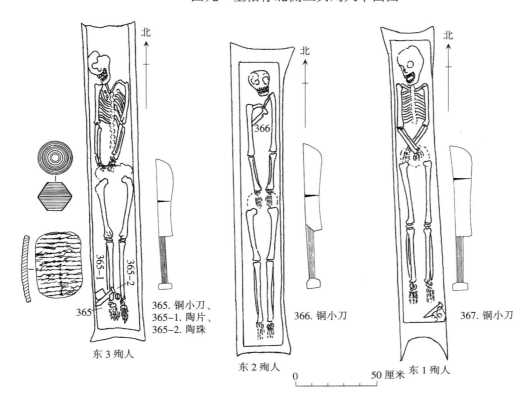

365. 铜小刀、
365-1. 陶片、
365-2. 陶珠

东 3 殉人

366. 铜小刀

东 2 殉人

367. 铜小刀

东 1 殉人

0　　　　　　　50 厘米

图一○　主棺椁东侧三具殉人平面图

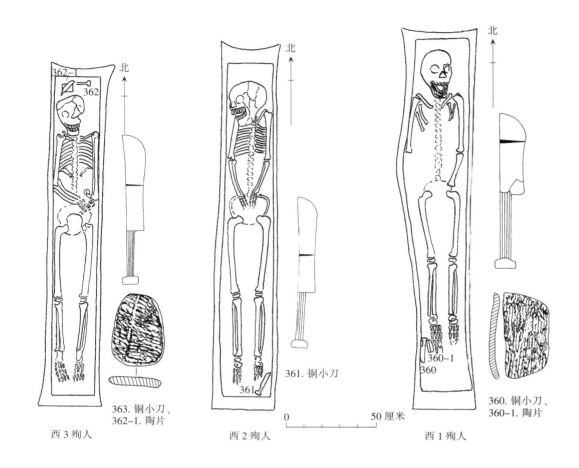

图一一　　主棺椁西侧三具殉人平面图

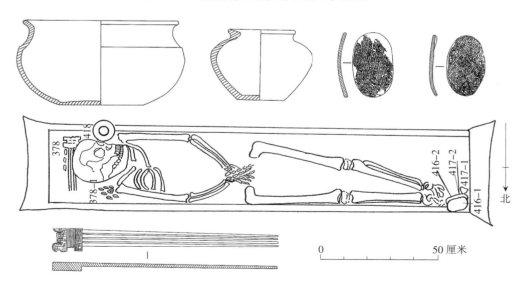

图一二　　主棺椁南侧一具殉人平面图

378 骨簪　378－1 海贝　416、416－1、陶砺片 417　417－1 贝壳　418 灰陶罐

殉人随葬品极少，多随葬青铜小刀和加工过的陶片，少数有海贝饰、骨笄、小陶器等。

3. 南椁室葬具

从木质南椁室腐烂的痕迹看，是一个很大的椁室。经对南椁室痕迹内外清理，尚保存的椁墙板痕迹约东西长 3.8、南北宽 3.6、高 0.6 米，南椁室内分为南北两个厢，两厢之间有木质墙板隔开。北厢为器物厢，放置随葬品，东西长 3.8、南北宽 2.4 米。南厢为祭牲厢，放置宰杀的各种动物，东西长 3.8、南北宽 1.2 米。以上南椁室的尺寸是木质腐烂痕迹数字，其实际尺寸要大于这个痕迹数字。南椁室底部南北向有二根方形枕木，枕木痕迹长约 4 米左右，横断面大约为 0.3 × 0.4 米（图一三；图版三一）。

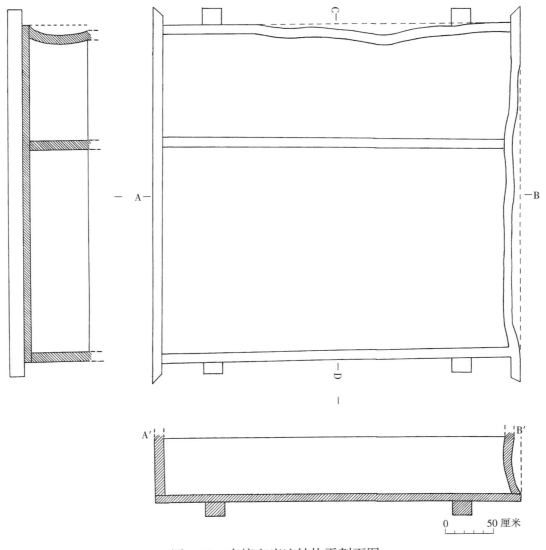

图一三　南椁室痕迹结构平剖面图

器物厢内放置大量随葬品，以青铜器、彩陶器和漆木器为最多。青铜器和漆木器放置在厢内的西北部，彩陶器放置在东南部。祭牲厢内放置大量的猪、牛、羊动物（图一四；图版三二；图版三三；图版三四）。

第五节　人骨架与动物骨骼

该墓葬在主棺椁室、殉人棺和祭牲厢内均保存有人骨架和动物骨骼，这些人骨架和动物骨骼均因久埋地下保存不好，腐烂较严重。

一、人骨架

该墓葬发现 11 具人骨架，其中一具是墓主人骨架，其余 10 具是殉人骨架。

1. 墓主人骨架

主棺内墓主人的骨架已腐烂不存，清理中尚可见到断续肢骨腐烂痕迹，头骨腐烂痕迹清楚，尚保存部分牙齿，似为仰身直肢葬，头向正东，即方向 90 度。经过人类学专家鉴定，墓主人年龄大约在 40 岁左右。关于墓主人性别因骨骼腐烂无法鉴定，但是，从随葬青铜器铭文得知，该墓主是"钟离君柏"，男性。

2. 殉人骨架

小木棺内的 10 具殉人骨架虽然腐烂较甚，但多有保存。葬式均为仰身直肢，双手放置骨盆处。主棺椁南、北两侧殉人头向正东，即 90 度，与墓主人头向一致；主棺椁东、西两侧殉人头向正北，即 360 度。经人类学专家发掘现场对殉人骨架鉴定，大多数殉人年龄在 20～30 岁左右，仅南侧内一殉人 40 岁左右，与墓主人年龄相当。关于殉人性别因骨盆腐朽和骨架保留不能起取，故 10 个殉人性别尚待将来鉴定，目前所取几个殉人骨骼标本做 DNA 检测，吉林大学人类学实验室检测结果还没有出来（朱泓：《蚌埠双墩一号墓人骨标本性别、年龄鉴定表》见本报告第十四章第十篇）。

二、动物骨骼

该墓葬杀戮大量猪牛羊动物随葬，集中放置在南椁室食物厢内。食物厢内动物骨骼虽多有保存，但腐烂较严重，相互叠压堆积，触摸即成粉末，实难区分和起取，整体套箱起取待保护处理。从这些动物堆积的头骨和肢骨情况看不出整体形状，似为杀戮后分割放置在一起的。经有关专家发掘现场观察鉴定为：猪、牛、羊（图版三五）。

第四章　遗迹现象

该墓葬在墓坑二层台以上的填土中发现上下叠压三层不同的极其复杂的遗迹现象，这些遗迹现象由"五色填土"或"土偶"构成，这在我国墓葬考古中还从未见过（图五）。

第一节　放射线遗迹

在墓口至 0.7 米深的墓坑填土层中发现第一层"放射线形"遗迹现象。在这层厚达 0.7 米的墓坑填土层中，沿墓坑一周为宽约 2 米的深色填土带围绕着中间的"放射线形状"的迹象。这种"放射线形状"迹象是由深浅不同的五色填土构成，从中间向四周辐射，呈扇面形状。放射线共有 20 条，除东南角 4 条线似被扰乱外，其他方位辐射线都很清楚，并有一定的角度规律，其西南方向正对着淮河岸边的涂山或荆山（图一五；图版三六）。

该遗迹的不同土色线发现于墓口层位，确认其为遗迹现象有一个逐步认识过程，在下掘 20 厘米左右遗迹比较清晰，土色射线有 20 条，提出了这可能是"天文遗迹"，后来改"放射线遗迹"，并绘制了平面图和邀请相关专家会诊。下掘 50 厘米对其进行解剖和测量。下面是吴卫红先生现场解剖测量后的文字及列表。

放射状条带土情况

1. 发掘工作情况

清理墓口内填土时，开始出现放射状条带土 20 余条，呈放射状，接近中心部分窄而向外变宽，条带之间没有空隙，但东南至西南一方明显模糊，性质不明。向下挖 50 厘米左右后，条带变窄，各条带之间出现分割的土层，在此面上经铲刮平面，可见部分条带消失，尚存留数条。初始认为是在层面上挖沟后再填土形成，但各条带平面线并不呈直线，而是地方弯曲。为明确了解其堆积成因，在条带较为清晰的西、北、东方向开一条直线探沟和一条曲线探沟，从探沟剖面上可以清楚地看到这种条带是层层斜向叠压形成，在西、北方向的系顺时针方向叠压，而在北、东方向的则为逆时针叠压。各条带已近底部，有些已完全消失。从现状看，其深度大体上在 50 厘米左右。横剖面下半部分呈斜向，但上半部分有时呈倒梯形，其成因可能是在下半部分堆土之后，又在其另一侧堆一部分其他色的土，然后再接着在条带上堆同色土加宽。

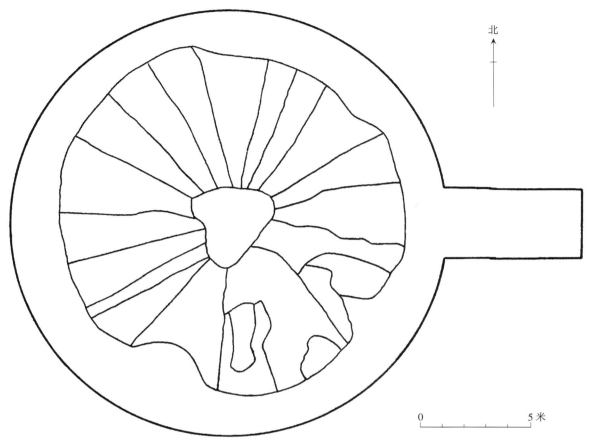

图一五　放射线遗迹平面图

在条状土带的向心部位，有一圈并不十分规则的圆圈，土色与周围明显不同，但并非同一土色，而是呈现出较杂乱的多种土色，以黄色夹红斑为主，间以小块的黑灰、红褐等色。

2. 测量

分两个部分：一为各条带的方位角度，一为西南方向的第一条对远处荆山的角度。

（1）条带的方位角

测量方法：因各条带均已接近底部，条带变窄，部分弯曲，测量时取各条带的纵向中轴线为方位，用普通罗盘进行简易测量，因而测值可能会有少量的误差。测量过程为自西南方向可见的第一处条带顺序向西、北、东顺时针进行。

从测量数值看，各条带基本上呈15度左右的夹角，但第三、四、五条及第七、八条之间的夹角明显偏大或偏小。

测量结果见下表（表2）：

表 2　墓葬放射形遗迹测量数据表

测量对象	实测方位角度 （全方位角）	理想值	误差	备注
第一条	220		0	
第二条	235		0	
第三条	250			
第四条	270	265	5	
第五条	282.5	280	2.5	
第六条	296	291	1	
第七条	310			
第八条	327.5	325	2.5	
第八、九条之间条带已消失		340 355 10		从数值上看正好缺 3 个条带
第九条	25		0	
第九、十条之间条带消失		40 55		从数值上看正好缺 2 个条带
第十条	69.5	70	0.5	

（2）第一条对远处荆山的角度

因房屋阻挡，无法直接测量，采用以房屋明显标志为中介的间接测量方法多次测量，因此测量角度会有一定的误差。

测量结果：第一条土带的中轴线方向在荆山山顶偏南约 5 度，而正对山顶的理想值应为 225 度。考虑到距墓口 15 厘米左右深处所见条带较宽，在图上测得第 14 号土带的中轴线角度为 225 度左右，则大体对应荆山之顶，这也可以作为一种考虑的因素。

3. 问题讨论

条状土带的性质：从条带的堆积成因看，系斜向层层堆积而成，其可能性有两种：一为有意，二为无意。从现状看，无论是何种成因形成的，它们之间的规律性都说明其为有意为之的可能性较大。

明显的放射状结构以及中心土色的变化显示出一定的规律性，尤其是各条带的夹角基本上 15 度为基准，更说明其有意为之的可能性。而且第一条大体对着西南方向的荆山，从第一条向南至东南的一片则条状土带较为模糊，似乎这一区域没有特别的作用。这些迹象具有某种天文或祭祀意义的可能性。

但同时条带的夹角是以现有的中轴线测量的，且夹角并不十分稳定，部分条带的夹角与理想值有一定差距，而第一条对荆山的方向也不十分理想，特别是考虑到这些条带的表层系相连而非中间有其他土层相隔，它们在表面的夹角是否理想也还存在疑问。此外这些条带也不是挖沟填土的明显有意行为，它们是在填土过程中贯穿了角度的观念还是仅仅作为填土分工分区域而形成的，都不能明确。

如果条带只在填土上部存在 50 厘米左右，而再往下发掘不再出现类似情况，则有意的可能性更大。

综合上述情况，或许认为它们具有一定的天文或祭祀意义的可能性较大，只是它们的夹角不理想，肯定不具备用来准确测量的作用，而可能是一种象征性。因此推测它们可能是作为墓坑（？）填土结束之后，封土堆积之前在此举行某种与天地有关的祭祀之类的活动而有意形成的。在考虑这种可能性时，还需将墓口外围的白色土圈一并考虑进去。

第二节　土丘与土偶层遗迹

土丘与土偶层是该墓坑填土中发现的第二层遗迹现象。其地层关系，叠压在"放射线形"遗迹层下。该遗迹层在墓坑中深度从 0.7 至 1.4 米左右，遗迹层填土厚 0.7 米左右，与第一遗迹层厚度几乎相当。土丘与土偶遗迹是两个截然不同的遗迹现象，其分布位置也不同，只因这两个遗迹分布在同一个填土层中，故作为第二个遗迹层现象提出来。

土丘是沿着墓坑一周分布的遗迹现象，在墓坑一周约 2 米宽的范围内用五色土堆筑大小土丘 18 个，其个体形状呈馒头形，底径 1.5 至 3 米不等，相互之间相连，俯视呈馒头形状沿着墓壁一周分布，剖面呈连弧形。在发掘过程中，从土丘的剖面上可以清楚地看到每一个土丘都是由中心开始用不同颜色的五色土一层一层弧形堆筑而成。

土偶是一种用泥制作未经烧制的泥质文物，与土丘同处在一个填土层中，在这层填土中放置 1000 多个。其分布从边缘到中间，甚至于土丘内都有土偶存在。在墓坑周边的"土偶"分布似多呈现为"组群"状态，而墓坑中间的"土偶"多为分散状态，只有少数地方比较集中的分布。实际上在发掘过程中发现，这些土偶集中或分散分布并没有什么规律可循，也不是有意识的摆放形成的，可能是站在墓坑周边向墓坑内倾倒形成的（图一六；图版三七；图版三八；图版三九）。

第三节　土偶墙迹象

土偶墙是该墓坑填土中发现的第三层遗迹现象。其地层关系，叠压在"土丘与土偶"遗迹层下。该遗迹层在墓坑中深度从 1.4 至 2 米左右，遗迹层填土厚 0.6 米左右。土偶墙是用土偶一层层上下叠压垒砌起来一种遗迹现象，只因其呈墙体形状，故称土偶墙遗迹。

土偶墙是垒砌在墓坑内生土二层台上的较矮的墙体，即在二层台一周内缘上用土偶垒砌 3～4 层墙体的墓坑内壁，高约 34～40 厘米左右。土偶墙与二层台上的墓壁之间形成一条环行巷道走

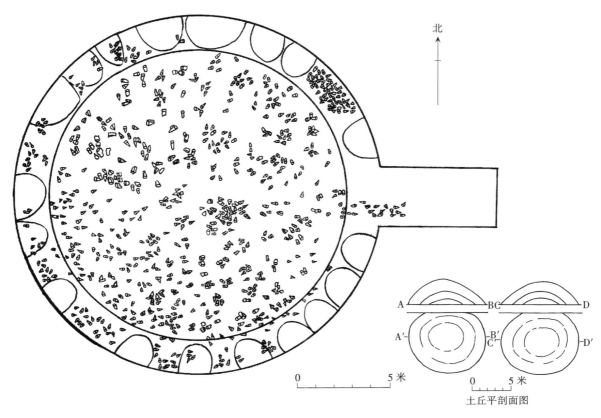

北

0　　　　　5 米

0　　　　5 米

土丘平剖面图

图一六　土丘与土偶遗迹平面图

廊，这条走廊用黄色泥沙封填，其上部平抹白泥层与二层台上墓壁白泥层连接成整体。清理掉土偶墙与墓壁之间的黄色泥沙后，土偶垒砌的墙体显得突出而壮观。特别是在墓道两侧土偶墙均有一个方形的转角，转角中间有容人的空间，墓道两侧均有台阶通往走廊，俨然是一座城墙展现在我们的眼前（图五；图六；图版四〇；图版四一；图版四二；图版四三；图版四四；图版四五）。

第五章　青铜器

蚌埠双墩一号春秋墓出土青铜器是随葬器物中数量和种类最多，不乏有一些器形较大的器物，共计出土 364 件。这些青铜器主要出自墓室中的南椁室器物厢内，也有部分出自墓主人的棺椁之中，还有少数出自殉人木棺内。这些青铜器出土时大多被器物厢椁盖板早期倒塌砸压破碎变形，且又因地下年代久远和保存条件不好而均锈蚀严重。经过两年左右时间的精心修复，使这批破碎锈蚀严重的青铜器物又重新恢复原形。本章按照这批青铜器的器形和功能似可以分为容器、乐器、车马器、兵器、工具等。

第一节　青铜容器

该墓葬出土青铜容器 20 件。这些青铜容器主要是一些常见的生活用具类。器形有鼎、豆、盉、簠、罍、甗、匜、盒、盘、勺等。这些青铜容器全部出自墓室南椁室器物厢内，其有序地排列摆放在器物厢西部和北侧边。其中豆、盒、匜、三足盘、勺、甗位置在器物厢北壁东段的侧边位置，其他器物按照相同器物组合分类放在器物厢西部至边位置。这批青铜容器由于受到椁室盖板倒塌的砸压，均残损破碎变形，锈蚀严重。在发掘清理青铜鼎时，几件鼎内仍然还分别保留有猪或牛或鱼的骨头，青铜盒内存有残留物，经检测似为伤药成分类的物质。本节按照青铜容器的器形分述如下：

一、青铜鼎

该墓葬出土青铜鼎 5 件。考古资料证明，在周代鼎的数量多少往往是一种等级的象征，即天子 9 鼎，诸侯 7 鼎，士大夫 5 鼎等等。该墓葬出土这 5 件青铜鼎，按照数量等级比较低。但是这 5 件鼎不仅器物形制不同，也没有列鼎由大到小的顺次，似不具备这种等级的象征性。因此，这 5 件不同形制的青铜鼎似不能代表墓主人的等级高低，也不具备那个时代等级的象征器皿形制要求。根据该墓葬在南椁室中建有猪牛羊动物存放食品厢以及鼎内盛装的食物看，可以算是一种祭祀的礼器或生活用具。根据鼎的形制不同可分为 A 型和 B 型两种，即立耳无盖鼎和附耳有盖鼎。

A 型　3 件

为立耳无盖青铜鼎，均出自器物厢西边北侧，由北向南摆放。形制相同，大小略有差异。器形均为大口立耳鼎，鼎口对称方形立耳，大敞口微敛，窄沿微上斜、方唇，缩颈，圆弧腹，三蹄形足。颈与腹交接处有两周凸棱纹，其中一凸棱上铸平行斜线纹，棱下弧腹渐收至底，圜底，底部有一周呈等三边弧形状凸棱。以器腹凸棱为界，分上下两段分别铸重复单元蟠虺纹和三角纹。整个器身有三道浇铸的痕迹，经过观察为整体铸成。出土时鼎内分别装有鱼、鸡骨头和猪或牛的肋骨或猪蹄骨头。

标本 M1∶113，锈蚀残损修复，出土时鼎内装有猪蹄骨和肋骨。通高 30.2、口径 33 厘米（图一七，1、2；图版四六，1）。

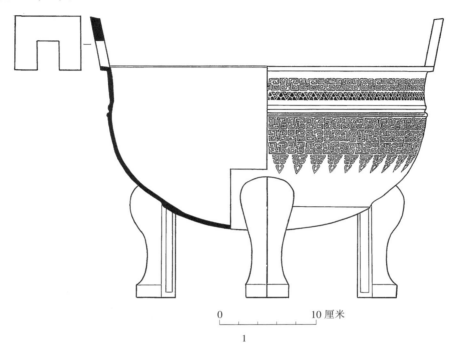

1

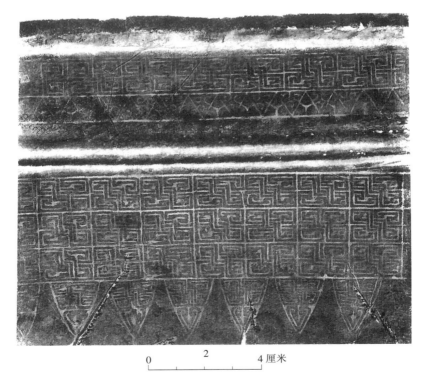

图一七　A 型立耳青铜鼎图与纹饰拓本

1. A 型立耳青铜鼎（M1∶113）　　2. A 型立耳青铜鼎（M1∶113）腹部纹饰拓本

标本 M1：293，锈蚀残损修复，出土时鼎内装有鱼骨。通高 29.2、口径 32.8 厘米（图一八，1；图版四六，2）。

标本 M1：294，锈蚀残损修复，出土时鼎内装有鱼骨。通高 28.5、口径 33 厘米（图一八，2、3；图版四七，1）。

B 型　2 件

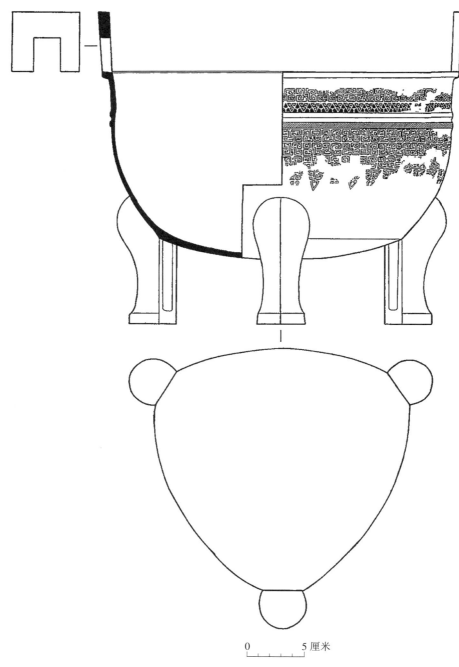

0　　　　　5 厘米

图一八 -1　A 型立耳青铜鼎

（M1：293）

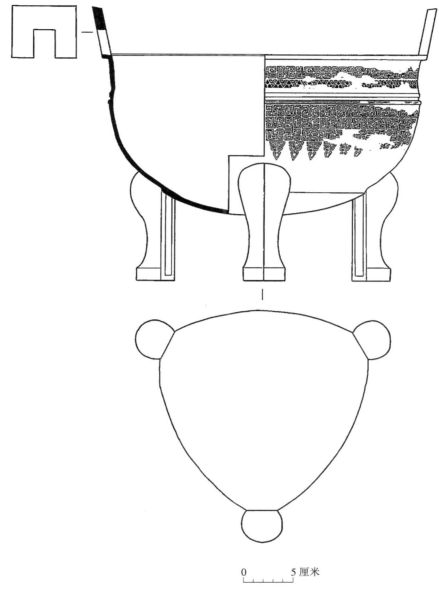

图一八-2　A 型立耳青铜鼎图
（M1∶294）

　　为附耳有盖青铜鼎，均出自器物厢西边，两件并排放置，其中一件与立耳无盖鼎相邻。形制相同，大小略有差异。方形附耳，深腹，三兽马蹄形足。盖面弧形隆起，中部有圆环形钮，盖顶部饰两周凸棱和重复单元蟠虺纹。鼎子母口平沿，口沿略内敛，沿下一周方形凸棱与器盖相吻合。弧腹平底略圜。腹中部有一周凸棱，以凸棱为界，腹部上下均铸蟠虺纹饰。盖面凸棱与腹部凸棱均铸斜线纹。这种附耳有盖青铜鼎经过观察为分体浇铸焊接。

　　标本 M1∶356，破碎变形修复。出土时鼎内装有牛或猪腿骨。通高 37.2、口径 30.4 厘米（图二○；图版四七，2，图版四八∶1、2、3）。

　　标本 M1∶359，破碎变形修复。出土时鼎内装有牛肋骨。通高 37.1、口径 30.3 厘米（图二一，图一九，图版四九，1、2）。

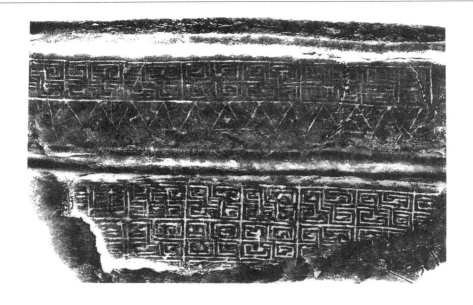

0　　　　　　　　　　　4厘米

图一八 - 3　A型立耳青铜鼎纹饰拓本

青铜鼎（M1：294）腹部纹饰拓本

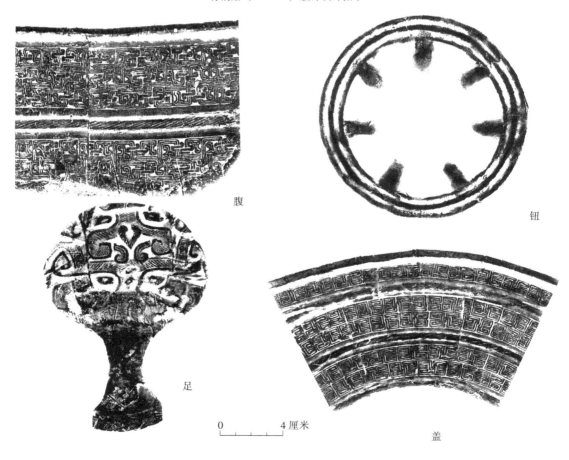

腹

钮

足

盖

0　　　　4厘米

图一九　B型附耳青铜鼎纹饰拓本

（M1：359）

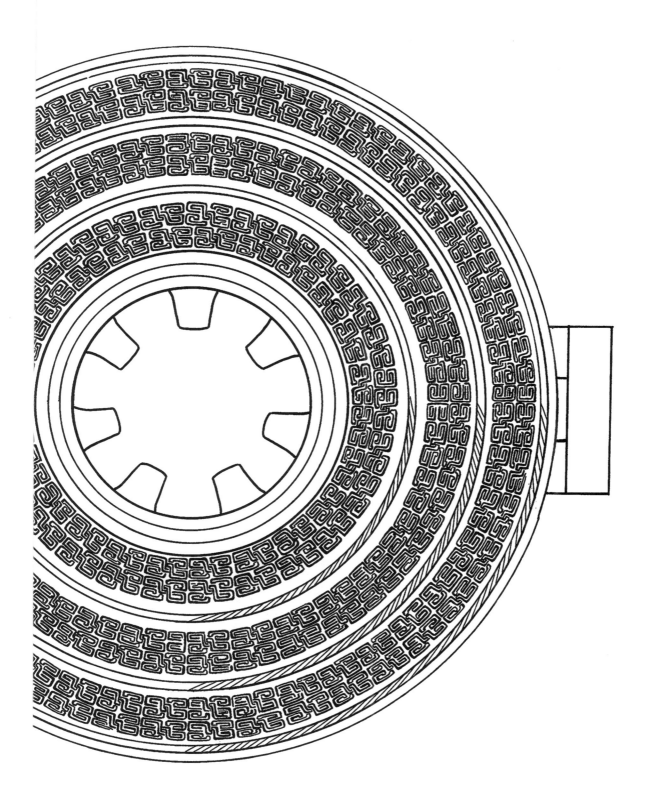

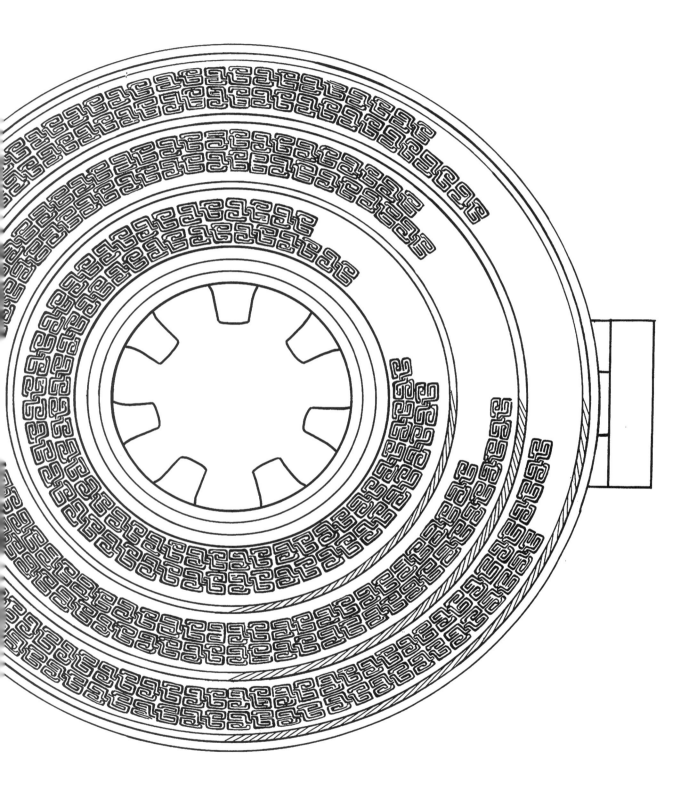

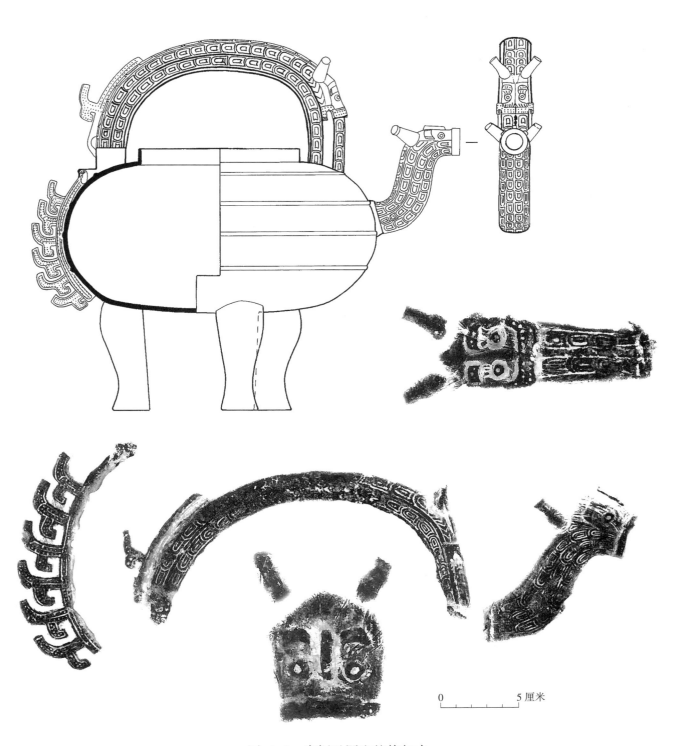

图二二　青铜盉图和纹饰拓本

0 　　　　　　5 厘米

二、青铜盉

该墓葬出土青铜盉 1 件，与盘、勺、盒、豆为一组集中叠压放置于器物厢的北侧板东段边上。缺盖，器身扁圆形，小平口，直短颈，鼓腹，平底略圜，三个兽形蹄足。肩部置一多棱六面兽形提梁，提梁的两端分别为兽头和兽尾。兽头两角，圆眼，做张口状，似含住提梁。提梁一侧肩腹处铸一流，流作兽首状，兽头两角，圆口，圆眼。从正面看提梁一侧的兽口似含住兽流的身体，提梁与流的造型独特，曲线流畅，相互协调，融合，组合得浑然一体。流的对称一侧为兽流的尾部，铸透雕花錾非菱。器身除铸四道凸棱形玄纹外，均为素面，提梁与流铸鳞纹。

标本 M1∶20，锈蚀严重，去锈。通高 24.7、口径 10.5 厘米（图二二；图版五〇，1、2）。

三、青铜簠

该墓葬出土青铜簠 4 件。出土时两件大的在下，两件小的在上，相互叠压并列放置在器物厢西南角侧边上。这 4 件簠除有大小之别外，器形相同。长方形直口斗状，盖与器身造型一致，盖能覆置，长方形圈足，圈足四边有形似椭圆缺口。平沿，直口，折壁。盖与器身相互扣合，盖长边与短边两侧分别置两个和一个兽面小扣，盖与器身短边两侧折壁上铸兽形半圆钮。通体蟠虺纹饰。四件簠内三件有清晰的铭文，两大件盖内顶与器内底均刻有相同字数和相同内容的铭文。铭文字数 19 个字。铭文内容为："唯正月初吉丁亥，钟离君柏作其吉金，作其食簠"。两小件其中一件盖内顶有刻划铭文 3 个字，似针刻，刻划痕迹极浅，极细，如不仔细辨认，很难看得清楚。其铭文内容为："柏之簠"。另一件因器体整体残碎并锈蚀，经修复完整，无法辨清是否有铭文存在。根据器形大小可分为 A、B 两型。

A 型　2 件，为器形较大件。均锈蚀残破修复。器内上下内顶或内底均有铭文："唯正月初吉丁亥，钟离君柏作其吉金，作其食簠"19 个字。

标本 M1∶376，通高 20.8，通长（连錾）36.8、口长 32.7，宽 25.6，口厚 0.5，器座长 30.8，宽 22.9 厘米（图二三，二十五；图版五一，1、2、3，图版五二，1、2）。

标本 M1∶377，通高 20.5、通长（连錾）36.7、口长 33.1、宽 25.9，口厚 0.5、器座长 30.7，宽 22.8 厘米（图二四，图二六；图版五三，1、2，图版五四，1、2、3）。

B 型　2 件，为器形较小件，均锈蚀残破修复。器内上下内顶或内底有一件可见针划铭文："柏之簠"3 个字。

标本 M1∶432（原编号 M1∶376—1），通高 19.3，通长（连錾）33.8，口长 29.5、宽 20，口厚 0.5、器座长 26.8、宽 19.2 厘米（图二七；图版五五，1、2、3）。

标本 M1∶433（M1∶377—1），盖内顶有针刻铭文："柏之簠"3 个字。通高 19.2，通长（连錾）33.9，口长 29.4 宽 20.1，口厚 0.5、器座长 26.9 宽 20 厘米（图二八；图版五六，1、2、3）。

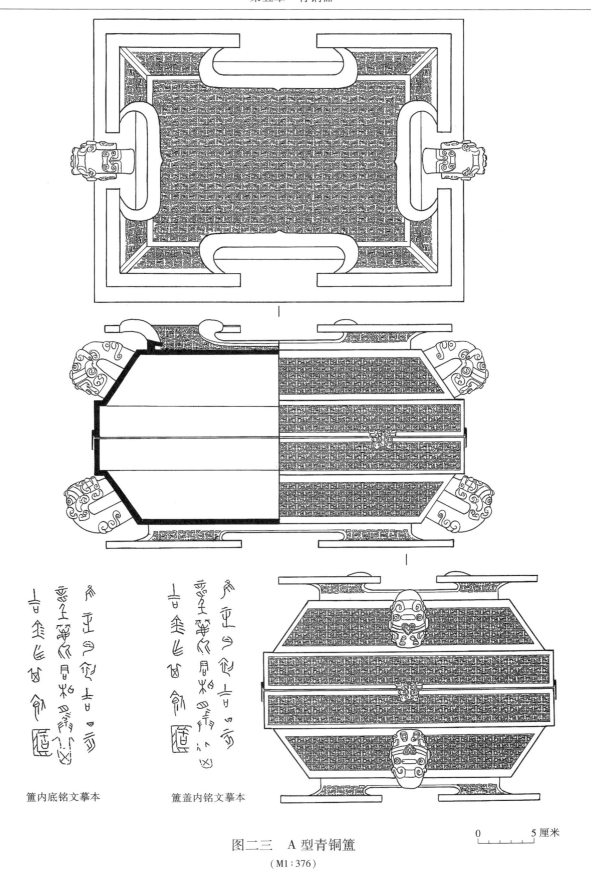

簠内底铭文摹本　　　簠盖内铭文摹本

图二三　A 型青铜簠

（ M1：376 ）

0　　　　5厘米

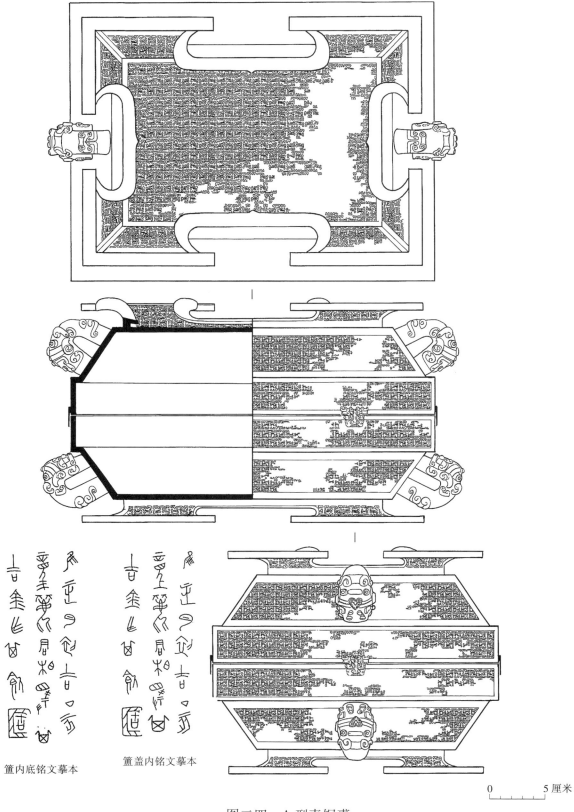

簠内底铭文摹本　　　簠盖内铭文摹本

0　　　　　5 厘米

图二四　A 型青铜簠

（M1:377）

0 ———— 4 厘米

图二五　　A 型青铜盨铭文和纹饰拓本

（M1∶376）

0 ———— 4 厘米

图二六　　A 型青铜盨铭文和纹饰拓本

（M1∶377）

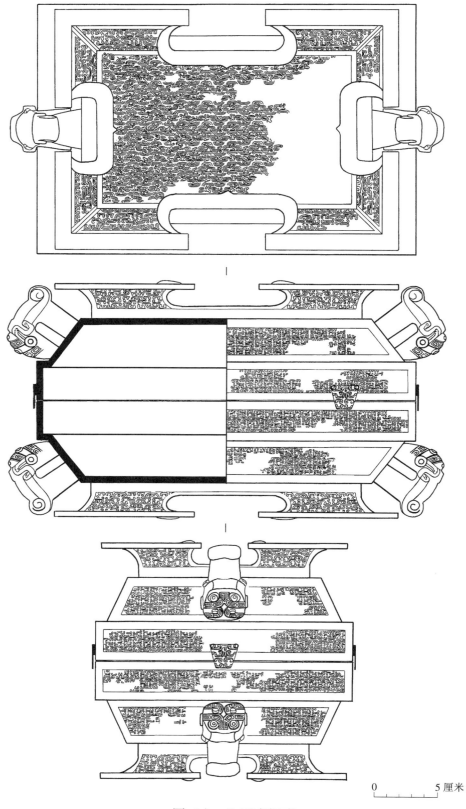

0   5 厘米

图二七　B 型青铜盏

（M1∶432）

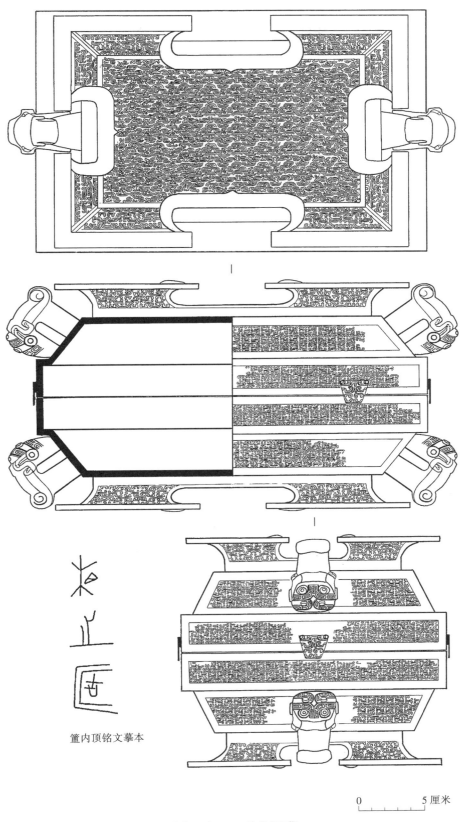

簋内顶铭文摹本

0 5厘米

图二八 B型青铜盨

（M1:433）

四、青铜罍

该墓葬出土青铜罍 2 件。均为残破修复件。出自器物厢南侧隔墙板西段边上，两件东西向并列放置。两件形制相同，大小略有差异。这两件罍造型有些特殊，其本体为一矮领圆鼓腹罐形，然后在其本体上加装多种附件，口部以上加装一件可以取下来的活动罩，肩部加装两组对称性附耳，底部加装三矮足，使其具有比较典型的个性特征。器物本体为平口、方唇、短粗颈、球腹、平底一周外凸形成平底性矮圈足。器口上端有一活动式圆形圈座敞口透空蟠虺纹罩，镂空罩为圈座式宽沿外撇，罩圈座周边有两对称小扣可以扣住器口，使镂空罩圈座正好座扣在器口上严缝吻合，圈座罩中空，在其底部内有一周凸棱可以置盖。肩部加装两对不同形状的龙形或鸟兽形镂空附耳，底部另装三镂空禽鸟足。肩部铸饰三道凸弦纹和四个相同对称的兽面铜泡。肩部四个镂空形鸟兽的附耳，其中一对兽在下位口含上位鸟身，鸟首无冠作回首状，下位兽首有冠，身有双翼，四足，尾向上翻卷曲。另外一对耳系上的鸟首顶部有冠，鸟回首，似作挣扎状。其下位的兽有双耳，口含其上位的鸟身，耳系整体线条流畅，浑然一体，栩栩如生。器身铸饰四方连续蟠螭纹和间隔饰以凸出器表小圆柱。

标本 M1：398，通高 45.9、口径 20、腹径 39.3、罩上口径 27.6、圈足径 19.5 厘米（图二九，三一，3；图版五七，1、2，图版五八，1、2）。

标本 M1：400，通高 43.9、口径 19.7、腹径 40、罩上口径 27.3、圈足径 19 厘米（图三〇；图版五九，1、2、3，图版六〇，1、2、3、4）。

五、青铜三足盘（炉）

该墓葬青铜三足盘（炉）1 件。锈蚀残损修复。置于器物厢的北侧墙板东段边上，其上叠压放置有一对铜镰刀和两件铜匜，东邻盉、盒、勺、甗等器物。该器为浅盘式三足炉，圆口，方唇，口沿略向内斜，浅腹，平底，平底中部有低矮形圈座，三兽蹄形足。腹周对称装有四个吊环附耳，环可供系索吊起使用。器表铸饰蟠虺纹。

标本 M1：283，通高 10.2、口径 42.4 厘米（图三一，1、2；图版六一，1）。

六、青铜匜

该墓葬出土青铜匜 2 件。锈蚀残损修复。根据其形制的不同可分为 A、B 两型。

A 型　1 件

出土时叠压在三足盘上，位于器物厢的北侧墙板东段边上。器身整体形状类似瓢形，为前窄后宽呈不规则椭圆形，大口平沿外侈，方唇，弧腹，平底，兽首形张口流，后腹内收装环形鋬手。器腹上铸饰极细的带状蟠虺纹饰，铸工精细。标本 M1：281，通高 12.8、流长 5.4、口径 14～21、通长（流口连鋬）23.4 厘米（图三二：1、2；图版六二，1、2、3、4）。

B 型　1 件

出土时与 M1：281 位置相同并叠压在其下。圆形器身呈钵形，大口为微内敛，前有短流上翘，流下有一环形小鋬，与之相对称的后部装一兽形环鋬，平底。器壁薄，素面，整体器型简洁。标本 M1：282，通高 13、流长 3.4、口径 23.4－26.5、通长（流口连鋬）31.3 厘米（图三三，1、2；图版六一，2、3）。

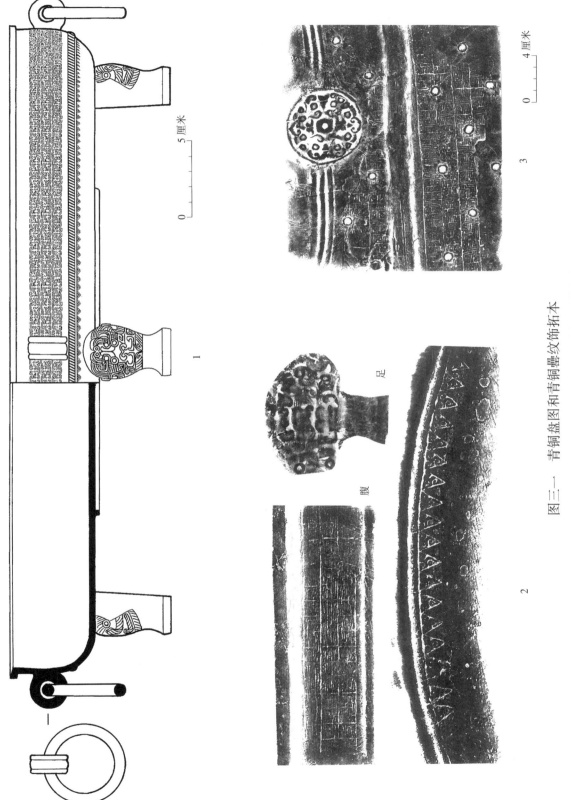

图三一　青铜盘图和青铜罍纹饰拓本

1. 青铜盘（M1:283）　2. 青铜盘纹饰拓本（M1:283）　3. 青铜罍纹饰拓本（M1:398）

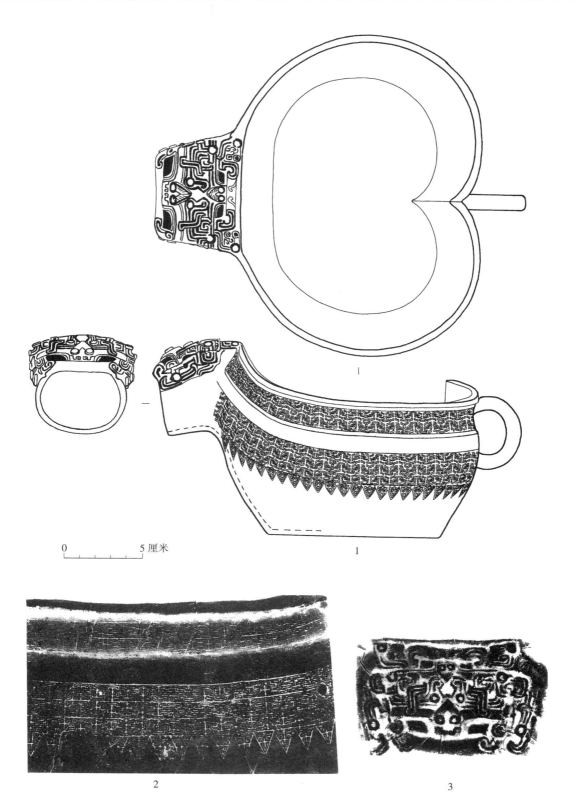

0　　　　　5厘米

2　　　　　　　　　　　　　　　　　　3

图三二　A 型青铜匜图和纹饰拓本
1. 青铜匜（M1：281）　　2、3. 青铜匜纹饰拓本（M1：281）

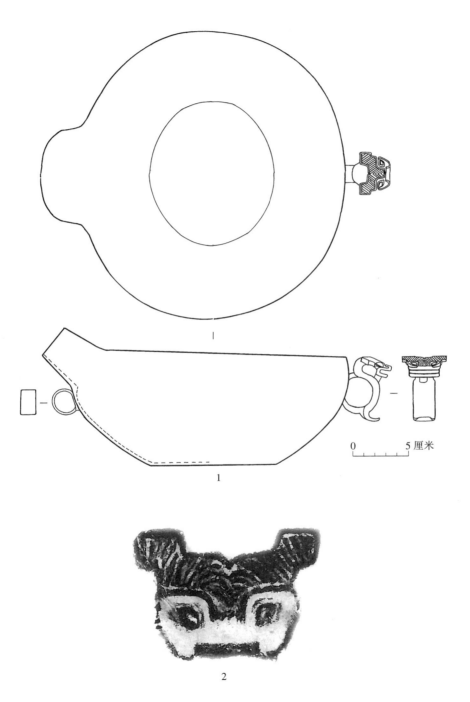

图三三　B 型青铜匜图和纹饰拓本

1. 青铜匜（M1：282）　　2. 青铜匜纹饰拓本（M1：282）

七、青铜双连盒

　　该墓葬出土青铜双连盒 1 件，完整锈蚀。出土位置在三足盘的东侧，器物厢北侧墙板东段的边上。盒为带盖双腹平底形，俯视器体平面呈"B"形。子母口，平沿，口上有平顶盖扣合。盖顶部中间有一桥形钮，两侧铸饰兽首形钮，钮中间有穿孔，与器口下钮恰好套合，可系索或销栓盒盖。盒正面似两圆形盒相连，相连处器腹有一桥形钮，腹外鼓。背面平直、素面。盖顶面铸饰交错几何三角纹组合的带状纹饰。腹部纹饰分上下两段，上段铸饰二方连续组合的带状蟠虺纹，下段铸饰连续倒三角纹。器型小巧，造型独特。出土时内装经检测为伤药的残留物。标本 M1：19，通高 8.3、口径 12～7.8～6.4、器身长（连耳）15.8、器身宽 9～8 厘米（图三四；图版六三，1、2、3、4、5）。

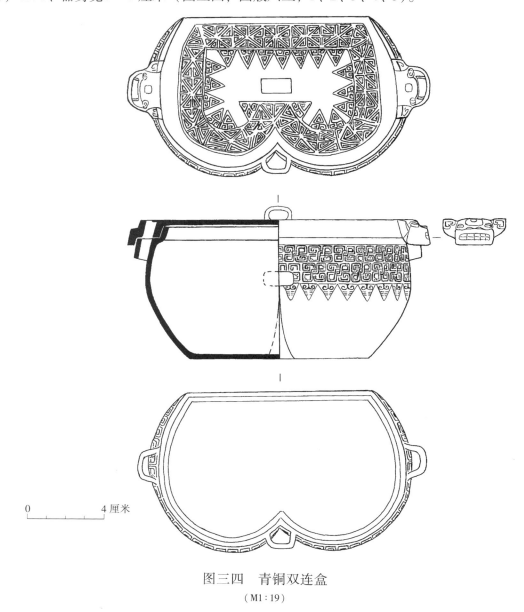

0　　　　4 厘米

图三四　青铜双连盒
（M1：19）

八、青铜豆

该墓葬出土青铜豆2件。出土位置在器物厢的北侧墙板西段边上，两件南北向并列放置，与铜鼎相邻。锈蚀略损。两件大小形制相同。钵形豆盘，平口，方唇，缩颈，深腹，中等矮粗豆柄，豆柄下部外撇与圈足座形成喇叭座口。颈腹部铸饰重复单元蟠虺带状纹饰，豆柄下部饰有三个不等距离的三角形镂空。

标本 M1∶285，通高20、口径21、底经16.1厘米（图三五，1、3；图版六四，1）。

标本 M1∶286，通高18.9、口径21、底经16.2厘米（图三五，2；图版六四，2）。

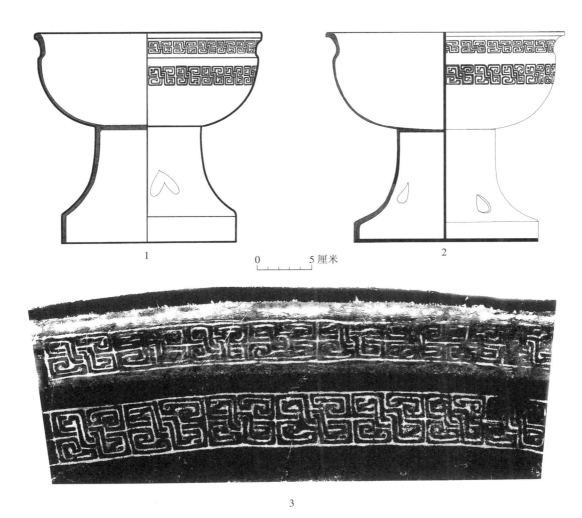

图三五　青铜豆图和纹饰拓本

1. 青铜豆（M1∶285）　　2. 青铜豆（M1∶286）　　3. 青铜豆纹饰拓本（M1∶285）

九、青铜甗

　　该墓葬出土青铜甗1件，锈蚀甑残破修复。为上甑下鼎分体甗。出土位置在器物厢东北角北侧板边上，出土时甑倾斜口朝上，鼎足朝上置于甑内。甑平沿，方唇，束颈，深弧腹，上腹圆鼓下腹内收，底部呈圈足座形，甑底为竖条镂空式平底箅。甑沿下装对称方形附耳。甑上腹部铸饰一周凸棱，凸棱上饰平行斜线纹。甑圈足座与鼎口套装为子母口。鼎平沿，方唇，直短颈，扁鼓腹，肩部有一对称外撇弯曲形附耳（或錾手），平底，三兽蹄形足。鼎上腹铸饰一周凸棱纹，余皆素面。标本M1：32，通高46.4、口径35厘米（图三六；图版六五：1、2、3）。

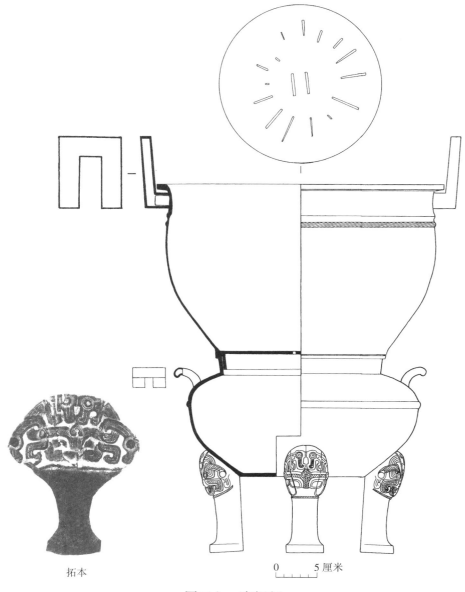

拓本

0　　5厘米

图三六　青铜甗

（M1：32）

十、青铜勺

该墓葬出土青铜勺 1 件，锈蚀完整。出土时与三足盘、盉、匜、甗并列置于器物厢北壁东段。钵形勺头，平口、方唇、深弧腹、圜底，装有銎柄，圆形銎柄上端粗下端细，出土时仍然有残木保留在銎内，銎柄与腹连接上方还有一短柱相连以加强銎柄与勺头连接的牢固程度。勺头铸饰以连续几何菱形蟠虺纹组合成带状纹，下饰连续三角纹一周。器形简洁，厚重。标本 M1：18，口径 11.5－13.5、腹深 8.5、銎长 11.5、銎口直径 2.5 厘米（图三七，1、2；图版六六：1）。

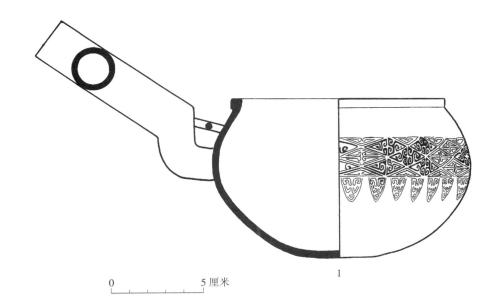

0　　　　　5 厘米

1

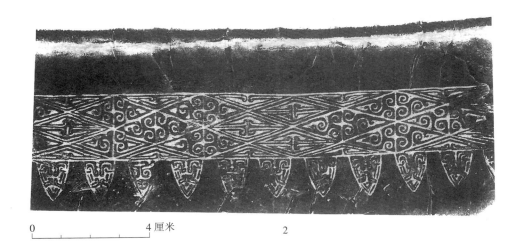

0　　　　4 厘米

2

图三七　青铜勺图和纹饰拓本

1、2.（M1：18）

第二节　青铜乐器

该墓葬出土乐器 23 件，其中青铜乐器 11 件，石磬 12 件。青铜乐器 11 件有编钟一套 9 件、铃、鼓钮环各一件。这批乐器均出自墓室南椁室器物厢内，其中一套编钟出土于器物厢北侧边，铃和鼓钮环位于器物厢西部。青铜铃和鼓钮环出土位于器物厢西部石磬存放的位置。这套乐器在春秋时代统治者与贵族阶层中普遍流行，是一种等级的标志性器物。

一、青铜编钟

该墓葬出土乐器青铜编钟一套 9 件，其形制仅为钮钟一种。出土于墓室南椁室器物厢的北侧边中间偏西部位，均口朝下钮朝上由西向东按照大小一字形排列放置。有的叠压在青铜器物之上，有的叠压在漆木器腐烂的漆皮之上。在钮钟排放的位置范围内没有发现明显悬挂钮钟架子的痕迹，只是钮钟依大到小排放的顺次没有错乱。9 件钮钟完整，锈蚀严重，进行去锈处理。个体之间由大到小依次顺减，均为长方形素面钮，钮的边缘中间有明显的范缝，椭圆筒形，于凹口，绝大部分的于口正背两面均有缺口，仅有个别于口没有缺口。正背两面都以凸弦纹为界，分为左右两区，每区又分为五个小区，其中篆部两个小区饰重复单元方形蟠虺纹，另外三个枚区饰半圆素面乳丁，舞部和鼓部铸以蟠虺纹组合成变形兽纹。背面钲部中间铸重复单元方形的蟠虺纹。铭文主要铸刻在正面钲部中间，从器表上看，铭文字体明显不是很规范，如 M1：6 钲部第 3 竖行第 3 个字"行"从器表看只有右边半个字，左边的半个字没有，另外同在第三行第 4 个字"钟"的下面有似刻非刻之字，或者说是刻错字而又省去了的字，分析说明在当时刻字时不是很讲究。铭文字均刻在钲部的中间，有极个别的铭文刻字时超越钲部范围，从器表看分析是在刻字时字体的大小及行间距不等，而形成，刻不下的字继续在鼓部左侧完成，如 M1：5 和 M1：9。从铭文整体内容和字数看，九件铭文其字体竖行排列，从右至左，从上至下续读，其内容为："唯王正月初吉丁亥，钟离君柏，作其行钟，钟离之金"。共计 20 个字，有少数钮钟的铭文只有 19 个字，如M1：2、M1：5、M1：8，还有只刻 17 个字的，如 M1：7。省去的字均不是同一个字，而是 20 个字中间的不同的字。以下按照 钮钟从大到小排序——介绍（图版六七）。

标本 M1：1 正背面于口两侧有明显的缺口。铭文行间距规整，字迹清晰，钲部中间四行铭文 20 个字，其内容为："唯王正月初吉，丁亥，钟离君柏，作其行钟，钟离之金。"通高 26.6、钮长 4.2、钮宽3.9、钮厚 0.9、铣间 18、于间 13.8、于厚 0.8 ~ 1、鼓高 10，钲高 12.4、舞 15.3 ~ 11.3 厘米（图三八、三九、四〇；图版六八，1，2，图版六九，1，2，图版七〇，1，2，图版七一，1，2）。

标本 M1：2。于口正背两面有明显缺口。铭文行间距整齐，字迹清晰。钲部中间四行铭纹 19 个字，其内容为"唯王正月初吉，丁亥。钟离君柏，作其行钟，钟离金"。通高 25.4、钮长 4.5、钮宽3.9、钮厚 0.9、钮长铣间 15.4、于间 13.3、于厚 0.6 ~ 1.2、鼓高 9.2、钲高 11.7、舞 13.8 ~ 10.7 厘米（图四一，四二，四三；图版七二，1，2，图版七三，1，2）。

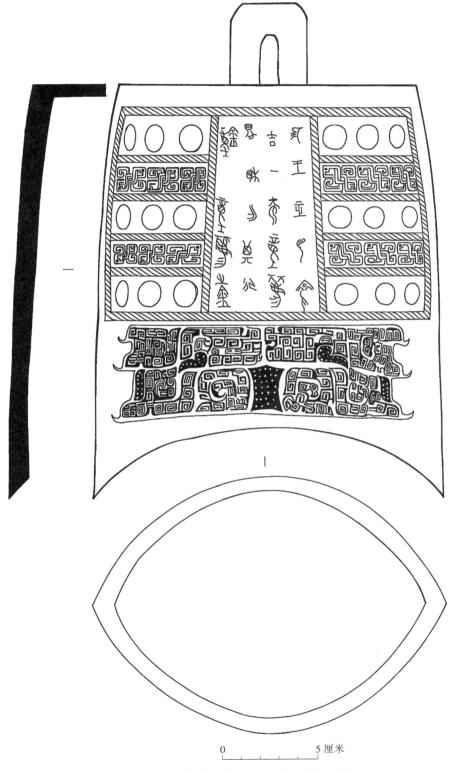

0　　　　　　　5厘米

图三八-1　青铜钮钟正面纹饰和铭文图

（M1∶1）

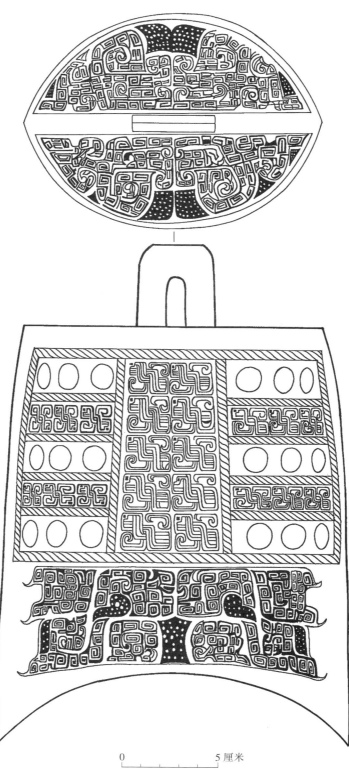

0   5 厘米

图三八 - 2　青铜钮钟背面纹饰图

（M1：1）

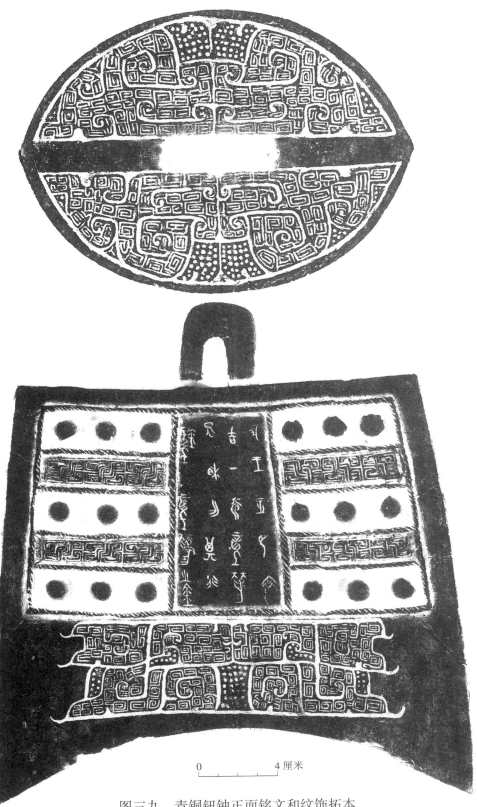

0   4 厘米

图三九　青铜钮钟正面铭文和纹饰拓本

（M1∶1）

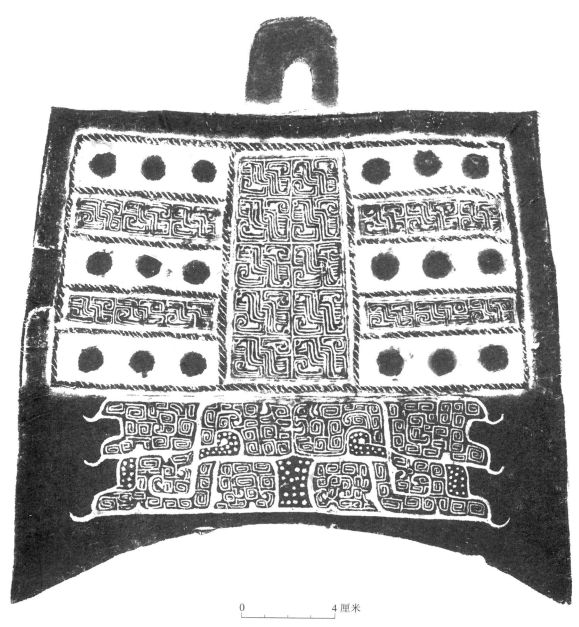

0 　　　　　4 厘米

图四〇　青铜钮钟背面纹饰拓本

（M1:1）

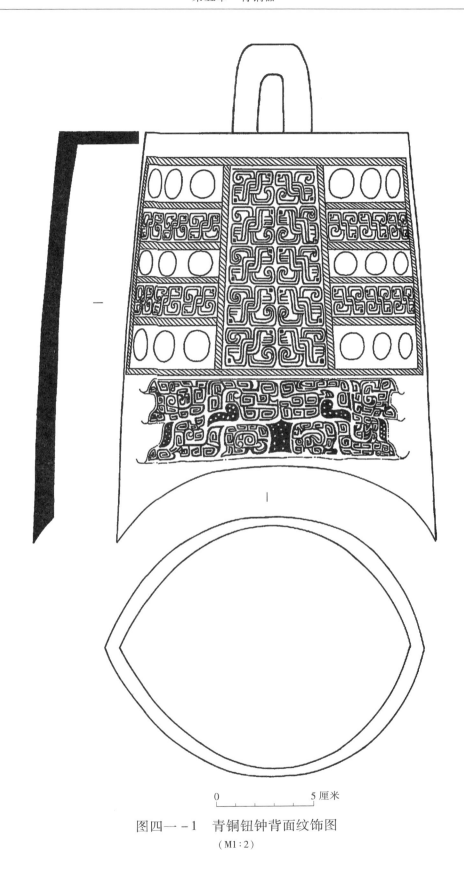

0　　　　　　　5厘米

图四一 - 1　青铜钮钟背面纹饰图

（M1:2）

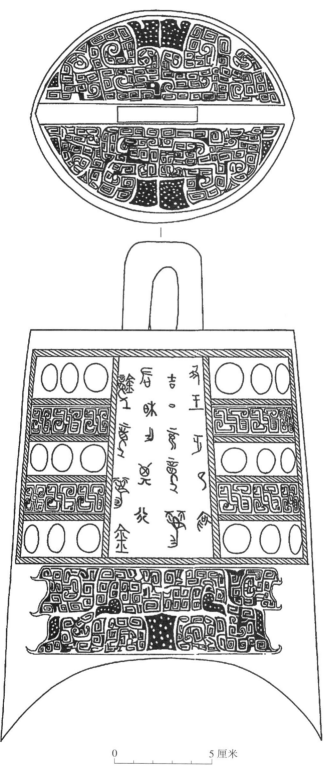

图四一－2　青铜钮钟正面纹饰和铭文图
（M1∶2）

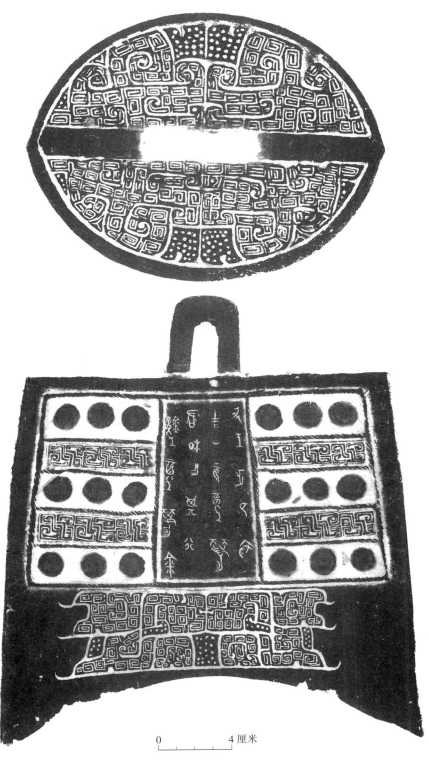

0 _____ 4厘米

图四二　青铜钮钟正面铭文和纹饰拓本

（M1：2）

图四三　青铜钮钟背面纹饰拓本
（M1：2）

标本 M1：3，正面于口右侧有明显的缺口，背面两侧有缺口。铭文行间距较通一，字迹清晰。钲部中间四行铭文 20 个字，其内容为"唯王正月初吉，丁亥，钟离君柏，作其行钟，钟离之金"。通高24.8，钮长4.2、钮宽3.8、钮厚0.9、铣间15.6、于间12.2、余厚1～1.3、鼓高10.4、钲高10.2、舞12.6～9.8 厘米。（图四四，四五，四六；图版七四，1、2，图版七五，1、2）。

标本 M1：4，于口正背两侧有缺口，铭文行间距较统一，字迹清晰。钲部中间四行铭文 20 个字，其内容为"唯王正月初吉，丁亥。钟离君柏，作其行钟，钟离之金"。通高22.5、钮长4.2、钮宽3.8、钮厚0.9、钮宽铣间14.8、于间11.3、于厚0.8～1.4、鼓高8、钲高10.3、舞12～9.3 厘米（图四七、四八；图版七六，1、2），图版七七，1、2）。

标本 M1：5，于口正背两面完整。铭文共计 19 个字。其中钲部中间三行铭文，行距不相等，有16个字，另有 3 个字刻在正面鼓部左侧。其内容为："唯王正月初，丁亥。钟离君柏作其行钟钟离之金"。通高21.3，钮长3.8、钮宽3.4、钮厚0.7、铣间13.8、于间10.4、余厚0.6～1.3、鼓高9.2、钲高8.3、舞11.7～8.4 厘米（图四九、五〇；图版七八：1、2，图版七九：1、2）。

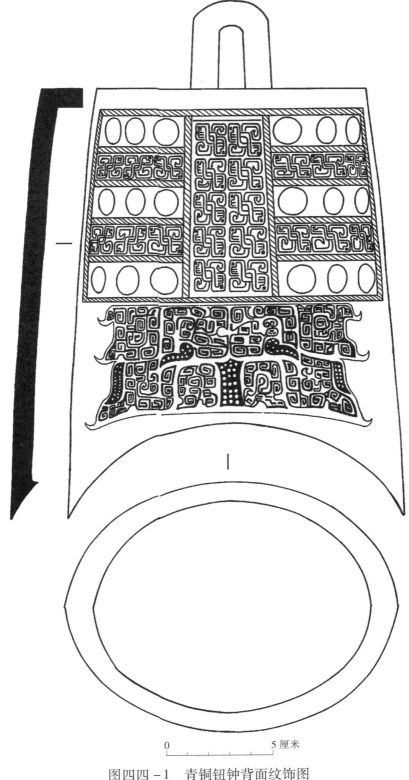

0   5 厘米

图四四 -1 青铜钮钟背面纹饰图

（M1∶3）

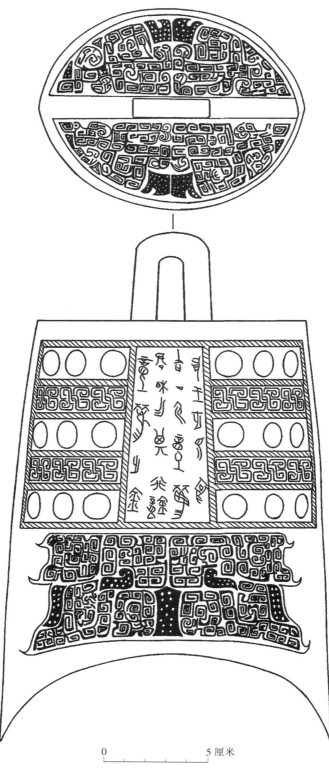

0　　　　　　　　5 厘米

图四四－2　青铜钮钟正面纹饰和铭文图
（M1∶3）

0   4厘米

图四五　青铜钮钟正面纹饰和铭文拓本

（M1∶3）

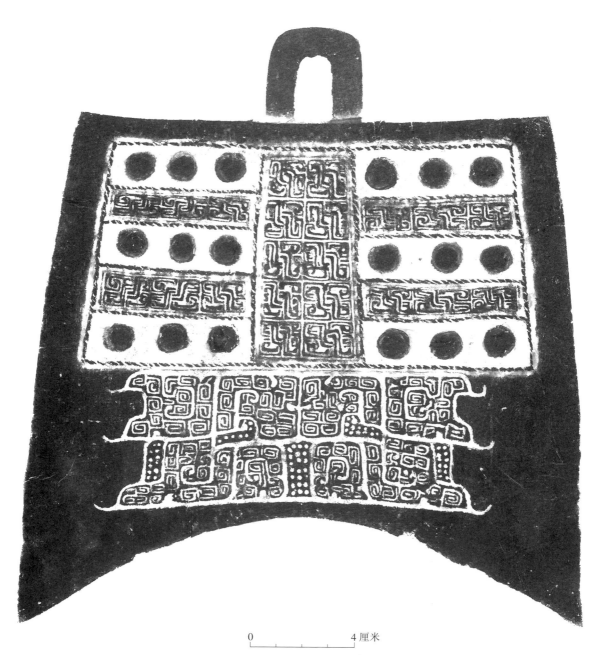

0   4 厘米

图四六　青铜钮钟背面纹饰拓本
（M1∶3）

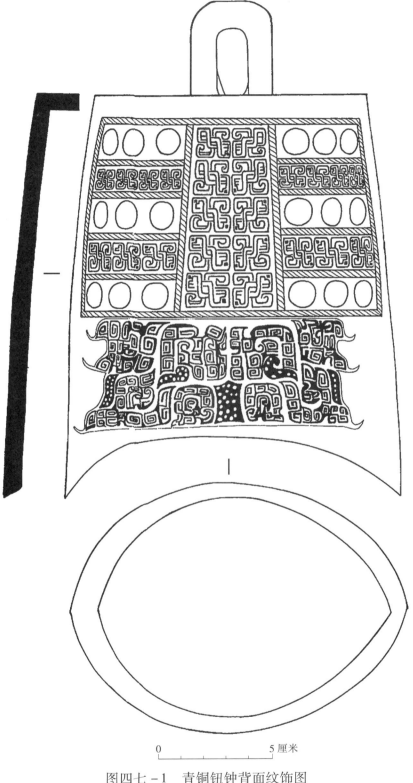

0　　　　　　　　5 厘米

图四七－1　青铜钮钟背面纹饰图

（M1∶4）

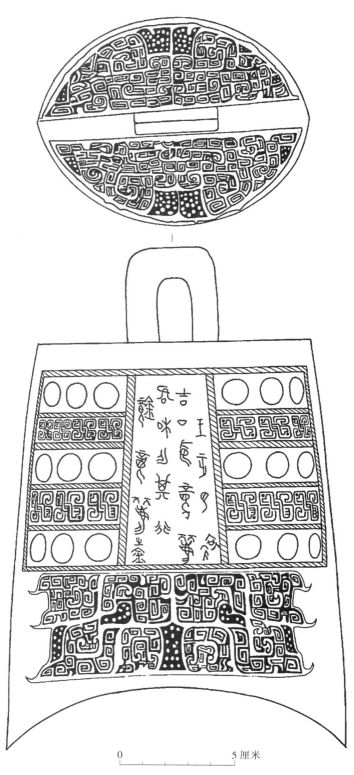

0   5厘米

图四七 -2   青铜钮钟正面纹饰和铭文图

（M1∶4）

0 　　　　　　　4厘米

图四八－1　青铜钮钟正面纹饰和铭文拓本

（M1∶4）

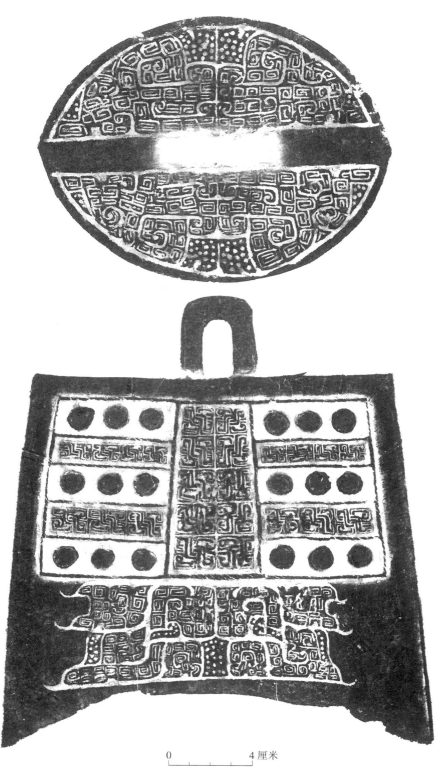

图四八 - 2　青铜钮钟背面纹饰拓本

（M1：4）

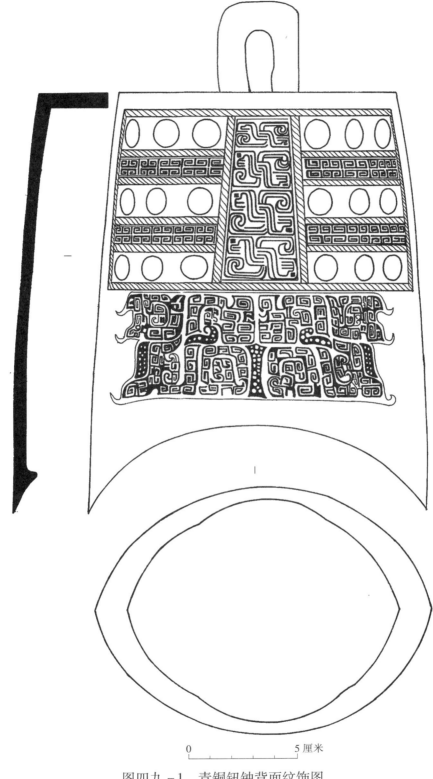

0　　　　　　　　5 厘米

图四九 - 1　青铜钮钟背面纹饰图

（M1∶5）

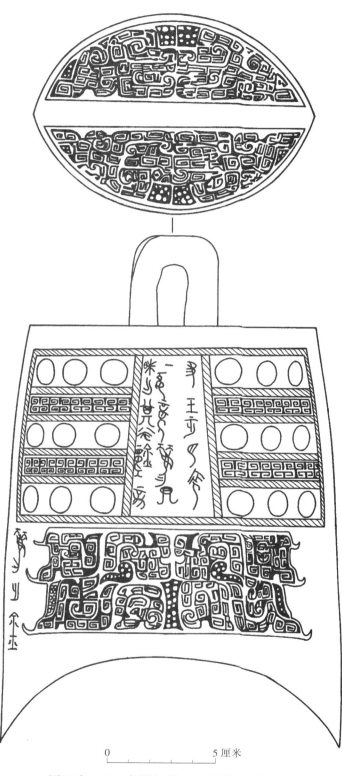

0   5 厘米

图四九－2 青铜钮钟正面纹饰和铭文图

（M1∶5）

0 ────── 4厘米

图五〇 - 1　青铜钮钟背面纹饰拓本

（M1:5）

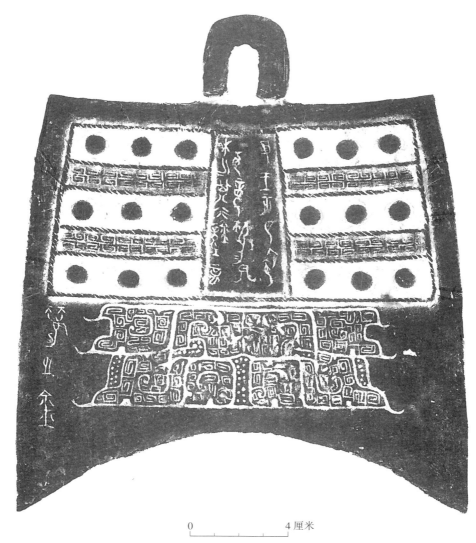

0 ├────────────┤ 4 厘米

图五〇 – 2　青铜钮钟正面纹饰和铭文拓本

(M1：5)

　　标本 M1：6，于口正背面有明显的缺口。正背面钲部大小不等。正面钲部中间刻四行铭文，其中从右至左，从上至下，第三行的第三个字"行"字铸刻不完整，另外发现同在一行第四个字"钟"字下面有铸刻字的痕迹，但是又不构成完整字形，分析当时在刻字时刻错而放弃。钲部中间铭文 20 个字，内容为："唯王正月初吉，丁亥。钟离君柏，作其行钟，钟离之金"。通高 19.7，钮长 3.2、钮宽 3，钮厚 0.8、铣间 12.2、于间 9.6、于厚 0.6～1、鼓高 8.7，钲高 7.8、舞 10～7.6 厘米。（图五一、五二；图版八〇，1、2，图版八一：1、2）。

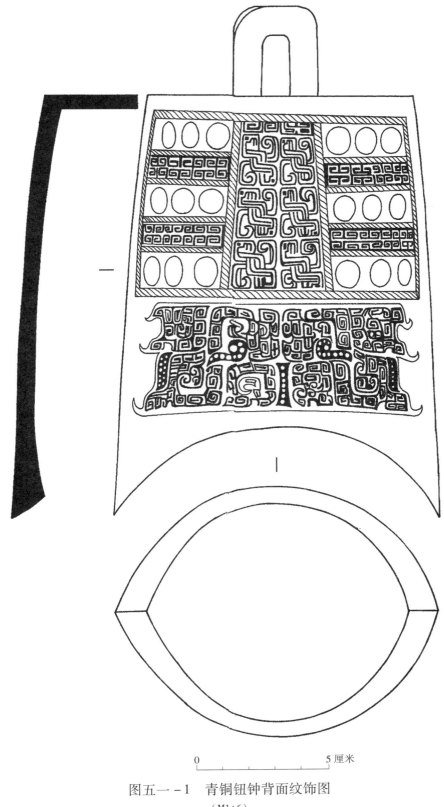

0　　　　　　　　　　　　5 厘米

图五一 - 1　青铜钮钟背面纹饰图

（M1:6）

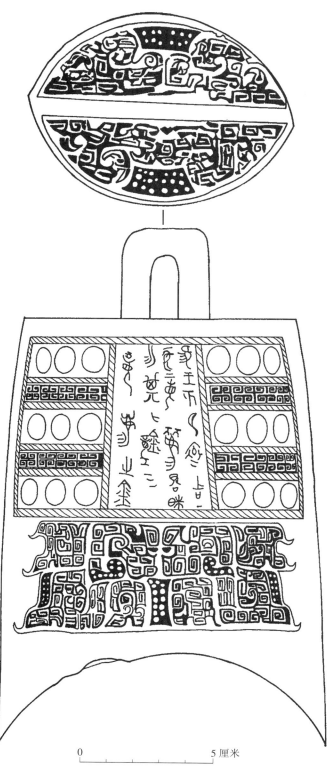

0   5 厘米

图五一-2　青铜钮钟正面纹饰和铭文图
（M1∶6）

0　　　　　　　　4厘米

图五二－1　青铜钮钟背面纹饰拓本

（M1∶6）

0   4厘米

图五二-2 青铜钮钟正面纹饰和铭文拓本
（M1:6）

标本 M1:7，余口正背两面有明显缺口。正面钲部铭文三行，行距较统一，共计 17 个字，内容为："唯王正月初吉，丁亥。钟离君柏，作其行钟，钟"。通高 18.4，钮长 3.2、钮宽 3、钮厚 0.8、铣间 11.4，余间 9、于厚 1～1.9、鼓高 7.8、钲高 7.4、舞 9.2～7.4 厘米（图五三、五四；图版八二，1、2，图版八三：1、2）。

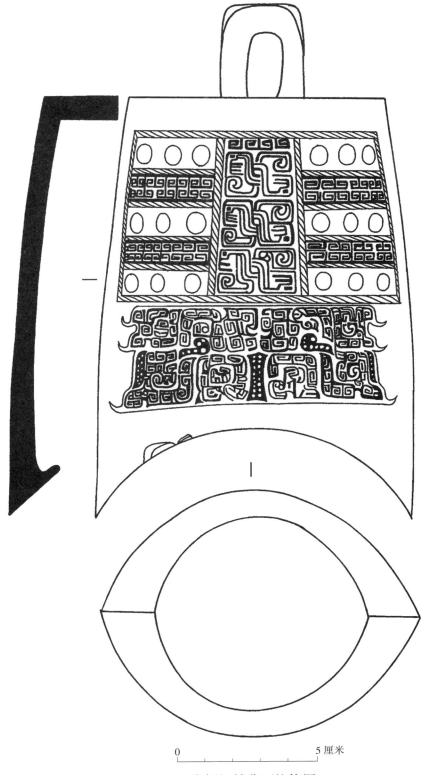

图五三－1　青铜钮钟背面纹饰图

（M1：7）

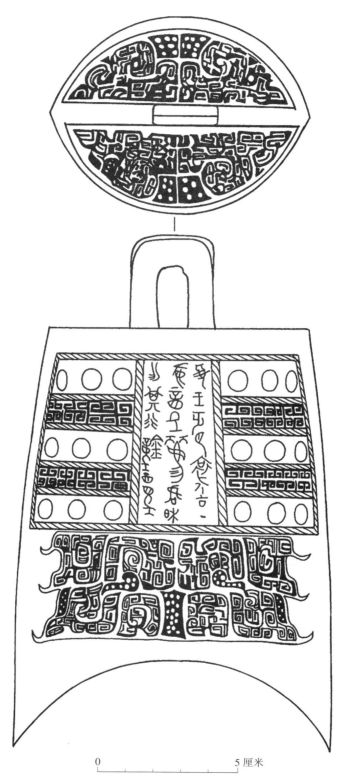

0   5 厘米

图五三－2　青铜钮钟正面纹饰和铭文图

（M1∶7）

0　　　　　　　　4厘米

图五四－1　青铜钮钟背面纹饰拓本

（M1：7）

0   4厘米

图五四－2　青铜钮钟正面纹饰和铭文拓本

（M1∶7）

标本 M1∶8，余口背面有明显得缺口。正面钲部铭文四行，行距较统一，共计 19 个字，内容为："唯王正月初吉，丁亥。钟离君柏，作行钟，钟离之金"。通高 17.3，钮长 3.2、钮宽 2.8，钮厚 0.9、铣间 10.7、余间 8、余厚 0.7～1.5、鼓高 7，钲高 7.1、舞 9～6.4 厘米（图五五、五六；图版八四，1、2，图版八五，1、2）。

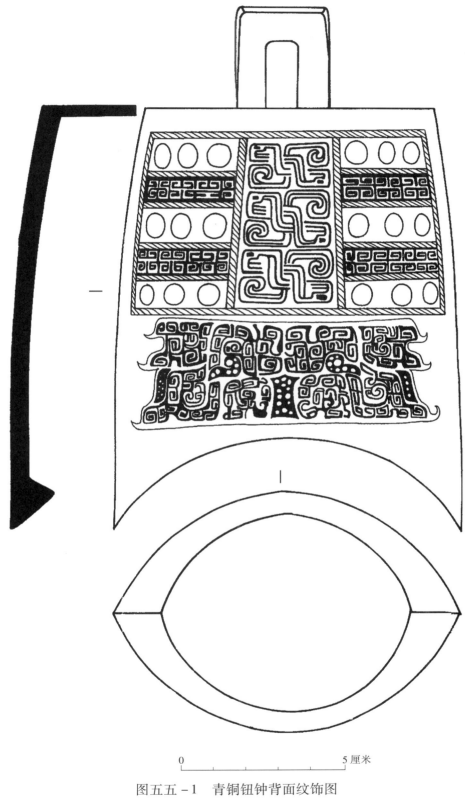

0　　　　　　　　　　　　　　　5厘米

图五五－1　青铜钮钟背面纹饰图

（M1∶8）

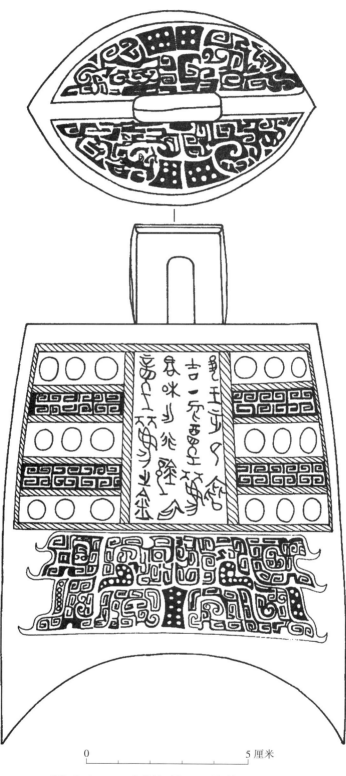

0　　　　　　　　　　　　　5 厘米

图五五 - 2　青铜钮钟正面纹饰和铭文图
（M1：8）

0 _____ 4厘米

图五六-1　青铜钮钟背面纹饰拓本

（M1:8）

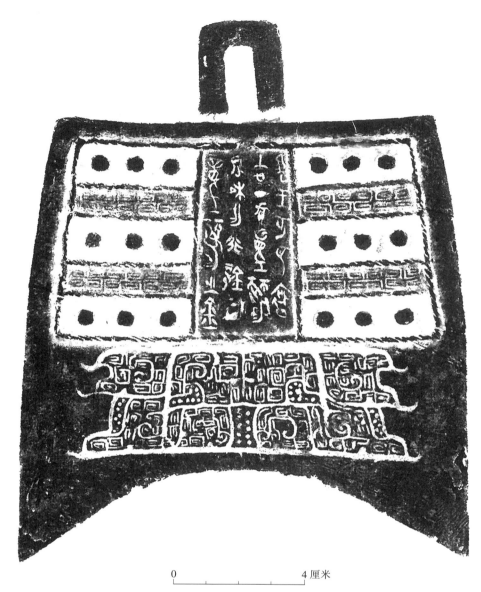

0 　　　　　　　　　　4厘米

图五六-2　青铜钮钟正面纹饰和铭文拓本
（M1∶8）

　　标本 M1∶9，正背面于口有明显的缺口。正面有铭文 20 个字，其中钲部中间铭文三行，行距不统一，共计 16 个字，另外正面鼓部左侧有 4 个字。内容为："唯王正月初吉，丁亥。钟离君柏，作其行钟，钟离之金"。通高 15.8，钮长 3.5、钮宽 2.7、钮厚 0.9、铣间 9.8、余间 7.4、于厚 1.2~1.4、鼓高 6，钲高 6.3、舞 8.1~6 厘米（图五七、五八；图版八六，1、2，图版八七，1、2）。

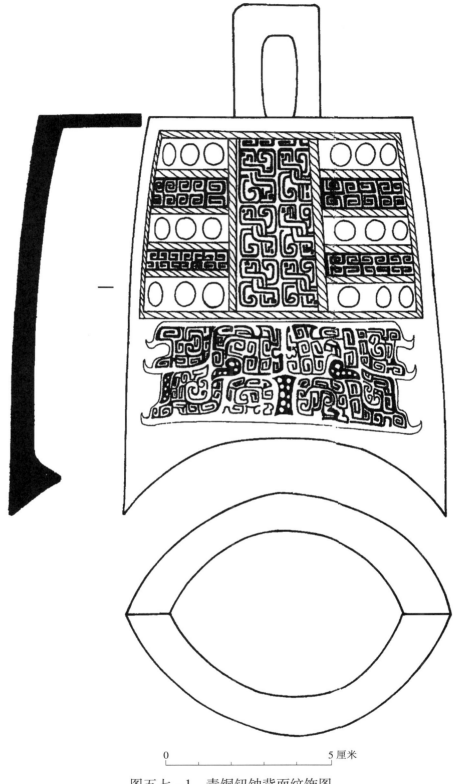

图五七 - 1 青铜钮钟背面纹饰图

（M1:9）

0   5 厘米

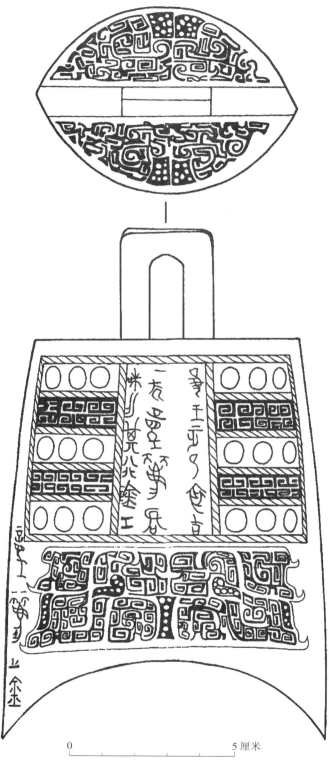

0   5 厘米

图五七－2　青铜钮钟正面纹饰和铭文图

（M1：9）

0 ————————— 4厘米

图五八 - 1　青铜钮钟正面纹饰和铭文拓本

（M1 : 9）

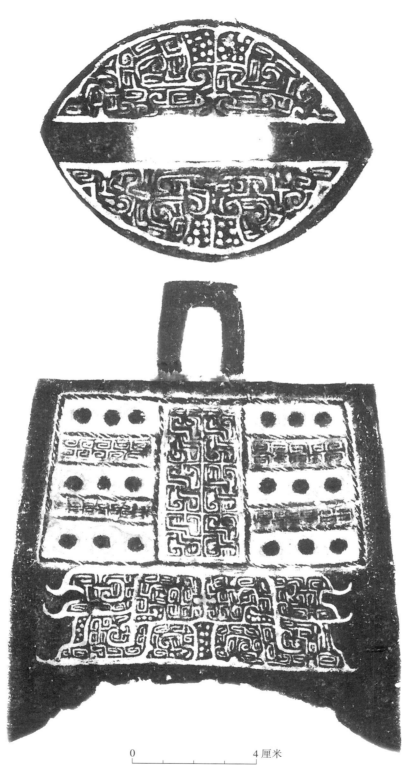

0   4厘米

图五八-2　青铜钮钟背面纹饰拓本

（M1∶9）

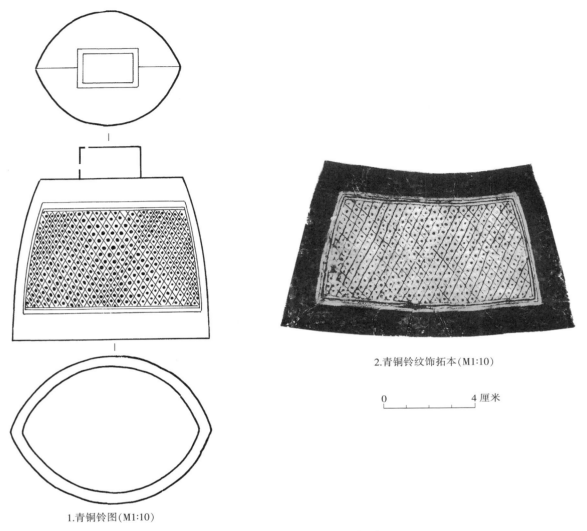

2.青铜铃纹饰拓本（M1:10）

0　　　　　　　4 厘米

1.青铜铃图（M1:10）

图五九　青铜铃图和纹饰拓本
（M1:10）

二、青铜铃

　　该墓葬出土青铜铃1件。出自墓葬南椁室器物厢西部存放石磬位置的最北头，紧邻石磬。为方形銎柄木舌铃，平口，平顶。顶小口稍大，正面呈方梯形。顶中间有长方形銎以安装木柄。器身正背两面铸饰斜线菱形网格纹，网格内饰乳丁纹。标本M1:10，通高9，顶长径6.6，短径5.3厘米，底长径9，短径6.8厘米（图五九，1、2；图版六六，2、3、4、5）。

三、青铜鼓环钮

　　该墓葬出土青铜鼓环钮1件。出自墓葬南椁室器物厢西部存放石磬的位置偏南。青铜鼓环钮与压在几块大号的石磬下面似腐烂残存的鳄鱼皮有连带关系，两者紧邻。有人认为这种腐烂似鳄鱼皮样的东西是蒙鼓的皮，似为鼓的残存。青铜鼓环钮底座为正四边形，底座背面有十字形深凹槽以固定镶嵌在鼓壁上。方形底座正面中间为圆形矮粗钮柄，柄钮底部有四出凸起，钮上部至顶部呈人面圆角四方形，钮柄下部为一周凸棱，钮柄跟部有一对固定镶嵌插销的穿孔，钮柄附一绞丝椭圆形环。钮座正面饰蟠虺组合的三角纹，钮柄下部凸棱与钮顶部中间及绞丝环均饰蟠虺纹，钮柄四面各铸饰人面纹。

标本 M1∶284，通高 8.1、边长 9.5、环径 8.6~6.6 厘米。（图六〇，六一；图版八八，1、2、3、4、5、6）。

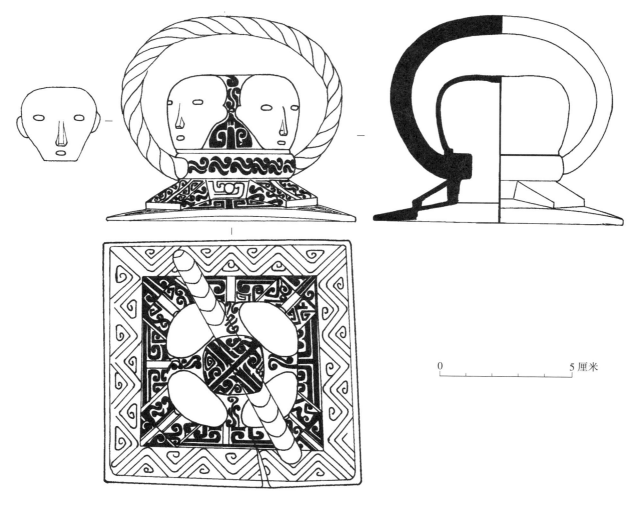

0　　　　　　　　　　　5 厘米

图六〇　青铜鼓钮环
（M1∶284）

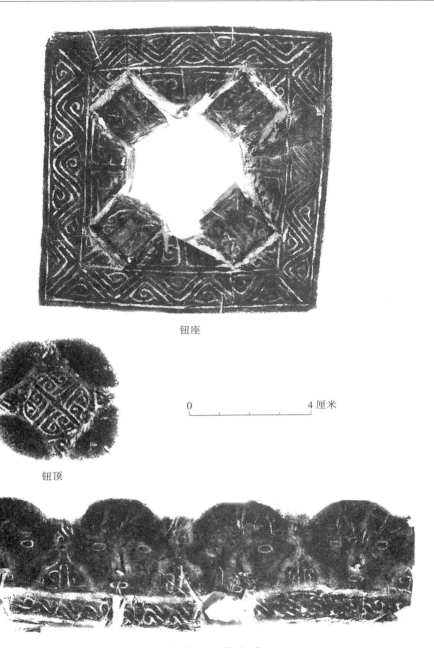

钮座

0   4 厘米

钮顶

图六一　青铜鼓钮纹饰拓本
（M1∶284）

第三节　青铜车马器

　　该墓葬随葬青铜车马器等 19 件。器形有车軎、马衔、车衡饰等。这些青铜车马器均出自墓葬南椁室的器物厢内，其在器物厢存放的位置主要集中在西北部，出土时叠压在腐烂漆木器的漆皮上，少数散乱放置在器物厢中部彩陶器上。这种直接在墓葬中随葬象征车和马的车马器在春秋时代广为流行，它比使用真车真马陪葬的等级要低得多，但仍不失为统治者与贵族等级制度的象征性器物。

一、青铜车軎

该墓葬出土青铜车軎5对10件（图版八九）。均出自器物厢内，其中10件（5套），除了4件（2套）车軎出土时放置在彩色陶片上以外，其余6件（3套）均出土于器物厢的西北角，且两两相邻。M1：385和M1：386，M1：387和M1：388比较集中出现在彩陶器位置区域内，且两两成双相邻。M1：28、M1：29和M1：111、M1：112出现在石磬附近，M1：111被石磬所压。M1：28、M1：29在铜鼎上部。M1：395和M1：396在器物厢的最西端被青铜兵器矛、戟所压。这批车軎器形均完整，附辖，有不同程度的锈蚀，均为多边形深套筒形状，套筒均封顶，圆形座接毂端口宽缘外折，方唇，套筒跟部有对称方形辖孔，辖孔一端外凸呈方形，有的辖孔两端外凸，外凸辖孔均有对称穿孔以穿辖固定轴辖。根据器形大小和顶部的不同可分为A、B两型。

A型 2件

为器形较大和凹顶形，器体锈蚀完整，附车辖。车辖一端头为方形铸饰浮雕式蟠虺纹组合的兽面纹，车軎顶为凹面内圈铸饰四个对应小龙有规则的相互缠绕，外圈分别铸饰绳索纹和蟠虺三角纹。车軎筒体中下部有一周凸起箍，上铸饰斜平行短直线，箍下素面。箍的下面和宽缘面铸饰重复单元蟠虺纹。

标本M1：394，通高9.9、上端径5.4、下端径10厘米（图六二，1，六三，1；图版九〇，1）。

标本M1：395，通高10、上端径5.5、下端径10厘米（图六二，2，六三，2；图版九〇，2）。

B型 8件

为器形较小平顶形。器体锈蚀完整，附车辖。车辖一端头为方形铸饰浮雕式蟠虺纹组合兽面纹。车軎为平面顶锈蚀未清理，纹饰不清楚。车軎筒体中下部有一周凸起箍，上铸饰平行短斜线，箍的下面和座宽缘面铸饰一周重复单元蟠虺纹。由于器体锈蚀程度不同，纹饰有的清晰，有的模糊。

标本M1：28，通高7.8、上端径5.1、下端径9.5厘米（图六四，1；图版九一，1）。

标本M1：29，通高7.9、上端径4.9、下端径9.5厘米（图六四，2；图版九一，2）。

标本M1：385，通高7.9、上端径5.1、下端径9.6厘米（图六五，1；图版九二，1）。

标本M1：386，通高8、上端径5、下端径9.5厘米（图六五，2，图六六，1；图版九二，2）。

标本M1：111，通高8.2、上端径5.1、下端径9.6厘米（图六七，1；图版九三，1）。

标本M1：112，通高8.1、上端径5.1、下端9.5厘米（图六七，2；图版九三，2）。

标本M1：387，通高7.9、上端径5.1、下端径9.5厘米（图六八，1；图版九四，1）。

标本M1：388，通高7.9、上端径5、下端径9.6厘米（图六八，2，图六六，2；图版九四，2）。

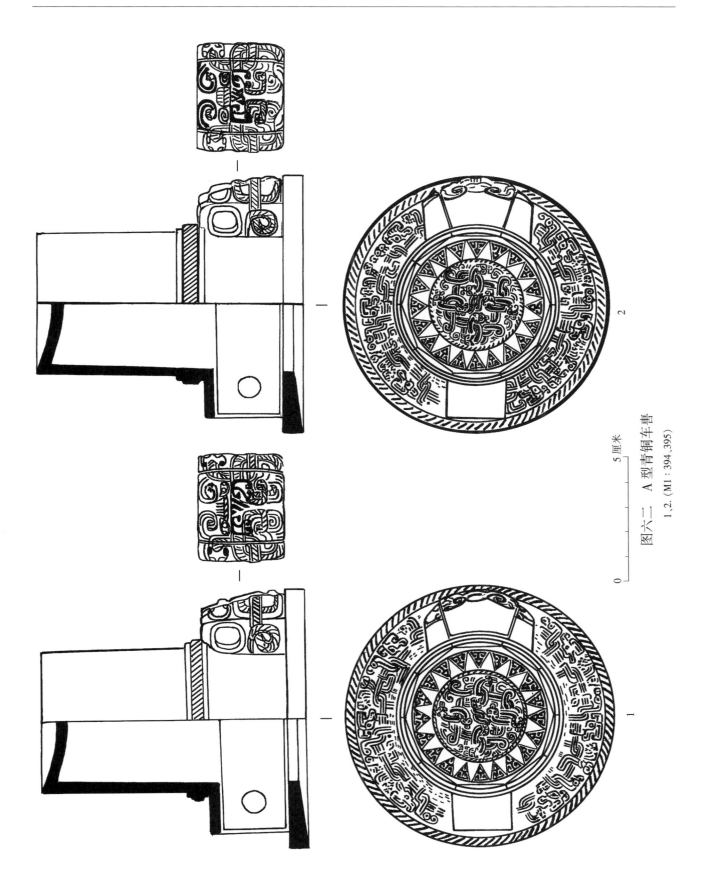

图六二　A型青铜车軎

1、2. (M1∶394、395)

0　　5 厘米

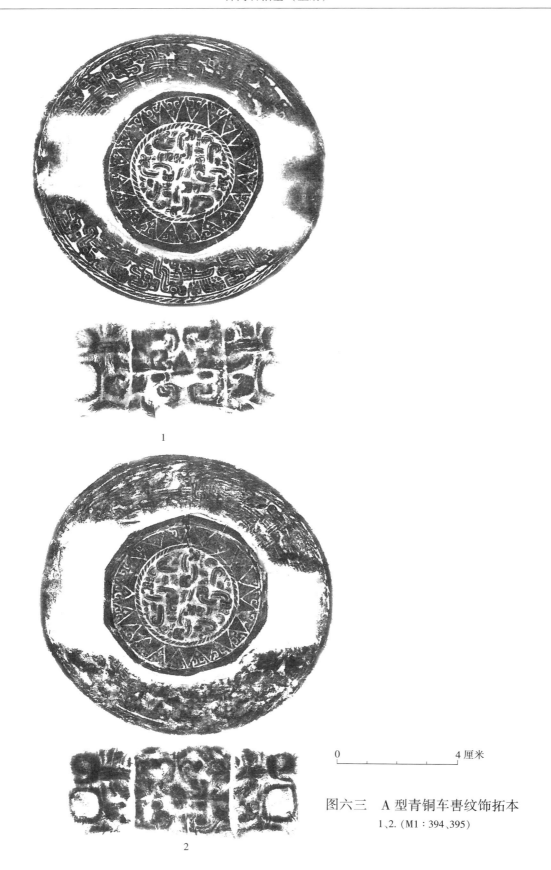

图六三　A 型青铜车害纹饰拓本
1、2.（M1∶394、395）

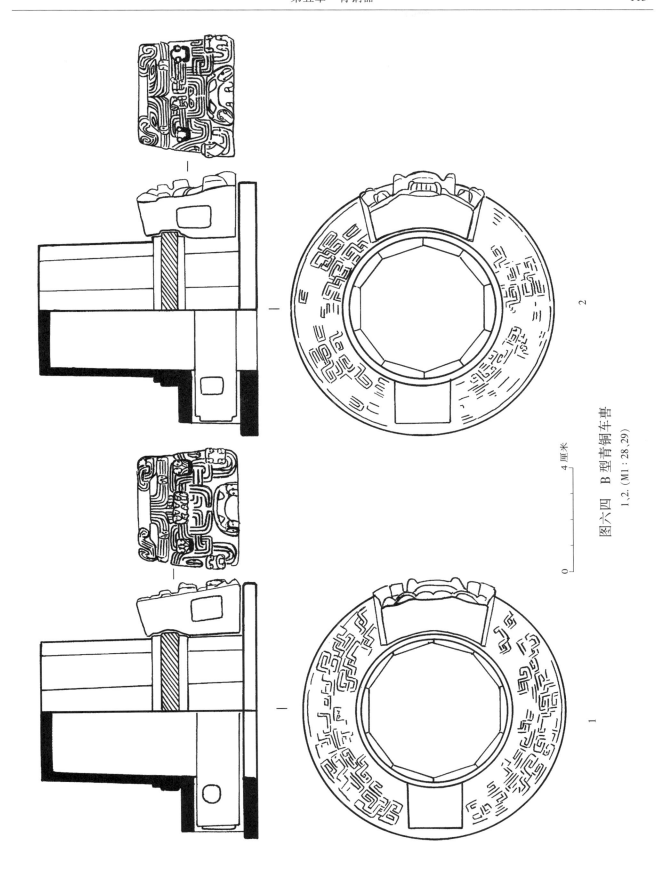

图六四 B 型青铜车害
1, 2. (M1 : 28, 29)

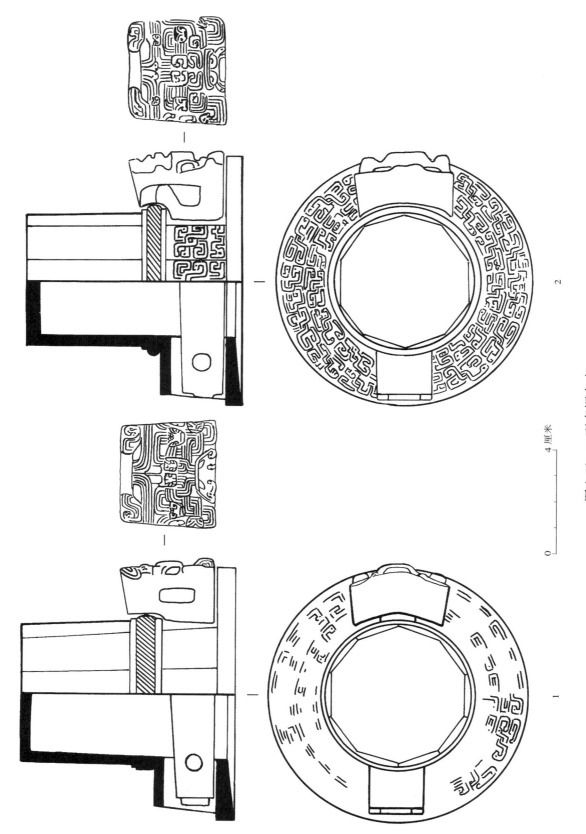

图六五 B 型青铜车軎

1.2. (M1 : 385,386)

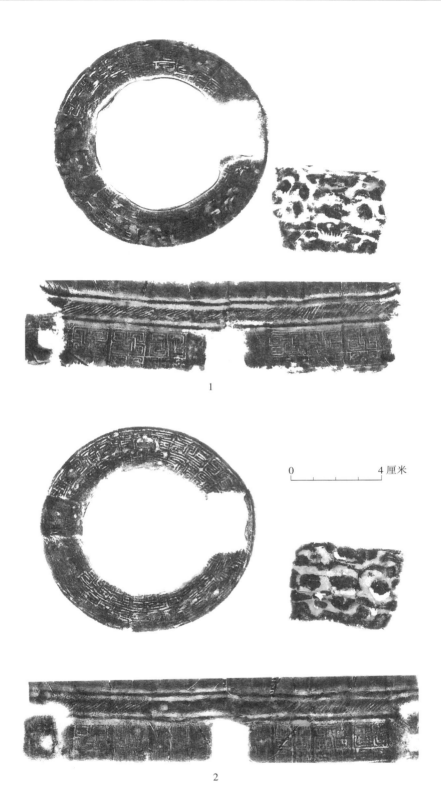

0　　　　　　　4 厘米

1

2

图六六　B 型青铜车軎纹饰拓本

1、2.（M1∶386、2. 388）

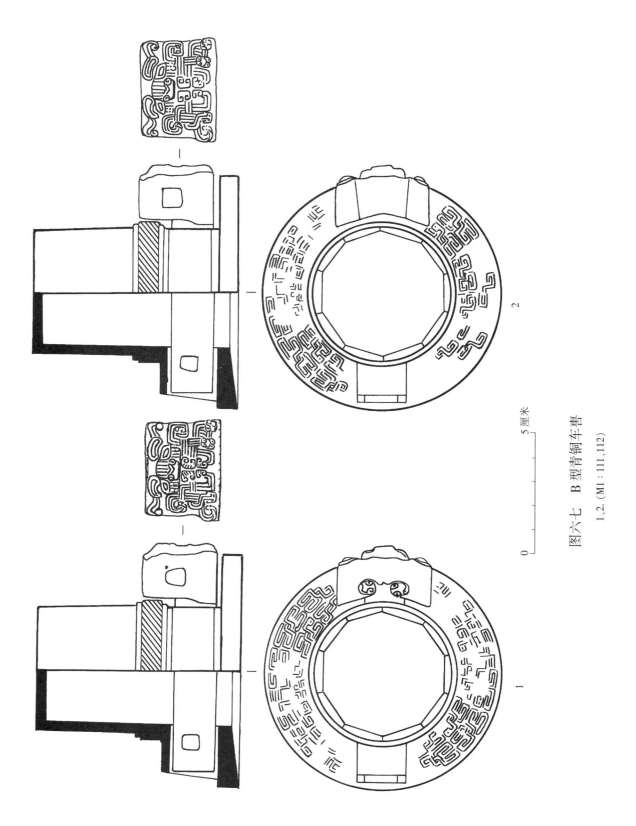

图六七　B 型青铜车軎

1,2. (M1：111、112)

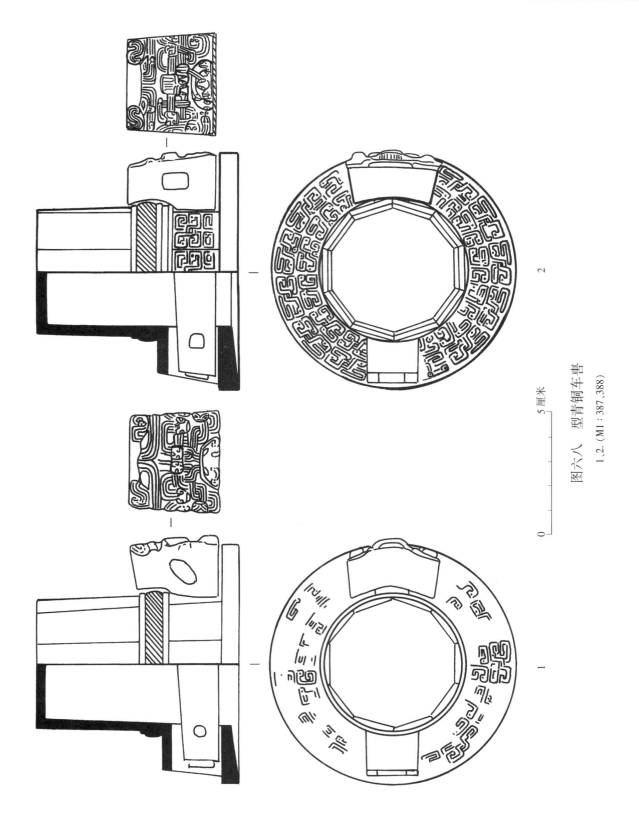

图六八　Ⅰ型青铜车軎

1、2. (M1 : 387、388)

二、青铜马衔

　　该墓葬出土8件（套）青铜马衔（图版九五）。均锈蚀完整，出自器物厢西边。其中有7件（套）是由北向南并列摆放，另外1件（套），则在其7件（套）的西侧。每件马衔均有四节三个单件相串联组合而成，形制相同，尺寸略有差异。马衔中间均有两节圆形"8"字形固定套环连接，形成两节之间环套环双链形制，中间环小两端环大，两端环内各串联一个插销样附件，这种附件呈方形杆，在杆的中间有"8"字形环卡在衔环内，使其构成一个整体。马衔为合范铸造，附件为单范铸造。

　　M1：396，通长24.4，双连环大环径（最大）5～4.2、小环径（最大）3.3～3、杠径（最大）1.1～1.4厘米。附件杆略有长短，最长19、宽0.6～2.4、厚0.5～0.8厘米（图六九，1；图版九六，1）。

　　M1：384，通长25，双连环大环径4.8～4.3、小环径3.5～3.2，附件杆长19.5、宽0.5～2.2、厚0.7～1.2厘米（图六九，2；图版九六，2）。

　　M1：114，通长25、双连环大环径5～4.3、两小环大小不一，小环径（最大）3.5～3、杠粗1.3～1.2厘米。附件杆长19.3宽0.5～2.2，厚0.8～1.2厘米（图六九，3；图版九六，3）。

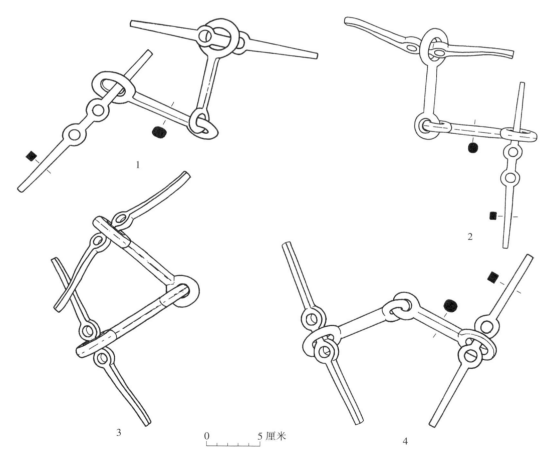

0　　　　　5厘米

图六九　青铜马衔

1～4.（M1：396、384、114、115）

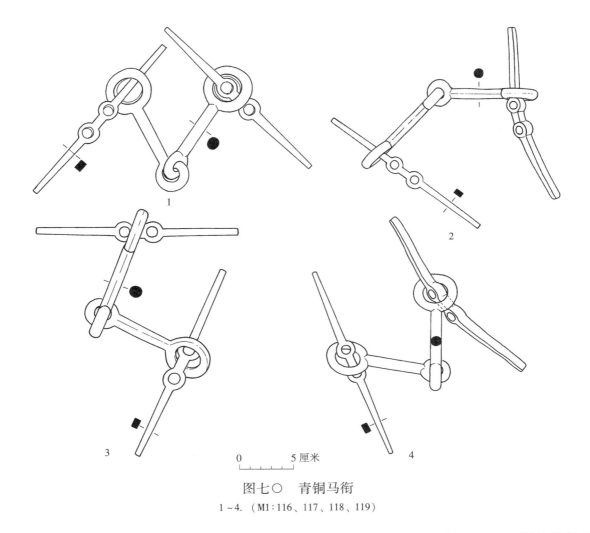

图七〇　青铜马衔
1~4.（M1:116、117、118、119）

M1:115，通长21.8，双连环大环径4.3~3.9、小环径2.8~2.9、杠径1~1.2。附件杆长19.3、宽0.6~2.3、厚0.7~0.9厘米（图六九:4；图版九六:4）。

M1:116，通长24.8，双连环大环径5~4.2、小环径3.2~3.1、杠径。附件杆长19.5、宽0.5~1.9、厚0.8~1.1厘米（图七〇:1，图版九六:5）。

M1:117，通长24.4、双连环大环径4.5~4、小环径3.1~3、杠径1~1.1厘米。附件杆长21、宽0.5~2、厚0.8~1.2厘米（图七〇:2；图版九六:6）。

M1:118，长短不一，双连环通长25.1、大环径4.8~4.2、小环径3.5~3.2、杆径1.2~1.1厘米。附件杆长（最长）19.7、宽0.5~2.1、厚0.8~1.2厘米（图七〇:3，图版九七:1）。

M1:119，长25.3，双连环大环径4.5~4、小环径3.1~2.9厘米。附件杆长20.8、宽0.4~0.8、厚0.8~1.2厘米（图七〇:4，图版九七:2）。

三、青铜车衡饰

　　该墓葬出土车衡饰1件，出自器物厢西北边。形制呈八边形柱状中空，下端腔口为四个对称三角齿形，在空腔内仍然存有木杆腐烂留下的黑色木炭。上端平顶上出一节较长的三棱形锥状榫，衡饰中间有一双对称圆形穿孔，穿孔内仍然保留有木销钉腐烂木炭。

　　标本M1∶421，长9.5，下口径3.5　下口厚0.2～0.3厘米（图七一∶1，图版九七∶3）。

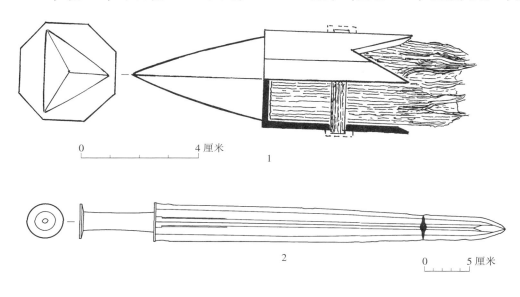

0　　　　　　　　4厘米

1

2

0　　　　5厘米

图七一　青铜车衡饰和青铜剑
1. 青铜车衡饰（M1∶421）　2. 青铜剑（M1∶49）

第四节　青铜兵器

　　该墓葬出土青铜兵器292件。多数出自墓葬南椁室器物厢内，少数出自主棺椁室。器形有剑、戈、矛、镞、戟等。其中有各种不同类型的青铜镞280余件，是兵器中最多的一种，其次为戟和戈，再次为矛与剑。在墓葬主人棺椁室内分别随葬有剑1把、戈3件、镞60件，其余都出自器物厢。从发掘清理这些青铜兵器往往集中摆放和腐烂的木质柄杆迹象情况看，表明这些兵器均装有秘和箭杆与箭囊。有的秘长达2米。这些兵器有不同程度的锈蚀，有的镞因为锈蚀而粘连在一起无法分离。除了一些镞和一件戈保存较差外，其余虽然锈蚀，但相对比较完整。装在戈、矛、戟、镞上的秘和箭杆与箭囊均已腐烂成碳泥无法提取，仅存有比较清晰的木杆腐烂留下的碳泥痕迹。

一、青铜剑

该墓葬出土青铜剑1件。出自主棺内墓主人左腿侧。器形完整，刃锋尖利。出土时剑身套装在剑鞘里，剑鞘已腐烂碳化，不能复原。剑圆首，微内凹，直扁圆茎，窄格，凹从。标本 M1：49，通长47、圆首径4、茎长38.5、格宽4.5、格厚0.3厘米（图七一：2；图版九八：1、2）。

二、青铜镞

该墓葬出土青铜镞280余件。在墓葬出土编号青铜器物中占76.9%，所占比例很大。其中60件出自主棺椁室，他们比较集中的放在主棺椁内北侧中段边上。其余220件出自器物厢北侧西段和南侧西段边上。其中双翼镞237件，三翼镞17件，圆锥形镞25件，圆形镞1件，（还有骨制圆锥形镞21件不包括在内）。他们分7处有规律的将镞头自北向南，或自西向东，或自东向西的摆放。根据这些青铜镞集中堆放的情况判断应装在箭囊中，并有箭杆腐烂碳化的木质杆残留痕迹，说明在下葬时均是一支支完整的箭装在箭囊中的。依据这些箭的不同形制可分为 A、B、C、D 等四型。

A 型青铜镞　237 件

为双翼形青铜镞，双翼向后延伸较长，镞身多呈扁平三角形或扁菱形，尖与两侧刃锋利、圆形镞铤修长。根据这种类型青铜镞双翼和镞身厚薄宽窄的不同可分 Aa、Ab、Ac 等三型。

Aa 型　201 件

为宽体双翼内凹形镞，双翼向后延伸较长中间内收，镞身宽而薄呈扁平三角形，尖与两侧刃锋利、镞身后段中间起脊、脊至关的断面呈菱形，圆形镞铤修长。

标本 M1：62，通长 8.5、两翼宽 1.7、铤长 3.4、铤径 0.5 厘米（图七二，1；图版九九，1）。

标本 M1：63，通长 8.4、两翼宽 1.7、铤长 3.3、铤径 0.4 厘米（图七二，2；图版九九，2）。

标本 M1：64，通长 8.5、两翼宽 1.7、铤长 3.3、铤径 0.5 厘米（图七二，3；图版九九，3）。

标本 M1：65，通长 8.4、两翼宽 1.7、铤长 3.3、铤径 0.5 厘米（图七二，4；图版九九，4）。

标本 M1：66，通长 8.4、两翼宽 1.7、铤长 3.4、铤径 0.5 厘米（图七二，5；图版九九，5）。

标本 M1：67，通长 8.4、两翼宽 1.7、铤长 3.3、铤径 0.4 厘米（图七二，6；图版九九，6）。

标本 M1：68，通长 8.4、两翼宽 1.7、铤长 3.4、铤径 0.5 厘米（图七二，7；图版九九，7）。

标本 M1：69，通长 8.3、两翼宽 1.7、铤长 3.3、铤径 0.5 厘米（图七二，8；图版九九，8）。

标本 M1：70，通长 8.5、两翼宽 1.7、铤长 3.4、铤径 0.5 厘米（图七二，13；图版九九，9）

标本 M1：71，通长 8.5、两翼宽 1.7、铤长 3.3、铤径 0.5 厘米（图七二，9；图版九九，10）。

标本 M1：72，通长 8.4、两翼宽 1.7、铤长 3.3、铤径 0.5 厘米（图七二，10；图版九九，11）。

标本 M1：73，通长 8.2、两翼宽 1.7、铤长 3.1、铤径 0.5 厘米（图七二，11；图版九九，12）。

标本 M1：74，通长 8.6、两翼宽 1.7、铤长 3.3、铤径 0.5 厘米（图七二，12；图版九九，13）。

标本 M1：75，通长 8.5、两翼宽 1.7、铤长 3.3、铤径 0.5 厘米（图七二，14；图版九九，14）。

标本 M1：76，通长 8.5、两翼宽 1.7、铤长 3.3、铤径 0.4 厘米（图七二，15；图版九九，15）。

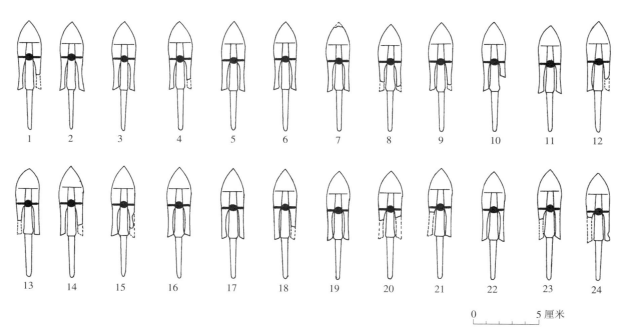

图七二　Aa 型青铜镞

1~24.（M1：62~85）

标本 M1：77，通长 8.5、两翼宽 1.7、铤长 3.3、铤径 0.5 厘米（图七二，16；图版九九，16）。

标本 M1：78，通长 8.5、两翼宽 1.7、铤长 3.2、铤径 0.5 厘米（图七二，17；图版九九，17）。

标本 M1：79，通长 8.5、两翼宽 1.7、铤长 3.2、铤径 0.5 厘米（图七二，18；图版九九，18）。

标本 M1：80，通长 8.4、两翼宽 1.7、铤长 3.1、铤径 0.5 厘米（图七二，19；图版九九，19）。

标本 M1：81，通长 8.3、两翼宽 1.7、铤长 3.1、铤径 0.5 厘米（图七二，20；图版九九，20）。

标本 M1：82，通长 8.5、两翼宽 1.7、铤长 3.3、铤径 0.5 厘米（图七二，21；图版一○○，1）。

标本 M1：83，通长 8.4、两翼宽 1.7、铤长 3、铤径 0.5 厘米（图七二，22；图版，一○○，2）。

标本 M1：84，通长 8.6、两翼宽 1.7、铤长 3.4、铤径 0.4 厘米（图七二，23；图版一○○，3）。

标本 M1：85，通长 8.3、两翼宽 1.7、铤长 3.2、铤径 0.5 厘米（图七二，24；图版一○○，4）。

标本 M1：86，通长 8.5、两翼宽 1.7、铤长 3.3、铤径 0.5 厘米（图七三，1；图版一○○，5）。

标本 M1：87，通长 8.4、两翼宽 1.7、铤长 3.4、铤径 0.5 厘米（图七三，2；图版一○○，6）。

标本 M1：88，通长 8.3、两翼宽 1.7、铤长 3.1、铤径 0.4 厘米（图七三，3；图版一○○，7）。

标本 M1：89，通长 8.5、两翼宽 1.7、铤长 3.3、铤径 0.5 厘米（图七三，4；图版一○○，8）。

标本 M1：90，通长 8.4、两翼宽 1.7、铤长 3.3、铤径 0.4 厘米（图七三，5；图版一○○，9）。

标本 M1：91，通长 8.4、两翼宽 1.7、铤长 3.1、铤径 0.5 厘米（图七三，6；图版一○○，10）。

标本 M1：92，通长 8.4、两翼宽 1.7、铤长 3.4、铤径 0.5 厘米（图七三，7；图版一○○，11）

标本 M1：93，通长 8.5、两翼宽 1.7、铤长 3.3、铤径 0.4 厘米（图七三，8；图版一○○，12）

标本 M1：94，通长 8.3、两翼宽 1.7、铤长 3.2、铤径 0.5 厘米（图七三，9；图版一○○，13）。

标本 M1：95，通长 8.6、两翼宽 1.7、铤长 3.3、铤径 0.5 厘米（图七三，10；图版一○○，14）。

标本 M1：96，通长 8.3、两翼宽 1.7、铤长 3.1、铤径 0.4 厘米（图七三，11；图版一○○，15）。

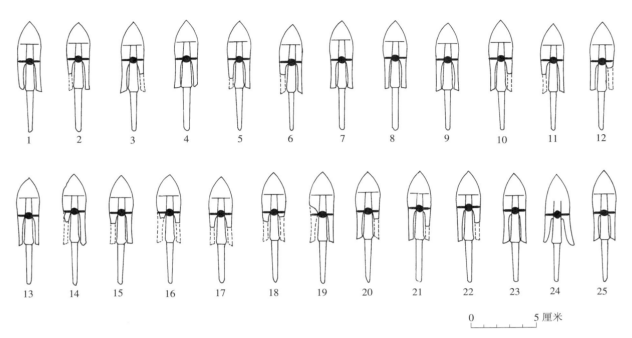

图七三　Aa 型青铜镞
1~25.（M1：86~110）

标本 M1：97，通长 8.3、两翼宽 1.7、铤长 3.2、铤径 0.5 厘米（图七三，12；图版一○○，16）。

标本 M1：98，通长 8.2、两翼宽 1.7、铤长 3.2、铤径 0.5 厘米（图七三，13；图版一○○，17）。

标本 M1：99，通长 8.5、两翼宽 1.7、铤长 3.4、铤径 0.5 厘米（图七三，14；图版一○○，18）。

标本 M1：100，通长 8.5、两翼宽 1.7、铤长 3.2、铤径 0.4 厘米（图七三，15；图版一○○，19）。

标本 M1：101，通长 8.4、两翼宽 1.7、铤长 3.3、铤径 0.4 厘米（图七三，16；图版一○○，20）。

标本 M1：102，通长 8.3、两翼宽 1.7、铤长 3.1、铤径 0.5 厘米（图七三，17；图版一○一，1）。

标本 M1：103，通长 8.6、两翼宽 1.7、铤长 3.4、铤径 0.5 厘米。图七三，18；图版一○一，2）。

标本 M1：104，通长 8.6、两翼宽 1.7、铤长 3.3、铤径 0.5 厘米（图七三，19；图版一○一，3）。

标本 M1：105，通长 8.6、两翼宽 1.7、铤长 3.5、铤径 0.5 厘米（图七三，20；图版一○一，4）。

标本 M1：106，通长 8.6、两翼宽 1.7、铤长 3.4、铤径 0.5 厘米（图七三，21；图版一○一，5）。

标本 M1：107，通长 8.6、两翼宽 1.7、铤长 3.4、铤径 0.5 厘米（图七三，22；图版一○一，6）。

标本 M1：108，通长 8.5、两翼宽 1.7、铤长 3.3、铤径 0.5 厘米（图七三，23；图版一○一，7）。

标本 M1：109，通长 8.5、两翼宽 1.7、铤长 3.2、铤径 0.5 厘米（图七三，24；图版一○一，8）。

标本 M1：110，通长 8.4、两翼宽 1.7、铤长 3.3、铤径 0.4 厘米（图七三，25；图版一○一，9）。

标本 M1：120，通长 8.5、两翼宽 1.7、铤长 3.4、铤径 0.4 厘米（图七四，1；图版一○一，10）。

标本 M1：121，通长 8.3、两翼宽 1.7、铤长 3.2、铤径 0.4 厘米（图七四，2；图版一○一，11）。

标本 M1：122，通长 8.3、两翼宽 1.7、铤长 3.2、铤径 0.4 厘米（图七四，3；图版一○一，12）。

标本 M1：123，通长 8.6、两翼宽 1.7、铤长 3.2、铤径 0.5 厘米（图七四，4；图版一○一，13）。

标本 M1：124，通长 8.2、两翼宽 1.7、铤长 3.2、铤径 0.5 厘米（图七四，5；图版一○一，14）。

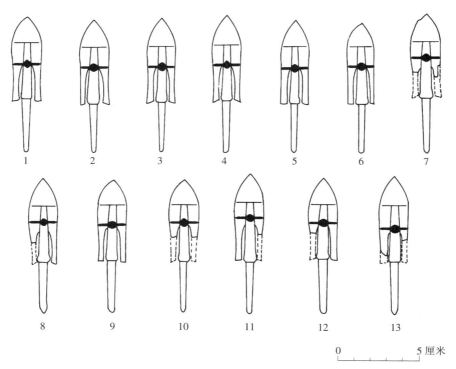

图七四　Aa 型青铜镞
1～13.（M1：120～125）、M1：129、131、136、167、138、139、140)

标本 M1：125，通长 8.2、两翼宽 1.6、铤长 3.2、铤径 0.5 厘米（图七四，6；图版一〇一，15)。

标本 M1：129，通长 8.3、两翼宽 1.7、铤长 3.2、铤径 0.4 厘米（图七四，7；图版一〇一，16)。

标本 M1：131，通长 8.6、两翼宽 1.6、铤长 3.4、铤径 0.5 厘米（图七四，8；图版一〇二，1)。

标本 M1：136，通长 8.3、两翼宽 1.7、铤长 3.4、铤径 0.5 厘米（图七四，9；图版一〇二，2)。

标本 M1：137，通长 8.4、两翼宽 1.8、铤长 3.4、铤径 0.5 厘米（图七四，10；图版一〇二，3)。

标本 M1：138，通长 8.7、两翼宽 1.7、铤长 3.5、铤径 0.4 厘米（图七四，11；图版一〇二，4)。

标本 M1：139，通长 8.4、两翼宽 1.7、铤长 3.3、铤径 0.5 厘米（图七四，12；图版一〇二，5)。

标本 M1：140，通长 8.6、两翼宽 1.7、铤长 3.3、铤径 0.4 厘米（图七四，13；图版一〇二，6)。

标本 M1：141，通长 8.5、两翼宽 1.7、铤长 3.2、铤径 0.5 厘米（图七五，1；图版一〇二，7)。

标本 M1：142，通长 8.5、两翼宽 1.7、铤长 3.3、铤径 0.5 厘米（图七五，2；图版一〇二，8)。

标本 M1：143，通长 8.4、两翼宽 1.7、铤长 3.3、铤径 0.5 厘米（图七五，3；图版一〇二，9)。

标本 M1：144，通长 8.2、两翼宽 1.7、铤长 3.2、铤径 0.5 厘米（图七五，4；图版一〇二，10)。

标本 M1：145，通长 8.5、两翼宽 1.7、铤长 3.2、铤径 0.5 厘米（图七五，5；图版一〇二，11)。

标本 M1：146，通长 8.6、两翼宽 1.7、铤长 3.3、铤径 0.5 厘米（图七五，6；图版一〇二，12)。

标本 M1：147，通长 8.5、两翼宽 1.7、铤长 3.3、铤径 0.5 厘米（图七五，7；图版一〇二，13)。

标本 M1：148，通长 8.6、两翼宽 1.7、铤长 3.3、铤径 0.5 厘米（图七五，8；图版一〇二，14)。

标本 M1：149，通长 8.5、两翼宽 1.7、铤长 3.3、铤径 0.4 厘米（图七五，9；图版一〇二，15)。

标本 M1：150，通长 8.6、两翼宽 1.7、铤长 3.3、铤径 0.5 厘米（图七五，10；图版一〇三，1)。

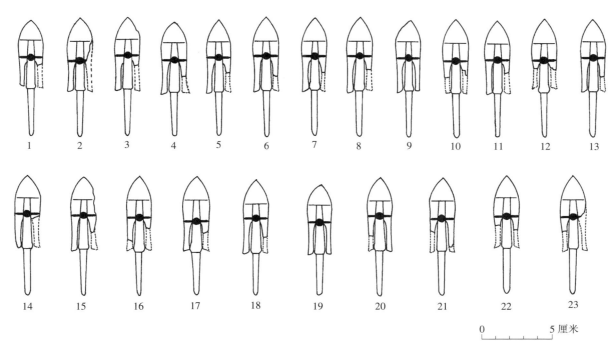

图七五　Aa 型青铜镞

1～23.（M1：141～150、152～164）

标本 M1：152，通长 8.3、两翼宽 1.7、链长 3.2、链径 0.5 厘米（图七五，11；图版一〇三，2）。

标本 M1：153，通长 8.6、两翼宽 1.7、链长 3.3、链径 0.5 厘米（图七五，12；图版一〇三，3）。

标本 M1：154，通长 8.4、两翼宽 1.7、链长 3.3、链径 0.4 厘米（图七五，13；图版一〇三，4）。

标本 M1：155，通长 8.6、两翼宽 1.7、链长 3.3、链径 0.5 厘米（图七五，14；图版一〇三，5）。

标本 M1：156，通长 8.5、两翼宽 1.7、链长 3.4、链径 0.5 厘米（图七五，15；图版一〇三，6）。

标本 M1：157，通长 8.6、两翼宽 1.7、链长 3.3、链径 0.5 厘米（图七五，16；图版一〇三，7）。

标本 M1：158，通长 8.6、两翼宽 1.7、链长 3.5、链径 0.5 厘米（图七五，17；图版一〇三，8）。

标本 M1：159，通长 8.4、两翼宽 1.7、链长 3.1、链径 0.5 厘米（图七五，18；图版一〇三，9）。

标本 M1：160，通长 8、两翼宽 1.7、链长 3、链径 0.5 厘米（图七五，19；图版一〇三，10）。

标本 M1：161，通长 8.6、两翼宽 1.7、链长 3.4、链径 0.5 厘米（图七五，20；图版一〇三，11）。

标本 M1：162，通长 8.5、两翼宽 1.7、链长 3.4、链径 0.5 厘米（图七五，21；图版一〇三，12）。

标本 M1：163，通长 8.6、两翼宽 1.7、链长 3.5、链径 0.5 厘米（图七五，22；图版一〇三，13）。

标本 M1：164，通长 8.7、两翼宽 1.7、链长 8.4、链径 0.4 厘米（图七五，23；图版一〇三，14）。

标本 M1：204，通长 8.3、两翼宽 1.7、链长 3.1、链径 0.4 厘米（图七六，1；图版一〇三，15）。

标本 M1：205，通长 8.6、两翼宽 1.7、链长 3.3、链径 0.5 厘米（图七六，2；图版一〇四，1）。

标本 M1：206，通长 8.5、两翼宽 1.7、链长 1.4、链径 0.5 厘米（图七六，3；图版一〇四，2）。

标本 M1：207，通长 8.4、两翼宽 1.8、链长 3.3、链径 0.4 厘米（图七六，4；图版一〇四，3）。

标本 M1：208，通长 8.5、两翼宽 1.7、链长 3.2、链径 0.5 厘米（图七六，5；图版一〇四，4）。

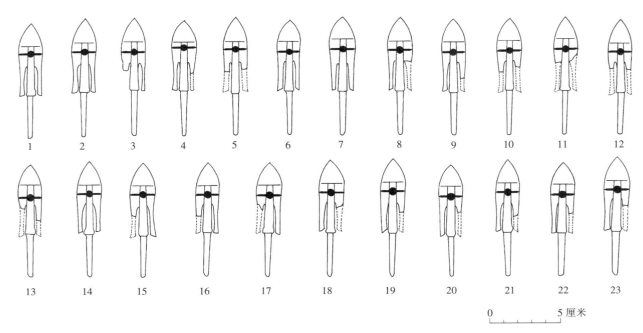

图七六　Aa 型青铜镞

1～23.（M1：204～226）

标本 M1：209，通长 8.3、两翼宽 1.7、铤长 3.3、铤径 0.5 厘米（图七六，6；图版一〇四，5）。

标本 M1：210 通长 8.6、两翼宽 1.8、铤长 3.4、铤径 0.5 厘米（图七六，7；图版一〇四，6）。

标本 M1：211，通长 8.5、两翼宽 1.8、铤长 3.2、铤径 0.5 厘米（图七六，8；图版一〇四，7）。

标本 M1：212，通长 8.5、两翼宽 1.7、铤长 3.2、铤径 0.5 厘米（图七六，9；图版一〇四，8）。

标本 M1：213，通长 8.5、两翼宽 1.8、铤长 3.4、铤径 0.4 厘米（图七六，10；图版一〇四，9）。

标本 M1：214，通长 8.6、两翼宽 1.7、铤长 3.3、铤径 0.4 厘米（图七六，11；图版一〇四，10）。

标本 M1：215，通长 8.3、两翼宽 1.7、铤长 3.3、铤径 0.5 厘米（图七六，12；图版一〇四，11）。

标本 M1：216，通长 8.2、两翼宽 1.6、铤长 3.2、铤径 0.5 厘米（图七六，13；图版一〇四，12）。

标本 M1：217，通长 8.5、两翼宽 1.7、铤长 3、铤径 0.5 厘米（图七六，14；图版一〇四，13）。

标本 M1：218，通长 8.4、两翼宽 1.7、铤长 3.1、铤径 0.5 厘米（图七六，15；图版一〇四，14）。

标本 M1：219，通长 8.4、两翼宽 1.7、铤长 3.4、铤径 0.5 厘米（图七六，16；图版一〇四，15）。

标本 M1：220，通长 8.3、两翼宽 1.7、铤长 3.3、铤径 0.5 厘米。（图七六，17；图版一〇四，16）。

标本 M1：221，通长 8.5、两翼宽 1.7、铤长 3.3、铤径 0.4 厘米。（图七六，18；图版一〇四，17）。

标本 M1：222，通长 8.5、两翼宽 1.7、铤长 3.5、铤径 0.5 厘米。（图七六，19；图版一〇四，18）。

标本 M1：223，通长 8.2、两翼宽 1.7、铤长 3.1、铤径 0.5. 厘米（图七六，20；图版一〇四，19）。

标本 M1：224，通长 8.4、两翼宽 1.6、铤长 3.3、铤径 0.5 厘米（图七六，21；图版一〇四，20）。

标本 M1：225，通长 8.2、两翼宽 1.7、铤长 3.2、铤径 0.4 厘米（图七六，22；图版一〇五，1）。

标本 M1：226，通长 8.5、两翼宽 1.7、铤长 3.3、铤径 0.4 厘米（图七六，23；图版一〇五，2）。

标本 M1：227，通长 8.3、两翼宽 1.7、铤长 3.2、铤径 0.5 厘米（图七七，1；图版一〇五，3）。

标本 M1：228，通长 8.4、两翼宽 1.7、铤长 3.4、铤径 0.5 厘米（图七七，2；图版一〇五，4）。

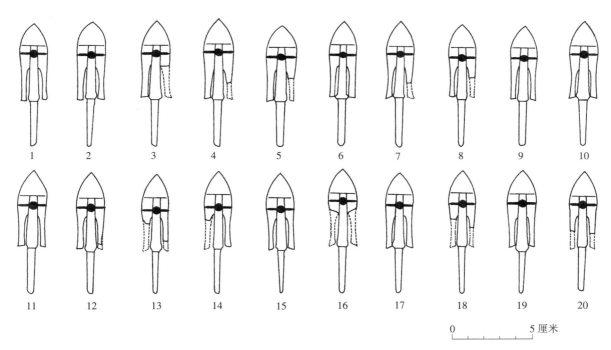

图七七　Aa 型青铜镞
1～20.（M1：227～246）

标本 M1：229，通长 8.5、两翼宽 1.7、铤长 3.3、铤径 0.5 厘米（图七七，3；图版一〇五，5）。

标本 M1：230，通长 8.5、两翼宽 1.8、铤长 3.3、铤径 0.5 厘米（图七七，4；图版一〇五，6）。

标本 M1：231，通长 8.1、两翼宽 1.7、铤长 3.2、铤径 0.5 厘米（图七七，5；图版一〇五，7）。

标本 M1：232，通长 8.5、两翼宽 1.7、铤长 3.3、铤径 0.5 厘米（图七七，6；图版一〇五，8）。

标本 M1：233，通长 8.7、两翼宽 1.7、铤长 3.4、铤径 0.5 厘米（图七七，7；图版一〇五，9）。

标本 M1：234，通长 8.4、两翼宽 1.7、铤长 3.4、铤径 0.4 厘米（图七七，8；图版一〇五，10）。

标本 M1：235，通长 8.2、两翼宽 1.7、铤长 3.1、铤径 0.5 厘米（图七七，9；图版一〇五，11）。

标本 M1：236，通长 8.5、两翼宽 1.7、铤长 3.3、铤径 0.5 厘米（图七七，10；图版一〇五，12）。

标本 M1：237，通长 8.5、两翼宽 1.7、铤长 3.3、铤径 0.4 厘米（图七七，11；图版一〇五，13）。

标本 M1：238，通长 8.5、两翼宽 1.7、铤长 3.3、铤径 0.5 厘米（图七七，12；图版一〇五，14）

标本 M1：239，通长 8.2、两翼宽 1.6、铤长 3、铤径 0.5 厘米（图七七，13；图版一〇五，15）。

标本 M1：240，通长 8.5、两翼宽 1.7、铤长 3.3、铤径 0.5 厘米（图七七，14；图版一〇五，16）。

标本 M1：241，通长 8.3、两翼宽 1.6、铤长 3.1、铤径 0.4 厘米（图七七，15；图版一〇五，17）。

标本 M1：242，通长 8.4、两翼宽 1.7、铤长 3.4、铤径 0.5 厘米（图七七，16；图版一〇五，18）。

标本 M1：243，通长 8.1、两翼宽 1.7、铤长 3、铤径 0.5 厘米（图七七，17；图版一〇五，19）。

标本 M1：244，通长 8.4、两翼宽 1.7、铤长 3.3、铤径 0.5 厘米（图七七，18；图版一〇五，20）。

标本 M1：245，通长 8.5、两翼宽 1.8、铤长 3.3、铤径 0.5 厘米（图七七，19；图版一〇五，21）。

标本 M1：246，通长 8.3、两翼宽 1.7、铤长 3.2、铤径 0.4 厘米（图七七，20；图版一〇五，22）。

标本 M1：248，通长 8.5、两翼宽 1.8、铤长 3.4、铤径 0.5 厘米（图七八，1；图版一〇六，16）。

标本 M1：249，通长 8.5、两翼宽 1.8、铤长 3.2、铤径 0.5 厘米（图七八，2；图版一〇六，1）。

标本 M1：250，通长 8.6、两翼宽 1.7、铤长 3.3、铤径 0.5 厘米（图七八，3；图版一〇六，2）。

标本 M1：251，通长 8.3、两翼宽 1.7、铤长 3.1、铤径 0.5 厘米（图七八，4；图版一〇六，3）。

标本 M1：252，通长 8.6、两翼宽 1.7、铤长 3.3、铤径 0.5 厘米（图七八，5；图版一〇六，4）。

标本 M1：253，通长 8.4、两翼宽 1.7、铤长 3.2、铤径 0.5 厘米（图七八，6；图版一〇六，5）。

标本 M1：254，通长 8.3、两翼宽 1.6、铤长 3.1、铤径 0.5 厘米（图七八，7；图版一〇五，6）。

标本 M1：255，通长 8.3、两翼宽 1.6、铤长 3.3、铤径 0.5 厘米（图七八，8；图版一〇六，7）。

标本 M1：256，通长 8.5、两翼宽 1.7、铤长 3.2、铤径 0.4 厘米（图七八，9；图版一〇六，8）。

标本 M1：257，通长 8.2、两翼宽 1.7、铤长 3.1、铤径 0.4 厘米（图七八，10；图版一〇六，9）。

标本 M1：258，通长 8.5、两翼宽 1.7、铤长 3.3、铤径 0.5 厘米（图七八，11；图版一〇六，10）。

标本 M1：259，通长 8.5、两翼宽 1.7、铤长 3.3 、铤径 0.5 厘米（图七八，12；图版一〇六，11）。

标本 M1：260，通长 8.7、两翼宽 1.8、铤长 3.4、铤径 0.5 厘米（图七八，13；图版一〇六，12）。

标本 M1：261，通长 8.3、两翼宽 1.7、铤长 3.2、铤径 0.5 厘米（图七八，14；图版一〇六，13）

标本 M1：262，通长 8.5、两翼宽 1.7、铤长 3.2、铤径 0.5 厘米（图七八，15；图版一〇六，14）。

标本 M1：263，通长 8.2、两翼宽 1.7、铤长 3.2、铤径 0.4 厘米（图七八，16；图版一〇六，15）。

标本 M1：264，通长 8.6、两翼宽 1.8、铤长 3.4、铤径 0.5 厘米（图七八，17；图版一〇六，17）。

标本 M1：265，通长 8.6、两翼宽 1.7、铤长 3.2、铤径 0.5 厘米（图七八，18；图版一〇六，18）。

标本 M1：266，通长 6.3、两翼宽 1.7、残铤长 1、铤径 0.4 厘米（图七八，19；图版一〇六，19）。

标本 M1：274，该件为（M1：277 至 280）锈蚀一束中之一件，双翼尾部残缺。通长 10.7、两翼宽

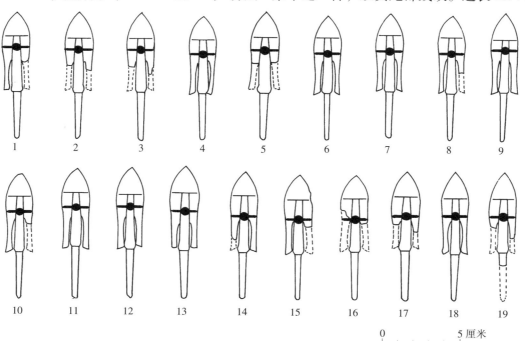

图七八　Aa 型青铜镞
1～19.（M1：248～259、260～266）

1.4、铤长4、铤径0.5厘米（图版一〇七，1-1）。

标本M1：275，该件为（M1：277至280）锈蚀一束中之一件，双翼尾部残缺。通长9.8、两翼宽1.5、残铤长2.7、铤径0.5厘米（图版一〇七，1-2）。

标本M1：276，该件为（M1：277至280）锈蚀一束中之一件，双翼尾部残缺。通长11、两翼宽1.4、铤长4.3、铤径0.5厘米（图版一〇七，1-3）。

标本M1：277，该件为（M1：277至280）锈蚀一束中之一件，双翼尾部残缺。通长10.3、两翼宽1.5、铤长4.3、铤径0.5厘米（图版一〇七，1-4）。

标本M1：278，该件为（M1：277至280）锈蚀一束中之一件，双翼尾部残缺。通长10.3、两翼宽1.4、铤长4.2、铤径0.5厘米（图版一〇七，1-5）。

标本M1：279，该件为（M1：277至280）锈蚀一束中之一件，双翼尾部残缺。通长10.3、两翼宽1.5、残铤长3.8、铤径0.4厘米（图版一〇七，1-6）。

标本M1：280，该件为（M1：277至280）锈蚀一束中之一件，残锈、变形。双翼及铤残缺。残长5.6、铤径0.5厘米（图版，一〇七，1-7）。

标本M1：287，通长8.4、两翼宽1.7、铤长3.2、铤径0.5厘米（图七九，1；图版一〇七，8）。

标本M1：288，通长8.5、两翼宽1.7、铤长3.2、铤径0.5厘米（图七九，2；图版一〇七，9）。

标本M1：289，通长8.4、两翼宽1.7、铤长3.3、铤径0.5厘米（图七九，3；图版一〇七，10）。

标本M1：290，通长8.6、两翼宽1.7、铤长3.3、铤径0.5厘米（图七九，4；图版一〇七，11）。

标本M1：291，通长8.7、两翼宽1.7、铤长3.4、铤径0.4厘米（图七九，5；图版一〇七，12）。

标本M1：292，通长8.4、两翼宽1.4、残铤长1.6（特窄长）、铤径0.5厘米（图七九，6；图版

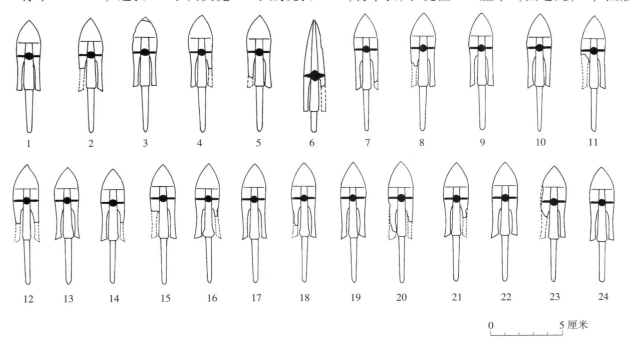

图七九　Aa型青铜镞
1~24.（M1：287~292、303~320）

一〇七，13）。

标本 M1：303，通长 8.3、两翼宽 1.7、铤长 3、铤径 0.5 厘米（图七九，7；图版一〇七，14）。

标本 M1：304，通长 8.4、两翼宽 1.8、一侧翼尾断缺，铤长 3.4、铤径 0.5 厘米（图七九，8；图版一〇七，15）。

标本 M1：305，通长 8.3、两翼宽 1.7、铤长 3、铤径 0.5 厘米（图七九，9；图版一〇七，16）。

标本 M1：306，通长 8.5、两翼宽 1.8、铤长 3.3、铤径 0.5 厘米（图七九，10；图版一〇七，17）。

标本 M1：307，通长 8.3、两翼宽 1.7、一侧翼尾断缺，铤长 3.1、铤径 0.5 厘米（图七九，11；图版一〇七，18）。

标本 M1：308，通长 8.5、两翼宽 1.7、两侧翼尾断缺，铤长 3.4、铤径 0.4 厘米（图七九，12；图版一〇七，19）。

标本 M1：309，通长 8.3、两翼宽 1.7、铤长 3.4、铤径 0.4 厘米（图七九，13；图版一〇七，20）。

标本 M1：310，通长 8.3、两翼宽 1.7、一侧翼尾残缺，铤长 3、铤径 0.5 厘米（图七九，14；图版一〇八，1）

标本 M1：311，通长 8.4、两翼宽 1.6、一侧翼尾残缺，铤长 3.3、铤径 0.5 厘米（图七九，15；图版一〇八，2）

标本 M1：312，通长 8.6、两翼宽 1.7、铤长 3.3、铤径 0.4 厘米（图七九，16；图版一〇八，3）。

标本 M1：313，通长 8.5、两翼宽 1.7、铤长 3.3、铤径 0.4 厘米（图七九，17；图版一〇八，4）。

标本 M1：314，通长 8.5、两翼宽 1.7、一侧翼尾残缺，铤长 3.4、铤径 0.5 厘米（图七九，18；图版一〇八，5）。

标本 M1：315，通长 8.6、两翼宽 1.7、铤长 3.4、铤 0.5 径厘米（图七九，19；图版一〇八，6）

标本 M1：316，通长 8.5、两翼宽 1.7、铤长 3.3、铤径 0.5 厘米（图七九，20；图版一〇八，7）。

标本 M1：317，通长 8.5、两翼宽 1.7、一侧翼尾残缺，铤长 3.3、铤径 0.5 厘米。（图七九，21；图版一〇八，8）。

标本 M1：318，通长 8.4、两翼宽 1.7、铤长 3.3、铤径 0.5 厘米（图七九，22；图版一〇八，9）。

标本 M1：319，通长 8.3、两翼宽 1.7、一侧翼尾残缺，铤长 3.3 、铤径 0.5 厘米（图七九，23；图版一〇八，10）。

标本 M1：320，通长 8.2、两翼宽 1.7、铤长 3.1、铤径 0.5 厘米（图七九，24；图版一〇八，11）。

标本 M1：321，通长 8.4、两翼宽 1.7、铤长 3.1、铤径 0.5 厘米（图八〇，1；图版一〇八，12）。

标本 M1：322，通长 8.5、两翼宽 1.7、一侧翼尾残缺，铤长 3.2、铤径 0.4 厘米（图八〇，2；图版一〇八，13）

标本 M1：323，通长 8.5、两翼宽 1.7、铤长 3.3、铤径 0.5 厘米（图八〇，3；图版一〇八，14）。

标本 M1：324，通长 8.6、两翼宽 1.7、两侧翼尾残缺，铤长 3.2 厘米，铤径 0.5 厘米（图八〇，4；图版一〇八，15）。

标本 M1：325，通长 8.4、两翼宽 1.7、铤长 3.2、铤径 0.5 厘米（图八〇，5；图版一〇八，16）。

标本 M1：326，通长 8.4、两翼宽 1.7、一侧翼尾残缺，铤长 3.2、铤径 0.5 厘米（图八〇，6；图版一〇八，17）。

标本 M1：327，通长 7.1、两翼宽 1.7、一侧翼尾残缺、残铤长 1.8、铤径 0.5 厘米（图八〇，7；图版一〇八，18）。

标本 M1：328，通长 8.5、两翼宽 1.7、一侧翼尾残缺，铤长 3.4、铤径 0.4 厘米（图八〇，8；图版一〇八，19）。

标本 M1：329，通长 8.5、两翼宽 1.7、铤长 3.3、铤径 0.5 厘米（图八〇，9；图版一〇八，20）。

标本 M1：330，通长 8.3、两翼宽 1.6、一侧翼尾残缺，铤长 3.3、铤径 0.5 厘米（图八〇，10；图版一〇九，1）。

标本 M1：331，通长 8.5、两翼宽 1.7、两侧翼尾残缺，铤长 3.2、铤径 0.4 厘米（图八〇，11；图版一〇九，2）。

标本 M1：332，通长 8.4、两翼宽 1.6、一侧翼尾残缺，铤长 3.2、铤径 0.5 厘米（图八〇，12；图版一〇九，3）。

标本 M1：333，通长 8.1、两翼宽 1.7、两侧翼尾残缺，铤长 3.2、铤径 0.5 厘米（图八〇，13；图版一〇九，4）。

标本 M1：334，通长 8.4、两翼宽 1.7、一侧翼尾残缺，铤长 3.2、铤径 0.5 厘米（图八〇，14；图版一〇九，5）。

标本 M1：335，通长 8.4、两翼宽 1.8、铤长 3.3、铤径 0.4 厘米（图八〇，15；图版一〇九，6）

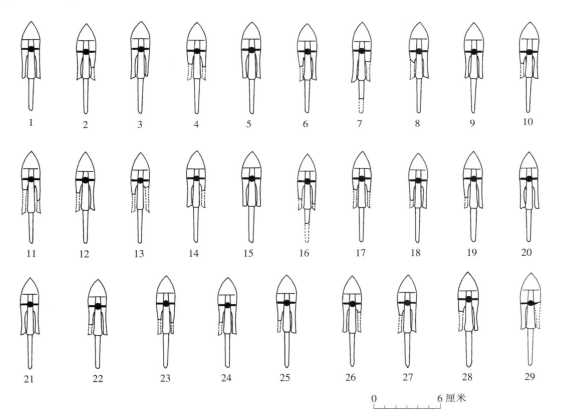

图八〇　Aa 型青铜镞
1～28.（M1：321～347、351、380）

标本 M1：336，两侧翼尾及铤残断，通长 6.6、两翼宽 1.7、残铤长 1.4、铤径 0.5 厘米（图八〇，16；图版一〇九，7）。

标本 M1：337，通长 8.4、两翼宽 1.7、两侧翼尾残缺，铤长 3.2、铤径 0.4 厘米（图八〇，17；图版一〇九，8）。

标本 M1：338，通长 8.3、两翼宽 1.7、一侧翼尾残缺，铤长 3.3、铤径 0.4 厘米（图八〇，18；图版一〇九，9）。

标本 M1：339，通长 8.4、两翼宽 1.7、一侧翼尾残缺，铤长 3.2、铤径 0.5 厘米（图八〇，19；图版一〇九，10）。

标本 M1：340，通长 8.3、两翼宽 1.7、铤长 3.2、铤径 0.5 厘米（图八〇，20；图版一〇九，11）。

标本 M1：341，通长 8.5、两翼宽 1.7、铤长 3.3、铤径 0.5 厘米（图八〇，21；图版一〇九，12）。

标本 M1：342，通长 8.3、两翼宽 1.7、一侧翼尾残缺，铤长 3.2、铤径 0.4 厘米（图八〇，22；图版一〇九，13）。

标本 M1：343，通长 8.5、两翼宽 1.8、两侧翼尾残缺，铤长 3.3、铤径 0.5 厘米（图八〇，23；图版一〇九，14）。

标本 M1：344，通长 8.3、两翼宽 1.7、一侧翼尾残缺，铤长 3.2、铤径 0.5 厘米（图八〇，24；图版一〇九，15）

标本 M1：345，通长 8.6、两翼宽 1.8、一侧翼尾残缺，铤长 3.3、铤径 0.5 厘米（图八〇，25；图版一〇九，16）。

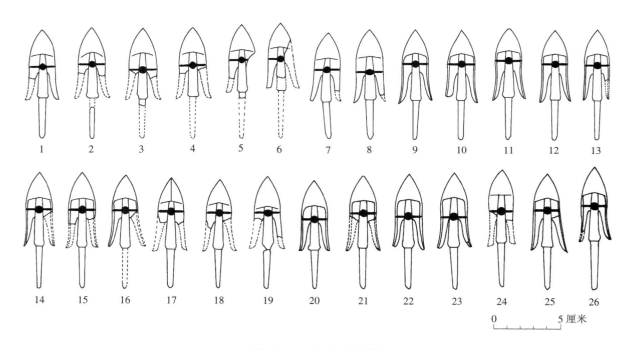

0　　　　　5 厘米

图八一　Ab 型青铜镞

1. M1:130　2～4.（M1:126～128）　5～8.（M1:132～135）　9～13.（M1:295～299）　14～16.（M1:300～302）

17～20.（M1:348～151）　21～24.（M1:165～168）　25、26.（M1:352、353）

标本 M1：346，通长 8.4、两翼宽 1.7、铤长 3.3、铤径 0.4 厘米（图八〇，26；图版一〇九，17）。

标本 M1：—347，通长 8.4、两翼宽 1.7、一侧翼尾残缺，铤长 3.1、铤径 0.4 厘米（图八〇，27；图版一〇九，18）。

标本 M1：351，通长 8.5、两翼宽 1.6、一侧翼尾残缺，铤长 3.3、铤径 0.4 厘米（图八〇，28；图版一〇九，19）。

标本 M1：380，通长 8.5、两翼宽 1.6，铤长 3.3、铤径 0.4 厘米（图八〇，29；图版一〇九，20）。

Ab 型青铜镞　23 件

为宽体双翼外展形，双翼向后延伸较长，镞身宽而薄呈扁平三角形平，尖与两侧刃锋利、镞身后段中间起脊、脊至关的断面呈菱形，圆形镞铤修长。

标本 M1：130，通长 8.2、两翼宽 1.8、铤长 3、铤径 0.5 厘米（图八一，1；图版一一〇，1）。

标本 M1：126，通长 7.7、两翼宽 1.8、残铤长 2.5、铤径 0.5 厘米（图八一，2；图版一一〇，16）。

标本 M1：127，通长 8.5、两翼宽 1.8、残铤长 0.5、铤径 0.5 厘米（图八一，3；图版一一〇，17）。

标本 M1：128，通长 8.3、两翼宽 1.8、残铤长 0.5、铤径 0.5 厘米（图八一，4；图版一一〇，18）。

标本 M1：132，残长 5.6、两翼宽 1.8、残铤长 0.5、铤径 0.4 厘米（图八一，5；图版一一〇，2）。

标本 M1：133，残长 4.3、两翼宽 1.8、残铤长 0.5、铤径 0.4 厘米（图八一，6；图版一一〇，3）。

标本 M1：134，通长 8.2、两翼宽 1.9、铤长 3、铤径 0.4 厘米（图八一，7；图版一一〇，4）。

标本 M1：135，通长 8.3、两翼宽 2、铤长 3 厘米、铤径 0.5 厘米（图八一，8；图版一一〇，5）。

标本 M1：295，通长 8.2、两翼宽 1.9、铤长 3、铤径 0.5 厘米（图八一，9；图版一一〇，6）。

标本 M1：296，通长 8.1、两翼宽 1.9、一侧翼尾残缺，铤长 3、铤径 05. 厘米（图八一，10；图版一一〇，7）。

标本 M1：297，通长 8.3、两翼宽 1.9、铤长 3、铤径 0.5 厘米（图八一，11；图版一一〇，8）。

标本 M1：298，通长 8.1、两翼宽 1.9、铤长 3.1、铤径 0.5 厘米（图八一，12；图版一一〇，9）。

标本 M1：299，通长 8.2、两翼宽 1.9、一侧翼尾断缺，铤长 3、铤径 0.5 厘米（图八一，13；图版一一〇，10）。

标本 M1：300，通长 8.2、两翼宽 1.9、一侧翼尾断缺，铤长 3、铤径 0.4 厘米（图八一，14；图版一一〇，11）。

标本 M1：301，通长 8.1、两翼宽 1.9、翼尾断缺，铤长 3、铤径 0.4 厘米（图八一，15；图版一一〇，12）。

标本 M1：302，残长 5.2、一侧翼尾断缺，铤断缺，两翼宽 1.8 厘米（图八一，16；图版一一〇，13）。

标本 M1：348，通长 8.3、两翼宽 1.9、两侧翼尾断缺，铤长 3.1、铤径 50. 厘米（图八一，17；图版一一〇，14）。

标本 M1：349，通长 8.3、两翼宽 1.9、铤长 3、铤径 0.5 厘米（图八一，18；图版一一〇，15）。

标本 M1：350，铤及双翼尾均残缺，通长 5.5、两翼宽 1.8 厘米（图八一，19；图版一一〇，19）。

标本 M1：151，通长 8.3、两翼宽 1.9、铤长 3.1、铤径 0.5 厘米（图八一，20）。

标本 M1：165，通长 8.3、两翼宽 1.9、铤长 3.1、铤径 0.5 厘米（图八一，21；图版一一一，1）

标本 M1：166，通长 8.3、两翼宽 1.9、铤长 3、铤径 0.4 厘米（图八一，22；图版一一一，2）。

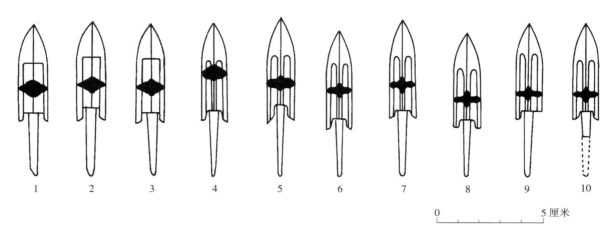

图八二　Ac 型青铜镞
1～10.（M1：169～171、197～203）

标本 M1：167，通长 8.4、两翼宽 1.9、铤长 3、铤径 0.5 厘米（图八一，23；图版一一一，3）。

标本 M1：168，铤及双翼尾均残缺，通长 5.5、两翼宽 1.8 厘米（图八一，24；图版一一一，4）。

标本 M1：352，铤残缺，通长 5.4、两翼宽 1.8 厘米（图八一，25；图版一一〇，20）。

标本 M1：353，通长 8.2、两翼宽 1.9、铤长 3、铤径 0.5 厘米（图八一，26；图版一一〇，21）。

Ac 型青铜镞　10 件

为窄体双翼镞，双翼向后延伸较长，镞身窄而厚实，中间起脊，尖与两侧刃锋利、脊至关的断面呈菱形，圆形镞铤修长。

标本 M1：169，通长 7.4、两翼宽 1.3、铤长 3.3、铤径 0.5 厘米（图八二，1；图版一一一，5）。

标本 M1：170，通长 7.5、两翼宽 1.3、铤长 3.2、铤径 0.5 厘米（图八二，2；图版一一一，6）。

标本 M1：171，通长 7.4、两翼宽 1.3、铤长 3.3、铤径 0.5 厘米（图八二，3；图版一一一，7）。

标本 M1：197，通长 7.5、两翼宽 1.3、铤长 3、铤径 0.4 厘米（图八二，4；图版一一一，8）。

标本 M1：198，通长 7、两翼宽 1.3、铤长 2.7、铤径 0.5 厘米（图八二，5；图版一一一，9）

标本 M1：199，通长 7.3、两翼宽 1.3、铤长 3.2、铤径 0.5 厘米（图八二，6；图版一一一，10）。

标本 M1：200，通长 7.5、两翼宽 1.3、铤长 3.2、铤径 0.5 厘米（图八二，7；图版一一一，11）。

标本 M1：201，通长 7、两翼宽 1.3、铤长 2.7、铤径 0.4 厘米（图八二，8；图版一一一，12）。

标本 M1：202，通长 7.4、两翼宽 1.3、一侧翼尾残缺，铤长 3.2、铤径 0.5 厘米（图八二，9；图版一一一，13）。

标本 M1：203，通长 5.5、两翼宽 1.3、残铤长 1.1、铤径 0.5 厘米（图八二，10；图版一一一，14）。

B 型青铜镞　17 件

为无铤立体三菱翼形镞，尖与翼刃锋利，此型镞安装柄由铤改为銎孔。

标本 M1：267，通长 5.4、銎铤长 1.8、銎铤径 1 厘米（图八三，1；图版一一二，1）。

标本 M1：268，通长 5.4、銎铤长 1.8 、銎铤径 1 厘米（图八三，2；图版一一二，2）。

标本 M1：269，通长 5.4、銎铤长 1.9、銎铤径 0.9 厘米（图八三，3；图版一一二，3）。

标本 M1：270，通长 5.5、銎铤长 1.9、銎铤径 1 厘米（图八三，4；图版一一二，4）。

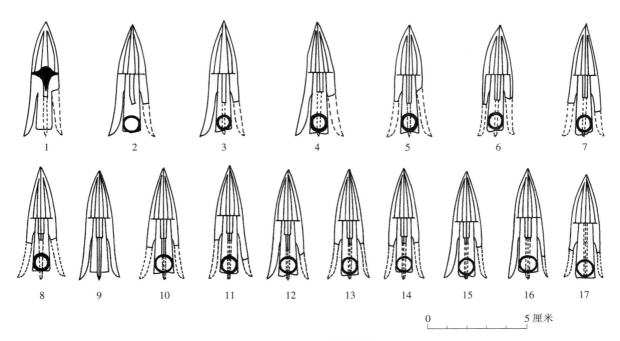

图八三　B 型青铜镞
1~17.（M1：52~61、267~273）

标本 M1：271，通长 5.5、銎铤长 1.8、銎铤径 1 厘米（图八三，5；图版一一二，5）。

标本 M1：272，通长 5.4、銎铤长 1.9、銎铤径 1 厘米（图八三，6；图版一一二，6）。

标本 M1：273，通长 5.4、銎铤长 1.8、銎铤径 0.9，厘米（图八三，7；图版一一二，7）。

标本 M1：52，通长 5.3、三翼尾残缺、銎铤长 2、銎铤径 1 厘米（图八三，8；图版一一二，8）。

标本 M1：53，通长 5.4、三翼宽 1.7、銎铤长 3.3 厘米（图八三，9；图版一一二，9）。

标本 M1：54，通长 5.2、三翼尾残缺、銎铤长 1.7、銎铤径 1 厘米（图八三，10；图版一一二，10）。

标本 M1：55，通长 5.4、三翼尾残缺、銎铤长 1.8、銎铤径 0.9 厘米（图八三，11；图版一一二，11）。

标本 M1：56，通长 5.4、两尾翼残缺、銎铤长 1.8、銎铤径 1 厘米（图八三，12；图版一一二，12）。

标本 M1：57，通长 5.4、三翼宽 1.7、銎铤长 3.3 厘米（图八三，13；图版一一二，13）。

标本 M1：58，通长 5.3、三翼宽 1.7、銎铤长 3.3 厘米（图八三，14；图版一一二，14）。

标本 M1：59，通长 5.4、两尾翼残缺、銎铤长 2、銎铤径 1 厘米（图八三，15；图版一一二，15）。

标本 M1：60，通长 5.3、三翼尾残缺、銎铤长 1.9、銎铤径 0.9 厘米（图八三，16；图版一一二，16）。

标本 M1：61，通长 5.3、三翼尾残缺、銎铤长 1.7、銎铤径 1 厘米（图八三，17；图版一一二，17）。

C 型青铜镞　25 件

为圆锥形镞，镞身圆锥形尖头，圆铤修长。

标本 M1：172，通长 5.3、铤长 3、铤径 0.5 厘米（图八四，1；图版一一二，18）。

标本 M1：173，通长 5.1、铤长 2.9、铤径 0.5 厘米（图八四，2；图版一一二，19）。

标本 M1：174，通长 5、铤长 2.9、铤径 0.5 厘米（图八四，3；图版一一二，20）。

标本 M1：175，通长 5.3、铤长 3、铤径 0.5 厘米（图八四，4；图版一一二，21）。

标本 M1：176，通长 4.6、铤长 2.3、铤径 0.4 厘米（图八四，5；图版一一二，22）。

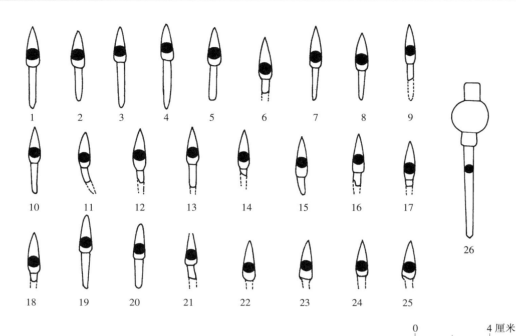

0　　　　　　4 厘米

图八四　C 型青铜镞和 D 型青铜镞

1～25. C 型（M1：172～196）　　26. D 型（M：419）

标本 M1：177，通长 3.7、残铤长 1、铤径 0.5 厘米（图八四，6；图版一一三，1）。

标本 M1：178，通长 4.5、残铤长 2.2、铤径 0.4 厘米（图八四，7；图版一一三，2）。

标本 M1：179，通长 4.5、残铤长 2.1、铤径 0.5 厘米（图八四，8；图版一一三，3）。

标本 M1：180，通长 3.5、残铤长 1.2、铤径 0.5，厘米（图八四，9；图版一一三，4）。

标本 M1：181，通长 4.4、残铤长 2、铤径 0.5 厘米（图八四，10；图版一一三，5）。

标本 M1：182，通长 3.3、残铤长 1、铤径 0.4 厘米（图八四，11；图版一一三，6）。

标本 M1：183，通长 3.5、残铤长 1、铤径 0.5 厘米（图八四，12；图版一一三，7）。

标本 M1：184，通长 3.8、残铤长 1.2、铤径 0.4 厘米（图八四，13；图版一一三，8）。

标本 M1：185，通长 2.8、残铤长 0.6、铤径 0.4 厘米（图八四，14；图版一一三，9）。

标本 M1：186，通长 3.3、残铤长 1.5、铤径 0.5 厘米（图八四，15；图版一一三，10）。

标本 M1：187，通长 3.1、残铤长 0.9、铤径 0.5 厘米（图八四，16；图版一一三，11）。

标本 M1：188，通长 2.8、残铤长 0.7、铤径 0.5 厘米（图八四，17；图版一一三，12）。

标本 M1：189，通长 3.2、残铤长 0.6、铤径 0.5 厘米（图八四，18；图版一一三，13）。

标本 M1：190，通长 4.7、铤长 2.5、铤径 0.5 厘米（图八四，19；图版一一三，14）。

标本 M1：191，通长 4.1、铤长 2、铤径 0.5 厘米（图八四，20；图版一一三，15）。

标本 M1：192，通长 3.1、残铤长 0.9、铤径 0.5 厘米（图八四，21；图版一一三，16）。

标本 M1：193，通长 2.6、残铤长 0.1、铤径 0.4 厘米（图八四，22；图版一一三，17）。

标本 M1：194，铤残缺。通长 2.5 厘米（图八四，23；图版一一三，18）。

标本 M1：195，铤残缺。通长 2.4 厘米（图八四，24；图版一一三，19）。

标本 M1：196，铤残缺。通长 2.3 厘米（图八四，25；图版一一三，20）。

D 型青铜镞　1 件

为圆体形镞，镞身圆鼓呈球形突出与园杆形镞头粗细落差较大，园杆形镞头较短为圆顶尖，园长铤。为一种特殊用途的箭镞。

标本 M1：419，通长 8.6、镞身最大径 2、铤长 5、铤径 0.6 厘米（图八四，26；图版一一四，1）

三、青铜矛

该墓葬出土青铜矛 4 件，均出自墓葬南椁室器物厢内，位置与戟同在一处，自西向东顺放。青铜矛均有腐烂碳化的木柄残存痕迹，有三件骹内残存碳化的木杆。这几件青铜矛形制基本相同，长短略有差异。均为短叶矛，锋尖，双面刃，叶中间起脊，圆骹，中空。其中有两件正背面还有凹槽。

标本 M1：393，通长 10、翼宽 2.7、骹长 3.6、骹径 1.5 厘米（图八五，1；图版一一四，2）。

标本 M1：399，通长 10.2、翼宽 2.5、骹长 3.8、骹径 1.6 厘米（图八五，2；图版一一四，3）。

标本 M1：390，两翼正背面铸凹槽。通长 10.5、翼宽 2.5、骹长 3.8、骹径 1.5 厘米（图图八五，3；图版一一四，4）。

标本 M1：391　两翼正背面铸凹槽。通长 10、翼宽 2.5、骹长 3.6、骹径 1.6 厘米，残留有木柄（图图八五，4；图版一一五，1）。

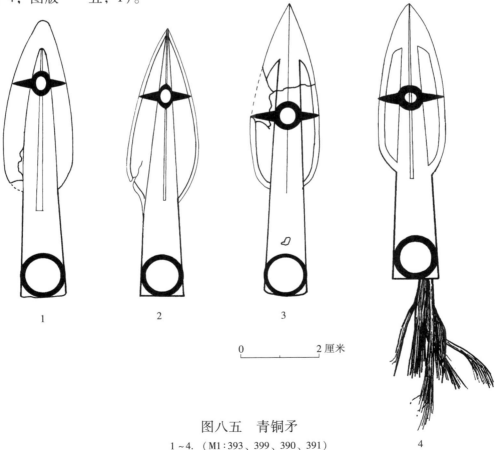

0　　　　　2 厘米

图八五　青铜矛

1～4. （M1：393、399、390、391）

四、青铜戟

该墓葬出土青铜戟4件。均出自墓葬南椁室器物厢内，自西向东顺放，均为单戈戟，有不同程度的锈蚀和残缺。器形基本相同，大小略有差异。出土时戈与矛之间还有腐烂碳化的木杆相连。M1：382、391装在戟上的秘已经朽烂，朽烂的痕迹仍然存在，痕迹长2米，矛的圆骹内仍存有朽木。四件戟有两件M1：383、M1：397胡上刻有铭文。戟戈长平援、援背略显弧。锋尖锐，锋头呈三角形，直内，内面上有一短条形穿。胡与援夹角较大，短胡。栏内侧有的三穿，有的四穿。栏均有不同程度出的出头。窄叶式矛，前锋锋利，正中有凸棱。凸棱显宽，两翼正背面有凹槽，两面刃。断面为椭圆骹，中空。骹与两翼下端有一周箍。圆骹正面下端有一圆形销穿孔。用来固定柄。依据青铜戟戈上穿的多少不同可分为A、B等两型。

A型　3件

为三穿戈形戟，上端有一短条形穿，下端有两长条形穿。直内有一短条形穿。援较长，无脊。栏出头。窄叶式矛，有脊，翼面有凹槽，两面刃。短骹，骹上端有一宽箍。断面呈椭圆形。

标本M1：397，完整。胡上有铭文，铭文6个字："钟离公柏用戟"。戟戈通长28.7、援长20.5、援厚0.7、胡长7.2、栏长12、内长8、内宽2.8、矛通长12、宽2.1、骹径2厘米（图八六，九〇，1；图版一一五，2、3）。

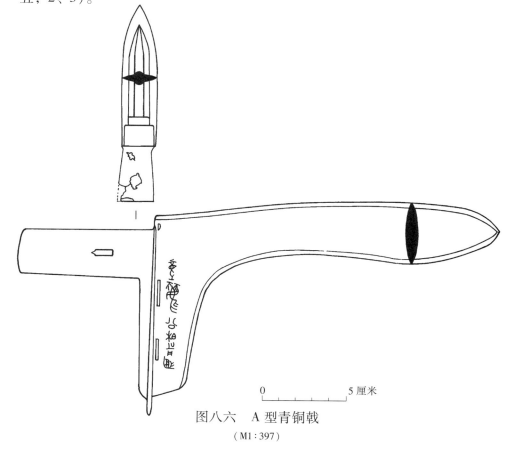

0　　　　　5厘米

图八六　A型青铜戟

（M1：397）

　　标本 M1∶392，戟戈通长 29.8、援长 21.5、胡长 7.3、栏长 11.3、内长 8.3、内宽 3.1、援厚 0.6 厘米。矛通长 12.5、宽 2.5、骹径 1.8 厘米（图八七；图版一一六，1）。

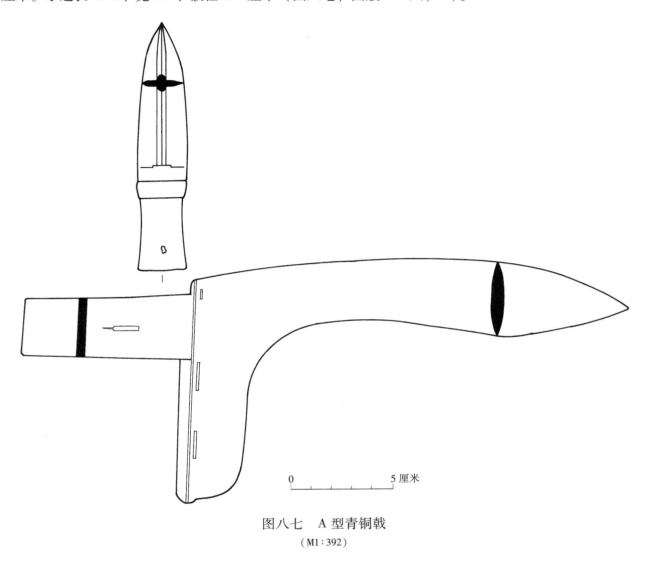

图八七　A 型青铜戟
（M1∶392）

　　标本 M1∶383，骹内有木炭。戟戈胡上有铭文，铭文 6 个字，其内容为："钟离公柏用戟"。戟戈通长 29.4、援长 21、援厚 0.6、胡长 6、栏长 11.3、内长 8.2、内宽 2.4、内厚 0.4 厘米。矛通长 12、宽 2.3、骹径 1.3 厘米（图八八；图版一一六，2）。

　　B 型　1 件

　　为四穿戈形戟，上端有一短条形穿，下端有三长条形穿。斜直内，内有一短条形穿。援较长，无脊。窄叶式矛，有脊，翼面有凹槽，两面刃。短骹，骹上端有一宽箍。断面呈椭圆形。

　　标本 M1∶382　锈蚀严重，器面起绿色或黄色锈泡。胡部有锈蚀不清的铭文，经辨认似为："徐王容取其吉金自作其元用戈"。戟戈通长 28.5、援长 22、援厚 0.7、胡长 7.4、栏长 11.5、内长 6.4、内宽 3.4、内厚 0.6、矛通长 12.5、宽 2.5、骹径 2 厘米（图八九，图九〇，2；图版一一七，1，2）。

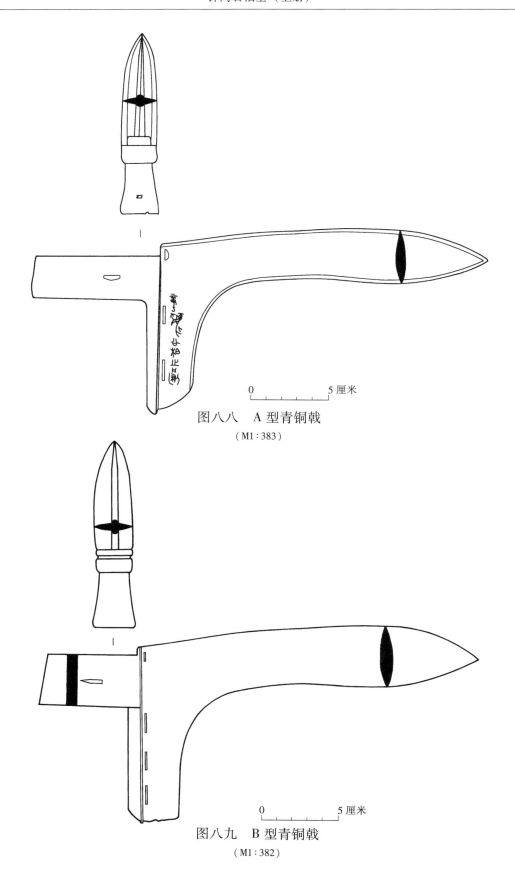

0 _____ 5 厘米

图八八　A 型青铜戟

（M1∶383）

0 _____ 5 厘米

图八九　B 型青铜戟

（M1∶382）

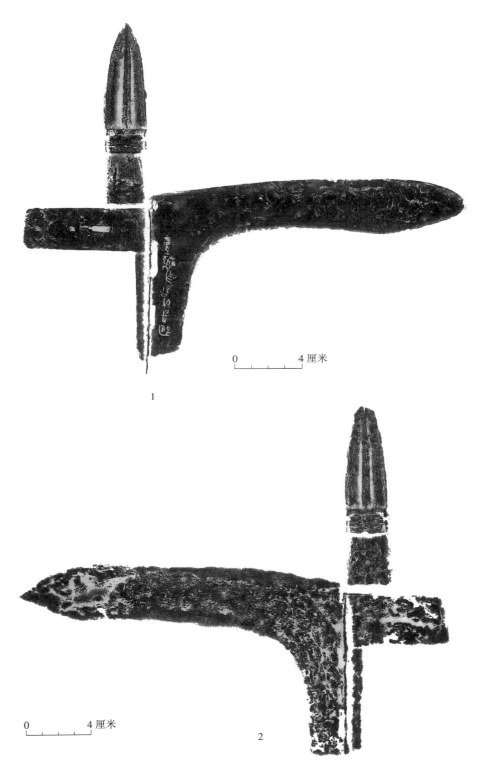

图九〇　A 型、B 型青铜戟拓本

1. A 型戟（M1∶397）　　2. B 型戟（M1∶382）

五、青铜戈

　　该墓葬出土青铜戈 3 件，均出自墓葬的主棺椁内。均有不同程度的锈蚀，有的锈蚀严重修复。这几件青铜戈形制相同，长短大小略有差别，为合范整体浇铸。其中两件似有铭文，一件因锈蚀似有铭文迹象，但无法辨认，另一件字迹较清楚。

　　标本 M1：47、出土位置在内棺南壁的东段边上与 M1：50 戈、M1：49 剑在同一侧。长援身较窄，中部有脊，前锋凸出，锋利，双面刃。援根部有一短长方条形穿，栏内侧自上而下，有三个长条形穿，栏出头。直内，内中一长条形穿。直内后端有明显的挫伤和残缺部分。戈的胡部和内末端分别有铭文，其胡部刻有 7 个字铭文："钟离公柏获徐人"，其残缺的内部铸有 8 个字铭文："余子白司此之元戈"。通长 20、援长 14、援宽 2.5、援厚 0.7、胡长 5.6、内长 5.6、内宽 2.7、内厚 0.3 厘米（图九一，1、2，九二，1、2；图版一一八，1、2、3）。

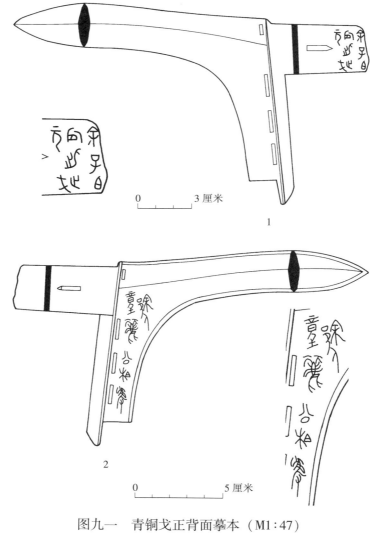

图九一　青铜戈正背面摹本（M1：47）

1. 正面　2. 背面

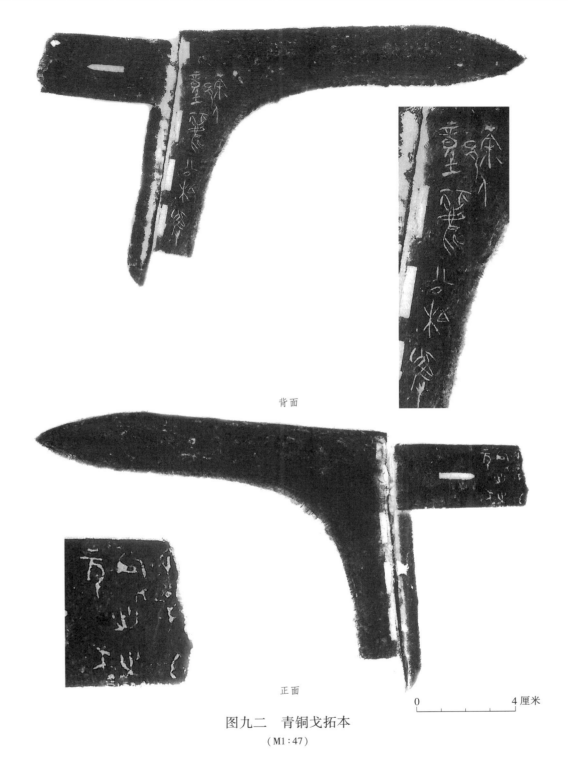

背面

正面

0   4 厘米

图九二 青铜戈拓本

（M1：47）

标本 M1：48，出土位置在内棺北壁的中段边上，尖锋朝北，与铜镞在同一侧边上。器身为两合范铸造。残锈严重，从刃部张裂。长援、有脊，断面菱形。直内、胡比援短。栏内侧有三个长条形穿，栏出头。直内，内有一条形穿。通长 24、援长 18、援宽 2.6、援厚、胡长 8.3、栏长 12.7、内长 5.5、内宽 2.3、内厚 0.3 厘米（图九三，1；图版一一九，1）。

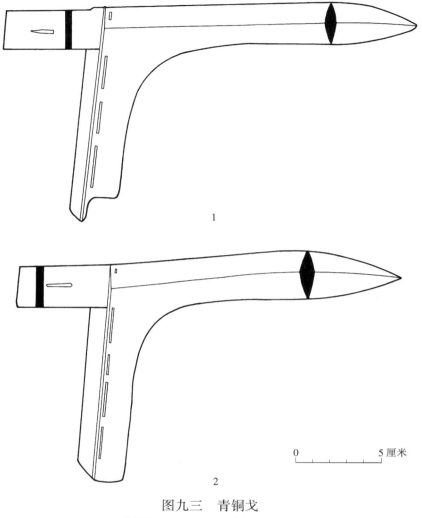

图九三　青铜戈

1. 青铜戈（M1∶48）　2. 青铜戈（M1∶50）

　　标本 M1∶50，出土位置在内棺南壁的西段边上，锋尖朝西南。与 M1∶49 剑、M1∶47 戈在同一侧边上。长援、有脊、断面菱形。直内。栏内侧有四个条形穿，其中三个长形穿，一个短形穿。内有一条形穿。通长 22.5、援长 16.8、援宽 2.8、援厚 0.7、胡长 10.5、内长 5.2、内宽 2.5、内厚 0.5 厘米（图九三，2；图版一一九，2）。

第五节　工具类

　　该墓葬出土工具类青铜器 22 件，分别出自殉人棺内和南椁室器物厢内。器形有青铜刀、削、合页、镰、锯、斧等。其中不同形制的青铜刀 16 件，占青铜工具类器物 70%。这里最值得一提的是该墓葬在墓主人棺椁四周殉葬 10 人，每个殉人均有小木棺一具，其中 8 具殉人木棺内均随葬青铜小刀一件和陶砺片配套。这些青铜小刀分别放在殉人的头部和脚部，它是一种典型的墓葬时代葬俗风格。其余工具均出自器物厢内。

一、青铜刀

该墓葬出土青铜刀16件。分别出自殉人棺和器物厢内。根据这些青铜刀的形制不同可以分为：环柄刀、刻刀、T柄刀三种。其实这三种刀的用途也不相同。比如，环柄刀似为裁削之用；刻刀似为刻划之用；T柄刀似为修妆之用。

1. 环柄刀

该墓葬出土青铜环柄刀2件，均锈蚀完整，形制相同，大小略有差异。两件出土位置在器物厢的南侧东段边上。环首方扁形，柄与器身连接呈拱背、凹弧、断面呈等腰三角状。柄与刃交接处呈直角。

标本 M1：389，刃部分残缺。通长28.8、柄长10.5、面宽2.6～2.8、背厚0.2～0.7厘米（图九五，1；图版一二〇，1）。

标本 M1：411，锋及刃部分残缺。长28.8，柄长10.5 面宽2.6～2.8 厘米、背厚0.5～0.7厘米（图九五，2；图版一二〇，2）。

2. 青铜刻刀

该墓葬出土青铜刻刀6件，均出自器物厢西南角铜簠上面。长条形，一面隆起，一面内凹。一端头平直，两边渐收至另一端呈尖状。有的器身直，有的略微弧，有的尖头直，有的尖头弯。从一些刻刀内凹面残留腐烂的木炭并有明显的绳索捆绑痕迹看，这种尖头青铜器应是捆绑在木柄上使用的。

标本 M1：368，器身直，尖头弯曲。长12.7、宽2.1、厚0.5厘米（图九四，1；图版一二〇，3）。

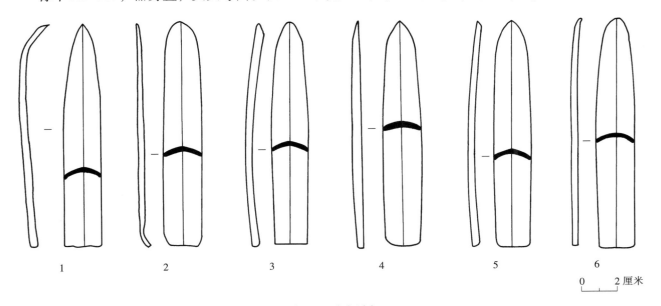

图九四　青铜刻刀

1～6.（M1：368～373）

标本 M1：369，一端略弯曲。长 13、宽 2.2、厚 0.3 厘米（图九四，2；图版一二一，1）。

标本 M1：370，器身微拱。长 13、宽 2.2、厚 0.4 厘米（图九四，3；图版一二一，2）。

标本 M1：371，器身直。长 12.3、宽 2.1、厚 0.4 厘米（图九四，4；图版一二二，1）。

标本 M1：372，器身略显弧。长 13、宽 2.2、厚 0.4 厘米（图九四，5；图版一二二，2）。

标本 M1：373，器身直，尖头略弯。长 13、宽 2.2、厚 0.4 厘米（图九四，6；图版一二三，1）。

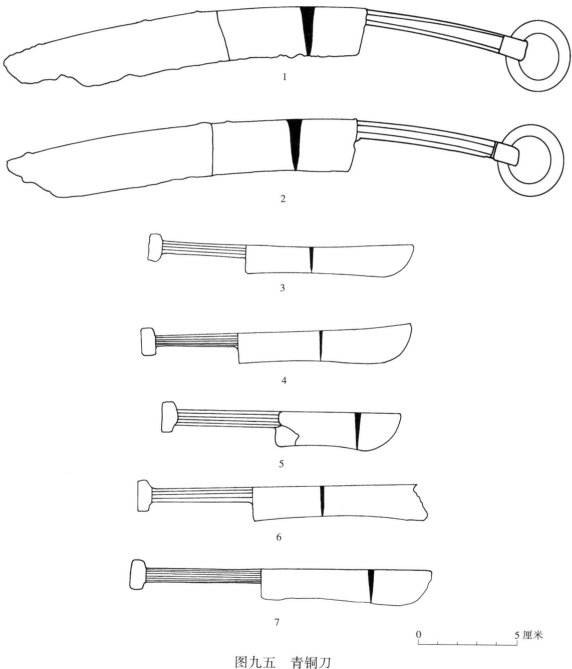

图九五　青铜刀

1~2. 环柄刀（M1：389、411）、3~7. T 柄刀（M1：360~364）

3. 青铜 T 柄刀

该墓葬出土 T 形柄青铜刀 8 件，均出自殉人棺内。殉人棺中的青铜小刀放置在头部或腰部或脚部，并与陶砺片组合配套，这是一种很特别的葬俗现象。这类青铜刀的形制为："T"型柄首连着柄，柄为扁长条形，直柄、柄上有数道细直线。直背至刀锋时略上翘，刀面前段比后段宽，刃部略弧，柄与刃交接处呈直角，断面呈等腰三角形。

标本 M1：360，出自主棺椁西侧 1 号（从东向西）殉人棺的脚头，与陶砺片组合。通长 13.5、柄长 5、面宽 1.3~1.6、背厚 0.2 厘米（图九五，3；图版一二三，2）。

标本 M1：361，出自主棺椁西侧 2 号（从东向西）殉人棺的脚头。通长 13.7、柄长 4.9、面宽 1.5~1.8、背厚 0.15 厘米（图九五，4；图版一二三，3）。

标本 M1：362，出自主棺椁西侧 3 号（从东向西）殉人头顶部位，与陶砺片组合。通长 15.3、柄长 5.5、面宽 1.7~1.9、背厚 2.5 厘米（图九五，5；图版一二四，1）。

标本 M1：363，出自主棺椁北侧 1 号（从东向西）殉人棺的脚头位置，与陶砺片、海贝组合。残长 14.5、柄长 5.7、面宽 1.5~1.8、背厚 0.2 厘米（图九五，6；图版一二四，2）。

标本 M1：364，出自主棺椁北侧 2 号（从东向西）殉人的头顶部位。通长 15.2、柄长 6.5、面宽 1.5~1.8 厘米、背厚 0.3 厘米（图九五，7；图版一二四，3）。

标本 M1：365，出自主棺椁东侧 3 号（从东向西）殉人的脚头位置，与陶砺片、陶纺轮组合。通长 14.8、柄长 6、1.4~1.8、背厚 0.2 厘米（图九六，1；图版一二四，4）。

标本 M1：366，出自主棺椁东侧 2 号（从东向西）殉人的胸部位置。通长 11.2、面宽 1.2~1、背厚 0.2 厘米（图九六，2；图版一二五，1）。

标本 M1：367，出自主棺椁东侧 1 号（从东向西）殉人的脚头位置。通长 13.5、面宽 1.9~1.4、背厚 0.2 厘米（图九六，3；图版一二五，2）。

二、青铜削

该墓葬出土青铜削 1 件，出自南椁室器物厢西北角，出土时在铜簠上面与刻刀在同一位置。其形制比修妆刀长而窄，柄首"T 形"连着柄，直柄为扁长条形，刀背略拱，刃略凹，刀柄与刃交接处呈直角，锋刃较利，断面呈等腰三角形。

标本 M1：374，锈蚀较严重。通长 19.7、柄长面宽 1.5、背厚 2.5 厘米（图九六，4；图版一二五，3）。

三、青铜合页

该墓葬出土青铜合页 9 件，均出自南椁室器物厢的西北角。其形制相同，大小略有差别。出土时夹杂在腐烂漆木器的漆皮之间，说明这些青铜合页均是腐烂漆器箱或盒上的配件。两长方形叶片间有活动轴，可供叶片上下活动，叶片中间均有四个相互对称并对应圆孔，供铆钉穿入固定。

标本 M1：381，通长 5.8、轴长 2.8、轴径 1.2、叶面宽 3.2、厚 1.2 厘米（图九六，5；图

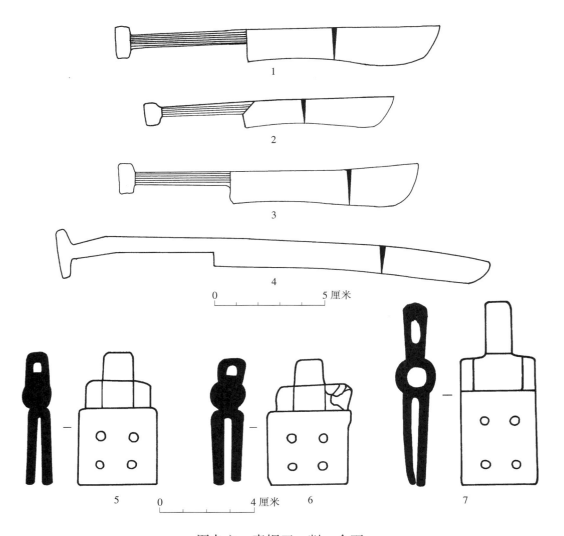

图九六　青铜刀、削、合页

1～3."T"柄刀（M1：365～367）、4.削（M1：374）、5～7.合页（M1：381、381－1、381－2）

版一二六，1）。

标本 M1：381－1，残锈、变形。通长 5.9、轴长 3.2、轴径 1.4、叶面宽 3.3、厚 1.3 厘米（图九六，6；图版一二六，2）。

标本 M1：381－2，通长 7.8、轴长 3.2、轴内外径 0.8～1.5、叶面宽 3.2、厚 1 厘米（图九六，7；图版一二六，3）。

标本 M1：381－3，通长 8、轴长 3.3、轴内外径 0.7－1.6、叶面宽 3.3、厚 1 厘米（图版九七，1；图版一二六，4）。

标本 M1：381－4，通长 8、宽 3.3、轴长 0.7～1.6 厘米（图九七，2；图版一二六，5）。

标本 M1：381－5，通长 8.1、轴宽 3.2、厚 1.6 厘米（图版九七，3；图版一二六，6）。

标本 M1：381－6，通长 5.5、轴长 3.8、轴径 1.2、叶面宽 3.4、厚 1 厘米（图版九七，4；图版一二六，7）。

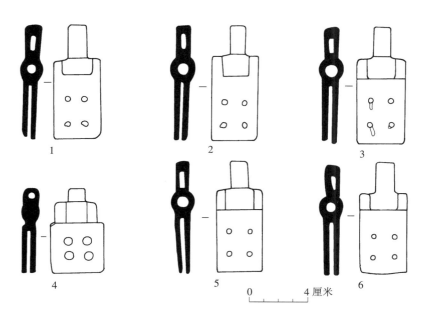

图九七　青铜合页

1~6.（M1：381-3、381-4、381-5、381-6、381-7、430）

标本 M1：381-7，通长7.8、轴长3.2、轴径0.6~1.6、叶面宽3.2、厚1厘米（图九七，5；图版一二六，8）。

标本 M1：430，通长7.8、轴长3.3、轴内外径0.8~1.6、叶厚1厘米（图九七，6；图版一二六，9）。

四、青铜锯

该墓葬出土青铜锯1件，出自南椁室器物厢内。为残件，锈蚀较重。长条形，器体薄，弧背，前窄后宽，锯齿形直刃。标本 M1：379，长20.5、宽4.5厘米（图九八，1；图版一二五，4）。

五、青铜镰刀

该墓葬出土青铜镰刀2件，均出自南椁室器物厢北侧东段边上，与 M1：281 铜匜、M1；282 铜匜一同置于 M1：283 三足盘之上。两件器型相同，长短大小略不同。镰的銎部有一圆孔，銎内仍然残留腐烂的木柄，銎上有孔销钉固定木柄。刀头弧背，锯齿直刃。

标本 M1：30，通长14.7、面宽9.3、銎长8.4、銎径2.3厘米（图九九，1；图版一二七，1）。

标本 M1：31，通长14.9、面宽9.4、銎长8.5、銎径2.1厘米（图九九，2；图版一二七，2）。

六、青铜斧

该墓葬出土青铜斧2件，均出自南椁室器物厢内。均锈蚀严重。形制与大小略有不同。方銎内

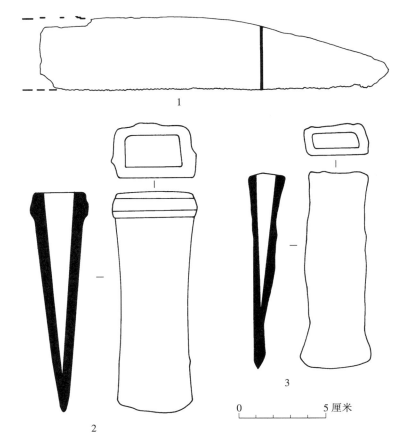

图九八　青铜锯、青铜斧

1. 青铜锯（M1∶379）　　2~3. 青铜斧（M1∶357、358）

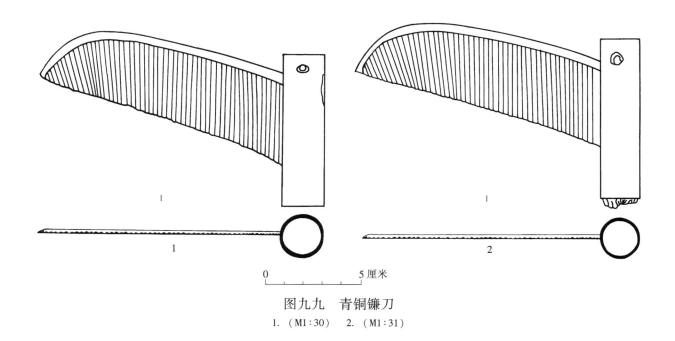

图九九　青铜镰刀

1.（M1∶30）　　2.（M1∶31）

残留木柄。

标本 M1：357，器形为长条形，上端为长方形銎，銎口有箍，下端为双面刃。器体锈蚀严重，纹饰不清楚。通长 13.1、刃宽 4.4 、銎口长 4.4、宽 3.2 厘米（图九八，2；图版一二七，3）。

标本 M1：358，器形为长方形，上端为长方形銎，下端为双面刃。锈蚀严重，纹饰不清楚。通长 11.8、刃宽 4.1、銎口长 3.6、宽 2 厘米（图九八，3；图版一二七，4）。

第六章　陶　器

　　蚌埠双墩一号春秋墓出土各类陶器 28 件，约占该墓葬除腐烂漆木器之外编号随葬器物总数的 5.58%。这些陶器在该墓葬中虽然所占比例不大，但随葬众多大件同类精美的彩绘陶器，具有很重要的器物群个性特征和葬俗现象，还随葬有几件形制较大的印纹陶器和小件灰陶陶器等。这些不同类型的陶器多出自南椁室器物厢内，少数出自于墓葬坑西南部和殉葬人的头部或脚部等部位。

　　该墓葬出土的这批陶器以夹细沙陶为主，有少量泥质陶。其中夹砂红陶占陶器总数的 60.7%；泥质灰陶 10.7%；夹砂灰陶 28.6%。属于夹砂陶质的器物主要是彩绘陶罐、陶鬲、几何形印纹陶罐等。这批陶器似均为手制，除两件几何印纹硬外，其余陶器烧制火候不高，陶质较疏松。陶色除大量的彩绘陶器外，其余均为灰陶，其中彩绘陶器的陶色为黑衣红胎外加红、黄彩绘。

　　该墓葬出土陶器的器类可分为炊器、食器、贮器等。炊器有陶鬲；食器有陶钵，陶盆；贮器有彩绘陶罐、几何形印纹陶罐，按功能来讲这些陶器既是实用器又是随葬的冥器或礼器。

　　下面根据器类的不同分述如下：

第一节　彩绘陶器

　　该墓葬随葬 14 件彩绘陶器，器形均为罐。这批彩绘陶器除 1 件放置在器物厢西南角外，其余 13 件均放置在器物厢的东南部中心位置。出土时由于器物厢早期倒塌将这批彩绘陶器砸压粉碎，损毁非常严重，破碎的陶片保存极差，但其彩绘颜色艳丽，当时采取加固套箱提取技术运回室内，经过近两年的时间将其全部修复。这 14 件彩绘陶罐按照其形制大小可分为两组（图版一二八、一二九、一三〇），七件形制大的为一组，七件形制小的为一组。每组陶罐与陶罐之间的尺寸也略有不同，如，标本 M1:401，通高 36、口径 22.4、腹径 36.5、足底径 16.4 厘米；标本 M1:402，通高 37、口径 20.8、腹径 37.8、足底径 16.4 厘米。这两件小形彩绘陶罐的详细尺寸差异在 1~2 厘米左右。这批陶罐的制作工艺是采用手工盘筑或饼筑法制作而成，每件之间存在一定的尺寸差异，这种差异可能是手工制作形成或是与破碎修复有关。

　　该墓葬出土这批彩绘陶器烧制火候低，陶质较疏松，陶色为黑衣红胎，陶胎肉眼观察则是夹细砂红陶，内含石英或云母末。陶罐表面黑色陶衣衬底，其上绘饰红色间以黄色线条彩绘花纹，14 件陶罐彩绘图案大同小异，用红、黄二色绘二方连续的上下多层花纹图案，颈肩部绘饰一周连续交错三角纹、弦纹，三角尖部朝上，三角形间填以动物变形纹；上腹部绘饰两层连续窃曲纹，下腹部绘饰一周连续交错三角纹，三角尖部朝下，三角形间填以动物变形纹。这种彩绘是在陶器烧成后绘制上去的，容易脱落。其彩色颜料为矿物颜料不易变色。

中国科技大学科技考古系对该墓葬出土的彩绘陶器制作工艺流程和颜料进行了分析测定，结果为：含石英和白云母的黏土或在黏土中掺入石英颗料和云母片，制成陶胚后入窑烧制，在烧成的最后阶段使用渗碳工艺使陶器形成黑色表面，再以黑色表层作为底色，使用朱砂和针铁矿两种矿物颜料绘制彩色图案。

该墓葬出土 14 件彩绘陶罐，均为修复件，其形体有大小之分，器形基本相同，均矮领喇叭口圆鼓腹小平底罐形，罐的口部与大而圆鼓的肩腹部显得口颈部比较小。喇叭形宽侈沿，敛口，矮领与外敞的口沿呈束颈状，宽圆肩，上腹部圆鼓为最大腹径，下腹直收，小平底，口与底大小相若，造型饱满匀称，美观精致，具有典型的个性特征。

根据这批彩绘陶器的器形大小不同可分为 A、B 两型。

A 型　7 件

为彩陶器中器形大的一组，器表均彩绘多层不同图案花纹装饰，显得大气美观漂亮而贵重。

标本 M1：404，通高 49.8、口径 26.4、腹径 47、足底径 19.2 厘米（图一〇〇，1；图版一三一，1）。

标本 M1：405，通高 50.4、口径 27.7、腹径 48.7、足底径 20.7 厘米（图一〇〇，2；图版一三一，2）。

标本 M1：410，通高 50.8、口径 27.6、腹径 49.5、足底径 20 厘米（图一〇一，1；图版一三二，1）。

标本 M1：412，通高 48.4、口径 25.8、腹径 46、足底径 19.2 厘米（图一〇一，2；图版一三二，2）。

标本 M1：413，通高 48.7、口径 26.5、腹径 46.6、足底径 19.2 厘米（图一〇三，1；图版 一三三，1）。

标本 M1：414，腹部上下为三组相同的窃曲纹图案，其他彩陶罐腹部为两组窃曲纹一组三角纹图案。通高 48.8、口径 25.8、腹径 45、足底径 18.9 厘米（图一〇二；图版一三三，2）。

标本 M1：415，通高 50.1、口径 26.7、腹径 45.4、足底径 19.1 厘米（图一〇三，2；图版一三四，1）。

B 型　7 件

为彩陶器中器形小的一组，器表彩绘多层不同图案花纹与 A 型相同，该器形显得小巧玲珑，美观漂亮而贵重，口部颜面宽窄略有区别。

标本 M1：401，通高 36、口径 22.4、腹径 36.5、足底径 16.4 厘米（图一〇四，1；图版一三四，2）。

标本 M1：402，通高 37、口径 20.8、腹径 37.8、足底径 16.4 厘米（图一〇四，2；图版一三五，1）。

标本 M1：403，通高 37.8、口径 20.6、腹径 36.5、足底径 16 厘米（图一〇五，1；图版一三五，2）。

标本 M1：406，通高 38.2、口径 20.4、腹径 37.8、足底径 17.5 厘米（图一〇五，2；图版 一三六，1）。

标本 M1：407，通高 37.8、口径 20.6、腹径 36.8、足底径 17.5 厘米（图一〇七，1；图版一三六，2）。

标本 M1：408，通高 36、口径 20.6、腹径 35.39、足底径 16.3 厘米（图一〇七；图版一三七，1）。

标本 M1：409，通高 37.4 厘米，口径 20.2 厘米，腹径 36.35 厘米，足底径 16.5 厘米（图一〇六，2；图版一三七，2）。

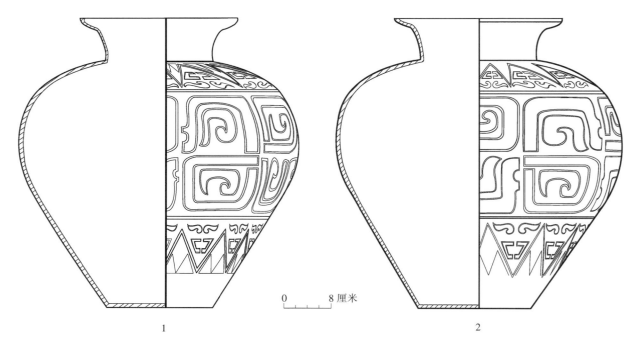

0   8 厘米

1

2

图一〇〇　A 型彩绘陶罐

1.（M1∶404）　2.（M1∶405）

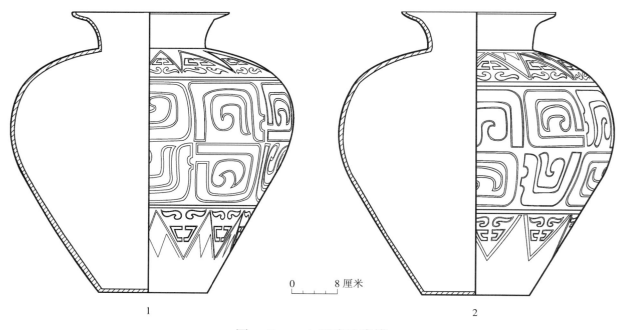

0   8 厘米

1

2

图一〇一　A 型彩绘陶罐

1.（M1∶410）　2.（M1∶412）

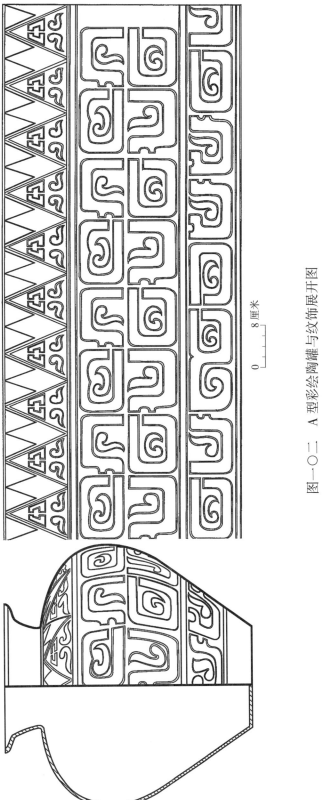

图一〇二 A 型彩绘陶罐与纹饰展开图

（M1：414）

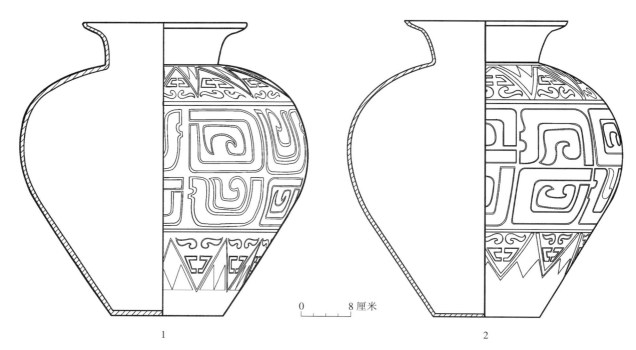

图一○三　A 型彩绘陶罐

1.（M1：413）　　2.（M1：415）

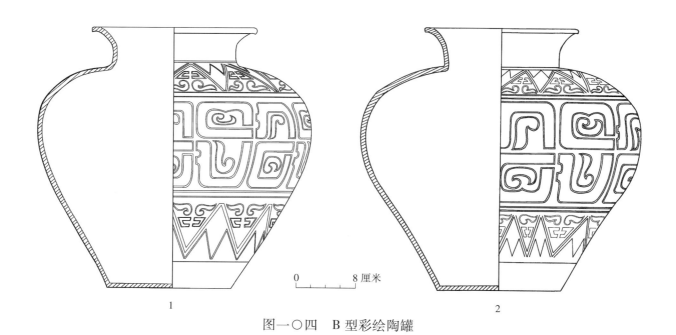

图一○四　B 型彩绘陶罐

1.（M1：401）　　2.（M1：402）

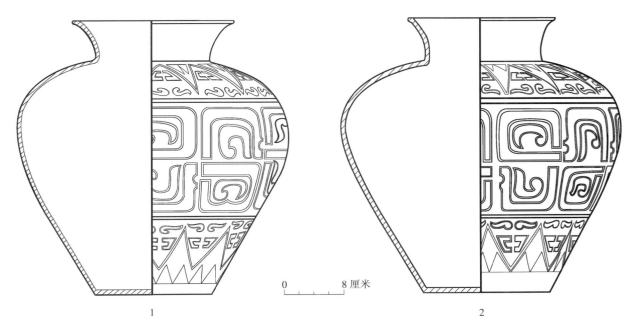

图一〇五　B 型彩绘陶罐
1.（M1∶403）　　2.（M1∶406）

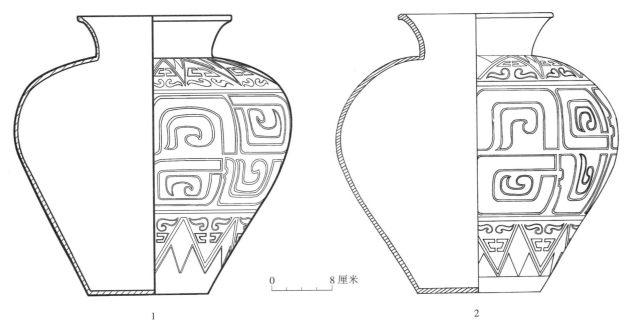

图一〇六　B 型彩绘陶罐
1.（M1∶407）　　2.（M1∶409）

图一○七　B 型彩绘陶罐与纹饰展开图

（M1：408）

第二节　印纹陶器

该墓葬随葬三件几何印纹陶器（图版一三八）。这三件几何印纹陶器均集中放置在墓坑底部的西南坑边，即南椁室西侧墓坑的位置，而没有放置在器物厢内。从出土被回填土砸碎陶片分布情况看，应是裸放在墓坑底部的。三件器物出土时均破碎，原地陶片保存较好，经室内整理拼对将其全部修复。三件几何印纹陶器有两件为灰色夹砂几何印纹硬陶，质地坚硬火候高，一件为黑皮红胎几何印纹软陶，火候低陶质较疏松。三件几何印纹陶器器形有两件陶罐和一件陶盆。

印纹陶罐　2件

均为修复件，胎质夹砂坚硬，陶色呈灰褐色，烧成温度高，属几何印纹硬陶。观察其制作方法是采用泥条盘筑法，在罐的内壁留有明显的手指痕。器表满饰多层几何形席纹、弦纹图案花纹，上下采用大小不同的斜形或菱形席纹图案组合纹饰，凸显器物精美。器物上的花纹图案是在陶坯未干之前用刻有花纹的不同式样的拍子拍打器壁形成的，器表拍打痕迹清晰可见。

两件印纹陶罐器形有大小之分，形状基本相同，均为小口、圆唇、口沿微外侈、短颈、低领、折肩，上弧腹圆鼓，下腹内收，小平底。

标本 M1：26，底部为灰黑色。通高40、口径17.2、腹径35.7、足底20.5、厚0.7厘米（图一○八；图版一三九，1、2）。

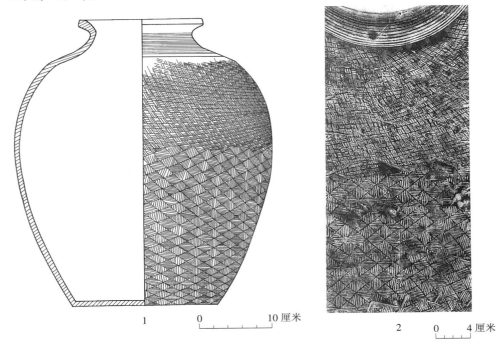

图一○八　几何印纹陶罐图与纹饰拓本

（M1：26）

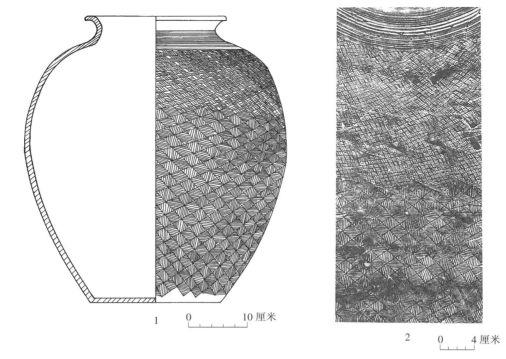

1   0   10 厘米

2   0   4 厘米

图一〇九　几何印纹陶罐图与纹饰拓本
（M1∶33）

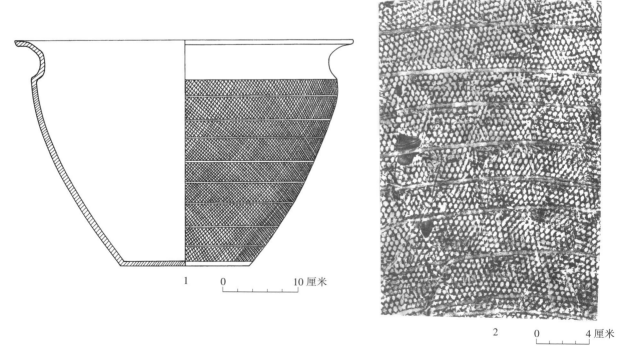

1   0   10 厘米

2   0   4 厘米

图一一〇　几何印纹陶盆图与纹饰拓本
（M1∶34）

标本 M1：33，底部内部为灰黑色，外围呈红色。通高 52.9、口径 27.6、腹径 47、足底 23.6、厚 0.7 厘米（图一〇九；图版一四〇，1、2）。

印纹陶盆　1件

标本 M1：34，为修复件，黑衣红胎陶，黑衣光亮，胎夹细砂和石英或云母末，烧制火候低，陶质较疏松，属于几何印纹软陶。器形为深腹钵形平地盆，宽平沿方唇，大口微敞，颈部内缩，微折腹，腹壁略内斜，下腹内收，平底。腹部满饰间隔串珠网格印纹。通高 30.7、口径 45、腹径 41、足底 18.8、厚 0.6 厘米（图一一〇；图版一四一，1、2）。

第三节　其他类陶器

该墓葬出土这类陶器比较少，器形主要有陶鬲、陶钵、陶罐、陶珠和陶砺片等。

陶鬲　2件

该墓葬在南椁室器物坑西北部漆皮层下发现 2 件陶鬲，出土时被压破碎，经室内拼对修复完整。均为黑衣红陶，胎夹细沙，器表素面，通体打磨，黑衣光滑。大口微敛，宽沿方唇，沿微外侈，颈微束，斜腹，分裆微瘪，袋足窝有一定的深度，具有一定个性特征。

一般来说，腿长裆深的陶鬲年代较早，可以直接支在地上，便于填柴引火。后来灶台作用显现，陶鬲腿的功能逐渐淡化，遂成为锅釜。该墓葬出土的两件陶鬲器形相同，似与商周时期陶鬲发展的规律有些区别，其腿尚有一定的高度，腹裆也有一定深度，具有一定的区域文化特征。

标本 M1：427，通高 21、口径 25.5、腹径 24.5 厘米（图一一一，1；图版一四二，1）。

标本 M1：428，通高 21.5、口径 25、腹径 25 厘米（图一一一，2；图版一四二，2）。

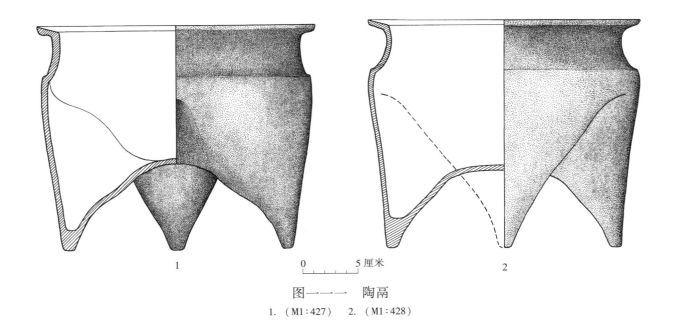

图一一一　陶鬲
1.（M1：427）　2.（M1：428）

陶钵　1件

该件灰陶钵出自南殉人墓中，放置在殉人东西向木棺的北侧，出土时稍有破损，经修复完整。标本 M1：27，陶色为泥质灰陶，微泛黄色，通体光滑，无任何纹饰。大口微内敛，平沿外侈，束颈，折腹，腹壁圆曲内收，平底。通高 11.5、口径 20.4、腹径 22、底经 10.9、厚 0.6 厘米（图一一二，1；图版一四三，1）。

陶罐　1件

该件灰陶罐出自南侧殉墓中，放置在殉葬人头部。标本 M1：418，器形比较小，完整，陶色为浅灰色泥质陶，素面磨光。敛口，圆唇，平沿微侈，沿面有对钻孔，束颈，上腹圆鼓，下腹斜直内收，平底。通高 6.6、口径 6.1、腹径 9.2、底径 4.2、厚 0.5 厘米（图一一二，2；图版一四三，2）。

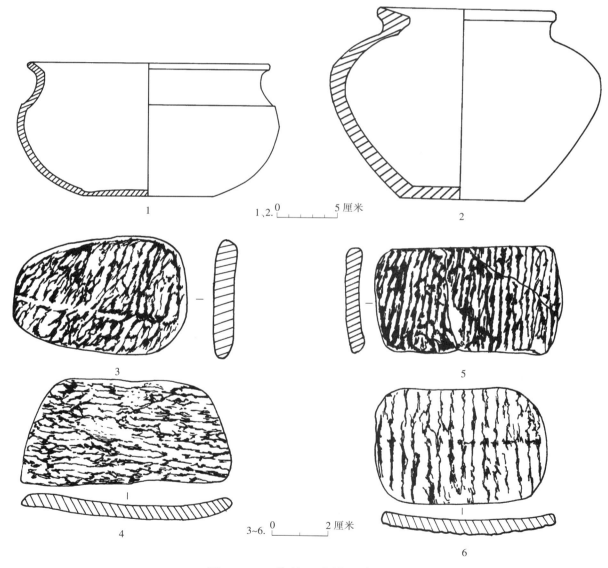

图一一二　陶钵、陶罐、陶砺片
1. 陶钵（M1：27）　2. 陶罐（M1：418）　3～6. 陶砺片（M1：362、360-1、363-1、365-1）

陶砺片 6件

该墓葬出土6件陶砺片，这6件陶砺片均出自殉葬人墓中，并与小铜刀组合随葬。这些陶砺片均是在殉人下葬时从墓地捡来的陶片粗制而成，其作用应是象征磨小铜刀的砺石工具，是一种典型的随葬冥器。

这6件陶砺片出自5座殉人墓葬中，多与小铜刀放置在殉葬人的脚部，少数放置在殉葬人的头部。陶砺片有夹砂灰陶、夹砂黑衣红陶和夹砂黑衣灰陶之分。因陶砺片是由陶器碎片制作而成，故在其表面均保留了原来器物的粗细绳纹。这些陶砺片呈椭圆形、长方形等，制作粗糙，虽多经过磨制，但多留有打制痕迹。

标本 M1：362-1，出自主棺椁西侧第三个殉葬人头部，为夹砂黑衣灰陶，器形完整，器边经粗磨，器表有粗细横绳纹。椭圆形长径6.1、窄径4.4、厚0.7厘米（图一一二，3；图版一四四，1）。

标本 M1：360-1，出自主棺椁西侧第一个殉葬人脚部，为夹砂黑衣红陶，器形完整，器边经粗磨，器表有绳纹。椭圆形长径7.5、窄径3.9、厚0.5厘米（图一一二，4；图版一四四，2）。

标本 M1：363-1，出自主棺椁北侧第一个殉葬人脚部，为夹砂黑衣红陶，器形完整，器边粗磨。椭圆形长径6.7、窄径4、厚0.5厘米（图一一二，5；图版一四四，3）。

标本 M1：365-1，出自主棺椁东侧第一个殉葬人脚部，为夹砂黑衣灰陶，器形完整，器边经粗磨，器表有粗细横绳纹。椭圆形长径6.1、窄径4.2、厚0.5厘米（图一一二，6；图版一四四，4）。

标本 M1：416-1-1，出自主棺椁南侧殉葬人脚部，为夹砂灰衣红胎陶，器形完整，器边经粗磨，器表有间隔细斜绳纹。椭圆形长径12、窄径7.1、厚0.6厘米（图一一三：1；图版一四四，6）。

标本 M1：416-1-2，两件大小形制相同，均出自主棺椁南侧殉葬人脚部，为夹砂灰衣红胎陶，器形完整，器边经粗磨，器表有简单的细斜绳纹。椭圆形长径11.3、窄径6.9、厚0.5厘米（图一一三，1、2；图版一四四，7）。

陶珠 1件

标本 M1：365-2，该陶珠出自主棺椁东侧第一个殉葬人脚部，其形状完整珠形，中间有孔或为陶纺轮。陶珠为泥质黑陶，表面磨光，陶质硬结。形制圆形，腹部呈菱形，通体饰有细弦纹。高1.7、直径2.1厘米（图一一三，3；图版一四四，5）。

蚌埠双墩春秋一号墓出土的陶器数量在整个随葬器物中比例不大，但却是该墓葬中非常重要的随葬品，占有独特的地位。特别是放置在器物厢中间部位而又占据近二分之一空间的彩绘陶器，将重要的青铜礼乐器搁置一边，说明这批彩绘陶器不仅是死者生前的实用器，还是象征性器物，又是死者的随葬品，其具有非常典型的个性特征和陶礼器的意义。该墓葬中随葬的几何印纹陶器反映了典型的东吴文化特征，可能来源于文化交流。

该墓葬随葬的这批彩陶器、陶器揭示了春秋时期淮河中游地区制陶产业发展水平和工艺技术特征，为研究提供了重要实物资料，具有重要的学术和历史价值。元代吴澄写有《赠陶人郑氏序》云："古者四民各世其业，故工有世工而子孙以之。为氏者有虞氏尚陶。其后阏父为周陶正，周赖其利器用，而阏父之子得封于陈。今东昌郑氏以善陶名，数百里间凡民之用器、官之礼器咸资焉。其功岂让于阏父也。"这段话揭示陶器在古代社会的功用。

陶用作礼器在《礼记》上有记载，《礼记·郊特牲》云："器用陶匏以象天地之性也。"汉代学者

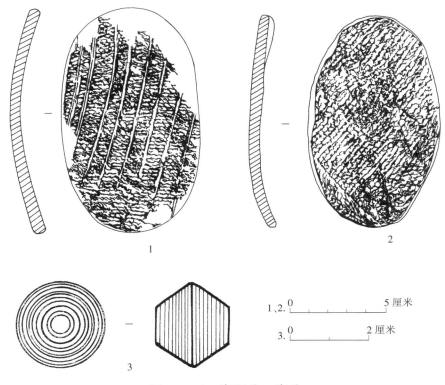

图一一三　陶砺片、陶珠

1～2. 陶砺片（M1：416 - 1、416 - 2）　　3. 陶珠（M1：365 - 2）

郑玄注云："观天下之物无可以称其德，故先燔柴于坛，后设正祭于地。器用陶尊匏爵而已"。宋人聂从义《三礼图》解释说："陶匏是太古之器，历夏、殷、周随所损益，礼文不坠，以至于今。其间先儒不言有饰，盖陶者资火化而就，匏乃非人功所为，皆贵全素自然，以象天地之性也"。就是说，陶从上古被发明以后，作为礼器的功能一直被延续下来。商周发明了青铜器，也没有废除它的礼仪功能。因为陶器朴素天成的品德象征着天地之性。陶器在当时的重要性大致相当于后期的青铜器。而青铜器是象征着王权等级的重器——"礼器"，只有权贵们才有权作为死后的陪葬物。陶器在长期发展过程中，一直承载着日常用品和祭祀陪葬礼器的双重身份。

第七章 玉、石器

蚌埠双墩一号春秋墓出土玉器13件，其中有12件出自主墓室，为墓主人随身佩戴的装饰品，另有一件玉韘（玉扳指）出自南椁室器物厢中。出土石器14件，其中有12件为石磬，2件为砺石，均出自南椁室器物厢内。

第一节 玉 器

该墓葬出土的13件玉器主要有管状玦3件、牙形玉饰件6件、珠1件、环1件、方形佩1件和玉韘1件。其中管状玦、牙形玉饰件和环等玉器是透闪石型玉料，珠为天河石型玉料，玉韘（玉扳指）为蛇纹石型玉料（图版一四五，1）。

一、玉管状玦

管状玦3件，青玉质，受沁严重，沁色灰白。管状，断面呈环形，侧面有一细长缺口，两端面光平。玦身满饰双线阴刻的蟠螭纹。

M1∶35，长1.8、直径2、内孔直径1.1厘米（图一一四，1；图版一四五，2、3）。

M1∶36，长2.7、直径2、内孔直径1.1厘米（图一一四，2；图版一四五，4、5）。

M1∶43，长1.9、直径2.3、内孔直径1.1厘米（图一一四，3；图版一四六，1、2）。

二、牙形玉饰件

牙形玉饰件6件，青玉质，受沁严重，沁色灰白。曲体龙形，片状，龙首部钻孔为龙眼，端头边刻细"V"字形示吻部，龙体有细密的斜直线纹，双面素面，边缘残。

M1∶37，长6.4、宽1.8、厚0.2厘米（图一一五，3；图版一四六，3）。

M1∶41，长6.3、宽1.8、厚0.2厘米（图一一五，2；图版一四六，4）。

M1∶42，长4.3、宽1.2、厚0.2厘米（图一一五，5；图版一四六，5）。

M1∶44，长3、宽0.8、厚0.2厘米（图一一五，6；图版一四六，6）。

M1∶45，长4.9、宽1.4、厚0.2厘米（图一一五，4；图版一四六，7）。

M1∶46，长8.9、腰宽2.4、厚0.2厘米（图一一五，1；图版一四六，8）。

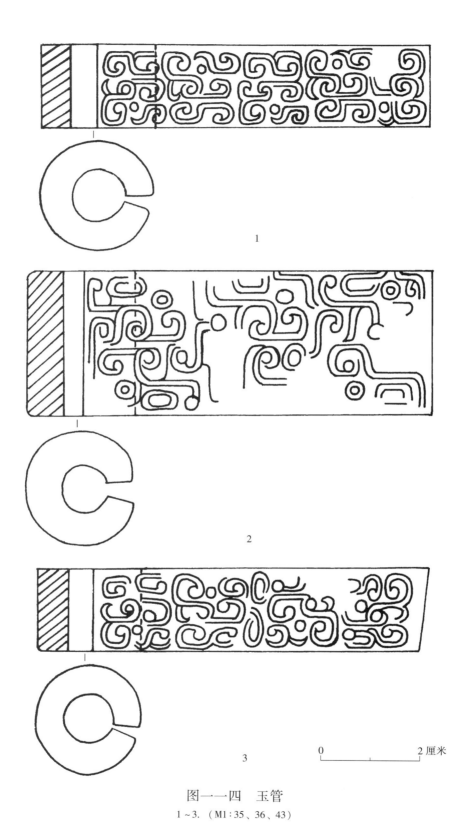

图一一四　玉管

1～3.（M1∶35、36、43）

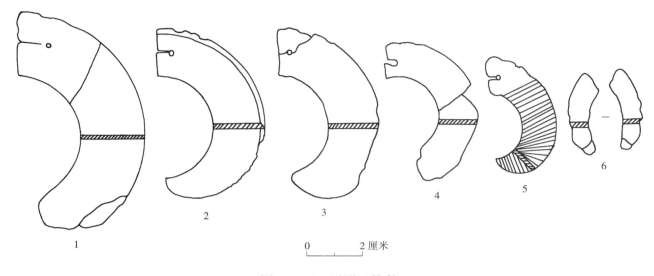

图一一五　牙形玉饰件

1~6.（M1:46、41、37、45、42、44）

三、玉　珠

玉珠1件。M1:38，玉质，青绿色，椭圆形，内有孔，中间有裂纹。长1.6厘米，腹部直径1厘米，两头直径0.7厘米，内孔两头的直径分别为0.5、0.3厘米（图一一六，1；图版一四七，1、2）。

四、玉　环

玉环1件。M1:39，青玉质，受沁严重，沁色灰白。扁平圆环形，环体中间厚，两边薄，周身雕琢细密的斜向绞丝纹，绞丝线条两边应承，内外延伸，转曲迂回，绵延不绝。外径4.2、内径2、厚0.5厘米（图一一六，2；图版一四七，3、4）。

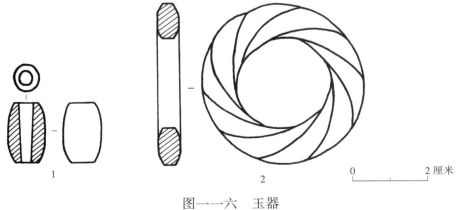

图一一六　玉器

1. 玉珠（M1:38）　2. 玉环（M1:39）

五、方形玉佩

方形玉佩1件。M1∶40，青玉质，有绺，受沁严重，沁色灰白。略呈方形，片状。四角各有一个钻孔，单面通钻，中间有两个较大些的圆形钻孔。单面雕饰，正面双阴线雕刻蟠螭纹，纹饰细密。背面平素，有直线切痕。底长6.5、高4.9、厚0.3厘米（图一一七，1；图版一四七，5）。

六、玉　韘（玉扳指）

玉韘（玉扳指）1件。M1∶375，青玉质，有黑色斑点，半透明，有绺，有灰白色沁。圆筒状，下端平齐，中间圆孔；上部呈斜面椭圆漏斗形孔；尾部中间隆起，两面斜直下行。周壁变化多样，为三

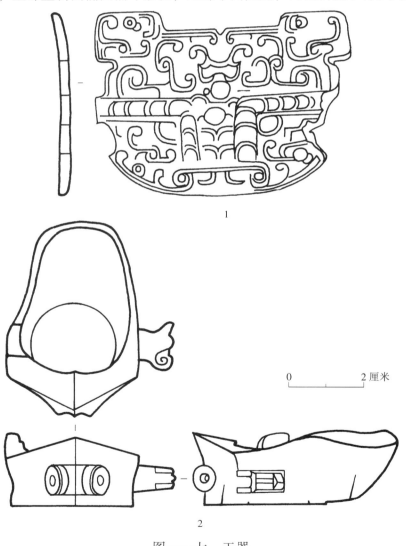

0 —— 2 厘米

图一一七　玉器
1. 玉佩（M1∶40）玉扳指（M1∶375）

首形附饰，前部园肥斜向显著突出呈猪拱嘴形状，与一侧似猪耳朵的长椭圆形线刻构成一个猪头形；一侧壁高调立体附耳为羊首形，其弯曲的绵羊角与羊嘴等头部形象生动而逼真；后侧为一鹰首形，其顶侧双眼圆睁，长长的鹰嘴凸显，是一件难得的玉雕艺术品。长5、宽4.3、高1.9厘米。外径3.2厘米，圆内径2.3厘米（图一一七，2；图版一四八，1~6）。

第二节　石　器

蚌埠双墩一号春秋墓出土石器14件，器物主要以礼乐器石磬为主，有石磬12件，砺石2件。其中石磬制作工艺讲究，线条流畅，均为少见的龙首动物造型，形制比较精美。制作这批石器的石料均为寒武岩。

一、石　磬

石磬12件。均出自南椁室器物厢西部呈南北向排列，有相互叠压现象。出土时石磬由于受压和埋藏地下年代久远多有不同程度的残断和腐蚀，有的保存尚好，表面平整光滑，轮廓线条近乎完美，股孔形态规则，大多为母线与磬面垂直的圆柱形，从股孔位置看，有5件石磬股孔的中心位于股角的平分线上，即股孔居中，其余7件均向鼓端方向偏移（图版一四九，1）。

从出土位置看，12件石磬按大小顺序排列成两组，位于南部的一组共6件，由大到小依次为：

M1:21，完整，体表有轻微腐蚀。长59.2、高21、厚2.6厘米（图一一八，1；图版一四九，2）。

M1:22，残断两截，体表有一定的腐蚀。长53.6、高18.5、厚2.5厘米（图一一八，2；图版一四九，3）。

M1:24，保存基本完整，首部保存较好，尾部腐蚀较重。长45.7、高16、厚2.6厘米（图一一八，3；图版一四九，4）。

M1:23，完整，体表有较重的腐蚀。长35.3、高13.8、厚2.3厘米（图一一八，4；图版一五〇，1）。

M1:15，残段成三截，体表有较重的腐蚀。长31.3、高11.8、厚2.2厘米（图一一八，5；图版一五〇，2）。

M1:17，残断两截，体表有较重的腐蚀。：28.5、高：11.5、厚2.2厘米（图一一八，6；图版一五〇，3）。

以上6件前三件或后三件相邻者长度差距基本相同。两组之间石磬总体尺寸大小比较，该组石磬尺寸大于下一组。

位于北部的一组也是6件，由大到小依次为：

M1:14，残段成三截，体表有一定的腐蚀。长54.3、高17、厚2.3厘米（图一一九、1；图版一五〇，4）。

M1:25 残段成三截，体表有较严重的腐蚀。长50、高18.2、厚2.5厘米（图一一九，2；图

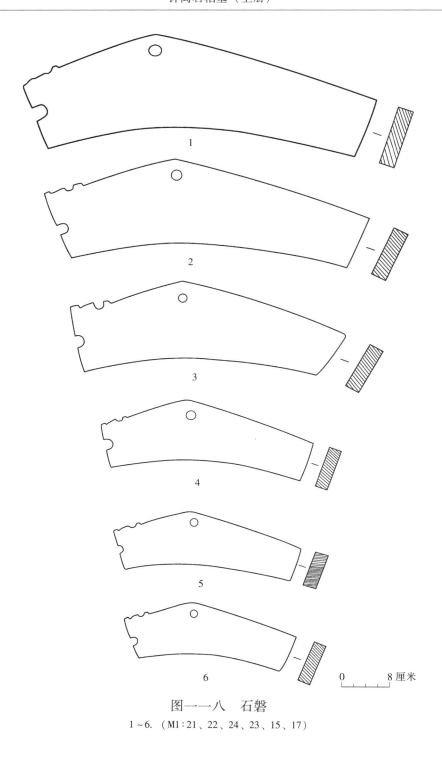

图一一八　石磬

1～6.（M1：21、22、24、23、15、17）

版一五一，1）。

　　M1：13，残段成三截，体表有较严重的腐蚀。长43.1、高16.6、厚2.5厘米（图一一九，3；图版一五一，2）。

　　M1：16，残段成三截，体表有较严重的腐蚀。长34.8、高11.6、厚2.4厘米（图一一九，4；图版一五一，4）。

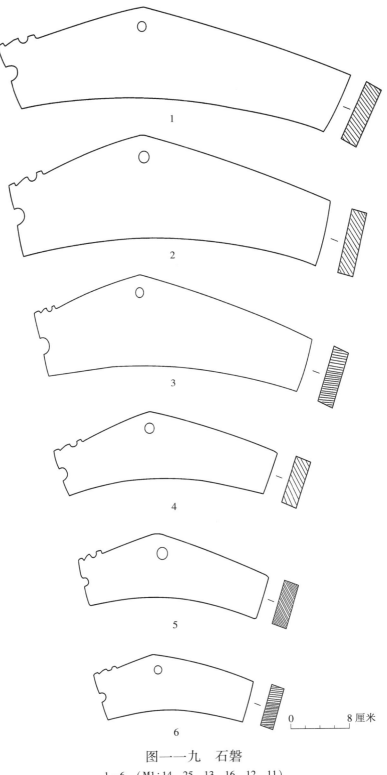

图一一九 石磬

1~6. (M1：14、25、13、16、12、11)

M1：12，残段成二截，体表有较严重的腐蚀。长 28.7、高 11.4、厚 2.4 厘米（图一一九，5；图版一五一，5）。

M1：11，残段成二截，体表有较重的腐蚀。长 25.3、高 9.5、厚 2 厘米（图一一九，6；图版一五一，3）。

该组石磬总体尺寸小于上一组，长度变化情况与南部的一组基本一致。

该墓葬出土的二组 12 件石磬磬体基本保持躬背弧底长条五边形的整体造型，磬背边缘线或平直或呈极为宽缓的上凸弧形，二者各占一半左右，只有少数石磬的磬背边缘呈明显的上凸弧形。

石磬整体呈龙首动物形状。股端首部的股部端边的中间有一个凹槽，有半数的凹槽呈弧边大口梯形形态，其余的凹槽呈圆弧形形态或"U"字形形态，表示龙口。向着鼓端方向，股背上依次出现三道突起（脊）和三道凹槽，脊槽相间排列。

二、砺　石

砺石 2 件。该墓葬在南椁室的器物厢内出土二件砺石，均为浅灰色石料，呈长方形体。二件砺石上下合成一体，合面有使用痕迹。一件体厚为粗质沙石制作，一件体薄为细质沙石制作。为寒武岩石料，最适合制作磨制工具。

M1：354，完整。长 17.4、宽 3.35 厘米，两端厚度均为 1、3 厘米，中部厚度 1、5 厘米（图版一五一，6）。

M1：355，完整。长 17.4、宽 3.1~3.4l 厘米，两端厚度分别为 1.9 和 2.1 厘米，中部厚度 2.2 厘米（图版一五一，7）。

第八章　漆木器及其他

　　该墓葬随葬的漆木器由于地下保存条件不好而全部腐烂，从清理南椁室器物厢西部和北部存有大量的多层叠压的漆皮看，该墓葬随葬了数量众多的各种漆木器。在漆皮层中夹杂许多镶嵌在漆器上面的金箔装饰件和构件合页以及存放在漆木器中的装饰品。另外，本章还列入该墓葬中出土少数其他类小件器物。

第一节　漆木器

　　该墓葬在南椁室器物厢内随葬大量的漆木器，东西向一字形放置在器物厢内的西、北近边缘部位。由于墓葬所处地下条件不利于保存有机类器物，故随葬的漆木器全部腐烂不存，仅存少数器物腐烂痕迹和厚厚的漆皮层叠压在随葬的青铜器上。从发掘清理的情况看，这些腐烂碳化的漆皮层是由多件漆器叠压腐烂后形成，其器形已经难以辨认。我们虽然采取套箱提取到室内清理，但仍未能将它们层层剥离分开，只粘取了部分碳化粉碎的黑色漆皮。

　　从漆木器仅存少数漆木器腐烂漆皮痕迹看，似有方形、圆形、长方形的漆木器，还存有极少数漆器的竹胎和布胎残片。漆皮残片上可以清楚看到用红、黄、黑三色绘制的精美花纹图案，有的还镶嵌有更加精美的动物形金箔饰件等，说明漆木器制作的精致。漆皮层中还发现有青铜合页，应是漆盒类器物构件。此外还有一些碳化的木炭可能是乐器架、鼓、兵器杆等木器类残存物。

　　标本 M1∶486，漆皮残件，（图版一五二，1）。

　　标本 M1∶487，漆皮残件，（图版一五二，2）。

　　标本 M1∶488，漆皮残件，（图版一五二，3）。

　　标本 M1∶247，为漆器竹胎残片9块，其中一块黑色碳化，竹筋痕迹清楚，长块长12、宽8厘米（图版一五三，1）。

　　标本 M1∶492，为漆器布胎残片。残长2、宽1厘米（图版一五三，2）。

　　标本 M1∶493，为漆器布胎残片。残长3、宽2厘米（图版一五三，3）。

　　标本 M1∶489，漆皮纹饰残片。残长9.2、宽6.5厘米。（图一二〇，1；图版一五四，1）。

　　标本 M1∶489-1，漆皮纹饰残片。残长8.4、宽6.2厘米（图一二〇，2；图版一五四，2）。

　　标本 M1∶490-1，漆皮纹饰残片。残长8.3、6.4厘米（图一二一，1；图版一五五，1）。

　　标本 M1∶490，漆皮纹饰残片。残长7.6、宽6.6厘米（图一二一，2；图版一五五，2）。

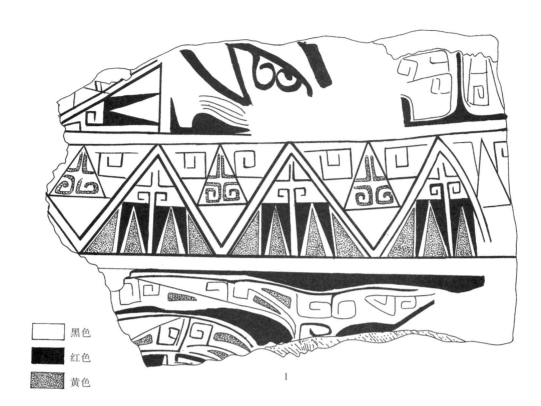

黑色
红色
黄色

1

2

黑色
黄色
红色

0　　　1厘米

图一二〇　残漆皮纹饰
1、2.（M1∶489、489–1）

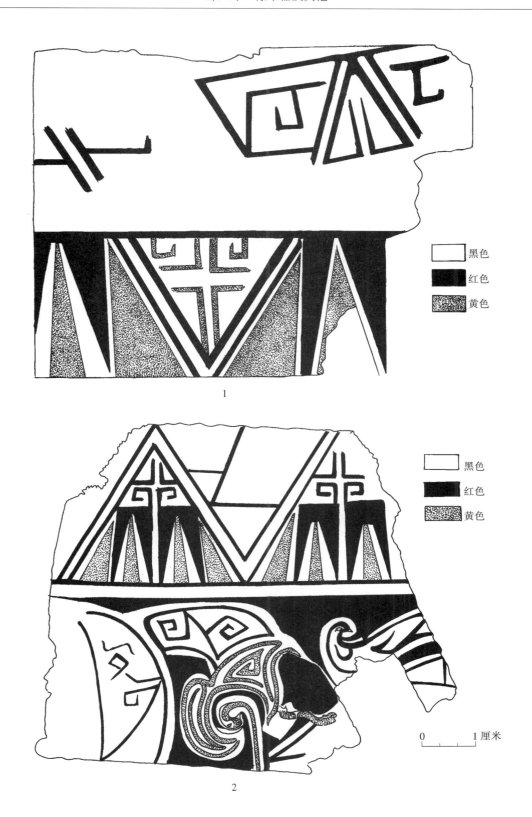

图一二一　残漆皮纹饰

1、2.（M1：490－1、490）

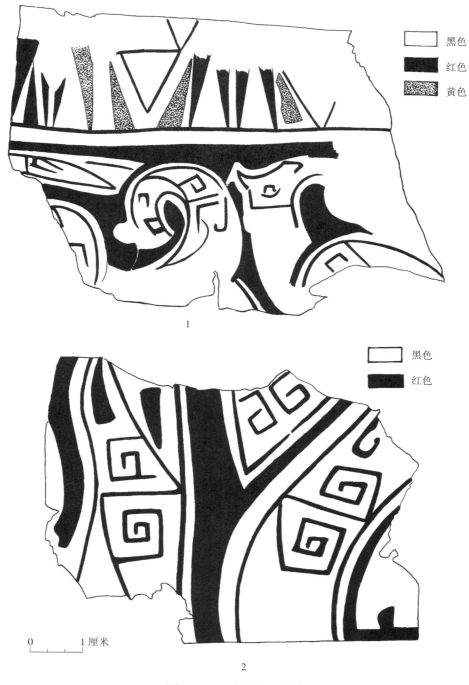

黑色

红色

黄色

1

黑色

红色

0　　　1厘米

2

图一二二　残漆皮纹饰

1、2.（M1：491、491－1）

标本 M1：491，漆皮纹饰残片。残长 7.6，宽 5.8 厘米（图一二二，1；图版一五六，1）。

标本 M1：491－1，漆皮纹饰残片。残长 7.3、宽 5.5 厘米（图一二二，2；图版一五六，2）。

第二节　饰品与饰件

该墓葬出土少量装饰品和一些因器物腐烂后而保存下来的装饰件。装饰品主要有海贝饰、蚌片坠饰和贝壳。装饰件主要是镶嵌在漆木器上的金箔饰件等。这些饰品和饰件多出自腐烂的漆皮层中，也有少数出自殉人棺内。

一、海贝饰

海贝饰134件，多发现在南椁室器物厢内西北角漆木器放置的位置，极少数发现在殉人棺内。海贝和蚌片饰品多数比较集中夹杂在漆皮层中，周边有零星散落的海贝及蚌片坠饰。有少数海贝在殉人的颈部上下位置。从这些海贝的出土位置看，有可能当时被放在漆木器小盒内，它的作用应是装饰品而非货币，应当为穿在绳子上的串饰，是墓葬主人的装饰品，被存放在漆木盒子里。殉人棺内的海贝串饰应是殉人戴在颈部的项链。位于殉人棺内的海贝均未采集，与殉人骨架一起加固包装留存。

海贝出土时多腐蚀较重，上手时极易破碎，有一些在起取过程中已经破碎，尚有一部分保存比较完整。

标本 M1：429 – 1 ~ 33 出自南椁室器物厢内33件（图一二三，1 ~ 33；图版一五七，1 ~ 33）。逐一介绍如下：

标本 M1，429 – 1，长 2.1、宽 1.4 厘米（图一二三，1；图版一五七，1）。

标本 M1，429 – 2，长 2、宽 1.6 厘米（一二三，2；图版一五七，2）。

标本 M1，429 – 3，长 1.9、宽 1.4 厘米（图一二三，3；图版一五七，3 ）。

标本 M1，429 – 4，长 2.2、宽 1.2 厘米（图一二三，4 ；图版一五七，4）。

标本 M1，429 – 5，长 2.1、宽 1.4 厘米（图一二三，5；图版一五七，5）。

标本 M1，429 – 6，长 2.1、宽 1.5 厘米（图一二三，6；图版一五七，6 ）。

标本 M1，429 – 7，长 2.2、宽 1.5 厘米（图一二三，7 ；图版一五七，7）。

标本 M1，429 – 8，长 2.1、宽 1.6 厘米（图一二三，8 ；图版一五七，8 ）。

标本 M1，429 – 9，长 1.9、宽 1.5 厘米（图一二三，9 ；图版一五七，9）。

标本 M1，429 – 10，长 2、宽 1.5 厘米（图一二三，10 ；图版一五七，10）。

标本 M1，429 – 11，长 2.2、宽 1.5 厘米（图一二三，11；图版一五七，11 ）。

标本 M1，429 – 12，长 2、宽 1.5 厘米（图一二三，12；图版一五七，12 ）。

标本 M1，429 – 13，长 2.1、宽 1.5 厘米（图一二三，13 ；图版一五七，13）。

标本 M1，429 – 14，长 2、宽 1.5 厘米（图一二三，14 ；图版一五七，14）。

标本 M1，429 – 15，长 1.9、宽 1.3 厘米（图一二三，15；图版一五七，15 ）。

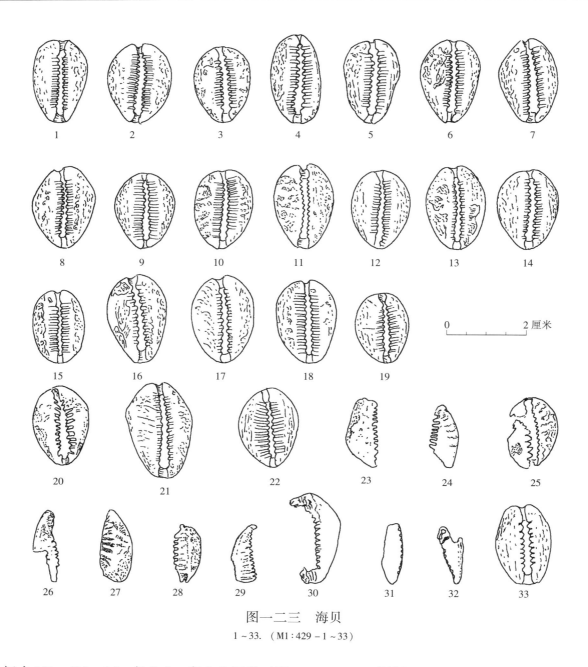

图一二三　海贝

1~33.（M1：429－1~33）

标本 M1，429－16，长 2.2、宽 1.5 厘米（图一二三，16；图版一五七，16 ）。

标本 M1，429－17，长 2.2、宽 1.6 厘米（图 一二三，17；图版一五七，17）。

标本 M1，429－18，长 2.1、宽 1.5 厘米（图一二三，18；图版一五七，18 ）。

标本 M1，429－19，长 1.8、宽 1.3 厘米（图一二三，19；图版一五七，19）。

标本 M1，429－20，长 2、宽 1.4，厘米（图一二三，20；图版一五七，20）。

标本 M1，429－21，长 2.5、宽 1.7 厘米（图一二三，21；图版一五七，21）。

标本 M1，429－22，长 2、宽 1.5 厘米（图一二三，22；图版一五七，22 ）。

标本 M1，429－23，残长 1.8、残宽 0.6 厘米（图一二三，23；图版一五七，23 ）。

标本 M1，429 - 24，残长 1.6、残宽 0.7 厘米（图一二三，24；图版一五七，24 ）。

标本 M1，429 - 25，长 1.8、宽 1.2 厘米（图一二三，25；图版一五七，25）。

标本 M1，429 - 26，残长 1.9、残宽 0.6 厘米（图一二三，26；图版一五七，26）。

标本 M1，429 - 27，残长 1.9、残宽 0.8 厘米（图一二三，27；图版一五七，27）。

标本 M1，429 - 28，残长 1.5、残宽 0.7 厘米（图一二三，28；图版一五七，28 ）。

标本 M1，429 - 29，残长 1.5、残宽 0.5 厘米（图一二三，29；图版一五七，29 ）。

标本 M1，429 - 30，长 2.3、残宽 1.7 厘米（图一二三，30；图版一五七，30）。

标本 M1，429 - 31，残长 1.5、残宽 0.5 厘米（图一二三，31；图版一五七，31 ）。

标本 M1，429 - 32，残长 1.5、残宽 0.5 厘米（图一二三，32；图版一五七，32）。

标本 M1，429 - 33，长 2、宽 1.4 厘米（图一二三，33 ；图版一五七，33）。

标本 M1：457 - 1～38，出自南郭室器物厢内 38 件（图一二四，1～38；图版一五七，34～71）。

逐一介绍如下：

M1：457 - 1，长 2.2、宽 1.8 厘米（图一二四，1；图版一五七，34）。

M1：457 - 2，长 2.3、宽 1.7 厘米（图一二四，2 ；图版一五七，35）。

M1：457 - 3，长 2.2、宽 1.5 厘米（图一二四，3；图版一五七，36）。

M1：457 - 4，长 2.3、宽 1.3 厘米（图一二四，4；图版一五七，37）。

M1：457 - 5，长 1.5、宽 1.3 厘米（图一二四，5；图版一五七，38）。

M1：457 - 6，长 2.2、宽 1.6 厘米（图一二四，6；图版一五七，39）。

M1：457 - 7，长 2.5、宽 1.7 厘米（图一二四，7；图版一五七，40 ）。

M1：457 - 8，长 2.3、宽 1.7 厘米（图一二四，8；图版一五七，41）。

M1：457 - 9，长 1.8、宽 1.6 厘米（图一二四，9；图版一五七，42 ）。

M1：457 - 10，长 1.7、宽 1.25 厘米（图一二四，10；图版一五七，43）。

M1：457 - 11，长 2.2、宽 1.6 厘米（图一二四，11；图版一五七，44 ）。

M1：457 - 12，长 2.2、宽 1.5 厘米（图一二四，12；图版一五七，45 ）。

M1：457 - 13，长 2.2、残宽 0.6 厘米（图一二四，13；图版一五七，46 ）。

M1：457 - 14，长 2.3、残宽 0.6 厘米（图一二四，14；图版一五七，47 ）。

M1：457 - 15，长 2.4、残宽 1 厘米（图一二四：15，图版一五七，48 ）。

M1：457 - 16，长 2.3、残宽 0.6 厘米（图一二四，16；图版一五七，49 ）。

M1：457 - 17，长 2.1、残宽 1 厘米（图一二四：17，图版一五七，50 ）。

M1：457 - 18，长 2.1、残宽 0.7 厘米（图一二四，18；图版一五七，51）。

M1：457 - 19，长 1.5、宽 1.2 厘米（图一二四，19；图版一五七，52）。

M1：457 - 20，长 2.2、宽 1.7 厘米（图一二四，20；图版一五七，53）。

M1：457 - 21，长 2.5、宽 1.9 厘米（图一二四，21；图版一五七，54 ）。

M1：457 - 22，长 1.9、残宽 1 厘米（图一二四，22；图版一五七，55 ）。

M1：457 - 23，长 1.9、残宽 0.7 厘米（图一二四，23；图版一五七，56 ）。

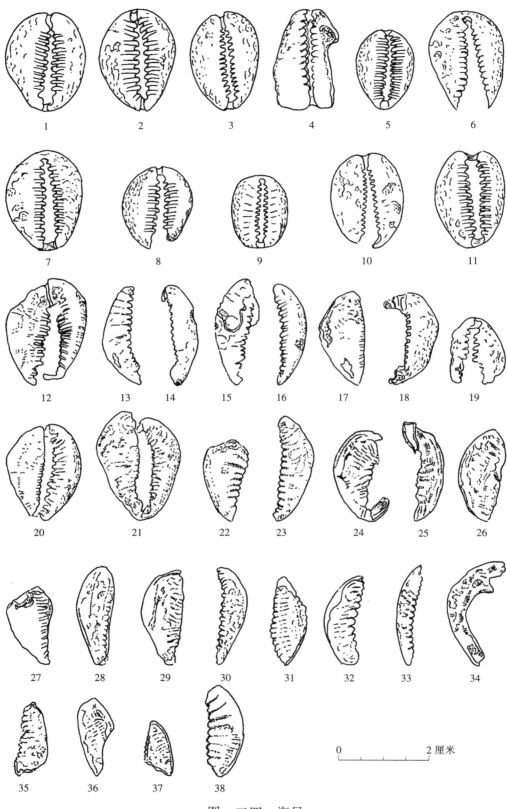

图一二四　海贝

1～38.（M1:457－1～38）

M1：457－24，长2.1、残宽0.9厘米（图一二四，24；图版一五七，57）。

M1：457－25，长2.2、残宽0.6厘米（图一二四，25；图版一五七，58）。

M1：457－26，长2.1、残宽0.9厘米（图一二四，26；图版一五七，59）。

M1：457－27，长1.8、残宽1厘米（图一二四，27；图版一五七，60）。

M1：457－28，长2.2、残宽0.6厘米（图一二四，28；图版一五七，61）。

M1：457－29，长2.2、残宽0.9厘米（图一二四，29；图版一五七，62）。

M1：457－30，长2.2、残宽0.6厘米（图一二四，30；图版一五七，63）。

M1：457－31，长2、残宽0.8厘米（图一二四，31；图版一五七，64）。

M1：457－32，长2、残宽0.7厘米（图一二四，32；图版一五七，65）。

M1：457－33，长2.3、残宽0.3厘米（图一二四，33；图版一五七，66）。

M1：457－34，长2.4、残宽0.6厘米（图一二四，34；图版一五七，67）。

M1：457－35，长1.6、残宽0.7厘米（图一二四，35；图版一五七，68）。

M1：457－36，长1.8、残宽0.7厘米（图一二四，36；图版一五七，69）。

M1：457－37，长1.2、残宽0.6厘米（图一二四，37；图版一五七，70）。

M1：457－38，长2、残宽0.6厘米（图一二四，38；图版一五七，71）。

标本 M1：458－1~61，出自南椁室器物厢61件（图一二五，1~61；图版一五八，1~61）。逐一介绍如下：

标本 M1：458－1，长2、宽1.45厘米（图一二五，1；图版一五八，1）。

M1：458－2，长2.2、宽1.6厘米（图一二五，2；图版一五八，2）。

M1：458－3，长2.1、宽1.65厘米（图一二五，3；图版一五八，3）。

M1：458－4，长2.1、宽1.7厘米（图一二五，4；图版一五八，4）。

M1：458－5，长2.2、宽1.5厘米（图一二五，5；图版一五八，5）。

M1：458－6，长1.3、宽1.5厘米（图一二五，6；图版一五八，6）。

M1：458－7，长1.6、宽1.4厘米（图一二五，7；图版一五八，7）。

M1：458－8，长1.7、宽1.65厘米（图一二五，8；图版一五八，8）。

M1：458－9，长1.65、宽1.2厘米（图一二五，9；图版一五八，9）。

M1：458－10，长1.9、宽1.4厘米（图一二五，10；图版一五八，10）。

M1：458－11，长1.5、宽1.2厘米（图一二五，11；图版一五八，11）。

M1：458－12，长1.6、宽1.15厘米（图一二五，12；图版一五八，12）。

M1：458－13，长1.6、宽1.15厘米（图一二五，13；图版一五八，13）。

M1：458－14，长1.4、宽1厘米（图一二五，14；图版一五八，14）。

M1：458－15，长1.7、残宽0.7厘米（图一二五，15；图版一五八，15）。

M1：458－16，长1.9、残宽0.7厘米（图一二五，16；图版一五八，16）。

M1：458－17，长1.9、残宽1厘米（图一二五，17；图版一五八，17）。

M1：458－18，长2.1、残宽0.8厘米（图一二五，18；图版一五八，18）。

M1：458－19，长2.1、残宽0.8厘米（图一二五，19；图版一五八，19）。

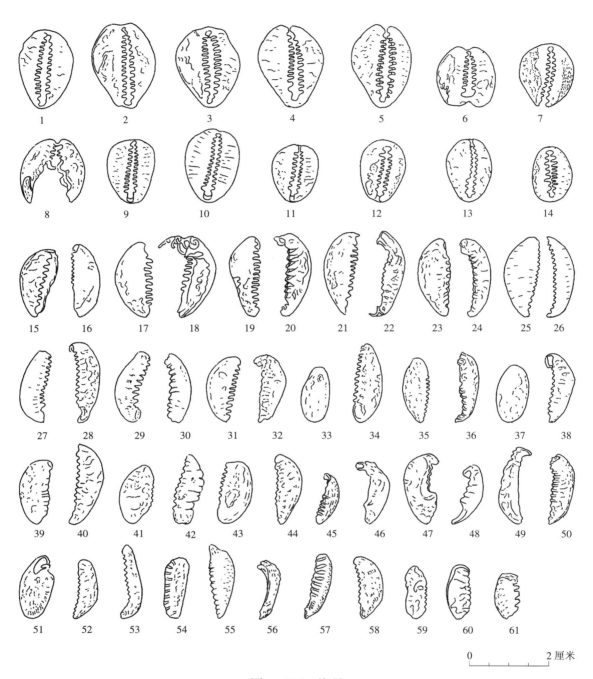

图一二五　海贝
1～61.（M1：458－27～61）

M1：458－20，长 2.15、残 0.65 宽，厘米（图一二五，20；图版一五八，20）。

M1：458－21，长 2.15、残宽 0.85 厘米（图一二五，21；图版一五八，21）。

M1：458－22，长 2.2、残宽 0.55 厘米（图一二五，22；图版一五八，22）。

M1：458－23，长 2、宽 0.85 厘米（图一二五，23；图版一五八，23）。

M1：458－24，长 2、残宽 0.45 厘米（图一二五，24；图版一五八，24）。

M1：458－25，长2.1、残宽0.9厘米（图一二五，25；图版一五八，25）。

M1：458－26，长2.1、残宽0.5厘米（图一二五，26；图版一五八，26）。

M1：458－27，残长1.9、残宽0.6，厘米（图一二五，27；图版一五八，27）。

M1：458－28，长2.1、残宽0.6，厘米（图一二五，28；图版一五八，28）。

M1：458－29，残长1.85、残宽0.65，厘米（图一二五，29；图版一五八，29）。

M1：458－30，残长1.8、残宽0.55，厘米（图一二五，30；图版一五八，30）。

M1：458－31，长1.7、残宽0.75，厘米（图一二五，31；图版一五八，31）。

M1：458－32，残长1.75，残宽0.65，厘米（图一二五，32；图版一五八，32）。

M1：458－33，残长1.45、残宽0.7，厘米（图一二五，33；图版一五八，33）。

M1：458－34，残长2.1、残宽0.7，厘米（图一二五，34；图版一五八，34）。

M1：458－35，残长1.7、残宽0.7，厘米（图一二五，35；图版一五八，35）。

M1：458－36，残长1.8、残宽0.5，厘米（图一二五，36；图版一五八，36）。

M1：458－37，残长1.5、残宽0.8，厘米（图一二五，37；图版一五八，37）。

M1：458－38，残长1.8、残宽0.6，厘米（图一二五，38；图版一五八，38）。

M1：458－39，残长1.7、残宽0.75，厘米（图一二五，39；图版一五八，39）。

M1：458－40，残长2.12、残宽0.7，厘米（图一二五，40；图版一五八，40）。

M1：458－41，残长1.5、残宽0.85，厘米（图一二五，41；图版一五八，41）。

M1：458－42，残长1.8、残宽0.7，厘米（图一二五，42；图版一五八，42）。

M1：458－43，残长1.6、残宽0.8，厘米（图一二五，43；图版一五八，43）。

M1：458－44，残长1.85、残宽0.65，厘米（图一二五，44；图版一五八，44）

M1：458－45，残长1.3、残宽0.4，厘米（图一二五，45；图版一五八，45）。

M1：458－46，残长1.65、残宽0.55，厘米（图一二五，46；图版一五八，46）。

M1：458－47，残长1.85、残宽0.5，厘米（图一二五，47；图版一五八，47）。

M1：458－48，残长1.5、残宽0.5，厘米（图一二五，48；图版一五八，48）。

M1：458－49，残长2、残宽0.5，厘米（图一二五，49；图版一五八，49）。

M1：458－50，残长1.85、残宽0.55，厘米（图一二五，50；图版一五八，50）。

M1：458－51，残长1.65、残宽0.9，厘米（图一二五，51；图版一五八，51）。

M1：458－52，残长1.55、残宽0.5，厘米（图一二五，52；图版一五八，52）。

M1：458－53，残长1.9、残宽0.4，厘米（图一二五，53；图版一五八，53）。

M1：458－54，残长1.6、残宽0.6，厘米（图一二五，54；图版一五八，54）。

M1：458－55，残长1.9、残宽0.65，厘米（图一二五，55；图版一五八，55）。

M1：458－56，残长1.5、残宽0.3，厘米（图一二五，56；图版一五八，56）。

M1：458－57，残长1.7、残宽0.5厘米（图一二五，57；图版一五八，57）。

M1：458－58，残长1.6、残宽0.6厘米（图一二五，58；图版一五八，58）。

M1：458－59，残长1.4、残宽0.5厘米（图一二五，59；图版一五八，59）。

M1：458－60，残长1.4、残宽0.65厘米（图一二五，60；图版一五八，60）。

M1：458－61，残长 1. 15、残宽 0. 65 厘米（图一二五，61；图版一五八，61）。

二、蚌片坠饰

蚌片坠饰 8 件，均出自南椁室器物箱内西北角，与海贝同出在器物箱西北角位置。蚌片坠饰比较集中，也有散落在其周围，保存不好多破碎，仅有少数几件比较完整（图版一五九，1～8）。从出土的位置和比较集中的情况看，这些蚌片坠饰应是一种系在绳子上的串饰，是墓主人的项链式饰件，被放在在漆器盒子里随葬的。蚌片坠饰为圆角梯形状，上窄下宽，其形制大小基本相同，上端顶部中间有一穿孔，穿孔为对钻式。

标本 M1：494，比较完整，腐蚀较重，顶部和下角有残缺。长 3. 45、上宽 1、下宽 2. 7、厚 1 厘米（图一二六，1；图版一五九，1）。

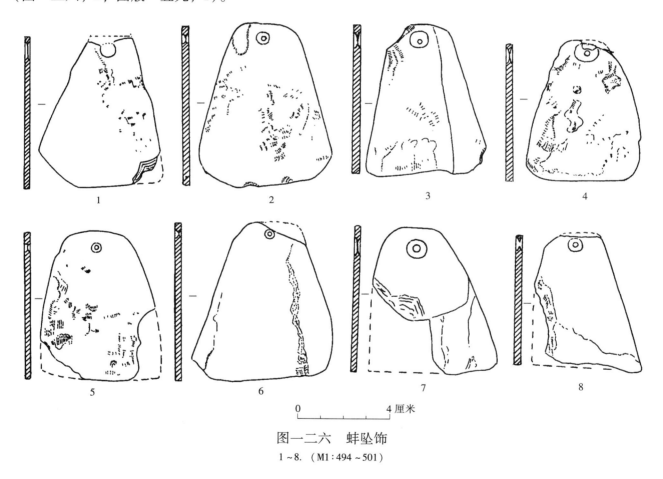

0　　　　　　　4 厘米

图一二六　蚌坠饰
1～8.（M1：494～501）

标本 M1：495，比较完整，腐蚀较重，稍有残缺，长 3. 6、上宽 1. 2、下宽 2. 4、厚 1. 5 厘米（图一二六，2；图版一五九，2）。

标本 M1：496，比较完整，腐蚀较重，肩部和下角有残缺，长 3. 3、上宽 1. 2、下宽 2. 7、厚 1. 5厘米。（图一二六，3；图版一五九，3）。

标本 M1:497，比较完整，腐蚀较重，肩部有残缺，长 3.1、上宽 1.1、下宽 2.5、厚 1.5 厘米（图一二六，4；图版一五九，4）。

标本 M1:498，比较完整，腐蚀较重，下部两角有残缺，长 3.3、上宽 1.3、下残宽 2.6、厚 1 厘米（图一二六，5；图版一五九，5）。

标本 M1:499，比较完整，腐蚀较重，肩部和下角有残缺，长 3.5、上宽 1.4、下宽 3、厚 1 厘米（图一二六，6；图版一五九，6）。

标本 M1:500，比较完整，腐蚀较重，下部多残缺。长 1.5、上宽 1、下宽 2.8、厚 1 厘米（图一二六，7；图版一五九，7）。

标本 M1:501，比较完整，腐蚀较重，下部一角多残缺。长 1.5、上宽 1.3、下宽 2.4、厚 1.5 厘米（图一二六，8；图版一五九，8）。

标本 M1:502，均腐蚀严重，为破碎残件 15 块。（图版一五九，2）。

三、蚌壳饰

蚌壳饰 2 件，两件贝壳出土于南殉葬人脚部，出土时腐蚀较重，触之掉粉，一件较完整，一件残破。个体较小，类似于一种近现代装蛤蜊油护肤品用的贝壳。两件贝壳有大小之分，可能是饰件或玩件或是一种盛装护肤品用的妆盒（图版一六〇，1）。

标本 M1:460，近圆形小圆顶，大弧形口部，完整的一件长 6.6、宽 6.9 厘米（图一二七，1；图版一六〇，2）。

标本 M1:417，圆顶，弧口。长 3.8、宽 4.4 厘米（图一二七，2；图版一六〇，3）。

四、金箔饰

金箔饰 32 件，均出自南椁室器物箱内，发现位置分布两处，一是在青铜钮钟和彩陶及石磬之间腐烂的漆皮上，二是在器物箱的西北角，漆皮与车马器、兵器、铜豆叠压。出土时金箔饰件多夹杂在漆皮层中，应是镶嵌在漆器上面的装饰件。金箔均为模压制作而成，面上布满花纹图案，花纹图案主要是变形的龙纹、虎纹等。出土时多有残缺，少数比较完整，其形状有圆形、长方形、动物形等。

金箔饰件本体非常薄，出土时大多金箔内面都留有青铜锈蚀残片，说明这些金箔饰件是被包嵌在青铜片上然后再镶嵌到漆木器上的。

1. 圆形金箔饰　1 件

标本 M1:420，完整，略有裂破，出土时金箔内面残留较多的青铜锈蚀片，即包嵌在青铜片上。这种比较大的圆形金箔饰件比较少见，其制作工艺非常讲究，整个圆面有中间向外围分五层圈铸饰不同的花纹图案，中心为多组圆方形蟠虺纹，内外圈为带状连续纹，内外圈之间为多组蟠虺纹，最外圈为连续三角纹，三角尖向外。直径 14.4 厘米（图一二七，3；图版一六一，1、2）

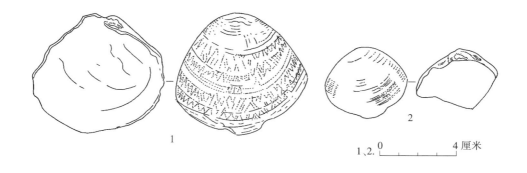

图一二七　蚌壳、圆形金箔饰

1~2. 蚌壳（M1：460、417）　　3. 圆形金箔饰（M1：420）

2. 长方形金箔饰　8件

　　长方形金箔饰件是这次出土比较多的一种漆器装饰件，其形状为圆角梯形和长方形两种。金箔面铸饰精美的花纹图案，一般多为上下两层连续蟠虺纹。

标本 M1：443，圆角长方形，基本完整，有破裂，两侧有残缺。长6.2、宽3.2厘米（图版一六二，1）。

标本 M1：444，圆角梯形长方形，基本完整，有破裂，下边中间部位有残缺。长6.4、宽3.2厘米（图版一六二，2）。

标本 M1：445，圆角梯形长方形，基本完整，有破裂，中间部位有残缺。长6.4、宽3.2厘米（图版一六二，3）。

标本 M1：446，圆角梯形长方形，基本完整，有破裂，中间部位有残缺。长6.3、宽3.1厘米（图版一六二，4）

标本 M1：447，圆角梯形长方形，基本完整，有破裂，下边和右侧部位有残缺。长6.3、宽3.2厘米（图版一六三，1）。

标本 M1：448，圆角梯形长方形，基本完整，有破裂，边的部位有残缺。长6.3、宽3.4厘米（图一二八，1；图版一六三，2）。

标本 M1：449，圆角横条形长方形，基本完整，有破裂，两侧边有残缺。长8.5、宽3.4厘米

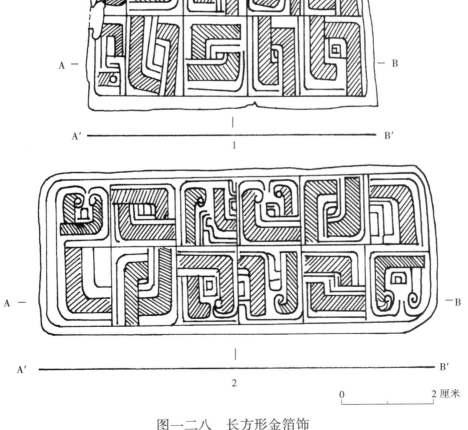

图一二八　长方形金箔饰

1、2.（M1：448、450）

（图版一六三，3）。

标本 M1：450，圆角横条形长方形，基本完整，有破裂，一侧边有残缺。长8.5、宽3.4厘米（图一二八，2；图版一六三，4）。

3. 方形金箔饰　3件

方形金箔饰件较少，多残缺，四个边不在一条直线呈阶梯状矩形边，整体形状不很明确。金箔面铸饰精美的花纹图案，为连续蟠虺纹。

标本 M1：440，似残缺不全，上小下大呈阶梯形矩形，有破裂。长8.7、宽8.5厘米（图版一六四，1）。

标本 M1：441，残缺不全，上小下大呈阶梯形矩形，有破裂。长8.6、宽6.3厘米（图版一六四，2）。

标本 M1：442，残缺不全，残方形，有破裂。长8、宽5.8厘米（图一二九，1；图版一六四，3）。

4. 动物形金箔饰　17件

动物形金箔饰件是出土最多的一种漆器装饰件，其形状似为龙形和虎形两种。龙形金箔饰制作复杂而精美，想象力非常丰富，为二龙相互缠绕昂首向上游动，之间填以云纹呈腾飞状。虎形金箔饰同样精细美观，造型为拖尾卷稍卧姿张口向下呈饿虎扑食状。动物身上满饰各种精美的花纹。

可惜的是这些动物形金箔饰多数破碎残缺，仅有少数几件基本完整，有的只能根据同类饰件相互参照尚能复原其完整形状来。

标本 M1：422，为龙形金箔饰件，保存大部分，首残缺不全，身有破裂残缺。通长16.2、最宽11.2厘米（图一二九，2；图版一六四，4）。

标本 M1：423，为龙形金箔饰件，残缺不全，仅存首与尾部一些破裂残片。残长16.6、最宽8厘米（图版一六五，1）。

标本 M1：424，为龙形金箔饰件，残缺不全，存有一部分破裂残片。通长16.2、最宽8.4厘米（图版一六五，2）。

标本 M1：425，为龙形金箔饰件，尾部残缺不全，存首部和前半身残片。通长11.2、最宽11.1厘米（图版一六五，3）。

标本 M1：426，为龙形金箔饰件，保存基本形体残片。通长15.5、最宽11厘米（图一三〇，1；图版一六六，1）。

标本 M1：431，为龙形金箔饰件，残缺不全，存有一部分破裂残片。通长15.5、最宽10.6厘米（图版一六六，2）。

标本 M1：434，为虎形金箔饰件，保存基本完整，有破裂和小片残缺。通长15、最宽6.5厘米（图版一六六，3）。

标本 M1：435，为虎形金箔饰件，保存基本完整，有破裂和小片残缺。通长15.2、最宽6.8厘米（图版一六七，1）。

标本 M1：436，为虎形金箔饰件，保存基本完整，有破裂和小片残缺。通长15.4、最宽6厘米（图一三〇，2；图版一六七，2）。

标本 M1：437，为虎形金箔饰件，保存基本完整，有破裂和小片残缺。通长15、最宽7厘米（图一三一，1；图版一六七，3）。

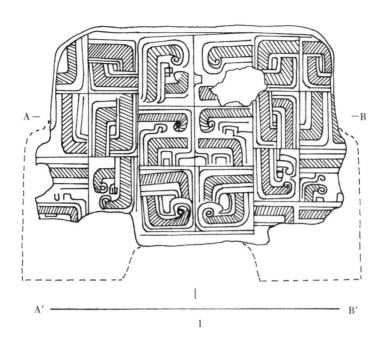

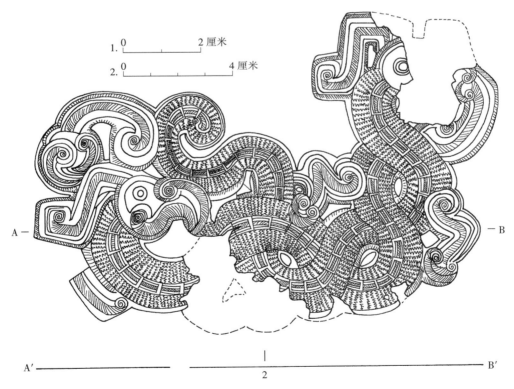

图一二九　金箔饰

1. 长方形金箔饰（M1：442）　　2. 动物形金箔饰（M1：422）

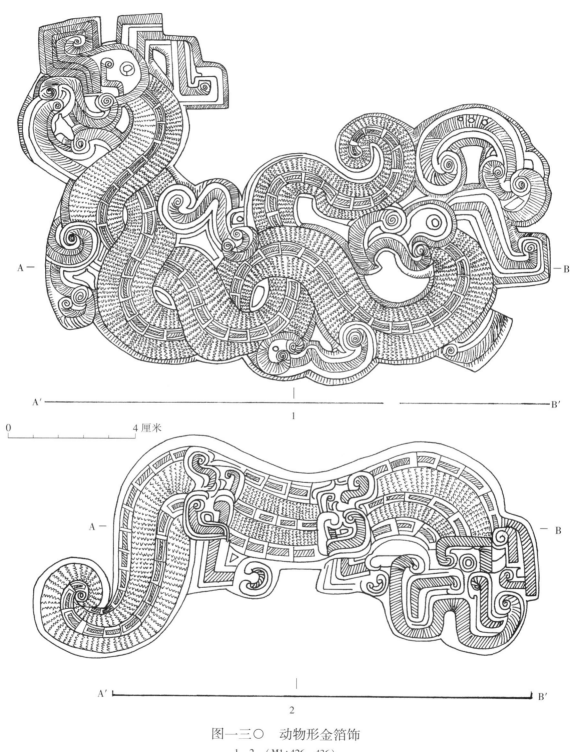

0 _____ 4 厘米

图一三〇　动物形金箔饰

1、2.（M1∶426、436）

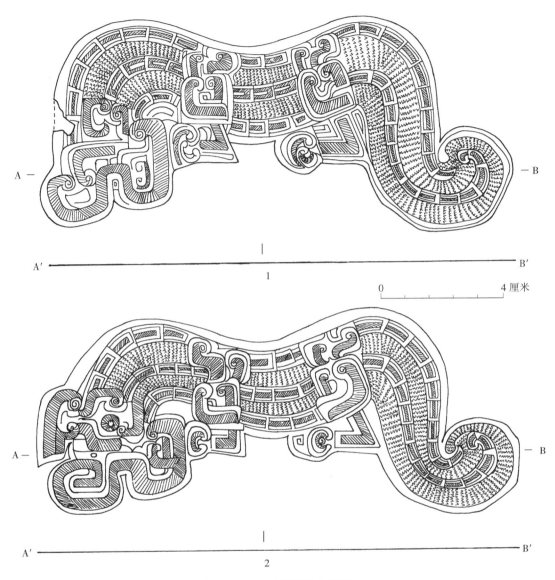

图一三一　动物形金箔饰

1、2.（M1：437、438）

标本 M1：438，为虎形金箔饰件，保存基本完整，有破裂和小片残缺。通长 15.2、最宽 7.4 厘米（图一三一，2；图版一六八，1）。

标本 M1：439，为虎形金箔饰件，尾部残缺不全，仅存残片有破裂。残长 12.6、最宽 6.5 厘米（图版一六八，2）。

标本 M1：451，为龙形金箔饰件，头尾残缺不全，仅存残片有破裂和小片残缺。通长 9、最宽 4 厘米（图版一六八，3）。

标本 M1：452，似为龙形金箔饰件破碎残片。残长 10、残宽 8.7 厘米（图版一六九，1）。

标本 M1：453，似为龙形金箔饰件破碎残片。残长 9、残宽 8.4 厘米（图版一六九，2）。

标本 M1：454，为龙形金箔饰件，破裂残缺不完整。通长 16.5、最宽 8.6 厘米（图版一六九，3）。

标本 M1∶455，为龙形金箔饰件，破裂残缺较多不完整。残长 15.8、最宽 8.4 厘米（图版一六九，4）。

第三节　其他类器物

该墓葬出土的其他类器物不多，主要有骨簪、骨镞、鳄鱼皮及动物牙齿等。

一、骨　簪

骨簪 1 件，出自墓主人棺椁南侧殉人枕部，为束发用具。标本 M1∶378，为动物肢骨制作而成，通体磨光，体长，扁形，尖齿四根，顶端方头。方头正面以针刻花纹，其图案似为一对相背并相卧的鸟，鸟下刻数道弦纹，以及刻划三条平行竖线多组中间间隔"▷◁"纹。刻划细腻，富有美感。通长 23、簪齿宽 1.8、厚 0.4、端头宽 3、厚 0.9 厘米（图一三二；图版一七〇，1）。

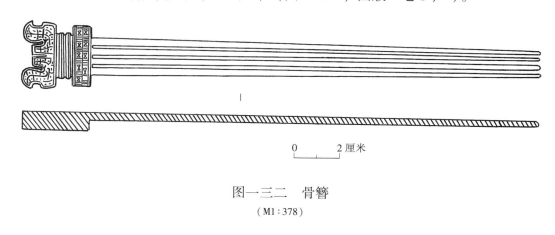

0 ⎽⎽⎽ 2 厘米

图一三二　骨簪
（M1∶378）

二、骨　镞

骨镞 21 件，均出自南椁室器物箱内。圆体无铤，尖头锥形，比较少见，应安装在套杆上使用。

标本 M1∶461，镞杆残件一束（图版一七一，7）。

标本 M1∶462，完整。长 5.5、最大径 0.5 厘米（图一三三，1；图版一七〇，2）。

标本 M1∶463，后部略有残缺。长 5.7、最大径 0.4 厘米（图一三三，2；图版一七〇，3）。

标本 M1∶464，后部略有残缺。长 5.4、最大径 0.4 厘米（图一三三，3；图版一七〇，4）。

标本 M1∶465，尖部略损。长 5、最大径 0.5 厘米（图一三三，4；图版一七〇，5）。

标本 M1∶466，完整。长 5.2、最大径 0.4 厘米（图一三三，5；图版一七〇，6）。

标本 M1∶467，完整。长 5.2、最大径 0.4 厘米（图一三三，6 图版一七〇，7）。

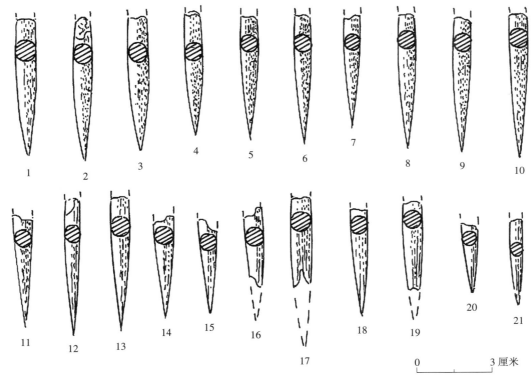

图一三三 骨镞

1～21. 骨镞（M1：462～482）

标本 M1：468，后部残缺。长 4.5、最大径 0.4 厘米（图一三三，7；图版一七〇，8）。

标本 M1：469，完整。长 5.4、最大径 0.4 厘米（图一三三，8；图版一七〇，9）。

标本 M1：470，完整。长 5.5、最大径 0.4 厘米（图一三三，9；图版一七〇，10）。

标本 M1：471，完整。长 5.8、最大径 0.5 厘米（图一三三，10；图版一七〇，11）。

标本 M1：472，后部残缺。长 4.5、最大径 0.5 厘米（图一三三，11；图版一七〇，12）。

标本 M1：473，基本完整，后部稍损。长 5.4、最大径 0.5 厘米（图一三三，12 图版一七〇，13）。

标本 M1：474，完整。长 5.5、最大径 0.4 厘米（图一三三，13；图版一七〇，14）。

标本 M1：475，后部残缺。长 4、最大径 0.5 厘米（图一三三，14；图版一七〇，15）。

标本 M1：476，后部残缺。尖残缺长 3.7、最大径 0.5 厘米（图一三三，15；图版一七〇，16）。

标本 M1：477，尖部和后部均残缺。长 3.7、最大径厘米（图一三三，16；图版一七一，1）。

标本 M1：478，尖部残损。长 3.8、最大径 0.5 厘米（图一三三，17；图版一七一，2）。

标本 M1：479，后部残缺。长 4.1、径 0.4 厘米（图一三三，18；图版一七一，3）。

标本 M1：480，尖部残损。长 3.6、最大径 0.5 厘米（图一三三，19；图版一七一，4）。

标本 M1：481，尖部和后部均残缺。长 2.8、最大径 0.5 厘米（图一三三，20；图版一七一，5）。

标本 M1：482，尖部和后部均残缺。长 3.6、最大径 0.5 厘米（图一三三，21；图版一七一，6）。

三、鳄鱼皮残件

鳄鱼皮残件，出自南椁室器物箱西南部，叠压在石磬上或之间，为凹麻点状腐烂碳化物，成块状，其上有一件青铜鼓环钮。据莅临发掘现场考察专家介绍，是一种蒙在鼓上的鳄鱼皮腐烂物，即鳄鱼皮鼓面腐烂所致。

标本 M1:456，残件，黑色不规则块状，一面平，另一面呈凹麻点状，仅剩残面积 11×10 厘米（图版一七一，8）。

四、动物牙齿

动物牙齿，出自南椁室动物厢内，该墓葬在南椁室南部构建一个专门盛放宰杀的猪牛羊动物食品箱。这里采集几颗不同的动物牙齿。

猪牙三颗，均为残件。标本 M1:483，猪右上犬齿，牙冠较完整，牙根残缺。长 4.5 厘米（图一三四，1；图版一七二，1）。

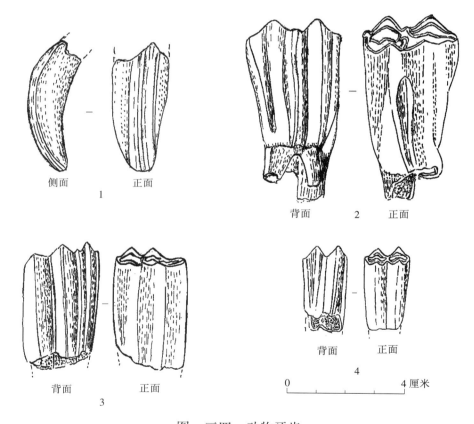

图一三四　动物牙齿

1. 猪右上犬牙（M1:483）　2. 牛左上臼牙（M1:484）　3. 羊右下牙齿（M1:485）
4. 羊右下齿（M1:485-1）

　　牛牙一颗，残件。标本 M1∶484，牛左上犬齿，牙根残缺，牙冠较完整。长6.5 厘米（图一三四，2；图版一七二，2）。

　　羊牙两颗，残件。均是羊右下齿，保留牙冠，牙根残缺。

　　标本 M1∶485，长4.3 厘米（图一三四，3；图版一七二，3）。

　　标本 M1∶485－1，长3 厘米（图一三四，4；图版一七二，3）。

第九章 土 偶

　　该墓葬在墓坑填土两层不同的遗迹中出土大量的泥质文物土偶，其中一部分土偶出自墓坑填土"放射线形"遗迹层下的"土丘与土偶"遗迹层，该遗迹层的土偶似为无规律倾倒或抛扔的形式分布在墓坑0.7至1.4米深的填土层中。另一部分土偶出自填土"土丘与土偶"遗迹层下用土偶垒砌的"土偶墙"遗迹，该遗迹是用土偶在墓坑2米深处的生土二层台内缘垒砌3至4层构筑一圈墓坑内壁墙体，是继墓坑填土无规律分布土偶层之下又一类使用土偶来构筑建筑物遗迹。在上述两层墓坑填土遗迹中共计出土土偶2153件之多，其中填土遗迹层出土土偶编号的有853件，还有相当一部分因破碎未作统计编号处理，其二是出土于土偶墙遗迹土偶编号有1300件，也有少数破碎未统计编号处理。

　　土偶的制作均为手制，泥质。其用泥料系采自墓地周边表土以下的生土，土壤的黏性较差，制作土偶过程中也没有经筛选过目，做工粗糙，说明土偶的制作在形状而不在质量，故对土料和工艺没有过高的要求。这种就地取土也说明制作土偶的作坊就在墓坑的附近，便于一边制作一边运到墓坑构建遗迹。从土偶出土形状看，几乎是每件土偶一个样，设计者似乎只有大体形状的要求而没有尺寸体量的要求。由此，土偶的制作可能受到时间的限制，即制作工期要求时间比较紧，制作人员多并有数量要求，众多制作人员技术水平参差不齐，造成土偶大小形状质量不尽一致或大相径庭。

　　在土偶遗迹层中发现近墓坑边缘有多处土偶包裹在黄沙中堆积在一起的现象，这种现象说明土偶制作出来没有经过晾干处理就被直接包裹在黄沙中运到墓坑来。再从土偶体表十字形索痕和土偶的受压变形情况分析，这些土偶是潮湿的坯就被运来墓坑构建遗迹。土偶制作地点似距离墓坑较近，但仍然需要搬运，出土的土偶外表均留有纠结的十字形或井字形索痕，这种索痕像是一种草茎而不是绳索。搬运时手只能提纠结的索而不能用手直接拿，以免手直接拿会造成土偶体表留下凹坑或变形，然后将土偶放在用黄沙衬垫保护的运输工具内运到墓坑边，似说明土偶的神圣。但是，也发现有一些土偶体表留下了制作或搬运人的手指印窝。

　　土偶泥质文物的创造和在墓坑填土中构建遗迹，这是至今考古从未发现过的文物和遗迹现象。土偶在墓葬中的位置和作用很显然与墓室内的随葬品的功能有着本质的不同，似不构成随葬品的意义而另有他意。就其不同的锥形也是很特殊，既无头足四肢又无脑袋口眼，除推测为该墓葬构筑两种遗迹材料外无任何具体偶像特征，其神奇的面貌和深奥的涵义有待学术界做进一步的探讨解读，这里恕不赘述。

　　土偶的制作主要有圆锥体型和方锥体形两种基本形制，其中以圆锥体形最多，由于土偶非标型产品而体量大小不一致。土偶制作成品时应该是规正的圆锥体和方锥体，由于潮湿未干的土偶在墓坑中受到其上部封土和填土的重大压力，致使受压土偶变形。有的整体向一侧歪斜，有的由椎体变成扁形，有的变成了砣状，还有一部分残缺或破碎。由此，给土偶分类分型带来较大的困难。下面根据土偶出土时的具体形状或形态及残损情况分类介绍如下（图版一七三，一七四）。

第一节　圆形土偶

圆形土偶 981 件。为圆锥形状土偶。该类型土偶的体型特征是圆体柱状锥体，平底尖顶，体表均有明显的十字形草茎索状印痕，顶部均有清晰纠结痕迹。土偶个体大小高矮不一致，一般高由 20 至 30 厘米，底径由 18 至 20 厘米。土偶随葬后受到回填土的强大压力而多有不同程度的变形，保持原来形状的较少，还有一些残缺的土偶。根据其形状的不同又可以分为 A、B、C 三型。

一、圆形 A 型

该型土偶 540 件，为完整的圆形土偶，其圆椎体比较规正，但因受压多有一定程度的变形。该型土偶个体大小不一致，有高矮胖瘦之分。体表均有明显的十字形草茎索状印痕，顶部均有清晰纠结痕迹。

标本 M1：9，出自填土遗迹层，底部变形，制作粗糙有凹窝。高 22、底径 8 ~ 12 厘米。

标本 M1：882，出自填土遗迹层，圆锥体和底部有变形，体表有较深的手指窝。高 24、底径 12 厘米（图一三五，1；图版一七五，1）。

标本 M1：796，出自填土遗迹层，圆锥体稍有残缺修复完整。高 18.8、底径 8 厘米（图版一七五,2）。

标本 M1：1036，出自填土遗迹层，圆锥体稍有变形微向一侧倾斜。高 17.2、底径 8.5 厘米（图一三五，2；图版一七五，3）。

标本 M1：1205，出自填土遗迹层，圆锥体稍有变形微向一侧倾斜。高 19、底径 12.5 厘米（图一三五，3；图版一七五，4）。

标本 M1：392，出自填土遗迹层，圆锥体稍有变形，体残断，经修复完整。高 20、底径 8 ~ 11 厘米（图一三五，4；图版一七五，5）。

标本 M1：1253，出自填土遗迹层。高 18、底径 10 ~ 12 厘米（图一三五，5；图版一七五，6）。

标本 M1：938，出自填土遗迹层，圆锥体稍有变形微向一侧倾斜，残断，经修复完整。高 20、底径 10 厘米（图一三五，6；图版一七五，7）。

标本 M1：804，出自填土遗迹层，圆锥体变形，残断，经修复完整，整体向一侧倾斜。高 18、底径 9.5 ~ 10 厘米（图一三五，7；图版一七五，8）。

标本 M1：365，出自填土遗迹层。高 13.5、底径 7.6 ~ 8.5 厘米（图一三五，8；图版一七六，1）。

标本 M1：947，出自填土遗迹层，圆锥体稍有变形微向一侧倾斜。高 19、底径 9 - 10 厘米（图一三六,1；图版一七六，2）。

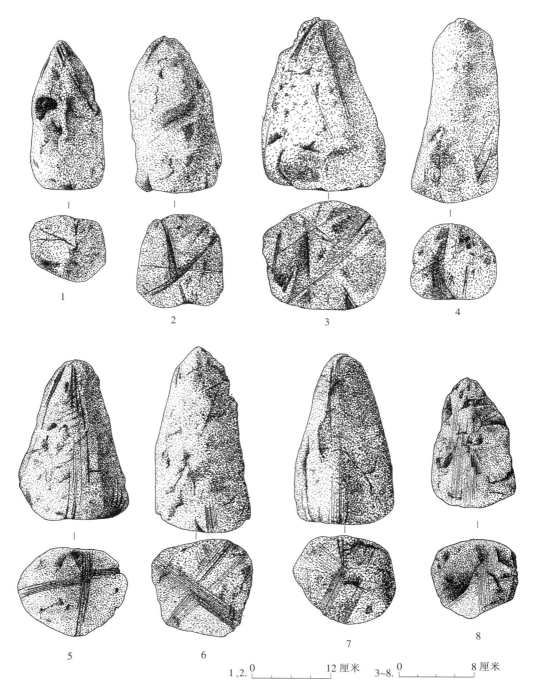

图一三五　圆形 A 型土偶

1~8（M1：882、1036、1205、392、1253、938、804、365）

　　标本 M1：304，出自填土遗迹层，圆形锥体残断修复完整，较规正，体表较平整。高 20、底径 10 厘米（图一三六，2；图版一七六，3）。

　　标本 M1：495，出自填土遗迹层，似受压变形，呈矮圆形锥状体。高 15、底径 11~13 厘米（图一三六，3；图版一七六，4）。

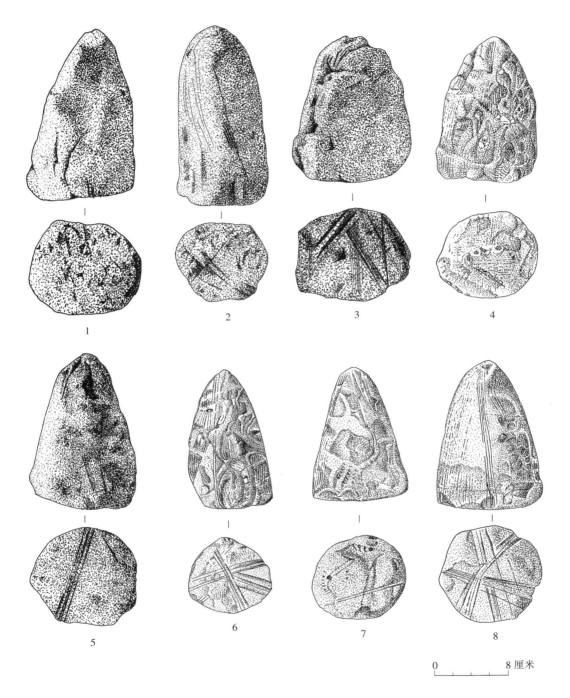

图一三六 圆形 A 型土偶

1~8.（M1:947、304、495、6-9、46、98、23-2、129）

标本 M1:6-9，出自填土遗迹层。高 16、底径 9~10 厘米（图图一三六，4；图版一七六，5）。

标本 M1:B88，出自土偶墙遗迹，圆形锥状体稍有变形，整体微倾斜，高 15、底径 9~10.5 厘米（图版一七六，6）。

标本 M1:46，出自填土遗迹层，圆锥体稍有变形微向一侧倾斜。高 17、底径 11~11.5 厘米（图一三六，5；图版一七六，7）。

标本 M1：B1219，出自土偶墙遗迹，尖残修复。高 15、底径 12～9.5 厘米（图版一七六，8）。

标本 M1：3 - 3，出自填土遗迹层，圆锥体稍有变形微向一侧倾斜。高 18、底径 10～9.5 厘米（图版一七六，9）。

标本 M1：149，出自填土遗迹层，尖残修复。高 14.5、底径 8～10 厘米（图版一七六，10）。

标本 M1：18 - 5，出自填土遗迹层，尖残修复。高 13.8、底径 8～8.8 厘米（图版一七六，11）。

标本 M1：98，出自填土遗迹层。高 15.4、底径 8 厘米（图一三六，6；图版一七六，12）。

标本 M1：B70，出自土偶墙遗迹，圆锥体稍有变形微向一侧倾斜。高 14.5、底径 9～10 厘米（图版一七六，13）。

标本 M1：148，出自填土遗迹层，尖残修复。高 15、底径 8.5～9 厘米（图版一七六，14）。

标本 M1：23 - 2，出自填土遗迹层，底略残修复。高 15、底径 8～10 厘米（图一三六，7；图版一七六，15）。

标本 M1：16 - 37，出自填土遗迹层，底略残修复。高 15.4、底径 9 厘米（图版一七六，16）。

标本 M1：637，出自填土遗迹层。高 18.5、底径 10 厘米（图版一七七，1）。

标本 M1：129，出自填土遗迹层。高 17、底径 12 厘米（图一三六，8；图版一七七，2）。

标本 M1：11 - 9，出自填土遗迹层，圆锥体稍有变形微向一侧倾斜。高 18、底径 9.5～11 厘米（图版一七七，3）。

标本 M1：B892，出自土偶墙遗迹，圆锥体稍有变形微向一侧倾斜。高 18.5、底径 9～10 厘米（图版一七七，4）。

标本 16 - 31，出自填土遗迹层，体与尖略残修复。高 19、底径 10～11 厘米（图一三七，1；图版一七七，5）。

标本 M1：9 - 7，出自填土遗迹层。高 17.5、底径 10.5～11 厘米（图版一七七，6）。

标本 M1：287 - 2，出自填土遗迹层，尖部残端修复。高 17、底径 10～10.4 厘米（图版一七七，7）。

标本 M1：45，出自填土遗迹层。高 15.7、底径 10～12 厘米（图一三七，2；图版一七七，8）。

标本 M1：16 - 46，出自填土遗迹层。高 15、底径 9.5 厘米（图版一七七，9）。

标本 M1：B1326，出自土偶墙遗迹，底部稍残。高 15、底径 9～10.5 厘米（图版一七七，10）。

标本 M1：4 - 20，出自填土遗迹层。高 15、底径 9.5～10 厘米（图版一七七，11）。

标本 M1：7 - 7，出自填土遗迹层。高 15、底径 9～11 厘米（图版一七七，12）。

标本 M1：43，出自填土遗迹层。高 15、底径 10～11.5 厘米（图一三七，3；图版一七七，13）。

标本 M1：B105，出自土偶墙遗迹，圆锥体稍有变形微向一侧倾斜，尖部残端修复。高 15、底径 8～10 厘米（图版一七七，14）。

标本 M1：33 - 1，出自填土遗迹层。高 15.5、底径 9.5 厘米（图一三七，4；图版一七七，15）。

标本 M1：123，出自填土遗迹层，尖部残修复。高 14、底径 10～11 厘米（图版一七七，16）。

标本 M1：8，出自填土遗迹层。高 15、底径 10～11 厘米（图一三七，5；图版一七七，17）。

标本 M1：145，出自填土遗迹层。高 14.5、底径 9.5 厘米（图一三七，6；图版一七七，18）。

标本 M1：B258，出自土偶墙遗迹。高 18、底径 9～12 厘米（图版一七八，1）。

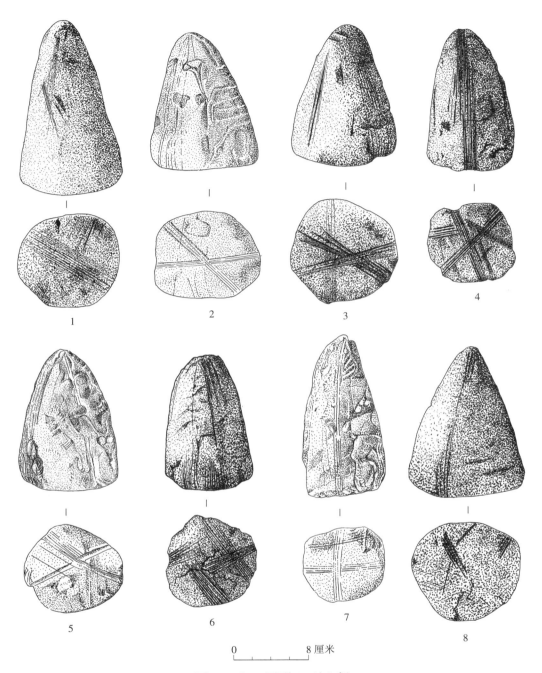

图一三七 圆形 A 型土偶

1~8. 圆形 A 型土偶（M1：16－31、45、43、33－1、8、145、B1116、124）

标本 M1：B1116，出自土偶墙遗迹。高 18、底径 8~8.5 厘米（图图一三七，7；图版一七八，2）。

标本 M1：265，出自填土遗迹层。高 18、底径 9~10 厘米（图版一七八，3）。

标本 M1：124，出自填土遗迹层。高 16、底径 11.5~12.5 厘米（图一三七，8；图版一七八，4）。

标本 M1：6－10，出自填土遗迹层，圆锥体稍有变形微向一侧倾斜。高 17、底径 10 厘米（图版一七八，5）。

　　标本 M1：B1274，出自土偶墙遗迹，圆形锥状底部稍有变形。高 17、底径 10～12 厘米（图一三八，1；图版一七八，6）。

　　标本 M1：B574，出自土偶墙遗迹。高 16.5、底径 9～11 厘米（图一三八，2；图版一七八，7）。

　　标本 M1：42，出自填土遗迹层。高 16、底径 10 厘米（图一三八，3；图版一七八，8）。

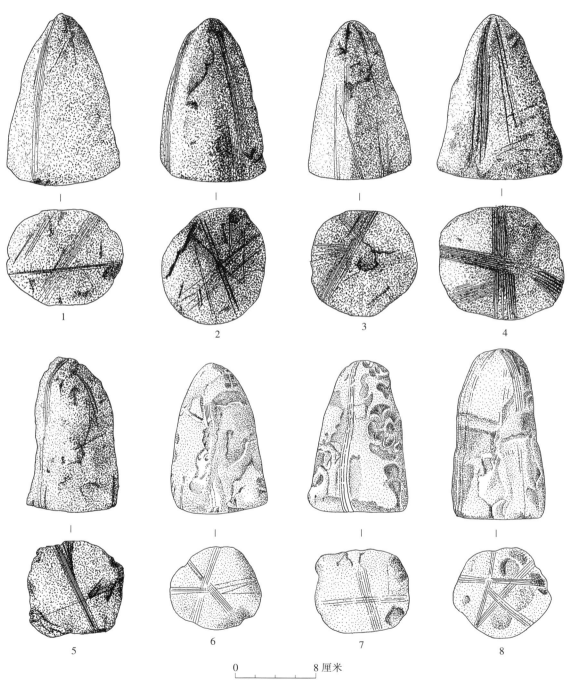

图一三八　圆形 A 型土偶

1～8.（M1：B1274、B574、42、B657、B981、76、7-27、B1067）

标本 M1：B657，出自土偶墙遗迹。高 16.5、底径 11 厘米（图一三八，4；图版一七八，9）。

标本 M1：16-2，出自填土遗迹层，尖部残缺修复。高 17、底径 9 厘米（图版一七八，10）。

标本 M1：B981，出自土偶墙遗迹。高 16.5、底径 9.5 厘米（图一三八，5；图版一七八，11）。

标本 M1：B97，出自土偶墙遗迹，圆锥体稍有变形微向一侧倾斜。高 16、底径 10~11.5 厘米（图版一七八，12）。

标本 M1：7-28，出自填土遗迹层。高 17、底径 9~11 厘米（图版一七八，13）。

标本 M1：76，出自填土遗迹层。高 16、底径 10 厘米（图一三八，6；图版一七八，14）。

标本 M1：7-27，出自填土遗迹层。高 16、底径 9.5-10 厘米（图一三八，7；图版一七八，15）。

标本 M1：B1067，出自土偶墙遗迹，肩部残修复。高 17.5、底径 9~9.5 厘米（图一三八，8；图版一七八，16）。

标本 M1：245，出自填土遗迹层。高 16、底径 10~11 厘米（图版一七八，17）。

标本 M1：946，出自填土遗迹层。高 17.3、底径 11 厘米（图版一七八，18）。

标本 M1：44，出自填土遗迹层，圆锥体稍有变形微向一侧倾斜。底部略残修复，高 18、底径 10-12 厘米（图版一七九，1）。

标本 M1：353，出自填土遗迹层。高 16.3、底径 10~11 厘米（图一三九，1；图版一七九，2）。

标本 M1：B1140，出自土偶墙遗迹。高 16.5、底径 9.5~10.5 厘米（图一三九，2；图版一七九，3）。

标本 M1：23-1，出自填土遗迹层。高 18.5、底径 11~12 厘米（图图一三九，3；图版一七九，4）。

标本 M1：16-13，出自填土遗迹层。高 15.5、底径 11 厘米（图图版一七九，5）。

标本 M1：706，出自填土遗迹层，圆形锥状底部稍有变形。高 17.6、底部呈方形，径 11 厘米（图版一七九，6）。

标本 M1：367，出自填土遗迹层，底部略残修复。高 15、底径 11~11.5 厘米（图版一七九，7）。

标本 M1：8-37，出自填土遗迹层。高 18、底径 10 厘米（图图版一七九，8）。

标本 M1：7-11，出自填土遗迹层，稍有变形。高 17.2、底径 9.5~10 厘米（图一三九，4；图版一七九，9）。

标本 M1：13-13，出自填土遗迹层。高 16.2、底径 10~12.5 厘米（图一三九，5；图版一七九，10）。

标本 M1：B121，出自土偶墙遗迹。高 16.5、底径 11-12 厘米（图一三九，6；图版一七九，11）。

标本 M1：B587，出自土偶墙遗迹，圆锥体稍有变形微向一侧倾斜。高 15.8、底径 11-11.5 厘米（图版一七九，12）。

标本 M1：368，出自填土遗迹层。高 19.3、底径 11.5-14.5 厘米（图版一七九，13）。

标本 M1：168，出自填土遗迹层。高 18.8、底径 11.8-13.5 厘米（图一三九，7；图版一七九，14）。

标本 M1：345，出自填土遗迹层。高 17.4、底径 12.2-14.9 厘米（图版一七九，15）。

标本 M1：14，出自填土遗迹层，稍有变形。高 18.2、底径 9.9-12.2 厘米（图版一七九，16）。

标本 M1：8-23，出自填土遗迹层，稍有变形微倾斜。高 18.5、底径 13-14 厘米（图版一七九，17）。

标本 M1：B86，出自土偶墙遗迹。高 19、底径 11~13 厘米（图版一七九，18）。

标本 M1：B593，出自土偶墙遗迹．高 16.4、底径 10 厘米（图版一八〇，1）。

标本 M1：B607，出自土偶墙遗迹。高 16.1、底径 12.2~12.8 厘米（图版一八〇，2）。

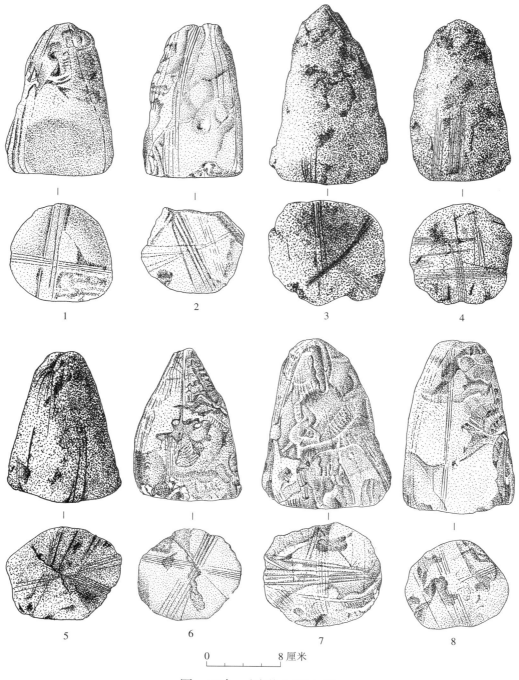

图一三九　圆形 A 型土偶

1～8.（M1：353、B1140、23－1、7－11、13－13、B121、168、10－1）

标本 M1：10－1，出自填土遗迹层，稍有变形。高 19.4、底径 9.8～12 厘米（图一三九，8；图版一八〇，3）。

标本 M1：B589，出自土偶墙遗迹，有变形微倾斜。高 15.3、底径 13.2～13.7 厘米（图版一八〇，4）。

标本 M1：B640，出自土偶墙遗迹，稍有变形微向一侧倾斜。高 19.8、底径 9.7～10.3 厘米（图版一八〇，5）。

标本 M1∶B658，出自土偶墙遗迹，稍有变形微向一侧倾斜。高 17.2、底径 10.8 厘米（图版一八〇,6）。

标本 M1∶181，出自填土遗迹层，稍有变形。高 16.9、底径 9－11.1 厘米（图版一八〇，7）。

标本 M1∶B624，出自土偶墙遗迹，稍有变形微向一侧倾斜。高 17.5、底径 11－12.7 厘米（图版一八〇，8）。

标本 M1∶6－11，出自填土遗迹层，稍有变形。高 19.5、底径 10.4－10.9 厘米（图版一八〇，9）。

标本 M1∶199，出自填土遗迹层。高 17.9、底径 9.8～10.9 厘米（图版一八〇，10）。

标本 M1∶6－6，出自填土遗迹层，稍有变形微倾斜。高 18.3、底径 6.5～12.4 厘米（图版一八〇,11）。

标本 M1∶205，出自填土遗迹层，稍有变形微倾斜。高 19.1、底径 8.6－10.2 厘米（图版一八〇，12）。

标本 M1∶7－42，出自填土遗迹层。高 17.1、底径 8～8.4 厘米（图版一八〇，13）。

标本 M1∶B888，出自土偶墙遗迹，稍有变形。高 19、底径 9.1～10.1 厘米（图版一八〇，14）。

标本 M1∶8－40，出自填土遗迹层，稍有变形微向一侧倾斜。高 19、底径 8.6～12 厘米（图一四〇,1；图版一八〇，15）。

标本 M1∶B648，出自土偶墙遗迹。高 19.8、底径 9～11 厘米（图版一八〇，16）。

标本 M1∶174，出自填土遗迹层。高 19.4、底径 8.8～9.7 厘米（图版一八〇，17）。

标本 M1∶B896，出自土偶墙遗迹，稍有变形。高 20.6、底径 10～10.5 厘米（图版一八〇，18）。

标本 M1∶365－1，出自填土遗迹层，有变形。高 17、底径 10.8～13 厘米（图版一八一，1）。

标本 M1∶B625，出自土偶墙遗迹，稍有变形。高 12.8、底径 10.8～11.5 厘米（图版一八一，2）。

标本 M1∶80，出自填土遗迹层。高 18.1、底径 9.8～12.4 厘米（图版一八一，3）。

标本 M1∶B497，出自土偶墙遗迹，稍有变形。高 14.5、底径 9.5～10.5 厘米（图版一八一，4）。

标本 M1∶1－45，出自填土遗迹层，圆锥体稍有变形微向一侧倾斜。高 13.3、底径 10～11.2 厘米（图版一八一，5）。

标本 M1∶B639，出自土偶墙遗迹，稍有变形。高 15.8、底径 12～12.6 厘米（图版一八一，6）。

标本 M1∶182，出自填土遗迹层。高 22.4、底径 8.7～9.8 厘米（图一四〇，2；图版一八一，7）。

标本 M1∶8－35，出自填土遗迹层，圆锥体稍有变形微向一侧倾斜。高 20、底径 11.7～12.6 厘米（图版一八一，8）。

标本 M1∶B772，出自土偶墙遗迹，有变形。高 22、底径 10.9～11.5 厘米（图版一八一，9）。

标本 M1∶B578，出自土偶墙遗迹。高 21.9、底径 10～10.6 厘米（图版一八一，10）。

标本 M1∶B455，出自土偶墙遗迹。高 21.2、底径 9.2～10.8 厘米（图版一八一，11）。

标本 M1∶B723，出自土偶墙遗迹，稍有变形。高 23、底径 12～12.5 厘米（图版一八一，12）。

标本 M1∶13－19，出自填土遗迹层。高 17.6、底径 10.2～11 厘米（图版一八一，13）。

标本 M1∶B835，出自土偶墙遗迹，稍微变形。高 17.7、底径 7.8～9.7 厘米（图版一八一，14）。

标本 M1∶B202，出自土偶墙遗迹。高 17.5、底径 19.4～14.6 厘米（图一四〇，3；图版一八一，15）。

标本 M1∶3－2，出自填土遗迹层。高 17.2、底径 9.5～10.4 厘米（图版一八一，16）。

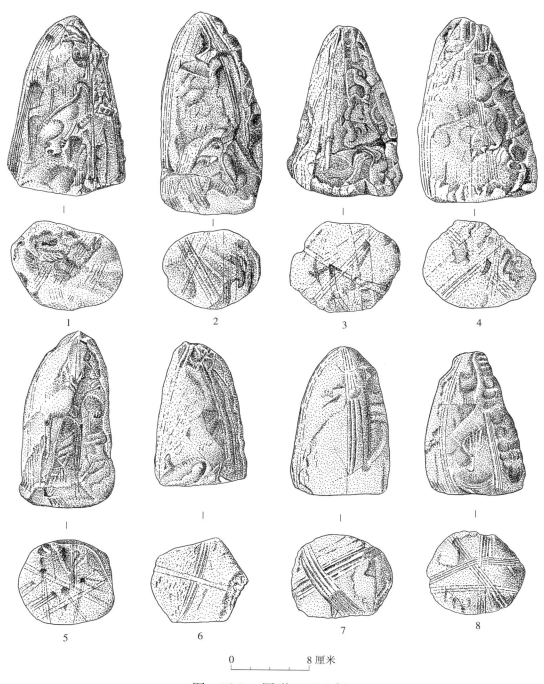

0 ——————— 8 厘米

图一四○　圆形 A 型土偶

1~8.（M：8－40、182、B202、B95、B626、B1141、B524、B1181）

标本 M1：B649，出自土偶墙遗迹。高 16.4、底径 9.4～10.4 厘米（图版一八一，17）。

标本 M1：1－1，出自填土遗迹层。高 18.3、底径 8.7～10.5 厘米（图版一八一，18）。

标本 M1：B95，出自土偶墙遗迹。高 20、底径 10.3～12.5 厘米（图一四○，4；图版一八二，1）。

标本 M1：B626，出自土偶墙遗迹，稍有变形。高 18.8、底径 8.9～9.9 厘米（图一四○，5；图版一八二，2）。

标本 M1：B912，出自土偶墙遗迹，圆锥体稍有变形微向一侧倾斜。高 21.1、底径 9-9.8 厘米（图版一八二，3）。

标本 M1：B461，出自土偶墙遗迹，稍有变形，高 19.8、底径 9.4~11.2 厘米（图版一八二，4）。

标本 M1：B714，出自土偶墙遗迹，高 18.4、底径 9.5~10.6 厘米（图版一八二，5）。

标本 M1：B853，出自土偶墙遗迹，圆锥体稍有变形微向一侧倾斜。高 20.1、底径 8.9-11.2 厘米（图版一八二，6）。

标本 M1：B1141，出自土偶墙遗迹，高 15.6、底径 9.1~10.5 厘米（图一四〇，6；图版一八二，7）。

标本 M1：B524，出自土偶墙遗迹，高 16.1、底径 9~10.4 厘米（图一四〇，7；图版一八二，8）。

标本 M1：173，出自土偶墙遗迹，稍有变形，高 15.3、底径 8.9~10 厘米（图版一八二，9）。

标本 M1：B580，出自土偶墙遗迹，高 16.4、底径 8.4~9.3 厘米（图版一八二，10）。

标本 M1：212，出自填土遗迹层，高 16.4、底径 9.4~10.6 厘米（图版一八二，11）。

标本 M1：1-3，出自填土遗迹层，高 15.6、底径 8.8~10.1 厘米（图版一八二，12）。

标本 M1：B1181，出自填土遗迹层，高 15.9、底径 9.6~10.9 厘米（图一四〇，8；图版一八二，13）。

标本 M1：237，出自填土遗迹层，稍有变形。高 14.7、底径 8.7~10 厘米（图一四一，1；图版一八二，14）。

标本 M1：1113，出自填土遗迹层，高 15.4、底径 8.2~9.7 厘米（图版一八二，15）。

标本 M1：6-22，出自填土遗迹层，稍有变形。高 16.5、底径 10.3~10.8 厘米（图版一八二，16）。

标本 M1：B1118，出自土偶墙遗迹，高 15.3、底径 7.5~8.8 厘米（图版一八二，17）。

标本 M1：B1079，出自土偶墙遗迹，高 18.5、底径 13~14 厘米（图版一八二，18）。

标本 M1：286-3，出自填土遗迹层，高 21.7、底径 11.2~11.9 厘米（图一四一，2；图版一八三，1）。

标本 M1：1-7，出自填土遗迹层，圆锥体稍有变形微向一侧倾斜。高 19.1、底径 12.8-13.2 厘米（图一四一，3；图版一八三，2）。

标本 M1：341，出自填土遗迹层，高 20.8、底径 10.8~11.2 厘米（图版一八三，3）。

标本 M1：1-62，出自填土遗迹层，圆锥体稍有变形微向一侧倾斜。高 21、底径 10.4~12.3 厘米（图版一八三，4）。

标本 M1：192，出自填土遗迹层，圆锥体稍有变形微向一侧倾斜。高 19.9、底径 10.2~10.5 厘米（图版一八三，5）。

标本 M1：B842，出自土偶墙遗迹，高 20、底径 10.9~11.5 厘米（图版一八三，6）。

标本 M1：B592，出自土偶墙遗迹，高 17.5、底径 10~11.3 厘米（图一四一，4；图版一八三，7）。

标本 M1：B858，出自土偶墙遗迹，高 18、底径 8.7~10.4 厘米（图一四一，5；图版一八三，8）。

标本 M1：B873，出自土偶墙遗迹，高 19、底径 10~12 厘米（图版一八三，9）。

标本 M1：B897，出自土偶墙遗迹，高 18.5、底径 12 厘米（图版一八三，10）。

标本 M1：1-64，出自填土遗迹层，高 18.6、底径 9.8~12 厘米（图版一八三，11）。

标本 M1：B112，出自土偶墙遗迹，稍有变形。高 19.8、底径 10.5~11.5 厘米（图版一八三，12）。

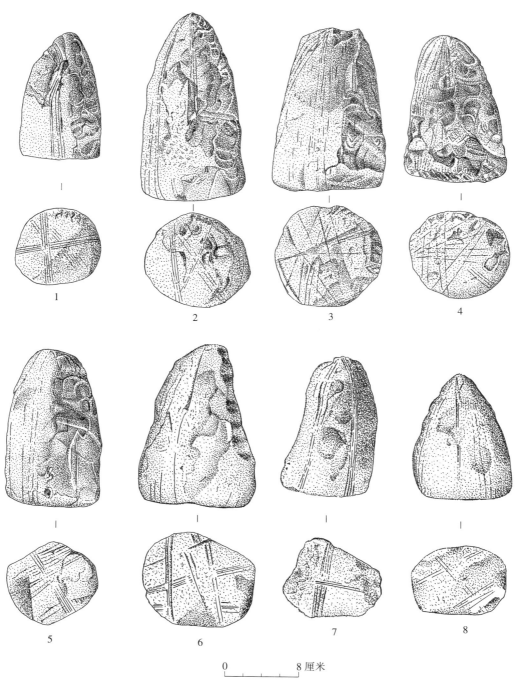

图一四一　圆形 A 型土偶

1～8.（M1：237、286－3、1－7、B592、B858、157、B1138、34）

标本 M1：B558，出自土偶墙遗迹，高 18、底径 9.5～11.3 厘米（图版一八三，13）。

标本 M1：343，出自填土遗迹层，高 17.1、底径 12 厘米（图版一八三，14）。

标本 M1：157，出自填土遗迹层，稍有变形，高 19.2、底径 10.3～12.5 厘米（图一四一，6；图版一八三，15）。

标本 M1：B765，出自土偶墙遗迹，圆锥体稍有变形微向一侧倾斜。高 18.9、底径 12～12.2 厘米（图版一八三，16）。

标本 M1：4－3，出自填土遗迹层，稍有变形，高 19、底径 10.5～11.2 厘米（图版一八三，17）。

标本 M1：355，出自填土遗迹层，圆形锥状底部稍微变形微倾斜，高 16.1、底径 12～13.7 厘米（图版一八三，18）。

标本 M1：B956，出自土偶墙遗迹，高 21.4、底径 8.4～10.2 厘米（图版一八四，1）。

标本 M1：B850，出自土偶墙遗迹，高 23.1、底径 8.8～10.2 厘米（图版一八四，2）。

标本 M1：B1127，出自土偶墙遗迹，稍有变形。高 21.9、底径 10.8～11.6 厘米（图版一八四，3）。

标本 M1：B771，出自土偶墙遗迹，高 24.8、底径 8.7～10.3 厘米（图版一八四，4）。

标本 M1：B933，出自土偶墙遗迹，稍有变形。高 22、底径 8.5～11.5 厘米（图版一八四，5）。

标本 M1：B196，出自土偶墙遗迹，稍有变形，高 22、底径 9.6～10.5 厘米（图版一八四，6）。

标本 M1：B1105，出自土偶墙遗迹，稍有变形微倾斜，高 19.4、底径 11.3～13 厘米（图版一八四,7）。

标本 M1：B797，出自土偶墙遗迹，稍微有变形，高 21.3、底径 9.5～11.1 厘米（图版一八四，8）。

标本 M1：B848，出自土偶墙遗迹，圆锥体稍有变形微倾斜。高 23.2、底径 10～11 厘米（图版一八四,9）。

标本 M1：B836，出自土偶墙遗迹，稍有变形，高 19.6、底径 10.1～11 厘米（图版一八四，10）。

标本 M1：10－10，出自填土遗迹层，高 19.1、底径 9～10.4 厘米（图版一八四，11）。

标本 M1：B815，出自土偶墙遗迹，稍有变形微倾斜，高 21.3、底径 19.5～11 厘米（图版一八四,12）。

标本 M1：209，出自填土遗迹层，高 10.7、底径 9.5～9.8 厘米（图版一八四，13）。

标本 M1：191，出自填土遗迹层，高 19.6、底径 8.6～11.1 厘米（图版一八四，14）。

标本 M1：B534，出自土偶墙遗迹，高 18、底径 9.5～10.4 厘米（图版一八四，15）。

标本 M1：B581，出自土偶墙遗迹，高 19.5、底径 10.4～11.3 厘米（图版一八四，16）。

标本 M1：244，出自填土遗迹层，高 18.1、底径 8.8～9.5 厘米（图版一八四，17）。

标本 M1：B635，出自土偶墙遗迹，稍有变形。高 19.5、底径 10.2 厘米（图版一八四，18）。

标本 M1：9－5，出自填土遗迹层，高 20、底径 9.3～11.8 厘米（图版一八五，1）。

标本 M1：B831，出自土偶墙遗迹，稍有变形微倾斜，高 18.2、底径 11～12.1 厘米（图版一八五,2）。

标本 M1：B921，出自土偶墙遗迹，圆锥体稍有变形微向一侧倾斜。高 19.2、底径 11.4～14 厘米（图版一八五，3）。

标本 M1：B890，出自土偶墙遗迹，稍有变形，高 20.2、底径 12,5～13.1 厘米（图版一八五，4）。

标本 M1：B473，出自土偶墙遗迹，稍有变形。高 21.9、底径 10～13.1 厘米（图版一八五，5）。

标本 M1：1－9，出自填土遗迹层，稍有变形，高 18.9、底径 11.5～13.5 厘米（图版一八五，6）。

标本 M1：B935，出自土偶墙遗迹，有变形微倾斜，高 20.5、底径 11.3～11.7 厘米（图版一八五,7）。

标本 M1：B856，出自土偶墙遗迹，稍有变形微倾斜，高 19.4、底径 12.5～13.1 厘米（图版一八五,8）。

标本 M1：B1155，出自土偶墙遗迹，稍有变形，高 22、底径 10.8～11.7 厘米（图版一八五，9）。

标本 M1：B959，出自土偶墙遗迹，有变形向一侧倾斜。高 20.6、底径 12.3～13.4 厘米（图版一八五,10）。

标本 M1：B932，出自土偶墙遗迹，部变形体倾斜，高 22、底径 9.8～11.5 厘米（图版一八五，11）。

标本 M1：B1134，出自土偶墙遗迹，高 21.9、底径 9.8～10.2 厘米（图版一八五，12）。

标本 M1：186，出自填土遗迹层，稍有变形，高 18.2、底径 9.4～10.6 厘米（图版一八五，13）。

标本 M1：B1077，出自土偶墙遗迹，高 19.5、底径 8～10.3 厘米（图版一八五，14）。

标本 M1：10－18，出自填土遗迹层，高 16.5、底径 7.8～9.6 厘米（图版一八五，15）。

标本 M1：16－11，出自填土遗迹层，稍有变形倾斜，高 17.3、底径 8.3～9.4 厘米（图版一八五,16）。

标本 M1：B1129，出自土偶墙遗迹，圆锥体稍有变形微向一侧倾斜。高 17.5、底径 7.8～9.9 厘米（图版一八五，17）。

标本 M1：B582，出自土偶墙遗迹，高 15.5、底径 10.2～11.5 厘米（图版一八五，18）。

标本 M1：B703，出自土偶墙遗迹，稍有变形，高 19.1、底径 9.4～10.6 厘米（图版一八六，1）。

标本 M1：4－2，出自填土遗迹层，稍有变形，高 16.5、底径 10.1～12.6 厘米（图版一八六，2）。

标本 M1：B905，出自土偶墙遗迹，稍有变形。高 21.1、底径 8～10.4 厘米（图版一八六，3）。

标本 M1：B863，出自土偶墙遗迹，稍有变形微倾斜。高 19.9、底径 8.4～11.4 厘米（图版一八六,4）。

标本 M1：B907，出自土偶墙遗迹，高 18.3、底径 9.7～10.5 厘米（图版一八六，5）。

标本 M1：B779，出自填土遗迹层，高 20.1、底径 7.5～10.7 厘米（图版一八六，6）。

标本 M1：B1138，出自土偶墙遗迹，稍有变形微倾斜，高 14.2、底径 7.8～8.4 厘米（图一四一，7；图版一八六，7）。

标本 M1：B583，出自土偶墙遗迹，圆锥体稍有变形微向一侧倾斜。高 13.6、底径 9.3～10.3 厘米（图版一八六，8）。

标本 M1：34，出自填土遗迹层，稍有变形。高 13.4、底径 7.1～9.3 厘米（图一四一，8；图版一八六，9）。

标本 M1：B616，出自土偶墙遗迹，圆锥体稍有变形微向一侧倾斜。高 14.8、底径 7.9～9.5 厘米（图版一八六，10）。

标本 M1：B584，出自土偶墙遗迹，稍有变形。高 13.7、底径 9.9～10.5 厘米（图版一八六，11）。

标本 M1：13－11，出自填土遗迹层，圆锥体稍有变形倾斜，高 12、底径 8.1～9.7 厘米（图版一八六，12）。

标本 M1：B1099，出自土偶墙遗迹，高 17.2、底径 8.6 厘米（图版一八六，13）。

标本 M1：B638，出自土偶墙遗迹，高 18.2、底径 8.8～10 厘米（图版一八六，14）。

标本 M1：216，出自填土遗迹层，稍有变形倾斜，高 16.6、底径 9.2～10.1 厘米（图一四二，1；

图版一八六，15）。

标本 M1：1－56，出自填土遗迹层，稍有变形，高 18、底径 8.2～9 厘米（图版一八六，16）。

标本 M1：B904，出自土偶墙遗迹，高 16.3、底径 9.2～9.7 厘米（图版一八六，17）。

标本 M1：B1159，出自土偶墙遗迹，稍有变形，高 18.1、底径 8.2～10.2 厘米（图一四二，2；图版一八六，18）。

标本 M1：B1073，出自土偶墙遗迹，高 16.5、底径 8.7～9.6 厘米（图一四二，3；图版一八七，1）。

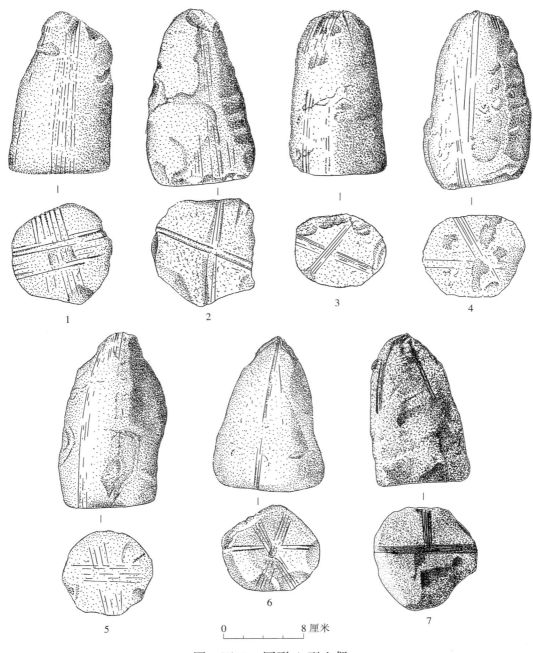

0　　　　8 厘米

图一四二　圆形 A 型土偶

1～7.（M1：216、B1159、B1073、B236、B857、B965、B1148）

标本 M1：B236，出自土偶墙遗迹，圆锥体稍有变形向一侧倾斜。高 18.7、底径 9.8~10.4 厘米（图一四二，4；图版一八七，2）。

标本 M1：13 - 590，出自填土遗迹层，高 20、底径 8.5~10 厘米（图版一八七，3）。

标本 M1：B756，出自土偶墙遗迹，圆锥体稍有变形微向一侧倾斜。高 18.5、底径 9.4~11.2 厘米（图版一八七，4）。

标本 M1：257，出自填土遗迹层，圆锥体稍有变形微向一侧倾斜。高 17.2、底径 8.1~9.3 厘米（图版一八七，5）。

标本 M1：13 - 913，出自填土遗迹层，有变形，高 15.6、底径 9~12 厘米（图版一八七，6）。

标本 M1：B884，出自填土遗迹层，圆锥体稍有变形微向一侧倾斜。高 18.8、底径 9.6~11.3 厘米（图版一八七，7）。

标本 M1：B857，出自土偶墙遗迹，有变形，高 19.5、底径 9.4~10.1 厘米（图一四二，5；图版一八七，8）。

标本 M1：B716，出自土偶墙遗迹，高 9.5、底径 8.2~10.6 厘米（图版一八七，9）。

标本 M1：352，出自填土遗迹层，高 19、底径 11~12.1 厘米（图版一八七，10）。

标本 M1：B650，出自土偶墙遗迹，高 19.3、底径 12.4~12.7 厘米（图版一八七，11）。

标本 M1：B715，出自土偶墙遗迹，高 20.5、底径 8.5~9.7 厘米（图版一八七，12）。

标本 M1：B1102，出自土偶墙遗迹，稍有变形，高 17.4、底径 8.5~9.7 厘米（图版一八七，13）。

标本 M1：B1049，出自土偶墙遗迹，圆锥体稍有变形微向一侧倾斜。高 17.2、底径 10.1~10.9 厘米（图版一八七，14）。

标本 M1：B965，出自土偶墙遗迹，稍有变形微向一侧倾斜。高 17.1、底径 11~12.5 厘米（图一四二,6；图版一八七，15）。

标本 M1：B518，出自土偶墙遗迹，稍有变形倾斜。高 16.9、底径 10.5~11.2 厘米（图版一八七,16）。

标本 M1：B442，出自土偶墙遗迹，稍微变形倾斜，高 18.5、底径 8.6~10.5 厘米（图版一八七，17）。

标本 M1：B844，出自土偶墙遗迹，高 16、底径 8.8~10.2 厘米（图版一八七，18）。

标本 M1：B1148，出自土偶墙遗迹，稍有变形倾斜，高 15.7、底径 9~9.8 厘米（图一四二，7；图版一八八，1）。

标本 M1：B1054，出自土偶墙遗迹，有变形倾斜。高 15.2、底径 9~11.3 厘米（图一四三，1；图版一八八，2）。

标本 M1：B979，出自土偶墙遗迹，高 16.3、底径 10.5~10.9 厘米（图一四三，2；图版一八八，3）。

标本 M1：B1203，出自土偶墙遗迹，高 14.7、底径 9.9~11.3 厘米（图一四三，3；图版一八八，4）。

标本 M1：B1280，出自土偶墙遗迹，高 15.8、底径 9.1~11.3 厘米（图一四三，4；图版一八八，5）。

标本 M1：B1174，出自土偶墙遗迹，高 15.7、底径 9.8~10.3 厘米（图一四三，5；图版一八八，6）。

标本 M1：B1180，出自土偶墙遗迹，体微倾斜，高 16.6、底径 9.6~10.2 厘米（图一四三，6；图版一八八，7）。

标本 M1：200，出自填土遗迹层，圆锥体稍有变形微向一侧倾斜。高 16.6、底径 8.8~9.5 厘米

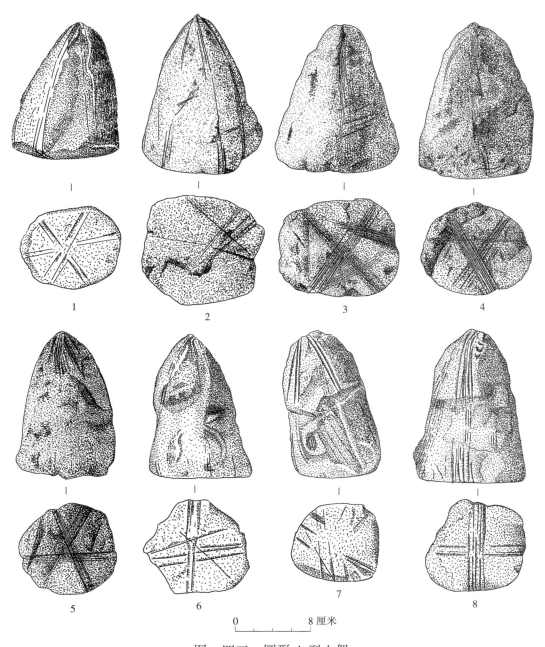

图一四三 圆形 A 型土偶

1～8.（M1：B1054、B979、1203、B1280、B1174、B1180、200、13－3）

（图一四三，7；图版一八八，8）。

标本 M1：6－16，出自填土遗迹层，稍有变形，高 15、底径 9～9.4 厘米（图版一八八，9）。

标本 M1：B986，出自土偶墙遗迹，高 16.4、底径 8.2～9.9 厘米（图版一八八，10）。

标本 M1：B968，出自土偶墙遗迹，高 17.6、底径 8.6～9.7 厘米（图版一八八，11）。

标本 M1：B908，出自土偶墙遗迹，高 17、底径 8.4～10.3 厘米（图版一八八，12）。

标本 M1：B941，出自土偶墙遗迹，稍有变形倾斜，高 18.1、底径 11.4～12 厘米（图版一八八，13）。

标本 M1:13－3，出自填土遗迹层，稍有变形，高 17.2、底径 10.4～12.3 厘米（图一四三，8；图版一八八，14）。

标本 M1:B1087，出自土偶墙遗迹，有变形，高 19、底径 10～11.5 厘米（图版一八八，15）。

标本 M1:B948，出自土偶墙遗迹，高 19.4、底径 10.4～11.8 厘米（图一四四，1；图版一八八，16）。

标本 M1:B466，出自土偶墙遗迹，高 18.4、底径 10～12.5 厘米（图版一八八，17）。

标本 M1:B1106，出自土偶墙遗迹，圆锥体稍有变形微倾斜。高 18.7、底径 8.5～11.2 厘米（图

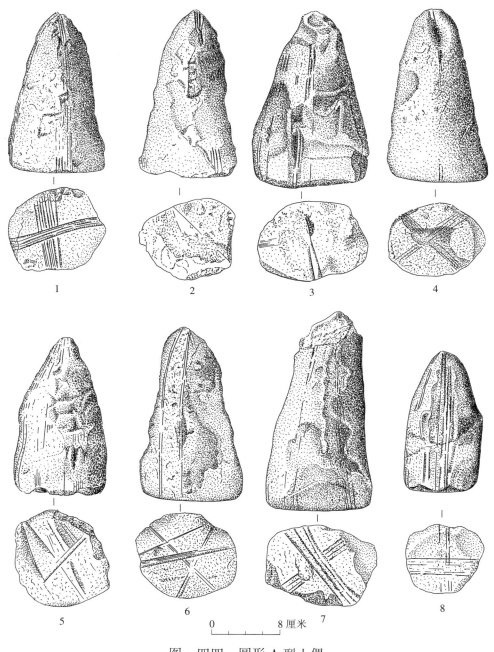

图一四四　圆形 A 型土偶

1～8.（M1:B948、B919、10－7、B939、B957、107、224、B380）

版一八八，18）。

标本 M1：B719，出自土偶墙遗迹，稍有变形微倾斜，高 23.1、底径 8.1～10.6 厘米（图版一八九，1）。

标本 M1：B767，出自土偶墙遗迹，高 21.7、底径 8.6～12.2 厘米（图版一八九，2）。

标本 M1：B847，出自土偶墙遗迹，稍有变形，高 22、底径 9.3～12.4 厘米（图版一八九，3）。

标本 M1：B695，出自土偶墙遗迹，高 22.4、底径 8.1～12.8 厘米（图版一八九，4）。

标本 M1：B1136，出自土偶墙遗迹，稍有变形微倾斜。高 22.1、底径 9.8～11.6 厘米（图版一八九，5）。

标本 M1：196，出自填土遗迹层，稍有变形。高 22.6、底径 8.5～11.1 厘米（图版一八九，6）。

标本 M1：B1161，出自土偶墙遗迹，有微变形，高 18.9、底径 12.5～15.7 厘米（图版一八九，7）。

标本 M1：B1154，出自土偶墙遗迹，有变形微倾斜，高 18.4、底径 12.1～12.8 厘米（图版一八九，8）。

标本 M1：B919，出自土偶墙遗迹，高 20.6、底径 9.7～10.5 厘米（图一四四，2；图版一八九，9）。

标本 M1：B951，出自土偶墙遗迹，微有变形，高 19.3、底径 11.3～12 厘米（图版一八九，10）。

标本 M1：B881，出自土偶墙遗迹，稍微变形倾斜，高 21、底径 10.9～12.5 厘米（图版一八九，11）。

标本 M1：B1114，出自土偶墙遗迹，体变形下坠，高 20.4、底径 11.5～13.5 厘米（图版一八九，12）。

标本 M1：9－11，出自填土遗迹层，稍有变形，高 22.6、底径 10.7～12.1 厘米（图版一八九，13）。

标本 M1：15－4，出自填土遗迹层，高 20.2、底径 10.2～11.6 厘米（图版一八九，14）。

标本 M1：178，出自填土遗迹层，稍有变形微倾斜，高 20.1、底径 10.4～11.3 厘米（图版一八九，15）。

标本 M1：10－7，出自填土遗迹层，高 22.5、底径 10.1～13.5 厘米（图一四四，3；图版一八九，16）。

标本 M1：B944，出自土偶墙遗迹，体变形倾斜，高 20.1、底径 10.6～14 厘米（图版一八九，17）。

标本 M1：B284，出自土偶墙遗迹，稍有变形，高 20、底径 11.4～13.6 厘米（图版一八九，18）。

标本 M1：B939，出自土偶墙遗迹，高 21、底径 9.4～11.1 厘米（图一四四，4；图版一九〇，1）。

标本 M1：B957，出自填土偶墙遗迹，高 19.4、底径 11.4～11.8 厘米（图一四四，5；图版一九〇，2）。

标本 M1：107，出自填土遗迹层，稍有变形，高 21、底径 11.3～13 厘米（一四四，6；图版一九〇，3）。

标本 M1：B833，出自土偶墙遗迹，稍有变形，高 24.2、底径 10～11.7 厘米（图版一九〇，4）。

标本 M1：198，出自填土遗迹层，高 21、底径 10～11 厘米（图版一九〇，5）。

标本 M1：B936，出自土偶墙遗迹，微有变形，高 21.8、底径 10.8～11.1 厘米（图版一九〇，6）。

标本 M1：224，出自填土遗迹层，稍有变形微倾斜，高 24.4、底径 10.4～12 厘米（图一四四，7；图版一九〇，7）。

标本 M1：B872，出自土偶墙遗迹，高 24.6、底径 11.2～12.3 厘米（图版一九〇，8）。

标本 M1：B880，出自土偶墙遗迹，稍有变形，高 24.8、底径 10.1～12.7 厘米（图版一九〇，9）。

标本 M1：B928，出自土偶墙遗迹，稍有变形，高 25.5、底径 10.8～12.1 厘米（图版一九〇，10）。

标本 M1：B876，出自土偶墙遗迹，稍微变形，高 24.5、底径 10.4～13.2 厘米（图版一九〇，11）。

标本 M1：B926，出自土偶墙遗迹，高 26.6、底径 10～11.3 厘米（图版一九〇，12）。

标本 M1：B380，出自土偶墙遗迹，高 17.2、底径 8～8.5 厘米（图一四四，8；图版一九〇，13）。

标本 M1：B691，出自土偶墙遗迹，高 18、底径 7～11 厘米（图版一九〇，14）。

标本 M1：B818，出自土偶墙遗迹，高 18、底径 8～9 厘米（图版一九〇，15）。

标本 M1：B617，出自土偶墙遗迹，稍有变形倾斜。高 19.5、底径 9～10 厘米（图版一九〇，16）。

标本 M1：B786，出自土偶墙遗迹，高 18、底径 8～10 厘米（图版一九〇，17）。

标本 M1：B664，出自土偶墙遗迹，高 17.5、底径 7～9.5 厘米（图版一九〇，18）。

标本 M1：B663，出自土偶墙遗迹，高 19.7、底径 8.5～10.5 厘米（图版一九一，1）。

标本 M1：B692，出自土偶墙遗迹，高 20.6、底径 8.5～10.3 厘米（图版一九一，2）。

标本 M1：B652，出自土偶墙遗迹，高 21.8、底径 8.2～11.1 厘米（图版一九一，3）。

标本 M1：B678，出自土偶墙遗迹，稍有变形。高 19.2、底径 8～10.1 厘米（图版一九一，4）。

标本 M1：B672，出自土偶墙遗迹，有变形微向一侧倾斜。高 18.5、底径 10～11 厘米（图版一九一,5）。

标本 M1：B645，出自土偶墙遗迹，高 22、底径 8.5～11 厘米（图图版一九一，6）。

标本 M1：B1130，出自土偶墙遗迹，稍有变形微向一侧倾斜。高 17.5、底径 8.5～9.5 厘米（图版一九一，7）。

标本 M1：B661，出自土偶墙遗迹，高 17、底径 6.5～9 厘米（图版一九一，8）。

标本 M1：B687，出自土偶墙遗迹，高 17.5、底径 8～9.5 厘米（图版一九一，9）。

标本 M1：B684，出自土偶墙遗迹，高 18.6、底径 7.5～9.5 厘米（图版一九一，10）。

标本 M1：B800，出自土偶墙遗迹，高 17、底径 7.5～9.5 厘米（图版一九一，11）。

标本 M1：B680，出自土偶墙遗迹，圆锥体稍有变形微向一侧倾斜。高 19、底径 7.3～10 厘米（图版一九一，12）。

标本 M1：29－2，出自填土遗迹层，稍有变形微倾斜，高 16.5、底径 8.5～11.5 厘米（图一四五,1；图版一九一，13）。

标本 M1：B792，出自土偶墙遗迹，圆锥体稍有变形微向一侧倾斜。，高 17、底径 7.5～10.5 厘米（图一四五，2；图版一九一，14）。

标本 M1：B653，出自土偶墙遗迹，稍有变形，高 17、底径 8～9 厘米（图一四五，3；图版一九一,15）。

标本 M1：B379，出自土偶墙遗迹，稍变形微倾斜，高 18.1、底径 9～10 厘米（图版一九一，16）。

标本 M1：B619，出自土偶墙遗迹，稍有变形微倾斜，高 18.5、底径 8.5～9.5 厘米（图版一九一,17）。

标本 M1：B805，出自土偶墙遗迹，稍有变形倾斜。高 18、底径 8.5～10 厘米（图版一九一，18）。

标本 M1：B675，出自土偶墙遗迹，高 16、底径 8～9.4 厘米（图一四五，4；图版一九二，1）。

标本 M1：B696，出自土偶墙遗迹，高 17、底径 7～10 厘米（图一四五，5；图版一九二，2）。

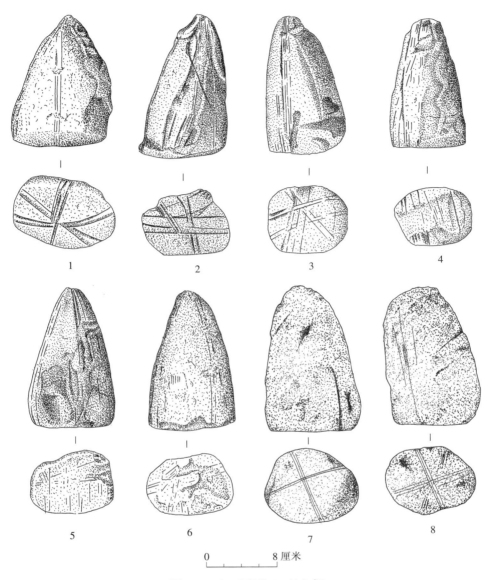

图一四五　圆形 A 型土偶

1 ~ 8.（M1∶29 - 2、B792、B653、B675、B699、B679、B1104、B1094）

标本 M1∶B679，出自土偶墙遗迹，高 17、底径 7 ~ 11 厘米（图一四五，6；图版一九二，3）。

标本 M1∶B654，出自土偶墙遗迹，高 17.3、底径 7.5 ~ 9.5 厘米（图版一九二，4）。

标本 M1∶B676，出自土偶墙遗迹，高 16、底径 7 ~ 9.5 厘米（图版一九二，5）。

标本 M1∶372，出自填土遗迹层，稍有变形，高 17.5、底径 5.5 ~ 6.5 厘米（图版一九二，6）。

标本 M1∶B1104，出自土偶墙遗迹，稍有变形，高 17.8、底径 9.6 ~ 10.5 厘米（图一四五，7；图版一九二，7）。

标本 M1∶B1094，出自土偶墙遗迹，稍有变形微倾斜，高 17.2、底径 8.1 ~ 10 厘米（图一四五，8；图版一九二，8）。

标本 M1∶B1082，出自土偶墙遗迹，稍有变形，高 17.5、底径 9.1 ~ 11.4 厘米（图一四六，1；

图版一九二，9）。

标本 M1∶B1097，出自土偶墙遗迹，稍有变形，高 17.1、底径 8.8～10 厘米（图版一九二，10）。

标本 M1∶B1139，出自土偶墙遗迹，稍有变形，高 17、底径 9～10.8 厘米（图版一九二，11）。

标本 M1∶B636，出自土偶墙遗迹，微有变形，高 16.2、底径 7～9.1 厘米（图版一九二，12）。

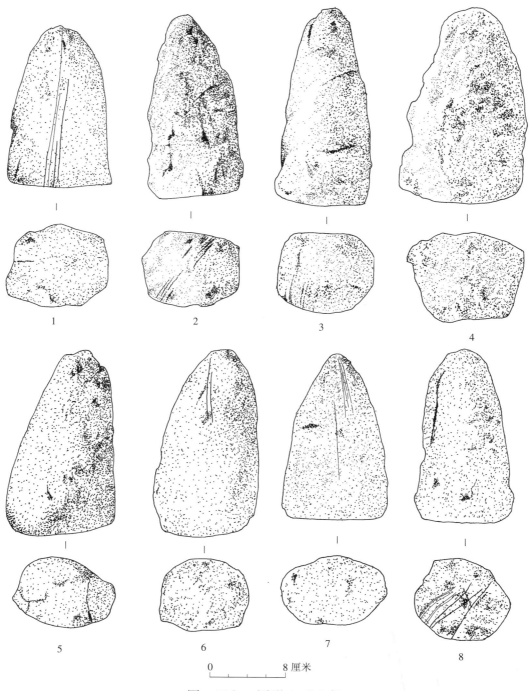

图一四六　圆形 A 型土偶

1～8.（M1∶B1082、B966、B918、B226、B783、B1294、B671、B688

标本 M1：B966，出自土偶墙遗迹，高 19.9、底径 7.5~8.7 厘米（图一四六，2；图版一九二，13）。

标本 M1：B918，出自土偶墙遗迹，高 21.2、底径 8.4~9.7 厘米（图一四六，3；图版一九二，14）。

标本 M1：B902，出自土偶墙遗迹，高 20.6、底径 6.5~9.6 厘米（图版一九二，15）。

标本 M1：B427，出自土偶墙遗迹，稍有变形，高 22.4、底径 9~10.4 厘米（图版一九二，16）。

标本 M1：B782，出自土偶墙遗迹，有变形倾斜，高 18.6、底径 8.5~10.5 厘米（图版一九二，17）。

标本 M1：B794，出自土偶墙遗迹，稍有变形，高 19.3、底径 9.7~9.8 厘米（图版一九二，18）。

标本 M1：B226，出自土偶墙遗迹，稍有变形为倾斜，高 21.1、底径 9~11.2 厘米（图一四六，4；图版一九三，1）。

标本 M1：344，出自填土遗迹层，有变形微倾斜，高 20.1、底径 9~10 厘米（图版一九三，2）。

标本 M1：B891，出自土偶墙遗迹，有变形体下坠微倾斜，高 18.6、底径 10.8~12.6 厘米（图版一九三，3）。

标本 M1：84，出自填土遗迹层，稍有变形，高 9.1、底径 8.9~12 厘米（图版一九三，4）。

标本 M1：116，出自填土遗迹层，有变形微倾斜，高 17.5、底径 10.2~12 厘米（图版一九三，5）。

标本 M1：B1282，出自土偶墙遗迹，有变形，高 16.9、底径 9~11.4 厘米（图版一九三，6）。

标本 M1：B963，出自土偶墙遗迹，有变形，体倾斜，高 17.8、底径 9.4~11 厘米（图版一九三，7）。

标本 M1：B783，出自土偶墙遗迹，稍有变形，高 20.3、底径 8.5~11.3 厘米（图一四六，5；图版一九三，8）。

标本 M1：B1294，出自土偶墙遗迹，稍有变形，高 20.4、底径 8.7~10 厘米（图一四六，6；图版一九三，9）。

标本 M1：B671，出自土偶墙遗迹，体有变形，高 18.6、底径 8~11.7 厘米（图一四六，7；图版一九三，10）。

标本 M1：B621，出自土偶墙遗迹，体有变形，高 18.4、底径 7.1~10.5 厘米（图版一九三，11）。

标本 M1：B682，出自土偶墙遗迹，有变形，高 18.1、底径 7.6~11 厘米（图版一九三，12）。

标本 M1：B871，出自土偶墙遗迹，有变形，高 17.4、底径 8.5~10.3 厘米（图版一九三，13）。

标本 M1：B755，出自土偶墙遗迹，有变形，高 19.4、底径 8.5~10.6 厘米（图版一九三，14）。

标本 M1：B688，出自土偶墙遗迹，有变形，高 19、底径 9.6~11 厘米（图一四六，8；图版一九三,15）。

标本 M1：B376，出自土偶墙遗迹，稍有变形，高 20.1、底径 6.4~10.8 厘米（图一四七，1；图版一九三，16）。

标本 M1：B790，出自土偶墙遗迹，稍有变形，高 19.6、底径 7.2~9.6 厘米（图版一九三，17）。

标本 M1：B704，出自土偶墙遗迹，稍有变形，高 19.3、底径 8.1~9 厘米（图版一九三，18）。

标本 M1：B215，出自土偶墙遗迹，圆体有变形微倾斜，高 18.7、底径 8~9.3 厘米（图一四七，2；图版一九四，1）。

标本 M1：B837，出自土偶墙遗迹，圆体有变形微倾斜，高 20.7、底径 7.7~10.7 厘米（图一四七,3；图版一九四，2）。

标本 M1：B374，出自土偶墙遗迹，圆体有变形微倾斜，高 20.8、底径 8.2~10.5 厘米（图版

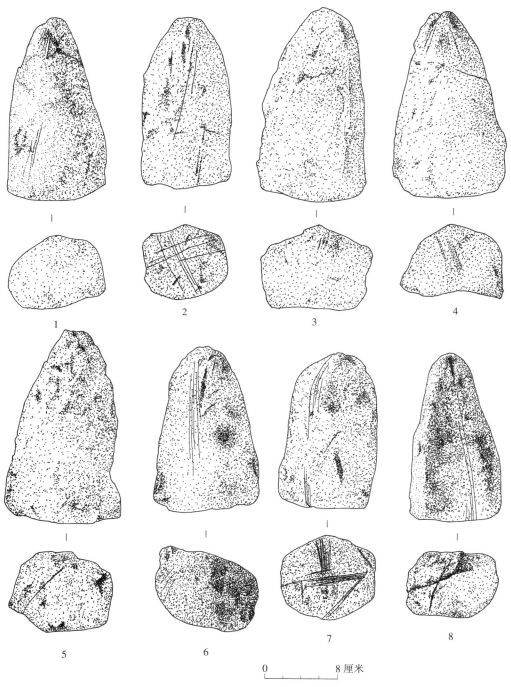

图一四七　圆形 A 型土偶

1~8.（M1：B376、B215、B837、B940、B273、B1125、106、B375）

一九四,3）。

　　标本 M1：B777，出自土偶墙遗迹，圆体有变形微倾斜，高 17.8、底径 8.7~10.3 厘米（图版一九四,4）。

　　标本 M1：B780，出自土偶墙遗迹，圆体有变形微倾斜，高 19.7、底径 8.2~10.3 厘米（图版一九四,5)。

标本 M1：B683，出自土偶墙遗迹，圆体有变形微倾斜，高 17.3、底径 8.2～9.5 厘米（图版一九四,6)。

标本 M1：B462，出自土偶墙遗迹，圆体有变形微倾斜，高 21.5、底径 7.5～10.5 厘米（图版一九四,7)。

标本 M1：B940，出自土偶墙遗迹，圆体有变形微倾斜，高 20、底径 8～10 厘米（图一四七,4；图版一九四,8)。

标本 M1：B273，出自土偶墙遗迹，底部变形，体微倾斜，高 21、底径 11.2～12.5 厘米（图一四七,5；图版一九四,9)。

标本 M1：B1092，出自土偶墙遗迹，圆体有变形微倾斜，高 22.7、底径 9～10 厘米（图版一九四,10)。

标本 M1：B394，出自土偶墙遗迹，圆形体有变形，高 23、底径 8～11 厘米（图版一九四,11)。

标本 M1：B843，出自土偶墙遗迹，圆体有变形微倾斜，高 22、底径 8～10 厘米（图版一九四,12)。

标本 M1：B911，出自土偶墙遗迹，圆体有变形，高 19、底径 8～12 厘米（图版一九四,13)。

标本 M1：B1125，出自土偶墙遗迹，圆体有变形微倾斜，高 19、底径 7.5～10.5 厘米（图一四七,6；图版一九四,14)。

标本 M1：106，出自填土遗迹层，圆形体变形微倾斜，高 18、底径 9.5～10 厘米（图一四七,7；图版一九四,15)。

标本 M1：B1075，出自土偶墙遗迹，圆形体有变形微倾斜，高 18.7、底径 9～10.5 厘米（图版一九四,16)。

标本 M1：B1072，出自土偶墙遗迹，圆体有变形微倾斜，高 16.2、底径 9～10 厘米（图版一九四,17)。

标本 M1：B953，出自土偶墙遗迹，圆体有变形微倾斜，高 17.2、底径 9.5 厘米（图版一九四,18)。

标本 M1：B375，出自土偶墙遗迹，圆体有变形微倾斜，高 19.2、底径 6.3～10.1 厘米（图一四七,8；图版一九五,1)。

标本 M1：125，出自填土遗迹层，圆体有变形，高 18.2、底径 8.5～9.3 厘米（图版一九五,2)。

标本 M1：B898，出自土偶墙遗迹，圆形体有变形，高 20.7、底径 7.5～8.4 厘米（图版一九五,3)。

标本 M1：B407，出自土偶墙遗迹，圆体有变形，高 20.6、底径 7.8～8.8 厘米（图版一九五,4)。

标本 M1：B868，出自土偶墙遗迹，圆形体有变形，高 19.7、底径 7.7～10.5 厘米（图版一九五,5)。

标本 M1：B798，出自土偶墙遗迹，圆体有变形微倾斜，高 17.4、底径 8～9.5 厘米（图版一九五,6)。

标本 M1：B603，出自土偶墙遗迹，圆形有变形下坠，高 16、底径 11 厘米（图版一九五,7)。

标本 M1：B1250，出自土偶墙遗迹，圆体有变形微倾斜，高 18.8、底径 9.4～11.5 厘米（图一四八,1；图版一九五,8)。标本 M1：B1046，出自土偶墙遗迹，圆形体变形下坠，高 16.8、底径 8.6～12 厘米（图一四八,2；图版一九五,9)。

标本 M1：B1124，出自土偶墙遗迹，圆形体有变形下坠，高 16.8、底径 8.6～10.8 厘米（图版

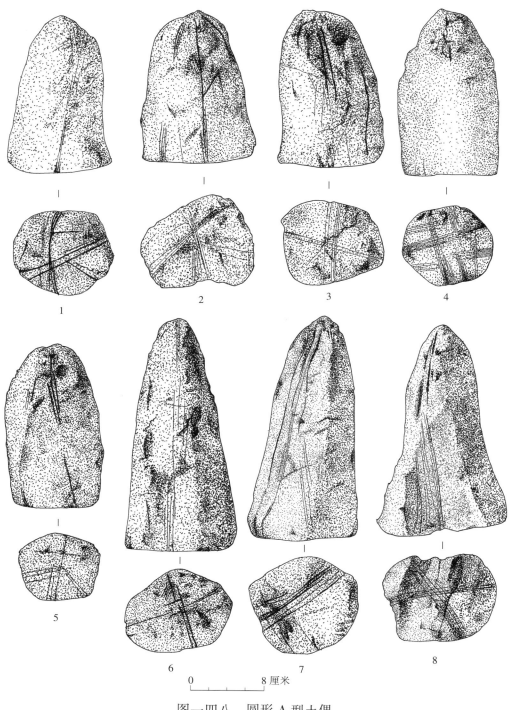

图一四八　圆形 A 型土偶

1 ~ 8.（M1：B1250、B1158、7 - 34、B1027、B1187、B1052、B1243）

一九五,10）。

　　标本 M1：B1321，出自土偶墙遗迹，圆形有变形下坠微倾斜，高 16.3、底径 8.2 ~ 10.5 厘米（图版一九五，11）。

标本 M1∶B1298，出自土偶墙遗迹，圆形有变形下坠微倾斜。高 15.8、底径 10.5 厘米（图版一九五,12）。

标本 M1∶219，出自填土遗迹层，圆形有变形，高 20.7、底径 11.9～12.3 厘米（图版一九五，13）。

标本 M1∶B116，出自土偶墙遗迹，圆形有变形，高 26.8、底径 8.5～13.2 厘米（图版一九五，14）

标本 M1∶B113，出自土偶墙遗迹，圆形有变形下坠微倾斜，高 23.3、底径 11～15.2 厘米（图版一九五，15）。

标本 M1∶B824，出自土偶墙遗迹，圆形有变形微倾斜，高 23.3、底径 9～12.2 厘米（图版一九五,16）。

标本 M1∶B110，出自土偶墙遗迹，圆形有变形下坠，高 24.2、底径 14.2～15.2 厘米（图版一九五,17）。

标本 M1∶8－14，出自填土遗迹层，圆形有变形高 22.8、底径 12～14.5 厘米（图版一九五，18）。

标本 M1∶B1158，出自土偶墙遗迹，圆形有变形下坠微倾斜，高 17、底径 8.7～9.9 厘米（图一四八,3；图版一九六，1）。

标本 M1∶7－34，出自填土遗迹层，圆形有变形下坠，高 17.8、底径 9.1～10.1 厘米（图一四八,4；图版一九六，2）。

标本 M1∶B1027，出自土偶墙遗迹，圆形有变形下坠，高 18.1、底径 8～8.9 厘米（图一四八,5；图版一九六，3）。

标本 M1∶B670，出自土偶墙遗迹，圆形有变形下坠微倾斜，高 18.7、底径 7.5～10.5 厘米（图版一九六，4）。

标本 M1∶B991，出自土偶墙遗迹，圆形有变形下坠，高 18.5、底径 8.2～10.3 厘米（图版一九六,5）。

标本 M1∶B1137，出自土偶墙遗迹，圆形有变形下坠，高 18、底径 8～9.7 厘米（图版一九六，6）。

标本 M1∶211，出自填土遗迹层，圆形有变形下坠，高 17.6、底径 7.5～9.5 厘米（图版一九六，7）。

标本 M1∶1－67，出自填土遗迹层，圆形有变形下坠微倾斜，高 16.6、底径 8.8～10 厘米（图版一九六，8）。

标本 M1∶7－12，出自填土遗迹层，圆形有变形下坠微倾斜，高 17.5、底径 8.5～10.5 厘米（图版一九六，9）。

标本 M1∶361，出自填土遗迹层，圆形有变形下坠微倾斜，高 16.7、底径 8.5～10.4 厘米（图版一九六，10）。

标本 M1∶B1095，出自土偶墙遗迹，圆形有变形下坠，高 17.6、底径 8～9.6 厘米（图版一九六，11）。

标本 M1∶B83，出自土偶墙遗迹，圆形有变形下坠，高 19、底径 9.3～12 厘米（图版一九六，12）。

标本 M1∶B1187，出自土偶墙遗迹，圆形有变形。高 26.6、底径 9～11.6 厘米（图一四八，6；图版一九六，13）。

标本 M1∶B1052，出自土偶墙遗迹，圆形有变形微倾斜，高 25.5、底径 10～11 厘米（图一四八,7；图版一九六，14）。

标本 M1∶B1243，出自土偶墙遗迹，圆形有变形下坠微倾斜，高 24、底径 11.2～13.8 厘米（图一四八，8；图版一九六，15）。

标本 M1：B460，出自土偶墙遗迹，圆形有变形下坠微倾斜，高 26.2、底径 9.7~11.5 厘米（图版一九六，16）。

标本 M1：B1000，出自土偶墙遗迹，圆形有变形。高 26.3、底径 8~9.5 厘米（图版一九六，17）。

标本 M1：B775，出自土偶墙遗迹，圆形有变形下坠，高 25.5、底径 11.3~13.7 厘米（图版一九六，18）。

标本 M1：B832，出自土偶墙遗迹，圆形有变形下坠微倾斜，高 23.2、底径 7.5~9.7 厘米（图一四九，1）。

标本 M1：B733，出自土偶墙遗迹，圆形有变形下坠。高 23、底径 9.2~10.5 厘米。

标本 M1：1-65，出自填土遗迹层，稍有变形，高 19.1、底径 10~11.8 厘米。

标本 M1：B96，出自土偶墙遗迹，圆形有变形。高 20、底径 9.2~10.6 厘米（图一四九，2）。

标本 M1：B866，出自土偶墙遗迹，圆形体变形，高 22.5、底径 8.5~10.4 厘米（图一四九，3）。

标本 M1：392，出自填土遗迹层，圆形有变形下坠，高 20、底径 8~11 厘米（图一四九，4）。

标本 M1：B668，出自土偶墙遗迹，圆形体较完整，高 18.8、底径 8~10.5 厘米。

标本 M1：10-23，出自填土遗迹层，圆形锥状变形。高 19.6、底径 9~10.5 厘米。

标本 M1：8-24，出自填土遗迹层，圆形锥状变形。高 19、底径 9.5~10 厘米。

标本 M1：6-4，出自填土遗迹层，圆形锥状变形。高 17.5、底径 11~12 厘米。

标本 M1：253，出自填土遗迹层，圆形锥状变形。高 18、底径 10~12 厘米。

标本 M1：B634，出自填土遗迹层，圆形锥状变形。高 16、底径 8.5~10 厘米。

标本 M1：B266，出自填土遗迹层，圆形锥状变形。高 16.8、底径 9~11 厘米。

标本 M1：B43，出自填土遗迹层，圆形锥状变形。高 13.5、底径 8.5~9.5 厘米。

标本 M1：8-31，出自填土遗迹层，圆形锥状变形，高 17、底径 8~9.5 厘米。

标本 M1：6-12，出自填土遗迹层，圆形锥状变形。高 17、底径 9~13.5 厘米。

标本 M1：226，出自填土遗迹层，圆形体残缺变形。残高 17、底径 8.5~10 厘米。

标本 M1：4-19，出自填土遗迹层，圆形锥状变形。残高 14、底径 10~12 厘米。

标本 M1：B651，出自填土遗迹层，圆形锥状变形。高 15.5、底径 9.5~13 厘米。

标本 M1：B605，出自填土遗迹层，圆形锥状变形。高 13.5、底径 8~9.5 厘米。

标本 M1：16-28，出自填土遗迹层，圆形锥状变形。高 19、底径 11~12.5 厘米。

标本 M1：4-12，出自填土遗迹层，圆形锥状变形。高 17、底径 9~13 厘米。

标本 M1：16-12，出自填土遗迹层，圆形锥状变形。高 15、底径 8.5~10 厘米。

标本 M1：68，出自填土遗迹层，圆形锥状变形。高 17.8、底径 10~12 厘米。

标本 M1：8-5，出自填土遗迹层，圆形锥状变形。残高 18、底径 9~11.5 厘米。

标本 M1：4-5，出自填土遗迹层，圆形锥状变形。高 14.5、底径 11~12.5 厘米。

标本 M1：7-24，出自填土遗迹层，圆形锥状变形。高 14.8、底径 8.5~9.5 厘米。

标本 M1：4-15，出自填土遗迹层，圆形锥状变形。高 15.5、底径 11~12 厘米。

标本 M1：B827，出自填土遗迹层，圆形锥状变形。高 15、底径 8.5~10 厘米。

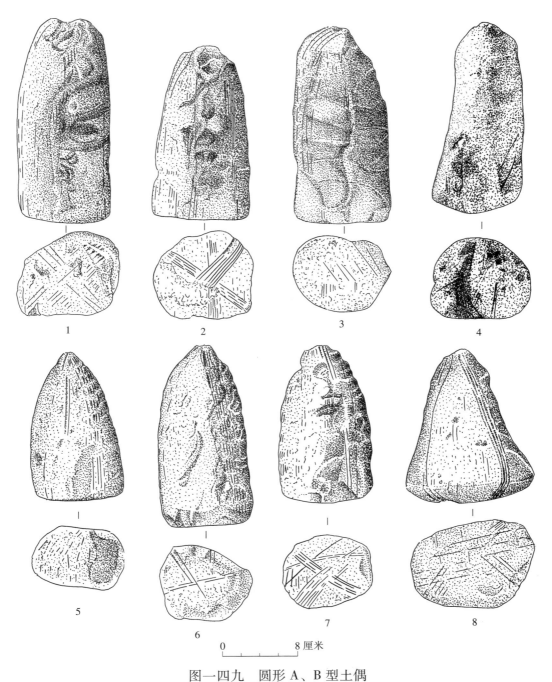

图一四九　圆形 A、B 型土偶

1~4. A 型（M1：B832、B96、B866、392-1）　　5~8. B 型（M1：2-1、B993、B1143、B1317）

标本 M1：8-27，出自填土遗迹层，圆形锥状变形。高 18.8、底径 10~12 厘米。

标本 M1：14-12，出自填土遗迹层，圆形锥状变形。高 14.5、底径 7.5~9 厘米。

标本 M1：13-14，出自填土遗迹层，圆形锥状变形。高 14、底径 8.5~9.6 厘米。

标本 M1：B831-1，出自土偶墙遗迹，圆形锥状变形。高 21.5、底径 9~11.3 厘米。

标本 M1：B1112，出自土偶墙遗迹，圆形锥状变形。高 18.5、底径 11~12.5 厘米。

标本 M1:218，出自填土遗迹层，圆形锥状变形。高 18.5、底径 9~11.5 厘米。

标本 M1:16-34，出自填土遗迹层，圆形锥状变形。高 17.3、底径 8~10.5 厘米。

标本 M1:B816，出自填土遗迹层，圆形锥状变形。高 18、底径 10~14 厘米。

标本 M1:360，出自填土遗迹层，圆形锥状变形。高 15.5、底径 8~13.5 厘米。

标本 M1:6-21，出自填土遗迹层，圆形锥状变形。高 14.8、底径 8~9 厘米。

标本 M1:6-15，出自填土遗迹层，圆形锥状变形。高 17、底径 10.5~13 厘米。

标本 M1:81，出自填土遗迹层，圆形锥状变形。高 15、底径 8~9 厘米。

标本 M1:2，出自填土遗迹层，圆形锥状变形。高 14.3、底径 9~11.5 厘米。

标本 M1:7-44，出自填土遗迹层，圆形锥状变形。高 16、底径 8.5~10.2 厘米。

标本 M1:179，出自填土遗迹层，圆形锥状变形。高 14.5、底径 10 厘米。

标本 M1:B1214，出自填土遗迹层，圆形锥状变形。高 17.7、底径 10~11.5 厘米。

标本 M1:183，出自填土遗迹层，圆形锥状变形。高 14.5、底径 10.5~12 厘米。

标本 M1:10-9，出自填土遗迹层，圆形锥状变形。高 12.5、底径 8.5~10.2 厘米。

标本 M1:7-15，出自填土遗迹层，圆形锥状变形。高 16、底径 8~10.5 厘米。

标本 M1:B9，出自填土遗迹层，圆形锥状变形。高 15、底径 9~12.5 厘米。

标本 M1:54，出自填土遗迹层，圆形锥状变形。高 14.5、底径 8.5~11 厘米。

标本 M1:10-4，出自填土遗迹层，圆形锥状变形。高 19、底径 9~11.5 厘米。

标本 M1:40，出自填土遗迹层，圆形锥状变形。高 14、底径 8.5~11 厘米。

标本 M1:B73，出自土偶墙遗迹，圆形锥状变形。高 18.5、底径 8.5~11.5 厘米。

标本 M1:217，出自填土遗迹层，圆形锥状变形。高 15、底径 9~12 厘米。

标本 M1:63，出自填土遗迹层，圆形锥状变形。高 15.5、底径 9.8~11.3 厘米。

标本 M1:358，出自填土遗迹层，圆形锥状变形残缺。残高 14、底径 11~11.5 厘米。

标本 M1:187，出自填土遗迹层，圆形锥状变形。高 17.5、底径 9~11.5 厘米。

标本 M1:B801，出自土偶墙遗迹，圆形锥状变形。高 18.5、底径 7~11 厘米。

标本 M1:16-19，出自填土遗迹层，圆形锥状变形。高 18.5、底径 9.5~12 厘米。

标本 M1:B1123，出自土偶墙遗迹，圆形锥状变形。高 15.5、底径 8~10 厘米。

标本 M1:16，出自填土遗迹层，圆形锥状变形。高 18、底径 8~9 厘米。

标本 M1:235，出自填土遗迹层，圆形锥状变形。高 14.5、底径 9~10.5 厘米。

标本 M1:52，出自填土遗迹层，圆形锥状变形。高 14.5、底径 9~10.5 厘米。

标本 M1:53，出自填土遗迹层，圆形锥状变形。残高 14.2、底径 9~10 厘米。

标本 M1:36，出自填土遗迹层，圆形锥状变形。高 16、底径 8~9.5 厘米。

标本 M1:B452，出自土偶墙遗迹，圆形锥状变形。高 17、底径 10~13.5 厘米。

标本 M1:142，出自填土遗迹层，圆形锥状变形。高 11.5、底径 8.8~11 厘米。

标本 M1:11-7，出自填土遗迹层，圆形锥状变形。残高 19.5、底径 8~12 厘米。

标本 M1:4-10，出自填土遗迹层，圆形锥状变形残缺。残高 15、底径 10~10.5 厘米。

标本 M1:B1230，出自土偶墙遗迹，圆形锥状变形。高 15、底径 12~14.7 厘米。

标本 M1：389，出自填土遗迹层，圆形锥状变形。高 19、底径 8.5～10.5 厘米。

标本 M1：13－12，出自填土遗迹层，圆形锥状变形。高 18.5、底径 7.5～8.5 厘米。

标本 M1：4－14，出自填土遗迹层，圆形锥状变形。高 14.3、底径 11.5 厘米。

标本 M1：210，出自填土遗迹层，圆形锥状变形。高 18、底径 8～10.7 厘米。

标本 M1：7－22，出自填土遗迹层，圆形锥状变形。高 15.5、底径 7.5～8.2 厘米。

标本 M1：33－2，出自填土遗迹层，圆形锥状变形。高 17、底径 8.5～9.5 厘米。

标本 M1：B504，出自土偶墙遗迹，圆形锥状变形。高 16、底径 8.5～12 厘米。

标本 M1：B412，出自土偶墙遗迹，圆形锥状变形。高 16.5、底径 10～11 厘米。

标本 M1：277，出自填土遗迹层，圆形锥状变形。高 18、底径 10～11.5 厘米。

标本 M1：82，出自填土遗迹层，圆形锥状变形。高 17.5、底径 9.7～11.5 厘米。

标本 M1：1－12，出自填土遗迹层，圆形锥状变形。高 16.8、底径 7.7～11.5 厘米。

标本 M1：10，出自填土遗迹层，圆形锥状变形。高 16、底径 7～9.5 厘米。

标本 M1：16－35，出自填土遗迹层，圆形锥状变形。高 20.5、底径 10～11 厘米。

标本 M1：B74，出自土偶墙遗迹，圆形锥状变形。高 19、底径 9～10 厘米。

标本 M1：8－33，出自填土遗迹层，圆形锥状变形。残高 17.7、底径 7.5～12 厘米。

标本 M1：879，出自填土遗迹层，圆形锥状变形。高 23、底径 10～14 厘米。

标本 M1：B799，出自土偶墙遗迹，圆形锥状变形。高 17.5、底径 8.5～9.5 厘米。

标本 M1：290，出自填土遗迹层，圆形锥状变形。高 18.5、底径 9.5～10 厘米。

标本 M1：275，出自填土遗迹层，圆形锥状变形。高 18.3、底径 12～12.5 厘米。

标本 M1：16－38，出自填土遗迹层，圆形锥状变形。高 21.7、底径 11～13.3 厘米。

标本 M1：10－26，出自填土遗迹层，圆形锥状变形。高 17、底径 11～14 厘米。

标本 M1：38，出自填土遗迹层，圆形锥状变形。高 16.2、底径 9.6～10.5 厘米。

标本 M1：B795，出自土偶墙遗迹，圆形锥状变形。高 18、底径 8.8～9.5 厘米。

标本 M1：7－19，出自填土遗迹层，圆形锥状变形。高 16.5、底径 9 厘米。

标本 M1：240，出自填土遗迹层，圆形锥状变形。高 16.5、底径 10.3～10.5 厘米。

标本 M1：7－8，出自填土遗迹层，圆形锥状变形。高 16.4、底径 7.5～10.3 厘米。

标本 M1：B899，出自土偶墙遗迹，圆形锥状变形。高 20、底径 8.5～10.5 厘米。

标本 M1：7－39，出自填土遗迹层，圆形锥状变形。高 17.7、底径 8.5～9 厘米。

标本 M1：B586，出自土偶墙遗迹，圆形锥状变形。高 17、底径 11～12 厘米。

标本 M1：236，出自填土遗迹层，圆形锥状变形。高 17、底径 8～11.8 厘米。

标本 M1：B384，出自土偶墙遗迹，圆形锥状变形。高 15.5、底径 9～11 厘米。

标本 M1：B366，出自土偶墙遗迹，圆形锥状变形。高 17、底径 8～9 厘米。

标本 M1：4－8，出自填土遗迹层，圆形锥状变形。高 18.8、底径 11.5～12.6 厘米。

标本 M1：20，出自填土遗迹层，圆形锥状变形。高 19.5、底径 8.5～10.3 厘米。

标本 M1：115，出自填土遗迹层，圆形锥状变形。高 17、底径 11 厘米。

标本 M1：4－1，出自填土遗迹层，圆形锥状变形。高 22.8、底径 8～12 厘米。

标本 M1：B791，出自土偶墙遗迹，圆形锥状变形。高 18.3、底径 7.5～9.7 厘米。

标本 M1：15，出自填土遗迹层，圆形锥状变形。高 8.5、底径 10～11.5 厘米。

标本 M1：B618，出自土偶墙遗迹，圆形锥状变形。高 16、底径 7.5～9.5 厘米。

标本 M1：10－29，出自填土遗迹层，圆形锥状变形。高 19.6、底径 8.5～10.3 厘米。

标本 M1：B354，出自土偶墙遗迹，圆形锥状变形。高 17.7、底径 8～10 厘米。

标本 M1：B807，出自土偶墙遗迹，圆形锥状变形。高 19.3、底径 9～10.5 厘米。

标本 M1：B164，出自土偶墙遗迹，圆形锥状变形。高 17.6、底径 7～10 厘米。

标本 M1：7，出自填土遗迹层，圆形锥状变形。高 19.5、底径 9.5～10.5 厘米。

标本 M1：282，出自填土遗迹层，圆形锥状变形。高 22.5、底径 12～15 厘米。

标本 M1：B438，出自土偶墙遗迹，圆形锥状变形。高 20.5、底径 9.5～11.3 厘米。

标本 M1：1－6，出自填土遗迹层，圆形锥状变形底部残缺，高 18.7、底径 10～12 厘米。

标本 M1：13－26，出自填土遗迹层，圆形锥状变形。高 20.5、底径 8.5～11.5 厘米。

标本 M1：8－12，出自填土遗迹层，圆形锥状变形。高 20、底径 9～13 厘米。

标本 M1：243，出自填土遗迹层，圆形锥状变形。高 17.2、底径 10.5～11.5 厘米。

标本 M1：222，出自填土遗迹层，圆形锥状变形。高 16、底径 9～12 厘米。

标本 M1：11－2，出自填土遗迹层，圆形锥状变形。高 19.7、底径 7.5～10 厘米。

标本 M1：1－44，出自填土遗迹层，圆形锥状变形。高 17、底径 8～12.5 厘米。

标本 M1：B910，出自土偶墙遗迹，圆形锥状变形。高 19、底径 8～12 厘米。

标本 M1：B669，出自土偶墙遗迹，圆形锥状变形。高 20、底径 9～12 厘米。

标本 M1：190，出自填土遗迹层，圆形锥状变形。高 16.5、底径 9.8～11 厘米。

标本 M1：B849，出自土偶墙遗迹，圆形锥状变形底部残缺，高 16、底径 9～11.5 厘米。

标本 M1：B909，出自土偶墙遗迹，圆形锥状变形。高 19、底径 11～13.5 厘米。

标本 M1：13－18，出自填土遗迹层，圆形锥状变形。高 16、底径 10.2～11 厘米。

标本 M1：14－2，出自填土遗迹层，圆形锥状变形。高 16、底径 9～9.5 厘米。

标本 M1：B987，出自土偶墙遗迹，圆形锥状变形。高 22.5、底径 8.5～11 厘米。

标本 M1：6－24，出自填土遗迹层，圆形锥状变形底部残缺，高 20、底径 10～12.5 厘米。

标本 M1：11－11，出自填土遗迹层，圆形锥状变形。高 10.8、底径 9～12.5 厘米。

标本 M1：B785，出自土偶墙遗迹，圆形锥状变形。高 19、底径 8.8～10.5 厘米。

标本 M1：380－1，出自填土遗迹层，圆形锥状变形。高 16.5、底径 9～12 厘米。

标本 M1：366，出自填土遗迹层，圆形锥状变形。高 19、底径 10～13 厘米。

标本 M1：16－27，出自填土遗迹层，圆形锥状变形。高 17.5、底径 8.8～9 厘米。

标本 M1：B248，出自土偶墙遗迹，圆形锥状变形。高 20.3、底径 8.5～10 厘米。

标本 M1：1－55，出自填土遗迹层，圆形锥状变形底部残缺，高 16、底径 10 厘米。

标本 M1：59－1，出自填土遗迹层，圆形锥状变形。高 16.5、底径 9.7～10.3 厘米。

标本 M1：B72，出自土偶墙遗迹，圆形锥状变形。高 18.5、底径 8～9.5 厘米。

标本 M1：B865，出自土偶墙遗迹，圆形锥状变形。高 19、底径 6.5～10 厘米。

标本 M1：B1117，出自土偶墙遗迹，圆形锥状变形。高 17.5、底径 8～10.3 厘米。

标本 M1：7－21，出自填土遗迹层，圆形锥状变形。高 18.3、底径 8～9 厘米。

标本 M1：B701，出自土偶墙遗迹，圆形锥状变形。高 20、底径 8.7～11 厘米。

标本 M1：7－30，出自填土遗迹层，圆形锥状变形。高 17.5、底径 8～8.5 厘米。

标本 M1：B660，出自土偶墙遗迹，圆形锥状变形。高 17.5、底径 8～10 厘米。

标本 M1：B818－1，出自土偶墙遗迹，圆形锥状变形。高 18.2、底径 11～14.5 厘米。

标本 M1：B431，出自土偶墙遗迹，圆形锥状变形。高 17、底径 11.7～12.8 厘米。

二、圆形 B 型

该类型土偶 375 件，为不规则的圆形土偶，其圆锥体因受压变形，每件土偶的变形情况都不同。该型土偶个体大小不一致，有高矮胖瘦之分。体表均有明显的十字形草茎索状印痕，顶部均有清晰纠结痕迹。

标本 M1：B1208，出自土偶墙遗迹，圆体稍有变形微倾斜。高 15.1、底径 9.5～10.5 厘米（图版一九七，1）。

标本 M1：B1279，出自土偶墙遗迹，圆体稍有变形。高 16.6、底径 8.8～11.2 厘米（图版一九七，2）。

标本 M1：B1087－1，出自土偶墙遗迹，圆体稍有变形。高 18.4、底径 7.4～8.7 厘米（图版一九七，3）。

标本 M1：B1153，出自土偶墙遗迹，圆体稍有变形。高 17.3、底径 6.3 米（图版一九七，4）。

标本 M1：B1232，出自土偶墙遗迹，圆体稍有变形。高 17.2 底径 9.6～10.4 厘米（图版一九七，5）。

标本 M1：B369，出自土偶墙遗迹，圆体稍有变形。高 15.3、底径 7.4～9 厘米（图版一九七，6）。

标本 M1：2－1，出自填土遗迹层，圆体稍有变形。高 17.5、底径 7.2～9.6 厘米（图一四九，5；图版一九七，7）。

标本 M1：B993，出自土偶墙遗迹，圆体稍有变形。高 20、底径 7.8～8.6 厘米（图一四九，6；图版一九七，8）。

标本 M1：B1143，出自土偶墙遗迹，圆体稍有变形微倾斜。高 17.4、底径 7.6～9.1 厘米（图一四九，7；图版一九七，9）。

标本 M1：7－35，出自填土遗迹层，圆体稍有变形。高 17.7、底径 8.7－10.8 厘米（图版一九七，10）。

标本 M1：B1111，出自土偶墙遗迹，圆体稍有变形。高 18.3、底径 8.4～9.4 厘米（图版一九七，11）。

标本 M1：B690，出自土偶墙遗迹，圆体稍有变形微倾斜。高 20.3、底径 7.4～9.2 厘米（图版一九七，12）。

标本 M1：B1317，出自土偶墙遗迹，圆体稍有变形下坠微倾斜。高 17.3、底径 9.6～13.5 厘米（图一四九，8；图版一九七，13）。

标本 M1：B1287，出自土偶墙遗迹，圆体稍有变形。高 18、底径 10.7～11.9 厘米（图一五○，

1；图版一九七，14）。

标本 M1：B1209，出自土偶墙遗迹，圆体稍有变形。高 15.7、底径 9.4～10.5 厘米（图一五〇，2；图版一九七，15）。

标本 M1：B964，出自土偶墙遗迹，圆体稍有变形微倾斜。高 17.8、底径 8.8～10 厘米（图版一九七，16）。

标本 M1：B1204，出自土偶墙遗迹，圆体稍有变形微倾斜。高 16.6、底径 9.5～9.6 厘米（图版一九七，17）。

标本 M1：B960，出自土偶墙遗迹，圆体稍有变形。高 17.9、底径 8.9～9.2 厘米（图版一九七，18）。

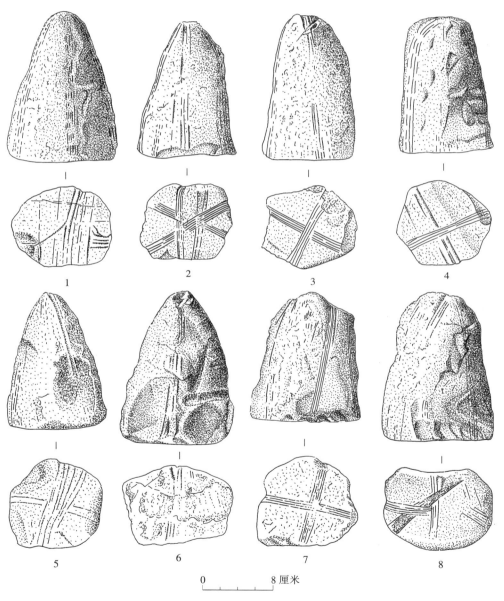

图一五〇　圆形 B 型土偶

1～8.（M1：B1287、B1209、B1144、B107、B1291、B408、B1179、B401）

标本 M1：B22，出自土偶墙遗迹，圆体稍有变形下坠微倾斜。高 14、底径 8.7～10.4 厘米（图版一九八，1）。

标本 M1：B591，出自土偶墙遗迹，圆体稍有变形下坠微倾斜。高 14.9、底径 9.7～11.2 厘米（图版一九八，2）。

标本 M1：B14，出自土偶墙遗迹，圆体稍有变形。高 15.4、底径 8.2～9.8 厘米（图版一九八，3）。

标本 M1：B69，出自土偶墙遗迹，圆体稍有变形微倾斜。高 15.6、底径 9.5～10.7 厘米（图版一九八，4）。

标本 M1：B429，出自土偶墙遗迹，圆体稍有变形微倾斜。高 15.4、底径 8.3～11.5 厘米（图版一九八，5）。

标本 M1：B1266，出自土偶墙遗迹，圆体稍有变形。高 15.3、底径 9～10.4 厘米（图版一九八，6）。

标本 M1：B1144，出自土偶墙遗迹，圆体稍有变形。高 16.9、底径 9.4 厘米（图一五〇，3；图版一九八，7）。

标本 M1：B107，出自土偶墙遗迹，圆体稍有变形。高 16.3、底径 9.2～9.7 厘米（图一五〇，4；图版一九八，8）。

标本 M1：B989，出自土偶墙遗迹，圆体稍有变形微倾斜。高 16.3、底径 9.5～11.3 厘米（图版一九八，9）。

标本 M1：B1151，出自土偶墙遗迹，圆体稍有变形。高 16.5、底径 7.8～9.3 厘米（图版一九八，10）。

标本 M1：B1291，出自土偶墙遗迹，圆体稍有变形。高 16.3、底径 10.4～10.6 厘米（图一五〇，5；图版一九八，11）。

标本 M1：B967，出自土偶墙遗迹，圆体稍有变形。高 15.3、底径 7～9 厘米（图版一九八，12）。

标本 M1：B646，出自土偶墙遗迹，圆体稍有变形微倾斜。高 18.4、底径 7.5～10.5 厘米（图版一九八，13）。

标本 M1：B1091，出自土偶墙遗迹，圆体稍有变形。高 15.8、底径 8.3～9.2 厘米（图版一九八，14）。

标本 M1：B980，出自土偶墙遗迹，圆体稍有变形微倾斜。高 17.3、底径 10.1～10.6 厘米（图版一九八，15）。

标本 M1：B1316，出自土偶墙遗迹，圆体稍有变形。高 16.8、底径 8.5～11.5 厘米（图版一九八，16）。

标本 M1：B411，出自土偶墙遗迹，圆体稍有变形。高 16.4、底径 9.3～10.5 厘米（图版一九八，17）。

标本 M1：B1160，出自土偶墙遗迹，圆体稍有变形下坠微倾斜。高 16.2、底径 9～12.2 厘米（图版一九八，18）。

标本 M1：B1248，出自土偶墙遗迹，圆体稍有变形微倾斜。高 18.7、底径 9.3～10.5 厘米（图版一九九，1）。

标本 M1：B408，出自土偶墙遗迹，圆体稍有变形下坠。高 18.1、底径 9.3～12.2 厘米（图一五〇，6；图版一九九，2）。

标本 M1：B1179，出自土偶墙遗迹，圆体稍有变形下坠微倾斜。高 14.5、底径 10.8～11.2 厘米（图一五〇，7；图版一九九，3）。

标本 M1∶B79，出自土偶墙遗迹，圆体稍有变形下坠微倾斜。高 20.4、底径 9~12 厘米（图版一九九,4）。

标本 M1∶1-66，出自填土遗迹层，圆体稍有变形下坠微倾斜。高 20.1、底径 9.3~12 厘米（图版一九九，5）。

标本 M1∶59，出自填土遗迹层，圆体稍有变形下坠。高 15.4、底径 10.6~13.3 厘米（图版一九九,6）。

标本 M1∶B401，出自填土遗迹层，圆体稍有变形下坠微倾斜。高 16.8、底径 8.3~11.2 厘米（图一五〇，8；图版一九九，7）。

标本 M1∶B81，出自土偶墙遗迹，圆体稍有变形。高 20.2、底径 8.6~10.7 厘米（图一五一，1；图版一九九，8）。

标本 M1∶B1050，出自土偶墙遗迹，圆体稍有变形下坠微倾斜。高 16、底径 8.5~11.3 厘米（图一五一，2；图版一九九，9）。

标本 M1∶349，出自填土遗迹层，圆体稍有变形。高 18.7、底径 7.6~11 厘米（图版一九九，10）。

标本 M1∶B1245，出自土偶墙遗迹，圆体稍有变形下坠微倾斜。高 17.6、底径 10~10.2 厘米（图版一九九，11）。

标本 M1∶B995，出自土偶墙遗迹，圆体稍有变形微倾斜。高 17.5、底径 7.6~9.7 厘米（图版一九九，12）。

标本 M1∶B1202，出自土偶墙遗迹，圆体稍有变形下坠微倾斜。高 16.7、底径 7.4~11 厘米（图版一九九，13）。

标本 M1∶B1135，出自土偶墙遗迹，圆体稍有变形微倾斜。高 17.1、底径 8.4~9.7 厘米（图一五一，3；图版一九九，14）。

标本 M1∶B1309，出自土偶墙遗迹，圆体稍有变形。高 17.5、底径 10.4~12.6 厘米（图一五一，4；图版一九九，15）。

标本 M1∶B368，出自土偶墙遗迹，圆体稍有变形。高 16.4、底径 7.7~12 厘米（图一五一，5；图版一九九，16）。

标本 M1∶B1080，出自土偶墙遗迹，圆体稍有变形下坠微倾斜。高 18.3、底径 7.1~10.3 厘米（图版一九九，17）。

标本 M1∶B1024，出自土偶墙遗迹，圆体稍有变形下坠微倾斜。高 17.8、底径 8.8~10.4 厘米（图版一九九，18）。

标本 M1∶B1037，出自土偶墙遗迹，圆体稍有变形下坠微倾斜。高 15.7、底径 10.6~12 厘米（图一五一，6；图版二〇〇，1）。

标本 M1∶B1260，出自土偶墙遗迹，圆体稍有变形下坠微倾斜。高 16.6、底径 10.8~12.4 厘米（图一五一，7；图版二〇〇，2）。

标本 M1∶B632，出自土偶墙遗迹，圆体稍有变形下坠。高 16、底径 7.7~11.2 厘米（图一五一，8；图版二〇〇，3）。

标本 M1∶B80，出自土偶墙遗迹，圆体稍有变形下坠微倾斜。高 15.2、底径 8.4~11.7 厘米（图

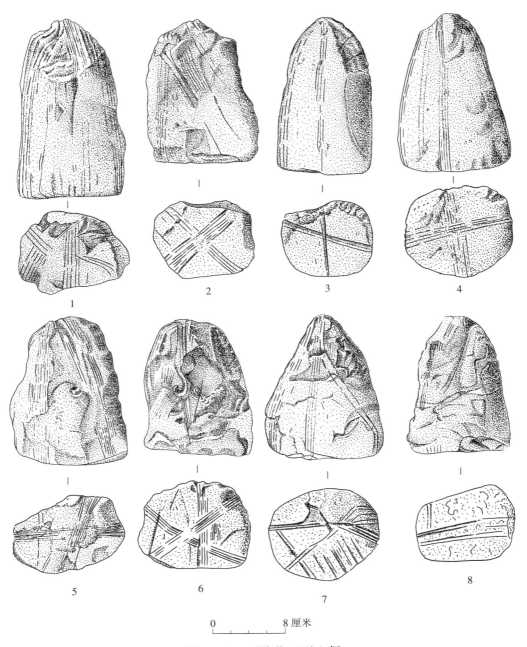

图一五一　圆形 B 型土偶

1～8.（M1：B81、B1050、B1135、B1309、B368、B1037、B1260、B632）

版二○○，4）。

　　标本 M1：B693，出自土偶墙遗迹，圆体稍有变形下坠。高 16.7、底径 7.8～11.5 厘米（图版二○○，5）。

　　标本 M1：B403，出自填土遗迹层，圆体稍有变形下坠。高 16.2、底径 9.5～11.3 厘米（图版二○○，6）。

　　标本 M1：B140，出自土偶墙遗迹，圆体稍有变形下坠微倾斜。高 18.5、底径 8.6～12 厘米（图一五二，1；图版二〇〇，7）。

标本 M1：B1257，出自土偶墙遗迹，圆体稍有变形微倾斜。高 19、底径 10.5 ~ 10.8 厘米（图一五二,2；图版二〇〇，8）。

标本 M1：B191，出自土偶墙遗迹，圆体稍有变形微倾斜。高 19.1、底径 8.4 ~ 11 厘米（图版二〇〇,9）。

标本 M1：B510，出自土偶墙遗迹，圆体稍有变形微倾斜。高 17.9、底径 9 ~ 11.5 厘米（图版二〇〇,10）。

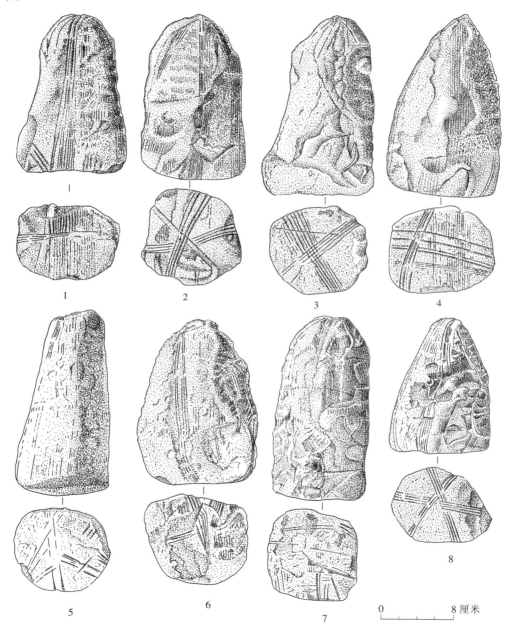

图一五二　圆形 B 型土偶

1 ~ 8.（M1：B140、B1257、B721、B320、B432、11 - 1、B274、B1051）

标本 M1：B1056，出自土偶墙遗迹，圆体稍有变形下坠微倾斜。高 18.4、底径 7.2～12 厘米（图版二〇〇，11）。

标本 M1：1－32，出自填土遗迹层，圆体稍有变形。高 18.9、底径 8.5～10.7 厘米（图版二〇〇，12）。

标本 M1：7－16，出自填土遗迹层，圆体稍有变形。高 23.6、底径 9.2～12 厘米（图版二〇〇，13）。

标本 M1：B721，出自土偶墙遗迹，圆体稍有变形微倾斜。高 20.8、底径 11～12.1 厘米（图一五二，3；图版二〇〇，14）。

标本 M1：B320，出自土偶墙遗迹，圆体稍有变形下坠微倾斜。高 21、底径 10.2～12.2 厘米（图一五二，4；图版二〇〇，15）。

标本 M1：B954，出自土偶墙遗迹，圆体稍有变形下坠微倾斜。高 12、底径 10.1～12.4 厘米（图版二〇〇，16）。

标本 M1：7－18，出自填土遗迹层，圆体稍有变形微倾斜。高 22.5、底径 8～13 厘米（图版二〇〇，17）。

标本 M1：6－17，出自填土遗迹层，圆体稍有变形下坠微倾斜。高 21.1、底径 9.8～12.8 厘米（图版二〇〇，18）。

标本 M1：B893，出自土偶墙遗迹，圆体稍有变形微倾斜。高 20.9、底径 9.5～12 厘米（图版二〇一，1）。

标本 M1：B432，出自土偶墙遗迹，圆体稍有变形微倾斜。高 21、底径 9.1～11.3 厘米（图一五二，5；图版二〇一，2）。

标本 M1：1－5，出自填土遗迹层，圆体稍有变形下坠微倾斜。高 21.3、底径 9.8～11，3 厘米（图版二〇一，3）。

标本 M1：B484，出自土偶墙遗迹，圆体稍有变形。高 21.8、底径 7.5～10.4 厘米（图版二〇一，4）。

标本 M1：B269，出自土偶墙遗迹，圆体稍有变形微倾斜。高 21.9、底径 10.1～10.5 厘米（图版二〇一，5）。

标本 M1：B745，出自土偶墙遗迹，圆体稍有变形下坠微倾斜。高 19.8、底径 9.5～12.2 厘米（图版二〇一，6）。

标本 M1：11－1，出自填土遗迹层，圆体稍有变形下坠。高 19、底径 8.7～11.4 厘米（图一五二，6；图版二〇一，7）。

标本 M1：B274，出自土偶墙遗迹，圆体稍有变形微倾斜。高 21.3、底径 10～11.6 厘米（图一五二，7；图版二〇一，8）。

标本 M1：299，出自填土遗迹层，圆体稍有变形下坠。高 18.9、底径 10.5～12 厘米（图版二〇一，9）。

标本 M1：B425，出自土偶墙遗迹，圆体稍有变形。高 22.6、底径 9.1～10 厘米（图版二〇一，10）。

标本 M1：262，出自填土遗迹层，圆体稍有变形。高 20.2、底径 12.1～13 厘米（图版二〇一，11）。

标本 M1：B250，出自土偶墙遗迹，圆体稍有变形。高 23.4、底径 8.2～12.6 厘米（图版二〇一，12）。

标本 M1：B1051，出自土偶墙遗迹，圆体稍有变形下坠微倾斜。高 16、底径 9.3～11.9 厘米（图一五二，8；图版二〇一，13）。

标本 M1：B1258，出自土偶墙遗迹，圆体稍有变形下坠微倾斜。高 16.6、底径 9.7～12.2 厘米（图版二〇一，14）。

标本 M1：B1213，出自土偶墙遗迹，圆体稍有变形下坠微倾斜。高 16.4、底径 6.8～10.9 厘米（图一五三，1；图版二〇一，15）。

标本 M1：7－10，出自填土遗迹层，圆体稍有变形。高 16.7、底径 7.5～10.9 厘米（图版二〇一，16）。

标本 M1：1－30，出自填土遗迹层，圆体稍有变形下坠。高 13.7、底径 8.9～10.7 厘米（图版二〇一，17）。

标本 M1：13－8，出自填土遗迹层，圆体稍有变形微倾斜。高 15、底径 9～11.1 厘米（图版二〇一，18）。

标本 M1：B958，出自土偶墙遗迹，圆体稍有变形微倾斜。高 22、底径 9.5～11.4 厘米（图版二〇二，1）。

标本 M1：B839，出自土偶墙遗迹，圆体稍有变形下坠微倾斜。高 19.8、底径 11～12.5 厘米（图版二〇二，2）。

标本 M1：B181，出自土偶墙遗迹，圆体稍有变形倾斜。高 22.3、底径 8.8～11.5 厘米（图版二〇二，3）。

标本 M1：B520，出自土偶墙遗迹，圆体稍有变形微倾斜。高 22.9、底径 7.5～9.8 厘米（图版二〇二，4）。

标本 M1：B481，出自土偶墙遗迹，圆体稍有变形下坠微倾斜。高 22.1、底径 9.9～11.7 厘米（图版二〇二，5）。

标本 M1：B823，出自土偶墙遗迹，圆体稍有变形下坠。高 22.5、底径 8.4～12.3 厘米（图版二〇二，6）。

标本 M1：B85，出自土偶墙遗迹，圆体稍有变形下坠微倾斜。高 19.8、底径 10～11.7 厘米（图一五三，2；图版二〇二，7）。

标本 M1：B322，出自土偶墙遗迹，圆体稍有变形。高 21.1、底径 8.2～9.7 厘米（图一五三，3；图版二〇二，8）。

标本 M1：371，出自填土遗迹层，圆体稍有变形微倾斜。高 22.1、底径 9.2～10.5 厘米（图一五三，4；图版二〇二，9）。

标本 M1：B717，出自土偶墙遗迹，圆体稍有变形。高 20.9、底径 8.5～12.1 厘米（图版二〇二，10）。

标本 M1：10－25，出自填土遗迹层，圆体稍有变形微倾斜。高 20、底径 8～12 厘米（图版二〇二，11）。

标本 M1：B825，出自土偶墙遗迹，圆体稍有变形微倾斜。高 21.6、底径 9～12.4 厘米（图版二〇二，12）。

标本 M1：B697，出自土偶墙遗迹，圆体稍有变形微倾斜。高 20.2、底径 7～10.5 厘米（图一五三,5；图版二〇二，13）。

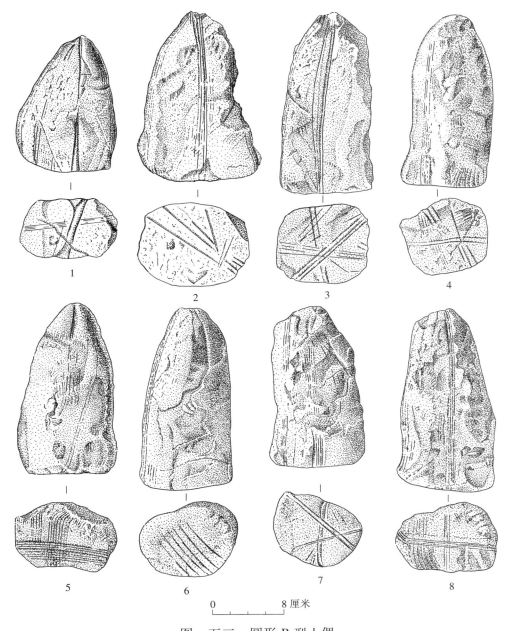

图一五三 圆形 B 型土偶

1～8.（M1：B1213、B85、B322、B371、B697、B730、B915、B677）

标本 M1：B730，出自土偶墙遗迹，圆体稍有变形。高 20.7、底径 8.2～10.1 厘米（图一五三，6；图版二〇二，14）。

标本 M1：B174，出自土偶墙遗迹，圆体稍有变形。高 21、底径 7.3～9.4 厘米（图版二〇二，15）。

标本 M1：B225，出自土偶墙遗迹，圆体稍有变形微倾斜。高 20.8、底径 7.9～10.4 厘米（图版二〇二，16）。

标本 M1：B787，出自土偶墙遗迹，圆体稍有变形。高 20.5、底径 7.6～10 厘米（图版二〇二，17）。

标本 M1：B405，出自土偶墙遗迹，圆体稍有变形微倾斜。高 19.9、底径 8.8～10.5 厘米（图版二〇二，18）。

标本 M1：B915，出自土偶墙遗迹，圆体稍有变形微倾斜。高 18.9、底径 7.5～10.4 厘米（图一五三,7；图版二〇三，1）。

标本 M1：B677，出自土偶墙遗迹，圆体稍有变形微倾斜。高 20.7、底径 7.2～10.7 厘米（图一五三，8；图版二〇三，2）。

标本 M1：B290，出自土偶墙遗迹，圆体稍有变形下坠。高 18.4、底径 10～11.2 厘米（图版二〇三，3）。

标本 M1：B399，出自土偶墙遗迹，圆体稍有变形下坠微倾斜。高 19.6、底径 9.6～12 厘米（图版二〇三，4）。

标本 M1：B89，出自土偶墙遗迹，圆体稍有变形下坠微倾斜。高 18.8、底径 10.2～13.3 厘米（图版二〇三，5）。

标本 M1：B702，出自土偶墙遗迹，圆体稍有变形下坠微倾斜。高 16.4、底径 10.6～11.3 厘米（图版二〇三，6）。

标本 M1：B398，出自土偶墙遗迹，圆体稍有变形。高 20.1、底径 8.3～10.1 厘米（图一五四，1；图版二〇三，7）。

标本 M1：B689，出自土偶墙遗迹，圆体稍有变形。高 19.8、底径 9.3～11.9 厘米（图一五四，2；图版二〇三，8）。

标本 M1：B1089，出自土偶墙遗迹，圆体稍有变形。高 18、底径 7～11.4 厘米（图一五四，3；图版二〇三，9）。

标本 M1：B114，出自土偶墙遗迹，圆体稍有变形。高 18、底径 6.5～11 厘米（图版二〇三，10）。

标本 M1：B483，出自土偶墙遗迹，圆体稍有变形微倾斜。高 18.6、底径 9.4～10.5 厘米（图版二〇三，11）。

标本 M1：B1076，出自土偶墙遗迹，圆体稍有变形下坠微倾斜。高 17.8、底径 7.7～9.7 厘米（图版二〇三，12）。

标本 M1：B1296，出自土偶墙遗迹，圆体稍有变形下坠微倾斜。高 16、底径 13 厘米（图版二〇三，13）。

标本 M1：B279，出自土偶墙遗迹，圆体稍有变形下坠微倾斜。高 14.4、底径 10.9～12 厘米（图一五四，4；图版二〇三，14）。

标本 M1：B656，出自土偶墙遗迹，圆体稍有变形下坠微倾斜。高 16.2、底径 11.5～13.5 厘米（图一五四，5；图版二〇三，15）。

标本 M1：4－11，出自填土遗迹层，圆体稍有变形下坠。高 16.5、底径 12.4～14.6 厘米（图一五四，6；图版二〇三，16）。

标本 M1：B551，出自土偶墙遗迹，圆体稍有变形下坠微倾斜。高 18.1、底径 10～12 厘米（图版二〇三，17）。

标本 M1：B727，出自土偶墙遗迹，圆体稍有变形下坠微倾斜。高 16.9、底径 11～15.1 厘米（图版二〇三，18）。

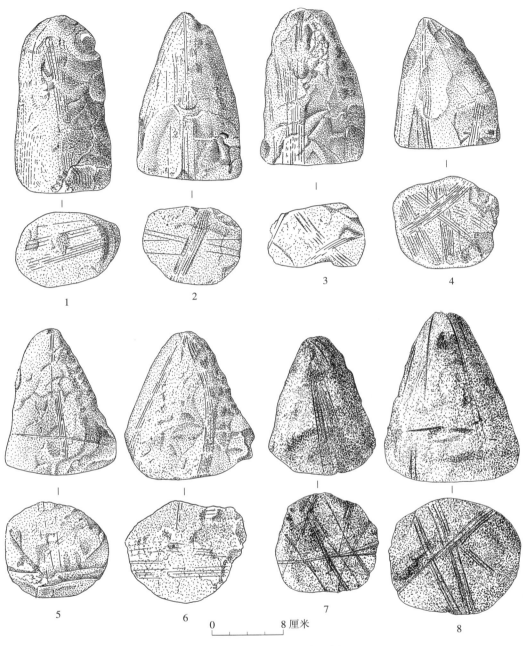

图一五四　圆形 B 型土偶

1 ~ 8.（M1：B398、B689、B1089、B279、B656、4 - 11、B1310、B1261）

标本 M1：B1310，出自土偶墙遗迹，圆体稍有变形下坠微倾斜。高 14.7、底径 12 ~ 12.2 厘米（图一五四，7；图版二〇四，1）。

标本 M1：B700，出自土偶墙遗迹，圆体稍有变形下坠微倾斜。高 14.9、底径 11.1 ~ 15.2 厘米（图版二〇四，2）。

标本 M1：B611，出自土偶墙遗迹，圆体稍有变形下坠微倾斜。高 15.2、底径 12.2 ~ 12.3 厘米（图版二〇四，3）。

标本 M1：B1312，出自土偶墙遗迹，圆体稍有变形下坠微倾斜。高 16.5、底径 12.6～15.6 厘米（图版二〇四，4）。

标本 M1：B1261，出自土偶墙遗迹，圆体稍有变形下坠微倾斜。高 18、底径 13.2～14.2 厘米（图一五四，8；图版二〇四，5）。

标本 M1：B1318，出自土偶墙遗迹，圆体稍有变形下坠。高 16.5、底径 12.5～14 厘米（图一五五，1；图版二〇四，6）。

标本 M1：B597，出自土偶墙遗迹，圆体稍有变形下坠微倾斜。高 14.9、底径 8～13 厘米（图版二〇四，7）。

标本 M1：B1216，出自土偶墙遗迹，圆体稍有变形下坠微倾斜。高 16.8、底径 9.2～10.3 厘米（图一五五，2；图版二〇四，8）。

标本 M1：B4，出自土偶墙遗迹，圆体稍有变形下坠微倾斜。高 15.4、底径 9.1～11 厘米（图版二〇四，9）。

标本 M1：B1053，出自土偶墙遗迹，圆体稍有变形下坠微倾斜。高 15、底径 10.2～10.8 厘米（图一五五，3；图版二〇四，10）。

标本 M1：B1035，出自土偶墙遗迹，圆体稍有变形下坠微倾斜。高 16.8、底径 9.5～10.3 厘米（图一五五，4；图版二〇四，11）。

标本 M1：B439，出自土偶墙遗迹，圆体稍有变形下坠微倾斜。高 14.8、底径 10～11.4 厘米（图版二〇四，12）。

标本 M1：B613，出自土偶墙遗迹，圆体稍有变形下坠微倾斜。高 14.7、底径 10.4～11 厘米（图版二〇四，13）。

标本 M1：B1292，出自土偶墙遗迹，圆体稍有变形下坠微倾斜。高 14、底径 11.2～13.5 厘米（图一五五，5；图版二〇四，14）。

标本 M1：B666，出自土偶墙遗迹，圆体稍有变形下坠微倾斜。高 15、底径 11～12 厘米（图版二〇四，15）。

标本 M1：B1320，出自土偶墙遗迹，圆体稍有变形下坠微倾斜。高 14.2、底径 10.5～13.1 厘米（图一五五，6；图版二〇四，16）。

标本 M1：B608，出自土偶墙遗迹，圆体稍有变形下坠微倾斜。高 14.4、底径 11.9～13.6 厘米（图版二〇四，17）。

标本 M1：B1327，出自土偶墙遗迹，圆体稍有变形下坠微倾斜。高 14.9、底径 10.4～12.1 厘米（图一五五，7；图版二〇四，18）。

标本 M1：B642，出自土偶墙遗迹，圆体稍有变形下坠微倾斜。高 12.5、底径 12 厘米（图版二〇五，1）。

标本 M1：B667，出自土偶墙遗迹，圆体稍有变形下坠微倾斜。高 12.4、底径 12.1～13 厘米（图版二〇五，2）。

标本 M1：B602，出自土偶墙遗迹，圆体稍有变形下坠微倾斜。高 11.2、底径 10.4～11.4 厘米（图版二〇五，3）。

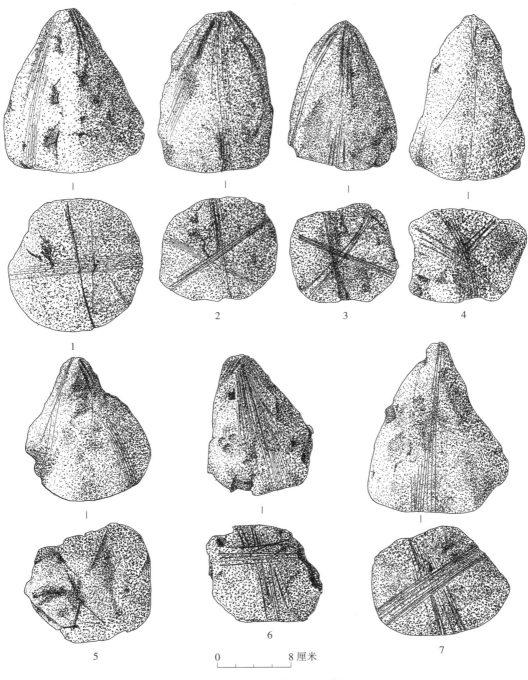

图一五五　圆形 B 型土偶

1～8.（M1：B1318、B1216、B1053、B1035、B1292、B1320、B1327）

标本 M1：B1175，出自土偶墙遗迹，圆体稍有变形下坠微倾斜。高 13.2、底径 11 厘米（图版二〇五，4）。

标本 M1：B647，出自土偶墙遗迹，圆体稍有变形下坠微倾斜。高 11.5、底径 11～12 厘米（图版二〇五，5）。

标本 M1：B594，出自土偶墙遗迹，圆体稍有变形下坠微倾斜。高 13.4、底径 9.8～10.2 厘米（图版二〇五，6）。

标本 M1：B1086，出自土偶墙遗迹，圆体稍有变形下坠微倾斜。高 15.6、底径 12～13.7 厘米（图一五六，1；图版二〇五，7）。

标本 M1：B423，出自土偶墙遗迹，圆体稍有变形下坠微倾斜。高 17.4、底径 11～14 厘米（图版二〇五，8）。

标本 M1：B662，出自土偶墙遗迹，圆体稍有变形下坠微倾斜。高 13.7、底径 12.5～13.6 厘米（图版二〇五，9）。

标本 M1：B644，出自土偶墙遗迹，圆体稍有变形下坠微倾斜。高 16.2、底径 12～14.3 厘米（图版二〇五，10）。

标本 M1：B615，出自土偶墙遗迹圆体稍有变形下坠微倾斜。高 15.5、底径 13.2～15.1 厘米（图版二〇五，11）。

标本 M1：B1270，出自土偶墙遗迹，圆体稍有变形下坠微倾斜。高 14.1、底径 12.2 厘米（图版二〇五，12）。

标本 M1：B1331，出自土偶墙遗迹，圆体稍有变形下坠微倾斜。高 15.9、底径 11～14.9 厘米（图版二〇五，13）。

标本 M1：B1283，出自土偶墙遗迹，圆体稍有变形下坠微倾斜。高 17、底径 9.5～13 厘米（图一五六，2；图版二〇五，14）。

标本 M1：B441，出自土偶墙遗迹，圆体稍有变形下坠微倾斜。高 15.5、底径 9.8～13.5 厘米（图版二〇五，15）。

标本 M1：1322，出自填土遗迹层，圆体稍有变形下坠微倾斜。高 14.4、底径 11.4～13.5 厘米（图一五六，3；图版二〇五，16）。

标本 M1：B555，出自土偶墙遗迹，圆体稍有变形下坠微倾斜。高 15.6、底径 13.1～14.5 厘米（图版二〇五，17）。

标本 M1：B641，出自土偶墙遗迹，圆体稍有变形下坠微倾斜。高 15.1、底径 11～11.9 厘米（图版二〇五，18）。

标本 M1：B1324，出自土偶墙遗迹，高 15、底径 13.2～16.3 厘米（图一五六，4；图版二〇六，1）。

标本 M1：B1307，出自土偶墙遗迹，圆体稍有变形下坠微倾斜。高 15.9、底径 13.5～16.5 厘米（图版二〇六，2）。

标本 M1：B1314，出自土偶墙遗迹，圆体稍有变形下坠微倾斜。高 14.8、底径 12.2～14.4 厘米（图版二〇六，3）。

标本 M1：B1301，出自土偶墙遗迹，圆体稍有变形下坠微倾斜。高 13.3、底径 11～16 厘米（图版二〇六，4）。

标本 M1：B1299，出自土偶墙遗迹，圆体稍有变形下坠微倾斜。高 13.4、底径 13.2～13.5 厘米（图一五六，5；图版二〇六，5）。

标本 M1：B1269，出自土偶墙遗迹，圆体稍有变形下坠微倾斜。高 15.4、底径 13～13.8 厘米

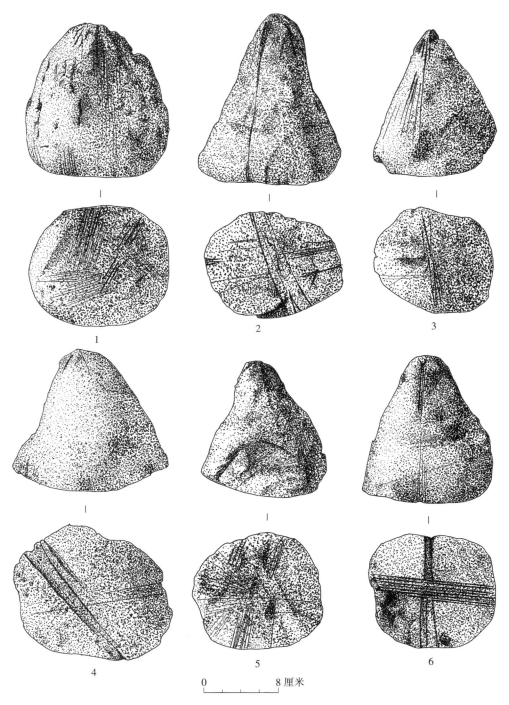

0   8 厘米

图一五六　圆形 B 型土偶

1~6.（M1：B1086、B1283、B1322、B1324、B1299、B1269）

（图一五六，6；图版二〇六，6）。

标本 M1：B1281，出自土偶墙遗迹，圆体稍有变形下坠微倾斜。高 17.1、底径 9.6~13.6 厘米
（图版二〇六，7）。

标本 M1：B622，出自土偶墙遗迹，圆体稍有变形下坠微倾斜。高 15.6、底径 12.7~13.6 厘米

（图版二〇六，8）。

标本 M1：B1332，出自土偶墙遗迹，圆体稍有变形下坠微倾斜。高 18.5、底径 13.6～17.2 厘米（图版二〇六，9）。

标本 M1：B1290，出自土偶墙遗迹，圆体稍有变形下坠微倾斜。高 17、底径 13.5 厘米（图一五七,1；图版二〇六，10）。

标本 M1：B1289，出自土偶墙遗迹，圆体稍有变形下坠微倾斜。高 16.5、底径 12.8～14 厘米（图版二〇六，11）。

标本 M1：B241，出自土偶墙遗迹，圆体稍有变形下坠微倾斜。高 16.5、底径 13～16.2 厘米（图一五七，2；图版二〇六，12）。

标本 M1：B523，出自土偶墙遗迹，圆体稍有变形下坠微倾斜。高 15、底径 9.2～11.3 厘米（图版二〇六，13）。

标本 M1：256，出自填土遗迹层，圆体稍有变形下坠微倾斜。，高 18.2、底径 9.2～12 厘米（图版二〇六，14）。

标本 M1：B533，出自土偶墙遗迹，圆体稍有变形下坠微倾斜。高 16、底径 9.9～12.4 厘米（图版二〇六，15）。

标本 M1：B629，出自土偶墙遗迹，圆体稍有变形下坠微倾斜。高 14.9、底径 15～15.4 厘米（图一五七，3；图版二〇六，16）。

标本 M1：B1060，出自土偶墙遗迹，圆体稍有变形下坠微倾斜。高 14.6、底径 9.2～13.1 厘米（图版二〇六，17）。

标本 M1：B978，出自土偶墙遗迹，圆体稍有变形下坠微倾斜。高 15.8、底径 9.5～11 厘米（图版二〇六，18）。

标本 M1：1－40，出自填土遗迹层，圆体稍有变形下坠微倾斜。高 17.5、底径 8～9 厘米（图版二〇七，1）。

标本 M1：B293，出自土偶墙遗迹，圆体稍有变形下坠微倾斜。高 15、底径 11 厘米（图版二〇七，2）。

标本 M1：B1177，出自土偶墙遗迹，圆体稍有变形下坠微倾斜。高 14.5、底径 10～11.5 厘米（图版二〇七，3）。

标本 M1：B383，出自土偶墙遗迹，圆体稍有变形下坠微倾斜。高 17.5、底径 9.5～11.5 厘米（图版二〇七，4）。

标本 M1：B1201，出自土偶墙遗迹，圆体稍有变形下坠微倾斜。高 15、底径 8～10 厘米（图版二〇七，5）。

标本 M1：B327，出自土偶墙遗迹，圆体稍有变形下坠微倾斜。高 17.5、底径 10.5 厘米（图版二〇七，6）。

标本 M1：B864，出自土偶墙遗迹，圆体稍有变形下坠微倾斜。高 18、底径 10.5 厘米（图版二〇七，7）。

标本 M1：348，出自填土遗迹层，圆体稍有变形下坠微倾斜。高 16.5、底径 18～11 厘米（图版

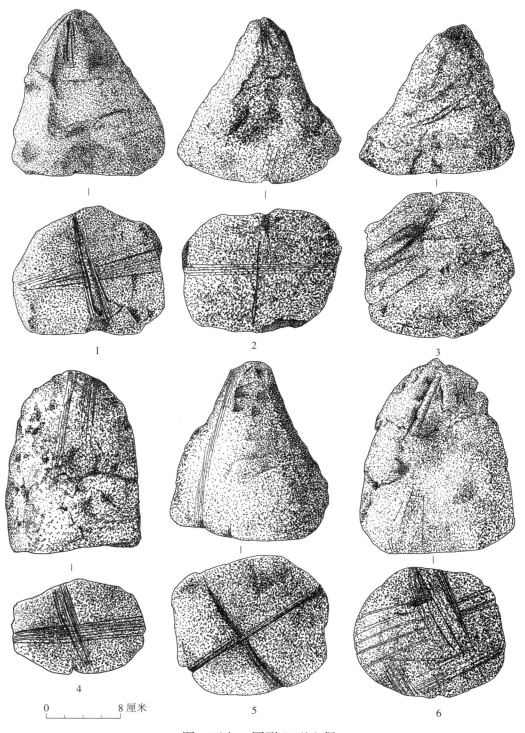

图一五七　圆形 B 型土偶

1~6.（M1：B1290、B241、B629、B535、B1286、B258）

二○七，8）。

　　标本 M1：B1268，出自土偶墙遗迹，圆体稍有变形下坠微倾斜。高 17.2、底径 8.5~13 厘米（图版二○七，9）。

标本 M1：7－47，出自填土遗迹层，圆体稍有变形微倾斜。高 16、底径 9～11 厘米（图版二〇七，10）。

标本 M1：B1048，出自土偶墙遗迹，圆体稍有变形微倾斜。高 19.2、底径 8～12 厘米（图版二〇七，11）。

标本 M1：B1247，出自土偶墙遗迹，圆体稍有变形微倾斜。高 15.5、底径 10～11.5 厘米（图版二〇七，12）。

标本 M1：B686，出自土偶墙遗迹，圆体稍有变形微倾斜。高 19.5、底径 8～10.5 厘米（图版二〇七，13）。

标本 M1：B416，出自土偶墙遗迹，圆体稍有变形下坠微倾斜。高 18.7、底径 9.5～13 厘米（图版二〇七，14）。

标本 M1：B346，出自土偶墙遗迹，圆体稍有变形下坠微倾斜。高 20.2、底径 9～11.5 厘米（图版二〇七，15）。

标本 M1：B1319，出自土偶墙遗迹，圆体稍有变形微倾斜。高 17.5、底径 9～13 厘米（图版二〇七，16）。

标本 M1：B1041，出自土偶墙遗迹，圆体稍有变形下坠微倾斜。高 17、底径 11～11.5 厘米（图版二〇七，17）。

标本 M1：6－20，出自填土遗迹层，圆体稍有变形微倾斜。高 18.5、底径 9～12 厘米（图版二〇七，18）。

标本 M1：B27，出自填土遗迹层，圆形锥状体有变形微倾斜，高 18、底径 7.7～11 厘米（图版二〇八，1）。

标本 M1：B781，出自土偶墙遗迹，圆体稍有变形微倾斜。高 19.8、底径 7.5～9 厘米（图版二〇八，2）。

标本 M1：13－21，出自填土遗迹层，圆体稍有变形微倾斜。高 19.3、底径 8～10 厘米（图版二〇八，3）。

标本 M1：B1212，出自土偶墙遗迹，圆体稍有变形下坠微倾斜。高 17、底径 10～12.5 厘米（图版二〇八，4）。

标本 M1：B1259，出自土偶墙遗迹，圆体稍有变形微倾斜。高 18.5、底径 9～9.6 厘米（图版二〇八，5）。

标本 M1：B1038，出自土偶墙遗迹，圆体稍有变形微倾斜。高 17、底径 9～11 厘米（图版二〇八，6）。

标本 M1：B809，出自土偶墙遗迹，圆体稍有变形。高 19、底径 8～11 厘米（图版二〇八，7）。

标本 M1：B930，出自土偶墙遗迹，圆体稍有变形。高 18.5、底径 8～10 厘米（图版二〇八，8）。

标本 M1：B337，出自土偶墙遗迹，圆体稍有变形。高 19.3、底径 7.5～11 厘米（图版二〇八，9）。

标本 M1：B875，出自土偶墙遗迹，圆体稍有变形。高 17.7、底径 8～11 厘米（图版二〇八，10）。

标本 M1：B560，出自土偶墙遗迹，圆体稍有变形微倾斜。高 17.5、底径 11～12.5 厘米（图版二〇八，11）。

标本 M1∶96，出自填土遗迹层，圆体稍有变形。高 18、底径 9～12.5 厘米（图版二〇八，12）。

标本 M1∶B681，出自土偶墙遗迹，圆体稍有变形。高 20、底径 8～12.5 厘米（图版二〇八，13）。

标本 M1∶B724，出自土偶墙遗迹，圆体稍有变形下坠微倾斜。高 20、底径 10～12.5 厘米（图版二〇八，14）。

标本 M1∶B949，出自土偶墙遗迹，圆体稍有变形微倾斜。高 20.5、底径 8～12 厘米（图版二〇八，15）。

标本 M1∶B996，出自土偶墙遗迹，圆体稍有变形微倾斜。高 20.2、底径 8～11 厘米（图版二〇八，16）。

标本 M1∶B403，出自土偶墙遗迹，圆体稍有变形。高 20、底径 9～11 厘米（图版二〇八，17）。

标本 M1∶B984，出自土偶墙遗迹，圆体稍有变形微倾斜。高 20.2、底径 10～10.5 厘米（图版二〇八，18）。

标本 M1∶B92，出自土偶墙遗迹，圆体稍有变形下坠。，高 17.5、底径 12～13 厘米（图版二〇九，1）。

标本 M1∶184，出自填土遗迹层，圆体稍有变形。高 18、底径 12～13 厘米（图版二〇九，2）。

标本 M1∶B628，出自土偶墙遗迹，圆体稍有变形下坠。高 17、底径 13～14.5 厘米（图版二〇九，3）。

标本 M1∶B937，出自土偶墙遗迹，圆体稍有变形下坠微倾斜。高 20.2、底径 9.5～13.5 厘米（图版二〇九，4）。

标本 M1∶B1315，出自土偶墙遗迹，圆体稍有变形下坠微倾斜。高 17.5、底径 8.5～12.5 厘米（图版二〇九，5）。

标本 M1∶B492，出自土偶墙遗迹，圆体稍有变形下坠微倾斜。高 17.5、底径 10～13.5 厘米（图版二〇九，6）。

标本 M1∶234，出自填土遗迹层，圆体稍有变形微倾斜。高 21、底径 10～13 厘米（图版二〇九，7）。

标本 M1∶B251，出自土偶墙遗迹，圆体稍有变形微倾斜。高 20、底径 11.5～12 厘米（图版二〇九，8）。

标本 M1∶B259，出自土偶墙遗迹，圆体稍有变形微倾斜。高 20.5、底径 9～11.5 厘米（图版二〇九，9）。

标本 M1∶349－2，出自填土遗迹层，圆体稍有变形下坠微倾斜。高 17、底径 7.5～16.5 厘米（图版二〇九，10）。

标本 M1∶B535，出自土偶墙遗迹，圆体稍有变形微倾斜。高 18.7、底径 10～13 厘米（图一五七，4；图版二〇九，11）。

标本 M1∶B784，出自土偶墙遗迹，圆体稍有变形微倾斜。高 20、底径 7.5～9.5 厘米（图版二〇九，12）。

标本 M1∶B1128，出自土偶墙遗迹，圆体稍有变形微倾斜。高 20.3、底径 10～10.6 厘米（图版二〇九，13）。

标本 M1∶B1271，出自土偶墙遗迹，圆体稍有变形下坠微倾斜。高 19、底径 11.5～14 厘米（图版二〇九，14）。

　　标本 M1：1－2，出自填土遗迹层，圆体稍有变形微倾斜。高 20、底径 10.5～11.5 厘米（图版二〇九，15）。

　　标本 M1：B813，出自土偶墙遗迹，圆体稍有变形下坠微倾斜。高 19、底径 8.5～11.5 厘米（图版二〇九，16）。

　　标本 M1：B1023，出自土偶墙遗迹，圆体稍有变形微倾斜。高 18.5、底径 9～12 厘米（图版二〇九，17）。

　　标本 M1：B931，出自土偶墙遗迹，圆体稍有变形微倾斜。高 21.2、底径 9.8～13 厘米（图版二〇九，18）。

　　标本 M1：B732，出自土偶墙遗迹，圆体稍有变形下坠微倾斜。高 13.5、底径 9～15 厘米（图版二一〇，1）。

　　标本 M1：B1288，出自土偶墙遗迹，圆体稍有变形下坠微倾斜。高 17、底径 14～13.5 厘米（图版二一〇，2）。

　　标本 M1：B1297，出自土偶墙遗迹，圆体稍有变形下坠微倾斜。高 20、底径 12～15.5 厘米（图版二一〇，3）。

　　标本 M1：B1074，出自土偶墙遗迹，圆体稍有变形下坠微倾斜。高 18、底径 11.5～12 厘米（图版二一〇，4）。

　　标本 M1：B734，出自土偶墙遗迹，圆体稍有变形下坠微倾斜。高 17.4、底径 12～13 厘米（图版二一〇，5）。

　　标本 M1：B894，出自土偶墙遗迹，圆体稍有变形下坠微倾斜。高 18.8、底径 11～14.5 厘米（图版二一〇，6）。

　　标本 M1：B349，出自土偶墙遗迹，圆体稍有变形下坠微倾斜。高 17.5、底径 12～16 厘米（图版二一〇，7）。

　　标本 M1：B422，出自土偶墙遗迹，圆体稍有变形下坠微倾斜。高 17.2、底径 11.5～14 厘米（图版二一〇，8）。

　　标本 M1：B1286，出自土偶墙遗迹，圆体稍有变形下坠微倾斜。高 18.5、底径 14.5～17 厘米（图一五七，5；图版二一〇，9）。

　　标本 M1：B747，出自土偶墙遗迹，圆体稍有变形下坠微倾斜。高 16.8、底径 13～17 厘米（图版二一〇，10）。

　　标本 M1：258，出自填土遗迹层，圆体稍有变形下坠微倾斜。高 19.5、底径 13～14.5 厘米（图一五七，6；图版二一〇，11）。

　　标本 M1：B630，出自土偶墙遗迹，圆体稍有变形下坠微倾斜。高 16、底径 14～16 厘米（图版二一〇，12）。

　　标本 M1：B631，出自土偶墙遗迹，圆体变形残缺，修复完整，整体向一侧倾斜，高 17、底径 13～14 厘米。

　　标本 M1：16－7，出自填土遗迹层，圆体变形残缺，修复完整，整体向一侧倾斜。高 17.3、底径

10～11 厘米。

标本 M1∶B609，出自土偶墙遗迹，圆体变形残缺，修复完整，整体向一侧倾斜。高 13.6、底径 9～12.5 厘米。

标本 M1∶10－21，出自填土遗迹层，圆体变形残缺，修复完整，整体向一侧倾斜。高 18、底径 6.5～11.5 厘米。

标本 M1∶167，出自填土遗迹层，圆体变形残缺，修复完整，整体向一侧倾斜。高 16.5、底径 9～11 厘米。

标本 M1∶144，出自填土遗迹层，圆体变形残缺，修复完整，整体向一侧倾斜。高 19、底径 8.5～9.6 厘米。

标本 M1∶B373，出自土偶墙遗迹，圆体变形残缺，修复完整，整体向一侧倾斜。底部残缺，高 18.3、底径 5～10.5 厘米。

标本 M1∶B396，出自土偶墙遗迹，圆体变形残缺，修复完整，整体向一侧倾斜。高 21.7、底径 8～9.5 厘米。

标本 M1∶B206，出自土偶墙遗迹，圆体变形残缺，修复完整，整体向一侧倾斜。底部残缺，高 17、底径 9～14 厘米。

标本 M1∶7－25，出自填土遗迹层，圆体变形残缺，修复完整，整体向一侧倾斜。高 14.3、底径 8～11.5 厘米。

标本 M1∶17，出自填土遗迹层，圆体变形残缺，修复完整，整体向一侧倾斜。高 19、底径 9～12 厘米。

标本 M1∶B3，出自土偶墙遗迹，圆体变形残缺，修复完整，整体向一侧倾斜。高 20、底径 9～12 厘米。

标本 M1∶B367，出自土偶墙遗迹，圆体变形残缺，修复完整，整体向一侧倾斜。高 12.5、底径 7～10.5 厘米。

标本 M1∶260，出自填土遗迹层，圆体变形残缺，修复完整，整体向一侧倾斜。高 16.5、底径 9～11 厘米。

标本 M1∶8－10，出自填土遗迹层，圆体变形残缺，修复完整，整体向一侧倾斜。高 19、底径 8.4～9.5 厘米。

标本 M1∶214，出自填土遗迹层，圆体变形残缺，修复完整，整体向一侧倾斜。高 17、底径 9.3～9.5 厘米。

标本 M1∶177，出自填土遗迹层，圆体变形残缺，修复完整，整体向一侧倾斜。高 16.5、底径 9～9.5 厘米。

标本 M1∶B512，出自土偶墙遗迹，圆体变形体向一侧倾斜，顶部残缺，高 18.5、底径 8.5～10 厘米。

标本 M1∶B530，出自土偶墙遗迹，圆体变形体向一侧倾斜，底部残缺。高 15.6、底径 9～14 厘米。

标本 M1∶175，出自填土遗迹层，圆体变形残缺，修复完整，整体向一侧倾斜。高 14.5、底径 8～

10.5 厘米。

标本 M1：215，出自填土遗迹层，圆体变形残缺，修复完整，整体向一侧倾斜。高 19、底径 9.5～11 厘米。

标本 M1：B1252，出自土偶墙遗迹，圆体变形残缺，修复完整，整体向一侧倾斜。高 18、底径 8.5～10.5 厘米。

标本 M1：29 - 1，出自填土遗迹层，圆体变形残缺，修复完整，整体向一侧倾斜。高 19.7、底径 9.5～10 厘米。

标本 M1：10 - 2 - 1，出自填土遗迹层，圆体变形残缺，修复完整，整体向一侧倾斜。高 18、底径 8.3～9.5 厘米。

标本 M1：B1029，出自土偶墙遗迹，圆体变形残缺，修复完整，整体向一侧倾斜。高 14、底径 10～14 厘米。

标本 M1：B402，出自土偶墙遗迹，圆体变形残缺，修复完整，整体向一侧倾斜。高 17.5、底径 8～11 厘米。

标本 M1：B256，出自土偶墙遗迹，圆体变形，整体向一侧倾斜，顶部残缺。高 22、底径 8～11 厘米。

标本 M1：10 - 11，出自填土遗迹层，圆体变形残缺，修复完整，整体向一侧倾斜。高 19、底径 9.5～10.5 厘米。

标本 M1：B854，出自土偶墙遗迹，圆体变形残缺，修复完整，整体向一侧倾斜。高 19.5、底径 9.5～13 厘米。

标本 M1：B1183，出自土偶墙遗迹，圆体变形残缺，修复完整，整体向一侧倾斜。高 17.5、底径 11.8～14 厘米。

标本 M1：16 - 23，出自填土遗迹层，圆体变形残缺，修复完整，整体向一侧倾斜。高 17.6、底径 7.5～10.8 厘米。

标本 M1：194，出自填土遗迹层，圆体变形残缺，修复完整，整体向一侧倾斜。高 18.7、底径 9.5～12.5 厘米。

标本 M1：B922，出自土偶墙遗迹，圆体变形残缺，修复完整，整体向一侧倾斜。高 18.5、底径 8.5～10 厘米。

标本 M1：B67，出自土偶墙遗迹，圆体变形残缺，修复完整，整体向一侧倾斜。高 15.5、底径 8.7～10.5 厘米。

标本 M1：B487，出自土偶墙遗迹，圆体变形残缺，修复完整，整体向一侧倾斜。高 16.3、底径 12.5～12 厘米。

标本 M1：188，出自填土遗迹层，圆体变形残缺，修复完整，整体向一侧倾斜。高 17、底径 8.5～11 厘米。

标本 M1：B102，出自土偶墙遗迹，圆体变形残缺，修复完整，整体向一侧倾斜。高 18.5、底径 12.5～11.5 厘米。

标本 M1：118，出自填土遗迹层，圆体变形残缺，修复完整，整体向一侧倾斜。高 18.4、底径 7～

10. 5 厘米。

标本 M1：B705，出自土偶墙遗迹，圆体变形残缺，修复完整，整体向一侧倾斜。高 20、底径 9 ~ 10. 3 厘米。

标本 M1：B1362，出自土偶墙遗迹，圆体变形残缺，修复完整，整体向一侧倾斜。高 11. 5、底径 12 ~ 13 厘米。

标本 M1：10 - 13，出自填土遗迹层，圆体变形残缺，修复完整，整体向一侧倾斜。高 17、底径 9 ~ 10. 5 厘米。

标本 M1：B903，出自土偶墙遗迹，圆体变形残缺，修复完整，整体向一侧倾斜。高 18. 5、底径 10. 5 ~ 12 厘米。

标本 M1：204，出自填土遗迹层，圆体变形残缺，修复完整，整体向一侧倾斜。高 19. 5、底径 9. 5 ~ 11 厘米。

标本 M1：B434，出自土偶墙遗迹，圆体变形残缺，修复完整，整体向一侧倾斜。底部残缺，高 20、底径 8 ~ 10. 5 厘米。

标本 M1：B419，出自土偶墙遗迹，圆体变形残缺，修复完整，整体向一侧倾斜。高 13、底径 10 ~ 13 厘米。

标本 M1：B1064，出自土偶墙遗迹，圆体变形残缺，修复完整，整体向一侧倾斜。高 17. 2、底径 11 ~ 12. 5 厘米。

标本 M1：7 - 14，出自填土遗迹层，圆体变形残缺，修复完整，整体向一侧倾斜。高 15. 5、底径 8 ~ 12 厘米。

标本 M1：249，出自填土遗迹层，圆体变形残缺，修复完整，整体向一侧倾斜。高 16. 3、底径 10. 5 ~ 12 厘米。

标本 M1：B1198，出自土偶墙遗迹，圆体变形残缺，修复完整，整体向一侧倾斜。高 19. 3、底径 8 ~ 12 厘米。

标本 M1：B463，出自土偶墙遗迹，圆体变形残缺，修复完整，整体向一侧倾斜。高 17、底径 9 ~ 16 厘米。

标本 M1：9 - 4，出自填土遗迹层，圆体变形残缺，修复完整，整体向一侧倾斜。高 22、底径 11 ~ 14 厘米。

标本 M1：7 - 13，出自填土遗迹层，圆体变形残缺，修复完整，整体向一侧倾斜。高 16. 5、底径 7 ~ 10 厘米。

标本 M1：291，出自填土遗迹层，圆体变形残缺，修复完整，整体向一侧倾斜。高 18. 5、底径 10. 5 ~ 13 厘米。

标本 M1：110，出自填土遗迹层，圆体变形残缺，修复完整，整体向一侧倾斜。高 16. 5、底径 8. 5 ~ 10 厘米。

标本 M1：386，出自填土遗迹层，圆体变形残缺，修复完整，整体向一侧倾斜。高 17、底径 7. 5 ~ 10 厘米。

标本 M1：70，出自填土遗迹层，圆体变形残缺，修复完整，整体向一侧倾斜。高 15. 5、底径 9. 2 ~

12 厘米。

标本 M1：8－32，出自填土遗迹层，圆体变形残缺，修复完整，整体向一侧倾斜。高 16.5、底径 8.5～12 厘米。

标本 M1：152，出自填土遗迹层，圆体变形残缺，修复完整，整体向一侧倾斜。高 19.5、底径 8～13 厘米。

标本 M1：232－1，出自填土遗迹层，圆体变形残缺，修复完整，整体向一侧倾斜。高 20、底径 9～11 厘米。

标本 M1：B406，出自土偶墙遗迹，圆体变形残缺，修复完整，整体向一侧倾斜。高 18、底径 9.5～13 厘米。

标本 M1：8－13，出自填土遗迹层，圆体变形残缺，修复完整，整体向一侧倾斜。高 21.7、底径 8～10.5 厘米。

标本 M1：16－6，出自填土遗迹层，圆体变形残缺，修复完整，整体向一侧倾斜。高 15、底径 8.5～9 厘米。

标本 M1：B486，出自土偶墙遗迹，圆体变形残缺，修复完整，整体向一侧倾斜。高 17.5、底径 9～13 厘米。

标本 M1：B729，出自土偶墙遗迹，圆体变形残缺，修复完整，整体向一侧倾斜。高 14.5、底径 11～12.5 厘米。

标本 M1：347，出自填土遗迹层，圆体变形残缺，修复完整，整体向一侧倾斜。高 17.5、底径 8.5～12 厘米。

标本 M1：B738，出自土偶墙遗迹，圆体变形残缺，修复完整，整体向一侧倾斜。高 18.5、底径 11～16.5 厘米。

标本 M1：155，出自填土遗迹层，圆体变形残缺，修复完整，整体向一侧倾斜。高 20.7、底径 12～13 厘米。

标本 M1：B585，出自土偶墙遗迹，圆体变形残缺，修复完整，整体向一侧倾斜。高 15、底径 8.5～10 厘米。

标本 M1：B557，出自土偶墙遗迹，圆体变形残缺，修复完整，整体向一侧倾斜。高 17.8、底径 8～11 厘米。

标本 M1：B461－1，出自土偶墙遗迹，圆体变形残缺，修复完整，整体向一侧倾斜。高 21、底径 10～11 厘米。

标本 M1：B601，出自土偶墙遗迹，圆体变形残缺，修复完整，整体向一侧倾斜。高 21、底径 10～12 厘米。

标本 M1：15－20，出自填土遗迹层，圆体变形残缺，修复完整，整体向一侧倾斜。高 22.5、底径 9～11 厘米。

标本 M1：B360，出自土偶墙遗迹，圆体变形残缺，修复完整，整体向一侧倾斜。高 19.5、底径 8.5～13 厘米。

标本 M1：B351，出自土偶墙遗迹，圆体变形残缺，修复完整，整体向一侧倾斜。高 20、底径 10～

14.5 厘米。

标本 M1：B319，出自土偶墙遗迹，圆体变形残缺，修复完整，整体向一侧倾斜。高 19、底径 12～13 厘米。

标本 M1：B353，出自土偶墙遗迹，高 18、底径 9～13 厘米。

标本 M1：B87，出自土偶墙遗迹，圆体变形残缺，修复完整，整体向一侧倾斜。高 20.3、底径 9～13 厘米。

标本 M1：78，出自填土遗迹层，圆体变形残缺，修复完整，整体向一侧倾斜。高 19.2、底径 9.5～10 厘米。

标本 M1：16－33，出自填土遗迹层，圆体变形残缺，修复完整，整体向一侧倾斜。高 18.3、底径 8～10.5 厘米。

标本 M1：369，出自填土遗迹层，圆体变形残缺，修复完整，整体向一侧倾斜。高 17.5、底径 9～11 厘米。

标本 M1：7－23，出自填土遗迹层，圆体变形残缺，修复完整，整体向一侧倾斜。高 19、底径 7.5～12.5 厘米。

标本 M1：B945，出自土偶墙遗迹，圆体变形残缺，修复完整，整体向一侧倾斜。高 22、底径 10～11.5 厘米。

标本 M1：16－15，出自填土遗迹层，圆体变形残缺，修复完整，整体向一侧倾斜。高 20、底径 9～11 厘米。

标本 M1：B869，出自土偶墙遗迹，圆体变形残缺，修复完整，整体向一侧倾斜。高 20.5、底径 6.5～10 厘米。

标本 M1：B707，出自土偶墙遗迹，圆体变形残缺，修复完整，整体向一侧倾斜。高 16.5、底径 8.5 厘米。

标本 M1：8－30，出自填土遗迹层，圆体变形残缺，修复完整，整体向一侧倾斜。高 18.7、底径 7～10 厘米。

标本 M1：273，出自填土遗迹层，圆体变形残缺，修复完整，整体向一侧倾斜。高 19.5、底径 9.5～12 厘米。

标本 M1：373，出自填土遗迹层，圆体变形残缺，修复完整，整体向一侧倾斜。高 18、底径 8.5～13 厘米。

标本 M1：14－15，出自填土遗迹层，圆体变形残缺，修复完整，整体向一侧倾斜。高 18.5、底径 10～13 厘米。

标本 M1：131，出自填土遗迹层，圆体变形残缺，修复完整，整体向一侧倾斜。高 14.8、底径 8～11 厘米。

标本 M1：238，出自填土遗迹层，圆体变形残缺，修复完整，整体向一侧倾斜。高 17.5、底径 8.7～11 厘米。

标本 M1：395－1，出自填土遗迹层，圆体变形残缺，修复完整，整体向一侧倾斜。高 17、底径 9 厘米。

标本 M1：375，出自填土遗迹层，圆体变形残缺，修复完整，整体向一侧倾斜。高 20.5、底径 9.5～11 厘米。

标本 M1：286，出自填土遗迹层，圆体变形残缺，修复完整，整体向一侧倾斜。高 23、底径 7～13 厘米。

标本 M1：296－2，出自填土遗迹层，圆体变形残缺，修复完整，整体向一侧倾斜。高 17、底径 11～13.5 厘米。

标本 M1：B762，出自土偶墙遗迹，圆体变形残缺，修复完整，整体向一侧倾斜。高 19.8、底径 8.8～10.5 厘米。

标本 M1：B531，出自土偶墙遗迹，圆体变形残缺，修复完整，整体向一侧倾斜。高 15.3、底径 10.5～13 厘米。

标本 M1：254，出自填土遗迹层，圆体变形残缺，修复完整，整体向一侧倾斜。高 17.7、底径 11～12.5 厘米。

标本 M1：8－19，出自填土遗迹层，圆体变形残缺，修复完整，整体向一侧倾斜。高 18.5、底径 11～14.5 厘米。

标本 M1：B1131，出自土偶墙遗迹，圆体变形残缺，修复完整，整体向一侧倾斜。高 18.3、底径 7.5～10 厘米。

标本 M1：B810，出自土偶墙遗迹，圆体变形残缺，修复完整，整体向一侧倾斜。高 19、底径 8～10.5 厘米。

标本 M1：B397，出自土偶墙遗迹，高 17.7、底径 9～9.5 厘米。

标本 M1：13－17，出自填土遗迹层，圆体变形残缺，修复完整，整体向一侧倾斜。高 20.4、底径 9～11 厘米。

标本 M1：B1156，出自土偶墙遗迹，圆体变形残缺，修复完整，整体向一侧倾斜。高 17.5、底径 7～11.5 厘米。

标本 M1：B1042，出自土偶墙遗迹，圆体变形残缺，修复完整，整体向一侧倾斜。高 20.2、底径 10～11 厘米。

标本 M1：569，出自填土遗迹层，圆体变形残缺，修复完整，整体向一侧倾斜。高 15.5、底径 10.5～12.5 厘米。

标本 M1：B718，出自土偶墙遗迹，圆体变形残缺，修复完整，整体向一侧倾斜。高 21.5、底径 8～11 厘米。

标本 M1：B387，出自土偶墙遗迹，圆体变形残缺，修复完整，整体向一侧倾斜。高 18、底径 9～13 厘米。

标本 M1：B62，出自填土遗迹层，圆体变形残缺，修复完整，整体向一侧倾斜。高 19.5、底径 8～11.5 厘米。

标本 M1：9－10，出自填土遗迹层，圆体变形残缺，修复完整，整体向一侧倾斜。高 22.5、底径 9.5～11.5 厘米。

标本 M1：B620，出自土偶墙遗迹，圆体变形残缺，修复完整，整体向一侧倾斜。高 18.3、底径

6.5～11 厘米。

标本 M1∶221，出自填土遗迹层，圆体变形残缺，修复完整，整体向一侧倾斜。高18.5、底径7～11 厘米。

标本 M1∶B440，出自土偶墙遗迹，圆体变形残缺，修复完整，整体向一侧倾斜。高16.7、底径 10.5～15 厘米。

标本 M1∶B1300，出自土偶墙遗迹，圆体变形残缺，修复完整，整体向一侧倾斜。高17.3、底径 9～12.5 厘米。

标本 M1∶B1107，出自土偶墙遗迹，圆体变形残缺，修复完整，整体向一侧倾斜。高19、底径10～ 10.5 厘米。

标本 M1∶283，出自填土遗迹层，圆体变形残缺，修复完整，整体向一侧倾斜。高15.7、底径 7.5～11 厘米。

标本 M1∶B606，出自土偶墙遗迹，圆体变形残缺，修复完整，整体向一侧倾斜。高21、底径11～ 12 厘米。

标本 M1∶16－3，出自填土遗迹层，圆体变形残缺，修复完整，整体向一侧倾斜。高21、底径9～ 11 厘米。

标本 M1∶170，出自填土遗迹层，圆体变形残缺，修复完整，整体向一侧倾斜。高18、底径10.5～ 13 厘米。

标本 M1∶B1084，出自土偶墙遗迹，圆体变形残缺，修复完整，整体向一侧倾斜。高19.2、底径 6.5～10 厘米。

标本 M1∶B435，出自土偶墙遗迹，圆体变形残缺，修复完整，整体向一侧倾斜。高20.2、底径8～ 10 厘米。

三、圆形 C 型

该型66件，为残缺的圆形土偶，其圆锥体受压严重变形，但保留明显的圆锥体基本特征。该型 土偶个体大小不一致，有高矮胖瘦之分，残缺部位不同。体表均有明显的十字形草茎索状印痕，顶 部均有清晰纠结痕迹。

标本 M1∶11－4，出自填土遗迹层，圆形锥体变形，尖部残缺。残高16.5、底径10.5～11.5 厘米 （图版二一〇，13）。

标本 M1∶B91，出自土偶墙遗迹，圆形锥体变形，尖部残缺。残高19.5、底径10.5～13 厘米 （图版二一〇，14）。

标本 M1∶323，出自填土遗迹层，圆形锥体变形，尖部残缺。残高17.7、底径11.8～14 厘米 （图版二一〇，15）。

标本 M1∶8－29，出自填土遗迹层，圆形锥体变形，尖部残缺。残高18、底径11～12 厘米（图 版二一〇，16）。

标本 M1∶8－20，出自填土遗迹层，圆形锥体变形，尖部残缺。残高20、底径11～12 厘米（图版二一〇，17）。

标本 M1：16－41，出自填土遗迹层，圆形锥体变形，尖部残缺。残高 17、底径 9～10 厘米（图版二一〇，18）。

标本 M1：15－15，出自填土遗迹层，圆形锥体变形，尖部残缺。残高 15.5、底径 9 厘米。

标本 M1：11－10，出自填土遗迹层，圆形锥体变形，尖部残缺。残高 16.5、底径 9～9.5 厘米。

标本 M1：176，出自填土遗迹层，圆形锥体变形，尖部残缺。，残高 16、底径 12 厘米。

标本 M1：8－41，出自填土遗迹层，圆形锥体变形，尖部残缺。，残高 17.5、底径 10～11.5 厘米。

标本 M1：15－16，出自填土遗迹层，圆形锥体变形，尖部残缺。残高 15.8、底径 10～10.5 厘米。

标本 M1：18－8，出自填土遗迹层，圆形锥变形，完整微倾斜。残高 16、底径 10～10.5 厘米。

标本 M1：287，出自填土遗迹层，圆形锥体变形，尖部残缺。残高 15、底径 11 厘米。

标本 M1：9－14，出自填土遗迹层，圆形锥体变形，尖部残缺。残高 15、底径 9～10 厘米。

标本 M1：151，出自土偶墙遗迹，圆形锥体变形，尖部残缺。残高 14.3、底径 8.5～10.5 厘米。

标本 M1：10－14，出自填土遗迹层，圆形锥体变形，尖部残缺。残高 14.5、底径 9.5～10 厘米。

标本 M1：13－4，出自填土遗迹层，圆形锥体变形，尖部残缺。残高 16、底径 8.5 厘米。

标本、M1：6－7，出自填土、遗迹层，圆形锥体变形，尖部残缺。残高 16、底径 9～11 厘米。

标本 M1：补－01，出自填土遗迹层，矮圆形锥体稍有变形微向一侧倾斜。高 15、底径 11～13 厘米。

标本 M1：13－9，出自填土遗迹层，矮圆形锥体稍有变形微向一侧倾斜。高 17、底径 10.5～13.5 厘米。

标本 M1：7－20，出自填土遗迹层，矮圆形锥体稍有变形微向一侧倾斜。高 20、底径 8～13 厘米。

标本 M1：206，出自填土遗迹层，矮圆形锥体稍有变形微向一侧倾斜。高 22.5、底径 9～11.7 厘米。

标本 M1：15－6，出自填土遗迹层，矮圆形锥体稍有变形微向一侧倾斜。高 18、底径 8.5～9.4 厘米。

标本 M1：1－11，出自填土遗迹层，矮圆形锥体稍有变形微向一侧倾斜。高 20.6、底径 10.5～12 厘米。

标本 M1：220，出自填土遗迹层，矮圆形锥体稍有变形微向一侧倾斜。高 19.5、底径 5.5～8 厘米。

标本 M1：B814，出自土偶墙遗迹，矮圆形锥体稍有变形微向一侧倾斜。残高 18.5、底径 11～12.5 厘米。

标本 M1：292，出自填土遗迹层，矮圆形锥体稍有变形微向一侧倾斜。高 18.2、底径 11～13 厘米。

标本 M1：B840，出自土偶墙遗迹，矮圆形锥体稍有变形微向一侧倾斜。高 20、底径 8.5～9.5 厘米。

标本 M1：242，出自填土遗迹层，矮圆形锥体稍有变形微向一侧倾斜。高 18、底径 8～11 厘米。

标本 M1：137，出自填土遗迹层，矮圆形锥体稍有变形微向一侧倾斜。高 12、底径 7～10.5 厘米。

标本 M1：93，出自填土遗迹层，矮圆形锥体稍有变形微向一侧倾斜。高 19.5、底径 12.5～14 厘米。

标本 M1：10－16，出自填土遗迹层，矮圆形锥体稍有变形微向一侧倾斜。高 16、底径 7～10 厘米。

标本 M1：4－16，出自填土遗迹层，矮圆形锥体稍有变形微向一侧倾斜。高 17、底径 11～12 厘米。

标本 M1：6－23，出自填土遗迹层，矮圆形锥体稍有变形微向一侧倾斜。高 14.5、底径 10.5～12 厘米。

标本 M1：26－1，出自填土遗迹层，矮圆形锥体稍有变形微向一侧倾斜。高 15、底径 13 厘米。

标本 M1：B829，出自土偶墙遗迹，矮圆形锥体稍有变形微向一侧倾斜。高 23.5、底径 11～13.7 厘米。

标本 M1：248，出自填土遗迹层，矮圆形锥体稍有变形微向一侧倾斜。高 16、底径 8～10 厘米。

标本 M1：10－22，出自填土遗迹层，矮圆形锥体稍有变形微向一侧倾斜。高 19.5、底径 10～11.7 厘米。

标本 M1：18－25，出自填土遗迹层，矮圆形锥体稍有变形微向一侧倾斜。高 19.5、底径 10～11 厘米。

标本 M1：B1119，出自土偶墙遗迹，矮圆形锥体稍有变形微向一侧倾斜。高 16.5、底径 8.7～9.7 厘米。

标本 M1：16－50，出自填土遗迹层，矮圆形锥体稍有变形微向一侧倾斜。高 14、底径 8～9 厘米。

标本 M1：3，出自填土遗迹层，矮圆形锥体稍有变形向一侧倾斜，残高 12.8、底径 9～11.5 厘米。

标本 M1：11，出自填土遗迹层，矮圆形锥体稍有变形向一侧倾斜，高 16、底径 10～10.5 厘米。

标本 M1：13－23，出自填土遗迹层，矮圆形锥体稍有变形微向一侧倾斜。高 17.5、底径 8.5 厘米。

标本 M1：8－22，出自填土遗迹层，矮圆形锥体稍有变形微向一侧倾斜。残高 14、底径 10～11 厘米。

标本 M1：10－3，出自填土遗迹层，矮圆形锥体稍有变形向一侧倾斜，高 19.5、底径 9～10 厘米。

标本 M1：286－1，出自填土遗迹层，矮圆形锥体稍有变形微向一侧倾斜。高 14、底径 9.5～13 厘米。

标本 M1：4－18，出自填土遗迹层，矮圆形锥体稍有变形微向一侧倾斜。高 18.3、底径 7～8 厘米。

标本 M1：8－42，出自填土遗迹层，矮圆形锥体稍有变形微向一侧倾斜。残高 14.5、底径 9～11

厘米。

标本 M1：362，出自填土遗迹层，矮圆形锥体稍有变形微向一侧倾斜。高 15.8、底径 9～10 厘米。

标本 M1：B1078，出自土偶墙遗迹，矮圆形锥体稍有变形微向一侧倾斜。高 15.3、底径 12.5～13.5 厘米。

标本 M1：377－1，出自填土遗迹层，矮圆形锥体稍有变形微向一侧倾斜。高 16.5、底径 9.5～12 厘米。

标本 M1：B736，出自土偶墙遗迹，矮圆形锥体稍有变形微向一侧倾斜。高 16、底径 8.5～11.5 厘米。

标本 M1：13－10，出自填土遗迹层，矮圆形锥体稍有变形微向一侧倾斜。高 13、底径 9－9.5 厘米。

标本 M1：15－2，出自填土遗迹层，矮圆形锥体稍有变形微向一侧倾斜。高 20、底径 9.5～11 厘米。

标本 M1：378，出自填土遗迹层，矮圆形锥体稍有变形微向一侧倾斜。高 16.5、底径 6.5～7.5 厘米。

标本 M1：6－14，出自填土遗迹层，矮圆形锥体稍有变形微向一侧倾斜。高 13、底径 11.5～13.5 厘米。

标本 M1：6－5，出自填土遗迹层，矮圆形锥体稍有变形微向一侧倾斜。高 15.5、底径 11～12 厘米。

标本 M1：7－46，出自填土遗迹层，矮圆形锥体稍有变形微向一侧倾斜。高 18.4、底径 6.5～8.3 厘米。

标本 M1：16－24，出自填土遗迹层，矮圆形锥体稍有变形微向一侧倾斜。高 18、底径 7～11.5 厘米。

标本 M1：7－45，出自填土遗迹层，矮圆形锥体稍有变形微向一侧倾斜。高 16、底径 9～10.5 厘米。

标本 M1：18－3，出自填土遗迹层，矮圆形锥体稍有变形微向一侧倾斜。高 16.4、底径 8～8.5 厘米。

标本 M1：7－33，出自填土遗迹层，矮圆形锥体稍有变形微向一侧倾斜。高 16、底径 7～10 厘米。

标本 M1：6－2，出自填土遗迹层，矮圆形锥体稍有变形微向一侧倾斜。高 17.5、底径 6～11 厘米。

第二节　方形土偶

该型土偶 494 件，为方形类土偶。该类型土偶的体型特征是方锥形体，即方体平底尖顶，个体大小高矮不一致，一般高由 20 至 30 厘米，底径由 18 至 20 厘米。土偶因受压多有不同程度的变形，还有一些残缺的土偶。体表均有明显的十字形草茎索状印痕，顶部均有清晰纠结痕迹。根据其形状的不同又可以分为 A、B、C 三型。

一、方形 A 型

该型土偶 209 件，为体型比较完整的方形土偶。该型土偶是一种比较规正的方形锥体，但是具体到每一件个体又因受压稍微有一些变形。该型土偶个体大小不一致，有高矮胖瘦之分。体表均有明显的十字形草茎索状印痕，顶部均有清晰纠结痕迹。

标本 M1：23，出自填土遗迹层，方形锥体微变形。高 21.5、底径 9.5～12 厘米（图版二一一，1）。

标本 M1：B537，出自土偶墙遗迹，方形锥体微变形。高 23、底径 9.8～10.8 厘米（图版二一一，2）。

标本 M1：B138，出自土偶墙遗迹，方形锥体微变形。高 22.7、底径 8～10.2 厘米（图版二一一，3）。

标本 M1：B789，出自土偶墙遗迹，方形锥体微变形。高 23、底径 11.5～14.5 厘米（图版二一一，4）。

标本 M1：B75，出自土偶墙遗迹，方形锥体微变形。高 25.3、底径 10～13.4 厘米（图版二一一，5）。

标本 M1：B108，出自土偶墙遗迹，方形锥体微变形。高 27.4、底径 10～11 厘米（图版二一一，6）。

标本 M1：136，出自填土遗迹层，方形锥体微变形。高 15.2、底径 8～8.7 厘米（图一五八，1；图版二一一，7）。

标本 M1：13－25，出自填土遗迹层，方形锥体微变形。高 15、底径 9.5～10.5 厘米（图一五八，2；图版二一一，8）。

标本 M1：B169，出自土偶墙遗迹，方形锥体微变形。高 16、底径 7.5 厘米（图版二一一，9）。

标本 M1：B517，出自土偶墙遗迹，方形锥体微变形。高 14.7、底径 10～11 厘米（图版二一一，10）。

标本 M1：B207，出自土偶墙遗迹，方形锥体微变形。高 17.6、底径 8～9.5 厘米（图版二一一，11）。

标本 M1：7－4，出自填土遗迹层，方形锥体微变形。高 13.8、底径 8～9.5 厘米（图版二一一，12）。

标本 M1：321，出自填土遗迹层，方形锥体微变形。高 19.8、底径 8.3～8.7 厘米（图一五八，3；图版二一一，13）。

标本 M1：71，出自填土遗迹层，方形锥体微变形。高 21、底径 7.6～9 厘米（图一五八，4；图版二一一，14）。

标本 M1：B217，出自土偶墙遗迹，方形锥体微变形。高 20.5、底径 7.8～8.5 厘米（图一五八，5；图版二一一，15）。

标本 M1：B143，出自土偶墙遗迹，方形锥体微变形。高 18.2、底径 8～9.3 厘米（图版二一一，16）。

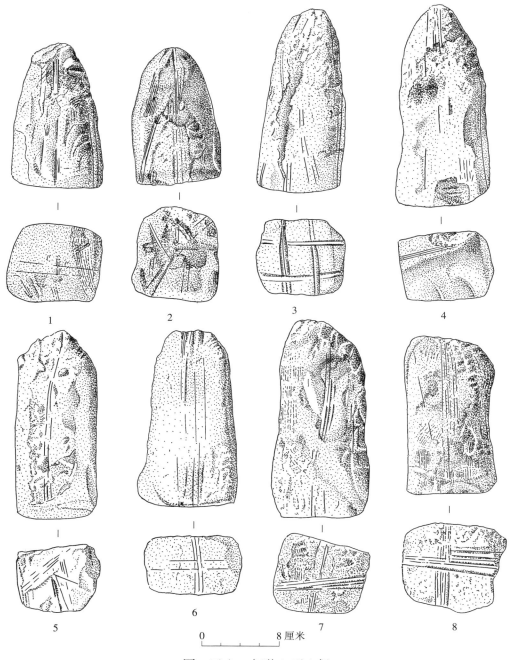

图一五八　方形 A 型土偶

1～8.（M1：136、13－25、321、71、B217、B231、B222、B230）

标本 M1：269，出自填土遗迹层，方形锥体微变形。高 18.5、底径 8～10 厘米（图版二一一，17）。

标本 M1：B20，出自土偶墙遗迹，方形锥体微变形。高 21、底径 8.5～9 厘米（图版二一一，18）。

标本 M1：B231，出自土偶墙遗迹，方形锥体微变形。高 19、底径 7～10 厘米（图一五八，6；图版二一二，1）。

标本 M1：B222，出自土偶墙遗迹，方形锥体微变形。高 21.5、底径 8～9.5 厘米（图一五八，7；

图版二一二，2）。

标本 M1∶B230，出自土偶墙遗迹，方形锥体微变形。高 17.3、底径 8.5～9.5 厘米（图一五八，8；图版二一二，3）。

标本 M1∶B244，出自土偶墙遗迹，方形锥体微变形。高 17、底径 7～10 厘米（图版二一二，4）。

标本 M1∶65，出自填土遗迹层，方形锥体微变形。高 16.7、底径 9～9.5 厘米（图版二一二，5）。

标本 M1∶318，出自填土遗迹层，方形锥体微变形。高 18、底径 9～10.3 厘米（图版二一二，6）。

标本 M1∶B579，出自土偶墙遗迹，方形锥体微变形。高 19.5、底径 8.3～10 厘米（图版二一二，7）。

标本 M1∶B232，出自土偶墙遗迹，方形锥体微变形。高 19.5、底径 7.3～9 厘米（图版二一二，8）。

标本 M1∶B212，出自土偶墙遗迹，方形锥体微变形。高 21、底径 7～9.7 厘米（图版二一二，9）。

标本 M1∶B135，出自土偶墙遗迹，方形锥体微变形。高 22.5、底径 8～8.5 厘米（图版二一二，10）。

标本 M1∶B962，出自土偶墙遗迹，方形锥体微变形。高 23.8、底径 8.5～10.5 厘米（图版二一二，11）。

标本 M1∶B209，出自土偶墙遗迹，方形锥体微变形。高 23.2、底径 7.5～9.5 厘米（图版二一二，12）。

标本 M1∶B163，出自土偶墙遗迹，方形锥体微变形。高 18.5、底径 9.5 厘米（图一五九，1；图版二一二，13）。

标本 M1∶B184，出自土偶墙遗迹，方形锥体微变形。高 17.3、底径 9～10 厘米（图一五九，2；图版二一二，14）。

标本 M1∶294，出自填土遗迹层，方形锥体微变形。高 20、底径 9～9.5 厘米（图版二一二，15）。

标本 M1∶334，出自填土遗迹层，方形锥体微变形。高 18.5、底径 9～10.5 厘米（图版二一二，16）。

标本 M1∶1-8，出自土偶墙遗迹，方形锥体微变形。高 20、底径 9 厘米（图版二一二，17）。

标本 M1∶50，出自填土遗迹层，方形锥体微变形。高 19.5、底径 7.5～8 厘米（图版二一二，18）。

标本 M1∶B326，出自土偶墙遗迹，方形锥体微变形。高 19.2、底径 10～11 厘米（图一五九，3；图版二一三，1）。

标本 M1∶B186，出自土偶墙遗迹，方形锥体微变形。高 16.7、底径 6～8.5 厘米（图一五九，4；图版二一三，2）。

标本 M1∶B227，出自土偶墙遗迹，方形锥体微变形。高 18.5、底径 7～9 厘米（图一五九，5；图版二一三，3）。

标本 M1∶1-31，出自填土遗迹层，方形锥体微变形。高 20、底径 8.5～9.5 厘米（图版二一三，4）。

标本 M1∶B130，出自土偶墙遗迹，方形锥体微变形。高 19.5、底径 7～8.5 厘米（图版二一三，5）。

标本 M1∶B165，出自土偶墙遗迹，方形锥体微变形。高 18.3、底径 7.3～9.5 厘米（图版二一三，6）。

标本 M1∶133，出自填土遗迹层，方形锥体微变形。高 17.7、底径 9～10 厘米（图一五九，6；图版二一三，7）。

标本 M1∶47，出自填土遗迹层，方形锥体微变形。高 20、底径 9.8～10 厘米（图一五九，7；图版二一三，8）。

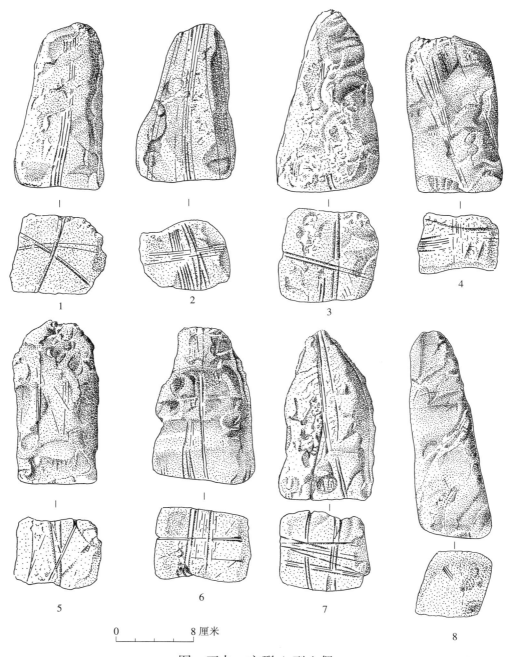

图一五九　方形 A 型土偶

1～8.（M1：B163、B184、B326、B186、B227、133、47、313）

标本 M1：313，出自填土遗迹层，方形锥体微变形。高 23.5、底径 6.8～8 厘米（图一五九，8；图版二一三，9）。

标本 M1：48，出自土偶墙遗迹，方形锥体微变形。高 21.6、底径 9～12.3 厘米（图版二一三，10）。

标本 M1：8－16，出自填土遗迹层，方形锥体微变形。高 19、底径 9 厘米（图版二一三，11）。

标本 M1：B172，出自土偶墙遗迹，方形锥体微变形。高 20.5、底径 9～10 厘米（图版二一三，12）。

标本 M1：317，出自填土遗迹层，方形锥体微变形。高 21.2、底径 7.5～8 厘米（图一六〇，1；图版二一三，13）。

标本 M1：B171，出自土偶墙遗迹，方形锥体微变形。高 19、底径 7～9 厘米（图版二一三，14）。

标本 M1：B314，出自土偶墙遗迹，方形锥体微变形。高 18.7、底径 7～9 厘米（图版二一三，15）。

标本 M1：13－24，出自填土遗迹层，方形锥体微变形。高 21、底径 8.8～9.3 厘米（图一六〇，2；图版二一三，16）。

标本 M1：B237，出自土偶墙遗迹，方形锥体微变形。高 19.5、底径 7.5～10 厘米（图版二一三，17）。

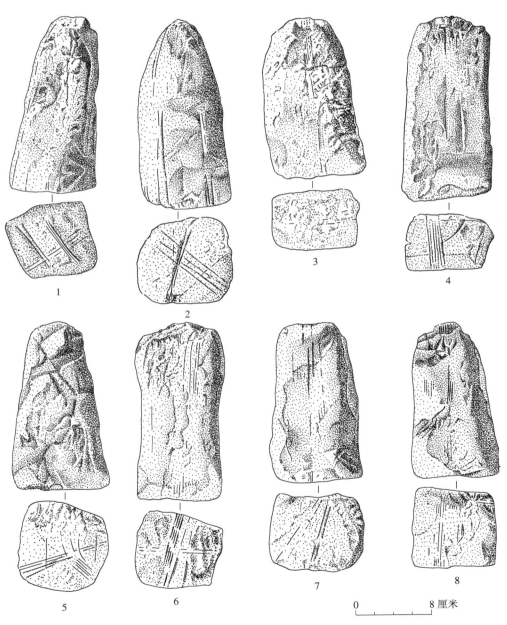

图一六〇　方形 A 型土偶

1～8.（M1：317、13－24、B188、B494、B604、B536、1－24、5－8）

标本 M1∶B204，出自土偶墙遗迹，方形锥体微变形。高 18.5、底径 6.8～10 厘米（图版二一三，18）。

标本 M1∶B188，出自土偶墙遗迹，方形锥体微变形。高 18、底径 8.5～10 厘米（图一六〇，3；图版二一四，1）。

标本 M1∶B494，出自土偶墙遗迹，方形锥体微变形。高 19、底径 7～9 厘米（图一六〇，4；图版二一四，2）。

标本 M1∶B604，出自土偶墙遗迹，方形锥体微变形。高 18.5、底径 10 厘米（图一六〇，5；图版二一四，3）。

标本 M1∶B536，出自土偶墙遗迹，方形锥体微变形。高 19.3、底径 7.5～8 厘米（图一六〇，6；图版二一四，4）。

标本 M1∶B183，出自土偶墙遗迹，方形锥体微变形。高 17、底径 6.5 厘米（图版二一四，5）。

标本 M1∶B1168，出自土偶墙遗迹，方形锥体微变形。高 16.5、底径 8.5～9.5 厘米（图版二一四，6）。

标本 M1∶1－24，出自填土遗迹层，方形锥体微变形。高 17.4、底径 8～9 厘米（图一六〇，7；图版二一四，7）。

标本 M1∶5－8，出自填土遗迹层，方形锥体微变形。高 17.5、底径 8.5 厘米（图一六〇，8；图版二一四，8）。

标本 M1∶1－49，出自填土遗迹层，方形锥体微变形。高 16、底径 8.5～9.5 厘米（图一六一，1；图版二一四，9）。

标本 M1∶322，出自填土遗迹层，方形锥体微变形。高 15.5、底径 9～9.5 厘米（图版二一四，10）。

标本 M1∶1－57，出自填土遗迹层，方形锥体微变形。高 16、底径 8.5～10 厘米（图版二一四，11）。

标本 M1∶1－52，出自填土遗迹层，方形锥体微变形。高 15.6、底径 9.5～10.5 厘米（图版二一四，12）。

标本 M1∶1－26，出自填土遗迹层，方形锥体微变形。高 15.5、底径 8.5～9.5 厘米（图一六一，2；图版二一四，13）。

标本 M1∶350，出自填土遗迹层，方形锥体微变形。高 14、底径 7.5 厘米（图版二一四，14）。

标本 M1∶329，出自填土遗迹层，方形锥体微变形。高 17.5、底径 7～8 厘米（图版二一四，15）。

标本 M1∶1－25，出自填土遗迹层，方形锥体微变形。高 15.8、底径 9 厘米（图一六一，3；图版二一四，16）。

标本 M1∶1－38，出自填土遗迹层，方形锥体微变形。高 16、底径 8～8.5 厘米（图一六一，4；图版二一四，17）。

标本 M1∶60，出自填土遗迹层，方形锥体微变形。高 15.8、底径 7.5～8.5 厘米（图版二一四，18）。

标本 M1∶3－242，出自填土遗迹层，方形锥体微变形。高 17.6、底径 8.5～9 厘米（图一六一，5；图版二一五，1）。

标本 M1∶357，出自填土遗迹层，方形锥体微变形。高 16.5、底径 8.6～9 厘米（图一六一，6；图版二一五，2）。

标本 M1∶10－2，出自填土遗迹层，方形锥体微变形。高 17.5、底径 9 厘米（图一六一，7；图

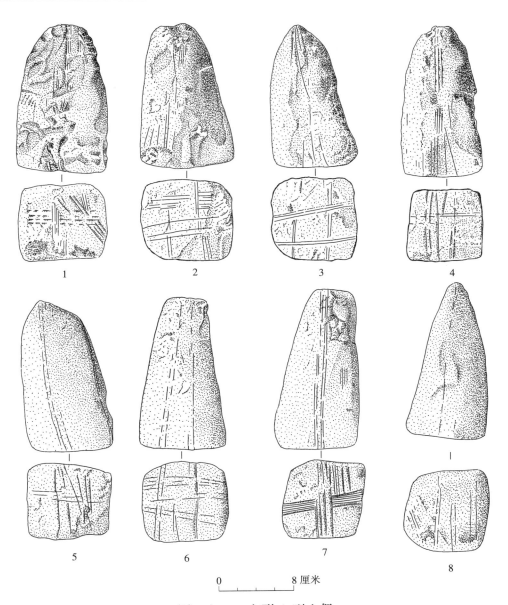

图一六一 方形 A 型土偶

1~8.（M1∶1-49、1-26、1-25、1-38、3-242、357、10-2、320）

版二一五，3）。

标本 M1∶320，出自填土遗迹层，方形锥体微变形。高 18.7、底径 9 厘米（图一六一，8；图版二一五，4）。

标本 M1∶1-47，出自填土遗迹层，方形锥体微变形。高 14.5、底径 9 厘米（图版二一五，5）。

标本 M1∶B144，出自土偶墙遗迹，方形锥体微变形。高 16.2、底径 10 厘米（图一六二，1；图版二一五，6）。标本 M1∶B109，出自土偶墙遗迹，方形锥体微变形。高 17.5、底径 8~10 厘米（图一六二，2；图版二一五，7）。

标本 M1∶B68，出自土偶墙遗迹，方形锥体微变形。高 18.2、底径 8.5~10.4 厘米（图一六二，3；图版二一五，8）。

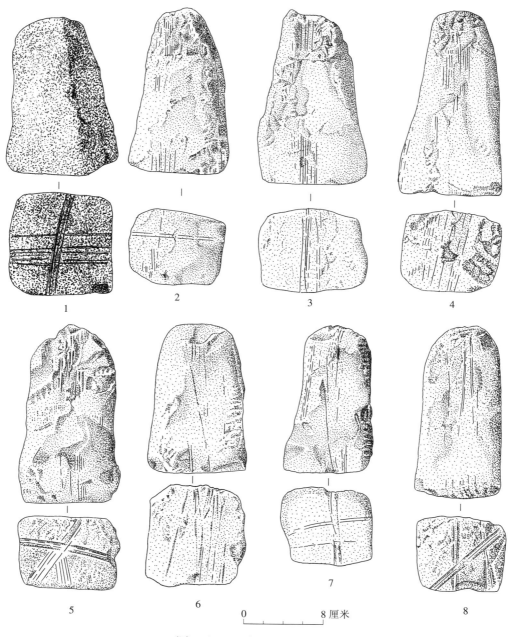

图一六二　方形 A 型土偶

1～8.（M1：B144、B109、B68、B129、18－6、B154、B238、B173）

　　标本 M1：B129，出自土偶墙遗迹，方形锥体微变形。高 19、底径 8.8～10.5 厘米（图一六二，4；图版二一五，9）。

　　标本 M1：18－6，出自填土遗迹层，方形锥体微变形。高 18.7、底径 7～9.5 厘米（图一六二，5；图版二一五，10）。

　　标本 M1：B190，出自土偶墙遗迹，方形锥体微变形。高 18.8、底径 7.2～9 厘米（图版二一五，11）。

　　标本 M1：B267，出自土偶墙遗迹，方形锥体微变形。高 19.7、底径 8.8～9.5 厘米（图版二一五，12）。

标本 M1：B154，出自土偶墙遗迹，方形锥体微变形。高 15.6、底径 9.5～10.5 厘米（图一六二，6；图版二一五，13）。

标本 M1：B238，出自土偶墙遗迹，方形锥体微变形。高 15.2、底径 8.5～9 厘米（图一六二，7；图版二一五，14）。

标本 M1：B173，出自土偶墙遗迹，方形锥体微变形。高 17.5、底径 7.5～8.8 厘米（图一六二，8；图版二一五，15）。

标本 M1：1－23，出自填土遗迹层，方形锥体微变形。高 16.6、底径 8.6～9 厘米（图一六三，1；图版二一五，16）。

标本 M1：1－13，出自填土遗迹层，方形锥体微变形。高 16.2、底径 9～9.5 厘米（图版二一五，17）。

标本 M1：B65，出自土偶墙遗迹，方形锥体微变形。高 18.5、底径 8.4～9 厘米（图版二一五，18）。

标本 M1：B127，出自土偶墙遗迹，方形锥体微变形。高 19.8、底径 8～9.8 厘米（图一六三，2；图版二一五，1）。

标本 M1：126，出自土偶墙遗迹，方形锥体微变形。高 20.7、底径 8～9.5 厘米（图一六三，3；图版二一五，2）。

标本 M1：B614，出土偶墙遗迹，方形锥体微变形。高 21.2、底径 7.5～8.5 厘米（图一六三，4；图版二一五，3）。

标本 M1：B246，出自土偶墙遗迹，方形锥体微变形。高 18.5、底径 7～10 厘米（图一六三，5；图版二一五，4）。

标本 M1：B125，出自土偶墙遗迹，方形锥体微变形。高 19.3、底径 7.5～8 厘米（图版二一五，5）。

标本 M1：B239，出自土偶墙遗迹，方形锥体微变形。高 17.2、底径 8～9 厘米（图版二一五，6）。

标本 M1：B255，出自土偶墙遗迹，方形锥体微变形。高 15、底径 8～9.5 厘米（图一六三，6；图版二一六，7）。

标本 M1：309，出自填土遗迹层，方形锥体微变形。高 19.5、底径 7～8.3 厘米（图一六三，7；图版二一六，8）。

标本 M1：335，出自填土遗迹层，方形锥体微变形。高 18.2、底径 8.5～9.5 厘米（图一六三，8；图版二一六，9）。

标本 M1：B361，出自土偶墙遗迹，方形锥体微变形。高 20、底径 7.5～9 厘米（图版二一六，10）。

标本 M1：B193，出自土偶墙遗迹，方形锥体微变形。高 17.3、底径 8～9.3 厘米（图版二一六，11）。

标本 M1：16－4，出自填土遗迹层，方形锥体微变形。高 16.5、底径 8.5～8 厘米（图版二一六，12）。

标本 M1：5－1，出自填土遗迹层，方形锥体微变形。高 21、底径 8 厘米（图一六四，1；图版二一六,13）。

标本 M1：327，出自填土遗迹层，方形锥体微变形。高 21.5、底径 8～8.5 厘米（图一六四，2；图版二一六，14）。

标本 M1：B156，出自土偶墙遗迹，方形锥体微变形。高 19.6、底径 9～9.5 厘米（图一六四，3；图版二一六，15）。

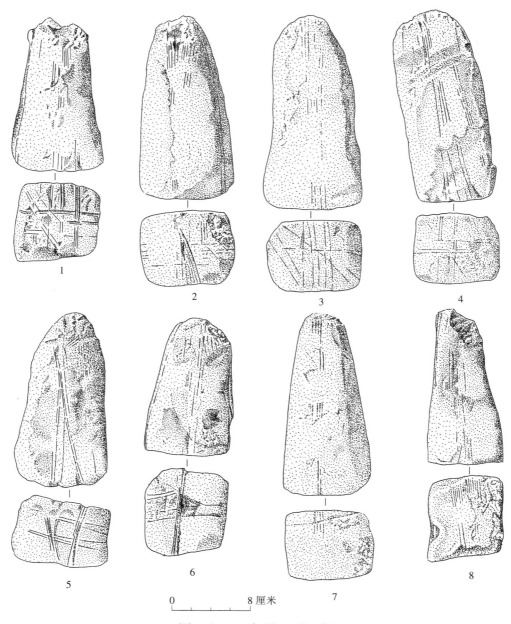

图一六三　方形 A 型土偶

1~8.（M1：1－23、B127、126、B614、B246、B255、309、B335）

标本 M1：B134，出自土偶墙遗迹，方形锥体微变形。高18.5、底径8厘米（图版二一六，16）。

标本 M1：49，出自填土遗迹层，方形锥体微变形。高18、底径9.5厘米（图版二一六，17）。

标本 M1：339，出自填土遗迹层，方形锥体微变形。高18.3、底径8.6~9.5厘米（图版二一六，18）。

标本 M1：B476，出自土偶墙遗迹，方形锥体微变形。高19、底径9~9.8厘米（图一六四，4；图版二一七，1）。

标本 M1：305，出自填土遗迹层，方形锥体微变形。高18、底径9厘米（图版二一七，2）。

标本 M1：331，出自填土遗迹层，方形锥体微变形。高18、底径9.5~9.5厘米（图版二一七，3）。

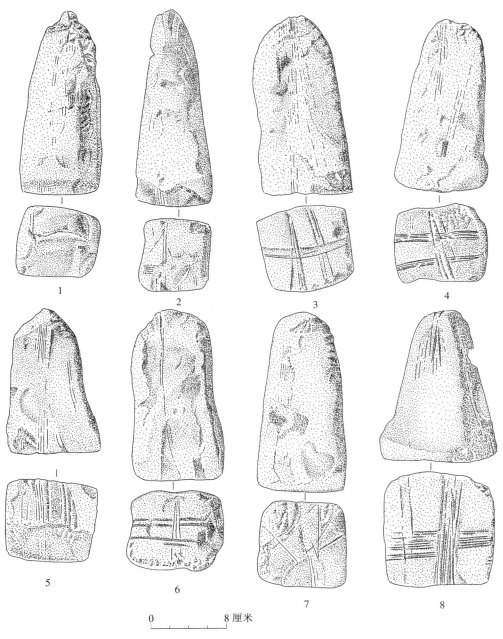

图一六四　方形 A 型土偶
1 ~ 8.（M1：5 - 1、327、B156、B476、B145、B1303、377、38）

　　标本 M1：150，出自填土遗迹层，方形锥体微变形。高 16.3、底径 7.8 ~ 9 厘米（图版二一七，4）。

　　标本 M1：B145，出自土偶墙遗迹，方形锥体微变形。高 16.7、底径 10 ~ 11 厘米（图一六四，5；图版二一七，5）。

　　标本 M1：1 - 58，出自填土遗迹层，方形锥体微变形。高 22、底径 9.3 ~ 10 厘米（图版二一七，6）。

　　标本 M1：B1303，出自土偶墙遗迹，方形锥体微变形。高 19、底径 8.8 ~ 9.5 厘米（图一六四，6；图版二一七，7）。

标本 M1：377，出自填土遗迹层，方形锥体微变形。高 19、底径 9～9.5 厘米（图一六四，7；图版二一七，8）。

标本 M1：B71，出自土偶墙遗迹，方形锥体微变形。高 17.4、底径 10～11 厘米（图版二一七，9）。

标本 M1：1－41，出自填土遗迹层，方形锥体微变形。高 19、底径 8.5～9 厘米（图版二一七，10）。

标本 M1：319，出自填土遗迹层，方形锥体微变形。高 19、底径 7.8～8.5 厘米（图版二一七，11）。

标本 M1：18－7，出自填土遗迹层，方形锥体微变形。高 18.5、底径 9 厘米（图版二一七，12）。

标本 M1：356，出自填土遗迹层，方形锥体微变形。高 19.3、底径 8.5～9 厘米（图版二一七，13）。

标本 M1：83，出自填土遗迹层，方形锥体微变形。高 16.5、底径 10.5～11 厘米（图一六四，8；图版二一七，14）。

标本 M1：239，出自土偶墙遗迹，方形锥体微变形。高 19、底径 7.6～8.3 厘米（图一六五，1；图版二一七，15）。标本 M1：B149，出自土偶墙遗迹，方形锥体微变形。高 19.3、底径 8.5～9.6 厘米（图一六五，2；图版二一七，16）。

标本 M1：B155，出自土偶墙遗迹，方形锥体微变形。高 20.3、底径 9～9.5 厘米（图版二一七，17）。

标本 M1：5－2，出自填土遗迹层，方形锥体微变形。高 18、底径 7～7.5 厘米（图版二一七，18）。

标本 M1：B220，出自土偶墙遗迹，方形锥体微变形。高 17.5、底径 7.5～10 厘米（图一六五，3；图版二一八，1）。

标本 M1：1－22，出自填土遗迹层，方形锥体微变形。高 16、底径 8～8.5 厘米（图一六五，4；图版二一八，2）。

标本 M1：1－20，出自填土遗迹层，方形锥体微变形。高 18、底径 7～10 厘米（图一六五，5；图版二一八，3）。

标本 M1：B148，出自土偶墙遗迹，方形锥体微变形。高 19.6、底径 9～10.5 厘米（图版二一八，4）。

标本 M1：55，出自填土遗迹层，方形锥体微变形。高 19.6、底径 9～9.5 厘米（图版二一八，5）。

标本 M1：B515，出自土偶墙遗迹，方形锥体微变形。高 18.5、底径 8～11 厘米（图版二一八，6）。

标本 M1：B295，出自土偶墙遗迹，方形锥体微变形。高 18.6、底径 7.4～9 厘米（图一六五，6；图版二一八，7）。

标本 M1：308，出自填土遗迹层，方形锥体微变形。高 18.1、底径 8.8～10 厘米（图一六五，7；图版二一八，8）。

标本 M1：B142，出自土偶墙遗迹，方形锥体微变形。高 18.2、底径 8.5 厘米（图版二一八，9）。

标本 M1：302，出自填土遗迹层，方形锥体微变形。高 18.5、底径 8～8.5 厘米（图版二一八，10）。

标本 M1：B218，出自土偶墙遗迹，方形锥体微变形。高 17.3、底径 8～8.5 厘米（图版二一八，11）。

标本 M1：264，出自填土遗迹层，方形锥体微变形。高 21、底径 8.8 厘米（图版二一八，12）。

标本 M1：328，出自填土遗迹层，方形锥体微变形。高 17.5、底径 9 厘米（图一六五，8；图版二一八，13）。

标本 M1：324，出自填土遗迹层，方形锥体微变形。高 18、底径 9～9.4 厘米（图版二一八，14）。

标本 M1：B545，出自土偶墙遗迹，方形锥体微变形。高 20、底径 9～9.5 厘米（图一六六，1；图版二一八，15）。

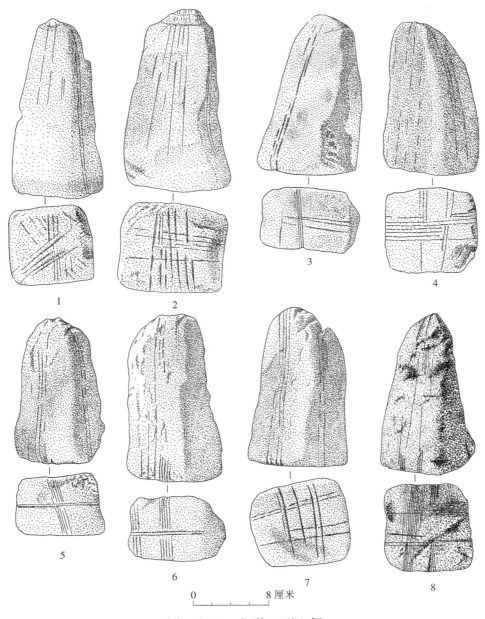

图一六五　方形 A 型土偶

1~8.（M1：239、B149、B220、1－22、1－20、B295、308、328）

　　标本 M1：B234，出自土偶墙遗迹，方形锥体微变形。高 20.5、底径 9~10 厘米（图一六六，2；图版二一八，16）。

　　标本 M1：B159，出自土偶墙遗迹，方形锥体微变形。高 19.2、底径 9 厘米（图版二一八，17）。

　　标本 M1：B538，出自土偶墙遗迹，方形锥体微变形，高 22.5、底径 8~8.8 厘米（图版二一八，18）。标本 M1：140，出自填土遗迹层，方形锥体微变形。高 21.5、底径 9.3 厘米（图一六六，3；图版二一九，1）。

　　标本 M1：B542，出自土偶墙遗迹，方形锥体微变形。高 22、底径 10 厘米（图一六六，4；图版

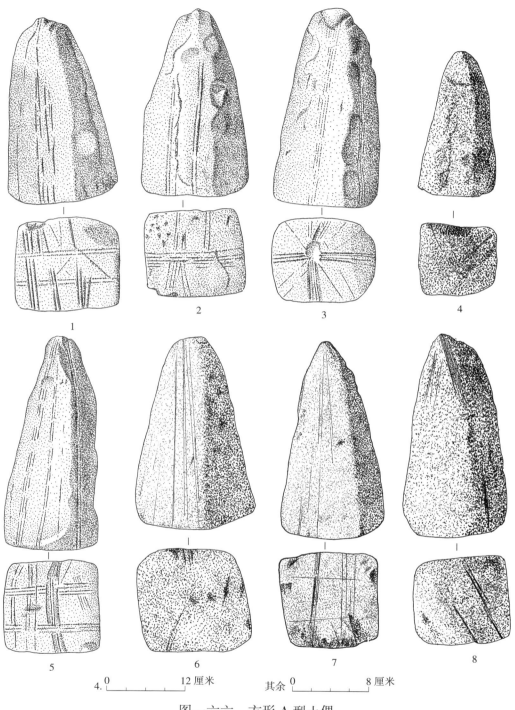

　　　　4.$\underset{0}{\mid}$————$\underset{12\,厘米}{\mid}$　　其余 $\underset{0}{\mid}$————$\underset{8\,厘米}{\mid}$

图一六六　方形 A 型土偶

1～8.（M1：B545、B234、140、B542、B443、B445、B550、B500）

二一九，2）。

　　标本 M1：B443，出自土偶墙遗迹，方形锥体微变形。高 23.3、底径 8.4 厘米（图一六六，5；图版二一九，3）。

标本 M1：B506，出自土偶墙遗迹，方形锥体微变形。高 18.3、底径 9 厘米（图一六六；图版二一九，4）。

标本 M1：B445，出自土偶墙遗迹，方形锥体微变形。高 20.5、底径 10.5~11 厘米（图一六六，6；图版二一九，5）。

标本 M1：B562，出自土偶墙遗迹，方形锥体微变形。高 22.7、底径 9.5 厘米（图版二一九，6）。

标本 M1：B550，出自土偶墙遗迹，方形锥体微变形。高 21、底径 9 厘米（图一六六，7；图版二一九，7）。

标本 M1：B500，出自土偶墙遗迹，方形锥体微变形。高 21.5、底径 8.7~9 厘米（图一六六，8；图版二一九，8）。

标本 M1：325，出自填土遗迹层，方形锥体微变形。高 20.8、底径 7.3~8.5 厘米（图一六六；图版二一九，9）。

标本 M1：B513，出自土偶墙遗迹，方形锥体微变形。高 20.5、底径 8.3 厘米（图一六七，1；图版二一九，10）。

标本 M1：5-3，出自填土遗迹层，方形锥体微变形。高 22.2、底径 8~10 厘米（图版二一九，11）。

标本 M1：B514，出自土偶墙遗迹，方形锥体微变形。高 23、底径 9.4~10 厘米（图一六七，2；图版二一九，12）。

标本 M1：263，出自填土遗迹层，方形锥体微变形。高 18.5、底径 8.4 厘米（图一六七，3；图版二一九，13）。

标本 M1：376，出自土偶墙遗迹，方形锥体微变形。高 18.5、底径 8.5 厘米（图一六七，4；图版二一九，14）。

标本 M1：232，出自填土遗迹层，方形锥体微变形。高 19.3、底径 8.1~9 厘米（图版二一九，15）。

标本 M1：B516，出自土偶墙遗迹，方形锥体微变形。高 22.5、底径 7.8 厘米（图版二一九，16）。

标本 M1：B133，出自土偶墙遗迹，方形锥体微变形。高 20、底径 8.7~9.5 厘米（图版二一九，17）。

标本 M1：B428，出自土偶墙遗迹，方形锥体微变形。高 20、底径 9.8 厘米（图一六七，5；图版二一九，18）。

标本 M1：289，出自填土遗迹层，方形锥体微变形。高 21.5、底径 8~9.2 厘米（图版二二〇，1）。

标本 M1：330，出自填土遗迹层，方形锥体微变形。高 18.3、底径 8 厘米（图版二二〇，2）。

标本 M1：B475，出自土偶墙遗迹，方形锥体微变形。高 19、底径 9~9.7 厘米（图版二二〇，3）。

标本 M1：326，出自填土遗迹层，方形锥体微变形。高 20、底径 8.7~9.5 厘米（图一六七，6；图版二二〇，4）。

标本 M1：18-11，出自填土遗迹层，方形锥体微变形。高 20.5、底径 9~10 厘米（图版二二〇，5）。

标本 M1：B507，出自填土遗迹层，方形锥体微变形。高 20.5、底径 9 厘米（图版二二〇，6）。

标本 M1：B505，出自填土遗迹层，方形锥体微变形。高 28、底径 9.5~10.5 厘米（图一六七，7；图版二二〇，7）。

标本 M1：B420，出自土偶墙遗迹，方形锥体微变形。高 25.7、底径 8.7~11 厘米（图一六七，8；图版二二〇，8）。

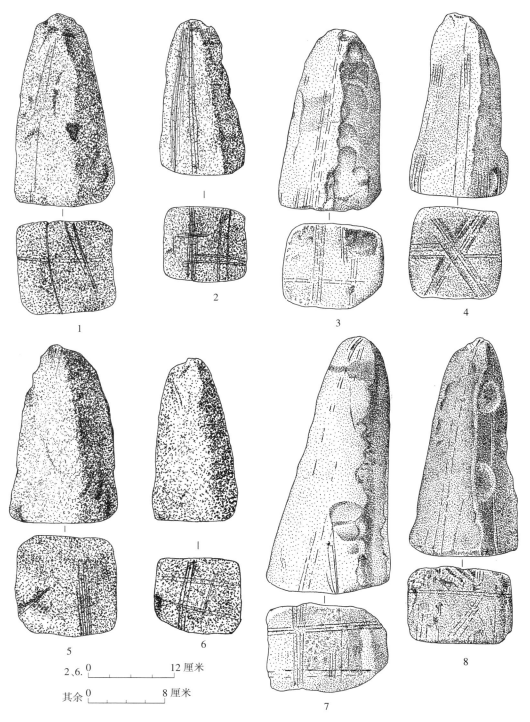

图一六七　方形 A 型土偶
1～8.（M1：B513、B514、263、376、B428、326、B505、B420）

　　标本 M1：B546，出自土偶墙遗迹，方形锥体微变形。高 25.6、底径 9.5～10 厘米（图一六八，1；图版二二〇，9）。

　　标本 M1：B224，出自土偶墙遗迹，方形锥体微变形。高 21.3、底径 8.5 厘米（图版二二〇，10）。

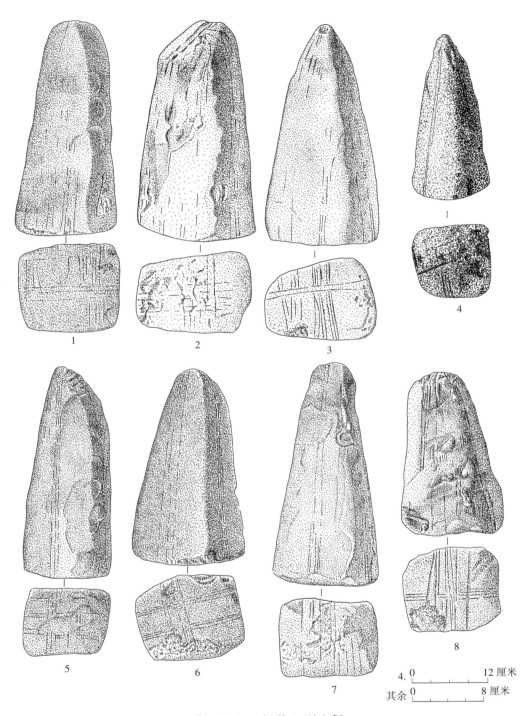

图一六八　方形 A 型土偶

1~8.（M1：B546、B444、B175、B449、B519、B564、B502、B153）

标本 M1：B543，出自土偶墙遗迹，方形锥体微变形。高 21.5、底径 10~12 厘米（图版二二〇，11）。

标本 M1：B541，出自土偶墙遗迹，方形锥体微变形。高 22.4、底径 9.5~10 厘米（图版二二〇，12）。

标本 M1：B444，出自土偶墙遗迹，方形锥体微变形。高 24、底径 9~11.5 厘米（图一六八，2；

图版二二〇，13）。

标本 M1∶B175，出自土偶墙遗迹，方形锥体微变形。高 24、底径 9～11.5 厘米（图一六八，3；图版二二〇，14）。

标本 M1∶B496，出自土偶墙遗迹，方形锥体微变形。高 27.7、底径 7.8～9.5 厘米（图版二二〇,15）。

标本 M1∶B450，出自土偶墙遗迹，方形锥体微变形。高 24、底径 8～9.7 厘米（图版二二〇，16）。

标本 M1∶B449，出自土偶墙遗迹，方形锥体微变形。高 25.5、底径 10 厘米（图一六八，4；图版二二〇，17）。

标本 M1∶B552，出自土偶墙遗迹，方形锥体微变形。高 23、底径 8～10 厘米（图版二二〇，18）。

标本 M1∶225，出自填土遗迹层，方形锥体微变形。高 18.2、底径 7 厘米（图版二二一，1）。

标本 M1∶B519，出自土偶墙遗迹，方形锥体微变形。高 25.2、底径 7.5～8.5 厘米（图一六八，5；图版二二一，2）。

标本 M1∶B564，出自土偶墙遗迹，方形锥体微变形。高 23.2、底径 10～11.6 厘米（图一六八，6；图版二二一，3）。

标本 M1∶B502，出自土偶墙遗迹，方形锥体微变形。高 25.6、底径 8.5～10.5 厘米（图一六八，7；图版二二一，4）。

标本 M1∶B508，出自土偶墙遗迹，方形锥体微变形。高 20.7、底径 8.5～9.2 厘米（图版二二一,5）。

标本 M1∶B499，出自土偶墙遗迹，方形锥体微变形。高 24.3、底径 8.5～9 厘米（图版二二一，6）。

标本 M1∶B153，出自土偶墙遗迹，方形锥体微变形。高 19、底径 10 厘米（图一六八，8；图版二二一，7）。

标本 M1∶B539，出自土偶墙遗迹，方形锥体微变形。高 20.5、底径 8.5～9.5 厘米（图一六九，1；图版二二一，8）。

标本 M1∶B451，出自土偶墙遗迹，方形锥体微变形。高 21.5、底径 9～10 厘米（图一六九，2；图版二二一，9）。

标本 M1∶5－5，出自填土遗迹层，方形锥体微变形。高 21.4、底径 8.5～9 厘米（图版二二一，10）。

标本 M1∶B208，出自土偶墙遗迹，方形锥体微变形。高 19.3、底径 8～9.5 厘米（图版二二一，11）。

标本 M1∶B549，出自土偶墙遗迹，方形锥体微变形。高 21、底径 9～10 厘米（图一六九，3；图版二二一，12）。

标本 M1∶B26，出自土偶墙遗迹，方形锥体微变形。高 23.5、底径 8～10.5 厘米（图一六九，4；图版二二一，13）。

标本 M1∶315，出自土偶墙遗迹，方形锥体微变形。高 23.5、底径 8～8.5 厘米（图一六九，5；图版二二一，14）。

标本 M1∶B213，出自土偶墙遗迹，方形锥体微变形。高 24、底径 10～11 厘米（图一六九，6；图版二二一，15）。

标本 M1∶B561，出自填土偶墙遗迹，方形锥体微变形。高 24.7、底径 7.8～9 厘米（图一六九，

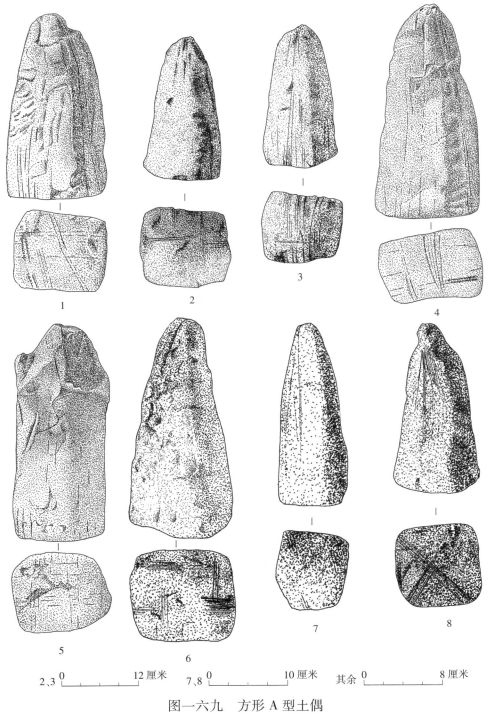

图一六九 方形 A 型土偶
1~8. （M1：B539、B451、B549、B26、315、B213、B561、B562-1）

7；图版二二一，16）。

标本 M1：B556，出自土偶墙遗迹，方形锥体微变形。高 27.2、底径 8.5~10.5 厘米（图版二二一,17）。

标本 M1：B562-1，出自土偶墙遗迹，方形锥体微变形。高 24.4、底径 7.7~11.5 厘米（图一六九,8；图版二二一，18）。

标本 M1：B527，出自土偶墙遗迹，方形锥体微变形。高 29.4、底径 8.4～9.3 厘米（图版二二二,1）。

标本 M1：B544，出自土偶墙遗迹，方形锥体微变形。高 26、底径 9.5 厘米（图版二二二，2）。

标本 M1：B540，出自土偶墙遗迹，方形锥体微变形。高 24.5、底径 8.7 厘米（图版二二二，3）。

标本 M1：B456，出自土偶墙遗迹，方形锥体微变形。高 24.5、底径 9.7 厘米（图一七〇，1；图版二二二，4）。　　标本 M1：B454，出自土偶墙遗迹，方形锥体微变形。高 25、底径 9 厘米（图

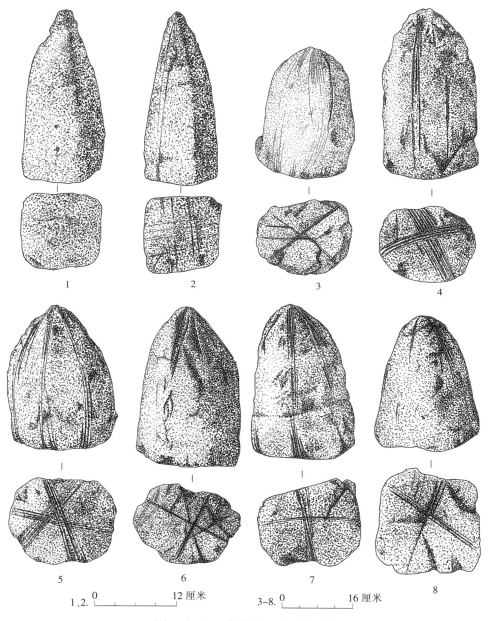

图一七〇　方形 A、B 型土偶

1、2. A 型（M1：B456、B454）　　3、4. B 型（M1：B1277、B1133）　　5～8. B 型（M1：B1278、1－17、B1014、B1030）

一七〇,2;图版二二二,5)。

标本 M1:B528,出自土偶墙遗迹,方形锥体微变形。高 26.2、底径 9 ~ 10 厘米(图版二二二,6)。

二、方形 B 型

该型土偶 199 件,为不规则方形。其体型均在深埋中受压变形,是一种变形的方锥形土偶。该型土偶个体大小不一致,有高矮胖瘦之分。体表均有明显的十字形草茎索状印痕,顶部均有清晰纠结痕迹。

标本 M1:B627,出自土偶墙遗迹,方形锥体受压变形。高 17.2、底径 10.5 ~ 12 厘米(图版二二二,7)。

标本 M1:B1044,出自土偶墙遗迹,方形锥体受压变形。高 15.2、底径 8 ~ 12 厘米(图版二二二,8)。

标本 M1:B1039,出自土偶墙遗迹,方形锥体受压变形。高 17.7、底径 9 ~ 11 厘米(图版二二二,9)。

标本 M1:B201,出自土偶墙遗迹,方形锥体受压变形。高 14.5、底径 8.5 ~ 11 厘米(图版二二二,10)。

标本 M1:1 - 28,出自填土遗迹层,方形锥体受压变形。高 13.5、底径 9 ~ 10 厘米(图版二二二,11)。

标本 M1:B970,出自土偶墙遗迹,方形锥体受压变形。高 17、底径 7.5 ~ 10 厘米(图版二二二,12)。

标本 M1:112,出自填土遗迹层,方形锥体受压变形。高 17、底径 9.5 ~ 10.5 厘米(图版二二二,13)。

标本 M1:B104,出自土偶墙遗迹,方形锥体受压变形。高 16.5、底径 9.5 ~ 12.5 厘米(图版二二二,14)。

标本 M1:B1206,出自土偶墙遗迹,方形锥体受压变形。高 14、底径 10 ~ 10.5 厘米(图版二二二,15)。

标本 M1:1 - 42,出自填土遗迹层,方形锥体受压变形。高 17.5、底径 8.5 厘米(;图版二二二,16)。

标本 M1:B1026,出自土偶墙遗迹,方形锥体受压变形。高 15、底径 9.5 ~ 10 厘米(图版二二二,17)。

标本 M1:B128,出自土偶墙遗迹,方形锥体受压变形。高 15.7、底径 9 厘米(图版二二二,18)。

标本 M1:B665,出自土偶墙遗迹,方形锥体受压变形向一侧倾斜。高 18、底径 11,5 厘米(图版二二三,1)。

标本 M1:387,出自填土遗迹层,方形锥体受压变形向一侧倾斜。高 16、底径 10 ~ 12.5 厘米(图版二二三,2)。

标本 M1:32,出自填土遗迹层,方形锥体受压变形。高 14、底径 8 ~ 9 厘米(图版二二三,3)。

标本 M1：B1273，出自土偶墙遗迹，方形锥体受压变形。高 14.5、底径 9～11 厘米（图版二二三,4）。

标本 M1：B1100，出自土偶墙遗迹，方形锥体受压变形。高 16.5、底径 8～10 厘米（图版二二三,5）。

标本 M1：18－12，出自填土遗迹层，方形锥体受压变形向一侧倾斜。高 15、底径 7.5～8.5 厘米（图版二二三，6）。

标本 M1：B1166，出自土偶墙遗迹，方形锥体受压变形。高 17、底径 9.5～12.5 厘米（图版二二三,7）。

标本 M1：B1171，出自土偶墙遗迹，方形锥体受压变形。高 15.8、底径 10～12 厘米（图版二二三,8）。

标本 M1：B1055，出自土偶墙遗迹，方形锥体受压变形。高 15.5、底径 8.5～10.5 厘米（图版二二三,9）。

标本 M1：B1172，出自土偶墙遗迹，方形锥体受压变形向一侧倾斜。高 14、底径 9.2～10.5 厘米（图版二二三，10）。

标本 M1：B1277，出自土偶墙遗迹，方形锥体受压变形。高 15.5、底径 9～11.5 厘米（图一七〇，3；图版二二三，11）。

标本 M1：B1069，出自土偶墙遗迹，方形锥体受压变形。高 17、底径 9～10 厘米（图版二二三，12）。

标本 M1：B1133，出自土偶墙遗迹，方形锥体受压变形向一侧倾斜。高 18.2、底径 8.5～11 厘米（图一七〇，4；图版二二三，13）。

标本 M1：B1602，出自土偶墙遗迹，方形锥体受压变形向一侧倾斜。高 17.5、底径 9～10.5 厘米（图版二二三，14）。

标本 M1：B1157，出自土偶墙遗迹，方形锥体受压变形向一侧倾斜。高 15.5、底径 10 厘米（图版二二三，15）。

标本 M1：B1244，出自土偶墙遗迹，方形锥体受压变形。高 16.7、底径 9.5～10 厘米（图版二二三，16）。

标本 M1：39，出自填土遗迹层，方形锥体受压变形向一侧倾斜。高 16、底径 8～11 厘米（图版二二三，17）。

标本 M1：12，出自填土遗迹层，方形锥体受压变形。高 15、底径 7.5～9 厘米（图版二二三，18）。

标本 M1：B612，出自土偶墙遗迹，方形锥体受压变形向一侧倾斜。高 14.4、底径 10 厘米（图版二二四，1）。

标本 M1：B1045，出自土偶墙遗迹，方形锥体受压变形微倾斜。高 14.8、底径 8～11 厘米（图版二二四，2）。

标本 M1：B1176，出自土偶墙遗迹，方形锥体受压变形向一侧倾斜。高 13.7、底径 9 厘米（图版二二四，3）。

标本 M1：B1313，出自土偶墙遗迹，方形锥体受压变形向一侧倾斜。高 15.5、底径 8.5～13 厘米（图版二二四，4）。

标本 M1：B673，出自土偶墙遗迹，方形锥体受压变形。高 18、底径 9.5～10 厘米（图版二二四，5）。

标本 M1：B1068，出自土偶墙遗迹，方形锥体受压变形微倾斜。高 16、底径 9～10 厘米（图版二二四，6）。

标本 M1：B1278，出自土偶墙遗迹，方形锥体受压变形。高 16、底径 9.3～11 厘米（图一七〇，5；图版二二四，7）。

标本 M1：72，出自填土遗迹层，方形锥体受压变形倾斜。高 16、底径 7～9 厘米（图版二二四，8）。

标本 M1：1－17，出自填土遗迹层，方形锥体受压变形。高 17.3、底径 10～12 厘米（图一七〇，6；图版二二四，9）。

标本 M1：B418，出自土偶墙遗迹，方形锥体受压变形。高 15.5、底径 10～13 厘米（图版二二四，10）。

标本 M1：B1061，出自土偶墙遗迹，方形锥体受压变形。高 18、底径 8.8～12.5 厘米（图版二二四，11）。

标本 M1：B976，出自土偶墙遗迹，方形锥体受压变形倾斜。高 15、底径 10～13.5 厘米（图版二二四，12）。

标本 M1：B430，出自土偶墙遗迹，方形锥体受压变形。高 16、底径 9.5～14 厘米（图版二二四，13）。

标本 M1：B12，出自土偶墙遗迹，方形锥体受压变形。高 13.3、底径 10.5～1,5.5 厘米（图版二二四，14）。

标本 M1：B1070，出自土偶墙遗迹，方形锥体受压变形。高 15.4、底径 9～11 厘米（图版二二四，15）。

标本 M1：B1101，出自土偶墙遗迹，方形锥体受压变形倾斜。高 15.3、底径 9.5 厘米（图版二二四，16）。

标本 M1：B509，出自土偶墙遗迹，方形锥体受压变形倾斜。高 13.8、底径 10～11 厘米（图版二二四，17）。

标本 M1：B563，出自土偶墙遗迹，方形锥体受压变形倾斜。高 15.8、底径 9.5～10 厘米（图版二二四，18）。

标本 M1：B566，出自土偶墙遗迹，高 17、底径 9～11 厘米（图版二二五，1）。

标本 M1：B1184，出自土偶墙遗迹，方形锥体受压变形。高 15.2、底径 10.5～11.5 厘米（图版二二五，2）。

标本 M1：6－3，出自填土遗迹层，方形锥体受压变形向一侧倾斜。高 14.5、底径 9～14 厘米（图版二二五，3）。

标本 M1：B503，出自土偶墙遗迹，方形锥体受压变形倾斜。高 16、底径 8.5～11 厘米（图版二二五，4）。

标本 M1：B977，出自土偶墙遗迹，方形锥体受压变形向一侧倾斜。高 17、底径 10～12 厘米（图版二二五，5）。

标本 M1：B610，出自土偶墙遗迹，方形锥体受压变形倾斜。高 13.5、底径 10～11.5 厘米（图版二二五，6）。

标本 M1：B568，出自土偶墙遗迹，方形锥体受压变形倾斜。高 16、底径 9～12 厘米（图版二二五，7）。

标本 M1：122，出自填土遗迹层，方形锥体受压变形倾斜。高 18、底径 9～11 厘米（图版二二五，8）。

标本 M1：B54，出自土偶墙遗迹，方形锥体受压变形倾斜。高 19.8、底径 9.5～10 厘米（图版二二五，9）。

标本 M1：B526，出自土偶墙遗迹，方形锥体受压变形倾斜。高 16、底径 10～14 厘米（图版二二五，10）。

标本 M1：B491，出自土偶墙遗迹，方形锥体受压变形倾斜。高 16、底径 9.5～12.5 厘米（图版二二五，11）。

标本 M1：B1014，出自土偶墙遗迹，方形锥体受压变形倾斜。高 18、底径 9.5～12 厘米（图一七〇，7；图版二二五，12）。

标本 M1：B493，出自土偶墙遗迹，方形锥体受压变形倾斜。高 14.2、底径 10～12.5 厘米（图版二二五，13）。

标本 M1：B1267，出自土偶墙遗迹，方形锥体受压变形倾斜。高 18.3、底径 8～10.3 厘米（图版二二五，14）。

标本 M1：B167，出自土偶墙遗迹，方形锥体受压变形倾斜。高 18、底径 7～8.5 厘米（图版二二五，15）。

标本 M1：B1030，出自土偶墙遗迹，方形锥体受压变形倾斜。高 14.7、底径 10 厘米（图一七〇，8；图版二二五，16）。

标本 M1：B342，出自土偶墙遗迹，方形锥体受压变形倾斜。高 19.2、底径 10～14 厘米（图版二二五，17）。

标本 M1：B655，出自土偶墙遗迹，方形锥体受压变形倾斜。高 17.8、底径 8～10.5 厘米（图版二二五，18）。

标本 M1：B179，出自土偶墙遗迹，方形锥体受压变形倾斜。高 20.4、底径 8 厘米（图版二二六，1）。

标本 M1：B120，出自土偶墙遗迹，方形锥体受压变形倾斜。高 20、底径 8～10 厘米（图版二二六，2）。

标本 M1：B1218，出自土偶墙遗迹，方形锥体受压变形倾斜。高 18.3、底径 8.5～11 厘米（图版二二六，3）。

标本 M1：22，出自填土遗迹层，方形锥体受压变形倾斜。高 17.5、底径 8～8.7 厘米（图版二二六，4）。

标本 M1：B152，出自土偶墙遗迹，方形锥体受压变形倾斜。高 19、底径 9～9.5 厘米（图版二二六，5）。

标本 M1：B1255，出自土偶墙遗迹，方形锥体受压变形倾斜。高 17、底径 9～13 厘米（图版二二六，6）。

标本 M1：16－1，出自填土遗迹层，方形锥体受压变形倾斜。高 19.5、底径 8.5～10 厘米（图版二二六，7）。

标本 M1：B975，出自土偶墙遗迹，方形锥体受压变形倾斜。高 17.5、底径 7.5～10.5 厘米（图版二二六，8）。

标本 M1：B567，出自土偶墙遗迹，方形锥体受压变形倾斜。高 18.5、底径 7.5～10.5 厘米（图版二二六，9）。

标本 M1：7－1，出自填土遗迹层，方形锥体受压变形倾斜。高 16.4、底径 9～11 厘米（图版二二六，10）。

标本 M1：B511，出自土偶墙遗迹，方形锥体受压变形倾斜。高 17.5、底径 9.5 厘米（图版二二六，11）。

标本 M1：359，出自填土遗迹层，方形锥体受压变形倾斜。高 19.7、底径 9 厘米（图版二二六，12）。

标本 M1：B1215，出自土偶墙遗迹，方形锥体受压变形倾斜。高 17.6、底径 10～15 厘米（图一七一，1；图版二二六，13）。

标本 M1：B572，出自土偶墙遗迹，方形锥体受压变形倾斜。高 18.5、底径 9～14 厘米（图版二二六，14）。

标本 M1：B100，出自土偶墙遗迹，方形锥体受压变形倾斜。高 18.5、底径 7.4～11.5 厘米（图版二二六，15）。

标本 M1：15－22，出自填土遗迹层，方形锥体受压变形倾斜。高 16.8、底径 8.5～11.5 厘米（图版二二六，16）。

标本 M1：B1059，出自土偶墙遗迹，方形锥体受压变形倾斜。高 17、底径 9 厘米（图版二二六，17）。

标本 M1：B453，出自土偶墙遗迹，方形锥体受压变形倾斜。高 17.5、底径 10～13.5 厘米（图版二二六，18）。

标本 M1：B158，出自土偶墙遗迹，方形锥体受压变形倾斜。高 22.6、底径 8～11 厘米（图版二二七，1）。

标本 M1：B313，出自土偶墙遗迹，方形锥体受压变形倾斜。高 21.5、底径 9～10.5 厘米（图版二二七，2）。

标本 M1：B575，出自土偶墙遗迹，方形锥体受压变形倾斜。高 22.7、底径 8～9.6 厘米（图版二二七，3）。

标本 M1：B1285，出自土偶墙遗迹，方形锥体受压变形倾斜。高 17.5、底径 9～12 厘米（图版二二七，4）。

标本 M1：B111，出自土偶墙遗迹，方形锥体受压变形倾斜。高 18.5、底径 8～11.5 厘米（图版二二七，5）。

标本 M1：B1058，出自土偶墙遗迹，方形锥体受压变形倾斜。高 16、底径 8.6～12 厘米（图版二二七，6）。

标本 M1：B774，出自土偶墙遗迹，高 22、底径 10～11.5 厘米（图版二二七，7）。

标本 M1：141，出自填土遗迹层，方形锥体受压变形倾斜。高 19、底径 9～11.5 厘米（图版二二七，8）。

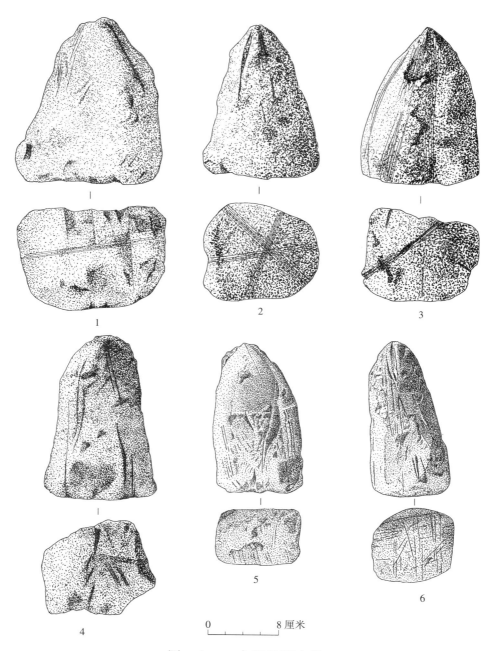

图一七一　方形 B 型土偶

1～6.（M1：B1215、B974、B1272、B961、B1145、338）

　　标本 M1：10－28，出自填土遗迹层，方形锥体受压变形倾斜。高 19.3、底径 10～10.5 厘米（图版二二七，9）。

　　标本 M1：395，出自填土遗迹层，方形锥体受压变形倾斜。高 21.7、底径 8.5～10.5 厘米（图版二二七，10）。

　　标本 M1：B304，出自土偶墙遗迹，方形锥体受压变形倾斜。高 20、底径 8.5～12 厘米（图版二二七，11）。

标本 M1：1 - 50，出自填土遗迹层，方形锥体受压变形倾斜。高 20.5、底径 8.5～8.8 厘米（图版二二七，12）。

标本 M1：B522，出自土偶墙遗迹，方形锥体受压变形倾斜。高 21.4、底径 10.2～12.5 厘米（图版二二七，13）。

标本 M1：B157，出自土偶墙遗迹，方形锥体受压变形倾斜。高 20、底径 7.5～7.6 厘米（图版二二七，14）。

标本 M1：B1033，出自土偶墙遗迹，方形锥体受压变形倾斜。高 16.6、底径 8.7～11.5 厘米（图版二二七，15）。

标本 M1：1 - 60，出自填土遗迹层，方形锥体受压变形倾斜。高 20.5、底径 7.3～9.8 厘米（图版二二七，16）。

标本 M1：B436，出自土偶墙遗迹，方形锥体受压变形倾斜。高 19.4、底径 6.5～7.2 厘米（图版二二七，17）。

标本 M1：B347，出自土偶墙遗迹，方形锥体受压变形倾斜。高 18、底径 9.6～13.4 厘米（图版二二七，18）。

标本 M1：B974，出自土偶墙遗迹，方形锥体受压变形倾斜。高 17.2、底径 10.2～12.4 厘米（图一七一，2；图版二二八，1）。

标本 M1：B955，出自土偶墙遗迹，方形锥体受压变形倾斜。高 21.1、底径 14～14.6 厘米（图版二二八，2）。

标本 M1：379，出自填土遗迹层，方形锥体受压变形倾斜。高 21.2、底径 9.4～12.7 厘米（图版二二八，3）。

标本 M1：B1，出自土偶墙遗迹，方形锥体受压变形倾斜。高 17.2、底径 6.8～12.3 厘米（图版二二八，4）。

标本 M1：61，出自填土遗迹层，方形锥体受压变形倾斜。高 19.7、底径 9～10.8 厘米（图版二二八，5）。

标本 M1：1 - 27，出自填土遗迹层，方形锥体受压变形倾斜。高 19.7、底径 9.2～9.5 厘米（图版二二八，6）。

标本 M1：1 - 61，出自填土遗迹层，方形锥体受压变形倾斜。高 23.1、底径 10.2～10.5 厘米（图版二二八，7）。

标本 M1：B859，出自土偶墙遗迹，方形锥体受压变形倾斜。高 21.8、底径 6.7～9.3 厘米（图版二二八，8）。

标本 M1：10 - 19，出自填土遗迹层，方形锥体受压变形倾斜。高 20、底径 7.6～12.5 厘米（图版二二八，9）。

标本 M1：8 - 21，出自填土遗迹层，方形锥体受压变形倾斜。高 16.3、底径 9.7～12.8 厘米（图版二二八，10）。

标本 M1：B358，出自土偶墙遗迹，方形锥体受压变形倾斜。高 19.4、底径 9.7～14.5 厘米（图版二二八，11）。

标本 M1：1－48，出自填土遗迹层，方形锥体受压变形倾斜。高 22、底径 9.2～9.4 厘米（图版二二八，12）。

标本 M1：B1022，出自土偶墙遗迹，方形锥体受压变形倾斜。高 16.6、底径 9.7～12.1 厘米（图版二二八，13）。

标本 M1：B162，出自土偶墙遗迹，方形锥体受压变形倾斜。高 20.2、底径 8～8.5 厘米（图版二二八，14）。

标本 M1：B126，出自土偶墙遗迹，方形锥体受压变形倾斜。高 22.3、底径 7.8～8.6 厘米（图版二二八，15）。

标本 M1：B1217，出自土偶墙遗迹，方形锥体受压变形倾斜。高 17.3、底径 7.2～10.4 厘米（图版二二八，16）。

标本 M1：B197，出自土偶墙遗迹，方形锥体受压变形倾斜。高 16.4、底径 7.7～11.2 厘米（图版二二八，17）。

标本 M1：1－37，出自填土遗迹层，方形锥体受压变形倾斜。高 22、底径 8.6～9.7 厘米（图版二二八，18）。

标本 M1：B240，出自土偶墙遗迹，方形锥体受压变形倾斜。高 16.7、底径 8.4～11.4 厘米（图版二二九，1）。

标本 M1：470，出自填土遗迹层，方形锥体受压变形倾斜。高 15.6、底径 9.6～11.4 厘米（图版二二九，2）。

标本 M1：1－29，出自土偶墙遗迹，方形锥体受压变形倾斜。高 16、底径 9.1～11.3 厘米（图版二二九，3）。

标本 M1：B1108，出自土偶墙遗迹，方形锥体受压变形倾斜。高 16.1、底径 8.4～10.1 厘米（图版二二九，4）。

标本 M1：B1272，出自土偶墙遗迹，方形锥体受压变形倾斜。高 17.1、底径 8.6～11.6 厘米（图一七一，3；图版二二九，5）。

标本 M1：B1066，出自土偶墙遗迹，方形锥体受压变形倾斜。高 17、底径 8.7～10.6 厘米（图版二二九，6）。

标本 M1：1－4，出自填土遗迹层，方形锥体受压变形倾斜。高 18.9、底径 10.6～14.4 厘米（图版二二九，7）。

标本 M1：B1233，出自土偶墙遗迹，方形锥体受压变形倾斜。高 16.3、底径 7.8－12.5 厘米（图版二二九，8）。

标本 M1：B961，出自土偶墙遗迹，方形锥体受压变形倾斜。高 19、底径 9.8～11.2 厘米（图一七一，4；图版二二九，9）。

标本 M1：B943，出自土偶墙遗迹，方形锥体受压变形倾斜。高 17.8、底径 8.4～10.2 厘米（图版二二九，10）。

标本 M1：B1251，出自土偶墙遗迹，方形锥体受压变形倾斜。高 19.3、底径 7.7～11.2 厘米（图版二二九，11）。

标本 M1：B1246，出自土偶墙遗迹，方形锥体受压变形倾斜。高 18.6、底径 8.4～10.7 厘米（图版二二九，12）。

标本 M1：B1145，出自土偶墙遗迹，方形锥体受压变形倾斜。高 17.5、底径 6.8～9.5 厘米（图一七一，5；图版二二九，13）。

标本 M1：338，出自填土遗迹层，方形锥体受压变形倾斜。高 18.2、底径 8.3～8.7 厘米（图一七一，6；图版二二九，14）。

标本 M1：B1210，出自土偶墙遗迹，方形锥体受压变形倾斜。高 15.8、底径 10.4～10.6 厘米（图版二二九，15）。

标本 M1：B891－1，出自土偶墙遗迹，方形锥体受压变形倾斜。高 19.6、底径 6.7～11.4 厘米（图版二二九，16）。

标本 M1：B1208－1，出自土偶墙遗迹，方形锥体受压变形倾斜。高 16.4、底径 7.3～13 厘米（图版二二九，17）。

标本 M1：15－11，出自填土遗迹层，方形锥体受压变形倾斜。高 18、底径 10.5 厘米（图版二二九，18）。

标本 M1：B1132，出自土偶墙遗迹，方形锥体受压变形倾斜。高 15.2、底径 8.7～10.8 厘米（图一七二，1；图版二三〇，1）。

标本 M1：B1254，出自土偶墙遗迹，方形锥体受压变形倾斜。高 17.6、底径 8.2～10.3 厘米（图一七二，2；图版二三〇，2）。

标本 M1：B982，出自土偶墙遗迹，方形锥体受压变形倾斜。高 17.4、底径 8.7～9.4 厘米（图一七二，3；图版二三〇，3）。

标本 M1：B1143－1，出自土偶墙遗迹，方形锥体受压变形倾斜。高 17.8、底径 7.7～9.6 厘米（图一七二，4；图版二三〇，4）。

标本 M1：B1152，出自土偶墙遗迹，方形锥体受压变形倾斜。高 17.2、底径 8～9.4 厘米（图版二三〇，5）。

标本 M1：B969，出自土偶墙遗迹，方形锥体受压变形倾斜。高 17.2、底径 9～11.4 厘米（图版二三〇，6）。

标本 M1：B1178，出自土偶墙遗迹，方形锥体受压变形倾斜。高 16.8、底径 10.2～11.6 厘米（图一七二，5；图版二三〇，7）。

标本 M1：B1093，出自土偶墙遗迹，方形锥体受压变形倾斜。高 16.1、底径 8.5～9.4 厘米（图一七二，6；图版二三〇，8）。

标本 M1：146，出自填土遗迹层，方形锥体受压变形倾斜。高 18、底径 7.8～11.5 厘米（图一七二，7；图版二三〇，9）。

标本 M1：203，出自填土遗迹层，方形锥体受压变形倾斜。高 24.8、底径 7.8～9.7 厘米（图一七二，8；图版二三〇，10）。

标本 M1：B214，出自土偶墙遗迹，方形锥体受压变形倾斜。高 21.5、底径 7.4～11.8 厘米（图版二三〇，11）。

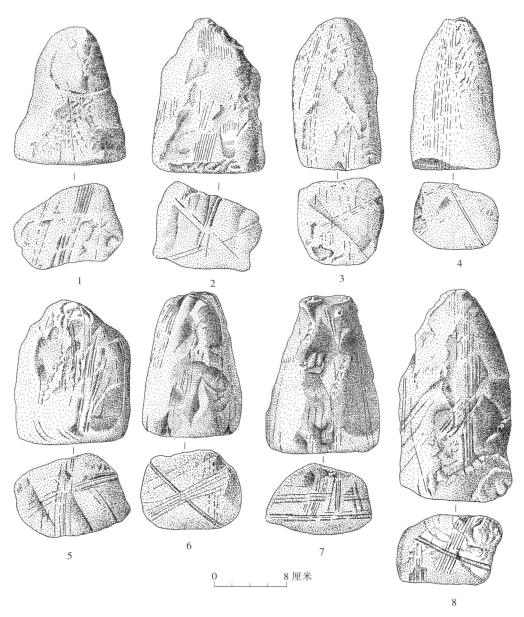

图一七二　方形 B 型土偶

1~8.（M1：B1132、B1254、B982、B1143－1、B1178、B1093、146、203）

标本 M1：51，出自填土遗迹层，方形锥体受压变形倾斜。高 20.2、底径 8.4~12.5 厘米（图版二三〇，12）。

标本 M1：B1009，出自土偶墙遗迹，方形锥体受压变形倾斜。高 23.8、底径 8.7~9 厘米（图一七三，1；图版二三〇，13）。

标本 M1：B699，出自土偶墙遗迹，方形锥体受压变形倾斜。高 16.1、底径 7.8~11.3 厘米（图一七三，2；图版二三〇，14）。

标本 M1：B297，出自土偶墙遗迹，方形锥体受压变形倾斜。高 17.8、底径 9.8~10.1 厘米（图

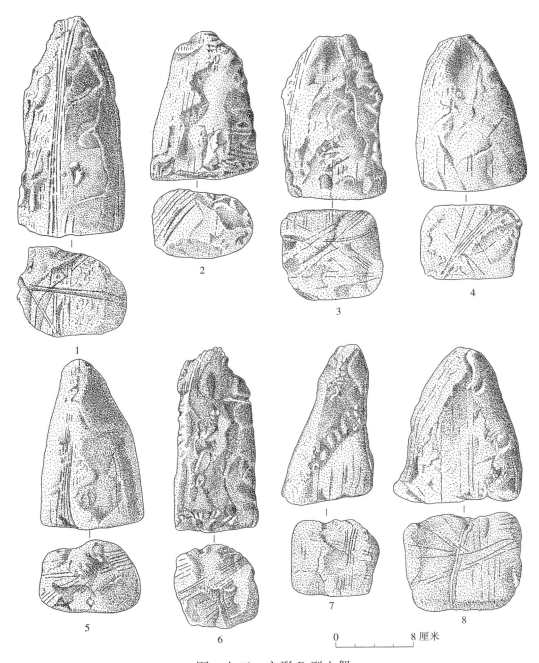

图一七三　方形 B 型土偶

1～8.（M1：B1009、B699、B297、B1065、158、B58、B21、B1207）

一七三，3；图版二三〇，15）。

　　标本 M1：B1065，出自土偶墙遗迹，方形锥体受压变形倾斜。高 16.8、底径 8.3～10.5 厘米（图一七三，4；图版二三〇，16）。

　　标本 M1：B1043，出自土偶墙遗迹，方形锥体受压变形倾斜。高 18.7、底径 7.8～11.4 厘米（图版二三〇，17）。

　　标本 M1：B18，出自土偶墙遗迹，方形锥体受压变形倾斜。高 14.6、底径 8.7～9.8 厘米（图版二三〇，18）。

标本 M1:158，出自填土遗迹层，方形锥体受压变形倾斜。高 17.8、底径 7.1～10.3 厘米（图一七三，5；图版二三一，1）。

标本 M1:B58，出自土偶墙遗迹，方形锥体受压变形倾斜。高 20、底径 8～8.7 厘米（图一七三，6；图版二三一，2）。

标本 M1:B21，出自土偶墙遗迹，方形锥体受压变形倾斜。高 16.3、底径 9.5～10.4 厘米（图一七三，7；图版二三一，3）。

标本 M1:B1207，出自土偶墙遗迹，方形锥体受压变形倾斜。高 16、底径 9.7～12 厘米（图一七三，8；图版二三一，4）。

标本 M1:B437，出自土偶墙遗迹，方形锥体受压变形倾斜。高 18.4、底径 7.5～9.7 厘米（图版二三一，5）。

标本 M1:B1085，出自土偶墙遗迹，方形锥体受压变形倾斜。高 20.2、底径 8.7～9.6 厘米（图版二三一，6）。

标本 M1:233，出自填土遗迹层，方形锥体受压变形倾斜。高 17.8、底径 10.8～11.3 厘米（图一七四，1；图版二三一，7）。

标本 M1:310，出自填土遗迹层，方形锥体受压变形倾斜。高 20.3、底径 8.5～11.4 厘米（图一七四，2；图版二三一，8）。

标本 M1:B1211，出自土偶墙遗迹，方形锥体受压变形倾斜。高 19.1、底径 8.6～10.3 厘米（图一七四，3；图版二三一，9）。

标本 M1:B1032，出自土偶墙遗迹，方形锥体受压变形倾斜。高 17.3、底径 8.3～10 厘米（图一七四，4；图版二三一，10）。

标本 M1:B1199，出自土偶墙遗迹，方形锥体受压变形倾斜。高 18.3、底径 7.1～10.7 厘米（图版二三一，11）。

标本 M1:B599，出自土偶墙遗迹，方形锥体受压变形倾斜。高 15.7、底径 12.5～13.3 厘米（图版二三一，12）。

标本 M1:B1121，出自土偶墙遗迹，方形锥体受压变形倾斜。高 16.6、底径 10～11.4 厘米（图一七四，5；图版二三一，13）。

标本 M1:8-26，出自填土遗迹层，方形锥体受压变形倾斜。高 19.2、底径 7.3～9.5 厘米（图一七四，6；图版二三一，14）。

标本 M1:B447，出自土偶墙遗迹，方形锥体受压变形倾斜。高 18、底径 8.2～11.8 厘米（图一七四，7；图版二三一，15）。

标本 M1:B1063，出自土偶墙遗迹，方形锥体受压变形倾斜。高 18、底径 7.3～11.4 厘米（图版二三一，16）。

标本 M1:B1034，出自土偶墙遗迹，方形锥体受压变形倾斜。高 16.1、底径 7.3～11.5 厘米（图版二三一，17）。

标本 M1:B131，出自土偶墙遗迹，方形锥体受压变形倾斜。高 18.8、底径 10～10.6 厘米（图版

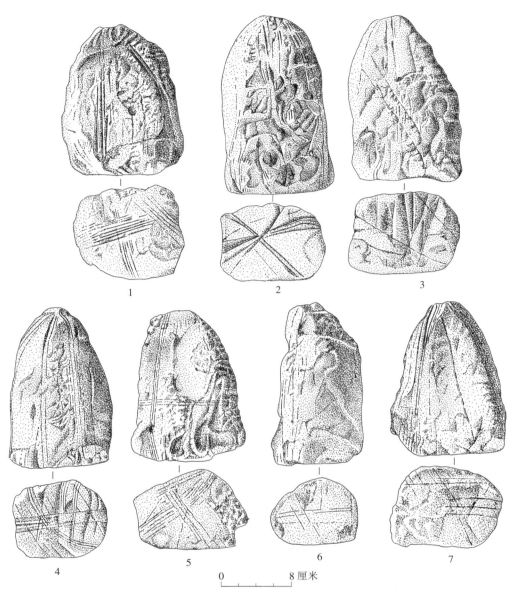

图一七四 方形 B 型土偶

1~7. （M1∶233、310、B1211、B1032、B1121、8－26、B447）

二三一，18）。

标本 M1∶B424，出自土偶墙遗迹，方形锥体受压变形倾斜。高 20.6、底径 6.6~10.3 厘米（图一七五，1；图版二三二，1）。

标本 M1∶B410，出自土偶墙遗迹，方形锥体受压变形倾斜。高 16.3、底径 9.4~12.7 厘米（图一七五，2；图版二三二，2）。

标本 M1∶B1329，出自土偶墙遗迹，方形锥体受压变形倾斜。高 18.7、底径 9.4~13.2 厘米（图一七五，3；图版二三二，3）。

标本 M1∶B1132－1，出自土偶墙遗迹，方形锥体受压变形倾斜。高 17.3、底径 8.7~11.4 厘米

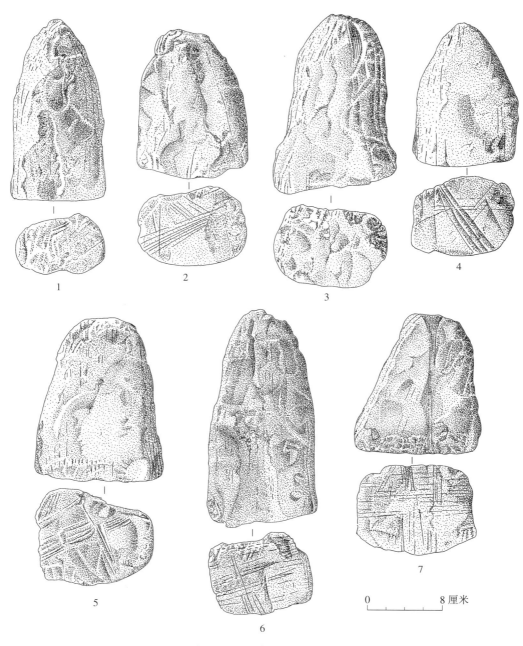

图一七五　方形 B 型土偶

1～8.（M1：B424、B410、B1329、B1132－1、B32、B554、B11）

（图一七五，4；图版二三二，4）。

　　标本 M1：B971，出自土偶墙遗迹，方形锥体受压变形倾斜。高 15.6、底径 9.4～13.2 厘米（图版二三二，5）。

　　标本 M1：6－26，出自填土遗迹层，方形锥体受压变形倾斜。高 18.3、底径 9.3～10.2 厘米（图版二三二，6）。

　　标本 M1：B32，出自土偶墙遗迹，方形锥体受压变形倾斜。高 17.6、底径 10.6～12.7 厘米（图一七五，5；图版二三二，7）。

标本 M1：B554，出自土偶墙遗迹，方形锥体受压变形倾斜。高 22.7、底径 9.3～10.3 厘米（图一七五，6；图版二三二，8）。

标本 M1：B11，出自土偶墙遗迹，方形锥体受压变形倾斜。高 15.4、底径 10.3～13.2 厘米（图一七五，7；图版二三二，9）。

标本 M1：B1190，出自土偶墙遗迹，方形锥体受压变形倾斜。高 20、底径 11.2～14.4 厘米（图一七六，1；图版二三二，10）。

标本 M1：B151，出自土偶墙遗迹，方形锥体受压变形倾斜。高 19.3、底径 8.5～9.7 厘米（图版二三二，11）。

标本 M1：B472，出自土偶墙遗迹，方形锥体受压变形倾斜。高 19.8、底径 9.5～11.2 厘米（图版二三二，12）。

标本 M1：B559，出自土偶墙遗迹，方形锥体受压变形倾斜。高 19.8、底径 8.8～10.6 厘米（图一七六，2；图版二三二，13）。

标本 M1：B245，出自土偶墙遗迹，方形锥体受压变形倾斜。高 22.6、底径 6.7～9.2 厘米（图一七六，3；图版二三二，14）。

标本 M1：B311，出自土偶墙遗迹，方形锥体受压变形倾斜。高 18.2、底径 9.4～13.5 厘米（图版二三二，15）。

标本 M1：B446，出自土偶墙遗迹，方形锥体受压变形倾斜。高 20.6、底径 8.6～8.8 厘米（图版二三二，16）。

标本 M1：B588，出自土偶墙遗迹，方形锥体受压变形倾斜。高 22、底径 10.4 厘米（图版二三二，17）。

标本 M1：8－2，出自填土遗迹层，方形锥体受压变形倾斜。高 21.5、底径 9.4～13 厘米（图版二三二，18）。

标本 M1：11－6，出自填土遗迹层，方形锥体受压变形倾斜。高 20.5、底径 9～13.2 厘米（图一七六，4；图版二三三，1）。

标本 M1：B485，出自土偶墙遗迹，方形锥体受压变形倾斜。高 20.6、底径 8.7～11.6 厘米（图一七六，5；图版二三三，2）。

标本 M1：B137，出自土偶墙遗迹，方形锥体受压变形倾斜。高 19.5、底径 8.2～9.3 厘米（图一七六，6；图版二三三，3）。

标本 M1：B793，出自土偶墙遗迹，方形锥体受压变形倾斜。高 19.2、底径 7.6～10.8 厘米（图一七七，1；图版二三三，4）。

标本 M1：B1126，出自土偶墙遗迹，方形锥体受压变形倾斜。高 19.1、底径 9.3～10.7 厘米（图版二三三，5）。

标本 M1：B572－1，出自土偶墙遗迹，方形锥体受压变形倾斜。高 19.6、底径 8.5～9.6 厘米（图版二三三，6）。

图一七六　方形 B 型土偶

1~6.（M1：B1190、B559、B245、11－6、B485、B137）

三、方形 C 型

该型土偶86件，为残缺的方形。其体型均在深埋中受压严重变形，但保留明显的方锥形基本特征。该型土偶个体大小不一致，有高矮胖瘦之分，残缺多少不等。体表均有明显的十字形草茎索状印痕，顶部均有清晰纠结痕迹。

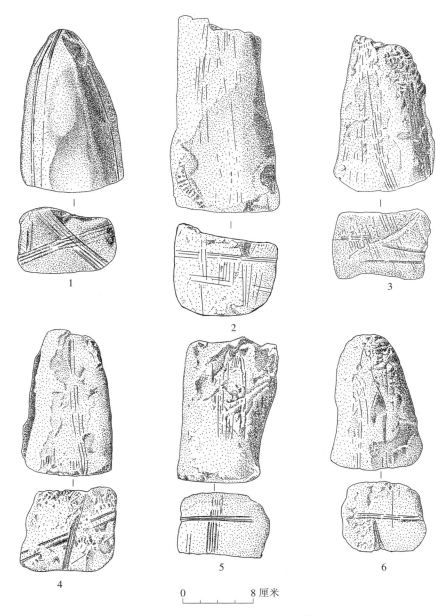

图一七七 方形 B、C 型土偶

1~6. （B 型 M1：B793、C 型 B553、B5、1－39、165、B1098）

标本 M1：336，出自填土遗迹层，方形锥体变形残缺。残高16、底径8~8.5厘米（图版二三三，7）。

标本 M1：10－6，出自填土遗迹层，方形锥体变形残缺。残高16.5、底径9~11厘米（图版二三三，8）。

标本 M1：B553，出自土偶墙遗迹，方形锥体变形残缺。残高21、底径8.3~11厘米（图一七七，2；图版二三三，9）。

标本 M1：B694，出自土偶墙遗迹，方形锥体变形残缺。残高23.3、底径8~10厘米（图版二三三,10）。

标本 M1：1－43，出自填土遗迹层，方形锥体变形残缺。残高20、底径10.3~10.6厘米（图版二三三，11）。

标本 M1：B521，出自土偶墙遗迹，方形锥体变形残缺。残高 22、底径 8.5～9.5 厘米（图版二三三，12）。

标本 M1：B5，出自土偶墙遗迹，方形锥体变形残缺。残高 17、底径 8～10.5 厘米（图一七七，3；图版二三三，13）。

标本 M1：B170，出自土偶墙遗迹，方形锥体变形残缺。残高 14.5、底径 9.5 厘米（图版二三三，14）。

标本 M1：298，出自填土遗迹层，方形锥体变形残缺。残高 18、底径 7.7 厘米（图版二三三，15）。

标本 M1：B78，出自土偶墙遗迹，方形锥体变形残缺。残高 19.5、底径 8.5～10 厘米（图版二三三，16）。

标本 M1：1－39，出自填土遗迹层，方形锥体变形残缺。残高 17、底径 8.5～9.5 厘米（图一七七，4；图版二三三，17）。

标本 M1：56，出自填土遗迹层，方形锥体变形残缺。残高 18、底径 8 厘米（图版二三三，18）。

标本 M1：165，出自填土遗迹层，方形锥体变形残缺。残高 17、底径 6.6～9.7 厘米（图一七七，5）。

标本 M1：18－4，出自填土遗迹层，方形锥体变形残缺。残高 18.3、底径 9.5～10 厘米。

标本 M1：1－21，出自填土遗迹层，方形锥体变形残缺。残高 18.6、底径 8～9.5 厘米。

标本 M1：B1098，出自土偶墙遗迹，方形锥体变形残缺。残高 15.7、底径 8.5～9.5 厘米（图一七七,6）。

标本 M1：337，出自填土遗迹层，方形锥体微变形，尖部残缺。残高 19.5、底径 7.5～9 厘米（图一七八，1）。

标本 M1：303，出自填土遗迹层，方形锥体变形残缺。残高 16.2、底径 7.8～9 厘米

标本 M1：B192，出自土偶墙遗迹，方形锥体变形残缺。残高 17.5、底径 9.5～10.5 厘米。

标本 M1：B370，出自土偶墙遗迹，方形锥体变形残缺。残高 15.5、底径 7～10 厘米。

标本 M1：378，出自填土遗迹层，方形锥体变形残缺。残高 20.5、底径 8 厘米。

标本 M1：B98，出自土偶墙遗迹，方形锥体变形残缺。残高 17.2、底径 10.5～11 厘米。

标本 M1：B371，出自土偶墙遗迹，方形锥体变形残缺。残高 20、底径 11～13 厘米。

标本 M1：18－10，出自填土遗迹层，方形锥体变形残缺。残高 19、底径 8～11.3 厘米。

标本 M1：13－20，出自填土遗迹层，方形锥体变形残缺。残高 19.5、底径 10.5～12.8 厘米。

标本 M1：180，出自填土遗迹层，方形锥体变形残缺。残高 23.3、底径 9.4～10 厘米。

标本 M1：B200，出自土偶墙遗迹，方形锥体变形残缺。残高 18.7、底径 6～9 厘米。

标本 M1：B101，出自土偶墙遗迹，方形锥体变形残缺。残高 17.4、底径 9～12 厘米。

标本 M1：227，出自填土遗迹层，方形锥体变形残缺。残高 16.5、底径 7.5～7.6 厘米。

标本 M1：B39，出自土偶墙遗迹，方形锥体变形残缺。残高 20.7、底径 9～12.5 厘米。

标本 M1：B106，出自土偶墙遗迹，方形锥体变形残缺。残高 20、底径 9～11 厘米。

标本 M1：B2，出自土偶墙遗迹，方形锥体变形残缺。残高 16.5、底径 9～11 厘米。

标本 M1：15－10，出自填土遗迹层，方形锥体变形残缺。残高 18.2、底径 9～9.5 厘米。

标本 M1：B529，出自土偶墙遗迹，方形锥体变形残缺。残高 16.2、底径 9～10 厘米。

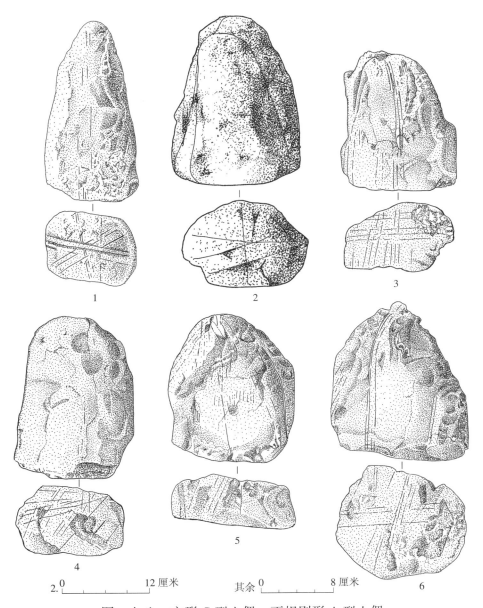

图一七八　方形 C 型土偶、不规则形 A 型土偶

1. 方形 C 型（M1：337）　2～6. 不规则形 A 型土偶（B63、B107－1、B1163、B1120、B525）

标本 M1：364，出自填土遗迹层，方形锥体变形残缺。残高 16.8、底径 8.5～9.5 厘米。

标本 M1：113，出自填土遗迹层，方形锥体变形残缺。残高 16.5、底径 9.5～10.1 厘米。

标本 M1：395－2，出自填土遗迹层，方形锥体变形残缺。残高 21、底径 8～7.5 厘米。

标本 M1：1－51，出自填土遗迹层，方形锥体变形残缺。残高 15.7、底径 11.5～11.6 厘米。

标本 M1：202，出自填土遗迹层，方形锥体变形残缺。残高 16.5、底径 10～12.5 厘米。

标本 M1：B1193，出自土偶墙遗迹，方形锥体变形残缺。残高 20、底径 8～11.5 厘米。

标本 M1：8－4，出自填土遗迹层，方形锥体变形残缺。残高 18.2、底径 8～10.3 厘米。

标本 M1：1－54，出自填土遗迹层，方形锥体变形残缺。残高 16.3、底径 9.5～10.5 厘米。

标本 M1∶B415，出自土偶墙遗迹，方形锥体变形残缺。残高 17.5、底径 11.5～12.5 厘米。

标本 M1∶229，出自填土遗迹层，方形锥体变形残缺。残高 16.5、底径 7.9～8 厘米。

标本 M1∶84－1，出自填土遗迹层，方形锥体变形残缺。残高 18.8、底径 10.5～13 厘米。

标本 M1∶B30，出自土偶墙遗迹，方形锥体变形残缺。残高 17、底径 7.5～10.5 厘米。

标本 M1∶250，出自填土遗迹层，方形锥体变形残缺。残高 15.5、底径 9～11 厘米。

标本 M1∶135，出自填土遗迹层，方形锥体变形残缺。残高 14、底径 7.5～9 厘米。

标本 M1∶B934，出自土偶墙遗迹，方形锥体变形残缺。残高 13.6、底径 11～12 厘米。

标本 M1∶307，出自填土遗迹层，方形锥体变形残缺。残高 8.5、底径 8.9～9 厘米。

标本 M1∶306，出自填土遗迹层，方形锥体变形残缺。残高 11、底径 7.7～8.2 厘米。

标本 M1∶95，出自填土遗迹层，方形锥体变形残缺。残高 11、底径 9～11.5 厘米。

标本 M1∶B185，出自土偶墙遗迹，方形锥体变形残缺。残高 11.5、底径 9～10.5 厘米。

标本 M1∶16－26，出自填土遗迹层，方形锥体变形残缺。残高 8.5、底径 10～10.5 厘米。

标本 M1∶B194，出自填土遗迹层，方形锥体变形残缺。残高 10.5、底径 8.9～9 厘米。

标本 M1∶297，出自填土遗迹层，方形锥体变形残缺。残高 14、底径 10～12 厘米。

标本 M1∶4－13，出自填土遗迹层，方形锥体变形残缺。残高 12.5、底径 10.5～14 厘米。

标本 M1∶1－15，出自填土遗迹层，方形锥体变形残缺。残高 9.5、底径 9～10 厘米。

标本 M1∶295，出自填土遗迹层，方形锥体变形残缺。残高 14.5、底径 12～14 厘米。

标本 M1∶281，出自填土遗迹层，方形锥体变形残缺。残高 11.5、底径 11～11.5 厘米。

标本 M1∶69，出自填土遗迹层，方形锥体变形残缺。残高 9.8、底径 9.5～10 厘米。

标本 M1∶189，出自填土遗迹层，方形锥体变形残缺。残高 9.5、底径 7～9 厘米。

标本 M1∶66，出自填土遗迹层，方形锥体变形残缺。残高 12.5、底径 10.4～10.5 厘米。

标本 M1∶77，出自填土遗迹层，方形锥体变形残缺。残高 12、底径 11.5～12 厘米。

标本 M1∶16－29，出自填土遗迹层，方形锥体变形残缺。残高 14、底径 10～11 厘米。

标本 M1∶394，出自填土遗迹层，方形锥体变形残缺。残高 14、底径 8～9 厘米。

标本 M1∶，1－35 出自填土遗迹层，方形锥体变形残缺。残高 15、底径 9～9.1 厘米。

标本 M1∶311，出自填土遗迹层，方形锥体变形残缺。残高 13.5、底径 8～8.8 厘米。

标本 M1∶74，出自填土遗迹层，方形锥体变形残缺。残高 12.5、底径 10.3～10.5 厘米。

标本 M1∶316，出自填土遗迹层，方形锥体变形残缺。残高 14、底径 8.7～10 厘米。

标本 M1∶5－4，出自填土遗迹层，方形锥体变形残缺。残高 12.5、底径 9.5～10 厘米。

标本 M1∶1－34，出自填土遗迹层，方形锥体变形残缺。残高 13.3、底径 8～8.1 厘米。

标本 M1∶7－6，出自填土遗迹层，方形锥体变形残缺。残高 15.7、底径 9～9.5 厘米。

标本 M1∶1－33，出自填土遗迹层，方形锥体变形残缺。残高 13.3、底径 8.5～9 厘米。

标本 M1∶B168，出自填土遗迹层，方形锥体变形残缺。残高 18、底径 7～8 厘米。

标本 M1∶13－1，出自填土遗迹层，方形锥体变形残缺。残高 13、底径 7～10 厘米。

标本 M1∶197，出自填土遗迹层，方形锥体变形残缺。残高 15、底径 9～9.6 厘米。

标本 M1∶18－1，出自填土遗迹层，方形锥体变形残缺。残高 19、底径 7.7～9 厘米。

标本 M1：340，出自填土遗迹层，方形锥体变形残缺。残高 15.5、底径 7～7.1 厘米。

标本 M1：B50，出自土偶墙遗迹，方形锥体变形残缺。残高 16.5、底径 7～11 厘米。

标本 M1：B187，出自土偶墙遗迹，方形锥体变形残缺。残高 19.5、底径 8～8.5 厘米。

标本 M1：1－46，出自填土遗迹层，方形锥体变形残缺。残高 11.5、底径 8～10 厘米。

标本 M1：B166，出自土偶墙遗迹，方形锥体变形残缺。残高 20.8、底径 6.5～7.6 厘米。

标本 M1：333，出自填土遗迹层，方形锥体变形残缺。残高 16.5、底径 9～9.5 厘米。

标本 M1：B161，出自土偶墙遗迹，方形锥体变形残缺。残高 20、底径 9～10.6 厘米。

第三节　不规则形土偶

该型土偶 678 件，为不规则，锥体均严重变形，还有一部分残缺破碎件。此类土偶是圆形和方形两种形制的土偶受压严重变形件和残缺破碎件，因不易归到上述两类形状的土偶中，故单列一型介绍。该类型土偶大小不等，形状各异，又可分为 A、B、C 三型。

一、不规则形 A 型

该型土偶 288 件，为不规则的扁形土偶。其椎体受压严重变形，具有厚扁锥体特征，体表制作粗糙有凹窝和明显的十字形草茎纠结印痕。

标本 M1：B107－1，出自土偶墙遗迹，锥体严重变形呈厚扁形。高 18、底径 8.7～13.2 厘米（图一七八，3）。

标本 M1：B1163，出自土偶墙遗迹，锥体严重变形呈厚扁形。高 19.1、底径 6～11.6 厘米（图一七八，4）。

标本 M1：385，出自填土遗迹层，锥体严重变形呈厚扁形。高 19.3、底径 7.6～13.6 厘米。

标本 M1：B973，出自土偶墙遗迹，锥体严重变形呈厚扁形。高 16.4、底径 8.4～11.7 厘米。

标本 M1：B1256，出自土偶墙遗迹，锥体严重变形呈厚扁形。高 18.4、底径 8.3～15.4 厘米。

标本 M1：B350，出自土偶墙遗迹，锥体严重变形呈厚扁形。高 20.3、底径 7.7～12.5 厘米。

标本 M1：B1120，出自土偶墙遗迹，锥体严重变形呈厚扁形。高 17.3、底径 4.7～13.3 厘米（图一七八，5；图版二三四，1）。

标本 M1：B525，出自土偶墙遗迹，锥体严重变形呈厚扁形。高 16.4、底径 11.3～14 厘米（图一七八，6；图版二三四，2）。

标本 M1：B23，出自土偶墙遗迹，锥体严重变形呈厚扁形。高 15.2、底径 9.3～11.8 厘米（图一七九，1；图版二三四，3）。

标本 M1：B458，出自土偶墙遗迹，锥体严重变形呈厚扁形。高 17.5、底径 7.2～12.2 厘米（图版二三四，4）。

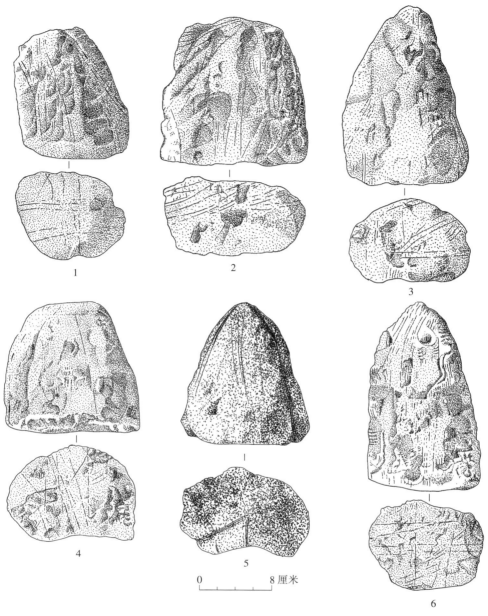

图一七九　不规则形 A 型土偶
1～6.（M1：B23、B364、B324、B471、B480、B323）

　　标本 M1：B1025，出自土偶墙遗迹，锥体严重变形呈厚扁形。高 19、底径 9.3～12.2 厘米（图版二三四，5）。

　　标本 M1：B51，出自土偶墙遗迹，锥体严重变形呈厚扁形。高 16.5、底径 7.7～11.2 厘米（图版二三四，6）。

　　标本 M1：B364，出自土偶墙遗迹，锥体严重变形呈厚扁形。高 17.3、底径 9.2～15.8 厘米（图一七九，2；图版二三四，7）。

　　标本 M1：B324，出自土偶墙遗迹，锥体严重变形呈厚扁形。高 20.5、底径 10.5～13.7 厘米（图

一七九，3；图版二三四，8）。

标本 M1：B471，出自土偶墙遗迹，锥体严重变形呈厚扁形。高 15.8、底径 11.7~15.5 厘米（图一七九，4；图版二三四，9）。

标本 M1：B480，出自土偶墙遗迹，锥体严重变形呈厚扁形。高 17.4、底径 8.2~15.1 厘米（图一七九，5；图版二三四，10）。

标本 M1：195，出自填土遗迹层，锥体严重变形呈厚扁形。高 16.5、底径 5.6~14.7 厘米（图版二三四，11）。

标本 M1：267，出自填土遗迹层，锥体严重变形呈厚扁形。高 16.3、底径 8.4~14.2 厘米（图版二三四，12）。

标本 M1：B1330，出自土偶墙遗迹，锥体严重变形呈厚扁形。高 19、底径 7.6~16.7 厘米（图版二三四，13）。

标本 M1：B323，出自土偶墙遗迹，锥体严重变形呈厚扁形。高 22.2、底径 9.2~12.3 厘米（图一七九，6；图版二三四，14）。

标本 M1：354，出自填土遗迹层，锥体严重变形呈厚扁形。高 19.3、底径 8.2~13.6 厘米（图版二三四，15）。

标本 M1：B341，出自土偶墙遗迹，锥体严重变形呈厚扁形。高 20.2、底径 8.3~13.2 厘米（图版二三四，16）。

标本 M1：B501，出自土偶墙遗迹，锥体严重变形呈厚扁形。高 19.6、底径 7.8~13.4 厘米（图版二三四，17）。

标本 M1：B596，出自土偶墙遗迹，锥体严重变形呈厚扁形。高 18.7、底径 10.2~15.7 厘米（图版二三四，18）。

标本 M1：B906，出自土偶墙遗迹，锥体严重变形呈厚扁形。高 27.2、底径 10.7~16.3 厘米（图一八〇，1；图版二三五，1）。

标本 M1：B851，出自土偶墙遗迹，锥体严重变形呈厚扁形。高 27.4、底径 9.7~13.8 厘米（图一八〇，2；图版二三五，2）。

标本 M1：B914，出自土偶墙遗迹，锥体严重变形呈厚扁形。高 26、底径 8.7~12.2 厘米（图一八〇，3；图版二三五，3）。

标本 M1：B389，出自土偶墙遗迹，锥体严重变形呈厚扁形。高 21.3、底径 6.7~15.3 厘米（图版二三五，4）。

标本 M1：B289，出自土偶墙遗迹，锥体严重变形呈厚扁形。高 25.6、底径 7.1~15.7 厘米（图版二三五，5）。

标本 M1：B53，出自土偶墙遗迹，锥体严重变形呈厚扁形。高 21.7、底径 10.6~13 厘米（图版二三五，6）。

标本 M1：B769，出自土偶墙遗迹，锥体严重变形呈厚扁形。高 25.1、底径 10.4~14 厘米（图版二三五，7）。

标本 M1：B749，出自土偶墙遗迹，锥体严重变形呈厚扁形。高 25.6、底径 8.3~13.7 厘米（图

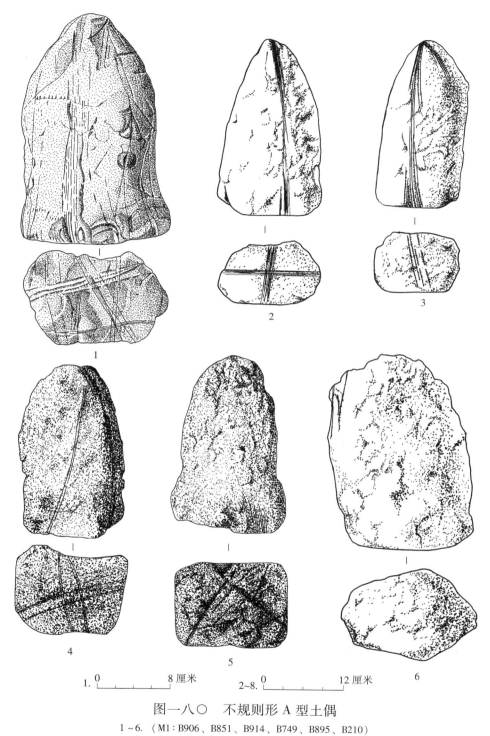

1. 　　0 ————————— 8 厘米　　　2~8. 　0 ————————— 12 厘米

图一八○　不规则形 A 型土偶

1~6.（M1：B906、B851、B914、B749、B895、B210）

一八○，4；图版二三五，8）。

　　标本 M1：B895，出自土偶墙遗迹，锥体严重变形呈厚扁形。高 25.6、底径 9.1~18.6 厘米（图一八○，5；图版二三五，9）。

　　标本 M1：B759，出自土偶墙遗迹，锥体严重变形呈厚扁形。高 25.5、底径 10.2~14.8 厘米（图

版二三五，10）。

标本 M1：B60，出自土偶墙遗迹，锥体严重变形呈厚扁形。高 26.6、底径 9.7～13.8 厘米（图版二三五，11）。

标本 M1：B929，出自土偶墙遗迹，锥体严重变形呈厚扁形。高 27.2、底径 8.6～13.5 厘米（图版二三五，12）。

标本 M1：B210，出自土偶墙遗迹，锥体严重变形呈厚扁形。高 21、底径 8.8～12.2 厘米（图一八〇，6；图版二三五，13）。

标本 M1：390，出自填土遗迹层，锥体严重变形呈厚扁形。高 20.1、底径 7.7～12.8 厘米（图一八一，1；图版二三五，14）。

标本 M1：B317，出自土偶墙遗迹，锥体严重变形呈厚扁形。高 17.8、底径 8.4～14.4 厘米（图一八一，2；图版二三五，15）。

标本 M1：B886，出自土偶墙遗迹，锥体严重变形呈厚扁形。高 25、底径 7.7～10.3 厘米（图版二三五，16）。

标本 M1：B674，出自土偶墙遗迹，锥体严重变形呈厚扁形。高 21.7、底径 5.5～12.6 厘米（图版二三五，17）。

标本 M1：9－15，出自填土遗迹层，锥体严重变形呈厚扁形。高 22.1、底径 6.4～10.3 厘米（图版二三五，18）。

标本 M1：B426，出自土偶墙遗迹，锥体严重变形呈厚扁形。高 22.4、底径 11.5～14 厘米（图一八一，3；图版二三六，1）。

标本 M1：B265，出自土偶墙遗迹，锥体严重变形呈厚扁形。高 24.5、底径 11.6～13.3 厘米（图一八一，4；图版二三六，2）。

标本 M1：B751，出自土偶墙遗迹，锥体严重变形呈厚扁形。高 25.8、底径 6.8～13.6 厘米（图一八一，5；图版二三六，3）。

标本 M1：B301，出自土偶墙遗迹，锥体严重变形呈厚扁形。高 19.5、底径 9.2～13.2 厘米（图版二三六，4）。

标本 M1：B288，出自土偶墙遗迹，锥体严重变形呈厚扁形。高 22.1、底径 9.7～11.7 厘米（图版二三六，5）。

标本 M1：B312，出自土偶墙遗迹，锥体严重变形呈厚扁形。高 24、底径 7.8～14.2 厘米（图版二三六，6）。

标本 M1：B735，出自土偶墙遗迹，锥体严重变形呈厚扁形。高 24、底径 10.6～12.7 厘米（图一八一，6；图版二三六，7）。

标本 M1：B306，出自土偶墙遗迹，锥体严重变形呈厚扁形。高 23.7、底径 9.2～11.7 厘米（图一八一，7；图版二三六，8）。

标本 M1：B337－1，出自土偶墙遗迹，锥体严重变形呈厚扁形。高 22、底径 9～15.3 厘米（图版二三六，9）。

标本 M1：B846，出自土偶墙遗迹，锥体严重变形呈厚扁形。高 28.5、底径 11.2～13 厘米（图

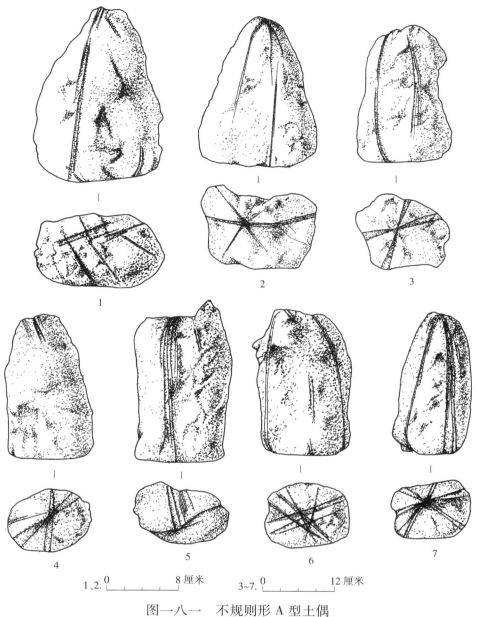

图一八一　不规则形 A 型土偶

1～7.（M1：390、B317、B426、B265、B751、B735、B306）

一八二，1；图版二三六，10）。

　　标本 M1：B885，出自土偶墙遗迹，锥体严重变形呈厚扁形。高 27、底径 11.8～15.3 厘米（图一八二，2；图版二三六，11）。

　　标本 M1：B900，出自土偶墙遗迹，锥体严重变形呈厚扁形。高 26.3、底径 10.6～13.8 厘米（图版二三六，12）。

　　标本 M1：B294，出自土偶墙遗迹，锥体严重变形呈厚扁形。高 25、底径 8.7～12.4 厘米（图一八二，3；图版二三六，13）。

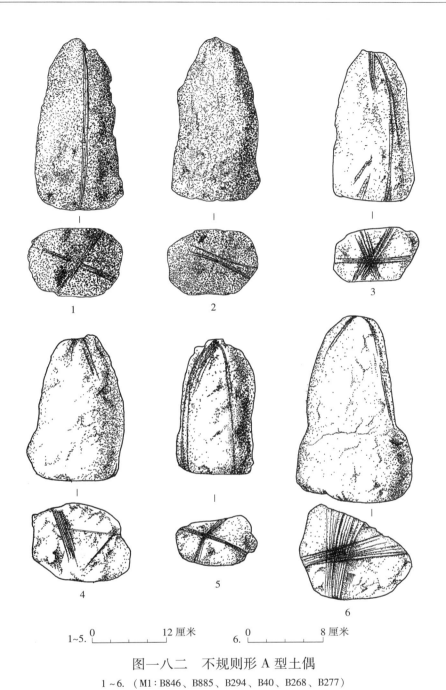

图一八二　不规则形 A 型土偶

1 ~ 6.（M1：B846、B885、B294、B40、B268、B277）

　　标本 M1：B40，出自土偶墙遗迹，锥体严重变形呈厚扁形。高 23.7、底径 11.3 ~ 13.2 厘米（图一八二，4；图版二三六，14）。

　　标本 M1：B883，出自土偶墙遗迹，锥体严重变形呈厚扁形。高 24.5、底径 11.6 ~ 14.5 厘米（图版二三六，15）。

　　标本 M1：B332，出自土偶墙遗迹，锥体严重变形呈厚扁形。高 22.7、底径 8.6 ~ 13.2 厘米（图版二三六，16）。

标本 M1：B300，出自土偶墙遗迹，锥体严重变形呈厚扁形。高 23.2、底径 9.7～14.2 厘米（图版二三六，17）。

标本 M1：B316，出自土偶墙遗迹，锥体严重变形呈厚扁形。高 21.8、底径 9.1～13.3 厘米（图版二三六，18）。

标本 M1：B268，出自土偶墙遗迹，锥体严重变形呈厚扁形。高 24.3、底径 7.3～12.5 厘米（图一八二，5；图版二三七，1）。

标本 M1：B277，出自土偶墙遗迹，锥体严重变形呈厚扁形。高 21.2、底径 9.4～12.8 厘米（图一八二，6；图版二三七，2）。

标本 M1：B338，出自土偶墙遗迹，锥体严重变形呈厚扁形。高 21.5、底径 7.2～13.2 厘米（图版二三七，3）。

标本 M1：B119，出自土偶墙遗迹，锥体严重变形呈厚扁形。高 20.4、底径 6.2～13.3 厘米（图版二三七，4）。

标本 M1：B315，出自土偶墙遗迹，锥体严重变形呈厚扁形。高 22.7、底径 8.6～12.7 厘米（图版二三七，5）。

标本 M1：B335，出自土偶墙遗迹，锥体严重变形呈厚扁形。高 22.8、底径 9.2～11.4 厘米（图一八三，1；图版二三七，6）。

标本 M1：B1304，出自土偶墙遗迹，锥体严重变形呈厚扁形。高 18、底径 7.6～13.2 厘米（图一八三，2；图版二三七，7）。

标本 M1：B357，出自土偶墙遗迹，锥体严重变形呈厚扁形。高 19.6、底径 7.3～12.7 厘米（图一八三，3；图版二三七，8）。

标本 M1：B358－1，出自土偶墙遗迹，锥体严重变形呈厚扁形。高 17.5、底径 8.3～15.2 厘米（图版二三七，9）。

标本 M1：8－11，出自填土遗迹层，锥体严重变形呈厚扁形。高 19.2、底径 9.1～13.3 厘米（图版二三七，10）。

标本 M1：B822，出自土偶墙遗迹，锥体严重变形呈厚扁形。高 23.3、底径 7～13.7 厘米（图版二三七，11）。

标本 M1：B47，出自土偶墙遗迹，锥体严重变形呈厚扁形。高 21.6、底径 8.1～13.8 厘米（图版二三七，12）。

标本 M1：B35，出自土偶墙遗迹，锥体严重变形呈厚扁形。高 21.4、底径 10.3～12.7 厘米（图一八三，4；图版二三七，13）。

标本 M1：B336，出自土偶墙遗迹，锥体严重变形呈厚扁形。高 23.8、底径 8.7～12.2 厘米（图一八三，5；图版二三七，14）。

标本 M1：B296，出自土偶墙遗迹，锥体严重变形呈厚扁形。高 24.8、底径 9.7～14.4 厘米（图一八三，6；图版二三七，15）。

标本 M1：B753，出自土偶墙遗迹，锥体严重变形呈厚扁形。高 22.3、底径 8.8～11.6 厘米（图版二三七，16）。

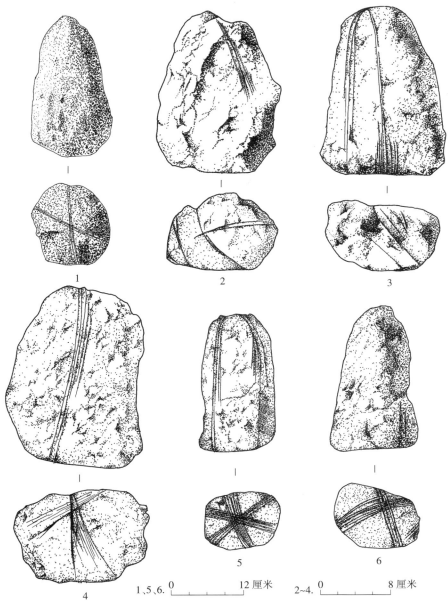

图一八三 不规则形 A 型土偶

1～6.（M1：B335、B1304、B357、B35、B336、B296）

标本 M1：B314－1，出自土偶墙遗迹，锥体严重变形呈厚扁形。高 21.8、底径 8.7～15.7 厘米（图版二三七，17）。

标本 M1：B329，出自土偶墙遗迹，锥体严重变形呈厚扁形。高 20.5、底径 9.7～10.2 厘米（图一八四，1；图版二三七，18）。

标本 M1：B1162，出自土偶墙遗迹，锥体严重变形呈厚扁形。高 21、底径 7.1～16.4 厘米（图一八四，2；图版二三八，1）。

标本 M1：B713，出自土偶墙遗迹，锥体严重变形呈厚扁形。高 21.4、底径 8.7～12.6 厘米（图

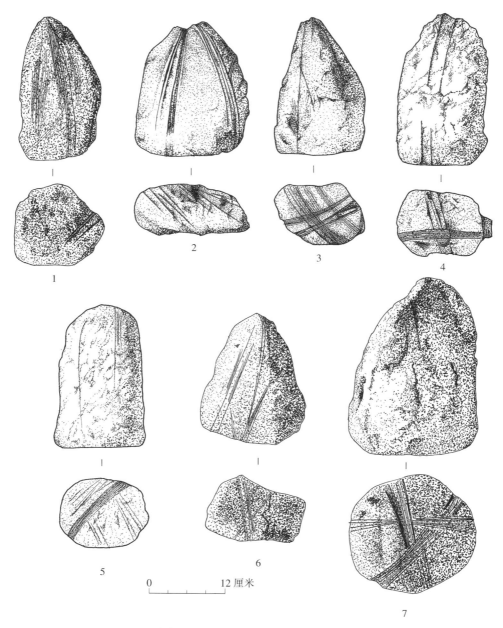

图一八四　不规则形 A 型土偶

1～7.（M1：B329、B1162、B713、B325、B409、B318、261）

一八四，3；图版二三八，2）。

　　标本 M1：B362，出自土偶墙遗迹，锥体严重变形呈厚扁形。高 17.6、底径 10.2～14.3 厘米（图版二三八，3）。

　　标本 M1：B923，出自土偶墙遗迹，锥体严重变形呈厚扁形。高 23、底径 10.7～15.7 厘米（图版二三八，4）。

　　标本 M1：B340，出自土偶墙遗迹，锥体严重变形呈厚扁形。高 22.6、底径 5.7～13.8 厘米（图

版二三八，5）。

标本 M1：B321，出自土偶墙遗迹，锥体严重变形呈厚扁形。高 23.3、底径 8.4～12.2 厘米（图版二三八，6）。

标本 M1：B325，出自土偶墙遗迹，锥体严重变形呈厚扁形。高 23.3、底径 8.7～12.2 厘米（图一八四，4；图版二三八，7）。

标本 M1：B409，出自土偶墙遗迹，锥体严重变形呈厚扁形。高 22.4、底径 11.4～13.8 厘米（图一八四，5；图版二三八，8）。

标本 M1：B359，出自土偶墙遗迹，锥体严重变形呈厚扁形。高 20.7、底径 9.7～15.8 厘米（图版二三八，9）。

标本 M1：B363，出自土偶墙遗迹，锥体严重变形呈厚扁形。高 20.6、底径 10.2～12.8 厘米（图版二三八，10）。

标本 M1：9－3，出自填土遗迹层，锥体严重变形呈厚扁形。高 21.4、底径 9～15.8 厘米（图版二三八，11）。

标本 M1：391，出自填土遗迹层，锥体严重变形呈厚扁形。高 20.8、底径 11.3～14.4 厘米（图版二三八，12）。

标本 M1：B299，出自土偶墙遗迹，锥体严重变形呈厚扁形。高 19.4、底径 11.5～14 厘米（图版二三八，13）。

标本 M1：B303，出自土偶墙遗迹，锥体严重变形呈厚扁形。高 17.5、底径 11～15.4 厘米（图版二三八，14）。

标本 M1：B328，出自土偶墙遗迹，锥体严重变形呈厚扁形。高 17.5、底径 10～12 厘米（图版二三八，15）。

标本 M1：B219，出自土偶墙遗迹，锥体严重变形呈厚扁形。高 18、底径 11～13.5 厘米（图版二三八，16）。

标本 M1：B298，出自土偶墙遗迹，锥体严重变形呈厚扁形。高 21.2、底径 10～13 厘米（图版二三八，17）。

标本 M1：B308，出自土偶墙遗迹，锥体严重变形呈厚扁形。高 21、底径 10～14.5 厘米（图版二三八，18）。

标本 M1：B307，出自土偶墙遗迹，锥体严重变形呈厚扁形。高 17.7、底径 11～14 厘米（图版二三九，1）。

标本 M1：B333，出自土偶墙遗迹，锥体严重变形呈厚扁形。高 19.8、底径 11～15 厘米（图版二三九，2）。

标本 M1：B278，出自土偶墙遗迹，锥体严重变形呈厚扁形。高 17、底径 12～17 厘米（图版二三九，3）。

标本 M1：B309，出自土偶墙遗迹，锥体严重变形呈厚扁形。高 21、底径 8.5～13.5 厘米（图版二三九，4）。

标本 M1：B334，出自土偶墙遗迹，锥体严重变形呈厚扁形。高 18、底径 9.5～16 厘米（图版二三九，5）。

标本 M1：B276，出自土偶墙遗迹，锥体严重变形呈厚扁形。高 18、底径 10.5~12 厘米（图版二三九，6）。

标本 M1：B924，出自土偶墙遗迹，锥体严重变形呈厚扁形。高 20.4、底径 10~12.6 厘米（图版二三九，7）。

标本 M1：B292，出自土偶墙遗迹，锥体严重变形呈厚扁形。高 14.5、底径 11.5~13 厘米（图版二三九，8）。

标本 M1：B339，出自土偶墙遗迹，锥体严重变形呈厚扁形。高 19.5、底径 10~15.5 厘米（图版二三九，9）。

标本 M1：159，出自填土遗迹层，锥体严重变形呈厚扁形。高 19、底径 13.7~15.5 厘米（图版二三九，10）。

标本 M1：6-1，出自填土遗迹层，锥体严重变形呈厚扁形。高 17.3、底径 13~16 厘米（图版二三九，11）。

标本 M1：B330，出自土偶墙遗迹，锥体严重变形呈厚扁形。高 17、底径 11~13.5 厘米（图版二三九，12）。

标本 M1：B318，出自土偶墙遗迹，锥体严重变形呈厚扁形。高 21、底径 11.5~16.4 厘米（图一八四，6；图版二三九，13）。

标本 M1：B63，出自土偶墙遗迹，锥体严重变形呈厚扁形。高 21.2、底径 11~15.4 厘米（图一七八，2；图版二三九，14）。

标本 M1：B659，出自土偶墙遗迹，锥体严重变形呈厚扁形。高 17.3、底径 11.5~13 厘米（图版二三九，15）。

标本 M1：B310，出自土偶墙遗迹，锥体严重变形呈厚扁形。高 19、底径 12.5~16.5 厘米（图版二三九，16）。

标本 M1：B305，出自土偶墙遗迹，锥体严重变形呈厚扁形。高 18.6、底径 11 厘米（图版二三九，17）。

标本 M1：261，出自填土遗迹层，锥体严重变形呈厚扁形。高 19.7、底径 13~13.5 厘米（图一八四，7；图版二三九，18）。

标本 M1：B228，出自土偶墙遗迹，锥体严重变形呈厚扁形。高 25、底径 10.8~12.2 厘米（图版二四〇，1）。

标本 M1：B548，出自土偶墙遗迹，锥体严重变形呈厚扁形。高 26、底径 10.8~13.6 厘米（图版二四〇，2）。

标本 M1：B997，出自土偶墙遗迹，锥体严重变形呈厚扁形。高 26.6、底径 10.4~13.3 厘米（图一八五，1；图版二四〇，3）。

标本 M1：B1239，出自土偶墙遗迹，锥体严重变形呈厚扁形。高 29.4、底径 10.2~12.1 厘米（图一八五，2；图版二四〇，4）。

标本 M1：B1002，出自土偶墙遗迹，锥体严重变形呈厚扁形。高 26.8、底径 7.5~11.7 厘米（图

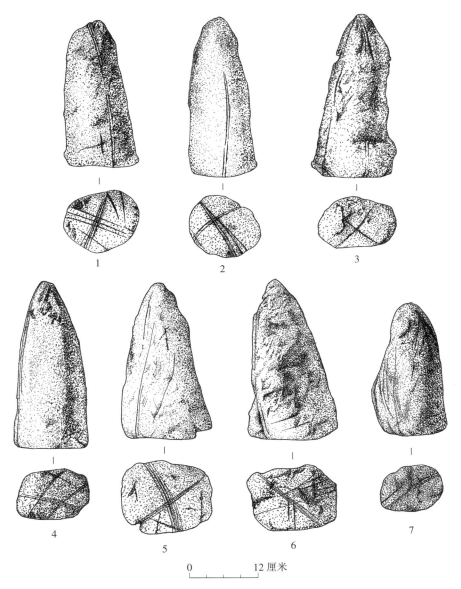

图一八五　不规则形 A 型土偶

1～7.（M1：B997、B1239、B867、B1004、B820、B761、B877）

版二四〇，5）。

标本 M1：B985，出自土偶墙遗迹，锥体严重变形呈厚扁形。高 28.6、底径 7.7～9.7 厘米（图版二四〇，6）。

标本 M1：B867，出自土偶墙遗迹，锥体严重变形呈厚扁形。高 29、底径 9.4～13.8 厘米（图一八五，3；图版二四〇，7）。

标本 M1：B1004，出自土偶墙遗迹，锥体严重变形呈厚扁形。高 27.4、底径 9.3～11.3 厘米（图一八五，4；图版二四〇，8）。

标本 M1：B820，出自土偶墙遗迹，锥体严重变形呈厚扁形。高 27.8、底径 11.7～14.8 厘米（图

一八五，5；图版二四〇，9）。

标本 M1：B1186，出自土偶墙遗迹，锥体严重变形呈厚扁形。高 27.5、底径 9.2～12.4 厘米（图版二四〇，10）。

标本 M1：B746，出自土偶墙遗迹，锥体严重变形呈厚扁形。高 26.6、底径 10.4～11.6 厘米（图版二四〇，11）。

标本 M1：B776，出自土偶墙遗迹，锥体严重变形呈厚扁形。高 25.2、底径 7.6～10.8 厘米（图版二四〇，12）。

标本 M1：B761，出自土偶墙遗迹，锥体严重变形呈厚扁形。高 28.6、底径 10.4～13.2 厘米（图一八五，6；图版二四〇，13）。

标本 M1：B877，出自土偶墙遗迹，锥体严重变形呈厚扁形。高 23.5、底径 7.8～11.6 厘米（图一八五，7；图版二四〇，14）。

标本 M1：B821，出自土偶墙遗迹，锥体严重变形呈厚扁形。高 28.8、底径 9.7～12.6 厘米（图一八六，1；图版二四〇，15）。

标本 M1：B712，出自土偶墙遗迹，锥体严重变形呈厚扁形。高 25.4、底径 8.6～12.4 厘米（图版二四〇，16）。

标本 M1：B1003，出自土偶墙遗迹，锥体严重变形呈厚扁形。高 27.8、底径 10～11.6 厘米（图版二四〇，17）。

标本 M1：B1240，出自土偶墙遗迹，锥体严重变形呈厚扁形。高 28.4、底径 8.2～11.4 厘米（图版二四〇，18）。

标本 M1：B1005，出自土偶墙遗迹，锥体严重变形呈厚扁形。高 28.6、底径 8.6～10.2 厘米（图一八六，2；图版二四一，1）。

标本 M1：B1014－1，出自土偶墙遗迹，锥体严重变形呈厚扁形。高 28、底径 9.1～10.8 厘米（图一八六，3；图版二四一，2）。

标本 M1：B750，出自土偶墙遗迹，锥体严重变形呈厚扁形。高 26.2、底径 9.8～10.3 厘米（图一八六，4；图版二四一，3）。

标本 M1：B887，出自土偶墙遗迹，锥体严重变形呈厚扁形。高 26.1、底径 10.6～12.7 厘米（图一八六，5；图版二四一，4）。

标本 M1：B992，出自土偶墙遗迹，锥体严重变形呈厚扁形。高 27.6、底径 8～11.6 厘米（图版二四一，5）。

标本 M1：B889，出自土偶墙遗迹，锥体严重变形呈厚扁形。高 29、底径 9.2～12.6 厘米（图版二四一，6）。

标本 M1：B754，出自土偶墙遗迹，锥体严重变形呈厚扁形。高 28.9、底径 10.6～12.4 厘米（图一八六，6；图版二四一，7）。

标本 M1：B1021，出自土偶墙遗迹，锥体严重变形呈厚扁形。高 28.2、底径 7.3～13.2 厘米（图一八六，7；图版二四一，8）。

标本 M1：B711，出自土偶墙遗迹，锥体严重变形呈厚扁形。高 25.3、底径 8.7～12.2 厘米（图

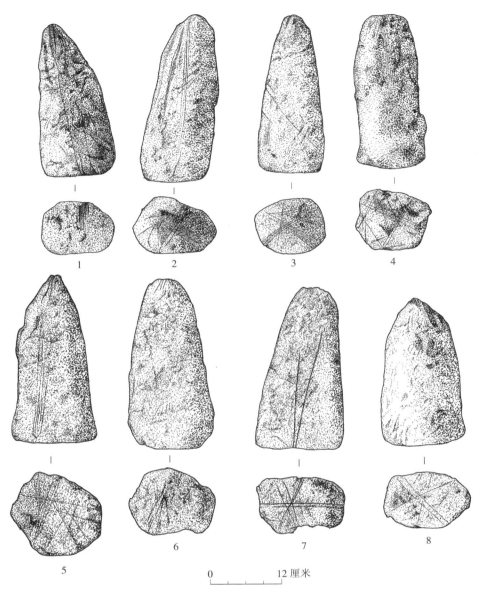

图一八六　不规则形 A 型土偶

1~8.（M1：B821、B1005、B1014-1、B750、B887、B754、B1021、B916）

版二四一，9）。

　　标本 M1：B459，出自土偶墙遗迹，锥体严重变形呈厚扁形。高 27.4、底径 9.7~11.6 厘米（图版二四一，10）。

　　标本 M1：B283，出自土偶墙遗迹，锥体严重变形呈厚扁形。高 21.8、底径 9.2~10.4 厘米（图版二四一，11）。

　　标本 M1：B287，出自土偶墙遗迹，锥体严重变形呈厚扁形。高 25.2、底径 7.8~9.6 厘米（图版二四一，12）。

　　标本 M1：B916，出自土偶墙遗迹，锥体严重变形呈厚扁形。高 26.1、底径 10.2~13.5 厘米（图

一八六，8；图版二四一，13）。

标本 M1：B830，出自土偶墙遗迹，锥体严重变形呈厚扁形。高 26.5、底径 9.5～10.6 厘米（图一八七，1；图版二四一，14）。

标本 M1：B1008，出自土偶墙遗迹，锥体严重变形呈厚扁形。高 28、底径 9.7～13.3 厘米（图一八七，2；图版二四一，15）。

标本 M1：B260，出自土偶墙遗迹，锥体严重变形呈厚扁形。高 25.4、底径 7.3～12.7 厘米（图版二四一，16）。

标本 M1：B763，出自土偶墙遗迹，锥体严重变形呈厚扁形。高 27、底径 9.7～12.3 厘米（图版

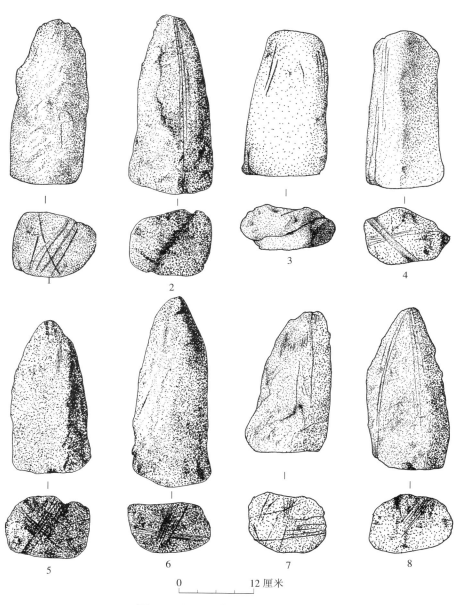

0　　　　　　12 厘米

图一八七　不规则形 A 型土偶

1～8.（M1：B830、B1008、B1249、B1325、B743、B1006、B901、B1010）

二四一，17）。

标本 M1：246，出自填土遗迹层，锥体严重变形呈厚扁形。高 24.4、底径 7.2 ~ 12.8 厘米（图版二四一，18）。

标本 M1：B1249，出自土偶墙遗迹，锥体严重变形呈厚扁形。高 24、底径 7.3 ~ 12.8 厘米（图一八七，3；图版二四二，1）。

标本 M1：B1325，出自土偶墙遗迹，锥体严重变形呈厚扁形。高 25.8、底径 8.6 ~ 12.2 厘米（图一八七，4；图版二四二，2）。

标本 M1：B1197，出自土偶墙遗迹，锥体严重变形呈厚扁形。高 24.6、底径 9.4 ~ 12.3 厘米（图版二四二，3）。

标本 M1：B743，出自土偶墙遗迹，锥体严重变形呈厚扁形。高 24.7、底径 9.2 ~ 12.3 厘米（图一八七，5；图版二四二，4）。

标本 M1：B1006，出自土偶墙遗迹，锥体严重变形呈厚扁形。高 30.2、底径 7.6 ~ 11.7 厘米（图一八七，6；图版二四二，5）。

标本 M1：B254，出自土偶墙遗迹，锥体严重变形呈厚扁形。高 23.8、底径 9.2 ~ 12.5 厘米（图版二四二，6）。

标本 M1：B901，出自土偶墙遗迹，锥体严重变形呈厚扁形。高 23.5、底径 8.3 ~ 11.8 厘米（图一八七，7；图版二四二，7）。

标本 M1：B1010，出自土偶墙遗迹，锥体严重变形呈厚扁形。高 26.1、底径 8.7 ~ 11.3 厘米（图一八七，8；图版二四二，8）。

标本 M1：B773，出自土偶墙遗迹，锥体严重变形呈厚扁形。高 24.3、底径 9.7 ~ 11.2 厘米（图一八八，1；图版二四二，9）。

标本 M1：B216，出自土偶墙遗迹，锥体严重变形呈厚扁形。高 24.3、底径 7.1 ~ 13.5 厘米（图版二四二，10）。

标本 M1：B748，出自土偶墙遗迹，锥体严重变形呈厚扁形。高 24.8、底径 9.8 ~ 13.6 厘米（图版二四二，11）。

标本 M1：B778，出自土偶墙遗迹，锥体严重变形呈厚扁形。高 26.5、底径 10.3 ~ 13.4 厘米（图版二四二，12）。

标本 M1：B1047，出自土偶墙遗迹，锥体严重变形呈厚扁形。高 27.6、底径 9.7 ~ 12.4 厘米（图一八八，2；图版二四二，13）。

标本 M1：B942，出自土偶墙遗迹，锥体严重变形呈厚扁形。高 26.6、底径 9.3 ~ 11.2 厘米（图一八八，3；图版二四二，14）。

标本 M1：B1238，出自土偶墙遗迹，锥体严重变形呈厚扁形。高 25.2、底径 8.3 ~ 11.2 厘米（图版二四二，15）。

标本 M1：B998，出自土偶墙遗迹，锥体严重变形呈厚扁形。高 25、底径 7.6 ~ 9.8 厘米（图版二四二，16）。

标本 M1：B744，出自土偶墙遗迹，锥体严重变形呈厚扁形。高 24.2、底径 7.8 ~ 13.4 厘米（图

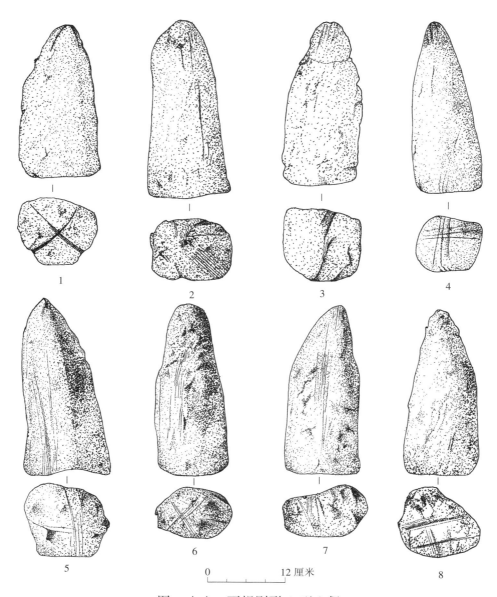

图一八八　不规则形 A 型土偶

1~8.（M1：B773、B1047、B942、B990、B1016、B1194、B1200、B1017）

版二四二，17）。

　　标本 M1：255，出自填土遗迹层，锥体严重变形呈厚扁形。高 27.7、底径 9.3~11.5 厘米（图版二四二，18）。

　　标本 M1：B1195，出自土偶墙遗迹，锥体严重变形呈厚扁形。高 26.7、底径 8~12.4 厘米（图版二四三，1）。

　　标本 M1：B1242，出自土偶墙遗迹，锥体严重变形呈厚扁形。高 25.2、底径 8.3~13.4 厘米（图版二四三，2）。

　　标本 M1：B990，出自土偶墙遗迹，锥体严重变形呈厚扁形。高 27.4、底径 8.3~10.5 厘米（图

一八八，4；图版二四三，3）。

标本 M1：B1016，出自土偶墙遗迹，锥体严重变形呈厚扁形。高 28.4、底径 11.1～13.8 厘米（图一八八，5；图版二四三，4）。

标本 M1：B1236，出自土偶墙遗迹，锥体严重变形呈厚扁形。高 26.6、底径 9～10.3 厘米（图版二四三，5）。

标本 M1：B720，出自土偶墙遗迹，锥体严重变形呈厚扁形。高 23.7、底径 9.8～12.3 厘米（图版二四三，6）。

标本 M1：B1194，出自土偶墙遗迹，锥体严重变形呈厚扁形。高 28.2、底径 8.3～10.7 厘米（图一八八，6；图版二四三，7）。

标本 M1：B1200，出自土偶墙遗迹，锥体严重变形呈厚扁形。高 26.8、底径 6.7～11.3 厘米（图一八八，7；图版二四三，8）。

标本 M1：B1017，出自土偶墙遗迹，锥体严重变形呈厚扁形。高 25.6、底径 8.2～9.6 厘米（图一八八，8；图版二四三，9）。

标本 M1：B863－1，出自土偶墙遗迹，锥体严重变形呈厚扁形。高 26.8、底径 8.1～10.8 厘米（图版二四三，10）。

标本 M1：B806，出自土偶墙遗迹，锥体严重变形呈厚扁形。高 23.4、底径 7.2～11.3 厘米（图版二四三，11）。

标本 M1：B252，出自土偶墙遗迹，锥体严重变形呈厚扁形。高 25、底径 6.1～11.3 厘米（图版二四三，12）。

标本 M1：B999，出自土偶墙遗迹，锥体严重变形呈厚扁形。高 27、底径 7.5～12 厘米（图一八九，1；图版二四三，13）。

标本 M1：241，出自土偶墙遗迹，锥体严重变形呈厚扁形。高 25.3、底径 9.5～11.8 厘米（图一八九，2；图版二四三，15）。

标本 M1：B1261－1，出自土偶墙遗迹，锥体严重变形呈厚扁形。高 26.2、底径 8.2～9.3 厘米（图一八九，3；图版二四三，14）。

标本 M1：B400，出自土偶墙遗迹，锥体严重变形呈厚扁形。高 23.5、底径 6.5～11.5 厘米（图版二四三，16）。

标本 M1：B1007，出自土偶墙遗迹，锥体严重变形呈厚扁形。高 25.8、底径 8.8～11 厘米（图版二四三，17）。

标本 M1：B1237，出自土偶墙遗迹，锥体严重变形呈厚扁形。高 26.8、底径 6.7～11 厘米（图版二四三，18）。

标本 M1：B760，出自土偶墙遗迹，锥体严重变形呈厚扁形。高 22.5、底径 10～15 厘米（图一八九，4；图版二四四，1）。

标本 M1：B391，出自土偶墙遗迹，锥体严重变形呈厚扁形。高 22、底径 10～14.3 厘米（图一八九，5；图版二四四，2）。

标本 M1：B1013，出自土偶墙遗迹，锥体严重变形呈厚扁形。高 27、底径 8～9 厘米（图一八九，

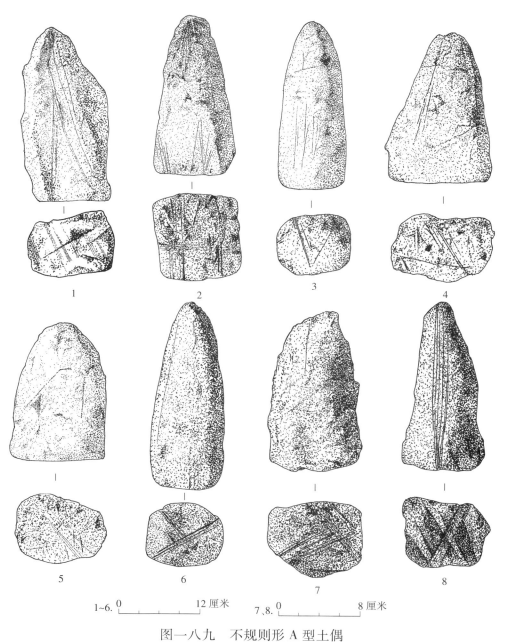

图一八九　不规则形 A 型土偶

1～8.（M1：B999、241、B1261‑1、B760、B391、B1013、1‑19、B1031）

6；图版二四四，3）。

　　标本 M1：1‑19，出自填土遗迹层，锥体变形呈猴扁形。高 23.3、底径 9～12.4 厘米（图一八九，7；图版二四四，4）。

　　标本 M1：B874，出自土偶墙遗迹，锥体严重变形呈厚扁形。高 22.5、底径 8～15 厘米（图版二四四，5）。

　　标本 M1：B1031，出自土偶墙遗迹，锥体严重变形呈厚扁形。高 16.8、底径 9～11 厘米（图一八九，8；图版二四四，6）。

标本 M1：B920，出自土偶墙遗迹，锥体严重变形呈厚扁形。高 23、底径 10～12 厘米（图一九〇，1；图版二四四，7）。

标本 M1：B477，出自土偶墙遗迹，锥体严重变形呈厚扁形。高 22、底径 10.5～12.2 厘米（图版二四四，8）。

标本 M1：B766，出自土偶墙遗迹，锥体严重变形呈厚扁形。高 28.6、底径 8.2～11 厘米（图版二四四，9）。

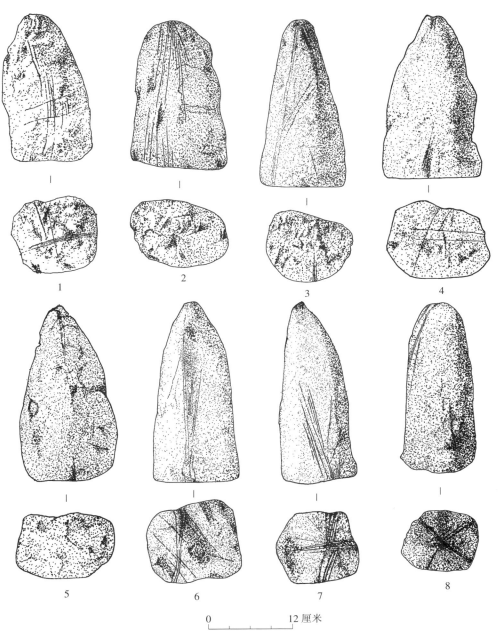

0　　　　　　　12 厘米

图一九〇　不规则形 A 型土偶

1～8.（M1：B920、1－59、B457、B770、16－16、B1015、B1018、B1185）

标本 M1∶1 - 59，出自填土遗迹层，锥体严重变形呈厚扁形。高 22. 2、底径 9 ~ 14 厘米（图一九○，2；图版二四四，10）。

标本 M1∶B768，出自土偶墙遗迹，锥体严重变形呈厚扁形。高 21. 5、底径 11. 5 ~ 14. 5 厘米（图版二四四，11）。

标本 M1∶B862，出自土偶墙遗迹，锥体严重变形呈厚扁形。高 23. 4、底径 10 ~ 13 厘米（图版二四四，12）。

标本 M1∶B457，出自土偶墙遗迹，锥体严重变形呈厚扁形。高 26. 5、底径 11 ~ 13. 2 厘米（图一九○，3；图版二四四，13）。

标本 M1∶B770，出自土偶墙遗迹，锥体严重变形呈厚扁形。高 23. 5、底径 11 ~ 13. 5 厘米（图一九○，4；图版二四四，14）。

标本 M1∶B1306，出自土偶墙遗迹，锥体严重变形呈厚扁形。高 24. 4、底径 8. 5 ~ 11. 8 厘米（图版二四四，15）。

标本 M1∶B488，出自土偶墙遗迹，锥体严重变形呈厚扁形。高 24、底径 9. 5 ~ 11 厘米（图版二四四，16）。

标本 M1∶B917，出自土偶墙遗迹，锥体严重变形呈厚扁形。高 24. 5、底径 9. 3 ~ 13 厘米（图版二四四，17）。

标本 M1∶B643，出自土偶墙遗迹，锥体严重变形呈厚扁形。高 25、底径 11. 5 ~ 13 厘米（图版二四四，18）。

标本 M1∶B1191，出自土偶墙遗迹，锥体严重变形呈厚扁形。高 22. 6、底径 11. 5 ~ 12 厘米（图版二四五，1）。

标本 M1∶16 - 16，出自填土遗迹层，锥体严重变形呈厚扁形。高 25. 5、底径 9 ~ 12 厘米（图一九○，5；图版二四五，2）。

标本 M1∶B1015，出自土偶墙遗迹，锥体严重变形呈厚扁形。高 25. 7、底径 10 ~ 11. 8 厘米（图一九○，6；图版二四五，3）。

标本 M1∶B1018，出自土偶墙遗迹，锥体严重变形呈厚扁形。高 26、底径 9 ~ 10. 2 厘米（图一九○，7；图版二四五，4）。

标本 M1∶B826，出自土偶墙遗迹，锥体严重变形呈厚扁形。高 25. 5、底径 10 ~ 11 厘米（图版二四五，5）。

标本 M1∶B838，出自土偶墙遗迹，锥体严重变形呈厚扁形。高 21. 7、底径 11. 2 ~ 11. 5 厘米（图版二四五，6）。

标本 M1∶B1185，出自土偶墙遗迹，锥体严重变形呈厚扁形。高 25. 5、底径 9 ~ 11 厘米（图一九○，8；图版二四五，7）。

标本 M1∶B757，出自土偶墙遗迹，锥体严重变形呈厚扁形。高 21. 2、底径 11 ~ 14 厘米（图版二四五，8）。

标本 M1∶B1001，出自土偶墙遗迹，锥体严重变形呈厚扁形。高 26. 5、底径 10 ~ 13 厘米（图版二四五，9）。

标本 M1∶208，出自填土遗迹层，锥体严重变形呈厚扁形。高 22.5、底径 9.5～13 厘米（图版二四五，10）。

标本 M1∶B852，出自土偶墙遗迹，锥体严重变形呈厚扁形。高 23.3、底径 8.5～10.5 厘米（图版二四五，11）。

标本 M1∶B811，出自土偶墙遗迹，锥体严重变形呈厚扁形。高 24、底径 9.2～11.5 厘米（图版二四五，12）。

标本 M1∶B828，出自土偶墙遗迹，锥体严重变形呈厚扁形。高 20.7、底径 8.5～12.4 厘米（图一九一，1；图版二四五，13）。

标本 M1∶B478，出自土偶墙遗迹，锥体严重变形呈厚扁形。高 23.7、底径 9.5～14 厘米（图一九一，2；图版二四五，14）。

标本 M1∶B1192，出自土偶墙遗迹，锥体严重变形呈厚扁形。高 25.6、底径 8.5～9.5 厘米（图一九一，3；图版二四五，15）。

标本 M1∶B1241，出自土偶墙遗迹，锥体严重变形呈厚扁形。高 25.5、底径 8.5～12 厘米（图版二四五，16）。

标本 M1∶B925，出自土偶墙遗迹，锥体严重变形呈厚扁形。高 25、底径 9.5～12.5 厘米（图版二四五，17）。

标本 M1∶B490，出自土偶墙遗迹，锥体严重变形呈厚扁形。高 22.3、底径 9～12 厘米（图版二四五，18）。

标本 M1∶B249，出自土偶墙遗迹，锥体严重变形呈厚扁形。高 22.5、底径 8.5～11.5 厘米（图一九一，4；图版二四六，1）。

标本 M1∶B834，出自土偶墙遗迹，锥体严重变形呈厚扁形。高 21.5、底径 10～11 厘米（图一九一，5；图版二四六，2）。

标本 M1∶132，出自填土遗迹层，锥体严重变形呈厚扁形。高 23.5、底径 10～12.5 厘米（图一九一，6；图版二四六，3）。

标本 M1∶B1088，出自土偶墙遗迹，锥体严重变形呈厚扁形。高 21.5、底径 10～13 厘米（图一九一，7；图版二四六，4）。

标本 M1∶B352，出自土偶墙遗迹，锥体受压严重变形呈厚扁形。高 23、底径 8～13 厘米（图版二四六，5）。

标本 M1∶B952，出自土偶墙遗迹，锥体受压严重变形呈厚扁形。高 23、底径 10～11 厘米（图一九一，8；图版二四六，6）。

标本 M1∶1-36，出自土偶墙遗迹，锥体受压严重变形呈厚扁形。高 22.5、底径 8.7～11 厘米（图一九二，1；图版二四六，7）。

标本 M1∶B1147，出自土偶墙遗迹，锥体受压严重变形呈厚扁形。高 22.5、底径 9～12.5 厘米（图一九二，2；图版二四六，8）。

标本 M1∶75，出自填土遗迹层，锥体受压严重变形呈厚扁形。高 20、底径 6.5～11.5 厘米（图版二四六，9）。

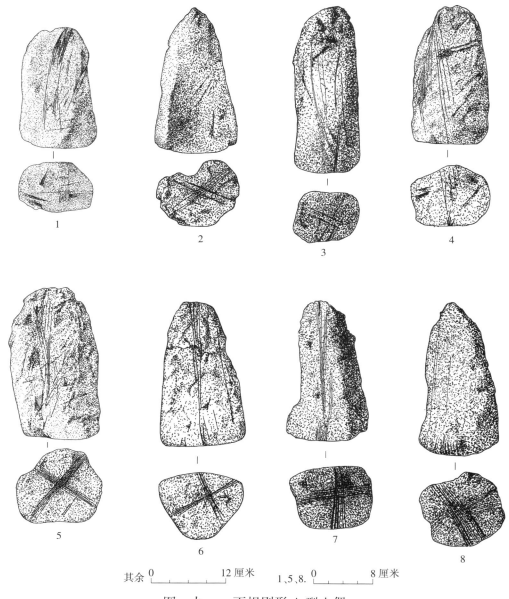

图一九一　不规则形 A 型土偶

1～8.（M1：B828、B478、B1192、B249、B834、132、B1088、B952）

标本 M1：10-24，出自填土遗迹层，锥体受压严重变形呈厚扁形。高 19.5、底径 7.5～11 厘米（图版二四六，10）。

标本 M1：B803，出自土偶墙遗迹，锥体受压严重变形呈厚扁形。高 21.5、底径 6.5～11 厘米（图版二四六，11）。

标本 M1：B498，出自土偶墙遗迹，锥体受压严重变形呈厚扁形。高 19.5、底径 7.5～11.5 厘米（图版二四六，12）。

标本 M1：B94，出自土偶墙遗迹，呈变形扁形锥状，完整，体表粗糙和明显的十字形草茎纠结印

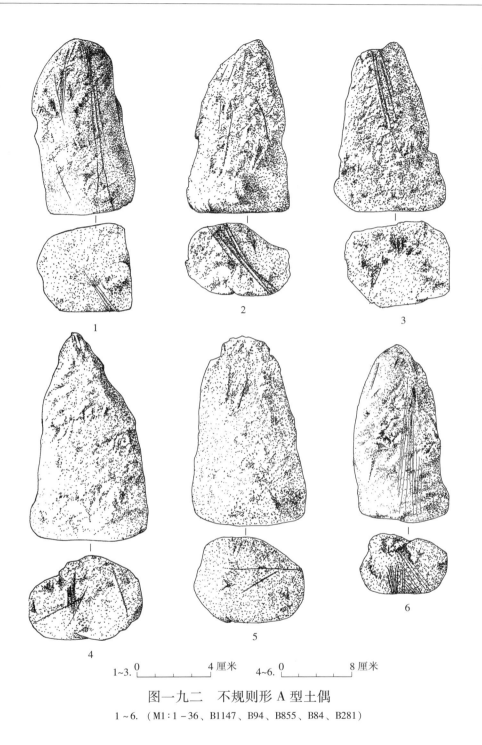

1~3. 0 ⊢———┤ 4厘米   4~6. 0 ⊢————┤ 8厘米

图一九二　不规则形 A 型土偶
1~6.（M1：1–36、B1147、B94、B855、B84、B281）

痕。高 12.5、底径 10~13.5 厘米（图一九二，3；图版二四六，13）。

　　标本 M1：B855，出自土偶墙遗迹，锥体受压严重变形呈厚扁形。高 24、底径 10~12.5 厘米（图一九二，4；图版二四六，14）。

　　标本 M1：B82，出自土偶墙遗迹，锥体受压严重变形呈厚扁形。高 23.2、底径 9~12 厘米（图版二四六，15）。

　　标本 M1：B1323，出自土偶墙遗迹，锥体受压严重变形呈厚扁形。高 18.3、底径 6～11 厘米（图版二四六，16）。

　　标本 M1：B1150，出自土偶墙遗迹，锥体受压严重变形呈厚扁形。高 18.5、底径 5.3～10 厘米（图版二四六，17）。

　　标本 M1：B698，出自土偶墙遗迹，锥体受压严重变形呈厚扁形。高 21、底径 7.5～12 厘米（图版二四六，18）。

　　标本 M1：B84，出自土偶墙遗迹，锥体受压严重变形呈厚扁形。高 22.1、底径 10～12.4 厘米（图一九二，5；图版二四七，1）。

　　标本 M1：B281，出自土偶墙遗迹，锥体受压严重变形呈厚扁形。高 21、底径 9～12.7 厘米（图一九二，6；图版二四七，2）。

　　标本 M1：B950，出自土偶墙遗迹，锥体受压严重变形呈厚扁形。高 21.5、底径 12.5～14.5 厘米图版二四七，3）。

　　标本 M1：B788，出自土偶墙遗迹，锥体受压严重变形呈厚扁形。高 21、底径 7.8～10.5 厘米（图版二四七，4）。

　　标本 M1：B841，出自土偶墙遗迹，锥体受压严重变形呈厚扁形。高 22、底径 10～13.5 厘米（图版二四七，5）。

　　标本 M1：B393，出自土偶墙遗迹，锥体受压严重变形呈厚扁形。高 22、底径 10～13 厘米（图版二四七，6）。

　　标本 M1：B205，出自土偶墙遗迹，锥体受压严重变形呈厚扁形。高 22.1、底径 6.3～10.5 厘米（图一九三，1；图版二四七，7）。

　　标本 M1：B573，出自土偶墙遗迹，锥体受压严重变形呈厚扁形。高 23.3、底径 5.5～12.8 厘米（图一九三，2；图版二四七，8）。

　　标本 M1：B1096，出自土偶墙遗迹，锥体受压严重变形呈厚扁形。高 20、底径 6.5～11.5 厘米（图版二四七，9）。

　　标本 M1：B180，出自土偶墙遗迹，锥体受压严重变形呈厚扁形。高 18.5、底径 7.8～12.5 厘米（图一九三，3；图版二四七，10）。

　　标本 M1：B1115，出自土偶墙遗迹，锥体受压严重变形呈厚扁形。高 18、底径 8～10 厘米（图版二四七，11）。

　　标本 M1：B15，出自土偶墙遗迹，锥体受压严重变形呈厚扁形。高 18.3、底径 6～9.3 厘米（图版二四七，12）。

　　标本 M1：B41，出自土偶墙遗迹，锥体受压严重变形呈厚扁形。高 20.5、底径 6.3～10 厘米（图版二四七，13）。

　　标本 M1：B404，出自土偶墙遗迹，锥体受压严重变形呈厚扁形。高 23、底径 6.7～11 厘米（图一九三，4；图版二四七，14）。

　　标本 M1：B33，出自土偶墙遗迹，锥体受压严重变形呈厚扁形。高 20、底径 6～10 厘米（图版二四七，15）。

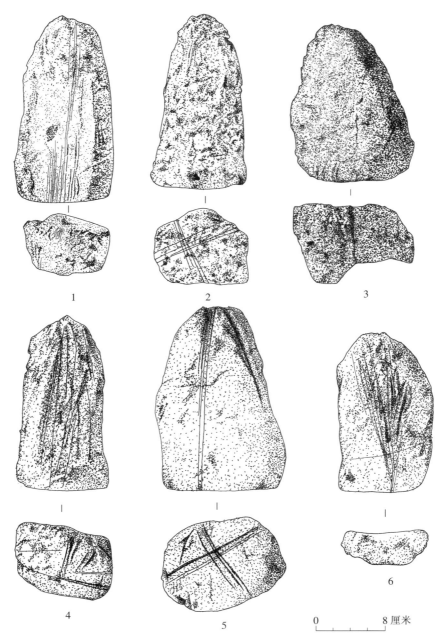

图一九三 不规则形 A 型土偶

1~6.（M1：B205、B573、B180、B404、B1803、B1109）

标本 M1：1，出自土偶墙遗迹，锥体受压严重变形呈厚扁形。高 16.8、底径 6.8~9.7 厘米（图版二四七，16）。

标本 M1：B808，出自土偶墙遗迹，锥体受压严重变形呈厚扁形。高 21、底径 6.5~10.5 厘米（图版二四七，17）。

标本 M1：7-29，出自填土遗迹层，锥体受压严重变形呈厚扁形。高 18.7、底径 7.5~11 厘米（图版二四七，18）。

标本 M1：B43－1，出自土偶墙遗迹，锥体受压严重变形呈厚扁形。高 20.2、底径 6.5~9.5 厘米（图版二四八，1）。

标本 M1：B19，出自土偶墙遗迹，锥体受压严重变形呈厚扁形。高 22、底径 6.5~10.8 厘米（图版二四八，2）。

标本 M1：B1803，出自土偶墙遗迹，锥体受压严重变形呈厚扁形。高 21.4、底径 10~12.5 厘米（图一九三，5；图版二四八，3）。

标本 M1：B1090，出自土偶墙遗迹，锥体受压严重变形呈厚扁形。高 18、底径 5.7~10 厘米（图版二四八，4）。

标本 M1：B1169，出自土偶墙遗迹，锥体受压严重变形呈厚扁形。高 16、底径 8~12.7 厘米（图版二四八，5）。

标本 M1：B124，出自土偶墙遗迹，锥体受压严重变形呈厚扁形。高 9.5、底径 7.2~14 厘米（图版二四八，6）。

标本 M1：B972，出自土偶墙遗迹，锥体受压严重变形呈厚扁形。高 15.8、底径 6.4~11.5 厘米（图版二四八，7）。

标本 M1：B577，出自土偶墙遗迹，锥体受压严重变形呈厚扁形。高 19.3、底径 6~11.5 厘米（图版二四八，8）。

标本 M1：B467，出自土偶墙遗迹，锥体受压严重变形呈厚扁形。高 21、底径 9~11 厘米（图版二四八，9）。

标本 M1：B37，出自土偶墙遗迹，锥体受压严重变形呈厚扁形。高 18、底径 7~11 厘米（图版二四八，10）。

标本 M1：B1057，出自土偶墙遗迹，锥体受压严重变形呈厚扁形。高 17、底径 8.5~11.5 厘米（图版二四八，11）。

标本 M1：B1110，出自土偶墙遗迹，锥体受压严重变形呈厚扁形。高 20.7、底径 6~11 厘米（图版二四八，12）。

标本 M1：B1109，出自土偶墙遗迹，锥体受压严重变形呈厚扁形。高 21、底径 4.7~10.7 厘米（图一九三，6；图版二四八，13）。

标本 M1：B448，出自土偶墙遗迹，锥体受压严重变形呈厚扁形。高 20.2、底径 10~13.5 厘米（图一九四，1；图版二四八，14）。

标本 M1：B708，出自土偶墙遗迹，锥体受压严重变形呈厚扁形。高 19.4、底径 11~13 厘米（图一九四，2；图版二四八，15）。

标本 M1：B685，出自土偶墙遗迹，锥体受压严重变形呈厚扁形。高 18.2、底径 5.5~11.3 厘米（图版二四八，16）。

标本 M1：B123，出自土偶墙遗迹，锥体受压严重变形呈厚扁形。高 11.2、底径 7~10 厘米（图版二四八，17）。

标本 M1：B633，出自土偶墙遗迹，锥体受压严重变形呈厚扁形。高 23、底径 10~13 厘米（图版二四八，18）。

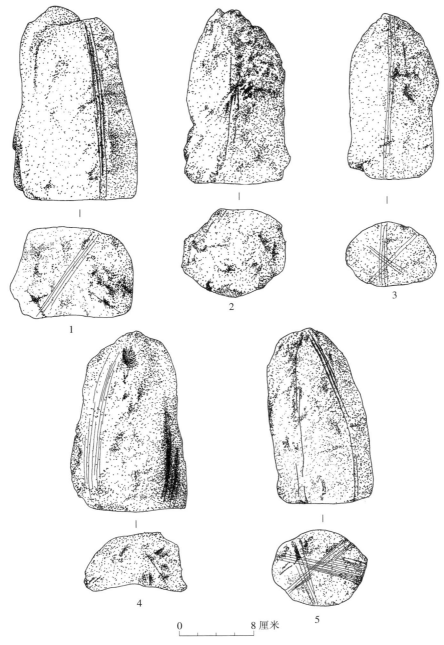

图一九四 不规则形 A、B 型土偶
1~3. A 型（M1：B448、B708、201） 4、5. B 型土偶（M1：B1142、B344）

标本 M1：B31，出自土偶墙遗迹，锥体受压严重变形呈厚扁形。高 21.2、底径 6.5~9.8 厘米（图版二四九，1）。

标本 M1：9－13，出自填土遗迹层，锥体受压严重变形呈厚扁形。高 19.6、底径 7~12 厘米（图版二四九，2）。

标本 M1：B136，出自土偶墙遗迹，锥体受压严重变形呈厚扁形。高 20.4、底径 8.5~9.8 厘米（图版二四九，3）。

标本 M1∶6－13，出自填土遗迹层，锥体受压严重变形呈厚扁形。高 23、底径 11～12 厘米（图版二四九，4）。

标本 M1∶B147，出自土偶墙遗迹，锥体受压严重变形呈厚扁形。高 21、底径 8.5～9 厘米（图版二四九，5）。

标本 M1∶B229，出自土偶墙遗迹，锥体受压严重变形呈厚扁形。高 20、底径 10～11.5 厘米（图版二四九，6）。

标本 M1∶B203，出自土偶墙遗迹，锥体受压严重变形呈厚扁形。高 18.2、底径 6.5～8 厘米（图版二四九，7）。

标本 M1∶201，出自土填土遗迹层，锥体受压严重变形呈厚扁形。高 18、底径 7～9 厘米（图一九四，3；图版二四九，8）。

标本 M1∶B1142，出自土偶墙遗迹，锥体受压严重变形呈厚扁形。高 20、底径 5.5～12 厘米（图一九四，4；图版二四九，9）。

标本 M1∶B25，出自土偶墙遗迹，锥体受压严重变形呈厚扁形。高 21.4、底径 6.5～8.7 厘米（图版二四九，10）。

标本 M1∶B331，出自土偶墙遗迹，锥体受压严重变形呈厚扁形。高 20.8、底径 9 厘米（图版二四九，11）。

标本 M1∶B262，出自土偶墙遗迹，锥体受压严重变形呈厚扁形。高 19.5、底径 6.8～9.8 厘米（图版二四九，12）。

二、不规则形 B 型

该型土偶 139 件，多为不规则形残损件或少数基本完整件，其椎体受压严重变形残损，体表制作粗糙有凹窝和明显的十字形草茎纠结印痕。

标本 M1∶B235，出自土偶墙遗迹，锥体受压严重变形残损。高 22、底径 11 厘米（图版二四九，13）。

标本 M1∶B264，出自土偶墙遗迹，锥体受压严重变形残损。高 17.5、底径 10.7～15.3 厘米（图版二四九，14）。

标本 M1∶B221，出自土偶墙遗迹，锥体受压严重变形残损。高 19、底径 8.5～10.5 厘米（图版二四九，15）。

标本 M1∶7－2，出自填土遗迹层，锥体受压严重变形残损。高 16、底径 10.5～11.3 厘米（图版二四九，16）。

标本 M1∶B132，出自土偶墙遗迹，锥体受压严重变形残损。高 20.5、底径 8～10.5 厘米（图版二四九，17）。

标本 M1∶B291，出自土偶墙遗迹，锥体受压严重变形残损。高 18、底径 7.5～9 厘米（图版二四九，18）。

标本 M1∶B7，出自土偶墙遗迹，锥体受压严重变形残损。高 19、底径 6.5～9.7 厘米（图版二五〇，1）。

标本 M1：B725，出自土偶墙遗迹，锥体受压严重变形残损。高 19、底径 11～12.5 厘米（图版二五〇，2）。

标本 M1：B927，出自土偶墙遗迹，锥体受压严重变形残损。高 23.7、底径 9～10.5 厘米（图版二五〇，3）。

标本 M1：B598，出自土偶墙遗迹，锥体受压严重变形残损。高 20.5、底径 11 厘米（图版二五〇，4）。

标本 M1：280，出自填土遗迹层，锥体受压严重变形残损。高 20.5、底径 10.1～10.6 厘米（图版二五〇，5）。

标本 M1：B176，出自土偶墙遗迹，锥体受压严重变形残损。高 20.5、底径 7.5～9 厘米（图版二五〇，6）。

标本 M1：B42，出自土偶墙遗迹，锥体受压严重变形残损。高 18.8、底径 10～14 厘米（图版二五〇，7）。

标本 M1：B1012，出自土偶墙遗迹，锥体受压严重变形残损。高 21.3、底径 10.5～14 厘米（图版二五〇，8）。

标本 M1：B1020，出自土偶墙遗迹，锥体受压严重变形残损。高 22、底径 8～11.7 厘米（图版二五〇，9）。

标本 M1：B1189，出自土偶墙遗迹，锥体受压严重变形残损。高 21、底径 7.4～9.5 厘米（图版二五〇，10）。

标本 M1：B994，出自土偶墙遗迹，锥体受压严重变形残损。高 21、底径 8.5～10.3 厘米（图版二五〇，11）。

标本 M1：B1188，出自土偶墙遗迹，锥体受压严重变形残损。高 27.5、底径 9～11 厘米（图版二五〇，12）。

标本 M1：B285，出自土偶墙遗迹，锥体受压严重变形残损。高 21.5、底径 5.4～15.8 厘米（图版二五〇，13）。

标本 M1：B739，出自土偶墙遗迹，锥体受压严重变形残损。高 19.2、底径 5.6～18.1 厘米（图版二五〇，14）。

标本 M1：B343，出自土偶墙遗迹，锥体受压严重变形残损。高 24.8、底径 3.4～10.6 厘米（图版二五〇，15）。

标本 M1：14－6，出自填土遗迹层，锥体受压严重变形残损。高 20.8、底径 10.7～13.7 厘米（图版二五〇，16）。

标本 M1：B48，出自土偶墙遗迹，锥体受压严重变形残损。高 21.5、底径 10.2～13.3 厘米（图版二五〇，17）。

标本 M1：16－8，出自填土遗迹层，锥体受压严重变形残损。高 23、底径 6.7～15.8 厘米（图版二五〇，18）。

标本 M1：B726，出自土偶墙遗迹，锥体受压严重变形残损。高 17.7、底径 4.3～15.2 厘米。

标本 M1：B496－1，出自土偶墙遗迹，锥体受压严重变形残损。高 17.6、底径 8.3～11.2 厘米。

标本 M1：B1264，出自土偶墙遗迹，锥体受压严重变形残损。高 16.2、底径 9.7～12.8 厘米。

标本 M1：18－2，出自填土遗迹层，锥体受压严重变形残损。高 14.7、底径 7.4～8 厘米。

标本 M1：B29，出自土偶墙遗迹，锥体受压严重变形残损。高 14.1、底径 6.6～11.4 厘米。

标本 M1：B870，出自土偶墙遗迹，锥体受压严重变形残损。高 16.3、底径 6.1～11.8 厘米。

标本 M1：B385，出自土偶墙遗迹，锥体受压严重变形残损。高 20.9、底径 7.1～13.3 厘米。

标本 M1：B571，出自土偶墙遗迹，锥体受压严重变形残损。高 18.1、底径 2.8～14.2 厘米。

标本 M1：B752，出自土偶墙遗迹，锥体受压严重变形残损。高 14.8、底径 8.6～12.2 厘米。

标本 M1：B1164，出自土偶墙遗迹，锥体受压严重变形残损。高 17.4、底径 6.3～11.6 厘米。

标本 M1：4－4，出自填土遗迹层，锥体受压严重变形残损。高 17.8、底径 8.3～14.2 厘米。

标本 M1：B817，出自土偶墙遗迹，锥体受压严重变形残损。高 17.3、底径 10.6～14.4 厘米。

标本 M1：B17，出自填土遗迹层，锥体受压严重变形残损。高 16.7、底径 6.5～10.5 厘米。

标本 M1：B1302，出自填土遗迹层，锥体受压严重变形残损。高 18、底径 7.3～10 厘米。

标本 M1：B737，出自填土遗迹层，锥体受压严重变形残损。高 20、底径 11.5～13 厘米。

标本 M1：B177，出自填土遗迹层锥体受压严重变形残损。高 17.5、底径 8～10.5 厘米。

标本 M1：7－32，出自填土遗迹层，锥体受压严重变形残损。高 17、底径 7～9 厘米。

标本 M1：B532，出自填土遗迹层，锥体受压严重变形残损。高 17.5、底径 11～11.5 厘米。

标本 M1：B57，出自填土遗迹层，锥体受压严重变形残损。高 18、底径 8～10 厘米。

标本 M1：B146，出自填土遗迹层，锥体受压严重变形残损。高 21、底径 7～10.5 厘米。

标本 M1：B178，出自填土遗迹层，锥体受压严重变形残损。高 16.5、底径 6.5～11 厘米。

标本 M1：B474，出自填土遗迹层，锥体受压严重变形残损。高 19.5、底径 7～11 厘米。

标本 M1：B728，出自填土遗迹层，锥体受压严重变形残损。高 12.5、底径 9～11 厘米。

标本 M1：B117，出自填土遗迹层，锥体受压严重变形残损。高 11.5、底径 5～8 厘米。

标本 M1：B115，出自填土遗迹层，锥体受压严重变形残损。高 16.7、底径 11～15 厘米。

标本 M1：B741，出自填土遗迹层，锥体受压严重变形残损。高 15.5、底径 9～12 厘米。

标本 M1：B1167，出自填土遗迹层，锥体受压严重变形残损。高 15.5、底径 6～12 厘米。

标本 M1：B1122，出自填土遗迹层，锥体受压严重变形残损。高 12.8、底径 10～11.5 厘米。

标本 M1：B24，出自填土遗迹层，变形扁形，锥体受压严重变形残损。高 15.5、底径 8～11.5 厘米。

标本 M1：B48－1，出自填土遗迹层，锥体受压严重变形残损。高 14.5、底径 7.8～11 厘米。

标本 M1：121，出自填土遗迹层，锥体受压严重变形残损。高 14、底径 8～11.5 厘米。

标本 M1：B77，出自填土遗迹层，锥体受压严重变形残损。高 18、底径 8～10.5 厘米。

标本 M1：16－51，出自填土遗迹层，锥体受压严重变形残损。高 18.7、底径 7～11 厘米。

标本 M1：B570，出自填土遗迹层，锥体受压严重变形残损。高 19、底径 9～10.7 厘米。

标本 M1：B388，出自填土遗迹层，锥体受压严重变形残损。高 16、底径 11～15 厘米。

标本 M1：B1173，出自填土遗迹层，锥体受压严重变形残损。高 16.8、底径 10.5～10.6 厘米。

标本 M1：B1305，出自填土遗迹层，锥体受压严重变形残损。高 18.5、底径 8～12 厘米。

标本 M1：B233，出自填土遗迹层，锥体受压严重变形残损。高 18.5、底径 10.5～10 厘米。

标本 M1：B722，出自填土遗迹层，锥体受压严重变形残损。高 16、底径 9～15.5 厘米。

标本 M1：B38，出自填土遗迹层，锥体受压严重变形残损。高 16.5、底径 7～10 厘米。

标本 M1：B468，出自填土遗迹层，锥体受压严重变形残损。高 18.5、底径 9.5～12 厘米。

标本 M1：16－47，出自填土遗迹层，锥体受压严重变形残损。高 15、底径 7～12 厘米。

标本 M1：114，出自填土遗迹层，锥体受压严重变形残损。高 18、底径 8～12 厘米。

标本 M1：346，出自填土遗迹层，锥体受压严重变形残损。高 17.5、底径 9～12 厘米。

标本 M1：B36，出自填土遗迹层，锥体受压严重变形残损。高 14.5、底径 10.5～15 厘米。

标本 M1：B61，出自填土遗迹层，锥体受压严重变形残损。高 16.5、底径 9～13.5 厘米。

标本 M1：B414，出自填土遗迹层，锥体受压严重变形残损。高 17.5、底径 10～13.5 厘米。

标本 M1：16－32，出自填土遗迹层，锥体受压严重变形残损。高 18、底径 7～10 厘米。

标本 M1：284，出自填土遗迹层，锥体受压严重变形残损。高 19、底径 9～11 厘米。

标本 M1：B1170，出自土偶墙遗迹，锥体受压严重变形残损。高 17.7、底径 9.5～15 厘米。

标本 M1：B99，出自土偶墙遗迹，锥体受压严重变形残损。高 15.5、底径 9～12 厘米。

标本 M1：B28，出自土偶墙遗迹，锥体受压严重变形残损。高 14.5、底径 8.5～12 厘米。

标本 M1：37，出自填土遗迹层，锥体受压严重变形残损。高 20、底径 7.5～10.5 厘米。

标本 M1：B34，出自土偶墙遗迹，锥体受压严重变形残损。高 18.5、底径 11～13 厘米。

标本 M1：388，出自填土遗迹层，锥体受压严重变形残损。高 15.5、底径 5.5～13.5 厘米。

标本 M1：92，出自填土遗迹层，锥体受压严重变形残损。高 16、底径 8～11 厘米。

标本 M1：1－53，出自填土遗迹层，锥体受压严重变形残损。高 18、底径 8.5～14 厘米。

标本 M1：B263，出自土偶墙遗迹，锥体受压严重变形残损。高 18，7、底径 8～9 厘米。

标本 M1：15－18，出自填土遗迹层，锥体受压严重变形残损。高 19、底径 7～12 厘米。

标本 M1：251，出自填土遗迹层，锥体受压严重变形残损。高 19.3、底径 8.5～10 厘米。

标本 M1：1328，出自填土遗迹层，锥体受压严重变形残损。高 13.6、底径 7～9 厘米。

标本 M1：B10，出自土偶墙遗迹，锥体受压严重变形残损。高 18.5、底径 8～9 厘米。

标本 M1：B576，出自土偶墙遗迹，锥体受压严重变形残损。高 15.3、底径 12～13.5 厘米。

标本 M1：193，出自填土遗迹层，锥体受压严重变形残损。高 19.5、底径 10～13.5 厘米。

标本 M1：B56，出自土偶墙遗迹，锥体受压严重变形残损。高 16、底径 11.5～14 厘米。

标本 M1：B372，出自土偶墙遗迹，锥体受压严重变形残损。高 17、底径 9～12.5 厘米。

标本 M1：B740，出自土偶墙遗迹，锥体受压严重变形残损。高 23、底径 9～9.5 厘米。

标本 M1：B302，出自土偶墙遗迹，锥体受压严重变形残损。高 18、底径 9～10.7 厘米。

标本 M1：288，出自填土遗迹层，锥体受压严重变形残损。高 20、底径 8～10 厘米。

标本 M1：B731，出自土偶墙遗迹，锥体受压严重变形残损。高 20.5、底径 8～15 厘米。

标本 M1：B52，出自土偶墙遗迹，锥体受压严重变形残损。高 21、底径 5.5～15 厘米。

标本 M1：B344，出自土偶墙遗迹，锥体受压严重变形残损。高 20、底径 9～10 厘米（图一九四，5）。

标本 M1：B261，出自土偶墙遗迹，锥体受压严重变形残损。高 25、底径 10～10.5 厘米。

标本 M1：B988，出自土偶墙遗迹，锥体受压严重变形残损。高 24.5、底径 11～12.5 厘米。

标本 M1：B257，出自土偶墙遗迹，锥体受压严重变形残损。高 23.5、底径 11～13 厘米。

标本 M1：B66，出自土偶墙遗迹，锥体受压严重变形残损。高 25.5、底径 9.5～11 厘米。

标本 M1：B345，出自土偶墙遗迹，锥体受压严重变形残损。高 23、底径 8～9 厘米。

标本 M1：B223，出自土偶墙遗迹，锥体受压严重变形残损。高 23、底径 7.5～10.5 厘米。

标本 M1：B1019，出自土偶墙遗迹，锥体受压严重变形残损。高 20.7、底径 8.5～13 厘米。

标本 M1：B46，出自土偶墙遗迹，锥体受压严重变形残损。高 22、底径 12～14 厘米。

标本 M1：8-36，出自填土遗迹层，锥体受压严重变形残损。高 21.5、底径 10.5～14.5 厘米。

标本 M1：223，出自填土遗迹层，锥体受压严重变形残损。高 19.2、底径 9.5～14.5 厘米。

标本 M1：B275，出自土偶墙遗迹，锥体受压严重变形残损。高 22、底径 9～11 厘米。

标本 M1：B465，出自土偶墙遗迹，锥体受压严重变形残损。高 21、底径 9～14 厘米。

标本 M1：266，出自填土遗迹层，锥体受压严重变形残损。高 20.5、底径 10～10.1 厘米。

标本 M1：8-18，出自填土遗迹层，锥体受压严重变形残损。高 21.5、底径 5.5～11 厘米。

标本 M1：B90，出自土偶墙遗迹，锥体受压严重变形残损。高 21、底径 10.5～13.5 厘米。

标本 M1：B348，出自土偶墙遗迹，锥体受压严重变形残损。高 25.5、底径 8～13 厘米。

标本 M1：B247，出自土偶墙遗迹，锥体受压严重变形残损。高 24.5、底径 8.5～11 厘米。

标本 M1：B55，出自土偶墙遗迹，锥体受压严重变形残损。高 21.5、底径 13～16.5 厘米。

标本 M1：B44，出自土偶墙遗迹，锥体受压严重变形残损。高 21、底径 9～12.5 厘米。

标本 M1：B742，出自土偶墙遗迹，锥体受压严重变形残损。高 23、底径 8～8.1 厘米。

标本 M1：B271，出自土偶墙遗迹，锥体受压严重变形残损。高 25、底径 9～9.1 厘米。

标本 M1：B199，出自土偶墙遗迹，锥体受压严重变形残损。高 23.7、底径 7.7～11.5 厘米。

标本 M1：B417，出自土偶墙遗迹，锥体受压严重变形残损。高 27、底径 8～11.5 厘米。

标本 M1：B113-1，出自土偶墙遗迹，锥体受压严重变形残损。高 25.5、底径 6.5～10 厘米。

标本 M1：B1196，出自土偶墙遗迹，锥体受压严重变形残损。高 25、底径 6～14 厘米。

标本 M1：B198，出自土偶墙遗迹，锥体受压严重变形残损。高 21.5、底径 8～11.6 厘米。

标本 M1：B243，出自土偶墙遗迹，锥体受压严重变形残损。高 21、底径 7.5～10 厘米。

标本 M1：B1308，出自土偶墙遗迹，锥体受压严重变形残损。高 20、底径 6.5～12 厘米。

三、不规则形 C 型

该型土偶 251 件，为不规则残缺和破碎形，其椎体均受压严重变形并残缺破碎，还有一些泥料样土块。

标本 M1：156，出自填土遗迹层，椎体受压严重变形残缺破碎。高 15.5、底径 6.4～10.2 厘米（图版二五一，1）。

标本 M1：1-18，出自填土遗迹层，椎体受压严重变形残缺破碎。高 14.2、底径 9.8～14 厘米（图版二五一，2）。

　　标本 M1：补-02，出自土偶墙遗迹，呈严重变形不规则形锥状，有残破碎，不完整。高 17.7、底径 9.2~12.5 厘米（图版二五一，3）。

　　标本 M1：16-36，出自填土遗迹层，椎体受压严重变形残缺破碎。高 15.3、底径 8.2~10.4 厘米（图版二五一，4）。

　　标本 M1：164，出自填土遗迹层，椎体受压严重变形残缺破碎。高 18.4、底径 3.8~10.6 厘米（图版二五一，5）。

　　标本 M1：154，出自填土遗迹层，椎体受压严重变形残缺破碎。高 13.7、底径 9.2~10.8 厘米（图版二五一，6）。

　　标本 M1：163，出自填土遗迹层，椎体受压严重变形残缺破碎。高 17.5、底径 10.3~10.4 厘米（图版二五一，7）。

　　标本 M1：7-5，出自填土遗迹层，椎体受压严重变形残缺破碎。高 15.2、底径 7.8~11.2 厘米（图版二五一，8）。

　　标本 M1：18-9，出自填土遗迹层，椎体受压严重变形残缺破碎。高 15.4、底径 9.3~11.2 厘米（图版二五一，9）。

　　标本 M1：B623，出自土偶墙遗迹，椎体受压严重变形残缺破碎。高 17.7、底径 10.2~12.3 厘米（图版二五一，10）。

　　标本 M1：B16，出自土偶墙遗迹，椎体受压严重变形残缺破碎。高 14.2、底径 7.8~9.8 厘米（图版二五一，11）。

　　标本 M1：B1234，出自土偶墙遗迹，椎体受压严重变形残缺破碎。高 14.5、底径 10.8~11.2 厘米（图版二五一，12）。

　　标本 M1：351，出自填土遗迹层，椎体受压严重变形残缺破碎。高 11、底径 12.1~12.6 厘米（图版二五一，13）。

　　标本 M1：B1231，出自土偶墙遗迹，椎体受压严重变形残缺破碎。高 11.4、底径 10.3~11.6 厘米（图版二五一，14）。

　　标本 M1：13-22，出自填土遗迹层，椎体受压严重变形残缺破碎。高 9.2、底径 9.3~9.5 厘米（图版二五一，15）。

　　标本 M1：B8，出自土偶墙遗迹，椎体受压严重变形残缺破碎。高 12.3、底径 9.6~12.6 厘米（图版二五一，16）。

　　标本 M1：B280，出自土偶墙遗迹，椎体受压严重变形残缺破碎。高 11、底径 9.8~10.8 厘米（图版二五一，17）。

　　标本 M1：16-21，出自填土遗迹层，椎体受压严重变形残缺破碎。高 10.2、底径 8.7~9.8 厘米（图版二五一，18）。

　　标本 M1：15-13，出自填土遗迹层，椎体受压严重变形残缺破碎。高 22、底径 6~8 厘米。

　　标本 M1：88，出自填土遗迹层，椎体受压严重变形残缺破碎。高 17.5、底径 8~11 厘米。

　　标本 M1：374，出自填土遗迹层，椎体受压严重变形残缺破碎。残高 17、底径 11~13.5 厘米。

　　标本 M1：B413，出自土偶墙遗迹，椎体受压严重变形残缺破碎。高 16.5、底径 9 厘米。

标本 M1：26 - 2，出自填土遗迹层，椎体受压严重变形残缺破碎。高 18.5、底径 8.5 ~ 11.5 厘米。

标本 M1：16 - 48，出自填土遗迹层，椎体受压严重变形残缺破碎。高 16、底径 7.5 ~ 8 厘米。

标本 M1：8 - 17，出自填土遗迹层，椎体受压严重变形残缺破碎。高 20.5、底径 7.5 ~ 9 厘米。

标本 M1：B378，出自土偶墙遗迹，椎体受压严重变形残缺破碎。高 28、底径 11.5 ~ 13 厘米。

标本 M1：1 - 10，出自填土遗迹层，椎体受压严重变形残缺破碎。高 18.8、底径 9 ~ 12.5 厘米。

标本 M1：10 - 5，出自填土遗迹层，椎体受压严重变形残缺破碎。高 21.5、底径 9 ~ 10 厘米。

标本 M1：8 - 1，出自填土遗迹层，呈严重变形不规则形锥状，有残破碎，不完整。高 16.4、底径 13 ~ 13.1 厘米。

标本 M1：21，出自填土遗迹层，椎体受压严重变形残缺破碎。高 15.5、底径 11.5 ~ 14 厘米。

标本 M1：13 - 7，出自填土遗迹层，椎体受压严重变形残缺破碎。高 17、底径 7 ~ 9 厘米。

标本 M1：B386，出自土偶墙遗迹，椎体受压严重变形残缺破碎。高 19、底径 8.5 ~ 11.5 厘米。

标本 M1：B195，出自土偶墙遗迹，椎体受压严重变形残缺破碎。高 16.5、底径 5.5 ~ 7.5 厘米。

标本 M1：9 - 9，出自填土遗迹层，椎体受压严重变形残缺破碎。高 16、底径 8.7 ~ 11 厘米。

标本 M1：B710，出自土偶墙遗迹，椎体受压严重变形残缺破碎。高 15.5、底径 11 ~ 12 厘米。

标本 M1：16 - 17，出自填土遗迹层，椎体受压严重变形残缺破碎。高 16、底径 5 ~ 11 厘米。

标本 M1：382，出自填土遗迹层，椎体受压严重变形残缺破碎。高 16.3、底径 6.5 ~ 10 厘米。

标本 M1：1 - 63，出自土偶墙遗迹，椎体受压严重变形残缺破碎。高 17、底径 8.5 ~ 10.5 厘米。

标本 M1：268，出自填土遗迹层，椎体受压严重变形残缺破碎。高 16.5、底径 8 ~ 10.5 厘米。

标本 M1：100，出自填土遗迹层，椎体受压严重变形残缺破碎。高 19.3、底径 7 ~ 9.5 厘米。

标本 M1：B489，出自土偶墙遗迹，椎体受压严重变形残缺破碎。高 16、底径 11 ~ 11.5 厘米。

标本 M1：101，出自土偶墙遗迹，椎体受压严重变形残缺破碎。高 18、底径 10.5 ~ 15.5 厘米。

标本 M1：172，出自填土遗迹层，椎体受压严重变形残缺破碎。高 14、底径 8 ~ 9.5 厘米。

标本 M1：228，出自填土遗迹层，椎体受压严重变形残缺破碎。高 17、底径 11.5 ~ 14.5 厘米。

标本 M1：8 - 39，出自填土遗迹层，椎体受压严重变形残缺破碎。高 16.5、底径 8.5 ~ 10.5 厘米。

标本 M1：16 - 25，出自填土遗迹层，呈严重变形不规则形锥状，有残破碎，不完整。高 17、底径 6 ~ 9.5 厘米。

标本 M1：10 - 17，出自填土遗迹层，椎体受压严重变形残缺破碎。高 15.5、底径 10 ~ 12 厘米。

标本 M1：379 - 1，出自填土遗迹层，椎体受压严重变形残缺破碎。高 16.5、底径 9 ~ 13 厘米。

标本 M1：64，出自填土遗迹层，椎体受压严重变形残缺破碎。高 17、底径 10 ~ 13 厘米。

标本 M1：6 - 8，出自填土遗迹层，椎体受压严重变形残缺破碎。高 19.5、底径 4.5 ~ 9 厘米。

标本 M1：62，出自填土遗迹层，椎体受压严重变形残缺破碎。高 18、底径 8.5 ~ 10 厘米。

标本 M1：105，出自填土遗迹层，椎体受压严重变形残缺破碎。高 16、底径 8.3 ~ 10 厘米。

标本 M1：7 - 3，出自填土遗迹层，椎体受压严重变形残缺破碎。高 18、底径 7.5 ~ 10.5 厘米。

标本 M1：11 - 3，出自填土遗迹层，椎体受压严重变形残缺破碎。高 20、底径 9 ~ 10 厘米。

标本 M1：169，出自填土遗迹层，椎体受压严重变形残缺破碎。高 20.5、底径 4.5 ~ 6.5 厘米。

标本 M1：B1275，出自土偶墙遗迹，椎体受压严重变形残缺破碎。高 16.4、底径 7.5 ~ 8 厘米。

标本 M1:19，出自填土遗迹层，椎体受压严重变形残缺破碎。高 16.5、底径 10 ~ 13.5 厘米。

标本 M1:B381，出自土偶墙遗迹，椎体受压严重变形残缺破碎。高 14、底径 7.5 ~ 9 厘米。

标本 M1:14 - 14，出自填土遗迹层，椎体受压严重变形残缺破碎。高 16.7、底径 6 ~ 10.7 厘米。

标本 M1:153，出自填土遗迹层，椎体受压严重变形残缺破碎。高 17.5、底径 4 ~ 4.2 厘米。

标本 M1:B600，出自土偶墙遗迹，椎体受压严重变形残缺破碎。高 19.5、底径 7.5 ~ 10.5 厘米。

标本 M1:6 - 18，出自填土遗迹层，椎体受压严重变形残缺破碎。高 15、底径 9.5 ~ 10 厘米。

标本 M1:14 - 3，出自填土遗迹层，椎体受压严重变形残缺破碎。高 17、底径 10.5 ~ 10 厘米。

标本 M1:B76，出自土偶墙遗迹，椎体受压严重变形残缺破碎。高 17、底径 8 ~ 10.5 厘米。

标本 M1:103，出自填土遗迹层，椎体受压严重变形残缺破碎。高 14、底径 6.5 ~ 6.7 厘米。

标本 M1:7 - 31，出自填土遗迹层，椎体受压严重变形残缺破碎。高 16、底径 8 ~ 11 厘米。

标本 M1:B160，出自土偶墙遗迹，椎体受压严重变形残缺破碎。高 13.6、底径 6 ~ 9.5 厘米。

标本 M1:B482，出自土偶墙遗迹，椎体受压严重变形残缺破碎。高 16、底径 9 ~ 13 厘米。

标本 M1:10 - 27，出自填土遗迹层，椎体受压严重变形残缺破碎。高 15.5、底径 6.5 ~ 9.5 厘米。

标本 M1:8 - 8，出自填土遗迹层，椎体受压严重变形残缺破碎。高 16、底径 8 ~ 12.5 厘米。

标本 M1:259，出自填土遗迹层，椎体受压严重变形残缺破碎。高 17.2、底径 7.5 ~ 9.5 厘米。

标本 M1:15 - 3，出自填土遗迹层，椎体受压严重变形残缺破碎。高 16、底径 8 ~ 8.2 厘米。

标本 M1:25，出自填土遗迹层，椎体受压严重变形残缺破碎。高 18、底径 9 ~ 10 厘米。

标本 M1:380，出自填土遗迹层，椎体受压严重变形残缺破碎。高 16、底径 10 ~ 11 厘米。

标本 M1:9 - 12，出自填土遗迹层，椎体受压严重变形残缺破碎。高 18.8、底径 10 ~ 10.4 厘米。

标本 M1:B464，出自土偶墙遗迹，椎体受压严重变形残缺破碎。高 15.5、底径 10 ~ 14.3 厘米。

标本 M1:8 - 15，出自填土遗迹层，椎体受压严重变形残缺破碎。高 16.3、底径 9 ~ 9.5 厘米。

标本 M1:279，出自填土遗迹层，椎体受压严重变形残缺破碎。高 14、底径 13 ~ 14 厘米。

标本 M1:7 - 40，出自填土遗迹层，椎体受压严重变形残缺破碎。高 15.5、底径 9 ~ 10 厘米。

标本 M1:117，出自填土遗迹层，椎体受压严重变形残缺破碎。高 14.5、底径 9 ~ 10 厘米。

标本 M1:16 - 49，出自填土遗迹层，椎体受压严重变形残缺破碎。高 14.7、底径 8.5 ~ 9 厘米。

标本 M1:384，出自填土遗迹层，椎体受压严重变形残缺破碎。高 17、底径 9 ~ 9.5 厘米。

标本 M1:3 - 1，出自填土遗迹层，椎体受压严重变形残缺破碎。高 18、底径 4.5 ~ 9.5 厘米。

标本 M1:7 - 9，出自填土遗迹层，椎体受压严重变形残缺破碎。高 16.5、底径 9 ~ 10.5 厘米。

标本 M1:B150，出自土偶墙遗迹，椎体受压严重变形残缺破碎。高 15、底径 8.5 ~ 10.5 厘米。

标本 M1:134，出自填土遗迹层，椎体受压严重变形残缺破碎。高 15、底径 7.5 ~ 10 厘米。

标本 M1:B118，出自土偶墙遗迹，椎体受压严重变形残缺破碎。高 16、底径 7 ~ 9 厘米。

标本 M1:9 - 8，出自填土遗迹层，椎体受压严重变形残缺破碎。高 12.8、底径 9 ~ 10 厘米。

标本 M1:8 - 28，出自填土遗迹层，椎体受压严重变形残缺破碎。高 14.5、底径 7 ~ 10 厘米。

标本 M1:7 - 43，出自填土遗迹层，椎体受压严重变形残缺破碎。高 14、底径 8.5 ~ 11 厘米。

标本 M1:B49，出自土偶墙遗迹，椎体受压严重变形残缺破碎。高 19.2、底径 7.5 ~ 11 厘米。

标本 M1:16 - 22，出自填土遗迹层，椎体受压严重变形残缺破碎。高 14.3、底径 8.5 ~ 9.5 厘米。

标本 M1∶381，出自填土遗迹层，椎体受压严重变形残缺破碎。高17、底径4.4～9.5厘米。

标本 M1∶3－4，出自填土遗迹层，椎体受压严重变形残缺破碎。高13.3、底径9～10厘米。

标本 M1∶16－5，出自填土遗迹层，椎体受压严重变形残缺破碎。高16、底径10～11厘米。

标本 M1∶7－37，出自填土遗迹层，椎体受压严重变形残缺破碎。高14.4、底径7.5～11厘米。

标本 M1∶207，出自填土遗迹层，椎体受压严重变形残缺破碎。高14.2、底径9～10厘米。

标本 M1∶13－2，出自填土遗迹层，椎体受压严重变形残缺破碎。高14.5、底径6.5～8厘米。

标本 M1∶252，出自填土遗迹层，椎体受压严重变形残缺破碎。高14.5、底径8～9.7厘米。

标本 M1∶9－6，出自填土遗迹层，椎体受压严重变形残缺破碎。高14、底径8～8.5厘米。

标本 M1∶5，出自填土遗迹层，椎体受压严重变形残缺破碎。高14、底径7.5～9厘米。

标本 M1∶15－12，出自填土遗迹层，椎体受压严重变形残缺破碎。高16.3、底径9～10厘米。

标本 M1∶4－7，出自填土遗迹层，椎体受压严重变形残缺破碎。高18、底径10～14厘米。

标本 M1∶B282，出自土偶墙遗迹，椎体受压严重变形残缺破碎。高18.5、底径9～12.5厘米。

标本 M1∶271，出自填土遗迹层，椎体受压严重变形残缺破碎。高11.5、底径12.5～13.5厘米。

标本 M1∶B93，出自土偶墙遗迹，椎体受压严重变形残缺破碎。高16、底径6～11厘米。

标本 M1∶B1276，出自土偶墙遗迹，椎体受压严重变形残缺破碎。高15.5、底径6.6～11厘米。

标本 M1∶230，出自填土遗迹层，椎体受压严重变形残缺破碎。高7.5、底径10～12厘米。

标本 M1∶B13，出自土偶墙遗迹，椎体受压严重变形残缺破碎。高16、底径8～10厘米。

标本 M1∶300，出自填土遗迹层，椎体受压严重变形残缺破碎。高12.5、底径9.7～10厘米。

标本 M1∶7－38，出自填土遗迹层，椎体受压严重变形残缺破碎。高13、底径9～11.5厘米。

标本 M1∶162，出自填土遗迹层，椎体受压严重变形残缺破碎。高10.5、底径9～10厘米。

标本 M1∶119，出自填土遗迹层，椎体受压严重变形残缺破碎。高12、底径9.5～11.5厘米。

标本 M1∶7－26，出自填土遗迹层，椎体受压严重变形残缺破碎。高12、底径8.8～10.3厘米。

标本 M1∶189－1，出填土遗迹层，椎体受压严重变形残缺破碎。高11、底径9～11厘米。

标本 M1∶171，出自填土遗迹层，椎体受压严重变形残缺破碎。高10.5、底径7.5～8厘米。

标本 M1∶8－38，出自填土遗迹层，椎体受压严重变形残缺破碎。高13.5、底径9～9.1厘米。

标本 M1∶15－25，出自填土遗迹层，椎体受压严重变形残缺破碎。高13、底径7.8～8.5厘米。

标本 M1∶26－3，出自填土遗迹层，椎体受压严重变形残缺破碎。高12.3、底径8.5～10.5厘米。

标本 M1∶13－6，出自填土遗迹层，椎体受压严重变形残缺破碎。高10.5、底径9.5～10厘米。

标本 M1∶13－15，出自填土遗迹层，椎体受压严重变形残缺破碎。高11、底径8～10厘米。

标本 M1∶139，出自填土遗迹层，椎体受压严重变形残缺破碎。高10、底径7.5～8厘米。

标本 M1∶10－12，出自填土遗迹层，椎体受压严重变形残缺破碎。高12、底径8.5～11厘米。

标本 M1∶B272，出自土偶墙遗迹，椎体受压破碎。

标本 M1∶B1149，出自土偶墙遗迹，椎体受压破碎。

标本 M1∶89，出自填土遗迹层，椎体受压破碎。

标本 M1∶30，出自填土遗迹层，椎体受压破碎。

标本 M1∶B1284，出自土偶墙遗迹，椎体受压破碎。

标本 M1:86，出自填土遗迹层，椎体受压破碎。

标本 M1:8-3，出自填土遗迹层，椎体受压破碎。

标本 M1:27，出自填土遗迹层，椎体受压破碎。

标本 M1:16-45，出自填土遗迹层，椎体受压破碎。

标本 M1:41，出自填土遗迹层，椎体受压破碎。

标本 M1:14-10，出自填土遗迹层，椎体受压破碎。

标本 M1:16-42，出自填土遗迹层，椎体受压破碎。

标本 M1:16-18，出自填土遗迹层，椎体受压破碎。

标本 M1:16-52，出自填土遗迹层，椎体受压破碎。

标本 M1:276，出自填土遗迹层，椎体受压破碎。

标本 M1:15-23，出自土偶墙遗迹，椎体受压破碎。

标本 M1:90，出自填土遗迹层，椎体受压破碎。

标本 M1:128，出自填土遗迹层，椎体受压破碎。

标本 M1:B862-1，出自土偶墙遗迹，椎体受压破碎。

标本 M1:138，出自填土遗迹层，椎体受压破碎。

标本 M1:114-1，出自填土遗迹层，椎体受压破碎。

标本 M1:15-9，出自填土遗迹层，椎体受压破碎。

标本 M1:15-21，出自填土遗迹层，椎体受压破碎。

标本 M1:332，出自填土遗迹层，椎体受压破碎。

标本 M1:14-7，出自填土遗迹层，椎体受压破碎。

标本 M1:B1165，出自土偶墙遗迹，椎体受压破碎。

标本 M1:B479，出自土偶墙遗迹，椎体受压破碎。

标本 M1:B383-1，出自土偶墙遗迹，椎体受压破碎。

标本 M1:13-5，出自土偶墙遗迹，椎体受压破碎。

标本 M1:16-10，出自填土遗迹层，椎体受压破碎。

标本 M1:14-17，出自填土遗迹层，椎体受压破碎。

标本 M1:293，出自填土遗迹层，椎体受压破碎。

标本 M1:312，出自填土遗迹层，椎体受压破碎。

标本 M1:15-19，出自填土遗迹层，椎体受压破碎。

标本 M1:B1295，出自土偶墙遗迹，椎体受压破碎。

标本 M1:8-9，出自填土遗迹层，椎体受压破碎。

标本 M1:31，出自填土遗迹层，椎体受压破碎。

标本 M1:109，出自填土遗迹层，椎体受压破碎。

标本 M1:15-14，出自填土遗迹层，椎体受压破碎。

标本 M1:79，出自填土遗迹层，椎体受压破碎。

标本 M1:102，出自填土遗迹层，椎体受压破碎。

标本 M1：16－9，出自填土遗迹层，椎体受压破碎。

标本 M1：278，出自填土遗迹层，椎体受压破碎。

标本 M1：272，出自填土遗迹层，椎体受压破碎。

标本 M1：14－8，出自填土遗迹层，椎体受压破碎。

标本 M1：14－5，出自填土遗迹层，椎体受压破碎。

标本 M1：91，出自填土遗迹层，椎体受压破碎。

标本 M1：B595，出自土偶墙遗迹，椎体受压破碎。

标本 M1：14－4，出自填土遗迹层，椎体受压破碎。

标本 M1：16－14，出自填土遗迹层，椎体受压破碎。

标本 M1：15－7，出自填土遗迹层，椎体受压破碎。

标本 M1：30－1，出自填土遗迹层，椎体受压破碎。

标本 M1：127，出自土偶墙遗迹，椎体受压破碎。

标本 M1：166，出自填土遗迹层，椎体受压破碎。

标本 M1：15－26，出自填土遗迹层，椎体受压破碎。

标本 M1：15－17，出自填土遗迹层，椎体受压破碎。

标本 M1：16－43，出自填土遗迹层，椎体受压破碎。

标本 M1：57，出自填土遗迹层，椎体受压破碎。

标本 M1：16－30，出自填土遗迹层，椎体受压破碎。

标本 M1：342，出自填土遗迹层，椎体受压破碎。

标本 M1：16－53，出自填土遗迹层，椎体受压破碎。

标本 M1：15－24，出自填土遗迹层，椎体受压破碎。

标本 M1：363，出自填土遗迹层，椎体受压破碎。

标本 M1：73，出自填土遗迹层，椎体受压破碎。

标本 M1：111，出自填土遗迹层，椎体受压破碎。

标本 M1：16－20，出自填土遗迹层，椎体受压破碎。

标本 M1：15－1，出自填土遗迹层，椎体受压破碎。

标本 M1：296，出自填土遗迹层，椎体受压破碎。

标本 M1：B382，出自土偶墙遗迹，椎体受压破碎。

标本 M1：B983，出自土偶墙遗迹，椎体受压破碎。

标本 M1：14－1，出自填土遗迹层，椎体受压破碎。

标本 M1：16－39，出自填土遗迹层，椎体受压破碎。

标本 M1：120，出自填土遗迹层，椎体受压破碎。

标本 M1：285，出自填土遗迹层，椎体受压破碎。

标本 M1：14－16，出自填土遗迹层，椎体受压破碎。

标本 M1：108，出自填土遗迹层，椎体受压破碎。

标本 M1：14－11，出自填土遗迹层，椎体受压破碎。

标本 M1：B1103，出自土偶墙遗迹，椎体受压破碎。

标本 M1：130，出自填土遗迹层，椎体受压破碎。

标本 M1：14－13，出自填土遗迹层，椎体受压破碎。

标本 M1：97，出自填土遗迹层，椎体受压破碎。

标本 M1：390－1，出自填土遗迹层，椎体受压破碎。

标本 M1：85，出自填土遗迹层，椎体受压破碎。

标本 M1：13－16，出自填土遗迹层，椎体受压破碎。

标本 M1：16－44，出自填土遗迹层，椎体受压破碎。

标本 M1：274，出自填土遗迹层，椎体受压破碎。

标本 M1：1－16，出自填土遗迹层，椎体受压破碎。

标本 M1：10－20，出自填土遗迹层，椎体受压破碎。

标本 M1：9－16，出自填土遗迹层，椎体受压破碎。

标本 M1：9－1，出自填土遗迹层，椎体受压破碎。

标本 M1：147，出自填土遗迹层，椎体受压破碎。

标本 M1：7－41，出自填土遗迹层，椎体受压破碎。

标本 M1：301，出自填土遗迹层，椎体受压破碎。

标本 M1：185，出自填土遗迹层，椎体受压破碎。

标本 M1：B421，出自土偶墙遗迹，椎体受压破碎。

标本 M1：370，出自填土遗迹层，椎体受压破碎。

标本 M1：10－8，出自填土遗迹层，椎体受压破碎。

标本 M1：B141，出自土偶墙遗迹，椎体受压破碎。

标本 M1：4－9，出自填土遗迹层，椎体受压破碎。

标本 M1：11－5，出自填土遗迹层，椎体受压破碎。

标本 M1：270，出自填土遗迹层，椎体受压破碎。

标本 M1：7－36，出自填土遗迹层，椎体受压破碎。

标本 M1：6－25，出自填土遗迹层，椎体受压破碎。

标本 M1：B764，出自土偶墙遗迹，椎体受压破碎。

标本 M1：11－8，出自填土遗迹层，椎体受压破碎。

标本 M1：8－6，出自填土遗迹层，椎体受压破碎。

标本 M1：7－17，出自填土遗迹层，椎体受压破碎。

标本 M1：4－17，出自填土遗迹层，椎体受压破碎。

标本 M1：8－7，出自填土遗迹层，椎体受压破碎。

标本 M1：4－6，出自填土遗迹层，椎体受压破碎。

第十章　讨　论

钟离君柏墓是淮河流域中游地区首次考古发掘的一座特殊形制的"钟离国君"陵墓。该墓葬的圆形墓坑结构和复杂的遗迹现象给我们带来了新视觉新视野，其创新性的葬俗文化内涵给墓葬考古提出了新课题。该墓葬发掘所揭示出来的许多从见过的文化遗迹现象值得我们去深入研究探讨，本章集众多学者目前的研究成果，从葬俗文化、遗迹现象、钟离国等三个方面进行一些综合讨论，供研究者和读者参考，谬误之处敬请勘正。

第一节　葬俗文化

人类最烦恼的两件事就是生与死，活着的人面临如何生存，为了生存与天斗、与地斗、与人斗，创造了社会文化；死了还不算了，还要视死如视生，又创造了葬俗文化。在人类历史长河中随着时代的变化和民族及地区的不同而出现不同的葬俗文化。原生态的古代葬俗文化大多消失，流传下来的也是凤毛麟角。如今的墓葬考古给我们获取了一定的古代葬俗文化信息，钟离君柏墓就是一个典型消失了的古代淮河流域钟离国葬俗文化遗存。

钟离君柏墓葬的墓地选择似为了赶风水定方位就高地而远离都城、全新的圆形墓坑形制和构筑的复杂遗迹现象，无一不体现了一种古老消失的葬俗文化特征。该墓葬是那个年代本地区最高等级的诸侯王陵墓，它与相邻同规模的二号墓构成一座完整的钟离国君墓园（陵园）区。这个陵园与其东部凤阳县境内的钟离国都城构成一个方国的核心框架，这种城与陵分开的埋葬制度符合一个国家的规制。

该墓葬主人40余岁，英年早逝，属于非正常死亡的年龄，其死亡原因目前还不能够从考古发掘所揭示的遗存中得到解决，是个无法解开的谜。从墓葬内丰富的随葬品中除了代表其身份的礼、乐、容器外，显著的是大量而齐全的各种青铜兵器，特别是两件记战功的兵器，说明墓主人身前的戎马生涯，这种戎马生涯可能是造成墓主人非正常死亡的原因之一。其死后建造一座这样前无古人的创新规制型土坑大墓，实难以想象。钟离国创建圆形土坑墓葬的思想博大精深，吸收消化浓缩了几千年以来中华民族，特别是淮河流域人类社会的天地观精华。这种带封土的圆形墓葬不仅是淮河流域见到的最早墓葬形制，也是墓葬考古史上首次发现的墓葬新类型，是一种创新型埋葬习俗。

考古发掘还不能真正弄清楚该墓葬主人当年的葬礼过程，从墓葬的建造规模和由钟离都城西行

30 余千米渡淮河安葬，其葬礼隆重规模可见一斑。在墓室西南角单独放置一组几何印纹陶器，这组几何印纹陶器是典型的吴国器物特征，有可能是吴国送的葬礼。如果是这样，说明来参加葬礼的人中还有外国使者。

该墓葬形制由上而下采用一系列圆形理念建造，是一项规模宏大的建筑工程。如：地上建筑圆形封土堆、圆形白土垫层；地下深挖圆形墓坑和在填土中构建层层叠压的圆形放射线、圆形土丘、圆形土偶墙等遗迹现象，构成了由下而上、由远而近的视角景深，建造了一座独特而壮观的天体动漫场景。至今考古发现的历代土坑竖穴墓葬，不管是帝王贵族大墓还是中下阶层人物的中小型墓葬或是贫民的墓葬，多是长方形或方形的土坑竖墓，从未见过这么深奥而复杂的建筑形制。目前在蚌埠双墩和凤阳卞庄发现两座钟离国圆形土坑墓葬，说明在春秋时期位于淮河中游地区的钟离国采取一系列圆形理念构筑自己的阴间豪宅，它不仅有别于其他地区土坑墓葬形制和埋葬习俗，更体现了钟离国葬俗文化的独特性。

该墓葬的系列圆形建筑设计思想理念，既具有实用的功能性，更具有深层次的思想内涵。就其功能性来讲，这种圆形土坑结构是否与当地土层构造易塌方有关，从牢固美观等功能上讲圆形墓坑的抗力是绝对优于长方形或方形土坑墓的抗力。

再者，在那个年代建造这样一座大墓并不那么简单，它需要科学的技术设计、大量的材料和严格而精心施工，更重要的是需要具有至高无上的权力来驱动大量的人力财力和物资。在墓坑的二层台上和墓底均发现有多处火堆痕迹，说明在建造这座墓葬中是紧张而有序的，可见人们似在 24 小时连续作业，当然也可能换人不歇班。建造这样一座大型土坑墓非短时间内能完成，需要一个相当长的时日，他们是如何防止在建造过程中下雨造成墓坑塌方的呢？发掘中发现在墓坑外大范围地铺垫一层厚厚的白土层，墓壁也有一层白土层，这可能就是防止下雨墓坑塌方的措施。这种白土与战国至西汉时期墓葬中用于密封防腐的白膏泥质地不同，该墓葬的白土属石英粉化泥，质地纯净细腻，结构紧密具有一定的整体性和防渗水性，干燥后质地非常坚硬。白土与白膏泥两者之间不仅原料质地不同，而且用在墓葬中的位置也不同，这就给我们带来一种新的认识和思考，其用在墓葬中的功能也应该不同。这种白土本身虽然有一定的渗水性，水分蒸发干燥也不易开裂，可以保护墓坑地面和墓坑壁不会因为雨水或长时间暴露而水分蒸发开裂塌方，保证了施工人员的安全和墓葬结构的完整性。可见钟离国确实有一批科技人才因地制宜地进行土坑墓葬建造的研究设计，它抛弃了传统的长方形和方形的结构模式，而采取圆形加保护的新理念，不能不说这是一种墓葬形制创新和葬俗文化创新。

目前采用这种圆形土坑墓埋葬的习俗发现较少，仅见于淮河中游沿淮地区钟离国墓葬中。其圆形墓坑结构具有实用功能性与思想寓意双重葬俗含义，这种创新模式可能是体现墓葬主人崇拜祭祀思想观念，其内含寓意深奥。该墓葬中的祭祀品非常丰富，单独设置放置"太牢"供品椁箱，里面堆满屠宰了的牛、羊、猪，还有盛满牛排、羊排、猪蹄、鸡、鱼等供品的青铜鼎等是最高等级"太牢"祭祀供器与供品。封土堆下的白土垫层与墓口构成玉璧形状，玉璧至新石器时代以来就是祭天地的最重要礼器，它与墓中的青铜礼器及祭祀供品构成一套完整的祭祀器物组合。由此，该墓葬中的青铜礼器与猪牛羊鸡鱼排骨等代表墓主人最高规格的祭祀用具和用品，而墓葬中用运白土垫层的圆形象征玉璧是一种祭祀礼器的创新。该墓主的灵魂怀着人间最崇敬的思想，在阴间豪华的地府里用最高等级"太牢"规格永祭天地祖宗，希望有神灵的苍天大地老祖宗继续保佑它的一切，使其继续履行生前的职责，体现了钟离国和墓葬主人的葬俗文化特征。

该墓葬构建"十（亚）"字形墓室埋葬布局，也是一种功能性与思想性完美结合，是该墓葬中又一个葬俗创新思想的体现。墓室内以墓主人为中心，其东、西、北三方按照一定间隔分布各陪葬三个人，南方陪葬一人与器物箱、动物厢间隔分布，非常规整正方向地围绕墓主人四方构成三三制埋葬格局，平面呈"十（亚）"字形。这种正方向以墓主人为中心的十字形墓室埋葬布局十分罕见，也只是在钟离国墓葬中出现。这种"十"字形是人类几千年来对天地之间方位的认识，是代表方位的，即四方五位，是东、南、西、北、中方位的象征。该墓葬是以这种方位布局来表示方形大地，与表示天空的圆形墓坑圆形封土堆等相互对应，构成一个完整的天圆地方立体宇宙观念。考古材料证明，至汉代以来的砖室墓普遍将墓顶筑成穹隆形状，在穹隆顶绘制星图，与方形墓室构成立体的墓葬形式表现天圆地方的宇宙观念。该墓葬这种新颖罕见的十字形墓室布局设计是土坑墓中又一个葬俗创新思想，丰富了土坑墓的葬俗文化内涵。

该墓葬使用殉人葬俗。在墓葬主人周围殉葬 10 人，这是一种惨无人道的陪葬陋习在该墓葬中的延续，说明墓主的特权在钟离国墓葬中严重地存在着。人殉是一项非人道的极端残忍的制度，它伴随着人牲先后出现在中国古代历史舞台上几千年，一直肆虐到清朝末年才消亡，是中国古代社会特有的葬俗文化现象。人殉即是用活人陪葬的丧葬制度，人牲即是用活人向天地神灵、祖先祭祀时"献牲"的制度。人殉的身份主要是近亲、近臣和近侍等，人牲的身份主要是俘虏或奴隶。该墓葬用的是人殉陪葬制度，这 10 个人殉属于墓主人的近亲、近臣和近侍等。

考古材料证明，人殉与人牲是中国古代社会中两项最野蛮的陪葬祭祀葬俗文化现象，最早出现于新石器时代，开始并非以战争俘虏和奴隶为对象，而是以妻妾等近亲为开端的。比如大汶口文化时期的男女合葬墓，这些男女合葬墓均为男左女右。有的墓内女人是屈肢侧身，脸朝男人被认为是殉葬者，可能就是这个男人的生前配偶等。后来的帝王殉葬者绝大多数也是宾妃、宫女、近侍等就是早期这种妻妾近亲殉葬习俗的孑遗。人殉不仅存在于大汶口文化中，其后的龙山文化、齐家文化、二里头文化等皆发现人殉，说明人殉在父系氏族社会已经普遍存在。

国家产生以后，人殉人牲现象变本加厉。夏代有人殉，商代人殉人牲最盛行，商代王陵和贵族大墓殉人众多达几十至几百人，一般的中小型墓葬中都有一至几十个殉人。殷墟王陵区还有公共祭祀场所，在那里发现大量的祭祀坑和埋葬数千具被杀害的人牲骨架。殷商墓葬和祭祀坑中发现大量的人牲人殉祭祀陪葬现象，说明人殉人牲在殷商时期已形成制度。

周代人殉人牲制度继续存在，开始逐渐遭到人们的反对，殉者多是墓主的内侍、宠妾、婢女、护卫、杂役等。春秋战国时期表现出两种思想的对立。一方面是各国诸侯王等竞相使用人殉。另一方面人殉制度遭到社会上的强烈反对，进而也反映了当时正处于由奴隶社会向封建社会过度的大变革时期，人殉制度也有所改变，如改用入棺殉葬的方法，甚至殉葬者也随身葬有少量的器物等。"钟离君柏墓"就属于这个时代，其殉人均有小木棺和小件随葬品。

汉代以后殉葬的人数减少，唐宋时作为普遍性法律制度的人殉消失，但是基于"自愿"的人殉还是存在。令人遗憾的是元明清三代人殉这一罪恶的制度却死灰复燃，又流行了近七百年。清统治者一面明令废除殉葬制，另一面又大力表彰妻妾"自愿"殉葬的行为，并为"烈女、节妇"修书、立牌坊。

人殉制度在中国存在的历史之久超过了五千年的文明史，它不仅存在于汉文化中，也存在于少数民族文化中，可见人殉人牲制度在中国各民族的历史发展过程中是带有普遍性的恶习，生命力之强，不知吞噬了多少人的鲜活性命，这在人类历史上是绝无仅有的葬俗文化现象，归根结底是人们虚构了一个灵魂世界。

人殉在该墓葬中还赋予了新的内涵和寓意。处在春秋时期的蚌埠双墩钟离君柏墓惨无人道地杀害了 10 个活人殉葬。这 10 个不幸的陪葬人按照传统的习惯是去另外一个只有灵魂的世界侍候墓主人的，但是从殉人埋葬布局的情况看，墓主人所赋予她们的职责不仅仅是侍奉主人那么简单，还赋予了她们更繁重而深奥的掌控天地时空的天职。10 个殉人围绕主棺椁的正东、南、西、北四个方位陪葬，除南方陪葬一人与器物箱、动物厢构成三数字外，其他三方均陪葬三人，在主棺椁四方构成总数为十二数字的三三制，其寓意四时十二令。钟离君柏墓殉人与众不同的是对殉人有数量要求和方位布局要求，这在目前其他殉人墓葬中还没有发现过，一般墓葬中的殉人数量和位置多无规律可循，有的在前部或侧边或墓道等与主棺不构成方位性。这种殉人数量与天地时空方位要求概念结合尚属首次发现，它是一种独特地葬俗形式，值得深入探讨研究。

该墓葬殉人的身份推测。钟离君柏墓在对待殉人的处置上不是杀死或捆绑活埋，而是采用温和体面的毒死或吊死类的处死方式，殉者遗体均完整单独入殓小木棺内，皆仰身直肢，两手多放在下腹部，头部多有贝壳串饰或骨簪，脚部有青铜小刀和陶砺片等小件生活品随葬，说明殉者多有一定的名分。其年龄经鉴定多在 20 至 30 岁左右，骨骼纤细可能多是女性。根据历代人殉制度不能排除该墓葬殉人的身份是钟离君柏的妻妾奴婢亲信等。

该墓葬殉人死亡和下葬时间及地点的判断。该墓葬 10 个殉葬人均有小木棺，从棺内殉人肢体骨架摆放顺畅无挣扎的姿势上看，这些殉葬人是被处死后入殓下葬的。该墓葬殉人小木棺中均有小件随葬品，值得注意的是殉人随葬品中的青铜小刀与陶砺片组合随葬。殉人随葬的陶砺片并非是单独烧制，而是与墓地上的商代遗址陶片一致，均为遗址陶器碎片打制而成，制作粗糙，找不到使用痕迹，说明这些随葬的陶砺片是在墓坑边下葬临时制作的冥器。由此，是否可以表明这些殉葬人是在墓坑边或附近被处死入殓小木棺内下葬的。

上述种种说明了该墓葬的埋葬习俗具有典型特征，既有传承更有创新，集中地反映了钟离君柏墓葬的功能性和特权思想以及创新理念。它涵盖了古代时空观、政治观、宗教观、祭祀观、礼仪制度、哲学观以及科学观等，这些基本观念体现了中国传统文化的核心内涵，是一座独具匠心的独特地葬俗文化墓葬范例。

该墓葬的文化渊源与特征。该墓葬的特殊建筑形式构成了一种新的墓葬类型，它的独特文化内涵，显示了它的地域文化特征，确实给考古学术界带来新的视野。就其建筑形式的源头可以上溯到同一个地点的 7300 年前新石器时代双墩文化之中，其墓坑形状和遗迹布局在双墩文化陶器刻画符号中皆可找到相同的形状。这说明在淮河流域 7300 年前的人们对天地方位空间的认知用陶器刻划符号作记录保存至今，而春秋时期位于淮河流域的钟离国用建筑墓葬的实物形式给记录保存下来了，两者之间虽然间隔 4000 多年，但也绝不是偶然的巧合，而是淮河流域历史的真实写照。因此，我们说该墓葬的建筑模式是创新，也是该地区古老文化渊源传承的深刻印记。

考古资料和文献资料证明淮河流域的历史文明是与淮夷这个古老的民族分不开的，夏商周时期淮河流域地区是淮夷文化分布中心。淮河流域的人类历史可以追溯到旧石器时代的下潮湾人，新石器时代的贾湖文化、双墩文化、侯家寨文化、龙虬庄文化、大汶口文化、龙山文化和夏商周时期的文化，也就是说淮河流域的人类历史有自己的文化发展脉络。该墓葬所在地区属于东方夷族集团中淮夷族聚居地，其文化有着与其他地区不同的文化传统，它与东方诸夷族共同创造了具有东方夷族文化特征的历史，东夷与淮夷对夏商周的历史和文化曾产生过重大影响，是中国历史和文化的重要组成部分。蚌埠双墩钟离君柏墓是一座典型的集大成，是淮河文化和淮夷文化传统的缩影。

两周时期安徽江淮流域受到楚文化和吴文化影响比较大，该墓葬随葬器物的群组和形制既具有较强的个性特征和时代特征又具有楚文化特征和一定的吴文化特征。王迅先生认为："分布于今安徽江淮地区、淮北地区和苏北地区的淮夷，在西周时期尚未遇到如东夷那样严重的分化，淮夷文化在吸取周文化的同时，地方特征也得到了发展，并与东夷文化、齐鲁文化有所交流。东周时期，淮夷文化处于楚文化和吴文化之间，受到双重文化影响，后来随着楚国统一南方而并入楚文化之内"（王迅著：《东夷文化与淮夷文化研究》，北京大学出版社，1994 年 4 月，95 页）。

第二节　遗迹现象剖析

该墓葬用五色混合土来封筑填充，并构筑"白土垫层、放射线、土丘、土偶、土偶墙"等不可思议的奇特遗迹现象。这些遗迹现象的构筑模式怪异而复杂，其新颖的构思与造型超乎人们的想象力，实属罕见。这些奇特的遗迹现象都是第一次在墓葬考古中被发现、被确认。这些遗迹现象除少数具有功能性外，大多数只具有象征意义，表现不同的象征事项，以体现墓主人的思想理念。下面借助目前学者们的一些研究成果与个人的认识，对这些遗迹现象进行初步的剖析，望能引起学术界的深入探讨。

一、五色土遗迹剖析

考古学对经过人工形成的地层，特别是遗址的表土层或墓葬的封、填土，多称其为"五花土"，而不称"五色土"。这里的"五花土"的"五"同"三、六、九"数字一样，是一个约数，其意思是经过人工翻动致使几种不同颜色的土掺杂在一起形成的熟土。蚌埠双墩钟离君柏墓的"五色土"是真正意义上的经人工有意将选取五种颜色土混合在一块而构成的"熟土"，为区别这个约数"五花土"，而称其为"五色土"或"五色混合土"。该墓葬为表达主人的思想观念，不惜工本，从不同地方采运"红、灰（青）、白、黑、黄"五种颜色土混合在一起来封筑填充自己庞大的阴间豪宅。这么大量不同颜色的土，需要动用多少人力采运和掺和，在那样艰苦不发达的运输工具条件下，可想而知，其用心良苦和劳民伤财非同一般。

冯时先生认为："（钟离君柏）墓中独取五色土封填显然具有特殊的文化含义，其为完整地探索古代墓葬制度所体现的宇宙观问题提供了重要线索"。

"对五色封土填土含义的解释存在两种思考的可能。首先，中国传统的方色理论表现为以五色配伍五方，具体做法即为东方青色、南方赤色、西方白色、北方黑色和中央黄色。这个方色理论的构建基础其实很简单，这就是以中原黄土为中心所呈现的五方不同土色的自然地理事实，而人们一旦将这些源于自然地理的知识使用与礼制，便是天子大社的配土规制。大社之布土乃五色土各依方位而设，呈现东方青土、南方赤土、西方白土、北方黑土、中央黄土的独特布局，以示天子享有天下之土，即'普天之下。莫非王土'之象征。而王于大社之请，自以为天下苍生祈福。明代大社今犹存北京紫荆城右之社稷坛，坛上即呈五色土以方而布的形制，系皇帝为天下百姓祈福之所。而商代甲骨文已有'右社'之文，可明大社之制渊源甚久。然大社之礼乃天子独享，不容移用于诸侯卿大夫社，故钟离君柏墓之封土填土以五色土杂封，不依方色布位，于形式上既不僭天子之礼，其寓意当然也不同于大社之礼旨。"

其次，"五色土遗迹与月令思想"。"中国传统的时空关系表现为空间决定时间"。"五方色虽为空间之象征，但其所传达的文化内涵切远不止空间，更有由空间观念所决定的时间，这便是钟离君柏墓五色封土填土含义的思想基础"。"钟离君柏墓五色封土填土虽然具有时空的象征意义，但简单地表示时空切显然不是墓葬设计者所要传达的思想。如果我们以中国传统的政治制度为背景思考这一问题，那么很明显，这种以五色土象征时空的表现手法无疑在强调一种独具特色的传统政令观。古人朴素的生产与生活实践使他们很容易认识到顺时应事的必要，并逐渐以这样的标准规范自己的行为，从而使传统的政令观发展为体现基于时空观的月令制度。这种月令思想不仅古老，而且由于中国传统天文学的官营特点，因此长期被统治者奉为治国的方略，对中国传统文化产生了深刻的影响"。

"《礼记·月令》对于月令思想的记述相当完整。在月令体系中，四时不仅与五方相配属，体现了时间乃由空间决定的古老观念，而且五方除分配十日、五帝、五佐、五行、五虫、五音、无数、无味、无臭、五祀、五俎之外，更配以五色"。

"由于空间乃是时间的形成基础，故本诸空间的五色既象五方，更象四时。或者换句话说，时间的观念不仅可以通过方位来表达，而且也可以通过与方位栓系的颜色来表达。显然，钟离君柏墓五色土遗迹的基本内涵即是借五色以表现五方四时，从而传达月令岁时宜忌的古老制度"。

"钟离君柏墓以五色土混合封筑填充，借方位与时间的匹合以体现顺时施政的政治思想。这种特异的筑作形式显然具有为君者顺天时以用事的象征意义。况且这一做法也与墓主人尊为钟离国君的独特身份至为吻合"（冯时：《上古宇宙观的考古学研究——安徽蚌埠双墩春秋钟离君柏墓解读》见本报告第十三章第一篇）。

该墓葬以五色混合土代表方位与时间的理念，隐含"普天之下莫非王土"与"月令"的王权思想，实属超凡脱俗的构思和巧妙的设计。

二、放射线遗迹剖析

考古发现的放射线多是依附在某种物体上的图形现象，如太阳纹等，而钟离君柏墓坑填土中用五色土构筑放射线形象还是首次发现。在圆形的墓坑中用运配比不同的五色土堆筑约 0.70 米厚的放射线形状的遗迹现象，其构筑方法是在墓坑周边堆筑宽约 2 米的颜色比较深的五色土圈带，然后在深色土圈带内由中心向四周堆筑成深浅不同颜色的 20 条辐射状放射线。这种被放大的创新放射线形状设计和精心施工构筑的遗迹现象究竟要表示什么，其理念又是什么，确实给我们带来困惑。有些学者认为：东方人古代多崇拜太阳，可能是太阳的象征，与象征天宇的墓坑内圆形深色填土圈相组合构成对天上太阳神的崇拜。

冯时先生认为："放射线形遗迹"是"星象之象征"。"钟离君柏墓于象征天盖的白土圆璧遗迹之下计设有自中央圆形区域向外辐射的 20 条宽窄不均的放射遗迹，其性质显然具有星象的象征意义"。"放射遗迹位于圆璧之下，从墓主人所在之墓室仰望，自中央圆形区域向外辐射的 20 条放射遗迹正像是中宫及赤道带星官在以圆璧遗迹所象征的天盖上分出的不同天区，而这些不均匀天区的划分当然只能以星象所呈现的不同距离为标准。因此很明显，墓葬中央的圆形区域以及其外的二十条宽窄不同的放射线遗迹，虽然没有表现出星象的具体形象，但却具有明显无误的星象的暗喻"。

"由于中国天文学重视北极的观测传统，古人对于恒星的观测主要集中在北斗所在的中宫天区以及沿赤道带分布的二十八宿。中国古代以盖图为基础绘制的星图，无不体现着这一特点。今日保存在苏州的南宋黄裳石刻星图，其天区的划分即以在北斗所在的中宫之外绘出通过 28 宿距星的 28 条呈放射状的精度线，从而使全天星图表现为 28 个不均匀的天区。这些内容与钟离君柏墓圆璧形天盖之下呈现的中央圆形区域及其外的 20 个不均匀放射区域所表达的内容完全一致。显然，钟离君柏墓的相关遗迹尽管并未如黄裳星图那样布列具体的星象，但由这些星象所决定的天区的划分切相当清楚，因而无疑具有与黄裳星图相同的含义"。

钟离君柏墓"20 份不均等天区到底反映了 28 宿中哪些星宿的分合，考古学资料可以提供明确的答案。属于公元前第四千纪中叶的西水坡 45 号墓星象图已以龙、虎表现 28 宿东、西两宫中的部分星象，其中龙的形象至少包含了角、亢、氐、房、心、尾六宿，而虎的形象则也应指觜、参两宿。而在西水坡第二组遗迹中，于龙虎之外还出现了鹿和鸟，正是早期四象体系中的北、南两象，其中鹿应指危宿，而鸟则指张、翼两宿。这个星象传统在公元前八世纪前后的虢国铜镜上仍然得到了完整的存留，甚至在西晋的墓砖遗迹中，还清晰地留存有这种观念的孑遗"。"根据这些材料，我们可以建立战国以前 28 宿各宿分合的基本体系：

东宫：龙、（角、亢、氐、房、心、尾）、箕；

北宫：斗、牛、女、虚、危、定（营室、东壁）；

西宫：奎、娄、胃、昴、毕、虎（觜、参）；

南宫：井、鬼、柳、星、鸟（张、翼）、轸。

其所呈现的天区的不均等划分正为 20 区，其中龙星因有 6 宿组成，所占天区最广，而其他各宿各象也有广狭之别，这种由实际天象所表现的 20 个不均等天区与钟离君柏墓象征天盖的圆璧遗迹之下的 20 个不均等放射区域完全相符，显然可以为墓中相关遗迹的内涵提供令人信服的解释。事实上，墓中天盖之下的星象设计并不是通过具体星象的形象来表现，而是借助 28 宿中相关二十宿距星所呈现的星象的距度的方式而完成，其设思巧妙如是"（冯时：《上古宇宙观的考古学研究——安徽蚌埠双墩春秋钟离君柏墓解读》见本报告第十三章第一篇）。

三、土丘遗迹剖析

该墓坑填土中放射线遗迹层下，即 0.70 米下的填土层中依圆形墓坑壁一周构建大小不等 18 个馒头形状的圆形土丘，在墓坑中用五色土构筑土丘遗迹也是墓葬考古中首次发现。土丘的构筑方法是用配比不同的五色土逐层堆筑而成，这种创新设计构筑的遗迹现象理念是什么呢？所要表现的又是什么呢？又是一个难解之谜。如果说该墓葬的多圆形组合构筑理念是代表天空而墓坑中第一层二十条放射线填土遗迹是天空中的以天区寓意星象的象征，那么位于放射线下的第二层围绕圆形墓壁周圈分布的十八个大小不同的圆形土丘遗迹是否也是天空中的什么东西的象征呢？

冯时先生认为："土丘遗迹"是"行埒理念"的象征。"土丘所在的层面位于象征天盖的圆璧遗迹及以 20 条放射线区域所象征的星象遗迹之下，其下象征大地的墓室，位置正当天地之间，故当有天地兆际之寓意。《淮南子·坠形》：'天地之间，九州八极。'高诱《注》：'八极，八方之极也。'""八柱为圆形，且必置于八极，故就八柱之位而言，其必在八方之极，而若就其形而言，则又必取柱之圆形。事实上，这些观念直接导致了古人以取自圆形天柱的弧线纹表示界域的传统。墓中以土堆塑的半圆形土丘遗迹实即文献见载之所谓'形埒'"。"古人以二绳与四维并称'八纮'，八纮被想象为栓系天盖的八根绳索，而绳索的栓系之处当然正是八柱，这些思想与图式表现的内涵完全相同"。

"形埒与四钩形象的关键区别既在于形状，也在于出现的位置。形埒取向于圆形的天柱，其形自为圆弧；而四钩意在连接位于四维的八支，故表现为方折的形状。两者之间的这种本质差异决定了它们空间位置的不同。准确地说，形埒不仅可以添加于二绳之端，同时也可以使用于四维之端；而四钩切只能加于四钩。双墩新石器时代遗址所出土陶器图像（符号）既见有在积累的二绳背景上特别重叠刻出施加形埒的二绳，也见有在积聚的二绳一端添加形埒的设计，其圆弧的形埒形象皆殊别于四钩，是为明证。"

"'形埒'为兆际之称，则《原道》所谓'八纮九野之形埒'显即八极九野之边际。'形埒'为兆际之称，然其形状如何，因缺少实物资料佐证，故无详说"。"埒'乃壝土以为土丘，其形环弧之，且等列比连而周，呈库垣之象，这些特点竟与钟离君柏墓于圆形墓壁周边比次分布的圆弧形土丘遗迹若合符契，故知此土丘遗迹实即古之'形埒'"。

"双墩新石器时代遗址出土陶器的刻划符号也见形埒图像，其或以单弧线表示，或以多重弧线象征，而多重弧线的含义似乎正可应合钟离君柏墓之形埒遗迹乃由不同颜色土壤逐层堆筑的事实，其表现形式完全相同。显然，这种形埒兆际的观念不仅公元前第五千纪的新石器时代即以形成，而且直接影响了数千年后钟离君柏墓形埒的设计形式"。

"形埒乃象天地之兆界，这正是钟离君柏墓相关遗迹所表现的宇宙观。墓中形埒遗迹共呈 18 个邻次比连，其含义当有天地之兆际的共同象征。《淮南子·坠形》谓'天地之间，九州八极'，《初学记·地部上》等引为'天有九部八纪，地有九州八柱'，'九部'即谓天之九野，而'八纪'则为天之八极。故古人以天有九野九部，地有九州九土，其数合之适为'十八'，此正为墓中十八形埒取数之本"。"时人以形埒表现天之八纪与地之八极，其数十八则取天之九部与地之九州之合，以喻天地界际，其思想历五千余年的漫长发展竟几乎没有任何的改变。双墩新石器时代遗址所出土陶器刻划符号不仅可见形象完整的形埒图像，而且经过数千年的传承，比连为庫垣的形埒图像早已成为一种普遍用运的兆际符号，并借遗迹遗物而使传统的宇宙观得到了完整的呈现。安徽蒙城尉迟寺的大汶口文化与龙山文化遗存仍然留有完整的形埒图像。汉代的铜镜图像时有以形埒表现天地之边际或九州之兆朕的设计，而石刻画像也常见以形埒作为界畔的符号，甚至某些形埒的细节处理都可以在新石器时代的相关图像中找到渊源，其形式显然来源于新石器时代先民的古老创造。事实上在这些遗物中，新石器时代陶器与汉代铜镜图像由于直接表现了古人的宇宙观，因而呈现着与钟离君柏墓的设计思想与形埒形制近乎相同的形式"（冯时：《上古宇宙观的考古学研究——安徽蚌埠双墩春秋钟离君柏墓解读》见本报告第十三章第一篇）。

四、土偶文物与土偶墙遗迹剖析

"土偶"这个怪物，几千年前人类为表达神圣的象征而创造出来的文化遗物，至今才被考古第一次发现和认知，并给以命名"土偶"。"土偶"制作过程短，是在建造墓葬时同时手工制作。因此，土偶下葬时没有晾干（阴干）或烧制，均为泥质潮湿土坯就被运送到墓坑内建造各种遗迹掩埋，故多数土偶受到填土挤压变形，其形状千姿百态。总体形状为尖顶方形或圆形椎体或不规则形，其体表均有十字或井字形绳或草茎捆扎痕，顶部有提系纠结痕，其形状无头无尾与各类象形"俑"有着本质的差异。

说来也怪，这个古代怪物的形状相貌并不具体，目前仅见于这座钟离君柏墓坑填土遗迹中，一层是与土丘同层无规律的填埋在0.7至1.4米的填土层内；二是位于土丘遗迹层下单独环绕墓坑深至2.0米的生土二层台内缘垒砌三至四层呈矮墙壁形状的遗迹，这种一头大一头小的锥状体坯料根本就不好垒砌。看来这种土偶以分散和垒砌两种不同的形式在墓坑填土中分上下两层构建的遗迹是有寓意的，其寓意和象征性肯定是前无古人的，否则那需要创造出"土偶"这一新的物质品种来表示呢？其诞生的真正作用是什么呢？其怪形又象征着什么？其填埋或构建在墓坑填土中的遗迹含义和目的又是什么？这些一连串的疑问又给该墓葬增添一道道更加难解之谜。

武家壁先生根据我们给他提供的野外发掘土偶和土偶埋藏分布照片分析后认为：与淮河流域流行女娲抟土造人的神话传说有关。"可能是'土偶'，'抟土为人'者，埋在填土中以辟邪。

说是'土偶'，理由如下：一是由'綆泥'（又作"绠泥"）即较硬的土坯做成；二是有绳索印（推测由匣子压制而成），与'引绳于綆泥'相合；三是'綆人'（贫贱凡庸者），无面目四肢，四是淮南等地流传'抟土为人'、'綆人'之说等等，这些都与《风俗通》、《淮南子》等有关'抟土为人'、'綆人'的记载符合。

《太平御览》卷七八引汉应劭《风俗通》：'俗说天地开辟，未有人民，女娲抟黄土作人。剧务力不暇供，乃引绳于絚泥中，举以为人。故富贵者，黄土人也；贫贱凡庸者，絚人也'。女娲亲手捏制的土人，成为四肢健全、荣华富贵之人；被绳索甩成的土人，成为身体残障、贫寒卑微之人。（《御览》卷七八、卷三六〇 引应劭《风俗通义》）。

《楚辞·天问》：'女娲有体，孰制匠之?'王逸《楚辞注》'女娲七十化其体'，此《淮南》等有抟土为人、为七十化之术。

《淮南子 览冥训》曰：'往古之时，四极废，九州裂，天不兼覆，地不周载，火滥炎而不灭，水浩洋而不息。猛兽食精民，鸷鸟攫老弱。于是女娲炼五色石以补苍天，断鳌足以立四极，杀黑龙以济冀州，积芦灰以止淫水，苍天补，四极正。民生背方州，抱周天，和春阳夏，杀秋约冬，枕方寝绳'。

《淮南子 说林训》云：'黄帝生阴阳，上骈生耳目，桑林生臂手。女娲所以七十化也'。

唐代皮日休《偶书》：'女娲掉绳索，絚泥成下人。至今顽愚者，生如土偶身。'"

从发掘的情况看，与土丘同层土偶分布分散而无规律，近墓坑周边的多为集中堆状分布，而距离墓坑壁较远的中间部分多为分散状态，还有一些破碎个体和坯料样的泥料混杂在填土层中。这层土偶数量比较完整的大约有 1000 多个，分布相对比较密集。由此，我们对这层土偶的分布状态分析认为有两种可能性，第一种似为构筑土偶墙遗迹的原料，即类似砖样的建筑材料。如果是建筑材料的话，填埋在这一层中的土偶就有可能是当时为构建土偶墙遗迹而盲目生产致使土偶用不掉或是没有按照原设计垒砌土偶墙的高度而致使土偶出现大量的剩余，因土偶规格高对大量剩余不能外倾只好集中掩埋在这层填土中。第二种似为一种特殊的象征物。如为表达宇宙观而以此物与其上层表示天区的放射线和同层形埒支撑起的天区构成一幅散落分布的星象图？那么从埋藏情况看，这个不同形状的锥体物说它是建筑材料确实形状不便于垒砌，似更有可能是神奇的象征物。

环绕墓坑生土二层台内缘用土偶垒砌的一圈土偶墙遗迹，显然是经过精心设计和施工的构筑物，土偶墙与墓壁之间有 1.6 米左右的空间，从墓道有台阶可以直接进入这个空间犹如走在城墙顶部，感觉这个构筑物规整而壮观，具有很强的象征理念意识，现场给人一种城墙的感觉。土偶墙位于放射线、土丘与土偶两层遗迹之下，如果说以上两层遗迹是天宇和天地之间的象征，那么土偶墙是否也是宇宙或天地之间某个方面的象征呢？或是表示钟离国的地域范围界限或是象征天地之间的界际也未可知。

对此，冯时先生认为：土偶墙是"山缘遗迹"，表示"八极观念"的。"这个叠压在形埒遗迹之下的以土锥体垒砌的山缘遗迹，其所体现的思想其实乃不出一种独特的宇宙观。古人与大地之规划，以中央为九州，九州之中央则为'中土'，系统治者居中而治所处之位，九州之外又有八殥、八紘。《淮南子．精神》：'夫天地之道，至紘以大'。而八紘之外则有八极，为大地之涯际。《淮南子．坠形》云："'八紘之外，乃有八极。自东北方曰方土之山，曰苍门；东方曰东极之山，曰开明之门；东南方曰波母之山，曰阳门；南方曰南极之山，曰暑门；西南方曰编驹之山，曰白门；西方曰西极之山，曰阊阖门；西北方曰不周之山，曰幽都之门；北方曰北极之山，曰寒门。凡八极之云，是雨天下，八门之风，是节寒暑。八紘、八殥、八泽之云，以雨九州而和中土'。据此可明，九州、八殥、八紘皆方千里，其形正方，而至八极则不言'方'，其形为园；八极作为八门，皆有山所构成。这两点内涵显然与钟离君柏墓山缘形遗迹所呈现的特点一致。"

"相同的宇宙图式在汉代的铜镜图像中尚有广泛存留，其中尤以博局镜所展现的图式最为完整，与《淮南子》所反映的宇宙观足资对比"。"《尸子》：'八极为局'。足见博局之含义当即自中方而外为八殡、八纮、八极布列的宇宙图式"。"汉代铜镜与八纮之外更分布圆形的山缘图像，或具一周，或有数重，或作钩廓，或作涂实，显为八极之象征。这种由中央方形九州而八殡、八纮，终至圆形八极的宇宙模式，与钟离君柏墓与中央方形墓室之外布列圆形山缘遗迹的形式完全相同。毫无疑问，山缘遗迹象征八极正是钟离君柏墓设计者所要表现的思想"（冯时：《上古宇宙观的考古学研究——安徽蚌埠双墩春秋钟离君柏墓解读》见本报告第十三章第一篇）。

五、十字形墓底埋葬布局遗迹剖析

该墓葬由于地质条件的原因墓室内的大型木质棺椁等葬具已全部腐烂仅存迹象，从迹象来看以墓主人棺椁为中心，四周正方向规整地间隔分布殉人和器物椁室，呈十（亚）字形布局。这种在圆形墓坑底部正方向的十字形规整墓室布局尚属罕见，它是否与象征大地的方形墓坑构成相同的象征意义？这种十字形埋葬布局肯定是有深刻的寓意的，究竟象征天地间的什么？同样又给这座墓葬增添新的难解之谜。

冯时先生认为：十（亚）字形墓室布局也是表示宇宙观的。"钟离君柏墓自圆形八极遗迹向下掘出深穴，圆穴之中设计'亚'形墓室，墓主人之葬穴置于'亚'形之中央，而'亚'形之四方则分别设有三个遗迹，共为十二遗迹。其中十个遗迹为殉人遗迹，分别位居墓主的东、西、北三侧及南侧，东、西、北三侧各殉三人，南侧仅殉一人，多随葬小铜刀和加工过的陶片；另两个遗迹则为位居南侧殉人以南的两个器物箱。这些遗迹的设计思想仍然体现着一种独具特色的宇宙观"。

"古人以墓穴象征大地的历史与他们以墓顶表现天宇的传统一样悠久，这意味着钟离君柏墓的'亚'形墓室显然应该具有大地的象征意义。这种做法通过殷墟侯家庄商代王陵的'亚'形墓室形制已经反映得相当清楚。众所周知，盖天家对于宇宙的基本认识为天圆地方，然而尽管人们对于现实世界的观察可以很容易使他们产生天为圆形的认知，但地呈方形却绝对不可能来源于人们对于大地的直观感受。事实上，方形大地观的形成得益于古人的圭表致日活动，随着原始空间观念的发展，大地的形状才由最初人们认识的'亚'形而渐成方形，并最终完成了天圆地方理论的建构"。"《淮南子·天文》及汝阴侯太一九宫式盘地盘背面的空间图式，可以明显看出，所谓五位其实就是以二绳为中心的四钩以内的部分，这部分空间构成的图形正是'亚'形。显然，五位的图形实际乃是以二绳为基础而扩大形成的'亚'形"。"双墩新石器时代遗址出土陶器底部刻划图像提供了大量极具说服力的证据，近乎完整地表现了这些思想的发现过程。其中一些陶器仅刻有简单的'十'形图像，也即所谓'二绳'，而另一些图像则反映着从四方到五位的二绳不断积累的过程，这个过程既有简单的两个二绳图像的叠交积累，更反映出三个、四个甚至多至五个二绳图像的叠交积累，明确表现了二绳通过积绳成面而逐渐平面化的趋势。相关的证据在殷墟出土的商代青铜器图像上也有发现，侯家庄1400号大墓所见铜盘底部即铸有经二绳的叠交积累而使五方渐成五位的图像。在通过积累二绳而使五位形成之后，五位的四隅则势必留有四个矩形缺口，这便是'四钩'观念的由来。事实上，四钩廓划的空间所呈现的五位图即已构成所谓'亚'形，这个图形不仅成为汉字'亚'字字形的取象来源，而且由于其直接源自立表测影，因而体现了人们对于大地形状的基本认识。显然，由二绳'十'形扩大为五位'亚'形，其观念的发展过程是相当清晰的"。"双墩新石器时代的陶器刻划图像已经呈现出通过四钩的廓划或二绳的积累而完成的'亚'形。因此，这种以'亚'形为基本特征的大地观的建构事实上在七千年前早已被古人完成了。尽管'亚'形是通过二绳的积累而获得，但是这样的积累过程如果无限地重复下去，当然会使'亚'形四隅所缺的四角逐渐变小，并最终消失，从而使大地的形状由'亚'形变为正方形，这便是方形大地观的由来"。

"钟离君柏墓的墓室结构为在圆形的墓室范围内设计'亚'形的五位布局，其所体现的盖天宇宙观极为鲜明。'亚'形的五位结构以像大地，'亚'形所缺的四隅是为四钩，这个图像不仅与秦汉铜镜图像中所呈现的'亚'形五位与四钩的设计完全一致，甚至在双墩新石器时代陶器上也留有近乎相同的图像，其所体现的古代宇宙观一脉相承"。"钟离君柏墓墓室'亚'形大地的中央既体现了五位的中央，当然也反映着九宫的中央，这个位置在九州的体系中被称为'中土'，而钟离君柏安葬于此，不仅体现着居中治事的传统政治观，而且与其上布列形埒、八极遗迹的寓意也相呼应。《天文》所谓：'凡八极之云，是雨天下，八门之风，是节寒暑。八紘、八殥、八泽之云，以雨九州而和中土。'故墓中在'亚'形墓室之上设计形埒及八极遗迹，旨在使墓主所居之中土阴阳和、风雨调，这些思想又与墓上封土以五色土杂封所体现的观念若合符契"。

"钟离君柏墓墓室形制所呈现的五位'亚'形除以墓主人葬于五位的'中土'之外，五位的东、西、南、北四方还分别布列有其他遗迹。首先，这些遗迹的分布呈每方各有三坑，共十二坑。其次，十二随葬坑中以十坑殉葬十人，每坑一人；二坑随葬遗物。这种埋葬安排显然不可能是随意的作为，其所体现的一种一以贯之的宇宙观通过这种独特的设计形式完整地得到了展现"。

"'十二'作为法天之数已是古代先民的普遍认知，因为建构制度基础的历法体系即以一年分为十二月，这甚至使以往呈现的一系列考古学物证都具有了确实的意义。郑州大河村新石器时代陶钵彩绘的太阳都是十二个，二里头青铜钺上绿松石镶嵌的记时甲'字也是十二个，金沙遗址出土太阳四鸟金箔饰中的太阳光芒同样是十二个。这些证据不仅使我们可以放心地追溯出古代先民以十二象征一年十二月的历数传统，而且也直接涉及十二支的起源。准此，钟离君柏墓十二个随葬坑具有一年十二月的象征意义应是明显的"。

"由于中国传统的时空关系表现为空间决定时间，因此在四季形成以后，东、南、西、北四方便不仅具有方位的意义，也应具有春、夏、秋、冬四时的意义。西汉景帝阳陵之'罗经石'遗址即以中央之二绳正定四方，而遗址适为方形，每方各辟三阶，即是这种传统的反映。另据新郪出夫人嬬鼎铭文可知，春秋晚期的历法已经形成将一年分为四季，每季各辖孟、仲、季三月的季节体系。显然，钟离君柏墓五位'亚'形墓室于五位之四方每方各具三个随葬坑的设计，无疑体现了一年十二月均分四季、每季各辖三月的文化内涵"。

"古历以十二月配十二支，这是地支系统的体现。而十二坑中又以十坑殉葬十人，应为十干系统的象征。传统以由二绳的平面化所形成的五位'亚'形空间配伍十天干，即呈东方甲乙、南方丙丁、西方庚辛、北方壬癸、中央戊己，而在四维添加于五位'亚'形之后，由于四钩可以视为中央逐渐向外扩张的结果，所以戊己既配中央，也兼四维。《太玄·太玄数》：'三八为木，为东方；四九为金，为西方；二七为火，为南方；一六为水，为北方；五五为土，为中央，为四维。'而汉代式盘于这一观念也呈现得十分清楚，这些思想应该就是《淮南子·原道》所谓'经营四隅，还反于枢'。我们曾经指出，公元前第四千纪中叶的西水坡宗教祭祀遗迹即以四个殉人作为分至四神的象征，这意味着古代的殉人制度除体现墓主人身份的尊崇之外，恐怕还应具有某种宗教的意义。这使我们可以从一个新的角度去看待钟离君柏墓位于五位'亚'形四方的十具殉人，他们的性质很可能与西水坡象征分至四神的四子一样体现着一种文化的象征意义，这便是配伍五位的十干"。

"与双墩钟离君柏墓比较分析的重要资料，如凤阳卞庄一号墓为钟离君柏之子。父子两代钟离墓殉人不仅同为十人，分置四方，而且同样随葬小铜刀和陶片，证明其具有共同的象征意义。山东莒南大店镇所见春秋晚期一、二号墓各殉十人，其中二号墓主即为莒国国君兹平公。这种以小国之君的身份随葬十人的葬制与钟离国君墓的情形完全相同。这意味着这些以十人殉葬的做法不仅并非出于巧合，而且应该体现着相同的寓意。很明显，钟离墓以位处四方的十位殉人象征十天干，以十二坑象征十二地支，这种作为历数基本要素的'日'的完善不仅构建了阴阳合历的完整的历法体系，即以干支相配所呈现之'日'、以十二月所呈现之'朔'以及以四时所呈现之'气'，而且这种以阳性的天干与阴性的地支的配伍，也使五位的'中土'必然呈现出阴阳和合而生的景象，这当然暗喻着墓主灵魂的永生。事实上，这种设计思想与墓上五色封土所具有的文化内涵彼此呼应，展现了一种墓主人灵魂不死而往来天地的宗教追求"（冯时：《上古宇宙观的考古学研究——安徽蚌埠双墩春秋钟离君柏墓解读》见本报告第十三章第一篇）。

第三节　钟离与钟离国

钟离，地名，位于淮河中游地区，今安徽省凤阳县境内。关于钟离地名的由来不详（凤阳县地方志编纂委员会：《凤阳县志》，方志出版社，1999 年）。

钟离：《史记·秦本纪》载太史公曰："秦之先为嬴姓。其后分封，以国为姓，有徐氏、郯氏、莒氏、终黎氏、运奄氏、菟裘氏、将梁氏、黄氏、江氏、修鱼氏、白冥氏、蜚廉氏、秦氏。""集解"引徐广曰："《世本》作'钟离'。应劭曰：'《氏姓注》之有终黎者为是。'"《史记·伍子胥列传》"索隐"云："《系（世）本》谓之'终黎'，嬴姓之国。"《元和姓纂》卷一："终利，嬴姓，与秦同祖。"又说："钟离，《世本》云：与秦同祖，嬴姓也。"《元丰九域志》卷五、《太平寰宇记》卷一二八，及《路史》卷二五都说钟离为徐之别封。

可见"钟离"别写甚多，有终犁、终利、终黎等称谓。近年考古发掘春秋时期钟离国墓葬，其中出土铜器铭文有"童丽君柏……"等字样。《玺汇》0279 有楚钤"童刅京钤"，据刘信芳先生考证即"童丽京钤"，也即"钟离亭钤"。在安徽凤阳钟离城故址，当地农民曾发现汉代"钟离丞印"封泥。看来"钟离"可能是秦汉以后写法，先秦时则作"童鹿"，写为"童丽"（陈立柱：《钟离国史稽考》见本报告第十三章第三篇）。

据胡长春先生关于凤阳卞庄一号墓铭文"钟离"的考证认为："钟离曾经是伯州犁仕楚的食采"。伯州犁是钟离敖的后代（胡长春：《钟离氏始祖"宋襄公母弟敖"新证暨"鸷鸷佳佳"释义的再探讨》《考古与文物》2009 年第 3 期，109～112 页）。

钟离城，又称钟离国城、东古城、东鲁城、霸王城等，在今凤阳县府城镇东北 12 千米处。钟离国城，因该城为春秋时钟离方国都城故名；东古城，是由于其在后来州县治东的俗称；东鲁城，乃是误为三国鲁肃所筑而得名；霸王城，据说西楚霸王项羽自垓下败走乌江，从数百骑夜驰渡淮经此，率将士连夜筑之，显系误传。

钟离城始建于何时，目前见到最早的文献记载：《左传》：周简王元年（公元前 585 年），"鲁成公、吴寿梦、会与钟离"，可见在此之前就有钟离城。春秋吴楚越争疆之时，钟离属吴期间，为谋楚国，吴人北上，齐鲁晋南下，曾多次会聚于此。开创吴通中国、晋会吴、以诸侯大夫为会之始。楚国攻取钟离后，吴国的卑梁（今安徽省天长县境内）和楚国的钟离，曾因小童争桑，引起两国举兵相伐。足见钟离城邑的重要。

据文献史料和考古资料，钟离城最晚建于春秋时期，其城池一直延续到汉、唐。唐高祖武德年间，钟离县治移至钟离城西濠州城，历经 1400 余年左右。在钟离古城址内有大量的文化堆积层，出土较多的春秋战国至汉唐时期的文化遗物等。在城墙南发现大面积的汉代城址，说明钟离城在汉代得到较大的发展以超出古城的范围。目前在钟离古城周边历年基本建设中发现多处与该城池有直接关系的墓葬群，除 1991 年和 2007 年在大东关和卞庄两个墓群中发现两座钟离国贵族墓葬外，还有大量的周代至汉唐时期以及近现代墓葬。这不仅证明钟离国的存在及其延续发展的历史，更重要的是证实钟离古城这个地方在淮河中下游地区所具有的政治、经济、文化、军事上中心的重要地位。

钟离古城的具体位置在今凤阳县临淮镇东 1.5 千米，板桥镇古城村李二庄自然村北，在那里有保存较好的钟离古城遗址，是安徽省重点文物保护单位。钟离古城平面基本呈正方形，东西长 360 米，南北略长为 380 米。目前城垣均已坍塌呈高垄状，多数城垣残存高度 3 米左右，四角城垣高达 5 米。城垣底基宽 18 米左右，顶部残宽 6 米，城垣表面为农耕田。在城垣四方中间对称分布四个城门遗址，城门宽 5 米左右。在城垣外有断续可见的护城河，河口宽 20 多米，护城河大多被淤平或平整（安徽省文物考古研究所 凤阳县文物管理所：《凤阳大东关与卞庄》，科学出版社，2010 年 8 月）。

钟离国，在历史文献上没有专门的记载，属于历史资料匮乏的诸多小国家之一。因此，对钟离国的来龙去脉以及始建国于何时无考。凤阳县志认为：由"山东曲阜附近的嬴姓钟离（一作终黎）氏族南迁于此定居，逐步演变成一个国家。春秋时（一说周时）以姓为国封为钟离子国"，等等。至于钟离国的始建年代，应该与钟离城的始建有直接的关联，不会晚于春秋早期。

历史文献有关钟离国的零星记载：《左传》，周简王元年（公元前 585 年）"鲁成公、吴寿梦，会于钟离"；周简王十年（公元前 576 年），十一月，鲁成公"会吴于钟离，始通吴也"；周景王七年（前 538 年）冬，昭公四年"楚箴尹宜咎城钟离以备吴"；周敬王二年（公元前 518 年）钟离被吴王僚所灭，属吴；公元前 473 年，越国北上，灭吴国，占有吴国全部领土。接着以兵渡淮，与齐、晋诸国会于徐州，把原来吴占楚有的钟离等地，又还与楚，等等。《左传》记载有关钟离国的历史前后只有 68 年（公元前 585～公元前 518 年）。历史文献大多是记载历史上重要事件时提到钟离国，为顺带式记述，不能反映真实的钟离国历史。其实际始建国的历史应比《左传》记载的（公元前 585 年）

要早。在当时周室衰微，诸侯争霸的政治环境中，各国筑城自卫是普遍现象，钟离方国当然不会例外。钟离建国似与建城同时或稍早。

总之，钟离国地处淮河中游，春秋时曾雄起一方："克楚师"，"夺徐人"，"获飞龙"，位居江淮，其历史似贯穿整个春秋时期。由于钟离国的地理位置十分重要，一直是吴楚争霸江淮地区的重点对象，受到楚国和吴国的争夺或控制，也是齐鲁徐南侵江淮的重点小国家和地区，最后在大国兼并战争中亡国。战国初期，越灭吴，钟离属于越，之后越以淮上地与楚。自此，钟离再次入楚，并一直持续到战国末年。

第十一章 结 语

继 20 世纪 80 年代后期（1987 年）由国家文物局设立的"苏鲁豫皖先秦考古学文化研究"重点课题开展以来，位于淮河中游地区的安徽省，在蚌埠市双墩村境内发掘的钟离君柏墓葬是继同一地点双墩新石器时代遗址发掘之后又一次重大考古新发现，是安徽省目前经过科学发掘的一座与此课题研究有密切关系的墓葬考古之一，为该课题研究提供了重要考古新资料新成果。更重要的是发现了春秋时期淮夷中心地区钟离国君的考古新资料，提出了钟离国考古新课题。

90 年代在蚌埠市双墩村新石器时代遗址发掘时调查认定的双墩村内两座大封土堆墓葬是一个神奇般的发现。对位于北侧的一号墓葬发掘保护也是一个偶然机遇。该墓葬 2005 年被盗未遂，由蚌埠市政府主动提出发掘保护得到各级领导、专家的大力支持和国家文物局的批准。经过跨三个年头 20 多个月的艰辛发掘与保护，揭露出一个又一个神奇的考古现象，最终揭开了"钟离君柏"墓葬的神秘面纱，结出了绚丽的果实，取得重大考古新收获。

该墓葬规模宏大，地面上有高大的馒头状封土堆，罕见的圆形墓坑，五色混合封、填土，封土下的白土垫层，填土中构建"放射线、土丘、土偶、土偶墙"等复杂的遗迹现象，十字形墓底埋葬布局，众多殉人和丰富的青铜器与彩陶器等随葬品。完整地揭示出了一个钟离国丰富的历史文化内涵和深奥特殊的埋葬习俗，其多层复杂的遗迹现象渊源可以上溯到同地距今 7300 年前的双墩文化（刻划符号）之中。是至今墓葬考古从未见过的埋葬形态，它承上启下创造性地浓缩了淮河流域人类几千年以来的历史精华。这座墓葬的发掘是一次重大考古新发现，给考古工作者和学术界带来新的震撼和思考。

该墓葬所牵涉的相关问题已在第十章中进行综合讨论，下面就该墓葬主人、墓葬年代和墓葬价值意义等三个方面谈点初步看法，不足之处敬请勘误。

第一节 墓葬主人

90 年代初在对双墩村两座高大土堆考察时，发现土堆为五花土结构，五花土内含有白土颗粒，被认为是西汉墓葬，1998 年 8 月 25 日公布为蚌埠市重点文物保护单位。通过 2006 至 2008 年对双墩村中的一号墓发掘才明确该墓葬的时代为春秋时期钟离国王陵墓。

在墓葬考古发掘中，特别是大墓葬的发掘，确定墓葬主人是一个特别重要的议题，是研究墓葬发掘材料的基础。否则，只能通过与其他墓葬考古材料进行比较来推测或判断墓主人的社会阶层地位，而不能知道其真正的属性，这样往往就会出现公说公有理，婆说婆有理的现象。蚌埠双墩一号春秋墓的主人在历史文献和地方志中均没有记载，考古发掘过程中也没有找到答案，而是在室内清理出土青铜器中发现了大量的关于该墓葬属性的铭文，才弄清楚双墩村一号墓是钟离国的国君"柏"的墓葬。

从该墓葬规模大，结构复杂，文化遗迹、遗存丰富等方面就已经能够显示出墓葬主人具有显赫的身份和地位，发掘期间曾经推测其是一座诸侯王等级的墓葬。这里值得一提的是，我们在发掘过程中，曾经有些专家产生过：这个复杂的圆形大坑的性质，是祭祀坑还是墓葬的疑问，这一点就充分说明这座大墓的新颖和规模非同一般。

2007 年恰逢蚌埠双墩墓发掘停工建防雨大棚期间，我们在凤阳县卞庄基建工地清理一座与其相同规模小得多的圆形墓葬，出土青铜镈钟上发现"孙钟离公柏之季子康"等墓葬属性的铭文。这不仅为解决正在发掘中的蚌埠双墩一号春秋墓葬的属性问题提供了佐证，同时也给蚌埠双墩墓发掘和整理研究找准了方向。

在对蚌埠双墩一号墓葬的出土器物清理修复中发现带铭文的青铜器有钮钟、戈、戟、簠等。在这些铭文中绝大多数是关于墓葬主人铸器的记载，其中 9 件青铜钮钟正面正部均铭为："唯王正月初吉丁亥童鹿（钟离）君柏作其行钟童鹿之金"；其次是在两件大的青铜簠内底两面均铭为："唯王正月初吉丁亥童鹿君柏择其吉金作其食簠"；在两件小的青铜簠内底部有一件细线浅刻铭为"柏之簠"；在一件青铜戟的戈胡部刻铭："童鹿公柏之用戟"等。上述铭文内容证明，该墓葬的属性是钟离国，其墓葬主人是"童鹿君柏"，即周代春秋时期位于淮河中游地区钟离国的国君"柏"的墓葬。

关于墓葬主人"钟离君柏"的个人信息，目前在历史文献上没有查到记载，对他（柏）的身世尚不清楚。通过在发掘现场对其尚保存的牙齿进行年龄鉴定得知，其死亡年龄大约在 40 岁左右。不过，有两条墓葬考古资料可以相互印证和对照：一是，凤阳县卞庄"钟离康"的墓葬，这座墓葬出土的五件青铜镈钟铭文连读为："佳（惟）正月初吉丁亥，余□（敖?）毕（厥）于（士?）之孙童丽公柏之季子康，罜（择）其吉金，自乍（作）和（和）钟之鎀（?），穆穆迡迡，柏之季康是良，台（以）从我师行，台（以）乐我甫（父）毁（兄），其眉寿无置（疆），子子孙孙永賷（保）是堂（尚）"。铭文中有"余敖厥于之孙童鹿公柏之季子康"，证明蚌埠双墩墓主人"童鹿君柏"是"敖厥士之孙"，"季子康"之父，即"季子康"是"童鹿君柏"的小儿子，两座墓葬主人之间是父子关系。从两座墓葬的结构规模看与其国君，特权重臣的两人身份相匹配，即蚌埠墓的规模宏大而卞庄墓的规模相对较小（安徽省文物考古研究所，凤阳县文物管理所编著：《凤阳大东关与卞庄》，科学出版社，2010 年 8 月）。（刘信芳、阚绪杭、周群：《安徽凤阳县卞庄一号墓出土镈钟铭文初探》《考古与文物》2009 年第 3 期，102～108 页，《凤阳大东关与卞庄》附录二。阚绪杭、周群、孙祥宽、唐更生：《凤阳卞庄 M1 镈钟铭文"童鹿"即"钟离"初识》2008 年纪念安徽省文物考古研究所成立 50 周年论文集《道远集》；《蚌埠学院学报》2009 年第 2 期）。

二是，1980 年 9 月舒城县九里墩发掘的一座规模较大的墓葬，在一件圆形青铜鼓座外围上下发现两圈铭文，这些铭文多数字迹锈蚀不清楚，至今尚难以全部释读。其中上圈铭文前段根据多家学者释读为："唯正月初吉庚午，余敖厥于之玄孙童鹿公鱼，择其吉金，玄镠钝吕，自作兇鼓。……"（铭文似显示"敖"是钟离氏追溯最早的始祖辈）。此铭证明舒城九里墩墓是"玄孙童鹿公鱼"的墓葬。由此，目前已经发现舒城九里墩、凤阳下庄、蚌埠双墩三座已经发掘的墓葬属性，都是钟离国王侯的墓葬，其墓葬主人均是敖的后代，"钟离公柏"是"敖"的孙辈，"钟离公鱼"是"敖"的玄孙辈，也就是说"柏"与"鱼"之间还差着辈分，如"重孙、曾孙"等，究竟这两代钟离君或公之间间隔多少代多少年在这里还看不清楚。他们之间的世系关系为："敖"→"……"→"钟离君柏"→"孙钟离公柏之季子康"→"……"→"玄孙钟离公鱼"。

由上述得知，"敖"的后代"柏"是目前知道的最早的一代钟离国的国君，死亡年龄 40 岁左右，陵墓被安葬在东距钟离城 30 多千米之外的淮河北岸 3 千米的一个高地上，并有一个小儿子名"康"是钟离国权贵，"钟离康"死后被安葬在钟离城北侧 1 千米的淮河岸边。还知道"敖"的"玄孙钟离公鱼"死后被安葬在距钟离城南 200 余千米的杭埠河北岸（今舒城县城东 4 千米处）。从"钟离君柏"的死亡年龄和随葬大量的兵器以及随葬青铜盒内残留物为伤药看，似乎死于战争负伤不治有关，其寝地选择似跟风水有关。其小儿子"康"的年龄因骨骼腐烂不清楚，死后似被安葬在钟离城附近的莘地里。而"钟离公鱼"死亡与寝地的选择似跟战争或迁徙有关，因为该墓葬出土青铜鼓座上圈有"公克楚师"、下圈有"公获飞龙"等记事铭文。（安徽省文物工作队：《安徽舒城九里墩春秋墓》，《考古学报》1982 年第 2 期，229～242 页；何琳仪：《九里墩鼓座铭文新释》，《出土文献研究》第 3 辑，67～73 页，中华书局 1998 年；殷涤非：《九里墩墓的青铜鼓座》，《古文字研究》第十四辑，27～43 页，中华书局 1986 年）。

该墓葬在 15 件青铜器上发现有 17 条铭文，这些铭文的内容多有重复或相同，主要是铭记墓主人的名字和吉祥语以及器物名称等，其中有两件徐国兵器铭文涉及战争记事内容值得重视。标本 BSM1∶47 戈上有原铸铭和后刻铭两条铭文，其胡部竖刻两行铭文，右行为"徐人"两字，左行为"童鹿公获（夺）"四字。按照竖行惯例应从右往左读为："徐人童鹿公柏获（夺）"，这样读似语义不通。从这件戈的胡部刻字情况看，并非是顺着右往左刻，右边"徐人"两字似因为戈的胡部比较窄短，一行刻不下才不得已将"徐人"两字另刻右侧的。因此，这条铭文应从左往右读为："童鹿公柏获（夺）徐人"，这样读语义才通。这条铭文牵涉到"徐人"与"钟离君柏"的一场战争因果关系，均是记载钟离君柏取得一次胜利的战争，并获（夺）得了这件"戈"刻铭记功。在这件戈的内部末端部位发现原铸铭文"徐子白司此之元戈"，说明这件戈的确是"钟离君柏"在与徐国"白司此"的一场战争中缴获得战利品。同时还在 M1∶382 青铜戟戈的胡部也发现原有铸铭："徐王（容？）取吉金自作其元用戈"，说明这件徐人的兵器也是钟离君柏在战争中缴获的战利品并随葬墓中的。关于钟离君柏与徐国的战争发生在什么时间和具体情况目前尚未见文献记载。

关于这两件徐国兵器铭文的考释。孔令远先生考证认为："47 号戈两面分别铸、刻铭文：内部铸铭为：'余子白取此之元戈'；胡部刻铭为：'钟离公柏获徐人'。382 号戈铸有铭文，'余子容巨此自作其元戈'。从这两件青铜戈铭文推测'徐子容巨此'与'徐子白取此'为同一人，'巨、取、居'读音相近，'此'为夷人姓名之尾音。原先为所铸自用之戈，钟离公柏缴获后在 47 号戈上新刻铭文记事"。

"徐子容巨此或为《礼记·檀弓下》中所记载的容居。邾娄考公之丧，徐君使容居来吊含。顾炎武《日知录·卷六》注：'考公隐公益之曾孙，考或为定'。按隐公当鲁哀公之时，传至曾孙考公其去春秋已远。而鲁昭公三十年，吴灭徐。徐子章羽奔楚，楚沈尹戌帅师救徐，弗及，遂城夷，使徐子处之。是已失国而为寓公，其尚能行王礼于邻国乎？定公在鲁文宣之时，作定为是"。

"这两件徐王容居戈应为春秋时期的器物，这从实物上证实了郑玄和顾炎武的推断，纠正了《礼记》中记载的错误，即容居所吊唁的实为邾定公，而不是邾娄考公。在邾定公去世时，即公元前573年，容居尚未成为徐王。从这两件铜戈铭文看，容居后来继承了徐国王位"。

"这两件铜戈铭文材料揭示出钟离公柏时，钟离国与徐国之间有过战争，钟离曾取得过胜利，并俘获徐人。也可理解此戈获自徐人，钟离公柏刻铭庆功"。

"1980 年 9 月在舒城县九里墩发掘的一座春秋钟离国公鱼墓葬，出土器物中青铜鼓座铭文中有：'获飞龙'，应是获舒龙，《春秋·僖公三年》中记载徐人取舒，则舒龙或为徐人部族"。

"这两件徐王容居戈与九里墩鼓座铭文均分别反映出两代钟离公与徐国、群舒的争斗，可见钟离当时在淮河流域曾具有一支与徐、群舒旗鼓相当的势力，甚至有时还曾占过上风"（孔令远等：《"徐王容居"戈铭文考释》，本报告第十三章第六篇）。

胡长春先生考证认为：382 号戈胡部铸铭有："徐王容取吉金自作其元用戈"；47 号戈两面均有铭文：一为内末部铸有"徐子白司此之元戈"；一为胡部后刻铭为："钟离公柏夺徐人"（均参考董珊先生的意见）。

382 号戈铭称'徐王'，很可能是春秋早期的兵器，有些字模糊不清，隶定时据文例加以推测而定，但铭文"徐王容"三字清晰，"容"和"宗"二字在语音上相通应无问题，是否是《新唐书·宰相世系表》中"复封其子宗为徐子"的"宗"呢？还有待更多材料的佐证。

47 号戈铭称'徐子'，很可能是春秋晚期的兵器。铭文"余（徐）子白（伯）司（佁）此之元戈"清晰可见。从传世文献的"徐子章禹"和出土器铭"徐王义楚"来看，称"王"称"子"无别，"伯"为排行，如此，此位徐王的名即是"司（佁）此"。

47 号戈胡部有刻铭："钟离公柏夺徐人"，记载了一次徐与钟离的战争，钟离公柏胜，并缴夺此戈，因而刻铭文纪念，以示荣耀。

徐王夏后氏封之于徐，至偃王三十二世，为周所灭，复封其子宗为徐子。由此可以大致将"司（佁）此"排列在春秋晚期的徐王名字中考虑，或许是已发现的四位春秋晚期徐王中的一位，或许是新发现的又一位徐王的名字。

通过诸多铭文句例分析考证，笔者认为："司（佁）"即"訇"，"訇"、"訇"为一字，同为徐王"訇（佁）此"专名，由此，"司（佁）此"戈与"徐王义楚耑铭文中'永保訇身'"为一人。

訇即邾（徐）王义（仪）楚，訇、訇（佁）此、义楚为一人之不同名号（胡长春等：《"徐王义楚耑永保訇身"新解及钟离君柏墓的年代推定》，本报告第十三章第七篇）。

综上所述，孔令远和胡长春两位先生对两件徐国兵器的铭文考释有所不同。

孔令远先生认为"徐子容巨此"与"徐子白取此"为同一人。在邾定公去世时，即公元前573年，容居去吊唁尚未成为徐王。从这两件铜戈铭文看，容居后来继承了徐国王位。

胡长春先生认为：徐国先封王后封子，推测"徐王容"戈早于"徐子白司此"戈，并考证"司此"即"徐王义楚"另一个名字。

总之，钟离君柏墓出土的两件徐国兵器铭文为春秋时期徐国和钟离国提供了新的历史实物资料。其一，铭文涉及地处淮河中游地区的钟离与徐国之间的一次战争，这次战争钟离公柏取胜，并获取了这两件兵器。其二，铭文涉及"容巨、白司此"是一个或两个徐王的名字，这是文献所未见的"徐王、徐子"名，为徐国世系增添了新史料。

第二节 墓葬年代

考古资料显示，在淮河流域和江淮地区考古发现一批春秋至战国时期的墓葬，相当于蚌埠双墩墓 M1 级别的墓葬也有不少，有的规模之大，随葬品之丰富，与蚌埠双墩墓 M1 比较有过之而无不及，为解决蚌埠双墩墓葬 M1 的年代提供了丰富的比较材料。下面从墓葬的形制特征，器物对比，铭文年代考证和炭 C14 年代测定等方面进行对比分析，为该墓葬提供年代参考。

一、墓葬结构年代

我们知道墓葬形制随着时代的不同而有所变化，其中土坑墓葬延续的时间最长，是人类墓葬的主要形制，至今仍在流行。蚌埠双墩一号墓葬属于有封土堆的土坑竖穴墓，其圆形的墓坑结构极为特殊，是至今墓葬考古从未见过的土坑墓葬形制。

单从带封土堆土坑墓来判断该墓葬的年代跨度太大，因为至东周以来在长江以北地区已经开始兴建这种有封土堆类型的墓葬。该墓葬的封土堆可以为其提供一个最早的年代上限，即东周时期。

该墓葬的圆形墓坑形制与至今考古发现的长方形或方形的土坑墓截然不同，没有可比性，与其相同的墓坑仅见同一地区凤阳卞庄墓 M1，因此，就其圆形墓坑形制来判断它的年代比较困难，必须有佐证材料。

庆幸的是在蚌埠双墩墓 M1 与凤阳卞庄墓 M1 出土青铜器中均发现"钟离"铭文，据文献记载，"钟离"是春秋时期淮河中游的一个方国，首次解决了这两座圆形土坑墓葬的钟离国属性问题。由此，该墓葬是这个地区发现最早大型有封土堆结构的圆形土坑竖穴墓，其特殊的圆形墓坑形制是钟离国在淮河中游地区创建的一种新的土坑墓葬类型，具有地区、国别和时代的双重标尺性。

该墓葬墓室南部有一个专门放置随葬品的南郭室，这种放置随葬品椁室与主棺椁室分开构建的布局比较少见，具有典型的个性特征。蚌埠双墩墓 M1 主椁室与器物椁室是分开独立的，两者中间还有一个殉葬人小木棺相隔，三者之间均有一定的距离，与其相同的布局还有卞庄墓 M1。考古发现的春秋至战国早期的土坑木椁墓中多有外藏箱或外藏椁，这种外藏箱或外藏椁室并没有与主椁室分开而是相套叠或相连的。如：江苏邳州九女墩徐国墓葬 M2、M3、M6 有类似的布局，但都与主室套叠或相连，有的还与殉人同室（M3）。还有舒城九里墩墓、寿县蔡侯墓和楚王墓等。战国时期墓葬的随葬品主要是放置在椁室内或少见的外藏箱内，如：潜山县公山岗战国墓群中的 M27，为中型长方形土坑木椁墓，在主椁外连接着一个器物箱（见：安徽省文物考古研究所：《潜山县公山岗战国墓群发掘报告》，《考古学报》，2002 年第 1 期）。河南新蔡葛陵楚墓为大型近方形土坑木椁墓，在主椁两侧各连接着一个器物箱（河南省文物考古研究所：《新蔡葛陵楚墓》，大象出版社，2003 年）。西汉时期土坑木椁墓葬的随葬器物主要是放置在内椁室和外藏椁内。如：六安双墩汉墓 M1 为大型土坑木椁墓、江苏盱眙马坝大云山汉墓 M1 为大型土坑木椁墓等，均在"黄肠题凑奏"椁室外附有相连的外藏椁室，里面放置随葬品（见：安徽省文物考古研究所、安徽省六安市文物局：《安徽六安双墩一号汉墓发掘简报》，《文物研究》17 期，科学出版社，2010 年 9 月。南京博物院考古所于 2009 至 2010 年发掘的"江苏盱眙马坝大云山一号汉墓"）。

上述说明不同时代的土坑木椁墓的主椁室与随葬品椁室布局之间存在一定的不同，基本情况是同室或套叠或相连的椁室，分开的仅见钟离国圆形土坑木椁墓中。这也就是说在春秋战国时期以棺椁套叠的形式为主，也有少数分开或相连的器物椁室。蚌埠双墩墓 M1 和凤阳卞庄 M1 两座钟离国墓葬主椁室与随葬品椁室分开的埋葬布局具有时代的创新性形式特征，是春秋时期圆形土坑墓建筑的时代标志。

二、墓葬器物年代

大型墓葬考古希望有纪年和墓主等方面文字的发现，为研究墓葬的属性和年代提供有效的帮助。但是，考古证明大部分墓葬是没有文字发现的，那就只能依据出土器物来与相关墓葬材料对比作出判断。蚌埠双墩墓 M1 虽然发现了较多的铭文材料，这些铭文确定了该墓葬的时代、属性和墓主人，给整理研究指明了方向。但是，确定它的具体年代尚感欠缺多多，在这里以其器物与相关墓葬器物之间进行一些比较，以期达到更接近的年代判断。

该墓葬器物种类丰富多彩，有青铜器、彩陶器、陶器、石器、漆木器、玉器等器类，这些器类为比较奠定了基础。但是，仅从器类上比较显然是不行的，因为这些器类从春秋一直延续到战国，其年代跨度比较大，无济于要解决墓葬的具体年代。蚌埠双墩墓 M1 出土的器物组合与器形或可为解决这个年代问题提供一些参考。如：青铜器组合与器形为：容器鼎、豆、盃、簠、罍、盘、匜、甗、盒；乐器编钟；兵器戟、戈、矛、镞、剑；车马器车䡅、马衔、车饰件；工具：刀、斧、镰。陶器有彩陶器罐、陶罐、几何印文陶罐、盆；石器有石磬、磨石；漆木器均腐烂仅存漆皮，器形似有箱、盒、盘和金箔饰件等。该墓葬的这些器物组合和器形提供了一个年代范围，根据考古资料这些器物组合和器形主要见于春秋中晚期至战国早期阶段的墓葬中。如：凤阳大东关墓 M1 和卞庄墓 M1、舒城九里墩墓、寿县蔡侯墓、邳州九女墩墓群、河南侯古堆墓、湖北曾侯乙墓等。

蚌埠双墩墓 M1 和凤阳卞庄墓 M1 为同地区钟离国墓葬，不仅墓葬结构相同，其器物组合和形制也相同。相同的器形有青铜附耳鼎、粗柄镂空豆、分体甗、上甑下鼎、龙首流提梁盉、长方形宽壁簠、兽首匜、戈、矛、双翼镞、车马器、斧、钮钟、刻刀、相同字体与格式的铭文，还有大口分档陶鬲、彩陶罐等。还有一部分相同而略有区别的器物，如：石编磬蚌埠墓 M1 为龙首形而卞庄墓 M1 为素面，这种龙首形的石编磬并不多见；青铜罍蚌埠墓 M1 三足与附耳球形镂空饰和口部花瓣镂空罩附件，而卞庄墓 M1 为圈足有盖对称附耳，两者形制之间有明显的区别；还有些器物各自有之，如：蚌埠墓 M1 带翼三菱形、圆形镞、骨镞、立耳鼎在卞庄墓 M1 未见；卞庄墓 M1 镈钟在蚌埠墓 M1 中未见等；蚌埠墓 M1 浅腹盘与卞庄墓 M1 带镂空内盘的盘形兽足炉有一定的区别等。上述比较说明两座同为钟离国墓葬的器物组合和形制多数相同，少数异同，均为春秋中晚期墓葬，时代上不构成距离而年代上略有早晚，其年代顺序似为：蚌埠墓 M1→卞庄墓 M1。（安徽省文物考古研究所、凤阳县文物管理所：《凤阳大东关与卞庄》，科学出版社 2010 年 8 月；周群 唐更生等：《安徽凤阳卞庄一号春秋墓发掘简报》，《文物》2009 年 8 期）。

蚌埠双墩墓 M1 器物与舒城九里墩墓比较有一定的异同，其长方形墓坑与蚌埠双墩 M1 圆形墓坑结构迥然不同。舒城九里墩墓中青铜盖鼎、长方形宽壁簠、圆体盉、双翼镞、Ⅰ 式、和Ⅳ式戈、斧、齿镰、车軎、马衔和石磬素面、漆木器合页等与蚌埠墓 M1 器物基本相同或器形略有区别。舒城九里墩墓有部分器物在蚌埠双墩墓 M1 中未见，如：敦、甬钟、鼓座、蔡侯戟、铲、车饰件等。蚌埠双墩墓 M1 青铜罍、立耳鼎、龙首提梁盉（蚌 M1：20）、粗柄镂空豆、彩陶罐等在舒城九里墩墓中未见。舒城九里墩墓青铜器上的蟠螭纹与蚌埠双墩墓 M1 青铜器上的蟠虺纹也有一定的区别。舒城九里墩墓葬发掘报告认为：该墓葬出土的自铭蔡侯戈的器物与春秋晚期的寿县蔡侯墓年代一致，这对确定九里墩墓葬的年代有重要的意义。青铜器铭文显示蚌埠双墩墓 M1 为"孙钟离君柏"，舒城九里墩墓为"玄孙钟离公鱼"。上述比较说明蚌埠双墩墓 M1 的绝对年代应早于舒城九里墩墓的年代。

关于舒城九里墩墓葬的属性，发掘报告认为是群舒墓葬，这个认识可能是基于墓葬所处的地理位置而言。20 世纪 50 年代以来群舒墓葬在安徽江淮地区和沿江地区多有发现，出土一批具有明显地域特征的青铜器器物群，例如：牺首鼎、铉鼎、汤鼎、牺首尊、龙耳尊、鋬手三足匜、曲柄盉和纹饰简朴等，这些器物特征被认为是西周至春秋时期群舒青铜器组合中的标型器。在群舒墓葬中至今还没有发现铭文，也没有编钟等乐器，兵器也很少发现。舒城九里墩墓中没有牺首鼎、铉鼎、汤鼎、牺首尊、龙耳尊、鋬手三足匜、曲柄盉等典型的群舒器物，其出土青铜盖鼎、簠、圆体盉、双翼镞、戈、斧、齿镰、车軎、马衔、敦、甬钟、鼓座、石磬和铭文等，显然与典型的舒器群有本质的不同，说明舒城九里墩墓不是群舒墓葬。依据九里墩墓出土器物中的一件造型奇特的圆形龙盘虎踞青铜鼓座，在鼓座的外围上下铸有两圈铭文，上圈 98 字，下圈 52 字，字多反书，锈蚀严重，铭文至今尚不能全部释读，但前面开始一句经多家考证为："唯正月初吉庚午，余厥于之玄孙钟离公鱼，择其吉金……"。由此，九里墩墓主人为"钟离公鱼"，是钟离国墓葬已无疑（安徽省文物工作队：《安徽舒城九里墩春秋墓》，《考古学报》，1982 年 2 期；殷涤非：《九里墩墓的青铜鼓座》，《古文字研究》第十四辑，中华书局，1986 年版；何琳仪：《九里墩鼓座铭文新释》，《出土文献研究》第三辑，中华书局，1998 年；张爱冰 张钟云：《江淮群舒青铜器研究的意义》，《中国文物报》，2011 年 3 月 4 日）。

蚌埠双墩墓 M1 器物与寿县蔡侯墓比较有明显的差异，其长方形墓坑与蚌埠双墩 M1 圆形墓坑结构不同。蔡侯墓的青铜器群种类和数量极其丰富精美，还有些自名青铜器，为青铜器定名和断代提供了标型器。蔡侯墓中有部分器物与蚌埠墓 M1 相同，如：方形宽壁簠、分体甗、存鼎缺甑、圆体形盉残件、兽首匜、漆木器合页、桥钮编钟、车軎、马衔、戈、斧和玉饰件、圆形和方形金箔饰件、海贝等。蔡侯墓中有部分器物与蚌埠双墩墓 M1 同名不同形，如：青铜豆豆盘为浅盘形和敦形，而蚌埠双墩墓 M1 豆为钵形；蔡侯墓盘圈足环耳，而蚌埠墓 M1 为三矮足环耳；蔡侯墓盉有一种方扁体方座形而蚌埠墓为圆体三足；青铜附耳盖鼎和敞口鼎在两座墓葬中均有出土。但是，蔡侯墓鼎均为高足外撇的盖鼎和于鼎以及无盖平底大口升鼎，这套比较典型的鼎属于战国时期楚式鼎而在蚌埠双墩墓 M1 中不见，蚌埠双墩墓 M1 鼎足均较之为矮，其中敞口立耳鼎蔡侯墓中未见。蔡侯墓还有部分楚式器物和具有个性特征的器物在蚌埠双墩墓 M1 中不见，如：青铜方座𣪘簋、鬲、甬钟、镈钟、敦、方壶、尊、方鑑、盥缶、奠缶、盆、鎛于等。上述比较两座墓葬器物之间有较多的不同，还有相当一部分楚式器物在蚌埠双墩墓 M1 中不见。蔡侯墓器物群表现出很大的进步性和创造性，而蚌埠墓器物群还保留着比较古朴的时代个性风格。特别是两座墓葬均发现较多的铭文，其字体有根本的不同，蔡侯墓铭文中有一部分字体为长体形，这种长体铭文字形已经接近小篆或汉隶。蔡侯墓发掘报告认为：寿县是公元前 493 年蔡昭侯二十六年避楚就吴所迁都的州来（下蔡），公元前 447 年灭于楚，仅 46 年时间。由于墓中出土吴王光鑑，吴王光在位 19 年，即蔡昭侯五年至二十三年。因此，这批蔡器不会早于蔡昭侯，暂定为春秋晚期之器。显然，蔡侯墓的年代比蚌埠双墩墓 M1 为晚。（安徽省文物管理委员会、安徽省博物馆：《寿县蔡侯墓出土遗物》，科学出版社，1956 年）。

　　蚌埠双墩墓 M1 器物与邳州九女墩徐国墓 M1 – M6 比较有一定的异同，其长方形墓坑与蚌埠 M1 圆形墓坑结构迥然不同。其中五座墓葬共出土青铜器、石器、陶器等器物 505 件，青铜器最多有鼎、鬲、豆、壶、尊、盘、编钟、甗、缶、剑、戈、镞、锯、削、车马器等，还有石编磬、玉饰件、陶罐、陶鬲、陶盆和印纹陶罐等。邳州九女墩五座墓葬出土器物组合和形制与蚌埠双墩墓 M1 多有雷同，除邳州墓 M3 与蚌埠双墩墓 M1 有一定的区别外，其他四座墓（M2、M4、M5、M6）与蚌埠墓多有相同器物，如：青铜有盖附耳鼎（邳 M2：73）、钮钟（邳 M2：6、邳 M3：11 – 19）、戈（邳 M2：115，邳 M3：97，邳 M4：1）、剑（邳 M3：93）、矛（邳 M2：118）、有柄刀（邳 M6PM1：3，邳 M6PG2：4，邳 M6PG3：1）、刻刀（邳 M6PM1：2）、斧（邳 M2：35）、锯镰（邳 M3：47）、车軎（邳 M3：116）、马衔（邳 M3：118）、铭文格式；砺石（邳 M6PM1：4）、陶罐（邳 M6：7）、陶砺片（邳 M6PM1：1，邳 M6：10）等。邳州九女墩墓器物与蚌埠双墩墓 M1 雷同的有镞（邳 M6：16 – 15）、车饰件（邳 M3：106、邳 M5：2、邳 M5：3）和陶罐（邳 M2：61、邳 M2：52）、印纹陶坛（瓮）（邳 M2PG3：1）、陶鬲（邳 M2：47、邳 M2：28 – 1、邳 M3：73、邳 M6PG2：1）及素面石磬（邳 M2：17）等。邳州九女墩墓群中的汤鼎（邳 M3：62）、兽首（牺首）鼎（邳 M3：41）、盆形鼎（邳 M3：35）、合形盖豆（邳 M3：54）、壶（邳 M3：64）、罐形缶（邳 M3：75）、尊（邳 M3：79）、深腹盆形盘（邳 M3：34）、甬钟（邳 M3：7 – 10）、桥钮平口镈钟（邳 M2：12）和折腹盘陶豆（邳 M2：31、邳 M6：2、邳 M2：49）、盘形豆（邳 M6：5）、陶釜（邳 M6：11）、陶钵（邳 M6：9）、扁体硬陶罐（邳 M2：86、邳 M2：94、邳 M3：40，68，71）等在蚌埠双墩墓 M1 中未见，而蚌埠双墩墓 M1 球形镂空附耳青铜罍、龙首提梁盉、无盖立耳鼎、兽首匜、连体盒、金箔饰件等在邳州九女墓群中未见。由此，邳州九女墩五座墓出土器物有相当一部分与蚌埠双墩墓 M1 相同或雷同，还有一部分器物与蚌埠双墩墓 M1 存在区别或各自有之，这种雷同与差异似归属于两个不同区域的徐国与钟离国之间的器物特征。发掘报告认为邳州九女墩五座墓葬的年代为春秋中晚期，与蚌埠双墩墓的年代接近或相当。（南京博物院、徐州文化局、邳州市博物馆：《江苏邳州九女墩二号墩发掘简报》，《考古》，1999 年第 11 期；孔令远、陈永清：《江苏邳州市九女墩三号墓的发掘》，《考古》，2002 年第 5 期；徐州博物馆、邳州博物馆：《江苏邳州市九女墩春秋墓发掘简报》，《考古》，2003 年第 9 期；孔令远：《徐国的考古发现与研究》，中国文史出版社，2005 年 9 月）

　　蚌埠双墩墓 M1 器物与河南省固始侯古堆墓 M1 有一定的可比性，其近方形积沙石土坑墓相连着陪葬坑与蚌埠双墩 M1 圆形土坑墓内另设置南郭室结构有较大的区别。侯古堆墓 M1 外椁四周（西 5、北 4、东 1、南 1）殉葬 5 男 6 女 11 人，内外椁之间殉葬女性 6 人，一共殉葬 5 男 12 女计 18 人，年龄在 20 至 30 岁左右，仅 2 人 40 岁左右。殉葬人均有小木棺单独入殓之间有一定的间距，并有 10 个殉葬人分别随葬陶罐、陶纺轮、砺石和铜带勾、小刀等。内外椁东部空间较大随葬大量生活用具陶器。侯古堆墓 M1 有大量的殉葬人且布局比较规整，特别是墓主人位居墓室中间偏西，为 30 余岁女性，随葬大量玉饰和玉璧等礼器。由此，侯古堆墓 M1 主人与殉葬人布局等葬俗均与蚌埠双墩墓 M1 雷同。侯古堆 M1 陪葬坑木椁内随葬有 3 乘肩舆、2 匹马及车马器、6 架木瑟及漆木器、2 套镈钟和钮钟以及成套的礼器等。侯古堆墓主墓坑与随葬器物椁箱不同穴，之间相隔 13 米，这种特殊的埋葬布局少见，与蚌埠双墩墓 M1 在墓坑内分开设置随葬物椁室具有一定的可比性。这种随葬重器椁室与主棺椁室或墓室分开的个性埋葬布局是淮河流域钟离国葬俗的一个特点，或可是对历代盗墓贼的一种防范措施。

侯古堆墓 M1 随葬青铜器、漆木器、陶器、玉器等器物与蚌埠墓 M1 也有一定的可比性。如：侯古堆墓 M1 青铜器中的有盖附耳鼎、兽首盉、直壁宽折缘簠、兽首匜、环耳大盘形三足炉、钮钟、印纹陶瓷等器物与蚌埠双墩墓基本相同。有些器物在两座墓葬中相互有之或有一定的区别，如：蚌埠双墩墓 M1 的青铜立耳鼎、青铜镞、戈、矛、戟、剑和玉舂牙、石磬等器物在侯古堆墓 M1 中未见；侯古堆墓 M1 中的方形带盖豆与蚌埠双墩墓 M1 中的钵形粗柄镂空豆有较大的区别；青铜罍在两座墓葬中形制各不相同，侯古堆墓 M1 为罐形对称附耳贯环链，而蚌埠双墩墓 M1 为罐形四镂空龙形附耳口部有镂空罩。侯古堆墓 M1 中的陶豆、肩舆、木瑟、玉璧、玉璜等器物在蚌埠双墩墓 M1 中未见；蚌埠双墩墓 M1 中的陶鬲为素面，器身较高，袋足跟圆锥形与侯古堆墓 M1 粗绳纹扁身，袋足跟柱状有一定的区别。侯古堆墓 M1 发掘报告认为：侯古堆墓 M1 中的青铜器有一部分是在战争中获得的楚器，墓葬主人为吴王夫差的夫人，宋（国君）景公之妹勾（敔），其年代上限应是公元前 6 世纪末，即春秋末年。上述说明侯古堆墓的葬俗多与蚌埠双墩墓 M1 雷同，深受淮河中游地区钟离国传统葬俗文化的影响，其年代晚于蚌埠双墩墓 M1。（河南省文物考古研究所：《固始侯古堆一号墓》，大象出版社，2004 年）。

蚌埠墓 M1 器物与湖北擂鼓墩发掘一座曾侯乙墓有较大的差别，其不规则岩坑墓与蚌埠双墩墓 M1 圆形土坑墓不同。曾侯乙墓丰富的墓随葬品分置在四个椁室内，主棺椁位于东室与西椁室 21 具殉葬人木棺分置。曾侯乙墓器物数量种类繁多，有青铜器、漆木器、铅锡器、皮革、金、玉、石、竹、丝、麻、陶器等，这些不同质料的器物主要是乐、礼器、兵器、车马器、甲胄、生活用品、竹简等。与蚌埠双墩墓 M1 可比的主要是青铜器类器物尚有一定的共性，但是，两座墓葬之间的器形多有区别，相同的少。如：青铜簠和青铜匜在两座墓葬器形基本相同；曾侯乙墓出土青铜编钟 65 件，其有 19 件素面钮钟与蚌埠双墩墓 M1 中的纹饰铭文钮钟区别较大。曾侯乙墓青铜附耳大鼎、升鼎和环钮盖鼎与蚌埠双墩墓中的附耳盖鼎、立耳鼎完全不相同。曾侯乙墓中的分体甗为上甑下鬲，而蚌埠双墩墓 M1 为上甑下鼎，两者之间有鼎与鬲的不同。曾侯乙墓中的盖豆和盘豆与蚌埠双墩墓 M1 中的钵形豆也不相同。曾侯乙墓中的有簋、尊缶、壶、鉴缶、复杂附耳饰盘、大平底盖罐、小口吊鼎、盥缶，吊炭炉、熏等青铜器在蚌埠双墩墓 M1 不见。由此，曾侯乙墓器物群具有集大成的进步性，与蚌埠双墩墓之间存在很大差别，这种差别似属于不同的文化属性和不同的年代因素。曾侯乙墓发掘报告认为：其年代为战国早期，晚于蚌埠双墩墓 M1。（湖北省博物馆：《曾侯乙墓》，文物出版社，1989 年）

通过上述几座年代相近或不同的墓葬器物比较，为确定蚌埠双墩墓 M1 的年代提供了佐证，春秋至战国早期墓葬器物以青铜器为主，次为漆木器、陶器等，器物组合多为：容器、礼器、乐器、兵器、生活用具等，器形特征从早到晚呈逐步渐变的过程，并不断出现新器物，如：青铜鼎由矮蹄足立耳鼎与附耳盖鼎，逐渐变为高蹄足附耳盖鼎和升鼎等。豆由钵形盘与浅盘形逐步变为敦形有盖盘等。铭文字体晚期也出现了长体字等。彩陶器有仿铜器花纹而逐渐变为几何形纹饰等。由此，凤阳大东关墓 M1 和卞庄墓 M1 以及邳州九女墩墓群的器物特征与蚌埠墓 M1 更为接近，而舒城九里墩墓、寿县蔡侯墓、河南侯古堆墓、湖南曾侯乙墓均相对晚于蚌埠双墩墓 M1。由于上述墓葬目前还没有证据来确定它们的具体年代，故对蚌埠双墩墓 M1 的年代只能依据其本身和上述相关墓葬的推断年代来确定它的相对年代，大约在春秋中晚期。

三、铭文年代考

蚌埠双墩墓 M1 在钮钟、簠、戈、戟等青铜器上刻或铸铭文 20 余条，这些铭文的主要内容有：九件钮钟正部铭文相同，"唯王正月初吉丁亥童鹿（钟离）君柏作其行钟童鹿之金"；簠内底两面铭文也基本相同，"唯王正月初吉丁亥童鹿君柏择其吉金作其食簠"或"柏之簠"；戟戈胡部"童鹿公柏之用戟"等。这些铭文的内容多有重复或相同，大多数是关于墓葬主人铸器的记载，铭记墓主人的名字和吉祥语以及器物名称等。这些铭文中有"钟离"、"钟离君（公）柏"等国名和人名，为解决该墓葬的年代提供了重要的佐证和有价值的参考。但是，该墓葬所发现的铭文材料只能对照文献记载大体确定它是春秋时代，而不能考证出钟离国和墓葬主人钟离君柏的具体活动年代来。

结合文献有关钟离国的零星记载："钟离"是春秋时期淮河流域中游地区的一个小国家，起始年代文献没有专门记载。如：《左传》，周简王元年（公元前 585 年）"鲁成公、吴寿梦，会于钟离"；周简王十年（公元前 576 年），十一月，鲁成公"会吴于钟离，始通吴也"等等。

钟离君柏这个人的生卒年代无考，依据凤阳卞庄墓 M1 和舒城九里墩墓考古材料证明是敖的后代，钟离君柏是敖的孙子，卞庄墓 M1 钟离康是钟离君柏的季子，舒城九里墩墓是敖的玄孙。这几个材料均不能够佐证蚌埠双墩墓葬 M1 的具体年代。

值得重视的是该墓葬中随葬的两件徐国兵器，上面均刻铸徐国人名和器名，其中 M1∶47 戈原铸铭"徐子白司此之元戈"和后刻铭"童鹿公柏获（夺）徐人"两条铭文，戈铭记载钟离君柏在与徐国战争取得胜利并获这件胜利品。在 M1∶382 青铜戟戈的胡部原铸"徐王（容？）取吉金自作其元用戈"铭，说明这件兵器也是钟离君柏在战争中缴获徐国的战利品。通过对两件徐国兵器铭文中的"徐子白司此"和"徐王容巨"人物的活动年代考证，对佐证该墓葬的年代提供了参考。

孔令远先生考证认为"徐子容巨此"与"徐子白取此"为同一人。在邾定公去世时，即公元前 573 年，容居去吊唁尚未成为徐王。从这两件铜戈铭文看，容居后来继承了徐国王位。该墓葬的年代大约在公元前五、六世纪。据《左传·昭公二十四年》（公元前 518 年）是这两件戈年代下限。

胡长春先生考证认为"徐王容"和"徐子白司此"为两人，"徐王容"为"徐子宗"，"司此"为"徐王义楚"另一个名字。该墓葬的年代，当在义楚为王之后，即公元前 520 年至公元前 500 年之间。

总之，该墓葬青铜器上发现铭文中的钟离国和墓葬主人钟离君柏历史文献没有具体纪年内容，通过专家学者们对"钟离"、"徐子白司此"、"徐王容"等相关铭文内容间接考证，推测该墓葬的大体年代在公元前六世纪左右。

四、碳 C^{14}年代

该墓葬发掘中在墓坑内二层台土偶墙层面上发现几处火堆遗迹，火堆遗迹中含有较多的木炭颗粒，采集了三个木炭标本送中国社会科学院考古研究所碳 C^{14}实验室进行年代测定，三个年代数据如下，仅供研究者参考。

1. BSHM1：C^{14}1 距今 2653 + 27 年（公元前 707 + 27 年）；
2. BSHM1：C^{14}2 距今 2790 + 45 年（公元前 845 + 45 年）；
3. BSHM1：C^{14}3 距今 2790 + 60 年（公元前 845 + 60 年）。

以上三个数据年代：其中标本 BSHM1：C^{14}1 数据与估计的年代比较接近，而标本 BSHM1：C^{14}2 -和标本 BSHM1：C^{14}3 数据比估计的年代早。

通过以上诸多墓葬的形制特征，器物对比，铭文考证和碳 C^{14}年代测定等四方面的分析不难看出，其年代大约在春秋中晚期，对它的绝对年代目前尚缺乏足够的证据。或可依据墓中"钟离"铭文考证的年代上限（公元前 585 年）和木炭 BSHM1：C^{14}1 标本测定的数据距今 2653 ± 27 年来暂定，即该墓葬的具体年代似为距今 2600~2650 年左右。

第三节 价值与意义

蚌埠双墩墓 M1 发掘是我国考古史上又一次重大考古新发现，从地上的封土堆到墓坑内的填土层以及墓底的埋葬布局无一不体现特殊而罕见的特征。其墓葬建筑思想寓意深奥内涵丰富，它既传承了至少从双墩文化以来的地域性历史记忆又创造了墓葬结构新类型新模式，是一座不可多得地墓葬类的珍贵历史文化遗产。

该墓葬首次运用五种颜色的混合土，即红、黄、灰（青）、黑、白五色土来构筑墓葬封土堆和回填墓坑。这种"五色土"的创新理念是前无古人后无来者，据目前学者研究认为：其寓意似象征"普天之下莫非王土"的王权思想，等同表示方位的单色土思想，即东方青土、南方红土、西方白土、北方黑土、中间黄土。也有学者认为是表示时空概念的。

该墓葬是淮河流域地区最早构筑圆形封土堆墓葬之一，即始建于春秋时期。这种圆形封土堆的建筑理念似与封盖保护圆形墓坑的功能有关联。但是，这种圆形理念在该墓葬中除圆形封土堆和圆形墓坑外，还有"白土垫层"、"放射线"、"土丘"、"土偶墙"等更多的构筑形式，这些不同的圆形遗迹现象并非与墓葬建筑有功能上的关联，而是更多的显示出它的思想性，是要在墓葬中由上而下表示某些事项，这些遗迹是象征这些事项的载体。这些载体寓意奇特莫测，据目前学者研究认为：

这些圆形遗迹均与天空有关，都是表示天上和天地之间事项的。如：圆形封土堆、圆形墓坑、圆形白土垫层等是表示天圆地方的天空的象征载体；放射线遗迹是表示天空星座区位划分的，即象征天文的载体；土丘遗迹是形埒遗迹，表示天地之间界际的擎天柱象征载体。该墓葬为了表示或构建象征性事项而特意创造了"土偶"这个不速之客，用其来垒砌土偶墙遗迹。这种土偶墙的象征寓意比较深奥，据目前学者研究认为：一说是象征土黄肠题凑的载体；一说是象征"山缘遗迹"与"八极观念"的载体等。这些表示事项的象征性遗迹现象首次在墓葬中被揭示出来，其学术价值是不言而喻的，有待更多学者进行综合分析研究。

该墓葬在墓室中主人椁室居中，在其四周正方向殉葬 10 人和两厢式南郭室，构成"十字形"三三制墓底埋葬布局，这种正方向规律性的间隔布局现象，也是一种或两种以上事项的象征载体。据目前学者研究认为：十字形或亚字形都是表示方位的，是象征方形大地的载体。主椁室四方三三制构成十二数字和 10 个殉葬人是表示天地之间的时空概念的，是象征"天干地支"和"十二时节"的载体。这种墓底象征大地的十字形与墓上象征天空的圆形以及天地之间的界际现象，是一个完整天上人间社会缩影，它以创造性地实物建筑形式构建了一套视死如视生的新型葬俗思想体系。

该墓葬随葬品丰富而多彩，精美的青铜器、彩陶器等具有一定个性特征和时代性，其青铜环钮盖鼎、附耳鼎、立耳鼎、上甑下鼎甗、龙形球状镂空附耳及镂空罩罍、方形簠、钵形粗柄豆、龙形飞翎提梁盉、编钟、龙首石磬、彩陶罐等构成一套典型的春秋时代淮河中游地区钟离国器物群。特别是青铜器上 20 余条铭文的发现，首次为研究钟离国提供了实物资料。"钟离君柏"铭文的发现不仅解决了该墓葬的主人、属性，更进一步证明淮河流域钟离古国存在的历史事实。为研究钟离国的历史、钟离王室世系，淮河文化或淮夷文化提供了不可多得的珍贵考古新资料，起到了写史补史证史的重要作用。

该墓葬的发掘揭示了淮河流域钟离国墓葬独特而神秘的文化现象，其内涵丰富，寓意深刻，为探索古代丧葬史和墓葬类型学以及地域葬俗文化研究提供了新材料。其罕见的圆形墓坑结构和复杂的遗迹现象创造了墓葬新类型，为今后墓葬考古发掘提出了新课题，开阔了新视野。其成果对考古学、历史学、民族民俗学、天文学、宗教学、建筑学等学科和淮夷文化、东夷文化史研究具有重要的史料价值和历史意义。

总之，蚌埠双墩一号春秋墓的发掘原本认为是一座普通大墓葬的考古发掘，却揭示了大量的考古史上从未见过的文化现象。它不仅在形态上有所创新，还赋予了封土和填土以深奥的内涵，构建了多层复杂而神奇的遗迹现象，特别是创造了神话般的"土偶"物质文化遗存。该墓葬是一座神圣的墓葬建筑殿堂，是淮河流域钟离国或淮夷人的杰作，其创新建筑理念就像一个魔术师而不可思议，它的精神思想贯穿人类的发展史，跨越了中国 5000 年的文明，该墓葬的学术价值和历史意义无量，有待深入研究探讨应用。

第十二章　考古发掘与科学保护

该章节是本著作特意增加的相关内容，主要记述在蚌埠双墩一号春秋墓考古发掘与科学保护事例，以示后人了解，并为双墩钟离国君墓葬陵园中并列的二号墓葬考古提供参考。

第一节　考古发掘

考古发掘过程是考古学一个非常重要的基础研究过程，在这个过程中能否为下一步整理研究取得科学的实物资料至关重要。我们知道地下的文化遗存是千变万化的，谁也不知道古人会在这里给我们留下什么未知数。因此考古学者要认真对待每一次发掘，千万不要有挖开来看了再说的想法。由此，我们在对蚌埠双墩一号春秋墓发掘前进行了重点勘探调查，为制订详细的科学发掘工作方案提供依据，确保该墓葬发掘成功。

一、制订方案

双墩一号春秋墓发掘前地面上有高达 9.5 米的封土堆、其底部直径达 60 余米，这就给了我们一定的提示，如果这是墓葬则是一座大墓。为此，我们树立了挖大墓的思想，首先要摸清墓葬的保存情况，再制订翔实的发掘方案，确保发掘工作的顺利展开。

在正式发掘前，我们安排了河南洛阳钻探公司对该墓葬进行了细致的钻探，在为期一个半月的钻探过程中，虽然钻探提供的信息不多，最终在距封土顶部约 17 米深的墓底带出了陶片、铜器锈末、朱砂等文化遗物，确定了墓葬的大致保存情况。

根据钻探情况，我们制订了翔实的发掘方案。为了应对尤其是发掘大墓可能出现的各种情况，在方案中明确了组织领导、发掘的具体方法、时间安排、相关工作的分工及部门职责、发掘与保护经费预算及应急预案等内容。在组织保障上，蚌埠市成立了以市长任组长、十多个部门主要负责人为副组长的"蚌埠市双墩一号春秋墓发掘工作领导小组"，领导小组下设办公室。为了确保了发掘各项工作的顺利进行，方案中明确提出了建立发掘工作协调机制，就安全保卫工作、交通道路问题、后期保障及周边环境治理、出土文物的保护及宣传报道等进行了合理安排。

二、细心求证

在发掘的初期，我们对墓口以上的封土采取二分法下挖，对墓口以下的填土采取遗址、遗迹的发掘方法，即将墓坑分成四个探方逐层下挖填土，每层5~10厘米，这种解剖性的发掘使埋藏在封土、填土中的多层从未见过的遗迹现象被揭示出来，科学发掘细心求证起到了重要作用。

三、求得认同

随着该墓葬封土和填土中发掘进展不断发现重要的新的遗迹现象，我们及时调整发掘思路和方案，邀请更多的领导和专家莅临现场考察论证指导，帮助解决发掘中遇到的新问题（图版二六一至二六八）。

如"五色土"和"白土垫层"遗迹现象发现时，多方邀请各级领导和专家学者及时到发掘现场考察指导。但是这些遗迹现象在发掘过程中不可能全部或永久保留，为了使发掘工作继续进行，对圆形墓坑采取保护保存措施，对墓口外的白土垫层采取部分保留的办法，即在墓口的南北两侧分别留下了宽1.5米的白土层遗迹，为今后研究保存了实物依据。

在填土发掘中，第一个发现的是"放射线"遗迹现。为了弄清楚这一现象产生的过程，我们邀请中国社科院考古研究所冯时研究员莅临发掘现场考察指导。邀请安徽省考古研究所杨立新所长研究员和吴卫红研究员到发掘工地一起对这一现象进行分析、进行结构解剖及方位测量等详细的研究工作。

在"土偶与土丘"遗迹现象发现时，我们查阅了大量的资料，并请教了国内一些专家。如，张忠培先生亲临工地进行指导，在工地上，张先生进行了仔细地观察这些遗迹现象后认为：这个墓葬经过"精心设计、精心制作、精心施工"的一项工程。在此期间还将"土偶"出土现场照片发给中国天文馆武家壁研究员帮助分析研究等。

双墩一号春秋墓埋藏了很多珍贵文物，因为墓室坍塌，造成很多文物损坏和错乱，给文物提取和保护造成了很多困难。特别是粉碎连片的彩陶器保护更是需要很高的技术条件，如果不能认真对待，出土的很多器物将严重损毁无法修复。考虑到在器物的提取上有很多专业技术等问题急需解决，为了切实减少各类信息的丢失。通过国家文物局相关领导邀请国内一流文物保护专家，南京博物院文保中心奚三彩研究员、中国社科院考古研究所文保中心李存信研究员和陕西省考古研究院文保中心赵西晨研究员组成专家组莅临发掘现场考察制定文物保护提取方案。中国社科院考古研究所文保中心李存信研究员一直在发掘工地指导文物保护提取工作，并为保护修复制订方案。还邀请吉林大学朱虹教授、湖北省考古研究所周蜜博士、安徽省博物馆金学刚高级技工等专家到发掘现场考察指导帮助工作。

在发掘过程中多次邀请的国家文物局、省、市领导莅临发掘现场考察指导并给予大力支持和帮助。先后亲临发掘工地的领导有国家文物局单霁翔局长、童明康副局长；省政府任海深副省长和发改委、财政厅、建设厅等有关领导；文化厅杨果厅长、李修松副厅长及省文物局陈建国局长、李虹副局长，省考古所杨立新所长、宫希成副所长等；蚌埠市陈启涛市长、市委常委李壮常务副市长、市委常委宣传部江娅部长和朱惠权副市长，市文化局谢克林局长、朱梦珍副局长等多次亲临考古工地考察指导。还邀请国家文物局专家组组长黄经略、国家博物馆辛礼翔，北京大学考古学专家李伯谦、徐天进、张华成，安徽大学黄德宽、陆勤毅，中国科学技术大学王昌燧、张居中等专家教授先后亲临现场考察指导发掘研究工作。

在发掘工作结束后，我们迅速建立了修复整理工作室，并邀请了国内最优秀的文物修复专家，对这批出土文物进行多学科研究和修复，最大限度地保护了这些珍贵文物。

第二节　科学保护

随着社会文化发展进程的需求，对考古发掘现场和文化遗存保护是考古学科的重要新课题。蚌埠双墩一号春秋墓的发掘始终贯彻科学保护理念，对考古发掘中发现的重要文化遗存采取积极的保护措施并尽力保存，为今后研究展示陈列打下坚实地基础，得到国家、省、市各级领导、专家的一致认可和好评。

一、工地保护

该墓葬发掘区处于双墩村内，发掘过程中的安全存在一定的隐患。为了保证发掘工地安全和正常工作秩序不受环境影响，我们在发掘区外围建筑一周砖结构围墙，采取封闭式的发掘方式，并由公安部门安排了专职保安人员全天候守护。同时我们还建立门卫值班制度，进出工地实行通行证制度，避免了发掘过程中遭受的干扰，尤其是在清理墓底时，由于大量文物的出土，我们通过市政府调派了公安干警、武警并安排文化系统人员加强值班巡逻，从而确保发掘工地和出土文物的安全。

二、墓坑保护

根据发掘现场的具体情况跟进采取一些切实可行的保护措施。

1. 建大棚防雨保护

在安徽省政府和蚌埠市政府直接支持下，发掘期间为保护发掘现场建造了经久耐用的钢结构防雨大棚，不仅保障了考古发掘工作的顺利进行，而且为今后墓坑长期保护起到了很好的作用。

在墓坑发掘工作开始初期，我们在其上方搭建了简易的塑料防雨保护大棚。由于塑料大棚面积太大，加之梅雨季节大棚难以抵抗风雨而倒塌，造成发掘工作于5月底被迫暂停。省、市领导得知这一情况后十分重视，亲临发掘工地考察指导，确定由省、市共同出资建造经久耐用的钢结构防雨保护大棚，使得大棚建造工作顺利展开。11月中旬完成圈梁的安装，12月上旬完成整个大棚的建造工程。并安装避雷及照明电路，确保了考古发掘工作的顺利进行。

2. 墓坑加固保护

该墓坑发掘到地面下 3 米深的时候，开始出现地下水向墓坑渗透，由于地下水位太高，使得发掘工作无法进行，给继续向下发掘带来了困难。我们及时邀请工程部门研究制定排除墓坑地下水方案。确定在墓坑以外周围布 6 口井，井深 15 米左右，每天 24 小时不间断地抽水，使墓坑周围的地下水位保持在 10 米以下，确保墓坑底部以上填土干燥不渗水，使发掘工作得以继续进行。

在发掘到地下 5 米深左右，墓壁出现了局部塌方险情，并出现了继续扩大塌方的情况，如果不能得到有效的控制，将直接影响到墓坑保护和人身安全，也无法将墓葬发掘到底。这个特殊而罕见的圆形墓坑是一处很重要的古代文化遗存，极具保护价值，如果不能得到完好的保护，这个具有标本意义的墓坑将毁于一旦，我们将失去一个不可再生的珍贵文化资源。为了确保发掘工作继续进行并确保墓坑的完好，我们邀请工程部门现场考察制定保护墓坑方案，对墓坑壁进行了工程加固支护，采用了锚杆法进行保护，解决了墓坑保护的难题，使发掘工作又顺利进行。

三、遗物遗存保护

该墓葬发现了多种新的重要的遗迹现象和大量文化遗物，采取必要的发掘保护措施，在规划发掘保护措施的同时兼顾今后就地建馆展示，既要保住新发现的重要遗迹，又要建长久的保护建筑。

蚌埠双墩一号春秋墓是我国考古史上的一次重要新发现，其特殊的形制和多种独有的遗迹现象具有很重要的价值和意义。国家文物局对双墩一号春秋墓的发掘保护十分重视，安排了中国社会科学院考古所、南京博物院、吉林大学、陕西省考古所等专家到现场帮助研究文物提取、保护方案。

依照遗迹遗物现场应急处置的规范性实施办法，针对目前不同遗迹现象的出土情况，尽可能完整保护现有的考古信息资料，制定具备安全保障和易于实施的操作方案，取得发掘与保护圆满成功。

1. 主墓室遗存保护

在主棺椁之间和棺内随葬遗物取出后，对棺底部的腐朽遗存采取了保护措施。这些遗存主要是墓主骨骼痕迹、牙齿及大量的朱砂、棺木腐朽痕迹，我们对其实施了整体套箱起取。中间又从发掘工地转箱运至博物馆室内保存，使其处于良好的环境中得到长期有效的保护。

2. 殉人骨架保护

十座殉葬墓中的骨架均腐朽，总体保存情况尚好，肢体形状清晰，有的骨质感尚在，对其保护处置方法同样采取与主墓室相同的套箱提取方法。中间又从发掘工地转箱运至博物馆室内保存，使其处于良好的环境中得到长期有效的保护，在今后条件允许的前提下，对骨架实施合理的加固修复，使之能够以较完整的状态展示于公众面前。

3. 彩绘陶器保护

该墓葬器物箱内发现大量彩绘陶器，由于器物椁室盖板早期倒塌将这批彩陶器砸压粉碎，出土时相互叠压连成一片，器物与器物之间存在着难于分辨的情况。这批彩陶器的烧成火候较低，属于低温陶，长期处于饱水状态下，部分陶质已近似粉化无法提取。为能够使这批珍贵的彩陶器运回室内进行修复，根据工地现场条件，对连片彩绘陶器采取编号分割套箱整体提取的办法。

室内彩陶器的修复处理难度很大，在室内待陶片内部水分蒸发至相应程度再打开套箱，首先是对碎陶片和陶片上的彩绘颜料进行加固去污，提高陶片强度，尽最大可能显露彩绘部分的清晰程度。然后就地由小到大拼对碎陶片，经过近两年的时间全部将这批彩陶器修复，树立了一个非常典型的文物保护案例。

4. 腐烂漆皮保护

该墓葬在器物箱内随葬大量的漆木器，由于地下保存条件不好致使这批珍贵的漆木器全部腐烂碳化破碎，出土时为一层厚厚的相互叠压的黑色漆皮。从这些漆皮形状看多已无法辨认器形，只是有的地方似方形或圆形漆器的迹象，无法单独提取。为能够更好地成块提取这批漆皮遗存，我们对漆皮集中的地方采取套箱提取办法。但是，由于碳化的漆皮薄而脆，室内打开套箱已无法将其层层分开成块提取，这时一个急需要文物保护科研人员继续研究的课题。目前该墓葬的腐烂漆皮采用黏合剂提取的办法，保存了考古发现的基本信息。

5. 青铜器保护

该墓葬在主墓室和器物箱内随葬大量的青铜器，由于地下保存条件不好，出土时青铜器锈蚀严重，特别是器形比较大的青铜器因器物箱倒塌砸压严重破碎。为能够全部修复保存这批珍贵的青铜器，根据发掘现场实际条件，采取分个提取单独包装的办法。由于这批青铜器锈蚀和大件器物破碎变形严重，给室内保护修复带来难度极大。在两年多的时间里几位高级技工师傅采用了整形、焊接、粘对、补配等复杂的苏式修复方式完成了全部青铜器物的修复，为保护修复严重锈蚀和破碎变形的青铜器树立了又一个典型的范例。

6. 动物骨骼保护

该墓葬在南椁室单独设置一个随葬大量猪、牛、羊的动物箱，由于地下保存条件不好，出土时全部腐烂仅存厚厚的骨骼腐朽层。虽然表面尚能看出骨骼的形状，但是已经无法区分开来单独提取。为保护这一重要遗存信息，采取整体套箱提取的办法，中间又从发掘工地转箱运至博物馆室内保存，使其能够长期有效的保存，在今后条件允许的前提下，对骨架实施合理的加固修复，使之能够以较完整的状态展示于公众面前。

蚌埠双墩一号春秋墓的考古过程，较好地体现了正确处理发掘研究与科学保护的关系。我们在该墓葬发掘中几乎是全方位的制定了发掘研究和科学保护的方案，圆满地完成预期目标。在具体日常工作中，一方面做好发掘研究的资料搜集记录和出土器物的保护及提取。另一方面做好对罕见的圆形墓坑加固保护，做好深井抽排墓坑地下渗水，使墓坑内干燥达到和满足发掘的条件。做到了根据文字图表和影像资料记录以及保存下来的文化遗存完全可以进行原墓复原，重新展现于公众面前。在现有条件下，利用已有的维护大棚将考古发掘工地建成为一个文物展示景点，应该不会是很难的事情，这在过去的考古发掘中是从未做过的。以上工作的到位，确保了这次考古发掘工作的圆满成功，也为我们今后对大墓的发掘积累了宝贵的经验。

第三节　发掘给予的启示

　　本节主要讨论科学发掘研究与重要遗存保护的科学理念，他们之间是一个有机的整体，是相互依存的关系。考古发掘工作的整体性，确定了考古发掘与保护是手段，研究与展示是目的，其两者之间是一个不可分割的整体。

　　现代考古学在中国发展到今天取得了巨大的进步和发展，但是就目前的学科状况仍然跟不上社会发展的进程。随着我国经济建设及文化事业的发展，考古学科却在一些大型或特别重要的考古项目上处于被动的地位。如何完善考古学科，一直是考古学界思考的问题。蚌埠双墩一号春秋墓的发掘为探索田野考古学科发展方向做了一些有益的工作，使我们认识到发掘者认真严谨态度和整体科学理念的重要性，同时也给了我们一定的启迪。考古学是通过对遗迹现象进行考古发掘的过程和对取得的实物资料的整理来进行研究的一个学科，不仅达到"正史、补史、写史"的目，而且承担着"保护重要文化遗存"的职责，因而应将"重要文化遗存保护"纳入考古学科的范畴，这也是我们今后考古学科发展的方向。

　　由于所发掘的文化遗存是不可再生的历史遗产，因而我们应尽量避免把考古发掘获取实物资料的过程变成对文物造成破坏的过程，不能把考古研究与重要遗存保护这两项工作严格地割裂开来，特别是发掘对象中的不可移动遗存、破碎器物和遗迹现象一定要有发掘研究与保护的整体科学理念。如果在发掘过程中没有保护意识，遗迹现象保存不下来，那么考古学研究历史的作用就不仅大打折扣，而且有可能一旦出错就难以更改，这是因为研究工作在一个时期对一些事物的认识是不一致的，研究最基础的实物资料遗失就意味着研究基点的缺失，整个研究工作将变得毫无意义，所以考古发掘应尽可能全面地搜集资料和保护遗存。

　　目前，在实际工作中，存在着一些没有将考古发掘对象进行认真保护的情况，部分野外考古发掘只重视资料的收集而不重视遗存的保护，致使大量珍贵的不可移动的重要文化遗存在发掘过程或发掘后消失，也不重视破碎器物的保护和修复，致使大量的文化信息和实物资料流失。

　　当然，要求每一个考古项目都做到全面认真的发掘和保护是不容易的，主要是现实条件不具备，究其原因是多方面的，如：考古学科体系不健全的问题；项目负责人工作水平和能力的问题；学科与学者的创新问题；科学技术水平问题；主管部门和单位的管理问题；政府和领导支持的问题，经济建设和社会进程加速发展的问题，经费投入及保障的问题，更重要的是人们的思想认识不能到位的问题等等。这些问题也就要求我们考古学科要坚持科学理念和创新，努力适应社会发展，使考古学科在社会进程中不断地进步完善，这也是我们考古学科发展的信念、方向和宗旨。

　　蚌埠双墩一号春秋墓包括二号墓及双墩遗址的保护利用也面临着一定的问题。双墩一号墓、二号墓在严格意义上来说是在双墩遗址的保护范围内，在确定一号墓、二号墓的保护规划时需和双墩遗址的保护规划一并考虑，因而实施起来将是一个浩大的工程。虽然整体保护的科学理念在考古发掘过程中有了一定的体现，也打下了一定的基础，可要实施使其发挥作用还要有一个相当过程。

　　蚌埠双墩一号春秋墓发掘过程中出现了一系列考古学上第一次遇到的现象，墓葬埋藏丰富，价值之高，实为罕见，是蚌埠市不可多得的国家级文化品牌。我们希望各级政府及文物保护部门采取切实措施做好双墩墓葬及遗址的保护利用工作。可借鉴省内巢湖放王岗汉墓、阜阳曹氏家族墓、宿县汉画像石墓、马鞍山三国朱然墓等保护利用经验，将双墩遗址及墓葬建成一个中等规模的墓葬遗址博物馆，依据现有的遗迹实物做一些辅助模型，把很多遗迹现象复原展示出来，全面展示双墩一号墓和双墩遗址的文化内涵和意义，打造文化品牌，推动经济建设。使其成为安徽省为数不多的保护利用范例，扩大蚌埠市的城市影响，为蚌埠市经济和社会的可持续发展服务。

　　蚌埠双墩一号墓是一个让人惊奇的重要发现，随着发掘和研究工作的深入，它的价值和意义还将进一步展现在世人面前。我们有理由、有责任把它保护好，这也是文物部门和各级政府共同的责任。

钟离君柏墓

（中册）

安徽省文物考古研究所
蚌埠市博物馆 编著

主编 阚绪杭

文物出版社

第十三章　解读考证研究

上古宇宙观的考古学研究

——安徽蚌埠双墩春秋钟离君柏墓解读

冯　时[1]

安徽蚌埠双墩春秋钟离君柏墓的发现不仅为钟离国历史的研究提供了大量实物资料，更重要的是，其独特的墓葬形制完整地展现了上古宇宙观的丰富内涵。本文将考古资料与文献史料互为印证，揭示了墓葬自封土以至墓室的六层结构所具有的文化含义。以五色土遗迹以证月令思想，圆璧遗迹以论盖天观念，放射遗迹以明星象之象征，土丘遗迹以见形埒观念，山缘遗迹以示八极观念，"亚"形墓室以究宇宙观之发展。墓葬独特形制的设计旨在体现以祖配天的传统宗教观，体现了淮水流域古代文化的地域特色，并对邹衍学说的形成及《淮南子》宇宙观的传承产生了深刻影响。

一、绪　论

考古学是利用古人留弃的遗迹遗物重建古代社会历史的学科，由于相关的实物数据多属先民的物质遗存，因此作为古史研究的直接史料，考古学研究对于古代物质文化的探讨无疑提供了得天独厚的条件。然而就建构一部真实的古代历史而言，仅满足于人类物质文化历史的建设显然极不完整。理由很简单，人类社会的历史不仅包括物质文化的历史，而且也包括精神文化的历史。这意味着真正意义的考古学研究既要揭示古人的物质文化历史，同时也要通过这些物质遗存研究先民精神文化的历史。换句话说，我们不仅要关注古人是如何生活的，更要关注他们是如何思想的，这些思想可以概括为一种独具特色的传统宇宙观，涵盖了古代时空观、政治观、宗教观、祭祀观、礼仪制度、哲学观以及科学观。由于这些基本观念构筑了中国传统文化的核心内涵，因此，对于上古宇宙观的探索其实有着比一般物质文化的研究更为重要的意义，这当然是考古学研究不可或缺的工作。

利用考古数据重构上古宇宙观尽管十分困难，但是只要以坚实的文献数据作为基础，这个工作

1　中国社会科学院考古研究所研究员。

就不是不可能完成的。事实上，上古宇宙观的考古学研究几乎是解决上古形上思想问题的唯一途径，古人留弃的实物资料提供了大量丰富的形象物证，可以弥补文献史料之不足，而且其明确的时代性与地域性更为传世文献所不及。当然，文献史料的意义同样不容低估，考古遗存内涵的揭示如果没有相关文献的左证则势必流于玄想，以致降低了实物史料的应有价值。因此，将考古数据与文献史料彼此结合且相互印证，并在相应的制度背景与思想背景下分析研释，则是探讨上古宇宙观的有效方法。

　　钟离国是鲁昭公二十四年（公元前518年）灭于吴国的嬴姓小国①。安徽蚌埠双墩春秋钟离墓的发现（图一）②，为钟离国历史及上古宇宙观的研究提供了极为重要的资料。该墓（编号双墩一号春秋墓）出土铜鼎5件，铜瑚4件③，铜罍2件，铜豆2件，铜甗1件，铜盉1件，铜盒1件，铜勺2件，以及铜盘、匜各1件，并有铜钮钟9件，石磬12件，另见车马器、兵器、陶器、玉器、金箔饰件和贝饰。其中铜瑚（M1：376）铭云：

图一　钟离君柏墓封土

　　隹（唯）正月初吉丁亥，童（钟）丽（离）君柏簪（择）其吉金，乍（作）其飤匿（瑚）。

又钮钟（M1：1）铭云：

　　　　隹（唯）王正月初吉丁亥，童（钟）丽（离）君柏乍（作）其行钟，童（钟）丽（离）之金。

又铜戟（M1：47）铭云：

童（钟）丽（离）公柏之用戟。

故据铭文可知，此墓主人为钟离国君，名柏④。《周礼·春官·典命》："子男五命，其国家宫室车旗衣服礼仪皆以五为节。王之三公八命，其卿六命，其大夫四命，及其出封，皆加一等。"《礼记·王制》："小国之君不过五命。"钟离君柏墓出土五鼎四瑚，合于此制。又同墓所见钮钟9件、编磬12件，与山东莒南大店镇春秋2号墓所出相同。彼墓钟铭所记作器者为"莒叔之仲子平"，亦即其后尊为莒国国君的兹平公⑤，其与钟离君柏为小国之君身份相当。《周礼·春官·小胥》言古代乐悬之制云："王宫悬，诸侯轩悬，卿大夫判悬，士特悬。"钟离君柏墓出土编钟编磬各一套，适合"判悬"之制。然钟、磬实属"金石之乐"，据学者研究，享有此礼之春秋墓葬，中原之虢、郑、三晋及周仅约百分之一，楚墓则仅千分之二⑥，这种现象也与墓主身为国君的事实相合。

钟离君柏墓之价值除补足有关钟离古国的史料之外，更在于墓葬所呈现的繁复特异的形制。该墓圆形，自封土至墓室共呈六种不同的结构现象，各具内涵。墓上封土及墓内填土皆由青、白、赤、黑、黄五色土混合封筑填充（图二），封土下则为圆形墓口；墓口顶端为以白色细石英砂砌筑之圆璧形遗迹（图三）；圆璧遗迹之下为以五色填土构成的自中央圆区向外辐射的宽窄不等的放射土带（图四；图五）；此层之下则为沿墓坑周边连续堆筑的半圆形土丘遗迹（图六；图七；图八）；再下为以三至四层圆锥形"土偶"建筑的圆形遗迹（图九；图一〇）；最下则为"亚"形墓室（图一一）。这些遗迹完整而系统地体现了上古先民所具有的独特宇宙观，传达了对基于天文学而产生的传统时空观、政治观、宗教观、祭祀观、礼仪制度及哲学观的综合思考。现在我们通过考古学与文献学的

图二　钟离君柏墓五色封土及圆璧遗迹剖面

图三　钟离君柏墓圆璧遗迹复原

图四　钟离君柏墓放射遗迹

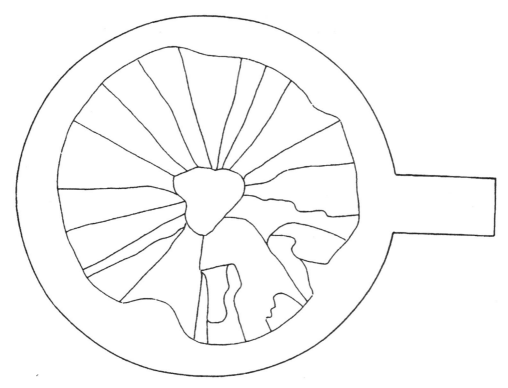

图五　钟离君柏墓放射遗迹示意图

图六　钟离君柏墓圆形墓坑及形坿遗迹鸟瞰

图七　钟离君柏墓形垱遗迹

图八　钟离君柏墓形垱遗迹分层细部

综合阐释，揭示钟离君柏墓诸遗迹的具体内涵及其所反映的朴素思想。

　　中国古代的墓葬制度始终恪守着一种传统，这就是通过墓穴的形制再现墓主生前所在的现实世界，从而以一种独特的宇宙观体现"事死如事生，事亡如事存"的精神追求。现实世界的基本存在就是天地，这种宇宙模式当然成为古代墓葬所要表现的基本内容。河南濮阳西水坡发现的属于公元前第四千纪中叶的仰韶时代墓葬[⑦]，其墓穴的设计呈现南圆北方（图一二），从而以传统的南天北地的观念表现盖天家所认识的天圆地方的宇宙模式[⑧]。这种对于古代宇宙观的平面表现，其意义显然旨在描述一种灵魂升天的宗教仪式[⑨]。然而在更多的墓葬当中，天地的形状却往往通过完整的立体模式而加以表现，如殷墟侯家庄1001号商代王陵，不仅墓室与椁室均呈"亚"形，同时椁室的地板也铺成"亚"形（图一三，1）[⑩]，以象大地，而与"亚"形大地相对的墓顶当然就是天宇；不啻如此，墓坑底部殉葬的九位殉人皆手持兵器（图一三，2），其中正中的殉人执大型石戈，其余八人则皆执铜戈，象征墓主的护卫侍从[⑪]。这种以武士戒卫而使墓主躯魄安葬于大地的观念在战国初年的曾侯乙墓中得

图九　钟离君柏墓八极遗迹

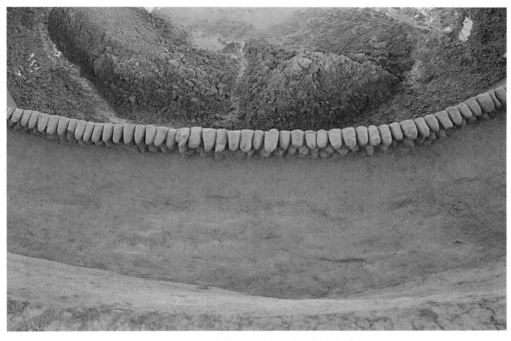

图一〇　钟离君柏墓八极遗迹细部

到了再现，墓主漆棺即绘出居室的门户，其间则绘有持戟守护的卫士（图一四）[⑫]，喻意显然也在以棺木所在的墓室象征大地。《史记·秦始皇本纪》载秦始皇陵"上具天文"，"下具地理"，而西汉以降的砖室墓普遍将墓顶筑为穹窿形状，墓室筑为方形，并于方形的墓室或筑门户，甚至汉画像石墓时见于石筑门户上刻有题记，径称墓室为"万世宅兆"[⑬]，而与大地相对的穹窿墓顶或更绘制星图，从而

图一一　钟离君柏墓"亚"形墓室（西向东）

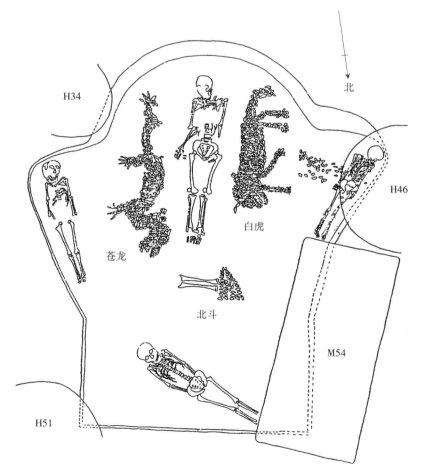

图一二　河南濮阳西水坡 45 号墓平面图

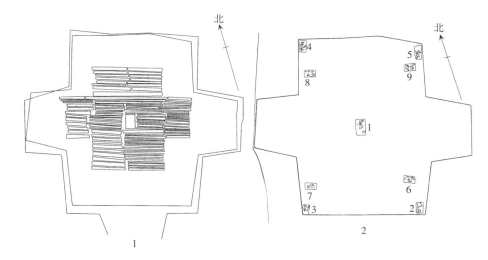

图一三　殷墟侯家庄 1001 号墓

1. "亚"形木室地板遗迹平面图　2. 墓坑底殉葬坑分布图

图一四　曾侯乙墓内棺图像

以立体的墓葬形式表现天圆地方的宇宙观念。这种通过墓葬形制而完成的宇宙模式从平面到立体的再现，无疑反映着古人对于天地宇宙的共同理解[14]，而钟离君柏墓特殊形制所具有的含义当然也应遵循这样的思路加以研求。

二、五色土遗迹与月令思想

钟离君柏墓墓上封土及墓中填土乃由青、赤、白、黑、黄五色土混合封筑填充（图二）。据发掘者介绍：

> 该墓的封土堆较大，呈馒头形，底径60、高9米，是目前在淮水流域所发现的时代最早的墓葬封土之一。封土中没有发现人工夯筑的迹象，其构建方式应为堆筑。值得注意的是，该墓的封土以及墓坑内填土与众不同，均为黄、灰（青）、黑、红、白等五色的颗粒状混合土。这五种颜色的土并非全部产自当地，如黑色土和白色土在当地就没有见到，可能需要从异地取运。

墓中独取五色土封填显然具有特殊的文化含义，其为完整地探索古代墓葬制度所体现的宇宙观问题提供了重要线索。

对五色封填土含义的解释存在两种思考的可能。首先，中国传统的方色理论表现为以五色配伍五方，具体做法即为东方青色、南方赤色、西方白色、北方黑色和中央黄色。这个方色理论的构建基础其实很简单，这就是中国大陆以中原黄土为中心所呈现的五方不同土色的自然地理事实，而人们一旦将这些源于自然地理的知识施用于礼制，便是天子大社的配土规制。《礼记·祭法》："王为群姓立社为大社。"孔颖达《正义》："大社在库门内之右，故《小宗伯》云『右社稷'。"《尚书·禹贡》："厥贡惟土五色。"伪孔《传》："王者封五色土为社。建诸侯，则各割其方色土与之，使立社，焘以黄土，苴以白茅。茅取其洁，黄取王者覆四方。"

大社之布土乃以五色土各依方位而设，呈现东方青土、南方赤土、西方白土、北方黑土、中央黄土的独特布局，以示天子享有天下之土，也即所谓"普天之下，莫非王土"之象征。而王于大社祈请，自也为天下苍生祈福。明代大社今犹存北京紫禁城右之社稷坛，坛上即呈五色土依方而布的形制，系皇帝为天下百姓祈福之所。而商代甲骨文已有"右社"之文[15]，可明大社之制渊源甚久。然大社之礼乃天子独享，不容移用于诸侯卿大夫社，故钟离君柏墓之封土填土以五色土杂封，不依方色布位，于形式上既不僭天子之礼，其喻意当然也不同于大社之礼旨。

五色土杂封之礼犹见于古封禅礼俗。《史记·封禅书》记汉武帝于元鼎中封禅泰山，"五色土益杂封"，是如祭天地之礼。古人封禅，目的即在致太平而告成功。出土新莽封天玉牒文云："万岁壹纪。……封鄯泰山，新室昌［炽］。"[16]其祈求国祚长久之愿了然可明。然告太平何以独取五色土杂封为礼？这种做法应该来源于古老的顺时施政的传统政令观，反映了古代天文学对于传统政治观的深刻影响。换句话说，封禅礼天旨在祈福祚长久，而这一愿望的实现只能仰赖于用事的顺天应时，这意味着五色土杂封实际是通过一种特别的封筑方式以表现传统天文观与政治观的结合，其于钟离君柏墓以封土的形式呈现，内涵显然也应与封禅礼的思想意蕴相同。因此，钟离君柏墓五色土杂封的做法虽与大社礼无关，又无涉封禅事，但其体现的由封禅礼所传达的祈福告成的传统时空观与政治观却十分清楚。

笔者曾经指出，中国传统的时空关系表现为空间决定时间[17]，人们要测得精确的时间，就必须首先测得精确的空间，这意味着作为空间的表述符号既可以表述方位，当然也可以用来表述时间。如表示空间的东、西、南、北四方不仅具有方位的意义，同时也含有由四方决定的二分二至的时间意义。中国传统时空观的这一特点使得作为时间基础的空间思想可以完成与时空关系有关的一切观念的配伍。准确地说，在传统的空间体系中，由子午、卯酉二绳交午所构成的五方由于适应着原始进位制的需要，当然表现着最基本的空间方位，而五方既可以与十日、五帝、五佐、五行、五虫、五音、五数、五味、五臭、五祀、五俎相互配合，当然更可以与体现空间本旨的方色相配。事实上，这些内容与其说更多地体现着空间的内涵，倒不如说更强烈地反映着以四时为本质的时间内涵。很明显，如果追溯五方的朴素表现形式，五色由于缘起于古人的自然地理知识，因而对于完整地表达方位思想，颜色便具有着较其他任何形式都更为质朴和直观的特点与优势。况且基于空间决定时间的独特传统，空间观念的本质其实并不仅仅在于表现方位，更在于表现时间，这使五色理所当然地成为传统时空思想的象征符号，这种做法甚至可以从公元前第三千纪中叶的红山文化时代系统地追溯出来[18]。因此，青、赤、白、黑不同颜色的喻义实际并非仅在标识四方，更在于暗喻由四方决定的二分二至四气以及春夏秋冬四时，而中黄的存在不仅使空间思想得到了完善，而且也意味着由这种完整而精确的空间所决定的时间同样完善。所以，五方色虽为空间之象征，但其所传达的文化内涵却远不止空间，更有由空间观念所决定的时间，这便是钟离墓五色封土填土含义的思想基础。

钟离君柏墓五色封土填土虽然具有时空的象征意义，但简单地表现时空却显然不是墓葬设计者所要传达的思想。如果我们以中国传统的政治制度为背景思考这一问题，那么很明显，这种以五色土象征时空的表现手法无疑意在强调一种独具特色的传统政令观。古人朴素的生产与生活实践使他们很容易认识到顺时应事的必要，并逐渐以这样的标准规范自己的行为，从而使传统的政令观发展为体现基于时空观的月令制度。这种月令思想不仅古老，而且由于中国传统天文学的官营特点，因此长期被统治者奉为治国的方略，对中国传统文化产生了深刻影响。

《礼记·月令》对于月令思想的记述相当完整。在月令体系中，四时不仅与五方相配属，体现了时间乃由空间决定的古老观念，而且五方除分配十日、五帝、五佐、五行、五虫、五音、五数、五味、五臭、五祀、五俎之外，更配以五色。内容择述如下：

> 春三月　天子居青阳，乘鸾路，驾仓龙，载青旗，衣青衣，服仓玉。
> 夏三月　天子居明堂，乘朱路，驾赤骝，载赤旗，衣朱衣，服赤玉。
> 中央　　天子居大庙大室，乘大路，驾黄骝，载黄旗，衣黄衣，服黄玉。
> 秋三月　天子居总章，乘戎路，驾白骆，载白旗，衣白衣，服白玉。
> 冬三月　天子居玄堂，乘玄路，驾铁骊，载玄旗，衣黑衣，服玄玉。

这些内容以天子之居、乘、驾、旗、服、玉皆应方色的做法以见顺合四时的施政原则。由于空间乃是时间的形成基础，故本诸空间的五色既象五方，更象四时。或者换句话说，时间的观念不仅可以通过方位来表达，而且也可以通过与方位拴系的颜色来表达。显然，钟离君柏墓五色土遗迹的基本内涵即是借五色以表现五方四时，从而传达月令岁时宜忌的古老制度。

《月令》以五方五色配伍四时，东方青色主春，南方赤色主夏，西方白色主秋，北方黑色主冬，而中央黄色配于季夏之末，且四时各月又分配十二律，详列每月宜忌，上及祭祀灾变，下至衣食住行，于社会生活的各个方面皆有严格之规定，宗旨则在体现用事施政顺应天时的政治思想。因此，月令思想的核心其实即在于顺时而立政，而《月令》除于时空数术主配四时以显示天人和谐之外，更列悖时行事以致阴阳失调之祸害。兹但举春三月之文以明之：

> 孟春行夏令，则风雨不时，草木蚤落，国时有恐；行秋令，则其民大疫，飙风暴雨总至，藜、莠、蓬并兴；行冬令，则水潦为败，雪霜大挚，首种不久。
>
> 仲春行秋令，则其国大水，寒气总至，寇戎来征；行冬令，则阳气不盛，麦乃不熟，民多相掠；行夏令，则国乃大旱，暖气早来，虫螟为害。
>
> 季春行冬令，则寒气时发，草木皆肃，国有大恐；行夏令，则民多疾疫，时雨不降，山陵不收；行秋令，则天多沈阴，淫雨蚤降，兵革并起。

这些思想于《淮南子·时则》中则有完整的传承。《淮南子·要略》云：

> 《时则》者，所以上因天时，下尽地力，据度行当，合诸人则，形十二节，以为法式，终而复始，转于无极，因循仿依，以知祸福，操舍开塞，各有龙忌，发号施令，以时教期，使君人者知所以从事。

又蔡邕《明堂月令论》云：

> 《月令》篇名因天时制人事，天子发号施令，祀神受职，每月异礼，故谓之《月令》，所以顺阴阳，奉四时，效气物，行王政也。成法俱备，各从时月藏之明堂，所以示承祖考神明，明不敢泄渎之义，故以明堂冠月令，以名其篇。

古人以为，顺时而施政用事则阴阳合，风雨调，国泰民安，否则将阴阳失调，风雨不时，国乱民贫。很明显，顺天时而施政令实际是古人追求的合于天地之道的神圣抉择，是关乎国家治乱的根本制度[19]，这便是《月令》所要传达的核心思想。钟离君柏墓以五色土混合封筑填充，借方位与时间的匹合以体现顺时施政的政治思想，这种特异的筑作形式显然具有为君者顺天时以用事的象征意义，况且这一做法也与墓主人尊为钟离国君的独特身份至为吻合。

《礼记》之成书虽在西汉，但其中各篇之撰作年代却多在先秦。《汉书·艺文志》载时见先秦古文《记》达五种二百余篇，是为小戴《记》所择取。此五种古文《记》有：

> 《记》百三十一篇 七十子后学者所记也。
> 《明堂阴阳》三十三篇 古明堂之遗事。
> 《王史氏》二十一篇 七十子后学者（师古曰："刘向《别录》云 六国时人也。"）

《乐记》二十三篇

《孔子三朝》七篇

诸《记》皆先秦古文旧籍，于汉尚存。今湖北荆门郭店楚墓所出及上海博物馆所藏战国楚竹书，其中之儒家文献多属此类[20]，乃二戴《记》编纂之原始材料。唐陆德明《经典释文·序录》引晋陈邵《周礼论序》始谓大戴删古《记》为八十五篇，小戴更删大戴为四十九篇，然班固、范晔皆无此言。《隋书·经籍志》袭陈氏之说，更以小戴删大戴之书为四十六篇，而《月令》、《明堂位》、《乐记》三篇为马融所足，其谬益甚。据郑玄《目录》，《月令》、《明堂位》、《乐记》三篇皆《别录》所有，不容马融所增；又孔颖达《礼记正义》引刘向《别录》云："《礼记》四十九篇，《乐记》第十九。"知本无四十六篇之数；况《后汉书·桥玄传》云："七世祖仁，着《礼记章句》四十九篇。"仁乃成帝时人，时已称四十九篇。故《隋志》之说无可信从，戴震、钱大昕、臧镛堂、陈寿祺、黄以周、梁启超等皆辨之甚详[21]，是明《月令》之作亦当先秦古文。

《月令》之著作年代，迄无定说。郑玄《目录》云："名曰《月令》者，以其记十二月政之所行也，本《吕氏春秋》十二月纪之首章也。以《礼》家好事抄合之。后人因题之名曰《礼记》，言周公所作。其中官名时事，多不合周法。此于《别录》属《明堂阴阳记》。"孔颖达《礼记正义》云：

> 此卷所出，解者不同，今且申郑旨释之。按吕不韦集诸儒士着为十二月纪，合十余万言，名为《吕氏春秋》，篇首皆有月令，与此文同，是一证也。又周无太尉，唯秦官有大尉，而此《月令》云"乃命大尉"，此是官名不合周法，二证也。又秦以十月建亥为岁首，而《月令》云"为来岁授朔日"，即是九月为岁终，十月为授朔，此是时不合周法，三证也。又周有六冕郊天，迎气则用大裘，乘玉辂，建大常日月之章，而《月令》服饰车旗并依时色，此是事不合周法，四证也。然按秦始皇十二年吕不韦死，十六年并天下，然后以十月为岁首，岁首用十月时，不韦已死十五年，而不韦不得以十月为正。又云《周书》先有《月令》，何得云不韦所造？又秦并天下立郡，何得云"诸侯"？又秦以好兵杀害，毒被天下，何能希德施惠，春不兴兵？既如此不同，郑必谓不韦作者，以《吕氏春秋》十二月纪正与此同，不过三五字别。且不韦集诸儒所作为一代大典，亦采择善言之事，遵立旧章，但秦自不能依行。

其驳郑极是。孙希旦《礼记集解》云：

> 陈氏祥道曰：天人之道虽殊，而象类之理则一。圣人将有行，将有为，仰观日月、星辰、霜露之变，俯察虫鱼、草木、鸟兽之化，不先时而起，不后时而缩，以之授民时而无不顺，因物性而无不适。此《尧典》若昊天以授民事，《周官》"正岁年以序事"之意。愚谓是篇虽祖述先王之遗，其中多杂秦制，又博采战国杂家之说，不可尽以三代之制通之。然其上察天时，下授民事，有唐、虞钦若之遗意。马融辈以为周公所作者固非，而柳子厚以为瞽史之语者亦过也。

所论近是。《月令》本属《明堂阴阳记》文，是为先秦古文，虽有秦人笔墨，但其思想体系之形成则远在战国以前。《尧典》开篇即言观象授时之制，《周易》干坤卦爻辞也言观象制度与顺时施政[22]，皆可明月令思想起源之远。而《月令》各月皆记日躔与昏旦中星，据历术推算，其乃东周之天象[23]。近出春秋晚期邚夫人孎鼎铭云"孟春在奎之际"，与《月令》仲春之月"日在奎"之天象表述全同，知楚历之孟春实当夏历之仲春[24]，可证《月令》天象之时代。《国语·楚语上》："教之令，使访物官。"韦昭《注》："令，谓先王之官法、时令也。"《国语·周语中》引《夏令》云："九月除道，十月成梁。"即此之类。而《月令》显亦时令之属，益明《月令》主体内容之形成当不晚于春秋。事实上，中国悠久的观象授时的历史早已为基于授时活动的政令观的建立奠定了基础，并造就了古代哲王法垂象以施化，顺其度以修德，去危就安，转祸为福的政治传统。

月令思想发展至东周时代，早已从一种根深蒂固的用事习惯转变为具有制度意义的政令传统，其思想之进益有序而清晰。古人追求的合于天地之道的行事规则显然源起于他们长期的生产实践。数罟不入洿池，鱼鳖则不可胜食；斧斤以时入山林，材木便不可胜用；而春搜、夏苗、秋狝、冬狩各有规矩，猎狩则无有绝期。这种顺时用事的做法在商代的甲骨文中即已见记载[25]，甚至在当时，其行事准则已经作为一种制度被固定了下来。显然这为东周时期月令制度的进一步完善建立了坚实的基础。

东周文献有关月令思想及其政令制度的记载相当丰富。《左传·成公十八年》："时用民，欲无犯时。"《左传·昭公七年》："政不可不慎也，务三而已，一曰择人，二曰因民，三曰从时。"《左传·昭公二十五年》："为政事，庸力行务，以从四时。"而于《管子》一书，相关之制度俯拾皆是。《管子·五行》："人与天调，然后天地之美生。"致《管子·幼官》、《四时》、《轻重己》等篇，则于月令思想之汇聚最为集中。《幼官》与《幼官图》以五色配伍五方四时为政令之基，颇存上古之政令制度。而《四时》对于月令思想之阐释不仅系统，也为《礼记》之相关篇章所不及。兹略举其文以明之：

> 管子曰：令有时，无时则必视顺天之所以来。……唯圣人知四时。不知四时，乃失国之基。不知五谷之故，国家乃路。故天曰信明，地曰信圣，四时曰正。……信明圣者，皆受天赏，使不能为惛。惛而忘也者，皆受天祸。……是故阴阳者，天地之大理也。四时者，阴阳之大径也。刑德者，四时之合也。刑德合于时则生福，诡则生祸。
>
> ……
>
> 北方曰月，其时曰冬，其气曰寒。寒生水与血，其德淳越，温怒周密。其事号令，修禁徙，民令静止，地乃不泄，断刑致罚，无赦有罪，以符阴气。大寒乃至，甲兵乃强，五谷乃熟，国家乃昌，四方乃备，此谓月德。月掌罚，罚为寒。冬行春政则泄，行夏政则雷，行秋政则旱。是故春凋、秋荣、冬雷、夏有霜雪，此皆气之贼也。刑德易节失次，则贼气遫至，贼气遫至，则国多蓄殃。是故圣王务时而寄政焉，作教而寄武焉，作祀而寄德焉。此三者，圣王所以合于天地之行也。

《通典》以为《月令》出于《管子》，此说虽未必确实，但《管子》对于月令思想的集中阐释却显示出对渊源有自的顺时立政的传统政令观的总结。《荀子·王霸》："则上不失天时，下不失地利，中得人和，而百事不废，是谓之政令行，风俗美。"《史记·太史公自序》："夫阴阳、四时、八位、十二度、二十四节各有教令，顺之者昌，逆之者不死则亡。未必然也，故曰『使人拘而多畏'。夫春生夏长，秋收冬藏，此天道之大经也，弗顺则无以为天下纲纪，故曰『四时之大顺，不可失也'。"显然，至东周时期依旧广为流行的顺时立政的观念，无疑为钟离君柏墓以五色土杂封象征为政者顺天应时的做法建构了坚实的思想背景。

三、圆璧遗迹与盖天观念

钟离君柏墓五色封土之下为以白色细石英砂砌筑的圆璧遗迹，嵌封于墓口顶部（图三；图七）。发掘者指出：

> 在封土堆底部发现一层白土垫层，构建于墓口外的生土之上，厚20～30厘米左右。此白土垫层的范围与封土堆底部大小基本一致，完整地清理出来后，从高空俯视，平面近似于玉璧形，即以白土垫层为肉，墓坑为好，非常壮观。……在挖建墓坑之前，先将选择好的基地整平，再在墓口外铺垫一层白土。

很明显，从中国传统墓葬形制具有以墓顶象征天宇的文化特点分析，圆璧遗迹的涵义显然应该具有天宇的象征意义。

中国古代的宇宙理论大致包括三种学说，即盖天说、浑天说和宣夜说。宣夜说属于一种无限宇宙的理论，难以借模型加以描述和表现，因而这一学说尽管更具有科学的意义，但充其量也仅停留在思辨的层面，以致其传承无法持久[⑳]。浑天说实即独特的天球理论，与古代墓葬所呈现的宇宙模式不合。而盖天说的理论核心则为天圆地方，其说起源甚久，且影响深远，成为古代墓葬再现天地宇宙所普遍采用的形式。由此观之，此墓的圆璧遗迹显然体现了盖天观的宇宙思想。

盖天说的宇宙图式称为"盖图"，盖图的核心部分则为表现一年十二个中气太阳周日视运动轨迹的"七衡六间图"，见载于《周髀算经》。"七衡六间图"为由七个同心圆组成的图形（图一五，1），其中内衡象征夏至日道，第四衡象征春秋分日道，外衡象征冬至日道。这三个同心圆由于是古代纪时制度的基础，因而构成了"七衡六间图"的主体。从这个意义上说，"七衡六间图"的基本图形其实就是表现二分二至日行轨迹的所谓"三衡图"（图一五，2）。这个图形所表现的三环，在中国古人的传统观念中被称为"三天"。长沙子弹库战国楚帛书言及分至四神"奠三天"、"奠四极"，意即分至四神测定二分二至[㉒]。从盖天家的角度讲，二分二至的日行轨迹其实就是以三个同心圆所呈现的"三天"。而相关的考古遗存则在属于公元前第四千纪中叶的西水坡宗教祭祀遗迹以及公元前第三千纪中叶的红山文化圜丘遗迹中均有存留[㉓]，而且相沿至明代天坛祭天圜丘等相关建筑之设计，概念一脉相承，足见这一思想形成历史之悠久。

《周礼·春官·大宗伯》："以苍璧礼天。"郑玄《注》："此礼天以冬至，谓天皇大帝，在北极者也。……礼神者必象其类。璧圜，象天。"贾公彦《疏》："明此苍璧礼天者，是冬至祭圜丘者也。"

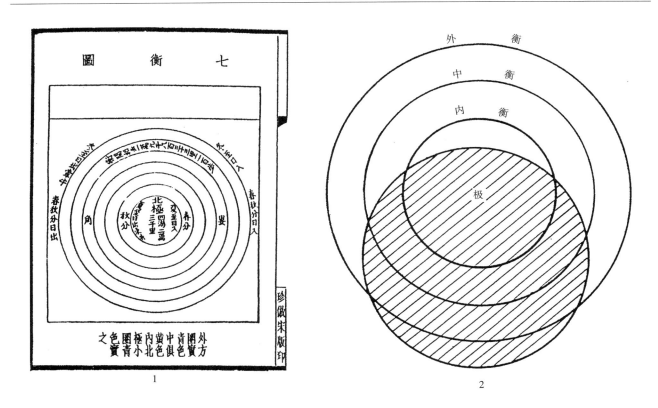

图一五　盖天图

1. 七衡六间图　2. 盖图（三衡部分为黄图画）

《周礼·春官·典瑞》："四圭有邸以祀天、旅上帝。"郑玄《注》引郑司农云："于中央为璧，圭着其四面，一玉俱成。"也以圆璧象天。很明显，根据古人的一贯做法，玉璧作为礼天之器，其器形必取自天之形状，而盖天家所认知的天即以三环为形，这不仅决定了祭天圜丘的设计形式，当然也成为玉璧形制取形的直接来源。安徽含山凌家滩新石器时代遗址出土属于公元前第三千纪中叶的玉璧即呈三环的造型（图一六）[29]，与"三衡图"的天宇图式完全相同。此璧并于四方的位置分钻四孔，以显示四方与分至四气的联系。这种独特的设计形式显然是二分二至日行轨迹所构成的三天思想的反映，甚至在汉代的玉璧遗物中，仍然可以感受到这种思想的影响（图一七）[30]。尽管更多的玉璧并不像上述实例那样通过对中环的镂空处理以展现三环，但在玉璧上雕绘纹饰同样可以显示三环甚至更多的圆环（图一八），这些重环的造型具有与"七衡六间图"或其简省形式的"三衡图"相同的含义应该毫无疑问。事实上，即使一件玉璧并没有任何装饰，那么圆形玉璧所呈现的内外两环的独特造型也至少可以视为二至日道的象征[31]。汉代玉璧时见与象征天极的凸耸的璇玑共同雕绘的作品（图一八，5）[32]，也可明玉璧象天的本质。因此，礼天玉璧的造型取象于盖天家的"七衡六间图"，或者这个图形的简省形式"三衡图"的事实应该很清楚，这种做法不仅体现着三天的古老思想，而且也反映了盖天家对于天宇形象的独特认识。

玉璧的形象既取象天圆，那么以其布设于墓顶而象征天宇便是实现以墓葬再现现实世界这种设计理念的自然选择。这个底蕴揭示之后，我们当然可以清楚地判断钟离君柏墓墓顶位置所布设的圆

图一六　安徽含山凌家滩新石器时代遗址出土三环玉璧（87T1207②:22）

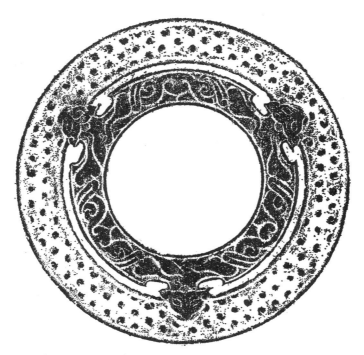

图一七　西汉南越王墓出土三环玉璧（D50 - 13）

璧遗迹的内涵，其应具有象征盖天家所认识的圆形天盖的意义十分明确，这种设计思想与晚世墓葬以穹隆形墓顶象征天盖的做法如出一辙。

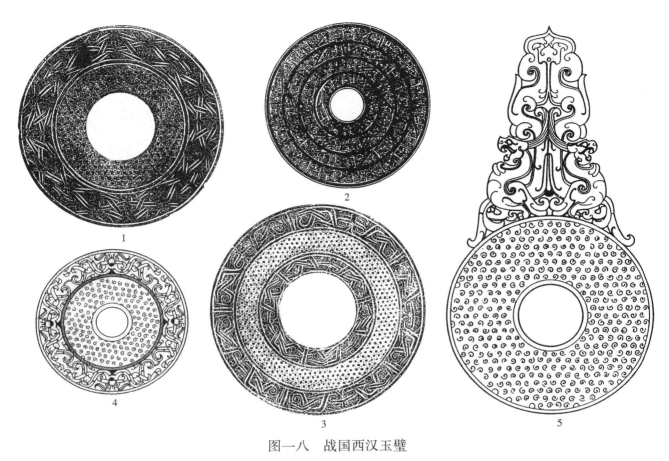

图一八　战国西汉玉璧

1. 战国三环玉璧（山东曲阜鲁国故城 M58 出土）　　2. 东周五环玉璧（陕西凤翔秦雍城遗址出土）

3. 西汉三环玉璧（湖北荆州汉墓出土）　　4. 战国四环玉璧（山东曲阜鲁国故城 M52 出土）

5. 西汉云气璇玑玉璧（河北满城 1 号墓出土）

四、放射遗迹与星象之象征

"七衡六间图"虽然是盖天家为说明太阳每日绕地运行（实际是地球自转）的几何图形，但它在盖图中却被称为"黄图画"，其实是一幅以北极为中心的星图。赵爽《周髀算经注》云：

> 黄图画者，黄道也。二十八宿列焉，日月星辰躔焉。

可知古人本在黄图画上绘有日月和二十八宿等星象，从而以圆形的黄图画表现布满星象的圆形天空。

如果取形于黄图画的圆璧遗迹具有天盖的象征的话，那么在这个象征性的天盖下方就应该布设星象。事实上，钟离君柏墓于象征天盖的圆璧遗迹之下计设有自中央圆形区域向外辐射的二十条宽窄不均的放射遗迹（图四；图五），其性质显然具有星象的象征意义。

发掘者指出：

在墓坑口以下 0.7 米深的填土层中，发现沿墓坑有一周宽约 2 米的深色填土带，围绕着中间的"放射线状"遗迹。这种"放射线状"遗迹是由深浅不同的五色填土构成，从中间向四周辐射，呈扇面状。放射线共有 20 条。

放射遗迹位于圆璧遗迹之下，从墓主人所在之墓室仰望，自中央圆形区域向外辐射的二十条放射遗迹正像是中宫及赤道带星官在以圆璧遗迹所象征的天盖上分出的不同天区，而这些不均匀天区的划分当然只能以星象所呈现的不同距度为标准。因此很明显，墓葬中央的圆形区域以及其外的二十条宽窄不同的放射遗迹虽然没有表现出星象的具体形象，但却具有着明确无误的星象的暗喻。

由于中国天文学重视北极的观测传统，古人对于恒星的观测主要集中在北斗所在的中宫天区以及沿赤道带分布的二十八宿。中国古代以盖图为基础绘制的星图，无不体现着这一特点。今日保存在苏州的南宋黄裳石刻星图，其天区的划分即以在北斗所在的中宫之外绘出通过二十八宿距星的二十八条呈放射状的经度线，从而使全天星图表现为二十八个不均匀的天区（图一九）。事实上，这种以经线分区的星图形式展现了中国古代全天星图绘制的固有传统。隋初庾季才等所绘星图"旁摘始分，甄表常度"[33]，即以贯穿二十八宿距星的经度线划分天区，显示出黄裳星图取法的来源。这些内容与钟离君柏墓圆璧形天盖之下呈现的中央圆形区域及其之外的二十个不均匀放射区域所表达的内容完全一致。显然，钟离君柏墓的相关遗迹尽管并未如黄裳星图那样布列具体的星象，但由这些星象所决定的天区的划分却相当清楚，因而无疑具有与黄裳星图相同的含义。

古人对于北斗的重视构建了以北极为中心的中宫天区，这一天区以观测者所在的地理纬度为半径构成"恒显圈"，古人称之为"内规"，也就是黄裳星图中央所绘刻的圆形天区。这些思想在中国历代的星图之中都保持得十分完整，而东汉蔡邕则对其有着准确的描述。《月令章句》卷上云：

> 天者，纯阳积刚，转运无穷，其体浑而包地。……其上中北偏出地三十六度，谓之北极星是也。……天左旋，出地上而西，入地下而东。其绕北极径七十二度常见不伏，官图内赤小规是也；绕南极七十二度常伏不见，图外赤大规是也。

蔡邕所说的"内赤小规"即是天中最内的以北极为中心的直径 72 度的小圆，它代表北纬 55 度有余的赤纬圈，其中的天区在北极附近，对约北纬 36 度的中原地区的观测者而言，这部分天区内的星象围绕北极的周日旋转总在地平以上，是为恒显的区域（图一九）。蔡邕虽然处在浑天家的立场上来描述天空，但它所记述的官图却是对早期盖图的进一步完善。马续作《汉书·天文志》曾云："天文在图籍昭昭可知者。"可见蔡氏的官图一定反映了其所继承的更早的星图的面貌。

官图上的内规与"七衡六间图"中的内衡虽然具有不同的意义，但官图的绘制却必须在盖图的基础上完成，因此二者的联系密不可分。从中国古代天文学重视北极的传统考虑，星图中仅列赤道带星官而忽略北极的做法是不能容忍的，因此钟离君柏墓放射遗迹中央的圆形区域应该具有象征北极所在的恒显区域的性质[34]，这与古代官图的设计思路完全相同。

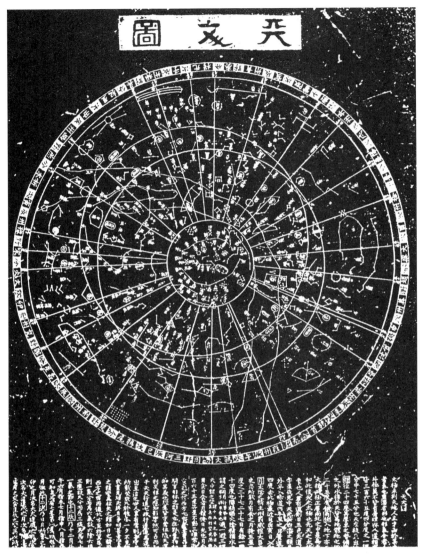

图一九　苏州南宋石刻星图

　　恒显圈既已存在，那么其外辐射的二十条不均匀区域便只能解释为二十八宿的象征。但现在的问题是，如果将此与黄裳星图比较，通过二十八宿距星所呈现的不均等辐射区域便应为二十八区，而钟离君柏墓的不均匀放射区域却只有二十区，差异是明显的。事实上这种不同表现了古今星图对于星与象的不同处理方式。

　　"天文"也就是天象，它反映了古人认识恒星的朴素方法。由若干恒星组成的星官呈现出不同的形象，这些所谓的"象"不仅有相当一部分被古人用以命名星官，而且那些作为四个象限宫的授时主星的形象又被提升而指示各宫，从而形成了中国传统天文学独特的星官体系和四象体系。在星官体系中，作为二十八宿的星官名称有时也有分合，如室、壁两宿因为构成屋室之象，故曾被视为一宿，致室宿或名"营室"，壁宿或名"东壁"。《史记·天官书》："太岁在甲寅，镇星在东壁，故在营室。"而《天官书》叙述天官时唯缺东壁一宿，是时仍有将室、壁视为一宿的做法。《尔雅·释天》："营室谓之定。娵訾之口，营室、东壁也。"《左传·襄公三十年》："岁在娵訾之口。"孔颖达《正义》引孙炎曰："娵訾之叹则口开方。营室、东壁四方似口，故因名云。"战国初年曾侯乙墓二十八宿漆箱星象图所书二十八宿名则以营室名"西縈"，东壁名"东縈"，视其为一室之东西两壁，其本为一象甚明。而在四象体系中，类似的合诸宿为一象的情况更属常态。如东宫以龙为象，本之于角、亢、氐、房、心、尾六宿组成的龙象；西宫以虎为象，本之于觜、参两宿及伐星组成的虎象；南宫以鸟为象，本之于张、翼两宿组成的鸟象；北宫的情况早晚不同，早期为鹿，仅为危宿及其附座所呈现的形象，晚期则为玄武，其中由虚、危两宿共同组成龟象，而其侧之螣蛇星官呈现蛇象。这种以象识星的传统不仅古老，而且成为早期星图表现星象的最重要的形式。

二十份不均等天区到底反映了二十八宿中哪些星宿的分合，考古学资料可以提供明确的答案。属于公元前第四千纪中叶的西水坡45号墓星象图已以龙、虎表现二十八宿东、西两宫中的部分星象，其中龙的形象至少包含了角、亢、氐、房、心、尾六宿，而虎的形象则也应指觜、参两宿。而在西水坡第二组遗迹中，于龙、虎之外还出现了鹿和鸟，正是早期四象体系中的北、南两象，其中鹿应指危宿，而鸟则指张、翼两宿。这个星象传统在公元前8世纪前后的虢国铜镜上仍然得到了完整的存留（图二〇）[35]，甚至在西晋的墓砖遗迹中，还清晰地留有这种观念的孑遗[36]。铜镜与墓砖图像于东方龙象与西方虎象之外，居北者为鹿，居南者则为鸟，其四象虽然已作为四宫的象征，但四象之本仍然取自于各宫授时主星所呈现的形象。这个古老传统至少在战国时代应该有了新的变化，西安交通大学发现的稍晚的西汉墓星象图中（图二一）[37]，处于东宫的龙仍以角、亢、氐、房、心、尾六宿合为一象，南宫的鸟也以张、翼两宿合为一象，但西宫的虎象却仅指参宿，而北宫的鹿则已被玄武所取代，其中龟象由虚、危两宿合而象之，中间则绘一黑蛇，然而在先秦时期即常合为一宿的室、壁两宿，这时却仍可以绘为一体。很明显，根据这些材料，我们可以建立战国以前二十八宿各宿分合的基本体系：

东宫：龙（角、亢、氐、房、心、尾）、箕；

北宫：斗、牛、女、虚、危、定（营室、东壁）；

西宫：奎、娄、胃、昴、毕、虎（觜、参）；

南宫：井、鬼、柳、星、鸟（张、翼）、轸。

其所呈现的天区的不均等划分正为二十区，其中龙星因由六宿组成，所占天区最广，而其他各宿各象也有广狭之别，这种由实际天象所表现的二十个不均等天区与钟离君柏墓象征天盖的圆璧遗迹之下的二十个不均等放射区域完全相符，显然可以为墓中相关遗迹的内涵提供令人信服的解释。事实上，墓中天盖之下的星象设计并不是通过具体星象的形象来表现，而是借助二十八宿中相关二十宿距星所呈现的星象距度的方式而完成，其设思巧妙如此。

墓中二十个放射区域如果是以"象"及二十八宿距星为标准所建立的天区的话，那么这将意味着至少在公元前六世纪的春秋晚期以前，二十八宿体系显然已经相当完善，而且作为一个恒星观测体系，无疑已具有了明确的距度划分。事实上，考古学所提供的二十八宿起源的证据甚至可以追溯到公元前第四千纪的中叶，这当然反映了这一恒星体系的形成年代，而二十八宿体系作为一种赤道

图二〇　三门峡虢国墓出土铜镜拓本（公元前 9 至公元前 7 世纪）

图二一　西安交通大学西汉墓星象图

坐标体系，它的建立必须同时完成相应的赤经起算点的确定，从而导致了二十八宿各宿相邻距星（标准星）间的赤经差的测定，并最终完成二十八宿距度的划分。安徽阜阳双古堆西汉汝阴侯墓曾经出土一件属于汉文帝十五年（公元前 165 年）的二十八宿圆形占盘，此盘以二绳布局，盘上注明二十八宿距度数据（图二二），与《开元占经》所列二十八宿古距度数值基本一致[38]。《开元占经》的相关记载向被认为战国《石氏星经》的观测结果，因而可以相信，汝阴侯占盘所采用的距度数据的测定年代显然要比占盘的制作年代更为古老。这表明，至少在战国时代，二十八宿距度的概念已经形成，而像战国初年曾侯乙墓二十八宿漆箱星象图所呈现的内容当然反映的是一种以二十八宿距度作为观测基础的赤道坐标体系。

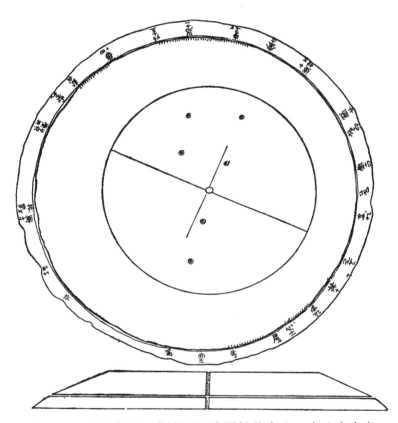

图二二　安徽阜阳双古堆西汉汝阴侯墓出土二十八宿占盘

　　《礼记·月令》系统记载的每月二十八宿恒星日躔及昏、旦中星显然是二十八宿距度建立之后的观测结果，其反映了战国甚至更早的恒星观测应该毫无疑问。新近出土的春秋晚期邔夫人嬛鼎铭文对于印证这一事实具有特别的意义，鼎铭记时云"孟春在奎之际"，其表述形式及内涵与《月令》仲春之月"日在奎"完全一致。尽管楚历孟春相当于夏历仲春的历制不同，但其时日躔奎宿的天象标准却反映着同一种观测结果。很明显，鼎铭与《月令》的对读表明，二十八宿距度的划分至少在春秋时代即已完成，这不仅意味着我们可以放心地相信较之更晚的《石氏星经》所载二十八宿距度的真实性，而且春秋时代二十八宿距度已经完备的事实恰与钟离君柏墓的时代吻合，从而在天文学传统上为墓中不均等放射区域系以二十八宿星象分布的天区的解释奠定了基础。

五、土丘遗迹与形埒观念

钟离君柏墓于星象遗迹之下的第四层遗迹为沿圆形墓边连续堆塑的半圆形土丘，共计十八个（图六；图七；图八）。发掘者指出：

> 迭压在"放射线状"遗迹层下，在距离坑口 0.7～1.4 米深的填土层中，发现"土丘"状遗迹，在该填土层中还放置有大量"土偶"。土丘是在沿着墓坑边一周约 2 米宽的范围内分布，共有大小不同的土丘 18 个，基本呈馒头状，底径 1.5～3 米不等。从发掘的剖面上可以清楚地看到，每一个土丘都是由中心开始用不同颜色的土逐层堆筑而成。

土丘所在的层面位于象征天盖的圆璧遗迹及以二十条放射区域所象征的星象遗迹之下，其下则为象征大地的墓室，位置正当天地之间，故当有天地兆际之寓意。

《淮南子·墬形》："天地之间，九州岛八极。"高诱《注》："八极，八方之极。"王念孙《读书杂志》云：

> 八极当为八柱，"柱"与"极"草书极近，故"柱"误为"极"。《初学记·地部上》、《太平御览·地部一》及《白帖一》引此并作"天有九部八纪，地有九州岛八柱"。又《太平御览·州郡部三》引作"天地之间，九州岛八柱"。《楚辞·天问》曰："八柱何当？东南何亏？"
> 《初学记》引《河图括地象》曰："地下有八柱，柱广十万里。"皆其证也。又案《文选·张协杂诗》注云："《淮南子》曰：『八纮之外有八极。』高诱曰：『八极，八方之极也。』"是高注云云，本在下文"八纮之外，乃有八极"下，后人不知此处"八极"为"八柱"之讹，又移彼注于此以曲为附会，甚矣，其谬矣。

所论甚是。八柱为圆形，且必置于八极，故就八柱之位而言，其必在八方之极，而若就其形状而言，则又必取柱之圆形。事实上，这些观念直接导致了古人以取自圆形天柱的弧线纹表示界域的传统。

墓中以土堆塑的半圆形土丘遗迹实即文献见载之所谓"形埒"。这种观念关系到中国传统时空观的基本内涵。《淮南子·原道》云：

> 经营四隅，还反于枢。故以天为盖则无不覆也，以地为舆则无不载也，四时为马则无不使也，阴阳为御则无不备也。是故疾而不摇，远而不劳，四肢不动，聪明不损，而知八纮九野之形埒者，何也？

高诱《注》："八纮，天之八维也。九野，八方中央也。"何宁《集释》引陶方琦云："《大藏音义》引许注曰：'纮，维也。八纮谓之八方。'"《原道》又云：

> 横四维而含阴阳，纮宇宙而章三光。

高诱《注》："纮，纲也。若小车盖，四维谓之纮，绳之类也。"刘家立《淮南集证》云："高注'纮，纲也'，'纲'乃'维'字之误。""维"或称"纮"，皆取八柱为系天之所，而系天盖者则纮维之属。中国传统的空间观以四正与四维构成八方，四正即指东、南、西、北四方，四维则是东北、东南、西北、西南。《淮南子·天文》云：

> 子午、卯酉为二绳，丑寅、辰巳、未申、戌亥为四钩，东北为报德之维，西南为背阳之维，东南为常羊之维，西北为蹏通之维。

将这些文字布列成图，便是体现中国传统空间观的基本图形（图二三）。其中由子午和卯酉二绳构成的"十"形图像指向四正方向，二绳的交午处则为中央，而丑寅、辰巳、未申、戌亥八地支标示的四个矩形即为四钩，平分四钩并由中央引出的指向东南、西南、东北、西北的四条直线则为四维。这个图形见于阜阳双古堆西汉汝阴侯墓所出太一九宫式盘的地盘背面（图二四，3），完整地体现了中国传统的空间思想。

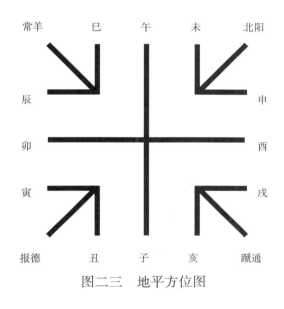

图二三　地平方位图

中国传统的空间观经历了从四方、五位到八方、九宫的发展。子午、卯酉虽然指向四方，但二绳的交午之点实为中央，因此二绳所反映的空间关系并非仅仅局限于四方，而是包括四方和中央的五方，其中卯酉绳"—"为东、西，子午绳"│"为南、北，二绳交午，则四方、中央备矣。这些思想在双墩新石器时代遗址出土的属于公元前第五千纪的陶器刻划图像中即已有着充分的体现（图二五），[39] 甚至直到东汉许慎的《说文解字》中，依然留有这些古老观念的孑遗[40]。

空间思想由四方五位发展为八方九宫，关键的工作是在四方的基础上添加四维。《史记·龟策列传》："四维已定，八卦相望。"安徽含山凌家滩遗址出土新石器时代的洛书玉版，其八方图像的外层即列有四维（图二六），也在强调四维对于构成八方系统的关键作用。事实上古人为了表现空间方位由四方五位而八方九宫的发展，在空间图形中特别强调四维的做法是十分普遍的，双墩新石器时代陶器底部即绘刻有表现四维与四钩的图像（图二七），而在战国至汉代的遗物图像中，这类强调四维

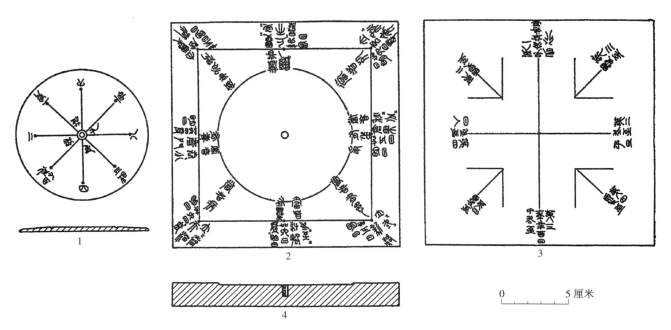

图二四　安徽阜阳双古堆西汉汝阴侯墓出土太一九宫式盘

1. 天盘　2. 地盘正面　3. 地盘背面　4. 地盘剖面

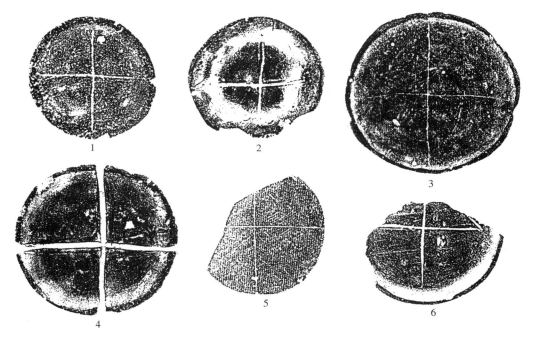

图二五　双墩新石器时代陶器外底契刻之二绳图像

1. 92T052118：24　2. 92T072229：51　3. 86T0820③：27　4. 86T0720③：78　5. 92T0523⑩：26　6. 91T071919：58

的设计更比比皆是，它们有时以交午的两条直线表现四维（图二八），有时又以指向四维的四个璇玑符号表现四维（图二九），手法虽殊，但异曲同工[41]。这些证据表明，以二绳、四钩、四维为核心的传统空间观不仅至少在距今七千年前的新石器时代即已形成，而且被先民们一代代地传承了下来。

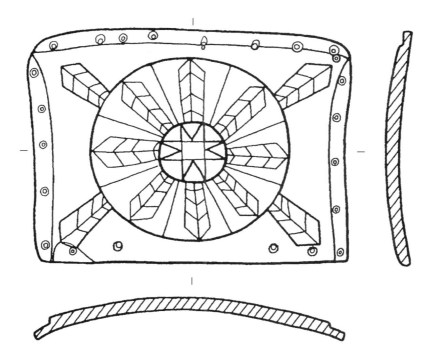

图二六　含山凌家滩出土洛书玉版（87M4∶30）

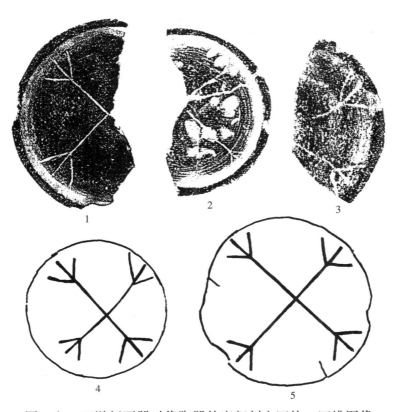

图二七　双墩新石器时代陶器外底契刻之四钩、四维图像

1. 92T072226∶76　　2. 86T0720③∶41　　3. 91T081919∶107　　4. 86T0820③∶49　　5. 86 发掘品∶89

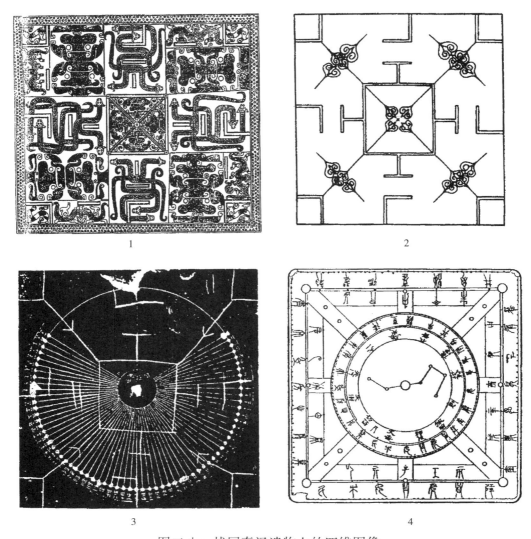

图二八　战国秦汉遗物上的四维图像

1. 战国中山王墓出土石博局　2. 内蒙古托克托出土秦汉日晷　3. 荆州汉墓出土博局　4. 甘肃武威磨咀子 M62 出土西汉式盘

　　二绳与四维的交午即构成八方，加之交点中央则为九宫。九宫既可以九间宫室表述为九宫平面，当然也可以九个方位表述为九个点，这些问题我们曾有详细的讨论[42]。西汉汝阴侯太一九宫式盘天盘的九宫图像即以二绳四维的交午形式表述为直线式的九宫（图二四，1），从传统的方与位的角度讲，这无疑体现了尚未完成平面化的比"位"更朴素的"方"的思想。而相同的图式，我们竟在双墩新石器时代陶器底部的刻划图像中也有发现（图三〇）。此图虽以二绳与四维互交而为八方九宫，但与汝阴侯式盘不同的是，双墩九宫图在象征八方之极的端点特别添加了八个圆形弧线以表示八极，而这些弧线完全不同于同时期图像中出现的折矩式的"四钩"（图二七），它的来源应该就是盖天家所想象的立于八极的八个天柱。古人以二绳与四维并称"八纮"，八纮被想象为栓系天盖的八根绳索，而绳索的栓系之处当然正在八柱，这些思想与图式表现的内涵完全相同。八柱立于八方之极，故古人渐以取形于八柱的弧线纹表示八极与界域，并名之曰"形埒"。

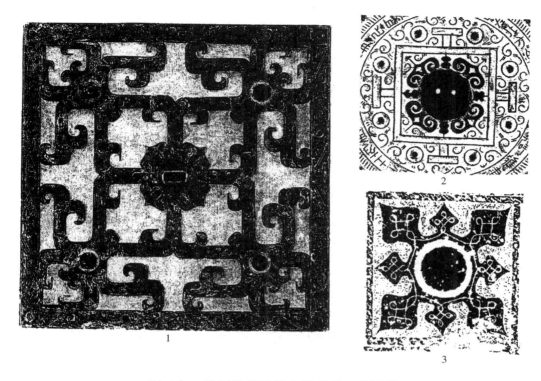

图二九　战国汉代遗物上的璇玑四维图像

1. 战国透空镶嵌方铜镜（上海博物馆藏）　　2. 新莽时代新兴辟雍铜镜局部（上海博物馆藏）
3. 东汉石刻画像（山东肥城北大留村出土）

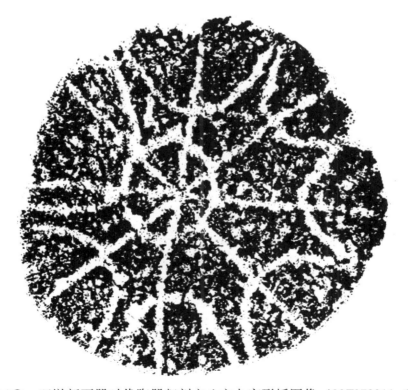

图三〇　双墩新石器时代陶器契刻之八方九宫形埒图像（92T072311：67）

　　形埒与四钩形象的关键区别既在于形状，也在于其出现的位置。形埒取象于圆形的天柱，其形自为圆弧；而四钩意在连接位于四维的八支，故表现为方折的形状。两者之间的这种本质差异决定了它们空间位置的不同。准确地说，形埒不仅可以添加于二绳之端，同时也可以施用于四维之端；而四钩却只能加于四维。双墩新石器时代遗址所出陶器图像既见有在积累的二绳背景上特别重迭刻出施加形埒的二绳（图三一，1），也见有在积聚的二绳一端添加形埒的设计（图三一，2），其圆弧的形埒形象皆殊别于四钩，是为明证。事实上，先民以取形天柱的弧线表现形埒，这种观念甚至发展出以形埒表示方位的独特文字（图三二；图三三），而且普遍出现于大汶口文化、龙山文化和双墩新石器时代文化之中（图三二，5、6；图三三，11～14）。

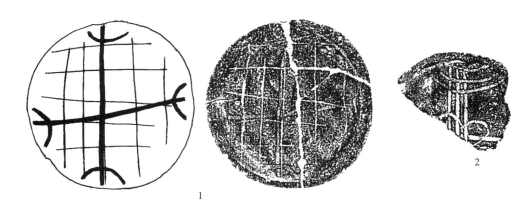

图三一　双墩新石器时代陶器外底契刻之二绳形埒图像

1. 86T0720③：79（摹本及拓本）　2. 92T072326：68

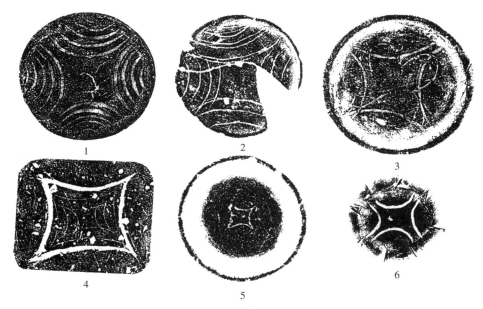

图三二　双墩新石器时代陶器外底契刻图像及文字

1. 86 发掘品：94　2. 92T072128：48　3. 92T072127：19　4. 91T081915：122　5. 86 发掘品：80　6. 92T072228：38

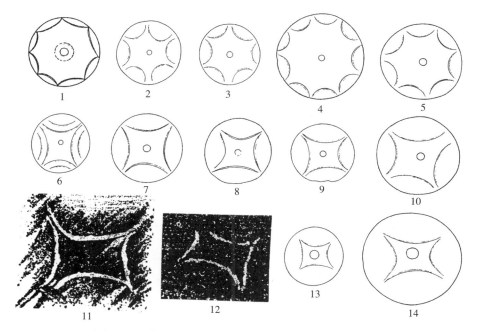

图三三　新石器时代陶器契刻之形埒图像及文字

1－10、13、14. 纺轮（安徽蒙城尉迟寺 T4013⑧∶2、T3710⑤∶1、T3714④∶1、T3810③∶1、T3615③∶3、T3418④∶2、T4112④∶3、T3912⑦∶10、T2214④∶1、H151∶2、T2413⑥∶1、T3251③∶1）　11、12. 契刻文字拓本（山东莒县陵阳河 M19∶40、莒县大朱家村 M26∶3）（1－3、6－9、11－13. 大汶口文化，4、5、10、14. 龙山文化）

"形埒"为兆际之称，则《原道》所谓"八纮九野之形埒"显即八极九野之边际。《淮南子·精神》云：

> 以死生为一化，以万物为一方，同精于太清之本，而游于忽区之旁，有精而不使，有神而不行，契大浑之朴，而立至清之中。是故其寝不梦，其智不萌，其魄不抑，其魂不腾。反复终始，不知其端绪，甘暝太宵之宅，而觉视于昭昭之宇，休息于无委曲之隅，而游敖于无形埒之野。

高诱《注》："无委曲之隅，无形埒之野，冥冥无形象之貌也。""委曲"与"形埒"互文，其义一也。或可知"形埒"即委曲之象。《淮南子·缪称》云：

> 道之有篇章形埒者。

高诱《注》："形埒，兆朕也。"《淮南子·俶真》云：

> 有未始有有始者，天气始下，地气始上，阴阳错合，相与优游竞畅于宇宙之间，被德舍和，缤纷茏苁，欲与物接而未成兆朕。

高诱《注》："兆朕，形怪也。"吴承仕《淮南旧注校理》云："'怪'当为'埒'。《缪称篇》：'道之有篇章形埒。'注云：'形埒，兆朕也。'二语互训，是其证。"说是。《俶真》又云：

> 未有形埒垠堮。

王念孙《读书杂志》云："《览冥篇》'不见朕垠'，高注：'朕，兆朕也。垠，形状也。'《缪称篇》'道之有篇章形埒者'，高注：'形埒，兆朕也。'是垠堮与形埒同义。既言形埒，无庸更言垠堮，疑'垠堮'是'形埒'之注，而今本误入正文也。且此三句以发、檗、埒为韵，若加'垠堮'二字，则失其韵矣。"其说非是。何宁《集释》引唐百川云："《道德经指归》云'其有形埒垠堮'，均为连语。"是。《淮南子·要略》："解堕结细，说捍抟困，而以明事埒事者也。"高诱《注》："埒，兆朕也。"《吕氏春秋·下贤》云：

> 以天为法，以德为行，以道为宗，与物变化而无所终穷，精充天地而不竭，神覆宇宙而无望，莫知其始，莫知其终，莫知其门，莫知其端，莫知其源，其大无外，其小无内，此之谓至贵。

高诱《注》："无望，无界畔也。"王念孙《读书杂志·余编上·无望》引王引之云："正文及注内两'望'字，皆埒字之误（埜或作望，埒俗书或作㙍，二形相似而误）。《淮南·原道篇》云：'知八纮九野之形埒。'是'埒'为界畔之名。故高云'无埒，无界畔也。'若作'望'，则与界畔之义无涉，且宗穷为韵，竭埒为韵，若作'望'，则失其韵矣。"其说可从。"形埒"意即兆朕。《抱朴子·道意》云：

> 不能迹其兆朕乎宇宙之外。

其言宇宙之涯际甚明。《庄子·应帝王》："而游无朕。"陆德明《释文》引崔云："朕，兆也。"《淮南子·诠言》："行无迹，游无朕。"高诱《注》："朕，兆也。"又《要略》："形埒之朕。"据此可明，"形埒"实言涯垠，意即天地宇宙之兆际边界。

"形埒"为兆际之称，然其形状如何，因缺少实物数据左证，固无详说。《说文·土部》："埒，庳垣也。"段玉裁《注》："庳者，中伏舍也。引申之为卑也。按《广韵》引孟康云：'等庳垣也。'似孟氏所据为长。等者，齐等也。卑垣延长而等齐若一，是之谓埒。引申之为涯际之称。如《淮南》'道有形埒'是也。为回环之称，如《尔雅》'水潦所还，埒丘'。"《尔雅·释丘》："水潦所还，埒丘。"郭璞《注》："谓丘边有界埒，水绕环之。"郝懿行《义疏》："埒者，《玉篇》云：'《淮南》道有行埒。'《说文》云：'埒，庳垣也。'邢《疏》：'埒，小堤也。壝土为之。'然则埒有人为者，亦有自然者。《淮南·本经篇》云：'聚埒亩。'《方言》注：'有界似耕垄。'是耕垄界限亦谓之埒。"邵晋涵《正义》："埒者，界兆也。"《广雅·释宫》："埒，堤也。"王念孙《疏证》："埒之言形埒也。"《淮南子·本经》："以成埒类。"高诱《注》："埒，形也。"《淮南子·原道》："失其所守之位，而离其外内之舍，是故举错不能当，动静不能中，终身运枯形于连嵝列埒之门。"蒋鸿礼《淮南子校记》："连嵝谓连延之嵝，列埒谓成列之埒，二文相对。连、列皆静字，嵝、埒皆界畔之名，言其绵亘重袭，故入之者终身不得出也。"《史记·平准书》："富埒天子。"裴骃《集解》引徐广曰："埒者，际畔，言邻接相次也。"《公羊传·昭公二十五年》："既哭以人为蔺。"何休《注》："蔺，周埒垣也，所以分别内外，卫威仪。"徐彦《疏》："犹言周匝为埒墙。"准此可明，"埒"乃壝土以为之土丘，其形环弧之，且等列比连而周，呈庳垣之象，这些特点竟与钟离君柏墓于圆形墓壁周边比次分布的圆弧形土丘遗迹若合符契，故知此土丘遗迹实即古之形埒。

　　双墩新石器时代遗址出土陶器的装饰纹样也见形埒图像，其或以单弧线表示（图三四，2、4），或以多重弧线象征（图三四，1、3；图三五），而多重弧线的含义似乎正可应合钟离君柏墓之形埒遗迹乃由不同颜色土壤逐层堆筑的事实（图八），其表现形式完全相同。

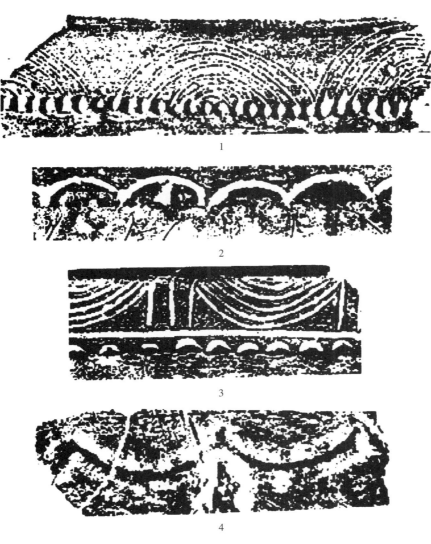

图三四　双墩新石器时代陶器契刻之形埒图像

1.92T0523④:261　2.92T072331:97　3.86T0820③:66　4.91T081918:34

　　形埒乃象天地之兆界，这正是钟离君柏墓相关遗迹所表现的宇宙观。墓中形埒遗迹共呈十八个邻次比连，其含义当有天地之兆际的共同象征。《淮南子·墬形》谓"天地之间，九州岛八极"，《初学记·地部上》等引为"天有九部八纪，地有九州岛八柱"，"九部"即谓天之九野，而"八纪"则为天之八极。故古人以天有九野九部，地有九州岛九土，其数合之适为"十八"，此正为墓中十八形埒取数之本。天之九野以八纪为兆朕，地之九州岛以八极为兆朕，九野九州岛皆有涯际，故墓中以形埒遗迹表现天地宇宙之兆际。古以九野八纪、九州岛八极存乎天地之间，是古人以十八形埒以喻

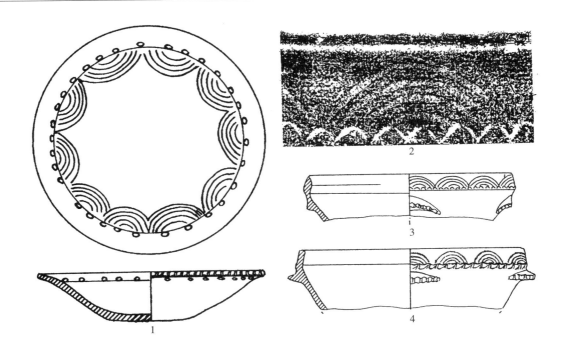

图三五　双墩新石器时代陶器及契刻之形埒图像

1. 盆（92T052211:29）　2、3. 釜（86T0720④:114）　4. 釜（86T0720③:18）

天宇九野及地舆九州岛之涯际，形埒虽仅兆朕之象，然十八形埒在，则九野、九州岛存焉，天地之界域明矣。

九天以中央与八方为制。《淮南子·天文》云：

> 天有九野，九千九百九十九隅，去地五亿万里。五星，八风，二十八宿，五官，六府，紫宫，太微，轩辕，咸池，四守，天阿。何谓九野？中央曰钧天，其星角、亢、氐；东方曰苍天，其星房、心、尾；东北曰变天，其星箕、斗、牵牛；北方曰玄天，其星须女、虚、危、营室；西北方曰幽天，其星东壁、奎、娄；西方曰颢天，其星胃、昴、毕；西南方曰朱天，其星觜巂、参、东井；南方曰炎天，其星舆鬼、柳、七星；东南方曰阳天，其星张、翼、轸。

九野为八方中央，也即九宫之形。汝阴侯太一九宫式盘天盘之九宫图以招摇居中（图二四，1），即以九宫所呈现的中央八方象征九天九野。这个传统可以一直上溯到公元前第五千纪双墩新石器时代的陶器契刻图像（图三〇），其形式都是在圆形的天盖上布列九宫以表现九天。所不同的是，双墩新石器时代陶器刻划更于九天中的八方端点列有形埒图像以表现天之八极，其所组成的图像实即《初学记》等所载《淮南子》之"天有九部八纪"，其"部"言九天星部[43]，"纪"谓纲维所系。这些思想自公元前第五千纪的双墩先民以迄汉代，一脉相承，而钟离君柏墓形埒遗迹的设计也正是本诸这一传统。况天之九野各配二十八宿，也与其上以放射形天区象征二十八宿的思想至为吻合。

九州岛同样以中央与八方为制。《淮南子·墬形》云：

天地之间，九州岛八极。土有九山，山有塞，泽有九薮，风有八等，水有六品。何谓九州岛？东南神州曰农土，正南次州曰沃土，西南戎州曰滔土，正西弇州曰并土，正中冀州曰中土，西北台州曰肥土，正北泲州曰成土，东北薄州曰隐土，正东扬州曰申土。

时人以形埒表现天之八纪与地之八极，其数十八则取天之九部与地之九州岛之和，以喻天地界际。这种凑合数字以表现某种宇宙观的做法颇具传统，如明堂之制多法天数，不乏取其积和，蔡邕《明堂月令论》所述甚明，说详下文。

双墩新石器时代遗址所出陶器纹样不仅可见形象完整的形埒图像（图三五），而且经过数千年的传承，比连为庳垣的形埒图像早已成为一种普遍运用的兆际符号，并借遗迹遗物而使传统的宇宙观得到了完整呈现。安徽蒙城尉迟寺的大汶口文化与龙山文化遗存仍然留有完整的形埒图像（图三三，1–10）[44]，汉代的铜镜图像时有以形埒表现天地之边际或九州岛之兆朕的设计（图三六），而石刻画像也常见以形埒作为界畔的符号（图三七，1、2），甚至某些形埒的细节处理都可以在新石器时代的相关图像中找到渊源（图三四，3；图三七，2），其形式显然来源于新石器时代先民的古老创造。事实上在这些遗物中，新石器时代陶器与汉代铜镜图像由于直接表现了古人的宇宙观，因而呈现着与钟离君柏墓的设计思想与形埒形制近乎相同的形式。

图三六　汉代形埒铜镜

1. 长毋相忘镜　　2、4. 博局镜　　3. 八殣形埒镜

图三七　东汉石刻画像之形垉与八极图像

1. 山东费县潘家疃墓葬发现　2. 山东临沂西张官庄墓葬发现　3. 安徽萧县圣泉乡圣村墓葬发现

六、山缘遗迹与八极观念

钟离君柏墓形垉遗迹之下分布有以圆锥形"土偶"摆塑的圆形山缘遗迹，"土偶"的锥尖向外，上下数层（图九；图一〇）。发掘者指出：

> 迭压在"土丘与土偶"遗迹层下，在距墓坑口1.4~2米深的生土二层台内缘，发现用"土偶"垒砌的遗迹。即在二层台的内缘一周，用3~4层"土偶"垒砌成墙体形状的内壁，高34~40厘米左右。

发掘者所称的"土偶"实即一种山形的土锥，而这个迭压在形垉遗迹之下的以土锥堆砌的山缘遗迹，其所体现的思想其实仍不出一种独特的宇宙观。

古人于大地之规划，以中央为九州岛，九州岛之中央则为"中土"，系统治者居中而治所处之位，九州岛之外又有八殥、八纮。《淮南子·精神》："夫天地之道，至纮以大。"而八纮之外则有八极，为大地之涯际。《淮南子·墬形》云：

> 九州岛之大，纯方千里。九州岛之外，乃有八殥，亦方千里。自东北方曰大泽，曰无通；东方曰大渚，曰少海；东南方曰具区，曰元泽；南方曰大梦，曰浩泽；西南方曰渚资，曰丹泽；西方曰九区，曰泉泽；西北方曰大夏，曰海泽；北方曰大冥，曰寒泽。凡八殥八泽之云，是雨九州岛。
>
> 八殥之外，而有八纮，亦方千里。自东北方曰和丘，曰荒土；东方曰棘林，曰桑野；东南方曰大穷，曰众女；南方曰都广，曰反户；西南方曰焦侥，曰炎土；西方曰金丘，曰沃野；西北方曰一目，曰沙所；北方曰积冰，曰委羽。凡八纮之气，是出寒暑，以合八正，必以风雨。
>
> 八纮之外，乃有八极。自东北方曰方土之山，曰苍门；东方曰东极之山，曰开明之门；东南方曰波母之山，曰阳门；南方曰南极之山，曰暑门；西南方曰编驹之山，曰白门；西方曰西极之山，曰阊阖之门；西北方曰不周之山，曰幽都之门；北方曰北极之山，曰寒门。

凡八极之云，是雨天下，八门之风，是节寒暑。八纮、八殥、八泽之云，以雨九州岛而和中土。

据此可明，九州岛、八殥、八纮皆方千里，其形正方，而至八极则不言"方"，其形为圆；八极作为八门，皆由山所构成。这两点内涵显然与钟离君柏墓山缘形遗迹所呈现的特点一致。

相同的宇宙图式在汉代的铜镜图像中尚有广泛存留，其中尤以博局镜所展现的图式最为完整（图三八），与《淮南子》所反映的宇宙观足资对比。这类铜镜图像于中央布列方形，是为九州岛，九州岛之中或具四维，以象九宫。因为四方五位若发展为八方九宫，四维的认识便是最关键的一步。九州岛之外则于四方的位置绘有四个相对分布的"T"形图像，其实是在二绳的端点添加的四个指事符号，以规范二绳指示的地理范围，是为八殥。西汉博局镜尚有于"T"形之内绘出山形图像的设计（图三八，5），或径以直线于中央九州岛之外廓出方形（图三六），以明八殥之范围。八殥之外又于四正四维处布列钩形图像，当为八柱维系之所，其中四维的钩形图像称为四钩，而加诸四正位置的四个钩形图像，其范围正是八纮。西汉博局镜同样见有于八纮的位置规划四方的安排（图三八，6），或以山形图像顺天圆的形势廓划出八纮的范围（图三八，4）。高诱训"纮"为"维"，正取义于四钩乃为维系天盖之所的思想。这些图像既见于铜镜，也见于同时期的其他遗物（图二八，1～3），其所呈现的形象虽皆为方形，但却表现了一种源自盖天观的宇宙图式。[45]尹湾汉墓出土《博局占》于博图之外尚记有式图位置的九个名称，依次为"方"、"廉"、

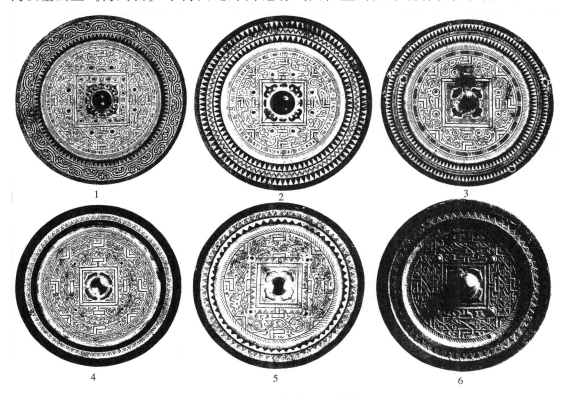

图三八　汉代博局八极镜

1、4、5. 新莽铜镜　　2、3. 东汉铜镜　　6. 西汉铜镜

"褐"、"道"、"张"、"曲"、"诎"、"长"、"高"，与《西京杂记》卷四所引许博昌六博口诀基本一致，⑯其中"廉"或作"畔"、"褐"或作"揭"、"曲"或作"究"、"诎"或作"屈"、"长"或作"玄"，皆属异文。⑰这些名称虽用于行棋，但其来源却至少部分地与宇宙观有关。《淮南子·天文》："正朝夕，先树一表，东方操一表却去前表十步，以参望日始出北廉。日直入，又树一表于东方，因西方之表以参望日方入北廉，则定东方。"博局之"廉"疑取于此。⑱《吕氏春秋·孟秋纪》："其器廉以深。"高诱《注》："廉，利也。"孙希旦《礼记集解》："外有廉隅。"即用此义。又据式图九名而论，知博局或名"曲道"。《广雅·释器》："曲道，栻桐也。"《尸子》：

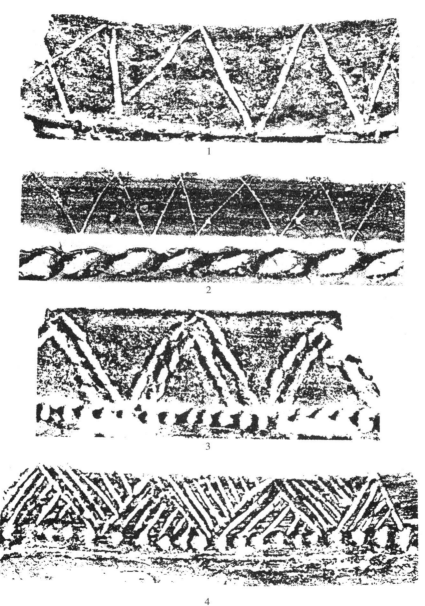

1

2

3

4

图三九　双墩新石器时代陶器契刻之八极图像

1. 92T072221：94　2. 86T0720③：115　3. 92T062214：193　4. 92T072229：96

"八极为局。"⑭足见博局之含义当即自中方而外为八殥、八纮、八极布列的宇宙图式。况尹湾博局图详配六十干支，其中甲子起于东北寅位，合于历术。《淮南子·天文》："天维建元，常以寅始起，右徙一岁而移，十二岁而大周天，终而复始。……数从甲子始，子母相求，所合之处为合。十日十二辰，周六十日，凡八合。"正可明博局所具宇宙图式的根本性质。而汉代铜镜于八纮之外更分布圆形的山缘图像，或具一周，或有数重，或作钩廓，或更涂实，显为八极之象征（图三八）。这种由中央方形九州岛而八殥、八纮，终至圆形八极的宇宙模式，与钟离君柏墓于中央方形墓室之外布列圆形山缘遗迹的形式完全相同。毫无疑问，山缘遗迹象征八极正是钟离墓设计者所要表达的思想。

正像形埒观念的起源可以追溯到双墩新石器时代一样，八极的思想同样在公元前第五千纪的双墩先民遗物中有着鲜明的反映。当时的圆形陶器或有在口沿部位饰以契刻的三角纹样（图三九；图四〇，1~3），或以堆塑的泥凸装饰于陶器外腹，一周至数周不等（图四〇，4~6）。这些纹样显然可以视为先民八极思想的形象表现。不啻如此，这种呈圆周分布的八极图像有时或者契刻于陶器的外周（图四一），其形式与钟离君柏墓的山缘遗迹至为吻合。很明显，如果认为双墩新石器时代陶器刻绘的八极图像乃是钟离君柏墓相关遗迹的直接来源的话，这或许并不过分。事实上，联系形埒图像分析，这一事实应该可以看得更为清楚。双墩新石器时代陶器时有将象征八极的三角纹或泥凸与圆弧的形埒图像共同组合的现象（图三五，2~4），这不仅明确证明了这些用于装饰的三角纹及泥凸其实即是八极思想的朴素表现形式，而且这些思想近乎完整地再现于钟离君柏墓，真正使我们追寻到春秋以至汉代相关遗迹遗物所表现的宇宙观的渊薮（图三七，1、3）。

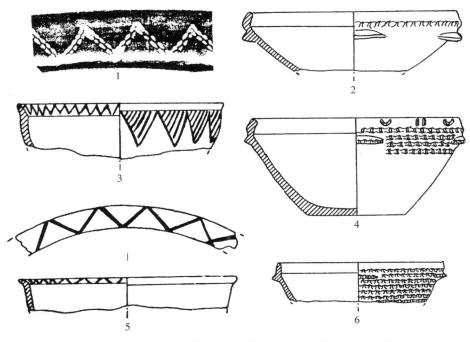

图四〇　双墩新石器时代陶器绘刻或堆塑之八极纹样

1. 陶片（92T062214：202）　2. 彩陶盆（92T052118：61）　3. 彩陶盆（92T072126：113）
4. 釜（86T0720③：129）　5. 釜（86T0720③：127）　6. 釜（86T0720③：119）

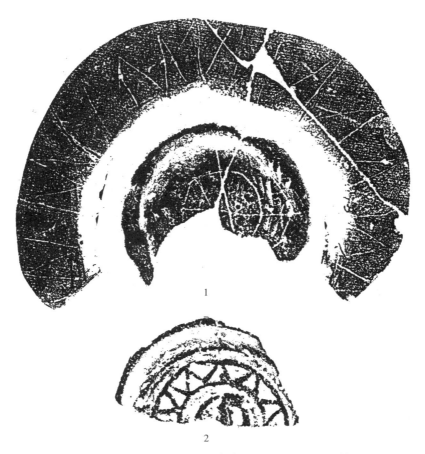

图四一　双墩新石器时代陶器契刻之八极图像

1. 91T0621⑨：109　　2. 92T072129：52

七、"亚"形墓室所见之宇宙观

　　钟离君柏墓自圆形八极遗迹向下掘出深穴，圆穴之中设计"亚"形墓室，墓主人之葬穴置于"亚"形之中央，而"亚"形之四方则分别设有三个遗迹，共为十二遗迹。其中十个遗迹为殉人遗迹，分别位居墓主的东、西、北三侧及南侧，东、西、北三侧各殉三人，南侧仅殉一人，多随葬小铜刀和加工过的陶片；另两个遗迹则为位居南侧殉人以南的两个器物箱（图一一）。这些遗迹的设计思想仍然体现着一种独具特色的宇宙观。

　　古人以墓穴象征大地的历史与他们以墓顶表现天宇的传统一样悠久，这意味着钟离君柏墓的"亚"形墓室显然应该具有大地的象征意义。这种做法通过殷墟侯家庄商代王陵的"亚"形墓室形制已经反映得相当清楚。众所周知，盖天家对于宇宙的基本认识为天圆地方，然而尽管人们对于现实世界的观察可以很容易使他们产生天为圆形的认知，但地呈方形却绝对不可能来源于人们对于大地的直观感受。事实上，方形大地观的形成得益于古人的圭表致日活动，随着原始空间观念的发展，大地的形状才由最初人们认识的"亚"形而渐成方形，并最终完成了天圆地方理论的建构。

如前所述，中国传统的空间观念经历了自四方、五位到八方、九宫的发展。方位的测定取决于立表测影的工作，并由此建立了二绳、四钩、四维的空间规划。《周礼·考工记·匠人》云：

> 匠人建国，水地以县，置槷以县，视以景。为规，识日出之景与日入之景，昼参诸日中之景，夜考之极星，以正朝夕。

这个工作首先要求在水平的地面上树立一表，同时以表为圆心做一圆周，日出及日入时分别记录下表影与圆周相交的两点，并以绳量出两点构成的直线，是为东、西（卯、酉）；再以绳量出卯酉绳的中点与表相垂直的直线，是为南、北（午、子）。这个由两条直绳量出的指向东、西、南、北四方的两条直线即是所谓"二绳"，其所形成的图形便是指向四方——其实更准确地说是五方——的"十"形。

五方实际是由二绳所表现的自中央交点向四方延伸的四个直线方向，这些方向的平面化，便形成了所谓五位。《淮南子·时则》云：

> 五位：东方之极，自碣石山过朝鲜，贯大人之国，东至日出之次，榑木之地，青土树木之野，太皞、句芒之所司者，万二千里。……南方之极，自北户孙之外，贯颛顼之国，南至委火炎风之野，赤帝、祝融之所司者，万二千里。……中央之极，自昆仑东绝两恒山，日月之所道，江、汉之所出，众民之野，五谷之所宜，龙门、河、济相贯，以息壤堙洪水之州，东至于碣石，黄帝、后土之所司者，万二千里。……西方之极，自昆仑绝流沙、沈羽，西至三危之国，石城金室，饮气之民，不死之野。少皞、蓐收之所司者，万二千里。……北方之极，自九泽穷夏晦之极，北至令正之谷，有冻寒积冰，雪雹霜霰，漂润群水之野，颛顼、玄冥之所司者，万二千里。

如果比照《淮南子·天文》及汝阴侯太一九宫式盘地盘背面的空间图式（图二四，3），可以明显看出，所谓五位其实就是以二绳为中心的四钩以内的部分，这部分空间构成的图形正是"亚"形。显然，五位的图形实际乃是以二绳为基础而扩大形成的"亚"形。

五位事实上是五方的平面化。以二绳构建的五方既成，其何以发展为五位，古人于此则有着颇为朴素的认知。如前所述，"二绳"的观念源自立表测影所获得的以绳度量四方的做法，然而二绳所构成的"十"形原本仅具有自一点向四方延伸的直线方向的含义，却并不含有平面的意义。诚然，将直线扩大为平面的工作其实很简单，只要使"二绳"能够不断积累，直线式的二绳便可最终扩大为平面化的五位。这种积绳成面的联想显然来源于古人熟悉的日常纺织的生活经验。换句话说，由于人们测量四方的做法是通过二绳的取直，这一事实意味着先民可以根据纺织的经验很容易懂得，从"方"到"位"的发展其实体现的正是由"线"到"面"的发展，而这个过程实际只需通过线的积累便可完成。显然，这种做法与构成五方的两条直线名曰"二绳"具有清晰的因果联系。

双墩新石器时代遗址出土陶器底部刻划图像提供了大量极具说服力的证据，近乎完整地表现了这些思想的发展过程。其中一些陶器仅刻有简单的"十"形图像（图二五），也即所谓"二绳"，而另一些图像则反映着从四方到五位的二绳不断积累的过程，这个过程既有简单的两个二绳图像的迭交积累（图四二），更反映出三个、四个甚至多至五个二绳图像的迭交积累（图四三），明确表现了二绳通过积绳成面而逐渐平面化的趋势。相关的证据在殷墟出土的商代青铜器图像上也有发现，侯家庄 1400 号大墓所见铜盘底部即铸有经二绳的迭交积累而使五方渐成五位的图像（图四四，2）(50)。在通过积累二绳而使五位形成之后，五位的四隅则势必留有四个矩形缺口，这便是“四钩”观念的由来。显然，如果我们简化这个空间观念的演进图式，而将子午、卯酉二绳之外的其他直线省却，那么我们所看到的空间图形便只具有了作为方位基础的“二绳”以及规划四隅的“四钩”。殷墟青铜器上相关的空间图形同样展现了这个简省过程，侯家庄 1400 号大墓出土的另一件铜壶底部即留有这种图像（图四四，1）(51)，其传统不仅可以一直上溯到公元前第五千纪的新石器时代（图二七），而且在汉代先民的记忆中，这种积绳为方的观念仍然得到了完整的承传（图四五）。如果将这个图形补上四维，便可形成汝阴侯太一九宫式盘地盘背面的图形（图二四，3）。相同的图像在秦汉时期的铜镜上也有存留（图三六，2、4；图四六），而这些简省的规范图形便是体现传统空间观的基本图像。

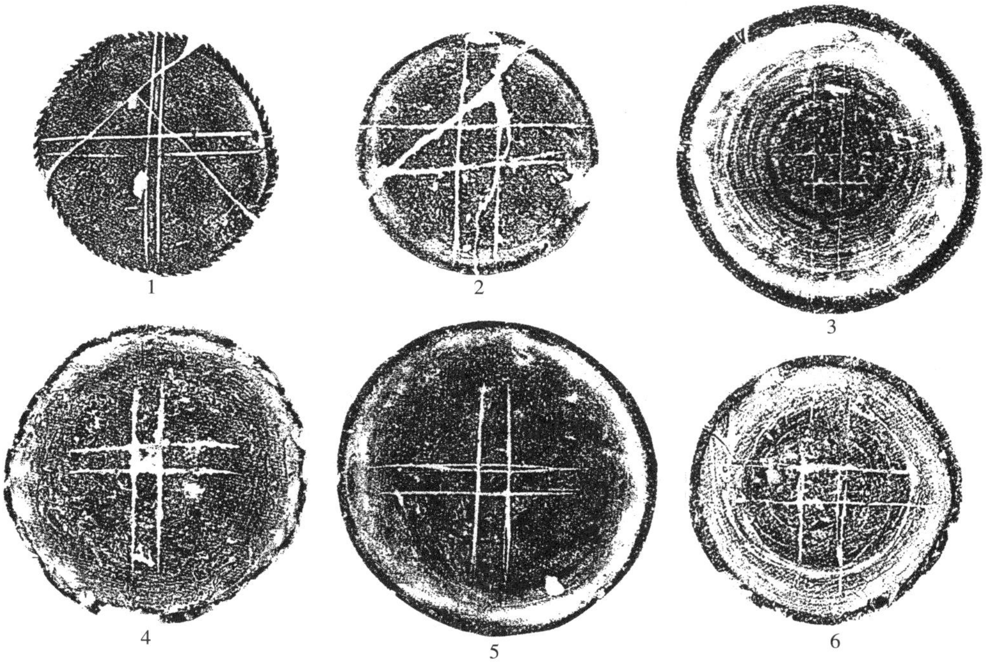

1 2 3 4 5 6

图四二　双墩新石器时代陶器外底契刻图像

. 92T052319∶56　2. 91T062111∶92　3. 86 发掘品∶27　4. 92T072129∶36　5. 86T0720③∶99　6. 91T071915∶62

事实上，四钩廓划的空间所呈现的五位图即已构成所谓“亚”形，这个图形不仅成为汉字“亚”字字形的取象来源，而且由于其直接源自立表测影，因而体现了人们对于大地形状的基本认识。显然，由二绳“十”形扩大为五位“亚”形，其观念的发展过程是相当清晰的。(52)古人以为大地的形状呈现“亚”形，殷墟王陵的设计思想即以“亚”形的墓室象征大地（图一三）。不啻如此，这类体现四方的二绳或体现五位的“亚”形如果铸刻于生活器皿，则皆出现于器物的底部，这种设计无疑也是一种独特宇宙观的反映。很明显，“亚”形大地观的传统虽然可以从商代王陵“亚”形墓室结构的设计理念中追溯出来，但这个时代其实并不古老。双墩新石器时代的陶器刻划图像已经呈现出通过四钩的廓划或二绳的积累而完成的“亚”形（图四七），因此，这种以“亚”形为基本特征的大地观的建构事实上在七千年前早已被古人完成了。

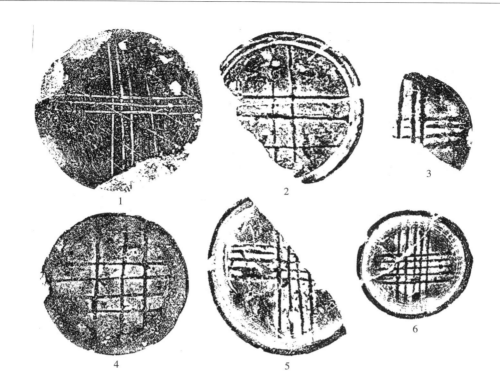

图四三　双墩新石器时代陶器外底契刻图像

1.92T072330∶57　2.92T072356∶57　3.92T072224∶64　4.92T072324∶59　5.91T071913∶51　6.91T071918∶58

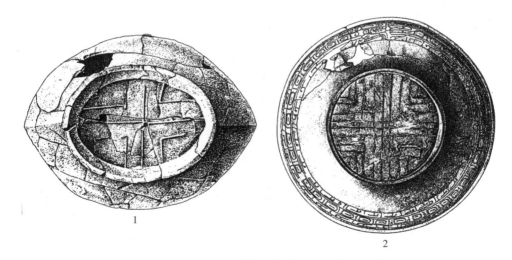

图四四　商代青铜器底部装饰的"亚"形

1. 铜壶（殷墟侯家庄 1400 号墓出土）　　2. 铜盘（殷墟侯家庄 1400 号墓出土）

尽管"亚"形是通过二绳的积累而获得，但是这样的积累过程如果无限地重复下去，当然会使"亚"形四隅所缺的四角逐渐变小，并最终消失，从而使大地的形状由"亚"形变为正方形，这便是方形大地观的由来。因此，所谓天圆地方的宇宙学说如果不是体现着盖天家的一种相对晚近的理论内涵的话，至少对于早期盖天家所认识的"亚"形大地而言，也是一种笼统的说法。

钟离君柏墓的墓室结构为在圆形的墓室范围内设计"亚"形的五位布局，其所体现的盖天宇宙观

图四五　汉长安城遗址出土瓦当

1. 六村堡东南采集　2、3、7. 长安城南郊礼制建筑出土（F5 采：1、F3 东门：1、F4 采：1）

4、6. 长乐宫遗址出土（T8③：29、44）　5. 相家巷遗址出土（TG1：8）　8. 长安城墙西南角遗址出土（T3④：3）

图四六　秦代铜镜

极为鲜明。"亚"形的五位结构以象大地，"亚"形所缺的四隅是为四钩（图一一），这个图像不仅与秦汉铜镜图像中所呈现的"亚"形五位与四钩的设计完全一致（图三六，2、4；图四六），甚至在双墩新石器时代陶器上也留有近乎相同的图像（图四七，3、5），其所体现的古代宇宙观一脉相承。

"亚"形五位乃由四方和中央构成，既体现了五方的发展结果，又建立了九宫的生成基础，因为

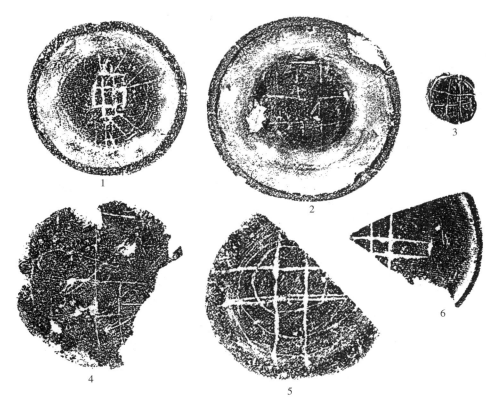

图四七　双墩新石器时代陶器外底契刻之"亚"形图像

1. 92T072226：17－1　2. 92T072130：42　3. 92T0523⑩：123
4. 92T062214：106　5. 91T071919：57　6. 86T0820④：41

五方如果发展为八方、九宫，四维的认识便是必须的前提。而无论是与钟离君柏墓具有相同思想的秦汉铜镜图像（图三六，2、4；图四六），抑或西汉汝阴侯太一九宫式盘地盘的背面图像（图二四，3），都已在四钩的位置列有四维，分别指向东北、东南、西北、西南。四维事实上是从五方的中央引出的四条直线，只是由于四钩所构成的"亚"形的掩盖，致使指向四维的直线在图像中只表现出四钩以外的部分。如果去掉"亚"形，那么我们看到的其实应该是由两个二绳图像转位迭交所构成的九宫，这也就是汝阴侯太一九宫式盘天盘所呈现的图像（图二四，1）。因此很明显，钟离君柏墓墓室"亚"形大地的中央既体现了五位的中央，当然也反映着九宫的中央，这个位置在九州岛的体系中被称为"中土"，而钟离君柏安葬于此，不仅体现着居中治事的传统政治观，而且与其上布列形埒、八极遗迹的寓意也相呼应。《天文》所谓："凡八极之云，是雨天下，八门之风，是节寒暑。八纮、八殥、八泽之云，以雨九州岛而和中土。"故墓中在"亚"形墓室之上设计形埒及八极遗迹，旨在使墓主所居之中土阴阳和、风雨调，这些思想又与墓上封土以五色土杂封所体现的观念若合符契。

钟离君柏墓墓室形制所呈现的五位"亚"形除以墓主人葬于五位的"中土"之外，五位的东、西、南、北四方还分别布列有其他遗迹。首先，这些遗迹的分布呈每方各有三坑，共十二坑。其次，十二随葬坑中以十坑殉葬十人，每坑一人；二坑随葬遗物。这种埋葬安排显然不可能是随意的作为，其所体现的一种一以贯之的宇宙观通过这种独特的设计形式完整地得到了展现。

　　"十二"作为法天之数已是古代先民的普遍认知，因为建构制度基础的历法体系即以一年分为十二月，这甚至使以往呈现的一系列考古学物证都具有了确实的意义。郑州大河村新石器时代陶钵彩绘的太阳都是十二个[53]，二里头青铜钺上绿松石镶嵌的记时"甲"字也是十二个，[54]金沙遗址出土太阳四鸟金箔饰中的太阳光芒同样是十二道[55]。这些证据不仅使我们可以放心地追溯出古代先民以十二象征一年十二月的历数传统，而且也直接涉及到十二支的起源[56]。准此，钟离君柏墓十二个随葬坑具有一年十二月的象征意义应是明显的。

　　由于中国传统的时空关系表现为空间决定时间，因此在四季形成以后，东、南、西、北四方便不仅具有方位的意义，也应具有春、夏、秋、冬四时的意义。西汉景帝阳陵之"罗经石"遗址即以中央之二绳正定四方，而遗址适为方形，每方各辟三阶[57]，即是这种传统的反映。另据新出邡夫人嬭鼎及相关铭文可知，春秋晚期的历法已经形成将一年分为四季，每季各辖孟、仲、季三月的季节体系[58]。显然，钟离君柏墓五位"亚"形墓室于五位之四方每方各具三个随葬坑的设计，无疑体现了一年十二月均分四季、每季各辖三月的文化内涵。

　　古历以十二月配十二支，这是地支系统的体现。而十二坑中又以十坑殉葬十人，应为十干系统的象征。传统以由二绳的平面化所形成的五位"亚"形空间配伍十天干，即呈东方甲乙、南方丙丁、西方庚辛、北方壬癸、中央戊己，而在四维添加于五位"亚"形之后，由于四钩可以视为中央逐渐向外扩张的结果，所以戊己既配中央，也兼四维。《太玄·太玄数》："三八为木，为东方；四九为金，为西方；二七为火，为南方；一六为水，为北方；五五为土，为中央，为四维。"而汉代式盘于这一观念也呈现得十分清楚（图二八，4），这些思想应该就是《淮南子·原道》所谓"经营四隅，还反于枢"。我们曾经指出，公元前第四千纪中叶的西水坡宗教祭祀遗迹即以四个殉人作为分至四神的象征[59]，这意味着古代的殉人制度除体现墓主人身份的尊崇之外，恐怕还应具有某种宗教的意义。这使我们可以从一个新的角度去看待钟离君柏墓位于五位"亚"形四方的十具殉人，他们的性质很可能与西水坡象征分至四神的四子一样体现着一种文化的象征意义，这便是配伍五位的十干。

　　事实上安徽凤阳板桥镇卞庄发现的另一座春秋晚期钟离墓（编号卞庄一号墓）提供了与双墩钟离君柏墓比较分析的重要数据。卞庄一号墓出土5件镈钟，铭称"童（钟）丽（离）公柏之季子康"，知墓主实为钟离君柏之子。此墓早年被盗，但残存墓葬形制不仅与钟离君柏墓相同，而且墓内殉人也恰是十位。发掘者指出：

　　　　墓底的东、西、南、北和中部有5个打破生土的浅坑，即以墓主人棺椁为中心，四周有规律地排列着人殉坑：南人殉坑的南侧发现殉人骨架1具；东人殉坑内有殉人骨架3具；北人殉坑内有殉人骨架3具，并有1件磨光扁长条形石器；西人殉坑内有殉人骨架2具，随葬1件小铜刀和1块陶片[60]。

　　此墓殉人现仅存九具，且不见墓主，而紧靠墓主的南人殉坑内之北侧空置（图四八），可知南人殉坑本应殉有二人，其中北侧殉人盖于早年被盗时与墓主人同遭毁弃。父子两代钟离墓殉人不仅同为十人，分置四方，而且同样随葬小铜刀和陶片，证明其具有共同的象征意义。不啻如此，此类殉人风习在春秋时期的淮水及周边地区似乎很流行，山东莒南大店镇所见春秋晚期一、二号墓各殉十人，其中二号墓主即为莒国国君兹平公[61]。这种以小国之君的身份随葬十人的葬制与钟离国君墓的情形完全相同，钟离与莒或本同为淮泗流域的嬴姓小国[62]，理应具有共同的文化传统。这意味着这些以十人殉葬的做法不仅并非出于巧合，而且应该体现着相同的喻意。当然，古人以十殉人象征十天干，唯重数字的迎合，却无关方位的分布。很明显，钟离墓以位处四方的十位殉人象征十天干，以十二坑象征十二地支，这种作为历数基本要素的"日"的完善不仅构建了阴阳合历的完整的历法体系，即以干支相配所呈现之"日"、以十二月所呈现之"朔"以及以四时所呈现之"气"，而且这种以阳性天干与阴性地支的配伍，也使五位的"中土"必然呈现出阴阳和合而生的景象，这当然暗喻着墓主灵魂的永生。事实上，这种设计思想与墓上五色封土所具有的文化内涵彼此呼应，展现了一种墓主人灵魂不死而往来天地的宗教追求。

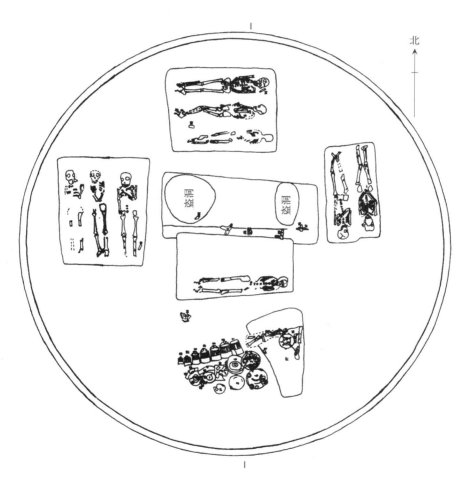

图四八 安徽凤阳卞庄一号春秋钟离墓平面图

七、以祖配天观念之呈现

钟离君柏墓何以呈现出如此奇特的墓葬形制，其所表达的综合思想到底是什么，这是我们必须回答的问题。事实上，墓葬形制所蕴含的原始宗教意义是清楚的，这就是以祖配天的古老传统。此墓之主人身为钟离国君，虽墓中随葬九件钮钟及十二件编磬显示其级秩仅当卿大夫之列，但小国之主作为一方之君，其所追求的政治理想却不会自贬，这种理想便是生时遵循着一种顺时施政的宇宙观，而死后则又享有配帝在天的特权。很明显，这种政治理想通过钟离君柏墓奇异的墓葬形制完整而准确地传达了出来。

钟离君柏墓八极以内的部分或实时人所谓之"昆仑虚"，而自昆仑虚掘下所形成的"亚"形墓室则当所谓"昆仑丘"。《淮南子·墜形》云：

> 禹乃以息土填洪水，以为名山。掘昆仑虚以下地，中有增城九重，其高万一千里百一十四步二尺六寸。……倾宫、旋室、县圃、凉风、樊桐在昆仑阊阖之中，是其疏圃。疏圃之池，浸之黄水，黄水三周复其原，是谓丹（白）水，饮之不死。河水出昆仑东北陬，贯渤海，入禹所导积石山。赤水出其东南陬，西南注南海丹泽之东。赤水之东，弱水出自穷石，至于合黎，余波入于流沙，绝流沙，南至南海。洋水出其西北陬，入于南海羽民之南。凡四水者，帝之神泉，以和百药，以润万物。昆仑之丘，或上倍之，是谓凉风之山，登之而不死。或上倍之，是谓悬圃，登之乃灵，能使风雨。或上倍之，乃维上天，登之乃神，是谓太帝之居。

高诱《注》："息土不耗减，掘之益多，故以填洪水。名山，大山也。掘犹平也。'地'或作'池'。中，昆仑虚中也。增，重也。有五城十二楼，见《括地象》。此乃诞，实未闻也。倾宫，宫满一顷。旋室，以旋玉饰室也。一说室旋机关可转旋，故曰旋室。太帝，天帝。"王念孙《读书杂志》引王引之云："昆仑四隅为四水所出，说本《海内西经》。上文言东北陬、东南陬，下文又言西北陬，无独缺西南陬之理。此处原文当作'弱水出其西南陬，绝流沙，南至南海'。"《河图括地象》云：

> 天下九州岛，内效中域，以尽地化。地中央曰昆仑，昆仑者，地之中也。地下有八柱，柱广十万里，有三千六百轴，互相牵制，名山大川，孔穴相通。
>
> 昆仑之墟有五城十二楼，河水出焉，四维多玉。

《史记·孝武本纪》云：

> 方士有言"黄帝时为五城十二楼，以候神人于执期，命曰迎年"。上许作之如方，名曰明年。上亲礼祠上帝，衣上黄焉。

裴骃《集解》引应劭曰："昆仑玄圃五城十二楼，此仙人之所常居也。"张守节《正义》引颜师古云："迎年，若言祈年。"将这些观念与钟离君柏墓之设计形式对观，可见二者思想之密合。

墓中于形埒遗迹的层面同时发现大量山形土锥，亦即发掘者所谓之"土偶"，此正合禹以息土填洪水所成之名山，则其下八极之内掘为墓室，显为"掘昆仑虚以下地"。

墓室呈现五位"亚"形，且四方共具十二坑，分别殉人葬物，故五位墓室及其四方之十二坑正当所谓"五城十二楼"之象征。《河图括地象》既以"四维"与"五城"对言，明知"五城"之形实即五位亚形。汉武则许作如方，其形亦合。"五城十二楼"必居人储物，此与五位"亚"形墓室之十二坑皆殉人葬物之做法颇合。

墓中十二坑分别位居五位"亚"形之四方，或即所谓"旋室"。高诱以"旋室"为以旋玉饰室，似不可据。《文选·王文考鲁灵光殿赋》："旋室娟娟以窈窕。"李善《注》："旋室，曲屋也。"张铣《注》："旋，曲也。"故知"旋"当以旋转为训。曲屋何谓？《礼记·乐记》："曲如折。"朱彬《训纂》引方性夫曰："曲，言其回转而齐也。"是曲屋实即布建于四方之屋，其制出明堂宗庙，犹太室四方之十二堂。而钟离君柏墓之"十二楼"曲折旋转位列四方，况其中之十具殉人坑均齐若一，正如所谓"旋室"之象。

墓主人葬于五位"亚"形之"中土"，或属所谓"倾宫"。高诱以"倾宫"谓宫满一顷，言其博大⁶³，亦非本义。《说文·人部》："倾，仄也。"《列女传·节义·楚成郑瞀》："宫人皆倾观。"王照圆《补注》："倾，侧也。"钟离君柏墓之墓主棺椁虽于五位之中土，但其位置却并非居于"亚"形之正中，而倾侧于中央偏北的位置，这种设计似乎准确地体现了"倾宫"的观念。《淮南子·天文》尚留有古老的"天倾西北"的观念，战国楚竹书《太一生水》也见相似的记载，这种天文观当然出于古人对于天极的位置并非正居天之中央，而向西北倾倚的观测事实。这意味着墓主的灵魂如果升天而伴于天帝，他的位置就必须尽量地接近天中，从而使其居所脱离正中而倾侧北方。

很明显，钟离君柏墓自下而上的所有设计都围绕着一个既定的主题，那就是墓主人灵魂不死、升天配帝的宗教追求，这个升天过程具体表现为，自五位墓室所象之昆仑丘上升至八极遗迹，实即所谓"凉风之山"，墓主人登之于此则长生不死。如自八极遗迹再向上升至形埒遗迹，则即所谓"悬圃"，墓主人登之于此天地兆际则呈所谓"登之乃灵，能使风雨"。如自形埒遗迹终升至以放射区域及圆璧遗迹所表现的天宇，则即所谓"上天"，墓主人登之于此，即呈所谓"登之乃神"。至于五位"亚"形墓室之四隅，当为四水之所在，也即帝之神泉，其作用当然在于和百药而润万物，目的是使墓主人祛病安泰，升仙无恙。这种以祖配天的古老观念在公元前第四千纪中叶的西水坡时代即已形成，⁶⁴而钟离君柏墓独特的墓葬形制则是这种观念更为完整且丰富的表现。

如此独特的升天观念自东周至汉代甚为流行。《楚辞·天问》："昆仑县圃，其居安在？增城九重，其高畿里？"王逸《章句》："昆仑，山名也，其巅曰县圃，乃上通于天也。"又《离骚》："夕余至乎县圃。"王逸《章句》："县圃，神山，在昆仑之上。《淮南子》曰：昆仑县圃，维绝，乃通天。"洪兴祖《补注》："《水经》引《昆仑说》曰：昆仑之山三级：下曰樊桐，一名板松；二曰玄圃，一名阆风；上曰层城，一名天庭。"《文选·杨子云甘泉赋》："配帝居之县圃兮，象泰壹之威神。"服虔曰："曾城、县圃、阆风，昆仑之山三重也，天帝神在其上。"文虽小异，但所见思想却一脉相承。

上天为天帝之所居，这意味着钟离君柏墓的独特形制如果服务于墓主人升天配帝的需要，就必须保持升天之路的畅通。而墓中象征天盖的圆璧遗迹呈现白色，实际正体现着这样的宗教意义。《淮南子·原道》："是故达于道者，反于清净；究于物者，终于无为。以恬养性，以漠处神，则入于天门。所谓天者，纯粹朴素，质直皓白，未始有与杂糅者也。"高诱《注》："反，本也。天本授人清净之性，故曰反也。"又《天文》："清阳者薄靡而为天。"天之皓白虽然意在指明天的纯朴清净，而且从阴阳学说的角度讲，皓白又具有阳明的性质，这当然与钟离君柏墓白璧天盖的设计思想完全符合。然而除这一基本内涵之外，纯粹之阳天恐怕更在强调天门开启的象征意义。祖先伴帝，灵魂必先入天门。《原道》："经纪山川，蹈腾昆仑，排阊阖，沦天门。"高诱《注》："排，犹斥也。沦，入也。阊阖，始升天之门也。天门，上帝所居紫微宫门也。"而天门或开或闭，皆为神所司守。《离骚》：

"吾令帝阍开关兮，倚阊阖而望予。"王逸《章句》："帝，谓天帝。阍，主门者也。阊阖，天门也。"洪兴祖《补注》："《说文》云：阍，常以昏闭门隶也。《天文大象赋》曰：俨阊阖以洞开。"帝使阍人开关天门，于欲入者或纳或拒，而天门之开闭，在先秦两汉又常以黑白晦明两色为喻。《天问》："何阖而晦？何开而明？"王逸《章句》："言天何所阖闭而晦冥，何所开发而明晓乎？"洪兴祖《补注》："阖，闭户也。开，辟户也。阴阖而晦，阳开而明。"《甘泉赋》："帅尔阴闭，霅然阳开。腾清霄而轶浮景兮，夫何旟旐郅偈之旖旎也。"李善《注》引《文子》曰："与阴俱闭，与阳俱开。"很明显，天之开阖也便意味着天门的启闭，而天门之开闭由阍人所主，据《周礼·天官·阍人》所言门禁之制，正谓以时启闭。郑玄《注》："阍人，司昏晨以启闭者。"孙诒让《正义》："谓宫门夜漏尽则启，昼漏尽则闭也。"其以白开昏闭，适合传统宗教观阳开阴闭之思想。事实上，白为阳明之色，其本身便具有开阳之意。《庄子·人间世》："虚室生白。"陆德明《释文》引崔云："白者，日光所照也。"《汉书·贾谊传》："白昼大都之中。"师古《注》："白昼，昼日也。言白者，谓不阴晦也。"《释名·释采帛》："白，启也。如冰启时色也。"《左传·隐公元年》："夫人将启之。"杜预《集解》："启，开也。""启"字本作开户见日之形，其与白义正相因。古以晦冥象天之阖闭，又以光明象天之开启。而白为光明之色，与阴为对，自有天门开启之喻。在这样的宗教背景下，天门开启而接纳升天之祖灵，这一意义显然可以通过象征天开之白色准确地得到表现。

长沙马王堆一、三号西汉墓所出非衣内容对说明这一问题提供了重要左证。两非衣皆绘墓主人升天场景，其中一号墓非衣中的天盖即涂为白色，天盖下绘形垡图像，以象天地之兆际，且天门两侧各绘一虎豹（图四九，1）[65]，以兼帝阍，又绘大小司命，实象天门开启。《楚辞·招魂》："虎豹九关，啄害下人些。"王逸《章句》："言天门凡有九重，使神虎豹执其关闭，主啄啮天下欲上之人，而杀之也。"即写此意。而三号墓非衣所绘天盖则染为黑色，天门下也绘形垡图像，但天门内虽有大小司命，却不见守门之虎豹帝阍（图四九，2）[66]，显然表现着天门的关闭。原始宗教传统以为，灵魂升天如遇天门关闭，则需令巫祝呼叫帝阍开门。《甘泉赋》："选巫咸兮叫帝阍，开天庭兮延群神。"服虔曰："令巫咸叫呼天门也。"《文选·张平子思玄赋》："叫帝阍使辟扉兮，觌天皇于琼宫。"旧《注》："叫，呼也。阍，主门也。辟，开也。扉，宫门阖也。觌，见也。天皇，天帝也。"足为其证。

1　　　　　　　　　　　　　　　　2

图四九　西汉非衣所绘之天盖与天门（局部）

1. 长沙马王堆一号墓出土　2. 长沙马王堆三号墓出土

故三号墓非衣绘黑色天盖以象天门关闭，且无守门之虎豹帝阍，正有巫祝叫门之暗喻。不啻如此，山东临沂金雀山九号西汉墓所出明旌则于象征天宇的琼宫绘出白色的形垎[67]，兼明天地之涯际与天门开启。而战国秦简尚有白犬助死者还魂的记载[68]，应该同属这一观念的反映。这些做法与钟离君柏墓以白璧遗迹象征天门开启的宗教内涵如出一辙。

钟离君柏墓以一种独特的葬制服务于墓主灵魂配天的需要，因而其"亚"形墓室理应符合古代宗庙之遗制[69]。蔡邕《明堂月令论》云：

> 明堂者，天子太庙，所以宗祀其祖，以配上帝者也。
>
> 明堂上通于天，象日辰，故下十二宫，象日辰也。
>
> 太庙明堂方三十六丈，通天屋径九丈，阴阳九六之变也。圜盖方载，六九之道也。八闼以象八卦，九室以象九州岛，十二宫以应十二辰，三十六户、七十二牖，以四户八牖乘九室之数也。……通天屋高八十一尺，黄钟九九之实也。二十八柱列于四方，亦七宿之象也。堂高三丈，以应三统。四乡五色者象其形。外广二十四丈，应一岁二十四气。四周以水，象四海，王者之大礼也。

又《大戴礼记·明堂》云：

> 二九四七五三六一八。……九室十二堂。

尽管钟离君柏墓不具天子之礼而享有明堂奉祀，但以明堂遗规与墓中遗迹现象对观，两者却不无暗合。

古人以昆仑有"五城十二楼"，其所体现的礼仪建筑实即明堂宗庙之遗制。《史记·孝武本纪》载公玉带上黄帝时明堂图云："中有一殿，四面无壁，以茅盖，通水，圜宫垣为复道，上有楼，从西南入，命曰昆仑，天子从之入，以拜祠上帝焉。"司马贞《索引》云：

> 玉带明堂图中为复道，有楼从西南入，名其道曰昆仑。言其似昆仑山之五城十二楼，故名之也。

实"五城"显指东、西、南、北、中之五位"亚"形，五位之四方各有三楼，共为十二楼[70]，其形恰与明堂规制相合（图五〇）[71]。东周时期的明堂图像已有发现（图五一，1）[72]，西汉晚期之明堂遗址也见于汉长安城南郊（图五一，2）[73]，平面呈外圆内方，中心建筑建于圆形的夯土台上，台上再建"亚"形明堂五室[74]，中为太室，四方则分别为青阳、明堂、总章和玄堂，堂内两侧又各有左、右个（图五〇，5），与《月令》之记载完全相符[75]。如果将明堂形制与钟离君柏墓的"亚"形墓室比较，其所呈现的"五城十二楼"布局正可视为明堂五室十二堂之象征。"明堂"所列九宫实出于五位，故五位墓室乃应五方九州岛；墓中十二旋室亦即十二宫或十二堂，以应十二辰，其中十殉人又喻十天干；墓上放射遗迹以应二十八宿，而五色土杂封则象四向五色[76]；"明堂上通于天"，"所以宗祀其祖，以配上帝"，又合钟离君柏升天配帝之礼旨；而整座墓葬圜盖方载，甚契明堂之制。很明显，钟离君柏墓以宗庙之制布建墓室，其与明堂礼制一脉相承。古人以墓室命曰"玄堂"，正取明堂北室之名，其俗或源于墓室本乃模仿明堂宗庙规制的古老传统。

钟离君柏墓之墓室以倾宫与旋室构成"五城十二楼"，其于月令制度中则象征君主四时所居之堂

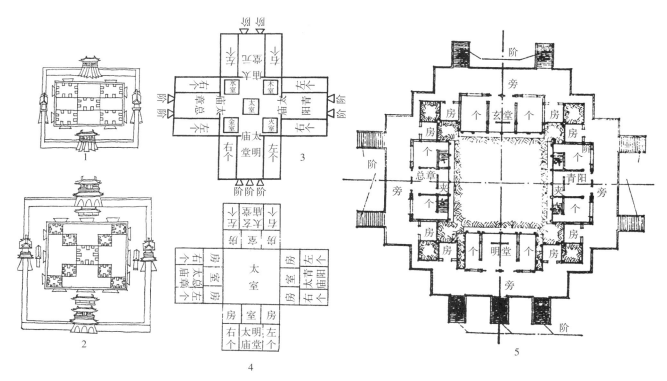

图五〇　明堂图

1、2. 郑玄绘明堂五室、九室图　3. 阮元绘明堂图　4. 王国维绘明堂图　5. 王世仁据西汉明堂遗迹复原图

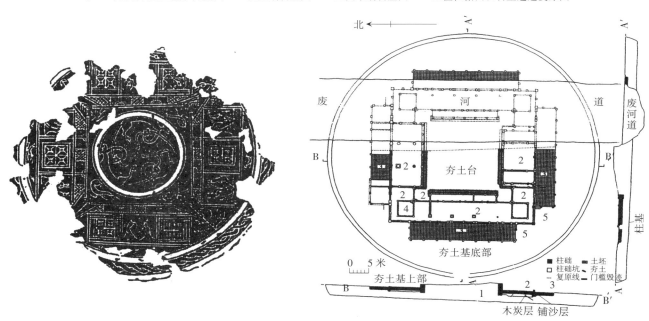

图五一　明堂图

1. 临淄郎家庄一号东周墓出土漆器上的明堂图像　2. 汉长安城南郊明堂遗址中心建筑平面图

个。《大戴礼记·明堂》："明堂月令。"卢辩《注》："于明堂之中，施十二月之令。"这种独特的设计显然与其上五色土遗迹所体现的传统政令观彼此呼应。同时令人惊叹的是，倾宫犹明堂之大室，

或即所谓"通天屋"，为墓主灵魂升天之所，故位置理应高于四方，而实际情况是，墓主棺椁所在之中央倾宫恰呈高于四方旋室的安排（图一一），其与明堂之制甚合（图五二）。《淮南子·天文》："天倾西北。"高诱《注》："倾，高也。"[⑦]依明堂制，通天屋必高于四方堂个，故"倾宫"之名实合于其高出四方旋室之义。是墓主身居倾宫，既有明堂月令之遗蕴，又见其升天配帝之追求，喻意丰富。于此可明，钟离君柏为展现其配天的虔诚，于细节之设计一丝不苟，从而使墓中遗迹所反映的文化内涵与文献所载颇相符合。

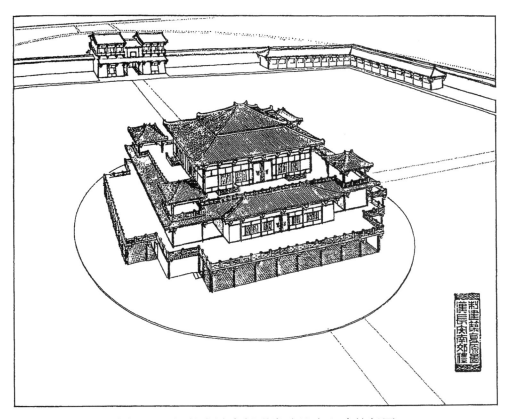

图五二　汉长安城南郊明堂遗址中心建筑复原

事实上，这种独具特色的灵魂升天观念的呈现不仅与我们分析的墓中不同遗迹的内涵吻合无间，而且钟离君柏墓墓葬遗迹的存留，也为研究《淮南子》等相关文献思想的来源提供了形象而确凿的物证。

八、墓葬所见宇宙观之地域传统及其影响

双墩钟离君柏墓缘何以一种独具特色的墓葬形制展现包括天文、数术、政治、宗教的完整宇宙观，这种做法与其说反映了春秋时期贵族集团的普遍追求，倒不如说呈现着淮水流域传统文化所具有的鲜明的地方特色。准确地说，灵魂升天观念的形成年代虽然悠久，但采用如钟离君柏墓的独特的墓葬形制再现这种观念的遗迹，迄今却在淮水流域以外的其他地区尚没有发现。相反，这些思想

不仅在淮水流域的相关考古遗存中留有清晰的痕迹，甚至其证据的年代脉络可以自西汉至公元前第五千纪的新石器时代系统地梳理出来。

与双墩钟离君柏墓同一地点发现的距今约七千年的新石器时代遗址出土大量陶器刻划，[78]其中相当一部分内容与古代时空观念具有密切的关系，如子午、卯酉之二绳图像（图二五）、与四维共存的四钩图像（图二七），由二绳积累而成的"亚"形五位图像（图四二；图四三；图四七），于八极规划的八柱及九宫图像（图三〇）、由八柱图像发展而成的形埒兆朕图像（图三一；图三四；图三五），以及于陶器刻划或堆塑的山形八极图像（图三九；图四〇；图四一）。这些数据所呈现的观念，经数千年的传承而至春秋，有序而不紊，为上古宇宙观的探索提供了重要的数据和可贵的线索。

位于双墩东南方向的含山凌家滩新石器时代遗址约属距今五千五百年[79]，其文化特征同样呈现出相当浓厚的天文数术传统。相关的遗物显示（图二六），凌家滩先民不仅早已具备了四方、五位、八方、九宫的空间思想以及由此决定的时间观念，建立了相应的天文与授时体系，而且通过对数字进制与奇偶性质的认识完成了有关生成与阴阳的形上思辨[80]。这些早期的天文数术知识借助图像的形式保留下来，成为传统文化中与文字史料并重的重要材料。

位于双墩西北的蒙城尉迟寺新石器时代遗址约属距今五千至四千年，其文化内涵所呈现的宇宙观表现出双墩新石器文化的强烈影响。自公元前第五千纪即已出现的形埒图像于尉迟寺大汶口文化和龙山文化遗物上仍有存留（图三三，1－10）[81]，从而成为这种独特宇宙观传承的津梁。

双墩以西的阜阳双古堆曾经发现西汉文帝时期的汝阴侯墓，出土占盘、式盘等天文数术仪具[82]。其中式盘图像的内涵不仅表现了二绳、四钩、四维的完整时空思想（图二四）[83]，而且这些思想甚至可以一直上溯到双墩新石器时代文化，其观念之传承可见一斑。

上述遗存不仅于地理之分布集中于淮水南北，而且其所反映的上古天文观与时空观几乎一致地体现着对双墩新石器时代文化的继承，并在汉初成书的《淮南子》一书中得到了完整的存留。《史记·汉兴以来诸侯王年表》以淮南都寿春，地在今安徽寿县。《汉书·地理志上》谓淮南国有钟离，师古《注》引应劭曰："钟离子国。"是钟离即属淮南旧地。《汉书·艺文志》载《淮南内》二十一篇、《淮南外》三十三篇[84]，师古《注》："《内篇》论道，《外篇》杂说。"今仅存《内篇》，本名《鸿烈》，后刘向、刘歆父子校书，定名《淮南内》，置于《诸子略》。高诱《序》云："其旨近《老子》，淡泊无为，蹈虚守静，出入经道。号曰《鸿烈》。鸿，大也；烈，明也。以为大明道之言也。光禄大夫刘向校定撰具，名之《淮南》。"章学诚《校雠通义·内篇三》："本名为《鸿烈解》，而止称《淮南》，则不知为地名欤，人名、书名欤。"实此书乃由淮南王刘安及其宾客所作，班氏《汉志》自注此书作者但称"王安"二字，虽属史家率笔，然可明刘向定其书名《淮南》实有以国名兼及地理之旨，而书中承载之思想显然不可能不反映淮水流域的文化特色。或者换句话说，《淮南子》之作者由于地处淮南，因而其思想观念便不可能摆脱地域文化的深刻影响。即使从语言学角度探索这一问题[85]，也可见这种影响的痕迹。事实上，集中于《天文》、《墬形》诸篇之宇宙观不仅成为我们解读钟离君柏墓墓葬形制的重要数据，而且这种与双墩新石器时代文化一脉相承的宇宙观无疑构成了独具特点的淮水文化的核心内涵。这意味着自双墩新石器时代文化即已形成的古代宇宙观经过数千载的不懈承传，至春秋以后通过如钟离君柏墓及西汉汝阴侯墓所出天文遗存得到了更为完整的呈现，并最终成为《淮南子》相关诸篇思想的渊薮。

春秋后半叶正是道家思辨哲学创立的时期，根据对郭店战国楚竹书《太一生水》的研究，可明道家哲学的思辨基础实在于宇宙生成论及天文数术思想，老子借宇宙生成论思辨出玄虚的"无"，又据太一行九宫的天文观创立了无名可名的"道"⑧，而淮水流域深厚的天文数术传统无疑为这一哲学体系的诞生准备了条件。《史记·老子韩非列传》："老子者，楚苦县厉乡曲仁里人也。"⑧司马贞《索隐》："苦县本属陈，春秋时楚灭陈，而苦又属楚，故云楚苦县。至高帝十一年，立淮阳国，陈县、苦县皆属焉。……今检《地理志》，苦实属淮阳国。"张守节《正义》引《括地志》云："苦县在亳州谷阳县界。有老子宅及庙，庙中有九井尚存，在今亳州真源县也。"又引《晋太康地记》云："苦县城东有濑乡祠，老子所生地也。"是老子生于苦，或以为相⑧，地在今河南鹿邑东，或以于安徽涡阳⑧，而行迹不仅遍及淮水及其支流涡水流域，且远播洙、泗⑩。由此可见，道家思辨哲学创生于淮水流域并非出于偶然，这一地区古代先民数千年知识的积累造就了崇尚天文数术的深厚传统。而老子生长于这一文化的中心地区，自然构建了道家思辨哲学重视天文数术的学术背景。很明显，钟离君柏墓时代适值道家哲学诞生的春秋晚期，因此其特殊形制不仅是钟离君宇宙观思想的完整体现，同时也应视为淮水流域传统文化特色的集中体现。

需要指出的是，据钟离君柏墓所出器铭可知，钟离本出徐氏，而徐于《诗·大雅·常武》等篇作"徐方"。《尚书·费誓序》："鲁侯伯禽宅曲阜，徐夷并兴。"经又称"徐戎"。《后汉书·东夷传》："武乙衰敝，东夷寖盛，遂分迁淮、岱，渐居中土。……康王之时，……徐夷僭号，乃率九夷以伐宗周，西至河上。穆王畏其方炽，乃分东方诸侯，命徐偃王主之。偃王处潢池东，地方五百里。"足见淮水流域之文化事实上与海岱地区的古代文化有着密切的关系⑨，这种联系通过两地文化的一致性呈现出一种共同的精神。考古数据显示，位于蚌埠西北涡水流域的蒙城尉迟寺已经发现大汶口文化的遗存，其中契刻于大口尊上的文字不仅可以追溯到双墩新石器时代文化（图三二，5，6；图三三，11－14），而且与在山东莒县陵阳河及大朱家村同类陶尊上发现的文字也完全相同（图五三）⑨。这一事实不仅暗示两地先民使用着同一种文字⑨，甚至关系到他们可能具有着相同的思想和传统，或者属于相同的族群。这种超乎物质遗存所建立的思想背景可以使我们放心地比较这一地区的其他文化现象，如大汶口文化遗物上已出现具有时空思想的特殊八角图像，而这种图像竟也见于安徽含山凌家滩新石器时代的洛书玉版及其他遗物（图二六）⑨，显然表明两地先民本应具有相同的形上思想及宇宙观⑨。这些观念不仅根深蒂固，而且影响深远，以致自新石器时代以迄东周，淮水流域及其周边地区始终保留着诸如借殉人以象征更广泛的文化内涵的独特传统，甚至其独具特色的地理思想也成为其后邹衍学说的核心，并最终为《淮南子》所继承⑨。毫无疑问，这些思考可以使我们以更广阔的视野探究钟离君柏墓所呈现的朴素宇宙观。

最后必须强调的是，如果我们将以文字的形式系统记录古代思想视为文明产生之后相对晚近的事情的话，那么运用考古数据探讨上古宇宙观无疑可以帮助我们重建早期文明时期甚至前文字时代的上古思想史，这个工作无论对于传统的历史学研究还是历史文献学研究，都提供了全新的研究视角与诠释方法。《淮南子》的某些内容虽然可以作为解读钟离君柏墓墓葬形制的直接证据，但可以肯定的是，如果没有钟离君柏墓所展示的形象数据，我们对于《淮南子》相关思想的理解就很难达到准确和切实。因此，正像我们曾经通过对西水坡原始宗教遗迹的研究最终正确地理解了《尚书·尧

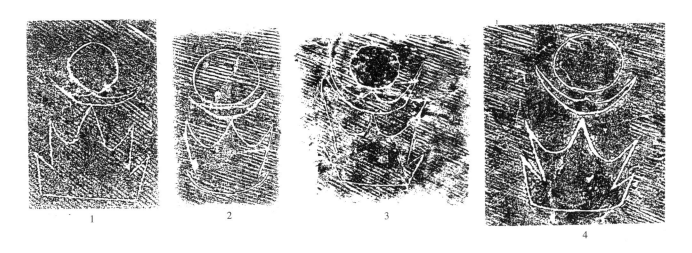

图五三　大汶口文化陶尊契刻文字拓本

1、2. 山东莒县陵阳河采集、大朱家村 H1 出土　　3、4. 安徽蒙城尉迟寺 JS4：1、M96：2

典》的相关内容一样⑰，钟离君柏墓所提供的直接史料也为我们准确地理解《淮南子》的相关文字提供了极大帮助，这为从考古学的角度探讨历史文献学提供了重要启示。显然，春秋钟离君柏墓的发现以及相关宇宙观的探索不仅对考古学研究具有意义，对于古代政治史、宗教史、思想史、哲学史、科学史乃至历史文献学的研究也同样具有意义。

十、结　论

综上所述，可将本文要点厘次如下。

一、钟离君柏墓五色封土及填土遗迹反映了古人顺时施政的传统政治观，其思想体系于《礼记·月令》中尚有完整的存留。

二、钟离君柏墓圆璧遗迹乃为盖天家所认知的天宇的象征，其取形于"七衡六间图"，实际是一幅以北极为中心的星图。

三、圆璧遗迹所象征的天盖之下自中央圆区向外辐射的二十条宽窄不同的区域则为二十八宿之象征，其以之上的圆璧遗迹为背景，共同完成了象征性的天盖的设计。二十八宿归纳为二十个区域反映了古人对于星与象的不同认识，并且说明二十八宿作为一种天文观测体系在春秋晚期已经形成。这一事实与传世文献及出土文献所提供的相关证据吻合。

四、钟离君柏墓天宇之下的半圆形土丘实为形埒之象征，其内涵则在表现自天柱观念发展出的天地兆界的思想，而十八形埒之数则恰好应合天之九野与地之九州岛之和，这些思想与《淮南子·天文》、《墬形》诸篇所呈现的内容可互为印证。

五、形埒遗迹之下的以圆形土锥构筑的圆形遗迹实即古人认识的自中央九州岛以外的远界——八极，八极以山环绕，此正为圆形土锥所具之喻意。相关内容于《淮南子·墬形》尚有完整记述。

六、"亚"形墓室则为大地之象征，墓主葬居"亚"形之中央，是为"中土"。"亚"形之四方分别埋葬十二坑，每方各三，分别具有一年四季十二月、每季三月的象征，且以十二月应合十二支。十二坑中十坑殉葬十人，以象十干，十干既配五位，与墓室呈五位"亚"形吻合；又与十二支配合纪日，表现了日、朔、气的完整历数思想及阴阳相生的哲学观念。

七、钟离君柏墓独特的形制设计旨在表现墓主人灵魂升天的宗教思想，墓室当系古人认为的昆仑丘，其四隅则为四水所出，以和百药，保墓主安康；昆仑丘上之八极遗迹当为凉风之山，登之不死；其上之形埒遗迹则为悬圃，登之乃灵，能使风雨；最上之天宇遗迹则为天帝所居之上天，登之乃神。这种以祖配天的观念于河南濮阳西水坡新石器时代宗教遗迹即有完整的呈现，至春秋时代，其内涵更为丰富。

八、钟离君柏墓的设计思想具有浓郁的淮水古代文化的地域特色，这个文化传统不仅孕育了道家思辨哲学，同时也成为邹衍地理学说和《淮南子》相关思想的直接来源。

后记：安徽省文物考古研究所阚绪杭研究员惠允介绍并提供钟离君柏墓相关数据，附识于此，谨志铭感。

2010 年 1 月 12 日写讫于台北东吴大学，2010 年 11 月 16 日定稿于北京尚朴堂

注释

① 《左传·昭公二十四年》："吴人踵楚，而边人不备，遂灭巢及钟离而去。"《史记·秦本纪》："秦之先为嬴姓，其后分封，以国为姓，有徐氏、郯氏、莒氏、终黎氏。"《史记·伍子胥列传》司马贞《索隐》引《世本》："钟离，与秦同祖，嬴姓也。"又《通志·氏族略三》以钟离为姬姓，更有以为子姓。详参陈槃，《春秋大事表列国爵姓及存灭表譔异》（三订本）（台北：历史语言研究所，1997）。承阚绪杭教授见告并惠示资料，钟离君柏墓出土兵器见有"钟离君柏叟（护）徐人"之铭文，徐为嬴姓之国，见《世本》及上引《秦本纪》，《路史·国名纪乙》引《世本》："钟离，徐之别封。"又见《新定九域志》古蹟卷五濠州条，《太平寰宇记》卷一百二十八引作"徐之别号"。是钟离为徐之别封而护之，明证钟离乃嬴姓之国。

② 此墓之发掘自 2006 年 12 月持续至 2008 年 8 月，发掘资料见安徽省文物考古研究所、蚌埠市博物馆：《安徽蚌埠市双墩一号春秋墓葬》，《考古》，2009 年 7 期。后文所引资料凡出此文者，恕不复注。资料又见阚绪杭、周群、钱仁发、唐更生：《春秋钟离国墓的发掘收获》，《东南文化》，2009 年 1 期；安徽省文物考古研究所、蚌埠市博物馆：《安徽蚌埠双墩一号春秋墓发掘简报》，《文物》，2010 年 3 期。

③ 此类方器，宋人定名曰"簠"，学者或正名曰"瑚"，是。参见唐兰：《略论西周微史家族窖藏铜器群的重要意义——陕西扶风新出墙盘铭文解释》，《文物》，1978 年 3 期；高明：《盨、簠考辨》，《文物》，1982 年 6 期。

④ 安徽省文物考古研究所、蚌埠市博物馆：《安徽蚌埠市双墩一号春秋墓葬》，《考古》，2009 年 7 期。

⑤ 山东省博物馆、临沂地区文物组、莒南县文化馆：《莒南大店春秋时期莒国殉人墓》，《考古学报》，1978 年 3 期。

⑥ 王世民：《春秋战国葬制中乐器和礼器的组合情况》，载湖北省博物馆等编：《曾侯乙编钟研究》，湖北人民出版社，1992 年；又见氏著：《商周铜器与考古学史论集》，艺文印书馆，2008 年。

⑦ 濮阳市文物管理委员会、濮阳市博物馆、濮阳市文物工作队：《河南濮阳西水坡遗址发掘简报》，《文物》，1988 年 3 期。

⑧ 拙作，《河南濮阳西水坡 45 号墓的天文学研究》，《文物》，1990 年 3 期；《中国天文考古学》社会科学文献出版社，

2001 年，第六章第四节。

⑨ 拙作，《中国古代的天文与人文》，中国社会科学出版社，2006 年，第二章第二节之二。

⑩ 梁思永、高去寻：《侯家庄》，台湾历史语言研究所，1962 年，第二本 1001 号大墓，上册。

⑪ 梁思永、高去寻：《侯家庄》，台湾历史语言研究所，1962 年，第二本 1001 号大墓，上册，28～31 页。

⑫ 湖北省博物馆：《曾侯乙墓》，文物出版社，2001 年。

⑬ 吕梁地区文物局：《山西吕梁地区征集的汉画像石》，《文物》，2008 年 7 期，84、87 页。或于石柱见题"万岁之宅兆"，参王双斌：《山西离石马茂庄建宁四年汉画像石墓》，《文物》，2009 年 1 期。

⑭ 拙作，《河南濮阳西水坡 45 号墓的天文学研究》，《文物》，1990 年 3 期；《中国天文考古学》，社会科学文献出版社，2001 年，第六章第四节。

⑮ 拙作，《中国古代的天文与人文》，中国社会科学出版社，2006 年，165 页。

⑯ 中国社会科学院考古研究所、日本奈良国立文化财研究所中日联合考古队：《汉长安城桂宫四号建筑遗址发掘简报》，《考古》，2002 年 1 期；拙作，《新莽封禅玉牒研究》，《考古学报》，2006 年 1 期；《中国古代的天文与人文》（修订本），中国社会科学出版社，2009 年，第三章。《史记·太史公自序》："今天子接千岁之统，封泰山。"

⑰ 拙作，《中国古代的天文与人文》，中国社会科学出版社，2006 年，第一章。

⑱ 拙作，《天地交泰观的考古学研究》，《出土文献研究方法论文集初集》，台湾大学出版中心，2005 年。

⑲ 陈美东：《中国古代天文学思想》，中国科学技术出版社，2007 年，第六章第四节。

⑳ 彭林：《郭店楚简与〈礼记〉的年代》，《中国哲学》，辽宁教育出版社，2000 年，第二十一辑。

㉑ 参见吴承仕：《经典释文序录疏证》，中华书局，1984 年。

㉒ 拙作，《〈周易〉干坤卦爻辞研究》，《中国文化》32（2010）。

㉓ 能田忠亮以为其与西元前 620±100 年的实际天象符合。见氏著，《礼记月令天文考》（京都：1938）。

㉔ 拙作，《邙夫人嬭鼎及相关问题》，《中原文物》，2009 年 6 期。

㉕ 拙作，《殷礼劄存》，《中国文字博物馆》，2010 年 2 期。

㉖ 刘昭《续汉书·天文志注》引蔡邕《表志》云："宣夜之学绝无师法。"《晋书·天文志》云："宣夜之书亡，惟汉秘书郎郗萌记先师相传。"

㉗ 拙作，《中国天文考古学》，社会科学文献出版社，2001 年，第一章第一节。

㉘ 拙作，《中国天文考古学》，社会科学文献出版社，2001 年，第六章第四节、第七章第二节。

㉙ 安徽省文物考古研究所：《凌家滩——田野考古发掘报告之一》，文物出版社，2006 年，26 页，彩版六，1。

㉚ 广州市文物管理委员会、中国社会科学院考古研究所、广东省博物馆：《西汉南越王墓》，文物出版社，1991 年，183、190 页，图版一一二，2。

㉛ 邓淑苹：《由蓝田山房藏玉论中国古代玉器文化的特质》，《蓝田山房藏玉百选》，年喜文教基金会，1995 年；《由考古实例论中国崇玉文化的形成与演变》，中央研究院历史语言研究所会议论文集之四《中国考古学与历史学之整合研究》，1997 年。

㉜ 关于璿玑的讨论，参见拙作：《中国天文考古学》，社会科学文献出版社，2001 年，第三章第二节。

㉝ 参见《隋书·天文志上》，中华书局，1982 年。

㉞ 此墓于 2005 年被盗未遂，故发掘者考虑中央之圆形遗迹应为盗洞。如此，则因盗洞的位置恰与墓葬原有的中央圆形遗迹重合，故可能破坏了这一遗迹。

㉟ 中国科学院考古研究所，《上村岭虢国墓地》，科学出版社，1959 年。

㊱ 南京市博物馆、南京市江宁区博物馆：《南京将军山西晋墓发掘简报》，《文物》，2008 年 3 期。

㊲ 陕西省考古研究所、西安交通大学：《西安交通大学西汉壁画墓》，西安交通大学出版社，1991 年。

㊳ 王健民、刘金沂：《西汉汝阴侯墓出土圆盘上二十八宿古距度的研究》，见中国社会科学院考古研究所编：《中国古

代天文文物论集》，文物出版社，1989 年。相关资料尚可参阅新近刊布的战国晚期秦简《日书》乙种所记二十八宿距度。见甘肃省文物考古研究所：《天水放马滩秦简》，中华书局，2009 年，图版二五、二六，95、96 页。

㊴ 安徽省文物考古研究所、蚌埠市博物馆：《蚌埠双墩——新石器时代遗址发掘报告》，科学出版社，2008 年。后文所引资料凡出此文者，恕不复注。

㊵ 拙作，《中国古代的天文与人文》，中国社会科学出版社，2006 年，第一章。

㊶ 具有四维连线的汉代遗物，学者或有汇集。参见黄儒宣：《六博棋局的演变》，《中原文物》，2010 年 1 期，55 ~ 56 页。

㊷ 参见拙作，《中国天文考古学》，社会科学文献出版社，2001 年，第八章第二节。

㊸ 《淮南子·天文》："星部地名。"即言二十八宿分野。

㊹ 中国社会科学院考古研究所：《蒙城尉迟寺——皖北新石器时代聚落遗存的发掘与研究》，科学出版社，2001 年；中国社会科学院考古研究所、安徽省蒙城县文化局，《蒙城尉迟寺》（第二部），科学出版社，2007 年。

㊺ 孙机：《托克托日晷》，《中国历史博物馆馆刊》总 3（1981）；李零：《"式"与中国古代的宇宙模式》，《中国文化》4（1991）；李学勤：《〈博局占〉与规矩纹》，《文物》，1997 年 1 期；拙作，《中国天文考古学》，社会科学文献出版社，2001 年，第八章第二节。

㊻ 连云港市博物馆、东海县博物馆、中国社会科学院简帛研究中心、中国文物研究所：《尹湾汉墓简牍》，中华书局，1997 年。

㊼ 李学勤：《〈博局占〉与规矩纹》，《文物》，1997 年 1 期；刘乐贤：《尹湾汉墓出土数术文献初探》，《尹湾汉墓简牍综论》，科学出版社，1999 年；曾蓝莹：《尹湾汉墓〈博局占〉木牍试解》，《文物》，1999 年 8 期；李解民：《尹湾汉墓〈博局占〉木牍试解〉订补》，《文物》，2000 年 8 期；李零：《跋中山王墓出土的六博棋局——与尹湾〈博局占〉的设计比较》，《中国历史文物》，2002 年 1 期。

㊽ 有关博局九个名称的相应位置，学者已有研究，参见曾蓝莹：《尹湾汉墓〈博局占〉木牍试解》，《文物》，1999 年 8 期；李解民：《〈尹湾汉墓《博局占》木牍试解〉订补》，《文物》，2000 年 8 期。但如从式图本身所体现的天文学性质考虑，这些名称的含义仍有进一步讨论的必要。

㊾ 《文选·左太冲杂诗》李善《注》引。

㊿ 梁思永、高去寻遗著，石璋如校补，刘秀文助理：《侯家庄》，台湾历史语言研究所，1996 年，第九本 1129、1400、1443 号大墓，图版伍贰。

(51) 梁思永、高去寻遗著，石璋如校补，刘秀文助理：《侯家庄》，台湾历史语言研究所，1996 年，第九本 1129、1400、1443 号大墓，图版肆参。

(52) 拙作，〈古代时空观与五方观念〉，《〈中国的视觉世界〉国际会议论文集》（*Proceedings of the International Symposiums the Visual World of China*），École des Hautes Études en Sciences Sociales，2005.

(53) 李昌韬：《大河村新石器时代彩陶上的天文图像》，《文物》，1983 年 8 期。

(54) 拙作，《〈尧典〉历法体系的考古学研究》，《文物世界》，1999 年 1 期；《中国天文考古学》，社会科学文献出版社，2001 年，第三章第三节之五。

(55) 拙作，《中国古代的天文与人文》，中国社会科学出版社，2006 年，108 页。

(56) 拙作，《中国天文考古学》，社会科学文献出版社，2001 年，147 ~ 148 页。

(57) 陕西省考古研究所，《汉阳陵》，重庆出版社，2001 年。

(58) 拙作，〈邙夫人嫘鼎及相关问题〉，《中原文物》，2009 年 6 期。

(59) 拙作，《中国古代的天文与人文》，中国社会科学出版社，2006 年，第二章第二节之二。

(60) 阚绪杭、周群、钱仁发、唐更生：《春秋钟离国墓的发掘收获》，《东南文化》，2009 年 1 期，45 页。资料又见安徽省文物考古研究所、凤阳县文物管理所：《安徽凤阳卞庄一号春秋墓发掘简报》，《文物》，2009 年 8 期。

㉛ 山东省博物馆、临沂地区文物组、莒南县文化馆：《莒南大店春秋时期莒国殉人墓》，《考古学报》，1978 年 3 期。

㉒ 参见《史记·秦本纪》、《汉书·地理志》。《春秋经·隐公二年》孔颖达《正义》引《世本》："自纪公以下为己姓。"《国语·郑语》又有曹姓之莒，是别为一国。

㉓ 《春秋繁露·王道》："充倾宫之志。"苏舆《义证》："《尚书大传》：'归倾宫之女。'《文选》刘渊林注《吴都赋》：'汲郡地中《古文册书》："桀作倾宫，饰瑶台。"'高诱云：'倾宫，筑作宫墙，满一顷田中，言博大也。'"

㉔ 拙作，《中国古代的天文与人文》，中国社会科学出版社，2006 年，第二章第二节之二。

㉕ 湖南省博物馆、中国科学院考古研究所：《长沙马王堆一号汉墓》，文物出版社，1973 年，下册，图七一、图七六。

㉖ 湖南省博物馆、湖南省文物考古研究所：《长沙马王堆二、三号汉墓》，文物出版社，2004 年，第一卷，田野考古发掘报告，彩版二〇。

㉗ 临沂金雀山汉墓发掘组：《山东临沂金雀山九号汉墓发掘简报》，《文物》，1977 年 11 期，图版壹；刘家骥、刘炳森：《金雀山西汉帛画临摹后感》，《文物》，1977 年 11 期。

㉘ 甘肃省文物考古研究所：《天水放马滩秦简》，中华书局，2009 年，59、107 页；李学勤：《放马滩简中的志怪故事》，《文物》，1990 年 4 期。

㉙ 宋以来学者或以"亚"字乃明堂庙室之象，参见薛尚功：《历代钟鼎彝器款识法帖》（明崇祯六年〔1633〕朱谋垔刻本），卷一；徐同柏：《从古堂款识学》（清光绪三十二年〔1906〕蒙学报馆石印本），卷十三，21 页；高田忠周：《古籀篇》（日本大正十四年〔1925〕东京古籀篇刊行会影印本），卷一，12～13 页。实"亚"字本为大地之象，以明五位，唯明堂庙室亦取五位之形以喻五方四时耳。

㉚ 李零：《说汉阳陵"罗经石"遗址的建筑设计》，《考古与文物》，2002 年 6 期；又见氏著：《入山与出塞》，文物出版社，2004 年。

㉛ 聂崇义：《新定三礼图》（清康熙丙辰〔1676〕刻本）；阮元：《明堂图说》，《揅经室续集》，中华书局，1993 年，卷一；王国维：《明堂庙寝通考》，《观堂集林》卷三，《王国维遗书》，上海古籍书店，1983 年。

㉒ 山东省博物馆：《临淄郎家庄一号东周殉人墓》，《考古学报》，1977 年 1 期，81～82 页。

㉓ 中国社会科学院考古研究所：《西汉礼制建筑遗址》，文物出版社，2003 年。

㉔ 《周礼·考工记·匠人》以明堂为五室，《礼记·明堂位》、《大戴礼记·明堂》又以明堂为九室，据考古资料分析，二说实无矛盾。参见王世仁：《汉长安城南郊礼制建筑（大土门村遗址）原状的推测》，《考古》，1963 年 9 期；《明堂形制初探》，《中国文化研究集刊》，复旦大学出版社，1987 年 4 期。

㉕ 汉魏及唐代的明堂遗址也见发掘。参见王仲殊：《汉代考古学概说》，中华书局，1984 年，26 页；王银田、曹臣明、韩生存：《山西大同市北魏平城明堂遗址 1995 年的发掘》，《考古》，2001 年 3 期；刘俊喜、张志中：《北魏明堂辟雍遗址南门发掘简报》，《山西省考古学会论文集》（三），山西古籍出版社，2001 年；王银田：《北魏平城明堂遗址研究》，《中国史研究》，2000 年 1 期；中国社会科学院考古研究所洛阳唐城队：《唐东都武则天明堂遗址发掘简报》，《考古》，1988 年 3 期。

㉖ 《通典》卷四十四云："（唐高宗）总章三年〔670〕三月，具明堂规制，下诏：其明堂院，……院四隅各置重楼，其四墉各依方色。"《资治通鉴》卷二百四云："（武后）毁干元殿，于其地作明堂，……凡三层，下层法四时，各随方色。"

㉗ 雷学淇《竹书纪年义证》卷一〇云："倾宫者，倾危之义，言高也。"其倾危之说似不足取。

㉘ 安徽省文物考古研究所、蚌埠市博物馆，《蚌埠双墩——新石器时代遗址发掘报告》，科学出版社，2008 年。

㉙ 安徽省文物考古研究所：《凌家滩——田野考古发掘报告之一》，文物出版社，2006 年。

㉚ 陈久金、张敬国：《含山出土玉片图形试考》，《文物》，1989 年 4 期；饶宗颐：《未有文字以前表示"方位"与"数理关系"的玉版》，《文物研究》6（1990）；拙作，《史前八角纹与上古天数观》，《考古求知集》，中国社会科学出版社，1997 年；《中国天文考古学》，社会科学文献出版社，2001 年，第八章第二节。

⑧ 中国社会科学院考古研究所：《蒙城尉迟寺——皖北新石器时代聚落遗存的发掘与研究》，科学出版社，2001 年；中国社会科学院考古研究所、安徽省蒙城县文化局，《蒙城尉迟寺》（第二部），科学出版社，2007 年。

⑧ 安徽省文物工作队、阜阳地区博物馆、阜阳县文化局：《阜阳双古堆西汉汝阴侯墓发掘简报》，《文物》，1978 年 8 期。

⑧ 拙作，《中国古代的天文与人文》，中国社会科学出版社，2006 年，第一章。

⑧ 《汉书·淮南王传》："淮南王安为人好书，鼓琴，不喜弋猎狗马驰骋，亦欲以行阴德拊循百姓，流名誉。招致宾客方术之士数千人，作为《内书》二十一篇，《外书》甚众，又有《中书》八卷，言神仙黄白之术，亦二十余万言。"

⑧ 参见陈广忠：〈《淮南子》楚语考〉，《第二届儒道国际学术研讨会——两汉 论文集》，台湾师范大学国文学系，2005 年。

⑧ 拙作，《中国古代的天文与人文》，中国社会科学出版社，2006 年，第四章第一节。

⑧ 有关《史记》所载老子其人及其时代、乡里的可靠性乃为学术界聚讼不决之疑案，拙文姑取通行之说，于此不复申论。

⑧ 参见马叙伦：《老子姓氏名字乡里仕宦生卒考》，见氏著，《老子校诂》，中华书局，1974 年，上册。

⑧ 《水经·阴沟水注》引东汉桓帝永兴元年谯令长沙王阜所立《老子圣母李夫人碑》云："老子生于曲涡间。"又引边韶《老子铭》云："老子，楚相县人也。相县虚荒，今属苦，故城犹存，在赖乡之东。涡水处其阳。"洪适《隶释》卷三云："《老子铭》，篆额，在亳州苦县。苦属陈国，故其文陈相边韶所作。"另可参见孙以楷，〈老子故里考〉，《老子通论》，安徽大学出版社，2004 年。

⑨ 谭戒甫：《二老研究》，《古史辨》，上海古籍出版社，1982 年，第六册。

⑨ 高广仁：《谈谈对安徽淮北地区新石器时代遗址的初步认识》；何长凤：《关于安徽原始文化研究中的几个问题》。两文俱见《文物研究》，黄山书社，1989 年，第五辑。

⑨ 山东省文物管理处、济南市博物馆：《大汶口》，文物出版社，1974 年；王树明：《谈陵阳河与大朱村出土的陶尊"文字"》，《山东史前文化论文集》，齐鲁书社，1986 年；中国社会科学院考古研究所：《蒙城尉迟寺——皖北新石器时代聚落遗存的发现与研究》，科学出版社，2001 年。

⑨ 关于文字的解读，参见拙作，《试论中国文字的起源》，《韩国古代史探究》创刊号（2009）。

⑨ 安徽省文物考古研究所，《凌家滩——田野考古发掘报告之一》，文物出版社，2006 年。

⑨ 拙作，《史前八角纹与上古天数观》，《考古求知集》，中国社会科学出版社，1997 年；《中国天文考古学》，社会科学文献出版社，2001 年，第八章第二节。

⑨ 《汉书·刘向传》："向父德，武帝时治淮南狱，得《枕中鸿宝苑秘书》及邹衍《重道延命方》，世人莫见。"知汉淮南王颇好邹衍之学。关于《淮南子·墬形》之九州与邹衍大九州说之关系，丁山以为《淮南子》殆即邹衍遗说，参见〈九州通考〉，《齐鲁学报》1940.1；收入氏著，《古代神话与民族》，商务印书馆，2005 年。吕思勉则谓《淮南子》所存乃古之旧闻，邹衍继其说，而非新创。参见《邹衍大九州说》，《吕思勉读史劄记》，上海古籍出版社，1982 年。

⑨ 拙作，《中国古代的天文与人文》（中国社会科学出版社，2006），第二章第二节之二。

引用书目

一、传统文献

孔颖达：《尚书正义》，中华书局影印清道光重刊阮元校刻《十三经注疏》本，1980 年。

孔颖达：《毛诗正义》，中华书局影印清道光重刊阮元校刻《十三经注疏》本，1980 年。

孔颖达：《礼记正义》，中华书局影印清道光重刊阮元校刻《十三经注疏》本，1980年。

孔颖达：《春秋左传正义》，中华书局影印清道光重刊阮元校刻《十三经注疏》本，1980年。

何休、徐彦：《春秋公羊传注疏》，中华书局影印清道光重刊阮元校刻《十三经注疏》本，1980年。

郑玄、贾公彦：《周礼注疏》，中华书局影印清道光重刊阮元校刻《十三经注疏》本，1980年。

孙诒让：《周礼正义》，中华书局，1987年。

孙希旦：《礼记集解》，中华书局，1989年。

朱彬：《礼记训纂》，中华书局，1996年。

蔡邕：《月令章句》，《鄦斋丛书》本。

蔡邕：《明堂月令论》，严可均校辑《全上古三代秦汉三国六朝文》，中华书局，1985年。

王聘珍：《大戴礼记解诂》，中华书局，1983年。

聂崇义：《新定三礼图》，清康熙丙辰（1676）刻本。

左丘明：《国语》，上海古籍出版社，1982年。

邵晋涵：《尔雅正义》，《皇清经解》本。

郝懿行：《尔雅义疏》，上海古籍出版社影印清同治四年（1865）郝氏家刻本，1983年。

段玉裁：《说文解字注》，上海古籍出版社影印经韵楼刻本，1981年。

王先谦：《释名疏证补》，上海古籍出版社，1984年。

王念孙：《广雅疏证》，上海古籍出版社影印清嘉庆印本，1983年。

陆德明：《经典释文》，中华书局，1983年。

吴承仕：《经典释文序录疏证》，中华书局，1984年。

洪适：《隶释》，中华书局影印洪氏晦木斋刻本，1985年。

薛尚功：《历代钟鼎彝器款识法帖》，明崇祯六年（1633）朱谋垔刻本。

徐同柏：《从古堂款识学》，清光绪三十二年（1906）蒙学报馆石印本。

高田忠周：《古籀篇》，日本大正十四年（1925）东京古籀篇刊行会影印本。

司马迁：《史记》，中华书局标点本，1959年。

班固等：《汉书》，中华书局标点本，1962年。

范晔等：《后汉书》，中华书局标点本，1965年。

房玄龄等：《晋书》，中华书局标点本，1974年。

魏征等：《隋书》，中华书局标点本，1982年。

司马光：《资治通鉴》，中华书局，1956年。

雷学淇：《竹书纪年义证》，艺文印书馆，1977年。

杜佑：《通典》，中华书局，1988年。

王照圆：《列女传补注》，《郝氏遗书》本。

《河图括地象》，《丛书集成初编》本。

罗泌：《路史》，《四部备要》本。

杨守敬、熊会贞：《水经注疏》，江苏古籍出版社，1989年。

乐史：《太平寰宇记》，中华书局，2007年。

王存等：《元丰九域志》，中华书局，1984年。

黎翔凤：《管子校注》，中华书局，2004年。

郭庆藩：《庄子集解》，中华书局，1982年。

王先谦：《荀子集解》，中华书局，1996年。

陈奇猷：《吕氏春秋校释》，学林出版社，1984 年。

刘家立：《淮南集证》，中华书局，1924 年。

吴承仕：《淮南旧注校理》，北京师范大学出版社，1985 年。

刘文典：《淮南鸿烈集解》，中华书局，1989 年。

何宁：《淮南子集释》，中华书局，1998 年。

蒋鸿礼：《淮南子校记》，收入《怀仁斋文集》，上海古籍出版社，1986 年。

苏舆：《春秋繁露义证》，中华书局，1992 年。

司马光：《太玄集注》，中华书局，1998 年。

王明：《抱朴子内篇校释》，中华书局，1985 年。

《周髀算经》，赵爽注，《四部丛刊》本。

瞿昙悉达：《开元占经》，《四库全书》本。

葛洪：《西京杂记》，《汉魏丛书》本。

洪兴祖：《楚辞补注》，中华书局，1986 年。

萧统：《文选》，六臣注，《四部丛刊》本。

王念孙：《读书杂志》，江苏古籍出版社，2000 年。

阮元：《揅经室续集》，中华书局，1993 年。

章学诚：《校雠通义》，刘氏嘉业堂《章氏遗书》本，1921 年。

徐坚等：《初学记》，中华书局，1989 年。

李昉等：《太平御览》，中华书局，1960 年。

二、近人论著

丁山：《古代神话与民族》，商务印书馆，2005 年。

上海博物馆：《练形神冶　莹质良工——上海博物馆藏铜镜精品》，上海书画出版社。

山东省博物馆：《临淄郎家庄一号东周殉人墓》，《考古学报》，1977 年 1 期。

山东省博物馆、山东省文物考古研究所：《山东汉画像石选集》，齐鲁书社，1982 年。

山东省文物管理处、济南市博物馆：《大汶口》，文物出版社，1974 年。

山东省博物馆、临沂地区文物组、莒南县文化馆：《莒南大店春秋时期莒国殉人墓》，《考古学报》1978 年 3 期。

王世仁：《汉长安城南郊礼制建筑（大土门村遗址）原状的推测》，《考古》1963 年 9 期。

《明堂形制初探》，《中国文化研究集刊》4，复旦大学出版社，1987 年。

王世民：《春秋战国葬制中乐器和礼器的组合情况》，湖北省博物馆等编：《曾侯乙编钟研究》，湖北人民出版社，1992 年。

王仲殊：《汉代考古学概说》，中华书局，1984 年。

王健民、刘金沂：《西汉汝阴侯墓出土圆盘上二十八宿古距度的研究》，中国社会科学院考古研究所编：《中国古代天文文物论集》，文物出版社，1989 年。

王国维：《观堂集林》，《王国维遗书》，上海古籍书店，1983 年。

王银田：《北魏平城明堂遗址研究》，《中国史研究》，2000 年 1 期。

王银田、曹臣明、韩生存：《山西大同市北魏平城明堂遗址 1995 年的发掘》，《考古》，2001 年 3 期。

王树明：《谈陵阳河与大朱村出土的陶尊"文字"》，《山东史前文化论文集》，齐鲁书社，1986 年。

王双斌：《山西离石马茂庄建宁四年汉画像石墓》，《文物》，2009 年 1 期。

中国社会科学院考古研究所：《蒙城尉迟寺——皖北新石器时代聚落遗存的发掘与研究》，科学出版社，2001 年。

《西汉礼制建筑遗址》，文物出版社，2003 年。

中国社会科学院考古研究所洛阳唐城队：《唐东都武则天明堂遗址发掘简报》，《考古》，1988 年 3 期。

中国社会科学院考古研究所、日本奈良国立文化财研究所中日联合考古队：《汉长安城桂宫四号建筑遗址发掘简报》，《考古》，2002 年 1 期。

中国社会科学院考古研究所、安徽省蒙城县文化局：《蒙城尉迟寺》（第二部），科学出版社，2007 年。

中国科学院考古研究所：《上村岭虢国墓地》，科学出版社，1959 年。

甘肃省文物考古研究所：《天水放马滩秦简》，中华书局。

安徽省文物工作队、阜阳地区博物馆、阜阳县文化局：《阜阳双古堆西汉汝阴侯墓发掘简报》，《文物》，1978 年 8 期。

安徽省文物考古研究所：《凌家滩——田野考古发掘报告之一》，文物出版社，2006 年。

安徽省文物考古研究所、蚌埠市博物馆：《蚌埠双墩——新石器时代遗址发掘报告》，科学出版社，2008 年。

《安徽蚌埠市双墩一号春秋墓葬》，《考古》，2009 年 7 期。

《安徽蚌埠双墩一号春秋墓发掘简报》，《文物》，2010 年 3 期。

安徽省文物考古研究所、凤阳县文物管理所：《安徽凤阳卞庄一号春秋墓发掘简报》，《文物》，2009 年 8 期。

李昌韬：《大河村新石器时代彩陶上的天文图像》，《文物》，1983 年 8 期。

李零：《“式”与中国古代的宇宙模式》，《中国文化》。1991 年 4 期。

《跋中山王墓出土的六博棋局——与尹湾〈博局占〉的设计比较》，《中国历史文物》，2002 年 1 期。

《说汉阳陵“罗经石”遗址的建筑设计》，《考古与文物》，2002 年 6 期。

李解民：《尹湾汉墓〈博局占〉木牍试解〉订补》，《文物》，2000 年 8 期。

李学勤：《放马滩简中的志怪故事》，《文物》，1990 年 4 期。

《〈博局占〉与规矩纹》，《文物》，1997 年 1 期。

吕思勉：《吕思勉读史札记》，上海古籍出版社，1982 年。

吕梁地区文物局：《山西吕梁地区征集的汉画像石》，《文物》，2008 年 7 期。

何长凤：《关于安徽原始文化研究中的几个问题》，《文物研究》。1989 年 5 期，黄山书社。

周水利：《安徽萧县新出土的汉代画像石》，《文物》，2010 年 6 期。

陕西省考古研究所：《汉阳陵》，重庆出版社，2001 年。

陕西省考古研究所、西安交通大学：《西安交通大学西汉壁画墓》，西安交通大学出版社，1991 年。

南京市博物馆、南京市江宁区博物馆：《南京将军山西晋墓发掘简报》，《文物》，2008 年 3 期。

荆门市博物馆：《郭店楚墓竹简》，文物出版社，1998 年。

马叙伦：《老子姓氏名字乡里仕宦生卒考》，《老子校诂》，中华书局，1974 年。

唐兰：《略论西周微史家族窖藏铜器群的重要意义——陕西扶风新出墙盘铭文解释》，《文物》，1978 年 3 期。

高明：《盨、簠考辨》，《文物》，1982 年 6 期。

高广仁：《谈谈对安徽淮北地区新石器时代遗址的初步认识》，《文物研究》，1989 年 5 期，黄山书社。

孙以楷：《老子故里考》，《老子通论》，安徽大学出版社，2004 年。

孙机：《托克托日晷》，《中国历史博物馆馆刊》总 3，1981 年。

能田忠亮：《礼记月令天文考》，1938 年。

陈久金、张敬国：《含山出土玉片图形试考》，《文物》，1989 年 4 期。

陈美东：《中国古代天文学思想》，中国科学技术出版社，2007 年。

陈盘：《春秋大事表列国爵姓及存灭表譔异》（三订本），台湾历史语言研究所，1997 年。

陈广忠：《〈淮南子〉楚语考》，《第二届儒道国际学术研讨会——两汉 论文集》，台湾师范大学国文学系，2005 年。

连云港市博物馆、东海县博物馆、中国社会科学院简帛研究中心、中国文物研究所：《尹湾汉墓简牍》，中华书局，1997 年。

梁思永、高去寻：《侯家庄》第二本 1001 号大墓，台湾历史语言研究所，1962 年。

梁思永、高去寻遗着，石璋如校补，刘秀文助理：《侯家庄》第九本 1129、1400、1443 号大墓，台湾历史语言研究所，1996 年。

彭林：《郭店楚简与〈礼记〉的年代》，《中国哲学》，2000 年 21 期，辽宁教育出版社。

黄儒宣：《六博棋局的演变》，《中原文物》，2010 年 1 期。

湖北省博物馆：《曾侯乙墓》，文物出版社，2001 年。

湖南省博物馆、中国科学院考古研究所：《长沙马王堆一号汉墓》，文物出版社，1973 年。

湖南省博物馆、湖南省文物考古研究所：《长沙马王堆二、三号汉墓》（第一卷），文物出版社，2004 年。

冯时：《河南濮阳西水坡 45 号墓的天文学研究》，《文物》，1990 年 3 期。

《中国天文考古学》，社会科学文献出版社，2001 年。

《天地交泰观的考古学研究》，《出土文献研究方法论文集初集》，台湾大学出版中心，2005 年。

《古代时空观与五方观念》，《〈中国的视觉世界〉国际会议论文集》（*Proceedings of the International Symposiums the Visual World of China*），cole des Hautes Études en Sciences Sociales，2005.

《中国古代的天文与人文》，中国社会科学出版社（修订本，2009），2006 年。

《试论中国文字的起源》，《韩国古代史探究》创刊号，2009 年。

《仉夫人嬬鼎及相关问题》，《中原文物》，2009 年 6 期。

《〈周易〉干坤卦爻辞研究》，《中国文化》，2010 年 32 期。

《殷礼札存》，《中国文字博物馆》，2010 年 2 期。

曾蓝莹：《尹湾汉墓〈博局占〉木牍试解》，《文物》，1999 年 8 期。

邓淑苹：《由蓝田山房藏玉论中国古代玉器文化的特质》，《蓝田山房藏玉百选》，年喜文教基金会，1995 年。

《由考古实例论中国崇玉文化的形成与演变》，台湾历史语言研究所会议论文集之四《中国考古学与历史学之整合研究》，1997 年。

广州市文物管理委员会、中国社会科学院考古研究所、广东省博物馆：《西汉南越王墓》，文物出版社，1991 年。

刘俊喜、张志中：《北魏明堂辟雍遗址南门发掘简报》，《山西省考古学会论文集》（三），山西古籍出版社，2001 年。

刘家骥、刘炳森：《金雀山西汉帛画临摹后感》，《文物》，1977 年 11 期。

刘乐贤：《尹湾汉墓出土数术文献初探》，《尹湾汉墓简牍综论》，科学出版社，1999 年。

濮阳市文物管理委员会、濮阳市博物馆、濮阳市文物工作队：《河南濮阳西水坡遗址发掘简报》，《文物》，1988 年 3 期。

临沂金雀山汉墓发掘组：《山东金雀山九号汉墓发掘简报》，《文物》，1977 年 11 期。

谭戒甫：《二老研究》，《古史辨》第六册，上海古籍出版社，1982 年。

阚绪杭、周群、钱仁发、唐更生：《春秋钟离国墓的发掘收获》，《东南文化》，2009 年 1 期。

饶宗颐：《未有文字以前表示"方位"与"数理关系"的玉版》，《文物研究》，1990 年 6 期，黄山书社。

双墩春秋墓"土偶"初探

武家璧[1]　阚绪杭[2]　吴卫红[3]

2008 年 8 月，安徽省文物考古研究所在蚌埠市双墩村发掘一座春秋时期的圆形大墓，编号为双墩一号墓（M1），据墓中出土青铜编钟、簠、戟上的铭文记载，墓主是"钟离君柏"[①]。此墓中发现有大量的"土偶"，为考古发掘史上前所未见，如何命名及怎样解释这一现象，是一个亟须解决的学术问题，我们特撰此文，初作探讨，以期抛砖引玉，裨有益于学术讨论。

一、关于"土偶"出土的基本情况

双墩春秋大墓中的"土偶"是由人工制作的、呈方锥体或圆锥体状的泥质坯体，由于在墓中发现，可能代表某种偶像，我们初步定名为"土偶"。"土偶"形状并不十分规整，大小基本相同，高约 20~25 厘米，底部直径约 10~15 厘米，共有 2200 多件。

双墩大墓是一个带墓道的圆形土坑墓，开口直径 20.2 米，墓坑深 7.5~8 米，在墓口下 2 米深处沿墓坑边有一圈宽约 2 米的生土二层台，圆形墓底直径 14 米。这种墓圹形制与"土偶"的发现一样，也是前所未见的。"土偶"在墓葬填土中分上、下两层。上层"土偶"埋在二层台以上深约 0.7~1.4 米、厚约 0.7 米的填土层中。墓坑周边的"土偶"多成组群状，在墓坑周围约 2 米宽的范围内分布 18 个馒头状大小不同的"土丘"，直径约 1.5 至 3 米不等，土丘内全部是土偶。土丘之外的填土中也分散放置了部分土偶，墓坑平面中部的"土偶"比较分散，只有少数分布点比较集中。上层"土偶"共有 1000 多件。

下层"土偶"是一堵"土偶墙"，叠压在"土丘"层下，堆砌在 2 米深的生土二层台边缘上，用 3~4 层"土偶"垒砌成墙体，墙高 34~40 厘米左右。土偶墙与墓壁之间形成一条环行走廊，所有"土偶"的锥头都朝向走廊，锥底朝向墓坑，锥体与墓壁相垂直。

仔细观察土偶个体，可以发现四个明显特征，即素面、泥质，表面涂有一层细泥，上下有茅草束缚痕迹（图一），而土偶墙则具有"题凑"的特征，以下从这几个方面详加考论。

1　荆州市博物馆研究员。
2　安徽省文物考古研究所二级研究员。
3　安徽省文物考古研究所研究员。

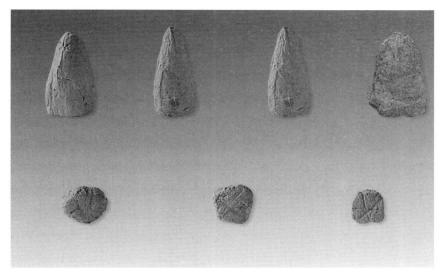

图一　双墩春秋墓"土偶"

二、素面土偶与"缳人"

本文所指考古发现的"土偶",借用了文献中的"土偶"一词,但并不完全等于文献中的"土偶"概念。在文献中"偶人"是指的与真人相近似的偶像,是真人的"对偶"。"土偶"一词,最早见于《战国策·齐策》"有土偶人与桃梗相与语。"《论衡·解除》"解谢土神名曰'解土',为土偶人,以像鬼形,令巫祝延,以解土神。"《康熙字典》"偶……俑也,象人曰偶,木土像亦曰偶"。《说文》"偶,桐人也。"《太平御览》卷552引王肃《丧服要记》曰"鲁哀公葬父,孔子问曰'宁设桐人乎?'哀公曰'桐人起于虞卿……父死不得葬,知有过,故作桐人。'"《汉书·江充传》"掘蛊于太子宫,得桐木人。"《周礼·冢人》贾公彦疏"郑(玄)云'俑,偶人也',谓以为木人,与生人相对偶,有似于人。"《礼记·檀弓》"孔子谓为刍灵者善,谓为俑者不仁,殆于用人乎哉。"郑玄注"俑,偶人也,有面目机发,有似于生人。"孔颖达疏"偶人谓之俑者,皇氏云:机械发动踊跃,故谓之俑也。"魏张揖《埤苍》"俑,木人,送葬设关而能跳踊,故名之。"这些记载表明文献中的"偶人"就是"俑"或"桐人",是有四肢及五官的偶像。

双墩大墓中的"土偶"严格地说更像是土坯,既没有肢体造型,也没有五官七窍等细部特征,仅有涂泥浆和被草茎束缚的痕迹,基本上是素面的。这种没有肢体造型和细部刻画的偶像,很可能就是文献记载中的"缳人"或"引缰人"。

《太平御览》卷78载:

> 《风俗通》曰:俗说天地开辟,未有人民,女娲抟黄土作人,剧务,力不暇供,乃引绳于缳泥中,举以为人。故富贵者黄土人也,贫贱凡庸者缳人也。

又《太平御览》卷360复引曰:

　　《风俗通》曰：天地初开未有人，女娲搏黄土为人，力不暇，乃引绠于泥中以为人。富贵，黄土人也；贫贱凡庸，绠人也。

　　上文中的"绠人"一本作"引绠人"，又"絚"是"绠"的异体字，故"引绠人"亦作"引絚人"。关于"女娲造人"的故事，最早见于东汉晚期应劭所著的《风俗通义》，简称《风俗通》，此书原有二十三卷，宋以后仅存十卷，其中"女娲造人"故事虽已散佚，但为北宋李昉等编纂的《太平御览》卷78《皇王部三·女娲氏》及《太平御览》卷360《人事部一·叙人》所记载，清卢文弨辑入其《群书拾补》的《风俗通义逸文》[②]中。

　　分析这段文字，可以判断该故事具有以下含义：女娲用"抟土"法制造的"黄土人"，可能是有四肢和五官的人塑造形，代表高贵的人；而用"引绳"法制造的"绠人"可能是素面的土坯，代表贫贱的人。这从"绠"字的含义大致可以得到说明。

　　"绠"字有一个基本义项，就是汲水用的绳索，如《说文》"绠，汲井索也。"《庄子·至乐》"绠短者不可以汲深。"《荀子·荣辱》"短绠不可以汲深井之泉。"《左传·襄公九年》"具绠缶，备水器"杜预注"绠，汲索"。西汉王褒《僮约》"削治鹿卢"南宋章樵注"鹿卢引绠以汲井。"

　　"絚"字有时表示一般粗绳，并不特指井绳。如《太平御览》卷569《乐部七·优倡》引石虎《邺中记》及《梁元帝纂要》载有"高絚"戏，又引《唐书·乐志》曰"高絚伎，盖今之戏绳者是也。"当"绠"（絚）字后接有"绳""索"等名词时，本字演变为表示"粗"的形容词。如《后汉书·祭祀志》李贤注引"应劭《汉官》马第伯《封禅仪记》曰'环道往往有絚索，可得而登也'。"《吴都赋》李善注引"《东京赋》曰'粗谓宾言其梗裏'，'梗裏'，粗言也。"蔡邕《议郎胡公夫人哀赞》"陈衣衾而不省兮，合绠棺而不见。"[③]"绠棺"指独木棺，粗具棺形。

　　"绠"字还有一个很特别的义项，表示车轮上插辐条的孔眼。《考工记·车人》"大车崇三柯，绠寸"郑玄注"绠，轮箪。"即车轮上的箪眼，就是插辐条的直孔。又《考工记·轮人》"视其绠，欲其蚤之正也"郑玄注"'蚤'当为'爪'，谓辐入牙中者也。郑司农云'绠读为关东言饼之饼，谓轮箪也。'玄谓轮虽箪，爪牙必正也。"贾公彦疏"爪入牙中，凿孔必正直不随邪也。"这个义项取"绠直"之义，由井绳引申而来，因为"引绠"垂直于辘轳，而车辐垂直于轮牙，故称轮辋上的直孔为"绠"。

　　"绠"字形容"粗"的义项被一个为后起的"梗"字所取代。《后汉书·文苑传·杜笃》"故略其梗概"李贤注"梗概犹粗略也。"左思《吴都赋》"略举其梗概"李善注引"《东京赋》曰'粗谓宾言其梗裏'，'梗裏'，粗言也。"

　　综观以上关于"绠"字的涵义，可知《风俗通》中的"绠泥"、"绠人"可以简单地置换为"粗泥"、"粗人"。"绠人"就是不具备肢体和五官的土偶，只是粗略地象征人形。"绠泥"是相对"黄土"而言的，从字面上看似乎两者质地有不同，但据《风俗通义》的文字叙述，女娲造人并未更换泥土，只是由于"抟土"造人劳动量大（"剧务"），力不暇接，为了省事省力才改为"引絚"造人的。

　　由于造作方法的不同，这两类人必然表现为外部形状的明显区别。文献并未详细描述这种差别，我们无从知道"引絚人"的具体形象，但大致有三点可以肯定：一是由"黄土"质地制成，二是制法简单，没有细部特征；三是数量众多。当双墩大墓 2000 多个"土偶"出现在我们面前时，仔细观察"土偶"的质地，应是"黄土"无疑，但没有"抟土"造作的痕迹。它们完全符合上述三个特征。双墩大墓的年代为春秋中晚期，早于应劭生活的时代约 700 多年，应劭所记可能源自先秦传说，因此推测双墩大墓中的"土偶"可能就是《风俗通义》中的"引絙人"。

《风俗通》将女娲所造之人简单地划分为"黄土人"和"引絙人"两类，反映了人类社会的早期分化。最早的社会分化基于人类社会的第一次大分工，即农业与游牧业大分工，同时农业民族与游牧民族分化开来，这就是最早的民族分化。另一类分化是阶级分化，即民族内部的贫富贵贱分化，最早分化出贵族（百姓）和平民（黎民）两个阶层。近代国学大师刘师培先生认为："《风俗通》析黄土人、引絙人为二类，盖黄土人者，汉族之民，而引絙人者，则为异族之民，犹言引弓之民，与《尧典》之分'百姓'、'黎民'者相符，不得以其荒诞而并斥之也。"④刘师培简单地把"引絙人"与"引弓之民"相比附，把传说中女娲所造的两类人作了民族分化的解释，未必正确。

我们认为，"黄土人"和"引絙人"不是民族之分，而是阶级之分，即《尧典》所谓"黎民"、"百姓"之分。李白《上云乐》诗曰："女娲戏黄土，团作愚下人，散在六合间，蒙蒙如沙尘。"皮日休《偶书》诗："女娲掉绳索，絙泥成下人；至今顽愚者，生如土偶身。"⑤诗中不仅视"土偶"为被统治者（"下人"），还融入了"上智下愚"的观念。双墩大墓的墓主"钟离君柏"是春秋时代僻处徐淮地区的小国之君，不可能拥有数千游牧民族（"引弓之民"）的奴隶或战俘，因此这些"土偶"所代表的社会阶层与墓主之间的关系，应该是统治者与被统治者之间的阶级区分。

关于专门用来送葬的"偶人"，文献有两条非常重要的记载：一条是《周礼·冢人》"及葬，言鸾车象人。"另一条是《礼记·檀弓》"涂车刍灵，自古有之"，郑玄注"刍灵，束茅为人马；谓之灵者，神之类。"《周礼·校人》贾公彦疏把这两条联系起来解释为一个历史过程："古者以泥涂为车，刍灵谓以刍草为人马神灵，至周涂车仍存，但刻木为人马，替古者刍灵。"贾疏是根据郑玄注而来的，与先郑（郑众）看法不同。郑玄注《冢人》引"郑司农（郑众）云：象人，谓以刍为人。"《太平御览》卷 552《礼仪部·刍灵》引此作"象人，以刍草为人。"

郑玄则认为"象人"不是刍草人，而是木偶人。《礼记·檀弓》"孔子谓为刍灵者善，谓为俑者不仁，殆于用人乎哉。"郑玄注"俑，偶人也，有面目机发，有似于生人。孔子善古而非周。"又注《冢人》云"孔子谓为刍灵者善，谓为俑者不仁，非作象人者，不殆于用生乎？"贾疏"郑引此者，欲破先郑以刍灵与象人为一。若然，则古时有涂车刍灵，至周仍存涂车，唯改刍灵为象人。"由是可见先郑（郑众）与后郑（郑玄）的明显分歧，即郑众认为"象人"就是"刍草人"，而郑玄认为"象人"是有"面目机发"的"偶人"。

在这里我们仍然看到两类人的区分。《周礼·校人》"大丧饰遣车之马，及葬埋之"，郑玄注"言埋之，则是马涂车之刍灵。"我们认为，既然作为"刍灵"的"茅草马"被埋葬，有理由相信作为"刍灵"的"茅草人"也一并被埋。今从双墩大墓出土的情况来看，还有一种束缚茅草的"土人"被埋葬，似乎与"刍灵"有相通之处。

三、泥质土偶与"埏土"法

双墩大墓中"土偶"的质地是比较纯净的黄土，没有烘烤和焙烧的痕迹，这和先秦两汉文献中"土偶"可以被雨水淋坏的记载是相符合的。

《战国策·齐策三》"孟尝君将入秦"章：

> 孟尝君将入秦，止者千数，而弗听。苏秦欲止之，孟尝曰："人事者吾已尽知之矣；吾所未闻者，独鬼事耳。"苏秦曰："臣之来也，固不敢言人事也，固且以鬼事见君。"孟尝君见之。谓孟尝君曰："今者臣来，过于淄上，有土偶人与桃梗相与语。桃梗谓土偶人曰：'子，西岸之土也，埏子以为人，至岁八月，降雨下，淄水至，则汝残矣。'土偶曰：'不然，吾西岸之土也，土则复西岸耳。今子东国之桃梗也，刻削子以为人，降雨下，淄水至，流子而去，则子漂漂者将何如耳。'今秦四塞之国，譬若虎口，而君入之，则臣不知君所出矣。"孟尝君乃止。

今本《风俗通义》卷八《祀典》"桃梗"条引《战国策·齐策》文与此略同。同样"土偶与木偶"对话的故事还见于《战国策·赵策一》"苏秦说李兑"章，作"土梗与木梗斗"；刘向《说苑·正谏》载"客谏孟尝君西入秦"事，作"土耦人方与木梗人语"；《史记·孟尝君列传》载"苏代谏孟尝君入秦"事，作"木禺人与土禺人相与语"，唐司马贞《史记索隐》"禺音偶，又音寓，谓以土木为之偶，类于人也。苏代以土偶比泾阳君，木偶比孟尝君也。"《说苑·正谏》记载"客"对孟尝君讲完土偶与木偶的对话之后说"今秦四塞之国也，有虎狼之心，恐其有木梗之患。"后世将这个故事概括为一个成语，叫"木梗之患"。

《庄子·田子方》载魏文侯曰"吾闻子方之师，吾形解而不欲动，口钳而不欲言，吾所学者，直土梗耳！"西晋郭象注"土梗，非真物也。"唐成玄英疏"今闻说子方之师，其道弘博，遂使吾形解散，不能动止，口舌钳困，无可言语，自觉所学，土人而已，逢雨则坏，并非真物。土梗者，土人也。"唐陆德明《经典释文·庄子音义》引司马彪《庄子注》"土梗，土人也，遭雨则坏。"慧琳《一切经音义》卷12引"司马（彪）云：土梗，土之木梗，亦木人也；土木相偶，谓以物像人形，皆曰偶耳"。《文选》卷55刘孝标《广绝交论》"视若游尘，遇同土梗"李善注"游尘土梗，喻轻贱也……《庄子》'魏文侯曰吾所学者，真土梗耳。'司马彪曰'梗，土之榛梗也'。"⑥上引文献表明"土偶"与"土梗"是一个同义词，我们认为就是《风俗通》中的"绠人"，"梗"是"绠"的后起词。

关于"土偶"的制法，《战国策·齐策》曰"西岸之土也，埏子以为人"；《说苑·正谏》说"子先土也，埏子以为耦人。"《集韵》、《类篇》"埏，和土也"，《康熙字典》"埏……音膻，水和土也。"而应劭《风俗通义》说"乃引绳于绠泥中，举以为人。"据此可以将"土偶"的制法归结为"埏土"和"引绠"两个工艺过程，没有经行烘烤和焙烧，故容易被雨水淋毁，这与秦汉时期的入窑烧制的陶俑（兵马俑）有着根本区别。

先秦时期盛行"土偶人"，于此可见一斑。但由于"土偶人"一般露天放置，泥质土制，很容易被雨水瓦解、冲毁，很难流传至今。双墩春秋大墓中"土偶"的大量发现，使我们首次见到先秦时期的"土偶"实物，对于探讨当时的信仰风俗和埋葬制度有重要意义。

四、束缚土偶与"引绳"法

双墩大墓"土偶"的体表有被茅草束缚的明显痕迹，所有束缚都围绕头部和底部缠绕，没有发现拦腰缠绕的迹象。束缚的方式很有规律，主要是用十字形交叉方式缠绕两圈，一般在十字形基础上再加一根茅草，形成三圈缠绕。十字线的布局有两种：一种方式是在方锥形的对角线上缠绕，每条对角棱线上缠一根茅草，在底部和顶部可见两根茅草交叉成十字线；另一种方式是在对边上缠绕，在顶部和底部汇成十字交叉线。相应地在十字线基础上再加缠一根茅草的情况也分为两种：如果针对的是对角十字线，则加线在对边上；如果针对的是对边十字线，则加线在对角上。如此规整的束缚的方式，一定有其来历和宗教意义，这里试作初步探讨。

"土偶"的束缚方式，可能起源于其早期的制作方式。先看女娲造人中"抟黄土作人"的制作方法。《说文解字》"抟，圜也；从手专声。"《韵会》引《说文》"抟，以手圜之也。"《庄子·逍遥游》"鹏之徙于南冥也，水击三千里，抟扶摇而上者九万里。"《文选》卷31江文通《杂体诗》李善注引司马彪《庄子注》"抟，圜也；扶摇，上行风也，圜飞而上行者若扶摇也。"《文选》卷26范彦龙《古意赠王中书》李善注引"司马云：抟，圜也；圜飞而上，若扶摇也。"⑦由上可以看出"抟土"法的基本特点就是要"转圜"，从制陶工艺上看，就是轮制陶器。又从"剧务，力不暇供"来看，可能劳动量较大，制作速度较慢且产量较小，可能是慢轮制作。

再来看"引绳"制作法。《太平御览》引《风俗通》有两说略有不同，一说"乃引绳于絚泥中"，一说"乃引絚于泥中"，实际上并无歧义，因为"絚泥"就是粗泥，"絚绳"就是粗绳，两句话意思都是用粗绳在粗泥中作业。

"引绳"法的第一道程序是"埏土"，即在黄土中掺水，但水分不能太多，不能和成泥浆，否则不能成型。或者和成稀泥后，使其干燥成"絚泥"，即半干不湿的粗泥，然后使之能成型。这也是"抟土"法同样必须要有的头道工艺。

第二道工艺就是"引絚"。如上所述"絚"字本义指从辘轳上垂下的井绳，据此推测"引絚"法没有使用平转的陶轮，而是使用了吊转的辘轳，引用辘轳上垂下的絚绳缠绕"絚泥"，使之成型。这种成型法，类似于民间"包粽子"的方法，双墩大墓"土偶"的大小和外形也颇类似于"粽子"。引絚成型后，再加茅草捆扎成"土粽子"，这样比起"抟土"法在轮盘上塑造圆雕人形来说，要简单得多，适合大批量生产。

第三步"举以为人"，可以作两种理解：一是单个土坯束缚成型后，提举絚绳观察之，以确认是否符合标准；然后解开絚绳以待晾干，再重新引来同一段絚绳，重复制作第二件。二是土坯用绳扣束缚成型后，保持在同一絚绳上，然后转动辘轳下拉絚绳，再固定辘轳后在同一条絚绳的不同段落上，继续用绳扣束缚制作下一件"土偶"，最后举起绳子便是一串湿坯"土偶人"，挂在绳子上晾干后就是成品。

双墩大墓中的"土偶"可能不是采用原始"引絚"法制作的，但仍然保留有原始方法的印记。

从那些比较完整的近似方锥或圆锥形的坯体上，看不出有模制的痕迹，不同个体的形体都不是很规整，这表示它们可能是由手捏以及在砧板上拍打成型的，然后在表面涂上泥浆，最后用茅草作交叉式捆扎，以象征"引绠"和"绠人"。

五、涂泥土偶与"涂刍"

双墩春秋大墓中保存较好的土偶，可以观察到表面包裹有一层很薄的黄色细泥包层，有的包皮开裂或有部分脱落，可以看得十分明显。这层包皮应是涂上去的泥糊浆晾干后形成的。有的表面显得十分光亮，可能是用细泥作了抛光处理。

涂泥是一种古老的丧葬习俗，汉代以后人们已不甚了解。《礼记·檀弓》"涂车刍灵，自古有之，明器之道也。"郑玄注没有说明"涂车"是什么，大概当时还盛行"涂车"，因此不必注明。清孙希旦《礼记集解》"涂车刍灵，皆送葬之物也。"后人将"涂车刍灵"简称为"涂刍"，如唐权德舆《观葬者》"涂刍随昼哭，数里至松门。"王维《故西河郡杜太守挽歌》"涂刍去国门，秘器出东园。"虽然唐人乐于使用"涂刍"这个词，但并不真正了解它的意义，大注疏家孔颖达就不知道怎样解释"涂车"。在《檀弓》疏中孔颖达把"涂车"解释为"取涂作车"。《左传·成公二年》宋文公厚葬，孔颖达疏云"不解'涂车'，当是用泥为车也。《传》言'益车马'者，谓用此涂车茅马益多于常，故云'多埋车马'也。"《周礼·校人》贾公彦疏"古者以泥涂为车。"这里的"泥涂"也是泥巴的意思。

《周礼·校人》"大丧饰遣车之马，及葬埋之"郑玄注"言埋之，则是马，涂车之刍灵。"显然郑玄认为"涂车"就是"遣车"。《周礼·巾车》"大丧饰遣车，遂廞之行之"郑玄注"遣车一曰鸾车。"《礼记·杂记》"遣车视牢具"郑玄注"言车多少，各如所包遣奠牲体之数也。"孔颖达疏"遣车，送葬载牲体之车也。"《檀弓》"君之适长殇，车三乘"孔疏"车三乘者，遣车也……取遣奠牲体臂臑，折之为段，用此车载之，以遣送亡者，故谓之遣车。"准上则"涂车"不可能是泥制或泥捏的车，而是承重车，只能是在实用车上涂染泥粉的彩车。因为"明器"必须"备物而不可用"、"异于生人"，因此在实用车上涂泥，以区别于生人用车。

《礼记》中有关于涂泥或涂彩习俗的记载。《丧大记》载"父母之丧，居倚庐不涂……既葬，柱楣涂庐。"孔颖达疏"'不涂'者，但以草夹障，不以泥涂之也。……既葬，谓在墓，柱楣稍举，以纳日光，又以泥涂辟风寒。"《檀弓》"天子之殡也，菆涂龙輴以椁，加斧于椁上，毕涂屋，天子之礼也"，郑玄注"菆木以周龙輴，如椁而涂之。"所谓"輴"就是灵柩车，车底似雪橇板，便于滑行于泥涂中，天子枢车画以龙纹，故称"龙輴"。《丧大记》还记载了涂泥的颜色是白垩土，其云"既练，居垩室，不与人居"，孔疏"垩，白也；新涂垩于墙壁令白，稍饰故也。"

根据丧葬用器普遍涂泥的习俗，"土偶"表面涂泥，就是为了表明它是丧葬用品。在"土偶"身上涂上泥糊浆，就称为名副其实的"糊涂人"。推测"涂车刍灵"或可分为"涂车"和"涂刍灵"两类，而"涂刍灵"又分为"糊涂人"和"糊涂马"等。"糊涂人"又有糊涂草人和糊涂土坯两类，双墩大墓中的土偶，应是比较低级的涂泥土人。

六、束缚痕迹——"灵茅"与"束茅"

双墩大墓"土偶"上的捆扎痕迹，是在成型并经过涂泥或光滑处理以后再加束上去的，因此于制作方法上的意义不大，我们认为它的起源可能与原始的制作方法有关，但在实际应用上已经被赋予某种新的宗教意义。

茅草在传统文化中被认为具有某种灵性。《管子·封禅》"江淮之间，一茅三脊，所以为借也。"《管子·轻重丁》"江淮之间，有一茅而三脊，毋至其本，名之曰菁茅……诸从天子封于太山、禅于梁父者，必抱菁茅一束，以为禅借，不如令者不得从。"《史记·封禅书》"江淮之间，一茅三脊，所以为借也"，裴骃《集解》引三国魏孟康曰"所谓灵茅也。"《汉书·终军传》"苴白茅于江淮。"南朝梁沈约《愍衰草赋》"雕芳卉之九衢，霣灵茅之三脊。"南朝梁王筠《摘园菊赠谢仆射举》诗"灵茅挺三脊，神芝曜九明。"《全唐文》卷956载有吕岩说《灵茅赋》。

《书·禹贡》"荆及衡阳惟荆州……三邦底贡，厥名包匦菁茅"，孔颖达疏"或云茅有三脊，案《史记》齐桓公欲封禅，管仲睹其不可穷以辞，因设以无然之事云'古之封禅，江淮之间，三脊茅以为借。'此乃惧桓公耳，非荆州所有也。"但文献中指出一些具体地点产"三脊茅"，言之凿凿，如《夏本纪正义》引《括地志》云"辰州卢溪县西南三百五十里有包茅山'；《武阳记》云'山际出包茅，有刺而三脊，因名包茅山。"《宋书·刘义恭传》"大明元年，有三脊茅生石头西岸，（义恭）累表劝封禅，上大悦。"李时珍还将这种"三脊茅"入药，《本草纲目》卷13《草部·白茅》载"香茅一名菁茅，一名琼茅，生湖南及江淮间，叶有三脊，其气香芬，可以包借及缩酒，《禹贡》所谓'苞匦菁茅'是也。"看来"三脊灵茅"在自然界确实存在。仔细观察双墩大墓"土偶"上的茅草印痕，大致可以看出，每根茅草叶上确有三条竖棱印迹，可见文献中的"三脊灵茅"不诬，孔颖达的曲解非是。

这种"灵茅"为多年生草本植物，穗状花序，花穗上密生白毛，故又称"白茅"，可作席子、束带、包裹及装饰等用途，是祭祀必需品。如用作席子，《易·大过》"借用白茅"，《说文》"借，祭借也"，《易经·系辞上》载孔子曰"借之用茅，何咎之有？夫茅之为物薄，而用可重也。"是谓用白茅作祭祀用的荐席，以放置祭品，发挥通神的重要作用。白茅用作束带，如《诗·周南》"白茅纯束，有女如玉"；《诗经·小雅》"白华菅兮，白茅束兮"；《诗·七月》"昼尔于茅，霄尔索绹"。用作装饰，如《左传·宣公十二年》"前茅虑无，中权后劲。"《公羊传·宣公十二年》"郑伯肉祖，左执茅旌，右执鸾刀，以逆庄王。"何休注"茅旌，祀宗庙所用，迎道神指护祭者。"用作占卜，如屈原《离骚》"索琼茅以筳篿兮，命灵氛为余占之。"

用茅草包扎泥土称为"茅土"，源于周初分封诸侯时的"列土受封"仪式，借指诸侯王的封爵。《史记·夏本纪正义》引《太康地记》云"城阳姑幕有五色土，封诸侯赐之茅土，以为社"。《文选·李陵〈答苏武书〉》"足下当享茅土之荐，受千乘之赏。"《艺文类聚》卷39《礼部中·社稷》"《周书》曰：诸侯受命于周，乃建立太社于国中。其东青土，南赤土，西白土，北骊土，中央秦以黄土。将建诸侯，凿取方一面之土，苴以白茅，以土封之，故曰列土于周也。"按此《周书》即今《逸周书·作雒》，"秦以黄土"亦作"衅以黄土"。《尚书·禹贡》"厥贡惟土五色"郑玄注"王者封五色土为社，建诸侯则各割其方色土与之，使立社。秦以黄土，苴以白茅；茅取其洁，黄取王者覆四方。"孔颖达疏引"蔡邕《独断》云"天子大社，以五色土为坛。皇子封为王者，授之大社之土，以所封之方色苴以白茅，使之归国以立社，谓之茅社。"《续汉书·百官志五》"诸王封者受茅土，归以立社稷，礼也。"刘昭注引东汉胡广曰"诸王受封，皆受茅土，归立社稷。本朝为宫室，自有制度，至于列侯归国者，不受茅土。"《续汉书·祭祀志下》"立太社稷于雒阳"刘昭注引蔡邕《独断》"天子太社，封诸侯者取其土，苞以白茅授之，以立社其国，故谓之受茅土。汉兴，唯皇子封为王者得茅土，其他功臣以户数租入为节，不受茅土，不立社也。"⑧按胡广及蔡邕所记，"受茅土"源自"本朝""汉兴"以前，必是先秦旧俗。而"茅土"是用来立社稷神主的，过去我们不知道"茅土"的具体形制，今从双墩春秋大墓出土的"土偶"来看，"茅土"或许是用茅草捆扎的"土偶"。

　　文献记载著名的"苞茅缩酒"故事，反映茅草在祭祀活动中的重要性。《左传·僖公四年》载齐楚召陵之战，楚使者质问齐桓公为何伐楚？管仲对曰"尔贡苞茅不入，王祭不供，无以缩酒，寡人是征；昭王南征而不复，寡人是问。"杜预注"苞，裹束也；茅，菁茅也；束茅而灌之酒，为缩酒。"《韩非子·外储说左上》也说"楚之菁茅不贡于天子三年矣。"

　　杜预之说源于郑兴（郑大夫）的《周礼·甸师》注。《周礼·司尊彝》"醴齐缩酌"郑玄注"醴齐尤浊，和以明酌，沛之以茅；缩，去滓也。"《史记·夏本纪》"包匦菁茅"《集解》引"郑玄曰匦，缠结也；菁茅，茅有毛刺者，给宗庙缩酒；重之，故包裹又缠结也。"《礼记·郊特牲》"缩酌用茅，明酌也"郑玄注"明酌者，事酒之上也；名曰明者，神明之也。"孔颖达疏"'明酌也'者，谓事酒之上，酒色清明，谓之明酌。"按郑玄的解释，"缩酒"就是用茅草过滤酒中杂质使之成为清澈的"明酌"。但过滤酒渣的具体办法，郑玄没有讲明，在郑玄之前已由先郑（郑兴）首先提出用"束茅"滤酒。《周礼·甸师》"祭祀共萧茅"郑玄注引"郑大夫（兴）云'萧或为茜，茜读为缩。束茅立之祭前，沃酒其上，酒渗下去，若神饮之，故谓之缩。缩，浚也'。"《说文》"茜，礼祭束茅加于裸圭，而灌鬯酒，是为茜，象神歆之也。"孔颖达疏"云'束茅立之祭前'者，此郑大夫之意取《士虞礼》'束茅立几东'，所以借祭。……云'茅以共祭之苴'者，则《士虞礼》'束茅长五寸，立于几东，谓之苴者'是也。"今本《仪礼·士虞礼》作"苴刌茅，长五寸，束之，实于筐。"要之，据先郑之说，"缩酒"就是将茅草割成五寸长，而后整齐地束缚成捆，竖立起来，再将酒从上倒入，从下渗出，过滤为清香的"明酌"。许慎甚至认为灌酒于"束茅"象征"神歆之也"，显然是把"束茅"或"茅草人"当做神灵的象征了。

　　《国语·晋语》"昔成王盟诸侯于岐阳，楚为荆蛮，置茅蕝，设望表，与鲜卑守燎，故不与盟。"对于这里的"茅蕝"，有两种解释，一说是"缩酒"用的"束茅"，如三国吴韦昭注"蕝，谓束茅而立之，所以缩酒。"另一说是标志"表位"的"束茅"，如东汉许慎《说文》"蕝，朝会束茅表位曰蕝……《春秋国语》曰致茅蕝表坐。"《史记·叔孙通传》载叔孙通演习礼仪"与其弟子百余人为绵蕞（蕝），野外习之月余。"裴骃《集解》"徐广曰'表位标准'……如淳曰'置设绵索，为习肄处。蕝谓以茅翦树地为纂位，《春秋传》曰置茅蕝也'。"司马贞《索隐》引"如淳云'翦茅树地，为纂位尊卑之次'……韦昭云'引绳为绵，立表为蕞（蕝）。'……按贾逵云'束茅以表位为蕝'。"《宋书·乐志二》载刘宋颜延之《天地缋神歌》"建表蕝，设郊宫；田烛置，燎火通"。

　　我们认为"茅蕝"是与"望表"相联系的，故有"表蕝"之称；又因"望表"是用来观测日影的计时设施，故必须设置若干"束茅"以标志不同时刻的表影指向的位置。叔孙通演礼，即《说文》

所说的"朝会束茅表位"，就是用"束茅"来表示真人应站的位置，这样的"束茅"应该就是"茅草人"。《艺文类聚》卷82《药香草部下·茅》引《尸子》曰"殷汤救旱，素车白马，身婴白茅，以身为牲。"是谓商汤将自己打扮成"茅草人"，亲自作牺牲以求雨。

上列诸多文献，在在证明茅草在传统文化中被赋予灵性，故"茅草"又叫"灵茅"，"茅草人"又叫"刍灵"。其"灵性"有若干表现，如有异象"三脊茅"，有茅香"神歆之"，可纯化"明酌"等。这类明器可能分为两类，一类是"象人"的"刍灵"，用茅草或草拌泥制作成人形，可能形体较大，不宜大量制作；另一类如双墩大墓的"土偶"，在土坯身上有规律地捆扎几根茅草，形体较小，制作简单，适宜大批量生产。它们使用"灵茅"的寓意都十分明显，就是赋予"土偶"以某种灵性，使之可以沟通神灵。

七、土偶的功用——"攒涂"与"题凑"

综观文献记载，土偶或者木偶的功用，大致可以归纳为以下几个方面：（一）田社之主。《战国策·赵策》苏秦"寄宿人田中，傍有大丛"，夜半闻听"土梗与木梗斗"，这类"土梗"应是田主。诸侯分封颁受的"茅土"用作社稷主，还有普通的里社也应是以土偶或者木偶为神主。（二）施巫术，如《汉书·江充传》所载巫蛊之事。（三）招梗，《周礼·天官》"女祝……掌以时招梗禬禳，以除时疾。"郑玄注"梗，御未至也。"贾公彦疏"梗者，御捍恶之未至。"《诗·桑柔》"谁生厉阶，至今为梗"郑玄注"梗，病也。"《文选·张衡〈东京赋〉》"度朔作梗"李善注"《毛诗传》曰'梗，病也'，谓为人作梗病者。"推测招梗之术可能使用了土梗或者木梗作为祛病禳灾的道具。（四）解土，《论衡·解除》载"世间缮治宅舍，凿地掘土，功成作毕，解谢土神，名曰'解土'。为土偶人，以像鬼形，令巫祝延，以解土神。已祭之后，心快意喜，谓鬼神解谢，殃祸除去。"（五）明器，《周礼·冢人》"及葬言鸾车象人。"《礼记·檀弓》"涂车刍灵……明器之道也。"其"象人"及"刍灵"就是偶像。

然而综观上述场合，除明器以外都与埋葬没有关系，且其法术或祭祀活动都只需要个别及少量土偶即可完成，像双墩大墓中一次性需要2000多个土偶，这是用上述活动无法解释的。我们认为大量"土偶"的出现，可能与"攒涂"和"题凑"的殡葬习俗有关。

"攒涂"是殡葬礼仪的一种，汉儒解释为聚木于棺的四周，以泥涂之。《檀弓》"天子龙輴而椁帱"郑玄注"殡以椁覆棺而涂之，所谓菆涂龙輴以椁。椁音郭；帱，大报反，攒涂。"《礼记·丧服大记》"君殡用辒，攒至于上，毕涂屋。"元陈澔《礼记集说》"攒，犹丛也；丛木于辒之四面，至于棺上；毕，尽也，以泥尽涂之。"《尔雅·释名》"涂曰攒，攒木于上而涂之也。"《楚世家》"伏师闭涂"《索隐》"闭涂即攒涂也。"《集韵》"攒涂谓之坫"，《说文》"坫，屏也。"由是知"攒涂"就是停殡期间棺外的一重坫墙或者屏障，文献中称待葬之棺柩为"攒"，后世或称帝后暂殡之所为"攒宫"、"攒所"。

"攒涂"是停殡期间的一个重要环节，"攒涂"前后的祭祀活动有明显区别。《礼记·丧大记》"大夫士哭殡则杖"郑玄注"哭殡谓既涂也"，孔颖达疏"既攒涂之后……哭殡可以杖也。"《丧大记》又曰"君吊，见尸柩而后踊；涂之后，虽往不踊也。"

"攒涂"视死者身份不同而有相应规格。《白虎通》卷十"崩薨"条载"《礼》曰天子舟车殡，诸侯车殡，大夫攒涂，士瘗。"《檀弓》孔颖达疏"天子之殡……帱覆棺上，而后涂之。其诸侯则……横木复之，亦泥涂其上。"《礼记·丧大记》"君殡用辒，攒至于上，毕涂屋；大夫殡以帱，攒置于西序，涂不暨于棺；士殡见衽，涂上帷之。"郑玄注"攒，犹菆也；屋，殡上覆如屋者也……以《檀弓》参之，天子之殡，居棺以龙辒，攒木题凑象椁，上四注如屋以覆之，尽涂之。诸侯辒不画龙，攒不题凑象椁，其它亦如之。"

根据郑玄的注释，最高规格的"攒涂"就是"题凑"。据文献记载"攒木题凑"又被作为最高规格的葬制移入墓圹之中。《左传·成公二年》"宋文公卒，始厚葬……椁有四阿"，孔颖达疏"礼，天子椁题凑，诸侯不题凑，不题凑则无四阿。"《通典》卷85《礼典·凶礼·丧制》"天子柏椁以端，方尺长六尺，题凑四注"，自注"题凑，谓头相凑聚也。"先秦"题凑"原本是天子葬礼，宋文公用"题凑"厚葬，是僭越天子礼的行为，至西汉诸侯王均葬以"题凑"。《汉书·霍光传》"光薨，赐梓宫、便房、黄肠题凑各一具"，颜师古注引苏林曰"以柏木黄心致棺外，故曰黄肠；木头皆内向，所以为固也。"至东汉以后一般富人都冒用"题凑"，桓宽《盐铁论·散不足》"今富者绣墙题凑，中者梓棺梗椁，贫者画荒衣袍、缯囊缇橐。"

自20世纪70年代以来，考古工作者相继发掘"黄肠题凑"墓十几座，如河北石家庄赵王张耳墓、河北定县八角廊中山王刘修墓、湖南长沙吴氏长沙王及王后墓（三座）、北京大葆台广阳王刘建夫妇墓、江苏高邮神居山广陵王刘胥夫妇墓、江苏盱眙吴王刘濞墓、北京老山汉墓、安徽六安王墓等⑨，这些是"木题凑"的诸侯王墓。

东汉将"黄肠木"改为"黄肠石"，出现"石题凑"墓。《后汉书·礼仪志下》"大丧"条记皇帝葬仪云："司空择土造穿……油堤帐以覆坑，方石治黄肠题凑便房如礼。"洛阳东汉帝陵出土自铭为"黄肠石"的石材⑩，与《后汉志》的记载相符合。考古发现的"石题凑"墓有河北定县北庄东汉中山王刘焉及王后墓⑪、山东济宁肖王庄任城王刘尚墓⑫等，证明东汉以后"石题凑"已经取代"木题凑"而成为最高礼遇的葬制。

根据"题凑"墓的演变趋势，我们推断先秦时代存在一个"土题凑"的早期发展阶段，双墩春秋大墓发现的"土偶墙"就是"土题凑"存在的实物证据。码砌"题凑"的材料是"土梗"、"木梗"和"黄肠石"，即不具备"面目机发"的坯材，因此可把双墩春秋墓的"土偶墙"看做是"土梗题凑"，西汉的"黄肠题凑"看做是"木梗题凑"，东汉题凑墓是"石材题凑"。

我们之所以认为双墩大墓是"土梗题凑"墓，是基于以下四方面的理由：首先，双墩大墓的"土偶墙"符合"题凑"码放的基本特征，土偶码放的方向与墓壁相垂直，这与西汉"题凑"墓的黄肠木与棺椁墙相垂直是一致的。

其次，"土偶"的头向符合"题凑"的特征。题凑的"头相凑"从字面上可以作两种理解，一是"头相向"而聚首，即头挨着头、肩并着肩就是"题凑"。汉儒多以为题凑木必定头向内，这样木头就会紧靠棺墙，以起到加固的作用。如《史记·滑稽列传》"臣请以……梗枫豫章为题凑"裴骃《集解》引东汉苏林曰"以木累棺外，木头皆内向，故曰题凑。"《汉书·霍光传》颜师古注引苏林曰"以柏木黄心致棺外，故曰黄肠；木头皆内向，所以为固也。"《后汉书·礼仪志》"大丧"条下刘昭注补引"《汉书音义》曰'题，头也；凑，以头向内，所以为固也'。"《文选·谢庄〈宋孝武宣贵妃诔〉》"题凑既肃"李善注"《汉书音义》韦昭曰'题，头也；凑，以头内向，所以为固。'"这种看法是错误的。

"头相凑"的另一解释是"头相向"而聚首，不仅能解释西汉的"黄肠题凑"，也能解释新发现的"土梗题凑"。实际上如果题凑木有"木头"、"木尾"之分，头大而尾小，且一律头向内码放，就必然会出现题凑墙外侧高而里侧低的现象，其顶部无法平齐。但从考古实物来看，汉代木题凑墙的顶部都是平齐的，要达到这样的效果只能是"头相向"而放置。《礼记·檀弓上》"柏椁以端，长六尺"郑玄注"以端，题凑也，其方盖一尺。"孔颖达疏"如郑此言，椁材并皆从下垒至上，始为题凑。凑，向也，言木之头相乡而作四阿也，如此乃得椁之厚薄，与棺相准。"孔疏解释的"头相乡（向）"、"与棺相准"是正确的，西汉题凑木基本无大小头之分，看不出"头相乡"的明显迹象，但从双墩大墓的土偶墙却看得十分明显。在土偶墙抵达墓道的拐角处，里层土偶与外层土偶"头相乡"，中间填以黄泥沙。在拐角处以外，绝大部分靠近墓壁的外层土偶墙缺失，只剩下二层台边沿上的里层土偶墙，这是因为依靠单层土偶墙，借助墓壁就可恢复筑建"攒涂"坫墙，不需要另外一层土偶墙。这样一来，从原"攒宫"多余的半数土偶就被堆放和散落在上层填土中。

第三，"土偶墙"仍然保持了"攒涂"的特征。土偶墙与墓壁之间被黄泥沙填平至土偶墙一样的高度，形成一堵坫墙，在坫墙顶部平抹一层白泥层，这一涂层与上下墓壁上的白泥涂层连接成一片整体，这堵涂白泥的坫墙相当于停殡时期的"攒涂"，它就是将"攒涂"移到墓圹二层台上形成的"土梗题凑"。

第四，湖南长沙象鼻嘴一号墓是长沙国第五代长沙王吴著之墓，它的"题凑"木墙至墓坑壁之间的空隙全部用黄砂、砾石填塞，而双墩大墓中的"土偶墙"与墓壁之间也用黄泥沙封填，这种结构的相似性似乎也显示出"土偶墙"与"题凑"之间的功能相似性。

准上所论，则双墩大墓中的"土偶墙"就是"题凑墙"，相关文献与考古遗迹互相印证，诸多疑难问题迎刃而解，实为先秦两汉时期"题凑"墓的起源和早期发展提供了弥足珍贵的实物资料。

八、结　语

双墩春秋墓出土的"土偶"具有泥质、素面、表面有涂泥和束缚痕迹等特点，"土偶墙"具有"题凑"的特征，这些特征都可以从它的起源和功能上作出适当的解释。从"女娲造人"的传说开始，就根据制造方法的繁简，把人分为"黄土人"与"绠人"两类，分别代表富贵的上等人和贫贱的下等人。作为神灵象征的偶像，也分为具有面目的"俑"和仅有坯体的"土梗"，双墩大墓的"土偶"就是代表下等贱民的"绠人"或"土梗"。根据丧葬用器普遍涂泥的习俗，"土梗"表面涂上了一层黄泥糊浆，表明它是丧葬用的"糊涂人"。

江淮一带土生土长的"一叶三脊"白茅，被认为具有灵性，用于丧葬和祭祀场合，可以通神。"土偶"身上束缚两三根"灵茅"，就变成了低级的神灵。这样的土偶被大量制作，用作停殡时的屏障——"攒涂"，出殡时被撤卸开来，下葬时恢复筑建成"土梗题凑"。

根据"题凑"墓的演变趋势，我们推断先秦时代存在一个"土题凑"的早期发展阶段，双墩春秋大墓发现的"土偶墙"就是"土题凑"存在的实物证据。码砌"题凑"的材料，根据时代先后分别是"土梗"、"木梗"及"黄肠石"，即不具备"面目机发"的坯材，因此可以把双墩春秋墓的

"土偶墙"看做是"土梗题凑"，西汉的"黄肠题凑"看做是"木梗题凑"，而东汉题凑墓是"石材题凑"。汉儒没有见过"土梗题凑"，把先秦文献中的"题凑"都解释成了"黄肠题凑"，双墩大墓的新发现，弥补了文献记载的不足和解释上的缺陷，对研究先秦时期的墓葬制度、风俗习惯和宗教信仰等都具有重要意义，堪称中国考古学史上的重大发现。

注释

① 安徽省文物考古研究所、蚌埠市博物馆：《蚌埠双墩一号春秋墓发掘成果重大》，《中国文物报》2008 年 12 月 19 日第 4 版；阚绪杭等：《安徽蚌埠市双墩一号春秋墓葬》，《考古》2009 年 7 期；阚绪杭等：《安徽蚌埠双墩一号春秋墓发掘简报》，《文物》2010 年 3 期。

② （清）卢文弨：《群书拾补》8 册，《风俗通义逸文》，631 页，《丛书集成初编》本，商务印书馆，1935 年。

③ （清）严可均辑：《全后汉文》卷 79。

④ （清）刘师培：《读书随笔·古代以黄色为重》，见张先觉编：《刘师培书话》，20 页，浙江人民出版社，1998 年。

⑤ 《全唐诗》卷 608 "皮日休"。

⑥ （清）郭庆藩：《庄子集释》3 册，704 页，中华书局，1961 年。

⑦ （清）郭庆藩：《庄子集释》1 册，5 页，中华书局，1961 年。

⑧ 参见《北堂书钞》卷 87《礼仪部·社稷》，《艺文类聚》卷 45《职官部·诸王》引蔡邕《独断》。

⑨ 高炜：《汉代"黄肠题凑"墓》，《新中国的考古发现与研究》，443～447 页，文物出版社，1984 年；高崇文：《西汉"黄肠题凑"葬制再研究》，《文物》1992 年 2 期；汪景辉、杨立新：《安徽六安双墩一号汉墓考古发掘获重大发现》，《中国文物报》2007 年 2 月 28 日 4 版。

⑩ 赵振华：《洛阳东汉黄肠石铭研究》，北京图书馆出版社，2008 年。

⑪ 河北省文化局文物工作队：《河北定县北庄汉墓发掘报告》，《考古学报》1964 年 2 期。

⑫ 济宁市博物馆：《山东济宁发现一座东汉墓》，《考古》1994 年 2 期；田立振、傅方笙：《山东济宁肖王庄一号汉墓》，《考古学集刊》第 12 辑，中国大百科全书出版社，1999 年。

钟离国史稽考

陈立柱[1]　阚绪杭[2]

先秦时期有一古国曰钟离，文献有记载但只言片语，不成系统。近来钟离国君墓的发现使人们对于钟离国产生浓厚兴趣。我们将文献记载与考古资料相结合，对钟离国及其有关之史料进行稽查考证，以便于有关历史文化研究之参考。相关考古资料已有专门报告，不在这里介绍，读者可自行参看。

一、钟离国称谓、地望与氏出

钟离：《史记·秦本纪》载太史公曰："秦之先为嬴姓。其后分封，以国为姓，有徐氏、郯氏、莒氏、终黎氏、运奄氏、菟裘氏、将梁氏、黄氏、江氏、修鱼氏、白冥氏、蜚廉氏、秦氏。""集解"引徐广曰："《世本》作'钟离'。应劭曰：'《氏姓注》之有终黎者为是。'"《史记·伍子胥列传》"索隐"云："《系（世）本》谓之'终黎'，嬴姓之国。"《元和姓纂》卷一："终利，嬴姓，与秦同祖。"又说："钟离，《世本》云：与秦同祖，嬴姓也。"《元丰九域志》卷五、《太平寰宇记》卷一二八①，及《路史》卷二五②都说钟离为徐之别封。

可见"钟离"别写甚多，有终犂、终利、终黎等称谓。近年考古发掘春秋时期钟离国墓葬，其中出土铜器铭文有"童丽君柏……"等字样。《玺汇》0279有楚鉨"童刃京鉨"，据刘信芳先生考证即"童丽京鉨"，也即"钟离亭鉨"③。在安徽凤阳钟离城故址，当地农民曾发现汉代"钟离丞印"封泥。看来"钟离"可能是秦汉以后写法，先秦时则作"童丽"，写为"童丽"。

钟离古国地望所在，古代是有争议的。《汉书·地理志》九江郡属县有"钟离"，颜师古注："应劭曰：钟离子国。"其地当今凤阳、蚌埠一带。《水经注》卷三十"淮水篇"云："世本曰：钟离，嬴姓也，应劭曰：县，故钟离子国也，楚灭之以为县。春秋左传所谓吴公子光伐楚，拔钟离者也。"郦道元也是认为在凤阳一带的。但公子光伐楚所拔之钟离是否凤阳之钟离，学者间的意见是不一致的。下文还要讨论。又，《左传》成公十五年吴与诸侯会于钟离，杜预注以为楚邑④。杨伯峻指出吴与诸侯会于楚地，殊为可怪⑤。这是以钟离在今凤阳县说为前提的。杜预是否认为此钟离一定在凤阳呢？古人去远，不能质问。他后来注吴楚战于钟离附近的鸡父而说在安丰县南，即今六安市西北，则又不同。《史记·伍子胥列传》司马贞"索隐"按语云："钟离县在六安，古钟离子之国，《系本》谓之'终犂'，嬴姓之国。"这里司马贞把钟离县与钟离国似乎合而为一了，地当今六安一带。还有

1　安徽省社会科学院历史所所长，研究员。

2　安徽省文物考古研究所研究员。

如《史记·吴太伯世家》"集解"引服虔说："钟离，州来西邑也。"州来旧时多以为在今凤台县城[⑥]。说钟离在州来西，与说钟离在凤阳县地，方向正相反。现代学者也有认为服虔说可取的，如石泉先生曾据此材料，重新分析吴楚鸡父之战（发生于公元前 519 年）中鸡父所在地及与钟离、州来等地的地理位置关系，认为鸡父之战中的钟离当在今凤台即他所说的州来西北，与鸡水即他所说的鸡父相邻。石先生早期认为"钟离之地望亦有二"，以后则倾向于认为凤阳钟离是东晋以后才有的[⑦]。但是，随着春秋钟离国君墓葬在凤阳钟离城故址附近的发现，今天看来说钟离国在州来以西或安丰以南等已不可取，其在凤阳已可大定。《晋书·地理志》淮南郡"钟离县"条下原注有文云："故州来邑"，钟离县曾经属于州来是可能的。

钟离国氏所出，前引《史记·秦本纪》太史公语，认为钟离与徐、秦等一样出于嬴姓，而《元丰九域志》、《太平寰宇记》及《路史·国名记》则曰徐之别封。这两者是有区别的。别出则为徐之小宗，同出则为同宗于嬴姓少昊氏。一般相信嬴姓少昊之虚在山东曲阜一带，所以说钟离氏出于山东，自源头上讲是可以的。说为徐之别封可能因为钟离曾经附属于徐。徐在周代为淮河流域大国，《春秋》僖公三年有"徐人取舒"。群舒在钟离西南，而徐在钟离之东与东北，徐取舒，则钟离只怕不能免于徐之势力的控制。西周时徐还曾组织 30 多国的联盟，成为一方霸主[⑧]。钟离其时若已存在，则也不免要附属于徐。但从文化上看，徐与钟离的差异是巨大的。这在蚌埠双墩春秋钟离国君墓（M1）、凤阳下庄春秋墓（两墓的主人似为父子关系）和被认为是徐国王室墓的邳州九女墩墓的形制上已可反映出来。双墩春秋墓为大型圆形土坑墓，封土底部与墓坑外有"玉璧形"的白土垫层，封土和墓坑填土均为五色混合土，墓底呈现出"十"字形的埋葬布局，尤其重要的是在墓坑填土中发现了"放射线"、"土丘和土偶"、"土偶墙"等极其特殊的遗迹现象。这些都是从未见过的新的考古现象。[⑨]下庄一号墓虽遭破坏，其为圆形土坑竖穴墓还是清楚的[⑩]。邳州九女墩墓没有这种情况[⑪]。再者，双墩墓 M1：47 青铜戈的胡部刻铭有"童丽公柏获徐人"[⑫]，内末部还发现该件戈原铸铭"徐子白司此之元戈"；在 M1：382 青铜戟的戈胡部有原铸铭"徐王容取吉金自作其元用戈"，说明钟离国与徐曾经有过战争，钟离君柏获得徐王用的兵器，径称徐为"徐人"，不像是对于宗主的态度。

学术界还有一种观点认为钟离氏为子姓宋出。《新唐书·宰相世系表四》："宗氏出自子姓。宋襄公母弟敖仕晋，孙伯宗为三卿所杀，子州犁奔楚，食采于钟离。"又《宰相世系表五》："钟氏出自子姓。与宗氏皆伯宗之后也。伯宗子州犁仕楚，食采于钟离，因以为姓。"后郑樵亦云：

> 钟氏：晋伯宗之后。伯宗，晋之贤者也，为郤氏所谮，被杀。子伯州犁奔楚，邑于钟离，今濠州也。子孙以邑为氏，或言钟，或言钟离。

又说

> 钟离氏：姬姓，即钟氏。以伯州犁居钟离，故曰钟离氏。亦省言钟氏。州犁与晋同祖，而《世本》云与秦同祖，嬴姓，何也？[⑬]

可以看出唐宋学者对此已不能辨其真伪。以上所说可能都本于《元和姓纂》，其卷一有文云："钟，宋微子之后。桓公曾孙伯宗仕晋，生州犁仕楚，食采钟离，因氏焉，子孙或姓钟氏。"近有胡长春先生，结合传世及凤阳卞庄墓出土铭文，著文申论钟离为宋出之说有据。对于学者释为"□夅（厥）于"的几个字，他新隶定为"敖厥士"，解为"我是敖厥士的玄孙"，即宋襄公母弟敖的玄孙。因此他认为卞庄墓出土铭文："1. 可证《新唐书》'宋襄公母弟敖仕晋'确有所据，益信正史之权威"，"2. 可补《元和姓纂》之缺。《元和姓纂》言'桓公曾孙伯宗，仕晋'，于'伯宗'父、祖并无交代，据此，综合传世文献，能理清钟氏（钟离氏）谱系；""3. 可证钟氏（钟离氏）出自子姓"[⑭]。

胡先生的意见，实际上已否认了学者们认为的卞庄与双墩墓乃钟离独立为国的根据，相信它不过为楚国大臣一采地而已。

不过这种说法也存在问题。一者卞庄铭文"厥"后一字铭刻十分清晰，明显为"于"字无疑[⑮]。胡先生释为"士"，根据的是《殷周金文集成》429.1 上的字形，不是卞庄铭刻。二者钟离若是楚之县公伯州犁氏的封地，墓葬形制与出土物与之当相关系，何以此墓葬形制风俗迥异于楚墓与宋墓？三者双墩钟离君柏墓中木炭标本的测年数据有三个。分别为 BSM1：C^{14}1 距今 2653±27 年（公元前 707±27 年）；BSM1：C^{14}2 距今 2790±45 年（公元前 845±45 年）；BSM1：C^{14}3 距今 2790±60 年（公元前 845±60 年）。取其最晚的一个，则为公元前 700 年前后。而宋襄公在位为公元前 649 – 637 年，其母弟敖当与之同时而略晚，时代比墓葬碳十四测年要晚半个世纪左右，其四世孙更当在其后百年左右。四者《元和姓纂》卷一亦引《世本》文，明确指出钟离、终利与秦同姓，而钟姓才是出于伯宗之后，这两者是不完全一样的。五者钟离诸器表现的钟离国部分世系人名为：……□厥于→（子）柏→（孙）康→（曾孙）□→（玄孙）鈇……而宋襄公母弟敖的谱系为：……宋襄公弟敖→孙伯纠→伯宗→伯州犁→……两者完全不能对应。此点张志鹏博士已指出[⑯]。还有其他问题，不在此一一指明。

比较而言，司马迁说钟离出于嬴姓乃据《世本》，《世本》编定于先秦，有早期牒谱历记以为参照，应该更可取。汉王符《潜夫论·志氏族》也明说钟离出于嬴姓，可见晋以前钟离国与秦等同出于嬴姓是有定论的。至于钟离国族何时自山东或他处迁于蚌埠凤阳一带，有待于考古学的进一步发掘来证明。

关于钟离二字的名义，似未见有讨论者。上文已言钟离有终利、终黎、终犁等异称，说明钟离等乃一记音的语词。钟离出于嬴姓，则所记当为夷人语言是可以相信的。至于何意，有待于识者。

二、春秋时期钟离史事稽证

春秋时期有关钟离的资料比较少见。综合言之约有以下数端。

1. 吴与中原诸侯会晤于钟离

《春秋》成公十五年，"冬十有一月，叔孙侨如会晋士燮、齐高无咎、宋华元、卫孙林父、郑公子鲋、邾人会吴于钟离。"《左传》云："会吴于钟离，始通吴也。"杜预注："钟离，楚邑，淮南县。"[⑰]

关于吴与中原诸侯最初相会的时间，《吴越春秋》所记有所不同。其《吴王寿梦传》云：

寿梦元年，朝周适楚，观诸侯礼乐。鲁成公会于钟离，深问周公礼乐。成公悉为陈前王之礼乐，因为咏歌三代之风。寿梦曰："孤在夷蛮，徒以椎髻为俗，岂有斯之服哉？"因叹而去，曰："于乎哉，礼也！"

其间差异，旧注已指出："钟离之会吴，始与中国接，事见《春秋》鲁成公十五年。以《史记年表》考之，是为寿梦十五年。此以为元年，何也？"⑱

又《左传》襄公十年春（公元前 563 年），"会于柤，会吴子寿梦也。三月癸丑，齐高厚相大子光以先会诸侯于钟离。……四月戊午会于柤。"此钟离，杜预无注。《史记·齐太公世家》记此事，正义"引《括地志》云："钟离故城在沂州承县界。"

承县，又作丞县，其地当今山东枣庄峄城区。如然，则淮水以北山东之地也有一个钟离城。是否钟离国故城，这里未交待。《路史·国名记》云：

　　钟离，子爵，徐之别封。今沂之承，有钟离城，乃晋吴会处。应劭云：钟离子国，在九江。盖其后徙于此，吴灭之。光武为侯国，今濠之治东六里钟离故城也。而宜咎之所城则楚地矣，今汉阳军。

这里明说沂州承县有钟离城，为晋吴相会之地，似也认为即钟离古国最早的所在，吴所灭凤阳钟离城乃后来迁徙之地。后《齐乘》卷四亦云："钟离城，沂州西南百余里。"但又曰："郡国志谓此城楚将钟离眛所筑。按韩信传：眛家在伊卢东海戚朐，有此邑城，或于其乡邑耳。"疑未能定。据叶圭绶《续山东考古录》，乾隆二十六年《峄县志》记述县城"相传楚将钟离眛所筑"，他还辨析了《路史》、《齐乘》的舛误，指出钟离眛故城又称钟离城，在海州朐山县，《元和郡县志》、《太平寰宇记》已指出，《路史》等误"以为吴晋会处，又杜撰徙九江之说，愈谬矣。"⑲

按："正义"引《括地志》说钟离在沂州承县，此前如《汉书·地理志》、司马彪《郡国志》、《水经注》以及其他一些地志资料皆未见。与之同代而稍晚的《通典》、《元和郡县志》等也都认为钟离眛城在朐山县。所以"正义"所引《括地志》资料很可疑。《太平寰宇记》卷二十二"朐山县"条云："废沂州城，在县西北百四十步。"钟离眛家乡地朐山县当今连云港西北，曾设有沂州，这种情况是否造成"正义"引《括地志》误将朐山之钟离城当做唐代沂州西南承县之钟离？汉初自陈城以东至于海之地，都在韩信封地楚国范围内⑳，钟离眛原为西楚霸王项羽大将，楚亡依附韩信，后又被迫自杀，这一片区域有关其传闻自然不少，传闻而至变异，以至有钟离城在承县之异说？还有一点，就是"正义"引《括地志》资料常常为括引，甚至修改原文㉑，以至错误甚多，如引《括地志》文注《秦始皇本纪》始皇"西南渡淮水，之衡山、南郡之衡山"曰："衡山，一名岣嵝山，在衡州湘潭县西四十一里。"而此衡山在长江以北甚明白。又两处引《括地志》资料，说灵璧故城、故相县城都在"符离县西北90里"等㉒。此处异说或者引错也未可知。至于《路史》不辨其真伪而进一步发挥之，殊不可取。由其后一句"宜咎之所城钟离在汉阳军（属今湖北武汉）"，尤可知其不顾基本事实而故为异说。

柤，杜预注以为楚地，吴王在柤，诸侯往会之㉓。杨伯峻从之，并以为柤在今江苏邳县北而稍西之泇口㉔。谭其骧《中国历史地图集》也定在今邳州北㉕。按：将钟离与柤说为楚地，似不确。成公七年，"吴伐郯，郯成，"吴国势力已深入到今山东南部一带。在江淮则与楚人激烈争夺州来、巢等地。楚虽一度取萧与彭城，但很快为晋人所夺而归于宋。迦口在徐州东南，钟离又在迦口之南，正中原与吴交通要道。文献也未有楚夺取此地的记载。所以钟离、相地此时不太可能属于楚。再说，吴与中原诸侯相会在敌国的楚地，也不在理。此时钟离是否独立为国，文献没有明确记载，也没有钟离以附属国的身份参加吴或楚一方之活动的。

中原诸侯与吴相会于钟离，其目的正在于楚，因为楚国北上东出与诸侯争雄，所以他们要联合吴国以对付楚。

2. 吴楚争夺钟离

吴楚之间公元前 548 年有一场"离城"之战。《左传》襄公二十五年七月载：

> 舒鸠人卒叛楚。令尹子木伐之，及离城。吴人救之，子木遽以右师先，子强、息桓、子捷、子骈、子盂帅左师以退。吴人居其间七日。……五人以其私卒先击吴师。吴师奔，登山以望，见楚师不继，复逐之，傅诸其军。简师会之，吴师大败。遂围舒鸠，舒鸠溃。八月，楚灭舒鸠。

离城，杜预注："离城，舒鸠城。"清江永《春秋地理考实》只是简单发挥一下杜注，洪亮吉《春秋左传诂》以为离城即钟离城，并斥杜预注"殊无所据"，但他也没有加以论证。今人杨伯峻《春秋左传注》引杜注后说："（离城）则当在今舒城县之西，为楚军至舒鸠所经之邑。洪亮吉《诂》谓即钟离，不知钟离在今安徽凤阳县东北二十里，远在舒城东北，楚伐舒鸠，断不至行军至此。"[26]这主要是自地理方位上推之。

这个离城，我过去认为它即凤阳之钟离城。曾提出四点理由：一是楚进伐舒鸠，实则与吴战。钟离作为楚东边重镇，与吴地接壤，楚军在此既可以休整、谋划，又可以布出疑阵，引出吴军。二是楚军东来离城，形成夹吴而阵的形势，说明是事先安排好的。若离城在舒鸠以西，子木率军自西向东进攻，吴军来救必自东边，两军不易形成夹吴而阵的形势。三是皖西地区为群舒之地，无有以"离"名城与地者。四是凤阳钟离城西有鲁（鲁、离双声）山，东有钟乳，故钟离城、离城得名可能与离山相关[27]。

《左传》襄公二十八年（公元前 545 年），齐庆封"奔吴。吴句余予之朱方，聚其族焉而居之，富于其旧。"《公羊专》作"吴封之于防。""防"当为"朱方"之急读。

朱方，杜预以为吴邑，《史记·吴太伯世家》"集解"引《吴地记》曰："朱方，秦改曰丹徒"，以后的注释家多认为在今江苏镇江丹徒镇[28]。但是不可取，这个朱方实则为钟离。《谷梁传》昭公四年说得明白："庆封封乎吴钟离。其不言伐钟离何也？不与吴封也。"详细情况已有多位学者作了考证[29]，其地当今凤阳钟离城故址。

到了昭公四年（公元前 538 年）秋七月，"楚子以诸侯伐吴。宋大子、郑伯先归。宋华费遂、郑大夫从。使屈申围朱方，八月甲申，克之。执齐庆封而尽灭其族。"

据上，吴能将钟离封给庆封，则其之前必已属于吴无疑。至昭公四年，有七八年时间。加上吴与晋等会于钟离，可以推测此前钟离当已属于吴。

《左传》昭公四年冬天：

> 吴伐楚，入棘、栎、麻，以报朱方之役。楚沈尹射奔命于夏汭，箴尹宜咎城钟离，薳启强城

巢，然丹城州来。东国水，不可以城。彭生罢赖之师。

这应该是楚杀庆封以后占领钟离，因吴之伐而筑城以守。但是筑城不成功。这个钟离城应该筑在楚国占领庆封所封之地的吴钟离地面上，当今凤阳钟离国一带。

昭公二十三年（公元前519年），《春秋》秋七月提到鸡父之战，《左传》又载：

吴人伐州来，楚薳越帅师及诸侯之师奔命救州来。吴人御诸钟离。……戊辰晦，战于鸡父。

这个钟离，杜预无注，杨伯峻以为即凤阳之钟离，在淮水南岸㉚。诸侯之师救州来而吴军防御于钟离，接着发生鸡父大战。鸡父，《谷梁传》作"鸡甫"。战争起因问题，《左传》未及，《史记》等文献认为乃吴邑卑梁，与楚邑钟离边民相争斗引起的。《史记·楚世家》：

> （楚平王）十年，楚太子建母在居巢，开吴。吴使公子光伐楚，遂败陈、蔡，取太子建母而去。楚恐，城郢。初，吴之边邑卑梁与楚边邑钟离小童争桑，两家交怒相攻，灭卑梁人。卑梁大夫怒，发邑兵攻钟离。楚王闻之怒，发国兵灭卑梁。吴王闻之大怒，亦发兵，使公子光因建母家攻楚，遂灭钟离、居巢。楚乃恐而城郢。

《史记·伍子胥列传》亦云：

> 久之，楚平王以其边邑钟离与吴边邑卑梁氏俱蚕，两女子争桑相攻，乃大怒，至于两国举兵相伐。吴使公子光伐楚，拔其钟离、居巢而归。

《吕氏春秋·察微》述之较详，但也有不同：

> 楚之边邑曰卑梁，其处女与吴之边邑处女桑于境上，戏而伤卑梁之处女。卑梁人操其伤子以让吴人，吴人应之不恭，怒杀而去之。吴人往报之，尽屠其家。卑梁公怒，曰："吴人焉敢攻吾邑？"举兵反攻之，老弱尽杀之矣。吴王夷昧闻之，怒，使人举兵侵楚之边邑，克夷而后去之。吴楚以此大隆。吴公子光又率师与楚人战于鸡父，大败楚人，获其帅潘子臣、小帷子、陈夏啮，又反伐郢，得荆平王之夫人以归，实为鸡父之战。

《史记·吴太伯世家》吴王僚九年所记近于《吕氏春秋》：

> 初，楚边邑卑梁氏之处女与吴边邑之女争桑，二女家怒相灭，两国边邑长闻之，怒而相攻，灭吴之边邑。吴王怒，故遂伐楚，取两都而去。"集解"引服虔曰："钟离，州来西邑也。"

另外，《吴越春秋·王僚使公子光传第三》亦记此事。战争的具体原因，《楚世家》、《伍子胥列传》指出为吴边邑卑梁与楚边邑钟离小童争桑，引起两家相攻、两邑相攻，以致最后两国相攻，楚集诸侯之师与吴战，诸侯师大败，楚失钟离与居巢。《吴世家》载为楚边邑卑梁氏之处女（《王僚使公子光传第三》作"楚之边邑脾梁"）与吴边邑之女争桑引起大战，部分内容与《察微》近㉛，《察微》同时指出此即鸡父之战，但与《楚世家》稍有不同。不同处或者古史传闻异词所致。但说为边邑女争桑引起的战争则全都一致。卑梁，一般认为即今安徽天长县石梁镇，谭其骧《中国历史地图集》也将之标在天长县地㉜。而钟离若与之比邻，只能在州来以东的凤阳一带才有可能。是以杨伯峻注以为在"今安徽凤阳县稍北而东，淮水南岸。"㉝这与钟离故城遗址在今凤阳县是一致的。鸡父，杜预注《春秋》昭公二十三年云："楚地，安丰县南有鸡备亭"。杜预时代的安丰县南约当今霍邱县至六安市之间。而据《左传》，吴人御于钟离而战于鸡父，则鸡父当在钟离不远。卑梁为吴邑即已定在天长县境，作为边邻之邑，钟离在凤阳显然更在理。会否钟离国地为吴、楚分有，吴有"吴钟离"，楚也有一个"楚钟离"，楚钟离在居巢与舒鸠一带，即州来之西或西南？若然，则杜预的注释就是可以说得通的。然而，凤阳一带即卑梁边邻有一钟离，据《楚世家》、《伍子胥列传》等且为楚邑，六安以北楚还有一钟离，又似不在理。

我们还提出另一个可能，即《左传》昭公二十三"钟离"为"州来"之误写。首先，"州来"又作"州黎"，《尔雅·释丘》："淮南有州黎丘"，郭璞注："今在寿县"。而"钟"与"州"双声，音也近，"钟离"又写作"终黎"等。因此"州黎（来）"误写为"钟离""终黎"的可能是存在的。其次，杜预注鸡父在安丰县南，吴人伐州来并在此防御，而战于西南之鸡父也是可能的。再次，州黎丘又曰"黎丘"。《盐铁论·论儒篇》云："孔子能方不能圆，故饥于黎丘。"此"黎丘"，郝懿行已指出即"州黎之丘"㉞。而前述钟离城又曰"离城"。"黎"，古在脂部，"离"在歌部，歌、脂旁转，古音近甚。

又《春秋》昭公二十四年冬，"吴灭巢"，《左传》还提到灭钟离：

> 楚子为舟师以略吴疆。……越大夫胥犴劳王于豫章之汭。越公子仓归王乘舟，仓及寿梦帅师从王，王及圉阳而还。吴人踵楚，而边人不备，遂灭巢及钟离而还。

圉阳，杜预以为楚地，清代多位学者说在巢县境内㉟，徐少华教授则认为当在六安以东至今凤台一线的附近㊱。我们说，楚王为舟师的目的在于攻略吴国的疆土，深入吴境，否则未必使用水师。是以进至巢湖一带并非不可。楚水军自巢湖撤回自然也是水路。吴军跟在他们后面而灭巢与钟离，则两地当在楚军后撤、吴军所踵之路途中。巢湖至淮河中间有豫章之汭可通㊲，似乎不必绕道凤阳一带。圉阳如在六安至凤台一线附近，楚王及之而还，则随之而来的吴军所灭之钟离就更不可能在凤阳一带了。这个钟离若如上言为州来之误，则吴人灭掉巢（在六安东北），接着正可以灭掉州来（在寿县）。前述一些晋唐学者认为六安有钟离县、安丰有鸡备亭，以及钟离在州来西等说法，或者与此有关。

当然还有一种可能，即楚军占领凤阳钟离，后因为吴军的反击，楚人可能将一部分钟离人迁移至楚人控制的巢邑附近，新置一钟离城以安置之。这样说除了因为这两条材料以及"吴钟离"的启发外，还有就是，舒城九里墩春秋墓发现有"童丽公<p
>……"的鼓座铭文㊳，有可能是钟离人的物品流移于此的㊴。

归结吴楚钟离之争，因钟离古国而有的钟离城邑，其在今凤阳境内可以确定。楚国东向发展必然要争夺钟离。为此，楚曾花费大量人力财力于此筑城以为守备。春秋中期以后，吴、楚在江淮地区争夺激烈，都以钟离城为要塞，是以经常易手，楚强则归楚，吴胜则属吴，成为两国争夺的前沿，而大多数时候可能属吴。前述齐国贵族庆封投奔吴国，吴封他于钟离，就是替吴看守北方的门户。

文献有"吴钟离"的说法，可以理解为吴人所占有之钟离城。若然，似乎还可以认为有一"楚钟离"，即吴人占领钟离国旧地，楚在其占领的钟离国部分地区或邻近地区设立的钟离县。一些蛛丝马迹显示它可能在州来西南的方位，古代学者的一些说法与之接近。后世文献说钟离为伯州犁的采地[40]，或者在此。但部分钟离也可能为州来之误写。吴越亡后，钟离地成为楚国的一部分。楚国曾将一部分钟离人迁于汉阳，筑钟离城以处之，今汉阳五里墩有钟离城当来源于此[41]。还有部分钟离国人，可能被吴或越迁往江东，也可能战国秦汉之际钟离氏族逃于其地，所以汉代山阴（今浙江绍兴）有大姓钟离氏。

需要指出的一点是，江淮一带为吴楚争夺之地，楚有的地名，吴也有的情况不止此一处。《左传》襄公十四年"子囊师于棠，以伐吴"，这个棠地还见于昭公二十年，即"棠君尚"。尚即伍尚，是伍子胥的大哥，伍奢的长子。这里的"君"，《经典释文》指出"君，或作尹"，棠君即棠地的县尹。其实吴也有一棠（又作"堂"），与伍子胥同时的吴之能人专诸就是堂邑县人[42]，汉属临淮郡，在今江苏六合县。过去学者多认为楚之棠地在今江苏六合县[43]。实际上，楚之棠在六安市，其地本有两古城，一为六合城，一为白沙城，见于《太平寰宇记》等书。经过石泉[44]与郑威[45]等先生的考证，今已比较清楚。这个地方也是吴楚经常争夺的地方。所以吴与楚的钟离问题，似也可如此看。

3. 钟离君柏在位时与徐国曾经发生战争

蚌埠双墩一号墓出有同铭镈钟九件，铭文为："唯王正月初吉丁亥，童丽君柏作其行钟。童丽之金。"同铭簠两件，铭文为："唯正月初吉丁亥，童丽君柏择其吉金作其飤簠。"又安徽凤阳卞庄一号墓出土同铭镈钟五件，铭文为："惟正月初吉丁亥，余□厥于之孙、童丽公柏之季子康，择其吉金，自作和钟之铖，穆穆和和，柏之季康是良，以从我师行，以乐我父兄，其眉寿无疆，子子孙孙永保是尚。"另外，蚌埠双墩一号春秋墓 M1∶47 青铜戈的胡部刻铭有："童鹿公柏获徐人"，内末部还发现该件戈原铸铭为"徐子白司此之元戈"。另在 M1∶382 青铜戟的戈胡部原铸铭"徐王容取吉金自作其元用戈"。据此，则钟离与徐之间发生过战争，钟离君柏曾俘获徐王容的有铭兵器戟。在获得徐子白司此戈后，又在上面刻了铭记，说明钟离君柏曾斩获徐人与其兵器。此事传世文献失载，无从考证。钟离君柏墓中发现不少箭镞、戈戟等，并有铜剑一把随葬，说明他可能是一位在军事上颇有作为的人物，在位期间曾与徐国发生战争。而斩获徐人与其兵器也足以说明之。发掘者曾将墓葬定在公元前五、六世纪，即春秋中、晚期。依据是墓葬出土器物组合与形制。徐少华先生基本认可此一结论，又根据淅川下寺多个墓葬、固始侯古堆一号墓及寿县蔡侯墓，定其为公元前 560 年前后，即春秋后期前段，钟离公柏活动的时间当春秋中晚之际[46]。若然，他有否可能与名为徐王容的君主发生战争呢？这要看看徐国此时有否叫容的徐王了。

徐国于公元前 512 年灭于吴，其时国君为徐子章禹。前 536 年即《左传》昭公六年，徐仪楚聘于楚，楚王将他抓了起来，后逃归，导致楚伐徐而吴救之。仪楚，金文写作"义楚"，如出土《徐王义楚剑》、《徐王义楚之元子剑》、《徐王义楚觯》等。他做徐王的时间当在公元前 536～公元前 512 之间。他的元子即大子一般当继承王位，很有可能即徐王章禹。所以义楚极可能为徐灭国前的第二位国王。义楚之前的徐王，李学勤推测为江西高安出土的《徐王叔觯》之徐王叔，也即《左传》昭公四年所说的"徐子，吴出也"的徐王[47]，陈秉新认为《次又缶》中的次又即叔又，缶为他即位前所作[48]。又，徐国还有一位徐王曰徐王子旃，见于《徐王子旃钟》，依据钟的型款李学勤等也定为春秋晚期[49]，时间大体在鲁襄公时期（公元前 572 ~ 公元前 542 年）。若然，春秋晚期徐国不再可能还有一位叫容的君主，钟离君柏也可能不是春秋后期的人。有否可能徐王容的戟传于后世，在钟离与徐人的战斗中为钟离君所得？此种可能道理上是成立的。但另一方面，古人事死如生，徐王容的用物，其死后当为陪葬，不一定传于后人。还有另一种可能我们认为也是需要注意的，就是钟离君柏墓的时代应提早到春秋早中期，如碳^{14}测年所示。上述钟离君柏墓的三个碳^{14}数据采样，都自墓主人主棺内取得，不存在打破地层的问题，较可信据。这里就涉及一个问题，即墓中随葬物品有否可能在晚期以前出现？

考古学问题我是外行，但据一些学者研究，钟、鼎、磬、簠等的组合，较多流行于西周至春秋早期，战国以后消失。而双墩与卞庄墓都有这些器物[50]。还有就是碳^{14}测年也是重要参考。判断古代器物的年代，在没有确切纪年的情况下，自然要考虑器物类型演进的一般规律，但考虑一般规律的同时也要注意到历史发展的特殊性问题，即每一历史现象都是在独特的环境中发生的，不能将规律绝对化，因为规律也是人总结的，不同时期的认识是有变化的。以此考虑，钟离君柏与徐之战在春秋早中期也不是没有可能。据郝士宏教授说，两墓的铭文时代特征属于春秋时期，不一定必晚至春秋晚期。

4. 关于钟离国灭国的时间问题

《春秋》与《左传》都没有明确记述。前引《春秋》成公十五年诸侯会吴于钟离，杜预注钟离为楚邑，似乎公元前 576 年以前钟离已为楚国占有。杨伯峻疑之。《水经注》卷 30 引应昭曰，以为钟离子国"楚灭之以为县。《左传》所谓吴公子光伐楚拔钟离者也"。所谓《左传》文即昭公二十四年"吴人踵楚，而边人不备，遂灭巢及钟离而还"之钟离。郦道元的意见与杜预接近。而宋人罗泌与清人顾栋高由此提出钟离子国，吴灭之[51]。《左传》此文接下的为沈尹戌语："亡郢之始，于此在矣。王一动而亡二姓之帅，几如是而不及郢？"其中"二姓之帅"，杜预注："守巢、钟离大夫"。由此则巢与钟离明显为楚邑，吴所灭此钟离不可作为钟离国灭亡的下限。

徐少华先生提出楚拓境到钟离一带后为了控制其地的局势，于钟离设县以治民，同时仍然保持钟离国的君统与族祀于该地或附近地区，作为附庸与缓冲地带以应对吴与中原列国。他以此来解释春秋晚期钟离为楚县以及他认为的钟离君柏墓晚至春秋晚期的现象。徐先生推断的依据是申、邓二国为楚灭后，"并没有灭其国祀，而是降为附庸存于境内。"[52]徐先生所说的情况值得重视。但是有两点需要指出，一是族祀与国祀应有别，灭其国而存其族祀是早期兼并较通常的情况，国即灭则不再有主权，而族祀只是族内的祭祀而已。如随、唐之为附庸，与申、邓之灭显然不同，后者是以楚国内的族群而存在的，而前者则是以附庸国的形式存在的，国家仍然在。而卞庄一号出土铭文有"以从我师行"，说明钟离自己的军队还存在，不太可能是春秋后期钟离已为吴楚某一国内族群（如可能）的情况。二者楚国在江淮地区附庸以待各小国族，如群舒与六等。然一旦灭之，就只能如申、邓一样成为楚之境内的族群而已了，附庸的意义只是如此。钟离如果是这种情况，领土经常为吴楚占领或分割，如何可以有其墓葬显示的富足与气派，以及自己的军队？所以这种推测尽管有其合理性，但不能分别附庸国族与统治国家内的族群之不同。上述张志鹏文根据钟离地处下蔡与杞之间，提出"地处淮河中游位于下蔡之东、泗水之西的今安徽凤阳、蚌埠市一带钟离国的灭国时间应在楚灭蔡、杞之间，即公元前 447 年至公元前 445 年间。"仅以地理位置就判定钟离国灭时间，证据未免太薄弱。

我们认为，现有资料不足以断定钟离国灭于何时，钟离君柏墓的发掘只是为新的推测提供一些旁证，但不能说明其灭于春秋晚期。从文献记载看，鲁成公十五年钟离之地已成为吴与中原诸侯的汇聚之地，杜预指为楚邑，其他一些学者推测为吴地。我们认为此后文献记载的钟离已不再可能是一个独立的国族。因此可以推测，此前钟离国已为吴或楚所并灭，其后钟离则以族群形式存在于吴楚边邻地区，有时属吴，有时归楚，视具体情况而定。

三、结 论

钟离国文献资料太少，墓葬发掘可确定的目前只有两座[53]，故城遗址尚未发掘，以致其国家历史文化情况，我们目前知道的很有限，不仅难以条贯其先后本末与基本特征，一些文献提及之事也不甚了了，大多不能确定。过去学者的一些研究未能全面考察，也少辨正分析。我们结合文献与考古资料，初步做了系统的考察辨析，指出钟离国君墓葬的年代学界普遍认为当春秋中晚期，这种说法可能有些偏晚，钟离国灭亡的时间至晚也当在春秋中期。其他不能确定之事则尽量提出多种可能，以供研究参考。

《礼记·檀弓下》中所记载的容居：

> 邾娄考公之丧，徐君使容居来吊含，曰："寡君使容居坐含，进侯玉，其使容居以含"。有司曰："诸侯之来辱敝邑者，易则易，于则于，易于杂者，未之有也"。容居对曰："容居闻之，事君不敢忘其君，亦不敢遗其祖，昔我先君驹王西讨，济于河，无所不用斯言也。容居鲁人也，不敢忘其祖"。

顾炎武在《日知录·卷六》中指出：

> "邾娄考公之丧，徐君使容居来吊含"。注："考公隐公益之曾孙，考或为定。"按隐公当鲁哀公之时，传至曾孙考公其去春秋已远。而鲁昭公三十年，吴灭徐。徐子章羽奔楚，楚沈尹戌帅师救徐，弗及，遂城夷，使徐子处之。是已失国而为寓公，其尚能行王礼于邻国乎？定公在鲁文宣之时，作定为是。

从铭文字体风格和戈的形制上看，这两件徐王容居戈应为春秋时期的器物，这从实物上证实了郑玄和顾炎武的推断，纠正了《礼记》中记载的错误，即容居所吊唁的实为邾定公，而不是邾娄考公。在邾定公去世时，即公元前573年，容居尚未成为徐王。从这两件铜戈铭文看，容居后来继承了徐国王位。

注释

① 《太平寰宇记》卷128"濠州"条云："春秋时有钟离子国，世本云：嬴姓，徐之别号也"，与他书所引略有不同。
② 按：《路史》与后出之《齐乘》关于沂州承县钟离城之来源的引证，甚多不确之处，本文不予辨析。

③ 刘信芳、阚绪杭、周群：《安徽凤阳县卞庄一号墓出土镈钟铭文初探》，《考古与文物》2009 年 3 期。

④ 《春秋左传集解》，上海人民出版社，1977 年，738 页。

⑤ 杨伯峻：《春秋左传注》（修订本），中华书局，1990 年，876 页。

⑥ 近年安徽学者普遍认为州来在寿春，参丁邦均、李德文：《寿春城遗址遥感调查的新收获》，《楚文化研究论集》第二集，湖北人民出版社，1991 年；张钟云：《楚都寿春城的探索》，载《楚文化研究论集》（第 5 集），黄山书社，2003 年。

⑦ 石泉：《古代荆楚地理新探·续集》，武汉大学出版，2004 年，296～297、63 页。

⑧ 关于徐偃王时期徐国史事，先秦秦汉文献记载较多，徐旭生《中国古史的传说时代》（科学出版社，1960 年）第四章有系统的搜集与讨论，可参看。

⑨ 安徽省文物考古研究所、蚌埠市博物馆：《安徽蚌埠市双墩一号春秋墓葬》，《考古》2009 年 9 期。

⑩ 安徽省文物考古研究所、凤阳县文物管理所：《凤阳大东关与卞庄》，科学出版社，2010 年，52 页。

⑪ 孔令远、陈永清：《江苏邳州市九女墩三号墩的发掘》，《考古》2002 年 5 期；孔令远：《徐国的考古发现与研究》（博士论文，2002 年）。

⑫ 按：双墩墓发掘简报《安徽蚌埠市双墩一号春秋墓葬》（《考古》2009 年 9 期）释此铭文为："童丽公柏之用戟"，现在看来不确。

⑬ 郑樵：《通志·氏族三》，中华书局，1987 年，475 页。

⑭ 胡长春：《钟离氏始祖"宋襄公母弟敖新证"暨"鸳鸳雒雒"释义的再探讨》，《考古与文物》2009 年 3 期。

⑮ 参《凤阳大东关与卞庄》彩版四七。

⑯ 张志鹏：《"钟离氏"族姓考》，http：//www. gwz. fudan. edu. cn/SrcShow. asp？ Src_ ID = 1414。

⑰ 《春秋左传集解》，738 页。

⑱ 《吴越春秋》，《文渊阁四库全书》本，上海人民出版社、迪志文化出版公司电子版，1999 年。其中注文，或者以为宋人徐天佑，或说他人，未能遽定。

⑲ 叶圭绶撰、王如涛等点注：《续山东考古录》，山东文艺出版社，1997 年，521、542 页。

⑳ 周振鹤：《西汉政区地理》，人民出版社，1987 年，25～27 页。

㉑ 李泰等著、贺次君辑校：《括地志辑校·前言》，中华书局，1980 年。

㉒ 参《史记》之《秦本纪》、《项羽本纪》、《曹相国世家》等"正义"引《括地志》文。

㉓ 《春秋左传集解》，864 页。

㉔ 杨伯峻：《春秋左传注》（修订本），973 页。

㉕ 谭其骧主编：《中国历史地图集》第一册"楚吴越图"，地图出版社，1982 年。

㉖ 杨伯峻：《春秋左传注》（修订本），1104 页。

㉗ 陈立柱：《楚淮古地三题》，《江汉考古》2010 年 1 期。

㉘ 参见杨伯峻：《春秋左传注》（修订本），1149、1253 页。

㉙ 王祺：《春秋吴国"朱方"地望辩证》，《史林》1991 年 1 期；石奕龙：《"朱方"辨》，《东南文化》1993 年 1 期。

㉚ 杨伯峻：《春秋左传注》（修订本），1445 页。

㉛ 《吕氏春秋》记此事将鲁定公六年事与昭公二十三年事误合为一，毕沅新校正中已指出，收上海书店 1986 年影印《诸子集成》第 6 册。

㉜ 谭其骧主编：《中国历史地图集》第一册"楚吴越图"，地图出版社，1982 年。

㉝ 杨伯峻：《春秋左传注》（修订本），1445 页。

㉞ 郝懿行：《尔雅义疏》，《汉小学四种》本，巴蜀书社，2001 年，1104 页。

㉟ 参高士奇：《春秋地名考略》卷 9；顾栋高：《春秋大事表》卷 7；《文渊阁四库全书》本，上海人民出版社、迪志

文化出版公司电子版，1999 年。

㊱ 徐少华：《荆楚历史地理与考古探研》，商务印书馆，2010 年，144 页。

㊲ 参见《左传》昭公六年、十三年、二十四年等。

㊳ 安徽省文物工作队：《安徽九里墩春秋墓》，《考古学报》1982 年 2 期；何琳仪：《九里墩鼓座铭文新释》，《文物研究》第八辑，黄山书社，1998 年。

㊴ 刘信芳等先生认为鼓座可作为古钟离人由舒城向南迁移的参考，见刘信芳、阚绪杭、周群：《安徽凤阳县卞庄一号墓出土镈钟铭文初探》，《考古与文物》2009 年 3 期。

㊵《路史·国名记》云："钟离，州犁采，楚地。"

㊶ 参《清一统志》、《汉阳府志》等。

㊷《史记·刺客列传》，中华书局，1982 年。

㊸ 高士奇：《春秋地名考略》卷 9；顾栋高：《春秋大事表》卷 6；杨伯峻：《春秋左传注》（修订本），1018 页。

㊹ 石泉：《古代荆楚地理新探·续集》，307 页。

㊺ 郑威：《楚"棠君"考》，《楚文化研究论集》第 8 集，大象出版社，2009 年。

㊻ 徐少华：《童丽公诸器与古钟离国历史和文化》，《古文字研究》第 28 辑（2010 年）；《蚌埠双墩与凤阳卞庄两座墓葬年代析论》，《文物》2010 年 8 期。

㊼ 李学勤：《从新出青铜器看长江下游文化的发展》，《文物》1980 年 8 期。

㊽ 陈秉新、李立芳：《出土夷族史料辑考》，安徽大学出版社，2005 年，315 页。

㊾ 李学勤：《从新出青铜器看长江下游文化的发展》，《文物》1980 年 8 期；孔令远：《徐国的考古发现与研究》（博士论文，2002 年）。

㊿ 相关情况，《凤阳大东关与卞庄》报告 175～180 页已有一些分析。

51 参罗泌：《路史·后记》；顾栋高：《春秋大事表》卷 5 等。

52 徐少华：《童丽公诸器与古钟离国历史和文化》，《古文字研究》第 28 辑（2010 年）。

53 凤阳大东关 M1 墓葬，发掘者认为与卞庄墓的情况接近。惟是没有铭文可以确证。参见《凤阳大东关与卞庄》有关章节。

"徐王容居"戈铭文考释

孔令远[1]　李艳华[2]　阚绪杭[3]

安徽蚌埠双墩一号春秋墓的材料对了解春秋时期钟离国与徐国的历史及文化有重要价值。该墓出土的两件徐国青铜戈，最近经过除锈，发现上面有铭文。

其中一件戈为 M1∶47，两面分别铸及刻有铭文：

正面的铭文铸成的：

余子白取此之元戈。

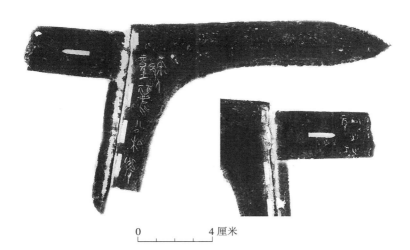

0 ——————— 4 厘米

图一　双墩 M1∶47 戈及铭文拓本

背面的铭文是后刻上去的：

童（钟）丽（离）公柏隻（获）徐人。

另一件戈为 M1∶327，一面铸有铭文：

余子容巨此自作其元戈。

————————————

1　重庆师范大学历史与社会学院教授。
2　重庆师范大学历史与社会学院副教授。
3　安徽省文物考古研究所研究员。

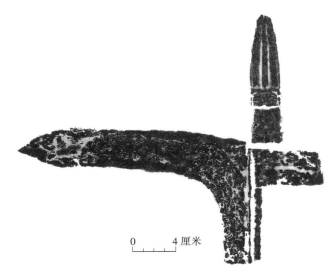

0   4厘米

图二 双墩 M1:382 戈及铭文拓本

从铭文可知这两件铜戈，原先为余（徐）子容巨此（余子白取此）所铸自用之戈，原铭文为铸成，后来被钟离公柏缴获，其中 M1:47 背面刻有新铭文。

金文中徐多写作邾，写作"余"的有余太子白辰鼎（《殷周金文集成》2652）、余子氽鼎（《殷周金文集成》2390）以及眚夫人匜（《殷周金文集成》10261）等，均为春秋早期的器物。我们推测"余（徐）子容巨此"与"余（徐）子白取此"为同一人，巨、取与居读音相近，"此"为夷人姓名之尾音，这两件铜戈的主人或为《礼记·檀弓下》中所记载的容居：

"邾娄考公之丧，徐君使容居来吊含，曰："寡君使容居坐含，进侯玉，其使容居以含"。有司曰："诸侯之来辱敝邑者，易则易，于则于，易于杂者，未之有也"。容居对曰："容居闻之，事君不敢忘其君，亦不敢遗其祖，昔我先君驹王西讨，济于河，无所不用斯言也。容居鲁人也，不敢忘其祖"。

顾炎武在《日知录·卷六》中指出：

"邾娄考公之丧，徐君使容居来吊含"。注："考公隐公益之曾孙，考或为定。"按隐公当鲁哀公之时，传至曾孙考公其去春秋已远。而鲁昭公三十年，吴灭徐。徐子章羽奔楚，楚沈尹戍师师救徐，弗及，遂城夷，使徐子处之。是已失国而为寓公，其尚能行王礼于邻国乎？定公在鲁文宣之时，作定为是。

从铭文字体风格和戈的形制上看，这两件徐王容居戈应为春秋时期的器物，这从实物上证实了郑玄和顾炎武的推断，纠正了《礼记》中记载的错误，即容居所吊唁的实为邾定公，而不是邾娄考公。在邾定公去世时，即公元前 573 年，容居尚未成为徐王。从这两件铜戈铭文看，容居后来继承了徐国王位。

M:47 铭文中的获字写为雙，从雀从又，应与从萑从又的蒦为同一字，即"获"（获），可隶定为"只"。金文中"获"一般均从隹，个别从雀，此即一例，上边的偏旁"小"字略有变形，与下面的"隹"有连笔，而且隹与小之间多出一撇，可能是刻写时的笔误。金文中从雀的只字另一例见洛阳玻璃厂 439 号墓出土的哀成叔鼎（《殷周金文集成》2782）。

这两件铜戈铭文材料揭示出钟离公柏时，钟离国与徐国之间有过战争，钟离曾取得过胜利，并俘获徐人。也可理解此戈获自徐人，钟离公柏刻铭记功。

舒城九里墩青铜鼓座铭文中记载的童（钟）丽（离）公"只（获）飞茏（龙）"[①]，应即获舒龙，《春秋·僖公三年》中记载徐人取舒，则舒龙或为徐人部族。

这两件徐王容居戈与九里墩鼓座铭文均分别反映出两代钟离公与徐和群舒的争斗，可见钟离当时在淮河流域曾具有是一支与徐及群舒旗鼓相当的势力，甚至有时还曾占过上风。

阚绪杭等在发掘简报中指出，"双墩一号墓出土的器物组合和形制具有比较典型的春秋中、晚期特征，结合文献中关于春秋时期钟离国的零星记载，我们推测这座墓的具体年代大约在公元前五六世纪。"据《左传·昭公二十四年》记载，"吴人踵楚，而边人不备，遂灭巢及钟离而还"，鲁昭公二十四年为公元前 518 年，这应是这两件戈的年代下限。

注释

① 何琳仪：《九里墩鼓座铭文新释》，《出土文献研究》第三辑，中华书局，1998 年，67~73 页；徐少华：《舒城九里墩春秋墓的年代与族属析论》，《东南文化》，2010 年 1 期。

徐王义楚耑 "永保刍身" 新解
及安徽双墩一号钟离墓的年代推定

胡长春[1]　阚绪杭[2]

一、双墩一号春秋墓新出土的徐国兵器

2008 年，安徽省文物考古研究所先后在安徽蚌埠地区发掘了两座奇特的春秋时期墓葬，出土一批有铭青铜器，铭文资料已公布在发掘报告中。值得注意的是，一号墓中还出土两件徐国兵器：M1：47 戈和 M1：382 戈。由于其材料的独特性，一直未正式公开发表。M1：382 戈身长 29 厘米，高 13 厘米，铸有铭文："徐王容取吉金自作其元用戈"（胡部）；M1：47 戈身长 20 厘米，高 11 厘米，两面均有铭文：一为 "余（徐）子白（伯）乍（佁）此之元戈"[1]（内末部，铸文）；一为 "童麗公柏夺徐人"[2]（胡部，铭文为童麗公柏在原器上加刻的）。

这两件戈的出土有着极其重要的史料价值。首先，"童麗公柏夺徐人" 的铭文，为双墩一号墓的断代研究提供新的契机，众所周知，历史上的徐国是强国，而钟离相对弱小，童麗公柏能夺徐人的兵器，表明此时的徐国必已衰落，或正走向灭亡，因而双墩一号墓的年代也与之相应；其次，这两件戈给我们提供了两个徐王名，这为徐王世系拟定提供了难得的资料。最早将徐器汇集在一起进行整理研究的是郭沫若先生的《两周金文辞大系》[3]。《大系》共收了徐王粮鼎、宜桐盂、沇儿镈、徐王义楚耑[4]、徐王弔又耑、义楚耑、王孙遗者钟、僕儿钟、徐醓尹钲九器。李学勤先生早在 80 年代，结合文献和若干徐国青铜器，即排出春秋中晚期五个徐王序列：春秋中期的粮和庚，春秋晚期的弔又、义楚和章禹。孙伟龙先生近又检讨文献，得出五个徐王的名字：徐子诞[5]、徐驹王[6]、徐偃王[7]、仪楚[8]、章羽[9]；从器铭得知七个徐王的名字：徐君、雅君[10]、徐王粮、徐王庚、徐王子旃、徐王弔又、徐王义楚。

以上诸位先生的研究成果给我们现在的研究带来了极大的方便。又据《新唐书·宰相世系表》云："徐氏出自嬴姓。皋陶生伯益，伯益生若木，夏后氏封之于徐，其地下邳僮县是也。至偃王三十二世，为周所灭，复封其子宗为徐子，十一世孙章禹为吴所灭，子孙以国为氏。"[11]

"徐子章禹" 见于《左传》，"徐子" 又五见于《左传》，如此，《新唐书·宰相世系表》"复封其子宗为徐子，十一世孙章禹为吴所灭" 的记载是有一定的历史依据的。由于材料的缺失，我们暂撇开西周时期的徐君世系，目前学界都能接受的徐王世系一般是在李学勤先生的所拟的基础上加上

1　安徽大学教授。

2　安徽省文物考古研究所研究员。

新出的材料，大家基本倾向于"徐王子旃"略早于"徐王弟又"，如此，即可拟为：

春秋中期

徐王粮

徐王庚

春秋晚期

徐王子旃

徐王弟又

徐王义楚

徐子章禹

双墩一号墓新出土 M1：382 戈铭文锈饰严重，但这件戈，雄浑大气，从器形上看，很可能是春秋早期的兵器，肯定早于 M1：47 戈。有些字模糊不清，隶定时据文例加以推测而定，但铭文"徐王容"三字清晰，"容"和"宗"二字在语音上相通应无问题，是否是《新唐书·宰相世系表》中"复封其子宗为徐子"的"宗"呢？还有待更多材料的佐证。

双墩一号墓新出土 M1：47 戈，从器形上看，很可能是春秋晚期的兵器。铭文"余（徐）子白（伯）勹（伯）此之元戈"清晰可见。从传世文献的"徐子章禹"和出土的"徐王义楚"来看，称"王"称"子"无别，"伯"为排行，如此，此位徐王的名即是"勹（伯）此"。此戈胡部有刻铭："童麗公柏夺徐人"，可能在战争中被钟离公柏缴夺而来，因而刻铭文纪念，以示荣耀。上文已及，徐国西周时期异常强大，而此时的徐国已经衰落，或正走向灭亡，由此可以大致将"勹（伯）此"排列在春秋晚期的徐王名字中考虑，或许是上列已发现的四位春秋晚期徐王中的一位，或许是新发现的又一位徐王的名字。

二、徐王义楚耑"永保勹身"新解

徐王义楚耑铭文 35 字，曰：隹（唯）正月吉日丁酉，郤（徐）王義（儀）楚，羃（擇）余吉金，自酓（作）祭鍴（觶），用享于皇天，及我文考，永保勹身，子孙宝。

铭文的"勹"字很特别，关于此字释读一直没有很好解决，甚至影响到相关字的释读。为了揭示"勹"的用法，笔者对张亚初先生《殷周金文集成引得》⑫中所收的相关字进行全面的考察。

先看释义

《引得》0026 "勹（伯）"⑬字条收 34 例，笔者按释义将其归为七项：

（一）　用为专名

1. 勹女（母）康　　　《集成》4。1906

2. 考台作旅鼎 　　《集成》4。2024

3. 何台君党择其吉金 　　《集成》4。2477

4. 台伯肇作守 　　《集成》6。3719

5. 台伯達作宝簋 　　《集成》7。3846

6. 台之飤盉 　　《集成》9。4662

7. 虖台丘堂之鑑（會）浣 　　《集成》16。10194

8. 虎台丘君豫之元用 　　《集成》17。11265

9. 戉（越）王台旨（者旨）不光 　　《集成》18。11641

10. 戉（越）王台旨（者旨）不光 　　《集成》18。11642

11. 台旨（者旨）不光 　　《集成》18。11704

（二）用为"以"

1. 台（以）濼其大酉（酋） 　　《集成》1。172

2. 台（以）濼其大酉（酋） 　　《集成》1。173

3. 台（以）濼其大酉（酋） 　　《集成》1。174

4. 台（以）濼其大酉（酋） 　　《集成》1。176

5. 台（以）濼其大酉（酋） 　　《集成》1。177

6. 台（以）濼其大酉（酋） 　　《集成》1。178

7. 台（以）濼其大酉（酋） 　　《集成》1。179

8. 台（以）濼其大酉（酋） 　　《集成》1。180

9. 不故女夫人台（以）乍（连）登（鄧）公《集成》7。4055

（三）用为已，止也

1. 勿或能台（已） 　　《集成》5。2782

2. 用夙夜無台（已） 　　《集成》8。4160

3. 用夙夜無台（已） 　　《集成》8。4161

（四）用为似，嗣也

1. 台（嗣）乃祖考 　　《集成》5。2816

2. 用台（嗣）乃祖考事 　　《集成》8。4197

（五）用为"姒"

1. 窨台（姒）作旅 　　《集成》3。899

2. 季𠂤（姒）𣂨作寶𣪘　　　《集成》15。9827

3. 鱃其各𠂤（姒）　　　《集成》16。10321

（六）用为"司"

1. 四斗，𠂤客　　　《集成》15。9648

2. 四斗，𠂤客　　　《集成》15。9649

3. 四斗，𠂤客　　　《集成》15。9650

（七）用为"台，我也"

1. 用享台（以）孝，于𠂤（台）皇祖文考　　　《集成》1。142

2. 余㤗𠂤（台）心　　　《集成》2。261

3. 余以政𠂤（台）徒　　　《集成》2。428

上引 34 例中，用为专名的 11 例，用为"台，我也"的仅 3 例（与本文论述不相关的义项这里不讨论），且这三例也可商。（一）关于"𠂤（台）皇祖文考"的释读，大盂鼎[14]有一相近的用法颇值得重视："令女（汝）盂井（型）乃嗣祖南公"，可见，古人有"嗣祖"之称，见于金文的还有"嗣子"[15]、"嗣王"[16]，如此，则"𠂤（台）皇祖文考"可释为"𠂤（嗣）皇祖文考"，似于文义更洽。（二）关于"余㤗𠂤（台）心"，笔者认为"𠂤"、"𠂤"为一字，同为徐王"𠙴（怡）此"专名，详后。（三）关于"余以政𠂤（台）徒"，此铭"𠂤"释"台"也难成定论，此器为吴越器，或可释为"𠂤旨（者旨）"的"者（诸）"。

综上所述，"𠂤"用为专名义项占此字释义的三分之一，是否有释为《尔雅》"台，我也"的义项，尚待研究。

再看辞例

《引得》1355"𠂤、羕、怘（怡）"[17]字条收三例：

1. 永保𠂤（台）身　　　《集成》12。6513

2. 周王孙季𠂤（怡），孔臧元武，元用戈　　　《集成》17。11309

3. 曾大攻尹季羕（怡）之用　　　《集成》17。11365"

𠂤"字，容庚先生《金文编》列入"1339 𠂤（姒）"[18]字条，隶为"伀"；读为"其"（1929 年版《金文编》）；郭沫若先生在《大系》中隶为"怘"，即"怡"，假为"台"[19]，释为"我"[20]；马承源先生隶为"𠂤"，通为"予"（从郭沫若先生释）[21]；于省吾先生隶为"怡"，借作"台"，训为"我"[22]；高明、涂白奎先生《古文字类编》列入"伿"字条，又将《金文编》此字分为"姒"、"伿"两条[23]；

严志斌先生隶为"𠂤"，将《金文编》"1339 𠂤（姒）"字条重新隶定为 983"𠂤"[24]字条，又很有见地的增立 1160 "刍"[25]字条，并加入郳凡伯刍父鼎的"刍"字[26]一例，共两例，笔者再补一例，即上引的《集成》17.11309 戈"㤣（怡）"字，如此，则刍字有三例，且"㤣（怡）"字可能是其异体。从辞例来推定，笔者认为"永保刍身"的"刍"很有可能是专名，即双墩一号墓新出土 M1∶47 戈的徐王名"勹（佁）此"者。

旧释"永保刍身"的"刍"为"台，我也"，也是从辞例推定而来。郭沫若先生在释齐罍氏钟、王孙遗者钟时云："此用刍为台为予之例也"，"亦有假怡字为之者，徐王义楚耑永保刍身，古之怡字也，永保怡身，即永保予身，与永保其身同例"[27]，正因为有"永保其身"的词例，所以容庚先生（1929 年版《金文编》）、张日升先生径读为"其"，周法高先生读为"余之"合音[28]，因为从辞例来看，"刍"要么读为代词的"台"、"其"，要么读为专名。双墩一号墓新出土 M1∶47 戈有徐王名"勹（佁）此"者，为我们读"刍"为专名提供了坚强的证据。

从字形上看，M1∶47 戈的"勹"字作 形，与下揭几例相同或相似：

1. 　《集成》15。9648　　"四斗，刍客"的"刍（司[29]）"

2. 　《集成》15。9650　　"四斗，刍客"的"刍（司）"

3. 　《集成》15。9649　　"四斗，刍客"的"刍（司）"笔者认为徐王"勹（佁）此"的 ，其右部所从为"刁"的省写，这在古文字中也是有先例的，如 [30]、[31]、[32]等，三例中"刁"都省却一横画，基于此， 可隶为"勹"。勹、刍、刍三形基本构件相同，读为一字应无问题。

从辞例看，《引得》0382 "身"[33]条中，"专名＋身"结构和"代词＋身"结构屡见，代词有：其、厥、乃等，专名有：士父、梁其、瘨、彧、禹、趩、盠等，可见，"永保刍身"的"刍"释为专名是有依据的。

从铭文的遣词造句来看，徐王义楚耑有借鉴或模仿趩[34]簋用语的痕迹。徐王义楚耑铭文的"簳（择）余吉金"[35]"及我文考"、"永保刍身"，很自然地让人联想到趩簋的"用黪（紷、令）保我家、朕立（位）、趩（胡）身"来，"余、我、刍"正好对应"我、朕、趩"，可见，释"刍"为专名，即徐王"勹（佁）此"最为允当。"刍"即"郐（徐）王義（儀）楚"。"刍"、"勹（佁）此"、义楚为一人之不同名号。李学勤先生指出，徐国"有一些长篇铭文，除人名有特殊性外，甚至比中原某些器铭更觉典雅"[36]，徐王义楚耑铭文即是如此。

上文已及，王孙遗者（簠[37]）钟的"余恁刍心"，笔者认为"刍"与"刍"为一字，同为徐王"勹（佁）此"专名。

徐王义楚耑"刍身"为"专名＋身"结构，则王孙遗者（簠）钟"刍心"也是"专名＋心"的结构。检《引得》"1344 心"[38]条中有两条辞例：

1. 则尚安永宕乃子彧心　　《集成》5。2824

2. 实余有散氏心贼　　《集成》16。10176

检文献，得七条辞例：

1. 则启戎心　　《左传》庄公 28 年

2. 王心载宁　　《诗·江汉》

3. 简在帝心　　　《论语·尧曰》

4. 盎心不乐　　　《史记》卷 101《袁盎晁错列传》第 41

5. 蚩尤得楚心　　　《汉书》卷 27 中之上《五行志》第 7 中之上

6. 以持赵心　　　《汉书》卷 32《张耳陈馀传》第 2

7. 凤心惭　　　《汉书》卷 60《杜周传》第 30

　　上述辞例中的"戜"、"散氏"、"盎"、"凤"为人名，"戎"、"楚"、"赵"为国名，"王"为周王，"帝"为上帝，可见"心"字前用专名并不特别，"余恁旨心"即"余恁㊴（信）旨（怡）心"。

　　行文及此，无法绕开王孙遗者（㿝）钟的国别问题不谈，故在此略作交代。《大系》及许多学者都定为徐器，后刘翔㊵、孙启康㊶、刘彬徽㊷、李瑾㊸等认为是楚器。徐国的青铜器是南系青铜器中较为重要、非常有特色的一部分。李学勤先生高度评价徐国青铜器，认为"大都制作精良，铭文字体秀丽，纹饰细致精美，为长江流域的风格，与北方的庄穆雄浑不同。"㊹杨树达先生认为徐国青铜器铭文"文辞至简，用韵特精"，"此知徐之文治殆欲跨越中原诸国而上之，宜强邻之楚忌而必灭之为快也"㊺，笔者认为，淅川下寺出土的楚王孙诰钟的铭文辞句、格式、书体其实是模仿徐国青铜器，王孙遗者（㿝）钟为徐国器。

　　春秋时期，一人往往有不同名号，如：鲁国人"公子遂"，杨伯峻注：《传》曰东门襄仲，又曰襄仲、东门遂、仲遂、东门氏，庄公之子，鲁之卿，《礼记·檀公》孔《疏》引《世本》"仲遂，庄公之子东门襄仲"是也。遂，其名；襄，其谥；仲，则其字㊻，其一人而有八称。齐国人"弦施"，一名"弦多"㊼。楚人"鬭椒"又称"子越椒"、"椒"、"子越"、"伯棼"㊽。且古文献中，自称和他称单名的现象很常见，如：《国语》卷 17 楚语上："子亹懼，曰：'老之过也。'"子亹是楚国申公史老，"史老"是其名，"老"为自称单名㊾；又如："（蓝尹亹）对曰：'昔瓦唯长旧怨，以败于柏举，故君及此。'"㊿瓦为子囊之孙囊瓦，在此，蓝尹亹称其单名"瓦"。

　　综上所述，"旨"、"旨"、"勹"三形为一字，即"邾（徐）王义（仪）楚"。那么，"旨"、"旨"、"勹（怡）此"、"遗者（㿝）"、义楚、仪楚为其一人之不同名号。

三、安徽蚌埠双墩一号春秋墓的年代推定

　　关于双墩一号墓的时代，徐少华先生云："发掘简报根据墓内出土的器物组合与形制特征，将其时代定为春秋中、晚期，即公元前五六世纪，而墓中木炭标本的测年却为公元前 845±45 年，其间有一定差距"，徐先生通过对相关器物的分析与比较，认为"双墩一号墓的器物特征与下寺一、四号墓相当，时代应该相近，下葬时间约在公元前 560 年前后，即春秋晚期的前段。"㊶徐先生的论定大致可信。若笔者所考双墩一号墓新出土 M1:47 戈为徐子义楚之用戈不误，则双墩一号墓下葬时间又可进一步精确。义楚为王当在公元前 536 年之后，公元前 512 年之前㊷，据此，笔者推定双墩一号墓下葬时间应晚于徐先生所定的公元前 560 年前后，笔者认为可能在徐国被吴国灭亡的前后十年之间，即公元前 520 至公元前 500 年之间。

2011 年 9 月 18 日初稿

注释

① 铭文的隶定，参考了董珊先生的意见。

② "夺"，或释为"获"。

③ 郭沫若：《两周金文辞大系考释》，科学出版社，1957 年 12 月。

④ 《大系》将徐王釗 又嵒、义楚嵒二器附于《徐王义楚嵒》一文中。

⑤ 徐文靖：《竹书纪年统笺·卷八》："六年春，徐子诞来朝，锡命为伯"，《二十二子》，上海古籍出版社，1986 年 3 月，1078 页。

⑥ 《礼记·檀弓》下篇记徐大夫容居说："昔我先君驹王西讨，济于河。"

⑦ 徐偃王其人其事见于《荀子》、《韩非子》、《淮南子》、《史记》、《后汉书》等典籍。

⑧ 铭文中为"义楚"，后文除引文外皆称"义楚"

⑨ 经作"章羽"，《左传》、《公羊传》、《汉书》等并作"章禹"。

⑩ 王亦可称君，在七个见于器铭的徐王，有五个都是器主，唯徐君、雁君不是。徐君、雁君是在徐令尹者旨、次□"自报家门"时提到的，当为较有声望，较早的徐王。

⑪ （宋）欧阳修、宋祁撰：《新唐书》，中华书局，1975 年。

⑫ 张亚初：《殷周金文集成引得》，中华书局，2001 年。

⑬ 张亚初：《殷周金文集成引得》中华书局，2001 年，242 页。

⑭ 中国社会科学院考古所：《殷周金文集成》，中华书局，1984～1994 年，5 册，2837 器。

⑮ 中国社会科学院考古所：《殷周金文集成》，中华书局，1984～1994 年，15 册，9719 器。

⑯ 中国社会科学院考古所：《殷周金文集成》，中华书局，1984～1994 年，15 册，9719 器。

⑰ 张亚初：《殷周金文集成引得》，中华书局，2001 年，523 页。

⑱ 容庚编著，张振林、马国权摹补：《金文编》，中华书局，1985 年。

⑲ 郭沫若先生对此字的释读，可能是受方浚益、强运开的启发。方氏释齐鎛 氏钟 "于刼 皇祖文考" 的 "刼 " 为 "台，我也"，见周法高主编《金文诂林》，香港中文大学出版社，1974 年，8139 页，笔者已释为 "嗣"；强氏释邾公牼钟 "铸辞和钟" 的 "辞 " 为 "台，我也"，见周法高主编《金文诂林》，香港中文大学出版社，1974 年，5029 页，吴闿生先生不赞同，其在齐侯鎛注中云 " '敬共辞 命'、'司辞 釐邑'、邾公牼钟 '铸辞 和钟二堵'，旧皆以 '台' 字释义，吾谓当读为 '兹'，文义乃顺"，见《吉金文录》卷二，中国书店，2009 年，此字当专文另考。

⑳ 郭沫若：《两周金文辞大系考释》，科学出版社，1957 年，163 页；《郭沫若全集·考古编第四卷·殷周青铜器铭文研究》，科学出版社，2002 年，第 91～92 页。

㉑ 马承源：《商周青铜器铭文选（四）》，文物出版社，1990 年，384 页。

㉒ 于省吾：《双剑誃吉金文选》，中华书局，2009 年，365 页。

㉓ 高明、涂白奎：《古文字类编》，上海古籍出版社，2008 年，24 页。

㉔ 严志斌：《四版〈金文编〉校补》，吉林大学出版社，2001 年，107 页。

㉕ 严志斌：《四版〈金文编〉校补》，吉林大学出版社，2001 年，107 页。

㉖ 张光裕在《新见"发孙虏鼎"及"郖 凡伯刼 父鼎"小记》中读为"怡"，见《徐中书先生百年诞辰纪念文集》，巴蜀书社，1989 年。

㉗ 周法高主编：《金文诂林》，香港中文大学出版社，1974 年，5032～5033 页。

㉘ 周法高主编：《金文诂林》，香港中文大学出版社，1974 年，5034 页。

㉙ 朱德熙、裘锡圭：《战国时代的料和秦汉时代的半》，《文史》第 8 辑。
㉚ 中国社会科学院考古所：《殷周金文集成》，中华书局，1984～1994 年，8 册，4197 器。
㉛ 湖北省博物馆：《曾侯乙墓》，文物出版社，1989 年，151 简。
㉜ 湖北省荆沙铁路考古队：《包山楚简》，文物出版社，1991 年，224 简。
㉝ 张亚初：《殷周金文集成引得》中华书局，2001 年，322 页。
㉞ 中国社会科学院考古所：《殷周金文集成》，中华书局，1984～1994 年，8 册，4317 器。
㉟ 孙伟龙先生认为，睪（擇）余吉金，此处用“余”较为罕见，一般作“择其吉金”、“择厥吉金”。“择余吉金”之“余”为定语。“余”字作定语例子不多，但金文中亦有所见，除本铭外，郑大子之孙与兵壶，亦有“择余吉金”之语。王人聪云：“此句之余亦系第一人称，在此句中作定语。”见其《徐国铜器铭文研究》，吉林大学硕士学位论文，2004 年，指导教师：李守奎教授。
㊱ 李学勤：《东周与秦代文明》，文物出版社，1984 年，155 页。
㊲ 李家浩先生 2010 年 6 月 17 日在安徽大学上课时隶释。
㊳ 张亚初：《殷周金文集成引得》，中华书局，2001 年 7 月，522 页。
㊴ 此字吴闓生先生谓：恁者，卑下之义，见《吉金文录》卷二，9 页，中国书店，2009 年；于省吾先生据《后汉书》班彪传注：恁，念也。见《双剑誃吉金文选》，中华书局，2009 年，110 页。
㊵ 刘翔：《王孙遗者钟新释》，《江汉论坛》，1983 年 8 期。
㊶ 孙启康：《楚器王孙遗者钟考辨》，《江汉考古》，1984 年 4 期。
㊷ 刘彬徽：《楚国有铭铜器编年概述》，《古文字研究》第九辑，中华书局，1984 年。
㊸ 李瑾：《徐楚关系与徐王义楚元子剑》，《江汉考古》，1986 年 3 期。
㊹ 李学勤：《从新出青铜器看长江下游文化的发展》，《文物》，1980 年 8 期。
㊺ 杨树达：《积微居金文说（增订本)》，中华书局，1997 年 12 月，23 页。
㊻ 杨伯峻：《春秋左传注》第一册，中华书局，1990 年，438 页。
㊼ 杨伯峻：《春秋左传注》第四册，中华书局，1990 年，1628 页
㊽ 杨伯峻：《春秋左传注》第一册，中华书局，1990 年，456 页。
㊾《国语》卷十七楚语上，上海古籍出版社，1978 年，551 页。
㊿《国语》卷十七楚语上，上海古籍出版社，1978 年，572 页。
(51) 徐少华：《蚌埠双墩与凤阳卞庄两座墓葬年代析论》，《文物》，2010 年 8 期。
(51)《左传・昭公六年》：“徐仪楚聘于楚。楚子执之，逃归。”杜预注：“仪楚为徐大夫。”《左传・昭公三十年》“冬十有二月，吴灭徐，徐子章羽奔楚。”

古代妆刀艺术历史小考

——以蚌埠双墩一号墓出土青铜小刀为实证

谭 峰[1]

一、淮河文明的代表符号——蚌埠双墩一号墓葬青铜妆刀

蚌埠双墩一号墓葬位于安徽省蚌埠市淮上区小蚌埠镇双墩村境内，自 2006 年 12 月份开始进行抢救性发掘，历时 19 个月。依据随葬品和墓底埋葬布局，考古专家判断其时代应该为春秋时代。据考古专家论证，春秋时期钟离国在安徽省蚌埠和凤阳一带，今天的"钟离"和"钟"姓，一说即来源于该国。

安徽蚌埠双墩一号墓的重大新发现吸引了国内多领域专家前往"会诊"。专家日前指出，该墓葬包括墓主人在内的死者有一个规律，就是年龄都不大，平均年龄 40 岁以下。其中，墓主仅剩牙齿，腐朽程度大于随葬人员。

据了解，蚌埠双墩一号墓使用了中国罕见的墓底埋葬布局。该墓葬为一个直径 14 米的圆形底部，墓主椁室居中略偏北，其东、西、北侧均分布有三个较窄的随葬木棺腐朽痕，南侧随葬一人木棺痕，总计有 10 具随葬人骨。

人骨鉴定专家、吉林大学教授朱泓告诉记者，从墓葬现场来看，主墓中人骨保存状况不好，仅残存牙齿；10 具随葬人骨有的保存较为完整。

"从这些尸骨的牙齿磨损程度来进行初步估算，这批死者的年龄大都不超过 40 岁。其中，墓主年龄应该在 40 岁左右，而随葬的人员年龄不等，最大的与墓主年龄相仿，最小的仅 20 岁左右。"朱泓说。

每位妇女身体旁边，都放置一把青铜小刀，有的还带有陶片，做磨刀石用，这些小刀是干什么用的呢。笔者做以下探讨。

这是古代妇女化妆的用的妆刀。

双墩一号墓葬为一个直径 14 米的圆形底部，墓底布局为墓主椁室居中略偏北，围绕墓主椁室东、西、北侧均分布有三个较窄的殉人木棺腐朽痕，南侧殉一人的木棺痕。器物椁室位于墓主南侧殉人的南侧，器物椁室分南北两个箱，南箱为食物，北箱为器物。10 具殉人骨架呈"三三三一"的殉葬结构，尚有所保存，究竟为何如此陈列，也需专家进行相关分析。这种墓底埋藏布局在国内也是首次发现。

---

1 安徽省蚌埠市城市管理行政执法局工程师。

二、古代妆刀艺术历史的起源

在古代的中国社会，妇女饿死事小，失节事大，因此每当妇女的贞节处于危急关头，或者自己的家门面临危机时，女子会把怀中的小匕首刺入自己的脖子而自决身亡。我们先从这两年演的韩国电视剧（反映朝鲜王朝16至17世纪事情）《大长今》说起，长今父亲在长今快要成年的时候，送给长今一把银妆刀，配有墨盒、毛笔、妆刀。当时叫"银装三雀"。韩国人为什么用妆刀呢。

早在先秦时期，今朝鲜半岛上已有大量中原移民，特别是在与辽东毗邻的西北部。

韩服深受唐装影响。韩服最初主要是受中国唐代服饰的影响。对此，史书中就有记载："服制礼仪，生活起居，奚同中国"。唐代时，新罗与唐朝交往非常密切，服饰特点几乎与唐朝无异。韩服的个性发展开始于李氏朝鲜中期。从那以后，韩服特别是女装，逐渐向高腰、襦裙发展，同中国服饰的区别逐渐增大。但官服、朝服等重要礼服，仍一直延续着较多的中国特色。

16世纪（自由尺寸时代）：服装很长而且很宽松，谁都可以穿的"自由尺寸"款式很流行。

17世纪（量身定做时代）：考虑身体尺寸的"定做服装"登场。用适量的衣料做衣服，显示出服装开始重视实用性。有分析认为，这是壬辰倭乱和胡人之乱令人们生活变得艰难的体现。

18世纪（紧身时代）：进入18世纪中叶和后期，流行的特点是露出裙围（裙子的最上部，围绕腰部的部分）、外套紧贴身体、表现身体曲线的服装。

19世纪～20世纪初（暴露时代）：外套的长度更短，也更贴身了。19世纪～20世纪初出现了最短的外套。在裙子和外套之间，用于遮胸的遮胸布成了必需品。在这一时期的照片中可以看到裸露胸部的女性，原因在于她们没有围上遮胸布。

朝鲜战争期间（1950～1953年），西式服装进入韩国。到了20世纪六七十年代，由于生活和工作节奏加快，人们觉得韩服太过繁琐，穿着不便，因而使用者大为减少。但是，韩服爱好者一直积极推销韩服，并设计出了合乎时代、容易穿着的式样，使韩服重新恢复了活力。

韩服非常讲究颜色和图案。历史上曾因贫富贵贱的差异，韩服在花纹、色彩上有过很大差别。比如，朝鲜时代的国王穿的是象征宇宙中心的黄色服饰，而平民则多身着朴素的白色服装，这也是韩民族被称为"白衣民族"的由来。

韩服着装比现代服装复杂得多，以女式韩服穿法为例，裙子里边要穿上衬裤、衬裙等配套服装。衬裤要比衬裙短3到4厘米，衬裙也要比外裙短3到4厘米。裙子的开启部分要放到后边，侧襟放到左边，并从前面系上。此外，女子穿韩服时搭配的发卡、耳坠、戒指、妆刀等首饰，应选择古典的风格才可展示出典雅的气质。穿韩服当然必须化妆，不过据朋友讲，即便在平时，韩国女孩出门前也会精心打扮一番，否则就会被认为是没有修养的表现。

历史上，韩服是朝鲜半岛居民的普及服装，不过如今却很难在大街上看到了。之所以平时不穿韩服，是因为现代社会节奏加快，传统韩服穿起来相对复杂，活动也不很方便。不过，这样反而提高了韩服的档次，使之成为重要节庆活动的礼服。在韩国人心中，正式场合穿韩服已经上升为一种规范，如果有晚辈违反，长辈便不会接受他们的"请安"。过年过节，上街不穿韩服还会被陌生人指为"粗鲁、没有礼貌。"也正因为如此，不管韩国人身处何方，韩服在他们心目中都具有特殊的象征意义。

妆刀是一种贴身携带的小刀，没有男女的区别都能戴在身上当作护身兼饰品，通常是戴在腰间所以也可以称作"佩刀"，可以放在兜里的妆刀又称"囊刀"。制作这种妆刀的人叫做"妆刀匠"。

三、母体文化的发扬光大

"由华夏诸族在黄河中下游地区形成的华夏（汉）文化，随着人口的迁徙、经济和文化的交流逐渐扩大到中原王朝和藩属国，成为中国文化的主体。在其发展和变化的过程中，各种文化现象呈波浪形推进，由中心而边缘，由发达、先进区域而至相对落后区域。由于边缘地区往往地形封闭，交通阻塞，人口很少流动，接受新文化远远迟于中心区域或发达地区。这种滞后现象也反映对既有文化的保存和延续，所以一种在中心区域早已消逝的文化现象，却能在边缘或闭塞地区长期存在，并且产生新的形式和内容。当这种文化成为当地的主流，得到普遍的认同后，当地人会倍加珍惜，并且不断创新，在某些方面甚至会超过母体文化。"复旦大学葛剑雄先生语。

从高丽时代开始不管男女都携带妆刀来护身，特别是到了朝鲜外乱时期以后，有身份地位的家庭里为了保住女子的纯洁而必备妆刀。朝鲜后期开始妆刀逐渐丧失了刀的功能代替的是象征性和装饰性，女人们把妆刀当作一种饰品，为此妆刀变得更加华丽多样。

现在的银妆刀多为装饰品，女人为护身也将其装入衣袋随身携带。

妆刀的种类根据刀柄和刀身分为银妆刀、木妆刀、骨妆刀。根据形态分一字刀、乙字刀、筷子刀。直到现在，韩国还保留着妆刀工艺技术。

四、古代妆刀艺术历史的作用

在古代的韩国社会，每当妇女的贞节处于危急关头．或者自己的家门面临危机时，女子会把怀中的小匕首刺入自己的脖子而自决身亡。在我们的观念中，朝鲜时代的银妆刀与儒教思想以及在当时的社会背景下被剥夺了自由、受压抑的女性有着密不可分的联系．银妆刀成为朝鲜女人"怨恨"人生的一种象征。在朝鲜王朝时代，在韩国每个女孩在小时候就会从自己的父母那里得到一把"银妆刀"，它的作用就是让小女孩从小有一种保护自己贞洁的意识。如果一旦有哪个居心叵测的男人想有不轨行为，女孩子就可以拿这把刀来保护自己！必要的时候，还会用来自杀。它是女人保护贞洁的象征。

其实银妆刀是女人保护贞洁的象征，是韩国古时的"防狼器"，有大小两种规格，一般来说，它里面还配有一双筷子，方便出门在外的时候吃东西用，而且还可以试食物有没有毒。

依照韩国的传统，不论男女都会佩带一把装饰刀，叫妆刀。在朝鲜王朝时代，它成为人们日常服饰的个人装饰品，十分普遍。它不仅用作装饰，还可用作自卫。妆刀按其制作材料和样式分很多种：银妆刀、犀妆刀、大妆刀、玳瑁妆刀、黑角妆刀、桦榴妆刀、沉香妆刀等。韩国电视剧《大长今》剧中，父亲送给小长今的银妆刀"银装三雀"多次出现。在救治闵政浩时，长今遗失了它，闵政浩为了寻找妆刀的主人颇费周折。妆刀也是长今和闵政浩相识、相知的信物。长今又把它送给闵政浩。

　　由此，我们根据上文所述的民俗学例子，不妨大胆地推测，2500 年前的双墩先民是在女子即将成年时送其妆刀，其中的原因也应该不外乎以上几种。所以一种在中心区域早已消逝的文化现象，却能在边缘或闭塞地区长期存在，并且产生新的形式和内容。当这种文化成为当地的主流，得到普遍的认同后，当地人会倍加珍惜，并且不断创新，在某些方面甚至会超过母体文化。

　　妆刀文化在韩国得以发扬光大，以远远地超过母体文化。这其中，淮河文明功不可没，淮河文明内涵丰富，相信随着对遗址的进一步发掘、整理和研究，一定会发现更多的有关的信息，为淮河文明的研究提供更丰富的资料。

蚌埠双墩一号墓初步研究

金　锐[1]　周　群[2]　钱仁发[3]

　　蚌埠双墩一号墓被评为 2008 年全国十大考古新发现之一，不是偶然的。其颇为宏伟的气势、独特奇妙的结构、内涵深奥的新文化现象，震撼了考古界的众多专家，也引发了人们的连篇遐想。现场考察的考古专家认为："这是经过精心构思、精心设计、精心准备、精心施工、精心装饰的重要遗迹，是从未见过的新文化现象和建筑遗存"。笔者有幸聆听了发掘领队阚绪杭教授关于双墩一号墓的详细报告，深刻认识到，所谓新文化现象和建筑遗存，其间包含着众多未解谜题。双墩一号墓一幕幕神奇的新文化现象不断浮现眼前，灵光一闪，我猛然意识到，所有这些匪夷所思的新文化现象和建筑遗存，似乎贯穿着墓主钟离国王的称霸美梦。于是，我不揣固陋，对上述种种谜团作了认真梳理，并尝试给出了尽可能合乎逻辑的解析。倘若这篇拙文如同引玉之砖，或许蚌埠双墩一号墓之谜的最终破译将指日可待。

图一　发掘前蚌埠双墩一号墓封土堆　　　　图二　圆形的墓坑结构

一、千年谜团

　　蚌埠双墩一号墓位于蚌埠市区淮河之阳，隶属淮上区小蚌埠镇双墩村。双墩村以村内有两座高 9 米以上的古墓葬封土堆而闻名，其中北侧的一号墓因被盗等多种原因而进行了发掘保护。经国家文物

1　中国科学院古脊椎动物与古人类研究所博士研究生。
2　安徽省文物考古研究所研究员。
3　安徽省蚌埠市博物馆副研究员。

主管部门批准，2006 年 12 月至 2008 年 8 月，由安徽省文物考古所与蚌埠市博物馆对其进行了抢救性考古发掘工作。在跨越三个年头的精心发掘过程中，考古工作者判定该墓为春秋时代的诸侯王级墓葬。该墓葬的形制、结构和发现的遗迹现象极其复杂，是我国墓葬考古史上从未见过的新的文化现象和建筑遗存。墓葬中发现的随葬品中，有铜器 300 余件，如编钟、鼎、盉、匜、铃、戈、矛、镞、剑、车马器等。此外，还有石磬 10 件、彩陶器和几何印纹陶器 20 余件等。陶器多被倒塌椁板压碎，器形似为壶、罐类。在器物箱内发现一定数量腐朽的漆器、木器、海贝饰件，而在食物箱内尚剩有猪、牛、羊骨骼等。特别需要指出的是，其主棺内尚有 10 多件玉饰件和兵器等[1][2]。

至于该墓葬新的文化内涵，下面依次阐述，并介绍相关的七大千年不解谜团[1][2]：

一谜曰"五色花土"。墓葬将黄、灰（青）、黑、红、白五种色土混合后作为封土、填土。这五种色土中的黑土和白土皆非本地所产，需异地选择和采运。

二谜曰"白土垫层"。墓葬封土堆底部，即封土堆下及墓口外，铺垫一层厚约 0.3 米的环状白土层，直径约 60 米，整体上犹如一枚庞大玉璧，气势十分壮观。经检测指出，这种纯白色土为石英粉末，而并非常见的白膏泥土，应该说，我国以往发掘的墓葬中从未见过。

图三　十字形墓底埋葬布局　　　　图四　蚌埠双墩一号墓航拍图

三谜曰"圆形墓坑结构"。以往发掘的墓葬中，墓坑结构大多呈方形或长方形，也有呈"申、甲"等形状，但蚌埠双墩一号墓却是圆形墓坑结构。圆形墓口直径 20.2 米，墓口 2 米下有宽 1.8 米的生土二层台，墓坑深 7.5 米至 8 米，正东向有一条阶梯式短墓道。墓坑和墓壁均用白泥抹平。

四谜曰"奇异的放射线"。蚌埠双墩一号墓的墓坑填土中，人们首次发现由深浅不同的填土构成的放射线遗迹现象。20 条放射线从墓坑中间向四周辐射，呈扇面形状，除东南角 4 条线似被扰乱外，其余方位的辐射线都很清楚，辐射线之间有一定的角度关系，从空中俯瞰仿佛轮盘。此外，围绕着中间的放射线，在墓壁一周还有 2 米宽的深色填土带。

五谜曰"怪诞的土丘、土偶"。墓坑放射线遗迹的填土层下，又发现了怪诞的土丘、土偶遗迹。墓坑周边约 2 米宽的范围内，用填土构筑成 18 个大小不同馒头状的土丘，同层填土中，还放置着 1000 多个土偶。土偶形状为尖顶圆体或方体，体表有明显的绳索痕，高 20 至 25 厘米，直径 10 至 15 厘米。

六谜曰"奇特而壮观的土偶墙遗迹"。沿二层台内缘一周，有三或四层土偶垒砌成墙体形状的内壁，高约 34 厘米。土偶墙和墓壁之间填充黄色泥沙，上部平抹白泥土与墓壁白泥层连为一体。清理掉土偶墙和墓壁之间的黄色泥沙，即突显出土偶垒砌的墙体，犹如一座城池展现眼前。

七谜曰"罕见的墓底埋葬布局"。罕见的十字形墓底埋葬布局，墓主椁室居中而略偏北，围绕墓主椁室的东、西、北三侧各显现三个殉人木棺腐朽痕，南侧显现一个殉人木棺痕，再南边为放置器物的墓室，室内共置二箱，南边为食物箱，北边为器物箱。围绕墓主四方的 10 个殉人和器物箱、食物箱构成"三三三三"的十字形布局，这在国内同样为首次发现。

二、事死如生

欲解析蚌埠双墩一号墓背后的秘密，首先应从中国古代的墓葬观念出发。《中庸》曰："事死如生，事亡如存，仁智备矣。"即对待死者必须要如同生前一样。事实上，自原始社会始，"事死如生"就作为一种埋葬观念，一直延续至今[③]。

一般说来，古代墓葬皆依据死者生前的日常生活，较为全面地安排埋葬和祭祀[④]。从这一点讲，蚌埠双墩一号墓的情况应该是墓主生前日常生活的缩影。故笔者尝试从这一角度去解释众多神秘的文化现象。

三、乱世春秋

墓主生活在春秋时代，从发现的随葬品（编钟、鼎、盉、匜、铃、戈、矛、镞、剑、车马器等）来看，墓主应该是地方诸侯王，不少学者认为，墓主是钟离国王。显然，欲讨论他的日常生活，则需要了解他所处的时代背景。

《史记·周本纪》记载，"昭王之时，王道微缺。……穆王即位，春秋已五十矣。王道衰微……慈王之时，王室遂衰"。即春秋时期，周王朝地位下降，王室衰微，大权旁落，诸侯国之间互相征伐、弱肉强食，战争成为时代的主旋律，武力成为毋庸置疑的真理。在这乱世之秋，各个诸侯国君尚武好战，争相称霸。例如齐桓公"尊王攘夷、会盟诸侯"、楚庄王"问鼎中原"、宋襄公"平定齐乱、图谋称霸"等[⑤]。通过史料文献的调研，不难认识到，墓主生于乱世，毕生追求战争和称霸，应在情理之中。

四、谜团探析

结合墓主生活的时代背景，逐一探析蚌埠双墩一号墓留给今人的千年谜团。

（一）"称霸"之梦

该墓葬出土的兵器有戟、戈、矛、剑、镞等，其中镞最多，有 200 多件。由此自然联想到春秋时代的狼烟四起，烽火连天，联想到墓主图谋称霸之心，进而联想到墓主虽薨，其"称霸"之心犹存，于冥冥世界中，继续其"称霸"美梦。笔者将充分考虑阚绪杭先生关于双墩一号墓的细致介绍，结合墓中的具体遗迹与遗物现象，尝试解读墓主的称霸之梦。

1. 五色花土

《尚书·洪范》记述周武王与箕子的对话，其中谈到："五行：一曰水，二曰火，三曰木，四曰金，五曰土……"五行观念认为宇宙生命万物是由金、木、水、火、土构成，而这五种元素又相生相克。[⑥]从这一理论出发又延伸出许多相关思想，如不同的方向代表着不同的含义，即东方青色主木，西方白色主金，南方赤色主火，北方黑色主水，中央黄色主土。在这方面，中国古代社稷坛表现得尤为明显，如北京中山公园内的明代社稷坛，其最上层15.8米见方，铺垫着五种颜色的土壤：东方为青色、南方为红色、西方为白色、北方为黑色、中央为黄色[⑦]。双墩一号墓的五色花土颜色亦为：黄、灰（青）、黑、红、白五色。它或许没有社稷坛五色土代表那么多含义，但有一点应可确定，即代表东南西北中五个方位，象征天下的土地。春秋时期，墓主图谋称霸天下，五色土似暗合"普天之下，莫非王土"之意。

2. 土丘、白土垫层、圆形的墓坑结构

《史记·秦始皇本纪》记载秦始皇陵"以水银为百川江河大海，机相灌输，上具天文，下具地理"。如果说，秦始皇生前即有计划地将其陵墓打造成浓缩的江山，"以水银为百川江河大海"[⑧]，那么，蚌埠双墩一号墓的墓主钟离国王则同样存此奢望，所不同的是以"18个大小不同馒头状的土丘"为山川。"白土垫层"及"圆形的墓坑结构"代表着墓主的版图，其中，圆形的白土垫层象征着墓主统治的疆界，而圆形的墓内则为其疆域。《大戴礼记·曾子天圆》说"天道曰圆，地道曰方"，可见"圆"在古人心中代表"天道"，圆形的疆界和疆域多意味着统一称霸天下，也就是说，意味着天下疆域皆为墓主所统辖。圆形的墓坑结构，配之以五色土，无疑相得益彰。

图五　白土垫层复原示意图

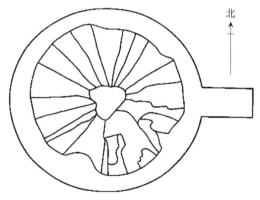

图六　"放射线形状"迹象示意图

3. 放射线

"奇怪的放射线"应暗合交通道路（车马道）。古时候，交通对政治、经济、军事有非常重要的作用。发达的交通可以加强对地方的统治、促进经济的交流与发展、提高国家的军事实力。秦始皇统一中国后，从公元前222年开始，便大规模修筑以国都咸阳为中心，向四面八方延伸出去的驰道，类似现代的高速公路。并实行"车同轨"，均宽五十步。秦始皇修筑驰道至少有两项作用，一是使道路畅通，以利管理六国旧地，二是方便北方战争前线的补给[⑨⑩]。双墩一号大墓的墓主，毕生梦想称

霸天下，死后依然追求不已，于是，在其墓中版图上修筑了发达的交通道路，推测其含意，不是为了争霸天下，就是为了称霸天下。如果说，"这里的墓坑中间"喻为墓主的国都，那么，"20 条放射线"便类似于秦始皇修筑的"驰道"了。

4. 土偶

《诗经·小雅·北山》有诗云："溥天之下，莫非王土，率土之滨，莫非王臣"。容易理解，双墩一号大墓的五色土、白土垫层和圆形墓坑结构，表达了"溥天之下，莫非王土"、"王权至上"的含义，而墓中的土偶则喻为墓主所统治的臣民，它们分布在墓中，不正是"率土之滨，莫非王臣"的"写照"吗？相比于秦始皇陵的兵马俑[11]，土偶显得寒酸粗劣，这与钟离国的国力有关，尽管如此，土偶仍然是钟离国王圆其称霸美梦的重要道具。

图七　填土层中密集分布的土偶　　　　图八　二层台内缘部规则排列的土偶

（二）墓主的国都

如前所述，墓主生前似乎欲霸天下，奈何国力贫弱，只能于死后，借助于墓室的布置，寄托他的"梦想"。然而，墓室的布置，既有版图疆域、山河道路，又有臣服的百姓，唯墓主的国都不知在何处？从大墓的整体布局和放射线含义分析，大墓底部应为墓主的国都。按事死如生习俗推测，墓中城池或许为墓主国都的缩影。为此，参考春秋列国的都城资料，以尝试探析墓主国都之秘密。

1. 土偶垒砌的内壁

考古工作人员指出，"清理掉土偶墙和墓壁之间的黄色泥沙，土偶垒砌的墙体突出，俨然一座城池展现眼前"。突然意识到，分析这座"城池"，或许可成为揭示墓主都城的钥匙。

春秋时期的都城，一般分为大城和小城，即内城与外城。古文献指出，"内为之城，城外为之郭"。考古勘探、发掘资料表明，春秋时期，以外郭内城为形式的都城有鲁都曲阜、楚都郢、魏都安邑等[12]。而《吴越春秋》则进一步告诉我们："筑城以卫君，造郭以守民"。用现在的话说，即内城为国王贵族的居住区域，外城为百姓的居住区域[13]。对比双墩一号大墓，不难认识到，二层台就是墓主的外城，墓底椁室则是墓主的内城。这样，二层台上的土偶便是居住于外城的"国人"。春秋时期，"国人"组成的军队负责守城，因宫城位于郭城之内，故守郭即守城。由此不难理解，"土偶垒砌的内壁"即为"国人"拱卫宫城的虚拟图像。

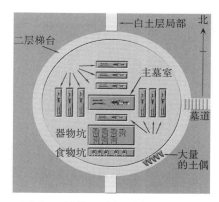

图九　土偶内壁遗迹　　　　　　图十　蚌埠双墩一号墓平面图

2. 墓底埋葬布局

以上分析表明，墓底为墓主的内城，国王和贵族的居住区。考古工作者称其布局罕见，不是偶然的，因其布局居然与内城的实际布局相关。具体说来有以下几点：

（1）择国之中而立宫

宫殿择中而建、宫殿建筑群沿都城中轴线排列，是中国古代都城建筑的显著特点[12][14]。正如《吕氏春秋·慎势》所云："古之王者，择天下之中而立国，择国之中而立宫"。这里的国即都城[15]。如前所述，墓中的椁室象征墓主的宫殿。发掘发现，双墩一号墓的"墓主椁室居中略偏北"，而考古发掘资料揭示，古代很多宫城同样建立在城市中心略偏北位置。这一相似显然不是偶然的。

此外，春秋时期宫殿基址均建于高大夯土台之上，其宫殿位置通常高于内城其他部分。与之对应的双墩一号墓，其象征于宫殿的椁室同样也高于墓底的其它部分。

（2）方九里，旁三门

《考工记·匠人》云："匠人营国，方九里，旁三门"。其意思是，匠人所建王城，正方形状，每边长九里，设三个城门[16]。然而，考古发掘材料表明，《考工记》所规定的城门数并非定数，只能作为参考。事实上，不同诸侯国一般皆根据实际情况筑城，例如，鲁都曲阜，东、西、北三面都设有三门，南面为两门；楚都郢，北、西、南三面为二门，东面一门[12]。

春秋时候，人殉颇为盛行。所殉之人一般是近亲，近臣或近侍。大量发掘资料显示，他们通常保全首领，分别按生前的身份和地位安置于墓室内，其身份有贵族、妃妾、武士、奴仆等，旨在继续侍奉和保护已死的墓主[17][18]。双墩一号墓中，"围绕墓主椁室东、西、北侧均分布有三个较窄的殉人木棺腐朽痕，南侧殉一人的木棺痕"。这所殉的10人大抵是墓主的近侍。然而，这种"三三三一"的殉葬结构，在国内尚属首次发现。

既然墓底象征着墓主的内城，那么，墓中"三三三一"的殉葬结构似可理解为该内城的东、西、北三面有三门，南面仅一门。而10个殉人生前是墓主的亲信，死后继续拱卫墓主，为其守卫城门。

（3）左祖右社

《考工记·匠人》又云："匠人营国……左祖右社，面朝后市，市朝一夫"。所谓"左祖右社"，即在宫殿左前方设太庙，右前方设社稷坛[19]。祭拜祖先的地方称作祖庙，而天子的祖庙，则称为太庙；而社为土地，稷为粮食，社稷坛即为帝王祭祀土地神、粮食神的地方。

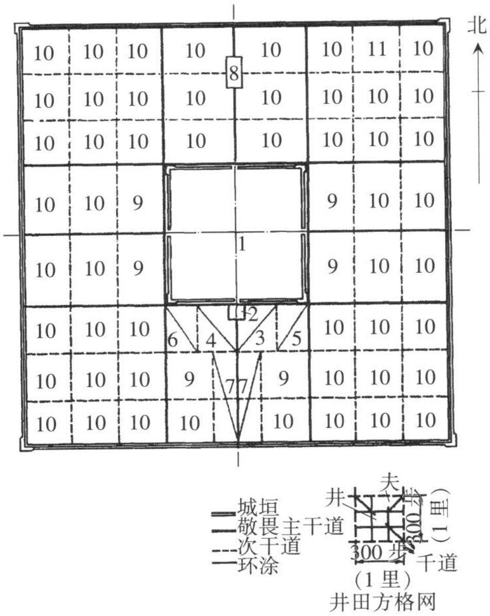

图十一　王城基本规划结构示意图

1. 宫城　2. 外朝　3. 宗庙　4. 社稷　5. 府库
6. 廐　7. 官署　8. 市　9. 国宅　10. 闾里　11. 仓廪

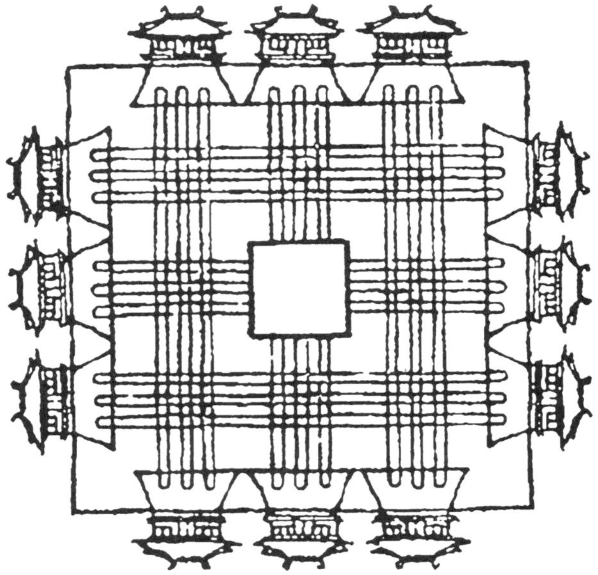

图十二　城门分布图

宗庙祭祀用的鼎、尊、觚等礼器，都是国之重宝。器物箱内放置的鼎、盉、簠、匜等青铜器，皆为祭祀的常用礼器，象征宗庙。当然，这些随葬品基本都是墓主生前所选，其依然体现着事死如生的理念。

《礼记·王制第五》云：“天子社稷皆大牢，诸侯社稷皆少牢”。这就是说，一般认为太牢是指牛羊豕。显然，双墩一号墓的墓主采用天子的规格，其称霸之心可见一斑。食物箱内放置的猪、牛、羊骨骼，象征社稷坛。而其部分食物，也可视为墓主的祭品。

总而言之，蚌埠双墩一号墓的墓葬结构和遗迹现象是我国重要的考古新发现，其文化内涵值得认真探索，本文的讨论仅仅是一种尝试，倘若能引起有关专家的关注，则表明这种尝试是有益的，有效地，或许可视为一种攫取古代遗存“潜信息”的新途径。

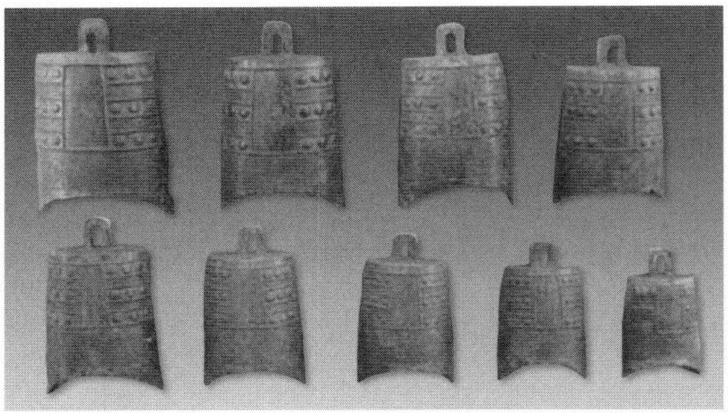

图十三　墓中出土的编钟

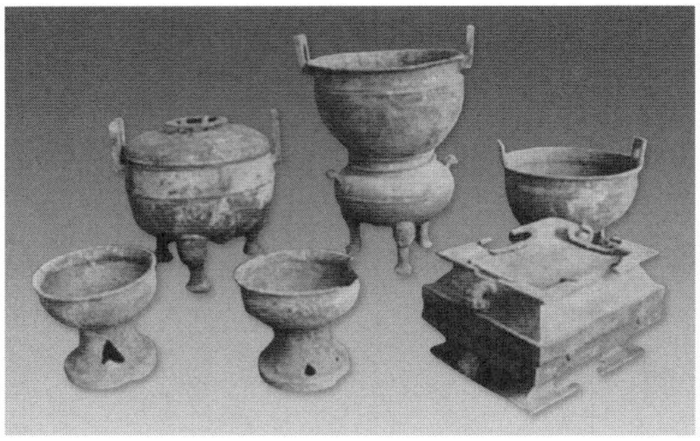

图十四　墓中出土的青铜礼器

致谢：本文是在王昌燧先生和阚绪杭先生的悉心指导下完成的。从论文最初撰写到最后修改定稿，从文章结构调整到字词标点的斟酌拿捏，王老师都给予了具体的指教，使我们受益匪浅。阚绪杭先生在百忙之中对论文认真审阅，提出了许多非常宝贵的修改意见，使本文减少了许多错误，同时在资料上给予了无私的帮助。在此，谨向两位先生表示衷心感谢。

注释

① 阚绪杭、周群、钱仁发等：《安徽蚌埠双墩一号春秋墓发掘简报》，《文物》，2010 年 3 期，4～18 页。

② 蚌埠市博物馆、安徽省文物考古研究所：《蚌埠双墩一号春秋墓发掘成果重大》，《中国文物报》，2008 年。

③ 杨朝荣：《事死如生：云南马关苗族的丧葬文化》，《湖北民族学院学报（哲学社会科学版）》，2004 年 5 期，11～14 页。

④ 王皓：《从墓葬形制、随葬品、葬具看中国古代墓葬的演进》，《河北北方学院学报》，2008 年 1 期，35～38 页。

⑤ 付豪：《春秋战国尚武盛行的原因探析》，《体育科技文献通报》，2008 年 1 期，99～100 页。

⑥ 艾兰、汪涛：《中国古代思维模式与阴阳五行说探源》，江苏古籍出版社，1998 年。

⑦ 郑艳梅：《五色土与社稷坛祭祀》，《紫禁城》，2000 年 4 期。

⑧ 许卫红、王锐：《对秦始皇陵地宫"天文、地理"的再讨论》，2003 年。

⑨ 马晓峰：《秦汉时期陆路交通的建设问题》，《青岛大学师范学院学报》，2006 年 3 期，49～51 页。

⑩ 苏诚鉴：《"驰道"的修筑与规制》，《安徽史学》，1986 年 2 期，70～71 页。

⑪ 雷依群：《秦汉兵马俑文化比较研究——以秦始皇陵和汉景帝阳陵为中心》，《咸阳师范学院学报》，2002 年 1 期，5～7 页。

⑫ 叶骁军：《中国都城历史图录》第 1 集，兰州大学出版社，1986 年，228 页。

⑬ 徐卫民：《秦都城研究琐议》，《浙江学刊》，1999 年 6 期。

⑭ 戴良燕：《夏商西周宫殿建筑文化研究》，广西师范大学，2006 年。

⑮ 张国硕：《夏商时代都城制度研究》，郑州大学，2000 年。

⑯ 戴吾三：《考工记图说》，山东画报出版社，2003 年，156 页。

⑰ 黄展岳：《中国古代的人牲人殉问题》，《考古》，1987 年 2 期，159～168 页。

⑱ 刘道超：《中国古代人殉习俗探缘》，《江汉论坛》，1990 年 7 期，43～48 页。

⑲ 李栋：《先秦礼制建筑考古学研究》，山东大学，2010 年。

"钟离"史料辑录

陈立柱[1]

一、《春秋》、《左传》、《公羊专》、《谷梁传》

1. 《左传》文公八年：宋襄夫人，襄王之姊也，昭公不礼焉。夫人因戴氏之族，以杀襄公之孙孔叔、公孙钟离及大司马公子卬，皆昭公之党也。

2. 《春秋》成公十五年：冬十有一月，叔孙侨如会晋士燮、齐高无咎、宋华元、卫孙林父、郑公子鰍、邾人会吴于钟离。许迁于叶。

3. 《左传》成公十五年：十一月，会吴于钟离，始通吴也。

《公羊专》成公十五年：冬十有一月，叔孙侨如会晋士燮、齐高无咎、宋华元、卫孙林父、郑公子鳅、邾娄人会吴于钟离。曷为殊会吴？外吴也。曷为外也？《春秋》内其国而外诸夏，内诸夏而外夷狄。王者欲一乎天下，曷为以外内之辞言之？言自近者始也。

4. 《左传》襄公十年：十年春，会于柤，会吴子寿梦也。三月癸丑，齐高厚相大子光以先会诸侯于钟离，不敬。士庄子曰："高子相大子以会诸侯，将社稷是卫，而皆不敬，弃社稷也，其将不免乎！"

5. 《左传》襄公二十八年：齐庆封奔吴。吴句余予之朱方（钟离），聚其族焉而居之，富于其旧。《公羊专》作"吴封之于防。""防"当为"朱方"之急读。

《谷梁传》昭公四年：庆封封乎吴钟离。其不言伐钟离何也？不与吴封也。

6. 《左传》昭公四年：秋七月，楚子以诸侯伐吴。宋大子、郑伯先归。宋华费遂、郑大夫从。使屈申围朱方，八月甲申，克之。执齐庆封而尽灭其族。

7. 《左传》昭公四年：冬，吴伐楚，入棘、栎、麻，以报朱方之役。楚沈尹射奔命于夏汭，咸尹宜咎城钟离，蓬启强城巢，然丹城州来。东国水，不可以城。彭生罢赖之师。

8. 《左传》昭公二十三年：吴人伐州来，楚蓬越帅师及诸侯之师奔命救州来。吴人御诸钟离。子瑕卒，楚师熸蓬。吴公子光曰："诸侯从于楚者众，而皆小国也。畏楚而不获己，是以来。吾闻之曰：'作事威克其爱，虽小必济'。胡、沈之君幼而狂，陈大夫啮壮而顽，顿与许、蔡疾楚政。楚令尹死，其师熸。帅贱、多宠，政令不壹。而七国同役不同心，帅贱而不能整，无大威命，楚可败也，若分师先以犯胡、沈与陈，必先奔。三国败，诸侯之师乃摇心矣。诸侯乖乱，楚必大奔。请先者去备薄威，后者敦陈整旅。"吴子从之。戊辰晦，战于鸡父。吴子以罪人三千，先犯胡、沈与陈，三国争

---

1 安徽省社会科学院历史研究所所长，研究员。

之。吴为三军以击于后，中军从王，光帅右，掩余帅左。吴之罪人或奔或止，三国乱。吴师击之，三国败，获胡、沈之君及陈大夫。舍胡、沈之囚，使奔许与蔡、顿，曰："吾君死矣！"师噪而从之，三国奔，楚师大奔。书曰："胡子髡、沈子逞灭，获陈夏啮。"君臣之辞也。不言战，楚未陈也。

9. 《左传》昭公二十四年：越大夫胥犴劳王于豫章之汭。越公子仓归王乘舟，仓及寿梦帅师从王，王及圉阳而还。吴人踵楚，而边人不备，遂灭巢及钟离而还。沈尹戌曰："亡郢之始，于此在矣。王一动而亡二姓之帅，几如是而不及郢？《诗》曰：'谁生厉阶，至今为梗？'其王之谓乎？"

10. 《左传》襄公二十五年：楚蒍子冯卒，屈建为令尹。屈荡为莫敖。舒鸠人卒叛楚。令尹子木伐之，及离城。吴人救之，子木遽以右师先，子强、息桓、子捷、子骈、子盂帅左师以退。吴人居其间七日。子强曰："久将垫隘，隘乃禽也。不如速战！请以其私卒诱之，简师陈以待我。我克则进，奔则亦视之，乃可以免。不然，必为吴禽。"从之。五人以其私卒先击吴师。吴师奔，登山以望，见楚师不继，复逐之，傅诸其军。简师会之，吴师大败。遂围舒鸠，舒鸠溃。八月，楚灭舒鸠。

二、其他资料

1. 《史记·秦本纪》载太史公曰：秦之先为赢姓。其后分封，以国为姓，有徐氏、郯氏、莒氏、终黎氏、运奄氏、菟裘氏、将梁氏、黄氏、江氏、修鱼氏、白冥氏、蜚廉氏、秦氏。"集解"引徐广曰："《世本》作'钟离'。应劭曰：'《氏姓注》之有终黎者为是。'"

2. 《史记·伍子胥列传》"索隐"云："《系（世）本》谓之'终黎'，赢姓之国。"

3. 《汉书·地理志》九江郡属县有"钟离"，颜师古注："应劭曰：钟离子国。"

4. 《吴越春秋·吴王寿梦传》云：寿梦元年，朝周适楚，观诸侯礼乐。鲁成公会于钟离，深问周公礼乐。成公悉为陈前王之礼乐，因为咏歌三代之风。寿梦曰："孤在夷蛮，徒以椎髻为俗，岂有斯之服哉？"因叹而去，曰："于乎哉，礼也！"

5. 王符《潜夫论·志氏族》：钟离，赢姓也。

6. 《元和姓纂》卷一：终利，赢姓，与秦同祖。……钟离，《世本》云：与秦同祖，赢姓也。……钟，宋微子之后。桓公曾孙伯宗仕晋，生州犁仕楚，食采钟离，因氏焉，子孙或姓钟氏。

7. 《新唐书·宰相世系表四》：宗氏出自子姓。宋襄公母弟敖仕晋，孙伯宗为三卿所杀，子州犁奔楚，食采于钟离。

又《宰相世系表五》：钟氏出自子姓。与宗氏皆伯宗之后也。伯宗子州犁仕楚，食采于钟离，因以为姓。

8. 郑樵《通志·氏族三》：钟氏：晋伯宗之后。伯宗，晋之贤者也，为郤氏所谮，被杀。子伯州犁奔楚，邑于钟离，今濠州也。子孙以邑为氏，或言钟，或言钟离。……钟离氏：姬姓，即钟氏。以伯州犁居钟离，故曰钟离氏。亦省言钟氏。州犁与晋同祖，而《世本》云与秦同祖，赢姓，何也？

9. 《元丰九域志》卷五、《太平寰宇记》卷一二八，《路史》卷二五都说钟离为徐之别封。

10. 《路史·国名记》云：钟离，子爵，徐之别封。今沂之承，有钟离城，乃晋吴会处。应劭云：钟离子国，在九江。盖其后徙于此，吴灭之。光武为侯国，今濠之治东六里钟离故城也。而宜咎之所城则楚地矣，今汉阳军。

童丽公诸器与古钟离国历史和文化[*]

徐少华[1]

安徽蚌埠双墩一号墓与凤阳卞庄一号墓的发掘与清理，是近年来国内田野考古领域的重要收获之一，因两墓规模较大，墓坑形制奇异，埋葬方式特别，随葬器物比较丰富，尤其是有关铭文材料对认识古钟离国的历史和文化具有十分重要的意义，因而受到学术界的重视和关注。现两墓的发掘简报已先后刊布^①，为进一步的研究提供了有利条件，本文结合两墓所出童丽公（君）诸器和舒城九里墩墓出土的鼓座铭文，以及相关文献记载，就古钟离国的历史与文化加以分析讨论，为进一步的研究奠定有利的基础。

一

蚌埠双墩一号墓的随葬器物比较丰富，就简报所公布的材料而言，青铜礼器中有鼎 5、簠 4、罍 2、豆 2、甗 1、盉 1、盘 1、匜 1 等；兵器有戟 4、戈 2、矛 4、剑 1 等；乐器有纽钟 9 件，石磬 12 件；另还有一批车马器、玉器、金箔饰件、海贝和图案精美的彩绘陶器、几何印纹硬陶等，对研究墓主人的身份及当时的历史和文化具有非常重要的价值。特别令人关注的是，9 件纽钟的钲部均有铭文：

> 隹王正月初吉丁亥，童（钟）丽（离）君柏作其行钟。童丽之金。

4 件铜簠中，2 件较大者内底亦有铭文 3 行 19 字：

> 隹王正月初吉丁亥，童（钟）丽（离）君柏择其吉金作其饮盨。

另在一件铜戟之戈的胡部有铭文 1 行 7 字：

> 童（钟）丽（离）公柏之用戟。

"童丽君柏"又称"童丽公柏"，铭文以"君"、"公"相互代称，表示其身份、地位之尊。"童丽"，简报释为"钟离"，即文献所载位于淮河中游地区的古钟离国，"童丽君（公）柏"乃当时钟

* 本文为教育部人文社会科学重点研究基地重大研究项目"楚国都城与疆域演变研究"（批准号：05JJDZ H244）的阶段性成果。

1 武汉大学历史系教授。

离国一位名"柏"的国君。

今按，简报释"童丽"为钟离，"童丽君（公）柏"即古钟离国名"柏"的国君，其时代为春秋中晚期是可信的，"童"古音在东韵定母，"钟"在东韵章母，两者韵部相同，定、章为准旁纽，可以互用，典籍中通假之例多有[②]；"丽"古音在支韵来母，"离"在歌韵来母，两字为双声，支、来可以旁对转，文献中亦不乏互用之例[③]，双墩一号墓应是钟离国君"柏"之墓。

关于双墩一号墓的时代，简报根据墓内出土的器物组合与形制特征，定为"春秋中、晚期"，即"公元前五六世纪。"基本可信但过于宽泛，前后跨约两百年，对于利用这批珍贵材料探索古钟离国的历史演变和文化面貌颇为不便，且容易导致一些模糊甚至错误的理解。

通过对相关器物的分析和比较，我们认为该墓当晚于淅川下寺八号、七号和三十六号墓，早于寿县蔡侯墓、固始侯古堆一号墓和淅川下寺十号和十一号墓，而与下寺一、四号墓相当，时代应该相近，下葬时间约在公元前560年前后，即春秋晚期的前段[④]。若此，则钟离公柏的活动时间当在春秋中晚之际。

凤阳卞庄一号墓虽经几次盗掘，随葬器物受到较大损失，残存部分见于报道的青铜礼器有簠1、甋1、豆1、罍1、盉1、盘1，还有鼎、匜等；兵器有戈3、矛1、镞28；乐器有镈钟5件、纽钟9件和石磬9件；另有一些车马器、工具以及陶器等，可见该墓在下葬时的规模和随葬品之丰富。5件镈钟的正、背两面和两侧均有铭文，内容为：

> 隹（惟）正月初吉丁亥，余□坙（厥）于之孙童丽公柏之季子康，罨（择）其吉金，自乍（作）和（和）钟之龢，音穆音穆和和，柏之季康是良，台（以）从我师行，台（以）乐我甫（父）□兄（兄），其眉寿无疆（疆），子子孙孙永赁（保）是 （尚）。

铭文内容表明，作器者乃"童丽公柏之季子康"，即钟离公柏的少子名"康"者，当是卞庄一号墓的墓主人。该墓中有编镈、编钟与编磬随葬，应该是诸侯一类贵族才能享有的特权，春秋中晚期虽然僭越之风盛行，但非王公卿大夫之流一般不能用此类礼乐[⑤]，墓主"季子康"有可能是钟离公柏之后的又一代钟离君。

该墓的时代，发掘简报根据随葬器物的形制与组合推断为"春秋中晚期"，是正确的，结合双墩一号墓及相关考古资料分析比较，卞庄一号墓略晚于双墩一号墓，但又早于淅川下寺十号墓、寿县蔡侯墓以及固始侯古堆一号墓，而与下寺三号墓相近，下葬时间当相去不远，亦属春秋晚期的前段，约晚于双墩一号墓二三十年。

双墩、卞庄两墓一在淮北，一在淮东，东西相距约35千米，然墓主则为父子关系，铭文内容正好解释了这两座墓葬虽规模大小有别，而墓坑形制与埋葬方式却基本相同的史实。

1980年9月，安徽舒城九里墩春秋墓出土有一件圆形青铜鼓座，其外围铸有铭文两周约150字，由于铭文锈蚀严重，许多字模糊不清，经多位学者的辨识、讨论，对铭文前面的一段话已大致明确：

> 隹王正月初吉庚午，余□坙（厥）于之玄孙童鹿公□择其吉金，玄镠钝（纯）吕，自作隼（晋）鼓。……[⑥]

　　鼓座铭文之"童鹿公"，当即双墩和卞庄一号墓器铭所载的"童丽公"，"鹿"古音在屋部来母，"丽"古音在支部来母，两字声母相同，韵部为旁对转，可以互用。"童鹿公□"，何琳仪先生认为是人名，现在看来，当是与"童丽公柏"类似的又一位古钟离国的国君，此鼓座应是钟离公名"□"者之器。

　　"童鹿公□"自称为"余□乑（厥）于之玄孙"，据《尔雅·释亲》："子之子为孙，孙之子为曾孙，曾孙之子为玄孙"，与卞庄一号墓所出镈钟铭文称童丽公柏为"余□乑（厥）于之孙"的记载相比较，□当是钟离公柏的孙子辈，亦即季子康的子辈。其既为一代钟离公，如果上述季子康是钟离公柏之后的继任之君不误，则"童鹿公□"当即柏的嫡孙、季子康的儿子，应在钟离公柏和季子康之后继位为钟离君。

　　当然，亦不能排除器铭"余□乑（厥）于之孙"的"孙"为对后人泛称的可能，即习语所言"子子孙孙"之"孙"，与传世铜器《邾公钟》铭"陆虫庸（终）之孙邾公钅乇作厥禾钟"、近出《叔姜簠》"申王之孙叔姜自作饎簠"之"孙"语义相同[7]，但铭文"余□乑（厥）于之孙"与"余□乑（厥）于之玄孙"的区别，所表达的钟离公柏与钟离公□的辈分信息则是非常清楚的，即二者为祖孙关系，否则，"童鹿公□"不必自称"余□乑（厥）于之玄孙"，而直称"余□乑（厥）于之孙"即可。铭文语句的不同，可能就是为了表明这种辈分关系。

　　舒城九里墩墓的时代，发掘报告根据墓内残存遗物，推测与寿县蔡侯墓相当，即春秋晚期偏晚阶段，是可信的。若从鼎、簠、敦诸器的细部特征来看，似乎较蔡侯墓还要略早一些，下葬时间可能在公元前 500 年左右。关于其族属，报告推测"很可能是群舒中某一位君主"可备一说，从墓葬形制、规模、部分随葬器物以及当时的历史背景分析，亦不能排除为吴国高级贵族的可能性[8]。童鹿公□鼓座（原应是一件完整的鼓）随葬于该墓，或与当时的兼并形势有关。

二

　　据《世本》和《史记》等记载，钟离又作"终黎"或"终犁"，为"嬴姓"[9]，《汉书》卷 28《地理志（下）》九江郡"钟离"县下颜注引应劭曰："钟离子国"。《水经注》卷 30《淮水篇》［经］文说"（淮水）又东过钟离县北"，［注］曰："《世本》曰：钟离，嬴姓也。应劭曰：县故钟离子国也。楚灭之以为县。"说明钟离为淮河中下游地区的一个嬴姓古国，言其为"子"爵，当从周礼的正统观念而论，未必确实。

　　《左传》成公十五年［经］曰："冬十有一月，叔孙侨如会晋士燮、齐高无咎……会吴于钟离。"［传］文说："十一月，会吴于钟离，始通吴也。"杜预注："吴，夷，未尝与中国会，今始来通，晋帅诸侯大夫而会之。……钟离，楚邑，淮南县。"鲁成公十五年即公元前 576 年，"钟离"作为北方晋、齐、鲁列国与南方吴国最初的盟会之地始见于记载，其地一般认为即西晋淮南郡钟离县，在今安徽凤阳县东北 10 千米的临淮关镇（明清临淮县）以东不远[10]，杜预言时为"楚邑"恐不确，杨伯峻先生疑之曰："诸侯与吴相会在楚境，殊为可怪。"[11]十余年后，北方诸侯再会于钟离[12]，表明这时钟离还未被纳入楚人的境土。

　　鲁昭公四年（公元前 538 年）"冬，吴伐楚，入棘、栎、麻，以报朱方之役。楚沈尹射奔命于夏汭，箴尹宜咎城钟离，薳启彊城巢，然丹城州来。"随着楚、吴在淮域的争夺日益激烈，楚人于钟离等地大规模筑城以便防守，则此前当已被纳入楚境。

《左传》昭公二十四年载是年冬："楚子为舟师以略吴疆……吴人踵楚，而边人不备，遂灭巢及钟离而还。"鲁昭公二十四年为公元前 518 年，钟离于此年被吴所攻克，可能直到公元前 473 年越灭吴之时，钟离一带当长期为吴国所领有[13]。

关于钟离的存灭，清人顾栋高《春秋大事表》说"成十五年见，昭二十四年灭于吴。"[14]认为钟离灭于吴，即《左传》所载"（吴）遂灭巢及钟离而还"之事，与《水经注》的说法不一。《史记》卷 66《伍子胥列传》曰："久之，楚平王以其边邑钟离与吴边邑卑梁氏俱蚕，两女子争桑相攻，乃大怒，至于两国举兵相伐。吴使公子光伐楚，拔其钟离、居巢而归。"[15]司马贞《索隐》说："二邑，楚县也。按钟离县在六安，古钟离子国。"明言昭公二十四年吴所灭的钟离为"楚县"而非钟离之国。《左传》昭公二十四年载吴灭巢和钟离之后，楚臣沈尹戌曰："亡郢之始，于此在矣。王壹动而亡二姓之帅，几如是而不及郢。"杜预注："二姓之帅，守巢、钟离大夫。"按"钟离大夫"即指钟离之县大夫，则杜预亦认为吴国所取的钟离为楚县而非其国，可见观点颇不一致。

据双墩、卞庄一号墓和九里墩墓出土的铭文资料，钟离国于春秋晚期依然存在，且先后有钟离公柏、季子康和钟离公□在位，从上文的分析，钟离公柏约死于公元前 560 年前后，季子康下葬于公元前 530 年左右，钟离公□乃钟离公柏之孙、季子康之子，其在位自当在柏和康之后，但不晚于九里墩墓下葬的春秋晚期后段。再从双墩一号墓出土的鼎、簠、盉、盘、匜及卞庄一号墓出土的鼎、簠、缶、盉等部分器物的组合和形制来看，均具有明显的楚文化因素和时代特征，说明钟离已受到较多楚文化的影响，上引《左传》杜预注说成公十五年时钟离为"楚邑"虽不可信，但这时钟离与楚之间确实有了一定的联系。

鲁昭公四年（公元前 538 年），面对来自吴国日益增强的压力，楚人在淮河中游地区的钟离、巢和州来等地大规模筑城为守，说明此前楚人已经控制了这些地方，可能于钟离、巢等地设县以便管理，直到昭公二十四年为吴所取。然据卞庄一号墓和九里墩墓的材料，这时钟离国仍然存在，当与楚钟离县同时并存。

纵观春秋时期楚人在大规模的境土扩张过程中并国兼民的形势，灭国置县虽为一项重要举措，但服其国降为附庸而于其故地设县治民的情况亦多有，尤其是春秋中期前后，由于争霸战争激烈纷呈，每位霸主都需要一批附庸属国作呼应，以显示其霸主的威望和势力。

位于南阳盆地的古申国，是西周晚期周宣王封于南土的重要诸侯之一，后为楚所兼并，《左传》说楚文王"实县申、息，朝陈、蔡"，杜预注："楚文王灭申、息以为县。"[16]《水经注》亦曰"楚文王灭申以为县"[17]，其后大多数文献皆作此论。今按，楚文王克申而设县是实，但说其"灭申以为县"则不确，据文献记载和新出考古资料，楚文王在克申置县后，并未灭其国，而是降为附庸存于楚境，直到战国早期依然见于铭文记载。前几年，黄锡全先生所报道的《申文王之孙州　簠》的发现亦可说明[18]。

位于今襄樊市以北的古邓国，《左传》说鲁庄公十六年"楚复伐邓，灭之。"《史记·楚世家》亦曰："（楚文王）十二年，伐邓，灭之。"后来学者凡涉及邓国的历史与文化，皆言楚文王灭邓，几成不易之论。然考古资料表明，楚国克邓之后于邓国故地设有邓县，《邓公乘鼎》、《邓尹疾鼎》的出土即为确证；然从《邓子午鼎》、《邓子与盘》诸器的发现来看，邓国于春秋中晚期仍然存在，并有"邓子与"和"邓子午"几代邓君见于铭文记载，说明楚在克邓置县的同时，并没有灭其国祀，而是降为附庸存于境内[⑲]。

从上述春秋中晚期楚申县与申国、邓县与邓国长期并存的史实推测，楚在拓境至钟离一带后，为了控制其地的局势，于钟离设县治民，同时仍然保留钟离国的君统和族祀于该地或附近地区，作为附庸及缓冲地带以应对吴和中原列国。这样，方能合理解释《左传》杜预注和《水经注》等认为钟离于春秋晚期为楚县，而双墩、卞庄一号与九里墩春秋墓所出铭文材料则记载钟离公柏、季子康以及钟离公□等仍于春秋晚期并存的疑虑。

双墩和卞庄一号墓的发现及有关铭文资料的出土，对认识古钟离国的这段历史和理解九里墩鼓座铭文的有关内容提供了十分重要的信息，亦为探索春秋中晚期楚人在大规模开疆拓土过程中实行并国设县治民，而降其君统为附庸存于境内的举措增添了又一实例。

钟离何时最终灭国，《水经注》曰"楚灭之以为县"，并不可信；《春秋大事表》说是"昭二十四年灭于吴"，按此年吴师所灭的巢与钟离是楚在淮河中游地区的两个县，《楚世家》和《伍子胥列传》称其为"楚边邑钟离"亦可说明。不过，从春秋晚期楚、吴双方争夺拉锯的形势分析，如果当时钟离国与楚钟离县于淮河中游并存，则吴师在攻取楚之钟离与巢诸县的同时，一并伐灭楚系附庸钟离国的可能性应该较大。从这一层面讲，顾栋高的说法又有其合理的成分。文献记载和考古资料中，未见春秋晚期以后钟离国依然见存的信息，亦可作为这一推论的辅证。若此分析勉能成立，则九里墩墓所见属于钟离公□的鼓座等器，或与吴人攻伐钟离时的缴获有关；"钟离公□"有可能是钟离国的最后一位国君，可能在季子康死后不太长的时间即为吴国所伐灭。具体情况如何，还有待今后出土资料的进一步补充和证实。

三

从蚌埠双墩、凤阳卞庄一号和舒城九里墩墓出土的铭文材料可见，春秋晚期先后有钟离公柏、季子康与钟离公□三位钟离公存在，钟离公柏约死于公元前560年前后，活动时间当在春秋中晚之际；季子康为钟离公柏的少子，其去世可能晚于钟离公柏二三十年；钟离公□有可能是季子康的儿子，继康之位为钟离国君，三者当是父、子、孙三代嫡亲关系。

传世文献中虽有几条关于钟离的记载，但含混不清，后世学者则众说纷纭。通过新出铭文资料的解读，使我们认识到，在春秋晚期楚并钟离而置县的同时，钟离国作为楚系附庸仍存于楚境，可能直到鲁昭公二十四年（公元前518年）才被吴师所伐灭，九里墩墓中所见钟离公□的器物，或与吴灭钟离的背景有关。这几批新材料的面世，为我们探讨古钟离国的历史与文化提供了十分重要的帮助，正好弥补了文献记载在这方面的不足。

注释

① 安徽省文物考古研究所、蚌埠市博物馆：《安徽蚌埠市双墩一号春秋墓葬》，《考古》2009年7期；安徽省文物考古

研究所、蚌埠市博物馆:《安徽蚌埠双墩一号春秋墓发掘简报》,《文物》2010 年 3 期;安徽省文物考古研究所、凤阳县文物管理所:《安徽凤阳卞庄一号春秋墓发掘简报》,《文物》2009 年 8 期。

② 参阅高亨纂著:《古字通假会典》东字声系"钟于童"条,齐鲁书社,1989 年,17 页。

③ 参阅《古字通假会典》离字声系"离与丽"条,673 页。

④ 说详拙作《蚌埠双墩与凤阳卞庄两座墓葬年代析论》,《文物》2010 年 5 期。

⑤《左传》襄公十一年载郑人贿晋侯"歌钟二肆,及其镈、磬",晋侯"以乐之半赐魏绛",魏绛推辞不受,后经晋侯劝说,"魏绛于是乎始有金石之乐,礼也。"按魏绛时为晋国上卿,因功勋卓著,才被赐以钟、磬之乐,说明一般贵族是不能享用的。

⑥ 安徽省文物工作队:《安徽舒城九里墩春秋墓》,《考古学报》1982 年 2 期,229～241 页。关于铭文的释读,参阅何琳仪:《九里墩鼓座铭文新释》,载《出土文献研究》第三辑,中华书局,1998 年,67～73 页。

⑦ 参阅郭沫若:《两周金文辞大系图录考释》录 218,考 191,上海书店出版社,1999 年;郧阳地区博物馆:《湖北郧县肖家河春秋楚墓》,《考古》,1998 年 4 期。

⑧ 说详拙作《舒城九里墩墓的年代与族属析论》,《东南文化》,2010 年 1 期。

⑨《史记》卷 5《秦本纪》载太史公曰:"秦之先为嬴姓。其后分封,以国为姓,有徐氏、郯氏、莒氏、终黎氏……"裴骃《集解》引徐广曰:"《世本》作'钟离'。"

⑩《读史方舆纪要》卷 21,凤阳府"临淮县"和"钟离城"条,中华书局,2005 年,999～1000 页;《嘉庆重修一统志》卷 126,凤阳府古迹"钟离故城"、"临淮故城"条,中华书局,1986 年,5501～5502 页。

⑪ 杨伯峻:《春秋左传注》,中华书局,1990 年,876 页。

⑫ 见《左传》襄公十年。

⑬ 关于这一时期淮河中游地区的形势与变化,参阅拙作《论春秋时期楚人在淮河流域及江淮地区的发展》,载《人文论丛》2002 年卷,武汉大学出版社,2003 年,377～393 页。

⑭ 见《春秋大事表》卷 5《列国爵姓及存灭表》"钟离"条,中华书局,1993 年,594 页。

⑮ 关于吴、楚之间的这次战事,《史记》的《吴太伯世家》与《楚世家》皆有记载,《吴太伯世家》所载虽比较详细,但对钟离与卑梁之归属略有混淆,《楚世家》和《伍子胥列传》的记载更加准确一些。

⑯ 见《左传》哀公十七年及杜预注。

⑰ 参阅《水经注》卷 31《淯水篇》,上海古籍出版社,1990 年,598～599 页。⑱ 黄锡全:《申文王之孙州·簠铭文及相关问题》,《古文字研究》第二十五辑,中华书局,2004 年,189～193 页。关于申国的存灭,详见拙作《从叔姜簠析古申国历史与文化的有关问题》,《文物》2005 年 3 期。

⑲ 参阅拙作《论近年来出土的几件春秋有铭邓器》,《古文字研究》第二十五辑,第 194～198 页。

"钟离氏"族姓考

张志鹏[1]

近年来，在安徽凤阳钟离国故城遗址附近及其临近的蚌埠市一带发现一批古墓葬，从墓葬出土的铜器铭文来看，这批墓葬及铜器应为钟离国所有，因而对研究钟离国及其相关问题具有十分重要的意义。学界于此已有初步的研究，《考古与文物》2009 年 3 期发表有胡长春先生《钟离氏始祖"宋襄公母弟敖"新证暨"鸳鸳雏雏"释义的再探讨》一文。胡先生依据文献有钟离氏为子姓的记述，在释出九里墩墓铜鼓座铭文和卞庄一号墓镈钟铭文中"敖厥于"三字中的"敖"字之后，以为铜器铭文中的"敖"字就是文献记载中的子姓钟离氏始祖宋襄公母弟敖，且读"厥于"为"厥士"，并以其为"敖"的身份称谓。关于"敖厥于"的释读及钟离国的姓氏，我们与胡先生有着完全不同的认识。

一

我们先看相关钟离器铭。安徽蚌埠市淮上区双墩一号墓出有同铭镈钟九件，铭文为："唯王正月初吉丁亥，童丽君柏作其行钟。童丽之金。"同铭簠两件，铭文为："唯正月初吉丁亥，童丽君柏择其吉金作其飤□。"有铭戟一件，铭文为："童鹿公柏之用戟。"①

又安徽凤阳卞庄一号墓出土同铭镈钟五件，铭文为："惟王正月初吉丁亥，余敖厥于之孙、童丽君柏之季子康，择其吉金，自作和钟之镦，穆穆和和，柏之季康是良，以从我师行，以乐我父兄，其眉寿无疆，子子孙孙永保是尚。"②

童丽即钟离，以上两墓及其出土铜器均属钟离国，学界无异议。此前的 1980 年 9 月，安徽舒城九女墩墓出土一件有铭铜鼓座，铭文位于鼓座的外围，"由于字迹浮浅，锈蚀严重，大部分模糊不清，缺笔太多，全铭难以通读"。③对该铭进行释读的学者先后有殷涤非④、曹锦炎⑤、何琳仪⑥诸位先生，经过多位学者的研究，铭文大致可读为："唯正月初吉庚午，余敖厥于之玄孙童鹿公　，择其吉金，玄镠纯吕，自作□鼓。命从若敔，远淑闻于王东吴谷，迎〔于〕徐人、陈〔人〕，去蔡于寺，其神其臭……以支野于陈□□山之下，余持可参□□，其□鼓茯茯，乃于之雩，永祀是拐，俳公获飞龙曰夜白……余以共旒示□嫡庶子，余以会同姓九礼，以飤大夫、朋友，余以□□□于东土，至于淮之上。世万子孙永保。"与近年所出童丽诸器对照，可知此铜鼓座也为钟离国之物。

胡长春先生对卞庄镈钟和九里墩铜鼓座铭文中"敖厥于"三字中的"敖"字之释，或切近实际。

1　河南师范大学历史文化学院副教授。

但以"敖"字为人名、以"于"为"士"字误倒,进而读"厥于"为"厥士",且以之为敖之身份称谓,则很难令人信服。详察九里墩墓铜鼓座铭文和卞庄一号墓镈钟铭文,"于"字末笔明显向一侧撇出,而非直画,说其为"士"之倒书显然缺乏字形方面的依据。再者,此二器的铸造,既非一时一地,又非一人,何以会在关系到先祖名分的字眼上出现同样的错误,这是无法解释的。因此,读"敖厥于"为"敖厥士"并由此推演出铜器铭文中的"敖"字是宋襄公母弟敖、为子姓钟离氏始祖的结论不能成立。

二

凤阳卞庄一号墓即钟离君柏之季子康墓虽然被盗,破坏严重,但仍可以看出随葬品十分丰富,除墓葬规模较小外,与蚌埠一号墓即其父钟离君柏墓相比毫不逊色,墓主康很有可能是一代钟离国君。将卞庄一号墓钟铭与九里墩铜鼓座铭文结合起来,我们可以复原钟离国的部分世系,即:

……→敖厥于→(子)柏→(孙)康→(曾孙)□→(玄孙)……

关于安徽蚌埠双墩一号墓和凤阳卞庄一号墓的年代,简报和发掘报告定为春秋中晚期,后者晚于前者。徐少华先生认为过于宽泛,指出"蚌埠双墩一号墓的器物特征与下寺一、四号墓相当,时代应该相近,下葬时间约在公元前560年前后,即春秋晚期的前段。""卞庄一号墓的器物特征既与下寺三号墓相近,其下葬时间亦当相去不远,应在春秋晚期前段,约晚于双墩一号墓二三十年。"⑦按公元前560年前后钟离君柏去世,康去世大概在公元前530年左右,隔一代传到钟离公　时大概在公元前500年左右。

关于钟离国的灭亡时间,我们可从文献中找到线索。据《春秋》经传记载,从鲁哀公十三年(公元前482年)开始,越连续伐吴,最终于鲁哀公二十二年(公元前473年)灭吴。《史记·越王句践世家》载:"句践已平吴,乃以兵北渡淮,与齐、晋诸侯会于徐州,致贡于周。周元王使人赐句践胙,命为伯。句践已去,渡淮南,以淮上地与楚,归吴所侵宋地于宋,与鲁泗东方百里。当是时,越兵横行于江、淮东,诸侯毕贺,号称霸王。"⑧又《楚世家》载,楚惠王"四十二年,楚灭蔡。四十四年,楚灭杞。与秦平。是时越已灭吴而不能正江、淮北;楚东侵,广地至泗上。"⑨根据这些记载可知,楚在战国初年很快就控制了淮河中上游地区,并沿泗水向北推进。楚惠王四十二年(公元前447年)灭蔡,四十四年(公元前445年)灭杞。又,郦道元《水经注·淮水》注"(淮水)又东过钟离县北"引东汉末年应劭曰:"县,古钟离子国也。楚灭之以为县。"⑩那么,地处淮河中游位于蔡之东、泗水之西的今安徽凤阳、蚌埠市一带钟离国的灭国时间应在楚灭蔡、杞之间,即公元前447年至公元前445年间。楚灭钟离国后,以其地置钟离县。

位于今安徽凤阳、蚌埠市一带的钟离国,即是鲁成公十五年(公元前576年)晋以北方诸侯会吴之地。《春秋·成公十五年》载:"冬十有一月,叔孙侨如会晋士燮、齐高无咎、宋华元、卫孙林父、郑公子鳛、邾人会吴于钟离。"杜预注:"钟离,楚邑,淮南县。"《左传·成公十五年》载:

"十一月，会吴于钟离，始通吴也。"⑪此年以晋为首的北方诸侯会吴于钟离是迫于当时的政治军事格局。晋自灵公开始，政局动荡，在鲁宣公十二年（公元前597年）邲之战中败于楚。鲁宣公十四年（公元前595年）秋九月，楚围宋。第二年春，宋入晋告急无果，夏五月，宋被迫臣服于楚。到鲁成公二年（公元前589年）十一月，楚与鲁、蔡、许、秦、宋、陈、卫、郑、齐盟于蜀，楚的霸主地位得到部分诸侯的承认。为在争霸斗争中胜出，晋景公接受楚国亡臣申公巫臣的建议，联吴抗楚。吴接受晋国的军事援助，通过对楚的战争，到鲁成公七年（公元前584年）出现了《左传·成公七年》所说的"蛮夷属于楚者，吴尽取之"⑫的局面，晋国的联吴制楚战略初见成效。鲁成公八年（公元前583年）晋归原属鲁的汶阳之田于齐，结果导致《左传·成公九年》所说的"诸侯贰于晋"⑬的现象。为应对这种局面，鲁成公九年（公元前582年）春晋会诸侯于蒲，然吴不与会。之后，晋国在鲁成公十一年（公元前580年）、十二年（公元前579年）先后与秦、楚达成的弭兵盟约又很快成一纸空文。在这样的情况下，鲁成公十五年（公元前576年）以晋为首的北方诸侯会吴，无非是为进一步加强彼此的联系，共同对付以楚为首的南方诸侯集团。因此，会盟之地不可能在楚，杜预以此"钟离"为楚邑显然是错误的。不过，杜氏以"钟离"在晋淮南郡钟离县值得注意。晋以北方诸侯会吴之事，还见于《史记·鲁周公世家》。《鲁周公世家》载，鲁成公"十五年，始与吴王寿梦会钟离。"张守节《正义》引《括地志》云："钟离国故城在濠州钟离县东五里。"⑭唐濠州钟离县即晋淮南郡钟离县，在今安徽凤阳县一带，而今安徽凤阳及其邻近的蚌埠市有钟离国故城遗址和铜器墓葬，地望正合。可知，《春秋》经传成公十五年所见"钟离"即是位于今安徽凤阳、蚌埠市一带的钟离国。值得注意的是，在鲁成公七年（公元前584年）发生的规模宏大的吴伐楚及其属国的战争中，吴伐徐、伐巢、入州来，却唯独没有攻伐比以上各地更近于吴的钟离国。原因只有一个，那就是钟离国在此之前已经成为吴的属国。如此，晋、吴会于"钟离"也得到了合理的解释。

三

关于钟离国的姓氏，郦道元《水经注·淮水》注"（淮水）又东过钟离县北"引《世本》曰："钟离，嬴姓也。"⑮《世本》的说法见引于多处，应该可信。又，《史记·秦本纪》载太史公语："秦之先为嬴姓。其后分封，以国为姓，有徐氏、郯氏、莒氏、终黎氏……。"裴骃《集解》云："徐广曰：《世本》作'钟离'。应劭曰：'《氏姓注》云有姓终黎者是。'"⑯"终黎"即钟离，钟离国为嬴姓可知。以国为氏，于是有嬴姓钟离氏。

至于子姓钟离氏，与伯州犁所属谱系相关。有关伯州犁所属谱系的文献记载可整理如下：

《左传·成公十五年》："晋三郤害伯宗，谮而杀之，及栾弗忌。伯州犁奔楚。"杨伯峻注："伯州犁，伯宗子。"⑰

《国语·晋语五》："梁山崩，以传召伯宗"。韦昭注："伯宗，晋大夫孙伯纠之子。"⑱

《元和姓纂》卷一"钟"氏条："宋微子之后。桓公曾孙伯宗，仕晋；生州犁，仕楚，食采钟离，因氏焉。子孙或姓钟氏。"⑲

《新唐书·宰相世系四上》："宗氏出自子姓。宋襄公母弟敖仕晋，孙伯宗为三卿所杀，子州犁奔楚，食采于钟离。"⑳

《新唐书·宰相世系五上》："钟氏出自子姓，与宗氏皆伯宗之后也。伯宗子州犁仕楚，食采于钟离，因以为姓。"[21]

据以上文献记载，伯州犁所属谱系如下：……宋桓公→（宋襄公母弟）敖→伯纠→伯宗→伯州犁→……

宋桓公为宋襄公之父，《元和姓纂》以伯宗为宋桓公曾孙与《新唐书》以伯宗为宋襄公母弟敖之孙相合，且两者均言晋大夫伯宗之子伯州犁奔楚，食采于钟离邑。晋大夫伯宗被杀，其子伯州犁奔楚，见于《左传》、《国语》等先秦文献。其中虽然没有伯州犁奔楚后食采钟离邑的记载，但是根据对文献的分析，我们可以肯定先秦时期州来西部确有钟离邑存在，并曾为楚国所有。

此钟离邑即《左传》昭公四年、二十三年、二十四年所见之"钟离"。《左传·昭公四年》云："冬……楚沈尹射奔命于夏汭，箴尹宜咎城钟离，薳启强城巢，然丹城州来。"[22]从传文来看，此"钟离"应与"夏汭"、"巢"、"州来"相邻近。"夏汭"地望经何浩先生考证，以清代学者俞正燮之说最为可信，在今安徽凤台县西北夏肥水之汭。[23]此处之"巢"在今安徽六安市东北、寿县南约一百里。州来在今安徽凤台、寿县一带。因而，此"钟离"应在以上三地附近求之，不可能为远在州来之东一二百里处的钟离国。

《左传·昭公二十三年》云："吴人伐州来，楚薳越帅师及诸侯之师奔命救州来。吴人御诸钟离。"[24]吴在州来之东，楚在州来之西，吴伐州来，楚救州来，吴人应该御楚人于州来之西。由此亦可知，此"钟离"当位于州来之西，而非州来之东的钟离国。

又《左传·昭公二十四年》云："楚子为舟师以略吴疆。……王及圉阳而还。吴人踵楚，而边人不备，遂灭巢及钟离而还。"吴灭巢及钟离后，楚沈尹戌曰："亡郢之始于此在矣。王一动而亡二姓之帅，几如是而不及郢？"杜注："二姓之帅，守巢、钟离大夫。"[25]据《左传》文及杜注，此"钟离"为楚邑可知。吴灭钟离之事也见于《史记·吴太伯世家》、《楚世家》、《伍子胥列传》，司马迁均以楚边邑视"钟离"，可见其处于吴、楚间。《吴太伯世家》载，王僚"九年，公子光伐楚，拔居巢、钟离。"裴骃《集解》引东汉末年服虔曰："钟离，州来西邑也。"[26]唐修《晋书·地理志下》扬州淮南郡"钟离"县条下自注为"故州来邑"[27]。合服虔之语及《晋书·地理志下》注，可以断定古州来国之西确有邑名钟离，此钟离邑即《左传·昭公二十四年》之"钟离"。

综合对《左传》文的分析可知，以上三处见于《左传》的"钟离"均应是指位于州来之西并紧邻州来国的钟离邑，绝非州来之东百余里处的位于今安徽凤阳、蚌埠市一带之钟离国。

既然楚确有钟离邑，《元和姓纂》、《新唐书》谓伯州犁奔楚后食采于钟离邑当有所本，伯州犁之后以钟离邑为氏也是合乎情理的。那么，以邑为氏的钟离氏为子姓之说也应该可信。

至于《通志二十略·氏族略三》"以邑为氏"条下的钟离氏为"姬姓"说，是因伯州犁曾祖父敖、祖父伯纠、父伯宗三代仕晋而郑樵误以为伯州犁与晋同祖所致，可勿论。[28]

四

胡长春先生认为"钟氏（钟离氏）出自子姓"，也有其依据。然而将钟离诸器铭文中的"敖"字与文献记载中的宋襄公母弟敖对应，以嬴姓钟离国为子姓，进而将嬴姓钟离氏与子姓钟离氏混为一谈，是明显错误的。即便以铜器铭文中的"敖"字为人名，此"敖"也绝不会是宋襄公母弟敖。关于这一点儿，我们可以从以下几方面考虑：

一、钟离诸器表现的钟离国世系人名与宋襄公母弟敖的谱系人名不符。据器铭复原的钟离国部分世系为：……→敖厥于→（子）柏→（孙）康→（曾孙）□→（玄孙）……而宋襄公母弟敖的谱系为：……（宋襄公母弟）敖→伯纠→伯宗→伯州犁→……将两者进行对比，我们可以看到，除铜器铭文中的"敖"字与宋襄公母弟敖似乎对应之外，其余人名，无论是从字形、字意还是其他方面考虑，都毫无关联。

二、卞庄一号墓镈钟铭文中"以从我师行"之语，说明钟离君柏时期钟离拥有自己的军队；钟离君柏与其季子康两人的墓葬分处淮河两岸，直线距离 35 千米，说明在康去世（前 530 年左右）时，钟离还拥有相当大范围的领土；钟离公? 铜鼓座铭文显示，钟离曾与徐、陈、蔡等国有过接触。这一切都说明铭文中的"钟离"是嬴姓钟离国，并非子姓钟离邑。那么，铭文中的"敖厥于"当然就不是宋襄公母弟敖了。

三、卞庄镈钟铭文明确地说敖厥于之子柏为钟离君；九里墩铜鼓座铭文明确地说敖厥于之玄孙为钟离公。而宋襄公母弟敖及其子伯纠、孙伯宗仕晋，曾孙伯州犁奔楚任太宰。无论从身份地位还是从所在地望来说，敖厥于之子孙与宋襄公母弟敖之子孙两谱系都截然有别。那么，铭文中的"敖"字非宋襄公母弟敖，是不言而喻的。

综合以上三方面的考虑，我们完全可以断定铭文中的"敖厥于"绝非宋襄公母弟敖。

综合全文所论：钟离国为嬴姓，以国为氏称钟离氏，于是有嬴姓钟离氏。州来之西有钟离邑，楚服州来后，钟离邑属楚。伯州犁奔楚后，楚以钟离邑为其采邑。伯州犁之后以其采邑为氏亦称钟离氏，于是有子姓钟离氏。子姓钟离氏与嬴姓钟离氏迥异，断不可混为一谈。

注释

① 安徽省文物考古研究所等：《安徽蚌埠双墩一号春秋墓发掘简报》，《文物》，2010 年 3 期。

② 安徽省文物考古研究所等：《凤阳大东关与卞庄》，科学出版社，2010 年，64 ~ 83 页。

③ 安徽省文物工作队：《安徽舒城九里墩春秋墓》，《考古学报》，1982 年 2 期。

④ a. 殷涤非：《舒城九里墩墓的青铜鼓座》，《古文字学论集（初编）》，香港中文大学等，1983 年，441 ~ 460 页；b. 殷涤非：《九里墩的青铜鼓座》，《古文字研究（14）》，中华书局，1986 年，27 ~ 44 页。

⑤ 曹锦炎：《舒城九里墩鼓座铭文补释》，《中国文字（17）》，中国文字社，1993 年，283 ~ 288 页。

⑥ 何琳仪：《九里墩鼓座铭文新释》，《出土文献研究（3）》，中华书局，1998 年，67 ~ 73 页。

⑦ 徐少华：《蚌埠双墩与凤阳卞庄两座墓葬年代析论》，《文物》，2010 年 8 期。

⑧ 司马迁：《史记》41 卷，中华书局，1959 年，1746 页。

⑨ 司马迁：《史记》40 卷，中华书局，1959 年，1719 页。

⑩ 郦道元著，陈桥驿校证：《水经注校证》30 卷，中华书局，2007 年，710 页。

⑪ 左丘明传，杜预注，孔颖达正义：《春秋左传正义（中）》，北京大学出版社，1999 年，767、771 页。

⑫ 杨伯峻：《春秋左传注（修订本）》，中华书局，1990 年，835 页。

⑬ 杨伯峻：《春秋左传注（修订本）》，中华书局，1990 年，842 页。

⑭ 司马迁：《史记》33 卷，中华书局，1959 年，1537 页。

⑮ 郦道元著，陈桥驿校证：《水经注校证》30 卷，中华书局，2007 年，710 页。

⑯ 司马迁：《史记》5 卷，中华书局，1959 年，221 页。

⑰ 杨伯峻：《春秋左传注（修订本）》，中华书局，1990 年，876 页。

⑱ 徐元诰撰，王树民、沈长云点校：《国语集解（修订本）》，中华书局，2002，384 页。

⑲ 林宝撰、郁贤皓、陶敏整理，岑仲勉校记，孙望审订：《元和姓纂》1 卷，中华书局，1994 年，47 页。

⑳ 欧阳修、宋祁撰：《新唐书》74 卷上，中华书局，1975 年，3156 页。

㉑ 欧阳修、宋祁撰：《新唐书》75 卷上，中华书局，1975 年，3354 页。

㉒ 杨伯峻：《春秋左传注（修订本）》，中华书局，1990 年，1255～1256 页。

㉓ 何浩：《〈左传〉"夏汭"考》，《江汉论坛》，1987 年 8 期。

㉔ 杨伯峻：《春秋左传注（修订本）》，中华书局，1990 年，1445 页。

㉕ 杨伯峻：《春秋左传注（修订本）》，中华书局，1990 年，1452～1453 页。

㉖ 司马迁：《史记》31 卷，中华书局，1959 年，1462 页。

㉗ 房玄龄等：《晋书》16 卷，中华书局，1974 年，460 页。

㉘ 郑樵撰、王树民点校：《通志二十略》，中华书局，1995 年，91 页。

《春秋》经传所见"钟离"为三地考

张志鹏[1]

"钟离"之名，最早见于《春秋》及《左传》。晋·杜预注以"钟离"为"楚邑，淮南县"，后世学者多信从之。清·顾栋高《春秋大事表》卷五《春秋列国爵姓及存灭表》"钟离"条云："子"爵；"今凤阳府临淮县东四里有钟离城"；"成十五年见。昭二十四年灭于吴。"[①]所谓晋淮南郡钟离县、清凤阳府临淮县，即今安徽凤阳县。很显然，杜、顾二氏关于《春秋》经传所见"钟离"地望的看法是一致的。不同的是，顾氏以"钟离"为子爵诸侯国，而非邑。并且，顾氏关于钟离国灭于吴的看法，与《水经注》说楚灭钟离国以之为县相抵牾。更值得注意的是，细绎《春秋》经传所见"钟离"有关记载，我们发现无论以"钟离"为邑还是为国，其地望都并非如传统认识那样，均在今安徽凤阳一带、指同一地方。这样看来，我们需要跳出传统认识的窠臼，重新认识《春秋》经传所见"钟离"的具体所指和地望。

"钟离"，首见于《春秋》及《左传》成公十五年。《春秋·成公十五年》云："冬十有一月，叔孙侨如会晋士燮、齐高无咎、宋华元、卫孙林父、郑公子鰍、邾人会吴于钟离。"《左传·成公十五年》云："十一月，会吴于钟离，始通吴也。"[②]此年以晋国为首的北方诸侯会吴于钟离是迫于当时的政治军事格局。晋自灵公以后，政局动荡，国力大减，在鲁宣公十二年（公元前597年）邲之战中败于楚。鲁宣公十四年（公元前595年）秋九月，楚围宋。第二年春，宋入晋告急无果，夏五月，宋被迫臣服于楚。到鲁成公二年（公元前589年）十一月，楚与鲁、蔡、许、秦、宋、陈、卫、郑、齐盟于蜀，楚的霸主地位得到部分诸侯的承认。为了在争霸中取得优势，晋国接受楚国亡臣申公巫臣的建议，联吴抗楚。吴接受晋国的军事援助，通过对楚国的战争，出现了"蛮夷属于楚者，吴尽取之"[③]的局面，晋国的联吴制楚战略初见成效。鲁成公八年（公元前583年）晋归原属鲁的汶阳之田于齐，"诸侯贰于晋"。鲁成公九年（公元前582年）春，晋会诸侯于蒲，吴不与会。之后，晋与楚、秦达成的第一次弭兵盟约又很快成一纸空文。在这样的情况下，以晋国为首的北方诸侯会吴，无非是为进一步加强彼此的关系，共同对付以楚国为首的南方诸侯集团。因此，这次会盟之地不可能在楚地，杜预注以"钟离"为楚邑显然是错误的。不过，杜氏以"钟离"在晋淮南郡钟离县值得注意。晋以北方诸侯会吴之事，还见于《史记·鲁周公世家》：鲁成公"十五年，始与吴王寿梦会钟离。"[④]唐·张守节《正义》引《括地志》云："钟离国故城在濠州钟离县东五里。"唐濠州钟离县即晋淮南郡钟离县，在今安徽凤阳。而今安徽凤阳及与其邻近的蚌埠市有钟离国故城遗址和墓葬，地望正合。可知，《春秋》经传成公十五年之"钟离"应是位于今安徽凤阳、蚌埠市一带的钟离国。值

1　河南师范大学历史文化学院副教授。

得注意的是，在鲁成公七年（公元前584年）发生的规模宏大的吴伐楚及其属国的战争中，吴伐徐、伐巢、入州来，却唯独没有攻伐比以上各地更近于吴的钟离国。原因只有一个，那就是钟离国在此之前已经成为吴的属国。

关于古钟离国的史迹，近年陆续有考古及金文材料发现。2006年12月至2008年8月发掘的安徽蚌埠淮上区双墩一号墓，随葬器物十分丰富，其中有同铭镈钟九件，铭文为："唯王正月初吉丁亥，童丽君柏作其行钟。童丽之金。"同铭簠两件，铭文为："唯正月初吉丁亥，童丽君柏择其吉金作其飤□。"有铭戟一件，铭文为："童鹿公柏之用戟。"⑤

2007年5月发掘的安徽凤阳卞庄一号墓出土同铭镈钟五件，铭文为："惟王正月初吉丁亥，余敔厥于之孙、童丽君柏之季子康，择其吉金，自作和钟之鉳，穆穆和和，柏之季康是良，以从我师行，以乐我父兄，其眉寿无疆，子子孙孙永保是尚。"⑥

童丽（或作童鹿）即钟离，以上两墓及其出土铜器均属钟离国，学界无异议。此前的1980年9月，安徽舒城九女墩墓出土一件有铭铜鼓座，铭文位于鼓座的外围，"由于字迹浮浅，锈蚀严重，大部分模糊不清，缺笔太多，全铭难以通读"。⑦对该铭进行释读的学者先后有殷涤非⑧、曹锦炎⑨、何琳仪⑩诸位先生，今参考诸位学者的研究成果，将铭文隶定为："唯正月初吉庚午，余敔厥于之玄孙童鹿公□，择其吉金，玄镠纯吕，自作□鼓。命从若敔，远淑闻于王东吴谷，迎［于］徐人、陈［人］，去蔡于寺，其神其臭……以支野于陈□□山之下，余持可参□□，其□鼓茯茯，乃于之雯，永祀是拐，俳公获飞龙曰夜白……余以共霝示□嫡庶子，余以会同姓九礼，以飤大夫、朋友，余以□□□于东土，至于淮之上。世万子孙永保。"从铭文内容来看，此铜鼓座也为钟离国的器物。

凤阳卞庄一号墓虽然被盗、破坏严重，但可以看出随葬品十分丰富。除墓葬规模较小外，与蚌埠一号墓即其父钟离君柏墓相比毫不逊色，墓主康有可能也是一代钟离国君。因此，我们暂定康是继父柏之后的钟离国君。九女墩铜鼓座铭文中"敔厥于"之名也见于卞庄一号墓出土镈钟铭文，应为同一人。将铜鼓座铭文与卞庄一号墓钟铭结合起来，我们可以整理出钟离国的部分世系如下：……→敔厥于→柏（子）→康（孙）→□（曾孙）→（玄孙）……

关于安徽蚌埠双墩一号墓和凤阳卞庄一号墓的年代，简报和发掘报告以为均在春秋中晚期，后者晚于前者。徐少华先生认为过于宽泛，指出"蚌埠双墩一号墓的器物特征与下寺一、四号墓相当，时代应该相近，下葬时间约在公元前560年前后，即春秋晚期的前段。""卞庄一号墓的器物特征既与下寺三号墓相近，其下葬时间亦当相去不远，应在春秋晚期前段，约晚于双墩一号墓二三十年。"⑪依此说，则前560年左右钟离君柏去世，康去世大概在公元前530年左右，隔一代传到钟离公□时大概在公元前500年左右。

关于钟离国的灭亡时间，我们可从文献中找到线索。据《春秋》经传记载，从鲁哀公十三年（公元前482年）开始，越连续攻吴，最终于鲁哀公二十二年（公元前473年）灭吴。《史记·越王句践世家》载："句践已平吴，乃以兵北渡淮，与齐、晋诸侯会于徐州，致贡于周。周元王使人赐句践胙，命为伯。句践已去，渡淮南，以淮上地与楚，归吴所侵宋地于宋，与鲁泗东方百里。当是时，越兵横行于江淮东，诸侯毕贺，号称霸王。"⑫又《楚世家》载，楚惠王"四十二年，楚灭蔡。四十四年，楚灭杞。与秦平。是时越已灭吴而不能正江淮北；楚东侵，广地至泗上。"⑬根据这些记载分析，战国初年，楚国很快就控制了淮河中上游地区，并沿泗水向北推进。楚惠王四十二年（公元前

447 年）灭下蔡⑭，四十四年（公元前 445 年）灭杞。九里墩铜鼓座明言钟离国在"淮之上"，而从文献记载来看，此时期又未见钟离国之史迹。因此，地处淮河中游位于下蔡之东、泗水之西的今安徽凤阳、蚌埠市一带钟离国的灭国时间应在楚灭蔡、杞之间，即公元前 447 年至公元前 445 年间。北魏郦道元注《水经·淮水》"（淮水）又东过钟离县北"文引东汉末年应劭曰："县，古钟离子国也。楚灭之以为县。"⑮可知，楚灭钟离国后，以其地置钟离县。

与位于今安徽凤阳、蚌埠市一带的钟离国相异的又一"钟离"见于《左传·襄公十年》，"三月癸丑，齐高厚相大子光以先会诸侯于钟离，不敬。"此年还记"春，会于柤，会吴子寿梦也。""夏四月戊午，会于柤。""晋荀偃、士匄请伐偪阳，而封宋向戌焉。……丙寅，围之，弗克。……五月庚寅，荀偃、士匄帅卒攻偪阳，亲受矢石。甲午，灭之。书曰'遂灭偪阳'，言自会也。"⑯此年（前 563 年）春和夏四月晋为灭偪阳与北方诸侯两次会吴于柤，而齐在此间隙，与晋以外的北方诸侯会于钟离。由此可知，钟离当距柤甚近。柤即今江苏省邳州市之加（泇）口。因此，此"钟离"不应当是距柤甚远的位于今安徽凤阳、蚌埠市一带的钟离国，而应在柤地附近求之。又《史记·齐太公世家》载，齐灵公"十九年，立子光为太子，高厚傅之，令会诸侯盟于钟离。"⑰唐张守节《正义》引《括地志》云："钟离故城在沂州承县界。"唐承县即今山东枣庄市峄城区。《路史·国名纪乙》"钟离"条以钟离国为"徐之别封"⑱，而徐夷旧居在山东，其地有钟离故城是可信的。因此，位于今山东枣庄峄城的钟离故城应即是《左传·襄公十年》所载的"钟离"。

"钟离"还见于《左传》昭公四年、二十三年、二十四年，此三处"钟离"所指应为同一地，但与前述二地又异。《左传·昭公四年》云："冬……楚沈尹射奔命于夏汭，咸尹宜咎城钟离，薳启强城巢，然丹城州来。"⑲从传文来看，此"钟离"应与"夏汭"、"巢"、"州来"相邻近。"夏汭"地望经何浩先生考证，以清代学者俞正燮之说最为可信，在今安徽凤台县西北夏肥水之汭。⑳此处之"巢"在今安徽六安市东北、寿县南约一百里。州来在今安徽凤台、寿县一带。因而，此"钟离"应在以上三地附近求之，不可能为远在州来之东一二百里处的钟离国。

《左传·昭公二十三年》云："吴人伐州来，楚薳越帅师及诸侯之师奔命救州来。吴人御诸钟离。"㉑吴在州来之东，楚在州来之西，吴伐州来，楚救州来，吴人应该御楚人于州来之西。由此亦可知，此"钟离"当位于州来之西，而非州来之东的钟离国。

又《左传·昭公二十四年》云："楚子为舟师以略吴疆。……王及圉阳而还。吴人踵楚，而边人不备，遂灭巢及钟离而还。"吴灭巢及钟离后，楚沈尹戌曰："亡郢之始，于此在矣。王一动而亡二姓之帅，几如是而不及郢？"㉒杜预注："二姓之帅，守巢、钟离大夫。"据传文及杜注，此"钟离"为楚邑可知。吴灭钟离之事也见于《史记·吴太伯世家》、《楚世家》、《伍子胥列传》，司马迁均以楚边邑视"钟离"，可见其处于吴、楚间。《吴太伯世家》记王僚"九年，公子光伐楚，拔居巢、钟离。"㉓南朝宋裴骃《集解》引东汉末年服虔曰："钟离，州来西邑也。"唐修《晋书》卷十五《地理志下》"扬州"条注"钟离"为"州来邑"。㉔合于服虔之语及《晋书·地理志下》注，也可以断定古州来国之西确有邑名钟离。

关于钟离邑的位置，除"州来西邑"、"州来邑"之外，还有线索可寻。唐司马贞《史记索隐》注《伍子胥列传》"钟离"曰："钟离县在六安，古钟离子之国，《系本》谓之'终犁'，嬴姓之国。"㉕这条注释给我们留下了关于古钟离国迁徙的珍贵线索。唐代无六安之名，司马贞在这里当是以汉代六安国地望说明"钟离"的位置。汉代六安国，辖六、蓼、安丰、安风、阳泉五县[26]，其地以今安徽霍邱县为中心，包括河南固始以及安徽颍上县南部、六安市北部以及临近地区。如前所述，州来位于今安徽凤台、寿县一带，而颍上、霍邱县正在凤台、寿县之西，与"钟离"在"州来"之西相合，大致可以断定"钟离"在今安徽颍上、霍邱二县一带范围内。不过需要说明的是此"钟离"并非司马贞所认为的钟离县，而是钟离邑。从州来之西钟离邑与钟离国同名来看，钟离邑应曾是钟离国所处之地。结合司马贞之语，大致可以断定位于今安徽颍上、霍邱县一带范围内的钟离邑曾是钟离国所在地；钟离邑位于州来国之西并紧邻州来国。钟离邑应为州来国在钟离国东迁至今安徽凤阳、蚌埠市一带之后，以钟离国故地所置。鲁成公七年（公元前584年）"吴入州来"[27]，说明州来在此之前为楚的属国，钟离邑纳入楚境应与州来国属楚同时。现在来看，晋杜预注以"钟离"为楚邑并非没有根据，只是不知《春秋》经传所见"钟离"的具体所指不同而已。

值得一提的是，罗泌对《春秋》经传所见"钟离"具体所指的解读，与学者多以它们为钟离国及后继的钟离县不同。《路史》卷二十五《国名纪乙》曰："今沂之承有钟离城，乃晋、吴会处。应劭曰：钟离子国在九江。盖其后徙于此。吴灭之。光武为侯国，今濠之治东六里钟离故城也。而宜咎之所城，则楚地矣，今汉阳军。"[28]罗泌以唐、宋承县即今山东枣庄峄城钟离故城为鲁襄公十年晋、吴会处，并以之为钟离国旧居；以唐九江郡钟离县、宋濠州东六里钟离故城即今安徽凤阳的钟离故城遗址为钟离国迁地，可谓卓见。但要说明的是钟离国并非直接从今山东枣庄峄城南迁至今安徽凤阳、蚌埠市一带，而是中经州来（后来的下蔡）之西的钟离邑。为吴所灭的"钟离"也不是位于今安徽凤阳、蚌埠市一带的钟离国，而是位于州来之西的楚钟离邑。此外，宋汉阳军即今湖北汉川市之钟离城，也并非楚将宜咎所城之"钟离"，据《读史方舆纪要》，此城实为后周时所筑[29]。

注释

① 顾栋高：《春秋大事表》，中华书局，1993年，594页。

② 杨伯峻：《春秋左传注》，中华书局，1990年，872、876页。

③ 杨伯峻：《春秋左传注》，中华书局，1990年，835页。

④ 司马迁：《史记》，中华书局，1959年，1537页。

⑤ 安徽省文物考古研究所、蚌埠市博物馆：《安徽蚌埠双墩一号春秋墓发掘简报》，《考古》，2010年3期，4~18页。

⑥ 安徽省文物考古研究所、凤阳县文物管理所：《凤阳大东关与卞庄》，科学出版社，2010年，64~83页。

⑦ 安徽省文物工作队：《安徽舒城九里墩春秋墓》，《考古学报》，1982年2期，233~234页，上圈铭文见图六、下圈铭文见图七。

⑧ 殷涤非：《舒城九里墩墓的青铜鼓座》，国际中国古文字学研讨会论文集编辑委员会编：《古文字学论集（初编）》，香港中文大学等出版，1983年，441~460页。殷涤非：《九里墩的青铜鼓座》，《古文字研究》第十四辑，中华书局，1986年，27~43页。

⑨ 曹锦炎：《舒城九里墩鼓座铭文补释》，中国文字编辑委员会：《中国文字》新17辑，中国文字社，1993年，283~288页。

⑩ 何琳仪：《九里墩鼓座铭文新释》，《出土文献研究》第3辑，中华书局，1998年，67~73页。

⑪ 徐少华：《蚌埠双墩与凤阳卞庄两座墓葬年代析论》，《文物》，2010年8期，81、82页。

⑫ 司马迁：《史记》，中华书局，1959 年，1746 页。

⑬ 司马迁：《史记》，中华书局，1959 年，1719 页。

⑭ 鲁昭公十三年（前 529 年），吴灭州来；鲁哀公二年（前 493 年），蔡迁州来，称下蔡。分别见《春秋》经传昭公十三年和《春秋》经传哀公二年。

⑮ 陈桥驿：《水经注校证》，中华书局，2007 年，710 页。

⑯ 杨伯峻：《春秋左传注》，中华书局，1990 年，974～976 页。

⑰ 司马迁：《史记》，中华书局，1959 年，1499 页。

⑱ 罗泌：《路史》卷二十五《国名纪乙》，19 页，文渊阁四库全书影印本。

⑲ 杨伯峻：《春秋左传注》，中华书局，1990 年，1255～1256 页。

⑳ 何浩：《〈左传〉"夏汭"考》，《江汉论坛》，1987 年 8 期，69～74 页。

㉑ 杨伯峻：《春秋左传注》，中华书局，1990 年，1445 页。

㉒ 杨伯峻：《春秋左传注》，中华书局，1990 年，1452～1453 页。

㉓ 司马迁：《史记》，中华书局，1959 年，1462 页。

㉔ 房玄龄等：《晋书》，中华书局，1974 年，460 页。

㉕ 司马迁：《史记》，中华书局，1959 年，2174 页。

㉖ 班固：《汉书》卷 28 下《地理志下》，1638～1639 页。

㉗ 杨伯峻：《春秋左传注》，中华书局，1990 年，832、835 页。

㉘ 罗泌：《路史》卷二十五《国名纪乙》，19～20 页，文渊阁四库全书景印本。

㉙ 顾祖禹：《读史方舆纪要》，中华书局，2005 年，3551 页。

蚌埠双墩 M1 出土的两件徐国铭文兵器

黄锦前[1]　　阚绪杭[2]

2006 年 12 月至 2008 年 8 月，安徽省文物考古研究所与蚌埠市博物馆对蚌埠双墩 1 号墓进行了抢救性发掘，获得了一大批春秋时期的钟离国青铜器，部分礼乐器及兵器上有珍贵的铭文[①]。其中 1 件戈（M1：47）和 1 件戟（M1：382）的铭文，对于研究当时钟离与徐国的关系具有重要价值，对该墓时代的判定也有一定参考意义。本文即对这两件戈的情况进行介绍，并就有关问题进行初步讨论，希望能够得到大家的指教。

M1，47 戈（图一：1）。该戈长援有脊，尖峰，长胡四穿，阑下端有齿，长方形内，上有一横长穿。戈长 20 厘米，通高 11 厘米。据形制来看，其时代约在春秋晚期前段[②]。其正面内部刻铭文 3 列 8 字，左行，首字稍残；背面刻铭文 2 列 7 字，右行（图一，2、3），分别作：

□（徐）子白（伯）容此之元戈。

童（钟）丽（离）公柏获□（徐）人。

其中"□"字右部所从的"邑"旁已残，对照戈铭背面及 M1：382 戟铭的"□"字来看，字亦应从"邑"旁。"□"即"徐"。"白"字右边稍残，不排除尚有笔画的可能，但从该铭文字布局及该字所处的位置来看，这种可能性不太大，很可能就是"白"字。第二列首字残划作▨（▨），与金文的"辰"字[③]笔画有类似之处。1979 年冬湖北枝江县问安公社关庙山曾出土有一件徐大子鼎伯辰鼎[④]，不过研究者指出，该器从器形等方面来看，时代应在春秋早期[⑤]，因此与此戈时代不合，且鼎铭为"徐太子"，而戈铭作"徐子"，二者应无甚关联。该字锈迹未剔除干净，部分笔画为锈所掩。据其现有笔画，并对照 M1：382 戟铭的"容"字来看，释作"容"怠无问题。

M1：382 戟（图二，1）。由戈、矛两部分组成，戈长 29 厘米，通高 13 厘米，形制与上述 M1：47 戈近同，时代亦当近同。胡部刻铭文 2 列 12 字，左行，文字多锈蚀不清（图二，2），作：

□（徐）子容巨于（?）此自乍（作）为（?）其元戈。

其中"巨"下之字原篆作▨（▨），锈蚀较甚，从现有笔画来看，似是"于"字。其下一字与 M1：47 戈之"此"字比较，应是"此"字。"作"下一字原篆作▨（▨、▨），从形体来看，似是

1　河南大学历史文化学院教授。

2　安徽省文物考古研究所研究员。

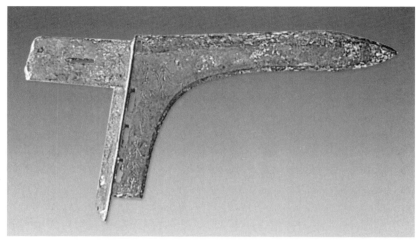

1. M1∶47 戈照片（背面）

2. 正面内部铭文照片及拓本

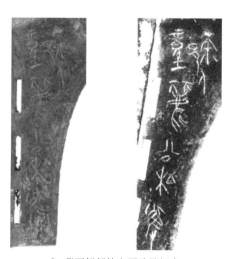

3. 背面胡部铭文照片及拓本

图一　双墩 M1∶47 戈及铭文

"为"字。从东周兵器铭文中的"作为元用剑"⑥、"作为元用"⑦、"吉为作元用"⑧等辞例来看，亦可通。

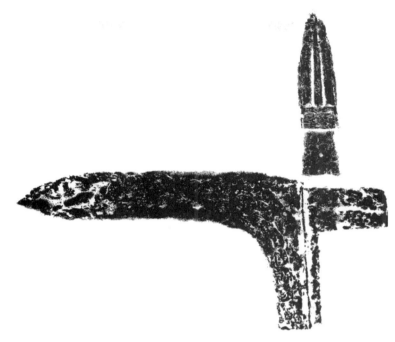

1. M1：382 戟拓本（正面）

2. 正面胡部铭文照片及拓本

图二　双墩 M1：382 戟及铭文

　　M1：47 戈，器主自名"徐子白容此"，其中"徐"是国名，"白"可能是排行，"容此"是其私名。M1：382 戟，器主自称"徐子容巨于此"，其中"容巨于此"应系私名，"于此"与上述戈铭的"此"一样，是后缀尾音，这在东周时期的南方地区，是一种常见的现象。毫无疑问，这二者应系一人，"容此"应系"容巨于此"的省称。孔令远将戈、戟之人名分别释作"余（徐）子白取此"、"余（徐）子容巨此"，认为二者为同一人⑨，在这一点上，其说无疑是正确的。

　　"容巨"，孔令远认为或即《礼记·檀公》所载之"容居"⑩。"巨"古音在群母鱼部，"居"为见母鱼部字，二者韵部相同，声纽同属牙音，于音理可通，在文献中也有相关的通假例证[11]，故其说有一定道理。

《礼记·檀公下》：

> 邾娄考公之丧，徐君使容居来吊、含。曰："寡君使容居坐含，进侯玉。"其使容居以含。有司曰："诸侯之来辱敝邑者，易则易，于则于，易于杂者，未之有也。"容居对曰："容居闻之，事君不敢忘其君，亦不敢遗其祖。昔我先君驹王西讨，济于河，无所不用斯言也。容居，鲁人也，不敢忘其祖。"

郑玄注："考公，隐公益之曾孙，考或为定。"顾炎武《日知录》卷六云："按隐公当鲁哀公之时，传至曾孙考公，其去春秋已远。而鲁昭公三十年，吴灭徐，徐子章羽奔楚，楚沈尹戍帅师救徐，弗及，遂城夷，使徐子处之。是已失国而为寓公，其尚能行王礼于邻国乎？定公在鲁文、宣之时，作'定'为是。"案：顾说是。

邾娄定公死于公元前 573 年，其在位的时间自公元前 614 年至公元前 573 年。故容居活动的年代，大致就可卡定在公元前 600 年前后，即春秋晚期前段左右。因此，戈、戟的制作年代，也应在春秋晚期前段左右，这与前述我们从形制方面分析所得出的结论也是相一致的。钟离国柏既俘获了容居的兵器，则柏活动的年代，应与容居的活动年代应相差不远。因此，徐少华将双墩 M1 的时代定为春秋晚期前段[12]，应该是可信的。

两铭的"徐子"，可能与楚器中常见的"楚子"的称谓相类，指与王室有密切关系的高级贵族[13]，"子"可能系美称。同样的称谓还见于山东费县上冶公社台子沟出土的徐子余鼎[14]，有学者认为此"徐子"亦为国君称谓[15]，恐未必，可能亦当如上解。

上引《檀公下》"容居，鲁人也"句，郑玄注谓"鲁，鲁钝也。言鲁钝者，欲自明不妄"。从经文容居曰"昔我先君驹王"等有关记载来看，应该是可信的。同样，郑注谓"驹王，徐先君……容居，其子孙也"，也应是正确的。从前引《檀公下》经文、郑玄注及后来的孔疏来看，都未提及容居曾任徐君之事，反之，若容居后确曾继任徐君，郑注等估计不会不提及。汉人去古未远，因此，郑玄等的意见大致是可信的。总之，这为我们上述推论也提供了一定的文献依据。再者，从铜器铭文来看，徐君多称"王"，而称"子"者则鲜见，文献中也有不少这方面的记载，故"徐子"也不大可能是徐君。另外，M1：47 戈钟离公柏加刻的铭文曰"获徐人"而不说"获徐君"，或许也能给我们以一定的启示。

M1：47 戈，由铭文可知，此器的器主原为"徐子白容此"，后为"钟离公柏"缴获，且在其上加刻铭文，以志此殊功。毫无疑问，该铭真实地反映了其时钟离曾与徐人有过战争，且钟离可能获胜。这可补史书之阙载，对分析当时钟离与徐的关系，自然就有很重要的价值[16]。

值得注意的是，20 世纪 70 年代安徽舒城九里墩楚墓出土的鼓座（九里墩鼓座）[17]铭曰"获飞龙，曰夜白"，殷涤非谓"飞龙"即舒龙，为群舒之一，"获飞龙"即"降伏舒龙"[18]。何琳仪指出，古人每以龙比喻骏马，此"飞龙"当即骏马[19]。孔令远则在殷涤非说基础上加以发挥，云这两件戈与鼓座铭分别反映出两代钟离公与徐和群舒的争斗[20]。其实，将鼓座铭文辞例与戈铭"获徐人"比较，即可发现，这二者其实并不相同。若将"飞龙"理解为舒龙，则铭文下句的"曰夜白"之所指，就无法落实。因此，这样理解应该是不正确的。"飞龙"可能即如何琳仪所说，当即骏马。

下面再对本文所论作一点简单的总结。这两件徐人的兵器出自钟离国国君的墓葬，且由铭文确证，其系墓主钟离君柏在其与徐人的战争中缴获。二器的器主，由铭文可知，当系一人，可能即《礼记·檀公下》所载之容居。容居活动的年代，约在公元前600年左右，钟离君柏生活的年代，亦应与之相当。双墩M1的年代，也据此可以确切的定为春秋晚期前段。戈、戟铭文的"徐子"，由出土文献及传世文献等所提供的信息来看，可能是与徐王室有密切关系的高级贵族，而非徐君。总之，这两件徐人的兵器，对重新认识春秋时期钟离国的实力及其与徐的关系、淮北地区政治文化格局、印证和重新理解相关传世和出土文献的记载、深入探讨钟离国及徐国的历史文化等方面，皆有重要意义，因而有着重要的史料价值。本文不揣简陋，略陈己见于此，希望能起抛砖引玉之效。

附记：本文在写作时，蒙阚绪杭先生帮助，曾参考重庆师范大学孔令远先生的《"徐王容居"戈铭文考释》、安徽大学胡长春先生的《徐王义楚端"永保𤔲身"新解及安徽双墩一号钟离墓的年代推定》二文未刊稿，谨致谢忱！

注释

① 安徽省文物考古研究所、蚌埠市博物馆：《安徽蚌埠市双墩一号春秋墓葬》，《考古》，2009年7期，39~45页；又《安徽蚌埠双墩一号春秋墓发掘简报》，《文物》，2010年3期，4~18页。

② 李健民、吴加安：《中国古代青铜戈》，载《考古学集刊》第7集，科学出版社，1991年，104~146页。

③ 有关字形可参见高明、涂白奎：《古文字类编》（增订本），上海古籍出版社，2008年，837页；容庚：《金文编》，中华书局，1985年，993~994页。

④ 《江汉考古》，1984年1期，101页；《殷周金文集成》（中国社会科学院考古研究所：《殷周金文集成》，中华书局，1988年~1994年；《殷周金文集成》（修订增补本），中华书局，2007年。以下简称"集成"）5.2652。

⑤ 高应勤、夏渌：《〈□大子伯辰鼎〉及其铭文》，《江汉考古》，1984年1期，101-102页；杨权喜：《江汉地区发现的商周青铜器——兼述楚文化与中原文化的关系》，载《中国考古学会第三次年会论文集》，文物出版社，1984年，209页；刘彬徽：《湖北出土两周金文国别年代考述》，载《古文字研究》第13辑，中华书局，1986年，269~270页；董楚平：《吴越徐舒金文集释》，浙江古籍出版社，1992年，251页。

⑥ 集成18.11663。

⑦ 集成18.11696、11697。

⑧ 集成18.11586。

⑨ 孔令远：《"徐王容居"戈铭文考释》，待刊；阚绪杭：《安徽蚌埠双墩春秋钟离君柏墓出土两件徐国兵器》，楚文化研究会第12次年会论文，2011年10月26~28日，湖北武汉。

⑩ 孔令远：《"徐王容居"戈铭文考释》，待刊；阚绪杭：《安徽蚌埠双墩春秋钟离君柏墓出土两件徐国兵器》，楚文化研究会第12次年会论文，2011年10月26~28日，湖北武汉。

⑪ 参见高亨纂着，董治安整理：《古字通假会典》，齐鲁书社，1989年，847页。

⑫ 徐少华：《童丽公诸器与古钟离国历史和文化》，载《古文字研究》第28辑，中华书局，2010年，327页；又《蚌

埠双墩与凤阳卞庄两座墓葬年代析论》，《文物》，2010 年 10 期，79～81 页。

⑬ 黄锡全：《楚器铭文中"楚子某"之称谓问题辨证——兼述古文字中有关楚君及其子孙与楚贵族的称谓》，《江汉考古》，1986 年 4 期，75～82 页。

⑭ 心健、家骥：《山东费县发现东周铜器》，《考古》，1983 年 2 期，188 页；集成 4.2390。

⑮ 董楚平：《吴越徐舒金文集释》，浙江古籍出版社，1992 年，252 页。

⑯ 陈立柱、阚绪杭：《钟离国史稽考》，《武汉科技大学学报（社会科学版）》，2011 年 3 期，274～282 页；又载楚文化研究会编《楚文化研究论集》第十集，湖北美术出版社，2011 年，231～247 页。

⑰ 安徽省文物工作队：《安徽舒城九里墩春秋墓》，《考古学报》，1982 年 2 期，229～242 页；集成 2.429。

⑱ 殷涤非：《舒城九里墩墓的青铜鼓座》，载常宗豪主编《古文字学论集初编》，香港中文大学中国文化研究所，吴多泰中国语文研究中心，1983 年，450 页。

⑲ 何琳仪：《九里墩鼓座铭文新释》，载中国文物研究所编《出土文献研究》第 3 辑，中华书局。1998 年，71 页。

⑳ 孔令远：《"徐王容居"戈铭文考释》，待刊；阚绪杭：《安徽蚌埠双墩春秋钟离君柏墓出土两件徐国兵器》，楚文化研究会第 12 次年会论文，2011 年 10 月 26～28 日，湖北武汉。

第十四章　鉴定检测研究

蚌埠双墩一号墓青铜器群范铸工艺的研究

董亚巍[1]

2006年至2008年8月，在安徽省蚌埠双墩科学发掘了一座春秋战国墓葬，出土400余件文物，其中出土青铜器300多件，有鼎、瓶、豆、缶、提梁盉、盘、匜、钮钟、铙、削、镞、镦等礼器、乐器、兵器、车马器及工具等。从形制看，这批青铜器多属于春秋晚期至战国早期，从范铸工艺技术看，有些青铜器的工艺技术，体现出了从春秋向战国转型的特征。也就是说在这批青铜器中，既能看到春秋时期的范铸工艺，又能看到战国时期的范铸工艺。下面，用具有代表性的青铜器，就各种范铸工艺技术进行论述与研究。

1　分型制模工艺

所谓分型制模工艺，是指将1件完整器物的型分开成若干份制模的工艺。如圆形三足鼎，由于其形状的规律性强，从口沿以下至足底，取两足之间为模，1个模足够了，就可以反复翻出3块相同的范，不需要制作更多的模，更不需要将模制作成鼎的整体几何形状。又如椭圆形的提梁卣两个面的几何形状一样，从两个边纵向分型，就只需要制作出1个提梁卣半径的模，翻出两块范对合，就形成了椭圆形提梁卣的型腔，两个面型腔的几何形状一样。采用这样的制模工艺，其操作属于机械性的造型操作，从技术上避开了当时并不成熟的雕塑造型的技能操作。从出土的青铜器看，这种制模工艺，应是夏代晚期以来，先民在范铸工艺技术中普遍采用的制模工艺。在蚌埠双墩的青铜器中，有相当一部分青铜器仍采用了这种古老的制模工艺。下面，就具体的青铜器为例进行说明。

1.1　铜镦的范铸工艺

M1－357铜镦一件，可看到在此镦的两侧中心各有一条纵向的铸造披缝。这说明，此镦是由

1　鄂州市博物馆。

两块范对合，中间夹一个泥芯铸造而成。观察锛两个面的几何形状，可看到各个对称部位的变化是一样的，说明对合的两块范的型腔是一样的。这就进一步说明，两块范应出自同一个模。从此锛表面留下的铸造披缝，我们绘制出了此锛模的立体图。如图一所示，模的平面为锛的纵向中心分型面，在模的分型面以上，为半个厚度的锛的几何形状。在锛模上锛的口沿外为芯头，在芯头的中间凸起的半圆体为浇铸口。在此模上，可以用泥料翻出许多相同的泥锛范。经过阴干、焙烧成为陶范，每两块范对合，就会形成一个锛的型腔。由于锛模上有芯头，翻出锛范的范面中心就会有芯座，并具有浇铸口。合范时，在范腔的芯座中夹一个泥芯，将泥芯固定在范腔中间就不会出现偏心，可浇铸出具有空腔的锛。图二为在此模上翻出的两块范对合后的范包剖面示意图，由于翻出的每块范都带有浇口，合范后范包中就会具有对称两个浇口。浇铸时，只需要用任意一个浇口进行浇铸，另一个浇口就自然形成冒口的作用。因此，在此锛口沿的两个面，都可看到曾经有浇口被打磨的痕迹。由于这种模面上锛的形体并不是一个完整的锛，只具有一个完整锛的一半，是将一个锛的形体分开，取其一半为模。所以，这种制模的工艺称之为分型制模工艺。

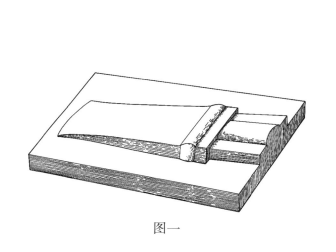

图一

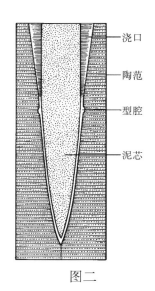

浇口

陶范

型腔

泥芯

图二

1.2　铜箭镞的范铸工艺

以 120－171 号镞为例，这些镞都是 2 翼，在铤的两个边都可以看到一条由于合范留下的纵向铸造披逢，说明这些镞都是采用了双合范铸制而成。镞两个面的几何形状一样，镞的两翼都呈现了加工态，并且十分平整，不是手工打磨可以做到的。这些现象说明，此镞是在同一个模上制出的许多范，每两块范对合，就可铸造出此镞。这些箭镞铸造出毛坯后，都曾进行过机械加工。所以，在镞的两翼看不到铸造披缝。铤部没有经过加工，因此，在铤部多留下了明显的铸造披缝。镞是战争的兵器，需求量大，其铸造量也大，所以，多采用了串铸工艺，即一个浇道的两边各串 5～8 个簇。在山西侯马的东周铸铜遗址中，就曾出土了这样的串铸镞范。除侯马外，在别的范铸遗址中也有串铸镞的陶范出土。根据侯马出土的镞范，我们绘制出此镞的串镞模、范立体示意图。在图三中，左边是箭镞的串铸模，右边是在此模上夯出的镞范，可以夯出许许多多相同的镞范。当将这些泥范经过阴干及焙烧成为陶范后，每两块范对合，就可浇铸出镞的毛坯。所以，镞的这种制模工艺，仍然属于分型制模工艺，因模面上每个镞的型都只有铸出镞的一半。

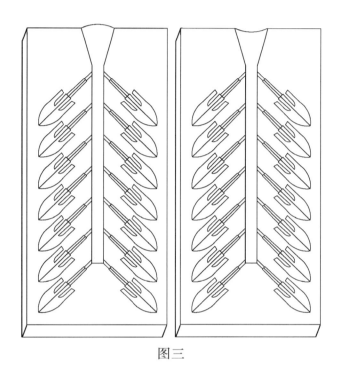

图三

上述锛与镞的范铸工艺，都属于双合范工艺，方面都只有铸出器物一半的厚度，但工艺却有所不同。与镞的范铸工艺相比较，锛有銎是中空，陶范包中必须安置泥芯，否则就铸成了实心的锛。而镞本就是实心，陶范中不需要安置泥芯。与锛的工艺比较，铸镞的工艺相对简单。

1.3　铜铙的范铸工艺

M1-10号铜铙只出土了1件，其体积较小，其形状像编钟，舞部中间有长方形銎。在长方形銎的两侧，都可看到明显的铸造披缝。在銎口的两个长面上，都可看到浇铸口的痕迹。铙的两个面基本一样，没有枚与篆，都铸出了网格纹。在每个网格中有1凸起的小乳钉。很显然，此铙的范铸工艺是采用了双合范铸造而成，而此铙的模只需要半个铙的几何形状就可以翻范。观察此铙的纹饰，可看到两个面的网格都不规整，其间隙有宽有窄，其高度有高有低。再观察网格中的小乳钉，亦可看到有粗有细有高有低。网格与乳钉的这些不规整的现象，都可以说明一个问题，即此铙表面的纹饰是在范面用手工制作的。模上翻出的铙范是无纹的素范面，然后在范面画出起稿线，再用工具制作纹饰。在模表面的纹饰区应该有个近方形的凹进面，翻出范的相应部位会形成凸起面。在凸起的区域制作纹饰，用工具压下去的网格凹槽，浇铸后就会成为凸起的网格纹。在范面的网格中用类似乳钉的工具压成凹坑，浇铸后就会成为凸起的乳钉纹。由于手工操作的不准确性，很容易造成上述各种不规整的现象。其实此铙的范铸工艺十分简单，与上述 357 号铜锛的范铸工艺的设计思想完全一样，只是几何形状不同。在图四中，左边是 M1－10 号铜铙的一个侧面，可看到长方形銎的外侧中心有一条纵向的披缝，这条披缝与铙的铣部呈一条直线。在铣部看不到铸造披缝，可以认定是铸后在打磨加工过程中，将披缝磨干净了的缘故。右边是根据铜铙的范逻辑迹绘制的模具图，在此模上可翻出许多相同的范，每两块范对合，中间夹泥芯，就可铸出此铙。在模上銎部以外的长方形是銎的芯头，芯头上面凸起的半圆形是浇口的型。当两块铙范对合时，銎内需要夹一个长方形的泥芯，会空出对称两个浇铸口，可铸出銎的空腔。

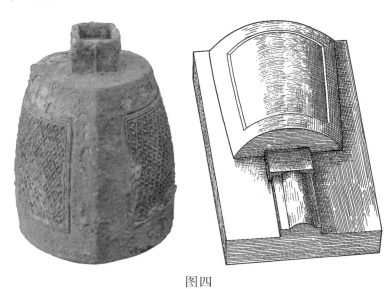

图四

与上述 357 号铜锛一样，这里都存在一个泥芯怎么制作的问题。最简单易行的方法，是在夯出的泥范表面贴上一层泥片，泥片的厚度即是要铸铜器的厚度，待泥范阴干并烧成陶范，对合好即成为制作泥芯的芯盒。将配制好的泥沙料填入芯盒中夯紧实，即得到与范相配合的泥芯。只是需要多制作一套范，就有了制作泥芯的芯盒。不仅铜锛及铜铙的泥芯可以这样制作，后面所论述的只要有空腔的青铜器如鼎、豆、甗、盉、编钟等，都可以采用这种方法制作泥芯。

1.4　立耳鼎的范铸工艺

分型制模工艺再以 113 号鼎为例，这种鼎该遗址出土了 2 件，形制一样，为 1 腹 2 耳 3 足。在每足的外侧中心，都可看到 1 条纵向的铸造披逢从足底部经腹部至口沿，贯通成 1 条纵向的直线。每 2 条纵向披逢之间的距离基本相等，每 2 条纵向披逢之间的几何形状基本一样。在鼎的一周，形成了 3 个相同的几何形状单元。这些现象说明，此鼎从口沿至足底的这一部位，采用了 3 分法制模及制范，即取这个鼎外表面的 3 个相同几何形状单元之一型制成模，在这同 1 个模上夯的 3 块范，对合后的型腔，就自然会铸出具有 3 个相同几何形状单元的器型。如果说，我们将上述锛及镞的分型方法称之为两分法或对分法的话，此鼎的这种制模工艺就可称之为三分法，亦属于"分型制模"工艺。其意是指这种模不是雕塑成完整泥鼎的模，而是将鼎的型纵向分开成三等分，取其一制作成模的工艺。上述的锛与镢，都是采用了两块范对合的双合范工艺，那么，此鼎是由三块范对合，属于多合范工艺。与锛及镢的工艺比较，铸鼎的工艺相对复杂。

在此鼎底部的 3 足内，可看到一个完整的三角形铸造披逢，这个三角形披逢形成的原因，是由于 3 块陶范夹着 1 个三角形泥芯铸造后形成的。在此鼎的口沿上，有 2 个对称的立耳，在每个耳的内外侧，可看到一种现象，即外侧的面宽内侧的面窄，外侧的孔小内侧的孔大。此鼎耳几何形状的特征，是商早期以来鼎口沿立耳较为普遍的铸造特征。这种现象形成的原因，是由于耳的型腔是在泥芯上制作的缘故。由于耳模需要从泥芯上拔模，就必须将耳模制作成外侧宽内侧窄、外孔小内孔大的几何形状，这样的几何形状就具有了拔模斜度。否则，耳模将不容易从泥芯上拔出。所以，此鼎耳的几何形状也必须遵循这一规律，才能形成整铸的立耳。

在图五中，绘制了此鼎合范时的范包剖面图，可看到应该是由三块范夹两个泥芯组成范包。下面的泥芯为腹内芯，构成鼎的腹腔，上面的泥芯为腹外芯，构成三足之间的空腔。此鼎腹下三足间的三角形铸造披缝，即是由这个腹外芯浇铸后留下的痕迹。

以上所举锛、镢、鼎三例，其制模的方法虽然各不相同，但都属于分型制模工艺，只是分型的方法各不相同。在蚌埠双墩的青铜器群中，分别采用各种不同分型制模工艺铸出的青铜器，在蚌埠双墩青铜器中是绝大多数。

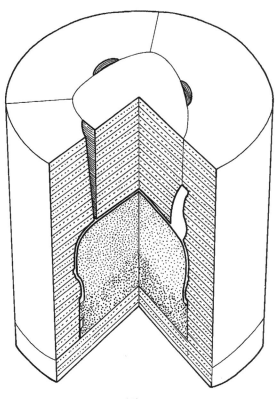

图五

2　分铸组装工艺

　　所谓分铸组装工艺，是指将一件青铜器的型体各个部位分开成多个散件分别进行制模、制范、分别浇铸，再进行组装成整器的工艺。如春秋以后的鼎多为附耳，再继续采用西周以前的工艺在泥芯上造耳型就显然行不通了。将耳单另制模、制范、单另浇铸，铸后再组装到腹部成为整体，就成为春秋以后许多附耳鼎的工艺选择。不但春秋以后鼎的附耳如此操作，鼎的足也多与耳一样采用了分铸组装工艺，也是分别制模及分模制范，经分别浇铸后再行组装成为整器。在蚌埠双墩出土青铜器中，有许多青铜器是采用了这种分铸组装的工艺铸制而成。

2.1　M1 –356 号附耳鼎的范铸工艺

　　此鼎的几何形状是一腹二耳三足及一盖，二耳为附耳，三足都铸有兽面，腹部几乎铸满了纹饰，盖外中心有圆形捉手可以将盖拿开。仔细观察可以发现，在此鼎三个足的内侧及外侧都存在纵向的铸造披缝，但这些披缝都与鼎的腹部不贯通。这种现象说明，铸造此鼎腹部的范与足没有关系，足是另外铸造的。观察耳与腹部的结合部位，可看到附耳与腹部口沿的距离最近处不足 3 毫米，在这么小的距离内，无法制作出腹部的外形及耳一个面的范。进一步观察，可看到耳与腹的结合部位有接痕。因此可以认定，此鼎的两个附耳应与三个足一样，也是分别铸造，再进行组装成为整器。经观察发现，此鼎盖上的圆形捉手与盖体为整铸关系。通过以上论述，如图六所示，说明此鼎是分别铸造出 7 个散件，再组装成为整器。

2.2　M1 –32 号甗的范铸工艺

　　此甗由上下两部分组成，上部分有腹有二附耳，下部分如鼎有三足。经仔细观察，可发现此甗上部分的铸造结构与 356 号鼎相同，也是采用了分铸组装的范铸工艺，是分别铸造了一腹及二附耳，再将二附耳组装到腹部。观察此甗的下部，可看到每足的内外侧都有一条纵向的铸造披缝，3 个足的纵向披缝与腹部都不贯通。腹底有一周圆形的芯痕，在每两个足之间的腹部，都能看到一条纵向披缝从口沿至腹底的芯痕。这些现象说明，铸造足时与腹部没有关系，腹部是由三块范夹腹内芯与腹外芯两个泥芯铸造而成，与足也没有关系。如图七所示，此甗是分别铸造 7 个散件后，再组装成为可拆卸的甗。

2.3　M1 –20 号提梁盉的范铸工艺

　　此盉圆形有流，腹下有对称三足，腹上有提梁。在流与腹部的结合部位，可看到有一周明显的接痕，说明此盉的流是分别铸造的。在提梁的两头与腹部的结合处，亦可以看到各有一周明显的接痕，亦说明提梁也是分别铸造的。还可看到，在三个足与腹部的结合部位，也都各有一周明显的接痕，

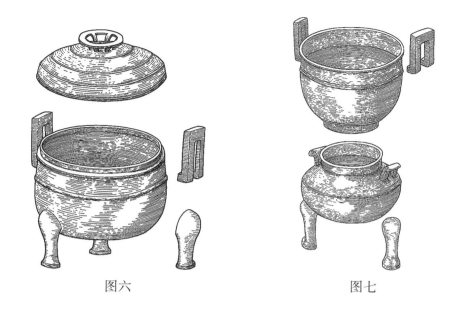

图六　　　　　　　　　　　　　图七

说明足也是分别铸造的。如图八所示，在此提梁盉中，只有扉棱是与盉体整铸，其余的提梁、流及三足，都是分别铸造的，铸后进行了各种组装成为整器。

西周以前，青铜器的主体范铸工艺是以整铸为主，春秋以后，青铜器的主体逐渐开始采用范铸工艺，到春秋中后期，基本是以分铸为主流工艺。蚌埠双墩青铜器群的时代正是在春秋至战国时期，以分铸为主要工艺，应是这个历史时期的工艺特点。除上述356号鼎、32号甗及20号提梁盉外，尚有4个簠等采用了这种分铸组装的工艺技术铸制而成。

2.4　M1-381号铰链的范铸工艺

在青铜时代里，有许许多多的铸件是分别铸造分别加工后，再组装成可活动的整体。如提梁卣的提梁、铺首衔环的环等等。381号铰链也是其中一种组装方式的铸件。从图九中可以看到，此铰链是由3个散件组装而成。这就说明，此铰链是分别需要制作3个不同的模，翻出3种不同的范，并浇铸出3个不同的散件。经铸后的打磨加工后，再组装成为就以活动自如的铰链。此铰链明显是先将两2个带孔的组件组合好，将一个圆柱形铜铆钉穿进孔中，将两头铆死，铆钉就被固定在铰链中了。

图八　　　　　　　　　　　　　图九

3　分型嵌范工艺

所谓分型嵌范工艺，是指将青铜器的某个局部单另制模及单另制范后，将这个局部范安置在器物的主体模上，再加入泥料夯制成主体范，此范腔即有主体的型腔，范腔内又包括了器物某个局部的型腔，这样的操作，就解决了某些器物上有一个或多个局部凸起，无法与器整体翻范的问题，从而实现了与器整铸的目的。只是在铸造出的凸起局部的周围，会留下分型嵌范的痕迹。

3.1　M1-4号钮钟的分型嵌范工艺

在蚌埠双墩的青铜器群中，有一套编钟共7枚，全部是钮钟。除体积大小有所不同外，其钲部有的铸有铭文，有的却铸的是纹饰。以4号钮钟为例，钟为合瓦形，两个面的纹饰基本相同。每个面各有乳钉18枚，各有篆部4组。在有些枚的根部，可看到有一周范痕。在钟的口沿，可看到有对称4个浇口的痕迹。在钮的内侧，可看到有一周范痕。除以上痕迹外，基本再看不到合范的痕迹。根据以上现象，参考侯马发掘出土的钟模、耳模及枚模，绘制出此钟的模组。如图一〇所示，左边大的为此钮钟的主体模，右上为钮模，右下为枚模。此钟的范是先用泥料在枚模上翻出许多枚范，经阴干有强度时，将这些枚范安置在钟体模上枚的相应部位，加入泥料夯成整体范。这里应该说明的是，篆部的纹饰制作方法与枚的制作方法完全相同，只是篆模与枚模的形状不同。这样制作出的钟体范面，就包括了全部的枚和篆，但不包括钮的型腔。钮的制作方法与枚类似，应是先用泥料在钮模上翻出许多钮范，也需要先阴干到有了一定的湿强度，每两块钮范对合，再将对合的钮范安置在钟的舞部模面的中心，加入泥料夯成舞部范。在夯出的舞部范中，不但包含了舞部的纹饰，也包括有钮的型腔。组合钟体范包时，是两块钟体范夹一个泥芯，下面与舞部范对合成为钮钟的范包。可以想象出，如果不采用这种方法制作钟范，而是将枚及篆的型都固定在钟体模上，翻范后会由于枚凸起的方向形成了倒拔模，使得夯好的泥范无法完整地从模上脱开。所以，与西周的编钟不同的是，战国的编钟多采用了这种分型嵌范的工艺铸造。

3.2　M1-281号匜的范铸工艺

在西周的青铜器中就有匜，并且有各种各样的铸造工艺。在蚌埠双墩出土的匜留下的铸造披缝中，可看到其范铸工艺的设计明显与西周的匜有所不同。其原因，是由于纹饰的制作思想不同。从纹饰制作工艺而言，西周匜的纹饰，多是在素的范面手工制作的，而春秋以后，多是在纹饰模上制作纹饰范。所以，在西周以前的青铜器表面，纹饰基本布满范面是完整的，春秋以后，范面的纹饰则是由多块组成。再从匜的几何形状而言，西周的匜，基本都是以后面的捉手或鋬与匜的结合部位为最凸点；春秋以后，此处多设计成为凹进的最凹点，其形状类似扑克牌中红桃的凹处。如果说，西周的匜能以捉手或鋬为中心分型到口沿，左右各翻出一块范，应该是没有问题的；但春秋以后，在这种以凹进的捉手或錾为中心分型翻范，就存在拔模的问题了。观察此匜的几何形状，后面以圆形捉手为中心向内凹进，按西周匜的翻范方法显然是行不通。

　　经观察，可看到匜的外侧一周是由 3 块范对合铸造的。以后面的捉手为中心，离捉手左右各 5 厘米处，各有一条明显的纵向铸造披缝，这 2 条披缝说明此匜的外侧几何形状是由 3 块范组成。这就是说，此匜的范铸工艺需要设计制作出分开的 3 个不同的模，即以捉手为中心向两边各延伸 5 厘米的型为一个模，剩下的两边外侧到口沿需要制作左右各 1 个模。有了这 3 个各不相同形状的模，分别在其上夯范，就都不存在拔模的问题了。图一一是根据匜外侧的披缝绘制的范包剖面示意图，此范包是这个完整匜范包从正中间剖开的半个范包图。可看到图中画的捉手范剖面线的方向与周围相反，是为说明捉手范是提前制作好的，在翻制匜后面的范时，将捉手范安置在模上，翻范后，捉手的型腔就包括在匜的范中了。在此匜的流上面的纹饰周围，可看到一周范痕，这一周范痕是独立的，与其他部位不贯通，说明此处的纹饰也是采用了分型嵌范的工艺。

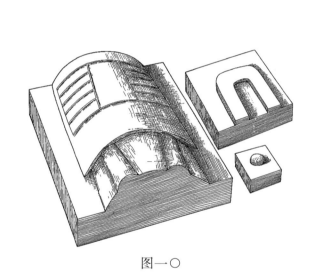

图一〇

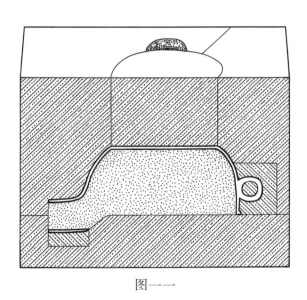

图一一

　　首先，此匜采用了分型制模工艺进行制模及制范，与此同时，又采用了分型嵌范工艺制作捉手与流上面的纹饰。此匜的范包，是在 1 块底范上叠压了 3 块范夹 2 个泥芯组成，上面为腹外芯，下面是腹内芯，浇口分别开设在左右两块范上。因此，在此匜的两侧，可以看到浇口的痕迹。

3.3　M1 - 285 号豆的范铸工艺

　　前面论述的分型工艺有二分、三分的造型方法，M1 - 285 号豆则为四分法。在豆的一周，可看到 4 条纵向的披缝，说明豆是由四块范对合浇铸后，才会在豆的一周留下 4 条纵向的铸造披缝。范的几何形状及尺寸都来自于模，说明此豆的模采用了四分法，即模的表面只有这个豆的四分之一，而模两边的分型面为 90 度夹角。根据豆的几何形状，绘制出此豆模及范包的立体线图，在图一二中，左边是豆模的立体图，右边是豆的范包剖面示意图。在此模上夯 4 块范，范内夹 2 个泥芯，对合后就可以铸出此豆。模上豆体的圈足下面为芯头，芯头中间凸起的部位为浇口。在此模上夯出 4 块范，每块范都会自带一个浇口。合范后，就会在圈足的一周形成对称的 4 个浇口。所以，在此豆的圈足下面，可看到 4 个对称的浇口痕迹。

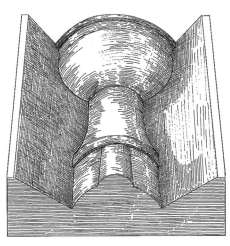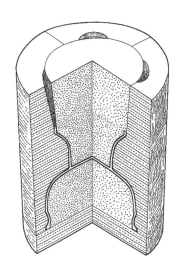

图一二

4　单元纹饰范拚兑工艺

　　所谓单元纹饰范拚兑工艺，是针对范面手工纹饰技术而言的。西周及其以前青铜器的纹饰，多是用手工在范面制作的。其优点是纹饰的立体视觉效果好，可以制作出所谓"三层花"。但其缺点也明显，除太费工费时外，纹饰的对称度也明显差。春秋以后，社会青铜器的需求大量增加，范面的手工纹饰技术显然不适应社会的发展，在这种情况下，逐渐发明了纹饰范拚兑技术，彻底解决了上述两个问题。其缺点，是纹饰的立体视觉效果退化，其优点是大大解放了劳动力、纹饰高度统一。纹饰范拚兑技术是先制作出一个纹饰模盒，在模盒内的底部制作出一个完整的纹饰单元。将泥料填入这个模盒中，就可以制作出许许多多相同的单元纹饰范。将这些相同的单元纹饰范拚兑起来，需要多大的面积，就拚兑多大的面积。在山西侯马的东周铸铜遗址中，发掘出土了大量的单元纹饰模盒，以及用这些模盒制作出的大量单元纹饰范。其具体的操作方法，是先制作一个单元纹饰模盒，用泥料在这个模盒中夯出所需要数量的单元纹饰范；根据长度需要，将单元纹饰范拚兑好并安置在器物模上，加入泥料夯成器物范。这样夯出的器物范表面，已经具有了纹饰，再不需要进行范面的手工纹饰制作了。在蚌埠双墩的青铜器群中，以 285 号豆为例，可看到 3 个豆的外表面都具有相同的两周纹饰带，在纹饰带中，可看到一个个长方形的纹饰单元紧紧相连，每个单元中的纹饰都是一样的，其长宽比例约为 16∶9。图一三是从 285 号豆的腹部纹饰带中剪出的一个纹饰单元，仔细观察可看到，3 个豆的外表面全部是由这个纹饰单元组成的纹饰带。图一四是根据豆的表面纹饰画出的单元纹饰模盒的推想图，所有的单元纹饰范，都应出自这个单元纹饰模盒。在蚌埠双墩青铜器群中，采用这种单元纹饰范拚兑技术的青铜器，还有 283 号三足盘、400 号铜罍以及钮钟等。

图一三　　　　　　　　　　　　　　　　　图一四

5　套铸嵌铸工艺

所谓套铸工艺，是指先分别铸造出器物的一部分，将先铸好的局部铸件夹在范中套铸成一体的工艺，从而解决了一些可活动的套环等器物的铸造。如提梁卣上的提梁、铺首衔环的环等，都是采用了制作套铸的工艺铸制而成。这里，主要是指车马器上的马衔。所谓嵌铸工艺，是指先分别铸造出器物的一部分，将先铸好的局部铸件夹在范中再铸接成一个整体的工艺。如九连墩编钟的挂钩、曾侯乙的建鼓座等。这里，主要是论述青铜剑的嵌铸问题。

5.1　M1-114 号马衔的范铸工艺

在蚌埠双墩的青铜器群中，出土了 8 个马衔，每个马衔都是由 2 个单独双圆环套在一起成为整体。可看到有一个规律，即在 2 个单独双圆环中，总有 1 个是平行的双圆环，而另 1 个双圆环则互呈垂直状态；每个单独双圆环都是 1 大环 1 小环，被套在一起的都是小环，在被套的两个小圆环中，总有一个圆环的最顶端有约 1cm 宽的套铸痕迹。根据这一套铸痕迹，我们绘制出了套铸链条的模与范的原理线图。

图一五中分别是套铸链条的两个模，在左边的模上可以夯出许多相同的范，每两块范对合，就

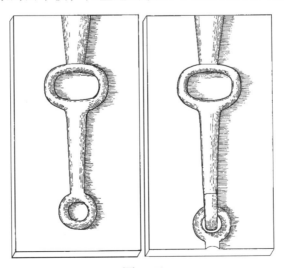

图一五

可以浇铸出一个个单个的链子。在右边的模上也可以夯出许多相同的范，在图一六中可以看到，将提前浇铸好了的单个链子的小圆环夹在右边模夯出范的小圆环的型腔中，两块相同的范对合好，再浇铸就可以将先铸好的链子套铸进出了。当然，需要在先浇铸出链子的圆环外包一层泥片，用来隔开铜液，使得浇铸后铜液不会将链子包死，浇铸后清理掉泥料后两个套铸的链子是可以活动的，并且会在被套铸的链子处留下套铸痕迹。

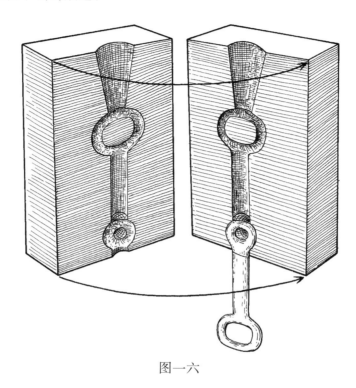

图一六

5.2　M1－49号青铜剑的嵌铸工艺

嵌铸工艺以49号青铜剑为例，此剑中脊凸起，酷似复合剑，可看到剑身的刃口全部为加工态，剑身与剑格结合部位的内角，基本为较尖锐的90度清角。从磨削加工的角度看，由于受历史技术及设备条件的限制，铸后将整铸的毛坯剑身与格之间的内角加工成尖锐的清角，其可能性几乎没有。即使是现代化的今天，加工成这样也是困难的。从范铸逻辑角度看，此剑的制作工艺，应是先铸出没有剑格的剑身，这样进行机械加工就不存在问题。将剑身磨削加工好，再将剑身夹在范中浇铸剑格及茎部。只有采用这样的操作，才可形成现在看到的现象。在山西侯马的东周铸铜遗址中，出土有完整的单个的剑格模及单个的剑首模，亦出土有不包括剑身的格与茎的连体模，都说明了东周时期曾采用了上述铸剑工艺。鄂州市博物馆曾在一座战国时期墓葬中出土一把相似的窄格剑，由于格内生锈破裂，露出了嵌铸在格内的茎。明显采用这种工艺铸的剑，在鄂州市博物馆的藏剑中不是少数。此剑的铸制工艺，应与鄂州出土的那把窄格剑采用了相同的嵌铸工艺。根据以上所论述的铸剑工艺，此剑的结构应该是图一七中绘制的结构。

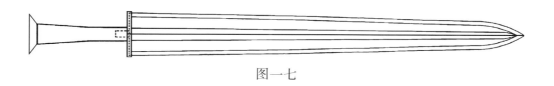

图一七

6 铭文制作工艺

商周青铜器上的铭文，有多种制作方法。绝大多数青铜器上的铭文为阴文，且多铸在青铜器的腹腔内，这多属于在泥芯上粘贴泥条铸出的阴文。有些铭文铸在青铜器的外面，是属于在范面粘贴的泥条铸出的阴文。亦有在模表面刻出文字，翻范后范面带有凸起的阳文，浇铸后还原成阴文，这种制作方法一般都在西周以后，商代少见这样的制作工艺。还有一种就是铸后錾铭，即常说的"刻铭"。如果用手工象刻图章一样，用工具在青铜器的表面直接刻出铭文是不可能的。所谓刻铭，其实是铸造完成以后，用錾子在青铜器的表面錾出的文字，都是阴文。在蚌埠双墩的青铜器铭文中，共发现2种制作方法，即每枚钮钟钲部的铭文，全部属于在模上刻铭成阴文，经翻范后范面呈现阳文，再经铸造后还原成阴文，属于铸铭。而在377号簠腹腔内的铭文，则属于铸后的錾铭，即我们所说的"刻铭"。

图一八中，都是在40倍视场下分别拍摄的两处铭文的图。左边是4号钮钟钲部的铭文局部，可清楚地看到，铭文的凹槽中呈现了铸态，字口以外的铜器表面与字口的转折处模糊不清，字的凹槽较宽。右边是377号簠腹内的铭文局部，可看到字的凹槽呈现了V形槽，字底如V字的底一样尖锐，字口与簠腹内底面的转折处尖锐，字的凹槽较窄。通过对比，可认为钮钟的铭文为铸铭，而簠的铭文为錾，即"刻铭"。如果是在泥范表面粘贴泥条铸造的铭文，由于会用刀具修整字的边沿，铸造出来的字口会较为规整。而钮钟钲部铭文的字口没有规整的现象，都模糊不清，所以认为是在钟模的钲部刻好的铭文。翻出范后，范表面会自然带出凸起的铭文，浇铸后，就还原成了凹的铭文。

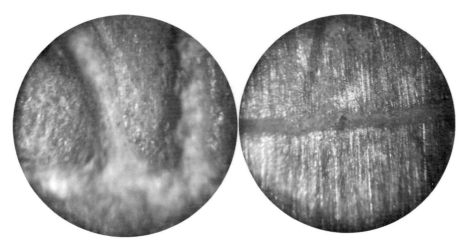

图一八

结　语

通过上述对青铜器范铸工艺的论述可以看到，在蚌埠双墩青铜器群里，即有春秋时期的范铸工艺，又有战国时期大量使用的范铸工艺。这一现象，在其他一些墓葬出土的青铜器群中，是较少见到的。在这一墓葬出土的鼎中，即有春秋时期一次性整铸的鼎，如113号立耳鼎，又有分铸组装起来的鼎，如356号附耳鼎。春秋时期，铸鼎的范铸工艺是以整铸为主，而战国时期，铸鼎是以分铸组装为主。不仅鼎的范铸工艺有所不同，4号钮钟与10号铜铙的范铸工艺，也分别代表了两个不同时期的工艺技术。其中，铜铙的工艺技术偏早，钮钟的工艺技术偏晚。

从以上这些现象似乎可以说明两个问题，其一，铸造蚌埠双墩青铜器群的作坊，是个规模较大的作坊，其范铸工匠较多。其二，这个作坊的运作时间较长，其时代应该处在春秋向战国的技术转型期，因为青铜器的范铸工艺体现了技术交替的现象。因此认为，这批青铜器的铸造时代，可能在春秋晚期。

安徽省蚌埠市双墩一号墓和三号墓出土玉器及玻璃器的无损分析检测报告

中国科学院上海光学精密机械研究所科技考古中心

一、样品来源及简介

样品由安徽省蚌埠市博物馆提供，双墩一号墓和三号墓位于安徽省蚌埠市淮上区小蚌埠镇双墩村，此次分析样品共计16件，其中14件出自一号墓，属于春秋时期。另有2件出自三号墓，属于战国时期。样品照片、编号、名称见表一。样品的出土背景件附录。

二、主要测试方法

无损分析测试出土器物三种方法包括：外束质子激发X荧光方法（PIXE）成分分析；X射线衍射方法（XRD）物相分析；显微拉曼光谱方法（Raman）结构分析。三种分析方法的分析原理如下：

1. 质子激发的X–射线发光方法（PIXE）

（1）分析原理和实验装置

PIXE技术是一种采用特种激发源的X射线荧光分析技术。通过MeV能量的质子激发样品中的原子，使其发射特征X射线，通过探测X射线的能量和强度来测量样品中元素的种类和含量。PIXE系统区别于传统的能量分散光谱仪的地方在于用质子源代替了光子源，除了比普通光子源具有更高的强度外，同时产生相对更低的背景。PIXE技术是一种高灵敏度（通常可达到$10^{-6} \sim 10^{-7}$g）、非破坏性、多元素定量分析的核技术，对样品的需要量小（最低10^{-18}g），探测深度在$10\mu m \sim 100\mu m$，横向分辨率$3\mu m$，特别适合珍贵文物和完整器物的无损分析。

用PIXE技术测定样品的化学成分实验在复旦大学现代物理研究所进行。实验所使用的质子束是由复旦大学加速器实验室NEC 9SDH–2串列加速器产生，见图一。沿束流路径，靶室1用作常规卢瑟福背散射分析（RBS）测量，靶室2作内束PIXE分析，在管道的尽头用一厚度为$7.5\mu m$的Kapton膜来隔离真空与大气，质子穿透Kapton膜进行外束PIXE分析。NEC 9SDH–2串列加速器提供3.0

表一　安徽蚌埠双墩一号墓和三号墓出土玉器等样品一览表（春秋～战国）

样品编号	出土编号	器物名称	时代	完残程度	照片
BBBW I -1	M1：35	管状玦	春秋	完整	
BBBW I -2	M1：36	管状玦	春秋	残	
BBBW I -3	M1：37	玉饰件	春秋	残	
BBBW I -4	M1：38	玉串珠饰	春秋	完整	
BBBW I -5	M1：39	玉环	春秋	完整	
BBBW I -6	M1：40	玉饰件	春秋	完整	
BBBW I -7	M1：41	方形玉饰佩件	春秋	完整	
BBBW I -8	M1：42	玉饰件	春秋	完整	
BBBW I -9	M1：43	管状玉玦	春秋	完整	
BBBW I -10	M1：44	玉饰件	春秋	残	
BBBW I -11	M1：45	玉饰件	春秋	残	
BBBW I -12	M1：46	玉饰件	春秋	残	
BBBW I -13	M1：375	玉扳指	春秋	完整	

续表一

样品编号	出土编号	器物名称	时代	完残程度	照片
BBBWⅠ－14－1	M3：38－1	玉璜	战国	完整	
BBBWⅠ－14－2	M3：38－2	玉璜	战国	残	
BBBWⅠ－15	M3：1	玻璃壁	战国	残	

MeV 的准直质子束，样品置于大气中，距离 Kapton 膜 10mm。质子束穿过该 Kapton 膜和空气，到达样品表面的实际能量为 2.8MeV，束斑直径 1mm，束流 0.1nA。X 射线用 Si（Li）探测器测量，系统对 Mn 的 Kα 线（5.9keV）的能量分辨率（FWHM）为 165eV，探测器铍窗与样品的距离也是 10mm。质子束与样品表面法线之间的夹角为 45o，探测器表面法线与样品表面法线的夹角也为 45o。测定微量元素进行测量时，探测器前加上 Al 膜，以除去低能的 X 射线，同时加大质子束流至 0.5nA 左右。

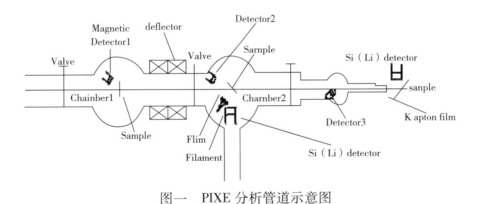

图一 PIXE 分析管道示意图

PIXE 方法对原子序数大于 11（Na）的元素均可作定量测定，小于 11 的元素因空气对特征 X 射线的吸收而不准确。所以，本实验已作改进，即在样品表面至探测器间流动氦气，以保证测定 Na 以上轻元素的确定性[①]。

（2）数据处理

Si（Li）探测器得到 PIXE 能谱非常复杂。本工作采用世界上先进的解谱软件 GUPIX 对厚靶 PIXE 进行定量分析。GUPIX 的主要思想是利用特征 X 射线能量和分支比、X 射线产生截面、质子在物质中的阻止本领以及 X 射线在物质中的衰减系数等大量数据库，用最少的参数对实验所得能谱进行理论拟合。对于原子序数在 11 到 60 的元素考虑 2 到 6 条 K 系 X 射线，对于原子序数在 30 到 92 的元素，考虑到 10 到 25 条 L 系 X 射线。每一个元素的主峰用高斯峰来描述。将理论模拟谱线与实验所得能谱进行比较，不断调整各参数值，使得理论能谱与实验能谱充分接近，从而对能谱进行准确分析。

在本研究的计算中，对参数的拟合采用标样法。首先将各参量准确的直接输入，然后计算在相同实验条件下测得的标准样品的各成分含量；通过比较计算值与标准值，对输入的参数进行检验和修正；最后用修正后的参数对样品能谱进行定量计算。

2. X – 射线衍射方法（XRD）

（1）分析原理

晶体物质有自己特定的晶体结构参数，如点阵类型、晶胞大小、原子数目和原子在晶胞的位置等。X射线在某种晶体上的衍射，必然反映出带有晶体特征的特定衍射花样（衍射位置 θ、衍射强度 I）。把得到的衍射峰的位置和相对强度同标准卡片进行对比，便可以确定物相，这就是定性分析；根据各物相的衍射线强度和含量之间的关系就可以确定物相有多少，这就是定量分析。

图二为多晶 X – 射线衍射仪几何装置。单色 X 光照射在固体或粉末样品上，它和计数器由马达按 θ 和 2θ 角大小的比例由低角度到高角度同步地转动，保证可能的衍射线进入计数器，最后将计数电脉冲转变为直观可读或记录的数值。

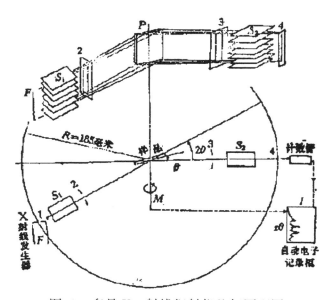

图二　多晶 X – 射线衍射仪几何原理图

（2）X – 射线衍射测定设备和实验

XRD 实验采用复旦大学化学系表面化学实验室的 D8 Advance X – 射线衍射仪，实验时采用管压 40kV，管流 40mA，采用 $CuK\alpha_1$（波长 $\lambda = 1.54056Å$）X 射线及 Si（Li）探测器。由于 X 射线对焦和样品架尺寸的限制，样品的高度不大于 15mm，宽度不大于 35mm。

3. 显微拉曼光谱方法（Raman）

拉曼光谱法是一种通过获取样品指纹频率，从而得到物质结构信息的无损、实时检测方法。它对样品大小以及透光性无要求，是判断玉石种属的一种有效手段。

（1）分析原理

一定波长的单色光与作为散射中心的样品相互作用时，会发生斯托克斯（Stokes）散射、反斯托克斯（anti–Stokes）散射和瑞利（Rayleigh）散射，从而携带出许多关于样品微观层次的丰富信息，其中由于光子与样品中元激发（准粒子）间发生非弹性碰撞而形成的散射就是拉曼散射。当光子与元激发碰撞时，光子损失能量，而激发出元激发，散射光的频率低于入射光的频率，称之为斯托克斯散射；另一种非弹性碰撞则是碰撞过程中，元激发放出了能量，光子能量增高，散射光的频率高于入射光的频率，称之为反斯托克斯散射。拉曼位移 $\Delta\nu$ 反映了物质分子和晶体的振动谱，对特定的物质而言，它有一系列特定的独有的振动谱，由此可以从分子水平研究样品的结构及分析鉴定物质。

（2）共焦拉曼技术

共焦技术的原理早在 1957 年就已提出，但是直到 1977 年该技术开始用于拉曼谱学。但是，直到上世纪九十年代共焦显微技术才真正在拉曼技术中得到广泛应用。共焦拉曼显微镜的工作原理如图三所示。

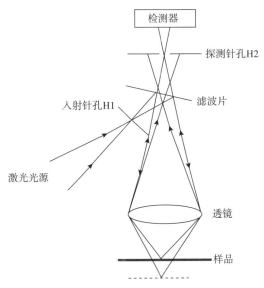

图三　共焦拉曼显微镜原理图

将激光束经入射针孔 H1 聚焦于样品表面，样品表面的被照射点在探测针孔 H2 处成像，其信号由在 H2 之后的探测器收集（光路如实线所示）；而当激光在样品表面是散焦时，样品处的大部分信号被 H2 挡住（光路如虚线所示），无法通过针孔到达检测器。当我们将样品沿着激光入射方向上下移动，可以将激光聚焦于样品的不同层面，这样所采集的信号也将来自于样品的不同层面，实现样品的剖层分析。可以看出，这种结构的最大特点就是可以有效地排除来自焦平面之外其他信号的干扰，从而有效地排除物质本体信号对所需要分析层信号的影响。同时，共焦显微系统本身还具有较高的水平方向的空间分辨率（1μm），可以分析固态、液态和气态的包裹体样品。上述特点使共焦显微拉曼技术在宝石矿物的识别应用中显示出其他鉴定技术无法替代的重要地位。

（3）拉曼光谱测定设备和实验

实验在中国科学院上海光学精密机械研究所进行了拉曼光谱对比测试，上海光学精密机械研究所高功率激光单元技术研发中心采用的是英国 Renishaw 公司生产的 inVia Reflex 型显微共焦激光拉曼光谱仪：Ar 离子激光器（488nm），额定功率20mW；半导体激光器（785nm），额定功率313mW；5×、20×和50×物镜（光斑直径1μm）；高灵敏度超低噪音 CCD 探测器；横向分辨率小于1μm；测定样品的拉曼光谱前，应用单晶 Si 标样校正，测量误差 ±0.2cm^{-1}。另外配有大样品台和光纤探头（仅适用于488nm）。

三、测试结果分析

该批样品除1件为玻璃器之外，其余均为玉器，依据测试结果可将这些玉器分为透闪石型和非透闪石型两类。化学成分主量元素的测定结果见表二，微量元素的测定结果见表五，XRD 测定结果见图四～图七、图一二、图一五及表三，Raman 测定结果见图八～图一一、图一三～图一四、图一六及表四。

（一）透闪石型玉器样品12件

1. PIXE 分析结果

以 MgO、SiO$_2$ 和 CaO 为主要化学组成的玉器样品有12件，即：BBBWⅠ-1、BBBWⅠ-2、BBBWⅠ-3、BBBWⅠ-5、BBBWⅠ-6、BBBWⅠ-7、BBBWⅠ-8、BBBWⅠ-9、BBBWⅠ-10、BBBWⅠ-11、BBBWⅠ-12、BBBWⅠ-14。该类样品的主要化学成分分布范围为：MgO 22.5% ～25.1%、SiO$_2$ 57.5% ～59.2%、CaO 11.8% ～13.2%，次要化学成分为 Fe$_2$O$_3$（0.26% ～2.87%）、Al$_2$O$_3$（1.04% ～2.45%）、Na$_2$O（0.93% ～2.03%），其他氧化物如 P$_2$O$_5$、K$_2$O、MnO 等一般都低于1%。上述样品的主要成分与透闪石（tremolite，Ca$_2$Mg$_5$Si$_8$O$_{22}$（OH）$_2$）的理论值（MgO 25.4%、SiO$_2$60.5%、CaO 14.1%）较为一致。随着样品中氧化铁含量的增加，透闪石能向阳起石（actinolite，化学结构式为 Ca$_2$（Mg，Fe）$_5$Si$_8$O$_{22}$（OH）$_2$）物相转变，决定于比值 R（Mg^{2+}／（Mg^{2+} + Fe$^{2+(3+)}$）），此比值也列于表二中，分布范围为0.941～0.995，皆 >0.9，均为透闪石，未检出阳起石物相。

2. XRD 分析结果

XRD 分析，结果表明上述样品的主要物相是透闪石，如一号墓出土的管状块样品 BBBWⅠ-1（M1：35），其主要 X 射线衍射峰与 PDF 卡片 73-0267 比较吻合（XRD 谱图见图四）；方形玉饰佩件样品 BBBWⅠ-7（M1：41）的 XRD 谱线与 PDF 卡片 86-1318 比较吻合（XRD 谱图见图五）；玉饰件样品 BBBWⅠ-12（M1：46）和玉璜件样品 BBBWⅠ-14-1（M3：38-1）的 XRD 谱线与 PDF 卡片 44-1402 比较吻合（XRD 谱图分别见图六和图七）。详细的测试结果见表三。

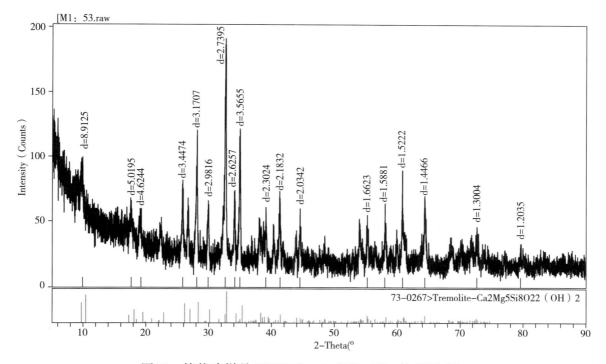

图四 管状块样品 BBBWⅠ-1 (M1:35) 的 XRD 图

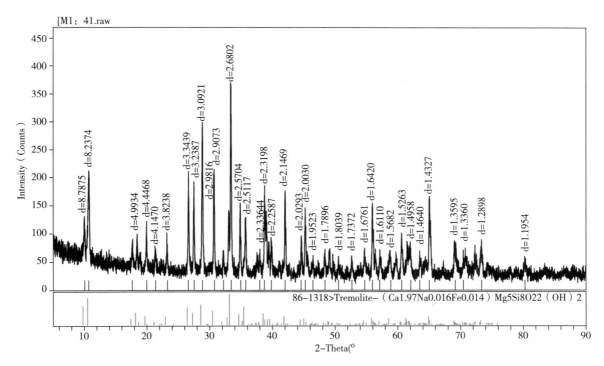

图五 方形玉饰佩件样品 BBBWⅠ-7 (M1:41) 的 XRD 图

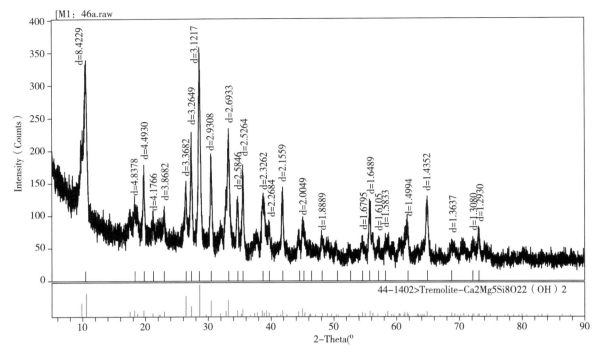

图六　玉饰件样品 BBBW Ⅰ -12（M1：46）的 XRD 图

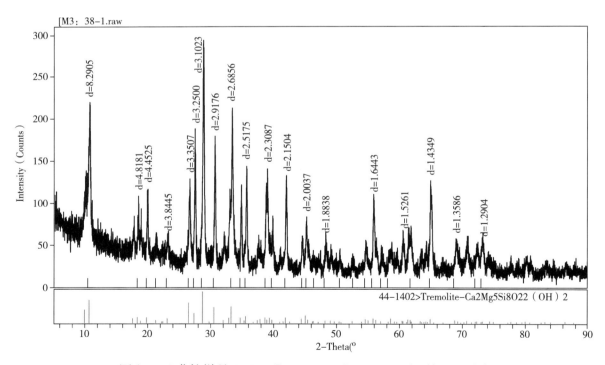

图七　玉璜件样品 BBBW Ⅰ -14 -1（M3：38 -1）的 XRD 图

表二　安徽蚌埠双墩一号墓和三号墓出土玉器及玻璃器的化学成分主量元素 PIXE 的分析结果

样品编号	器物名称	原始编号	化学成分（wt%）																	Mg²⁺/Mg²⁺+Fe²⁺⁽³⁺⁾	主要物相
			Na₂O	MgO	Al₂O₃	SiO₂	P₂O₅	K₂O	CaO	TiO₂	Cr₂O₃	MnO	Fe₂O₃	CoO	NiO	CuO	ZnO	BaO	PbO		
BBBWⅠ-1	管状珠	M1:35	0.93	23.9	1.38	58.3	0.19	0.07	12.8	0.01	0.01	0.06	2.35	0.00	0.00	0.00	0.02	0.00	0.00	0.953	透闪石
BBBWⅠ-2	管状珠	M1:36	2.03	25.1	1.04	58.5	0.57	0.10	12.3	0.00	0.00	0.05	0.26	0.02	0.00	0.01	0.02	0.00	0.00	0.995	透闪石
BBBWⅠ-3	玉饰件	M1:37	1.35	24.6	1.17	58.8	0.40	0.06	11.8	0.02	0.03	0.13	1.65	0.00	0.00	0.01	0.03	0.00	0.00	0.967	透闪石
BBBWⅠ-4	玉串珠饰	M1:38	2.50	0.75	19.0	62.8	0.38	14.31	0.13	0.00	0.01	0.01	0.07	0.01	0.01	0.01	0.00	0.00	0.00		微斜长石
BBBWⅠ-5	玉环	M1:39	1.99	23.6	2.15	57.7	0.57	0.15	13.2	0.03	0.03	0.05	0.52	0.00	0.00	0.01	0.00	0.00	0.00	0.989	透闪石
BBBWⅠ-6	玉饰件	M1:40	1.68	24.3	1.22	58.1	0.43	0.13	12.0	0.01	0.05	0.12	1.87	0.02	0.02	0.01	0.02	0.00	0.00	0.963	透闪石
BBBWⅠ-7	方形玉饰佩件	M1:41	1.18	23.3	1.72	57.8	0.44	0.13	13.1	0.22	0.07	0.03	1.97	0.05	0.00	0.00	0.00	0.00	0.00	0.959	透闪石
BBBWⅠ-8	玉饰件	M1:42	1.96	24.3	1.66	57.7	0.56	0.21	12.2	0.02	0.00	0.06	1.27	0.00	0.02	0.02	0.02	0.00	0.00	0.974	透闪石
BBBWⅠ-9	管状玉块	M1:43	1.77	24.2	1.84	57.5	0.21	0.08	12.1	0.00	0.02	0.08	2.21	0.01	0.00	0.01	0.00	0.00	0.00	0.956	透闪石
BBBWⅠ-10	玉饰件	M1:44	0.94	24.7	2.22	59.2	0.21	0.18	11.8	0.04	0.06	0.08	0.65	0.00	0.00	0.00	0.00	0.00	0.00	0.987	透闪石
BBBWⅠ-11	玉饰件	M1:45	1.25	22.5	2.22	58.7	1.10	0.07	12.8	0.01	0.06	0.14	1.04	0.02	0.00	0.00	0.02	0.00	0.00	0.977	透闪石
BBBWⅠ-12	玉饰件	M1:46	1.08	23.0	1.97	58.2	0.53	0.20	11.9	0.01	0.05	0.15	2.87	0.02	0.00	0.00	0.03	0.00	0.00	0.941	透闪石
BBBWⅠ-13a	玉扳指	M1:375A	2.15	40.7	2.26	48.9	0.32	0.15	0.04	0.01	0.11	0.07	4.75	0.04	0.18	0.19	0.01	0.00	0.00		叶蛇纹石
BBBWⅠ-13b	玉扳指	M1:375B	1.69	41.1	2.06	49.0	0.42	0.30	0.17	0.05	0.23	0.04	4.27	0.05	0.27	0.27	0.00	0.00	0.00		叶蛇纹石
BBBWⅠ-14-1	玉璜	M3:38	1.23	23.9	2.45	58.4	0.39	0.11	12.4	0.01	0.04	0.04	0.96	0.02	0.00	0.00	0.02	0.00	0.00	0.980	透闪石
BBBWⅠ-15	玻璃璧	M3:1	0.67	0.77	10.7	66.5	1.15	0.15	2.99	0.00	0.02	0.02	0.35	0.02	0.00	0.06	0.00	2.98	13.7		铅钡玻璃

表三　蚌埠市双墩一号墓和三号墓出土样品 XRD 分析结果

样品	d 值和强度												对应 PDF 卡片
BBBWⅠ-1 M1：35	d（Å）	2.74	3.17	2.57	1.52	3.45	1.45	3.18	1.59	2.03	2.98	9.09	8.91	73-0267 Tremolite
	I%	100	59	58	42	34	31	29	28	24	24	24	22	
BBBWⅠ-2 M1：36	d（Å）	2.74	2.98	2.56	3.18	3.32	2.62	2.18	1.30	4.62	3.45	1.52	9.22	73-0267 Tremolite
	I%	100	75	75	68	55	40	39	39	36	36	36	25	
BBBWⅠ-3 M1：37	d（Å）	3.15	2.55	2.72	8.64	2.95	3.30	2.17	4.57	4.93	9.24	2.33	1.65	44-1402 Tremolite
	I%	100	96	90	68	65	61	53	51	47	40	34	33	
BBBWⅠ-4 M1：38	d（Å）	2.53	2.49	2.59	11.48	1.42	1.27	2.41						19-0926 Microcline
	I%	100	27	22	7	7	6	5						
BBBWⅠ-5 M1：39	d（Å）	3.16	8.49	1.45	3.31	1.91	2.97	2.97	9.09	4.58	2.36	2.34		73-0267 44-1402
	I%	100	34	29	28	19	19	18	17	15	14	13		
BBBWⅠ-6a M1：40a	d（Å）	3.15	8.68	2.72	3.30	4.57	2.96	2.17	2.61	1.44	2.33	1.66	9.26	44-1402 Tremolite
	I%	100	55	43	40	30	29	25	24	22	21	21	20	
BBBWⅠ-6b M1：40b	d（Å）	3.15	8.65	3.30	2.72	4.58	1.66	2.96	2.61	2.17	2.35	1.44	2.75	44-1402 Tremolite
	I%	100	49	42	35	23	21	20	20	20	19	19	19	
BBBWⅠ-7 M1：41	d（Å）	2.68	3.09	2.91	3.34	3.24	2.15	8.24	1.43	1.64	2.00	2.71	8.79	86-1318 Tremolite
	I%	100	79	53	52	47	45	44	40	38	37	31	22	
BBBWⅠ-8 M1：42	d（Å）	2.70	2.54	2.94	1.44	2.16	1.51	3.13	3.28	2.28	2.59	8.54	1.65	75-0861 Tremolite
	I%	100	93	70	62	60	58	54	48	47	46	43	42	
BBBWⅠ-9 M1：43	d（Å）	2.70	3.12	2.94	2.53	3.27	2.16	1.65	1.44	3.38	2.01	2.33	8.29	86-1318 Tremolite
	I%	100	95	90	68	64	63	51	50	50	42	39	23	
BBBWⅠ-10 M1：44	d（Å）	3.12	3.28	2.71	8.61	2.94	4.54	2.16	1.44	9.03	1.65	3.34	2.32	44-1402 Tremolite
	I%	100	57	48	46	43	40	30	29	27	27	27	22	
BBBWⅠ-11 M1：45	d（Å）	3.07	2.66	3.21	8.06	2.90	2.30	1.43	2.14	3.32	2.69	4.41	8.55	44-1402 Tremolite
	I%	100	79	61	57	52	43	40	39	38	38	38	30	
BBBWⅠ-12a M1：46a	d（Å）	3.12	8.42	2.69	3.26	2.93	2.53	8.91	4.49	2.16	1.44	3.37	1.65	44-1402 Tremolite
	I%	100	76	61	54	46	42	39	38	34	31	29	29	
BBBWⅠ-12b M1：46b	d（Å）	3.13	8.53	2.71	3.27	2.94	4.51	8.76	1.44	2.53	3.39	1.65	9.18	44-1402 Tremolite
	I%	100	62	61	53	42	40	38	33	32	31	26	17	
BBBWⅠ-14-1 M3：38-1	d（Å）	3.10	2.69	3.25	8.29	2.92	2.52	1.44	2.15	2.31	3.35	1.64	8.78	44-1402 Tremolite
	I%	100	69	58	58	56	44	42	41	37	36	32	26	
BBBWⅠ-14-2 M3：38-2	d（Å）	3.07	8.07	2.66	2.89	3.21	1.43	1.64	2.29	2.50	2.55	2.13	1.49	44-1402 Tremolite
	I%	100	48	47	44	40	37	33	29	28	27	26	22	
BBBWⅠ-15 M3：1	d（Å）	3.60	3.08	2.96	3.50	1.85	2.20	4.44	2.51	1.54	2.07			47-1734 Cerussite
	I%	100	62	48	45	45	41	35	29	29	28			

表四　安徽蚌埠双墩一号墓和三号墓出土透闪石型玉器样品的拉曼峰值一览表（488nm）

样品	出土编号	器名	拉曼峰（cm⁻¹）																	测试部位
BBBWⅠ－1a	M1：35	管状玦		3674vs①	3661m	1059m		931vw		673s						372vw	222m	178m	160vw	131w	深青色
BBBWⅠ－2a	M1：36	管状玦		3681vw		1059vw				674vw											深褐色
BBBWⅠ－2b	M1：36	管状玦								675w											淡黄色
BBBWⅠ－2c	M1：36	管状玦		3672m		1047m				673s							221s	178s		133w	白色
BBBWⅠ－3a	M1：37	玉饰件		3674s		1059m				673s					394w		221w	182w		133w	青色
BBBWⅠ－3b	M1：37	玉饰件							788w	672s		527w					228m			146w	白色
BBBWⅠ－5a	M1：39	玉环		3674vs		1062m		930w		674s		529vw		416w	394m	369m	223m	178w	159w	123vw	灰色
BBBWⅠ－5b	M1：39	玉环		3674vs		1061m	1028w			673s							222w	178w			白色
BBBWⅠ－6a	M1：40	玉饰件		3674vs		1059w				674s					394w		224w	178m			青色
BBBWⅠ－6b	M1：40	玉饰件				1057w				672s							224w			129w	白色
BBBWⅠ－7b	M1：41	方形			3660w	1060m	1031w			673s					394w		223m	178m	160w		白色
BBBWⅠ－7c	M1：41	玉佩饰	3849sh	3674vs		1059s	1029w			673vs		529vw		417vw		370vw	222m	178m	160w		青色
BBBWⅠ－8a	M1：42	玉饰件		3674vs		1058m				673s					394w		224w	178w			青色
BBBWⅠ－11a	M1：45	玉饰件		3674s		1058m				674s					394vw		224m	180vw	160vw		青灰色
BBBWⅠ－11b	M1：45	玉饰件								673w							224w				白色
BBBWⅠ－14-1a	M3：38-1	玉璜			3658vw	1060s		932m		673vs		529vw		417vw	394m 375sh	370vw	223m	178m	160m	123	青色
BBBWⅠ－14-1b	M3：38-1	玉璜		3674s		1059m				673vs							223w	178w			白色
Tentative assignment 和田透闪石				νs（[O－H]）		νs（Si－O）		νs（Si－O－Si）		ν晶格		δ（Si－O）			ν晶格		νs（Si－O）				
BBBWⅠ－6d	M1：40d	玉饰件		1434sh			1282s					632vw				428w	341m	253vs			红色
BBBWⅠ－7a	M1：41a	方形玉饰佩件		1451w	1375w	1289w	1016w		875w	640w											红色
Cinnabar（HgS）				1445vs		1280m						494m	474s				285vw	251m			红色

注：①m, medium；s, strong；w, weak；sh, shoulder；v, very；br, broad.

表五 蚌埠双墩 M1、M3 出土玉器 PIXE 次量和微量元素分析结果

矿物类型	样品编号	出土编号	器名	化成成分（μg/g）										
				Mn	Fe	Ni	Cu	Zn	Rb	Sr	Y	Zr	Hg	Pb
透闪石型	BBBWⅠ-1	M1：35	管状玦	651	16450	8	24	152	4	5	5	13	54	0
	BBBWⅠ-2	M1：36	管状玦	318	1750	11	9	128	0	25	0	46	113	13
	BBBWⅠ-3	M1：37	玉饰件	1272	11550	0	13	360	0	31	6	35	131	17
	BBBWⅠ-5	M1：39	玉环	269	3640	13	113	112	3	78	0	52	238	56
	BBBWⅠ-6	M1：40	玉饰件	1039	13090	7	40	114	5	33	0	30	432	21
	BBBWⅠ-7	M1：41	方形玉饰佩件	390	13790	25	23	78	0	14	7	333	547	0
	BBBWⅠ-8	M1：42	玉饰件	332	8890	31	32	132	0	29	0	56	326	0
	BBBWⅠ-9	M1：43	管状玉玦	681	15470	14	32	141	0	10	0	24	294	25
	BBBWⅠ-10	M1：46	玉饰件	1192	20090	22	31	274	0	40	0	55	445	26
	BBBWⅠ-14	M3：38	玉璜	281	6720	13	23	122	3	6	0	41	38	15
微斜长石型	BBBWⅠ-4	M1：38	玉串珠饰	0	490	0	23	11	4869	0	0	85	83	843

3. Raman 分析结果

表四列举了该批玉器样品的 Raman 测试结果。由测试结果可知，上述透闪石型玉器样品大都检测出透闪石的特征峰，可以看到标志 [O－H] 根的伸缩振动（$3672 \sim 3681 \mathrm{cm}^{-1}$）、$Si－O$ 的伸缩振动峰（$1047 \sim 1062 \mathrm{cm}^{-1}$）、硅氧四面体链中 $Si－O－Si$ 的伸缩振动峰（$672 \sim 675 \mathrm{cm}^{-1}$）以及晶格振动峰值（$394 \mathrm{cm}^{-1}$、$221 \sim 228 \mathrm{cm}^{-1}$）、$178 \sim 182 \mathrm{cm}^{-1}$，与本中心检测的新疆和田透闪石玉的 Raman 峰相似[②]。图八～图一一展示了其中 4 件具有代表性的透闪石型玉器样品 BBBWⅠ-1a（管状玦深青色点，M1：35）、BBBWⅠ-5a（玉环灰色点，M1：39）、BBBWⅠ-7c（方形玉饰佩件青色点，M1：41）及 BBBWⅠ-14-1a（玉璜，M3：38-1）的 Raman 图谱，这 4 件样品的 Raman 散射峰比较强，除了以上几个透闪石的特征峰之外，在 $3658 \sim 3660 \mathrm{cm}^{-1}$、$1027 \sim 1031 \mathrm{cm}^{-1}$、$930 \sim 932 \mathrm{cm}^{-1}$、$416 \sim 417 \mathrm{cm}^{-1}$、$369 \sim 370 \mathrm{cm}^{-1}$、$159 \sim 160 \mathrm{cm}^{-1}$、$123 \sim 133 \mathrm{cm}^{-1}$ 波段亦检测出几组透闪石 Raman 散射峰。

样品 BBBWⅠ-6d（玉饰件红色点，M1：40）的 Raman 散射峰为 $1434 \mathrm{cm}^{-1}$、$1282 \mathrm{cm}^{-1}$、$632 \mathrm{cm}^{-1}$、$428 \mathrm{cm}^{-1}$、$341 \mathrm{cm}^{-1}$、$253 \mathrm{cm}^{-1}$，样品 BBBWⅠ-7a（方形玉饰佩件红色点，M1：41）在 $1451 \mathrm{cm}^{-1}$、$1375 \mathrm{cm}^{-1}$、$1289 \mathrm{cm}^{-1}$、$1016 \mathrm{cm}^{-1}$、$875 \mathrm{cm}^{-1}$、$640 \mathrm{cm}^{-1}$、$127 \mathrm{cm}^{-1}$ 附近存在弱的 Raman 散射峰，明显不是透闪石特征峰，而与辰砂（Cinnabar，化学结构式为 HgS，RRUFF ID：R050072）的 Raman 散射峰（$1445 \mathrm{cm}^{-1}$、$1280 \mathrm{cm}^{-1}$、$494 \mathrm{cm}^{-1}$、$474 \mathrm{cm}^{-1}$、$420 \mathrm{cm}^{-1}$、$285 \mathrm{cm}^{-1}$、$251 \mathrm{cm}^{-1}$、$219 \mathrm{cm}^{-1}$）十分相近。

（二）非透闪石型玉器样品 2 件

1. PIXE 分析结果

样品 BBBWⅠ-4（M1：38，玉串珠饰）的主要化成成分为 SiO_2 62.8%、Al_2O_3 19.2%、K_2O 14.3%，

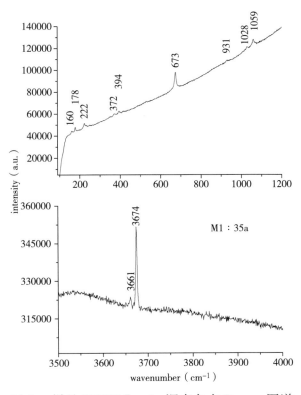

图八　样品 BBBWⅠ-1a 深青色点 Raman 图谱

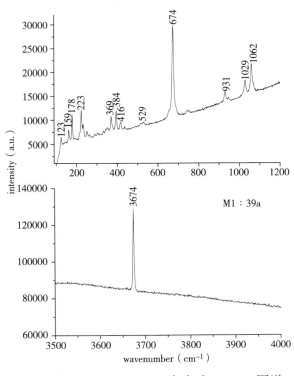

图九　样品 BBBWⅠ-5a 灰色点 Raman 图谱

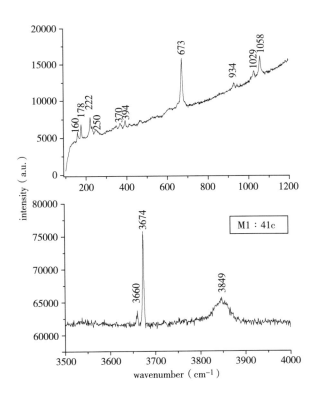

图一〇　样品 BBBWⅠ-7 青色点 Raman 图谱

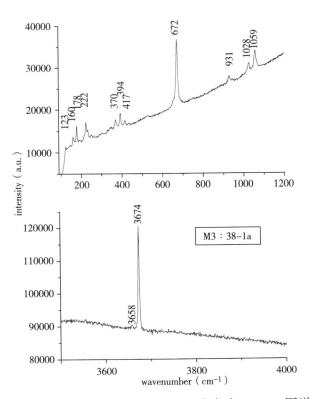

图一一　样品 BBBWⅠ-14-1a 青色点 Raman 图谱

并含有少量的 $Na_2O_2.50\%$。与微斜长石（microcline，化学结构式为 $KAlSi_3O_8$）的理论化成成分（SiO_2 64.8%、Al_2O_3 18.3%、K_2O 16.9%）非常接近。

样品 BBBW I -13（M1：375，玉扳指）的主要化学成分为 MgO 和 SiO_2，样品不同颜色部位的主要化成分基本相同，其墨绿色部位和淡黄色部位的主要化成成分为 MgO 40.7%，SiO_2 49.0%，淡黄色部位分别为 41.1% 和 49.0%，两个部位的比值 w（SiO_2）/w（MgO）分别为 1.20 和 1.19。样品墨绿色部位的次要化成成分为 Fe_2O_3（4.75%）、Al_2O_3（2.26%）、Na_2O（2.15%），淡黄色的次要化成成分为 Fe_2O_3（4.27%）、Al_2O_3（2.06%）、Na_2O（1.69%）。该样品的主要化成分与蛇纹石（Serpentine，化学结构式为 $Mg_6[Si_4O_{10}](OH)_8$）的理论化学成分值（MgO 43.63%、SiO_2 43.36%，比值 w（SiO_2）/w（MgO）=0.99）非常接近，略有富硅贫镁的特点。

2. XRD 分析结果

经过 XRD 分析发现，样品 BBBW I -4（M1：38）主要 X - 射线衍射峰的晶面指数 d 值为 2.59、2.53、2.41、1.82、1.42、1.27nm（见表三和图一二 a）。实验中也选取了天河石（Amazonite，$KAlSi_3O_8$，微斜长石的一个变种）的固体（M - A1a）和粉末（M - A1b）样品进行对比测试，测定结果见图一二 b、c。对比发现，BBBW I -4 样品和天河石固体样品的衍射峰较少，而天河石粉末样品的衍射峰较全，属于微斜长石矿物。BBBW I -4 和 M - A1a 的衍射峰在天河石样品中的相应位置皆有衍射峰，但峰强差异较大，经查 BBBW I -4 的最强峰 2.53 和次强峰 2.59 分别是微斜长石 -241 和 -310 晶面的衍射峰。本实验是在多晶粉末 X 射线衍射仪上进行测试的，由于固体样品表面呈椭圆形，没有理想的平面，加之晶体择优取向的缘故，因此对于固体样品 BBBW I -4 和天河石都只能检测到部分晶面的衍射峰。

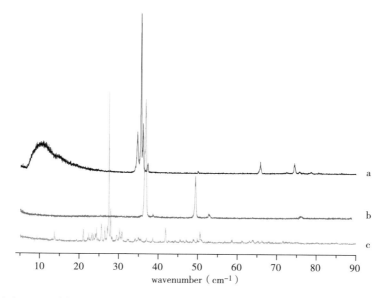

图一二　样品 BBBW I -4（M1：38）及天河石样品的 XRD 图谱

（a. 串珠饰 BBBW I -4 固体；b. 天河石 M - A1b 固体；c. 天河石 M - A1b 粉末）

3. Raman 分析结果

图一三展示了样品 BBBWⅠ–4（M1∶38）的 Raman 图谱，这与 Rruff 数据库中卡号为 R050150 的微斜长石（Microcline）的 Raman 峰极为相似。

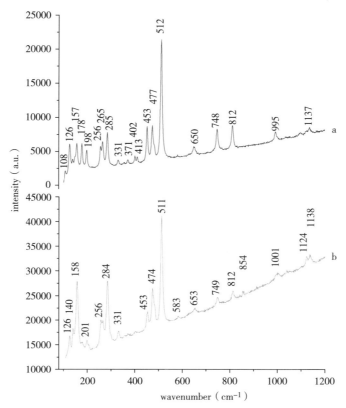

图一三　样品 BBBWⅠ–4 和微斜长石（Microcline）的 Raman 图谱

（a∶BBBWⅠ–4，M1∶38，488nm；b∶微斜长石（Microcline，R050150，Crystal Peak area, Park/Teller Counties, Colorado, USA），514nm）

对样品 BBBWⅠ–13（M1∶375）黑色部位和黄色部位分别进行了 Raman 光谱测试，其 Raman 散射峰基本一致，图一四展示了 BBBWⅠ–13 黑色点的 Raman 图谱，可以看到该样品中标志叶蛇纹石的〔O–H〕根的伸缩振动（3664～3697cm^{-1}）、硅氧四面体链中 Si–O$_b$–Si 反伸缩振动（1044cm^{-1}）、Si–O$_b$–Si 伸缩振动（684cm^{-1}）、硅氧四面体〔SiO$_4$〕弯曲振动（372cm^{-1}）及〔O–H–O〕基团弯曲振动（232cm^{-1}），与本中心检测的辽宁岫岩叶蛇纹石玉的 Raman 峰较为相似[3]，其主要 Raman 峰也列于表四。

（三）　玻璃器

样品 BBBWⅠ–15（M3∶1，璧）的主要化学成分为 SiO$_2$ 66.5%、PbO 13.7%、Al$_2$O$_3$ 10.7%、CaO 2.99%，BaO 2.98%，其他氧化物如 P$_2$O$_5$、K$_2$O、MnO 等皆低于 1.5%。其 XRD 和 Raman 图谱基

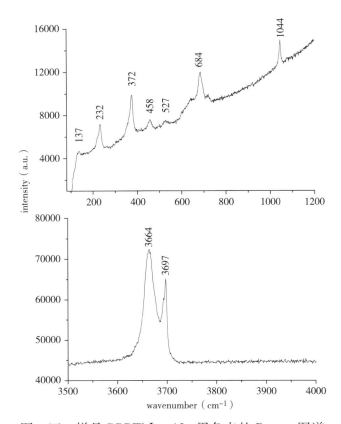

图一四　样品 BBBWⅠ-13a 黑色点的 Raman 图谱

本都是一条弥散的曲线，但是仍有晶体存在。如图一五所示，该样品的晶面间距指数 d 值主要为 3.60、3.08、2.96、2.20、1.85，与白铅矿（Cerussite，化学结构式为 $PbCO_3$）的特征衍射峰十分吻合。样品在 $1031cm^{-1}$ 和 $129cm^{-1}$ 附近有两个 Raman 散射峰（见图一六），前者比较宽，与 Si－O－Si 四面体伸缩振动有关，后者与 Pb 离子振动有关。由此，该样品系铅钡系统玻璃，其中 PbO 为助熔剂，源于白铅矿，BaO 为乳浊剂。

四、讨　论

1. 透闪石型玉器

此次检测分析蚌埠双墩一号春秋墓的 14 件样品中，透闪石型玉器有 12 件，约占总数的 86%；双墩三号战国墓 2 件样品中 1 对玉璜亦为透闪石型玉器。这些透闪石型玉器的比值 R（Mg^{2+}／（Mg^{2+} + $Fe^{2+(3+)}$））皆 >0.94，均为未发现阳起石的物相。

透闪石型玉石有两种地质成因，即由镁质大理石与中酸性岩浆（花岗岩）接触变化而成和蛇纹石超基型岩自变质或区域变质而成两种。本中心分析了国内外各地的透闪石样品[④]，前者以 Zn、Mn 及 Zr 为主要微量元素，Cr、Co 及 Ni 很少或全无（<10μg/g），而后者 Cr、Ni 及 Co 的含量较高（>50μg/g）。为了探索双墩一号春秋墓和三号战国墓出土的透闪石型玉器的成矿类型和玉料来

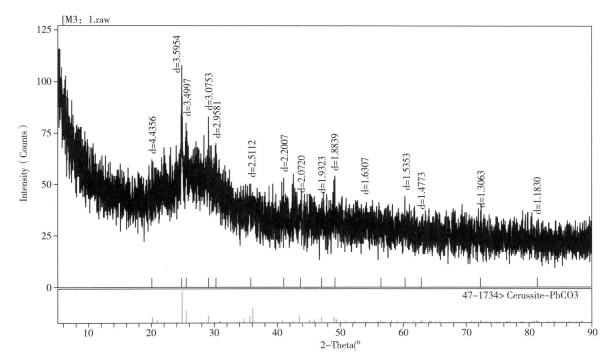

图一五 样品 BBBWⅠ-15 的 XRD 图谱

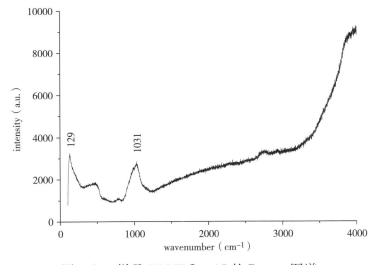

图一六 样品 BBBWⅠ-15 的 Raman 图谱

源信息，采用 PIXE 分析方法对其次量和微量元素进行了测试，分析结果见表五。由表五可知，这些透闪石型玉器中不含 Cr、Co，而 Ni 的含量也比较低（<≤31μg/g），而以 Zn、Mn、Zr 及 Hg 为主要微量元素，可以确定是属于镁质大理石岩与中酸性接触变化而成。这为寻找该批透闪石型玉器的矿料来源提供了线索。

2. 天河石型玉器

双墩一号春秋墓中还出土 1 件绿色玉珠串饰（BBBWⅠ-15，M1∶38），经系统检测分析其矿物组成为微斜长石（Microcline，$KAlSi_3O_8$）。微斜长石是一种常见的矿物，产于火山岩中，属于富钾长石矿物中的一种，为含钾铝硅酸盐。属三斜晶系，莫氏硬度为6。与其他长石矿物具有相同的化学结构式，但具有不同的晶体结构，往往含有一定量的 Na_2O。在于花岗岩何结晶花岗岩中较为常见，形成于正长石缓慢冷却过程中。其颜色有白到米黄、红色，具有玻璃光泽，比较脆。它有一个亮绿到亮蓝绿的变种叫天河石（Amazonite），又称"亚马逊石"，玻璃光泽，蓝色和蓝绿色，半透明至微透明，与翡翠相似，被称为准宝石。代表产地有巴西、美国、加拿大和俄罗斯，在中国主要产自四川、内蒙古、云南及江苏等。由此，样品 BBBWⅠ-4 为天河石加工而成。天河石装饰品在我国古代墓葬或遗址中极为少见，据报道辽宁牛河梁遗址曾出土一个用天河石加工而成的小坠珠（JN2Z4M3∶2）[⑤]。

由表五可知，样品 BBBWⅠ-4 的主要微量元素为 Rb（4869μg/g）、Pb（843μg/g）和 Fe（490μg/g），Rb 含量最高。传统观点认为，天河石的颜色（绿色）及其深浅主要是由 Rb^+ 以类质同象形式代替 K^+ 而产生[⑥⑦]。Rb^+ 作为微量元素取代了天河石晶体结构中的 K^+，从而引起晶体结构缺陷，这种缺陷对可见光产生选择性吸收而使天河石呈现绿色[⑧]。也有资料表明，天河石的颜色是由于 Pb^{2+} 置换 K^+ 后，由于捕获电子，Pb^{2+} 转变为 Pb^+ 而呈绿色，当 Fe^{3+} 转变为 Fe^{2+} 时呈蓝色[⑨]。样品 BBBWⅠ-4 呈亮蓝绿色，应该是由 Rb、Pb 和 Fe 三种离子综合致色的结果。

3. 玉器的受沁

双墩一号墓除主墓室外，在其器物箱中出土一件墨绿色的玉指板（BBBWⅠ-4，M1∶375），经系统检测分析其矿物组成属于叶蛇纹石。该样品保存完好，未受沁，色泽莹润。而墓室中出土的其他玉器，普遍受沁，呈现"鸡骨白"现象，这些玉器大都是透闪石型玉器。一般而言，透闪石型玉器较蛇纹石型玉器耐腐蚀，但双墩一号墓出土的透闪石型玉器的腐蚀和受沁程度远大于蛇纹石型玉器，埋藏的位置不同应是造成这种差异的主要原因之一，可见埋藏环境对玉器腐蚀影响之大。这些透闪石型玉器主要是墓主人佩戴在胸前的项饰，墓室之中除了墓主人钟离国国君"柏"之外，还有10个殉人及三牲，这些尸骨腐化之后，对玉器的腐蚀相当严重，而对器物箱中的蛇纹石型玉扳指腐蚀影响较轻。值得注意的是，同样是墓主人胸前佩戴的玉串饰饰 BBBWⅠ-4（M1∶38）则保存较好，色泽鲜艳，说明天河石质玉器耐腐蚀性较强。

4. 辰砂

双墩一号墓的填土中有大量的红色物质，并在随葬品上多有附着，如样品方形玉饰件 BBBWⅠ-7（M1∶41）的内表面和玉饰件样品 BBBWⅠ-6（M1∶40）表面也附着这一红色物质，经过 Raman 光谱测试为辰砂（Cinnabar，HgS）。

辰砂，硫化物类矿物辰砂族，化学成分为天然硫化汞，属于无机化合物。又名朱砂、丹砂、赤丹、汞沙，原名丹砂，始载于《神农本草经》。因历史上湖南辰州出产的天然硫化汞丹砂最佳而得名辰砂，《本草图经》曰：丹砂"今出辰州、宜州、阶州，而辰州者最胜，谓之辰砂"[⑩]。辰砂有红色和黑色两种晶体，存在于自然界的多呈红褐色。我国古代主要用朱砂作医药、颜料和防腐剂[⑪]。朱砂在古代早期墓葬或遗址中较为常见，有代表宗教上的鲜血和灵魂的意义。在旧石器时的尼安德特人、克罗马农人即有以朱砂或赭石处理尸体以期死者复生的葬俗，我国山顶洞人墓葬中也是如此，到新石器时代则更为普遍。在良渚文化、马家窑文化、广汉三星堆、河南殷墟等遗址都曾发现用朱砂涂染的装饰品和尸骨[12]。结合双墩一号墓的墓葬资料，认为该墓中的辰砂主要是代表宗教上的鲜血和灵魂的意义。

5. 玻璃器

双墩三号战国墓除一对玉璜（BBBWⅠ-14，M3∶38）为透闪石型玉器外，另有1件玉器（BBBWⅠ-15，M3∶1），经检测分析是我国传统的铅钡系统玻璃。中国最早的铅钡硅酸盐玻璃品是安徽亳州出土的半透明"眼"珠，属于春秋末战国初。这类玻璃大部分出自湖南，属于东周时期，到战国中晚期的玻璃制品大量出现，大部分为玻璃珠、玻璃壁（谷纹壁为主，也有云纹壁）。早期的铅钡玻璃中PbO含量一般比较高，大都在20%～45%，BaO的含量在10%左右，而SiO_2的含量一般在30%～50%。PbO的引入主要是为了降低玻璃的融化温度，大量的氧化铅引入。氧化钡的引入也可以有效降低玻璃的融化温度，但它容易产生析晶，使玻璃混浊，形成乳白色，可以起到防玉的效果。西汉以后，逐步发展为铅硅酸盐玻璃[13]。双墩三号战国墓出土的这件玻璃壁中PbO和BaO的含量都比较低，分别为13.7%和3.0%，而SiO_2和Al_2O_3的含量较高，分别为66.5%和10.7%，这与其他地区出土这一时期的铅钡玻璃的主要化学成分有一定差别，这可能是由于玻璃表面风化导致PbO和BaO的流失。这件玻璃器在造型上是我国传统的玉璧造型，在色泽上如春天里新生的嫩叶，具有乳浊感，主要是为了仿玉。

五、结　论

此次分析的蚌埠双墩一号春秋墓和三号战国墓出土的样品以玉器为主，其中透闪石型玉器占85%以上，另外有1件天河石型玉器和1件蛇纹石型玉器。透闪石型玉器主要是墓主人随身佩带的装饰品，普遍受沁，出现白花（"鸡骨白"）现象，而墓室外器物箱中出土的蛇纹石型玉扳指则保存完好，未曾受沁，这说明埋藏环境与玉器的保存现在密切相关。与透闪石型玉器相比，同出的天河石型玉器保存较好，表明其耐腐性较强。此外，M3出土1件战国时期的铅钡系统玻璃璧，在造型和色泽上都是为了仿玉。

执笔：董俊卿
审核：干福熹

参与此项工作的人员还有：安徽省文物考古研究所阚绪杭、周群，上海光学精密机械研究所顾冬红、李青会、赵虹霞、张朱武、刘松，复旦大学承焕生、马波。

注释

① 承焕生、张斌、朱丹、林嘉炜、杨福家：《外束质子激发X荧光分析在文物研究与考古中的应用》，干福熹主编：《丝绸之路上的古代玻璃研究》，复旦大学出版社，2007年，91～95页。

② 赵虹霞、干福熹：《不同产地软玉的拉曼光谱分析及在古玉器无损研究中的应用》，《光散射学报》2009，21

（4）：345～354 页。

③ 刘志勇、干福熹、承焕生等：《蛇纹石质古玉器的无损分析研究》，《自然科学史研究》，2008，27（3），370～377 页。

④ 张朱武、承焕生、干福熹：《不同成矿机理和地质环境下形成的软玉的化学成分特征研究》，《矿物学报》，已录用，待刊。

⑤ 王荣：《古玉器受沁机理初探》，《中国科学技术大学博士学位论文》，2007 年 3 期。

⑥ 潘兆橹：《结晶学及矿物学（上册）》，地质出版社，1998 年，176～179 页。

⑦ 北京大学地质学系岩矿教研室：《晶体光学》，地质出版社，1979 年，180～223 页。

⑧ 樊行昭、游益彬：《山西交城西榆皮天河石呈色机理的研究》，《太原理工大学报》，2004，35（1），89～91 页。

⑨ ［前苏联］罗曼诺维奇 HQ：《非金属矿床学》，中国地质大学出版社，1985 年，132～137 页。

⑩ ［宋］苏颂著、尚志钧辑校：《本草图经》，安徽科学技术出版社，1994 年，17 页。

⑪ 黄家柱：《漫话朱砂》，《中国有色冶金》，1986 年 3 期，62 页。

⑫ 王进玉、王进聪：《中国古代朱砂的应用之调查》，《文物保护与考古学》，1999，11（1），40～45 页。

⑬ 干福熹等著：《中国古代玻璃技术的发展》，上海科学技术出版社，2005 年，225～227 页。

我国古代两种珍稀宝玉石文物分析

董俊卿[1]　干福熹[2]　李青会[3]　顾冬红[4]　阚绪杭[5]　程永建[6]

在对我国古代文物科技分析的过程中，笔者陆续发现 3 件珍稀的早期彩色宝玉石文物，其分别为春秋时期的天河石串珠（BBBWⅠ-4），东汉时期的青金石耳珰（HNLY-01）以及唐代的青金石管（XJ-18）。由于这两种质地的文物在我国古代墓葬中较少发现，且在颜色、外观与形制上分别与绿松石和琉璃（玻璃）制品极为相近，故曾被误认为是绿松石珠，琉璃耳珰及管。笔者结合多种测试分析方法，对这 3 件彩色宝玉石文物进行了简要地鉴定分析，旨在使更多易混淆的宝玉石文物能够得以准确鉴别，对了解我国宝玉石的开采、加工及引进历史有着重要的意义。

1　测试方法

1.1　外束质子激发 X 射线荧光技术（PIXE）

采用复旦大学现代物理研究所的质子激发 X 射线荧光分析仪对样品 BBBWⅠ-4、HNLY-01 和天然天河石样品 M-1 进行化学成分主量元素和微量元素分析。测试方法和条件：测试时样品至于大气中，为外束 PIXE 分析技术。质子束由串列加速器加速后、能量约为 3.0MeV 的高能粒子束，真空室与大气之间以 7.5μm 的 Kapton 膜相隔；样品距离 Kapton 膜约 10mm，质子束穿过 Kapton 膜和空气，到达样品表面的实际能量为 2.8MeV，束斑直径为 1mm，束流为 0.01nA。X 射线用 Si（Li）探测器测量，系统对 Mn 的 K_α（5.9keV）的能量分辨率（FWHM）为 165eV。采用 GUPIX-96 程序进行解谱分析，可测得样品中原子序数大于 10（$Z \geqslant 11$）的各元素组成，实验采用标准样品作为参考。外束 PIXE 对 K 和 Ca 的分析灵敏度达 2μg/g，对高 Z 元素的分析灵敏度约 20μg/g。为测得样品中 Na 的质量分数，测量时在样品与探测器间用 He 气包围，以减少大气对轻元素的吸收损耗。常量元素的实验统计误差约为 5%，微量元素的约为 15%。

1　中国科学院上海光学精密机械研究所科技考古中心。

2　同1。

3　同1

4　同1。

5　安徽省文物考古研究所。

6　洛阳文物工作队。

1.2　便携式能量色散 X 射线荧光分析仪（pXRF）

采用中国科学院上海光学精密机械研究所的 OURSTEX 100FA 型便携式能量色散 X 射线荧光分析仪对样品 XJ－18 进行化学成分分析。测试方法及条件：采用 Pd 作为 X 射线管的靶材。对原子序数低于 30 的元素，采用连续 X 射线分析模式，其分析条件为 15kV 和 1.0mA；对原子序数大于 30 的元素，则采用 PdK$_\alpha$ 线的单色 X 射线分析模式，其分析条件为 40kV 和 0.5mA，每种模式的分析时间均为 100s。X 射线焦斑直径约为 2.5mm。使用的 X 射线荧光探测器为专门针对于轻元素探测的 SDD 探测器（场效应管硅漂移探测器），其能谱分辨率为 145eV。为减少大气对于轻元素特征谱线的吸收，本台谱仪还配备了真空泵，样品腔的最低气压为 400～600Pa，进一步改善了对于轻元素的探测[①]。

1.3　X 射线衍射（XRD）

该实验分别在复旦大学化学系表面化学实验室和中国科学院上海光学精密机械研究所激光与光电子功能材料研发中心进行，仪器分别为 D8 Advance X 射线衍射仪和 Ultima Ⅳ 日本理学 X 射线衍射仪，测试条件：采用 CuK$_\alpha$（λ = 0.154056nm）的 X 射线及 Si（Li）探测器，管压为 40kV，管流为 40mA，测角仪精度为 0.0001°，3kW 高频 X 射线发生器，高反射率的石墨单色器。其中，样品 BBBWⅠ－4、HNLY－01 和 M－1 的 XRD 测试在复旦大学完成，样品 XJ－18 的在中国科学院上海光学精密机械研究所进行。

1.4　激光拉曼光谱（Laser Raman spectroscopy）

该实验分别在复旦大学分析测试中心光谱实验室和中国科学院上海光学精密机械研究所高功率激光单元技术研发中心进行。前者采用法国 Dilor 公司生产的 LabRan－1B 型共焦显微拉曼光谱仪，实验参数：He－Ne 激光器，激光波长 632.8nm，功率 4.3mW，100 倍物镜，狭缝 100μm，多道 CCD 探测器，光束作用面积 1μm^2。后者采用英国 Renishaw 公司生产的 inVia Reflex 型显微共焦激光拉曼光谱仪，测试条件：Ar 离子激光器（488nm），额定功率 20mW，半导体激光器（488nm），配有大样品台和光纤探头，额定功率 313mW；5、20 和 50 倍物镜（光斑直径 1μm），高灵敏度超低噪音 CCD 探测器，横向分辨率小于 1，μm。样品 HNLY－01 在复旦大学完成，样品 BBBWⅠ－4、M－1 和 XJ－18 则在中国科学院上海光学精密机械研究所进行。

2　文物分析

2.1　天河石串珠

天河石串珠由蚌埠市博物馆提供，样品编号为 BBBWⅠ－4（M1∶38），蓝绿色，珠形，对钻孔（图一），其出土于蚌埠双墩一号春秋墓，系墓主人胸前佩饰，出土时被认为是绿松石。蚌埠双墩一号墓位于蚌埠市双墩村，该墓葬随葬品丰富，还放置三牲。大量的漆木器全部腐烂粉碎无法记数，发掘中编号器物 430 余件（不包括 2000 多件土偶）。墓主人为是春秋钟离国国君"柏"。钟离国在今淮河中游凤阳县境内，春秋时期是淮河中下游最重要的战略要地和政治军事、经济文化中心，也是春秋战国时期军事必争之地。据零星的文献记载：周简王元年（公元前 585 年），"鲁成公、吴寿梦，会于钟离"。《左传》云：昭公四年（公元前 538 年）冬，"楚箴尹宜咎城钟离以备吴"。周敬王二年（公元前 518 年）钟离城被吴王僚夺取，属吴。越王勾践灭吴后，钟离城属越。

图一　天河石串珠

2.2　青金石耳珰与管饰

青金石耳珰由河南省洛阳市文物工作队提供，样品编号为 HNLY－01（M159A∶6），蓝紫色，长约 1cm，微残（图二），1953 年出土于洛阳烧沟横堂墓，伴随该耳珰出土的器物有陶瓮、鼎、敦、洗、耳杯以及车马明器等。该墓曾被盗扰，墓主人可能为东汉晚期的豪门贵族或一般官吏及其亲眷[②]，出土时曾被认为是琉璃。

青金石管饰的编号为 XJ－18，出土于新疆和田皮山古城，唐代，天蓝色，方形，管身有两道横的凹纹，长约 0.4cm，宽约 0.3cm，穿孔径约 0.1cm，微残（图三）。

图二　青金石耳珰

图三　青金石管饰

3　测试结果与讨论

3.1　天河石串珠

PIXE 的检测结果显示，样品 BBBWⅠ-4 的主要化学成分为 w（SiO_2）=62.8%，w（Al_2O_3）= 19.2%，w（K_2O）=14.3%，并含有少量的 w（Na_2O）=2.50%，与天然天河石样品 M-A1 和天河石的理论化学成分非常接近（表一）；其主要微量元素分别为 Rb（4869×10^{-6}），Pb（843×10^{-6}），Fe（490×10^{-6}），Hg（83×10^{-6}），Cu（23×10^{-6}），Zn（11×10^{-6}），其中 Rb 的质量分数最高。根据相关的文献资料[③④⑤]，样品 BBBWⅠ-4 呈亮蓝绿色，应是 Rb，Pb 和 Fe 这 3 种离子综合致色的结果。

表一　样品的 PIXE 和 pXRF 的分析结果

样品编号	化学成分/%																测试方法
	Na_2O	MgO	Al_2O_3	SiO_2	P_2O_5	SO_3	K_2O	CaO	TiO_2	Cr_2O_3	MnO	Fe_2O_3	CoO	NiO	CuO	BaO	
BBBWⅠ-4	2.50	0.75	19.00	62.80	0.38		14.31	0.13		0.01	0.01	0.07	0.01	0.01	0.01		PIXE
M-A1	3.34	0.66	19.20	63.60	0.99		12.20									0.04	PIXE
天河石的理论值			18.30	64.80			16.90										
HNLY-01	0.63	13.60	7.02	50.80	0.85	3.83	0.22	19.05	0.23			3.72	0.06				PIXE
XJ-18	6.28	12.90	11.8	50.30		2.62	3.36	12.40				0.13				0.16	PXRF
青金石 QJS-1[⑥]	8.40	12.50	16.00	40.40	1.10	3.90	3.30	12.80	1.10			0.10					PIXE
青金石的理论值	16.8		27.20	31.80		11.80		8.70									
透辉石理论值		18.60		55.50				25.90									

样品 BBBWⅠ-4 与天河石固体样品（M-A1a）及其粉末样品（M-A1b）的 X 射线衍射图谱如图四，表二对比列举了三者与微斜长石标准卡片（PDF 卡片为 19-0932）的主要衍射峰及相应的晶面。结果显示，样品 BBBWⅠ-4 的主要晶面间距 d 值与天河石样品以及微斜长石相应的 d 值基本吻合，与天河石固体样品中的衍射峰部分吻合。此外，样品 BBBWⅠ-4 与天河石固体样品的衍射峰较少，天河石粉末样品的衍射峰则较全，这是由于单晶固体样品在 X 射线衍射仪上会出现晶体择优取向，故只有个别几组晶面的衍射峰被检测到。样品 BBBWⅠ-4 检测到的几组晶面为 $24\bar{1}$、310、$\bar{3}10$、$15\bar{1}$、$\bar{4}23$、$26\bar{2}$，天河石固体样品检测到的几组晶面为 $15\bar{1}$、060、$\bar{4}23$、$\bar{2}04$、$26\bar{2}$。

图五为样品 BBBWⅠ-4 和天河石样品 M-A1 的拉曼光谱，结果显示，两者的光谱极为相似，主要强峰十分接近，个别峰值上的差异可能与样品所含杂质有关。样品 BBBWⅠ-4 的主要峰值为 1135，1124，994，812，747，649，512，474，453，401，371，330，285，264，256，199，178，157，126cm^{-1}等。

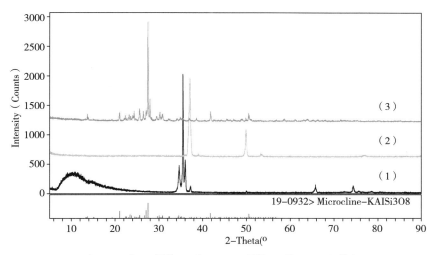

1 为 BBBWⅠ-4 固体；2 为 M-A1a 固体；3 为 M-A1b 粉末

图四　样品 BBBWⅠ-4 和天河石样品 M-A1 的 X 射线衍射图

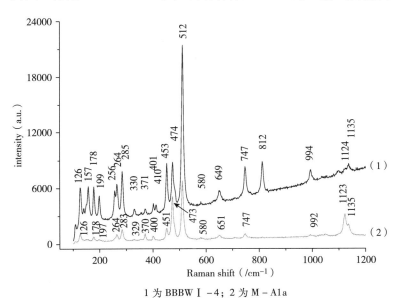

1 为 BBBWⅠ-4；2 为 M-A1a

图五　样品 BBBWⅠ-4 和天河石样品 M-A1a 的拉曼光谱

综合 PIXE，Raman 光谱和 XRD 的测试分析结果，样品 BBBWⅠ-4 用天河石加工而成。

3.2　青金石样品

PIXE 的检测结果（表一）显示，样品 HNLY-01 的主要化学成分为：w（SiO_2）= 50.80%，w（MgO）= 13.60%，w（CaO）= 19.10%，w（Al_2O_3）= 7.02%，w（Fe_2O_3）= 3.72%，w（SO_3）= 3.83%，其他氧化物如 w（Na_2O），w（K_2O），w（P_2O_5），w（TiO_2）皆小于 1%。样品 XJ-18 的主要化学成分为：w（SiO_2）= 50.30%，w（MgO）= 12.90%，w（CaO）= 12.40%，w（Al_2O_3）= 11.80%，w（Na_2O）= 6.28%，w（K_2O）= 3.36%，w（SO_3）= 2.62%，其他氧化物 w（BaO），w（Fe_2O_3）等

皆小于 1%。这两件样品的主要化学成分与本中心曾检测的青金石样品 QJS - 1[⑥]的主要化成成分（表一）比较接近。青金石耳珰与和管饰分别含有 3.83% 和 2.62% 的 SO₃，与阿富汗的青金石样品 QJS - 1 的 3.90% 相近，其蓝紫色是由自由基硫引起[⑦]。

由于耳珰样品形状不规则，管样品太小，探测到的衍射峰比较弥散。通过与 JCPDS 卡片库中矿物的粉末衍射数据相比较，这两件文物皆有一组弱的青金石和透辉石的特征衍射峰（图六）。样品 XJ - 18 与 JCPDS 卡片库中青金石、透辉石的 XRD 分析结果（表二）可以看出，样品 XJ - 18 中青金石和透辉石的 d 值、衍射峰强和晶面指数均与标准值吻合。

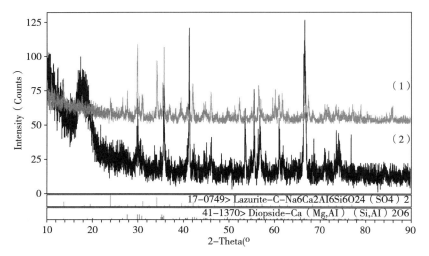

图六　样品 HNLY - 01 和 XJ - 18 的 X 射线衍射图

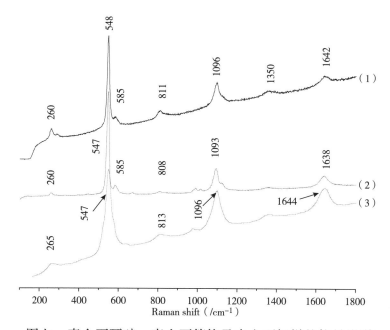

图七　青金石耳珰、青金石管饰及青金石标样的拉曼光谱

注：1. 青金石耳珰 HNLY - 01，532nm；2. 青金石管 XJ - 18 - 1，488nm；3. 青金石标样 Lazurite，R040023，532nm

拉曼光谱的分析结果（图七）显示，样品 HNLY－01 和 XJ－18（蓝紫色部位）均有一组青金石的特征峰，其分别为 1642，1096，811，548，260cm^{-1}（图七〈1〉）和 1638，1093，808，547，260cm^{-1}（图七〈2〉），这与本中心曾检测的青金石标本 QJS－1 的拉曼散射峰（1094，804，544，253cm^{-1}）[3][6]非常相似，也与"RRUFF"数据库中青金石矿物的特征拉曼散射峰（1644，1096，813，547，265cm^{-1}，图七〈3〉）十分接近。

利用显微拉曼对样品 XJ－18 的其他区域进行了分析，发现还有透辉石、黄铁矿及氟金云母的特征峰存在。图八～图一○分别列举了样品 XJ－18 中的三个区域（XJ－18－8，XJ－18－3，XJ－18－10）的拉曼光谱以及"RRUFF"数据库中透辉石、黄铁矿和氟金云母标样的拉曼光谱。可以看出，XJ－18－8 和 XJ－18－3 与透辉石和黄铁矿标样相当吻合，XJ－18－10 与氟金云母标样基本吻合，在 700～1200cm^{-1} 范围内略有出入，可能与其他杂质有关。

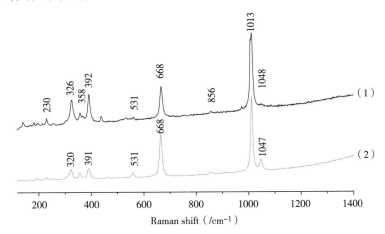

图八　青金石管饰样品中的透辉石及透辉石标样的拉曼光谱

注：1. 青金石管饰 XJ－18－8，488nm；2. 透辉石标样 R040009－3，514nm

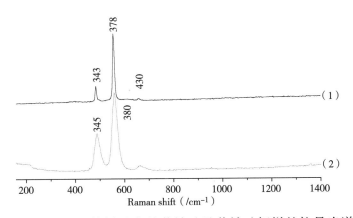

图九　青金石管样品中的黄铁矿及黄铁矿标样的拉曼光谱

注：1. 青金石管 XJ－18－3 高亮颗粒，488nm；2. 黄铁矿标样 Pyrite，R050190－3，514nm

由以上分析可知，样品 HNLY－01 和 XJ－18 的主要矿物组成为青金石，其中样品 XJ－18 还含有少量的透辉石、黄铁矿和氟金云母等。

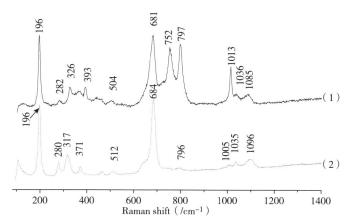

图一〇　青金石管样品中的氟金云母及氟金云母样品的拉曼光谱

注：1. 青金石管 XJ – 18 – 10，488nm；2. 氟金云母，Fluorophlogopite，R040039 – 3，514nm

4　矿物学特征及应用历史

4.1　天河石

天河石又称"亚马逊石"，是微斜长石的一个亮绿色到亮蓝绿色的变种，属三斜晶系，半透明 – 微透明。微斜长石是一种常见的矿物，产于火成岩中，属于富钾长石矿物，为含钾铝硅酸盐，其代表产地有巴西、美国、加拿大和俄罗斯，在中国主要产自四川、内蒙古、云南及江苏等。

天河石装饰品在我国古代墓葬或遗址中极少发现。据报道[8][9]，辽宁牛河梁遗址曾出土一个用天河石加工而成的小坠珠（JN2Z4M3：2），陕西沣西张家坡西周墓地出土的柄形器（M44：21）含有天河石和透闪石两种矿物。在古代非洲、北美洲以及西亚的两河流域等地，天河石装饰品则比较流行，如苏丹喀土穆地区的 Kadero 遗址曾出土有新石器时代早期（5000BC）的用天河石和孔雀石制成的小型块状私人装饰品[6][10]。在古代埃及，王朝前时代到罗马化时代有许多天河石制作的珠子、护身符和镶嵌物[11]。3330 年前，著名的法老图坦卡蒙的项链上就镶嵌有天河石。腓尼基人、新大陆阿芝台克人、玛雅人以及委内瑞拉、巴西、特立尼达岛、威斯康星州和加利福尼亚州的土著居民都曾使用过天河石。此外，天河石珠及印章也发现于公元前 8 世纪的新亚述地区[12]。

4.2　青金石

青金石矿物是一种含硫离子根的蓝方石 [（Na，Ca）$_{4-8}$ Al$_6$ Si$_6$ （O，S）$_{24}$ （SO$_4$，Cl）$_{1-2}$]，属方钠石族，系簇状化合物，其基本单元是由架状硅、铝、氧四面体骨干围成的立方八面体笼[13][14]。宝石学中的青金石实际上是一种岩石——以青金石矿物为主要组成的多矿物集合体，常含有蓝方石、方钠石、黝方石、透辉石及少量的方解石、黄铁矿、角闪石、普通辉石、云母等矿物。青金石的颜色有深蓝色、紫蓝色、天蓝色、绿蓝色等，若含较多的方解石时其呈条纹状白色，含黄铁矿时就在蓝底上呈显现色星点，带有闪光，青金石中的

表二　样品的 XRD 分析结果

晶面间距指数（d）值及强度（I）

样品编号																				
BBBW I -4	d/Å										2.59	2.53	2.49	2.41				1.82		1.41	1.27
	I/%										22	100	27	1.3				1.3		6.6	5.6
M - A1a, 固体	d/Å	6.48	4.23	3.65	3.48	3.37	3.29	3.24	3.19	2.95	2.90			2.42		2.31	1.83	1.72	1.44	1.24
	I/%	6	8	9	11	9	10	100	22	8	7			100		2.9	35	3.4	0.8	2.0
M - A1b, 粉末	d/Å	6.48	4.22	3.63	3.48	3.33	3.29	3.24	3.01	2.97	2.90	2.59	2.52	2.51	2.43	2.42	2.16	1.83	1.80	1.41	1.27
	I/%	8	40	6	11	14	50	100	6	8	7	1	2.2	2.2	2.8	2.8	10	7	7	1.9	0.7
Microcline JCPDS19 -0932	d/Å	6.48	4.22	3.63	3.48	3.33	3.29	3.24	3.01	2.97	2.90	2.59	2.52	2.51	2.42	2.40	2.16	1.83	1.80	1.82
	I/%	8	45	6	16	14	50	100	10	14	14	14	2	2	2	4	30	2	20	2
	hkl	020	$\bar{2}01$	$\bar{1}31$	$\bar{1}12$	220	$\bar{2}02$	040	131	$\bar{2}22$	041	$\bar{2}41$	310	$\bar{3}10$	$\bar{1}51$	151	060	$\bar{4}23$	$\bar{2}04$	$\bar{2}62$
XJ - 18d	d/Å	2.98	2.51	2.53	2.89	2.95	3.34	3.22	3.22	2.02	2.03	2.20	1.50	1.62	1.63	1.83	2.43	1.47	1.37	1.31	1.23
	I/%	100	96	47	30	26	25	36	38	23	23	21	32	32	45	13	19	15	11	13	19
Diopside JCPDS41 -1370	d/Å	2.98	2.51	2.53	2.89	2.95	3.34	3.22	3.22	2.02	2.03	2.20	1.50	1.62	1.63	1.83	2.43	1.47	1.37	1.31	1.23
	I/%	100	30	16	30	55	6	36	38	7	7	6	2	10	9	9	10	14	18	10	16
	hkl	$\bar{2}21$	221	$\bar{1}12$	$\bar{2}20$	$\bar{1}32$	021	$\bar{2}20$	310	$\bar{3}10$	041	$\bar{2}22$	$\bar{4}02$	$\bar{5}31$	$\bar{2}23$	222	$\bar{4}23$	$\bar{3}10$	622	611	721
XJ - 18d	d/Å	2.62	2.14	6.43	3.21	2.87	3.71	2.43	2.28	1.78	1.78	1.29	1.23	1.24	1.31	1.31	1.37	1.47	1.48	1.44	1.24
	I/%	79	47	38	36	30	25	19	30	19	17	6	19	16	13	10	11	15	14		
Lazurite JCPDS17 -0749	d/Å	2.62	2.14	6.43	3.21	2.87	3.71	2.43	2.28	1.78	1.78	1.29	1.24	1.31	1.31	1.37	1.47	1.48			
	I/%	80	35	40	45	30	100	16	30	30	25	6	16	10	18	14	16			
	hkl	222	330	110	220	310	211	321	400	510	550	444	721	622	611	444	321	211			

注：表中所列晶面分别是 Microcline、Diopside 和 Lazurite 的 JCPDS 标准卡片中的晶面信息。

"金"由此得名。《石雅》云："青金石色相如天，或复金屑散乱，光辉灿烂，若众星丽于天也"。青金石主要产地有阿富汗的萨雷散格矿床、俄罗斯的小贝斯特拉矿床和斯柳甸矿床、智利的安第斯山脉 Ovalle、加拿大的巴芬岛南端以及蒙古、缅甸、巴基斯坦、印度和安哥拉等地。其中，阿富汗产青金石呈深蓝色、天蓝色和浅蓝色，细粒结构或隐晶结构，是世界上历史最悠久最优质的青金石原料产地。其他各地产青金石的伴生矿物较多，颜色一般较浅，质量逊于阿富汗青金石[6]。

青金石作为最古老的宝石之一，在古代是一种流行的装饰和工艺品材料。欧洲中世纪和文艺复兴时期，作为一种蓝色颜料（天然群青）被广泛应用。在古印度、伊朗，青金石与绿松石、珊瑚均属名贵玉石品种；在古希腊、古罗马，佩戴青金石被认为是富有的标志。早在 4000 年前，阿富汗青金石就在幼发拉底河流域的乌尔被买卖。古埃及人常用青金石来制作护身符、装饰品以及人物或动物雕塑的眼睛，古代亚述人和巴比伦人常用来制作图章、雕塑、权杖以及项链等。

清代之前，我国青金石装饰和工艺品极少，主要当作颜料使用。新疆克孜尔石窟、敦煌石窟、敦煌西千佛洞自北朝至清代的壁画、彩塑上都是采用青金石做颜料[15]。截至目前，我国发现的早期青金石文物多为黄金制品上镶嵌装饰。最早的是东汉时期徐州土山彭城王刘恭墓出土的一只镶嵌青金石的兽形鎏金铜砚盒[16]，河北赞皇东魏李希宗墓[17]和宁夏固原北周李贤墓[18]各出土一枚镶嵌青金石金戒指，西安郊区隋李静训墓也出土一件青金石镶嵌金项链[19]。明清以后，青金石深受帝王的钟爱，被用于皇室和大臣特定场合使用[20]。

5 讨 论

（1）关于天河石和青金石文物的报道寥若晨星，亦缺乏详细的科技鉴定与分析数据。此次，笔者通过多种科技分析手段分别从绿松石和琉璃（玻璃）中甄别与鉴定出天河石串珠、青金石耳珰及管，这些为中国宝玉石史增添了光彩，丰富了我国古代先民开采、应用及引进宝玉石的认识。

（2）蚌埠双墩天河石串珠是墓主人胸前佩戴的饰品，保存完好，越千年而色泽鲜艳如新，而同出土的透闪石质玉器则都有不同程度的风化沁蚀，足见天河石有较强的耐腐蚀性。天河石在我国有诸多产地，从器形以及所处的时代和地理背景来看，应该来自国内，但具体产地的确定还需获得更多的有效数据和进一步分析才能判断。以往出土的青金石都是镶嵌在金项链、金戒指及鎏金铜砚盒等金器上，作为装饰和点缀，使用者一般都是当时权贵。镶嵌青金石的金项链和金戒指带有明显的西亚色彩，被认为是西方舶来品。新疆和田皮山古城出土的唐代青金石管与同出的玻璃器一样，可能来自西亚。而耳珰是我国古代典型的器形之一，不应是舶来之物。不过，中国目前尚未发现青金石矿床，推测青金石管是从西亚输入新疆，而青金石耳珰则应是从古代阿富汗进口原料、在国内加工而成。西汉以后，不少玻璃等制品沿沙漠丝绸之路的南线进入中原，即沿河西走廊经酒泉、武威、兰州至西安，再到内地[20]。那么，东汉至唐代的青金石可能是经由此路线进入中原的。这不仅丰富了青金石在我国早期应用的范围，也为探讨东西方早期文化和经济交流提供了新的线索。

感谢中国科学院上海光学精密机械研究所赵红霞女士和刘松博士在拉曼光谱和 pXRF 的分析过程中给予支持和帮助，感谢新疆文物考古研究所张平研究员在样品提供和分析过程中的帮助和指导。

注释

① 刘松、李青会、干福熹等：《便携式能量色散型 X 射线荧光光谱仪在中国古代玻璃化学成分分析中的应用》，《光谱学与光谱分析》，2010，30（9），2576～2580 页。

② 中国社会科学院考古研究所：《洛阳烧沟汉墓》，科学出版社，1959 年，240 页。

③ 潘兆橹：《结晶学及矿物学（上册）》，地质出版社，1998 年，176～179 页。

④ 樊行昭、游益彬：《山西交城西榆皮天河石呈色机理的研究》，《太原理工大学学报》，2004，35（1），89～91 页。

⑤ ［前苏联］罗曼诺维奇 HQ：《非金属矿床学》，中国地质大学出版社，1985 年，132～137 页。

⑥ 伏修峰、干福熹、马波等：《青金石产地探源》，《自然科学史研究》，2006，25（3），246～254 页。

⑦ 王进玉、冯良波：《群青颜料呈色机理的电子顺磁共振研究》，《分析化学》，1994，22（10），1012～1015 页。

⑧ 闻广：《几中国大陆史前古玉若干特征》，邓聪：《东亚玉器（中册）》，中国考古艺术研究中心出版，1998，217 页。

⑨ 闻广：《中国古玉地质考古学研究的续进展》，《故宫学术季刊》，1993 年 1 期，9～30 页。

⑩ Sadig, Azhari Mustafa. The neolithic of the middle nile region：An archeology of central Sudan and Nubia ［M］. Rochester：Fountain Publishers，2010. 207－208.

⑪ Harrell, J. A. , A. F. Osman. Ancient amazonite quarries in the Eastern Desert ［M］. Egyptian Archaeology. 2007，30：26－28.

⑫ George Rapp. Archaeomineralogy ［M］. Berlin：Springer－Verlag，2009. 104.

⑬ 蒋良俊：《矿物学（上册）》，冶金出版社，1960 年，86 页。

⑭ 罗谷风、赵明、葛小月等：《青金石中的结构有序化和调制及其与光性异常间的关系》，《高校地质学报》，2000，6（2），132 页。

⑮ 王进玉：《中国古代青金石的应用》，《中国宝石》，1993 年 4 期，65～68 页。

⑯ 南京博物院：《徐州土山东汉墓清理简报》，《文博通讯》，1977 年 15 期，20 页。

⑰ 石家庄地区革命委员会文化局文物发掘组：《河北赞皇李希宗墓》，《考古》，1977 年 6 期，388 页。

⑱ 宁夏回族自治区博物馆、宁夏固原博物馆：《宁夏固原北周李贤夫妇墓发掘简报》，《文物》，1985 年 11 期，12 页。

⑲ 中国社会科学院考古研究所：《唐长安城郊隋唐墓》，文物出版社，1980 年，16～17 页。

⑳ 干福熹：《玻璃和玉石之路》，《广西民族大学学报（自然科学版）》，2009，15（4），12 页。

安徽蚌埠双墩一号墓出土石器研究

王善友[1]　朱光耀[2]　阚绪杭[3]　周　群[4]

双墩一号墓位于安徽省蚌埠市淮上区小蚌埠镇双墩村，正南距淮河约 3 千米，地理坐标为北纬 32°59′04.80″，东经 117°19′09.33″。在双墩村境内保存有两座较大的古墓葬封土堆，其中东北部的封土堆就是双墩一号墓的所在地（图一）。该墓葬于 2006～2008 年进行了抢救性发掘，获得了多项先秦考古重大新发现，为探讨淮河中游地区的地域文化特征和社会历史发展提供了不可多得的珍贵材料。经阚绪杭等专家鉴定，其具体年代大约在公元前五六世纪，属于春秋中晚期，墓主人是一位名叫柏的钟离国君[①]。

为了对双墩一号墓发掘的遗存作更深入、更全面的研究，用以综合探索当时的自然和社会经济的发展状况，本文从出土石器入手，做了以下工作：通过肉眼观察、几何要素数据测量和简单的理化实验，深入了解石器的形态特征和岩性特征，对石器的岩石类型进行识别归类。通过查阅资料和请教专家，明确石器料石的地层层位、时空分布与形成环境，建立料石产地与墓葬位置的空间联系。依据石器的外观形态和岩性特征，探讨石器的功能、制作工艺、保存条件以及钟离国的相关情况。运用多学科的交叉渗透，综合考古学、音乐学、声学、材料力学、岩石学、矿物学等学科知识，对相关资料进行统计、比较、分析、归纳、演绎，说明古人选择石灰岩作为编磬料石的原因。

一、石器料石研究

双墩一号墓共出土石器 14 件，包括二组编磬（12 件）和一组砺石（2 件，编号为 M1：354、M1：355），其中 12 件石磬的料石均可被小钢刀刻划出粉末，遇稀酸均剧烈起泡，按岩性特征可以分为三组。

M1：12、M1：13、M1：15、M1：16、M1：21、M1：23、M1：25 的料石属于第一组，这一组料石呈浅灰～深灰色，风化侵蚀表面为灰白色，隐晶～微晶结构，块状构造，致密细腻均匀，这一质地特征在 M1：23 的局孔上表现得特别明显，该局孔的内壁十分光滑（图版二七三，1、2、3），其他料石组石磬的局孔内壁大多都有明显的钻磨圈（图版二七三，1、2、3）。经安徽地矿局 312 队孙亚力、孔

1　安徽省蚌埠市淮河文化研究会副教授。

2　安徽省蚌埠学院淮河文化研究中心，教授。

3　安徽省文物考古研究所研究员。

4　安徽省文物考古研究所研究员。

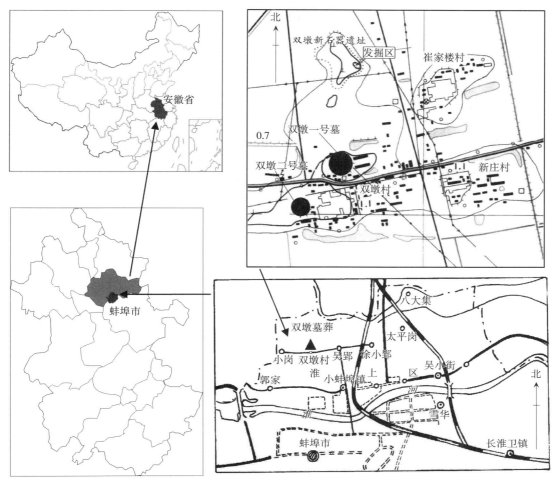

图一　蚌埠双墩一号墓位置图

广林、李希隆等专家观察，认定该组料石为中寒武统徐庄组下段上部的纯灰岩，其矿物成分以方解石为主，含量在95%以上[②]，化学成分以碳酸钙为主[③]。根据其隐晶~微晶的结构和致密均一的构造，它属于化学石灰岩，是通过真溶液沉积或生物化学沉积而形成，即溶解在水中的碳酸钙因浓度升高或由于生物在新陈代谢中引起周围介质物理化学条件的变化而结晶析出，并沉淀到水底堆积下来，多形成于温暖浅海地区。气候温暖，有利于水分蒸发和海水中二氧化碳的逸出，从而使碳酸钙浓度增大；气候温暖也有利于水生植物进行光合作用，使海水中二氧化碳被植物吸收，同样使碳酸钙浓度增大，最终导致碳酸钙沉淀，形成化学石灰岩[④]

　　M1：14、M1：24的料石属于第二组，这一组料石呈深灰~灰黑色，隐晶~微晶结构，微层层理构造，单层厚度0.1~10毫米（图版二七三，4、5），经上述专家观察，认定该组料石为下寒武统馒头组中段的纹层状灰岩。纹层通常也称为细层，是组成层理的最基本的最小的单位，纹层之内没有任何肉眼可见的层。它是在一定条件下同时沉积的结果，其厚度甚小，一般只有几毫米[⑤]。纹层状灰岩中的纹层形态平直，并与层面平行，属于水平层理。这种层理主要是在水动力微弱而又稳定的深水、较深水区，物质从悬浊液或真溶液中沉淀而成[⑥⑦⑧]。

M1∶11、M1∶17、M1∶22 的料石属于第三组，这一组料石呈深灰～灰黑色，隐晶～微晶结构，块状构造，其中 M1∶11 磬背边缘具有微层层理构造（图版二七三，6），与第二组料石岩性相近，所以第三组料石属下寒武统馒头组的灰岩。

总之，12 件石磬的料石均为石灰岩，属于沉积岩大类中的化学岩和生物化学岩之一的碳酸盐岩[9]。地质历史中的碳酸盐岩，绝大部分都是陆表海清水沉积作用的产物。陆表海是位于大陆内部或陆棚（大陆架）内部的、低坡度的、范围宽广的、很浅的浅海，即平坦开阔，水又很浅的浅海。所谓清水沉积作用，是指在没有或很少有陆源碎屑物质流入的陆表海环境中的碳酸盐沉积作用。一般说来，陆源碎屑物质的沉积作用与碳酸盐沉积作用是相互排斥的；凡是有大量陆源碎屑物质流入的浅海海域，碳酸盐沉积作用是不发育的。因此，清水是碳酸盐沉积作用必不可少的环境条件[10]。与第二、三两组料石相比，第一组料石颜色较浅，原因在于其主要由方解石组成，基本上不含其他矿物；第二、三两组料石之所以颜色更深，是因为它们形成于更加还原的环境，岩石中有机碳或低铁硫化物的含量更高[11]。

M1∶354 呈灰黄色，块状构造，遇稀酸毫无化学反应，说明不含碳酸钙等碳酸盐类。具细粒砂状结构，砂粒直径为 0.1 毫米左右，以石英颗粒为主，泥质填隙，属于细砂岩。岩石中的石英莫氏硬度为 7[12]，即岩石的硬度较大，适宜用作粗磨砺石。M1∶355 呈灰色，略带绿色色调，块状构造，致密细腻，遇稀酸毫无化学反应，说明不含碳酸钙等碳酸盐类。具泥质结构，属于泥岩，是一种厚层状、致密、页理不发育的粘土岩[13]。从碎屑体积的大小看，黏土岩是由直径小于 0.005 毫米的微细颗粒（含量大于 50%）组成的岩石[14]；从矿物成分看，黏土岩是指以粘土矿物为主（含量大于 50%）的沉积岩。黏土岩的粒度组分大都很细小，这主要是因为黏土矿物的粒度细小所致，黏土矿物的粒径一般都在 0.005 毫米以下。构成黏土岩主要组分的黏土矿物大多数来自母岩风化的产物，并以悬浮方式搬运至水盆地，以机械方式沉积而成。黏土矿物中最常见的是层状结构的含水的硅酸盐或铝硅酸盐，如高岭石、蒙脱石、绿泥石、伊利石、海绿石等[15]，硬度不大，与指甲相近，如高岭石的莫氏硬度为 1～2.5；绿泥石为 2～2.5[16]。总之，黏土岩硬度不大，碎屑颗粒细小，适宜用作细磨砺石。M1∶355 之所以呈灰绿色色调，是因为岩石中有绿泥石或海绿石存在，或者是岩石中的伊利石晶格中含有低价铁离子[17]。由此可见，M1∶354 和 M1∶355 的料石属于沉积岩大类中的碎屑岩之一的沉积碎屑岩[18]，是浑水沉积作用的产物[19]。据安徽地矿局区调队淮南市洞山剖面资料[20]，第 39 层为灰黄绿、灰黄色薄层至中厚层细砂岩与灰色薄层至中厚层灰岩，属于中寒武统徐庄组，M1∶354 的料石可与之比对。相关资料中未见灰绿色泥岩的描述，但有多处剖面资料记述了灰绿色页岩，如淮南市洞山剖面资料[20]中的第 35 层为灰绿色薄层页岩，属于中寒武统徐庄组；定远县小金山剖面资料[21]中的第 39 层为紫红色薄层页岩，底部为约 1 米厚之灰绿色页岩，属于中寒武统徐庄组；第 26 层和第 10 层均为灰绿、黄绿色页岩，属于下寒武统馒头组。页岩是一种页理发育的黏土岩，页理指的是细层厚度小于 1 厘米的水平层理[17]，是由鳞片状黏土矿物层层累积、平行排列并压紧而成[14]。页岩与泥岩的差异主要在于有无页理构造。由于 M1∶355 体量较小，再加上外表面已遭受强烈磨损，所以微细构造不易观察。其料石有可能与上述若干层灰绿色页岩比对。

综上所述，双墩一号墓出土石器的料石属于寒武系岩层，形成于早古生代的早中寒武世，距今 5.43～4.90 亿年[22]。当时在今天的明光、合肥、六安、岳西和潜山一带是一块陆地，称为淮阳古陆，呈东北—西南方向延伸，北高南低，北陡南缓。其北侧是一片海洋，称为黄淮海。蚌埠一带为水下隆起，称为蚌埠隆起。古陆北侧的地壳一直处于沉降状态，沉降中心位于淮南与定远之间，后来向定远一侧靠近，海水由北偏东方向不断侵入，蚌埠隆起的阻隔作用不明显，海水在区内畅通，形成滨海开阔台地，料石就是在这样的环境中形成的[23]。综合安徽地矿局区调队资料[24]、安徽地方志资料[25]和相关考古资料[26]，双墩一号墓墓址与钟离城遗址均位于寒武系华北地层区淮河地层分区淮南地层小区中的凤阳地层子区，该地层子区的寒武系地层分散出露于怀远、凤台、寿县、淮南、凤阳、定远一带（图二），露头区均位于墓址周围75千米范围以内，或钟离城遗址周围100千米范围以内，其中怀远县新城口位于淮河岸边，水运便利，距离钟离城遗址不远，是双墩一号墓出土石器料石的最大可能产地。

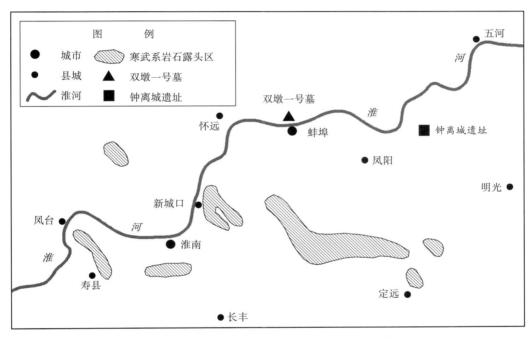

图二　凤阳地层子区寒武系露头区分布示意图

从石磬的音响效果看，以第一组料石最为优越，其用量比重接近60%，这一方面说明当时的工匠在石磬制作的选料上已经具备丰富经验，另一方面说明料石来源不够充足。在我国的大江南北、黄河上下，类似于第一组料石的质地纯净均匀细腻的石灰岩出露广泛，数量众多，如中奥陶统马家沟组灰岩和上石炭统黄龙组灰岩分别遍及我国北方和江南各地[27][28]，距离钟离城遗址也不遥远，然而这些优质石材却未被钟离国采用。料石来源不够充足意味着当时的石磬制作是就近取料，钟离国地域狭小。第二组料石微层层理极为发育，容易形成薄板状形态，但内部薄弱界面众多，不均匀程度高，容易产生杂音，这一方面说明当时的工匠在石磬制作的选形上已经具备丰富经验，另一方面说明拥有者（墓主人）对于石磬的音响效果不是十分在意，他更加注重的是自己的身份和地位[29]。

根据相关资料，远古时期、夏代、商代前期的石磬均为特磬，材质多种多样，有角页岩、板岩、石灰岩、细质砂岩、粉砂岩、泥灰岩、泥灰质板岩、硅质板岩等⑳~㉜，均具有质地致密均匀、层理或板理等层状构造发育从而容易形成薄板状形态的共同特征。商代后期出现

编磬㉝，材质相对单一，以石灰岩占绝对优势㉞㉟。由此可见，石磬音乐功能的演进与其材质的选择密切相关。商代后期以来，以石灰岩作为石磬料石逐渐成为当时社会所流行的共同选择。关于其中原因，我们可以从已有的石磬测音资料⑫㊱中（表一）获得答案。

表一　石磬材质与音高一览表

磬　名	材　质	音　高	频　率
山西襄汾特磬	角岩	$g^1 - 38$	383.492
山西五台阳白特磬	板岩	$d^2 - 8$	584.632
内蒙古喀喇沁旗大营子石磬	泥灰质板岩	$d^2 + 15$	592.450
内蒙古喀喇沁旗王家营子石磬	泥灰岩	$f^2 - 41$	682.122
山西襄汾陶寺 M13015：17 特磬	角页岩	$f^2 - 23$	689.250
陕西蓝田怀真坊特磬	石灰岩	$\#f^2 + 13$	745.580
内蒙古喀喇沁旗河南西石磬	硅质板岩	$g^2 - 15$	777.240
内蒙古喀喇沁旗下瓦房店石磬	泥灰岩	$g^2 + 32$	789.630
山西夏县东下冯石磬	细质砂岩	$\#g^2$	830.062
山西闻喜南宋村特磬	石灰岩	$\#g^2 + 28$	844.166
河南安阳殷墟武官村虎纹石磬	大理岩	$\#a^2 - 11$	926.483
内蒙古喀喇沁旗西府石磬	石英粉砂岩	$\#d^3 + 9$	1521.016
内蒙古喀喇沁旗韩家窑石磬	粉砂岩	$a^3 + 10$	1770.224
河南禹州阎砦石磬	石灰岩	$d^4 + 27$	2386.288

从表一中可以看出，石磬的音高与材质密切相关。除山西襄汾特磬和河南禹州阎砦石磬外，石磬的音高与矿物成分的相关性十分明显：料石中的粉砂岩属于沉积岩中的细粒碎屑岩，主要由 0.05 ~ 0.005 毫米粒级（含量大于 50%）的碎屑颗粒经过长距离搬运，在微弱而稳定的水动力条件下从悬浊液中缓慢沉降，堆积在水底，再经化学沉淀物等物质胶结而成。在粉砂岩的碎屑物质中，稳定组分较多，成分较单纯，常以石英（化学成分为二氧化硅㊲）为主⑭㊳。细（质）砂岩则由 0.05 ~ 0.25 毫米的碎屑（含量大于 50%）胶结而成，矿物成分通常以石英为主⑱，与粉砂岩类似，二者可称为石英质岩石，硬度较大，小钢刀难以刻划⑫㉜，抗压强度可达 100 ~ 140MPa㊴，音高偏高。石灰岩是一类以方解石（莫氏硬度为 3⑯）为主要矿物成分的沉积岩，性脆，易溶，硬度不大，小刀能刻动㊵，坚固者抗压强度可达 100 ~ 120MPa㊴，音高中等。板岩是由黏土岩等岩石经轻微变质而成的浅变质岩，具明显板状构造，外表呈致密隐晶质，肉眼难以鉴别，基本上没有重结晶或只有部分重结晶㊶，矿物成分以黏土矿物为主，可称为黏土质岩石，硬度较小㉜，音高偏低。硅质板岩的化学成分与硅质泥岩和页岩相近，岩石中二氧化硅含量可达 85% 以上㊷，理化性质介于石英质岩石与黏土

质岩石之间，所以音高介于二者之间。泥灰岩是石灰岩与黏土岩之间的一类过渡性岩石，其中泥质（即粘土矿物）含量为 25～50%，常分布于石灰岩和黏土岩过渡地带，或夹于薄层灰岩和黏土岩之间，多呈薄层状或透镜体状产出[④]，理化性质介于石灰岩与黏土岩之间，所以音高介于二者之间。角岩又称角页岩，是由黏土岩、粉砂岩、火山岩等经热接触变质作用而形成的变质岩，原岩已基本上重结晶，细粒变晶结构，块状构造，致密坚硬。矿物成分有长石、石英、云母、角闪石等，但肉眼难以分辨[⑬]。物理性质介于石英质岩石与粘土质岩石之间，所以音高介于二者之间。大理岩是由碳酸盐岩（石灰岩、白云岩等）经热接触变质作用重结晶而成的岩石，细粒～粗粒等粒变晶结构[⑬]，块状构造，结晶程度高于一般的石灰岩，抗压强度较大[㊹]，音高较高。河南禹州阎砦石磬的音高异常偏高，这是因为其材质为最坚固的石灰岩，抗压强度可达 180～200MPa[㊴]。山西襄汾特磬的音高异常偏低，因缺乏实验数据，故原因不明。

综合以上情况可以发现，石磬的音高与料石的抗压强度或硬度大致呈正相关关系，石英质石磬因其抗压强度较大，抵抗变形、变位的能力强，故振幅小，频率高，音高较高；粘土质石磬因硬度较小，抵抗变形、变位的能力弱，故振幅大，频率低，音高较低；石灰岩石磬则介于前二者之间，音高中等。

商代后期以来，人们之所以对石灰岩情有独钟，把它作为最主要的编磬料石[㊺]，一是因为石灰岩石磬的音高适中，适合演奏一般的旋律乐曲。而石英质石磬音高偏高、粘土质石磬音高偏低，不适合演奏一般的旋律乐曲，只能用作节奏性的单音乐器。二是因为石灰岩软硬适中，易于加工，且具有一定的抗磨损能力。石英质岩石硬度偏大，加工难度大；粘土质岩石硬度偏小，容易遭受磨损。三是因为石灰岩在我国分布广泛：在地表出露的岩石中，沉积岩占 75%[㊻]，在我国出露的沉积岩中，以石灰岩为主的碳酸盐岩占 55%[⑨]。

二、石器形态研究

双墩一号墓出土的二件砺石大体上呈长方体形态（图版二七三，8），长度均为 174 毫米。M1∶354 宽度为 33.5 毫米，M1∶355 为 31～34 毫米。中部稍厚，M1∶354 两端厚度均为 13 毫米，中部厚度最大达 15 毫米；M1∶355 两端厚度分别为 19 和 21 毫米，中部厚度最大达 22 毫米。从体量上看，二者主要用来磨砺小型器物，同时出土的大量箭镞[㊼]也证明了这一点。一般而言，粗磨砺石损耗较大，故厚度较小；细磨砺石损耗较小，故厚度较大。假定二者的初始厚度相同，则二者现有厚度的差异与使用频率正相关。M1∶354 的厚度明显小于 M1∶355，差值达 6～8 毫米，说明二者使用程度高，使用频度大。结合同时出土的大量箭簇，可能意味着墓主人喜好射箭，生前经常进行射猎甚至战争，射箭是钟离国所崇尚的一项活动。

12 件石磬磬体基本保持躬背弧底长条五边形[㊽]的整体造型，磬背边缘线或平直或呈极为宽缓的上凸弧形，二者各占一半左右，只有少数石磬的磬背边缘呈明显的上凸弧形（图版二七三，9），相关信息见表二。

表二　安徽蚌埠双墩一号墓出土石磬形制一览表

角度单位：度　长度单位：毫米

编号	局角	股	鼓	鼓股比	股博	鼓博	股博鼓博比	背厚	底厚	鼓博背厚比	孔径	孔位	股背形态	鼓背形态
M1：11	154	99	162	0.61	67	58	1.16	24	22	2.42	13	偏	微凸	凸
M1：12	148	124	176	0.70	66	61	1.08	22	20	2.77	15	偏	平直	微凸
M1：13	155	191	264	0.72	81	76	1.07	27	22	2.81	16	微偏	平直	凸
M1：14	159	220	340	0.65	106	90	1.18	28	24	3.21	17	微偏	微凸	微凸
M1：15	150	126	200	0.63	71	62	1.15	24	20	2.58	12	偏	微凸	微凸
M1：16	149	159	210	0.76	68	65	1.05	22	20	2.95	15	居中	微凸	微凸
M1：17	150	112	182	0.62	71	65	1.09	22.5	22	2.89	15	偏	平直	平直
M1：21	155	235	383	0.61	123	100	1.23	26	23	3.85	16	居中	微凸	微凸
M1：22	148	219	337	0.65	121	94	1.29	26	20	3.62	18	居中	平直	平直
M1：23	149	148	223	0.66	74	69	1.07	23	20	3.00	17	偏	微凸	微凸
M1：24	146	190	287	0.66	108	91	1.19	25	24	3.64	16	居中	平直	平直
M1：25	150	215	297	0.72	95	90	1.06	26	21	3.46	15	居中	平直	平直

股端呈龙首状（图版二七三，10），这一形制在出土石磬中极为罕见[47]。股部端边的中间有一个凹槽，有半数的凹槽呈弧边大口梯形形态，其余的凹槽呈圆弧形形态或"U"形形态，表示龙口。向着鼓端方向，股背上依次出现三道突起（脊）和三道凹槽，脊槽相间排列。第一道突起呈梯形。第一道凹槽呈不对称"V"形，形似短对勾，勾的前部，即第一道突起的后腰，形态以下凹为主，其次为上凸形态，陡而短；勾的后部几乎全呈上凸形态，缓而长，直接与第二道凹槽的前部相连，构成第二道突起。第二道凹槽大多呈圆弧形形态，少数呈"U"形或弧底倒梯形形态，后部即第三道突起的前腰。第三道突起大多呈弧腰梯形形态，其脊线中

部有一道"V"形槽横向切割（图版二七三，11）。第三道凹槽呈极不对称"V"形，形似长对勾，勾的前部即第三道突起的后腰，呈下凹或平直形态，陡而短；勾的后部形态平直或上凸，极为缓长，构成局角的一条边。

总览双墩一号墓出土石磬的形态，表面平整光滑，轮廓线条近乎完美，局孔形态规则，大多为母线与磬面垂直的圆柱形，说明当时的工匠在石磬的整形、作孔等方面技艺高超。

从磬背边缘的形态看，有的呈直线（图版二七三，10），有的呈曲线（图版二七三，9）；从凹槽形态看，有的呈圆弧形（图十二中的龙口），有的呈非圆弧形（图九中的龙口、图十中的第二道背槽）；从第二道背槽深度看，有的较浅（图版二七三，9、10），有的较深（图版二七三，10；图版二七四，12），体现了不同的艺术风格，属于不同工匠的作品，反映出当时百花齐放、百家争鸣的学术环境。

从局孔位置看，有5件石磬局孔的中心位于局角的平分线上，即局孔居中；其余7件均向鼓端方向偏移。偏移的原因是股端磨制了凹槽，造成股部质量减轻。在这种情况下，如果局孔仍然居中，

则石磬悬挂后必然导致鼓端下坠。为保证悬挂后石磬磬体的相对平衡，修正局孔位置，使其偏向鼓端，成为最佳选择。局孔位置修正的现象在 M1∶23 上表现得十分突出（图版二七四，14）：初始孔位（半径较小部分）基本居中，修正后孔位（半径较大部分）明显向鼓端偏移。这是本墓葬出土石磬中很少见到的瑕疵之一。一方面说明拥有者对于石磬形态上的细节不是十分在意，二方面说明料石来源不够丰富，三方面说明当时的工匠对于龙首形石磬的制作缺乏经验，很可能是第一次制作。在制作过程中，经验不断积累，工匠们通过采取加大股鼓比（如 M1∶16 和 M1∶25）和股博鼓博比（如 M1∶21、M1∶22 和 M1∶24）等措施，终于使局孔回归中心位置。M1∶16 磬面孔径大于内部孔径的现象（图十五）说明了工匠们的这一探索过程。总之，局孔位置服从于龙首形的形制。事实上这种形制对于优化石磬的音响效果几乎是毫无作用，只能起到标志拥有者身份和地位的作用。由此可见，墓主人想要强调的主要是自己的身份和地位。据相关的考古发现[49]，在墓主人小儿子康等钟离国贵族墓葬出土的石磬中也没有见到龙首形的形制，说明这种形制只适用于极少数人，很可能只有国君才有资格享用。此外，双墩一号墓出土石磬的数量也多于上述墓葬（9 件）。

根据实测数据（表二），双墩一号墓出土石磬的体量有大有小，总体尺寸与其他地区出土的同时代石磬比较接近[50]。局角为 146～159°，与《周礼·考工记·磬氏》中对于局角的规范"一矩有半"，即 135°有较大偏差，相对于其他地区出土的同时代石磬[50]，局角同样偏大。局角越大，对石料宽度的要求越小，局角较大的石磬可以利用宽度较小的石料进行加工制作。局角较大，可能意味着料石来源不够丰富。股博鼓博比相对于"叁分其股博，去其一以为鼓博"的规范，即 1.50 的比例明显偏小，但与其他地区出土的同时代石磬基本一致[50]。股鼓比在"股为二，鼓为三"，即 0.67 的比例上下浮动；鼓博背厚比在"叁分其鼓博，以其一为之厚"，即 3.00 的比例上下浮动。二者相对于规范均有所偏差，反映出当时的工匠对于石磬各部分尺寸的把握比较灵活。

从出土位置看，12 件石磬按大小顺序排列成两组，位于南部的一组共 6 件，由大到小依次为 M1∶21、M1∶22、M1∶24、M1∶23、M1∶15 和 M1∶17，总体尺寸较大，前三件或后三件相邻者长度差距基本相同，前三件与后三件之间在长度变化上截然不同（图版二七四，16），中间是否缺失一件，需要测音资料方能判断。位于北部的一组也是 6 件，由大到小依次为 M1∶14、M1∶25、M1∶13、M1∶16、M1∶12 和 M1∶11，总体尺寸较小，长度变化情况与南部的一组基本一致，只是第 4 件的长度相对偏大（图版二七四，17）。由此可见，12 件石磬有一定的音高顺序，其中 M1∶24 鼓部轮廓呈曲线转折（图版二七四，12），与其他石磬的直线转折（图版二七三，9、10、图版二七四，13、14、18）明显不同。这显然是调音造成的结果。按《周礼·考工记·磬氏》记述的调音方法："已上则摩其旁，已下则摩其耑"，M1∶24 成型后磬音偏低，应该打磨其两端，使石磬长度变短[51]，振幅就会缩小，频率就会加大，磬音自然提高[52]。由于股端已制成了龙首形，为保持其形制，不宜过度磨削，因此只能通过打磨鼓端来提高磬音。除此之外，调音痕迹在磬体厚度上也有表现（表二）：每件石磬都是背厚大于底厚，而且差值不一，最大为 6 毫米，最小为 0.5 毫米。即每件石磬的初始厚度（相当于背厚）都有所偏大，这正是为调音提供的充分的条件。原因很简单，通过打磨就可以轻而易举地减小厚度；要想使厚度增大，又能保持石磬的整体性，则是无法做到的。背厚大于底厚的现象是"摩其旁"的结果：如果磬音偏高，就要打磨石磬的两旁（两面），使磬体变薄[51]，振幅就会加大，频率随之减小，磬音自然降低[52]。磬体上对音高最为敏感的部位位于磬底中部[51]，所以降低磬音的主要手段是打磨磬底，使磬底变薄。总之，从形态上看，12 件石磬的调音痕迹非常明显，这意味着它们具有无可争辩的乐器的功能。

石磬制成后，应该是通体光滑，磬面如同镜面。但是在双墩一号墓出土的 12 件石磬中没有一件完全保留有这一特点，它们的表面都或多或少地出现了不平整现象。即便是表面平整光滑部位，其内部和外缘也有明显差异，如 M1：25，内部呈深灰色，外缘呈灰白色，其中一侧的灰白色部分厚达 2 毫米（图版二七四，19）。以上现象说明石磬在埋藏期间遭到了强烈的风化侵蚀作用。石灰岩可以溶解在含有二氧化碳的水体之中，这就是石灰岩遭受的溶蚀作用。根据双墩一号墓所处的地理位置，这里属亚热带季风气候，热量充足，降水数量较多且季节变化大、年际变化大。淮河水洪枯交替，地下水水位（潜水位）时升时降，水平渗流也很显著，导致石磬不断遭受地下流水的侵蚀和多种外力的风化，致使它们出土后容光不再，磬面或全部粗糙（图版二七四，18）或部分粗糙（图版二七四，13）。之所以出现风化侵蚀结果的差异，一方面是因为岩性不同：从总体上看，由第一组料石制成的石磬遭受的风化侵蚀较严重，由第二、第三两组料石制成的石磬遭受的风化侵蚀较轻微；另一方面是因为空间位置不同：被埋压在内部的部分不易遭受破坏，处于边缘部位的部分直接与空气和水体接触，容易遭受风化侵蚀。

三、结　语

双墩一号墓出土的石器以礼乐器石磬为主，另有少量的实用器砺石。其中石磬的形制为罕见的龙首形，数量较多，体量有大有小，总体尺寸适中。2 件砺石的料石分别是细砂岩和泥岩，12 件石磬则全部采用当时所流行的材料，即石灰岩进行加工。这些石器的料石均属寒武系岩层，形成于 5.43 ~ 4.90 亿年前的滨海开阔台地环境。当时的石器制作是就近取料，料石来源于钟离城遗址周围 100 千米范围内，最大可能产地是怀远县新城口一带。磬面上出现的粗糙现象和磬体表里色调的差异反映了埋藏期间温暖湿润的气候和水体对于石磬的浸泡和溶蚀。

石磬料石没有完全采用质地细腻均匀的纯灰岩、石磬局角偏大、M1：23 上局孔的瑕疵说明料石来源不够丰富，石磬制作是就近取料，钟离国地域狭小，国力有限。

纯灰岩和纹层灰岩的使用、完美的磬体轮廓和平滑的磬面、磬体背厚大于底厚的现象、规则的局孔形态反映出当时的工匠在石磬的选料、选形、整形、作孔[34]等方面经验丰富、技艺精湛。局孔位置的偏移、局孔的瑕疵说明工匠们对于龙首形石磬的制作经验不足。局孔位置的修正说明工匠们基本功扎实，应变能力突出。股鼓比、鼓博背厚比在标准值上下浮动说明工匠们遵循规范而又不拘泥于规范，对于石磬各部分尺寸的把握比较灵活。石磬轮廓线总体相同，细节迥异，体现了不同的艺术风格，反映出当时宽松的学术环境。

M1：24 鼓部轮廓的曲线转折、石磬背厚与底厚差值不一等调音痕迹表明了两组编磬所具备的乐器的功能。局孔位置对于龙首形形制的服从表明了这种形制的至高无上的地位。龙首形形制无助于改善石磬的音质，再加上纹层灰岩的使用、局孔的瑕疵和位置偏移体现出墓主人对于石磬本身及其音响效果不是特别在意，性格比较随和，或者是粗枝大叶，他想强调的主要是自己的身份和地位。两组编磬并非单纯的乐器，更是一种礼器，象征着权力和地位。

二件砺石体量不大，厚度差异显著，使用程度高，主要用于磨砺箭镞，反映出墓主人喜好射箭的尚武性格特点，射箭是钟离人生活生产中必不可少的一项活动。

注释

① 安徽省文物考古研究所、蚌埠市博物馆：《安徽蚌埠市双墩一号春秋墓葬》，《考古》2009 年 7 期，44、45 页。

② 冯增昭：《沉积岩岩石学》上册，石油工业出版社，1993 年第 2 版，308 页。

③ 宋春青、邱维理、张振青：《地质学基础》，高等教育出版社，2005 年，66 页。

④ 同③，116、117、135 页。

⑤ 同②，70 页。

⑥ 同③，123 页。

⑦ 同②，71 页。

⑧ 冯增昭：《沉积岩岩石学》下册，石油工业出版社，1993 年第 2 版，245 页。

⑨ 同③，128、132、133 页。

⑩ 同⑧，287 ~ 289 页。

⑪ 同②，264 页。

⑫ 同③，52、61 页。

⑬ 同③，131 页。

⑭ 同③，130 页。

⑮ 同②，170、171、177 页。

⑯ 同③，52、65、66 页。

⑰ 同②，182 页。

⑱ 同③，128 ~ 130 页。

⑲ 同⑧，75 页。

⑳ 安徽省地质矿产局区域地质调查队：《安徽地层志·寒武系分册》，安徽科学技术出版社，1988 年，121 页。

㉑ 同⑳，134、135 页。

㉒ 同③，340 页。

㉓ 同⑳，63 ~ 68 页。

㉔ 同⑳，6 页。

㉕ 蚌埠市地方志编撰委员会：《蚌埠市志》卷一，第二章第一节。

㉖ 安徽省文物考古研究所、凤阳县文物管理所：《凤阳大东关与卞庄》，科学出版社，2010 年，10、11 页。

㉗ 同③，349、350 页。

㉘ 安徽省地质矿产局区域地质调查队：《安徽地层志·泥盆系和石炭系分册》，安徽科学技术出版社，1989 年，58 页。

㉙ 高蕾：《中国早期石磬论述》，1 页，中国艺术研究院硕士学位论文。

㉚ 胡建：《龙山石磬初探》，《文物》，1997 年 2 期，23 页。

㉛ 同㉙，11、14 页。

㉜ 李凤举：《喀喇沁旗出土的夏家店下层文化石磬》，《内蒙古文物考古》，2007 年 1 期，38 ~ 41 页。

㉝ 王子初：《石磬的音乐考古学断代》，《中国音乐学》2004 年 2 期，15 页。

㉞ 中国社会科学院考古研究所：《殷墟妇好墓》，文物出版社，1980 年，199 页。

㉟ 陈中岚：《殷墟出土乐器研究》，23～28、42 页，陕西师范大学硕士学位论文。

㊱ 同㉙，18、24、25 页。

㊲ 同③，60 页。

㊳ 同②，164、165 页。

㊴ 同③，447 页。

㊵ 同③，134 页。

㊶ 同③，148 页。

㊷ 同②，186 页。

㊸ 同③，146 页。

㊹ 同③，446 页。

㊺ 任宏：《山西出土石磬研究初探》，《天津音乐学院学报》，2007 年 4 期，16 页。

㊻ 同③，39 页。

㊼ 同③，42、43 页。

㊽ 同㉝，7 页。

㊾ 同㉖，50、51、117～119、177、180 页。

㊿ 孙琛：《考工记·磬氏验证》，44～46 页，中国艺术研究院硕士学位论文。

51 同㉝，14 页。

52 同㊿，6 页。

53 方建军：《考古发现先商磬初研》，《中国音乐学》1989 年 1 期，82 页。

54 方建军：《商代磬和西周磬》，《文博》1989 年 3 期，36 页。

"钟离君柏"墓出土彩绘陶器颜料的光谱分析 *

杨玉璋[1] 张居中[2] 阚绪杭[3] 周 群[4]

1 引 言

古代彩绘颜料的分析检测是科技考古学与文物保护学研究的重要内容，对探索古代颜料技术发展史和科学地保护古代文物有着重要的学术价值和现实意义。拉曼光谱分析是以光子为探针，可进行原位的无损检测，具有光谱分辨率高和分析速度快等优点，特别是配有显微装置的拉曼光谱系统，可进行空间分辨的原位无损检测，为其他现代分析手段所不及，非常适合于古代文物的分析研究[1]。拉曼光谱分析应用于颜料的表征始于20世纪80年代中期[2]，近年来，国内外关于这方面的研究报道越来越多，展现出拉曼光谱分析在文物考古研究领域良好的应用前景[3][4]。

蚌埠双墩春秋"钟离君柏"墓位于蚌埠市区淮河以北3千米的双墩村。2006年12月至2008年8月，安徽省文物考古研究所与蚌埠市博物馆联合对该墓进行了抢救性发掘。从发掘情况来看，该墓结构为圆形竖穴土坑墓，墓中发现殉人骨架10具，出土了丰富的青铜器、玉器、石器、陶器、漆木器等随葬品，并在9件青铜钮钟和一件青铜镈上都发现有"童丽君柏"的铭文，经考证，墓主即为钟离国之国君"柏"。根据史料记载和出土器物的形制特征来看，该墓葬的时代为春秋中晚期（约公元前7世纪中期~公元前476年）。"钟离君柏"墓的发掘不仅证明了文献记载中钟离古国存在的历史事实，还为研究淮河中游地区春秋时期的墓葬制度和手工业发展水平等问题提供了全新的材料，被评为"2008年中国十大考古新发现"。

"钟离君柏"墓出土陶器包括彩绘陶壶和印纹硬陶瓮、盆等，其中，彩绘陶壶造型厚重，色彩艳丽，达到了很高的工艺技术水平。本文利用拉曼光谱结合X - 射线衍射分析对该墓出土陶器彩绘颜料的结构进行了科学的分析和研究，这对揭示春秋中晚期淮河中游地区陶器生产手工业的发展水平和工艺技术特征等问题具有重要的学术价值。

* 基金项目：中国科学院"优秀博士学位论文、院长奖获得者"科研启动专项资金项目（CX2060140001）和国家自然科学基金项目（40772105）资助。

1 中国科学技术大学科技史与科技考古系讲师。
2 中国科学技术大学科技史与科技考古系教授。
3 安徽省文物考古研究所研究员。
4 安徽省文物考古研究所研究员。

2　实　验

2.1　实验仪器及测试样品

实验使用的仪器包括：法国 JY 公司生产的 LABRAM – HR 型激光共焦显微拉曼光谱仪。激发光为 He – Ne 激光器 632.8nm 线，激光器的输出功率为 5mW，物镜为 50×，光斑尺寸 1 μm，信息采集时间为 20~30s。

日本玛珂公司生产的 MXPAHF 型 18kW 转靶 X 射线衍射仪。工作条件为：Cu 靶 Kα 辐射，管压 40kV，管流 100mA；发散狭缝（DS）、防散射狭缝（SS）和接收狭缝（RS）依次为 1°、1° 和 0.15mm；衍射计量范围是 10°~70°。

实验分析的彩绘陶标本由安徽省文物考古研究所提供，该标本为墓葬随葬器物坑中出土的陶壶残片（图一）。从外观来看，陶胎呈土黄色，内含较多的石英颗粒和白云母片，胎体内外表层及边缘均呈黑色，彩绘图案是在胎体外表面以黑色层为底色，使用红、黄两种颜料直接绘制而成。红、黄和黑色三种颜料分别编号为 SDCTR、SDCTY 和 SDCTB。测试前先用去离子水在超声波清洗器中清洗陶片样品 3 次，以尽可能去除埋藏环境等因素对样品的污染，然后在烘箱中 110℃ 温度下烘干 2 小时待用。

2.2　实验结果与分析

测试时，直接将陶片样品放置于显微镜下，在不同原料表层选择保存较好的位置进行分析。

图 1 为红色颜料的拉曼光谱图，从图中可见，在波数为 249、279 和 340cm⁻¹ 处出现了明显的强峰，表明红色颜料的物相为朱砂[5]，但与朱砂标准的特征峰波数 252、282 和 343cm⁻¹ 相比，这三个强峰明显向低波数移动。拉曼谱峰的移动可能是由于晶粒尺寸效应所产生，随着晶粒尺寸的减小，不少纳米材料的拉曼峰均发生明显的红移[6][7]。同一现象在河南仰韶文化班村遗址出土彩陶黑色颜料的分析中也曾出现[8]，这一现象表明，"钟离君柏"墓出土陶器所用红色彩绘颜料朱砂的晶粒尺寸在纳米范围，因此，原则上说拉曼光谱不仅可以判断颜料的矿物成分，还可以估计颜料的晶粒尺寸。此外，天然矿物朱砂通常与石英等矿物伴生，但在朱砂的拉曼光谱图中，并未发现在波数为 461cm⁻¹ 发现石英的特征峰，其 X 射线衍射图谱也反映出这些朱砂是物相较为单一的纯净物（图 2），因此，这些朱砂应该是由人工合成的。

图 3 为黄色颜料的拉曼谱，其强峰分别位于波数为 245、295、385、482 和 546cm⁻¹ 处，这与针铁矿的特征峰基本一致[9]，可以确定这种黄色颜料即为针铁矿。针铁矿是斜方晶系，集合体呈致密块状、钟乳状、肾状和葡萄状等。集合体内部具同心状、放射纤维状结构，性脆。颜色为黄、红褐、褐黄。是含二价铁矿物如菱镁矿、黄铁矿和磁铁矿等铁的硅酸盐矿在常温、常压下风化而成，是铁帽

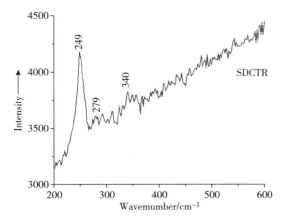

Figure 1　Raman Spectrum of Red Pigments

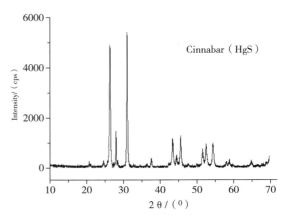

Figure 2　XRD Pattern of Red pigments

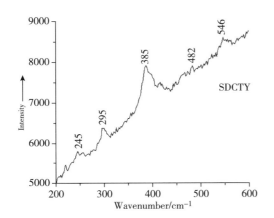

Figure 3　Raman Spectrum of Yellow Pigments

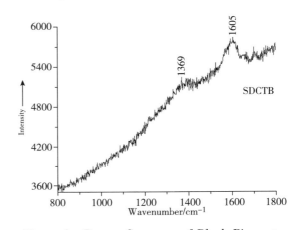

Figure 4　Raman Spectrum of Black Pigments

的主要组成矿物。在古代，常见的黄色矿物颜料主要是雌黄、褐铁矿、黄铁矿和密陀僧等，针铁矿作为黄色颜料很少使用，从现有文献来看，西汉阳陵出土彩绘陶俑是目前见诸报道的最早使用针铁矿作为黄色颜料的实例[10]，"钟离君柏"墓出土彩绘陶颜料的研究证明，早在我国春秋时期，针铁矿已经作为黄色颜料被用于彩绘陶器的制作。

　　图4为陶器胎体表层黑色物质的拉曼谱图，在波数为1369和1605cm[-1]处有两个较为明显的谱峰，表明这种黑色物质的物相为炭黑[11]。炭黑是一种无定形碳，其具有石墨的层状结构，但晶粒微小，层间排列无序，堆积不规则。从谱图上可见，1605cm[-1]处的峰非常明显，而1369cm[-1]处峰较为弥散，可能是由于背景荧光太强造成的。由于炭黑在自然界极易获得，因此，这种物质可能是人类最早使用的绘画颜料。经对陶片样品剖面的显微特征观察，发现胎体的中间部位呈土黄色，而胎体内外两侧表面及表面都呈黑色，且黑色由外向内逐渐减淡，这一现象可能是由于陶器在烧成过程中使用渗炭工艺造成的[12]。

3　小　结

　　上述工作表明，蚌埠双墩春秋中晚期"钟离君柏"墓出土陶器的彩绘颜料保存状况较好，未发生明显变化。拉曼光谱结合 XRD 分析结果显示，红、黄和黑色颜料分别为朱砂、针铁矿和炭黑，且朱砂颜料物相单一，其晶粒尺寸在纳米范围，应该是由人工合成。黄色颜料针铁矿的发现是目前最早的针铁矿作为黄色颜料使用的实例。结合显微特征观察来看，"钟离君柏"墓出土彩绘陶器的制作过程如下：以含石英和白云母的黏土或在黏土中掺入石英颗料和白云母片，制成陶坯后入窑烧制，在烧成的最后阶段使用渗碳工艺使陶器形成黑色表面，再以黑色表层作为底色，使用朱砂和针铁矿两种矿物颜料绘制彩色图案。

注释

① Zhang Wen－yuan, Cui Qiang, Li Yan－fei, et al（张文远，崔强，李燕飞等），Dunhuang Research（敦煌研究），2008, 112（6）：96.

② Ennen H. Pomrenke G, Axmann A et al. Appl. Phys. Lett. , 1985, 46：381－383.

③ Maite Pérez－Alonso, Kepa Castro, Juan Manuel Madariaga, Analytica Chimica Acta, 2006, 571（1）：121.

④ Li Nai－sheng, Yang Yi－min, He Nu, et al（李乃胜，杨益民，何弩等），Spectroscopy and Spectral Analysis（光谱学与光谱分析），2008, 28（4）：946.

⑤ Ian M. Bell, Robin J. H. Clark, Peter J. Gibbs, Spectrochimica Acta Part A, 1997, 53：2159.

⑥ M. Yosikawa, Y. Mori, H. Obata, et al. , Appl. Phys. Lett. , 1995, 67：694.

⑦ Jian Zi, H. Buscher, C. Falter ea al. , Appl. Phys. Lett. 1996, 69：200.

⑧ Zuo Jian, Xu Cun－yi（左健，许存义），Chinese Journal of Light Scattering（光散射学报），1999, 11（3）：215.

⑨ Ian M. Bell, Robin J. H. Clark, Peter J. Gibbs, Spectrochimica Acta Part A, 1997, 53：2159.

⑩ Jian Zuo, Xichen Zhao, Ruo Wu, et al. , J. Raman Spectrosc. , 2003, 34：121.

⑪ Fizer E, Gantner E, Rozploch F, et al. , High Temperatures－High pressures, 1974, 19（5）：537.

⑫ Zhu Tie－quan, Wang Chang－sui, Xu Da－li, et al（朱铁权，王昌燧，徐大力等），Sciences of Conservation and Archaeology（文物保护与考古科学），2005, 17（2）：1.

蚌埠双墩一号春秋墓出土创伤药残留物

杨益民[1]　方晓阳[2]

2006 年 12 月，由于经济发展需要，经国家文物局批准，安徽省文物考古所对安徽蚌埠双墩一号春秋墓启动了抢救性发掘工作。经过近两年的精心发掘，考古工作者推测该墓为春秋时代"钟离国"的诸侯王级墓葬，其中不仅发现了我国墓葬考古中极其复杂的遗迹现象，在一个陪葬铜盒中更发现了已往考古发掘中并不常见的黄色块状物，为古代残留物分析提供了难得的样品。

该残留物经现场提取后，在实验室开展了显微观察和化学分析。在镜下该残留物外表为黄色，内部为浅白色，夹杂有较多的绿色颗粒，结合成分分析，推测为铜颗粒的锈蚀产物；同时，未见到明显的生物组织，可基本排除来自动物或植物残体的可能性；而红外光谱分析和气质联用分析表明，黄色残留物的基体是蜂蜡和动物油的混合物，应系人为有意识加工的产物。根据中医文献记载，蜂蜡和动物油本身既是中药的赋形剂，同时也能用于治疗创伤或烫伤；尽管目前的分析暂时没有发现更多的有效药物成分，但黄色残留物为伤药当无疑。考虑到墓主棺椁在清理时曾发现有青铜质地的武器，该残留物更可能为外敷创伤药。今后的深入分析将围绕药物的配方和加工，并推测更具体的疗效。

目前人们对古代中医药起源、演变的研究主要基于古文献。而本案例表明，出土器物中的残留物，配合科技分析，有望丰富人们对古代中医药利用的认识，应该是"医药考古"的重要组成部分。在考古发掘中，需要考古工作者对残留物加以更多的重视，从而更多地获取古代社会的信息。

1　中国科学院研究生院。
2　同上。

蚌埠双墩一号墓出土春秋晚期金箔研究

秦 颍[1] 李小莉[2] 黄 凰[3] 阚绪杭[4] 周 群[5]

中国至迟在商前期，已将金锤制成金箔或金叶，贴附于器表以为装饰，春秋战国之间已出现汞剂技术的鎏金器[1]。毋庸置疑，由于砂金矿易采，成色往往又比较高，因此，从砂矿中淘金应该是人类最早获取金的首选。然而，汞的冶炼和使用为人类利用岩金和砂金矿的提纯提供了可能，甚至汞的冶炼和使用就是因为金矿的开采需要而产生的。由于缺乏确切的考古学证据，有关混汞提金和岩金（包括残坡积金矿）矿的开采历史一直有不同的意见[2][3]。

2006 年至 2008 年安徽省文物考古研究所对安徽蚌埠双墩一号春秋墓进行了考古发掘，因其所展示的独特而丰富的文化内涵及大量珍贵文物而被评为 2008 年全国十大考古新发现和中国社会科学院六大考古新发现论坛之一。在清理墓葬器物坑北部青铜器、石磬和漆木器中发现了许多金箔饰件碎片。根据相伴出土的遗物判断，这些金箔当时可能是包在挂青铜编钟和石磬的木架上的铅锡装饰物上的。金箔碎片大小不一，已清理的大的有数十平方厘米；厚在 0.01～0.05mm 左右，呈浅黄到青黄色，且颜色不匀；多有精美的压印花纹（如图一），但大大小小空洞很多。本次对浅黄和青黄色两小片金箔及出土位置土壤样品进行了 XRF、XRD 及加热蒸汞等实验。

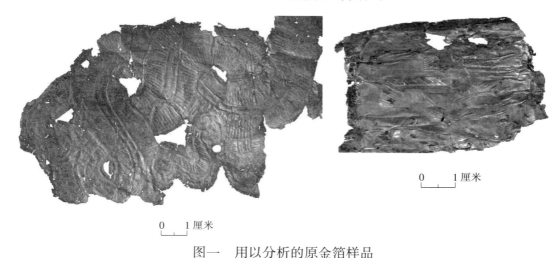

0   1 厘米

0   1 厘米

图一　用以分析的原金箔样品

---

1 中国科学技术大学科技史与科技考古系。

2 同 1。

3 同 1。

4 安徽省文物考古研究所。

5 同 4。

1. 成分及物相分析

取有压印纹的浅黄和浅青黄色金箔各一片，经反复擦洗去污染后，测成分及物相。成分分析在中国科学技术大学理化实验中心进行。采用的仪器为日本岛津公司生产的 XRF – 1800 型 X 射线荧光仪。工作条件为：4kW 端窗铑（Rh）靶 X 光管，管口铍窗厚度为 75μm，电压、电流分别为 40kV 和 95mA。分析结果见表一。为了对比，表一中还列出了湖北省枣阳九连墩、丹江口吉家院两地出土的东周时期金箔的分析结果。

物相分析在中国科学技术大学理化科学试验中心的日本 MAC 公司的 M18X 型 X 射线衍射仪，工作条件为 CuKα 辐射电压、电流分别为 40kV、100mA。扫描角度范围（2θ）为 10°～70°，量程为 2000 计数/分钟。衍射谱显示样品 BSJ01（图二）由金汞、银汞和铜汞化合物等组成；样品 BSJ02（图三）由金及金汞、银汞化合物组成；它们和一般常见金箔（如图四）的物相差异明显。

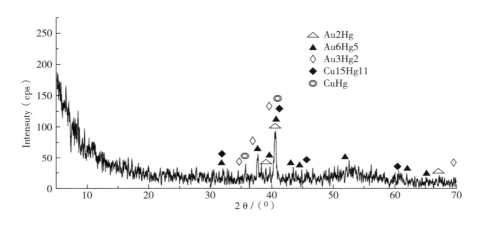

图二　样品 BSJ01XRD 谱

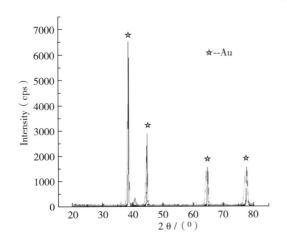

图三　样品 BSJ02 和 BSJ02 – 4XRD 谱对比

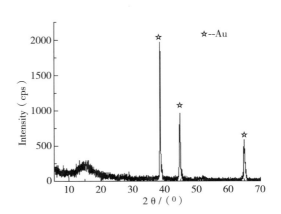

图四　湖北九连墩出土金箔 XRD 谱

由于样品中 Hg 含量高，对 BSJ02 样又一分为二，分别放在马弗炉里加热 450℃和 800℃各 4 小时，再在上述 X 射线荧光仪上检测成分，结果也列入表一中。从分析结果来看，加热 450℃4 小时后样品含 Hg 量已大大降低，衍射谱显示（图三）已没有了先前的金汞、银汞化合物，未蒸馏掉的汞可能以固溶体形式存在于金中。加热800℃4小时的样品含Hg已是微量。

表一　金箔 XRF 主要组成分析结果（wt%）

分析样号	样品名称	出土位置	年代	Au	Ag	Cu	Hg
BSJ02	金箔	蚌埠双墩	春秋	79.71	12.57	0.46	6.76
BSJ01	金箔	蚌埠双墩	春秋	60.16	9.57	16.99	13.27
BSJ02－4	金箔	蚌埠双墩	春秋	85.21	12.87	0.43	1.17
BSJ02－8	金箔	蚌埠双墩	春秋	85.77	13.05	0.45	0.15
HBJ01	金箔	湖北九连墩	战国	90.65	8.62	0.72	
HBD03	金箔	湖北丹江口	战国	83.18	15.44		

（还含有少量 Bi、Fe、Pb、As、Zn 等元素）

2. 分析结果讨论

汞含量高是该遗址出土金箔最显著的特征，这在所有已分析过的青铜时代金片或金箔中是绝无仅有的。学者还把是否含 Hg 作为区分汞齐鎏金与贴金或包金的标志[④⑤]。蒸馏及物相分析结构显示这些汞主要以含汞化合物和固溶体形式存在，且这些都是那些 Au 与 Hg 原子比大于1的相对高温稳定的化合物，与 Au—Hg 相图（图五）吻合。

由于打制金片或金箔只是一个简单的物理过程，贴金或包金工艺中似乎也没有使用汞或含汞调和物作为黏合剂的可能；出土金箔旁边的土壤含汞也在0.1%检测线以下，因此，所分析金箔中的汞只可能是锤打金箔的原料中直接带入的。

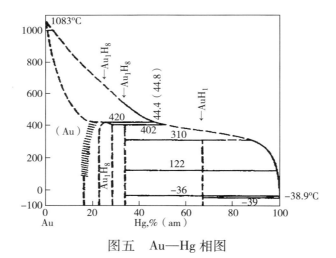

图五　Au—Hg 相图

金属 Au（或 Ag、Cu）与 Hg 形成的天然合金矿物，如围山矿（Au，Ag_3Hg_2）非常稀少，也未见形成独立矿床。因此，上述金箔原料中的 Hg 只可能是在金的选冶过程中带入的。

墓葬及凤阳临淮关古钟离国所处的淮河流域没有砂金矿床，而离其仅几十千米的凤阳—五河山区却有着丰富的石英脉—破碎带蚀变岩型金矿。如五河县大巩山金矿，含金矿物主要有粒度大部分在0.1—0.2mm之间的自然金、银金矿等，品位高的的可达数百克吨，尤其特征的是该金矿中还含少量自然铜[6]。尽管溶解度相对金低，但铜也能被汞溶解，若利用混汞法处理这样的金矿石，选出的金（银）中含一些铜（像样品 BSJ01）是很自然的。

即使采用现代技术，将硬汞膏置于蒸汞器中在 400~450℃ 温度下蒸馏数小时后，再加温 750~800℃ 保持 30 分钟，最后产出的海绵金含汞也常达 2%~18%[7]，还需要进一步熔炼提纯。提纯后的金（银），汞已基本蒸馏完。显然，所分析的两片金箔样品可能没有经过后期的熔炼提纯过程，直接将海绵金锤制成了金箔。由于海绵金中杂质较多，延展性比纯金要差，故该遗址出土的金箔上大大小小的空洞很多。

3. 结论

1）该遗址出土的金箔所用原料最后是用混汞法选提的，这可能是国内外目前出土的用混汞技术提炼金的最早实物证据。

2）是早期工艺原因或急于时间原因，直接将连汞金（银、铜等）合金中的汞尚未蒸发完的海绵金锤制成了金箔，故金箔中尚保留有汞与金、银等金属形成的化合物和固溶体。

3）结合遗址周边金矿特点，早在春秋时期工匠们可能已经知道用混汞技术开采当地的岩金（包括附近的残坡积金矿）。

注释

① 叶小燕：《我国古代青铜器上装饰工艺》，《考古与文物》，1983 年 4 期，39 页。

② YE Xiao – yan. The decoration techniques of ancient Chinese bronzes. Archaeol Relics, 1983, (4)：39.

③《当代中国的黄金工业》编委会，《中国古近代黄金史稿》，17 页：冶金工业出版社，1989 年。

④ The present Chinese gold industry. Metallurgy industry Press (1989.10) Part 1. P17.

⑤ 后德俊：《楚人的采金方法》，《江汉论坛》，1985 年 3 期。

⑥ Hou De – jun, The Chu people's method of gold mining. Jinghan Forum. 1985, 3.

⑦ 吴坤仪：《鎏金》，《中国科技史料》，1982 年 1 期，90~94 页。

蚌埠双墩一号春秋墓出土部分青铜器产地分析

胡 飞[1] 秦 颍[2] 阚绪杭[3]

前 言

蚌埠双墩一号墓位于蚌埠市区淮河以北，隶属淮上区小蚌埠镇双墩村。双墩村以村内有两座高9米以上的古墓葬封土堆而闻名。圆形的墓葬型制、不同土色填土构成的放射线遗迹、大小不同馒头形状的土丘、大量的土偶及其垒砌的土偶墙等考古现象都是国内青铜时代墓葬中绝无仅有的。两座墓葬出土有编钟、鼎、盉、匜、铃、戈、矛、镞、剑、车马器等几百件青铜器。本次采集了鼎、盉等几件青铜器内残留泥芯，为便于比较，同时对墓葬边生土、土偶，东二十千米外古钟离城出土陶片及附近春秋钟离君柏之季子康圆形墓（卞庄M1号墓）出土青铜器内泥芯进行了采样，期望为判断这些青铜器的来源（铸造地）及该墓与古钟离城的关系提供信息。样品特征如表一。

表一 蚌埠双墩与凤阳钟离城样品简介

分析号	出土位置	年代	采样位置	样品名称	样品岩性特征
B1	蚌埠双墩M1号墓	春秋	蚌埠双墩遗址	土偶	浅棕黄色，致密块状，岩性为含粉砂质黏土，含少量细粒铁质结核。
B2	蚌埠双墩M1号墓	春秋	蚌埠双墩遗址	墓土	均匀的浅棕黄色亚砂土，和周围生土一致，含较多白云母细片。
294	蚌埠双墩M1号墓	春秋	M1:294 鼎足	泥芯	砖红色，块状，遇水易分散，主要由石英、白云母质粉砂~细砂，黏土等组成。
400	蚌埠双墩M1号墓	春秋	M1:400 罍兽耳	泥芯	浅棕黄色，半块状~粉状；主要由石英、白云母质粉砂~细砂，黏土等组成，见少量灰白色粉状物。
356	蚌埠双墩M1号墓	春秋	M1:356 鼎耳	泥芯	砖红至浅棕黄色，块状。
113	蚌埠双墩M1号墓	春秋	M1:113 鼎耳	泥芯	砖红至浅棕黄色，块状。
398	蚌埠双墩M1号墓	春秋	M1:398 罍兽耳	泥芯	砖红色，块状。
377	蚌埠双墩M1号墓	春秋	M1:377 簠耳	泥芯	棕黄色，半块状~粉状，砂粒为细白云母、石英，少量细粒铁质结核。

1 中国科技大学副教授。
2 中国科技大学科技史与科技考古系。
3 安徽省文物考古研究所。

续表一

分析号	出土位置	年代	采样位置	样品名称	样品岩性特征
F1	凤阳卞庄 M1 号墓	春秋	M1：02 青铜器耳	泥芯	砖红至浅棕黄色，半块状～粉状，主要由石英、白云母质粉砂～细砂，黏土等组成，含少量细粒铁质结核。
F2	凤阳钟离城遗址	Q₄	古城墙外	原生土	浅棕灰色含淤泥质亚砂土，主要由石英、白云母质粉砂～细砂，粘粒等组成，含 2% 左右 0.5～5mm 大小的铁质结核。
F3	凤阳古钟离城		凤阳钟离城遗址	布纹红陶	砖红色，致密块状，表面施布纹。
F4	凤阳古钟离城		凤阳钟离城遗址	绳纹灰陶	青灰色，致密块状，表面施绳纹。

双墩 1 号墓和凤阳古钟离城均处在淮河岸边，地表沉积为全新统沿淮蚌埠组（Q₄b）的浅棕黄色亚砂土和浅棕灰色含淤泥质亚砂土，岩性及厚度稳定，代表漫滩—泛滥平原沉积[①]。

考古资料表明，现已发现的大型青铜范铸遗址都在黄河流域的中原地区，处于北方黄土堆积区。而同样有着高度发达青铜文化及丰富铜矿资源的长江中下游地区及淮河流域、汉江流域等地，却并未发现较大规模青铜范铸遗址。蚌埠地处中国中部的淮河地区，处于黄河流域与长江流域的中间地段，那么这批青铜器是南方铸制还是来源于北方或是本地铸制则成为一个值得探讨的问题。

一、研究方法分析

中国古代青铜器大都经过制模、翻范、制芯、合范浇铸等工序，采用范铸工艺成型，这种高超的陶范铸铜技术直接得益于古代制陶技术。制范（尤其泥芯）与制陶一样，不需要什么特殊材料，各地泥料皆可使用，只是有些要经简单筛分和添加石英砂等羼合料。青铜器浇铸成型后，泥芯会被封闭或半封闭在器物里，一般不再取出。因此，在出土青铜器的耳、銴、足等部位经常会发现有泥芯残留。铸造青铜器时，泥芯和陶范都是以铸造作坊附近的黏土为主要原料，经过高温焙烧而成。黏土是由基岩顶部的疏松母质岩，经过物理、化学、生物等的风化作用而形成的自然组合体[②]。因而，青铜器中残留泥芯必然蕴含着青铜器原铸造地的信息，这就为利用科技手段，譬如通过对比出土青铜器内残留泥芯与当地原生土或陶片的岩矿及成分组成、生态环境痕迹（如植物硅酸体）等，揭示青铜器产地提供了可能。

二、样品处理及成分检测

2.1　样品处理

青铜器出土时多数都是锈蚀残破状态，在耳、銴、足等部位都会有泥芯露出，采样时要尽量取受污染相对小的新鲜的中间部分。即便如此，与青铜有关的元素（如 Cu、Sn、Pb、Zn 等）一般也不用来作为指示元素。陶片和土偶刮去表面污染层，再用去离子水清洗烘干。由于凤阳钟离城附近所采生土（F2 样）含有铁质结核，故将该样过 280 目进行了筛分，故有原土样（F2）和筛下样（F2－1）。

2.2　样品岩性特征

块状样品可以切岩相薄片，通过偏光显微镜进行矿物组成、结构构造等特征的鉴别和统计分析；而粉状及土样多经过筛分，通过实体显微镜等进行分析。本次工作对部分粉状泥芯、原生土样过 280 目筛进行了水洗筛分，主要对筛上砂粒部分矿物组成进行了鉴别，特征如表一。从砂粒级矿物组成看，主要是石英、白云母及铁（锰）质结核，其他矿物很少，这和黄土以石英、长石、云母类矿物、碳酸岩类矿物为主的特征形成明显对照。

为进一步分析泥芯和原生土筛下细粒部分矿物组成，对 377 号青铜器泥芯过 280 目筛下样和凤阳 F2－1 号原生土样做了 X－射线衍射（XRD）物相分析，谱图如图一、图二。两图谱几乎一致，峰位明显的矿物有石英、钠（钙）长石及黏土矿物蒙脱石等。这也与黄土中细粒黏土矿物中黏土矿物以伊利石为主，非黏土矿物是方解石和石英为主[③]差异明显。

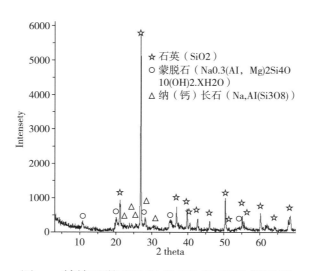

图一　蚌埠双墩墓地泥芯 377 的 XRD 谱图图

2.3　主成分分析

所有样品干燥后，放入玛瑙钵中研磨至粒度小于 0.053mm 的粉末（全过 280 目筛）即可待检测。测试仪器为中国科学技术大学理化科学实验中心的 WD—1800 波长色散型 X 荧光光谱仪（日本岛津公司生产）。工作条件：该仪器配有 4kW 端窗铑（Rh）靶 X 光管，管口铍窗厚度为 75μm，并配以最大电流 140mA 的 X 射线电源及发生器，高精度的 θ－2θ 独立驱动系统，双向旋转的 10 位晶体交换系统，3 种狭缝可交换，灵敏自动控制系统，为获取高可靠性的成分数据提供了保证。误差在 1% 以下。

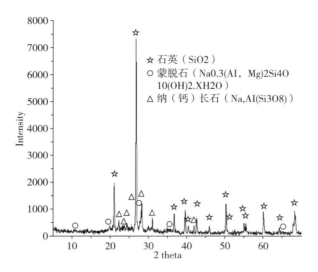

图二　凤阳原生土 F2 的 XRD 谱图

电压、电流分别为 40kV 和 95mA。分析结果如表二所示。为了便于比较分析，将以前所测的湖北盘龙城[③]、山西侯马[④]遗址泥芯和黄土、长江中下游地区下蜀黄土等资料一并列出。

表二　泥芯、原生土与陶片等样品的 XRF 熔片法数据（%）

分析号	类别	出土地点	时代	SiO2	Al2O3	K2O	Na2O	CaO	P2O5	Fe2O3	MgO	TiO2	MnO
B1	土偶	蚌埠双墩	春秋	67.21	18.86	3.14	0.18	1.37	0.13	6.21	1.71	0.97	0.11
B2	原生土	蚌埠双墩	春秋	74.31	13.68	3.32	0.49	1.49	0.33	4.06	1.36	0.79	0.04
294	泥芯	蚌埠双墩	春秋	72.50	12.15	4.46	0.71	2.36	0.27	1.26	0.63	0.83	0.10
400	泥芯	蚌埠双墩	春秋	70.55	12.51	2.86	0.22	2.68	1.90	3.62	1.02	0.75	0.06
356	泥芯	蚌埠双墩	春秋	72.15	13.00	3.54	0.77	1.93	0.28	2.81	0.81	0.89	0.15
113	泥芯	蚌埠双墩	春秋	69.60	12.65	4.45	0.68	2.01	0.32	1.62	0.60	0.73	0.09
398	泥芯	蚌埠双墩	春秋	70.36	11.49	3.01	0.24	1.63	2.26	2.54	0.91	0.72	0.05
377	泥芯	蚌埠双墩	春秋	69.20	13.06	2.85	0.37	1.89	0.86	2.03	0.54	0.72	0.06
F1	泥芯	凤阳卞庄		69.23	13.16	2.48	0.51	1.51	0.63	1.92	0.76	0.50	0.04
F2	原生土	凤阳钟离城		65.86	17.28	2.34	0.14	1.36	0.08	5.84	1.02	0.84	0.11
F2-1	过筛的 F2 样	凤阳钟离城		66.24	18.39	2.81	0.18	1.32	0.08	3.61	0.94	0.75	0.04
F3	红陶	凤阳钟离城		67.06	16.08	2.96	0.31	1.35	0.39	6.40	1.09	0.84	0.10
F4	灰陶	凤阳钟离城		64.12	18.12	2.69	0.18	0.94	0.44	7.06	0.87	0.93	0.29
H1	陶范	山西侯马	东周	54.06	11.72	2.20	1.36	9.79	0.12	4.50	2.21	0.60	0.08
H2	陶范	山西侯马	东周	64.12	11.36	2.38	1.83	7.20	0.13	3.99	2.00	0.61	0.08
M2047:18	泥芯	山西降县	西周	65.96	13.13	2.11	2.05	6.40	0.50	4.86	1.73	0.90	0.09
plct1	原生土	湖北盘龙城		64.19	15.44	1.84	0.23	0.29	0.13	10.00	0.75	0.95	0.09

续表二

分析号	类别	出土地点	时代	SiO2	Al2O3	K2O	Na2O	CaO	P2O5	Fe2O3	MgO	TiO2	MnO
plct2	原生土	湖北盘龙城		68.56	14.64	1.85	0.24	0.28	0.07	6.62	0.73	0.95	0.09
plcp1	红陶片	湖北盘龙城	商代	60.35	24.20	1.59	0.01	0.14	1.03	7.32	0.94	1.09	0.04
plcp2	灰陶片	湖北盘龙城	商代	56.49	18.18	2.10	0.26	0.61	4.47	4.39	0.61	0.90	0.02
plcq1	泥芯	湖北盘龙城	商代	74.37	11.51	2.20	1.75	0.99	0.33	2.49	0.91	0.54	0.05
plcq2	泥芯	湖北盘龙城	商代	72.45	11.71	2.05	1.49	0.86	0.50	1.48	0.85	0.62	0.07
XC	下蜀黄土*	安徽宣城		69.14	13.93	1.30	0.30	0.39		5.30	0.72		
LC1	下蜀黄土**	南京燕子矶			13.81	2.19	1.59	1.19		5.88	1.92		
LC2	下蜀黄土**	镇江大港			12.67	2.19	1.55	1.11		5.80	1.83		
LC	马兰黄土***	陕西洛川		59.04	12.37	2.45	1.49	6.01		4.05	2.14		

注：＊引自林家骏，吴芯芯，郑乐平《长江中下游典型下蜀土剖面成分对比研究》

＊＊引自杨守业等《长江下游下蜀黄土化学风化的地球化学研究》

＊＊＊引自林家骏，吴芯芯，郑乐平《长江中下游典型下蜀土剖面成分对比研究》

三、结果讨论

我国北方黄河流域以黄土堆积为主，而南方长江中下游地区则以红土堆积为主。黄土化学成分含量最多的是 SiO_2、Al_2O_3、CaO，其次是 Fe_2O_3、MgO、K_2O，Na_2O、FeO、TiO_2 和 MnO 等的含量甚少。其化学成分特征为[④]：SiO_2 48.24 ~ 63.54%，TiO_2 0.11 ~ 0.85%，Al_2O_3 7.77 ~ 14.61%，Fe_2O_3 2.15 ~ 6.14%，FeO 0.46 ~ 2.24%，MnO < 0.35%，MgO < 6.63%，CaO 3.52 ~ 19.92%，Na_2O 1.98 ~ 2.32%，K_2O 0.20 ~ 2.44%。而红土是在热带及亚热带高温多湿气候条件下，经脱硅富铁铝过程而成，在这一过程中，Si、Ca、Mg、Na、K 等元素淋失，Al、Fe、Mn、Ti 等成分则相对富集[⑤⑥]，其结果表明[⑦]，网纹红土的 CaO、MnO、P_2O_5、Na_2O 的含量极低，趋于 0；而 K_2O、MgO、TiO_2 分别为 0.71% ~ 2.33%、0.24% ~ 0.91%、0.507% ~ 1.220%；SiO_2、Al_2O_3、Fe_2O_3 三者的总量大于80%，绝大多数剖面中，网纹红土的 SiO2、Al2O3、Fe2O3 含量变化的范围依次为 48.88% ~ 69.96%、8.18% ~ 20.78%、1.02% ~ 25.26%，由此可见，北方黄土含有较高的钙、镁等元素，且钙、镁等元素化学成分范围较宽，离散性较大，而南方红土的钙、镁等元素含量则极低，两者在主量元素上的差别非常显著。长江、淮河流域可能也有黄土，如第四系下蜀黄土，但由于埋藏后生变化等因素影响，和北方黄土在钙、镁等元素含量上差异也十分明显[⑧]。

从表二可见：各类样品主量元素的差别主要表现在钙、镁含量之上，侯马与北方的样品均具有较高的钙、镁含量，代表着北方黄河流域的特性；盘龙城样品则均具有较低的钙、镁含量，代表着南方长江流域的特性；而蚌埠双墩钙、镁含量在盘龙城和山西侯马之间，且 Na_2O 含量低，K_2O/Na_2O 比值较大（5 ~ 10 左右，而北方黄土多在 1 ~ 1.5 之间）。

从根据 K2O、Na2O、CaO、MgO 等成分所作的散点图（图三－4）及矿物组成来看，所分析的 6

件蚌埠双墩 M1 墓泥芯样品基本保持一致，即应该是属于同一地域的土质；与该墓出土土偶和墓土相比有些差异，而土偶和墓土又比较相似，这说明这些青铜器可能不是在墓地附近铸造的，土偶则是就地取材加工而成。

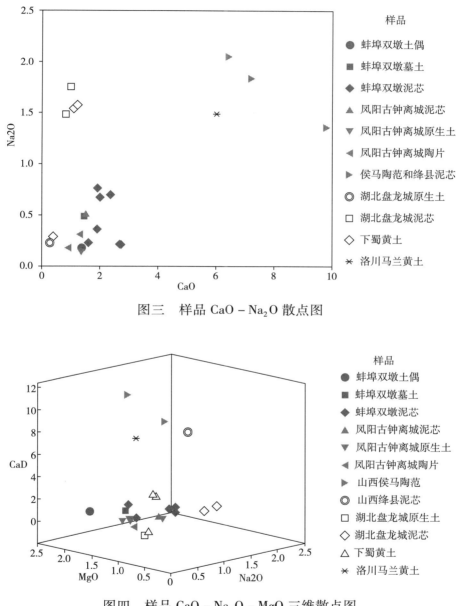

图三　样品 CaO – Na₂O 散点图

图四　样品 CaO – Na₂O – MgO 三维散点图

　　两件罍（BS400 和 BS398）和其它几件相比大多数主量元素含量是一致的，但 P₂O₅ 含量明显要高出近一个数量级，说明它们虽然可能在同一地区铸造，或可能时代不同，制芯工艺有所差异，前者可能加入了含 P2O5 较高的羼合料。

　　蚌埠双墩 M1 墓泥芯样品与凤阳卞庄 M1 号墓青铜器残留泥芯也吻合，再和钟离城出土陶片及附近筛后的原生土主成分及岩相分析（如图一和图二）结果对比来看，它们也基本吻合。

　　从图五可看出，和前期分析的湖北襄樊陈坡战国楚墓出土青铜器泥芯主量元素组成相比[9]，虽然区别没有像黄河流域黄土和长江流域及以南红土那样明显，但还是有一定区别；和淮河发源地湖北随州出土的擂鼓墩战国早期二号墓青铜器泥芯[10]倒是有一定相似性。

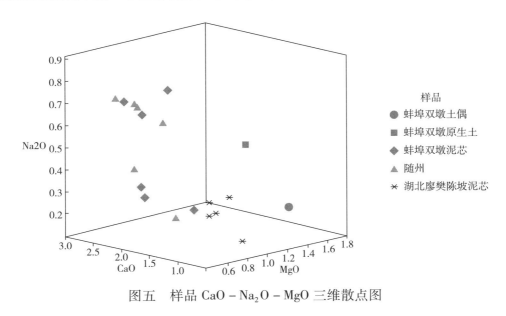

图五　样品 CaO – Na$_2$O – MgO 三维散点图

四、结　论

　　（1）所分析的 6 件蚌埠双墩遗址出土青铜器和 1 件凤阳卞庄 M1 号春秋墓（钟离君柏之季子康圆形墓）出土青铜器 CaO、MgO、K2O、Na2O 等成分和碎屑矿物组成很接近，它们应该是在同一地区铸成的；可能不同时代工艺的差异，两件罍（BS400 和 BS398）的泥芯加入了含 P2O5 较高的羼合料。

　　（2）这些青铜器泥芯的土质与中原黄河流域黄土和长江流域的土壤都有显著差别，具有明显的南北过渡性质；和墓葬附近土质也有一些不同，而和凤阳钟离城陶片和附近土质更接近，故这些青铜器有可能就是在凤阳钟离城或附近淮河流域铸成的。

　　（3）利用青铜器内残留泥芯的主成分和岩相从较大的空间上（如不同的大的河流流域）区分和判别铸造地是可行的；但要在相距不远的同一流域或成土环境相似的相邻和相近区域进行区分可能还难以实现。这时可能还要更多借助于微量元素、植物硅酸体及考古学等手段。

注释

① 金权等：《安徽淮北平原第四系》，地质出版社，1990 年。

② 王中刚、于学元、赵振华：《稀土元素地球化学》，科学出版社，1989 年。

③ 刘东生等：《黄土与环境》，科学出版社，1985 年。

④ 刘东生：《中国的黄土堆积》，科学出版社，1965 年。

⑤ 张俊民、蔡凤歧、何同康：《中国的土壤》，商务印书馆，1995 年。

⑥ 朱照宇、王俊达、黄宝林：《红土、黄土、全球变化》，《第四纪研究》，19953 期。

⑦ 郑琰明、周尚哲、康建成等：《南方网纹红土及其形成环境的初步探讨》，《嘉兴学院学报（自然科学）》，2005 年
3 期。

⑧ 杨守业等：《长江下游下蜀黄土化学风化的地球化学研究》，《地球化学》，2001 年 4 期。

⑨ 南普恒等：《襄樊陈坡楚墓出土青铜器残留泥芯的 X 荧光光谱和电感耦合等离子发射光谱分析》，《分析测试学报》，
2008 年 5 期。

⑩ 随州市博物馆：《随州擂鼓墩二号墓》（附录 5），文物出版社，2008 年。

蚌埠双墩一号墓灰白色墓葬填土的检测分析

董俊卿[1]

采用光学体视显微镜、波长色散型 X – 射线荧光光谱仪（WD – XRF）、X – 射线衍射仪对蚌埠双墩春秋 1 号墓灰白色填土进行测试分析。结果表明，这种填土属于粉石英黏土矿物，主要物相为 α – 石英，并含有少量的钾长石、钙长石、白云母、钠长石等矿物颗粒。

1 实验方法

采用中国科学技术大学结构中心的 SMZ1500 型体视显微镜，观察样品的显微结构。仪器为日本 Nikon 公司生产的，型号为 SMZ1500。

利用中国科学技术大学结构中心的 X – 射线荧光光谱技术（XRF）分析其成分。仪器为日本岛津公司产的 XRF – 1800 型波长色散型 X – 射线荧光光谱仪，4kW 端窗铑（Rh）靶、75μm 厚管口铍窗的 X 光管，工作电压 40kV，工作电流 70～95mA。

采用复旦大学表面化学实验室的粉晶 X – 射线衍射仪分析样品的物相组成，型号为 D8 Advance，激发源为 Cu 靶 X 射线（Cu Kα1 ＝0.15406nm）。电压 40kV，电流 40mA；2θ 的测试范围：10°～90°；步进 0.014°/0.1s；狭缝为 1.0、3.0。

2 实验结果

2.1 显微观察

这种灰白色墓土细腻，在体视显微镜下观察发现，除含有少量红褐色"黏土"颗粒外，基本上都比较均匀（见图一）。这些红褐色"黏土"颗粒呈不规则球形，直径不超过 5mm（见图二）。取少量灰白色墓土，放入盛有纯净水的烧杯中，轻轻搅拌使其溶解，然后将这种浑浊的溶液倒入另一个烧杯中，使其自然风干。再进行显微观察时发现经过溶解和过滤后，红褐色"黏土"颗粒溶解，墓土十分细腻，颗粒细小、均匀，皆小于 0.1mm（见图三）。

---

1 中国科学院上海光学精密机械研究所科技考古中心。

图一　灰白色墓土显微照片

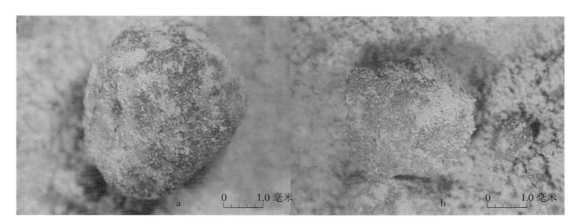

图二　灰白色墓土中红褐色黏土颗粒的显微照片

图三　在纯净水溶液中过滤后的灰白色墓土的显微照片

2.2 化学成分分析

对溶解和过滤前后的墓土分别进行了 WD－XRF 主要化学成分分析，测定结果见表一。由表一可知，这种灰白色墓土的主要化学成分为 SiO_2 和 Al_2O_3，其化学成分（质量分数，下同）分布范围为 $SiO_2$77.16%～83.24%，$Al_2O_3$9.55%～12.48%；次要化学成分为 Fe_2O_3、K_2O、TiO_2 等，其化学成分分布范围为 $Fe_2O_3$2.14%～4.17%、K_2O2.29%～2.63%、$TiO_2$0.78%～1.15%，其他氧化物如 CaO、MgO、Na_2O、P_2O_5 等皆小于 1%。相对而言，溶解、过滤后的墓土的 SiO_2 含量略高，但 Al_2O_3、Fe_2O_3、K_2O、TiO_2、CaO、MgO、Na_2O 等略低。

表一 蚌埠双墩 M1 灰白色墓土 WD－XRF 测定结果

Analyte（%） ＼ Sample	M1－Y 原始墓土	M1－J 过滤后精细土样
SiO_2	77.16	83.24
Al_2O_3	12.48	9.55
CaO	0.85	0.72
Fe_2O_3	4.17	2.14
K_2O	2.63	2.29
TiO_2	1.15	0.78
P_2O_5	0.14	
MgO	0.67	0.50
Na_2O	0.48	0.38
PbO	0.06	
MnO	0.04	
ZrO_2	0.07	0.05
SrO	0.02	
Cr_2O_3	0.08	0.11
SO_3		0.23

2.3 物相分析

对溶解、过滤后的墓土进行了 XRF 物相分析，测定结果见图四、表二。

XRD 测试结果表明，这种灰白色墓土的主要物相为石英，并含有少量的杂质。结合 XRF 分析可知，这些墓葬填土主要是由粉石英矿物组成，还有少量的钾长石、白云母、钠长石和钙长石及含铁的氧化物颗粒。

天然粉石英矿（又称硅土矿）是硅质岩风化碎解形成的粉末石英（硅粉）和风化残余硅质岩碎

屑（硅砂、硅岩）组成的天然地质综合体。原矿中硅粉含量随风化程度不同而异。化学组成 SiO_2 含量为 96% ~ 98%，Fe_2O_3 含量为 0.05% 左右，颗粒度 - 320 目含量的约占 40% ~ 50%[①]。岩矿鉴定和物相分析结果表明，粉石英主要由微晶质石英组成，石英含量大于 99%，并含有极少量的高岭土、云母和植物碎屑等杂质。粉石英是一种天然产出的高纯超细的粉状石英原料，白度为 50% ~ 75%，亮度为 60% ~ 80%，吸水率 2.69 ~ 3.10%，天然湿度 9%，饱和含水率 33%；干粉分散性良好，无结团现象，手感细腻滑爽[②]。原粉石英矿石有粉状（或土状）和块状二种，块状者质硬，但易粉碎。矿石为纯白色、乳白色，污染后为浅黄、浅灰色。

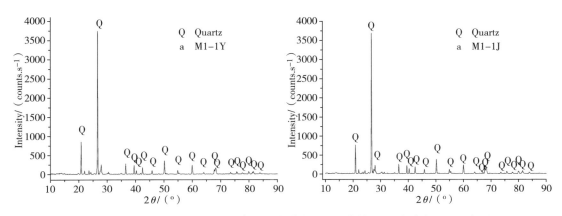

图四　灰白色墓土的 XRD 图谱（a 为溶解、过滤前，b 为溶解、过滤后）

表二　蚌埠双墩 1 号墓中灰白色墓土的 XRD 分析结果

M1 – 1Y			M1 – 1J		
d（A）	Height	I%	d（A）	Height	I%
8.5134	20	0.5			
5.9377	19	0.5			
4.2628	849	22.7	4.257	760	20.7
4.0347	88	2.4	4.032	107	2.9
3.7777	99	2.7	3.7754	46	1.3
3.671	51	1.4	3.6646	82	2.2
3.3473	3732	100	3.3421	3679	100
3.3027	24	0.6	3.2956	57	1.5
3.2439	88	2.4	3.2422	108	2.9
3.1922	252	6.8	3.1922	216	5.9
			3.1546	43	1.2
2.9317	54	1.4	2.9317	46	1.3
		7.4	2.8552	43	1.2
			2.7555	20	0.5
			2.5573	32	0.9

续表二

M1－1Y			M1－1J		
2.4583	275		2.4555	254	6.9
2.2819	229	6.1	2.2803	217	5.9
2.2372	91	2.4	2.2356	133	3.6
2.16	24	0.6			
2.1283	171	4.6	2.127	181	4.9
1.9802	93	2.5	1.9791	113	3.1
1.818	349	9.4	1.8175	377	10.2
1.8009	26	0.7			
1.6721	100	2.7	1.6713	112	3
1.6598	31	0.8	1.6575	58	1.6
1.542	238	6.4	1.541	235	6.4
1.4531	44	1.2	1.4529	45	1.2
1.3824	118	3.2	1.3822	148	4
1.3731	155	4.2	1.3726	184	5
1.2887	45	1.2	1.2883	37	1
1.2564	63	1.7	1.2562	60	1.6
1.229	32	0.9	1.2284	38	1
1.1999	68	1.8	1.1995	65	1.8
1.1844	41	1.1	1.184	41	1.1
1.1808	72	1.9	1.1806	80	2.2
1.1533	33	0.9	1.1532	40	1.1

综上所述，蚌埠双墩1号墓的灰白色填土，经过了精心筛选和处理，其主要矿物组成为粉石英，还含有少量的钾长石、白云母、钠长石和钙长石以及含铁的氧化物等。这种墓土呈块状，极易粉碎，颗粒细小。最初作为墓葬填土时可能更细腻，颜色更白。在两千多年的漫长历史中，由于受地表长期的风化淋滤作用，其他粗糙的墓葬封土不断混入，随着黏土矿物的不断渗入，致使其颜色变灰、变黄。这种墓土可能与增强墓葬的密封性有关，具体功用尚需进一步探讨。

注释

① 徐洪林：《一种值得重视的新型硅质矿物原料——天然粉石英矿》，《矿产保护与利用》，35～37页，1990年5期。

② 余志伟、邓惠宇：《一种新型工业矿物原料——粉石英》，《中国非金属矿工业导刊》，25～27页，1999年1期。

蚌埠双墩一号墓人骨标本性别、年龄鉴定表

朱　泓[1]

编号	单位号	时代	性别	年龄	备　注
01	墓主人	春秋	男	40±	钟离君柏
02	主棺北三号墓	春秋		25—30	
03	主棺北二号墓	春秋		30±	
04	主棺北一号墓	春秋		30±	
05	主棺西三号墓	春秋		30—35	
06	主棺西二号墓	春秋		35—40	
07	主棺西一号墓	春秋		30±	
08	主棺东一号墓	春秋		40±	
09	主棺东二号墓	春秋		40—45	
10	主棺东三号墓	春秋		30±	
11	主棺南一号墓	春秋		25—30	

2008 年 6 月

1　吉林大学边疆考古研究中心人类学实验室，教授。

蚌埠双墩一号墓动物骨骼初步鉴定

罗运兵[1]　　阚绪杭[2]

蚌埠双墩一号墓南椁室分为两个放置不同随葬品的椁箱，其南侧椁箱小于北侧椁箱。南侧椁箱是一个装满三牲动物的长方形椁箱。这个椁箱也因椁盖板早期倒塌造成箱内动物骨骼受压变形和粘连腐朽严重，发掘清理中不能将骨骼之间区分开来，表面上尚可以清楚地看出来骨骼有粗细长短不一的肢骨和头骨及牙齿、脚骨等。从骨骼的分布情况看，头骨和牙齿同处在椁箱的东侧和南侧的一个平面上，之间相距较近，也没有发现整体的个体形状骨骼的分布现象。由此，这些被用来随葬的动物似被宰杀分解后放置箱内的。

通过对椁箱内发现的三个动物头骨和牙齿鉴定分别是猪、牛、羊。

猪的头骨和牙齿位于椁箱南侧中间。表层散见有右上犬齿，并见有弯曲的长獠牙（下犬齿），从犬齿形态来看，为成年公猪。

牛的头骨和牙齿位于椁箱南侧靠西边的一个。表层见有腐朽的头骨和保存较好的牙齿，观察了左上 M2、M3 牙齿，M2 未磨蚀，齿柱发育，M3 刚萌出一半，年龄在 2 岁至 2 岁半之间，属青年个体，性别暂不明。

羊的头骨和牙齿位于椁箱靠近东侧边的一个。表层散见有左右下 M3 牙齿各一枚，臼齿无齿柱，表面光滑，高齿冠，嚼面未磨蚀。左下 M2 一枚嚼面磨蚀不明显，应是 20 个月龄左右的青年个体，性别暂不明。

这种在墓葬中与主棺椁分开另外单独设置一个放置随葬品的椁室尚属首次发现，又在这个特殊的椁室中分设器物箱和三牲动物箱更是少见。目前仅有凤阳县下庄一号墓结构与这座大墓基本相同，随葬器物和动物也是放置在与主棺椁分开另设的南部椁室内。这种大量随葬猪牛羊三牲的现象，可能并非仅仅是供墓葬主人享用的那么简单，应该还有更深的含义，用于祭祀天地和祖先的祭祀品，这种用猪牛羊三牲为祭祀品的规格最高，即所谓的"太牢"，显示墓葬主人的地位和王权天授的思想。

1　武汉大学副教授。
2　安徽省文物考古研究所研究员。

木炭标本测定年代数据

中国社会科学院考古研究所实验室

 该墓葬发掘中在墓坑内二层台土偶墙层面上发现几处火堆遗迹，火堆遗迹中含有较多的木炭颗粒，采集了三个木炭标本送中国社会科学院考古研究所碳 C14 实验室进行年代测定，三个年代数据如下，仅供研究者参考。

 1. BSHM1：C141 距今 2653 + 27 年（公元前 707 + 27 年）；

 2. BSHM1：C142 距今 2790 + 45 年（公元前 845 + 45 年）；

 3. BSHM1：C143 距今 2790 + 60 年（公元前 845 + 60 年）。

 以上三个数据年代：其中标本 BSHM1：C141 数据与估计的年代比较接近，而标本 BSHM1：C142 和标本 BSHM1：C143 数据比估计的年代早。

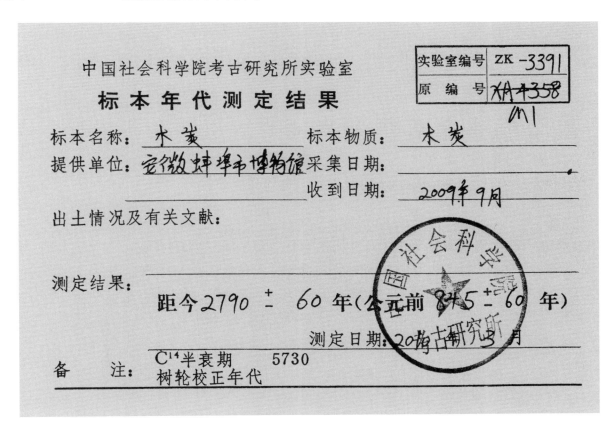

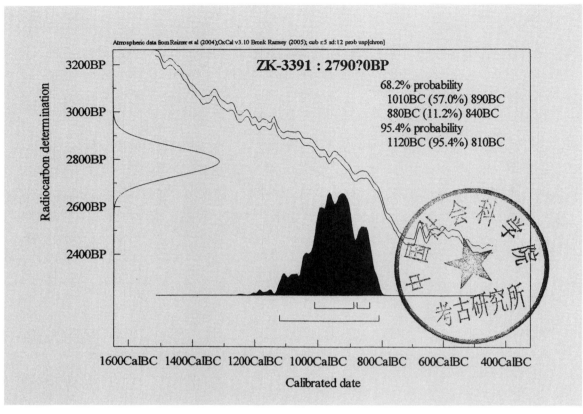

加速器 (AMS)

中国社会科学院考古研究所实验室

标 本 年 代 测 定 结 果

| 实验室编号 | ZK-3392 |
| 原 编 号 | XA4358 |

M1

标本名称： 木炭　　　　　标本物质： 木炭

提供单位：安徽蚌埠博物馆　采集日期：

收到日期： 2009年9月

出土情况及有关文献：

测定结果：

距今2652 ± 27 年（公元前707 ± 27 年）

测定日期：　　　月

备　　注： C¹⁴半衰期　　　5730
　　　　　　树轮校正年代

中国社会科学院考古研究所实验室

标 本 年 代 测 定 结 果

实验室编号	ZK –
原 编 号	混合样品

标本名称：木炭1、木炭2、木炭3　　标本物质：木炭

提供单位：安徽省文物考古所　　采集日期：

收到日期：

出土情况及有关文献：

测定结果：

距今 2790 $\pm$ 45 **年（公元前** 845 $\pm$ 45 **年）**

测定日期：2009 年 11 月

备　　注：C¹⁴半衰期　　　5730

树轮校正年代　　　见下面树轮校正曲线

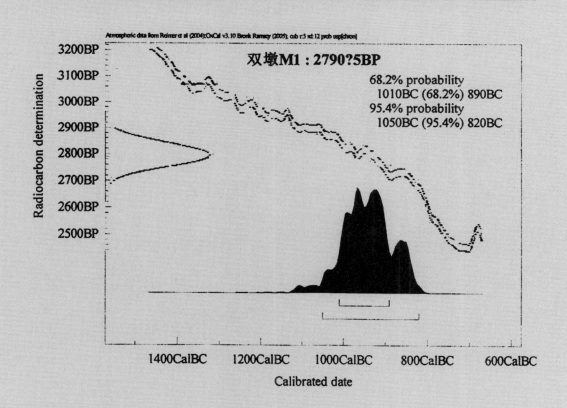

Atmospheric data from Reimer et al (2004);OxCal v3.10 Bronk Ramsey (2005); cub r:5 sd:12 prob usp[chron]

双墩M1：2790?5BP

68.2% probability
1010BC (68.2%) 890BC
95.4% probability
1050BC (95.4%) 820BC

Radiocarbon determination

3200BP
3100BP
3000BP
2900BP
2800BP
2700BP
2600BP
2500BP

1400CalBC　　1200CalBC　　1000CalBC　　800CalBC　　600CalBC

Calibrated date

中国社会科学院考古研究所碳十四实验室

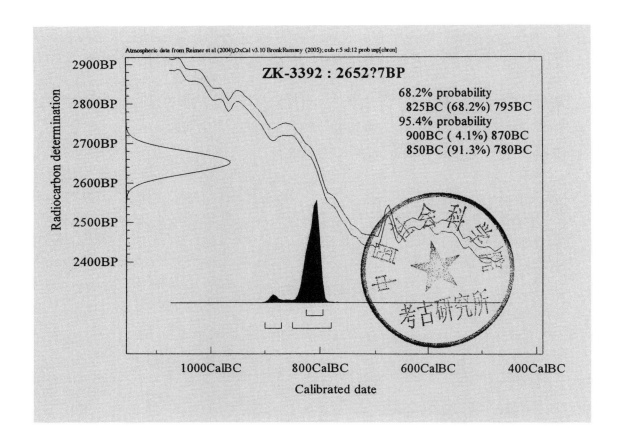

蚌埠双墩一号墓五色土来源调查初步结果 *

朱光耀[1]　　阚绪杭[2]

2007 年 4 月 28 日，在蚌埠双墩一号墓采集了五色土样，并对其来源进行了初步的调查。

一、所采集的土样

土样代号 bbsdm（即蚌埠双墩墓）表示。

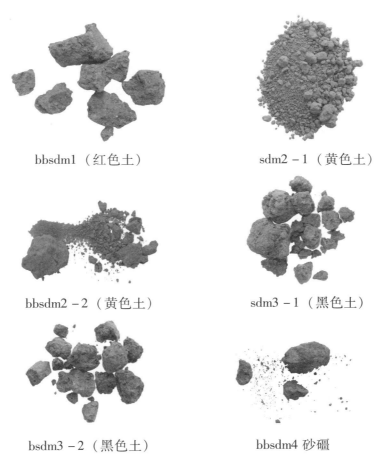

bbsdm1（红色土）　　　　　　　　sdm2 – 1（黄色土）

bbsdm2 – 2（黄色土）　　　　　　　sdm3 – 1（黑色土）

bsdm3 – 2（黑色土）　　　　　　　bbsdm4 砂礓

＊　本文得到"安徽省教育厅 2010 年自然科学重点项目（KJ2010A236）资助"。
1　安徽蚌埠学院淮河文化研究中心主任，教授。
2　安徽省文物考古研究所研究员。

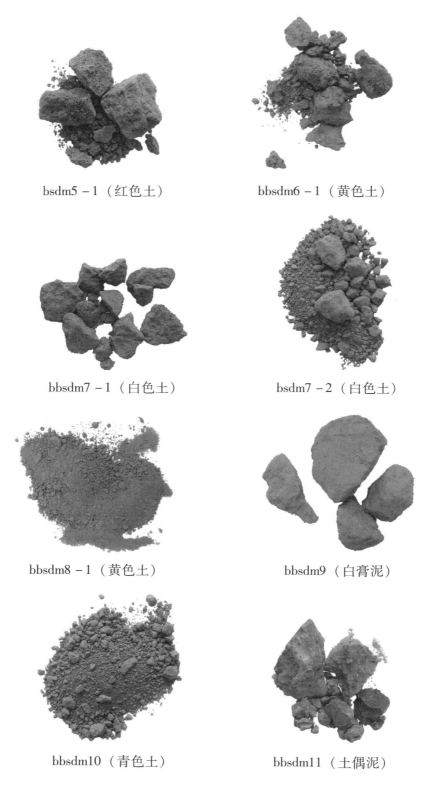

bsdm5 - 1（红色土）　　　　　　　bbsdm6 - 1（黄色土）

bbsdm7 - 1（白色土）　　　　　　　bsdm7 - 2（白色土）

bbsdm8 - 1（黄色土）　　　　　　　bbsdm9（白膏泥）

bbsdm10（青色土）　　　　　　　bbsdm11（土偶泥）

bbsdm12（土偶后的黄色填土）

二、土样的色泽及土壤种属

土　样	颜　色	土壤名称
bbsdm1	红棕色	麻石黄棕壤（属黄棕壤类）
bbsdm2－1	黄色	两合土（属潮土类）
bbsdm2－2	黄色	淤土（属潮土类）
bbsdm3－1	黑色	黑土（属砂礓黑土类）
bbsdm3－2	黑色	淤黑土（属砂礓黑土类）
bbsdm4	黄色	砂礓（淮北土壤中常见）
bbsdm5－1	暗红棕色	麻石黄棕壤（属黄棕壤类）
bbsdm6－1	黄色	淤土（属潮土类）
bbsdm7－1	白色	黄白土（属粘盘黄棕壤类）
bbsdm7－2		
bbsdm8－1	黄色	沙土（属潮土类）
bbsdm9	白色	白膏土层（人工土）
bbsdm10	青色	青白土（属普通砂礓黑土）
bbsdm11	棕紫色土偶泥	麻石黄棕壤性土（属黄棕壤性土类）
bbsdm12	黄色	沙土（属潮土类）

三、土壤来源图

根据土样的色泽和种属，去除了白膏泥和砂礓，其余可以合并成 9 种。其来源如下图：

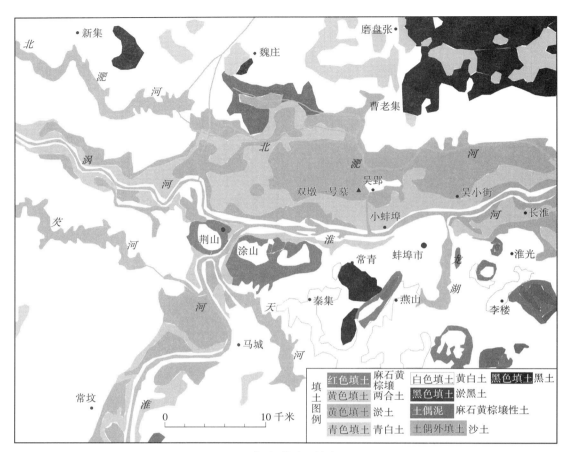

五色土分布示图

蚌埠双墩一号春秋墓出土乐器的音乐学研究[*]

李　清[1]　杨和平[2]　李敬民[3]　阚绪杭[4]

　　蚌埠双墩一号春秋墓，即钟离君柏墓，位于安徽蚌埠市淮上区小蚌埠镇双墩村，经纬度位置为32°59′4.18″N，117°19′10.38″E。2005年因该墓葬被盗未遂存在安全隐患，经国家文物主管部门批准，于2006年12月至2008年8月由安徽省文物考古研究所和蚌埠市博物馆共同对该墓葬进行了发掘保护，并取得重大考古新发现。

　　据史料记载和专家考证："钟离国地处淮河中游，地理位置十分重要，曾先后为吴楚的附庸，一直是吴楚争霸江淮的重点争夺对象，最后在大国兼并战争中消亡"[①]。该墓的具体年代，文献和铭文都证明为春秋中晚期，墓葬出土的器物组合和形制同样具有比较典型的春秋时期特征，最近有一件采自墓坑中的木炭标本，经中国社会科学院考古研究所实验室测定为距今2790±45年[②]。本次发掘被国家文物局评为"2008年度全国十大考古新发现"和田野考古奖。央视科教频道"探索·发现"栏目也曾录制专题节目并播放。墓葬发掘中发现了许多轰动考古界的文化现象和建筑遗存，其中在墓葬南椁室器物箱出土了9件一套的青铜编纽钟（见图一）和12件一套的龙首石磬。（见图二）

图一　青铜编纽钟

　　* 本文系教育部2011年度人文社会科学研究青年基金项目（编号：11YJC760039）的阶段性成果，并得到蚌埠学院淮河文化研究中心的资助。

　1　安徽蚌埠学院音乐与舞蹈系教师，蚌埠市淮河文化研究会艺术专业委员会主任。
　2　浙江师范大学音乐学院教授。
　3　信阳师范学院音乐学院教授。
　4　安徽省文物考古研究所研究员。

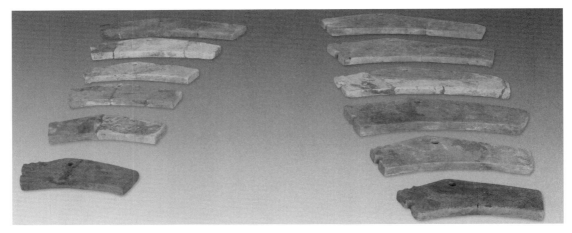

图二 龙首石磬

2011 年 11 月 12 日，应蚌埠博物馆和双墩一号春秋墓考古发掘队长阚绪杭先生的邀请，笔者曾随方建军、杨和平、李敬民三位教授一起在珠城蚌埠博物馆对这套青铜编钮钟和龙首石磬进行了较为详尽的鉴定工作。我们对每件钮钟从外表到内壁、从钮端到于口，用相机拍摄下每一个细节，尤其是每件编钟的调音痕迹，我们在进行细致的观察后作了详尽的描述，并用相机记录下古代乐工留下的、凝结着他们智慧的"精凿细刻"。这套编钟铸造精美、外表华丽、音色优美、音高准确，深深打动了我们。另龙首石磬由于年久受损严重，无法对其进行精确测音，我们仅对它进行了大致的测音，对其形制和石质等方面进行了一定的考察。下面，笔者就把这次的考察收获以及对这套编钟和编磬的思考向学界前辈和同仁作个汇报。

关于编钟的研究

一、编钟的器形

这套编钟共计 9 件（图一），出土时完好，体表锈蚀较重，现已除锈变的光亮如新。钟的体表局部有淡淡的绿锈覆盖，铜胎质地很好，铸工精良。大部分钟的于口有唇、局部有细窄的铸疵，纹饰细密华丽，每件编钟正面正部均有相同的铭文："唯王正月初吉丁亥童离（钟离）君柏作其行钟童丽之金"。（图三）钟的背面正部、舞部、篆部、鼓部均有纹饰，枚和钮为素面。纹饰似为变化蟠虺纹。每件钟的腔体均为合瓦形，短阔而较圆，钟壁较厚。鼓部与钲部、于口弧曲，两铣呈现明显的弧曲；舞部、于口皆内敛，腔体中部凸起，使编钟的体腔显得更为浑圆。9 件编钮钟的形制数据参见表一。

表一　蚌埠双墩1号墓编钮钟（9件）形制数据表

单位：厘米、千克

标本	通高	钮高	钮宽	舞横	舞纵	中高	铣长	铣间	鼓间	壁厚	重量	备注
M1：1	26	4.4	3.9	15.2	11.2	21.9	22.1	18	13.6	0.85－0.95	3.8	
M1：2	25	4.5	3.9	1.4	10.8	21	20.9	16.4	13.1	1.1－0.7	3.1	
M1：3	24	4.1	3.7	12.6	9.7	19.9	20.5	15.5	12	1－1.4	3.2	有唇
M1：4	22.3	4.2	3.75	12	9.6	17.8	18.2	14.7	11.1	0.7－1.2	2.7	
M1：5	21.3	3.7	3.3	11.6	8.7	17.3	17.5	17.5	10.3	0.6－1	2.32	有唇，有调痕
M1：6	19.7	3.3	3	10.1	7.6	16	16.2	12.1	9.4	0.6－1	1.90	有调音痕
M1：7	18	3.3	3	9.35	7.9	14.8	15	11.4	8.9	0.9－1.4	1.70	有唇，有调音痕
M1：8	17.2	3.1	2.9	9	6.6	13.7	13.85	10.5	7.7	0.8－0.9	1.3	同上
M1：9	15.7	3.2	2.8	8.2	6.2	12.3	12.2	9.7	7.3	1.2－1.3	1.00	同上

二、编钟的内唇与调音

这套编钮钟为实用器，每件钟的腔体内顶部挫磨痕迹十分明显，调音手法非常规律，大都有内唇，四侧鼓部也大都有调音痕。现逐一介绍一下9件钮钟的调音情况（按照音高从低到高的顺序）：

M1：1号，保存完好，于口无内唇，仅在腔体内顶部有挫磨痕。

M1：2号，保存稍差，背鼓部中间有一个锈孔，于口的沿部有几处锈蚀造成的缺损，于口及两铣角有0.2～1.0厘米内唇。

M1：3号，保存基本完好，于口的沿部有一处锈蚀造成的缺损，于口及两铣角有0.2～1.0厘米内唇，腔体内顶部有挫磨痕。

M1：4号，保存基本完好，于口的沿部有几处锈蚀造成的缺损，于口及两铣角有0.2～1.0厘米内唇，腔体内顶部有挫磨痕。

M1：5号，保存基本完好，鱼口及两铣角有0.2～1.0厘米内唇，腔体内顶部有挫磨痕。

M1：6号，保存基本完好，于口的沿部有2处锈蚀造成的缺损，于口无内唇，腔体内顶部有挫磨痕。

M1：7号，保存基本完好，于口的沿部有2处锈蚀造成的缺损，于口及两铣角有0.2～1.0厘米内唇，腔体内顶部有挫磨痕。

M1：8号，保存完好，鱼口及两铣角有0.2～1.0厘米内唇，腔体内顶部有挫磨痕。

M1：9号，保存基本完好，舞部中间有一个很小的锈孔，于口及两铣角有0.2～1.0厘米内唇，腔体内顶部有挫磨痕。

该套编钮钟均无调音梁。

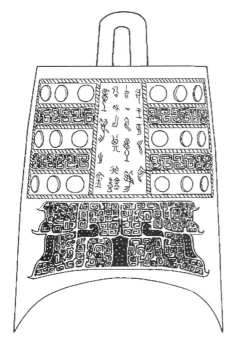

图三　编钟铭文

三、编钟的测音

这套编钮钟出土之后，很多学者都对其音乐性能极为关注，这次我们一行四人对该套编钟的测音也是在它出土后的首次测音。

蚌埠双墩一号春秋墓编钮钟测音数据表

测音时间：2011 年 11 月 12 日

测音地点：蚌埠市博物馆

音叉发音：A4＋32/448.31Hz

测音人员：方建军、杨和平、李敬民、李清

机测：方建军

统看 9 件钮钟的正鼓部发音良好，音高准确，音列完整；除 M1∶7 和 M1∶9 两钟的正鼓部和侧鼓部能发出 2 度和 3 度的双音外，（笔者推断 M1∶7 和 M1∶9 两件钟在制作中侧鼓部的音高可能是偶然获得，并非刻意为之）其他各钟的侧鼓部音高均同于正鼓部，侧鼓部也无敲击点痕迹，编钟的侧鼓面所发之音不在调式和使用之列。表明这是一套一钟一音的编钮钟。

表二 蚌埠双墩一号春秋墓编纽钟测盲数据表

编次	标本号	正鼓音		侧鼓音		备注
		音分值	频率	音分值	频率	
1	M1：1	#G4 + 47	426.93			侧鼓音同正鼓音
2	M1：2	#A4 − 4	465.27			同上
3	M1：3	#C5 + 50	570.64			同上
4	M1：4	#D5 + 29	632.93			同上
5	M1：5	F5 + 3	699.84			同上
6	M1：6	B5 + 3	989.65			同上
7	M1：7	E6 − 10	1311.42	G6 − 14	1555.80	
8	M1：8	F6 − 22	1379.95	G6 + 36		
9	M1：9	A6 + 4	1764.72	B6 + 27	2007.24	

关于编磬的研究

一、编磬的形制

表三 蚌埠双墩1号墓编磬（12件）形制数据表

单位：厘米、千克

标本	通常	通高	股上边	股下边	鼓上边	鼓下边	弧高	股上角	股下角	鼓上角	鼓下角	倨句	厚度	重量（kg）
M1：13	43.5	11.1	19	17	26.5	23	3	90	100	90	95	160	2.9 − 2.7	2.53
M1：25	48.2	13.2	21	20	29.5	25.8	2.4	90	100	90	91	150	2.7 − 2.3	3.23
M1：14	53	12.6	23	21.5	32.5	26.8	3	90	90	88	100	155	2.7 − 2.8	3.78
M1：11	25.4	7.7	10	8.5	16	13	1.5	90	98	90	90	160	2.2 − 2.5	1.00
M1：17	28.2	8.5	11	9	18	16	1.8	90	100	90	93	150	2.4 − 2.35	1.15
M1：23	35.5	10	15	13	22.3	19.8	2.2	100	100	100	100	160	2.2 − 2.55	1.65
M1：12	28.8	8.5	12.5	11	17.2	16.2	2	90	100	90	93	150	2.35 − 2.4	1.16
M1：15	31.4	9	13	11	19.5	17.1	1.5	97	100	100	100	152	2.35 − 2.4	1.34
M1：16	34.8	9.3	15.8	13.4	21.1	18.2	1.6	90	100	92	100	150	2.4 − 2.5	1.51
M1：24	46	12.8	19	17	28.5	23	2.4	88	90	86	115	150	2.9 − 3.0	3.35
M1：22	53.4	14.5	22	18	33.5	30	3	90	92	89	100	152	2.5 − 2.8	3.76
M1：21	59.2	15.2	23.8	20.5	38.3	33	3.9	100	100	90	102	157	2.5 − 2.7	4.52

二、关于石磬石料来源

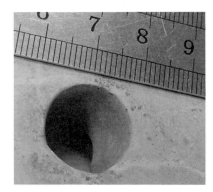

图四　编磬内壁（M1∶23）

这套编磬的石料来源均属石灰岩，按料石的密度、成色等重要特征也有明显的差别，有的石磬表面被风化侵蚀呈灰白色，质地细腻均匀，密度较高，比较容易打磨，例如 M1∶23 的局孔的内壁被打磨的就十分光滑（图四），有的石磬表面呈灰黑色～深灰色，微晶～隐晶结构，呈现微层层理构造制作这套龙首石磬的石料从音响效果看均不是制作石磬的上乘材料，即使对保存较完好的石磬敲击时，所发出的声音也是混、杂音较多，泛音列很少，石料微层层理的结构特别明显，这种石头在发育形成时极易形成薄板形态，密度较低，内部质地不均匀，很容易产生杂音[③]，这间接说明当时的工匠在石磬制作时由于优质石料源不足而作出的迫不得已的选择。

通看这套编磬的形态，表面比较平整光滑，无论是在平面还是立体的几何构图上，线条轮廓近乎完美，倨孔的形态比较规则，说明当时的工匠在制作石磬上表现出的在器物成形、作孔、打磨等方面的高超技艺。但仔细研究每件石磬时，也发现了不少耐人思考的问题，比如（1）这是一套股端呈龙首形状的编磬（图五），这一形制在目前出土石磬中极为罕见，即使在其他同为钟离国一等贵族如本墓主人的小儿子"康"的墓葬中出土的编磬却没有龙首形的形制，说明这很可能只有国君才有资格享用，这也向我们佐证了自古天子就贵为龙的说法。（2）石磬磬背边缘的形态有的呈曲线、有的呈直线、甚至有的兼而有之。石磬多种艺术风格的并存说明这套编磬出自不同的工匠之手，是由一群工匠合作完成的。（3）制作过程中修正现象明显，在 M1∶23 上表现得十分清楚（图六）：当初倨孔的位置基本居中，后来倨孔的半径仅向鼓端一侧放大而造成倨孔的形状不规则，这可以说是制作中的一个比较大的瑕疵，说明制作技艺不够精准，很可能是工匠们首次参与制作高规格石磬。（4）有

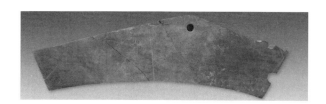

图五　龙首形形制（M1∶22）

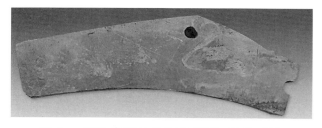

图六　局孔位置的修正与偏移（M1∶23）

的石磬为了保存龙首形制的完整而迫不得已在相反的一方作出凹槽、制作中的修正现象、多名工匠的参与制作等等，这些都不利于而是破坏了石磬的音响效果，这只能说明墓主人不很在乎石磬的音乐功能，重要的向人们证明他高贵的地位和身份。

三、石磬的调音

通过测试，12 件石磬的发音不够精准，有几件石磬磬身已断裂无法对其测试，整套石磬有一定的音律组合，但已无完整的音阶关系。大多的石磬都有显著的调音痕迹，例如 M1:24 鼓部轮廓呈曲线转折，与其他石磬的直线转折有很大的不同。这是由于为了调音而对磬身进行打磨造成的结果。按《周礼·考工记·磬氏》记述的调音方法："已上则摩其旁，已下则摩其耑"，可能是由于该石磬制成后发觉发音偏低，本应该打磨磬身的两端，使石磬长度变短④，这样就会使石磬振幅缩小，震动频率加大，石磬的发音自然提高⑤。但工匠考虑到股端已制成了龙首形，为保持其型不能对其进行打磨，只能对磬的鼓端进行打磨以使石磬发音变高。另每件石磬的上部与下部的厚度差异也是为了调音而对磬身打磨留下的痕迹。可以看出每件石磬在制成的时候，上部的厚度远大于下部的厚度，这为调音打磨提供了便利，当石磬的声音偏高时，就可以打磨磬身的两面，使磬身变薄而使得振幅变大，频率变小，让石磬的发音变低。以上对石磬的打磨调音方法也刚好验证了"已上则摩其旁，已下则摩其耑"的调衣法则。从形是态看，整套编磬的调音痕迹异常明显，这说明该套石磬是一套精心制作的实用乐器，只是因为这套石磬的石材均为石灰岩极易被侵蚀，加上年久与复杂不利的土壤环境使得石磬遭破坏严重，使得它的音响效果大不如从前了。

结　语

统看 9 件钮钟的正鼓部发音良好，音高准确，音列完整；除 M1:7 和 M1:9 件钟的正鼓部和侧鼓部能发出 2 度和 3 度的双音外，（笔者推断 M1:7 和 M1:9 两件钟在制作中侧鼓部的音高可能是偶然获得，并非刻意为之）其他各钟的侧鼓部音高均同于正鼓部，侧鼓部也无敲击点痕迹，编钟的侧鼓面所发之音不在调式和使用之列。表明这是一套一钟一音的编纽钟。这套 12 件石磬的石材全部是石灰岩，采用的不是制作石磬的上等石料，发音浑浊，通过测试，12 件石磬的发音不够精准，有几件石磬磬身已断裂无法对其测试，整套石磬有一定的音律组合，但已无完整的音阶关系。大多的石磬都有显著的调音痕迹，这说明该套石磬是一套精心制作的实用乐器，只是因为这套石磬的石材均为石灰岩极易被侵蚀，加上年久与复杂不利的土壤环境使得石磬遭破坏严重，使得它的音响效果大不如从前了。

注释

① 安徽省文物考古研究所、蚌埠市博物馆：《安徽蚌埠市双墩一号春秋墓葬发掘简报》，《考古》，2010 年 3 期。

② 宋春青、邱维理、张振青：《地质学基础》，高等教育出版社，2005 年，131 页。

③ 同②

④ 王子初：《石磬的音乐考古学断代》，《中国音乐学》2004 年 2 期，7 页。

⑤ 孙琛：《考工记·磬氏验证》，44～46 页，中国艺术研究院硕士学位论文。

参阅文献

① 安徽省文物考古研究所、蚌埠市博物馆：《安徽蚌埠市双墩一号春秋墓葬》，《考古》2009 年 7 期。

② 安徽省地质矿产局区域地质调查队：《安徽地层志·寒武系分册》，安徽省科学技术出版社，1988 年

③ 蚌埠市地方志编撰委员会：《蚌埠市志》卷一，第二章第一节。

④ 安徽省文物考古研究所、凤阳县文物管理所：《凤阳大东关与卞庄》，科学出版社，2010 年。

⑤ 高蕾：《中国早期石磬论述》，中国艺术研究院硕士学位论文。

⑥ 方建军：《考古发现先商磬初研》，《中国音乐学》1989 年 1 期。

⑦ 方建军：《商代磬和西周磬》，《文博》1989 年 3 期。

附　表

附表一　蚌埠双墩春秋一号墓出土器物登记表

序号	原编号	器物名称	完整	残破	出土位置	备注
1	1	青铜钮钟	完整		器物箱	钲部铭文
2	2	青铜钮钟	完整		器物箱	钲部铭文
3	3	青铜钮钟	完整		器物箱	钲部铭文
4	4	青铜钮钟	完整		器物箱	钲部铭文
5	5	青铜钮钟	完整		器物箱	钲部铭文
6	6	青铜钮钟	完整		器物箱	钲部铭文
7	7	青铜钮钟	完整		器物箱	钲部铭文
8	8	青铜钮钟	完整		器物箱	钲部铭文
9	9	青铜钮钟	完整		器物箱	钲部铭文
10	10	青铜铃	完整		器物箱	锈蚀
11	11	石磬		残断	器物箱	
12	12	石磬		残断	器物箱	
13	13	石磬		残断	器物箱	
14	14	石磬		残断	器物箱	
15	15	石磬		残断	器物箱	
16	16	石磬		残断	器物箱	
17	17	石磬		残断	器物箱	
18	18	青铜勺	完整		器物箱	锈蚀
19	19	青铜盒	完整		器物箱	锈蚀
20	20	青铜盉	完整		器物箱	缺盖
21	21	石磬		残断	器物箱	

序号	原编号	器物名称	完整	残破	出土位置	备注
23	23	石磬	完整		器物箱	
24	24	石磬	完整		器物箱	
25	25	石磬		残断	器物箱	
26	26	几何印纹陶罐		残	器物箱	修复
27		灰陶钵		残	器物箱	修复
28	28	B型青铜车軎	完整		器物箱	锈蚀
29	29	B型青铜车軎	完整		器物箱	锈蚀
30	30	青铜锯齿镰	完整		器物箱	锈蚀
31	31	青铜锯齿镰	完整		器物箱	锈蚀
32	32	青铜甒		稍残	器物箱	修复
33	33	几何印纹陶罐		残	墓坑	修复
34	34	几何印纹陶盆		残	墓坑	修复
35	35	玉缺状管形饰	完整		主墓室	腐蚀
36	36	玉缺状管形饰	完整		主墓室	腐蚀
37	37	玉龀形饰		微残	主墓室	腐蚀
38	38	玉管形饰	完整		主墓室	天河石
39	39	玉绞丝环	完整		主墓室	锈蚀
40	40	玉璜形饰		残	主墓室	腐蚀
41	41	玉龀形饰	完整		主墓室	腐蚀
42	42	玉龀形饰	完整		主墓室	凸线纹
43	43	玉缺管形饰	完整		主墓室	腐蚀
44	44	玉龀形饰		残缺	主墓室	腐蚀重
45	45	玉龀形饰		残缺	主墓室	腐蚀重
46	46	玉龀形饰		残缺	主墓室	腐蚀
47	47	青铜戈—徐子铭		残	主墓室	与夺徐人铭
48	48	青铜戈		锈裂	主墓室	重锈蚀
49	49	青铜剑	完整		主墓室	锈蚀
50	50	青铜戈		残	主墓室	锈蚀
51	51	玉璧		碎	主墓室	未取
52	52	B型青铜三角镞		残翼	主墓室	锈蚀
53	53	B型青铜三角镞		残翼	主墓室	锈蚀
54	54	B型青铜三角镞		残翼	主墓室	锈蚀
55	55	B型青铜三角镞	完整		主墓室	锈蚀

序号	原编号	器物名称	完整	残破	出土位置	备注
56	56	B 型青铜三角镞		残翼	主墓室	锈蚀
57	57	B 型青铜三角镞		残翼	主墓室	锈蚀
58	58	B 型青铜三角镞		残翼	主墓室	锈蚀
59	59	B 型青铜三角镞		残翼	主墓室	锈蚀
60	60	B 型青铜三角镞		残翼	主墓室	锈蚀
61	61	B 型青铜三角镞		残翼	主墓室	锈蚀
62		Aa 型青铜平翼镞		残翼	主墓室	锈蚀
63		Aa 型青铜平翼镞		残翼	主墓室	锈蚀
64		Aa 型青铜平翼镞	完整		主墓室	锈蚀
65		Aa 型青铜平翼镞	完整		主墓室	锈蚀
66		Aa 型青铜平翼镞	完整		主墓室	锈蚀
67		Aa 型青铜平翼镞	完整		主墓室	锈蚀
68		Aa 型青铜平翼镞	完整		主墓室	锈蚀
69		Aa 型青铜平翼镞		残翼	主墓室	锈蚀
70		Aa 型青铜平翼镞		残翼	主墓室	锈蚀
71		Aa 型青铜平翼镞		残	主墓室	锈蚀
72		Aa 型青铜平翼镞		残翼	主墓室	锈蚀
73		Aa 型青铜平翼镞	完整		主墓室	锈蚀
74		Aa 型青铜平翼镞		残翼	主墓室	锈蚀
75		Aa 型青铜平翼镞		残翼	主墓室	锈蚀
76		Aa 型青铜平翼镞		残翼	主墓室	锈蚀
77		Aa 型青铜平翼镞	完整		主墓室	锈蚀
78		Aa 型青铜平翼镞	完整		主墓室	锈蚀
79		Aa 型青铜平翼镞		残翼	主墓室	锈蚀
80		Aa 型青铜平翼镞	完整		主墓室	锈蚀
81		Aa 型青铜平翼镞		残翼	主墓室	锈蚀
82		Aa 型青铜平翼镞		残翼	主墓室	锈蚀
83		Aa 型青铜平翼镞	完整		主墓室	锈蚀
84		Aa 型青铜平翼镞		残翼	主墓室	锈蚀
85		Aa 型青铜平翼镞		残翼	主墓室	锈蚀
86		Aa 型青铜平翼镞	完整		主墓室	锈蚀
87		Aa 型青铜平翼镞		残翼	主墓室	锈蚀
88		Aa 型青铜平翼镞		残翼	主墓室	锈蚀

序号	原编号	器物名称	完整	残破	出土位置	备注
89		Aa 型青铜平翼镞	完整		主墓室	锈蚀
90		Aa 型青铜平翼镞	完整		主墓室	锈蚀
91		Aa 型青铜平翼镞		残翼	主墓室	锈蚀
92		Aa 型青铜平翼镞	完整		主墓室	锈蚀
93		Aa 型青铜平翼镞	完整		主墓室	锈蚀
94		Aa 型青铜平翼镞	完整		主墓室	锈蚀
95		Aa 型青铜平翼镞		残翼	主墓室	锈蚀
96		Aa 型青铜平翼镞		残翼	主墓室	锈蚀
97		Aa 型青铜平翼镞		残翼	主墓室	锈蚀
98		Aa 型青铜平翼镞	完整		主墓室	锈蚀
99		Aa 型青铜平翼镞		残翼	主墓室	锈蚀
100		Aa 型青铜平翼镞		残翼	主墓室	锈蚀
101		Aa 型青铜平翼镞		残翼	主墓室	锈蚀
102		Aa 型青铜平翼镞		残翼	主墓室	锈蚀
103		Aa 型青铜平翼镞		残翼	主墓室	锈蚀
104		Aa 型青铜平翼镞		残翼	主墓室	锈蚀
105		Aa 型青铜平翼镞		残翼	主墓室	锈蚀
106		Aa 型青铜平翼镞		残翼	主墓室	锈蚀
107		Aa 型青铜平翼镞		残翼	主墓室	锈蚀
108		Aa 型青铜平翼镞	完整		主墓室	锈蚀
109		Aa 型青铜平翼镞	完整		主墓室	锈蚀
110		Aa 型青铜平翼镞		残翼	主墓室	锈蚀
111	111	B 型青铜车軎	完整		器物箱	锈蚀
112	112	B 型青铜车軎	完整		器物箱	锈蚀
113	113	A 型青铜鼎（内羊骨）		断耳	器物箱	修复
114	114	青铜马衔	完整		器物箱	锈蚀
115	115	青铜马衔		残段	器物箱	修复
116	116	青铜马衔	完整		器物箱	锈蚀
117	117	青铜马衔		残段	器物箱	修复
118	118	青铜马衔	完整		器物箱	锈蚀
119	119	青铜马衔	完整		器物箱	锈蚀
120	120	Aa 型青铜平翼镞	完整		器物箱	锈蚀
121	121	Aa 型青铜平翼镞	完整		器物箱	锈蚀

序号	原编号	器物名称	完整	残破	出土位置	备注
122	122	Aa 型青铜平翼镞	完整		器物箱	锈蚀
123	123	Aa 型青铜平翼镞	完整		器物箱	锈蚀
124	124	Aa 型青铜平翼镞	完整		器物箱	锈蚀
125	125	Aa 型青铜平翼镞	完整		器物箱	锈蚀
126	126	Ab 型青铜平翼镞		残翼	器物箱	锈蚀
127	127	Ab 型青铜平翼镞		残	器物箱	锈蚀
128	128	Ab 型青铜平翼镞		残	器物箱	锈蚀
129	129	Ab 型青铜平翼镞		残翼	器物箱	锈蚀
130	130	Ab 型青铜平翼镞		残翼	器物箱	锈蚀
131	131	Ab 型青铜平翼镞		残翼	器物箱	锈蚀
132	132	Ab 型青铜平翼镞		残	器物箱	锈蚀
133	133	Ab 型青铜平翼镞		残	器物箱	锈蚀
134	134	Ab 型青铜平翼镞		残翼	器物箱	锈蚀
135	135	Ab 型青铜平翼镞		残	器物箱	锈蚀
136	136	Aa 型青铜平翼镞	完整		器物箱	锈蚀
137	137	Aa 型青铜平翼镞		残翼	器物箱	锈蚀
138	138	Aa 型青铜平翼镞		残翼	器物箱	锈蚀
139	139	Aa 型青铜平翼镞		残翼	器物箱	锈蚀
140	140	Aa 型青铜平翼镞		残翼	器物箱	锈蚀
141	141	Aa 型青铜平翼镞		残翼	器物箱	锈蚀
142	142	Aa 型青铜平翼镞		残翼	器物箱	锈蚀
143	143	Aa 型青铜平翼镞		残翼	器物箱	锈蚀
144	144	Aa 型青铜平翼镞		残翼	器物箱	锈蚀
145	145	Aa 型青铜平翼镞		残翼	器物箱	锈蚀
146	146	Aa 型青铜平翼镞		残翼	器物箱	锈蚀
147	147	Aa 型青铜平翼镞		残翼	器物箱	锈蚀
148	148	Aa 型青铜平翼镞		残翼	器物箱	锈蚀
149	149	Aa 型青铜平翼镞	完整		器物箱	锈蚀
150	150	Aa 型青铜平翼镞		残翼	器物箱	锈蚀
151	151	Ab 型青铜平翼镞	完整		器物箱	锈蚀
152	152	Aa 型青铜平翼镞		残翼	器物箱	锈蚀
153	153	Aa 型青铜平翼镞		残翼	器物箱	锈蚀
154	154	Aa 型青铜平翼镞		残翼	器物箱	锈蚀

序号	原编号	器物名称	完整	残破	出土位置	备注
155	155	Aa 型青铜平翼镞		残翼	器物箱	锈蚀
156	156	Aa 型青铜平翼镞		残翼	器物箱	锈蚀
157	157	Aa 型青铜平翼镞		残翼	器物箱	锈蚀
158	158	Aa 型青铜平翼镞		残翼	器物箱	锈蚀
159	159	Aa 型青铜平翼镞		残翼	器物箱	锈蚀
160	160	Aa 型青铜平翼镞	完整		器物箱	锈蚀
161	161	Aa 型青铜平翼镞		残翼	器物箱	锈蚀
162	162	Aa 型青铜平翼镞		残翼	器物箱	锈蚀
163	163	Aa 型青铜平翼镞		残翼	器物箱	锈蚀
164	164	Aa 型青铜平翼镞		残翼	器物箱	锈蚀
165	165	Ab 型青铜平翼镞		残翼	器物箱	锈蚀
166	166	Ab 型青铜平翼镞		残	器物箱	锈蚀
167	167	Ab 型青铜平翼镞		残	器物箱	锈蚀
168	168	Ab 型青铜平翼镞		残翼	器物箱	锈蚀
169	169	Ac 型青铜平翼镞		残翼	器物箱	锈蚀
170	170	Ac 型青铜平翼镞		残翼	器物箱	锈蚀
171	171	Ac 型青铜平翼镞		残翼	器物箱	锈蚀
172		C 型青铜圆头镞	完整		器物箱	锈蚀
173		C 型青铜圆头镞	完整		器物箱	锈蚀
174		C 型青铜圆头镞	完整		器物箱	锈蚀
175		C 型青铜圆头镞	完整		器物箱	锈蚀
176		C 型青铜圆头镞	完整		器物箱	锈蚀
177		C 型青铜圆头镞		残铤	器物箱	锈蚀
178		C 型青铜圆头镞		残铤	器物箱	锈蚀
179		C 型青铜圆头镞		残铤	器物箱	锈蚀
180		C 型青铜圆头镞		残铤	器物箱	锈蚀
181		C 型青铜圆头镞		残铤	器物箱	锈蚀
182		C 型青铜圆头镞		残铤	器物箱	锈蚀
183		C 型青铜圆头镞		残铤	器物箱	锈蚀
184		C 型青铜圆头镞		残铤	器物箱	锈蚀
185		C 型青铜圆头镞		残铤	器物箱	锈蚀
186		C 型青铜圆头镞		残铤	器物箱	锈蚀
187		C 型青铜圆头镞		残铤	器物箱	锈蚀

序号	原编号	器物名称	完整	残破	出土位置	备注
188		C 型青铜圆头镞		残铤	器物箱	锈蚀
189		C 型青铜圆头镞		残铤	器物箱	锈蚀
190		C 型青铜圆头镞	完整		器物箱	锈蚀
191		C 型青铜圆头镞		残	器物箱	锈蚀
192		C 型青铜圆头镞		残铤	器物箱	锈蚀
193		C 型青铜圆头镞		残铤	器物箱	锈蚀
194		C 型青铜圆头镞		残铤	器物箱	锈蚀
195		C 型青铜圆头镞		残铤	器物箱	锈蚀
196		C 型青铜圆头镞		残铤	器物箱	锈蚀
197	197	Ac 型青铜平翼镞		残翼	器物箱	锈蚀
198	198	Ac 型青铜平翼镞		残翼	器物箱	锈蚀
199	199	Ac 型青铜平翼镞		残翼	器物箱	锈蚀
200	200	Ac 型青铜平翼镞		残翼	器物箱	锈蚀
201	201	Ac 型青铜平翼镞		残翼	器物箱	锈蚀
202	202	Ac 型青铜平翼镞		残翼	器物箱	锈蚀
203	203	Ac 型青铜平翼镞		残	器物箱	锈蚀
204	204	Aa 型青铜平翼镞	完整		器物箱	锈蚀
205	205	Aa 型青铜平翼镞	完整		器物箱	锈蚀
206	206	Aa 型青铜平翼镞		残翼	器物箱	锈蚀
207	207	Aa 型青铜平翼镞		残翼	器物箱	锈蚀
208	208	Aa 型青铜平翼镞		残翼	器物箱	锈蚀
209	209	Aa 型青铜平翼镞	完整		器物箱	锈蚀
210	210	Aa 型青铜平翼镞	完整		器物箱	锈蚀
211	211	Aa 型青铜平翼镞		残翼	器物箱	锈蚀
212	212	Aa 型青铜平翼镞		残翼	器物箱	锈蚀
213	213	Aa 型青铜平翼镞		残翼	器物箱	锈蚀
214	214	Aa 型青铜平翼镞		残翼	器物箱	锈蚀
215	215	Aa 型青铜平翼镞		残翼	器物箱	锈蚀
216	216	Aa 型青铜平翼镞		残翼	器物箱	锈蚀
217	217	Aa 型青铜平翼镞	完整		器物箱	锈蚀
218	218	Aa 型青铜平翼镞		残翼	器物箱	锈蚀
219	219	Aa 型青铜平翼镞		残翼	器物箱	锈蚀
220	220	Aa 型青铜平翼镞		残翼	器物箱	锈蚀

序号	原编号	器物名称	完整	残破	出土位置	备注
221	221	Aa 型青铜平翼镞		残翼	器物箱	锈蚀
222	222	Aa 型青铜平翼镞		残翼	器物箱	锈蚀
223	223	Aa 型青铜平翼镞		残翼	器物箱	锈蚀
224	224	Aa 型青铜平翼镞		残	器物箱	锈蚀
225	225	Aa 型青铜平翼镞		残翼	器物箱	锈蚀
226	226	Aa 型青铜平翼镞		残翼	器物箱	锈蚀
227	227	Aa 型青铜平翼镞	完整		器物箱	锈蚀
228	228	Aa 型青铜平翼镞	完整		器物箱	锈蚀
229	229	Aa 型青铜平翼镞		残翼	器物箱	锈蚀
230	230	Aa 型青铜平翼镞		残翼	器物箱	锈蚀
231	231	Aa 型青铜平翼镞		残翼	器物箱	锈蚀
232	232	Aa 型青铜平翼镞	完整		器物箱	锈蚀
233	233	Aa 型青铜平翼镞		残翼	器物箱	锈蚀
234	234	Aa 型青铜平翼镞		残翼	器物箱	锈蚀
235	235	Aa 型青铜平翼镞	完整		器物箱	锈蚀
236	236	Aa 型青铜平翼镞	完整		器物箱	锈蚀
237	237	Aa 型青铜平翼镞	完整		器物箱	锈蚀
238	238	Aa 型青铜平翼镞	完整		器物箱	锈蚀
239	239	Aa 型青铜平翼镞		残翼	器物箱	锈蚀
240	240	Aa 型青铜平翼镞		残翼	器物箱	锈蚀
241	241	Aa 型青铜平翼镞	完整		器物箱	锈蚀
242	242	Aa 型青铜平翼镞		残翼	器物箱	锈蚀
243	243	Aa 型青铜平翼镞	完整		器物箱	锈蚀
244	244	Aa 型青铜平翼镞		残翼	器物箱	锈蚀
245	245	Aa 型青铜平翼镞	完整		器物箱	锈蚀
246	246	Aa 型青铜平翼镞		残翼	器物箱	锈蚀
247		漆器竹胎残件 9		残块	器物箱	碳化
248	248	Aa 型青铜平翼镞		残翼	器物箱	锈蚀
249	249	Aa 型青铜平翼镞		残翼	器物箱	锈蚀
250	250	Aa 型青铜平翼镞		残翼	器物箱	锈蚀
251	251	Aa 型青铜平翼镞	完整		器物箱	锈蚀
252	252	Aa 型青铜平翼镞		残翼	器物箱	锈蚀
253	253	Aa 型青铜平翼镞	完整		器物箱	锈蚀

序号	原编号	器物名称	完整	残破	出土位置	备注
254	254	Aa 型青铜平翼镞	完整		器物箱	锈蚀
255	255	Aa 型青铜平翼镞		残翼	器物箱	锈蚀
256	256	Aa 型青铜平翼镞		残翼	器物箱	锈蚀
257	257	Aa 型青铜平翼镞		残翼	器物箱	锈蚀
258	258	Aa 型青铜平翼镞	完整		器物箱	锈蚀
259	259	Aa 型青铜平翼镞	完整		器物箱	锈蚀
260	260	Aa 型青铜平翼镞		残翼	器物箱	锈蚀
261	261	Aa 型青铜平翼镞		残翼	器物箱	锈蚀
262	262	Aa 型青铜平翼镞		残翼	器物箱	锈蚀
263	263	Aa 型青铜平翼镞		残翼	器物箱	锈蚀
264	264	Aa 型青铜平翼镞		残翼	器物箱	锈蚀
265	265	Aa 型青铜平翼镞	完整		器物箱	锈蚀
266	266	Aa 型青铜平翼镞		残翼	器物箱	锈蚀
267		B 型青铜三翼镞			器物箱	锈蚀
268		B 型青铜三翼镞			器物箱	锈蚀
269		B 型青铜三翼镞			器物箱	锈蚀
270		B 型青铜三翼镞			器物箱	锈蚀
271		B 型青铜三翼镞			器物箱	锈蚀
272		B 型青铜三翼镞			器物箱	锈蚀
273		B 型青铜三翼镞			器物箱	锈蚀
274	274	Aa 型青铜平翼镞			器物箱	七支粘连在一起成一束状态，暂未分开，锈蚀较重有裂缝，其中有一件缺铤。
275	275	Aa 型青铜平翼镞			器物箱	
276	276	Aa 型青铜平翼镞			器物箱	
277	277	Aa 型青铜平翼镞			器物箱	
278	278	Aa 型青铜平翼镞			器物箱	
279	279	Aa 型青铜平翼镞			器物箱	
280	280	Aa 型青铜平翼镞			器物箱	
281	281	青铜匜	完整		器物箱	锈蚀
282		青铜匜	薄胎	残	器物箱	修复
283	283	青铜盘		口裂	器物箱	锈蚀
284	284	青铜鼓钮环		残	器物箱	锈蚀
285	285	青铜豆	完整		器物箱	口稍修复
286	286	青铜豆	完整		器物箱	口稍修复

序号	原编号	器物名称	完整	残破	出土位置	备注
287		Aa 型青铜平翼镞	完整		器物箱	锈蚀
288		Aa 型青铜平翼镞		残翼	器物箱	锈蚀
289		Aa 型青铜平翼镞	完整		器物箱	锈蚀
290		Aa 型青铜平翼镞		残翼	器物箱	锈蚀
291		Aa 型青铜平翼镞		残翼	器物箱	锈蚀
292		Aa 型青铜平翼镞		残翼	器物箱	锈蚀
293		A 型青铜鼎（内鱼骨）		残	器物箱	修复
294		A 型青铜鼎（内鱼骨）		残	器物箱	修复
295	295	Ab 型青铜平翼镞	完整		器物箱	锈蚀
296	296	Ab 型青铜平翼镞	完整		器物箱	锈蚀
297	297	Ab 型青铜平翼镞	完整		器物箱	锈蚀
298	298	Ab 型青铜平翼镞	完整		器物箱	锈蚀
299	299	Ab 型青铜平翼镞		残翼	器物箱	锈蚀
300	300	Ab 型青铜平翼镞		残翼	器物箱	锈蚀
301	301	Ab 型青铜平翼镞		残翼	器物箱	锈蚀
302	302	Ab 型青铜平翼镞		残	器物箱	锈蚀
303	303	Aa 型青铜平翼镞		残翼	器物箱	锈蚀
304	304	Aa 型青铜平翼镞		残翼	器物箱	锈蚀
305	305	Aa 型青铜平翼镞	完整		器物箱	锈蚀
306	306	Aa 型青铜平翼镞	完整		器物箱	锈蚀
307	307	Aa 型青铜平翼镞		残翼	器物箱	锈蚀
308	308	Aa 型青铜平翼镞		残翼	器物箱	锈蚀
309	309	Aa 型青铜平翼镞	完整		器物箱	锈蚀
310	310	Aa 型青铜平翼镞		残翼	器物箱	锈蚀
311	311	Aa 型青铜平翼镞		残翼	器物箱	锈蚀
312	312	Aa 型青铜平翼镞		残翼	器物箱	锈蚀
313	313	Aa 型青铜平翼镞	完整		器物箱	锈蚀
314	314	Aa 型青铜平翼镞		残翼	器物箱	锈蚀
315	315	Aa 型青铜平翼镞	完整		器物箱	锈蚀
316	316	Aa 型青铜平翼镞		残翼	器物箱	锈蚀
317	317	Aa 型青铜平翼镞		残翼	器物箱	锈蚀
318	318	Aa 型青铜平翼镞	完整		器物箱	锈蚀
319	319	Aa 型青铜平翼镞		残翼	器物箱	锈蚀

序号	原编号	器物名称	完整	残破	出土位置	备注
320	320	Aa 型青铜平翼镞	完整		器物箱	锈蚀
321	321	Aa 型青铜平翼镞	完整		器物箱	锈蚀
322	322	Aa 型青铜平翼镞		残翼	器物箱	锈蚀
323	323	Aa 型青铜平翼镞	完整		器物箱	锈蚀
324	324	Aa 型青铜平翼镞		残翼	器物箱	锈蚀
325	325	Aa 型青铜平翼镞	完整		器物箱	锈蚀
326	326	Aa 型青铜平翼镞		残翼	器物箱	锈蚀
327	327	Aa 型青铜平翼镞		残翼	器物箱	锈蚀
328	328	Aa 型青铜平翼镞		残翼	器物箱	锈蚀
329	329	Aa 型青铜平翼镞	完整		器物箱	锈蚀
330	330	Aa 型青铜平翼镞		残翼	器物箱	锈蚀
331	331	Aa 型青铜平翼镞		残翼	器物箱	锈蚀
332	332	Aa 型青铜平翼镞		残翼	器物箱	锈蚀
333	333	Aa 型青铜平翼镞		残翼	器物箱	锈蚀
334	334	Aa 型青铜平翼镞		残翼	器物箱	锈蚀
335	335	Aa 型青铜平翼镞	完整		器物箱	锈蚀
336	336	Aa 型青铜平翼镞		残翼	器物箱	锈蚀
337	337	Aa 型青铜平翼镞		残翼	器物箱	锈蚀
338	338	Aa 型青铜平翼镞	完整		器物箱	锈蚀
339	339	Aa 型青铜平翼镞		残翼	器物箱	锈蚀
340	340	Aa 型青铜平翼镞	完整		器物箱	锈蚀
341	341	Aa 型青铜平翼镞	完整		器物箱	锈蚀
342	342	Aa 型青铜平翼镞		残翼	器物箱	锈蚀
343	343	Aa 型青铜平翼镞		残翼	器物箱	锈蚀
344	344	Aa 型青铜平翼镞		残翼	器物箱	锈蚀
345	345	Aa 型青铜平翼镞		残翼	器物箱	锈蚀
346	346	Aa 型青铜平翼镞		残翼	器物箱	锈蚀
347	347	Aa 型青铜平翼镞		残翼	器物箱	锈蚀
348	348	Ab 型青铜平翼镞		残翼	器物箱	锈蚀
349	349	Ab 型青铜平翼镞		残翼	器物箱	锈蚀
350	350	Ab 型青铜平翼镞		残翼	器物箱	锈蚀
351	351	Ab 型青铜平翼镞		残翼	器物箱	锈蚀
352	352	Ab 型青铜平翼镞		残翼	器物箱	锈蚀

序号	原编号	器物名称	完整	残破	出土位置	备注
353	353	Ab 型青铜平翼镞		残翼	器物箱	锈蚀
354	354	砺石	完整		器物箱	石质粗
355	355	砺石	完整		器物箱	石质细
356	356	B 型青铜盖鼎（内蹄骨）		残	器物箱	修复
357	357	青铜斧	完整		器物箱	锈蚀重
358	358	青铜斧		残	器物箱	修复
359	359	B 型青铜盖鼎（内肋骨）		残	器物箱	修复
360	360	青铜刀、陶砺片			西 1 殉人墓	锈蚀、360 – 1 陶片
361	361	青铜小刀		残	西 2 殉人墓	锈蚀
362	362	青铜小刀，陶砺片		残	西 3 殉人墓	锈蚀、362 – 1 陶片
363	363	青铜小刀，陶砺片	整		北 1 殉人墓	锈蚀、363 – 1 陶片
364	364	青铜小刀		残	北 2 殉人墓	锈蚀
365	365	青铜小刀陶砺片	– 陶珠	残	东 1 殉人墓	锈蚀、363 – 1 陶片、363 – 2 陶珠
366	366	青铜小刀		残	东 2 殉人墓	锈蚀
367	367	青铜小刀	整		东 3 殉人墓	锈蚀
368	368	青铜刻刀		残	器物箱	锈蚀
369	369	青铜刻刀		残	器物箱	锈蚀
370	370	青铜刻刀		残	器物箱	锈蚀
371	371	青铜刻刀		残	器物箱	锈蚀
372	372	青铜刻刀		残	器物箱	锈蚀
373	373	青铜刻刀		残	器物箱	锈蚀
374	374	青铜削		残	器物箱	锈蚀
375	375	玉扳指	完整		器物箱	三首形
376	376	A 型青铜箅		残	器物箱	修复件
377	377	A 型青铜箅		残	器物箱	修复件
378	378	骨簪		残	南殉人墓	修复、378 – 1 海贝
379	379	青铜锯		残	器物箱	锈蚀
380	480	Aa 型青铜平头镞		残	器物箱	锈蚀
381	381 – 1 – 8	青铜合页		残	器物箱	锈蚀重
382	382	B 型青铜戟——徐王铭	完整	裂纹	器物箱	锈蚀重
383	383	A 型青铜戟	完整		器物箱	锈蚀重
384	384	青铜马衔	完整		器物箱	锈蚀
385	385	B 型青铜车軎	完整		器物箱	锈蚀

序号	原编号	器物名称	完整	残破	出土位置	备注
386	386	B 型青铜车軎	完整		器物箱	锈蚀
387	387	B 型青铜车軎	完整		器物箱	锈蚀
388	388	B 型青铜车軎	整	缺销	器物箱	锈蚀
389	389	青铜环柄刀		残	器物箱	锈蚀
390	390	青铜矛		残	器物箱	锈蚀锈
391	391	青铜矛		残	器物箱	锈蚀
392	392	A 型青铜戟		残	器物箱	锈蚀
393	393	青铜矛	整		器物箱	锈蚀
394	394	A 型青铜车軎	完整		器物箱	锈蚀
395	395	A 型青铜车軎	完整		器物箱	锈蚀
396	396	青铜马衔	完整		器物箱	锈蚀
397	397	A 型青铜戟	戈整	矛残	器物箱	戈有铭
398	398	青铜罍	√		器物箱	修复
399	399	青铜矛	√		器物箱	锈蚀
400	400	青铜罍	√		器物箱	修复
401	401	B 型彩陶罐	√		器物箱	修复
402	402	B 型彩陶罐	√		器物箱	修复
403	403	B 型彩陶罐	√		器物箱	修复
404	404	A 型彩陶罐	√		器物箱	修复
405	405	A 型彩陶罐	√		器物箱	修复
406	406	B 型彩陶罐	√		器物箱	修复
407	407	B 型彩陶罐	√		器物箱	修复
408	408	B 型彩陶罐	√		器物箱	修复
409	409	B 型彩陶罐	√		器物箱	修复
410	410	彩陶罐	√		器物箱	修复
411	411	青铜环柄刀		残	器物箱	锈蚀
412	412	A 型彩陶罐	√		器物箱	修复
413	413	A 型彩陶罐	√		器物箱	修复
414	414	A 型彩陶罐	√		器物箱	修复
415	415	A 型彩陶罐	√		器物箱	修复
416	416	陶砺片（位置脚头）		边残	南殉人墓	416－1 陶砺片 2 片
417	417	蚌壳（位置脚头）		残	南殉人墓	417－1 蚌壳 2 片
418	418	灰陶罐	√		南殉人墓	头侧部位

序号	原编号	器物名称	完整	残破	出土位置	备注
419	419	D 型青铜镦件	√		器物箱	锈蚀
420	420	金箔饰		略残	器物箱	圆形
421	421	青铜衡饰	√		器物箱漆皮下	锈蚀
422	422	金箔饰		√	器物箱漆皮下	
423	423	金箔饰		√	器物箱漆皮下	
424	424	金箔饰		√	器物箱漆皮下	
425	425	金箔饰		√	器物箱漆皮下	
426	426	金箔饰		√	器物箱漆皮下	
427	427	陶鬲	√		器物箱漆皮下	修复
428	428	陶鬲	√		器物箱漆皮下	修复
429	429	海贝 3		√	器物箱	组完整 33 枚、残 9 件
430	430	青铜合页		√	器物箱漆皮下	锈蚀
431	431	金箔饰		√	器物箱漆皮下	
432	376 – 1	B 型小型青铜簋	√	修复	器物箱	叠压 376 号上
433	377 – 1	B 型小型青铜簋	√	修复	器物箱	叠压 377 号上
434	434	金箔饰		√	器物箱漆皮下	
435	435	金箔饰		√	器物箱漆皮下	
436	436	金箔饰		√	器物箱漆皮下	
437	437	金箔饰		√	器物箱漆皮下	
438	438	金箔饰		√	器物箱漆皮下	
439	439	金箔饰		√	器物箱漆皮下	
440	440	金箔饰		√	器物箱漆皮下	
441	441	金箔饰		√	器物箱漆皮下	
442	442	金箔饰		√	器物箱漆皮下	
443	443	金箔饰		√	器物箱漆皮下	
444	444	金箔饰		√	器物箱漆皮下	
445	445	金箔饰		√	器物箱漆皮下	
446	446	金箔饰		√	器物箱漆皮下	
447	447	金箔饰		√	器物箱漆皮下	
448	448	金箔饰		√	器物箱漆皮下	
449	449	金箔饰		√	器物箱漆皮下	
450	450	金箔饰		√	器物箱漆皮下	
451	451	金箔饰		√	器物箱漆皮下	

序号	原编号	器物名称	完整	残破	出土位置	备注
452	452	金箔饰		√	器物箱漆皮下	
453	453	金箔饰		√	器物箱漆皮下	
454	454	金箔饰		√	器物箱漆皮下	
455	455	金箔饰		√	器物箱漆皮下	
456	456	鼓皮残件		√	器物箱	似鳄鱼皮
457	457	海贝			器物箱	组完整21枚、残29枚
458	458	海贝			器物箱	组完整14枚、残48枚
459	459	蚌坠残片			器物箱	破碎49块
460	460	蚌壳			器物箱	似蛤蜊蚌2片
461	461	一束铜镞木杆残件			器物箱	碳化
462	462	骨圆头镞	完整	尾残	器物箱	碳化
463	463	骨圆头镞		尾残	器物箱	碳化
464	464	骨圆头镞		裂纹	器物箱	碳化
465	465	骨圆头镞		尖残	器物箱	碳化
466	466	骨圆头镞			器物箱	碳化
467	467	骨圆头镞	完整	尾残	器物箱	碳化
468	468	骨圆头镞	完整	尾残	器物箱	碳化
469	469	骨圆头镞	完整		器物箱	碳化
470	470	骨圆头镞		尾残	器物箱	碳化
471	471	骨圆头镞	完整		器物箱	碳化
472	472	骨圆头镞		尾残	器物箱	碳化
473	473	骨圆头镞		尾残	器物箱	碳化
474	474	骨圆头镞	完整		器物箱	碳化
475	475	骨圆头镞		尾残	器物箱	碳化
476	476	骨圆头镞		尾残	器物箱	碳化
477	477	骨圆头镞		尖残	器物箱	碳化
478	478	骨圆头镞		尖残	器物箱	碳化
479	479	骨圆头镞		尾残	器物箱	碳化
480	480	骨圆头镞		尖残	器物箱	碳化
481	481	骨圆头镞		残	器物箱	碳化
482	482	骨圆头镞		残	器物箱	碳化
483	483	猪牙齿		残	器物箱	
484	484	牛牙齿		残	器物箱	

序号	原编号	器物名称	完整	残破	出土位置	备注
485	485	羊牙齿2件		残	器物箱	485-1 羊牙
486	486	漆皮		残	器物箱	
487	487	漆皮		残	器物箱	
488	488	漆皮		残	器物箱	
489	489	漆器纹饰残片		残	器物箱	
490	490	漆器纹饰残片		残	器物箱	
491	491	漆器纹饰残片		残	器物箱	
492	492	漆器布胎残片		残	器物箱	
493	493	漆器布胎残片		残	器物箱	
494	494	蚌坠		略残	器物箱	
495	495	蚌坠		微残	器物箱	
496	496	蚌坠		略残	器物箱	
497	497	蚌坠		略	器物箱	
498	498	蚌坠		略残	器物箱	
499	499	蚌坠		略残	器物箱	
500	500	蚌坠		残	器物箱	
501	501	蚌坠		残	器物箱	
502	502	蚌坠残件		均残	器物箱	残件 15 块
503						
504						

附表二 蚌埠双墩春秋一号墓出土土偶登记表

序号	原号	类 型			高/底径	遗迹单位	完整/残缺
		圆形	方形	不规则形			
1	1－1	A			18.3×8.7×10.5	遗迹层	完整
2	1－2	B			20×10.5×11.5	遗迹层	完整
3	1－3	A			15.6×8.8×10.1	遗迹层	完整
4	1－4		B		18.9×10.6×14.4	遗迹层	完整
5	1－5	B			21.3×9.8×11.3	遗迹层	完整
6	1－6	A			18.7×10×12	遗迹层	完整
7	1－7	A			19.1×12.8×13.2	遗迹层	完整
8	1－8		A		20×9×9	遗迹层	完整
9	1－9	A			18.9×11.5×13.5	遗迹层	完整
10	1－10			C	18.8×9×12.5	遗迹层	完整
11	1－11	C			20.6×10.5×12	遗迹层	完整
12	1－12	A			16.8×7.7×11.5	遗迹层	完整
13	1－13		A		16.2×9×9.5	遗迹层	完整
14	1－15		C		9.5×9×10	遗迹层	完整
15	1－16			C	× ×	遗迹层	残碎数块
16	1－17		B		17.3×10×12	遗迹层	完整
17	1－18			C	14.2×9.8×14	遗迹层	完整
18	1－19			A	23.3×9×12.4	遗迹层	完整
19	1－20		A		18×7×10	遗迹层	完整
20	1－21		C		18.6×8×9.5	遗迹层	完整
21	1－22		A		16×8×8.5	遗迹层	完整
22	1－23		A		16.6×8.6×9	遗迹层	完整
23	1－24		A		17.4×8×9	遗迹层	完整
24	1－25		A		15.8×9×9	遗迹层	完整
25	1－26		A		15.5×8.5×9.5	遗迹层	完整
26	1－27		B		19.7×9.2×9.5	遗迹层	完整

序号	原号	类型			高/底径	遗迹单位	完整/残缺
		圆形	方形	不规则形			
27	1－28		B		13.5×9×10	遗迹层	完整
28	1－29		B		16×9.1×11.3	遗迹层	完整
29	1－30	B			13.7×8.9×10.7	遗迹层	完整
30	1－31		A		20×8.5×9.5	遗迹层	完整
31	1－32	B			18.9×8.5×10.7	遗迹层	完整
32	1－33		C		13.3×8.5×9	遗迹层	完整
33	1－34		C		13.3×8×8.1	遗迹层	完整
34	1－35		C		15×9×9.1	遗迹层	完整
35	1－36			A	22.5×8.7×11	遗迹层	完整
36	1－37		B		22×8.6×9.7	遗迹层	完整
37	1－38		A		16×8×8.5	遗迹层	完整
38	1－39		C		17×8.5×9.5	遗迹层	完整
39	1－40	B			17.5×8×9	遗迹层	完整
40	1－41		A		19×8.5×9	遗迹层	完整
41	1－42		B		17.5×8.5×8.5	遗迹层	完整
42	1－43		C		20×10.3×10.6	遗迹层	完整
43	1－44	A			17×8×12.5	遗迹层	完整
44	1－45	A			13.3×10×11.2	遗迹层	完整
45	1－46		C		11.5×8×10	遗迹层	完整
46	1－47		A		14.5×9×9	遗迹层	完整
47	1－48		B		22×9.2×9.4	遗迹层	完整
48	1－49		A		16×8.5×9.5	遗迹层	完整
49	1－50		B		20.5×8.5×8.8	遗迹层	完整
50	1－51		C		15.7×11.5×11.6	遗迹层	完整
51	1－52		A		15.6×9.5×10.5	遗迹层	完整
52	1－53			B	18×8.5×14	遗迹层	完整
53	1－54		C		16.3×9.5×10.5	遗迹层	完整
54	1－55	A			16×10×10	遗迹层	完整
55	1－56	A			18×8.2×9	遗迹层	完整
56	1－57		A		16×8.5×10	遗迹层	完整
57	1－58		A		22×9.3×10	遗迹层	完整
58	1－59			A	22.2×9×14	遗迹层	完整

序号	原号	类　型			高/底径	遗迹单位	完整/残缺
		圆形	方形	不规则形			
59	1－60		B		20.5×7.3×9.8	遗迹层	完整
60	1－61		B		23.1×10.2×10.5	遗迹层	完整
61	1－62	A			21×10.4×12.3	遗迹层	完整
62	1－63			C	17×8.5×10.5	遗迹层	完整
63	1－64	A			18.6×9.8×12	遗迹层	完整
64	1－65	A			19.1×10×11.8	遗迹层	完整
65	1－66	B			20.1×9.3×12	遗迹层	完整
66	1－67	A			16.6×8.8×10	遗迹层	完整
67	2－1	B			17.5×7.2×9.6	遗迹层	完整
68	3－1			C	18×4.5×9.5	遗迹层	完整
69	3－2	A			17.2×9.5×10.4	遗迹层	完整
70	3－3	A			18×10×9.5	遗迹层	完整
71	4－1	A			22.8×8×12	遗迹层	完整
72	4－2	A			16.5×10.1×12.6	遗迹层	完整
73	4－3	A			19×10.5×11.2	遗迹层	完整
74	4－4			B	17.8×8.3×14.2	遗迹层	完整
75	4－5	A			14.5×11×12.5	遗迹层	完整
76	4－6			C	×　×	遗迹层	破碎数块
77	4－7			C	18×10×14	遗迹层	完整
78	4－8	A			18.8×11.5×12.6	遗迹层	完整
79	4－9			C	×　×	遗迹层	破碎数块
80	4－10	A			15×10×10.5	遗迹层	完整
81	4－11	B			16.5×12.4×14.6	遗迹层	完整
82	4－12	A			17×9×13	遗迹层	完整
83	4－13		C		12.5×10.5×14	遗迹层	完整
84	4－14	A			14.3×11.5×11.5	遗迹层	完整
85	4－15	A			15.5×11×12	遗迹层	完整
86	4－16	C			17×11×12	遗迹层	完整
87	4－17			C	×　×	遗迹层	破碎数块
88	4－18	C			18.3×7×8	遗迹层	完整
89	4－19	A			14×10×12	遗迹层	完整
90	4－20	A			15×9.5×10	遗迹层	完整

序号	原号	类　型			高/底径	遗迹单位	完整/残缺
		圆形	方形	不规则形			
91	5－1		A		21×8×8	遗迹层	完整
92	5－2		A		18×7×7.5	遗迹层	完整
93	5－3		A		22.2×8×10	遗迹层	完整
94	5－4		C		12.5×9.5×10	遗迹层	完整
95	5－5		A		21.4×8.5×9	遗迹层	完整
96	5－8		A		17.5×8.5×8.5	遗迹层	完整
97	6－1			A	17.3×13×16	遗迹层	完整
98	6－2	C			17.5×6×11	遗迹层	完整
99	6－3		B		14.5×9×14	遗迹层	完整
100	6－4	A			17.5×11×12	遗迹层	完整
101	6－5	C			15.5×11×12	遗迹层	完整
102	6－6	A			18.3×6.5×12.4	遗迹层	完整
103	6－7	C			16×9×11	遗迹层	完整
104	6－8			C	19.5×4.5×9	遗迹层	完整
105	6－9	A			16×9×10	遗迹层	完整
106	6－10	A			17×10×10	遗迹层	完整
107	6－11	A			19.5×10.4×10.9	遗迹层	完整
108	6－12	A			17×9×13.5	遗迹层	完整
109	6－13			A	23×11×12	遗迹层	完整
110	6－14	C			13×11.5×13.5	遗迹层	完整
111	6－15	A			17×10.5×13	遗迹层	完整
112	6－16	A			15×9×9.4	遗迹层	完整
113	6－17	B			21.1×9.8×12.8	遗迹层	完整
114	6－18			C	15×9.5×10	遗迹层	完整
115	6－20	B			18.5×9×12	遗迹层	完整
116	6－21	A			14.8×8×9	遗迹层	完整
117	6－22	A			16.5×10.3×10.8	遗迹层	完整
118	6－23	C			14.5×10.5×12	遗迹层	完整
119	6－24	A			20×10×12.5	遗迹层	完整
120	6－25			C	×　×	遗迹层	破碎数块
121	6－26		B		18.3×9.3×10.2	遗迹层	完整
122	7－1		B		16.4×9×11	遗迹层	完整

序号	原号	类　型			高/底径	遗迹单位	完整/残缺
		圆形	方形	不规则形			
123	7－2			B	16×10.5×11.3	遗迹层	完整
124	7－3			C	18×7.5×10.5	遗迹层	完整
125	7－4		A		13.8×8×9.5	遗迹层	完整
126	7－5			C	15.2×7.8×11.2	遗迹层	完整
127	7－6		C		15.7×9×9.5	遗迹层	完整
128	7－7	A			15×9×11	遗迹层	完整
129	7－8	A			16.4×7.5×10.3	遗迹层	完整
130	7－9			C	16.5×9×10.5	遗迹层	完整
131	7－10	B			16.7×7.5×10.9	遗迹层	完整
132	7－11	A			17.2×9.5×10	遗迹层	完整
133	7－12	A			17.5×8.5×10.5	遗迹层	完整
134	7－13	B			16.5×7×10	遗迹层	完整
135	7－14	B			15.5×8×12	遗迹层	完整
136	7－15	A			16×8×10.5	遗迹层	完整
137	7－16	B			23.6×9.2×12	遗迹层	完整
138	7－17			C	×　×	遗迹层	破碎数块
139	7－18	B			22.5×8×13	遗迹层	完整
140	7－19	A			16.5×9×9	遗迹层	完整
141	7－20	C			20×8×13	遗迹层	完整
142	7－21	A			18.3×8×9	遗迹层	完整
143	7－22	A			15.5×7.5×8.2	遗迹层	完整
144	7－23	B			19×7.5×12.5	遗迹层	完整
145	7－24	A			14.8×8.5×9.5	遗迹层	完整
146	7－25	B			14.3×8×11.5	遗迹层	完整
147	7－26			C	12×8.8×10.3	遗迹层	完整
148	7－27	A			16×9.5×10	遗迹层	完整
149	7－28	A			17×9×11	遗迹层	完整
150	7－29			A	18.7×7.5×11	遗迹层	完整
151	7－30	A			17.5×8×8.5	遗迹层	完整
152	7－31			C	16×8×11	遗迹层	完整
153	7－32			B	17×7×9	遗迹层	完整
154	7－33	C			16×7×10	遗迹层	完整

序号	原号	类　型			高/底径	遗迹单位	完整/残缺
		圆形	方形	不规则形			
155	7－34	A			17.8×9.1×10.1	遗迹层	完整
156	7－35	B			17.7×8.7×10.8	遗迹层	完整
157	7－36			C	×　×	遗迹层	破碎数块
158	7－37			C	14.4×7.5×11	遗迹层	完整
159	7－38			C	13×9×11.5	遗迹层	完整
160	7－39	A			17.7×8.5×9	遗迹层	完整
161	7－40			C	15.5×9×10	遗迹层	完整
162	7－41			C	×　×	遗迹层	残碎数块
163	7－42	A			17.1×8×8.4	遗迹层	完整
164	7－43			C	14×8.5×11	遗迹层	完整
165	7－44	A			16×8.5×10.2	遗迹层	完整
166	7－45	C			16×9×10.5	遗迹层	完整
167	7－46	C			18.4×6.5×8.3	遗迹层	完整
168	7－47	B			16×9×11	遗迹层	完整
169	8－1			C	16.4×13×13.1	遗迹层	完整
170	8－2		B		21.5×9.4×13	遗迹层	完整
171	8－3			C	×　×	遗迹层	破碎数块
172	8－4		C		18.2×8×10.3	遗迹层	完整
173	8－5	A			18×9×11.5	遗迹层	完整
174	8－6			C	×　×	遗迹层	破碎数块
175	8－7			C	×　×	遗迹层	破碎数块
176	8－8			C	16×8×12.5	遗迹层	完整
177	8－9			C	×　×	遗迹层	破碎数块
178	8－10	B			19×8.4×9.5	遗迹层	完整
179	8－11			A	19.2×9.1×13.3	遗迹层	完整
180	8－12	A			20×9×13	遗迹层	完整
181	8－13	B			21.7×8×10.5	遗迹层	完整
182	8－14	A			22.8×12×14.5	遗迹层	完整
183	8－15			C	16.3×9×9.5	遗迹层	完整
184	8－16		A		19×9×9	遗迹层	完整
185	8－17			C	20.5×7.5×9	遗迹层	完整
186	8－18			B	21.5×5.5×11	遗迹层	完整

序号	原号	类 型			高/底径	遗迹单位	完整/残缺
		圆形	方形	不规则形			
187	8－19	B			18.5×11×14.5	遗迹层	完整
188	8－20	C			20×11×12	遗迹层	完整
189	8－21		B		16.3×9.7×12.8	遗迹层	完整
190	8－22	C			14×10×11	遗迹层	完整
191	8－23	A			18.5×13×14	遗迹层	完整
192	8－24	A			19×9.5×10	遗迹层	完整
193	8－26		B		19.2×7.3×9.5	遗迹层	完整
194	8－27	A			18.8×10×12	遗迹层	完整
195	8－28			C	14.5×7×10	遗迹层	完整
196	8－29	C			18×11×12	遗迹层	完整
197	8－30	B			18.7×7×10	遗迹层	完整
198	8－31	A			17×8×9.5	遗迹层	完整
199	8－32	B			16.5×8.5×12	遗迹层	完整
200	8－33	A			17.7×7.5×12	遗迹层	完整
201	8－35	A			20×11.7×12.6	遗迹层	完整
202	8－36			B	21.5×10.5×14.5	遗迹层	完整
203	8－37	A			18×10×10	遗迹层	完整
204	8－38			C	13.5×9×9.1	遗迹层	完整
205	8－39			C	16.5×8.5×10.5	遗迹层	完整
206	8－40	A			19×8.6×12	遗迹层	完整
207	8－41	C			17.5×10×11.5	遗迹层	完整
208	8－42	C			14.5×9×11	遗迹层	完整
209	9－1			C	×　×	遗迹层	破碎数块
210	9－2	A			×　×	遗迹层	破碎数块
211	9－3			A	21.4×9×15.8	遗迹层	完整
212	9－4	B			22×11×14	遗迹层	完整
213	9－5	A			20×9.3×11.8	遗迹层	完整
214	9－6			C	14×8×8.5	遗迹层	完整
215	9－7	A			17.5×10.5×11	遗迹层	完整
216	9－8			C	12.8×9×10	遗迹层	完整
217	9－9			C	16×8.7×11	遗迹层	完整
218	9－10	B			22.5×9.5×11.5	遗迹层	完整

序号	原号	类　型			高/底径	遗迹单位	完整/残缺
		圆形	方形	不规则形			
219	9－11	A			22.6×10.7×12.1	遗迹层	完整
220	9－12			C	18.8×10×10.4	遗迹层	完整
221	9－13			A	19.6×7×12	遗迹层	完整
222	9－14	C			15×9×10	遗迹层	完整
223	9－15			A	22.1×6.4×10.3	遗迹层	完整
224	10－1	A			19.4×9.8×12	遗迹层	完整
225	10－2		A		17.5×9×9	遗迹层	完整
226	10－2－1	B			18×8.3×9.5	遗迹层	完整
227	10－3	C			19.5×9×10	遗迹层	完整
228	10－4	A			19×9×11.5	遗迹层	完整
229	10－5			C	21.5×9×10	遗迹层	完整
230	10－6		C		16.5×9×11	遗迹层	完整
231	10－7	A			22.5×10.1×13.5	遗迹层	完整
232	10－8			C	×　×	遗迹层	残碎数块
233	10－9	A			12.5×8.5×10.2	遗迹层	完整
234	10－10	A			19.1×9×10.4	遗迹层	完整
235	10－11	B			19×9.5×10.5	遗迹层	完整
236	10－12			C	12×8.5×11	遗迹层	完整
237	10－13	B			17×9×10.5	遗迹层	完整
238	10－14	C			14.5×9.5×10	遗迹层	完整
239	10－15		A		20.5×9×10	遗迹层	完整
240	10－16	C			16×7×10	遗迹层	完整
241	10－17			C	15.5×10×12	遗迹层	完整
242	10－18	A			16.5×7.8×9.6	遗迹层	完整
243	10－19		B		20×7.6×12.5	遗迹层	完整
244	10－20			C	×　×	遗迹层	破碎数块
245	10－21	B			18×6.5×11.5	遗迹层	完整
246	10－22	C			19.5×10×11.7	遗迹层	完整
247	10－23	A			19.6×9×10.5	遗迹层	完整
248	10－24			A	19.5×7.5×11	遗迹层	完整
249	10－25	B			20×8×12	遗迹层	完整
250	10－26	A			17×11×14	遗迹层	完整

续附表二

序号	原号	类 型			高/底径	遗迹单位	完整/残缺
		圆形	方形	不规则形			
251	10－27			C	15.5×6.5×9.5	遗迹层	完整
252	10－28		B		19.3×10×10.5	遗迹层	完整
253	10－29	A			19.6×8.5×10.3	遗迹层	完整
254	11－1	B			19×8.7×11.4	遗迹层	完整
255	11－2	A			19.7×7.5×10	遗迹层	完整
256	11－3			C	20×9×10	遗迹层	完整
257	11－4	C			16.5×10.5×11.5	遗迹层	完整
258	11－5			C	×　×	遗迹层	残碎数块
259	11－6		B		20.5×9×13.2	遗迹层	完整
260	11－7	A			19.5×8×12	遗迹层	完整
261	11－8			C	×　×	遗迹层	残碎数块
262	11－9	A			18×9.5×11	遗迹层	完整
263	11－10	C			16.5×9×9.5	遗迹层	完整
264	11－11	A			10.8×9×12.5	遗迹层	完整
265	13－1		C		13×7×10	遗迹层	完整
266	13－2			C	14.5×6.5×8	遗迹层	完整
267	13－3	A			17.2×10.4×12.3	遗迹层	完整
268	13－4	C			16×8.5×8.5	遗迹层	完整
269	13－5			C	×　×	遗迹层	残碎数块
270	13－6			C	10.5×9.5×10	遗迹层	完整
271	13－7			C	17×7×9	遗迹层	完整
272	13－8	B			15×9×11.1	遗迹层	完整
273	13－9	C			17×10.5×13.5	遗迹层	完整
274	13－10	C			13×9×9.5	遗迹层	完整
275	13－11	A			12×8.1×9.7	遗迹层	完整
276	13－12	A			18.5×7.5×8.5	遗迹层	完整
277	13－13	A			16.2×10×12.5	遗迹层	完整
278	13－14	A			14×8.5×9.6	遗迹层	完整
279	13－15			C	11×8×10	遗迹层	完整
280	13－16			C	×　×	遗迹层	破碎数块
281	13－17	B			20.4×9×11	遗迹层	完整
282	13－18	A			16×10.2×11	遗迹层	完整

序号	原号	圆形	方形	不规则形	高/底径	遗迹单位	完整/残缺
283	13－19	A			17.6×10.2×11	遗迹层	完整
284	13－20		C		19.5×10.5×12.8	遗迹层	完整
285	13－21	B			19.3×8×10	遗迹层	完整
286	13－22			C	9.2×9.3×9.5	遗迹层	完整
287	13－23	C			17.5×8.5×8.5	遗迹层	完整
288	13－24		A		21×8.8×9.3	遗迹层	完整
289	13－25		A		15×9.5×10.5	遗迹层	完整
290	13－26	A			20.5×8.5×11.5	遗迹层	完整
291	13－590	A			20×8.5×10	遗迹层	完整
292	13－913	A			15.6×9×12	遗迹层	完整
293	14－1			C	×　×	遗迹层	破碎数块
294	14－3			C	17×10.5×10	遗迹层	完整
295	14－4			C	×　×	遗迹层	破碎数块
296	14－5			C	×　×	遗迹层	破碎数块
297	14－6			B	20.8×10.7×13.7	遗迹层	完整
298	14－7			C	×　×	遗迹层	破碎数块
299	14－8			C	×　×	遗迹层	破碎数块
300	14－10			C	×　×	遗迹层	破碎数块
301	14－11			C	×　×	遗迹层	破碎数块
302	14－12	A			14.5×7.5×9	遗迹层	完整
303	14－13			C	×　×	遗迹层	残碎数块
304	14－14			C	16.7×6×10.7	遗迹层	完整
305	14－15	B			18.5×10×13	遗迹层	完整
306	14－16			C	×　×	遗迹层	残碎数块
307	14－17			C	×　×	遗迹层	残碎数块
308	15－1			C	×　×	遗迹层	残碎数块
309	15－2	C			20×9.5×11	遗迹层	完整
310	15－3			C	16×8×8.2	遗迹层	完整
311	15－4	A			20.2×10.2×11.6	遗迹层	完整
312	15－6	C			18×8.5×9.4	遗迹层	完整
313	15－7			C	×　×	遗迹层	破碎数块
314	15－9			C	×　×	遗迹层	破碎数块

序号	原号	圆形	方形	不规则形	高/底径	遗迹单位	完整/残缺
		类 型			高/底径	遗迹单位	完整/残缺
315	15－10		C		18.2×9×9.5	遗迹层	完整
316	15－11		B		18×10.5×10.5	遗迹层	完整
317	15－12			C	16.3×9×10	遗迹层	完整
318	15－13			C	22×6×8	遗迹层	完整
319	15－14			C	×　×	遗迹层	破碎数块
320	15－15	C			15.5×9×9	遗迹层	完整
321	15－16	C			15.8×10×10.5	遗迹层	完整
322	15－17			C	×　×	遗迹层	破碎数块
323	15－18			B	19×7×12	遗迹层	完整
324	15－19			C	×　×	遗迹层	破碎数块
325	15－20	B			22.5×9×11	遗迹层	完整
326	15－21			C	×　×	遗迹层	破碎数块
327	15－22		B		16.8×8.5×11.5	遗迹层	完整
328	15－23			C	×　×	遗迹层	破碎数块
329	15－24			C	×　×	遗迹层	破碎数块
330	15－25			C	13×7.8×8.5	遗迹层	完整
331	15－26			C	×　×	遗迹层	破碎数块
332	16－1		B		19.5×8.5×9	遗迹层	完整
333	16－2	A			17×9×9	遗迹层	完整
334	16－3	B			21×9×11	遗迹层	完整
335	16－4		A		16.5×8×8.5	遗迹层	完整
336	16－5			C	16×10×11	遗迹层	完整
337	16－6	B			15×8.5×9	遗迹层	完整
338	16－7	B			17.3×10×11	遗迹层	完整
339	16－8			B	23×6.7×15.8	遗迹层	完整
340	16－9			C	×　×	遗迹层	破碎数块
341	16－10			C	×　×	遗迹层	破碎数块
342	16－11	A			17.3×8.3×9.4	遗迹层	完整
343	16－12	A			15×8.5×10	遗迹层	完整
344	16－13	A			15.5×11×11	遗迹层	完整
345	16－14			C	×　×	遗迹层	破碎数块
346	16－15	B			20×9×11	遗迹层	完整

序号	原号	类　型			高/底径	遗迹单位	完整/残缺
		圆形	方形	不规则形			
347	16－16			A	25.5×9×12	遗迹层	完整
348	16－17			C	16×5×11	遗迹层	完整
349	16－18			C	×　　×	遗迹层	破碎数块
350	16－19	A			18.5×9.5×12	遗迹层	完整
351	16－20			C	×　　×	遗迹层	破碎数块
352	16－21			C	10.2×8.7×9.8	遗迹层	完整
353	16－22			C	14.3×8.5×9.5	遗迹层	完整
354	16－23	B			17.6×7.5×10.8	遗迹层	完整
355	16－24	C			18×7×11.5	遗迹层	完整
356	16－25			C	17×6×9.5	遗迹层	完整
357	16－26		C		8.5×10×10.5	遗迹层	完整
358	16－27	A			17.5×8.8×9	遗迹层	完整
359	16－28	A			19×11×12.5	遗迹层	完整
360	16－29		C		14×10×11	遗迹层	完整
361	16－30			C	×　　×	遗迹层	残碎数块
362	16－31	A			19×10×11	遗迹层	完整
363	16－32			B	18×7×10	遗迹层	完整
364	16－33	B			18.3×8×10.5	遗迹层	完整
365	16－34	A			17.3×8×10.5	遗迹层	完整
366	16－35	A			20.5×10×11	遗迹层	完整
367	16－36			C	15.3×8.2×10.4	遗迹层	完整
368	16－37	A			15.4×9×9	遗迹层	完整
369	16－38	A			21.7×11×13.3	遗迹层	完整
370	16－39			C	×　　×	遗迹层	破碎数块
371	16－41	C			17×9×10	遗迹层	完整
372	16－42			C	×　　×	遗迹层	破碎数块
373	16－43			C	×　　×	遗迹层	破碎数块
374	16－44			C	×　　×	遗迹层	破碎数块
375	16－45			C	×　　×	遗迹层	破碎数块
376	16－46	A			15×9.5×9.5	遗迹层	完整
377	16－47			B	15×7×12	遗迹层	完整
378	16－48			C	16×7.5×8	遗迹层	残缺

序号	原号	类型			高/底径	遗迹单位	完整/残缺
		圆形	方形	不规则形			
379	16－49			C	14.7×8.5×9	遗迹层	残缺
380	16－50	C			14×8×9	遗迹层	完整
381	16－51			B	18.7×7×11	遗迹层	完整
382	16－52			C	×　×	遗迹层	破碎数块
383	16－53			C	×　×	遗迹层	破碎数块
384	18－1		C		19×7.7×9	遗迹层	完整
385	18－2			B	14.7×7.4×8	遗迹层	完整
386	18－3	C			16.4×8×8.5	遗迹层	完整
387	18－4		C		18.3×9.5×10	遗迹层	完整
388	18－5	A			13.8×8×8.8	遗迹层	完整
389	18－6		A		18.7×7×9.5	遗迹层	完整
390	18－7		A		18.5×9×9	遗迹层	完整
391	18－8	C			16×10×10.5	遗迹层	完整
392	18－9			C	15.4×9.3×11.2	遗迹层	完整
393	18－10		C		19×8×11.3	遗迹层	完整
394	18－11		A		20.5×9×10	遗迹层	完整
395	18－12		B		15×7.5×8.5	遗迹层	完整
396	18－25	C			19.5×10×11	遗迹层	完整
397	23－1	A			18.5×11×12	遗迹层	完整
398	23－2	A			15×8×10	遗迹层	完整
399	26－1	C			15×13×13	遗迹层	完整
400	26－2			C	18.5×8.5×11.5	遗迹层	完整
401	26－3			C	12.3×8.5×10.5	遗迹层	完整
402	29－1	B			19.7×9.5×10	遗迹层	完整
403	29－2	A			16.5×8.5×11.5	遗迹层	完整
404	33－1	A			15.5×9.5×9.5	遗迹层	完整
405	33－2	A			17×8.5×9.5	遗迹层	完整
406	232－1	B			20×9×11	遗迹层	完整
407	286－1	C			14×9.5×13	遗迹层	完整
408	287－2	A			17×10×10.4	遗迹层	完整
409	296－2	B			17×11×13.5	遗迹层	完整
410	349－2	B			17×7.5×16.5	遗迹层	完整

续附表二

序号	原号	类型 圆形	类型 方形	类型 不规则形	高/底径	遗迹单位	完整/残缺
411	3－242		A		17.6×8.5×9	遗迹层	完整
412	286－3	A			21.7×11.2×11.9	遗迹层	完整
413	补－02			C	17.7×9.2×12.5	遗迹层	完整
414	1			A	16.8×6.8×9.7	遗迹层	完整
415	2	A			14.3×9×11.5	遗迹层	完整
416	3	C			12.8×9×11.5	遗迹层	残缺
417	5			C	14×7.5×9	遗迹层	残缺
418	7	A			19.5×9.5×10.5	遗迹层	完整
419	8	A			15×10×11	遗迹层	完整
420	9	A			22×8×12	遗迹层	完整
421	10	A			16×7×9.5	遗迹层	完整
422	11	C			16×10×10.5	遗迹层	完整
423	12		B		15×7.5×9	遗迹层	完整
424	14	A			18.2×9.9×12.2	遗迹层	完整
425	15	A			8.5×10×11.5	遗迹层	完整
426	16	A			18×8×9	遗迹层	完整
427	17	B			19×9×12	遗迹层	完整
428	19			C	16.5×10×13.5	遗迹层	完整
429	20	A			19.5×8.5×10.3	遗迹层	完整
430	21			C	15.5×11.5×14	遗迹层	完整
431	22		B		17.5×8×8.7	遗迹层	完整
432	23		A		21.5×9.5×12	遗迹层	完整
433	25			C	18×9×10	遗迹层	完整
434	27			C	×　×	遗迹层	破碎数块
435	30			C	×　×	遗迹层	破碎数块
436	31			C	×　×	遗迹层	破碎数块
437	32		B		14×8×9	遗迹层	完整
438	34	A			13.4×7.1×9.3	遗迹层	完整
439	36	A			16×8×9.5	遗迹层	完整
440	37			B	20×7.5×10.5	遗迹层	完整
441	38	A			16.2×9.6×10.5	遗迹层	完整
442	39		B		16×8×11	遗迹层	完整

序号	原号	类　型			高/底径	遗迹单位	完整/残缺
		圆形	方形	不规则形			
443	40	A			14 × 8.5 × 11	遗迹层	完整
444	41			C	× ×	遗迹层	破碎数块
445	42	A			16 × 10 × 10	遗迹层	完整
446	43	A			15 × 10 × 11.5	遗迹层	完整
447	44	A			18 × 10 × 12	遗迹层	完整
448	45	A			15.7 × 10 × 12	遗迹层	完整
449	46	A			17 × 11 × 11.5	遗迹层	完整
450	47		A		20 × 9.8 × 10	遗迹层	完整
451	48		A		21.6 × 9 × 12.3	遗迹层	完整
452	49		A		18 × 9.5 × 9.5	遗迹层	完整
453	50		A		19.5 × 7.5 × 8	遗迹层	完整
454	51		B		20.2 × 8.4 × 12.5	遗迹层	完整
455	52	A			14.5 × 9 × 10.5	遗迹层	完整
456	53	A			14.2 × 9 × 10	遗迹层	完整
457	54	A			14.5 × 8.5 × 11	遗迹层	完整
458	55		A		19.6 × 9 × 9.5	遗迹层	完整
459	56		C		18 × 8 × 8	遗迹层	完整
460	57			C	× ×	遗迹层	破碎数块
461	59	B			15.4 × 10.6 × 13.3	遗迹层	完整
462	60		A		15.8 × 7.5 × 8.5	遗迹层	完整
463	61		B		19.7 × 9 × 10.8	遗迹层	完整
464	62			C	18 × 8.5 × 10	遗迹层	完整
465	63	A			15.5 × 9.8 × 11.3	遗迹层	完整
466	64			C	17 × 10 × 13	遗迹层	完整
467	65		A		16.7 × 9 × 9.5	遗迹层	完整
468	66		C		12.5 × 10.4 × 10.5	遗迹层	完整
469	68	A			17.8 × 10 × 12	遗迹层	完整
470	69		C		9.8 × 9.5 × 10	遗迹层	完整
471	70	B			15.5 × 9.2 × 12	遗迹层	完整
472	71		A		21 × 7.6 × 9	遗迹层	完整
473	72		B		16 × 7 × 9	遗迹层	完整
474	73			C	× ×	遗迹层	破碎数块

序号	原号	类型			高/底径	遗迹单位	完整/残缺
		圆形	方形	不规则形			
475	74		C		12.5 × 10.3 × 10.5	遗迹层	完整
476	75			A	20 × 6.5 × 11.5	遗迹层	完整
477	76	A			16 × 10 × 10	遗迹层	完整
478	77		C		12 × 11.5 × 12	遗迹层	完整
479	79			C	× ×	遗迹层	破碎数块
480	80	A			18.1 × 9.8 × 12.4	遗迹层	完整
481	81	A			15 × 8 × 9	遗迹层	完整
482	82	A			17.5 × 9.7 × 11.5	遗迹层	完整
483	83		A		16.5 × 10.5 × 11	遗迹层	完整
484	84	A			9.1 × 8.9 × 12	遗迹层	完整
485	85			C	× ×	遗迹层	破碎数块
486	86			C	× ×	遗迹层	残碎数块
487	88			C	17.5 × 8 × 11	遗迹层	完整
488	89			C	× ×	遗迹层	破碎数块
489	90			C	× ×	遗迹层	破碎数块
490	91			C	× ×	遗迹层	破碎数块
491	92			B	16 × 8 × 11	遗迹层	完整
492	93	C			19.5 × 12.5 × 14	遗迹层	完整
493	95		C		11 × 9 × 11.5	遗迹层	完整
494	96	B			18 × 9 × 12.5	遗迹层	完整
495	97			C	× ×	遗迹层	破碎数块
496	98	A			15.4 × 8 × 8	遗迹层	完整
497	100			C	19.3 × 7 × 9.5	遗迹层	完整
498	101			C	18 × 10.5 × 15.5	遗迹层	完整
499	102			C	× ×	遗迹层	破碎数块
500	103			C	14 × 6.5 × 6.7	遗迹层	完整
501	105			C	16 × 8.3 × 10	遗迹层	完整
502	106	A			18 × 9.5 × 10	遗迹层	完整
503	107	A			21 × 11.3 × 13	遗迹层	完整
504	108			C	× ×	遗迹层	破碎数块
505	109			C	× ×	遗迹层	破碎数块
506	110	B			16.5 × 8.5 × 10	遗迹层	完整

序号	原号	类 型			高/底径	遗迹单位	完整/残缺
		圆形	方形	不规则形			
507	111			C	× ×	遗迹层	破碎数块
508	112		B		17×9.5×10.5	遗迹层	完整
509	113		C		16.5×9.5×10.1	遗迹层	完整
510	114			B	18×8×12	遗迹层	完整
511	115	A			17×11×11	遗迹层	完整
512	116	A			17.5×10.2×12	遗迹层	完整
513	117			C	14.5×9×10	遗迹层	完整
514	118	B			18.4×7×10.5	遗迹层	完整
515	119			C	12×9.5×11.5	遗迹层	完整
516	120			C	× ×	遗迹层	破碎数块
517	121			B	14×8×11.5	遗迹层	完整
518	122		B		18×9×11	遗迹层	完整
519	123	A			14×10×11	遗迹层	完整
520	124	A			16×11.5×12.5	遗迹层	完整
521	125	A			18.2×8.5×9.3	遗迹层	完整
522	126		A		20.7×8×9.5	遗迹层	完整
523	127			C	× ×	遗迹层	破碎数块
524	128			C	× ×	遗迹层	破碎数块
525	129	A			17×12×12	遗迹层	完整
526	130			C	× ×	遗迹层	破碎数块
527	131	B			14.8×8×11	遗迹层	完整
528	132			A	23.5×10×12.5	遗迹层	完整
529	133		A		17.7×9×10	遗迹层	完整
530	134			C	15×7.5×10	遗迹层	完整
531	135		C		14×7.5×9	遗迹层	完整
532	136		A		15.2×8×8.7	遗迹层	完整
533	137	C			12×7×10.5	遗迹层	完整
534	138			C	× ×	遗迹层	破碎数块
535	139			C	10×7.5×8	遗迹层	完整
536	140		A		21.5×9.3×9.3	遗迹层	完整
537	141		B		19×9×11.5	遗迹层	完整
538	142	A			11.5×8.8×11	遗迹层	完整

序号	原号	类　型			高/底径	遗迹单位	完整/残缺
		圆形	方形	不规则形			
539	144	B			19×8.5×9.6	遗迹层	完整
540	145	A			14.5×9.5×9.5	遗迹层	完整
541	146		B		18×7.8×11.5	遗迹层	完整
542	147			C	×　×	遗迹层	破碎数块
543	148	A			15×8.5×9	遗迹层	完整
544	149	A			14.5×8×10	遗迹层	完整
545	150		A		16.3×7.8×9	遗迹层	完整
546	151	C			14.3×8.5×10.5	遗迹层	完整
547	152	B			19.5×8×13	遗迹层	完整
548	153			C	17.5×4×4.2	遗迹层	完整
549	154			C	13.7×9.2×10.8	遗迹层	完整
550	155	B			20.7×12×13	遗迹层	完整
551	156			C	15.5×6.4×10.2	遗迹层	完整
552	157	A			19.2×10.3×12.5	遗迹层	完整
553	158		B		17.8×7.1×10.3	遗迹层	完整
554	159			A	19×13.7×15.5	遗迹层	完整
555	162			C	10.5×9×10	遗迹层	完整
556	163			C	17.5×10.3×10.4	遗迹层	完整
557	164			C	18.4×3.8×10.6	遗迹层	完整
558	165		C		17×6.6×9.7	遗迹层	完整
559	166			C	×　×	遗迹层	破碎数块
560	167	B			16.5×9×11	遗迹层	完整
561	168	A			18.8×11.8×13.5	遗迹层	完整
562	169			C	20.5×4.5×6.5	遗迹层	完整
563	170	B			18×10.5×13	遗迹层	完整
564	171			C	10.5×7.5×8	遗迹层	完整
565	172			C	14×8×9.5	遗迹层	完整
566	173	A			15.3×8.9×10	遗迹层	完整
567	174	A			19.4×8.8×9.7	遗迹层	完整
568	175	B			14.5×8×10.5	遗迹层	完整
569	176	C			16×12×12	遗迹层	完整
570	177	B			16.5×9×9.5	遗迹层	完整

序号	原号	类型			高/底径	遗迹单位	完整/残缺
		圆形	方形	不规则形			
571	178	A			20.1×10.4×11.3	遗迹层	完整
572	179	A			14.5×10×10	遗迹层	完整
573	180		C		23.3×9.4×10	遗迹层	完整
574	181	A			16.9×9×11.1	遗迹层	完整
575	182	A			22.4×8.7×9.8	遗迹层	完整
576	183	A			14.5×10.5×12	遗迹层	完整
577	184	B			18×12×13	遗迹层	完整
578	185			C	×　×	遗迹层	破碎数块
579	186	A			18.2×9.4×10.6	遗迹层	完整
580	187	A			17.5×9×11.5	遗迹层	完整
581	188	B			17×8.5×11	遗迹层	完整
582	189		C		9.5×7×9	遗迹层	完整
583	190	A			16.5×9.8×11	遗迹层	完整
584	191	A			19.6×8.6×11.1	遗迹层	完整
585	192	A			19.9×10.2×10.5	遗迹层	完整
586	193			B	19.5×10×13.5	遗迹层	完整
587	194	B			18.7×9.5×12.5	遗迹层	完整
588	195			A	16.5×5.6×14.7	遗迹层	完整
589	196	A			22.6×8.5×11.1	遗迹层	完整
590	197		C		15×9×9.6	遗迹层	完整
591	198	A			21×10×11	遗迹层	完整
592	199	A			17.9×9.8×10.9	遗迹层	完整
593	200	A			16.6×8.8×9.5	遗迹层	完整
594	201			A	18×7×9	遗迹层	完整
595	202		C		16.5×10×12.5	遗迹层	完整
596	203		B		24.8×7.8×9.7	遗迹层	完整
597	204	B			19.5×9.5×11	遗迹层	完整
598	205	A			19.1×8.6×10.2	遗迹层	完整
599	206	C			22.5×9×11.7	遗迹层	完整
600	207			C	14.2×9×10	遗迹层	完整
601	208			A	22.5×9.5×13	遗迹层	完整
602	209	A			10.7×9.5×9.8	遗迹层	完整

序号	原号	类型			高/底径	遗迹单位	完整/残缺
		圆形	方形	不规则形			
603	210	A			18×8×10.7	遗迹层	完整
604	211	A			17.6×7.5×9.5	遗迹层	完整
605	212	A			16.4×9.4×10.6	遗迹层	完整
606	213		A		24×8.5×10	遗迹层	完整
607	214	B			17×9.3×9.5	遗迹层	完整
608	215	B			19×9.5×11	遗迹层	完整
609	216	A			16.6×9.2×10.1	遗迹层	完整
610	217	A			15×9×12	遗迹层	完整
611	218	A			18.5×9×11.5	遗迹层	完整
612	219	A			20.7×11.9×12.3	遗迹层	完整
613	220	C			19.5×5.5×8	遗迹层	完整
614	221	B			18.5×7×11	遗迹层	完整
615	222	A			16×9×12	遗迹层	完整
616	223			B	19.2×9.5×14.5	遗迹层	完整
617	224	A			24.4×10.4×12	遗迹层	完整
618	225		A		18.2×7×7	遗迹层	完整
619	226	A			17×8.5×10	遗迹层	完整
620	227		C		16.5×7.5×7.6	遗迹层	完整
621	228			C	17×11.5×14.5	遗迹层	完整
622	229		C		16.5×7.9×8	遗迹层	完整
623	230			C	7.5×10×12	遗迹层	完整
624	232		A		19.3×8.1×9	遗迹层	完整
625	233		B		17.8×10.8×11.3	遗迹层	完整
626	234	B			21×10×13	遗迹层	完整
627	235	A			14.5×9×10.5	遗迹层	完整
628	236	A			17×8×11.8	遗迹层	完整
629	237	A			14.7×8.7×10	遗迹层	完整
630	238	B			17.5×8.7×11	遗迹层	完整
631	239		A		19×7.6×8.3	遗迹层	完整
632	240	A			16.5×10.3×10.5	遗迹层	完整
633	241			A	25.3×9.5×11.8	遗迹层	完整
634	242	C			18×8×11	遗迹层	完整

序号	原号	类型			高/底径	遗迹单位	完整/残缺
		圆形	方形	不规则形			
635	243	A			17.2×10.5×11.5	遗迹层	完整
636	244	A			18.1×8.8×9.5	遗迹层	完整
637	245	A			16×10×11	遗迹层	完整
638	246			A	24.4×7.2×12.8	遗迹层	完整
639	248	C			16×8×10	遗迹层	完整
640	249	B			16.3×10.5×12	遗迹层	完整
641	250		C		15.5×9×11	遗迹层	完整
642	251			B	19.3×8.5×10	遗迹层	完整
643	252			C	14.5×8×9.7	遗迹层	完整
644	253	A			18×10×12	遗迹层	完整
645	254	B			17.7×11×12.5	遗迹层	完整
646	255			A	27.7×9.3×11.5	遗迹层	完整
647	256	B			18.2×9.2×12	遗迹层	完整
648	257	A			17.2×8.1×9.3	遗迹层	完整
649	258	B			19.5×13×14.5	遗迹层	完整
650	259			C	17.2×7.5×9.5	遗迹层	完整
651	260	B			16.5×9×11	遗迹层	完整
652	261			A	19.7×13×13.5	遗迹层	完整
653	262	B			20.2×12.1×13	遗迹层	完整
654	263		A		18.5×8.4×8.4	遗迹层	完整
655	264		A		21×8.8×8.8	遗迹层	完整
656	265	A			18×9×10	遗迹层	完整
657	266			B	20.5×10×10.1	遗迹层	完整
658	267			A	16.3×8.4×14.2	遗迹层	完整
659	268			C	16.5×8×10.5	遗迹层	完整
660	269		A		18.5×8×10	遗迹层	完整
661	270			C	×　×	遗迹层	破碎数块
662	271			C	11.5×12.5×13.5	遗迹层	残缺
663	272			C	×　×	遗迹层	破碎数块
664	273	B			19.5×9.5×12	遗迹层	完整
665	274			C	×　×	遗迹层	破碎数块
666	275	A			18.3×12×12.5	遗迹层	完整

序号	原号	类型			高/底径	遗迹单位	完整/残缺
		圆形	方形	不规则形			
667	276			C	× ×	遗迹层	破碎数块
668	277	A			18×10×11.5	遗迹层	完整
669	278			C	× ×	遗迹层	破碎数块
670	279			C	14×13×14	遗迹层	完整
671	280			B	20.5×10.1×10.6	遗迹层	完整
672	281		C		11.5×11×11.5	遗迹层	完整
673	282	A			22.5×12×15	遗迹层	完整
674	283	B			15.7×7.5×11	遗迹层	完整
675	284			B	19×9×11	遗迹层	完整
676	285			C	× ×	遗迹层	破碎数块
677	286	B			23×7×13	遗迹层	完整
678	287	C			15×11×11	遗迹层	完整
679	288			B	20×8×10	遗迹层	完整
680	289		A		21.5×8×9.2	遗迹层	完整
681	290	A			18.5×9.5×10	遗迹层	完整
682	291	B			18.5×10.5×13	遗迹层	完整
683	292	C			18.2×11×13	遗迹层	完整
684	293			C	× ×	遗迹层	破碎数块
685	294		A		20×9×9.5	遗迹层	完整
686	295		C		14.5×12×14	遗迹层	完整
687	296			C	× ×	遗迹层	破碎数块
688	297		C		14×10×12	遗迹层	完整
689	298		C		18×7.7×7.7	遗迹层	完整
690	299	B			18.9×10.5×12	遗迹层	完整
691	300			C	12.5×9.7×10	遗迹层	完整
692	301			C	× ×	遗迹层	残碎数块
693	302		A		18.5×8×8.5	遗迹层	完整
694	303		C		16.2×7.8×9	遗迹层	完整
695	304	A			20×10×10	遗迹层	完整
696	305		A		18×9×9	遗迹层	完整
697	306		C		11×7.7×8.2	遗迹层	完整
698	307		C		8.5×8.9×9	遗迹层	完整

序号	原号	类 型			高/底径	遗迹单位	完整/残缺
		圆形	方形	不规则形			
699	308		A		18.1×8.8×10	遗迹层	完整
700	309		A		19.5×7×8.3	遗迹层	完整
701	310		B		20.3×8.5×11.4	遗迹层	完整
702	311		C		13.5×8×8.8	遗迹层	完整
703	312			C	×　×	遗迹层	破碎数块
704	313		A		23.5×6.8×8	遗迹层	完整
705	315		A		23.5×8×8.5	遗迹层	完整
706	316		C		14×8.7×10	遗迹层	完整
707	317		A		21.2×7.5×8	遗迹层	完整
708	318		A		18×9×10.3	遗迹层	完整
709	319		A		19×7.8×8.5	遗迹层	完整
710	320		A		18.7×9×9	遗迹层	完整
711	321		A		19.8×8.3×8.7	遗迹层	完整
712	322		A		15.5×9×9.5	遗迹层	完整
713	323	C			17.7×11.8×14	遗迹层	完整
714	324		A		18×9×9.4	遗迹层	完整
715	325		A		20.8×7.3×8.5	遗迹层	完整
716	326		A		20×8.7×9.5	遗迹层	完整
717	327		A		21.5×8×8.5	遗迹层	完整
718	328		A		17.5×9×9	遗迹层	完整
719	329		A		17.5×7×8	遗迹层	完整
720	330		A		18.3×8×8	遗迹层	完整
721	331		A		18×9.5×9.5	遗迹层	完整
722	332			C	×　×	遗迹层	破碎数块
723	333		C		16.5×9×9.5	遗迹层	完整
724	334		A		18.5×9×10.5	遗迹层	完整
725	335		A		18.2×8.5×9.5	遗迹层	完整
726	336		C		16×8×8.5	遗迹层	完整
727	337		C		19.5×7.5×9	遗迹层	完整
728	338		B		18.2×8.3×8.7	遗迹层	完整
729	339		A		18.3×8.6×9.5	遗迹层	完整
730	340		C		15.5×7×7.1	遗迹层	完整

序号	原号	类　型			高/底径	遗迹单位	完整/残缺
		圆形	方形	不规则形			
731	341	A			20.8×10.8×11.2	遗迹层	完整
732	342			C	×　×	遗迹层	破碎数块
733	343	A			17.1×12×12	遗迹层	完整
734	344	A			20.1×9×10	遗迹层	完整
735	345	A			17.4×12.2×14.9	遗迹层	完整
736	346			B	17.5×9×12	遗迹层	完整
737	347	B			17.5×8.5×12	遗迹层	完整
738	348	B			16.5×18×11	遗迹层	完整
739	349	B			18.7×7.6×11	遗迹层	完整
740	350		A		14×7.5×7.5	遗迹层	完整
741	351			C	11×12.1×12.6	遗迹层	完整
742	352	A			19×11×12.1	遗迹层	完整
743	353	A			16.3×10×11	遗迹层	完整
744	354			A	19.3×8.2×13.6	遗迹层	完整
745	355	A			16.1×12×13.7	遗迹层	完整
746	356		A		19.3×8.5×9	遗迹层	完整
747	357		A		16.5×8.6×9	遗迹层	完整
748	358	A			14×11×11.5	遗迹层	完整
749	359		B		19.7×9×9	遗迹层	完整
750	360	A			15.5×8×13.5	遗迹层	完整
751	361	A			16.7×8.5×10.4	遗迹层	完整
752	362	C			15.8×9×10	遗迹层	完整
753	363			C	×　×	遗迹层	破碎数块
754	364		C		16.8×8.5×9.5	遗迹层	完整
755	365	A			13.5×7.6×8.5	遗迹层	完整
756	366	A			19×10×13	遗迹层	完整
757	367	A			15×11×11.5	遗迹层	完整
758	368	A			19.3×11.5×14.5	遗迹层	完整
759	369	B			17.5×9×11	遗迹层	完整
760	370			C	×　×	遗迹层	破碎数块
761	371	B			22.1×9.2×10.5	遗迹层	完整
762	372	A			17.5×5.5×6.5	遗迹层	完整

序号	原号	类 型			高/底径	遗迹单位	完整/残缺
		圆形	方形	不规则形			
763	373	B			18 × 8.5 × 13	遗迹层	完整
764	374			C	17 × 11 × 13.5	遗迹层	完整
765	375	B			20.5 × 9.5 × 11	遗迹层	完整
766	376		A		18.5 × 8.5 × 8.5	遗迹层	完整
767	377		A		19 × 9 × 9.5	遗迹层	完整
768	378		C		20.5 × 8 × 8	遗迹层	完整
769	379 – 1			C	16.5 × 9 × 13	遗迹层	完整
770	380			C	16 × 10 × 11	遗迹层	完整
771	381			C	17 × 4.4 × 9.5	遗迹层	完整
772	382			C	16.3 × 6.5 × 10	遗迹层	完整
773	384			C	17 × 9 × 9.5	遗迹层	完整
774	385			A	19.3 × 7.6 × 13.6	遗迹层	完整
775	386	B			17 × 7.5 × 10	遗迹层	完整
776	387		B		16 × 10 × 12.5	遗迹层	完整
777	388			B	15.5 × 5.5 × 13.5	遗迹层	完整
778	389	A			19 × 8.5 × 10.5	遗迹层	完整
779	390			A	20.1 × 7.7 × 12.8	遗迹层	完整
780	391			A	20.8 × 11.3 × 14.4	遗迹层	完整
781	392	A			20 × 8 × 11	遗迹层	完整
782	394		C		14 × 8 × 9	遗迹层	完整
783	395		B		21.7 × 8.5 × 10.5	遗迹层	完整
784	433		A		28 × 9 × 12	遗迹层	完整
785	470		B		15.6 × 9.6 × 11.4	遗迹层	完整
786	495	A			15 × 11 × 13	遗迹层	完整
787	569	B			15.5 × 10.5 × 12.5	遗迹层	完整
788	637	A			18.5 × 10 × 10	遗迹层	完整
789	706	A			17.6 × 11 × 11	遗迹层	完整
790	758		A		29 × 9 × 10	遗迹层	完整
791	796	A			18.8 × 8 × 8	遗迹层	完整
792	804	A			18 × 9.5 × 10	遗迹层	完整
793	879	A			23 × 10 × 14	遗迹层	完整
794	882	A			24 × 12 × 12	遗迹层	完整

序号	原号	类　型			高/底径	遗迹单位	完整/残缺
		圆形	方形	不规则形			
795	938	A			20×10×10	遗迹层	完整
796	946	A			17.3×11×11	遗迹层	完整
797	947	A			19×9×10	遗迹层	完整
798	1036	A			17.2×8.5×8.5	遗迹层	完整
799	1113	A			15.4×8.2×9.7	遗迹层	完整
800	1205	A			19×12.5×12.5	遗迹层	完整
801	1253	A			18×10×12	遗迹层	完整
802	1322	B			14.4×11.4×13.5	遗迹层	完整
803	1328			B	13.6×7×9	遗迹层	完整
804	78	B			19.2×9.5×10	遗迹层	完整
805	3－4			C	13.3×9×10	遗迹层	完整
806	9－16			C	×　×	遗迹层	破碎数块
807	14－2	A			16×9×9.5	遗迹层	完整
808	30－1			C	×　×	遗迹层	破碎数块
809	59－1	A			16.5×9.7×10.3	遗迹层	完整
810	84－1		C		18.8×10.5×13	遗迹层	完整
811	114－1			C	×　×	遗迹层	破碎数块
812	189－1			C	11×9×11	遗迹层	完整
813	365－1	A			17×10.8×13	遗迹层	完整
814	379		B		21.2×9.4×12.7	遗迹层	完整
815	377－1	C			16.5×9.5×12	遗迹层	完整
816	378－1	C			16.5×6.5×7.5	遗迹层	完整
817	380－1	A			16.5×9×12	遗迹层	完整
818	390－1			C	×　×	遗迹层	残碎数块
819	392－1	A			21×11×12	遗迹层	完整
820	395－1	B			17×9×9	遗迹层	完整
821	395－2		C		21×8×7.5	遗迹层	完整
822	补－01	C			15×11×13	遗迹层	完整
823	补－1	A			22×11×12	遗迹层	完整
824	补－2	A			21×13×13.5	遗迹层	完整
825	补－3	A			16.5×8.5×12	遗迹层	完整
826	补－4	A			16.7×12×12.1	遗迹层	完整

序号	原号	类　型			高/底径	遗迹单位	完整/残缺
		圆形	方形	不规则形			
827	补－5	A			26×10×13	遗迹层	完整
828	补－6	B			19×9.5×12	遗迹层	完整
829	补－7	B			14.5×15×15.1	遗迹层	完整
830	补－8	B			19.5×9×11	遗迹层	完整
831	补－9	B			18.5×9.5×11.5	遗迹层	完整
832	补－10	B			20×12×14.5	遗迹层	完整
833	补－11	B			16×10×10.5	遗迹层	完整
834	补－12	B			15.5×14×15	遗迹层	完整
835	补－13	B			19×15×16	遗迹层	完整
836	补－14	C			17×9×10	遗迹层	完整
837	补－15	C			19.5×7×12	遗迹层	完整
838	补－16		C		19.5×7×8	遗迹层	完整
839	补－17			B	18×6.5×11	遗迹层	完整
840	补－18			B	17.5×10×10.1	遗迹层	完整
841	补－19			B	21×10.5×11	遗迹层	完整
842	补－20			B	17.5×7×13	遗迹层	完整
843	补－21			B	24×7.5×10.5	遗迹层	完整
844	补－22			B	15×9×13	遗迹层	完整
845	补－23			B	15.5×7.5×8.3	遗迹层	完整
846	补－24			B	14.5×7×14	遗迹层	完整
847	补－25			B	18×11×12	遗迹层	完整
848	补－26			B	16×7×10	遗迹层	完整
849	补－27			B	19×8.5×12	遗迹层	完整
850	补－28			B	21.5×9×11.5	遗迹层	完整
851	补－29			B	19×9×10.5	遗迹层	完整
852	补－30			B	16×7×11	遗迹层	完整
853	补－31			B	14×10×11	遗迹层	完整
854	B1		B		17.2×6.8×12.3	土偶墙	完整
855	B2		C		16.5×9×11	土偶墙	完整
856	B3	B			20×9×12	土偶墙	完整
857	B4	B			15.4×9.1×11	土偶墙	完整
858	B5		C		17×8×10.5	土偶墙	完整

序号	原号	类　型			高/底径	遗迹单位	完整/残缺
		圆形	方形	不规则形			
859	B7			B	19×6.5×9.7	土偶墙	完整
860	B8			C	12.3×9.6×12.6	土偶墙	完整
861	B9	A			15×9×12.5	土偶墙	完整
862	B10			B	18.5×8×9	土偶墙	完整
863	B11		B		15.4×10.3×13.2	土偶墙	完整
864	B12		B		13.3×10.5×15.5	土偶墙	完整
865	B13			C	16×8×10	土偶墙	完整
866	B14	B			15.4×8.2×9.8	土偶墙	完整
867	B15			A	18.3×6×9.3	土偶墙	完整
868	B16			C	14.2×7.8×9.8	土偶墙	完整
869	B17			B	16.7×6.5×10.5	土偶墙	完整
870	B18		B		14.6×8.7×9.8	土偶墙	完整
871	B19			A	22×6.5×10.8	土偶墙	完整
872	B20		A		21×8.5×9	土偶墙	完整
873	B21		B		16.3×9.5×10.4	土偶墙	完整
874	B22	B			14×8.7×10.4	土偶墙	完整
875	B23			A	15.2×9.3×11.8	土偶墙	完整
876	B24			B	15.5×8×11.5	土偶墙	完整
877	B25			A	21.4×6.5×8.7	土偶墙	完整
878	B26		A		23.5×8×10.5	土偶墙	完整
879	B27	B			18×7.7×11	土偶墙	完整
880	B28			B	14.5×8.5×12	土偶墙	完整
881	B29			B	14.1×6.6×11.4	土偶墙	完整
882	B30		C		17×7.5×10.5	土偶墙	完整
883	B31			A	21.2×6.5×9.8	土偶墙	完整
884	B32		B		17.6×10.6×12.7	土偶墙	完整
885	B33			A	20×6×10	土偶墙	完整
886	B34			B	18.5×11×13	土偶墙	完整
887	B35			A	21.4×10.3×12.7	土偶墙	完整
888	B36			B	14.5×10.5×15	土偶墙	完整
889	B37			A	18×7×11	土偶墙	完整
890	B38			B	16.5×7×10	土偶墙	完整

序号	原号	类　　型			高/底径	遗迹单位	完整/残缺
		圆形	方形	不规则形			
891	B39		C		20.7×9×12.5	土偶墙	完整
892	B40			A	23.7×11.3×13.2	土偶墙	完整
893	B41			A	20.5×6.3×10	土偶墙	完整
894	B42			B	18.8×10×14	土偶墙	完整
895	B43-1			A	20.2×6.5×9.5	土偶墙	完整
896	B43	A			13.5×8.5×9.5	土偶墙	完整
897	B44			B	21×9×12.5	土偶墙	完整
898	B46			B	22×12×14	土偶墙	完整
899	B47			A	21.6×8.1×13.8	土偶墙	完整
900	B48			B	21.5×10.2×13.3	土偶墙	完整
901	B48-1			B	14.5×7.8×11	土偶墙	完整
902	B49		C		19.2×7.5×11	土偶墙	完整
903	B50		C		16.5×7×11	土偶墙	完整
904	B51			A	16.5×7.7×11.2	土偶墙	完整
905	B52			B	21×5.5×15	土偶墙	完整
906	B53			A	21.7×10.6×13	土偶墙	完整
907	B54		B		19.8×9.5×10	土偶墙	完整
908	B55			B	21.5×13×16.5	土偶墙	完整
909	B56			B	16×11.5×14	土偶墙	完整
910	B57			B	18×8×10	土偶墙	完整
911	B58		B		20×8×8.7	土偶墙	完整
912	B60			A	26.6×9.7×13.8	土偶墙	完整
913	B61			B	16.5×9×13.5	土偶墙	完整
914	B62	B			19.5×8×11.5	土偶墙	完整
915	B63			A	21.2×11×15.4	土偶墙	完整
916	B663	A			19.7×8.5×10.5	土偶墙	完整
917	B65		A		18.5×8.4×9	土偶墙	完整
918	B86	A			19×11×13	土偶墙	完整
919	B66			B	25.5×9.5×11	土偶墙	完整
920	B67	B			15.5×8.7×10.5	土偶墙	完整
921	B68			A	18.2×8.5×10.4	土偶墙	完整
922	B69	B			15.6×9.5×10.7	土偶墙	完整

序号	原号	类　型			高/底径	遗迹单位	完整/残缺
		圆形	方形	不规则形			
923	B70	A			14.5×9×10	土偶墙	完整
924	B71		A		17.4×10×11	土偶墙	完整
925	B72	A			18.5×8×9.5	土偶墙	完整
926	B73	A			18.5×8.5×11.5	土偶墙	完整
927	B74	A			19×9×10	土偶墙	完整
928	B75		A		25.3×10×13.4	土偶墙	完整
929	B76			C	17×8×10.5	土偶墙	完整
930	B77			B	18×8×10.5	土偶墙	完整
931	B78		C		19.5×8.5×10	土偶墙	完整
932	B79	B			20.4×9×12	土偶墙	完整
933	B80	B			15.2×8.4×11.7	土偶墙	完整
934	B81	B			20.2×8.6×10.7	土偶墙	完整
935	B82			A	23.2×9×12	土偶墙	完整
936	B83	A			19×9.3×12	土偶墙	完整
937	B84			A	22.1×10×12.4	土偶墙	完整
938	B85	B			19.8×10×11.7	土偶墙	完整
939	B87	B			20.3×9×13	土偶墙	完整
940	B88	A			15×9×10.5	土偶墙	完整
941	B89	B			18.8×10.2×13.3	土偶墙	完整
942	B90			B	21×10.5×13.5	土偶墙	完整
943	B91	C			19.5×10.5×13	土偶墙	完整
944	B92	B			17.5×12×13	土偶墙	完整
945	B93			C	16×6×11	土偶墙	完整
946	B94			A	12.5×10×13.5	土偶墙	完整
947	B95	A			20×10.3×12.5	土偶墙	完整
948	B96	A			20×9.2×10.6	土偶墙	完整
949	B97	A			16×10×11.5	土偶墙	完整
950	B98		C		17.2×10.5×11	土偶墙	完整
951	B99			B	15.5×9×12	土偶墙	完整
952	B100		B		18.5×7.4×11.5	土偶墙	完整
953	B101		C		17.4×9×12	土偶墙	完整
954	B102	B			18.5×12.5×11.5	土偶墙	完整

序号	原号	类型			高/底径	遗迹单位	完整/残缺
		圆形	方形	不规则形			
955	B104		B		16.5×9.5×12.5	土偶墙	完整
956	B105	A			15×8×10	土偶墙	完整
957	B106		C		20×9×11	土偶墙	完整
958	B107	B			16.3×9.2×9.7	土偶墙	完整
959	B107-1			A	18×8.7×13.2	土偶墙	完整
960	B108		A		27.4×10×11	土偶墙	完整
961	B109		A		17.5×8×10	土偶墙	完整
962	B110	A			24.2×14.2×15.2	土偶墙	完整
963	B111		B		18.5×8×11.5	土偶墙	完整
964	B112	A			19.8×10.5×11.5	土偶墙	完整
965	B113	A			23.3×11×15.2	土偶墙	完整
966	B113-1			B	25.5×6.5×10	土偶墙	完整
967	B114	B			18×6.5×11	土偶墙	完整
968	B115			B	16.7×11×15	土偶墙	完整
969	B116	A			26.8×8.5×13.2	土偶墙	完整
970	B117			B	11.5×5×8	土偶墙	完整
971	B118			C	16×7×9	土偶墙	完整
972	B119			A	20.4×6.2×13.3	土偶墙	完整
973	B120		B		20×8×10	土偶墙	完整
974	B121	A			16.5×11×12	土偶墙	完整
975	B123			A	11.2×7×10	土偶墙	完整
976	B124			A	9.5×7.2×14	土偶墙	完整
977	B125		A		19.3×7.5×8	土偶墙	完整
978	B126		B		22.3×7.8×8.6	土偶墙	完整
979	B127		A		19.8×8×9.8	土偶墙	完整
980	B128		B		15.7×9×9	土偶墙	完整
981	B129		A		19×8.8×10.5	土偶墙	完整
982	B130		A		19.5×7×8.5	土偶墙	完整
983	B131		B		18.8×10×10.6	土偶墙	完整
984	B132			B	20.5×8×10.5	土偶墙	完整
985	B133		A		20×8.7×9.5	土偶墙	完整
986	B134		A		18.5×8×8	土偶墙	完整

序号	原号	类　型			高/底径	遗迹单位	完整/残缺
		圆形	方形	不规则形			
987	B135		A		22.5×8×8.5	土偶墙	完整
988	B136			A	20.4×8.5×9.8	土偶墙	完整
989	B137		B		19.5×8.2×9.3	土偶墙	完整
990	B138		A		22.7×8×10.2	土偶墙	完整
991	B140	B			18.5×8.6×12	土偶墙	完整
992	B141			C	×　×	土偶墙	残碎数块
993	B142		A		18.2×8.5×8.5	土偶墙	完整
994	B143		A		18.2×8×9.3	土偶墙	完整
995	B144		A		16.2×10×10	土偶墙	完整
996	B145		A		16.7×10×11	土偶墙	完整
997	B146			B	21×7×10.5	土偶墙	完整
998	B147			A	21×8.5×9	土偶墙	完整
999	B148		A		19.6×9×10.5	土偶墙	完整
1000	B149		A		19.3×8.5×9.6	土偶墙	完整
1001	B150			C	15×8.5×10.5	土偶墙	完整
1002	B151		B		19.3×8.5×9.7	土偶墙	完整
1003	B152		B		19×9×9.5	土偶墙	完整
1004	B153		A		19×10×10	土偶墙	完整
1005	B154		A		15.6×9.5×10.5	土偶墙	完整
1006	B155		A		20.3×9×9.5	土偶墙	完整
1007	B156		A		19.6×9×9.5	土偶墙	完整
1008	B157		B		20×7.5×7.6	土偶墙	完整
1009	B158		B		22.6×8×11	土偶墙	完整
1010	B159		A		19.2×9×9	土偶墙	完整
1011	B160			C	13.6×6×9.5	土偶墙	完整
1012	B161		C		20×9×10.6	土偶墙	完整
1013	B162		B		20.2×8×8.5	土偶墙	完整
1014	B163		A		18.5×9.5×9.5	土偶墙	完整
1015	B164	A			17.6×7×10	土偶墙	完整
1016	B165		A		18.3×7.3×9.5	土偶墙	完整
1017	B166		C		20.8×6.5×7.6	土偶墙	完整
1018	B167		B		18×7×8.5	土偶墙	完整

序号	原号	类　型			高/底径	遗迹单位	完整/残缺
		圆形	方形	不规则形			
1019	B168		C		18×7×8	土偶墙	完整
1020	B169		A		16×7.5×7.5	土偶墙	完整
1021	B170		C		14.5×9.5×9.5	土偶墙	完整
1022	B171		A		19×7×9	土偶墙	完整
1023	B172		A		20.5×9×10	土偶墙	完整
1024	B173		A		17.5×7.5×8.8	土偶墙	完整
1025	B174	B			21×7.3×9.4	土偶墙	完整
1026	B175		A		24×9×11.5	土偶墙	完整
1027	B176			B	20.5×7.5×9	土偶墙	完整
1028	B177			B	17.5×8×10.5	土偶墙	完整
1029	B178			B	16.5×6.5×11	土偶墙	完整
1030	B179		B		20.4×8×8	土偶墙	完整
1031	B180			A	18.5×7.8×12.5	土偶墙	完整
1032	B181	B			22.3×8.8×11.5	土偶墙	完整
1033	B183		A		17×6.5×6.5	土偶墙	完整
1034	B184		A		17.3×9×10	土偶墙	完整
1035	B185		C		11.5×9×10.5	土偶墙	完整
1036	B186		A		16.7×6×8.5	土偶墙	完整
1037	B187		C		19.5×8×8.5	土偶墙	完整
1038	B188		A		18×8.5×10	土偶墙	完整
1039	B190		A		18.8×7.2×9	土偶墙	完整
1040	B191	B			19.1×8.4×11	土偶墙	完整
1041	B192		C		17.5×9.5×10.5	土偶墙	完整
1042	B193		A		17.3×8×9.3	土偶墙	完整
1043	B194		C		10.5×8.9×9	土偶墙	完整
1044	B195			C	16.5×5.5×7.5	土偶墙	完整
1045	B196	A			22×9.6×10.5	土偶墙	完整
1046	B197		B		16.4×7.7×11.2	土偶墙	完整
1047	B198			B	21.5×8×11.6	土偶墙	完整
1048	B199			B	23.7×7.7×11.5	土偶墙	完整
1049	B200		C		18.7×6×9	土偶墙	完整
1050	B201		B		14.5×8.5×11	土偶墙	完整

序号	原号	类　型			高/底径	遗迹单位	完整/残缺
		圆形	方形	不规则形			
1051	B202	A			17.5×19.4×14.6	土偶墙	完整
1052	B203			A	18.2×6.5×8	土偶墙	完整
1053	B1204	B			16.6×9.5×9.6	土偶墙	完整
1054	B204		A		18.5×6.8×10	土偶墙	完整
1055	B205			A	22.1×6.3×10.5	土偶墙	完整
1056	B206	B			17×9×14	土偶墙	完整
1057	B207		A		17.6×8×9.5	土偶墙	完整
1058	B208		A		19.3×8×9.5	土偶墙	完整
1059	B209		A		23.2×7.5×9.5	土偶墙	完整
1060	B210			A	21×8.8×12.2	土偶墙	完整
1061	B212		A		21×7×9.7	土偶墙	完整
1062	B213		A		24×10×11	土偶墙	完整
1063	B214		B		21.5×7.4×11.8	土偶墙	完整
1064	B215	A			18.7×8×9.3	土偶墙	完整
1065	B216			A	24.3×7.1×13.5	土偶墙	完整
1066	B217		A		20.5×7.8×8.5	土偶墙	完整
1067	B218		A		17.3×8×8.5	土偶墙	完整
1068	B291			B	18×7.5×9	土偶墙	完整
1069	B219			A	18×11×13.5	土偶墙	完整
1070	B220		A		17.5×7.5×10	土偶墙	完整
1071	B221			B	19×8.5×10.5	土偶墙	完整
1072	B222		A		21.5×8×9.5	土偶墙	完整
1073	B223			B	23×7.5×10.5	土偶墙	完整
1074	B224		A		21.3×8.5×8.5	土偶墙	完整
1075	B225	B			20.8×7.9×10.4	土偶墙	完整
1076	B226	A			21.1×9×11.2	土偶墙	完整
1077	B227		A		18.5×7×9	土偶墙	完整
1078	B228			A	25×10.8×12.2	土偶墙	完整
1079	B229			A	20×10×11.5	土偶墙	完整
1080	B230		A		17.3×8.5×9.5	土偶墙	完整
1081	B231		A		19×7×10	土偶墙	完整
1082	B232		A		19.5×7.3×9	土偶墙	完整

序号	原号	类　型			高/底径	遗迹单位	完整/残缺
		圆形	方形	不规则形			
1083	B233			B	18.5×10.5×10	土偶墙	完整
1084	B234		A		20.5×9×10	土偶墙	完整
1085	B235			B	22×11×11	土偶墙	完整
1086	B236	A			18.7×9.8×10.4	土偶墙	完整
1087	B237		A		19.5×7.5×10	土偶墙	完整
1088	B238		A		15.2×8.5×9	土偶墙	完整
1089	B239		A		17.2×8×9	土偶墙	完整
1090	B240		B		16.7×8.4×11.4	土偶墙	完整
1091	B241	B			16.5×13×16.2	土偶墙	完整
1092	B243			B	21×7.5×10	土偶墙	完整
1093	B244		A		17×7×10	土偶墙	完整
1094	B245		B		22.6×6.7×9.2	土偶墙	完整
1095	B246		A		18.5×7×10	土偶墙	完整
1096	B247			B	24.5×8.5×11	土偶墙	完整
1097	B248	A			20.3×8.5×10	土偶墙	完整
1098	B249			A	22.5×8.5×11.5	土偶墙	完整
1099	B250	B			23.4×8.2×12.6	土偶墙	完整
1100	B251	B			20×11.5×12	土偶墙	完整
1101	B252			A	25×6.1×11.3	土偶墙	完整
1102	B254			A	23.8×9.2×12.5	土偶墙	完整
1103	B255		A		15×8×9.5	土偶墙	完整
1104	B256	B			22×8×11	土偶墙	完整
1105	B257			B	23.5×11×13	土偶墙	完整
1106	B258	A			18×9×12	土偶墙	完整
1107	B259	B			20.5×9×11.5	土偶墙	完整
1108	B260			A	25.4×7.3×12.7	土偶墙	完整
1109	B261			B	25×10×10.5	土偶墙	完整
1110	B262			A	19.5×6.8×9.8	土偶墙	完整
1111	B263			B	18.7×8×9	土偶墙	完整
1112	B264			B	17.5×10.7×15.3	土偶墙	完整
1113	B265			A	24.5×11.6×13.3	土偶墙	完整
1114	B266	A			16.8×9×11	土偶墙	完整

序号	原号	类　　型			高/底径	遗迹单位	完整/残缺
		圆形	方形	不规则形			
1115	B267		A		19.7×8.8×9.5	土偶墙	完整
1116	B268			A	24.3×7.3×12.5	土偶墙	完整
1117	B269	B			21.9×10.1×10.5	土偶墙	完整
1118	B271			B	25×9×9.1	土偶墙	完整
1119	B272			C	×　×	土偶墙	破碎数块
1120	B273	A			21×11.2×12.5	土偶墙	完整
1121	B274	B			21.3×10×11.6	土偶墙	完整
1122	B275			B	22×9×11	土偶墙	完整
1123	B276			A	18×10.5×12	土偶墙	完整
1124	B277			A	21.2×9.4×12.8	土偶墙	完整
1125	B278			A	17×12×17	土偶墙	完整
1126	B279	B			14.4×10.9×12	土偶墙	完整
1127	B280			C	11×9.8×10.8	土偶墙	完整
1128	B281			A	21×9×12.7	土偶墙	完整
1129	B282			C	18.5×9×12.5	土偶墙	完整
1130	B283			A	21.8×9.2×10.4	土偶墙	完整
1131	B284	A			20×11.4×13.6	土偶墙	完整
1132	B285			B	21.5×5.4×15.8	土偶墙	完整
1133	B287			A	25.2×7.8×9.6	土偶墙	完整
1134	B288			A	22.1×9.7×11.7	土偶墙	完整
1135	B289			A	25.6×7.1×15.7	土偶墙	完整
1136	B290	B			18.4×10×11.2	土偶墙	完整
1137	B292			A	14.5×11.5×13	土偶墙	完整
1138	B293	B			15×11×11	土偶墙	完整
1139	B294			A	25×8.7×12.4	土偶墙	完整
1140	B295		A		18.6×7.4×9	土偶墙	完整
1141	B296			A	24.8×9.7×14.4	土偶墙	完整
1142	B297		B		17.8×9.8×10.1	土偶墙	完整
1143	B298			A	21.2×10×13	土偶墙	完整
1144	B299			A	19.4×11.5×14	土偶墙	完整
1145	B300			A	23.2×9.7×14.2	土偶墙	完整
1146	B301			A	19.5×9.2×13.2	土偶墙	完整

序号	原号	类　　型			高/底径	遗迹单位	完整/残缺
		圆形	方形	不规则形			
1147	B302			B	18×9×10.7	土偶墙	完整
1148	B303			A	17.5×11×15.4	土偶墙	完整
1149	B304		B		20×8.5×12	土偶墙	完整
1150	B305			A	18.6×11×11	土偶墙	完整
1151	B306			A	23.7×9.2×11.7	土偶墙	完整
1152	B307			A	17.7×11×14	土偶墙	完整
1153	B308			A	21×10×14.5	土偶墙	完整
1154	B309			A	21×8.5×13.5	土偶墙	完整
1155	B310			A	19×12.5×16.5	土偶墙	完整
1156	B311		B		18.2×9.4×13.5	土偶墙	完整
1157	B312			A	24×7.8×14.2	土偶墙	完整
1158	B1312	B			16.5×12.6×15.6	土偶墙	完整
1159	B313		B		21.5×9×10.5	土偶墙	完整
1160	B314		A		18.7×7×9	土偶墙	完整
1161	B315			A	22.7×8.6×12.7	土偶墙	完整
1162	B316			A	21.8×9.1×13.3	土偶墙	完整
1163	B317			A	17.8×8.4×14.4	土偶墙	完整
1164	B318			A	21×11.5×16.4	土偶墙	完整
1165	B319	B			19×12×13	土偶墙	完整
1166	B320	B			21×10.2×12.2	土偶墙	完整
1167	B321			A	23.3×8.4×12.2	土偶墙	完整
1168	B322	B			21.1×8.2×9.7	土偶墙	完整
1169	B323			A	22.2×9.2×12.3	土偶墙	完整
1170	B324			A	20.5×10.5×13.7	土偶墙	完整
1171	B325			A	23.3×8.7×12.2	土偶墙	完整
1172	B326		A		19.2×10×11	土偶墙	完整
1173	B327	B			17.5×10.5×10.5	土偶墙	完整
1174	B328			A	17.5×10×12	土偶墙	完整
1175	B329			A	20.5×9.7×10.2	土偶墙	完整
1176	B330			A	17×11×13.5	土偶墙	完整
1177	B331			A	20.8×9×9	土偶墙	完整
1178	B332			A	22.7×8.6×13.2	土偶墙	完整

序号	原号	类　型			高/底径	遗迹单位	完整/残缺
		圆形	方形	不规则形			
1179	B333			A	19.8×11×15	土偶墙	完整
1180	B334			A	18×9.5×16	土偶墙	完整
1181	B335			A	22.8×9.2×11.4	土偶墙	完整
1182	B336			A	23.8×8.7×12.2	土偶墙	完整
1183	B337	B			19.3×7.5×11	土偶墙	完整
1184	B338			A	21.5×7.2×13.2	土偶墙	完整
1185	B340			A	22.6×5.7×13.8	土偶墙	完整
1186	B341			A	20.2×8.3×13.2	土偶墙	完整
1187	B342		B		19.2×10×14	土偶墙	完整
1188	B343			B	24.8×3.4×10.6	土偶墙	完整
1189	B344			B	20×9×10	土偶墙	完整
1190	B345			B	23×8×9	土偶墙	完整
1191	B346	B			20.2×9×11.5	土偶墙	完整
1192	B347		B		18×9.6×13.4	土偶墙	完整
1193	B348			B	25.5×8×13	土偶墙	完整
1194	B349	B			17.5×12×16	土偶墙	完整
1195	B350			A	20.3×7.7×12.5	土偶墙	完整
1196	B351	B			20×10×14.5	土偶墙	完整
1197	B352			A	23×8×13	土偶墙	完整
1198	B353	B			18×9×13	土偶墙	完整
1199	B354	A			17.7×8×10	土偶墙	完整
1200	B357			A	19.6×7.3×12.7	土偶墙	完整
1201	B358		B		19.4×9.7×14.5	土偶墙	完整
1202	B359			A	20.7×9.7×15.8	土偶墙	完整
1203	B360	B			19.5×8.5×13	土偶墙	完整
1204	B361		A		20×7.5×9	土偶墙	完整
1205	B362			A	17.6×10.2×14.3	土偶墙	完整
1206	B363			A	20.6×10.2×12.8	土偶墙	完整
1207	B364			A	17.3×9.2×15.8	土偶墙	完整
1208	B366	A			17×8×9	土偶墙	完整
1209	B367	B			12.5×7×10.5	土偶墙	完整
1210	B368	B			16.4×7.7×12	土偶墙	完整

序号	原号	类型			高/底径	遗迹单位	完整/残缺
		圆形	方形	不规则形			
1211	B369	B			15.3×7.4×9	土偶墙	完整
1212	B370		C		15.5×7×10	土偶墙	完整
1213	B371		C		20×11×13	土偶墙	完整
1214	B372			B	17×9×12.5	土偶墙	完整
1215	B373	B			18.3×5×10.5	土偶墙	完整
1216	B374	A			20.8×8.2×10.5	土偶墙	完整
1217	B375	A			19.2×6.3×10.1	土偶墙	完整
1218	B376	A			20.1×6.4×10.8	土偶墙	完整
1219	B378			C	28×11.5×13	土偶墙	完整
1220	B379	A			18.1×9×10	土偶墙	完整
1221	B380	A			17.2×8×8.5	土偶墙	完整
1222	B381			C	14×7.5×9	土偶墙	完整
1223	B382			C	×　×	土偶墙	破碎数块
1224	B383	B			17.5×9.5×11.5	土偶墙	完整
1225	B383-1			C	×　×	土偶墙	残碎数块
1226	B384	A			15.5×9×11	土偶墙	完整
1227	B385			B	20.9×7.1×13.3	土偶墙	完整
1228	B386			C	19×8.5×11.5	土偶墙	完整
1229	B387	B			18×9×13	土偶墙	完整
1230	B388			B	16×11×15	土偶墙	完整
1231	B389			A	21.3×6.7×15.3	土偶墙	完整
1232	B391			A	22×10×14.3	土偶墙	完整
1233	B393			A	22×10×13	土偶墙	完整
1234	B394	A			23×8×11	土偶墙	完整
1235	B396	B			21.7×8×9.5	土偶墙	完整
1236	B397	B			17.7×9×9.5	土偶墙	完整
1237	B398	B			20.1×8.3×10.1	土偶墙	完整
1238	B399	B			19.6×9.6×12	土偶墙	完整
1239	B400			A	23.5×6.5×11.5	土偶墙	完整
1240	B401	B			16.8×8.3×11.2	土偶墙	完整
1241	B402	B			17.5×8×11	土偶墙	完整
1242	B403	B			16.2×9.5×11.3	土偶墙	完整

序号	原号	类　型			高/底径	遗迹单位	完整/残缺
		圆形	方形	不规则形			
1243	B403	B			20×9×11	土偶墙	完整
1244	B404			A	23×6.7×11	土偶墙	完整
1245	B405	B			19.9×8.8×10.5	土偶墙	完整
11246	B406	B			18×9.5×13	土偶墙	完整
1247	B407	A			20.6×7.8×8.8	土偶墙	完整
1248	B408	B			18.1×9.3×12.2	土偶墙	完整
1249	B409			A	22.4×11.4×13.8	土偶墙	完整
1250	B410		B		16.3×9.4×12.7	土偶墙	完整
1251	B411	B			16.4×9.3×10.5	土偶墙	完整
1252	B412	A			16.5×10×11	土偶墙	完整
1253	B413			C	16.5×9×9	土偶墙	完整
1254	B414			B	17.5×10×13.5	土偶墙	完整
1255	B415		C		17.5×11.5×12.5	土偶墙	完整
1256	B416	B			18.7×9.5×13	土偶墙	完整
1257	B417			B	27×8×11.5	土偶墙	完整
1258	B418		B		15.5×10×13	土偶墙	完整
1259	B419	B			13×10×13	土偶墙	完整
1260	B420		A		25.7×8.7×11	土偶墙	完整
1261	B421			C	×　×	土偶墙	残碎数块
1262	B422	B			17.2×11.5×14	土偶墙	完整
1263	B423	B			17.4×11×14	土偶墙	完整
1264	B424		B		20.6×6.6×10.3	土偶墙	完整
1265	B425	B			22.6×9.1×10	土偶墙	完整
1266	B426			A	22.4×11.5×14	土偶墙	完整
1267	B427	A			22.4×9×10.4	土偶墙	完整
1268	B428		A		20×9.8×9.8	土偶墙	完整
1269	B429	B			15.4×8.3×11.5	土偶墙	完整
1270	B430		B		16×9.5×14	土偶墙	完整
1271	B431	A			17×11.7×12.8	土偶墙	完整
1272	B432	B			21×9.1×11.3	土偶墙	完整
1273	B434	B			20×8×10.5	土偶墙	完整
1274	B435	B			20.2×8×10	土偶墙	完整

续附表二

序号	原号	类型			高/底径	遗迹单位	完整/残缺
		圆形	方形	不规则形			
1275	B436		B		19.4×6.5×7.2	土偶墙	完整
1276	B437		B		18.4×7.5×9.7	土偶墙	完整
1277	B438	A			20.5×9.5×11.3	土偶墙	完整
1278	B439	B			14.8×10×11.4	土偶墙	完整
1279	B440	B			16.7×10.5×15	土偶墙	完整
1280	B441	B			15.5×9.8×13.5	土偶墙	完整
1281	B442	A			18.5×8.6×10.5	土偶墙	完整
1282	B443		A		23.3×8.4×8.4	土偶墙	完整
1283	B444		A		24×9×11.5	土偶墙	完整
1284	B445		A		20.5×10.5×11	土偶墙	完整
1285	B446		B		20.6×8.6×8.8	土偶墙	完整
1286	B447		B		18×8.2×11.8	土偶墙	完整
1287	B448			A	20.2×10×13.5	土偶墙	完整
1288	B449		A		25.5×10×10	土偶墙	完整
1289	B450		A		24×8×9.7	土偶墙	完整
1290	B451		A		21.5×9×10	土偶墙	完整
1291	B452	A			17×10×13.5	土偶墙	完整
1292	B453		B		17.5×10×13.5	土偶墙	完整
1293	B454		A		25×9×9	土偶墙	完整
1294	B455	A			21.2×9.2×10.8	土偶墙	完整
1295	B456		A		24.5×9.7×9.7	土偶墙	完整
1296	B457			A	26.5×11×13.2	土偶墙	完整
1297	B458			A	17.5×7.2×12.2	土偶墙	完整
1298	B459			A	27.4×9.7×11.6	土偶墙	完整
1299	B460	A			26.2×9.7×11.5	土偶墙	完整
1300	B461	A			19.8×9.4×11.2	土偶墙	完整
1301	B461-1	B			21×10×11	土偶墙	完整
1302	B462	A			21.5×7.5×10.5	土偶墙	完整
1303	B463	B			17×9×16	土偶墙	完整
1304	B464			C	15.5×10×14.3	土偶墙	完整
1305	B465			B	21×9×14	土偶墙	完整
1306	B466	A			18.4×10×12.5	土偶墙	完整

序号	原号	类型			高/底径	遗迹单位	完整/残缺
		圆形	方形	不规则形			
1307	B467			A	21×9×11	土偶墙	完整
1308	B468			B	18.5×9.5×12	土偶墙	完整
1309	B471			A	15.8×11.7×15.5	土偶墙	完整
1310	B472		B		19.8×9.5×11.2	土偶墙	完整
1311	B473	A			21.9×10×13.1	土偶墙	完整
1312	B474			B	19.5×7×11	土偶墙	完整
1313	B475		A		19×9×9.7	土偶墙	完整
1314	B476		A		19×9×9.8	土偶墙	完整
1315	B477			A	22×10.5×12.2	土偶墙	完整
1316	B478			A	23.7×9.5×14	土偶墙	完整
1317	B479			C	×　×	土偶墙	残碎数块
1318	B480			A	17.4×8.2×15.1	土偶墙	完整
1319	B481	B			22.1×9.9×11.7	土偶墙	完整
1320	B482			C	16×9×13	土偶墙	完整
1321	B483	B			18.6×9.4×10.5	土偶墙	完整
1322	B484	B			21.8×7.5×10.4	土偶墙	完整
1323	B485		B		20.6×8.7×11.6	土偶墙	完整
1324	B486	B			17.5×9×13	土偶墙	完整
1325	B487	B			16.3×12.5×12	土偶墙	完整
1326	B488			A	24×9.5×11	土偶墙	完整
1327	B489			C	16×11×11.5	土偶墙	完整
1328	B490			A	22.3×9×12	土偶墙	完整
1329	B491		B		16×9.5×12.5	土偶墙	完整
1330	B492	B			17.5×10×13.5	土偶墙	完整
1331	B493		B		14.2×10×12.5	土偶墙	完整
1332	B494		A		19×7×9	土偶墙	完整
1333	B496-1			B	17.6×8.3×11.2	土偶墙	完整
1334	B496		A		27.7×7.8×9.5	土偶墙	完整
1335	B497	A			14.5×9.5×10.5	土偶墙	完整
1336	B498			A	19.5×7.5×11.5	土偶墙	完整
1337	B499		A		24.3×8.5×9	土偶墙	完整
1338	B500		A		21.5×8.7×9	土偶墙	完整

序号	原号	类　型			高/底径	遗迹单位	完整/残缺
		圆形	方形	不规则形			
1339	B501			A	19.6×7.8×13.4	土偶墙	完整
1340	B502		A		25.6×8.5×10.5	土偶墙	完整
1341	B503		B		16×8.5×11	土偶墙	完整
1342	B504	A			16×8.5×12	土偶墙	完整
1343	B505		A		28×9.5×10.5	土偶墙	完整
1344	B507		A		20.5×9×9	土偶墙	完整
1345	B508		A		20.7×8.5×9.2	土偶墙	完整
1346	B509		B		13.8×10×11	土偶墙	完整
1347	B510	B			17.9×9×11.5	土偶墙	完整
1348	B511		B		17.5×9.5×9.5	土偶墙	完整
1349	B512	B			18.5×8.5×10	土偶墙	完整
1350	B513		A		20.5×8.3×8.3	土偶墙	完整
1351	B514		A		23×9.4×10	土偶墙	完整
1352	B515		A		18.5×8×11	土偶墙	完整
1353	B516		A		22.5×7.8×7.8	土偶墙	完整
1354	B517		A		14.7×10×11	土偶墙	完整
1355	B518	A			16.9×10.5×11.2	土偶墙	完整
1356	B519		A		25.2×7.5×8.5	土偶墙	完整
1357	B520	B			22.9×7.5×9.8	土偶墙	完整
1358	B521		C		22×8.5×9.5	土偶墙	完整
1359	B522		B		21.4×10.2×12.5	土偶墙	完整
1360	B523	B			15×9.2×11.3	土偶墙	完整
1361	B524	A			16.1×9×10.4	土偶墙	完整
1362	B525			A	16.4×11.3×14	土偶墙	完整
1363	B526		B		16×10×14	土偶墙	完整
1364	B527		A		29.4×8.4×9.3	土偶墙	完整
1365	B528		A		26.2×9×10	土偶墙	完整
1366	B529		C		16.2×9×10	土偶墙	完整
1367	B530	B			15.6×9×14	土偶墙	完整
1368	B531	B			15.3×10.5×13	土偶墙	完整
1369	B532			B	17.5×11×11.5	土偶墙	完整
1370	B533	B			16×9.9×12.4	土偶墙	完整

序号	原号	类型			高/底径	遗迹单位	完整/残缺
		圆形	方形	不规则形			
1371	B534	A			$18 \times 9.5 \times 10.4$	土偶墙	完整
1372	B535	B			$18.7 \times 10 \times 13$	土偶墙	完整
1373	B536		A		$19.3 \times 7.5 \times 8$	土偶墙	完整
1374	B537		A		$23 \times 9.8 \times 10.8$	土偶墙	完整
1375	B538		A		$22.5 \times 8 \times 8.8$	土偶墙	完整
1376	B539		A		$20.5 \times 8.5 \times 9.5$	土偶墙	完整
1377	B540		A		$24.5 \times 8.7 \times 8.7$	土偶墙	完整
1378	B541		A		$22.4 \times 9.5 \times 10$	土偶墙	完整
1379	B542		A		$22 \times 10 \times 10$	土偶墙	完整
1380	B543		A		$21.5 \times 10 \times 12$	土偶墙	完整
1381	B544		A		$26 \times 9.5 \times 9.5$	土偶墙	完整
1382	B545		A		$20 \times 9 \times 9.5$	土偶墙	完整
1383	B546		A		$25.6 \times 9 \times 10$	土偶墙	完整
1384	B548			A	$26 \times 10.8 \times 13.6$	土偶墙	完整
1385	B549		A		$21 \times 9 \times 10$	土偶墙	完整
1386	B550		A		$21 \times 9 \times 9$	土偶墙	完整
1387	B551	B			$18.1 \times 10 \times 12$	土偶墙	完整
1388	B552		A		$23 \times 8 \times 10$	土偶墙	完整
1389	B553		C		$21 \times 8.3 \times 11$	土偶墙	完整
1390	B554		B		$22.7 \times 9.3 \times 10.3$	土偶墙	完整
1391	B555	B			$15.6 \times 13.1 \times 14.5$	土偶墙	完整
1392	B556		A		$27.2 \times 8.5 \times 10.5$	土偶墙	完整
1393	B557	B			$17.8 \times 8 \times 11$	土偶墙	完整
1394	B558	A			$18 \times 9.5 \times 11.3$	土偶墙	完整
1395	B559		B		$19.8 \times 8.8 \times 10.6$	土偶墙	完整
1396	B560	B			$17.5 \times 11 \times 12.5$	土偶墙	完整
1397	B561		A		$24.7 \times 7.8 \times 9$	土偶墙	完整
1398	B562		A		$22.7 \times 9.5 \times 9.5$	土偶墙	完整
1399	B562 – 1		A		$24.4 \times 7.7 \times 11.5$	土偶墙	完整
1400	B563		B		$15.8 \times 9.5 \times 10$	土偶墙	完整
1401	B564		A		$23.2 \times 10 \times 11.6$	土偶墙	完整
1402	B566		B		$17 \times 9 \times 11$	土偶墙	完整

续附表二

序号	原号	类 型			高/底径	遗迹单位	完整/残缺
		圆形	方形	不规则形			
1403	B567		B		18.5×7.5×10.5	土偶墙	完整
1404	B568		B		16×9×12	土偶墙	完整
1405	B570			B	19×9×10.7	土偶墙	完整
1406	B571			B	18.1×2.8×14.2	土偶墙	完整
1407	B572		B		18.5×9×14	土偶墙	完整
1408	B572-1		B		19.6×8.5×9.6	土偶墙	完整
1409	B573			A	23.3×5.5×12.8	土偶墙	完整
1410	B574	A			16.5×9×11	土偶墙	完整
1411	B575		B		22.7×8×9.6	土偶墙	完整
1412	B576			B	15.3×12×13.5	土偶墙	完整
1413	B577			A	19.3×6×11.5	土偶墙	完整
1414	B578	A			21.9×10×10.6	土偶墙	完整
1415	B579		A		19.5×8.3×10	土偶墙	完整
1416	B580	A			16.4×8.4×9.3	土偶墙	完整
1417	B581	A			19.5×10.4×11.3	土偶墙	完整
1418	B582	A			15.5×10.2×11.5	土偶墙	完整
1419	B583	A			13.6×9.3×10.3	土偶墙	完整
1420	B584	A			13.7×9.9×10.5	土偶墙	完整
1421	B585	B			15×8.5×10	土偶墙	完整
1422	B586	A			17×11×12	土偶墙	完整
1423	B587	A			15.8×11×11.5	土偶墙	完整
1424	B588		B		22×10.4×10.4	土偶墙	完整
1425	B589	A			15.3×13.2×13.7	土偶墙	完整
1426	B591	B			14.9×9.7×11.2	土偶墙	完整
1427	B592	A			17.5×10×11.3	土偶墙	完整
1428	B593	A			16.4×10×10	土偶墙	完整
1429	B594	B			13.4×9.8×10.2	土偶墙	完整
1430	B595			C	××	土偶墙	残碎数块
1431	B596			A	18.7×10.2×15.7	土偶墙	完整
1432	B597	B			14.9×8×13	土偶墙	完整
1433	B598			B	20.5×11×11	土偶墙	完整
1434	B599		B		15.7×12.5×13.3	土偶墙	完整

序号	原号	类 型			高/底径	遗迹单位	完整/残缺
		圆形	方形	不规则形			
1435	B600			C	19.5×7.5×10.5	土偶墙	完整
1436	B601	B			21×10×12	土偶墙	完整
1437	B602	B			11.2×10.4×11.4	土偶墙	完整
1438	B603	A			16×11×11	土偶墙	完整
1439	B604		A		18.5×10×10	土偶墙	完整
1440	B605	A			13.5×8×9.5	土偶墙	完整
1441	B506		A		18.3×9×9	土偶墙	完整
1442	B606	B			21×11×12	土偶墙	完整
1443	B607	A			16.1×12.2×12.8	土偶墙	完整
1444	B608	B			14.4×11.9×13.6	土偶墙	完整
1445	B609	B			13.6×9×12.5	土偶墙	完整
1446	B610		B		13.5×10×11.5	土偶墙	完整
1447	B611	B			15.2×12.2×12.3	土偶墙	完整
1448	B612		B		14.4×10×10	土偶墙	完整
1449	B613	B			14.7×10.4×11	土偶墙	完整
1450	B614		A		21.2×7.5×8.5	土偶墙	完整
1451	B615	B			15.5×13.2×15.1	土偶墙	完整
1452	B616	A			14.8×7.9×9.5	土偶墙	完整
1453	B617	A			19.5×9×10	土偶墙	完整
1454	B618	A			16×7.5×9.5	土偶墙	完整
1455	B619	A			18.5×8.5×9.5	土偶墙	完整
1456	B620	B			18.3×6.5×11	土偶墙	完整
1457	B621	A			18.4×7.1×10.5	土偶墙	完整
1458	B622	B			15.6×12.7×13.6	土偶墙	完整
1459	B623			C	17.7×10.2×12.3	土偶墙	完整
1460	B624	A			17.5×11×12.7	土偶墙	完整
1461	B625	A			12.8×10.8×11.5	土偶墙	完整
1462	B626	A			18.8×8.9×9.9	土偶墙	完整
1463	B627		B		17.2×10.5×12	土偶墙	完整
1464	B628	B			17×13×14.5	土偶墙	完整
1465	B629	B			14.9×15×15.4	土偶墙	完整
1466	B630	B			16×14×16	土偶墙	完整

续附表二

序号	原号	类型			高/底径	遗迹单位	完整/残缺
		圆形	方形	不规则形			
1467	B631	B			$17 \times 13 \times 14$	土偶墙	完整
1468	B632	B			$16 \times 7.7 \times 11.2$	土偶墙	完整
1469	B633			A	$23 \times 10 \times 13$	土偶墙	完整
1470	B634	A			$16 \times 8.5 \times 10$	土偶墙	完整
1471	B635	A			$19.5 \times 10.2 \times 10.2$	土偶墙	完整
1472	B636	A			$16.2 \times 7 \times 9.1$	土偶墙	完整
1473	B638	A			$18.2 \times 8.8 \times 10$	土偶墙	完整
1474	B639	A			$15.8 \times 12 \times 12.6$	土偶墙	完整
1475	B640	A			$19.8 \times 9.7 \times 10.3$	土偶墙	完整
1476	B641	B			$15.1 \times 11 \times 11.9$	土偶墙	完整
1477	B642	B			$12.5 \times 12 \times 12$	土偶墙	完整
1478	B643			A	$25 \times 11.5 \times 13$	土偶墙	完整
1479	B644	B			$16.2 \times 12 \times 14.3$	土偶墙	完整
1480	B645	A			$22 \times 8.5 \times 11$	土偶墙	完整
1481	B646	B			$18.4 \times 7.5 \times 10.5$	土偶墙	完整
1482	B647	B			$11.5 \times 11 \times 12$	土偶墙	完整
1483	B648	A			$19.8 \times 9 \times 11$	土偶墙	完整
1484	B649	A			$16.4 \times 9.4 \times 10.4$	土偶墙	完整
1485	B650	A			$19.3 \times 12.4 \times 12.7$	土偶墙	完整
1486	B651	A			$15.5 \times 9.5 \times 13$	土偶墙	完整
1487	B652	A			$21.8 \times 8.2 \times 11.1$	土偶墙	完整
1488	B653	A			$17 \times 8 \times 9$	土偶墙	完整
1489	B654	A			$17.3 \times 7.5 \times 9.5$	土偶墙	完整
1490	B655		B		$17.8 \times 8 \times 10.5$	土偶墙	完整
1491	B656	B			$16.2 \times 11.5 \times 13.5$	土偶墙	完整
1492	B657	A			$16.5 \times 11 \times 11$	土偶墙	完整
1493	B658	A			$17.2 \times 10.8 \times 10.8$	土偶墙	完整
1494	B659			A	$17.3 \times 11.5 \times 13$	土偶墙	完整
1495	B660	A			$17.5 \times 8 \times 10$	土偶墙	完整
1496	B661	A			$17 \times 6.5 \times 9$	土偶墙	完整
1497	B662	B			$13.7 \times 12.5 \times 13.6$	土偶墙	完整
1498	B664	A			$17.5 \times 7 \times 9.5$	土偶墙	完整

序号	原号	类型			高/底径	遗迹单位	完整/残缺
		圆形	方形	不规则形			
1499	B665		B		18×11.5×11.5	土偶墙	完整
1500	B666	B			15×11×12	土偶墙	完整
1501	B667	B			12.4×12.1×13	土偶墙	完整
1502	B668	A			18.8×8×10.5	土偶墙	完整
1503	B669	A			20×9×12	土偶墙	完整
1504	B670	A			18.7×7.5×10.5	土偶墙	完整
1505	B671	A			18.6×8×11.7	土偶墙	完整
1506	B672	A			18.5×10×11	土偶墙	完整
1507	B673		B		18×9.5×10	土偶墙	完整
1508	B674			A	21.7×5.5×12.6	土偶墙	完整
1509	B675	A			16×8×9.4	土偶墙	完整
1510	B676	A			16×7×9.5	土偶墙	完整
1511	B677	B			20.7×7.2×10.7	土偶墙	完整
1512	B678	A			19.2×8×10.1	土偶墙	完整
1513	B679	A			17×7×11	土偶墙	完整
1514	B680	A			19×7.3×10	土偶墙	完整
1515	B681	B			20×8×12.5	土偶墙	完整
1516	B682	A			18.1×7.6×11	土偶墙	完整
1517	B683	A			17.3×8.2×9.5	土偶墙	完整
1518	B684	A			18.6×7.5×9.5	土偶墙	完整
1519	B685			A	18.2×5.5×11.3	土偶墙	完整
1520	B686	B			19.5×8×10.5	土偶墙	完整
1521	B687	A			17.5×8×9.5	土偶墙	完整
1522	B688	A			19×9.6×11	土偶墙	完整
1523	B689	B			19.8×9.3×11.9	土偶墙	完整
1524	B690	B			20.3×7.4×9.2	土偶墙	完整
1525	B691	A			18×7×11	土偶墙	完整
1526	B692	A			20.6×8.5×10.3	土偶墙	完整
1527	B693	B			16.7×7.8×11.5	土偶墙	完整
1528	B694		C		23.3×8×10	土偶墙	完整
1529	B695	A			22.4×8.1×12.8	土偶墙	完整
1530	B696	A			17×7×10	土偶墙	完整

序号	原号	类型			高/底径	遗迹单位	完整/残缺
		圆形	方形	不规则形			
1531	B697	B			20.2×7×10.5	土偶墙	完整
1532	B698			A	21×7.5×12	土偶墙	完整
1533	B699		B		16.1×7.8×11.3	土偶墙	完整
1534	B700	B			14.9×11.1×15.2	土偶墙	完整
1535	B701	A			20×8.7×11	土偶墙	完整
1536	B702	B			16.4×10.6×11.3	土偶墙	完整
1537	B703	A			19.1×9.4×10.6	土偶墙	完整
1538	B704	A			19.3×8.1×9	土偶墙	完整
1539	B705	B			20×9×10.3	土偶墙	完整
1540	B707	B			16.5×8.5×8.5	土偶墙	完整
1541	B708			A	19.4×11×13	土偶墙	完整
1542	B709		B		18×11×13	土偶墙	完整
1543	B710			C	15.5×11×12	土偶墙	完整
1544	B711			A	25.3×8.7×12.2	土偶墙	完整
1545	B712			A	25.4×8.6×12.4	土偶墙	完整
1546	B713			A	21.4×8.7×12.6	土偶墙	完整
1547	B714	A			18.4×9.5×10.6	土偶墙	完整
1548	B715	A			20.5×8.5×9.7	土偶墙	完整
1549	B716	A			9.5×8.2×10.6	土偶墙	完整
1550	B717	B			20.9×8.5×12.1	土偶墙	完整
1551	B718	B			21.5×8×11	土偶墙	完整
1552	B719	A			23.1×8.1×10.6	土偶墙	完整
1553	B720			A	23.7×9.8×12.3	土偶墙	完整
1554	B721	B			20.8×11×12.1	土偶墙	完整
1555	B722			B	16×9×15.5	土偶墙	完整
1556	B723	A			23×12×12.5	土偶墙	完整
1557	B724	B			20×10×12.5	土偶墙	完整
1558	B725			B	19×11×12.5	土偶墙	完整
1559	B726			B	17.7×4.3×15.2	土偶墙	完整
1560	B727	B			16.9×11×15.1	土偶墙	完整
1561	B728			B	12.5×9×11	土偶墙	完整
1562	B729	B			14.5×11×12.5	土偶墙	完整

序号	原号	类型			高/底径	遗迹单位	完整/残缺
		圆形	方形	不规则形			
1563	B730	B			20.7×8.2×10.1	土偶墙	完整
1564	B731			B	20.5×8×15	土偶墙	完整
1565	B732	B			13.5×9×15	土偶墙	完整
1566	B733	A			23×9.2×10.5	土偶墙	完整
1567	B734	B			17.4×12×13	土偶墙	完整
1568	B735			A	24×10.6×12.7	土偶墙	完整
1569	B736	C			16×8.5×11.5	土偶墙	完整
1570	B737			B	20×11.5×13	土偶墙	完整
1571	B738	B			18.5×11×16.5	土偶墙	完整
1572	B739			B	19.2×5.6×18.1	土偶墙	完整
1573	B740			B	23×9×9.5	土偶墙	完整
1574	B741			B	15.5×9×12	土偶墙	完整
1575	B742			B	23×8×8.1	土偶墙	完整
1576	B743			A	24.7×9.2×12.3	土偶墙	完整
1577	B744			A	24.2×7.8×13.4	土偶墙	完整
1578	B745	B			19.8×9.5×12.2	土偶墙	完整
1579	B746			A	26.6×10.4×11.6	土偶墙	完整
1580	B747	B			16.8×13×17	土偶墙	完整
1581	B748			A	24.8×9.8×13.6	土偶墙	完整
1582	B749			A	25.6×8.3×13.7	土偶墙	完整
1583	B750			A	26.2×9.8×10.3	土偶墙	完整
1584	B751			A	25.8×6.8×13.6	土偶墙	完整
1585	B752			B	14.8×8.6×12.2	土偶墙	完整
1586	B753			A	22.3×8.8×11.6	土偶墙	完整
1587	B754			A	28.9×10.6×12.4	土偶墙	完整
1588	B755	A			19.4×8.5×10.6	土偶墙	完整
1589	B756	A			18.5×9.4×11.2	土偶墙	完整
1590	B757			A	21.2×11×14	土偶墙	完整
1591	B759			A	25.5×10.2×14.8	土偶墙	完整
1592	B760			A	22.5×10×15	土偶墙	完整
1593	B761			A	28.6×10.4×13.2	土偶墙	完整
1594	B762	B			19.8×8.8×10.5	土偶墙	完整

序号	原号	类　型			高/底径	遗迹单位	完整/残缺
		圆形	方形	不规则形			
1595	B763			A	27 × 9.7 × 12.3	土偶墙	完整
1596	B764			C	× ×	土偶墙	残碎数块
1597	B765	A			18.9 × 12 × 12.2	土偶墙	完整
1598	B766			A	28.6 × 8.2 × 11	土偶墙	完整
1599	B767	A			21.7 × 8.6 × 12.2	土偶墙	完整
1600	B768			A	21.5 × 11.5 × 14.5	土偶墙	完整
1601	B769			A	25.1 × 10.4 × 14	土偶墙	完整
1602	B770			A	23.5 × 11 × 13.5	土偶墙	完整
1603	B771	A			24.8 × 8.7 × 10.3	土偶墙	完整
1604	B772	A			22 × 10.9 × 11.5	土偶墙	完整
1605	B773			A	24.3 × 9.7 × 11.2	土偶墙	完整
1606	B774		B		22 × 10 × 11.5	土偶墙	完整
1607	B775	A			25.5 × 11.3 × 13.7	土偶墙	完整
1608	B776			A	25.2 × 7.6 × 10.8	土偶墙	完整
1609	B777	A			17.8 × 8.7 × 10.3	土偶墙	完整
1610	B778			A	26.5 × 10.3 × 13.4	土偶墙	完整
1611	B779	A			20.1 × 7.5 × 10.7	土偶墙	完整
1612	B780	A			19.7 × 8.2 × 10.3	土偶墙	完整
1613	B781	B			19.8 × 7.5 × 9	土偶墙	完整
1614	B782	A			18.6 × 8.5 × 10.5	土偶墙	完整
1615	B783	A			20.3 × 8.5 × 11.3	土偶墙	完整
1616	B784	B			20 × 7.5 × 9.5	土偶墙	完整
1617	B785	A			19 × 8.8 × 10.5	土偶墙	完整
1618	B786	A			18 × 8 × 10	土偶墙	完整
1619	B787	B			20.5 × 7.6 × 10	土偶墙	完整
1620	B788			A	21 × 7.8 × 10.5	土偶墙	完整
1621	B789		A		23 × 11.5 × 14.5	土偶墙	完整
1622	B790	A			19.6 × 7.2 × 9.6	土偶墙	完整
1623	B791	A			18.3 × 7.5 × 9.7	土偶墙	完整
1624	B792	A			17 × 7.5 × 10.5	土偶墙	完整
1625	B793		B		19.2 × 7.6 × 10.8	土偶墙	完整
1626	B794	A			19.3 × 9.7 × 9.8	土偶墙	完整

序号	原号	类　型			高/底径	遗迹单位	完整/残缺
		圆形	方形	不规则形			
1627	B795	A			18×8.8×9.5	土偶墙	完整
1628	B797	A			21.3×9.5×11.1	土偶墙	完整
1629	B798	A			17.4×8×9.5	土偶墙	完整
1630	B799	A			17.5×8.5×9.5	土偶墙	完整
1631	B800	A			17×7.5×9.5	土偶墙	完整
1632	B801	A			18.5×7×11	土偶墙	完整
1633	B803			A	21.5×6.5×11	土偶墙	完整
1634	B805	A			18×8.5×10	土偶墙	完整
1635	B806			A	23.4×7.2×11.3	土偶墙	完整
1636	B807	A			19.3×9×10.5	土偶墙	完整
1637	B808			A	21×6.5×10.5	土偶墙	完整
1638	B809	B			19×8×11	土偶墙	完整
1639	B810	B			19×8×10.5	土偶墙	完整
1640	B811			A	24×9.2×11.5	土偶墙	完整
1641	B813	B			19×8.5×11.5	土偶墙	完整
1642	B814	C			18.5×11×12.5	土偶墙	完整
1643	B815	A			21.3×19.5×11	土偶墙	完整
1644	B816	A			18×10×14	土偶墙	完整
1645	B817			B	17.3×10.6×14.4	土偶墙	完整
1646	B818	A			18×8×9	土偶墙	完整
1647	B818-1	A			18.2×11×14.5	土偶墙	完整
1648	B820			A	27.8×11.7×14.8	土偶墙	完整
1649	B821			A	28.8×9.7×12.6	土偶墙	完整
1650	B822			A	23.3×7×13.7	土偶墙	完整
1651	B823	B			22.5×8.4×12.3	土偶墙	完整
1652	B824	A			23.3×9×12.2	土偶墙	完整
1653	B825	B			21.6×9×12.4	土偶墙	完整
1654	B826			A	25.5×10×11	土偶墙	完整
1655	B827	A			15×8.5×10	土偶墙	完整
1656	B828			A	20.7×8.5×12.4	土偶墙	完整
1657	B829	C			23.5×11×13.7	土偶墙	完整
1658	B830			A	26.5×9.5×10.6	土偶墙	完整

序号	原号	类 型			高/底径	遗迹单位	完整/残缺
		圆形	方形	不规则形			
1659	B831	A			18.2×11×12.1	土偶墙	完整
1660	B831-1	A			21.5×9×11.3	土偶墙	完整
1661	B832	A			23.2×7.5×9.7	土偶墙	完整
1662	B833	A			24.2×10×11.7	土偶墙	完整
1663	B834			A	21.5×10×11	土偶墙	完整
1664	B835	A			17.7×7.8×9.7	土偶墙	完整
1665	B836	A			19.6×10.1×11	土偶墙	完整
1666	B837	A			20.7×7.7×10.7	土偶墙	完整
1667	B838			A	21.7×11.2×11.5	土偶墙	完整
1668	B839	B			19.8×11×12.5	土偶墙	完整
1669	B840	C			20×8.5×9.5	土偶墙	完整
1670	B841			A	22×10×13.5	土偶墙	完整
1671	B842	A			20×10.9×11.5	土偶墙	完整
1672	B843	A			22×8×10	土偶墙	完整
1673	B846			A	28.5×11.2×13	土偶墙	完整
1674	B847	A			22×9.3×12.4	土偶墙	完整
1675	B848	A			23.2×10×11	土偶墙	完整
1676	B849	A			16×9×11.5	土偶墙	完整
1677	B850	A			23.1×8.8×10.2	土偶墙	完整
1678	B851			A	27.4×9.7×13.8	土偶墙	完整
1679	B852			A	23.3×8.5×10.5	土偶墙	完整
1680	B853	A			20.1×8.9×11.2	土偶墙	完整
1681	B854	B			19.5×9.5×13	土偶墙	完整
1682	B855			A	24×10×12.5	土偶墙	完整
1683	B856	A			19.4×12.5×13.1	土偶墙	完整
1684	B857	A			19.×9.4×10.1	土偶墙	完整
1685	B858	A			18×8.7×10.4	土偶墙	完整
1686	B859		B		21.8×6.7×9.3	土偶墙	完整
1687	B862			A	23.4×10×13	土偶墙	完整
1688	B862-1			C	××	土偶墙	残碎数块
1689	B863	A			19.9×8.4×11.4	土偶墙	完整
1690	B863-1			A	26.8×8.1×10.8	土偶墙	完整

序号	原号	类　型			高/底径	遗迹单位	完整/残缺
		圆形	方形	不规则形			
1691	B864	B			18×10.5×10.5	土偶墙	完整
1692	B865	A			19×6.5×10	土偶墙	完整
1693	B866	A			22.5×8.5×10.4	土偶墙	完整
1694	B867			A	29×9.4×13.8	土偶墙	完整
1695	B868	A			19.7×7.7×10.5	土偶墙	完整
1696	B869	B			20.5×6.5×10	土偶墙	完整
1697	B870			B	16.3×6.1×11.8	土偶墙	完整
1698	B871	A			17.4×8.5×10.3	土偶墙	完整
1699	B872	A			24.6×11.2×12.3	土偶墙	完整
1700	B873	A			19×10×12	土偶墙	完整
1701	B874			A	22.5×8×15	土偶墙	完整
1702	B875	B			17.7×8×11	土偶墙	完整
1703	B876	A			24.5×10.4×13.2	土偶墙	完整
1704	B877			A	23.5×7.8×11.6	土偶墙	完整
1705	B880	A			24.8×10.1×12.7	土偶墙	完整
1706	B881	A			21×10.9×12.5	土偶墙	完整
1707	B883			A	24.5×11.6×14.5	土偶墙	完整
1708	B884	A			18.8×9.6×11.3	土偶墙	完整
1709	B884-1	A			16×8.8×10.2	土偶墙	完整
1710	B885			A	27×11.8×15.3	土偶墙	完整
1711	B886			A	25×7.7×10.3	土偶墙	完整
1712	B887			A	26.1×10.6×12.7	土偶墙	完整
1713	B888	A			19×9.1×10.1	土偶墙	完整
1714	B889			A	29×9.2×12.6	土偶墙	完整
1715	B890	A			20.2×12.5×13.1	土偶墙	完整
1716	B891	A			18.6×10.8×12.6	土偶墙	完整
1717	B891-1		B		19.6×6.7×11.4	土偶墙	完整
1718	B892	A			18.5×9×10	土偶墙	完整
1719	B893	B			20.9×9.5×12	土偶墙	完整
1720	B894	B			18.8×11×14.5	土偶墙	完整
1721	B895			A	25.6×9.1×18.6	土偶墙	完整
1722	B896	A			20.6×10×10.5	土偶墙	完整

序号	原号	类　型			高/底径	遗迹单位	完整/残缺
		圆形	方形	不规则形			
1723	B897	A			18.5 × 12 × 12	土偶墙	完整
1724	B898	A			20.7 × 7.5 × 8.4	土偶墙	完整
1725	B899	A			20 × 8.5 × 10.5	土偶墙	完整
1726	B900			A	26.3 × 10.6 × 13.8	土偶墙	完整
1727	B901			A	23.5 × 8.3 × 11.8	土偶墙	完整
1728	B902	A			20.6 × 6.5 × 9.6	土偶墙	完整
1729	B903	B			18.5 × 10.5 × 12	土偶墙	完整
1730	B904	A			16.3 × 9.2 × 9.7	土偶墙	完整
1731	B905	A			21.1 × 8 × 10.4	土偶墙	完整
1732	B907	A			18.3 × 9.7 × 10.5	土偶墙	完整
1733	B908	A			17 × 8.4 × 10.3	土偶墙	完整
1734	B909	A			19 × 11 × 13.5	土偶墙	完整
1735	B910	A			19 × 8 × 12	土偶墙	完整
1736	B911	A			19 × 8 × 12	土偶墙	完整
1737	B912	A			21.1 × 9 × 9.8	土偶墙	完整
1738	B914			A	26 × 8.7 × 12.2	土偶墙	完整
1739	B915	B			18.9 × 7.5 × 10.4	土偶墙	完整
1740	B916			A	26.1 × 10.2 × 13.5	土偶墙	完整
1741	B917			A	24.5 × 9.3 × 13	土偶墙	完整
1742	B918	A			21.2 × 8.4 × 9.7	土偶墙	完整
1743	B919	A			20.6 × 9.7 × 10.5	土偶墙	完整
1744	B920			A	23 × 10 × 12	土偶墙	完整
1745	B921	A			19.2 × 11.4 × 14	土偶墙	完整
1746	B922	B			18.5 × 8.5 × 10	土偶墙	完整
1747	B923			A	23 × 10.7 × 15.7	土偶墙	完整
1748	B924			A	20.4 × 10 × 12.6	土偶墙	完整
1749	B925			A	25 × 9.5 × 12.5	土偶墙	完整
1750	B926	A			26.6 × 10 × 11.3	土偶墙	完整
1751	B927			B	23.7 × 9 × 10.5	土偶墙	完整
1752	B928	A			25.5 × 10.8 × 12.1	土偶墙	完整
1753	B929			A	27.2 × 8.6 × 13.5	土偶墙	完整
1754	B930	B			18.5 × 8 × 10	土偶墙	完整

序号	原号	类　型			高/底径	遗迹单位	完整/残缺
		圆形	方形	不规则形			
1755	B931	B			21.2×9.8×13	土偶墙	完整
1756	B932	A			22×9.8×11.5	土偶墙	完整
1757	B933	A			22×8.5×11.5	土偶墙	完整
1758	B934		C		13.6×11×12	土偶墙	完整
1759	B935	A			20.5×11.3×11.7	土偶墙	完整
1760	B936	A			21.8×11.8×11.1	土偶墙	完整
1761	B937	B			20.2×9.5×13.5	土偶墙	完整
1762	B939	A			21×9.4×11.1	土偶墙	完整
1763	B940	A			20×8×10	土偶墙	完整
1764	B941	A			18.1×11.4×12	土偶墙	完整
1765	B942			A	26.6×9.3×11.2	土偶墙	完整
1766	B943		B		17.8×8.4×10.2	土偶墙	完整
1767	B944	A			20.1×10.6×14	土偶墙	完整
1768	B945	B			22×10×11.5	土偶墙	完整
1769	B948	A			19.4×10.4×11.8	土偶墙	完整
1770	B949	B			20.5×8×12	土偶墙	完整
1771	B950			A	21.5×12.5×14.5	土偶墙	完整
1772	B951	A			19.3×11.3×12	土偶墙	完整
1773	B952			A	23×10×11	土偶墙	完整
1774	B953	A			17.2×9.5×9.5	土偶墙	完整
1775	B954	B			12×10.1×12.4	土偶墙	完整
1776	B955		B		21.1×14×14.6	土偶墙	完整
1777	B956	A			21.4×8.4×10.2	土偶墙	完整
1778	B957	A			19.4×11.4×11.8	土偶墙	完整
1779	B958	B			22×9.5×11.4	土偶墙	完整
1780	B959	A			20.6×12.3×13.4	土偶墙	完整
1781	B960	B			17.9×8.9×9.2	土偶墙	完整
1782	B961		B		19×9.8×11.2	土偶墙	完整
1783	B962		A		23.8×8.5×10.5	土偶墙	完整
1784	B963	A			17.8×9.4×11	土偶墙	完整
1785	B964	B			17.8×8.8×10	土偶墙	完整
1786	B965	A			17.1×11×12.5	土偶墙	完整

序号	原号	类　型			高/底径	遗迹单位	完整/残缺
		圆形	方形	不规则形			
1787	B966	A			19.9×7.5×8.7	土偶墙	完整
1788	B967	B			15.3×7×9	土偶墙	完整
1789	B968	A			17.6×8.6×9.7	土偶墙	完整
1790	B969		B		17.2×9×11.4	土偶墙	完整
1791	B971		B		15.6×9.4×13.2	土偶墙	完整
1792	B972			A	15.8×6.4×11.5	土偶墙	完整
1793	B973			A	16.4×8.4×11.7	土偶墙	完整
1794	B974		B		17.2×10.2×12.4	土偶墙	完整
1795	B975		B		17.5×7.5×10.5	土偶墙	完整
1796	B976		B		15×10×13.5	土偶墙	完整
1797	B977		B		17×10×12	土偶墙	完整
1798	B978	B			15.8×9.5×11	土偶墙	完整
1799	B979	A			16.3×10.5×10.9	土偶墙	完整
1800	B980	B			17.3×10.1×10.6	土偶墙	完整
1801	B981	A			16.5×9.5×9.5	土偶墙	完整
1802	B982		B		17.4×8.7×9.4	土偶墙	完整
1803	B983			C	×　×	土偶墙	残碎数块
1804	B984	B			20.2×10×10.5	土偶墙	完整
1805	B985			A	28.6×7.7×9.7	土偶墙	完整
1806	B986	A			16.4×8.2×9.9	土偶墙	完整
1807	B987	A			22.5×8.5×11	土偶墙	完整
1808	B988			B	24.5×11×12.5	土偶墙	完整
1809	B989	B			16.3×9.5×11.3	土偶墙	完整
1810	B990			A	27.4×8.3×10.5	土偶墙	完整
1811	B991	A			18.5×8.2×10.3	土偶墙	完整
1812	B992			A	27.6×8×11.6	土偶墙	完整
1813	B993	B			20×7.8×8.6	土偶墙	完整
1814	B994			B	21×8.5×10.3	土偶墙	完整
1815	B995	B			17.5×7.6×9.7	土偶墙	完整
1816	B996	B			20.2×8×11	土偶墙	完整
1817	B997			A	26.6×10.4×13.3	土偶墙	完整
1818	B998			A	25×7.6×9.8	土偶墙	完整

序号	原号	类型			高/底径	遗迹单位	完整/残缺
		圆形	方形	不规则形			
1819	B999			A	27×7.5×12	土偶墙	完整
1820	B1000	A			26.3×8×9.5	土偶墙	完整
1821	B1001			A	26.5×10×13	土偶墙	完整
1822	B1002			A	26.8×7.5×11.7	土偶墙	完整
1823	B1003			A	27.8×10×11.6	土偶墙	完整
1824	B1004			A	27.4×9.3×11.3	土偶墙	完整
1825	B1005			A	28.6×8.6×10.2	土偶墙	完整
1826	B1006			A	30.2×7.6×11.7	土偶墙	完整
1827	B1007			A	25.8×8.8×11	土偶墙	完整
1828	B1008			A	28×9.7×13.3	土偶墙	完整
1829	B1009		B		23.8×8.7×9	土偶墙	完整
1830	B1010			A	26.1×8.7×11.3	土偶墙	完整
1831	B1012			B	21.3×10.5×14	土偶墙	完整
1832	B1013			A	27×8×9	土偶墙	完整
1833	B1014-1			A	28×9.1×10.8	土偶墙	完整
1834	B1014		B		18×9.5×12	土偶墙	完整
1835	B1015			A	25.7×10×11.8	土偶墙	完整
1836	B1016			A	28.4×11.1×13.8	土偶墙	完整
1837	B1017			A	25.6×8.2×9.6	土偶墙	完整
1838	B1018			A	26×9×10.2	土偶墙	完整
1839	B1019			B	20.7×8.5×13	土偶墙	完整
1840	B1020			B	22×8×11.7	土偶墙	完整
1841	B1021			A	28.2×7.3×13.2	土偶墙	完整
1842	B1022		B		16.6×9.7×12.1	土偶墙	完整
1843	B1023	B			18.5×9×12	土偶墙	完整
1844	B1024	B			17.8×8.8×10.4	土偶墙	完整
1845	B1025			A	19×9.3×12.2	土偶墙	完整
1846	B1026		B		15×9.5×10	土偶墙	完整
1847	B1027	A			18.1×8×8.9	土偶墙	完整
1848	B1029	B			14×10×14	土偶墙	完整
1849	B1030		B		14.7×10×10	土偶墙	完整
1850	B1031			A	16.8×9×11	土偶墙	完整

序号	原号	类　型			高/底径	遗迹单位	完整/残缺
		圆形	方形	不规则形			
1851	B1032		B		17.3×8.3×10	土偶墙	完整
1852	B1033		B		16.6×8.7×11.5	土偶墙	完整
1853	B1034		B		16.1×7.3×11.5	土偶墙	完整
1854	B1035	B			16.8×9.5×10.3	土偶墙	完整
1855	B1037	B			15.7×10.6×12	土偶墙	完整
1856	B1038	B			17×9×11	土偶墙	完整
1857	B1039		B		17.7×9×11	土偶墙	完整
1858	B1602		B		17.5×9×10.5	土偶墙	完整
1859	B1041	B			17×11×11.5	土偶墙	完整
1860	B1042	B			20.2×10×11	土偶墙	完整
1861	B1043		B		18.7×7.8×11.4	土偶墙	完整
1862	B1044		B		15.2×8×12	土偶墙	完整
1863	B1045		B		14.8×8×11	土偶墙	完整
1864	B1046	A			16.8×8.6×12	土偶墙	完整
1865	B1047			A	27.6×9.7×12.4	土偶墙	完整
1866	B1048	B			19.2×8×12	土偶墙	完整
1867	B1049	A			17.2×10.1×10.9	土偶墙	完整
1868	B1050	B			16×8.5×11.3	土偶墙	完整
1869	B1051	B			16×9.3×11.9	土偶墙	完整
1870	B1052	A			25.5×10×11	土偶墙	完整
1871	B1053	B			15×10.2×10.8	土偶墙	完整
1872	B1054	A			15.2×9×11.3	土偶墙	完整
1873	B1055		B		15.5×8.5×10.5	土偶墙	完整
1874	B1056	B			18.4×7.2×12	土偶墙	完整
1875	B1057			A	17×8.5×11.5	土偶墙	完整
1876	B1058		B		16×8.2×12	土偶墙	完整
1877	B1059		B		17×9×9	土偶墙	完整
1878	B1060	B			14.6×9.2×13.1	土偶墙	完整
1879	B1061		B		18×8.8×12.5	土偶墙	完整
1880	B1063		B		18×7.3×11.4	土偶墙	完整
1881	B1064	B			17.2×11×12.5	土偶墙	完整
1882	B1065		B		16.8×8.3×10.5	土偶墙	完整

序号	原号	类 型			高/底径	遗迹单位	完整/残缺
		圆形	方形	不规则形			
1883	B1066		B		17 × 8.7 × 10.6	土偶墙	完整
1884	B1067	A			17.5 × 9 × 9.5	土偶墙	完整
1885	B1068		B		16 × 9 × 10	土偶墙	完整
1886	B1069		B		17 × 9 × 10	土偶墙	完整
1887	B1070		B		15.4 × 9 × 11	土偶墙	完整
1888	B1072	A			16.2 × 9 × 10	土偶墙	完整
1889	B1073	A			16.5 × 8.7 × 9.6	土偶墙	完整
1890	B1074	B			18 × 11.5 × 12	土偶墙	完整
1891	B1075	A			18.7 × 9 × 10.5	土偶墙	完整
1892	B1076	B			17.8 × 7.7 × 9.7	土偶墙	完整
1893	B1077	A			19.5 × 8 × 10.3	土偶墙	完整
1894	B1078	C			15.3 × 12.5 × 13.5	土偶墙	完整
1895	B1079	A			18.5 × 13 × 14	土偶墙	完整
1896	B1080	B			18.3 × 7.1 × 10.3	土偶墙	完整
1897	B1082	A			17.5 × 9.1 × 11.4	土偶墙	完整
1898	B1084	B			19.2 × 6.5 × 10	土偶墙	完整
1899	B1085		B		20.2 × 8.7 × 9.6	土偶墙	完整
1900	B1086	B			15.6 × 12 × 13.7	土偶墙	完整
1901	B1087	A			19 × 10 × 11.5	土偶墙	完整
1902	B1087 – 1	B			18.4 × 7.4 × 8.7	土偶墙	完整
1903	B1088			A	21.5 × 10 × 13	土偶墙	完整
1904	B1089	B			18 × 7 × 11.4	土偶墙	完整
1905	B1090			A	18 × 5.7 × 10	土偶墙	完整
1906	B1091	B			15.8 × 8.3 × 9.2	土偶墙	完整
1907	B1092	A			22.7 × 9 × 10	土偶墙	完整
1908	B1093		B		16.1 × 8.5 × 9.4	土偶墙	完整
1909	B1094	A			17.2 × 8.1 × 10	土偶墙	完整
1910	B1095	A			17.6 × 8 × 9.6	土偶墙	完整
1911	B1096			A	20 × 6.5 × 11.5	土偶墙	完整
1912	B1097	A			17.1 × 8.8 × 10	土偶墙	完整
1913	B1098		C		15.7 × 8.5 × 9.5	土偶墙	完整
1914	B1099	A			17.2 × 8.6 × 8.6	土偶墙	完整

序号	原号	类型			高/底径	遗迹单位	完整/残缺
		圆形	方形	不规则形			
1915	B1100		B		16.5×8×10	土偶墙	完整
1916	B1101		B		15.3×9.5×9.5	土偶墙	完整
1917	B1102	A			17.4×8.5×9.7	土偶墙	完整
1918	B1103			C	×　×	土偶墙	残碎数块
1919	B1104	A			17.8×9.6×10.5	土偶墙	完整
1920	B1105	A			19.4×11.3×13	土偶墙	完整
1921	B1106	A			18.7×8.5×11.2	土偶墙	完整
1922	B1107	B			19×10×10.5	土偶墙	完整
1923	B1108		B		16.1×8.4×10.1	土偶墙	完整
1924	B1109			A	21×4.7×10.7	土偶墙	完整
1925	B1110			A	20.7×6×11	土偶墙	完整
1926	B1111	B			18.3×8.4×9.4	土偶墙	完整
1927	B1112	A			18.5×11×12.5	土偶墙	完整
1928	B1114	A			20.4×11.5×13.5	土偶墙	完整
1929	B1115			A	18×8×10	土偶墙	完整
1930	B1116	A			18×8×8.5	土偶墙	完整
1931	B1117	A			17.5×8×10.3	土偶墙	完整
1932	B1118	A			15.3×7.5×8.8	土偶墙	完整
1933	B1119	C			16.5×8.7×9.7	土偶墙	完整
1934	B1120			A	17.3×4.7×13.3	土偶墙	完整
1935	B1121		B		16.6×10×11.4	土偶墙	完整
1936	B1122			B	12.8×10×11.5	土偶墙	完整
1937	B1123	A			15.5×8×10	土偶墙	完整
1938	B1124	A			16.8×8.6×10.8	土偶墙	完整
1939	B1125	A			19×7.5×10.5	土偶墙	完整
1940	B1126		B		19.1×9.3×10.7	土偶墙	完整
1941	B1127	A			21.9×10.8×11.6	土偶墙	完整
1942	B1128	B			20.3×10×10.6	土偶墙	完整
1943	B1129	A			17.5×7.8×9.9	土偶墙	完整
1944	B1130	A			17.5×8.5×9.5	土偶墙	完整
1945	B1131	B			18.3×7.5×10	土偶墙	完整
1946	B1132		B		15.2×8.7×10.8	土偶墙	完整

序号	原号	类型			高/底径	遗迹单位	完整/残缺
		圆形	方形	不规则形			
1947	B1132－1		B		17.3×8.7×11.4	土偶墙	完整
1948	B1133		B		18.2×8.5×11	土偶墙	完整
1949	B1134	A			21.9×9.8×10.2	土偶墙	完整
1950	B1135	B			17.1×8.4×9.7	土偶墙	完整
1951	B1136	A			22.1×9.8×11.6	土偶墙	完整
1952	B1137	A			18×8×9.7	土偶墙	完整
1953	B1138	A			14.2×7.8×8.4	土偶墙	完整
1954	B1139	A			17×9×10.8	土偶墙	完整
1955	B1140	A			16.5×9.5×10.5	土偶墙	完整
1956	B1141	A			15.6×9.1×10.5	土偶墙	完整
1957	B1142			A	20×5.5×12	土偶墙	完整
1958	B1143	B			17.4×7.6×9.1	土偶墙	完整
1959	B1143－1		B		17.8×7.7×9.6	土偶墙	完整
1960	B1144	B			16.9×9.4×9.4	土偶墙	完整
1961	B1145		B		17.5×6.8×9.5	土偶墙	完整
1962	B1147			A	22.5×9×12.5	土偶墙	完整
1963	B1148	A			15.7×9×9.8	土偶墙	完整
1964	B1149			C	×　　×	土偶墙	残碎数块
1965	B1150			A	18.5×5.3×10	土偶墙	完整
1966	B1151	B			16.5×7.8×9.3	土偶墙	完整
1967	B1152		B		17.2×8×9.4	土偶墙	完整
1968	B1153	B			17.3×6.3×6.3	土偶墙	完整
1969	B1154	A			18.4×12.1×12.8	土偶墙	完整
1970	B1155	A			22×10.8×11.7	土偶墙	完整
1971	B1156	B			17.5×7×11.5	土偶墙	完整
1972	B1157		B		15.5×10×10	土偶墙	完整
1973	B1158	A			17×8.7×9.9	土偶墙	完整
1974	B1159	A			18.1×8.2×10.2	土偶墙	完整
1975	B1160	B			16.2×9×12.2	土偶墙	完整
1976	B1161	A			18.9×12.5×15.7	土偶墙	完整
1977	B1162			A	21×7.1×16.4	土偶墙	完整
1978	B1163			A	19.1×6×11.6	土偶墙	完整

序号	原号	类　型			高/底径	遗迹单位	完整/残缺
		圆形	方形	不规则形			
1979	B1164			B	17.4 × 6.3 × 11.6	土偶墙	完整
1980	B1165			C	× ×	土偶墙	残碎数块
1981	B1166		B		17 × 9.5 × 12.5	土偶墙	完整
1982	B1167			B	15.5 × 6 × 12	土偶墙	完整
1983	B1168		A		16.5 × 8.5 × 9.5	土偶墙	完整
1984	B1169			A	16 × 8 × 12.7	土偶墙	完整
1985	B1170			B	17.7 × 9.5 × 15	土偶墙	完整
1986	B1171		B		15.8 × 10 × 12	土偶墙	完整
1987	B1172		B		14 × 9.2 × 10.5	土偶墙	完整
1988	B1173			B	16.8 × 10.5 × 10.6	土偶墙	完整
1989	B1174	A			15.7 × 9.8 × 10.3	土偶墙	完整
1990	B1175	B			13.2 × 11 × 11	土偶墙	完整
1991	B1176		B		13.7 × 9 × 9	土偶墙	完整
1992	B1177	B			14.5 × 10 × 11.5	土偶墙	完整
1993	B1178		B		16.8 × 10.2 × 11.6	土偶墙	完整
1994	B1179	B			14.5 × 10.8 × 11.2	土偶墙	完整
1995	B1180	A			16.6 × 9.6 × 10.2	土偶墙	完整
1996	B1181	A			15.9 × 9.6 × 10.9	土偶墙	完整
1997	B1183	B			17.5 × 11.8 × 14	土偶墙	完整
1998	B1184		B		15.2 × 10.5 × 11.5	土偶墙	完整
1999	B1185			A	25.5 × 9 × 11	土偶墙	完整
2000	B1186			A	27.5 × 9.2 × 12.4	土偶墙	完整
2001	B1187	A			26.6 × 9 × 11.6	土偶墙	完整
2002	B1188			B	27.5 × 9 × 11	土偶墙	完整
2003	B1189			B	21 × 7.4 × 9.5	土偶墙	完整
2004	B1190		B		20 × 11.2 × 14.4	土偶墙	完整
2005	B1191			A	22.6 × 11.5 × 12	土偶墙	完整
2006	B1192			A	25.6 × 8.5 × 9.5	土偶墙	完整
2007	B1193		C		20 × 8 × 11.5	土偶墙	完整
2008	B1194			A	28.2 × 8.3 × 10.7	土偶墙	完整
2009	B1195			A	26.7 × 8 × 12.4	土偶墙	完整
2010	B1196			B	25 × 6 × 14	土偶墙	完整

序号	原号	类型			高/底径	遗迹单位	完整/残缺
		圆形	方形	不规则形			
2011	B1197			A	24.6×9.4×12.3	土偶墙	完整
2012	B1198	B			19.3×8×12	土偶墙	完整
2013	B1199		B		18.3×7.1×10.7	土偶墙	完整
2014	B1200			A	26.8×6.7×11.3	土偶墙	完整
2015	B1201	B			15×8×10	土偶墙	完整
2016	B1202	B			16.7×7.4×11	土偶墙	完整
2017	B1203	A			14.7×9.9×11.3	土偶墙	完整
2018	B1206		B		14×10×10.5	土偶墙	完整
2019	B1207		B		16×9.7×12	土偶墙	完整
2020	B1208	B			15.1×9.5×10.5	土偶墙	完整
2021	B1208-1		B		16.4×7.3×13	土偶墙	完整
2022	B1209	B			15.7×9.4×10.5	土偶墙	完整
2023	B1210		B		15.8×10.4×10.6	土偶墙	完整
2024	B1211		B		19.1×8.6×10.3	土偶墙	完整
2025	B1212	B			17×10×12.5	土偶墙	完整
2026	B1213	B			16.4×6.8×10.9	土偶墙	完整
2027	B1214	A			17.7×10×11.5	土偶墙	完整
2028	B1215		B		17.6×10×15	土偶墙	完整
2029	B1216	B			16.8×9.2×10.3	土偶墙	完整
2030	B1217		B		17.3×7.2×10.4	土偶墙	完整
2031	B1218		B		18.3×8.5×11	土偶墙	完整
2032	B1219	A			15×9.5×12	土偶墙	完整
2033	B1230	A			15×12×14.7	土偶墙	完整
2034	B1231			C	11.4×10.3×11.6	土偶墙	完整
2035	B1232	B			17.2×9.6×10.4	土偶墙	完整
2036	B1233		B		16.3×7.8×12.5	土偶墙	完整
2037	B1234			C	14.5×10.8×11.2	土偶墙	完整
2038	B1236			A	26.6×9×10.3	土偶墙	完整
2039	B1237			A	26.8×6.7×11	土偶墙	完整
2040	B1238			A	25.2×8.3×11.2	土偶墙	完整
2041	B1239			A	29.4×10.2×12.1	土偶墙	完整
2042	B1240			A	28.4×8.2×11.4	土偶墙	完整

续附表二

序号	原号	类型			高/底径	遗迹单位	完整/残缺
		圆形	方形	不规则形			
2043	B1241			A	25.5×8.5×12	土偶墙	完整
2044	B1242			A	25.2×8.3×13.4	土偶墙	完整
2045	B1243	A			24×11.2×13.8	土偶墙	完整
2046	B1244		B		16.7×9.5×10	土偶墙	完整
2047	B1245	B			17.6×10×10.2	土偶墙	完整
2048	B1246		B		18.6×8.4×10.7	土偶墙	完整
2049	B1247	B			15.5×10×11.5	土偶墙	完整
2050	B1248	B			18.7×9.3×10.5	土偶墙	完整
2051	B1249			A	24×7.3×12.8	土偶墙	完整
2052	B1250	A			18.8×9.4×11.5	土偶墙	完整
2053	B1251		B		19.3×7.7×11.2	土偶墙	完整
2054	B1252	B			18×8.5×10.5	土偶墙	完整
2055	B1254		B		17.6×8.2×10.3	土偶墙	完整
2056	B1255		B		17×9×13	土偶墙	完整
2057	B1256			A	18.4×8.3×15.4	土偶墙	完整
2058	B1257	B			19×10.5×10.8	土偶墙	完整
2059	B1258	B			16.6×9.7×12.2	土偶墙	完整
2060	B1259	B			18.5×9×9.6	土偶墙	完整
2061	B1260	B			16.6×10.8×12.4	土偶墙	完整
2062	B1261-1			A	26.2×8.2×9.3	土偶墙	完整
2063	B1261	B			18×13.2×14.2	土偶墙	完整
2064	B1264			B	16.2×9.7×12.8	土偶墙	完整
2065	B1266	B			15.3×9×10.4	土偶墙	完整
2066	B1267		B		18.3×8×10.3	土偶墙	完整
2067	B1268	B			17.2×8.5×13	土偶墙	完整
2068	B1269	B			15.4×13×13.8	土偶墙	完整
2069	B1270	B			14.1×12.2×12.2	土偶墙	完整
2070	B1271	B			19×11.5×14	土偶墙	完整
2071	B1272		B		17.1×8.6×11.6	土偶墙	完整
2072	B1273		B		14.5×9×11	土偶墙	完整
2073	B1274	A			17×10×12	土偶墙	完整
2074	B1275			C	16.4×7.5×8	土偶墙	完整

序号	原号	类　型			高/底径	遗迹单位	完整/残缺
		圆形	方形	不规则形			
2075	B1276			C	15.5×6.6×11	土偶墙	完整
2076	B1277		B		15.5×9×11.5	土偶墙	完整
2077	B1278		B		16×9.3×11	土偶墙	完整
2078	B1279	B			16.6×8.8×11.2	土偶墙	完整
2079	B1280	A			15.8×9.1×11.3	土偶墙	完整
2080	B1281	B			17.1×9.6×13.6	土偶墙	完整
2081	B1282	A			16.9×9×11.4	土偶墙	完整
2082	B1283	B			17×9.5×13	土偶墙	完整
2083	B1284			C	×　×	土偶墙	残碎数块
2084	B1285		B		17.5×9×12	土偶墙	残缺
2085	B1286	B			18.5×14.5×17	土偶墙	完整
2086	B1287	B			18×10.7×11.9	土偶墙	完整
2087	B1288	B			17×14×13.5	土偶墙	完整
2088	B1289	B			16.5×12.8×14	土偶墙	完整
2089	B1290	B			17×13.5×13.5	土偶墙	完整
2090	B1291	B			16.3×10.4×10.6	土偶墙	完整
2091	B1292	B			14×11.2×13.5	土偶墙	完整
2092	B1293		A		26×9×11	土偶墙	完整
2093	B1294	A			20.4×8.7×10	土偶墙	完整
2094	B1295			C	×　×	土偶墙	残碎数块
2095	B1296	B			16×13×13	土偶墙	完整
2096	B1297	B			20×12×15.5	土偶墙	完整
2097	B1298	A			15.8×10.5×10.5	土偶墙	完整
2098	B1299	B			13.4×13.2×13.5	土偶墙	完整
2099	B1300	B			17.3×9×12.5	土偶墙	完整
2100	B1301	B			13.3×11×16	土偶墙	完整
2101	B1302			B	18×7.3×10	土偶墙	完整
2102	B1303		A		19×8.8×9.5	土偶墙	完整
2103	B1304			A	18×7.6×13.2	土偶墙	完整
2104	B1305			B	18.5×8×12	土偶墙	完整
2105	B1306			A	24.4×8.5×11.8	土偶墙	完整
2106	B1307	B			15.9×13.5×16.5	土偶墙	完整

序号	原号	类　型			高/底径	遗迹单位	完整/残缺
		圆形	方形	不规则形			
2107	B1308			B	20×6.5×12	土偶墙	完整
2108	B1309	B			17.5×10.4×12.6	土偶墙	完整
2109	B1310	B			14.7×12×12.2	土偶墙	完整
2110	B1313		B		15.5×8.5×13	土偶墙	完整
2111	B1314	B			14.8×12.2×14.4	土偶墙	完整
2112	B1315	B			17.5×8.5×12.5	土偶墙	完整
2113	B1316	B			16.8×8.5×11.5	土偶墙	完整
2114	B1317	B			17.3×9.6×13.5	土偶墙	完整
2115	B1318	B			16.5×12.5×14	土偶墙	完整
2116	B1319	B			17.5×9×13	土偶墙	完整
2117	B1320	B			14.2×10.5×13.1	土偶墙	完整
2118	B1321	A			16.3×8.2×10.5	土偶墙	完整
2119	B1323			A	18.3×6×11	土偶墙	完整
2120	B1324	B			15×13.2×16.3	土偶墙	完整
2121	B1325			A	25.8×8.6×12.2	土偶墙	完整
2122	B1326	A			15×9×10.5	土偶墙	完整
2123	B1327	B			14.9×10.4×12.1	土偶墙	完整
2124	B1329		B		18.7×9.4×13.2	土偶墙	完整
2125	B1330			A	19×7.6×16.7	土偶墙	完整
2126	B1331	B			15.9×11×14.9	土偶墙	完整
2127	B1332	B			18.5×13.6×17.2	土偶墙	完整
2128	B1362	B			11.5×12×13	土偶墙	完整
2129	B1803			A	21.4×10×12.5	土偶墙	完整
2130	补-32			C	16×6.5×10	土偶墙	完整
2131	补-33			C	9×12×12.2	土偶墙	完整
2132	补-34			C	18.5×9×10	土偶墙	完整
2133	补-35			C	16.5×6×6.2	土偶墙	完整
2134	补-36			C	×　×	土偶墙	残碎数块
2135	补-37			C	×　×	土偶墙	残碎数块
2136	补-38			C	×　×	土偶墙	残碎数块
2137	补-39			C	×　×	土偶墙	残碎数块
2138	补-40			C	×　×	土偶墙	残碎数块

序号	原号	类型			高/底径	遗迹单位	完整/残缺
		圆形	方形	不规则形			
2139	补－41			C	× ×	土偶墙	残碎数块
2140	补－42			C	× ×	土偶墙	残碎数块
2141	补－43			C	× ×	土偶墙	残碎数块
2142	补－44			C	× ×	土偶墙	残碎数块
2143	补－45			C	× ×	土偶墙	残碎数块
2144	补－46			C	× ×	土偶墙	残碎数块
2145	补－47			C	19×8.5×10	土偶墙	完整
2146	补－48			C	19×5×9.5	土偶墙	完整
2147	补－49			C	16.5×5.5×10	土偶墙	完整
2148	B906			A	27.2×10.7×16.3	土偶墙	完整
2149	B314－1			A	21.8×8.7×15.7	土偶墙	完整
2150	B339			A	19.5×10×15.5	土偶墙	完整
2151	B970		B		17×7.5×10	土偶墙	完整
2152	B337－1			A	22×9×15.3	土偶墙	完整
2153	B358－1			A	17.5×8.3×15.2	土偶墙	完整
2154	377－1	C		16.5×9.5×12	遗迹层	残缺

表中遗迹单位说明：

一、"遗迹层"即指出土于墓坑填土中的"土丘与土偶遗迹层"中的土偶。

二、"土偶墙"即指出土于墓坑二层台内缘用土偶垒砌的"土偶墙遗迹"中的土偶。

附表三　《钟离君柏墓》出版前相关成果目录一览表

序号	成果名称	发表刊物	作者	时间
1	《蚌埠双墩一号春秋墓发掘成果重大》	《中国文物报》	阚绪杭　周群　钱仁发	2008 年 12 月 19 日，四版专刊
2	《安徽蚌埠双墩一号春秋墓发掘简报》	《文物》	阚绪杭　周群　钱仁发　王元宏	2010 年 3 期（总第 646 期）
3	《安徽蚌埠双墩一号春秋墓葬》	《考古》	阚绪杭等	2009 年 7 期
4	《春秋钟离国墓的发掘收获》	《东南文化》	阚绪杭　周群　钱仁发　唐更生	2009 年 1 期（总第 207 期）
5	《安徽蚌埠市双墩一号春秋墓发掘收获与意义》	《文物研究》	阚绪杭等	第 16 辑（2009 年），黄山书社
6	《淮河流域春秋时期钟离国墓葬的发现与价值》	《中国考古学会第十一次年会论文集》	阚绪杭　杨立新　周群　钱仁发	文物出版社，2010 年 10 月
7	《蚌埠市双墩一号春秋墓葬》	《（2009）中国考古学会年鉴》	阚绪杭等	文物出版社，2010 年 10 月
8	《蚌埠双墩一号春秋墓发掘》	《考古论坛十年 60 项考古重要新发现》	阚绪杭等	《考古编辑部》2010 年
9	《双墩一号春秋钟离国君墓》	《文物天地》	周群　钱仁发　阚绪杭	2009 年 8 期（总第 218 期）
10	《安徽蚌埠双墩一号春秋墓葬》	《2008 中国重要考古发现》	阚绪杭等	文物出版社，2009 年
11	《双墩 1 号——一座惊世墓葬的 N 个谜团》	《中国之韵》	阚绪杭	2009 年 2 期（总第 13 期）
12	《蚌埠双墩一号春秋墓的重大考古新发现》	《蚌埠学院学报》	阚绪杭等	2009 年 3 期
13	《安徽蚌埠双墩一号春秋墓葬》	《中国考古学》外文版	阚绪杭　周群	2010 年《考古》编辑部
14	《蚌埠钟离君柏墓》	《考古学报》	阚绪杭等	2013 年 2 期
15	《蚌埠双墩与凤阳卞庄两座墓葬年代析论》	《文物》	徐少华	2010 年 8 期

序号	成果名称	发表刊物	作者	时间
16	《童丽公诸器与古钟离国历史和文化》	《古文字研究》	徐少华	第 28 辑，中华书局，2010 年
17	《舒城九里墩春秋墓的年代与族属析论》	《东南文化》	徐少华	2010 年 1 期
18	《钟离墓青铜器与铭文研究》	《陕西芮国暨周代封国考古学国际学术研讨会论文集》	阚绪杭	2012 年上海博物馆 60 周年纪念
19	《安徽蚌埠双墩春秋钟离君柏墓出土两件徐国兵器》	湖北武汉楚文化年会论文集	阚绪杭	2011 年
20	《〈春秋〉经传所见"钟离"为三地考》	《古籍整理研究学刊》	张志鹏	2011 年 2 期
21	《"钟离氏"族姓考》	《考古与文物》	张志鹏	2012 年 2 期
22	《〈春秋〉经传所见"钟离"为三地考》	《古籍整理研究学刊》	张志鹏	2011 年 9 月 5 期
23	《"钟离"并存辨正》	《淮北师范大学学报》（哲学社会科学版）	张志鹏	32 卷，2 期，2011 年 4 月
24	《安徽蚌埠双墩 1 号春秋墓发掘出新文化现象前所未见》	《光明日报》	李陈续	2008 年 6 月 16 日
25	《蚌埠双墩一号汉墓主人身份确定为钟离国国君》	《安徽商报》	王素英	2008 年 10 月 20 日
26	《舒城、凤阳、蚌埠发现春秋钟离国墓葬——蚌埠双墩一号钟离君柏墓发掘取得重大考古新发现》	《楚文化研究论集》第九集	阚绪杭	上海古籍出版社，2011 年 7 月
27	《钟离国历史与文化的考古学观察》	《安徽史学》	朱华东	2011 年 5 期
28	《周代钟离国综考》	《蚌埠学院学报》	金荣权	2012 年 4 期
29	《钟离国青铜器初步研究》	安徽大学硕士学位论文	缪　鹏	2010 年 4 月
30	《安徽凤阳卞庄一号春秋墓发掘简报》	《文物》	周　群等	2009 年 8 期
31	《凤阳大东关与卞庄》		周　群　阚绪杭	科学出版社，2010 年 8 月
32	《安徽凤阳县卞庄一号墓出土镈钟铭文初探》	《考古与文物》	刘信芳　阚绪杭　周　群	2009 年 3 期
33	《凤阳卞庄一号墓镈钟铭文"童鹿"即"钟离"初识》	《道远集——安徽省文物考古研究所五十年论文集（1958－2008）》	阚绪杭　周　群	黄山书社，2008 年 11 月

序号	成果名称	发表刊物	作者	时间
34	《钟离氏始祖"宋襄公母弟敖"新证暨"鸳鸳雒雒"释义的再探讨》	《考古与文物》	胡长春	2009 年 3 期
35	《舒城九里墩墓的青铜鼓座》	《古文字学论集初编》	殷涤非	1983 年 9 月
36	《舒城鼓座铭文初探》	《江汉考古》	陈秉新	1984 年 2 期
37	《舒城九里墩鼓座铭文补释》	《中国文字》新 17 期	曹锦炎	台北艺文印书馆，1993 年 3 月
38	《九里墩鼓座铭文新释》	《文物研究》第 11 辑，《出土文献研究》第 3 辑	何琳仪	黄山书社，1998 年，中华书局，1998 年 10 月
39	《舒城九里墩战国墓金文初探》	《文物研究》第 3 辑	王少清	黄山书社，1988 年 9 月
40	《舒城九里墩墓主考》	《楚文化研究论集》第 2 集	杨德标	湖北人民出版社，1991 年
41	《楚系铜器铭文研究》	安徽大学博士学位论文	黄锦前	2009 年 6 月
42	《鄂、曾、楚青铜器的最新发现及意义》		黄锦前	待刊
43				
44				
45				
46				
47				
48				
49				
50				
51				
52				

注：

还有很多科研学者和大学老师撰文刊登在各种刊物学报上，这里就不一一收集了，敬请谅解。

一、学术交流

1. 参加中国社会科学院举办："2008 年度最具科学价值的六大考古新发现论坛"，并在大会作"蚌埠双墩一号春秋墓考古发掘"学术报告，2009 年 1 月 13 日。

2. 参加吉林大学举办的"文化遗产学术论坛"，大会作"蚌埠双墩一号春秋墓发掘"学术发言，2008 年 10 月 16 日～20 日。

3. 参加北京全国考古学会第十一次年会暨第五届会员代表大会换届大会，分别在小组、大会作"蚌埠双墩一号春秋墓考古发掘"学术发言，2008 年 10 月 21 日～25 日。

4. 参加淮南"楚文化学术研讨会"，在大会上做"蚌埠双墩一号春秋墓考古发掘"学术报告，2009 年 9 月 13 日～16 日。

5. 2012 年 8 月应邀参加上海博物馆建馆 60 周年举办的"陕西韩城出土芮国文物暨周代封周考古学研究国际学术研讨会"，并在上海博物馆教育部安排对公众作学术报告。

6. 2013 年 5 应邀参加台湾辅仁大学中国文学系举办的"第十届先秦西汉学术研讨会"。

二、电视考古现场直播

安徽省电视台第一时间于 2008 年 6 月 15 日 10 点 29 分至 12 点 30 分进行了"蚌埠双墩一号春秋墓考古发掘"现场直播 2 小时。

三、电视专题片

1. 中央电视台 10 套探索发现栏目：《蚌埠双墩密码——王者归来》上下集，2011 年。

2. 中央电视台 10 套百科探秘栏目：《神秘的双墩一号墓》上下集，2009 年 4 月。

3. 中央电视台 10 套百科探秘栏目：百科探秘特别版《探秘蚌埠双墩一号墓》上下集，2008 年 9 月 20 号播放。

4. 中央 10 套大家栏目：《考古学家阚绪杭——大墓迷云》，2009 年。

5. 香港凤凰卫视中文台文化大观园栏目：《文化大观园——双墩》2008 年 8 月 21 号。

6. 安徽省电视台第一时间频道：《蚌埠双墩一号春秋墓考古发掘直播现场》上下集，2008 年 6 月。

7. 中央电视台人与社会栏目于 2009 年 4 月 15 号采访录制节目后播出。

四、专题报道

1. 2008 年 6 月 15 日上午在发掘现场举办由省市各级领导和单位人员参加的《蚌埠双墩一号春秋墓揭幕仪式》，并召开新闻发布会，邀请国内外新闻媒体 50 多家，发布考古新发现成果。

2. 安徽电视台第一时间从 2006 年发掘开始跟踪拍摄至 2008 年发掘结束，从各个角度连续播放专题报道数月，引起国内外新闻媒体转播等。

3. 安徽电视台公共频道：2008 年先后两次在演播厅专题直播"蚌埠双墩一号春秋墓考古"访谈节目。

4. 蚌埠市电视台：2008 年至 2009 年度专题跟踪拍摄报道一年有余。

6. 各级各地广播电台专题播报数月有余。

7. 新华社专题发稿，国内外大小新闻媒体均有大篇幅的转载专题报道。

后　记

　　蚌埠双墩一号春秋墓发掘，因其新、特、奇和丰富多彩的随葬品引起历史考古学界的高度关注，许多国内外著名学者应邀或自发莅临发掘工地和整理现场考察指导，撰文探讨或申报课题研究，翘首以盼发掘报告的早日出版。今天，《钟离君柏墓》在整理编纂组全体人员的共同努力和辛勤劳动下终于完成了初稿，即将交付出版。此刻大家的心情难以表达，其过程中的酸甜苦辣不用再提，起码是压在大家身上的沉重包袱就此放了下来，没有辜负各级领导和考古界同仁们的殷切希望，是一件值得庆幸和欣慰的事。

　　该墓葬室内整理难度最大的是破碎青铜器和粉碎陶器的修复。为了解决该墓葬的年代、属性、墓主人等一系列问题，均有待于对这批器物的修复整理。因此器物修复过程几乎贯穿了整理和编撰报告的全过程。如果这批器物不能全部得到修复整理，将无法解开这座新型大墓的基本谜团，那就太可惜了。

　　在此期间我们一边做整理一边开展多学科合作解读考证和标本检测鉴定研究工作，参加相关学术交流活动，以提高我们对这座新型大墓的整理研究水平。同时配合申报 2008 年度全国十大考古新发现和田野发掘工作奖评选活动，配合各级各家新闻媒体宣传报道和专题片制作，撰写多家报刊的约稿等，可以说这几年忙得是不亦乐乎。该考古项目的完成，充分体现了领导支持和团队协作精神的力量，是大家共同努力地结晶。

　　钟离君柏墓从 2006 年 12 月开始野外发掘到 2012 年 5 月完成发掘报告编著用时真的不算长。在此期间还利用野外发掘停工时段和室内器物修复绘图时段，发掘和整理编撰出版《凤阳大东关与卞庄》墓葬发掘报告和整合编撰《明皇陵建制与石刻艺术》著作两部。

　　该墓葬从野外发掘到室内整理与器物修复，再到发掘报告的撰写一气呵成，这是需要坚忍不拔的精神来完成这项乏味的研究工作的。本考古项目的完成得益于事先有一套合乎实际的计划和参加人员的分工安排，这种在项目开展实施之前计划和连续不间断地分工合作模式，大大缩短了工期。我们认为整理这么复杂的大墓材料和编撰了大部头多册精品著作，是我们在蚌埠双墩这个点上继编撰出版《蚌埠双墩——新石器时代遗址发掘报告》之后，又创造了一个用时少、效果好、速度快、产品精的典型考古成功事例。

　　本报告的编写体例不落俗套，根据该墓葬考古材料内容编排章节，发掘报告部分除一些章节按照惯例编写外，为了使本报告在一个章节中不过于累赘和便于资料检索，由一章分为多章编写。如：随葬器物一章即按照不同质地分开单独列章；结语部分为更好地探讨该墓葬涉及的诸多问题而增加讨论一章与结语部分相对应；过去把多学科解读考证合作研究和科学检测鉴定研究以附录形式编排，本报告将其单独列为两章编排；报告还增加记述该墓葬考古发掘与科学保护一章，供后来者了解和为完善学科发展提供参考，特别是为目前知道唯一的与该墓葬结构相同的蚌埠双墩二号春秋墓葬将来考古研究工作提供借鉴。

本报告分为 14 章 47 节和合作研究论文 26 篇，撰写人分别为：

主编阚绪杭完成：第一章概况、第二章发掘经过、第三章墓葬结构、第四章遗迹、第九章土偶、第十章讨论、第十一章结语等章节撰写和样图页、样图版选编及目录、内容简介、内容提要（译外文）、附表等撰写与编制。最后对发掘报告进行了统稿和出版校对工作。

副主编周群完成：第五章青铜器、第八章漆木器及其他章节撰写等。负责野外考古绘图、整理和室内器物绘图，对其所绘图进行了描图，并对野外绘图和器物绘图进行全面的核对等。

副主编钱仁发完成：第七章玉石器、第十二章发掘与保护等章节撰写。

副主编王元宏完成：第六章陶器等章节撰写、第九章土偶文字稿与线图、图版的核对等，参加室内整理与器物绘图，并对其所绘器物图进行描图。

野外照相：阚绪杭、朱天成；

室内器物照相：王维凤、阚绪杭。

青铜器修复与去绣拓片：金学刚、金春刚，先后参加青铜器修复的还有高长俊、吴忠、孙向阳、张辉、刘树祥等。

彩陶器、陶器、土偶修复：刘粉英。

陈新宇、刘粉英、齐正思参加了土偶的整理工作。

多学科解读考证合作研究论文 12 篇，撰稿人与论文题目分别为：

一、冯时：《上古宇宙观的考古学研究——安徽蚌埠双墩春秋钟离君柏墓解读》。

二、武家璧、阚绪杭、吴卫红：《双墩春秋墓"土偶"初探》。

三、陈立柱、阚绪杭：《钟离国史稽考》。

四、孔令远、李艳华、阚绪杭：《"徐王容居"戈铭文考释》。

五、胡长春、阚绪杭：《徐王义楚耑"永保斫身"新解及安徽双墩一号钟离墓的年代推定》。

六、谭峰：《古代妆刀艺术小考——以蚌埠双墩一号墓出土青铜小刀为实证》。

七、金锐、周群、钱仁发：《蚌埠双墩一号墓初步研究》。

八、陈立柱：《"钟离"史料辑录》。

九、徐少华：《童丽公诸器与古钟离国历史和文化》。

十、张志鹏：《"钟离氏"族姓考》。

十一、张志鹏：《〈春秋〉经传所见"钟离"为三地考》。

十二、黄锦前、阚绪杭：《蚌埠双墩 M1 出土的两件徐国铭文兵器》。

多学科检测鉴定研究论文 14 篇，撰稿人与论文题目分别为：

一、董亚巍：《蚌埠双墩一号墓青铜器群范铸工艺研究》。

二、中国科学院上海光学精密机械研究所科技考古中心：《安徽省蚌埠市双墩一号墓和三号墓出土玉器及玻璃器的无损分析检测报告》。

三、董俊卿、干福熹、李青会、顾冬红、阚绪杭、程永建：《我国古代两种珍稀宝玉石文物分析》。

四、王善友、朱光耀、阚绪杭、周群：《安徽蚌埠双墩一号墓出土石器研究》。

五、杨玉璋、张居中、阚绪杭、周群：《"钟离君柏墓"出土彩绘陶器颜料的光谱分析》。

六、杨益民、方晓阳：《蚌埠双墩一号墓出土创伤药残留物》。

七、秦颍、李小莉、黄凰、阚绪杭、周群：《蚌埠双墩一号墓出土春秋晚期金箔研究》。

八、胡飞、秦颍、阚绪杭：《蚌埠双墩一号墓出土部分青铜器产地分析》。

九、董俊卿：《蚌埠双墩一号墓灰白色墓葬填土的检测分析》。

十、朱弘：《蚌埠双墩一号墓人骨标本性别、年龄鉴定表》。

十一、罗云兵、阚绪杭：《蚌埠双墩一号墓动物骨骼初步鉴定》。

十二、中国社会科学院考古研究所实验室：《木碳标本测定年代数据》。

十三、朱光耀、阚绪杭：《蚌埠双墩一号墓五色土来源调查初步结果》。

十四、李清、杨和平、李敬民、阚绪杭：《蚌埠双墩一号春秋墓出土乐器的音乐学研究》。

该墓葬发掘以来得到很多高校学者们的重视，分别联合申报了国家和省部级多项社科研究课题。

该墓葬的发掘材料整理研究非考古学科能独立完成，在整理撰写报告的时间段内，尽我们所能邀请相关专家学者进行多学科合作研究。遗憾的是对留下的腐朽动物骨骼和人骨架未能进行深入研究修复和人骨架的性别鉴定，这需要收藏单位下一步做出安排，知难而进接着做下去；对泥质"土偶"文物的保护处理尚需要进一步跟进，目前这样存放是否能永久保存还是未知数。希望这些未尽事宜能引起收藏单位今后的重视和认真对待。

该墓葬考古发掘与室内整理工作得到国家文物局、安徽省人民政府和省文化厅、省财政厅、省文物管理局、省文物考古研究所，蚌埠市人民政府和市文化局、市财政局的领导和市博物馆全体工作人员的大力支持和帮助，王元宏、汪全武和秦梦士三位参加出版文稿校对工作。发掘报告样稿蒙省文物考古研究所所长李虹审阅，并提出宝贵意见。本报告出版得到国家重点文物保护专项补助经费的资助。本报告的编辑出版得到文物出版社的鼎力相助。对上述领导和支持单位及帮助人员，在此一并表示深深的感谢！

阚绪杭

2012 年 6 月 2 日

于蚌埠科学文化宫博物馆三楼西厅整理室

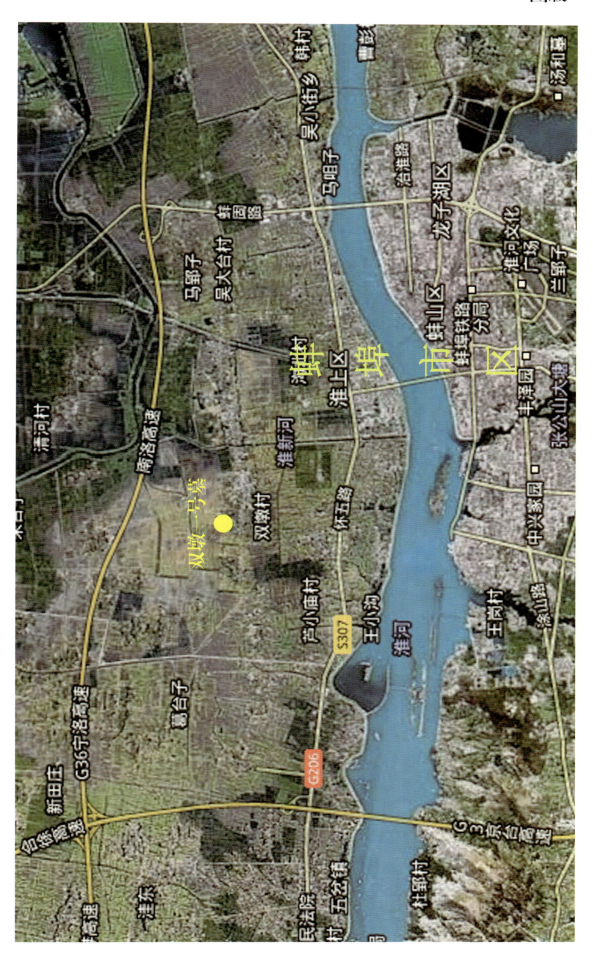

蚌埠双墩一号墓卫星地图

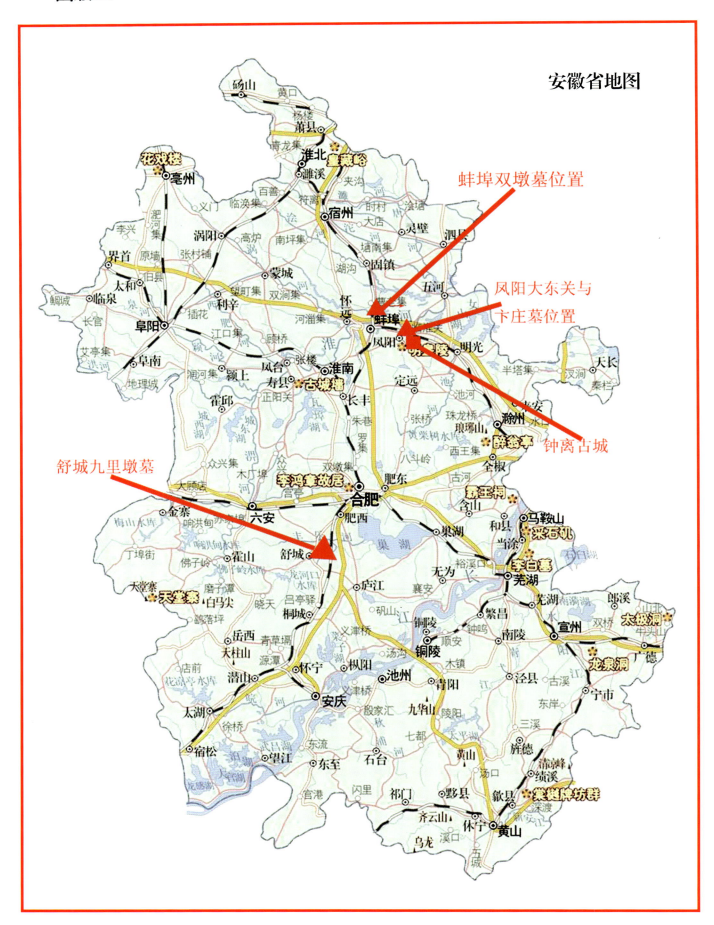

安徽省地图

蚌埠双墩墓位置

凤阳大东关与
卞庄墓位置

钟离古城

舒城九里墩墓

蚌埠双墩一号墓与钟离国古城、古墓位置示意图

一号墓位置与发掘大棚

乡村公路

双

墩

村

二号墓位置

1. 双墩村两座墓葬位置（卫星地图）

二 号 墓

一 号 墓

2. 双墩村两座墓葬（由二号墓侧拍摄）

蚌埠双墩村两座墓葬位置

（由北向南拍摄）

1. 一号墓封土堆

（由南向北拍摄）

2. 二号墓封土堆（由西向东拍摄）

双墩村两座墓葬封土堆

1. 一号墓封土内防空库房东侧门

2. 一号墓封土内防空库房墙壁上的盗洞

3. 一号墓封土内防空库房北大门

双墩一号墓封土东北部防空库房建筑与盗洞

1. 器物箱内局部彩陶器破碎

2. 器物箱内局部彩陶器破碎

3. 器物箱内局部彩陶器破碎

南椁室器物箱内局部彩陶器破碎状况

1. 彩陶器修复前破碎状况

2. 彩陶器修复局部

彩陶器修复

1. 彩陶器修复拼接碎片

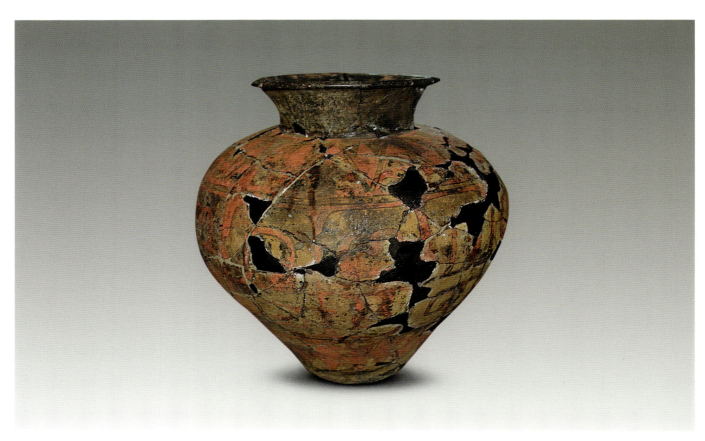

2. 彩陶器修复成形

彩陶器修复

1

2

3

4

5

6

部分青铜器修复前破碎状况

1. 青铜器修复室（左起：孙向阳、金学刚、刘树祥）

2. 青铜器修复室（左起：阚绪杭、张辉、金学刚）

3. 青铜器修复室（左起：许忠、金学刚）

4. 修复前青铜器

5. 修复前青铜器

6. 修复前青铜器

青铜器修复室与破碎青铜器

1. 套箱提取殉人骨架

2. 套箱提取殉人骨架

3. 吊取套箱到墓口地面

4. 提到墓坑口边的套箱

5. 存放在工地棚内的套箱

6. 更换套箱转运博物馆保存

套箱提取墓室文化遗存

1. 蚌埠双墩一号墓考古钻探

探头带出墓底朱砂

2. 蚌埠双墩一号墓接杆钻探场景

蚌埠双墩一号墓考古钻探

1. 发掘工地临时库房与土偶脱水保护及部分陶器修复

2. 发掘工地图片展览室

发掘工地临时库房、陶器修复室与考古发掘图片展览室

1. 提取墓葬文物由公安和武警负责安全保卫与运送

2. 发掘期间第一次建塑料布保护墓坑防雨大棚

提取文物安全保卫和墓坑防雨棚

1. 墓坑钢构保护大棚远景

2. 墓坑钢构保护大棚近景

第二次建墓坑钢结构保护大棚

1. 封土西半部发掘南段底部剖面

盗 洞

2. 封土发掘剖面中间发现早期盗洞

封土堆发掘局部剖面与盗洞

1. 发掘墓坑填土

2. 划分探方发掘墓坑填土

墓坑填土发掘

1. 墓坑填土中"土偶"遗迹层发掘

2. 墓坑填土中"土偶"遗迹层发掘

墓坑填土发掘

1. 南椁室器物箱发掘

2. 南椁室器物箱发掘

器物箱发掘

1. 封土堆局部剖面

2. 五色土

封土堆局部剖面与五色土

1. 墓坑填土下沉剖面

2. 封土下墓坑外白土垫层（复原）

墓坑填土剖面与白土垫层

封土

墓口

白土垫层

生土层

1. 白土垫层与封土及墓口之间关系

白土垫层表层

2. 白土垫层表面

局部白土垫层

1. 航拍圆形蚌埠双墩一号墓

墓坑打破商代遗址地层

封土下露出圆形墓坑口

保留的填土

抹一层白
泥的墓壁
口线

生土

2. 部分清晰圆形墓坑口线

航拍圆形墓坑与部分墓口

1. 圆形墓坑内土偶遗迹（由东向西拍摄）

2. 圆形墓坑内土丘遗迹（由南向北拍摄）

圆形墓坑内遗迹

1. 墓底（室）十字形埋葬布局（由西向东拍摄）

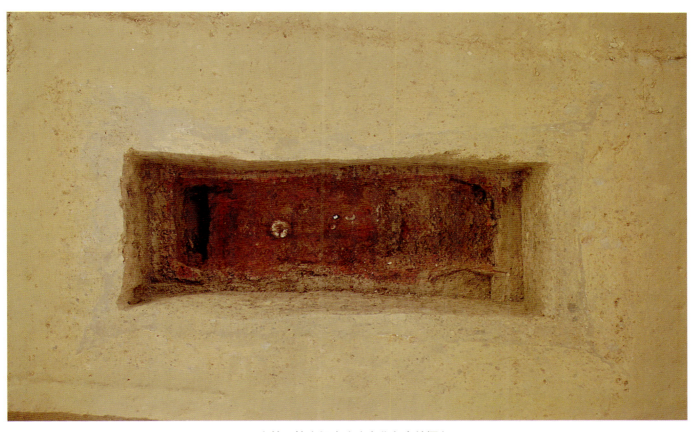

2. 主棺、椁腐烂痕迹（由北向南拍摄）

墓底（室）布局与主棺椁痕迹

1. 主棺椁结构痕迹遗存（由南向北拍摄）

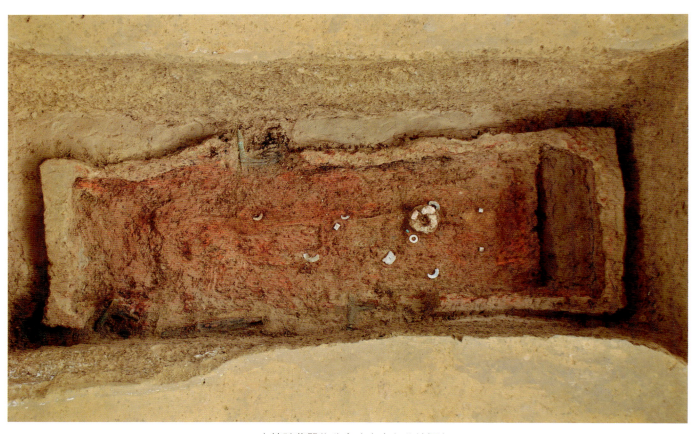

2. 主棺随葬器物分布（由南向北拍摄）

主棺椁结构遗存与棺内随葬器物

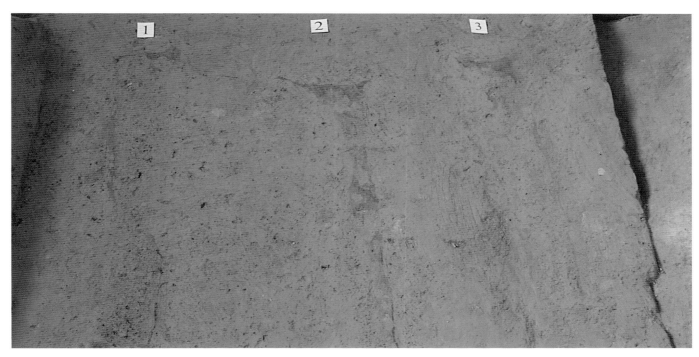

1. 东侧三具殉人木棺腐烂痕迹

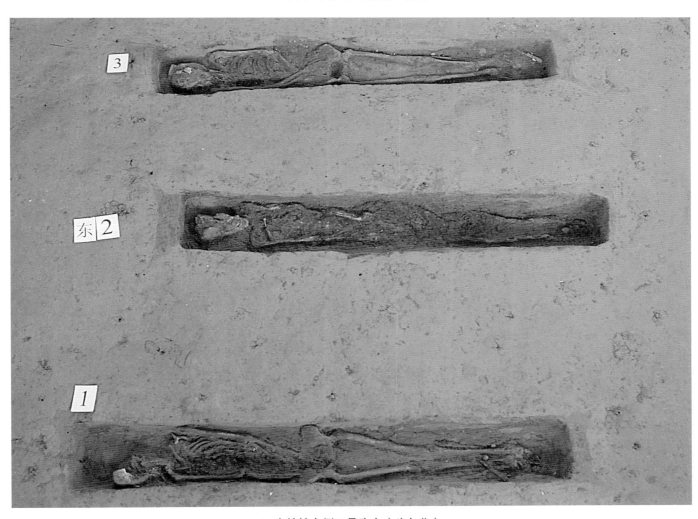

2. 主棺椁东侧三具殉人（头向北）

殉人木棺腐烂痕迹与主棺椁东侧殉人

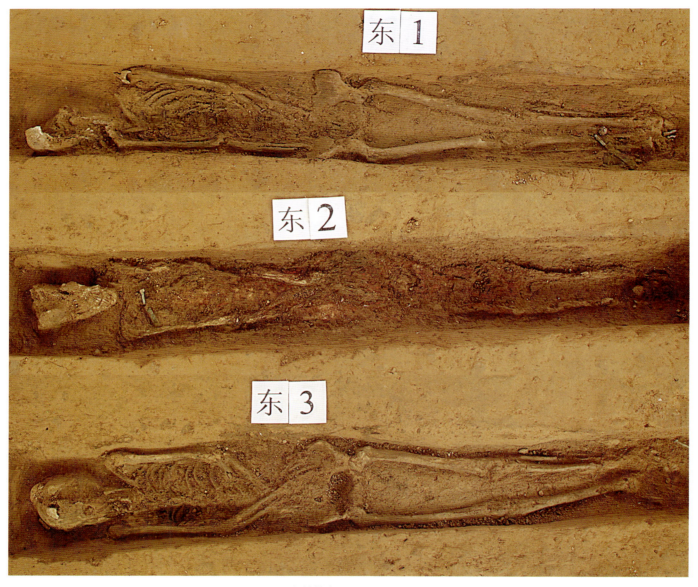

东1

东2

东3

1. 主棺椁东侧三具殉人骨架

2. 主棺椁南侧一具殉人木棺腐烂痕迹

主棺椁东侧殉人骨架与南侧殉人木棺痕迹

1. 主棺椁南侧一具殉人骨架（头向东）

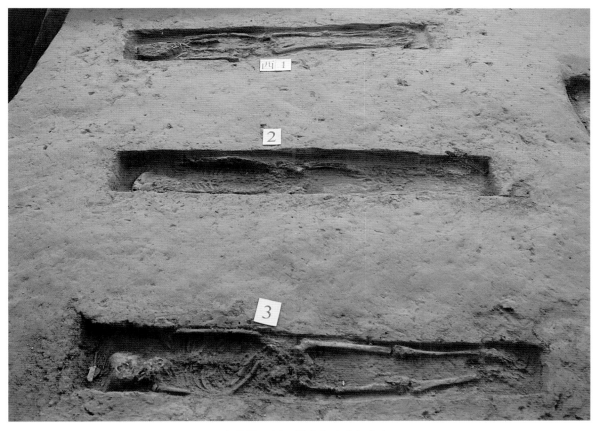

2. 主棺椁西侧三具殉人（头向北）

主棺椁南侧与西侧殉人

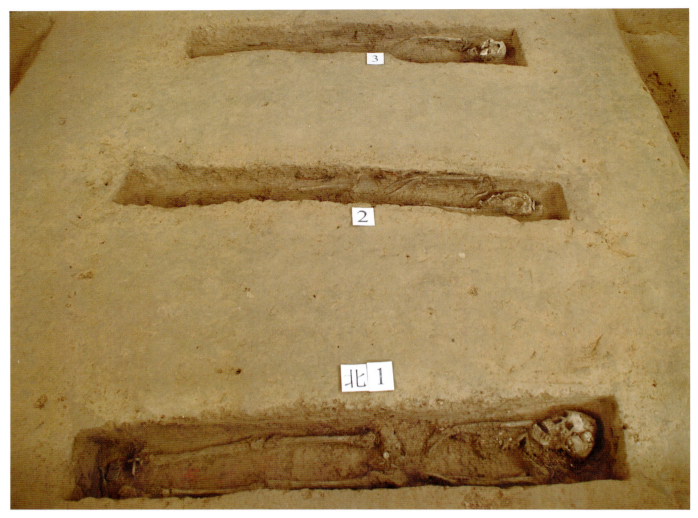

1. 主棺椁北侧三具殉人骨架（头向南）

北1　　　　　　　　　　北2　　　　　　　　　　北3

2. 主棺椁北侧三具殉人骨架头部

主棺椁北侧三具殉人

1. 器物椁室腐烂痕迹

2. 器物椁室内遗存（由南向北拍摄）

器物椁室痕迹与室内遗存

1. 器物箱内遗物分布（由东向西拍摄）

2. 器物箱内编钟分布

3. 编钟与其他器物叠压

4. 青铜罍出土

器物箱内遗物分布与局部器物

1. 青铜盖鼎

2. 青铜罍

3. 马衔与兵器

4. 鼓钮与鼓皮腐烂遗存

5. 青铜鼎内鱼骨

6. 青铜鼎内骨头

7. 青铜簠

8. 青铜甗

器物箱内局部出土器物

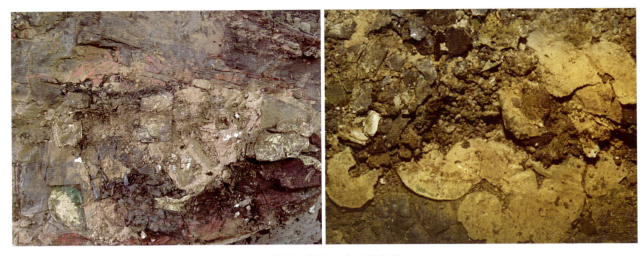

1. 腐烂漆木器中夹杂金箔饰件

2. 腐烂漆木器中夹杂金箔饰件

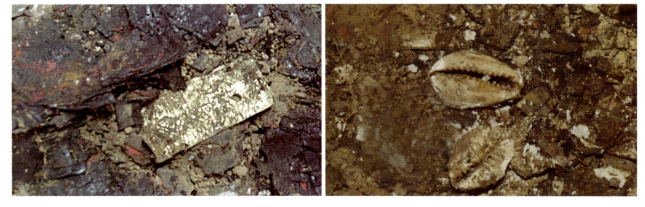

3. 腐烂漆木器中夹杂金箔饰与海贝

器物箱内腐烂漆木器遗存

1. 动物厢腐烂动物骨骼遗存（由北向南拍摄）

2. 动物厢内牛、羊、猪牙齿遗存

3. 动物厢内动物骨骼遗存局部

动物厢内动物骨骼遗存

1. 墓坑填土构筑放射线遗迹

2. 墓坑填土构筑放射线遗迹

墓坑填土中构筑放射线遗迹

1. 墓坑填土中土偶与构筑土丘平剖面（局部）

2. 墓坑填土中土偶与构筑土丘遗迹平剖面（局部）

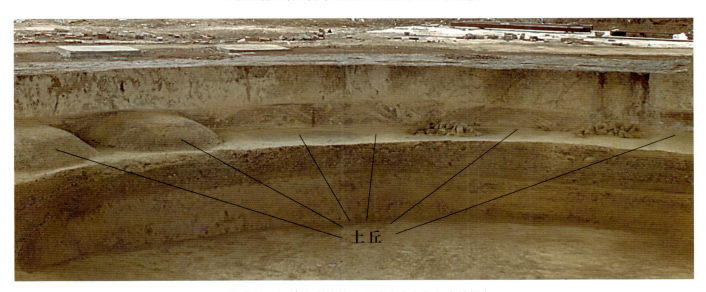

土丘

3. 沿墓壁一周填土中构筑土丘遗迹（由北向南拍摄）

墓坑填土中土偶与构筑土丘遗迹平剖面（局部）

1

2

3

4

5

墓坑填土中土偶遗迹

1.墓坑南侧边填土中土偶遗迹

2.墓坑北侧边土偶遗迹

墓坑侧边填土中土偶遗迹

墙 偶 土

墓坑填土中构筑土偶墙遗迹

1. 土偶墙南侧局部

2. 土偶墙层表

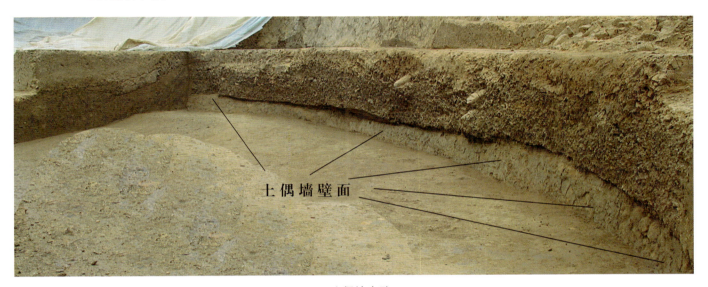

土偶墙壁面

3. 土偶墙内壁

4. 土偶墙北侧局部

局部土偶墙遗迹

1. 墓道南侧土偶墙转弯及台阶

2. 墓道两侧土偶墙转弯

3. 南侧土偶墙转弯俯视

4. 土偶墙侧俯视

局部土偶墙遗迹

局部土偶墙遗迹

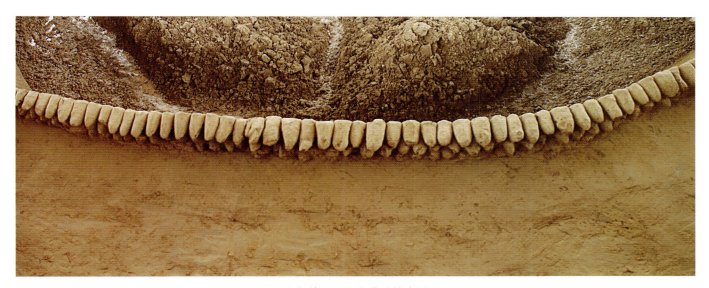

1. 土偶墙垒砌面向墓壁的内侧面

2. 土偶墙垒砌面向墓坑的壁面

3. 土偶墙局部垒砌内面

局部土偶墙遗迹

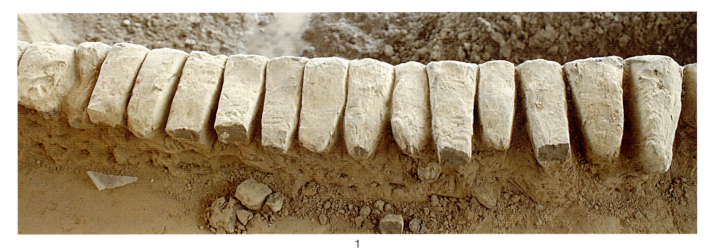

1

2

3

4

局部土偶墙遗迹

1. 土偶墙垒砌内面

2. 土偶墙垒砌壁面

3. 土偶墙垒砌层面

局部土偶墙遗迹

A 型立耳青铜鼎

1. A 型立耳青铜鼎及装在鼎内的骨骼（M1：13）

2. A 型立耳青铜鼎及装在鼎内的鱼骨头（M1：293）

A 型立耳青铜鼎

1. A 型立耳青铜鼎及装在鼎内的鱼骨头（M1：294）

2. B 型附耳青铜鼎（M1：356）

A 型、B 型青铜鼎

1. B 型附耳青铜鼎打开（M1 ： 356）

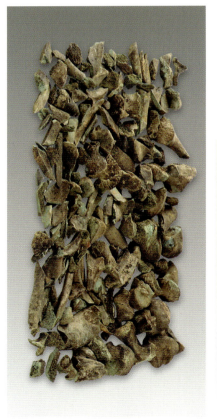

2. M1 ： 356 鼎内盛的骨骼

3. B 型附耳青铜鼎蹄足饰兽面纹（M1 ： 356）

B 型附耳青铜鼎

1. B 型青铜鼎及装在鼎内骨骼（M1 ： 359）

2. B 型青铜鼎打开（M1 ： 359）

B 型附耳青铜鼎

1. 青铜盉（M1：20）

2. 青铜盉（M1：20）

青铜盉

1. A 型青铜簠打开（M1 ：376）

2. A 型青铜簠顶部（M1 ：376）

3. A 型青铜簠正侧面（M1 ：376）

A 型青铜簠

1. A 型青铜簋正面（M1 ：376）

2. A 型青铜簋内铭文（M1 ：376）

A 型青铜簋

1．A 型青铜簠侧面（M1 ：377）

2．A 型青铜簠内铭文（M1 ：377）

A 型青铜簠

1. A 型青铜簠打开（M1 : 377）

2. A 型青铜簠正面（M1 : 377）

3. A 型青铜簠顶部（M1 : 377）

A 型青铜簠

1. B 型青铜簠打开（M1 ： 432）

2. B 型青铜簠正侧面（M1 ： 432）

3. B 型青铜簠横面（M1 ： 432）

B 型青铜簠

1. B 型青铜簠正面（M1 ： 433）

2. B 型青铜簠打开（M1 ： 433）

3. B 型青铜簠横面（M1 ： 433）

B 型青铜簠

1. 青铜罍正面（M1：398）

2. 青铜罍上部附耳（M1：398）

青铜罍

1. 青铜罍与罩（M1 ： 398）

2. 青铜罍局部上部附耳（M1 ： 398）

青铜罍

1. 青铜罍正面（M1 ： 400）

2. 纹饰足

3. 青铜罍侧面取下罩（M1 ： 400）

青铜罍

1. 青铜罍正面（M1：400）

2. 青铜罍三足（M1：400）

3. 两种龙形附耳正面

4. 青铜罍俯视

青铜罍

1. 青铜盘（炉）（M1 ： 283）

2. B 型青铜匜（M1 ： 282）

3. B 型青铜匜后面（M1 ： 282）

青铜盘（炉）与 B 型青铜匜

1. A 型青铜匜侧面（M1：281）

2. A 型青铜匜正侧面（M1：281）

3. A 型青铜匜正面（M1：281）　　　　　　4. A 型青铜匜后面（M1：281）

A 型青铜匜

1. 青铜盒正侧面（M1：19）

2. 青铜盒顶部（M1：19）

3. 青铜盒打开（M1：19）

4. 青铜盒侧面（M1：19）

5. 青铜盒正面（M1：19）

青铜盒

1. 青铜豆（M1 ： 85）

2. 青铜豆（M1 ： 86）

青铜豆

1. 青铜甗正面（M1：32）

2. 青铜甗打开（M1：32）

3. 青铜甗蹄足纹饰（M1：32）

青铜甗

1. 青铜勺（M1：18）

2. 青铜铃正面（M1：10）

3. 青铜铃顶部（M1：10）

4. 青铜铃口部（M1：10）

5. 青铜铃前侧面（M1：10）

青桐勺与青铜铃

青铜编钟一套

1. 青铜钮钟正面（M1 : 1）

2. 青铜钮钟鼓部纹饰（M1 : 1）

青铜钮钟

1. 青铜钮钟钲部铭文（M1：1）

2. 青铜钮钟篆部纹饰（M1：1）

青铜钮钟

1. 青铜钮钟背面（M1∶1）

2. 青铜钮钟口部（M1∶1）

青铜钮钟

1. 青铜钮钟背面钲部纹饰（M1∶1）

2. 青铜钮钟顶部纹饰（M1∶1）

青铜钮钟

1. 青铜钮钟正面（M1：2）

2. 青铜钮钟钲部铭文（M1：2）

青铜钮钟

1. 青铜钮钟背面（M1：2）

2. 青铜钮钟口、顶部（M1：2）

青铜钮钟

1. 青铜钮钟正面（M1∶3）

2. 青铜钮钟钲部铭文（M1∶3）

青铜钮钟

1. 青铜钮钟背面（M1∶3）

2. 青铜钮钟口、顶部（M1∶3）

青铜钮钟

1. 青铜钮钟正面（M1 ：4）

2. 青铜钮钟钲部铭文（M1 ：4）

青铜钮钟

1.青铜钮钟背正面（M1：4）

2.青铜钮钟口、顶部（M1：4）

青铜钮钟

1. 青铜钮钟正面（M1：5）

2. 青铜钮钟钲部铭文（M1：5）

青铜钮钟

1. 青铜钮钟背面（M1：5）

2. 青铜钮钟口、顶部（M1：5）

青铜钮钟

1. 青铜钮钟正面（M1：6）

2. 青铜钮钟钲部铭文（M1：6）

青铜钮钟

1. 青铜钮钟背面（M1 ： 6）

2. 青铜钮钟口、顶部（M1 ： 6）

青铜钮钟

1. 青铜钮钟正面（M1∶7）

2. 青铜钮钟钲部铭文（M1∶7）

青铜钮钟

1. 青铜钮钟背面（M1：7）

2. 青铜钮钟口、顶部（M1：7）

青铜钮钟

1. 青铜钮钟正面（M1 ： 8）

2. 青铜钮钟钲部铭文（M1 ： 8）

青铜钮钟

1. 青铜钮钟背面（M1 ：8）

2. 青铜钮钟口、顶部（M1 ：8）

青铜钮钟

1. 青铜钮钟正面（M1 ∶ 9）

2. 青铜钮钟钲部铭文（M1 ∶ 9）

青铜钮钟

1.青铜钮钟背面（M1：9）

2.青铜钮钟口、顶部（M1：9）

青铜钮钟

1. 青铜鼓钮环顶部（M1：284）

2. 鼓钮环人面纹饰（M1：284）

3. 鼓钮环纹饰（M1：284）

4. 鼓钮环座内面（M1：284）

5. 鼓钮环座纹饰侧面（M1：284）

6. 鼓钮环座人面纹饰（M1：284）

青铜鼓钮环

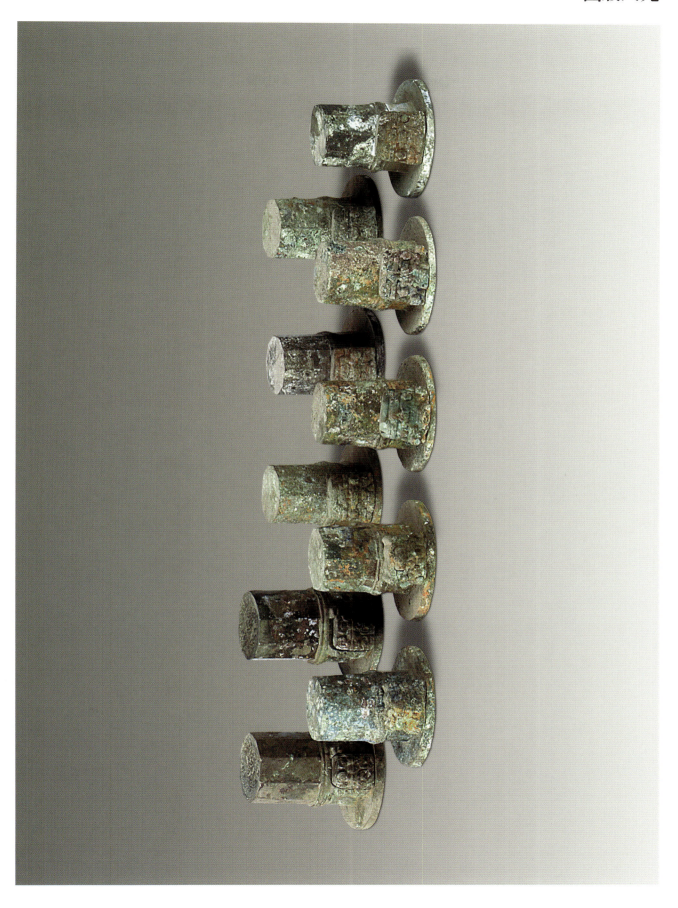

青铜车軎一组

1. A 型青铜车軎（M1 ： 394）

2. A 型青铜车軎（M1 ： 395）

A 型青铜车軎

1. B 型青铜车軎（M1 ： 28）

2. B 型青铜车軎（M1 ： 29）

B 型青铜车軎

1. B 型青铜车軎（M1 ：385）

2. B 型青铜车軎（M1 ：396）

B 型青铜车軎

1. B 型青铜车軎（M1：111）

2. B 型青铜车軎（M1：112）

B 型青铜车軎

1. B 型青铜车軎（M1 ： 387）

2. B 型青铜车軎（M1 ： 388）

B 型青铜车軎

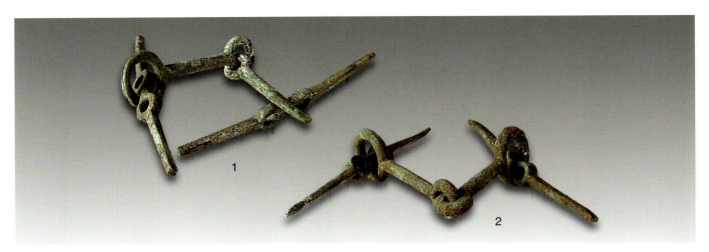

1~2.青铜马衔（M1：396、384）

3~4.青铜马衔（M1：114、115）

5~6.青铜马衔（M1：116、117）

青铜马衔

1. 青铜马衔（M1：118）

2. 青铜马衔（M1：119）

3. 青铜车衡（M1：421）

青铜马衔与车衡

1. 青铜剑（M1 ： 49）

2. 青铜剑与修复的剑鞘（M1 ： 49）

青铜剑

1 ~ 5. Aa 型青铜镞（M1：62、63、64、65、66）

6 ~ 10. Aa 型青铜镞（M1：67、68、69、70、71）

11 ~ 15. Aa 型青铜镞（M1：72、73、74、75、76）

16 ~ 20. Aa 型青铜镞（M1：77、78、79、80、81）

Aa 型青铜镞

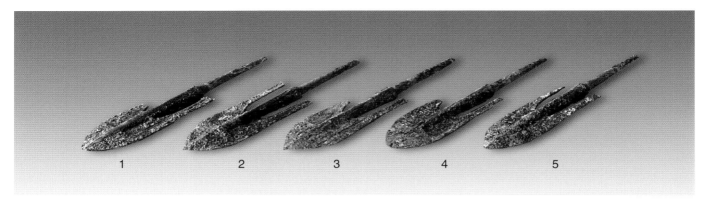

1 ~ 5. Aa 型青铜镞（M1：82、83、84、85、86）

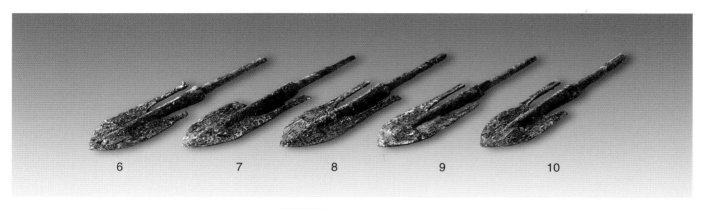

6 ~ 10. Aa 型青铜镞（M1：87、88、89、90、91）

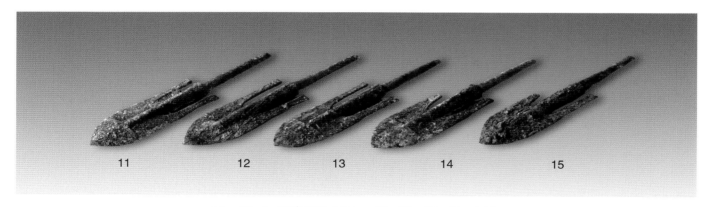

11 ~ 15. Aa 型青铜镞（M1：92、93、94、95、96）

16 ~ 20. Aa 型青铜镞（M1：97、98、99、100、101）

Aa 型青铜镞

1 ~ 5. Aa 型青铜镞（M1：102、103、104、105、106）

6 ~ 9. Aa 型青铜镞（M1：107、108、109、110）

10 ~ 14. Aa 型青铜镞（M1：120、121、122、123、124）

15 ~ 16. Aa 型青铜镞（M1：125、129）

Aa 型青铜镞

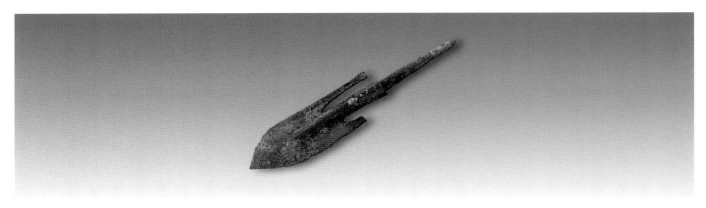

1. Aa 型青铜镞（M1：131）

2 ~ 5. Aa 型青铜镞（M1：136、137、138、139）

6 ~ 10. Aa 型青铜镞（M1：140、141、142、143、144）

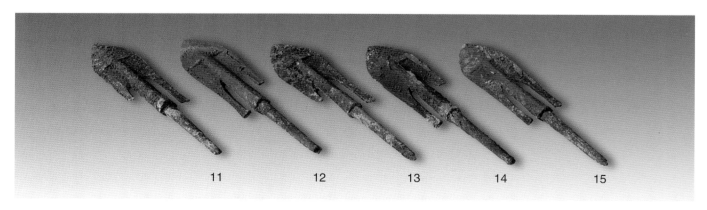

11 ~ 15. Aa 型青铜镞（M1：145、146、147、148、149）

Aa 型青铜镞

1 ~ 4. Aa 型青铜镞（M1 ： 150、152、153、154）

5 ~ 9. Aa 型青铜镞（M1 ： 155、156、157、158、159）

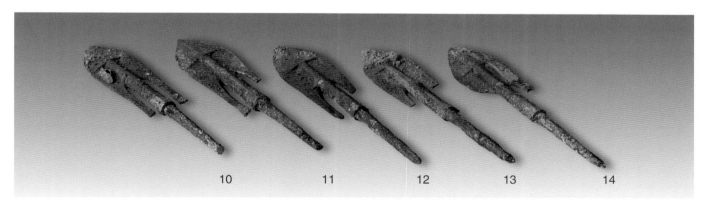

10 ~ 14. Aa 型青铜镞（M1 ： 160、161、162、163、164）

15. Aa 型青铜镞（M1 ： 204）

Aa 型青铜镞

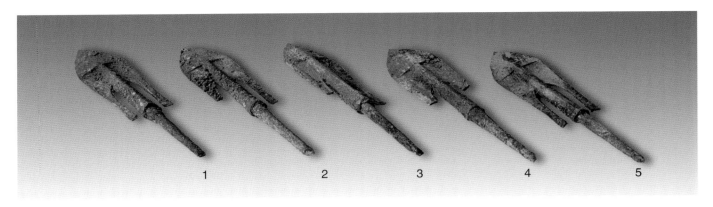

1 ~ 5. Aa 型青铜镞（M1：205、206、207、208、209）

6 ~ 10. Aa 型青铜镞（M1：210、211、212、213、214）

11 ~ 15. Aa 型青铜镞（M1：215、216、217、218、219）

16 ~ 20. Aa 型青铜镞（M1：220、221、222、223、224）

Aa 型青铜镞

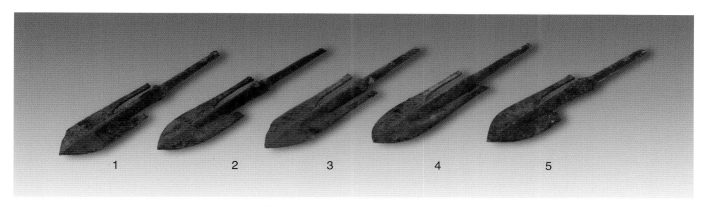

1～5. Aa 型青铜镞（M1∶225、226、227、228、229）

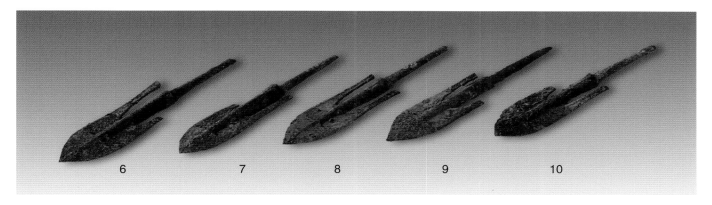

6～10. Aa 型青铜镞（M1∶230、231、232、233、234）

11～15. Aa 型青铜镞（M1∶235、236、237、238、239）

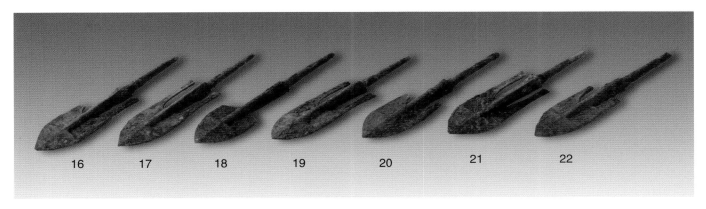

16～22. Aa 型青铜镞（M1∶240、241、242、243、244、245、246）

Aa 型青铜镞

1~5. Aa 型青铜镞（M1：249、250、251、252、253）

6~10. Aa 型青铜镞（M1：254、255、256、257、258）

11~15. Aa 型青铜镞（M1：259、260、261、262、263）

16~19. Aa 型青铜镞（M1：248、264、265、266）

Aa 型青铜镞

1 ~ 7. Aa 型青铜镞（M1：274、275、276、277、278、279、280）

8 ~ 13. Aa 型青铜镞（M1：287、288、289、290、291、292）

14 ~ 15. Aa 型青铜镞（M1：303、304）

16 ~ 20. Aa 型青铜镞（M1：305、306、307、308、309）

Aa 型青铜镞

1～5. Aa 型青铜镞（M1：310、311、312、313、314）

6～10. Aa 型青铜镞（M1：315、316、317、318、319）

11～15. Aa 型青铜镞（M1：320、321、322、323、324）

16～20. Aa 型青铜镞（M1：325、326、327、328、329）

Aa 型青铜镞

1 ~ 5. Aa 型青铜镞（M1：330、331、332、333、334）

6 ~ 10. Aa 型青铜镞（M1：335、336、337、338、339）

11 ~ 15. Aa 型青铜镞（M1：340、341、342、343、344）

16 ~ 20. Aa 型青铜镞（M1：345、346、347、351、380）

Aa 型青铜镞

1 ~ 5. Ab 型青铜镞（M1：130、132、133、134、135）

6 ~ 10. Ab 型青铜镞（M1：295、296、297、298、299）

11 ~ 15. Ab 型青铜镞（M1：300、301、302、348、349）

16 ~ 21. Ab 型青铜镞（M1：126、127、128、350、352、353）

Ab 型青铜镞

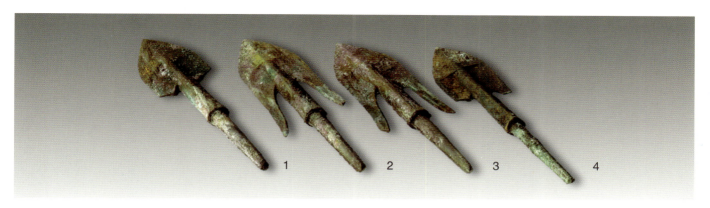

1～4. Ab 型青铜镞（M1 ： 165、166、167、168）

5～7. Ac 型青铜镞（M1 ： 169、170、171）

8～10. Ac 型青铜镞（M1 ： 197、198、199）

11～14. Ac 型青铜镞（M1 ： 200、201、202、203）

Ab 型与 Ac 型青铜镞

1 ～ 7. B 型青铜镞（M1 ：267、268、269、270、271、272、273）

8 ～ 12. B 型青铜镞（M1 ：52、53、54、55、56）

13 ～ 17. B 型青铜镞（M1 ：57、58、59、60、61）

18 ～ 22. C 型青铜镞（M1 ：172、173、174、175、176）

B 型与 C 型青铜镞

1～5. C 型青铜镞（M1：177、178、179、180、181）

6～10. C 型青铜镞（M1：182、183、184、185、186）

11～15. C 型青铜镞（M1：187、188、189、190、191）

16～20. C 型青铜镞（M1：192、193、194、195、196）

C 型青铜镞

1. D 型青铜镞（M1 ： 419）

2. 青铜矛（M1 ： 393）

3. 青铜矛（M1 ： 399）

4. 青铜矛（M1 ： 390）

D 型青铜镞与青铜矛

1. 青铜矛（M1 ： 391）

2. 青铜戟（M1 ： 397）

3. 青铜戟铭文（M1 ： 397）

青铜矛与青铜戟

1. 青铜戟（M1∶392）

2. 青铜戟（M1∶383）

青铜戟

1. 青铜戟（M1 ： 382）

2. 青铜戟铭文（M1 ： 382）

青铜戟

1. 青铜戈（M1：47）

2. 青铜戈后刻铭文（M1：47）

3. 青铜戈原铸铭文（M1：47）

青铜戈与铭文

1. 青铜戈（M1：48）

2. 青铜戈（M1：50）

青铜戈

1. 青铜环柄刀（M1 ： 389）

2. 青铜环柄刀（M1 ： 411）

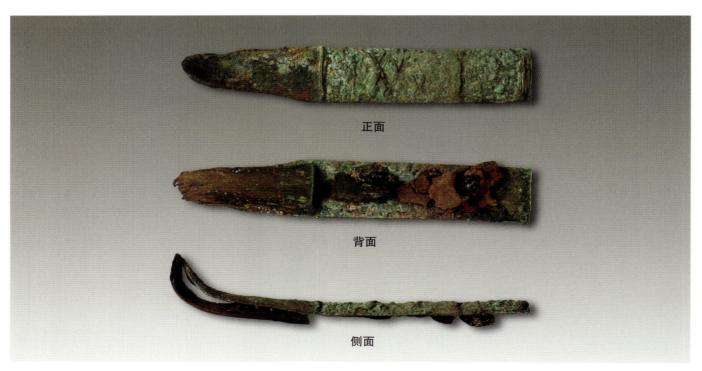

正面

背面

侧面

3. 青铜刻刀（M1 ： 368）

青铜环柄刀与刻刀

正面

背面

侧面

1. 青铜刻刀（M1 ： 369）

正面

背面

侧面

2. 青铜刻刀（M1 ： 370）

青铜刻刀

正面

背面

侧面

1. 青铜刻刀（M1 ：371）

正面

背面

侧面

2. 青铜刻刀（M1 ：372）

青铜刻刀

正面

背面

侧面

1. 青铜刻刀（M1 : 373）

1. 青铜 T 柄刀与陶砺片（M1 : 360）

3. 青铜 T 柄刀（M1 : 361）

青铜刻刀与 T 柄刀

1. 青铜 T 柄刀与陶砺片（M1：362）

2. 青铜 T 柄刀与陶砺片（M1：363）

3. 青铜 T 柄刀（M1：364）

4. 青铜 T 柄刀与陶砺片、陶珠（M1：365）

青铜 T 柄刀

1. 青铜 T 柄刀（M1：366）

2. 青铜 T 柄刀（M1：367）

3. 青铜削（M1：374）

4. 青铜锯（M1：379）

青铜 T 柄刀、削、锯

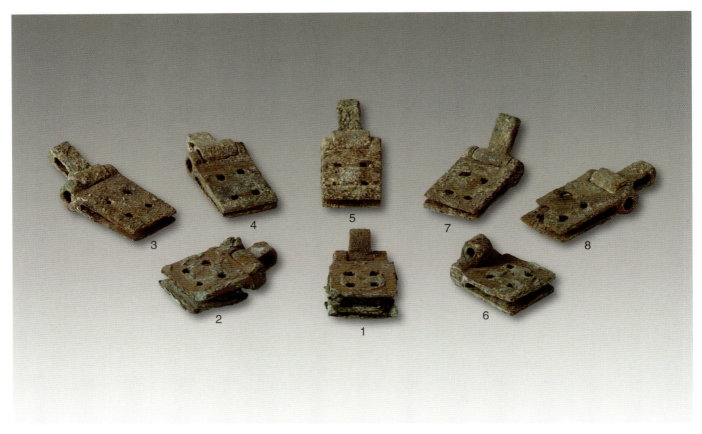

1~8. 青铜合页（M1：389-1~8）

9. 青铜合页（M1：430）

青铜合页

1. 青铜锯镰（M1：30）

2. 青铜锯镰（M1：31）

3. 青铜斧（M1：357）

4. 青铜斧（M1：358）

青铜锯镰、斧

彩陶罐（A型 M1：414、415、410，B型 M1：402、406）

彩陶罐（A型 M1：412、405，B型 M1：401、408、409）

彩陶罐（A 型 M1：404、413，B 型 M1：403、407）

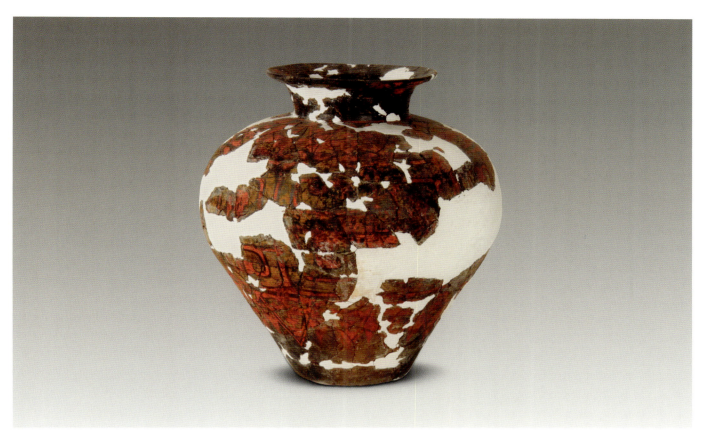

1. A 型彩陶罐（M1 ： 404）

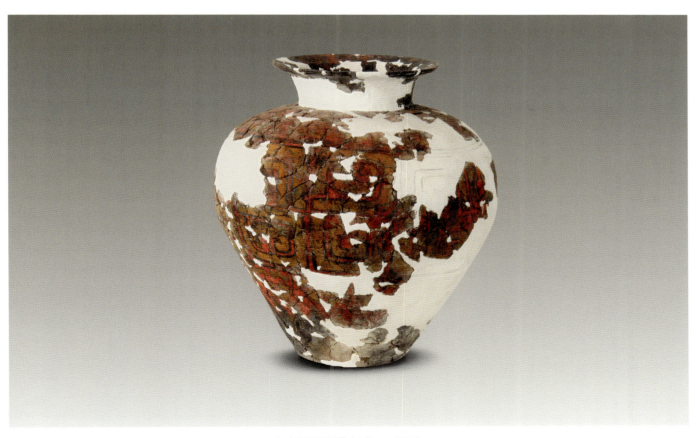

2. A 型彩陶罐（M1 ： 405）

彩陶罐

1. A 型彩陶罐（M1 ： 410）

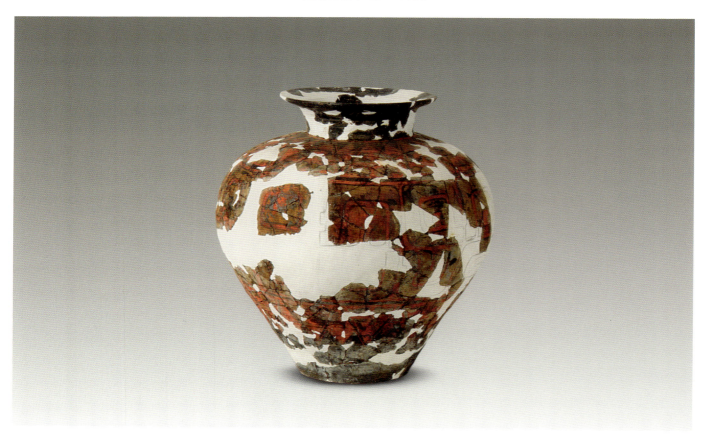

2. A 型彩陶罐（M1 ： 412）

彩陶罐

1. A型彩陶罐（M1∶413）

2. A型彩陶罐（M1∶414）

彩陶罐

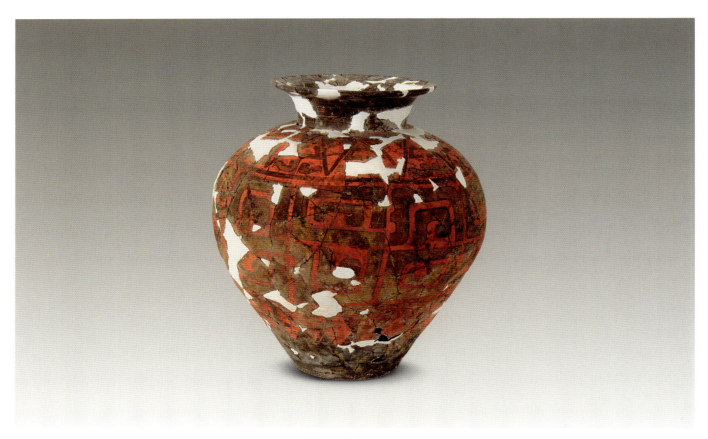

1. A 型彩陶罐（M1 ： 415）

2. B 型彩陶罐（M1 ： 401）

彩陶罐

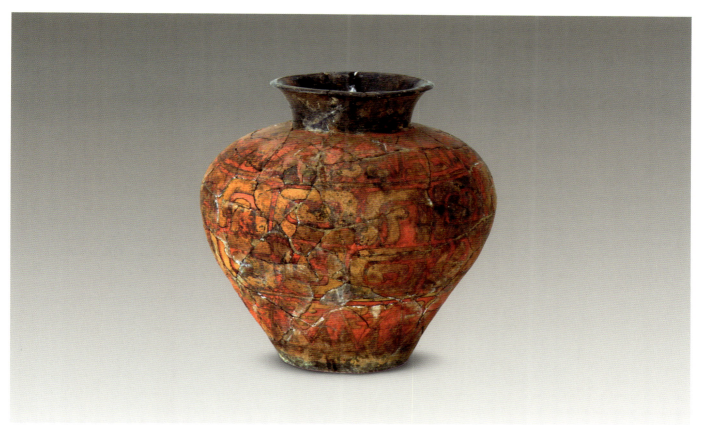

1. B型彩陶罐（M1：402）

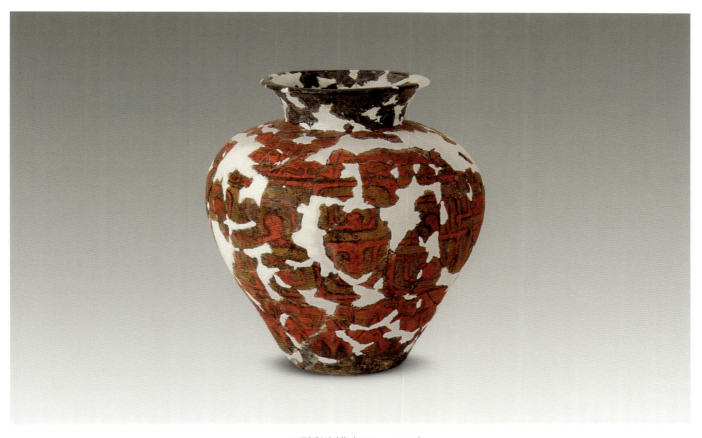

2. B型彩陶罐（M1：403）

彩陶罐

1. B 型彩陶罐（M1 ： 406）

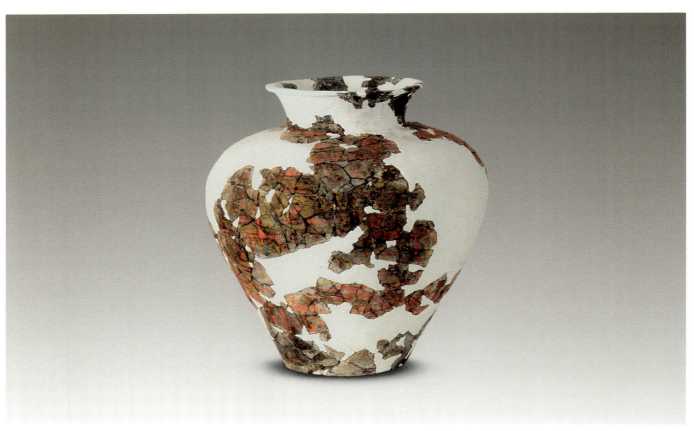

2. B 型彩陶罐（M1 ： 407）

彩陶罐

1. B 型彩陶罐（M1 ： 408 ）

2. B 型彩陶罐（M1 ： 409 ）

彩陶罐

印纹陶盆、陶罐 1～3（M1：34、26、33）

1. 印纹陶罐（M1 ： 26）

2. 印纹陶罐局部纹饰（M1 ： 26）

印纹陶罐

1. 印纹陶罐（M1 ： 33）

2. 印纹陶罐局部纹饰（M1 ： 33）

印纹陶罐

1. 印纹陶盆（M1 ： 34）

2. 印纹陶盆局部纹饰（M1 ： 34）

印纹陶盆

1. 陶鬲（M1：427）

2. 陶鬲（M1：428）

陶 鬲

1. 陶钵（M1：27）

2. 陶罐（M1：418）

陶　器

1. 陶砺片（M1：362-1）

2. 陶砺片（M1：360-1）

3. 陶砺片（M1：363-1）

4. 陶砺片（M1：365-1）

5. 陶珠（M1：365-2）

6～7. 陶砺片（M1：416-1、2）

陶砺片、陶珠

1. 出土玉器

2. 玉玦（M1：35）

3. 玉玦（M1：35）

4. 玉玦（M1：36）

5. 玉玦（M1：36）

玉　器

1. 玉玦（M1：43）

2. 玉玦（M1：43）

3. 牙形玉饰（M1：37）

4. 牙形玉饰（M1：41）

5. 牙形玉饰（M1：42）

6. 牙形玉饰（M1：44）

7. 牙形玉饰（M1：45）

8. 牙形玉饰（M1：46）

玉 器

1. 玉珠（M1：38）

2. 玉珠（M1：38）

3．玉环（M1：39）

4．玉环（M1：39）

5．玉佩（M1：40）

玉 器

1. 玉扳指侧面（M1 ：375）

2. 玉扳指鹰首面（M1 ：375）

3. 玉扳指大耳猪首面（M1 ：375）

4. 玉扳指仰面（M1 ：375）

5. 玉扳指羊首面（M1 ：375）

6. 玉扳指俯视面（M1 ：375）

玉 器

1. 石磬

2. 石磬（M1∶21）

3. 石磬（M1∶22）

4. 石磬（M1∶24）

石　磬

1. 石磬（M1 ∶ 23）

2. 石磬（M1 ∶ 15）

3. 石磬（M1 ∶ 17）

4. 石磬（M1 ∶ 14）

石　磬

1. 石磬（M1：25）

2. 石磬（M1：13）

3. 石磬（M1：11）

4. 石磬（M1：16）

5. 石磬（M1：12）

6～7. 砺石（M1：354、355）

石磬、砺石

1. 漆皮（M1：486）

2. 漆皮（M1：487）

3. 漆皮（M1：488）

漆 皮

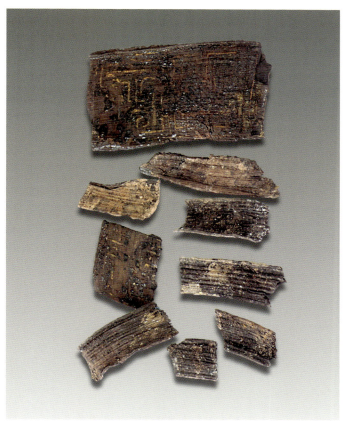

1. 漆器竹胎残片（M1∶247）

2. 漆器麻布胎残片（M1∶492）

3. 漆器麻布胎残片（M1∶493）

漆器胎残片

1. 漆器花纹残片（M1：489）

2. 漆器花纹残片（M1：489-1）

漆器花纹残片

1. 漆器花纹残片（M1：490-1）

2. 漆器花纹残片（M1：490）

漆器花纹残片

1. 漆器花纹残片（M1：491）

2. 漆器花纹残片（M1：491-1）

漆器花纹残片

1. 1～33 海贝（M1：429－1～33）

2. 34～71 海贝（M1：457-1～38）

海 贝

1～61 海贝（M1：458-1～61）

海　贝

1. 1～8 蚌片坠饰（M1：494～501）

2. 蚌片坠饰残片（M1：502）

蚌片坠饰

1. 贝壳（M1 ： 417、460）

2. 贝壳正反面（M1 ： 460）

3. 贝壳正反面（M1 ： 417）

贝 壳

1. 圆形金箔饰正面（M1 ： 420）

2. 圆形金箔饰俯视侧面（M1 ： 420）

圆形金箔饰

1. 长方形金箔饰（M1：443）

2. 长方形金箔饰（M1：444）

3. 长方形金箔饰（M1：445）

4. 长方形金箔饰（M1：446）

长方形金箔饰

1. 长方形金箔饰（M1：447）

2. 长方形金箔饰（M1：448）

3. 长方形金箔饰（M1：449）

4. 长方形金箔饰（M1：450）

长方形金箔饰

1. 方形金箔饰（M1：440）

2. 方形金箔饰（M1：441）

3. 方形金箔饰（M1：442）

4. 动物形金箔饰（M1：442）

方形、动物形金箔饰

1. 动物形金箔饰（M1：423）

2. 动物形金箔饰（M1：424）

3. 动物形金箔饰（M1：425）

动物形金箔饰

1. 动物形金箔饰（M1：426）

2. 动物形金箔饰（M1：431）

3. 动物金箔饰（M1：434）

动物形金箔饰

1. 动物形金箔饰（M1 ∶ 435）

2. 动物形金箔饰（M1 ∶ 436）

3. 动物形金箔饰（M1 ∶ 437）

动物形金箔饰

1. 动物形金箔饰（M1：438）

2. 动物形金箔饰（M1：439）

3. 动物形金箔饰（M1：451）

动物形金箔饰

1~2. 金箔饰残片（M1：452、453）

3. 残动物形金箔饰（M1：454）

4. 动物形金箔饰残片（M1：455）

动物形金箔饰

1. 骨簪正、侧面（M1：378）

2～6. 骨镞（M1：462、463、464、465、466）

7～11. 骨镞（M1：467、468、469、470、471）

12～16. 骨镞（M1：472、473、474、475、476）

骨簪、骨镞

1～6.骨镞（M1：477、478、479、480、481、482）

7.镞杆残存（M1：461）

8.鼓皮残存（M1：456）

骨镞、镞杆残存、鼓皮残存

1. 猪牙（M1 ： 483 ）

2. 牛牙（M1 ： 484 ）

3. 羊牙（M1 ： 485 ）

动物牙齿

1. 土偶分型整理

2. 部分圆形土偶（A型）

3. 部分方形土偶（B型）

土 偶

1. 不规则形土偶（C 型）

2. 残缺形土偶（C 型）

土　偶

1～4. 圆形土偶 A 型（M1 ：882、796、1036、1205）

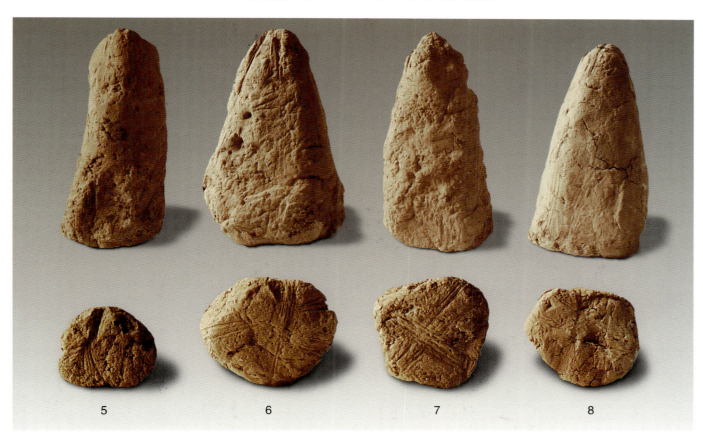

5～8. 圆形土偶 A 型（M1 ：392、1253、938、804、）

圆形土偶 A 型

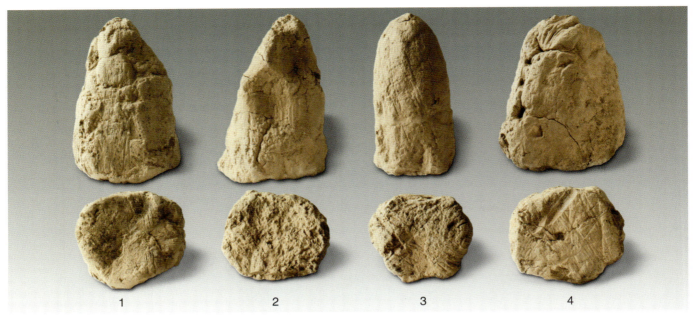

1~4. 圆形土偶 A 型（M1：365、947、304、495）

5~10. 圆形土偶 A 型（M1：6-9、B88、46、1219、3-3、149）

11~16. 圆形土偶 A 型（M1：18-5、98、B70、148、23-2、16-37）

圆形土偶 A 型

1 ~ 6. 圆形土偶 A 型（M1 ： 637、129、11-9、892、16-31、9-7）

7 ~ 12. 圆形土偶 A 型（M1 ： 287-2、45、16-46、B1326、4-20、7-7）

13 ~ 18. 圆形土偶 A 型（M1 ： 43、B105、33-1、123、8、145）

圆形土偶 A 型

1～6. 圆形土偶 A 型（M1∶258、B1116、265、124、6-10、B1274）

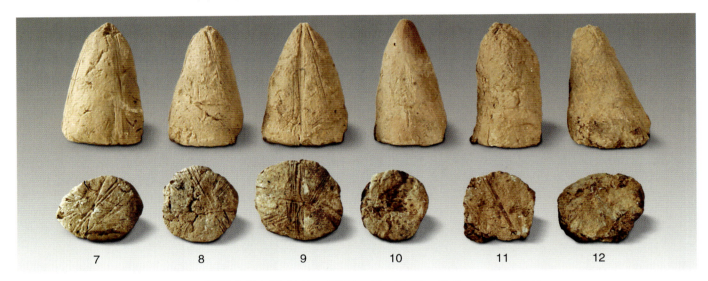

7～12. 圆形土偶 A 型（M1∶B574、42、B657、16-2、B981、B97）

13～18. 圆形土偶 A 型（M1∶7-28、76、7-27、B1067、245、964）

圆形土偶 A 型

1～6. 圆形土偶 A 型（M1：44、353、B1140、23–1、16–13、706）

7～12. 圆形土偶 A 型（M1：367、8–37、7–11、13–13、B121、B587）

13～18. 圆形土偶 A 型（M1：368、168、345、14、8–23、B86）

圆形土偶 A 型

1 ~ 6. 圆形土偶 A 型（M1 ： B593、B607、10-1、B589、B640、B658）

7 ~ 12. 圆形土偶 A 型（M1 ： 181、B624、6-11、199、6-6、B205）

13 ~ 18. 圆形土偶 A 型（M1 ： 7-42、B888、8-40、B648、174、B896）

圆形土偶 A 型

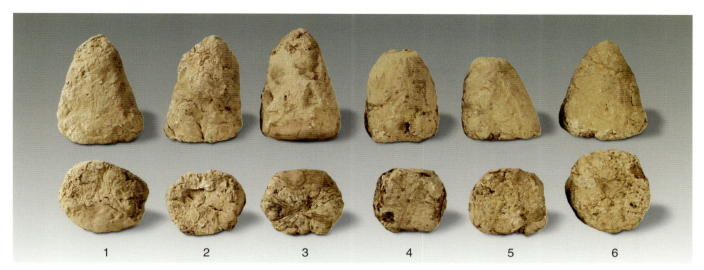

1～6. 圆形土偶 A 型（M1：365-1、B625、80、B497、1-45、B639）

7～12. 圆形土偶 A 型（M1：182、8-35、B772、B578、B455、B723）

13～18. 圆形土偶 A 型（M1：13-19、B835、B202、3-2、B649、1-1）

圆形土偶 A 型

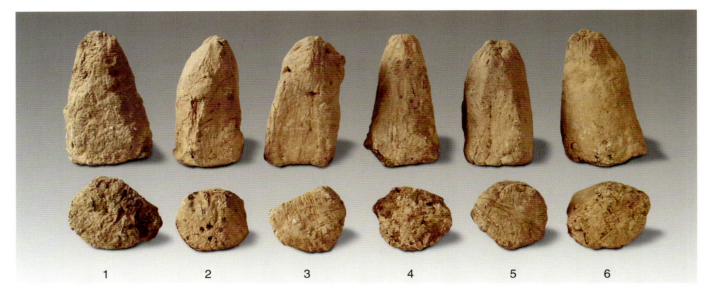

1 ~ 6. 圆形土偶 A 型（M1 ： B95、B626、B912、B461、B714、B853）

7 ~ 12. 圆形土偶 A 型（M1 ： B1141、B524、173、B580、212、1-3）

13 ~ 18. 圆形土偶 A 型（M1 ： B1181、237、B1113、6-22、B1118、B1079）

圆形土偶 A 型

1~6. 圆形土偶 A 型（M1 ：286-3、1-7、341、1-62、192、B842）

7~12. 圆形土偶 A 型（M1 ：B592、B858、B873、B897、1-64、B112）

13~18. 圆形土偶 A 型（M1 ：B558、343、157、B765、4-3、355）

圆形土偶 A 型

1～6. 圆形土偶 A 型（M1：B956、B850、B1127、B771、B933、B196）

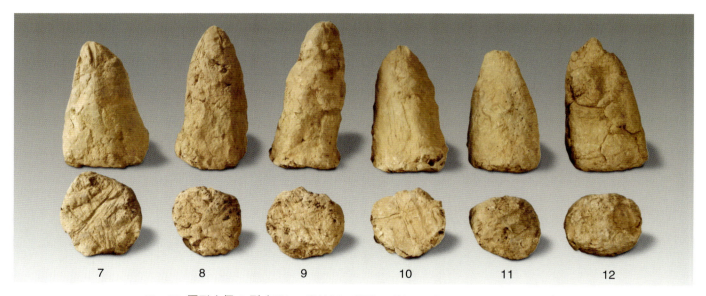

7～12. 圆形土偶 A 型（M1：B1105、B797、B848、B836、10-10、B815）

13～18. 圆形土偶 A 型（M1：209、191、B534、B581、244、B635）

圆形土偶 A 型

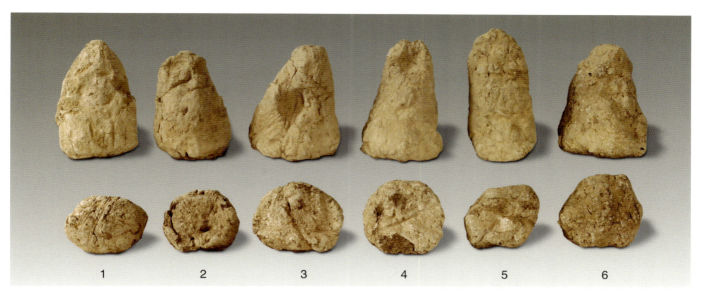

1～6. 圆形土偶 A 型（M1：9-5、B831、B921、B890、B473、1-9）

7～12. 圆形土偶 A 型（M1：B935、B856、B1155、B959、B932、B1134）

13～18. 圆形土偶 A 型（M1：186、B1077、10-18、16-11、B1129、B582）

圆形土偶 A 型

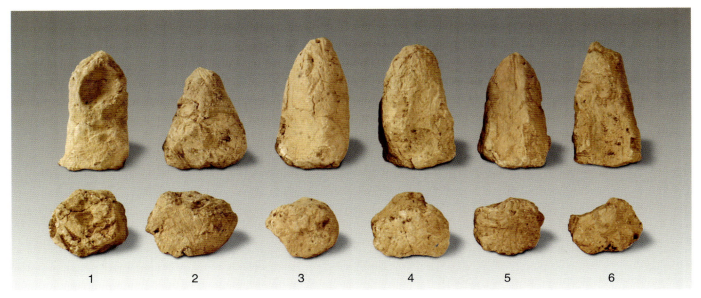

1～6. 圆形土偶 A 型（M1 ： B703、4-2、B905、B863、B907、B779）

7～12. 圆形土偶 A 型（M1 ： B1138、B583、34、B616、B584、13-11）

13～18. 圆形土偶 A 型（M1 ： B1099、B638、216、1-56、B904、B1159）

圆形土偶 A 型

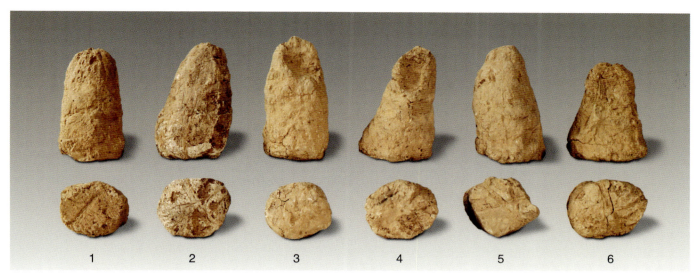

1-7. 圆形土偶 A 型（M1 ： B1073、B236、13-590、B756、257、13-913）

7 ~ 12. 圆形土偶 A 型（M1 ： B844、B857、B716、352、B650、B715）

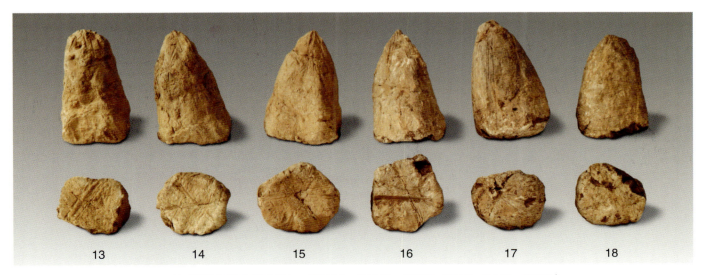

13 ~ 18. 圆形土偶 A 型（M1 ： B1102、B1049、B965、B518、B442、B844）

圆形土偶 A 型

1～6. 圆形土偶 A 型（M1 ： B1148、B1054、B979、B1203、B1280、B1174 ）

7～12. 圆形土偶 A 型（M1 ： B1180、200、6-16、B986、B968、B908 ）

13～18. 圆形土偶 A 型（M1 ： B941、13-3、B1087、B948、B466、B1106 ）

圆形土偶 A 型

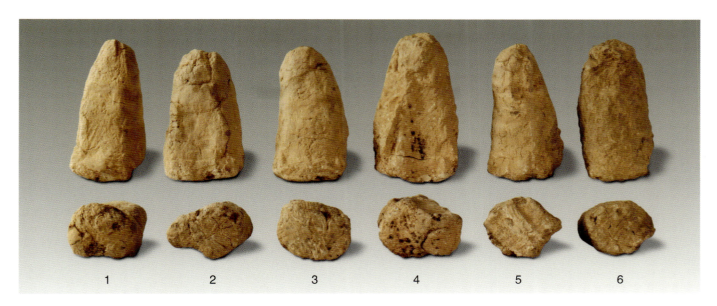

1～6. 圆形土偶 A 型（M1 ：B719、B767、B847、B695、B1136、196 ）

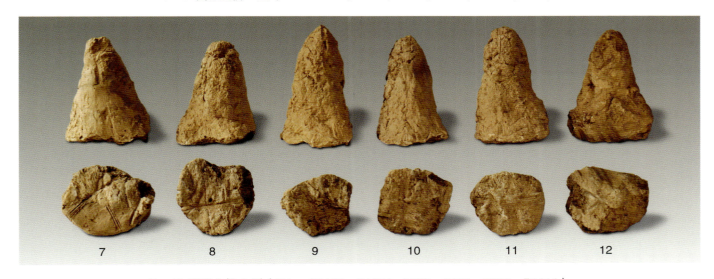

7～12. 圆形土偶 A 型（M1 ：B1161、B1154、B919、B951、B881、B1114 ）

13～18. 圆形土偶 A 型（M1 ：9-11、15-4、178、10-7、B944、B284 ）

圆形土偶 A 型

1～6. 圆形土偶 A 型（M1 ： B939、B957、107、B833、198、B936）

7～12. 圆形土偶 A 型（M1 ： 224、B872、B880、B928、B876、B926）

13～18. 圆形土偶 A 型（M1 ： B380、B691、B818、B617、B786、B664）

圆形土偶 A 型

1～6. 圆形土偶 A 型（M1：B663、B692、B652、B678、B672、B645）

7～12. 圆形土偶 A 型（M1：B1130、B661、B687、B684、B800、B680）

13～18. 圆形土偶 A 型（M1：29-2、B792、B653、B379、B619、B805）

圆形土偶 A 型

1 ~ 6. 圆形土偶 A 型（M1 ：B675、B696、B679、B654、B676、372）

7 ~ 12. 圆形土偶 A 型（M1 ：B1104、B1094、B1082、B1097、B1139、B636）

13 ~ 18. 圆形土偶 A 型（M1 ：B966、B918、B902、B427、B782、B794）

圆形土偶 A 型

1 ~ 6. 圆形土偶 A 型（M1 ：B226、344、B891、84、116、B1282）

7 ~ 12. 圆形土偶 A 型（M1 ：B963、B783、B1294、B671、B621、B682）

13 ~ 18. 圆形土偶 A 型（M1 ：B871、B755、B688、B376、B790、B704）

圆形土偶 A 型

1～6. 圆形土偶 A 型（M1：B215、B837、B374、B777、B780、B683）

7～12. 圆形土偶 A 型（M1：B462、B940、B273、B1092、B394、B843）

13～18. 圆形土偶 A 型（M1：B911、B1125、106、B1075、B1072、B953）

圆形土偶 A 型

1～6. 圆形土偶 A 型（M1：B375、125、B898、B407、B868、B798）

7～12. 圆形土偶 A 型（M1：B603、B1250、B1046、B1124、B1321、B1298）

13～18. 圆形土偶 A 型（M1：219、B116、B113、B824、B110、8–14）

圆形土偶 A 型

1～6. 圆型土偶 A 型（M1：B1158、7-34、B1027、B670、B991、B1137）

7～12. 圆形土偶 A 型（M1：211、1-67、7-12、361、B1095、B83）

13～18. 圆形土偶 A 型（M1：B1187、B1052、B1243、B460、B1000、B775）

圆形土偶 A 型

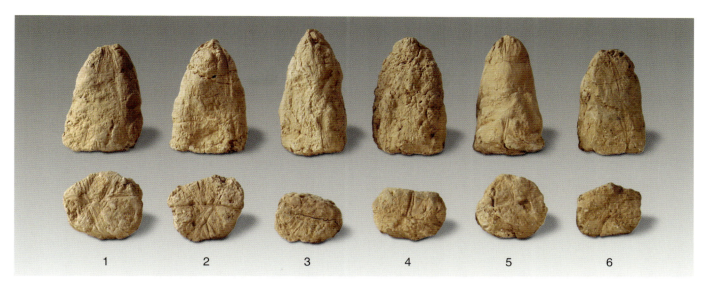

1 ~ 6. 圆形土偶 B 型（M1 : B1208、B1279、B1087-1、B1153、B1232、B369）

7 ~ 12. 圆形土偶 B 型（M1 : 2-1、B993、B1143、7-35、B1111、B690）

13 ~ 18. 圆形土偶 B 型（M1 : B1317、B1287、B1209、B964、B1204、B960）

圆形土偶 B 型

1 ~ 6. 圆形土偶 B 型（M1 ： B22、B591、B14、B69、B429、B1266）

7 ~ 12. 圆形土偶 B 型（M1 ： B1144、B107、B989、B1151、B1291、B967）

13 ~ 18. 圆形土偶 B 型（M1 ： B646、B1091、B980、B1316、B411、B1160）

圆形土偶 B 型

1～6. 圆形土偶 B 型（M1：B1248、B408、B1179、B79、1-66、59）

7～12. 圆形土偶 B 型（M1：B401、B81、B1050、349、B1245、B995）

13～18. 圆形土偶 B 型（M1：B1202、B1135、B1309、B368、B1080、B1024）

圆形土偶 B 型

1 ~ 6. 圆形土偶 B 型（M1：B1037、B1260、B632、B80、B693、B403）

7 ~ 12. 圆形土偶 B 型（M1：B140、B1257、B191、B510、B1056、1-32）

13 ~ 18. 圆形土偶 B 型（M1：7-16、B721、B320、B954、7-18、6-17）

圆形土偶 B 型

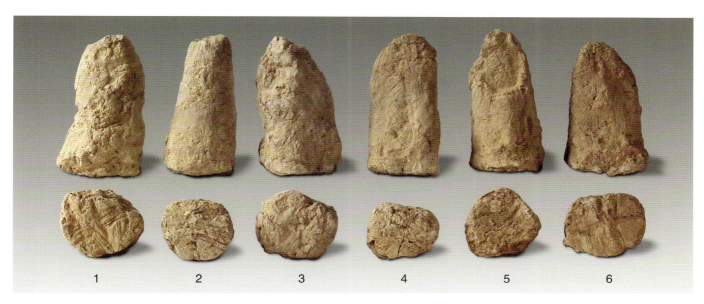

1 ~ 6. 圆形土偶 B 型（M1 ： B893、B432、1–5、B484、B269、B745）

7 ~ 12. 圆形土偶 B 型（M1 ： 11–1、B274、299、B425、262、B250)

13 ~ 18. 圆形土偶 B 型 (M1 ： B1051、B1258、B1213、7–10、1–30、13–8)

圆形土偶 B 型

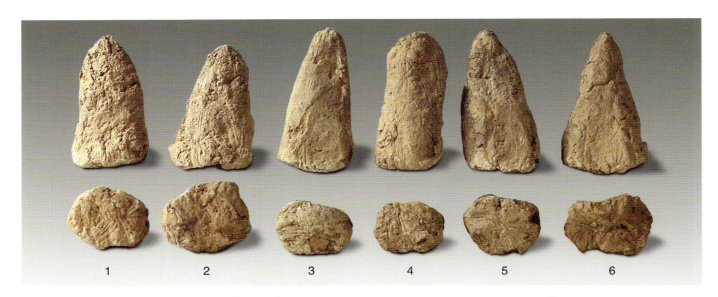

1 ~ 6. 圆形土偶 B 型（M1：B958、B839、B181、B520、B481、B823）

7 ~ 12. 圆形土偶 B 型（M1：B85、B322、371、B717、10–25、B825）

13 ~ 18. 圆形土偶 B 型（M1：B697、B730、B174、B225、B787、B405）

圆形土偶 B 型

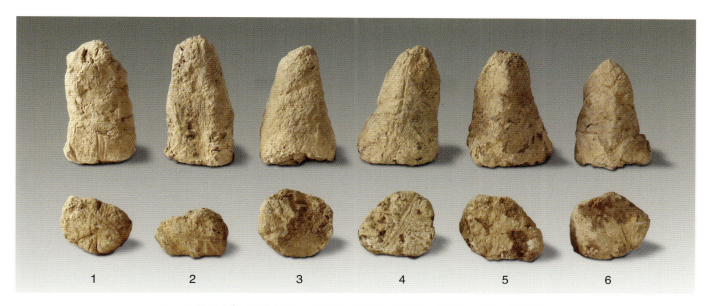

1～6. 圆形土偶 B 型（M1：B915、B677、B290、B399、B89、B702）

7～12. 圆形土偶 B 型（M1：B398、B689、B1089、B114、B483、B1076）

13～18. 圆形土偶 B 型（M1：B1296、B279、B656、4-11、B551、B727）

圆形土偶 B 型

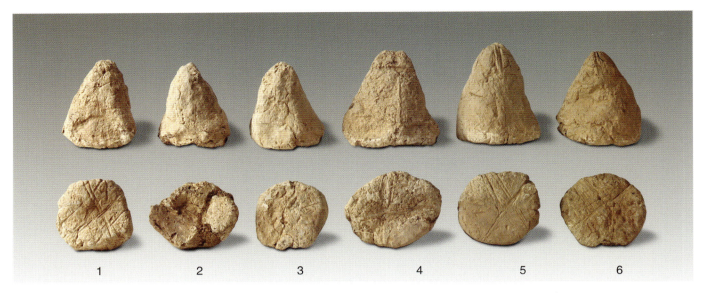

1～6. 圆形土偶 B 型（M1：B1310、B700、B611、B1312、B1261、B1318）

7～12. 圆形土偶 B 型（M1：B597、B1216、B4、B1053、B1035、B439）

13～18. 圆形土偶 B 型（M1：B613、B1292、B666、B1320、B608、B1327）

圆形土偶 B 型

1 ~ 6. 圆形土偶 B 型（M1：B642、B667、B602、B1175、B647、B594）

7 ~ 12. 圆形土偶 B 型（M1：B1086、B423、B662、B664、B615、B1270）

13 ~ 18. 圆形土偶 B 型（M1：B1331、B1283、B441、1322、B555、B641）

圆形土偶 B 型

1～6. 圆形土偶 B 型（M1 ∶ B1324、B1307、B1314、B1301、B1299、B1269）

7～12. 圆形土偶 B 型（M1 ∶ B1281、B622、B1332、B1290、B1289、B241）

13～18. 圆形土偶 B 型（M1 ∶ B523、B256、B533、B629、B1060、B978）

圆形土偶 B 型

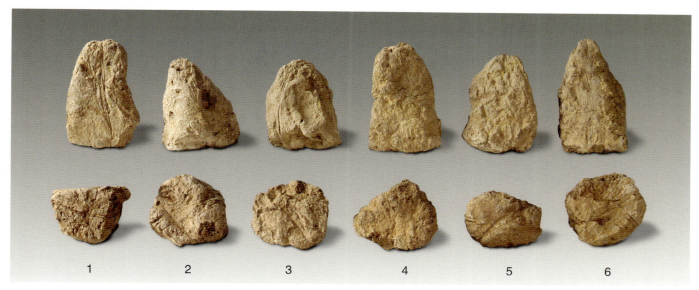

1～6. 圆形土偶 B 型（M1：1-40、B293、B1177、B383、B1201、B327）

7～12. 圆形土偶 B 型（M1：B864、348、B1268、7-47、B1048、B1247）

13～18. 圆形土偶 B 型（M1：B686、B416、B346、B1319、B1041、6-20）

圆形土偶 B 型

1～6. 圆形土偶 B 型（M1：B27、B781、13–21、B1212、B1259、B1038）

7～12. 圆形土偶 B 型（M1：B809、B930、B337、B875、B560、96）

13～18. 圆形土偶 B 型（M1：B681、B724、B949、B996、B403、B984）

圆形土偶 B 型

1～6. 圆形土偶 B 型（M1 ：B92、184、B628、B937、B1315、B492）

7～12. 圆形土偶 B 型（M1 ：234、B251、B259、349-2、B535、B784）

13～18. 圆形土偶 B 型（M1 ：B1128、B1271、1-2、B813、B1023、B931）

圆形土偶 B 型

1 ~ 6. 圆形土偶 B 型（M1：B732、B1288、B1297、B1074、B734、B894）

7 ~ 12. 圆形土偶 B 型（M1：B349、B422、B1286、B747、258、B630）

13 ~ 18. 圆形土偶 C 型（M1：11-4、B91、323、8-29、8-20、16-41）

圆形土偶 B 型、C 型

1～6. 方型土偶 A 型（M1 ： 23、B537、B138、B789、B75、B108）

7～12. 方型土偶 A 型（M1 ： 136、13-25、B169、B517、B207、7-4）

13～18. 方形土偶 A 型（M1 ： 321、71、B217、B143、269、B20）

方形土偶 A 型

1 ~ 6. 方形土偶 A 型（M1 ： B231、B222、B230、B244、65、318）

7 ~ 12. 方形土偶 A 型（M1 ： B579、B232、B212、B135、B962、B209）

13 ~ 18. 方形土偶 A 型（M1 ： B163、B184、294、B334、1–8、50）

方形土偶 A 型

1~6. 方形土偶 A 型（M1：B326、B186、B227、1-31、B130、B165）

7~12. 方形土偶 A 型（M1：133、47、313、48、8-16、B172）

13~18. 方形土偶 A 型（M1：317、B171、B314、13-24、B237、B204）

方形土偶 A 型

1 ~ 6. 方形土偶 A 型（M1：B188、B494、B604、B536、B183、B1168）

7 ~ 12. 方形土偶 A 型（M1：1-24、5-8、1-49、322、1-57、1-52）

13 ~ 18. 方形土偶 A 型（M1：1-26、350、329、1-25、1-38、60）

方形土偶 A 型

1~6. 方形土偶 A 型（M1：3-242、357、10-2、320、1-47、B144）

7~12. 方形土偶 A 型（M1：B109、B68、B129、18-6、B190、B267）

13~18. 方形土偶 A 型（M1：B154、B238、B173、1-23、1-13、B65）

方形土偶 A 型

1～6. 方形土偶 A 型（M1 ： B127、126、B614、B246、B125、B239）

7～12. 方形土偶 A 型（M1 ： B255、309、335、B361、B193、16–4）

13～18. 方形土偶 A 型（M1 ： 5–1、327、B156、B134、49、339）

方形土偶 A 型

1～6. 方形土偶 A 型（M1：B476、305、331、150、B145、1-58）

7～12. 方形土偶 A 型（M1：B1303、377、B71、1-41、319、18-7）

13～18. 方形土偶 A 型（M1：356、83、239、B149、B155、5-2）

方形土偶 A 型

1～6. 方形土偶 A 型（M1∶B220、1-22、1-20、B148、55、B515）

7～12. 方形土偶 A 型（M1∶B295、308、B142、302、B218、264）

13～18. 方形土偶 A 型（M1∶328、324、B545、B234、B159、B538）

圆形土偶 B 型

1～6. 方形土偶 A 型（M1：140、B542、B443、B506、B445、B562）

7～12. 方形土偶 A 型（M1：B550、B500、325、B513、5-3、B514）

13～18. 方形土偶 A 型（M1：263、376、232、B516、B133、B428）

方形土偶 A 型

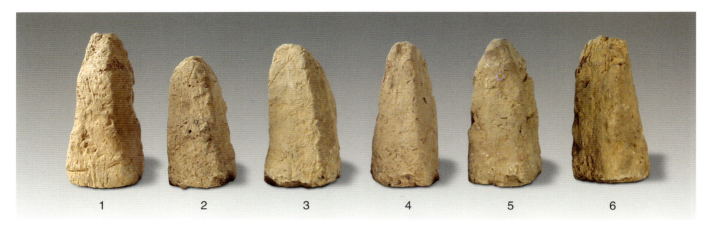

1～6. 方形土偶 A 型（M1：289、330、B475、326、18–11、B507）

7～12. 方形土偶 A 型（M1：B505、B420、B546、B224、B543、B541）

13～18. 方形土偶 A 型（M1：B681、B724、B949、B996、B403、B984）

方形土偶 A 型

1～6. 方形土偶 A 型（M1：225、B519、B564、B502、B508、B449）

7～12. 方形土偶 A 型（M1：B153、B539、B451、5–5、B208、B549）

13～18. 方形土偶 A 型（M1：B26、315、B213、B561、B556、B562–1）

方形土偶 A 型

1 ~ 6. 方形土偶 A 型（M1：B527、B544、B540、B456、B454、B528）

7 ~ 12. 方形土偶 B 型（M1：B627、B1044、B1039、B201、1-28、B970）

13 ~ 18. 方形土偶 B 型（M1：112、B104、B1206、1-42、B1026、B128）

方形土偶 A 型、B 型

1～6. 方形土偶 B 型（M1 ：B665、387、32、B1273、B1100、18–12）

7～12. 方形土偶 B 型（M1 ：B1166、B1171、B1055、B1172、B1277、B1069）

13～18. 方形土偶 B 型（M1 ：B1133、B1602、B1157、B1244、39、12）

方形土偶 B 型

1 ~ 6. 方形土偶 B 型（M1：B612、B1045、B1176、B1313、B673、B1068)

7 ~ 12. 方形土偶 B 型（M1：B1278、72、1–17、B418、B1061、B976 ）

13 ~ 18. 方形土偶 B 型（M1：B430、B12、B1070、B1101、B509、B563 ）

方形土偶 B 型

1～6. 方形土偶 B 型（M1：B566、B1184、6-3、B503、B977、B610）

7～12. 方形土偶 B 型（M1：B568、122、B54、B526、B491、B1014）

13～18. 方形土偶 B 型（M1：B493、B1267、B167、B1030、B342、B655）

方形土偶 B 型

1～6. 方形土偶 B 型（M1 ： B179、B120、B1218、22、B152、B1255）

7～12. 方形土偶 B 型（M1 ： 16-1、B975、B567、7-1、B511、359）

13～18. 方形土偶 B 型（M1 ： B1215、B572、B100、15-22、B1059、B453）

方形土偶 B 型

1 ~ 6. 方形土偶 B 型（M1 ： B158、B313、B575、B1285、B111、B1058）

7 ~ 12. 方形土偶 B 型（M1 ： B774、141、10-28、395、B304、1-50）

13 ~ 18. 方形土偶 B 型（M1 ： B522、B157、B1033、1-60、B436、B347）

方形土偶 B 型

1 ~ 6. 方形土偶 B 型（M1：B974、B955、379、B1、61、1–27）

7 ~ 12. 方形土偶 B 型（M1：1–61、B859、10–19、8–21、B358、1–48）

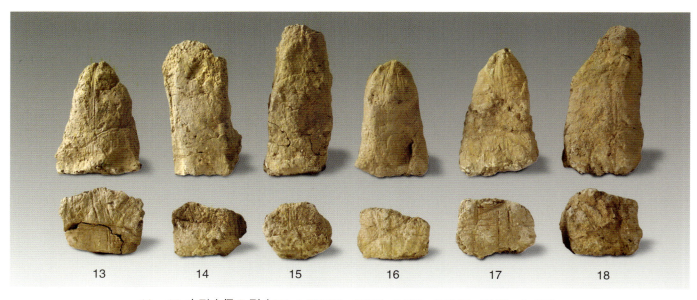

13 ~ 18. 方形土偶 B 型（M1：B1022、B162、B126、B1217、B197、1–37）

方形土偶 B 型

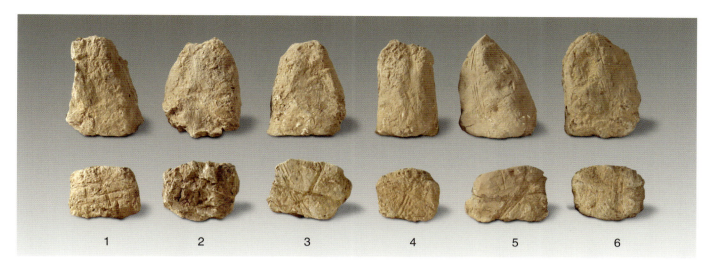

1~6. 方形土偶 B 型（M1：B240、470、1-29、B1108、B1272、B1066）

7~12. 方形土偶 B 型（M1：1-4、B1233、B961、B943、B1251、B1246）

13~18. 方形土偶 B 型（M1：B1145、338、B1210、B891-1、B1208-1、15-11）

方形土偶 B 型

1～6. 方形土偶 B 型（M1：B1132、B1254、B982、B1143-1、B1152、B969）

7～12. 方形土偶 B 型（M1：B1178、B1093、146、203、B214、51）

13～18. 方形土偶 B 型（M1：B1009、B699、B297、B1065、B1043、B18）

方形土偶 B 型

1～6. 方形土偶 B 型（M1：158、B58、B21、B1207、B437、B1085）

7～12. 方形土偶 B 型（M1：233、310、B1211、B1032、B1199、B599）

13～18. 方形土偶 B 型（M1：B1121、8-26、B447、B1063、B1034、B131）

方形土偶 B 型

1～6. 方形土偶 B 型（M1：B424、B410、B1329、B1132-1、B971、6-26）

7～12. 方形土偶 B 型（M1：B32、B554、B11、B1190、B151、B472）

13～18. 方形土偶 B 型（M1：B559、B245、B311、B446、B588、8-2）

方形土偶 B 型

1～6. 方形土偶 B 型（M1：11～6. B485、B137、B793、B1126、B572-1）

7～12. 方形土偶 C 型（M1：336、10-6、B553、B694、1-43、B521）

13～18. 方形土偶 C 型（M1：B5、B170、298、B78、1-39、56）

方形土偶 B 型、C 型

1～6. 不规则形土偶 A 型（M1：B1120、B525、B23、B458、B1025、B51）

7～12. 不规则形土偶 A 型（M1：B364、B324、B471、B480、195、267）

13～18. 不规则形土偶 A 型（M1：B1330、B323、354、B341、B501、B596）

不规则形土偶 A 型

1～6. 不规则形土偶 A 型（M1：B906、B851、B914、B389、B289、B53）

7～12. 不规则形土偶 A 型（M1：B769、B749、B895、B759、B60、B929）

13～18. 不规则形土偶 A 型（M1：B210、390、B317、B886、B674、9-15）

不规则形土偶 A 型

1～6. 不规则形土偶 A 型（M1：B426、B265、B751、B301、B288、B312）

7～12. 不规则形土偶 A 型（M1：B735、B306、B337-1、B846、B885、B900）

13～18. 不规则形土偶 A 型（M1：B294、B40、B883、B332、B300、B316）

不规则形土偶 A 型

1～6. 不规则形土偶 A 型（M1：B268、B277、B338、B119、B315、B335）

7～12. 不规则形土偶 A 型（M1：B1304、B357、B358-1、8-11、B822、B47）

13～18. 不规则形土偶 A 型（M1：B35、B336、B296、B753、B314-1、B329）

不规则形土偶 A 型

1～6. 不规则形土偶 A 型（M1：B1162、B713、B362、B923、B340、B321）

7～12. 不规则形土偶 A 型（M1：B325、B409、B359、B363、9–3、391）

13～18. 不规则形土偶 A 型（M1：B299、B303、B328、B219、B298、B308）

不规则形土偶 A 型

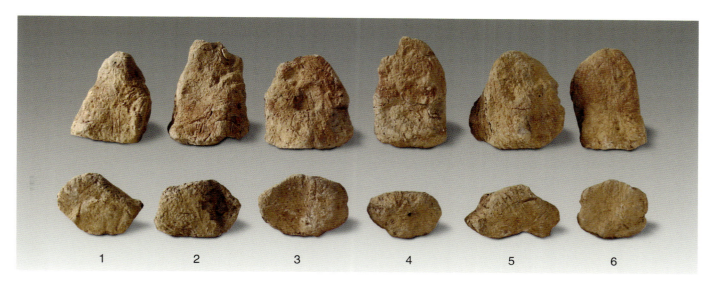

1～6. 不规则形土偶 A 型（M1：B307、B333、B278、B309、B334、B276）

7～12. 不规则形土偶 A 型（M1：B924、B292、B339、159、6-1、B330）

13～18. 不规则形土偶 A 型（M1：B318、B63、B659、B310、B305、261）

不规则形土偶 A 型

1～6. 不规则形土偶 A 型（B228、B548、B997、B1239、B1002、B985）

7～12. 不规则形土偶 A 型（M1：B867、B1004、B820、B1186、B746、B776）

13～18. 不规则形土偶 A 型（M1：B761、B877、B821、B712、B1003、B1240）

不规则型土偶 A 型

1~6. 不规则形土偶 A 型（M1：B1005、B1014-1、B750、B887、B992、B889）

7~12. 不规则形土偶 A 型（M1：B754、B1021、B711、B459、B283、B287）

13~18. 不规则形土偶 A 型（M1：B916、B830、B1008、B260、B763、246）

不规则型土偶 A 型

1~6. 不规则形土偶 A 型（M1： B1249、B1325、B1197、B743、B1006、B254 ）

7~12. 不规则形土偶 A 型（M1： B901、B1010、B773、B216、B748、B778 ）

13~18. 不规则形 A 型（M1： B1047、B942、B1238、B998、B744、B255 ）

不规则形土偶 A 型

1~6. 不规则形土偶 A 型（M1：B1195、B1242、B990、B1016、B1236、B720）

7~12. 不规则形土偶 A 型（M1：B1194、B1200、B1017、B863-1、B806、B252）

13~18. 不规则形土偶 A 型（M1：B999、B1261－1、241、B400、B1007、B1237）

不规则形土偶 A 型

1 ~ 6. 不规则形土偶 A 型（M1：B760、B391、B1013、1-19、B874、B1031）

7 ~ 12. 不规则形土偶 A 型（M1：B920、B477、B766、1-59、B768、B862）

13 ~ 18. 不规则形土偶 A 型（M1：B457、B770、B1306、B488、B917、B643）

不规则形土偶 A 型

1~6. 不规则形土偶 A 型（B1191、16–16、B1015、B1018、B826、B838）

7~12. 不规则形土偶 A 型（M1：B1185、B757、B1001、208、B852、B811）

13~18. 不规则形 A 型（M1：B828、B478、B1192、B1241、B925、B490）

不规则形土偶 A 型

1～6.不规则形土偶 A 型（M1：B249、B834、132、B1088、B352、B952）

7～12.不规则形土偶 A 型（M1：1-36、B1147、75、10-24、B803、B498）

13～18.不规则形土偶 A 型（M1：B94、B855、B82、B1323、B1150、B698）

不规则形土偶 A 型

1～6. 不规则形土偶 A 型（M1：B249、B834、132、B1088、B352、B952）

7～12. 不规则形土偶 A 型（M1：1-36、B1147、75、10-24、B803、B498）

13～18. 不规则形土偶 A 型（M1：B94、B855、B82、B1323、B1150、B698）

不规则形土偶 A 型

1～6. 不规则形土偶 A 型（M1：B43-1、B19、B1803、B1090、B1169、B124）

7～12. 不规则形土偶 A 型（M1：B972、B577、B467、B37、B1057、B1110）

13～18. 不规则形土偶 A 型（M1：B1109、B448、B708、B685、B123、B633）

不规则形土偶 A 型

1 ~ 6. 不规则形土偶 A 型（M1：B31、9–13、B136、6–13、B147、B229）

7 ~ 12. 不规则形土偶 A 型（M1：B203、201、B1142、B25、B331、B262）

13 ~ 18. 不规则形土偶 B 型（M1：B235、B264、B221、7–2、B132、B291）

不规则形土偶 A 型、B 型

1~6. 不规则形土偶 B 型（M1：B7、B725、B927、B598、B280、B176）

7~12. 不规则形土偶 B 型（M1：B42、B1012、B1020、B1189、B994、B1188）

13~18. 不规则形土偶 B 型（M1：B285、B739、B343、14-6、B48、16-8）

不规则形土偶 B 型

1～6. 不规则形土偶 C 型（M1：156、1-18、补一02、16-36、164、154）

7～12. 不规则形土偶 C 型（M1：163、7-5、18-9、B623、B16、B1234）

13～18. 不规则形土偶 C 型（M1：351、B1231、13-22、B8、B280、16-21）

不规则形土偶 C 型

1. 商代粗绳纹陶片

2. 商代细绳纹陶片

商代陶片纹饰

1. 商代绳纹附加堆纹陶片

2. 商代弦纹、方格纹陶片

商代陶片纹饰

1. 商代陶鬲口沿残片

2. 商代陶鬲袋足残片

3. 商代陶鬲足

4. 商代陶豆口沿残片

商代陶鬲、陶豆残件

1. 商代陶罐口沿残片

2. 商代陶器口沿残片

商代陶器口沿残片

1. 发掘现场直播部分人员合影

2. 现场主播与嘉宾

3. 直播人员与嘉宾

蚌埠双墩一号墓考古发掘现场直播人员与嘉宾

1. 主播吴薇与考古领队阚绪杭在主播现场

2. 主播吴薇与考古副领队周群在主播现场

3. 考古领队阚绪杭现场接受记者采访

4. 考古领队与安徽电视台"第一时间"直播主要编导记者合影

考古领队与安徽电视台"第一时间"人员在直播现场

1. 直播现场

2. 直播现场提取文物

现场直播与提取文物

1. 省、市领导为蚌埠双墩一号墓发掘举行现场揭幕仪式

2. 武警为揭幕仪式和提取墓葬文物执勤

3. 蚌埠市委书记陈启涛在揭幕式上讲话

4. 省考古所所长杨立新在揭幕式上讲话

5. 揭幕式与直播现场大门前

蚌埠双墩一号墓考古发掘举行揭幕仪式与现场直播

1. 发掘工地举办现场图片展对群众开放参观

2. 发掘工地接待前来参观考察的各级领导与群众

蚌埠双墩一号墓举办考古现场图片展

1. 任海生副省长与省有关厅局、蚌埠市领导考察发掘现场

2. 任海生副省长、杨果厅长、李修松副厅长、陈建国局长等在工地考察

3. 蚌埠市长陈启涛、副市长李壮、朱惠全、江娅与文化局长谢克林等考察发掘工地

省市领导考察考古发掘工地

1. 国家文物局单霁翔局长、中国社会科学院考古研究所刘庆柱所长等领导专家考察发掘现场

2. 国家文物局与省局领导考察发掘工地与墓葬出土文物及沙盘

3. 国家文物局童明康副局长率专家组与李修松副厅长考察发掘工地

国家文物局领导考察发掘工地

1. 安徽大学领导陆勤毅、黄德宽考察发掘工地

2. 蚌埠市领导与省文化厅人事处领导考察发掘工地

3. 考古领队与蚌埠市博物馆参加墓葬出土文物清理人员合影

省市领导考察发掘工地，部分工作人员合影

1. 童明康副局长率国家文物局部门领导和专家组考察发掘工地并召开专家座谈会

2. 童明康、李修松、杨立新等领导和辛立祥、徐天进、林留根等专家在座谈会上

3. 国家文物局童明康副局长率考古保护处领导和专家组考察发掘现场

国家文物局领导率专家组考察发掘工地并召开座谈会

1. 文物保护专家组奚三彩、李存信、赵西晨考察发掘现场出土文物

2. 文物保护专家组开会研究制定文物保护方案

文物保护专家组现场考察并开会制定保护方案

1. 张忠培先生考察墓坑填土中发现土丘与土偶遗迹现象

2. 张忠培先生考察封土下发现白土垫层和墓葬五色土现象

3. 张忠培先生考察墓坑填土下陷地层现象

张忠培先生考察发掘工地

1. 朱弘教授在发掘现场鉴定殉人骨架

2. 冯时先生考察发掘工地

3. 赵化成教授考察发掘工地

4. 裘士京教授考察发掘工地

5. 杨立新所长与吴卫红研究员考察工地

专家学者考察发掘工地

1. 陈建国局长、杨立新所长和张敬国、吴卫红研究员考察发掘工地

2. 陈建国、吴卫红、阚绪杭、钱仁发、赵兰会在发掘工地考察调研

3. 安徽大学张小角、方成军、周崇云等教授考察发掘工地

领导专家考察发掘工地

1. 蚌埠双墩一号墓发掘被评为中国 2008 年度最具社会科学价值
六大考古新发现之一，领队阚绪杭在考古学论坛会上作学术报告

荣誉证书

安徽省文物考古研究所阚绪杭同志：

"中国社会科学院考古学论坛"创始于 2002 年，是中国社会科学院主办、中国社会科学院考古研究所与考古杂志社承办的新世纪中国考古学术讲坛，是中国最新考古信息的交流平台、重大考古发现的展示舞台和考古新进展的学术讲台，旨在促进学术交流，推动新世纪中国考古事业的繁荣与发展。您在"中国社会科学院考古学论坛——2008 年中国考古新发现"上作了题为"安徽蚌埠市双墩一号春秋墓葬"的学术报告，特发此证。

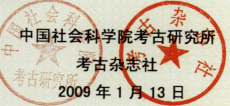

中国社会科学院考古研究所

考古杂志社

2009 年 1 月 13 日

2. 2008 年度中国社会科学院考古学论坛荣誉证书

双墩一号墓被评为中国 2008 年度最具社会科学价值六大考古新发现之一

荣誉证书

阚绪杭同志：

你主持的安徽蚌埠双墩一号春秋墓考古发掘项目入选2008年度全国十大考古新发现。

特发此证，以兹鼓励。

文物局

三月三十一日

荣誉证书

蚌埠市博物馆：

你单位参与的安徽蚌埠双墩一号春秋墓考古发掘项目入选2008年度全国十大考古新发现。

特发此证

荣誉证书

安徽省文物考古研究所：

你单位主持的安徽蚌埠双墩一号春秋墓考古发掘项目入选2008年度全国十大考古新发现。

特发此证，以兹鼓励。

国家文物局

二〇〇九年三月三十一日

1. 领队与单位获得 2008 年度全国十大考古新发现证书

2. 参加评选会议人员（左起：周群、谢克林、阚绪杭、杨立新、钱仁发）

蚌埠双墩一号春秋墓入选全国十大考古新发现

荣誉证书

周 群同志:

你参加的安徽蚌埠双墩一号春秋墓考古发掘项目荣获2007～2008年度国家文物局田野考古奖三等奖。

特发此状,以资鼓励。

荣誉证书

钱仁发同志:

你参加的安徽蚌埠双墩一号春秋墓考古发掘项目荣获2007～2008年度国家文物局田野考古奖三等奖。

特发此状,以资鼓励。

荣誉证书

阚绪杭同志:

你主持的安徽蚌埠双墩一号春秋墓考古发掘项目荣获2007～2008年度国家文物局田野考古奖三等奖。

特发此状,以资鼓励。

国家文物局

二〇〇九年九月二十七日

1. 阚绪杭领队、周群、钱仁发副领队获得田野考古奖荣誉证书

2. 在洛阳 2008-2009 年度获得全国田野考古奖颁奖大会上

蚌埠双墩一号春秋墓发掘获得国家田野考古奖

安徽省人民政府

皖政秘〔2009〕147 号

安徽省人民政府关于表彰六安双墩汉代墓地
蚌埠双墩一号春秋墓考古发掘队的通报

各市、县人民政府，省政府各部门、各直属机构：

2006 年 3 月到 2007 年 1 月，由省文物考古研究所牵头，六安市文物局参加组成的考古发掘队对六安双墩汉代墓地进行了考古发掘和调查，发现保存完好的"黄肠题凑"墓室和西汉六安国王陵区，出土铜器、玉器、车马器、漆木器等文物 500 多件。这是迄今为止国内发现的保存比较完整的诸侯王陵区和"黄肠题凑"墓室，对研究六安国的历史、西汉诸侯王陵制度以及当时政治、经济、文化等具有重要价值。2007 年 4 月，六安双墩汉代墓地考古发掘被评为 2006 年度全国十大考古新发现。

2006 年 12 月到 2008 年 7 月，由省文物考古研究所与蚌埠市博物馆组成的考古发掘队对蚌埠市双墩一号春秋墓进行考古发掘。该墓形制独特，遗迹现象复杂罕见，出土铜器、彩绘陶器、玉石器等文物 400 余件；墓主身份为钟离国国君柏，填补了有关钟离国历史的空白，对淮河流域独特的地域文化现象以及历史、宗教民族等多学科研究具有重要的学术价值。2009 年 3 月，蚌埠

— 1 —

双墩一号春秋墓考古发掘被评为 2008 年度全国十大考古新发现。

这两项全国重大考古新发现是我省文化保护工程的重要成果，对提高我省的知名度和美誉度发挥了积极作用。为激发全省文博工作者的工作热情，进一步推动我省文物考古事业的发展，省政府决定，对六安双墩汉代墓地、蚌埠双墩一号春秋墓考古发掘队予以通报表彰。

希望受表彰单位再接再厉，奋发进取，再创佳绩。全省文博系统广大干部职工，要学习他们尊重科学、传承文化的精神，勤恳扎实、艰苦奋斗的作风和爱岗敬业、不计名利的品质，努力推动我省文博事业又好又快发展，为实施文化保护、文化精品、文化展示、文化惠民、文化产业工程，加快建设文化强省做出更大的贡献。

二〇〇九年六月十七日

主题词：人事　表彰　通报

抄送：省委各部门，省人大常委会办公厅，省政协办公厅，
　　　省高院，省检察院，省军区。

安徽省人民政府办公厅	2009 年 6 月 18 日印发
	共印 400 份

— 2 —

安徽省政府通报表彰考古队

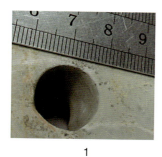

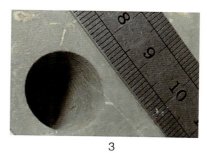

1　　　　　　　　2　　　　　　　　3

光滑的侚孔

4. 微层层理结构

5. 微层层理结构

6. 微层层理结构

7. 砺石

8. 上凸的磬背

9. 上凸的磬背

10. 磬背 v 字形槽

石器鉴定照片样图一

11. 鼓部曲线轮廓

12. 粗糙的石磬面

13. 偏孔位置修正与偏移

14. 表面与内孔径的差异

15. 南部一组石磬长度比较

16. 北部一组石磬长度比较

17. 粗糙的磬面

18. 表面与内部风化差异

石器鉴定照片样图二